中国检察年鉴

PROCURATORIAL YEARBOOK OF CHINA

最高人民检察院《中国检察年鉴》编辑部 编

2015

中国检察出版社

图书在版编目（CIP）数据

中国检察年鉴.2015/最高人民检察院《中国检察年鉴》编辑部编.
—北京：中国检察出版社，2021.1
ISBN 978 - 7 - 5102 - 1889 - 7

Ⅰ.①中… Ⅱ.①最… Ⅲ.①检察机关 - 工作 - 中国 - 2015 - 年鉴
Ⅳ.①D926.3 - 54

中国版本图书馆 CIP 数据核字（2017）第 084831 号

中国检察年鉴（2015）

最高人民检察院《中国检察年鉴》编辑部　编

出版发行	中国检察出版社
社　　址	北京市石景山区香山南路 109 号　（100144）
网　　址	中国检察出版社（www.zgjccbs.com）
编辑电话	(010) 86423751
发行电话	(010) 86423726　86423727　86423728
	(010) 86423730　86423732
经　　销	新华书店
印　　刷	鑫艺佳利（天津）印刷有限公司
开　　本	787 mm × 1092 mm　16 开
印　　张	40.25　　插页 12
字　　数	1214 千字
版　　次	2021 年 1 月第一版　　2021 年 1 月第一次印刷
书　　号	ISBN 978 - 7 - 5102 - 1889 - 7
定　　价	320.00 元

《中国检察年鉴》联系人名单

马含序	北京市人民检察院
刘雪辉	天津市人民检察院
吕方亮	河北省人民检察院
尹桂珍	山西省人民检察院
田　河	内蒙古自治区人民检察院
牛凤祥	辽宁省人民检察院
王俊华	吉林省人民检察院
魏　涛	黑龙江省人民检察院
丁　雁	上海市人民检察院
徐红喜	江苏省人民检察院
应旭君	浙江省人民检察院
唐一哲	安徽省人民检察院
陈国枝	福建省人民检察院
曾　超	江西省人民检察院
岳宗毅	山东省人民检察院
许玉泉	河南省人民检察院
徐泽坤	湖北省人民检察院
江　恒	湖南省人民检察院
孙玉萍	广东省人民检察院
刘彩芬	广西壮族自治区人民检察院
刘　建	海南省人民检察院
孙　强	重庆市人民检察院
程　宇	四川省人民检察院
张晓强	贵州省人民检察院
聂荣发	云南省人民检察院
段凌云	西藏自治区人民检察院
刘雪妮	陕西省人民检察院
陶　星	甘肃省人民检察院
何育秀	青海省人民检察院
邢晓荣	宁夏回族自治区人民检察院
晁岱涛	新疆维吾尔自治区人民检察院
王　江	中国人民解放军军事检察院
李长义	新疆生产建设兵团人民检察院

纪念杨易辰同志诞辰100周年座谈会

　　3月28日，纪念杨易辰同志诞辰100周年座谈会在北京召开。中共中央政治局常委、中央书记处书记刘云山出席座谈会。中共中央政治局委员、中央政法委书记孟建柱在座谈会上讲话。

郝帆 摄

全国检察机关队伍建设座谈会

　　4月23日，中共中央政治局委员、中央政法委书记孟建柱在北京出席全国检察机关队伍建设座谈会并讲话。

郝帆 摄

　　8月21日，中共中央政治局委员、北京市委书记郭金龙与最高人民检察院党组书记、检察长曹建明一同在北京市人民检察院检务中心，听取和观看了"检立方"系统的情况介绍和运行演示。

程丁 摄

　　1月8日，全国检察长会议在北京召开，最高人民检察院检察长曹建明出席会议并讲话。

程丁 摄

全国检察机关规范司法行为专项整治工作电视电话会议

12月26日下午，最高人民检察院召开全国检察机关规范司法行为专项整治工作电视电话会议。

1月10日，最高人民检察院检察长曹建明在最高人民检察院机关会见获评"最美检察官"的检察人员。

6月23日下午，最高人民检察院举行全国检察机关坚守职业良知、践行执法为民先进事迹英模报告会，最高人民检察院检察长曹建明亲切会见报告团成员并出席报告会。

程丁 摄

7月3日，大检察官研讨班期间，最高人民检察院检察长曹建明与应邀参加研讨班的法学专家亲切交谈。

程丁 摄

　　12月7日，最高人民检察院检察长曹建明在2014年第四期全国人大代表专题学习班上作《加强检察监督，保证法律实施》专题报告。

程丁 摄

　　8月27日上午，国家检察官学院举行2014年秋季开学典礼，最高人民检察院检察长曹建明为全体学员主讲第一课。

程丁 摄

12月4日，我国首个国家宪法日，最高人民检察院举行宪法宣誓仪式，180多名新任和新晋升人民检察官面对宪法庄严宣誓。

程丁 摄

12月8日下午，最高人民检察院召开律师界代表座谈会，曹建明检察长出席会议并讲话。

程丁 摄

2月21日，最高人民检察院召开惩治危害食品安全犯罪案例发布会，通报5起案件。

4月1日至2日，国际反贪局联合会执委会在西班牙巴塞罗那召开会议。国际反贪局联合会主席、中国最高人民检察院检察长曹建明主持会议并致辞。

7月15日，在最高人民检察院机关举行的欢迎会上，国际反贪局联合会主席、中国最高人民检察院检察长曹建明与参加研讨班的代表亲切交谈。

程丁 摄

10月8日，第十二次上海合作组织成员国总检察长会议在乌兹别克斯坦首都塔什干举行。参加第十二次上海合作组织成员国总检察长会议的各成员国总检察长共同出席开幕式。

沙达提 摄

编辑说明

一、《中国检察年鉴》是记载中国检察工作情况、及时反映检察工作全貌和各个年度的新发展、新成就的大型资料性年刊。年鉴以法律赋予检察机关的任务为轴心，收集了来自检察工作实践丰富、翔实的信息、数据和第一手资料。年鉴所采用的资料均由最高人民检察院各业务部门和省、自治区、直辖市人民检察院，军事检察院，新疆生产建设兵团人民检察院组织专业人员撰写和提供，具有权威性和准确性。

二、《中国检察年鉴》从1988年创刊开始，每年编辑出版一期。《中国检察年鉴》2015年刊反映的是2014年的情况，内容包括12个部分。

三、《中国检察年鉴》收录的资料，均未包括台湾省和香港、澳门特别行政区。

四、《中国检察年鉴》收录的资料，均截止到当年12月31日。

五、《中国检察年鉴》的编辑工作，得到各省、自治区、直辖市人民检察院，军事检察院，新疆生产建设兵团人民检察院和最高人民检察院有关业务部门的大力支持和协助，谨在此表示衷心的感谢。《中国检察年鉴》在编辑工作中存在的缺点和不足，恳请读者提出宝贵意见。

中国检察年鉴编辑部

2020年12月

目　录

· 第四部分 ·
检察工作概况

全国检察工作

· 第五部分 ·
最高人民检察院重要文件选载

· 第六部分 ·
最高人民检察院司法解释选载

· 第七部分 ·
案例选载

· 第八部分 ·
交流与合作

· 第 九 部 分 ·
检察理论研究 报刊出版 学院 技术信息 协会基金会

· 第 十 部 分 ·
大 事 记

· 第十一部分 ·
统 计 资 料

· 第十二部分 ·
名 录

第一部分

特　　载

第十二届全国人民代表大会第二次会议 关于最高人民检察院工作报告的决议

(2014 年 3 月 13 日第十二届全国人民代表大会第二次会议通过)

第十二届全国人民代表大会第二次会议听取和审议了曹建明检察长所作的最高人民检察院工作报告。会议充分肯定最高人民检察院过去一年的工作,同意报告提出的 2014 年工作安排,决定批准这个报告。

会议要求,最高人民检察院要高举中国特色社会主义伟大旗帜,以邓小平理论、"三个代表"重要思想、科学发展观为指导,全面贯彻落实党的十八大和十八届二中、三中全会精神,认真学习贯彻习近平总书记系列重要讲话精神,忠实履行宪法和法律赋予的职责,依法独立公正行使检察权,坚持正确政治方向,深化司法体制改革,加强人民检察院队伍建设,着力提升司法公信力,促进社会公平正义,维护社会大局稳定,保障人民安居乐业,为全面建成小康社会、实现中华民族伟大复兴的中国梦提供有力的司法保障。

最高人民检察院工作报告

——2014 年 3 月 10 日在第十二届全国人民代表大会第二次会议上

最高人民检察院检察长 曹建明

各位代表:

现在,我代表最高人民检察院向大会报告工作,请予审议,并请全国政协各位委员提出意见。

2013 年检察工作回顾

2013 年,在以习近平同志为总书记的党中央坚强领导下,在全国人大及其常委会有力监督下,全国检察机关认真学习贯彻党的十八大和十八届二中、三中全会精神,全面落实十二届全国人大一次会议决议,紧紧围绕党和国家工作大局,顺应人民群众对公共安全、司法公正、权益保障、反腐倡廉的新期待,忠实履行宪法和法律赋予的职责,各项检察工作取得新进展。

一、积极投入平安中国建设,维护社会和谐稳定

认真履行批捕、起诉等职责,坚持宽严相济刑事政策,积极参与社会治理,保障人民安居乐业、社会安定有序。

依法严惩严重刑事犯罪。深入开展反分裂、反颠覆、反恐怖斗争,坚决打击危害国家安全犯罪和暴力恐怖犯罪。密切关注社会治安和公共安全领域出现的新情况,突出打击严重影响人民群众安全感的犯罪,严惩以报复社会为目的的危害公共安全犯罪和个人极端暴力犯罪,批准逮捕严重暴力犯罪、黑恶势力犯罪、多发性侵财犯罪、毒品犯罪嫌疑人 500055 人,提起公诉 580485 人。依法惩治侵犯妇女儿童和农民工、残疾人、老年人合法权益的犯罪,与有关部门共同制定依法惩治性侵害未成年人犯罪的意见,严厉打击性侵幼女、校园性侵等犯罪行为,起诉拐卖妇女儿童犯罪嫌疑人 2395 人。全年共批准逮捕各类刑事犯罪嫌疑人879817人，提起公诉1324404人。

注重化解社会矛盾。在严惩严重刑事犯罪的同时，对涉嫌犯罪但无逮捕必要的，决定不批捕82089人；对犯罪情节轻微、依照刑法规定不需要判处刑罚的，决定不起诉51393人，比上年分别上升2.8%和34.3%。完善检调对接、刑事和解机制，对符合法定条件的轻微刑事案件、过失犯罪案件，犯罪嫌疑人真诚悔罪并获得被害人谅解，双方自愿达成和解协议的，依法决定不批捕、不起诉，或建议人民法院从宽处罚，促进矫正犯罪、修复社会关系。全面推行执法办案风险评估预警和检察文书说理制度。坚持和发展"枫桥经验"，完善民生服务热线，加强检察长接待、视频接访、下访巡访、巡回检察等工作，真诚解决群众反映的问题，共办理群众信访47.9万件次。加大检察环节司法救助力度，对13681名生活确有困难的刑事被害人及其近亲属提供救助。

积极参与社会治理。加强检察环节社会治安综合治理工作，积极参与对校园周边、城中村等治安重点地区和突出治安问题专项整治。依法惩治利用网络实施诽谤、敲诈勒索、淫秽色情、诈骗、赌博和侵害公民个人信息等犯罪，规范网络秩序，净化网络环境。坚决打击暴力伤害医务人员等涉医犯罪，切实维护正常医疗秩序。修订人民检察院办理未成年人刑事案件规定，实行专人办理、社会调查、合适成年人到场、附条件不起诉、犯罪记录封存等制度，帮助失足未成年人改过自新。推动有关社会组织和企业为涉嫌轻微犯罪的外来流动人员提供帮教、心理矫治和劳动技能培训，平等保护其诉讼权利。

二、加大查办和预防职务犯罪力度，推进反腐倡廉建设

坚决贯彻中央关于反腐败斗争的决策部署，强化办案措施，注重犯罪预防，促进惩治和预防腐败体系建设。

严肃查处各类职务犯罪。全年共立案侦查贪污贿赂、渎职侵权等职务犯罪案件37551件51306人，同比分别上升9.4%和8.4%。突出查办大案要案，立案侦查贪污、贿赂、挪用公款100万元以上的案件2581件，涉嫌犯罪的县处级以上国家工作人员2871人，其中厅局级253人、省部级8人。开展查办和预防发生在群众身边、损害群众利益职务

犯罪专项工作，立案侦查涉及民生民利的职务犯罪34147人。严肃查办以贿赂等手段破坏选举、侵犯公民民主权利的犯罪。深挖执法司法不公背后的腐败犯罪，查处以权谋私、贪赃枉法、失职渎职的行政执法人员11948人、司法人员2279人。加大惩治行贿犯罪力度，对5515名行贿人依法追究刑事责任，同比上升18.6%。强化境内外追逃追赃工作，追缴赃款赃物计101.4亿元，会同有关部门抓获在逃职务犯罪嫌疑人762人。

健全职务犯罪举报、查处机制。拓展人民群众举报腐败犯罪的渠道，构建来信、来访、电话、网络"四位一体"举报体系。加强举报线索集中统一管理，规范流转程序，及时核查处理。健全侦查一体化机制，统一指挥协调重大疑难和跨地区案件。最高人民检察院对387起重大职务犯罪案件挂牌督办。坚持严格规范公正文明执法，正确把握法律政策界限，严格落实"十个依法、十个严禁"的要求，防止因执法不当影响涉案单位正常生产工作秩序，保障涉案人员和企业合法权益。

结合办案加强职务犯罪预防。在完善惩治和预防职务犯罪年度报告的基础上，推行专题报告制度，认真分析重点行业、重点领域职务犯罪发案特点、发展趋势，提出防治对策，为反腐倡廉建设提供参考。加强案件剖析，向发案单位和相关部门提出防控风险、完善制度的建议3.9万余件。深入开展预防宣传，加强预防职务犯罪警示教育基地建设。完善全国检察机关行贿犯罪档案联网查询系统，提供查询148万余次，有行贿犯罪记录的单位和个人被禁止入市场准入或降低资质等级，推动健全社会征信体系。

三、强化对诉讼活动的法律监督，维护司法公正

严格执行修改后的刑事诉讼法和民事诉讼法，坚持敢于监督、善于监督、依法监督、规范监督，全面履行诉讼监督职责。

坚守防止冤假错案底线。认真吸取发生冤假错案的深刻教训，注重从自身执法理念、机制制度、能力素质等方面查找原因。制定《关于切实履行检察职能，防止和纠正冤假错案的若干意见》，健全检察环节错案发现、纠正、防范和责任追究机制。坚持法律面前一律平等，坚持以事实为依据、以法律为准绳，坚持疑罪从无，严格遵守法律程序和制度，提高自身严格执法和法律监督水平。学习宣传张

飚精神,坚持客观公正立场,严把事实关、证据关、程序关和法律适用关,对侦查机关不应当立案而立案的,督促撤案25211件;对滥用强制措施、违法取证、刑讯逼供等侦查活动违法情形,提出纠正意见72370件次,同比分别上升25%和27.3%。对证据不足和不构成犯罪的,决定不批捕100157人、不起诉16427人,同比分别上升9.4%和96.5%。坚持有错必纠,对从申诉中发现的"张氏叔侄强奸杀人案""于英生杀妻案"等冤假错案,及时与人民法院沟通,提出依法予以再审改判的意见。

强化刑事诉讼监督。坚持惩治犯罪与保障人权并重、实体公正与程序公正并重,对侦查机关应当立案而不立案的,督促立案29359件;对应当逮捕而未提请逮捕的,追加逮捕39656人;对应当起诉而未移送起诉的,追加起诉34933人。对认为确有错误的刑事裁判提出抗诉6354件。重视保障犯罪嫌疑人诉讼权利和律师执业权利,监督纠正指定居所监视居住不当606件,监督纠正阻碍辩护人行使诉讼权利案件2153件。加强羁押必要性审查,对不需要继续羁押的23894名犯罪嫌疑人建议释放或者变更强制措施。

强化刑罚执行和监管活动监督。注重保障被羁押人员合法权益,监督纠正刑罚执行和监管活动中的违法情形42873件次;督促清理久押不决案件,监督纠正超期羁押432人次。完善刑罚变更执行同步监督机制,监督纠正减刑、假释、暂予监外执行不当16708人,同比上升16.8%。加强社区矫正法律监督,纠正脱管漏管,促进社区服刑人员教育转化,保障刑罚依法正确执行。

强化民事行政诉讼监督。认真落实修改后民事诉讼法的新规定,制定人民检察院民事诉讼监督规则。加强和规范对民事诉讼、行政诉讼活动的法律监督,依法对生效裁判、调解书提出抗诉或再审检察建议15538件,对审判中的违法情形提出检察建议18398件,对民事执行活动中的违法情形提出检察建议41069件。对19021件侵害国家和社会公共利益、侵害困难群体合法权益的民事案件,支持受害单位和个人起诉。对认为裁判正确的22305件民事行政申诉案件,认真做好释法说理、服判息诉工作。

四、立足检察职能,促进发展、保障民生

紧紧围绕中央稳增长、调结构、促改革、惠民生等重大部署,充分发挥惩治、预防、监督、教育、保护等职能作用,为促进改革发展、增进人民福祉营造良好法治环境。

积极服务经济发展。围绕公共资源交易、国有企业改制、政府采购等重点领域,深入推进治理商业贿赂工作,查办涉嫌商业贿赂犯罪的国家工作人员4549人。加大惩治和预防工程建设领域职务犯罪力度,在招标投标、资金管理、质量和安全监管等环节查办职务犯罪8173件;在全国范围内选择100个重大工程建设项目进行专项预防,会同有关单位共同防控廉政风险。依法惩治金融诈骗、合同诈骗、内幕交易、非法集资和传销等严重经济犯罪,起诉破坏市场经济秩序犯罪嫌疑人84202人。保障创新驱动发展战略实施,加大知识产权司法保护力度,起诉侵犯商标权、专利权、著作权和商业秘密等犯罪嫌疑人8802人。推进行政执法与刑事司法衔接,健全情况通报、信息共享等机制,督促行政执法机关移送涉嫌犯罪案件6873件。坚决打击侵犯非公有制企业特别是小微企业合法权益的犯罪,平等保护各种所有制经济和内外资企业。

着力维护人民群众合法权益。针对社会普遍关注的食品药品安全问题,与最高人民法院共同出台司法解释,从严惩治危害食品药品安全犯罪,起诉制售有毒有害食品、制售假药劣药等犯罪嫌疑人10540人,同比上升29.5%,最高人民检察院对785起危害食品药品安全犯罪案件挂牌督办。同步介入重特大事故调查,立案侦查火灾、矿难等事故背后的失职渎职、受贿等职务犯罪685件1066人,同比分别上升61.9%和72.5%。严惩制售伪劣种子、农药、化肥等坑农害农犯罪;在农业补贴、农田水利建设等涉农领域查办职务犯罪12748人。健全军地检察机关协作机制,加大对侵害国防、军事利益和军人军属合法权益犯罪的打击力度。依法保护香港同胞、澳门同胞、台湾同胞和归侨侨眷合法权益。

强化对环境资源的司法保护。高度重视环境安全,与有关部门共同制定办理环境污染刑事案件司法解释,明确定罪标准,加大处罚力度。起诉污染环境、非法采矿、盗伐滥伐林木等犯罪嫌疑人20969人,在环境监管、污染治理、生态修复工程建设等领域查办职务犯罪1290人。探索通过督促起诉、检察建议等方式,推动相关部门依法履行对环境资源的监管职责。

五、自觉接受监督，加强自身监督，确保严格规范公正文明执法

牢固树立监督者更要主动接受监督的意识，强化内外部监督制约，保障检察权依法正确行使。

自觉接受人大监督。最高人民检察院认真学习贯彻十二届全国人大一次会议精神，逐条研究落实代表审议意见。按照全国人大常委会要求，完成司法解释集中清理工作，共清理司法解释和司法解释性质文件452件，废止102件、修改55件。向全国人大常委会专题报告检察机关反贪污贿赂工作情况，加大惩治和预防贪污贿赂犯罪力度，保持惩治腐败犯罪高压态势。加强与全国人大代表的经常性联系，通过邀请代表视察、调研、座谈和走访代表、专网专线联络等多种方式，广泛深入听取意见。认真办理全国人大代表提出的71件议案、建议并及时答复。

自觉接受民主监督和社会监督。主动向政协通报检察工作情况，诚恳听取意见，办理全国政协委员提案29件。健全与各民主党派、工商联和无党派人士联系机制，联合开展专题调研。充分发挥人民监督员、特约检察员、专家咨询委员参与检察决策、监督执法办案等作用，人民监督员共监督职务犯罪案件2938件。认真听取律师意见，自觉接受律师的监督制约，促进自身公正执法。认真核查涉检舆情反映的问题，及时回应社会关切。

深化司法公开，推进阳光检察。推进检察机关及时主动公开和依当事人申请公开制度化、规范化，普遍设立检务公开大厅，全面推行案件流程信息查询、诉讼权利义务告知和办案结果告知等制度。对于各方在案件事实、适用法律方面存在较大争议，或者在当地有较大社会影响的案件，检察机关拟不起诉，或申诉人不服检察机关处理决定的，探索实行公开审查。加强检察门户网站、检察微博微信等新媒体平台建设，推进新闻发布制度化，及时公开重大案件办理等情况，提高执法办案透明度和司法公信力。

强化对执法办案活动的内部监督和管理。最高人民检察院修订检察机关执法工作基本规范，严格执行讯问职务犯罪嫌疑人全程同步录音录像制度，推行申诉案件受理与办理相分离制度，深化案件集中管理和案件质量评查机制建设。以信息化推进执法规范化、管理科学化，研发部署融办案、管理、统计于一体的统一业务应用系统，实现对全国四级检察机关所有执法办案活动的全程、统一、实时、动态管理和监督。加大检务督察力度，组织开展对10个省90个检察院的明察暗访，及时通报、限期整改执法办案中的突出问题。

六、加强检察队伍建设，提高公正廉洁执法水平

持之以恒建设过硬检察队伍，坚定理想信念，提高职业素养，培育优良作风，夯实基层基础。

扎实开展党的群众路线教育实践活动。突出为民务实清廉主题，着力整改"四风"和执法司法突出问题。最高人民检察院认真梳理各方面意见建议，制定87项具体整改措施，对群众反映集中的控告申诉难等14个问题开展专项整治。加强检察职业道德建设，开展"寻找最美检察官"活动，表彰宣传林志梅、沙泓、刘宝奇等先进典型，引导广大检察人员坚定信仰、坚守法治，树立以民为本、执法为民的职业良知。

加强素质能力建设。坚持以领导干部、业务一线和基层检察人员为重点，深入推进大规模教育培训，广泛开展业务竞赛和岗位练兵，累计培训检察人员17.2万人次。推进检察人才六项重点工程，组织评选第三批全国检察业务专家，重视发挥高层次人才在办理重大案件和检察理论研究中的引领作用。加强民族地区"双语"人才培养。组织优秀检察业务骨干赴西部巡讲支教，国家检察官学院直接培训西藏、新疆等西部地区检察人员3200余名。

狠抓纪律作风建设和自身反腐败工作。最高人民检察院制定检察机关贯彻中央八项规定实施办法，颁布检察人员八小时外行为禁令。强化对领导干部的监督，听取9个省级检察院检察长述职述廉报告工作，对7个省级检察院领导班子进行巡视。加大正风肃纪力度，在12309举报网站开设"举报检察干警违法违纪"专区。全国检察机关共立案查办违法违纪检察人员210人，其中移送追究刑事责任26人，同比分别上升26.2%和13%。及时通报检察人员违法违纪典型案件，强化警示教育。

坚持不懈抓基层打基础。完善基层建设指导机制，落实上级检察院领导到基层蹲点调研、业务部门对口指导等制度。最高人民检察院对5个省基层检察院建设进行抽样评估，深入分析存在的问题和薄弱环节，找准新的工作着力点。完善上下级检察院之间和东西部检察院之间互派干部挂职锻炼制度,健全基层检察院结对共建制度。夯实执法为民一线平台,已在人口集中的乡镇、社区设立派出检察室2758个。全面加强检察业务、人才智力、资金项目援藏援疆工作,加大对青海等四省藏区、赣南等原中央苏区、贵州等西部地区检察工作的支持力度。

过去一年检察工作取得的成绩,是以习近平同志为总书记的党中央正确领导,全国人大及其常委会有力监督,各级党委、人大、政府、政协、社会各界和全国人大代表、全国政协委员关心、支持、帮助的结果。在此,我代表最高人民检察院表示衷心感谢!

各位代表,我们清醒认识到,检察工作还存在不少问题。与全面深化改革和人民群众期待相比,我们惩治和预防职务犯罪、监督纠正执法司法突出问题的力度和效果还有较大差距。修改后的刑事诉讼法、民事诉讼法实施后,一些检察机关和检察人员执法理念、办案方式仍不适应,对法律修改后赋予的新职能履行不够充分,落实保障人权、规范执法的新要求不够严格。违法扣押冻结处理涉案财物、侵犯诉讼参与人合法权益等问题仍有发生,少数检察人员特权思想、霸道作风严重,有的甚至以权谋私、贪赃枉法,严重损害司法公信力。办理金融、知识产权、生态环境、信息网络等领域案件的专门人才缺乏。基层检察院建设发展不平衡,特别是一些边远贫困地区检察机关人才流失突出、科技信息化建设滞后。我们要坚持问题导向,紧紧盯住自己的问题不放,依靠各方面重视和支持,锲而不舍,努力推动这些问题的解决。

2014年检察工作安排

2014年,检察机关将深入贯彻党的十八大和十八届二中、三中全会精神,全面落实中央政法工作会议和本次全国人大会议的部署要求,学习贯彻习近平总书记系列重要讲话精神,建设过硬队伍,强化法律监督能力,提高查办和预防职务犯罪水平,促进严格执法、公正司法,保障人民利益,维护宪法法律权威,切实肩负起维护社会大局稳定、促进社会公平正义、保障人民安居乐业的职责使命,为推进全面深化改革、实现依法治国作出新贡献。

第一,为全面深化改革提供有力司法保障。制定实施服务全面深化改革的意见,紧紧围绕改革发展的重点领域,积极参与整顿和规范市场经济秩序,加大惩治严重经济犯罪力度,依法查办和预防

公共资金、国有资产、国有资源监管和城镇化建设等方面的职务犯罪,平等保护公有制和非公有制企业合法权益。稳妥处理改革中出现的新类型案件,正确区分改革失误与失职渎职、改革探索出现偏差与钻改革空子实施犯罪等界限,促进增强社会活力和对外开放。

第二,依法惩治各类刑事犯罪,维护社会大局稳定。坚决打击敌对势力的分裂、渗透、颠覆活动,坚决打击各种暴力恐怖犯罪,坚决打击黑恶势力、严重暴力、涉枪涉爆、电信诈骗、拐卖妇女儿童等严重危害社会治安和公共安全、严重危害人民群众生命财产安全的犯罪。开展打击涉农犯罪、维护农民工合法权益专项活动,依法惩治侵害农民权益、危害农业生产、影响农村发展稳定的刑事犯罪。加大对食品药品、安全生产、环境资源、知识产权保护等领域犯罪的打击力度,严肃查办食品药品安全和环境污染事件以及重大责任事故背后的职务犯罪。依法惩治网络犯罪,维护网络社会安全。积极参与维护医疗秩序打击涉医违法犯罪专项行动,依法严惩侵害医务人员人身安全等犯罪。

第三,提高查办和预防职务犯罪水平。认真贯彻《建立健全惩治和预防腐败体系2013—2017年工作规划》。坚持有案必查、有腐必惩,坚决查办发生在领导机关和领导干部中的职务犯罪,继续深入推进查办和预防发生在群众身边、损害群众利益职务犯罪专项工作。有效整合侦查资源,完善协作配合机制,严格规范执法行为,更加注重办案质量和效果。与有关部门密切配合,深化反腐败国际司法合作,加大对外逃职务犯罪嫌疑人的追捕追赃力度。重视抓好职务犯罪预防,遏制和减少职务犯罪。

第四,强化法律监督能力,促进严格执法、公正司法。坚持有法必依、执法必严、违法必究,完善人权司法保障制度,加强刑事诉讼监督,重点监督纠正有案不立、有罪不究、违法立案、非法取证、滥用强制措施、量刑畸轻畸重等问题,严把罪与非罪界限,严防冤假错案。继续集中清理久押不决案件,开展减刑、假释、暂予监外执行专项检察活动,重点监督职务犯罪、金融犯罪、涉黑犯罪等罪犯刑罚执行情况。加强和规范民事行政检察工作,重点监督纠正裁判不公、虚假诉讼、民事调解损害国家利益和社会公共利益、违法执行等问题。严肃查处执法司法人员职务犯罪,促进执法司法公正和廉洁。自

觉接受公安机关、人民法院在诉讼中的制约，保障律师依法执业，共同维护司法公正和法律权威，努力让人民群众在每一个司法案件中都感受到公平正义。

第五，全面深化检察改革。认真落实中央关于深化司法改革的部署，牢牢把握检察改革正确方向，加强总体设计、统筹协调、整体推进，完善中国特色社会主义检察制度。落实涉法涉诉信访工作机制改革，促进完善国家司法救助制度，加大依法受理、依法纠错、依法赔偿、依法救助力度。进一步规范查封扣押冻结处理涉案财物程序。深化检察环节司法公开，完善办案信息查询系统，建立检察机关终结性法律文书向社会公开制度，增强司法公开的主动性、及时性。推行检察官办案责任制改革试点，落实和强化执法办案责任。改革人民监督员选任方式，完善人民监督员监督程序，推动人民监督员制度法制化。

第六，强化过硬队伍建设。以领导干部和基层检察院为重点，按照信念坚定、执法为民、敢于担当、清正廉洁的要求，大力加强检察队伍建设。深入开展党的群众路线教育实践活动，持续治理"四风"特别是特权思想、霸道作风等突出问题，增进对人民群众的感情，自觉接受人民监督。加强专业化教育培训，重视招录、遴选和培养高层次专门人才，提高整体素质能力。加大对中西部和革命老区、民族地区、边疆地区、贫困地区检察工作和检察队伍建设支持力度。深入推进司法规范化建设，进一步规范办案程序，完善监督制约机制，强化公正司法的制度保障。旗帜鲜明反对司法腐败，完善重点岗位轮岗交流、回避等制度，坚决执行各项纪律禁令，坚决查办关系案、人情案、金钱案等执法犯法问题，坚决清除害群之马，努力建设政治过硬、业务过硬、责任过硬、纪律过硬、作风过硬的检察队伍。

各位代表，在新的一年里，全国检察机关将紧密团结在以习近平同志为总书记的党中央周围，高举中国特色社会主义伟大旗帜，以邓小平理论、"三个代表"重要思想、科学发展观为指导，更加自觉接受人大监督、民主监督和社会监督，深入推进平安中国、法治中国建设，为全面建成小康社会、实现中华民族伟大复兴的中国梦而努力奋斗！

最高人民检察院关于人民检察院
规范司法行为工作情况的报告

——2014年10月29日在第十二届全国人民代表大会常务委员会第十一次会议上

最高人民检察院检察长　曹建明

全国人民代表大会常务委员会：

根据本次会议安排，现在我代表最高人民检察院，报告2006年以来人民检察院规范司法行为工作情况，请予审议。

规范司法行为是维护司法公正、增强司法公信的必然要求，也是确保检察权正确行使、确保法律正确实施的重要抓手。2006年10月，全国人大常委会审议了最高人民检察院关于开展规范执法行为专项整改情况的报告。8年来，人民检察院认真贯彻党中央和全国人大及其常委会的要求，积极适应全面推进依法治国的新形势，紧紧抓住人民群众反映强烈、影响司法公正的突出问题，坚持不懈地健全制度机制、强化监督管理、提升能力素质，司法规范化建设取得新的成绩。

一、严格落实法律规定，健全司法规范体系

完善制度规范是规范司法行为的治本之举。为落实和细化法律规定，最高人民检察院制定司法解释和规范性文件，建立完善程序严密、标准统一、责任明确的司法规范体系。

（一）完善司法程序规范。为从根本上预防和解决办案随意性问题,检察机关坚持从每个部门、每个岗位、每个环节、每项要求抓起,明确办案程序、细化操作规范,厘定权力边界、确保司法公正。2010 年,最高人民检察院颁布检察机关执法工作基本规范,全面明确各项检察业务工作司法办案流程,2013 年又根据司法实践和法律修改进行全面修订,共 12 编 1710 条。为正确贯彻执行修改后刑事诉讼法、民事诉讼法,全面修订刑事诉讼规则,制定民事诉讼监督规则,依法明确和细化办理刑事、民事案件的操作程序。最高人民检察院还分别对逮捕、死刑二审、减刑假释法律监督、刑事申诉、国家赔偿等案件办理程序予以具体化。

(二)完善司法标准规范。检察机关坚持以标准化促进规范化,统一司法尺度,规范自由裁量。最高人民检察院会同公安部研究制定刑事案件立案追诉标准;会同最高人民法院先后就办理行贿、渎职、危害食品安全、环境污染、侵犯知识产权等刑事案件适用法律问题出台司法解释 32 个,明确追诉和定罪量刑标准。建立案例指导制度,先后发布 5 批 19 个在审查证据、适用法律等方面具有普遍指导意义的案例,为处理同类案件提供参考。为防止和解决司法解释同法律规定不一致、司法解释之间不协调等问题,最高人民检察院严格执行司法解释备案审查制度,制定的司法解释及时报送全国人大常委会备案;健全司法解释沟通协商机制,规范与有关部门联合制定司法解释工作;分两次对 1949 年以来制定的司法解释和司法解释性质文件进行清理,废止 165 件。

(三)完善司法言行规范。检察人员在司法活动中的一言一行,不仅体现司法文明,也直接影响司法公信。检察机关坚持从细节入手,切实规范检察人员言行举止。2009 年,最高人民检察院颁布以"忠诚、公正、清廉、文明"为主要内容的检察官职业道德基本准则,2010 年又颁布检察官职业行为基本规范、检察机关文明用语规则,着力解决检察人员履职行为、职业作风、职业礼仪以及接待、询问、讯问、出庭用语等方面存在的不文明不规范问题。

(四)完善司法责任规范。明确和落实责任、强化责任追究,是规范司法行为的重要保障。检察机关全面推行司法档案制度,检察人员办理每一起案件的情况都记入司法档案,作为考核评价、晋升奖惩的重要依据。健全司法过错责任追究机制,最高人民检察院颁布检察人员执法过错责任追究条例,

对故意违反法律和有关规定,或者工作严重不负责任,导致案件实体错误、程序违法的,严肃追究责任。

二、围绕检察权运行重点环节,严格规范司法办案活动

规范司法行为的核心,就是规范司法权的行使。各级检察机关坚持从与人民群众密切相关的司法办案活动入手,紧紧抓住检察权运行的重点环节,切实防止和纠正不严格、不规范、不作为、乱作为的问题,确保严格依照法律规定的权限和程序履行职责。

(一)严格规范案件受理和立案工作。案件受理和立案是司法办案的初始环节。为切实解决群众反映集中的控告申诉难问题,检察机关不断完善控告、举报、申诉受理和办理程序,加强源头管理。一是规范职务犯罪举报线索的办理程序。健全举报线索受理、分流、查办和信息反馈机制,各级检察院举报中心统一受理、管理举报线索,并实行集体评估、定期清理、要案线索备查、实名举报答复等制度,做到有群众举报及时处理、有具体线索认真核查,防止有案不办、压案不查。细化职务犯罪线索审查、初查、立案侦查的批准程序和时限,对决定立案的 3 日内报上一级检察院备案审查。对决定不予立案的,由举报中心审查提出意见,并受理举报人的复议。二是规范刑事申诉案件的办理程序。对不服检察机关刑事处理决定和法院生效刑事判决裁定的申诉,由刑事申诉检察部门立案复查,原承办部门和承办人不再参与。坚持有错必纠,对从申诉中发现的"张氏叔侄强奸杀人案""于英生杀妻案""徐辉强奸杀人案"等冤错案件,人民检察院及时向人民法院提出依法再审改判的意见。三是规范民事行政申诉案件的办理程序。实行受理和办理相分离,控告检察部门受理后,由民事行政检察部门立案审查并反馈结果。

(二)严格规范职务犯罪侦查活动。职务犯罪侦查涉及当事人的人身自由和财产权益,是人权保障的重点环节。检察机关在加大惩治职务犯罪力度的同时,严格落实修改后刑事诉讼法,强化内部监督,规范行使侦查权。一是规范初查。制定实施职务犯罪案件初查工作规定,明确在立案前不得限制或者变相限制涉案人员人身自由,不得查封、扣押、冻结财物。二是规范侦查取证。细化传唤、讯问等程序性要求,依照法定条件采取指定居所监视

居住、逮捕等强制措施,制定"十个依法、十个严禁"。加强办案工作区规范化建设。全面推行讯问职务犯罪嫌疑人全程同步录音录像制度,完善工作规程,对每一次讯问必须全过程不间断录音录像,在提请逮捕、移送审查起诉时必须同时移送录音录像资料。三是规范扣押、冻结财物。制定人民检察院扣押、冻结财物工作规定,完善执行程序和管理制度。从2009年起,坚持每年组织专项检查,逐案清理,坚决纠正违法扣押个人合法财产和案外人财物、违规使用扣押财物等问题。

（三）严格规范侦查监督和公诉工作。侦查监督和公诉工作承担着批准逮捕、提起公诉以及对立案、侦查、刑事审判活动进行监督等重要职责。检察机关认真总结发生冤错案件的教训,制定实施切实履行检察职能防止和纠正冤假错案等意见,正确把握捕诉标准、加大监督力度,既依法打击犯罪,又坚守防止冤假错案底线、维护诉讼参与人合法权益,努力做到不枉不纵、不错不漏。一是严把审查逮捕和审查起诉关。最高人民检察院制定审查逮捕、起诉和不起诉案件质量标准,坚持以事实为依据、以法律为准绳,对事实不清、证据不足的,依法不批捕、不起诉。二是健全非法证据排除机制。坚持全面调取、综合判断各类证据,坚决排除以刑讯逼供等非法方法取得的言词证据。2013年以来,因排除非法证据决定不批捕750人、不起诉257人。建立完善审查逮捕阶段讯问犯罪嫌疑人制度,对于命案等重大案件审查逮捕和延长羁押期限的,必须当面讯问犯罪嫌疑人。三是依法保障律师执业权利。针对律师会见难、阅卷难、调查取证难问题,制定加强律师执业权利保障的意见,细化保障律师权益的法律规定,指定专门部门接待律师,安排专门场所方便律师阅卷、复制卷宗材料。对阻碍律师依法行使诉讼权利的控告申诉,及时审查和答复。

（四）严格规范民事行政检察监督。民事行政检察工作起步较晚,相关法律规定比较原则。2012年民事诉讼法修改后,最高人民检察院制定深入推进民事行政检察工作科学发展的意见,进一步明确和规范民事检察监督的范围、程序和手段,规范抗诉、检察建议、督促起诉等监督方式的适用条件。特别是,规范检察建议提出、办理机制,提出再审检察建议、执行监督检察建议必须经检察委员会讨论决定。规范民事执行活动监督的内容和程序,会同最高人民法院在12个省市开展试点,2013年以来

共对民事执行中的违法情形提出检察建议50702件。实行民事行政检察监督与职务犯罪侦查相分离,民事行政检察部门在办案中发现职务犯罪线索的,移送职务犯罪侦查部门办理。

（五）严格规范刑罚执行和监管活动监督。刑罚执行和监管活动监督事关刑罚执行和监管活动公正、事关监管秩序稳定、事关被监管人合法权益保障。为提高监督能力和水平,最高人民检察院制定实施加强和改进监所检察工作的决定,颁布监狱检察、看守所检察、监外执行检察办法,明确和规范监督职责和程序。一是规范刑罚变更执行监督。加强与监管场所信息联网,健全同步监督机制。对原厅局级以上、县处级职务犯罪罪犯刑罚变更执行的,必须分别层报最高人民检察院、省级人民检察院备案审查。针对一些"有权人""有钱人"违法减刑假释暂予监外执行问题,今年3月起部署开展专项检查,重点监督有关部门对职务犯罪、金融犯罪、涉黑犯罪罪犯的刑罚变更执行情况,至9月底已建议收监执行800名罪犯,含原厅局级以上职务犯罪罪犯82人,立案查处背后弄虚作假、索贿受贿、徇私枉法的国家工作人员129人。二是规范刑事羁押期限监督。为防止和纠正各政法机关超期羁押,完善羁押必要性审查、羁押期限届满提示等机制,坚持定期清理、督促纠正久押不决案件。今年1月,又会同有关部门建立换押和羁押期限变更通知制度。三是规范派驻检察室设置和管理。实行派驻检察室规范化等级评定和动态管理,完善和落实日常派驻检察、上级监所检察部门业务督查指导和巡视检察等制度。四是规范对社区矫正的法律监督。会同有关部门制定社区矫正实施办法,规范对社区矫正违法情况的监督纠正程序。

三、强化办案管理和监督制约,促进检察权依法正确行使

加强办案管理监督,是规范司法行为的重要方面。各级检察机关以司法办案活动为重点,以制度机制建设为载体,不断强化对检察权运行的管理和监督制约。

（一）建立案件集中管理机制。2011年,最高人民检察院认真总结各地实践经验,决定改革长期以来由各个业务部门分别受理和管理所办案件的模式,设立统一的案件管理机构,统一进行案件受理、流程控制、质量管理、案后评查、综合考评,统一开具法律文书,统一接待律师,统一管理涉案财物。

全国97%的检察院已成立专门的案件管理部门。2013年11月，又在全国检察机关部署融办案、管理、统计功能于一体的统一业务应用系统，所有案件从受理到办结全部网上运行，特别是对办案流程、重要环节实行节点控制，上一个环节的司法活动必须符合规范才能进入下一个环节，实现了对全国四级检察机关全部办案活动和各类案件的全程、统一、实时、动态管理和监督。

（二）强化内部监督制约。检察机关坚持把强化自身监督放到与强化法律监督同等重要的位置来抓，制定实施人民检察院执法办案内部监督等规定，健全和规范内部监督制约机制。一是加强检察机关内部各环节的制约。合理划分司法办案权限，职务犯罪案件的受理、立案侦查、审查逮捕、审查起诉分别由不同部门承办。建立公诉部门提前介入重大职务犯罪案件侦查机制，监所检察、案件管理部门加强对检察环节羁押犯罪嫌疑人情况的监督，强化侦查监督、审查起诉、控告申诉检察部门对其他办案部门的纠错功能。二是加强上级检察院对下级检察院的监督。省级以下检察院办理的职务犯罪案件，撤案、不起诉、指定居所监视居住报上一级检察院批准，逮捕报上一级检察院决定，一审判决报上一级检察院同步审查。调整办案考评机制，突出案件质量评查，引入社会评价，改变简单通过数字指标、比率控制线等评价业务工作的做法。三是加强纪检监察机构的监督。建立司法办案监察建议、重点案件回访监督制度，推进重点岗位、关键环节廉政风险防控机制建设。制定在司法办案活动中防止说情干扰的规定，检察人员遇到打探案情、干预办案的，必须及时报告。

（三）深化人民监督员制度。为加强对查办职务犯罪工作的外部监督，2003年9月检察机关探索建立人民监督员制度，2010年10月全面推行。人民监督员对查办职务犯罪工作中应当立案而不立案、超期羁押、违法扣押冻结处理涉案财物、拟撤销案件、拟不起诉等"七种情形"进行监督。2006年以来共监督案件34215件。为解决"自己选人监督自己"的问题，今年9月，最高人民检察院会同司法部出台改革试点意见，探索由司法行政机关选任、管理人民监督员，并拓展监督范围，将指定居所监视居住违法、阻碍律师依法执业等纳入监督。

四、深化检务公开，以公开促规范

司法公开是促进司法规范的重要途径。检察机关积极适应开放、透明、信息化的社会发展趋势，增强主动公开、主动接受监督的意识，不断拓展公开的深度和广度，"倒逼"规范司法。

（一）拓展检务公开范围。2006年，最高人民检察院制定进一步深化检务公开的意见，2013年10月又部署在10个省市部分检察院开展深化检务公开试点，积极推进从选择性公开向该公开的全部公开、从职能职责公开向以案件信息公开为主转变。今年9月，颁布人民检察院信息公开工作规定，开通人民检察院案件信息公开网，正式运行全国检察机关统一的案件信息公开系统，目前已建成四大平台。一是案件程序性信息查询平台。将办理案件的案由、办案期限、办案进度、强制措施等信息，提供给案件当事人及其法定代理人、近亲属、辩护人等在网上查询。二是法律文书公开平台。对法院已作出生效判决案件的起诉书、刑事抗诉书，不起诉决定书，刑事申诉复查决定书等在网上公开。三是重要案件信息发布平台。将有较大社会影响的职务犯罪案件、刑事案件的办理情况，包括犯罪嫌疑人身份、涉嫌罪名、案件所处诉讼阶段等信息，以及已经办结的典型案例，及时向社会公开。四是辩护与代理预约申请平台。辩护人、诉讼代理人申请阅卷、会见、收集调取证据材料以及提供证据材料、要求听取意见、申请变更强制措施等，可以通过该平台提出申请，相关检察院在法定时限内处理回复。

（二）创新检务公开方式。广泛开展举报宣传周、检察长接待日、检察开放日等活动，与群众面对面交流。建立定期新闻发布会和专题新闻发布会制度，加强重要信息发布和政策解读。全面推进四级检察院门户网站建设，学会运用新兴传播工具，拓展与公众互动平台。最高人民检察院建立网上发布厅，全面开通官方微博、微信和新闻客户端，订阅数已从今年4月初的120多万上升到9月底的1267万。对于在案件事实、适用法律方面存在较大争议或在当地有较大影响的拟不起诉、不服检察机关处理决定的申诉案件，公开审查和答复。

（三）规范检务公开场所。推进统一的检务公开大厅建设，把检务宣传、业务咨询、控告举报申诉受理、律师接待、视频接访、案件信息查询、12309平台等工作整合起来，开展"一站式"服务。同时把这些功能整合在检察机关门户网站上，实现网上网下同步服务，方便群众查询和监督。最高人民检察院正在制定检务公开大厅建设方案和管理规则,即将颁布。

五、加强过硬队伍建设,提高规范司法水平

过硬检察队伍是规范司法行为的基础保障。各级检察机关坚持从源头抓起,有针对性地强化教育、管理和监督,着力提高检察队伍严格规范司法的能力和水平。

(一)持续强化司法理念教育。深入学习贯彻社会主义核心价值观、社会主义法治理念,加强检察职业伦理建设,明确提出惩治犯罪与保障人权并重、程序公正与实体公正并重、司法公正与司法效率并重等"六个并重"。坚持每年一个主题,深入开展专题教育活动,强化忠诚使命、规范司法的理念。去年以来,各级检察机关结合开展党的群众路线教育实践活动,深入查找和整改司法不规范等突出问题。大力宣传张飚、张章宝等先进典型,寻找"最美检察官",引导检察人员信仰法治、坚守法治。

(二)全面提升司法能力。制定落实检察人才队伍建设中长期规划,深入实施检察人才"六项重点工程"。以办案一线人员为重点,推进大规模、正规化全员轮训,广泛开展业务竞赛、岗位练兵和专题培训。2006年以来,累计培训检察人员118万人次。其中,最高人民检察院直接培训各级检察院领导班子成员9145人次,直接培训各类业务骨干24917人次,直接培训西部检察人员4585人次。加大对西部地区特别是西藏、新疆、青海藏区等地检察教育培训援助力度,连续五年组织讲师团赴西部巡讲,加大少数民族地区双语人才引进和培养力度。

(三)大力加强纪律作风建设。针对人民群众反映强烈的特权思想、霸道作风、违规使用警车警械等突出问题,持续开展专项整治。制定实施廉洁从检若干规定,出台检察人员与律师交往行为规范、检察人员八小时外行为禁令,筑牢"防火墙"。以发现问题、促进整改为主要内容,加强对省级检察院领导班子的常规巡视和对最高人民检察院内设机构的专项巡视。建立检务督察工作机制,对检察人员履职情况进行明察暗访。坚持从严治检,在12309平台设立"举报检察干警违法违纪"专区,2006年以来共查处违法违纪检察人员2040人,其中追究刑事责任198人,处理情况及时向社会公开通报。

(四)突出抓好基层司法规范化建设。针对不

规范问题更多发生在基层的实际,检察机关坚持把基层作为规范司法的重点。最高人民检察院制定实施基层检察院建设指导意见和规范化建设考核办法,坚持领导干部对口联系、业务部门对口指导等制度,开展"规范司法强化年"等活动。建立基层抽样评估制度,去年以来,对10个省基层检察院建设情况进行抽样评估,深入查找司法不规范的突出问题,剖析原因、提出整改意见,并向全国检察机关通报,促进基层检察人员提升规范司法水平。

多年来,全国人大和地方各级人大及其常委会始终把司法规范化建设作为重要的监督内容,通过执法检查、听取专项报告、开展专题调研、司法解释备案审查等方式,监督检察机关严格规范公正文明司法,各级人大代表提出不少关于规范司法行为的议案和富有建设性的意见建议,有力推动了检察机关司法规范化建设。

我们清醒认识到,检察机关司法活动中仍然存在不少突出问题:一是一些检察人员人权意识、程序意识、证据意识、规范意识没有真正牢固树立,重实体轻程序、重打击轻保护、重配合轻监督、重保密轻公开。有的不认真听取当事人和律师意见,对律师合法要求无故推诿、拖延甚至刁难;有的应当公开的信息不及时公开。二是一些司法不规范的"顽症"根深蒂固。有的滥用强制措施、违法扣押冻结处理涉案财物、违法取证,侵害当事人合法权益。有的办案质量不高、瑕疵较多,引起当事人质疑甚至上访。有的司法作风简单粗暴,对待当事人和来访群众冷硬横推。三是有的执行法律规定和制度规范各取所需。尤其对一些限制性规定变通执行、打折扣,有令不行、有禁不止、违规不究、监督不力。有的认为办案规范束缚手脚,对监督管理有抵触情绪,一些制度规范的落实在基层还有"盲区"。有的制度规范过于原则或烦琐,针对性、操作性不强。四是检察队伍建设有待加强。有的宗旨意识不强、职业素养不高,缺乏准确判断事实、正确适用法律、依法独立办案的能力。办案骨干力量缺乏,高层次、专家型业务人才更少。编制紧张、人员紧缺与办案任务繁重的矛盾突出,有的检察官因为办案压力大、待遇低等原因,要求调离检察院,或不愿在一线办案。中西部地区基层检察院人才难进和人才流失问题叠加。五是司法不廉洁问题仍然存在。有的接受吃请、收受贿赂、以案谋私,办关系案、人情案、金钱案。有的私下接触当事人及律师,泄露

案情或帮助打探案情。我们将紧紧抓住这些问题，坚持不懈下大气力认真整改。

党的十八届四中全会对全面推进依法治国作出战略部署，对规范司法行为、保证公正司法、提高司法公信力提出了新的更高要求。全国检察机关将以这次全国人大常委会听取和审议专项报告为契机，从加快建设社会主义法治国家的高度，把规范司法行为作为长期性、基础性的战略任务来抓，坚持问题导向，坚持严格司法，不断提高检察机关规范司法的能力和水平，努力让人民群众在每一个司法案件中感受到公平正义。

第一，坚持不懈推进司法理念、司法能力、司法作风建设。检察队伍的理念、能力和作风，始终是司法规范化建设第一位的任务。要加强理想信念教育，深化"增强党性、严守纪律、廉洁从政"专题教育活动，开展"坚守职业良知、践行司法为民"大学习大讨论，毫不动摇地坚持严格公正规范、理性平和文明司法。制定检察人员岗位素能基本标准，紧贴司法实践开展分类培训，提高法律监督能力。严格落实党风廉政建设主体责任和监督责任，进一步规范检察人员与当事人、律师的接触交往行为，健全纪律执行机制，对司法领域的腐败"零容忍"，坚决清除害群之马。

第二，集中整治司法不规范的"顽症"。检察机关将结合全国人大常委会的审议意见和全国人大内司委的调研报告，进一步持续深入整治检察环节司法不规范的突出问题，坚决反对和克服特权思想、霸道作风，决不允许办关系案、人情案、金钱案。对滥用强制措施、违法扣押冻结处理涉案财物、阻碍律师会见、不严格执行同步录音录像等"顽症"，最高人民检察院将部署开展专项整治，以实际成效取信于民。

第三，以规范检察权运行为重点，进一步完善司法规范体系。按照科学、适用、简便的原则，统筹推进规范性文件废改立，当废则废、该修则修，使制度规范易懂易记，接地气、可操作。健全职务犯罪线索管理制度，规范查封、扣押、冻结、处理涉案财物的程序，依法严格查办职务犯罪。制定常见、多发罪名证据收集指导意见，进一步明确非法证据排除的程序和标准，严格依法收集、固定、审查、运用证据。加强对非法取证的源头预防，健全冤假错案有效防范、及时纠正和责任倒查机制。加强和规范司法解释、案例指导工作，统一法律适用标准。

第四，深化司法改革和检察改革。认真落实中央部署，稳步推进省以下检察院人财物统一管理、检察人员分类管理、完善检察官职业保障制度等改革。推进主任检察官办案责任制改革，依法科学划分办案权限，建立办案质量终身负责制，落实谁决定谁负责、谁办案谁负责。健全内部监督制约机制，强化办案程序监控和质量评查，完善检察机关内部人员过问案件的记录制度和责任追究制度。构建开放、动态、透明、便民的检务公开机制，完善接受人大监督、民主监督、社会监督、舆论监督制度，完善人民监督员制度，依法接受公安机关、审判机关在诉讼活动中的制约，紧紧依靠人民监督规范司法行为。

全国人大常委会再次听取检察机关规范司法行为工作情况的报告，充分体现了对检察监督和规范司法的高度重视和有力监督。我们将深入学习贯彻党的十八大和十八届三中、四中全会精神，深入贯彻习近平总书记系列重要讲话精神，认真落实本次会议的审议意见，更加自觉接受人大及其常委会的监督，进一步完善检察权运行机制，规范司法行为，坚持严格司法，为全面推进依法治国、全面深化改革、全面建成小康社会作出更大贡献！

第 二 部 分

最高人民检察院负责人重要报告和讲话选载

在最高人民检察院机关党的群众路线
教育实践活动总结大会上的讲话

最高人民检察院检察长　曹建明

（2014 年 1 月 23 日）

经中央教育实践活动领导小组同意，今天我们召开最高人民检察院机关处长以上党员干部大会，主要任务是认真学习贯彻习近平总书记重要讲话精神，对最高人民检察院机关教育实践活动进行总结，对下一步工作提出要求。中央第十七督导组组长张维庆同志还要讲话，我们要认真抓好落实。

1 月 20 日，习近平总书记在党的群众路线教育实践活动第一批总结暨第二批部署会议上发表了重要讲话，站在党和国家事业发展全局的高度，认真总结了第一批教育实践活动取得的重要成果和宝贵经验，深刻阐述了第二批教育实践活动的重要性和紧迫性，明确提出了开展第二批教育实践活动的目标任务、基本要求和重点措施。讲话体现了党要管党、从严治党的政治清醒，体现了直面问题、攻坚克难的政治担当，体现了根植人民、造福人民的政治自觉，既是理论指导又是实践要求，为全面深入推进教育实践活动、进一步加强作风建设提供了重要遵循。我们一定要认真学习领会，切实把思想和行动统一到习近平总书记重要讲话精神上来，特别是要按照中央要求，既扎实抓好第一批教育实践活动整改落实工作，又切实抓好市县两级检察院的教育实践活动，使党的优良作风在检察机关得到更好弘扬，使群众路线在检察工作中得到更好贯彻。

下面，我代表党组讲几点意见：

一、最高人民检察院机关教育实践活动圆满完成各项任务，取得明显成效

去年 7 月以来，在中央教育实践活动领导小组正确领导和中央第十七督导组有力指导下，最高人民检察院党组认真贯彻中央的部署，牢牢把握"照镜子、正衣冠、洗洗澡、治治病"的总要求和为民务实清廉的主题，聚焦"四风"和执法司法突出问题，扎实推进党的群众路线教育实践活动，在提高思想认识、坚定理想信念、转变作风、推动工作落实等方面取得重要阶段性成果。

第一，坚持教育为先，广大党员干部贯彻执行党的群众路线的意识和能力普遍增强。我们坚持把加强思想理论武装、坚定理想信念贯穿始终，在教育实践活动各个环节都紧抓不放，深入开展马克思主义群众观点和党的群众路线教育，组织全体党员干部认真学习中国特色社会主义理论体系、党的十八大和十八届三中全会精神特别是习近平总书记系列重要讲话精神。党组中心组先后 6 次专题学习，4 次邀请专家辅导，院领导 3 次专题辅导；分别召开最高人民检察院党组和各厅级单位领导班子专题研讨会；连续举办 5 期厅处长专题学习培训班。通过持续不断的学习教育，广大党员干部对开展教育实践活动的重要意义、对检察工作的根本目标和检验标准等有了更深刻认识，群众观点、党性修养、思想作风有了新的提升。

第二，坚持问题导向，"四风"和执法司法突出问题得到有效整改。我们以贯彻落实中央八项规定精神为切入点，既着力查找和解决"四风"方面的突出问题，又着力查找和解决执法司法中的突出问题。坚持开门搞活动，书面征求 500 多名全国人大代表、全国政协委员和 155 个相关单位的意见；在北京召开 8 个座谈会，院领导带队深入 12 个省市召开 24 个座谈会，广泛听取各方面意见。对收集到的 1013 条意见建议认真梳理分析、逐条对照检查，提出了 24 个方面 87 项整改措施。坚持边学边改、边查边改，在查摆问题、开展批评环节落实了 12 项边整边改项目及分工方案，在整改落实、建章立制环节又针对群众反映强烈的突出问题，研究部署了 14 项专项整治工作。半年多来，一批"四风"和执法司法突出问题得到有效整改。

第三，注重建章立制，初步形成了检察机关作风建设的长效机制。我们围绕改进作风制订规章制度，针对容易滋生"四风"问题的重点领域和关键环节，党组研究确立了学习教育、民主决策、服务群众、执法监督、务实创新、廉洁自律、机关建设等 7 个方面 52 项制度建设任务。截至目前我们已完成 34 项，先后研究制定了最高人民检察院工作规则、会议活动管理办法、规范检察人员因公出国（境）的意见、规范检察机关领导干部境外培训工作的意见、检察机关厉行勤俭节约反对铺张浪费若干规定、检察人员八小时外行为禁令、从地方检察机关借用人员工作管理办法、改进规范新闻报道实施办法等制度，贯彻群众路线的长效机制和刚性约束初步形成。同时，狠抓制度的执行和落实，对违反制度和纪律规定的坚决严肃查处。

第四，突出检察特色，检察工作亲和力和公信力进一步提升。我们坚持把教育实践活动与履行法律监督职能、深化检察改革、提高队伍能力素质结合起来。特别是，认真倾听群众呼声，切实解决群众难题，出台了一系列执法为民、服务群众的新举措。我们会同有关部门制定办理性侵未成年人、利用信息网络实施诽谤、危害食品安全、环境污染刑事案件等司法解释，部署开展打击涉农犯罪、维护农民工合法权益和打击铁路上发生的危害民生民利犯罪等专项活动，组织开展危害民生刑事犯罪专项立案监督；我们深入开展查办和预防发生在群众身边、损害群众利益的职务犯罪专项工作，在教育、医疗、征地拆迁、生态环境、社会保障、安全生产等民生领域查办职务犯罪 24492 件，推动解决了一批关系群众切身利益的重点难点问题；我们开展群众控告申诉难问题专项整治，制定贯彻实施涉法涉诉信访工作改革的意见，修改刑事申诉案件复查规定，健全来信、来访、电话、网络"四位一体"的群众诉求表达机制；我们针对群众反映强烈的执法司法突出问题，制定实施防止和纠正冤假错案若干意见，组织开展久押不决案件专项清理、违法减刑假释暂予监外执行专项监督，从严查处司法腐败，让人民群众切实感受到公平正义就在身边。

第五，坚持领导带头，最高人民检察院机关各级领导班子自身建设进一步加强。院党组和班子成员既认真履行领导职责，又带头加强自身建设。

带头抓好整改落实，院党组作出加强作风建设十项承诺，自觉接受广大干警和人民群众监督。各厅级单位领导班子、领导干部也充分发挥带头示范作用。

党组始终高度重视履行好自己的政治责任，先后 15 次召开专题会议，听取教育实践活动情况汇报，研究制定实施方案以及每个环节的工作方案，研究解决活动中的重大问题，及时提出推进活动的指导意见和措施。院教育实践活动领导小组及其办公室认真履行职责，加强具体指导和督促检查，并注意加强对地方检察机关教育实践活动的指导。各厅级单位认真落实中央的决策部署和党组要求，结合实际精心组织实施，形成了一级抓一级、层层抓落实的良好格局。

总的看，最高人民检察院机关教育实践活动达到了预期目的。1 月 14 日，中央督导组组织对最高人民检察院党组班子开展教育实践活动情况进行了民主评议，好和较好得票率为 91.9%。这既是全院广大党员干部共同努力的结果，也是中央第十七督导组有力指导和帮助的结果。中央部署开展教育实践活动以来，中央第十七督导组自始至终高度重视、大力支持、全程参与最高人民检察院教育实践活动，对每个环节每项工作均给予有力指导和大力帮助，确保了活动不偏不虚不空、不走过场；自始至终坚持高标准严要求，认真督查、严格把关，认真审核活动方案、领导班子和每位班子成员对照检查材料、党组整改方案等重要文稿，提出了许多明确具体的意见建议；自始至终坚持从实际出发，多次深入最高人民检察院实地调研，多次参加最高人民检察院的会议活动；自始至终发扬高度负责、敢于担当、求真务实、密切联系群众的优良作风，坚持以身作则，为检察机关特别是最高人民检察院广大党员干部作出了表率。

我们也清醒看到，与中央的要求和人民群众的期望相比，最高人民检察院教育实践活动还存在不少差距和不足：一是教育实践活动发展还不够平衡，有的同志宗旨意识、群众观点还不够牢固，贯彻群众路线的自觉性有待进一步增强；二是整改措施有待进一步落实，有的同志解决自身问题和改进提高的力度还不够大，一些群众反映强烈的"四风"问题还未得到解决；三是长效机制有待进一步健全，制度建设和整改落实任务还很重。对这些问题，我们要采取针对性措施，认真加以解决。

二、进一步巩固和扩大教育实践活动成果，推动检察机关作风建设长效化、常态化

教育实践活动虽告一段落，但是作风问题具有顽固性和反复性，不可能通过一次教育活动把所有的问题都解决了，而且就是现在查找出的问题，整改落实也还有个过程，贯彻党的群众路线、加强作风建设仍是一项长期的、艰巨的任务。我们要按照中央统一部署，从保持党同人民群众血肉联系的高度，以贯彻为民务实清廉要求为主线，以落实整改方案为抓手，以建立健全长效机制为重点，紧紧盯住群众反映强烈的作风问题不放，从小事做起，从具体事情抓起，进一步巩固和扩大教育实践活动成果，让人民群众真切感受到活动带来的作风新气象。

（一）坚持群众路线，始终把执法为民作为最重要的职业良知。习近平总书记深刻指出，贯彻党的群众路线，"知"是基础、是前提，"行"是重点、是关键，必须以"知"促"行"，以"行"促"知"，做到知行合一；突出强调"四风"问题归根结底是理想信念出现动摇所致。我们一定要始终坚持教育和实践两手抓，毫不放松地加强思想政治建设，不断增强道路自信、理论自信、制度自信，真正把世界观、人生观、价值观这个"总开关"问题解决好。特别是，要深入持久开展群众观点、群众路线教育，引导广大检察人员深刻认识检察机关贯彻群众路线的极端重要性，自觉把执法为民作为最重要的职业良知，把人民群众的事当作自己的事，把人民群众的小事当作自己的大事，使马克思主义群众观点和党的群众路线深深根植于广大检察人员思想中，落实到每个检察人员行动上、贯彻到每一项检察实践中，汇聚起保障人民安居乐业、推动改革发展的正能量。

（二）发扬认真精神，坚持不懈解决"四风"和执法司法突出问题。习近平总书记强调指出，讲认真是我们党的根本工作态度，是关系党和人民事业的大问题，是关系世界观和方法论的大问题，是关系党的性质和宗旨的大问题。去年底，最高人民检察院党组和各厅级单位先后印发了教育实践活动整改方案。从目前情况看，各项整改工作都在按计划推进，总的进展比较顺利。落实整改方案是巩固和扩大教育实践活动成果的重要抓手，也是教育实践活动最终能否取得实效的决定性因素。党组和各厅级单位要把认真精神体现到落实整改方案中，对整改方案中的任务措施进行全面梳理，逐一拉出清单，按照完成目标、责任和期限等建立台账，持续

用劲、一抓到底，绝不能虎头蛇尾、功亏一篑。一要严明整改责任。各项整改任务的责任领导和责任部门要切实负起责任。已经整改的要巩固成果、防止反弹，正在整改的要加大力度、抓紧抓好。各级领导干部既要认真落实个人的整改责任，又要承担班子的共同责任。院党组和班子成员要率先垂范。各厅级单位既要抓好党组整改方案中分解任务的落实，又要认真组织实施本部门的整改方案。二要切实加强督促检查。党组要加强对整改落实工作的统一领导，将落实整改任务列入党组季度工作要点，按照时间节点，一项一项督办落实。院教育实践活动领导小组及其办公室要继续加强督导和跟踪检查，政治部、纪检组监察局和机关党委等要协同配合，以"钉钉子"的精神扭住不放，确保每一项整改措施落实到位。整改工作进展情况要予以公示，继续发挥广大党员、干部建言献策和支持监督作用。三要突出抓好专项整改。去年12月中旬，我们聚焦群众反映强烈的控告申诉难、久押不决、违法减刑假释保外就医、损害群众利益职务犯罪多发等突出问题，部署了14项专项整治工作。目前8项已基本完成，6项正在推进之中。这些都是事关检察工作全局、事关群众切身利益的重大整改措施。相关责任领导和责任部门要继续抓紧开展工作，对计划稍后完成的整改事项现在就要抓紧调研、制定方案、尽快启动、抓出成效。

（三）抓好制度建设，进一步完善促进作风转变的长效机制。习近平总书记反复强调，制度问题更带有根本性、全局性、稳定性、长期性。在教育实践活动中，我们坚持边整边改边建，建立完善了一批制度规范。但制度建设是一项长期的、持续性的工作，特别是整改方案中提出的一些制度建设任务要延续到活动结束之后。我们要把制度建设放在更加重要的位置，进一步加大制度建设和落实力度，把制度"笼子"扎紧。一要坚持于法周延、于事简便的原则。研究制定具体制度规范时，要注意增强针对性、适用性、可操作性。最高人民检察院、省级检察院要加强顶层设计。二要突出制度建设的重点。整个制度建设都要围绕纠正和防止"四风"、落实为民务实清廉要求来展开。特别是，要抓紧制定检察机关贯彻《党政机关厉行节约反对浪费条例》的具体措施，坚决遏制公务支出和公款消费中的各种违法违规现象。要抓紧出台检察机关直接联系群众、服务群众工作办法，建立检察机关终结性法律文书

向社会公开、案件程序性信息同步网络查询制度，完善征求群众意见等制度。要抓紧完善抓工作抓落实的责任制，研究制定加强和改进检察业务指导工作办法，完善班子成员联系基层制度，改革和完善检察业务考评体系，加快推进检察机关统一业务应用系统。要抓紧建立健全廉政风险防控、执法办案说情报告和通报、廉政隐患摸排预警、重点岗位轮岗交流、防止利益冲突、回避等制度，严格规范检察人员与律师、当事人和中介的关系，着力完善自身惩治和预防腐败体系。要抓紧制定加强最高人民检察院机关作风建设、加强最高人民检察院机关干部教育管理等意见，研究进一步解决机关干部实际困难的办法和措施，建立与机关干部谈心谈话制度，进一步改进机关作风。三要锲而不舍狠抓制度规定的贯彻执行。要坚持用制度管人管事管权，明确制度执行的"红线""雷区"。要更加突出强调执行纪律不能有任何含糊，对违反制度规定的坚决从严处理，真正让铁规发力、让禁令生威。

（四）加强组织领导，确保市县两级检察院教育实践活动取得实效。中央已经对第二批教育实践活动作出了动员部署。各级检察机关要按照中央和地方党委的统一安排，充分借鉴第一批活动经验，把中央的部署要求贯彻好落实好。特别是，要更加突出学习教育，引导广大党员干部坚定理想信念，增强为民意识，保持共产党人和人民检察官的蓬勃朝气、昂扬锐气、浩然正气；更加突出问题导向，从一开始就盯住自己的问题不放，既坚决纠正"四风"，又认真解决执法司法中的突出问题；更加突出服务群众，立足检察职能深入开展爱民实践活动，拓展联系服务群众平台，不断提高群众工作能力，始终保持同人民群众的血肉联系；更加突出领导示范，充分发挥领导机关、领导干部的模范带动作用，推动教育实践活动健康发展、取得实效。需要强调的是，市县两级检察院处于执法办案第一线，同群众联系更直接、更紧密，涉及的矛盾和问题更具体，任务也更艰巨。最高人民检察院和省级检察院要切实担负起系统指导职责，加强分类分层分级指导，及时研究提出检察机关第二批教育实践活动指导意见。最高人民检察院领导、检察委员会专职委员要分别选择一个基层检察院作为活动联系点，解剖麻雀，加强指导。市县两级检察院要深入调查研究，广泛听取意见，从自己的实际情况和特点出发，抓紧做好各项准备工作。

三、充分运用教育实践活动成果，全面做好当前各项工作

开展教育实践活动、抓作风改作风，目的是更好地推进工作。关于今年的检察工作，1月初召开的中央政法工作会议、全国检察长会议已经作了明确部署，现在关键是要抓好落实。

当前正值年初，春节和全国"两会"又即将到来，各项工作千头万绪。各级检察机关和最高人民检察院各内设机构要切实加强统筹协调，把教育实践活动同做好当前各项工作结合起来，做到两手抓、两不误、两促进。一要深入学习贯彻中央政法工作会议、十八届中央纪委三次全会和全国检察长会议精神。最高人民检察院各内设机构要结合实际，对中央和最高人民检察院的部署要求予以细化分解，研究制定年度工作要点，积极稳步推进各项检察工作。最高人民检察院既要加强组织领导又要带头办理重大案件，力争使今年的执法办案工作有一个良好开局。二要抓紧做好全国"两会"有关准备工作。一年一度的"两会"是我们检验工作成绩、自觉接受监督、主动争取支持的重要契机。办公厅等有关部门要抓紧做好报告起草、征求意见、代表联络等工作。三要抓好春节和"两会"前后的维护稳定工作。这一时段往往是各类矛盾、案件多发期。机关各业务部门要准确把握当前维护社会稳定形势的新特点新趋势，加强调研和指导，深入排查化解涉检矛盾纠纷，坚决打击影响社会治安稳定、影响群众安全感的刑事犯罪，努力营造安全祥和的社会环境。四要坚决落实"五个过硬"的要求，切实抓好自身建设。尤其要严格落实中央八项规定精神，认真贯彻党政机关厉行节约反对浪费条例，严格执行中央纪委和最高人民检察院各项禁令规定，不该去的地方坚决不去，不该做的事情坚决不做，过一个欢乐、祥和、廉洁的节日。各位院领导、各厅级单位主要负责人要认真履行党风廉政建设责任，给机关全体干部职工认真严肃打好招呼。

群众观点是马克思主义政党的根本观点，群众路线是党的生命线和根本工作路线。我们一定要深入学习贯彻习近平总书记系列重要讲话精神，真正以高度负责的精神、一心为民的情怀、坚定不移的决心，更好地落实党的群众路线，更好地践行执法为民宗旨，更好地改进检察机关的作风，为全面建成小康社会、实现中华民族伟大复兴的中国梦提供更有力的司法保障。

在全国检察机关党风廉政建设和反腐败工作电视电话会议上的讲话

最高人民检察院检察长　曹建明

（2014 年 2 月 20 日）

我们这次会议的主要任务是，认真学习贯彻习近平总书记在十八届中央纪委三次全会和中央政法工作会议上的重要讲话精神，总结去年检察机关党风廉政建设和反腐败工作，研究部署今年任务。

十八届中央纪委三次全会是在全面深化改革起始之年召开的一次重要会议。习近平总书记在全会上的重要讲话，立足党和国家事业发展全局，深刻分析了党风廉政建设和反腐败斗争形势，明确部署了当前主要任务，突出强调要严明党的组织纪律，充分彰显了我们党坚持从严治党、惩治腐败的坚定决心和清晰思路。王岐山同志所作的工作报告，回顾总结了去年党风廉政建设和反腐败工作，对今年工作进行了安排，具有很强的针对性和指导性。在年初召开的中央政法工作会议上，习近平总书记深刻阐明了政法工作的指导思想、目标任务和基本要求，特别是对过硬队伍建设予以突出强调，为推进检察队伍建设指明了方向。孟建柱同志在讲话中，也对加强政法队伍建设，特别是加大正风肃纪力度，确保清正廉洁，不断提升执法司法公信力，提出了明确要求。各级检察机关要在前阶段学习贯彻的基础上，按照全国检察长会议的部署，进一步把十八届中央纪委三次全会和中央政法工作会议精神结合起来，深入学习贯彻习近平总书记等中央领导同志重要讲话体现的新思想、新观点、新要求，真正用以统一思想、指导实践，更好地推进过硬检察队伍建设。

去年以来，全国检察机关认真学习贯彻党中央关于党风廉政建设和反腐败斗争的新理念、新思路、新举措，自身反腐倡廉建设取得新进展。特别是，我们坚持把党风廉政建设和反腐败工作纳入检察工作全局，融入检察业务、队伍建设、检务保障等各项工作，落实和完善党风廉政建设责任制，进一步推动形成齐抓共管的工作格局；我们不断强化廉洁从检教育，认真剖析检察人员违纪违法典型案例，把廉洁从检作为检察文化建设的重要内容，反腐倡廉教育的针对性和实效性显著增强；我们以开展党的群众路线教育实践活动为契机，坚决落实中央八项规定，制定检察机关实施办法，出台厉行勤俭节约反对铺张浪费规定，颁布检察人员八小时外行为禁令，及时整改了一批"四风"和执法司法突出问题；我们狠抓检察权运行制约和监督体系建设，进一步强化对领导干部和执法办案活动的监督，对 7 个省级检察院领导班子进行巡视，组织 9 个省级检察院检察长述职述廉，组织 10 个省市 90 个检察院开展交叉检务督察，严格落实领导干部报告个人有关事项等制度，内部监督制约机制进一步完善；我们坚持从严治检，在 12309 举报网站开设"检察干警违法违纪举报"专区，认真核查人民群众反映的线索，并加强违纪违法典型案件通报，自身反腐力度不断加大。一年来，全国检察机关广大纪检监察干部牢记使命、勇于担当、忠实履职，为建设过硬检察队伍付出了心血和汗水。在此，我代表最高人民检察院，向大家表示衷心的感谢和亲切的问候！

莫文秀同志代表最高人民检察院党组作了很好的报告。下面，我再讲几点意见。

一、深刻领会习近平总书记关于加强政法队伍建设的系列重要指示精神，切实增强推进检察机关党风廉政建设和反腐败工作的自觉性和坚定性

党的十八大以来，习近平总书记多次对政法机关、政法队伍自身建设作出重要指示，鲜明指出了新形势下政法队伍建设的目标方向和重点任务。各级检察机关一定要把思想和行动统一到中央关于反腐败形势的分析判断上来，统一到中央对政法队伍建设的部署要求上来，更加重视抓好自身党风廉政建设和反腐败工作。

一要深刻认识过硬队伍建设的极端重要性，始终把过硬检察队伍建设放到突出位置来抓。习近平总书记在对政法工作的系列重要讲话和批示中，始终把过硬队伍建设放在一个突出的位置进行强调。2013 年初，总书记在对政法工作的重要批示中，第一次将"过硬队伍建设"作为新时期政法机关三大任务之一进行了部署；今年初，在中央政法工作会议上，总书记突出强调"实施依法治国基本方略，建设社会主义法治国家，必须有一支高素质队伍"；1 月 22 日在对检察工作的重要批示中，又把"建设过硬队伍"放在更加突出的位置，凸显了党中央和总书记对政法队伍、检察队伍建设的高度重视，凸显了建设过硬政法队伍的极端重要性。检察机关是国家免疫系统的重要组成部分，是营血卫气、祛邪扶正、保证社会肌体健康的重要力量。如果免疫系统自身出了问题，必定对整个肌体健康造成严重危害，并影响党和国家事业健康发展。我们一定要从党和国家事业发展全局的高度，深刻认识建设过硬队伍的极端重要性，自觉把队伍建设放在更加突出的位置来抓，努力建设一支党和人民满意的高素质检察队伍。

二要全面落实"五个过硬"的要求，进一步明确新形势下检察队伍建设的目标任务。习近平总书记在中央政法工作会议上，突出强调要按照政治过硬、业务过硬、责任过硬、纪律过硬、作风过硬的要求，努力建设一支信念坚定、执法为民、敢于担当、清正廉洁的政法队伍。这一重要论述，深刻阐述了政法队伍建设的目标要求和主要任务。我们要始终把政治过硬作为检察队伍的核心要求，检察人员长期面对各种风险和挑战，长期面对各种社会阴暗面，长期面对各种消极因素的侵蚀，必须始终坚持党的事业至上、人民利益至上、宪法法律至上，永葆忠于党、忠于国家、忠于人民、忠于法律的政治本色。在重大原则问题和大是大非面前，绝不能模棱两可、遮遮掩掩，更不能人云亦云、随波逐流。要始终把业务过硬作为检察队伍的立身之本，坚持从源头抓起，从基础抓起，更加重视提高自身素质能力和水平，促进严格执法、公正司法。要始终把责任过硬作为检察队伍必备的基本品质，面对党和人民的事业敢于负责、勇于担当，面对重大政治考验旗

帜鲜明、挺身而出，面对歪风邪气敢于亮剑、坚决斗争，面对急难险重任务豁得出来、顶得上去。要始终把纪律过硬作为检察队伍的政治优势，健全纪律教育和执行机制，把遵守纪律铭刻在灵魂中、熔铸在血液里，真正让铁规发力、让禁令生威，以铁的纪律带出一支铁的队伍。要始终把作风过硬作为检察队伍完成职责使命的根本保障，坚持不懈整治队伍中的不正之风，保持优良传统和作风，切实增强人民群众满意度。

三要始终坚持以解决突出问题为切入口，扶正祛邪。习近平总书记在十八届中央纪委三次全会上，明确要求以解决突出问题为切入口，扶正祛邪。1 月 15 日在听取检察工作汇报时也强调指出，加强检察机关整体队伍建设，也要坚持问题导向。这些重要论述，为我们推进过硬队伍建设提供了科学的思想方法和工作方法。只有始终清醒认识并着力解决存在的突出问题，才能明确方向，深化改革，改进工作，趋利避害。检察队伍的主流是好的，但从人民群众反映和查处的违法违纪案件看，我们对自身队伍中、执法中存在的突出问题一定不能掉以轻心，要始终保持清醒头脑，牢固树立问题意识、坚持问题导向，紧紧盯住自己的问题不放，大问题要抓、小问题也要抓，坚持不懈整改自身存在的突出问题，树立严格规范公正文明执法新形象。

四要牢固树立监督者更要解决自身监督问题的理念，不断强化自身监督制约。总书记在听取检察工作汇报后，明确要求检察机关要更加重视自身建设，自觉遵守党纪国法，加强制度设计，解决"灯下黑"问题。这一重要论述，对我们加强党风廉政建设和反腐败工作具有十分重要的指导意义。打铁还需自身硬，检察机关作为国家法律监督机关和反腐败的重要职能部门，如果自己都没有做好，监督别人何从谈起，又凭什么监督别人！不愿接受监督、抵触监督，本身就是内心虚弱的表现，就是问题的表现！我们一定要按照党中央的要求，牢固树立监督者必须接受监督的观念，紧紧围绕领导干部和执法办案这两个重点，坚持不懈抓好自身监督制约机制建设，特别是狠抓制度的执行和落实，敢于接受监督，敢于用比监督别人更严的要求来监督自己，确保检察权在阳光下运行。

五要准确把握执法司法公信力的决定性因素，始终把公正廉洁执法作为对检察人员的本质要求。习近平总书记强调，执法司法是否具有公信力，主

要看两点，一是公正不公正，二是廉洁不廉洁。这一重要论述明确指出了政法工作的权威和公信的基础所在和力量所在，具有很强的针对性、指导性。公生明，廉生威。没有自身的公正和廉洁，一味强调司法权威和司法公信，就是无源之水、无本之木，就是空中楼阁、海市蜃楼。我们要把强化公正廉洁的职业操守、职业良知作为必修课，引导广大检察人员自觉用职业操守和职业良知约束自己，认识到不公不廉是检察机关最大的耻辱，树立惩恶扬善、执法如山的浩然正气；要始终信仰法治、坚守法治，把法治精神当作主心骨，坚决抵制各种潜规则，只服从事实和法律，不偏不倚、不枉不纵，铁面无私、秉公执法，杜绝法外开恩；要加强制度约束，在执法办案各个环节都设置隔离墙、通上高压线；要坚持以透明保廉洁，进一步增强检察工作透明度，不断提升检察机关的执法公信力。

六要清醒认识司法腐败的严重危害，以最坚决的意志、最坚决的行动扫除自身腐败现象。习近平总书记深刻指出，政法机关和政法队伍中的腐败现象，还不仅仅是一个利益问题，很多都涉及人权、人命；强调执法司法机关执法犯法，不能容忍；提出旗帜鲜明反对腐败，是政法战线必须打好的攻坚战；要求对司法腐败零容忍，以最坚决的意志、最坚决的行动扫除政法领域的腐败现象。这些重要论述，充分体现了我们党反对司法腐败、维护司法廉洁的坚定决心和鲜明态度。司法腐败不仅影响司法的公正和廉洁，损害法治的权威和公信，而且影响人民群众对依法治国的信心、对党和政府的信心。我们一定要坚持从严治检不放松，始终保持对自身腐败问题的零容忍，加大正风肃纪力度，坚决查处检察人员自身腐败问题，坚决清除害群之马。

二、认真贯彻中央决策部署，扎实抓好今年检察机关的党风廉政建设和反腐败工作

去年底，中央印发了《建立健全惩治和预防腐败体系2013—2017年工作规划》，这是开展党风廉政建设和反腐败工作的重要指导性文件。检察机关在惩治和预防腐败体系建设中承担着双重任务，既要充分履行查办和预防职务犯罪职能，全面推进党风廉政建设和反腐败斗争，又要切实抓好自身惩治和预防腐败体系建设。各级检察机关要按照中央要求，立足检察机关的职能和实际把规划贯彻好执行好。最高人民检察院要抓紧研究制定《工作规划》实施办法，加强顶层设计，明确任务分工和办理

时限，把规划中涉及检察机关的部署要求落到实处。关于今年的工作，文秀同志已作了安排，我再强调几点：

第一，深化检察机关作风建设，持之以恒解决人民群众反映强烈的不正之风。去年以来，通过开展群众路线教育实践活动，检察机关作风建设得到明显加强。但是作风问题具有顽固性、反复性，不可能一劳永逸，也不可能一蹴而就。我们要紧紧抓住巩固和落实第一批教育实践活动成果和开展第二批教育实践活动的有利契机，始终贯彻整风精神，把作风建设变成常态，坚持不懈、一抓到底。一要紧紧扭住落实中央八项规定精神不放松，坚持从具体问题抓起，坚决纠正不以为然、打折扣、搞变通行为，打好改进作风的持久战。二要对群众反映强烈的不正之风开展专项整治。不正之风是滋生腐败的温床。当前，检察机关在作风方面仍然还存在一些突出问题。各级检察机关要结合自身实际，认真分析研究，有针对性地组织开展专项整治。目前，最高人民检察院机关正在开展集中整治"庸懒散奢"问题专项活动，请各级检察机关监督。三要坚持抓早抓小。小洞不补、大洞吃苦。我们要真正从关心爱护干部出发，对检察人员特别是领导干部身上暴露出的不严格、不规范特别是不公正、不廉洁问题早发现、早提醒、早纠正，防止养痈遗患，防止小错铸成大错、小问题变成大问题。

第二，坚持有案必查，坚决查处检察人员违纪违法案件。这既是我们保持肌体健康的内在需要，也是我们完成职责使命的根本要求。一要进一步完善检察人员违纪违法问题举报机制。特别是要完善12309举报网站"检察干警违法违纪举报"专区运行机制。最高人民检察院控告检察厅和纪检组监察局要对前一阶段专区运行情况认真进行梳理，加强分类分级管理，加强线索受理、办理、反馈等制度建设。各级检察机关都要进一步加大宣传力度，鼓励和支持社会各界和人民群众通过上网、来信等方式反映检察人员违纪违法问题。对反映检察人员违纪违法问题特别是实名举报的，要及时调查处理；对反映失实的，要以适当方式及时说明和澄清；对故意诬告陷害、诽谤的，要依法追究责任。二要坚持有腐必惩，坚决有力惩治自身腐败。检察机关绝不允许有腐败分子藏身之地，对腐败分子发现一个坚决查处一个，绝不能听之任之、姑息迁就，绝不能大事化小、小事化了。如果我们在消

极腐败现象面前当好人,在党和人民面前就不是好人。要紧紧抓住执法一线和领导干部等重点领域、关键环节,坚决查处办关系案、人情案、金钱案特别是索贿受贿、徇私枉法等执法犯法问题。对查处的案件,检察机关内部要逐案剖析、逐案通报,同时还要加大对外公开力度,让全社会看到检察机关从严治检的鲜明立场和坚定决心。三要探索检察人员违纪违法案件查处机制改革。结合检察机关和干部队伍管理的实际,认真研究如何进一步完善检察人员违纪违法案件查处机制,增强监督刚性,更好地解决有的地方存在的有案不查、瞒案不报、捂着掖着等问题。四要更加注重科学有效预防自身腐败。这些年来,我们在职务犯罪预防工作中探索出的警示教育、预防报告等措施,社会反响和实践效果都很好,完全可以用在自身队伍建设上。要充分运用典型案例以案说法,加强警示教育,引导检察人员心存敬畏而不是心存侥幸,珍惜权力、慎用权力、用好权力。纪检监察机构要及时对受理的举报线索认真进行分析,找准人民群众反映强烈的突出问题和薄弱环节。对查处的案件要逐案剖析,提出堵漏建制的具体建议。最高人民检察院和省级检察院纪检监察机构要定期对受理检察人员举报情况、查办检察人员违纪违法案件情况进行综合分析,为党组决策提供参考,推动从源头上预防自身腐败。

第三,进一步强化监督制约,确保检察权依法规范运行。习近平总书记指出,反腐败必须强化监督、管住权力。对我们这样一支近25万人、手中掌握着一定权力、面临很多考验诱惑的检察队伍,监督制约任何时候都不能有丝毫放松。一要突出抓好对领导班子、领导干部特别是"一把手"的监督。这仍是一个相对比较薄弱的环节。要进一步完善领导干部接受党组织和党员群众监督的机制,尤其要用好批评和自我批评这个有力武器,切实提高各级领导班子发现和解决自身问题的能力。要加强对领导干部的日常教育、管理和监督,坚决管住生活圈、交往圈、娱乐圈。要紧紧围绕领导干部的用人权、决策权、财经权和管理权,进一步明确权力的内容、边界、行使方式和程序,与权力对等的责任等,强化监督制约,防止权力滥用。这里要特别强调一下发挥巡视作用的问题。去年中央纪委对巡视制度进行了改进。我们要结合实际,进一步完善检察机关的巡视制度,改进巡视方法。尤其要突出对各级检察院党组和班子成员监督这个重点,着力

发现是否存在违反党的政治纪律问题,着力发现是否存在权钱交易、以权谋私、以案谋私、贪污贿赂、腐化堕落等违纪违法问题,着力发现是否存在形式主义、官僚主义、享乐主义和奢靡之风等问题,着力发现是否存在选人用人上的不正之风和腐败行为,切实发挥震慑作用,防止表面化和形式化。二要突出抓好对执法办案活动的监督。执法办案是检察机关的中心工作,也是社会高度关注的领域。特别是执法办案直接涉及当事人的利益、自由甚至生命,一些不法分子千方百计拉拢腐蚀我们的干警,个别意志薄弱者抵不住诱惑,就可能坠入腐败泥潭。从媒体曝光的案件看,不仅检察机关,包括其他执法司法机关,执法办案都是违纪违法问题易发多发领域。我们要深刻吸取教训,始终清醒认识到天下没有免费的午餐,"螳螂捕蝉、黄雀在后",守住法律和道德的底线,维护好执法的公信力。同时,要紧密结合深化司法体制改革,继续围绕修改后刑事诉讼法、民事诉讼法实施过程中的薄弱环节,针对容易发生执法不严、司法不公问题的重点领域和关键岗位,进一步建立健全廉政风险防控、执法办案说情报告和通报、廉政隐患摸排预警、重点岗位轮岗交流、防止利益冲突、回避等制度,严格规范检察人员与律师、当事人、中介和特殊关系人的接触交往行为,最大限度减少权力出轨、个人寻租的机会。要进一步整合上下级检察院业务条线和本院纪检监察、检务督察、案件管理等监督资源,形成监督合力,让我们的干警少犯错误、不犯错误。三要大力推进检务公开。公开透明是最有效的"防腐剂"。权力运行不见阳光,腐败就有藏身之地。年初召开的全国检察长会议对深化检务公开专门进行了部署,要进一步抓好落实。要坚持以公开为原则、不公开为例外,除涉及国家秘密、个人隐私等法律规定的情形以外,一般都要公开。要增强主动公开、主动接受监督的意识,依法及时公开各检察环节执法办案的依据、程序、流程、结果,让暗箱操作没有空间,让司法腐败无处藏身。

第四,严格执行党风廉政建设责任制,落实主体责任和监督责任,强化责任追究。推进党风廉政建设和反腐败工作,一个很重要的方面就是厘清责任、落实责任。该讲责任、不讲责任、不追究责任,再好的制度就是花架子,就是一纸空文、空气震动。一要落实好各级检察院党组和各部门的主体责任。有的检察院党组对主体责任认识不清、落实不力,

没有把党风廉政建设当作分内之事，每年开个会、讲点大话套话就万事大吉；有的一说到党风廉政建设就认为是纪检监察机构的事，把自己的责任推给了别人；有的明哲保身，当好人、绕道走，好话抢着说，对错误思想和作风放弃批评和斗争，对违纪违法行为睁一只眼闭一只眼，甚至护着掩着，放任一些党员干部滑向腐败深渊；还有的领导干部只表态、不行动，说一套、做一套，甚至带头搞不正之风，带坏了队伍，带坏了风气。各级检察院党组特别是主要负责同志必须树立不抓党风廉政建设就是严重失职的意识，常研究、常部署，抓领导、领导抓，抓具体、具体抓，种好自己的"责任田"。各级领导干部既要管好自己、当好廉洁从检的表率，又要认真履行"一岗双责"，做到严字当头、敢抓敢管。需要明确的是，检察机关各内设机构对本部门、本系统的党风廉政建设也负有主体责任，必须坚持业务工作和队伍建设一起研究、一起部署、一起落实，确保两手抓、两手硬。二要落实好纪检监察机构的监督责任。各级检察院纪检监察机构既要协助党组加强党风廉政建设和组织协调自身反腐倡廉工作，又要督促检查相关部门落实惩治和预防腐败工作任务，经常检查监督，铁面执纪。三要切实强化责任追究。有权就有责，权责要对等。无论是党组还是纪检监察机构，无论是班子还是个人，都要将承担的党风廉政建设责任落实到位，做到守土有责，出了问题就要倒查责任、追究责任。最高人民检察院要抓紧完善并严格执行责任追究办法，健全责任分解、检查监督、倒查追究的完整链条，坚决做到有错必究、有责必问。对发生重大腐败案件的单位，要实行"一案双查"制度，既追究当事人责任，又倒查追究相关人员的领导责任和监管责任。

三、严明组织纪律，增强检察队伍的组织纪律性

习近平总书记在中央纪委三次全会上的讲话，对严明组织纪律问题进行了重点阐述，指出组织严密是党的光荣传统和独特优势，是我们党不断从胜利走向胜利的重要保证，特别是深入分析了当前党员干部队伍中组织观念薄弱、组织涣散的种种表现，深刻指出组织纪律松弛已经成为党的一大忧患，强调要好好抓一抓组织纪律。这些重要指示振聋发聩，发人深省。我们一定要认真学习领会，充分认识严明组织纪律的极端重要性和现实紧迫性，大力加强检察机关组织纪律建设。

第一，要切实增强组织观念。从检察机关的情况看，各级党组织和广大党员干部在执行组织纪律方面总体上是好的。但组织观念薄弱、组织纪律松弛的问题，在不少检察人员包括一些领导干部身上确实不同程度地存在。有的个人主义、自由主义倾向严重；有的执行上级的部署要求采取实用主义态度，合意的就执行，不合意的就敷衍应付；有的处理重大问题该请示不请示，发生重大突发事件、办案安全事故后不及时、不如实向上级检察院报告；有的颠倒组织与个人关系，把上下级关系庸俗化，等等。检察机关是党领导下的国家法律监督机关，增强组织观念，严明组织纪律，既是落实检察机关上下级领导体制、完成好职责使命的客观需要，更是坚持党的领导、维护党的团结统一的必然要求。检察机关广大党员干部要切实增强党性，摆正个人与组织、下级与上级关系，牢记作为共产党员和检察人员的义务和责任，正确对待自己，正确对待组织，相信组织、依靠组织、服从组织，坚决执行中央和上级的部署要求，自觉接受组织安排和纪律约束。

第二，要认真落实组织制度。党的组织制度是我们党团结一致、坚强有力的重要保障。加强组织纪律建设，必须重视抓好组织制度的落实。一要认真执行民主集中制。这是我们党的根本组织制度和领导制度。各级检察院党组要始终坚持民主集中原则，严格执行议事规则、集体决策程序，对重大决策、干部任免、重要项目建设、大额资金使用、重大案件处理，都要召开党组会、检察长办公会或检察委员会集体讨论决定，不断提高决策的程序化、规范化和科学化。各级检察院党组主要负责同志和领导班子成员都要带头执行民主集中制，正确处理组织意图和领导个人意图的关系，不能把个人意见强加给组织，不能用个人决定代替组织决定。二要认真落实党内生活制度。习近平总书记深刻指出，"党内生活是锻炼党性、提高思想觉悟的熔炉。党员领导干部只有在严格的党内生活中反复锻炼，才能坚强党性、百炼成钢"。检察机关的每一名党员特别是领导干部，都要把参加党内生活作为应尽的义务，认真执行"三会一课"制度，自觉接受严格的党内生活锻炼，不断增强党内生活的政治性、原则性、战斗性，坚决防止党内生活庸俗化，坚决反对自由主义、好人主义。三要落实和完善请示报告制度。这是党章的明确规定，也是检察机关自觉接受党的领导、顺利推进各项工作的重要制度保障。要建立健全各级检察院党组向上级党组织报告工作制度,完善重大事项请示报告制度,该请示的必须请示,该报告的必须报告,不能各行其是、自作主张。对检察工作的重大部署、重大问题和重要事项,最高人民检察院党组要及时向党中央请示报告,地方检察院党组要主动向地方党委和上级检察院党组请示报告。该请示报告的不请示报告,或者不如实请示报告,就是违反纪律,就应当严肃指出和纠正。按照中央要求,从今年起,最高人民检察院党组将每年定期向中央政治局常委会、中央政治局报告工作。各地检察院党组也要争取地方党委的支持,建立健全向党委常委会报告工作等制度。四要严格执行领导干部个人事项报告制度。如实向组织报告个人事项,是每一名党员对组织忠诚老实的具体体现。各级检察机关领导干部都要严格按照规定,及时向组织报告个人婚姻变化和配偶、子女移居国境外、从业等事项,如实报告收入、房产、投资等情况。从去年开始,中央纪委会同有关部门对部分党员领导干部个人报告事项情况进行了抽查核实,下一步还将扩大抽查范围。我们一定要本着对自己、对组织、对党负责的态度,认真执行好这项制度。

第三,要严格执行组织纪律。习近平总书记强调,制定纪律就是要执行的。纪律的生命力、震慑力在于执行。一些地方出现班子软弱涣散、队伍松松垮垮等问题,最重要的一个原因就是纪律成了软约束,形成"破窗效应"。要大力加强对检察人员的纪律教育,使党员干部真正明确什么可以做,什么不能做,什么事必须走什么程序,增强以纪律约束和规范自身行为的自觉性。各级检察院领导干部特别是主要领导干部要带头执行组织纪律,自觉接受纪律约束。要进一步加大执行纪律的力度,凡是违反党的纪律特别是政治纪律、组织纪律、财经纪律的行为,都不能麻木不仁、听之任之。各级党组织和纪检监察机构要负起责任,敢于认真指出问题、积极提出批评、严肃予以处理,切实维护纪律的权威性和严肃性。

抓好党风廉政建设和自身反腐败工作,对于检察机关提升执法公信力、更好完成法律赋予的神圣使命,具有十分重要的意义。各级检察院党组要更加重视纪检监察工作,在优化检察资源配置、推进检察机构和人事制度改革等方面,都必须坚持和体现"纪检监察工作只能加强,不能削弱"这个原则。各级检察院纪检监察机构要牢记职责使命,注意转职能、转方式、转作风,提高工作能力和水平,在过硬检察队伍建设中更好发挥职能作用。

让我们更加紧密地团结在以习近平同志为总书记的党中央周围,坚定信心、扎实工作,推动党风廉政建设和自身反腐败工作取得新的更大成效,为全面深化改革、实现依法治国、全面建成小康社会作出新的更大贡献!

在全国检察机关队伍建设座谈会上的讲话

最高人民检察院检察长　曹建明

(2014 年 4 月 23 日)

这次会议的主要任务是:认真学习贯彻党的十八大、十八届三中全会、中央政法工作会议和习近平总书记重要讲话精神,表彰全国检察机关第八次"双先"评选活动产生的先进集体、先进个人以及文明接待示范窗口、文明接待室,研究部署进一步加强过硬检察队伍建设的措施。

党中央对这次会议高度重视。中共中央政治局委员、中央政法委员会书记孟建柱同志出席今天的会议,会前亲切接见了先进集体和先进个人代表,刚才还为先进集体、先进个人代表颁了奖,并作了十分重要的讲话。特别是,去年3月,孟建柱书记就出席了全国检察队伍建设工作会议并作讲话。孟建柱书记在国事非常繁忙的情况下,连续两年出席检察队伍建设会议,充分体现了党中央、中央政法委对检察工作的高度重视、对广大检察人员的亲切关怀，让我们十分感动，深受鼓舞。

这次受到表彰的143个先进集体和190名先进个人，是近年来检察机关和检察队伍中涌现出来的先进典型，在他们身上充分体现了对党的事业的无限忠诚、对人民群众的深厚感情、对法治精神的高度信仰、对公平正义的不懈追求，充分展现了恪尽职守、奋发有为、积极向上、无私奉献的新时期检察人员精神风貌。各级检察机关要深入开展向先进典型学习活动，大力宣传他们的先进事迹，弘扬他们的崇高精神，在全国检察机关形成学先进、争一流的浓厚氛围，进一步凝聚推动检察事业不断发展的强大精神力量。

孟建柱书记的讲话站在党和国家事业发展全局的高度，充分肯定了检察工作和队伍建设取得的成绩，从适应新形势新任务新要求、更好地肩负起检察机关职责使命出发，围绕做有理想、有担当、有能力、有操守的检察干部，对进一步加强检察队伍思想政治建设、党性修养、业务能力建设和党风廉政建设提出了明确要求。讲话内涵丰富、语重心长，充分体现了对政法工作、政法队伍建设的科学把握，为我们推进检察队伍建设进一步明确了方向。昨天，孟建柱书记在政法领导干部学习贯彻习近平总书记重要讲话精神专题培训班上作了重要讲话，就政法工作中的几个重大问题作了深刻阐述，对做好检察工作、加强检察队伍建设具有重要指导意义。各级检察机关要把孟建柱书记今天的讲话与在培训班上的讲话结合起来学习贯彻，认真领会精神实质，全面落实各项要求，努力建设一支党和人民满意的过硬检察队伍，不断提高检察工作整体水平。

第一，要突出加强思想政治建设，确保检察工作正确政治方向。要深刻认识正确政治方向的极端重要性，始终坚持把思想政治建设摆在检察队伍建设第一位，切实加强科学理论武装。广大检察人员要自觉加强马克思主义理论的学习，加强中国特色社会主义理论体系的学习，牢固树立共产主义远大理想和中国特色社会主义共同理想，掌握和运用马克思主义的立场、观点和方法，切实增强"三个自信"，进一步坚定理想信念。特别是要把深入学习习近平总书记系列重要讲话精神作为重大政治任务，纳入各级检察机关教育培训的必修课程，既全面理解系列重要讲话的精神实质和丰富内涵，又重

点学习总书记关于法治建设、政法工作和检察工作的重要论述和指示，准确把握法治建设和政法工作的根本任务、主要目标和基本原则，坚定不移地走中国特色社会主义政治发展和法治建设道路。要始终坚持党对检察工作的领导，全面贯彻党的路线方针政策，自觉在思想上政治上行动上同党中央保持高度一致，坚决维护中央权威。要切实增强政权意识、忧患意识、责任意识，提高政治敏锐性和政治鉴别力，始终把维护国家安全放在首位，牢牢掌握维护国家安全的主动权。

第二，要大力加强党性修养和法律监督能力建设，真正做到执法为民、公正司法。要深刻理解党性是共产党人立身、立业的基石，坚持把一切以党和人民利益为重作为党性的最高原则，始终站在党和人民立场上思考、谋划和开展检察工作，从实体、程序、时效上充分体现维护人民群众合法权益的要求。要始终做到坚持原则、敢于担当，严格依法履行法律监督职责，勇于同各种损害法律尊严和权威的行为作斗争，敢于抵制各种诱惑干扰，挺直脊梁、执法如山，切实维护社会公平正义。要深刻理解"法不阿贵，绳不挠曲"的法治精神真谛，深入开展向张飚同志学习活动，牢固树立对法治的信仰，时刻保持对法律的敬畏，始终恪守客观公正立场。要着力提高检察人员运用法治思维和法治方式开展工作的能力，严格按照法定权限和程序行使权力，善于运用法律武器、在法律框架内妥善处理各种难题。要认真贯彻中央关于加大反腐败力度的部署，旗帜鲜明、立场坚定地履行查办和预防职务犯罪职责，敢于顶住压力、善于排除阻力，坚决查办职务犯罪大案要案，保持惩治腐败的高压态势。要坚持敢于监督、善于监督、依法监督、规范监督，进一步加强对诉讼活动的法律监督，充分运用抗诉、检察建议、纠正违法等多种监督手段，进一步完善法律监督工作机制，坚决监督纠正有罪不究、违法取证、超期羁押、违法减刑假释保外就医等执法不严、司法不公突出问题，从严惩治司法腐败，坚守社会公平正义的最后一道防线。

第三，要深入推进专业化职业化建设，提升检察人员的职业素养和专业水平。要从推进国家治理体系和治理能力现代化的高度，充分认识加强检察业务能力建设的重要性和紧迫性，坚持以专业化职业化为方向，进一步提高检察机关维护社会公平正义的能力。要切实加强检察人才队伍建设，深入

实施检察人才"六项重点工程"，创新人才引进、培养、开发、评价、激励机制，研究完善人才工作政策，努力建设一支以法律专业为主体、其他专业为补充的高素质人才队伍。要把加强教育培训作为提升专业能力的重要途径，加快研制检察业务岗位素能基本标准，建立健全适合检察工作特点的教育培训体系，完善基层检察人员培训长效机制，强化实践锻炼，有效提高检察人员的综合素质能力。要认真落实中央《关于深化司法体制改革和社会体制改革的意见》及其贯彻实施分工方案，按照中央和中央政法委的统一部署，把党管干部的原则同遵循司法规律结合起来，积极开展司法人员管理制度改革任务的调研论证和试点工作，有重点、有步骤、有秩序地抓好落实，推动建立符合司法规律和职业特点的检察人员管理制度，为检察队伍专业化职业化建设提供有力的制度保障。当前，要重点抓好检察官办案责任制改革试点，积极探索检察人员分类管理制度改革，加强省以下检察人员统一管理研究论证，为改革的全面推进奠定坚实基础。

第四，要扎实抓好党风廉政和纪律作风建设，树立公正廉洁执法良好形象。要深刻认识崇高的信仰是抵御腐朽思想侵蚀、永葆清正廉洁的重要法宝，深入持久地加强社会主义核心价值观和检察职业道德教育，引导广大检察人员树立正确的世界观，培育高尚的道德情操，筑牢拒腐防变的思想防线，经得住各种诱惑考验，守得住党纪国法底线。要紧紧抓住开展党的群众路线教育实践活动的有利契机，大力加强司法作风建设，特别是要把学习弘扬焦裕禄精神、践行"三严三实"要求贯穿教育实践活动始终，认真查找和解决"四风"和执法司法突出问题，进一步提高检察机关的司法公信力。要加大党风廉政建设力度，严格执行党风廉政建设责任制，认真落实各级检察院党组主体责任和纪检检察机构监督责任，切实强化责任追究，努力促进干警清正、队伍清廉、司法清明。要牢固树立监督者更要接受监督的观念，用比监督别人更严的要求来监督自己，进一步强化检察机关自身监督制约，突出抓好对领导干部和执法办案活动的监督，不断深化检务公开、人民监督员制度改革，探索外部监督与内部监督有效衔接机制，确保严格规范公正文明行使检察权。要切实抓好检察机关自身惩治和预防腐败体系建设，完善检察人员违法违纪问题举报机制和案件查处机制，坚决查处办关系案、人情案、金钱案特别是索贿受贿、徇私枉法等司法腐败问题，坚决防止发生"灯下黑"的问题。要加强对违法违纪案件的通报，教育广大检察人员吸取教训、引以为戒，自觉接受社会监督，传递检察机关对自身腐败零容忍的坚定决心和鲜明态度。

建设过硬检察队伍是一项事关检察事业长远发展的战略任务，责任重大，使命光荣。让我们紧密团结在以习近平同志为总书记的党中央周围，凝心聚力、开拓进取，进一步提高检察队伍建设水平，不断把中国特色社会主义检察事业推向前进！

在最高人民检察院机关各内设机构各直属事业单位党政主要负责人会议上的讲话

最高人民检察院检察长　曹建明

（2014 年 5 月 20 日）

刚才，我们传达学习了岐山书记重要指示精神。5 月 15 日，最高人民检察院党组召开专题会议进行了认真学习讨论。在家的院领导、检察委员会专职委员都做了很好的发言。大家一致认为，岐山书记专门听取最高人民检察院党组关于落实"两个责任"的情况汇报，并作出系列重要指示，这是对我们检察机关和检察队伍建设的高度重视。我们一定要努力做好各项工作，特别是要切实落实好"两个责任"，建设过硬检察队伍，不辜负中央领导同志的信任和期望。今天，我们又召开机关各部门、各单位党政"一把手"和机关纪委委员会议，进一步贯彻落实岐山书记重要指示精神。下面，我再强调几点：

一、进一步深化对"两个责任"的认识，切实把思想和行动统一到中央部署上来

党的十八届三中全会突出强调，落实党风廉政建设责任制，党委负主体责任，纪委负监督责任。这是党中央反腐败体制机制建设的一个重要部署，可以说抓住了党风廉政建设和反腐败工作的"牛鼻子"，也可以说标志着我们党对党建规律、执政规律的认识达到了一个新的高度。在十八届中央纪委三次全会上，总书记专门对落实"两个责任"作了系统阐述。总书记突出强调，要落实党委的主体责任和纪委的监督责任，强化责任追究。不讲责任，不追究责任，再好的制度也会成为纸老虎、稻草人。此后，岐山书记先后多次主持座谈会包括参加北京代表团审议，到中直工委、中央国家机关工委和山东调研，对落实"两个责任"进行督促检查，提出了一系列明确具体的要求。所有这些，为我们深入推进党风廉政建设提出了新的更高要求、指明了努力的方向。

检察机关是国家法律监督机关，也是反腐败的重要职能部门。必须看到，检察机关也不是一片净土，违纪违法包括腐败案件时有发生。特别是，我们最高人民检察院是全国检察机关的领导中枢，机关每一个党组织、每一名党员干部都肩负着重要的政治责任，一言一行均关乎整个检察机关乃至党的形象。这些年来，院党组包括纪检组、政治部、机关党委和各级党组织始终高度重视，机关干部队伍建设不断加强。但一定不能掉以轻心，小问题不纠正，发展下去就是大问题。出了大问题，不仅害了我们的干部，也损坏了检察机关的形象和公信。如果我们自身不正，何以正人？我们又有什么资格去严格要求全国检察机关？又有什么资格去反腐败？

希望最高人民检察院各级党组织特别是各级党政"一把手"，一定要认真领会总书记和岐山书记重要指示精神，清醒认识抓好机关党风廉政建设和反腐败工作的极端重要性，不仅对本业务条口的问题要非常清楚，对反映本部门、本单位党员干部特别是领导干部存在的突出问题也要非常清醒，并以更高的标准、更严的要求，切实抓好机关党的建设，抓好机关党风廉政建设，抓好"两个责任"的落实，真正为全国检察机关当好表率做好示范。

二、落实主体责任，就是要求机关各级党组织和各级党政"一把手"真正把党风廉政建设融入各项检察工作之中

中央明确提出党委负党风廉政建设主体责任，这在我们党的历史上是第一次。为什么要强调党委负主体责任？是因为党要管党，这是党章明确规定的职责。岐山书记强调："主体责任就是政治责任，不落实就是严重失职"。我们机关各级党组织和各级党政一把手，都要切实加强对党风廉政建设和反腐败工作的领导，不能只是简单表个态，不能靠讲一次话、发一个文件，也不能只务虚、不务实，必须真正深入思考，如何把党风廉政建设融入各项检察工作之中，与检察业务、检察队伍、检务保障等工作同研究、同部署、同检查、同落实；如何真正把主体责任和监督责任落实到每一个部门、每一个支部。当前，落实主体责任，要重点做好以下几项工作：

第一，要狠抓严明纪律。应该说，我们机关这支队伍纪律性是强的，但一定要看到还存在的问题。机关各级党组织都要进一步健全纪律教育和执行机制，严明政治纪律、组织纪律、财经纪律、工作纪律和生活纪律，并要求所有党员干部自觉净化自己的社交圈、生活圈、朋友圈，不能什么饭都吃、什么酒都喝、什么人都交、什么话都说。要切实加强对纪律执行情况的监督检查，对违反纪律的启动问责机制，真正让铁规发力、让禁令生威。

第二，要狠抓监督制约。岐山书记反复强调，信任不能代替监督。这些年来，我们在强化内部监督制约方面下了很大功夫。但我们始终要清醒认识到，无论是党员领导干部还是检察人员，手中都掌握着一定权力、面临很多考验诱惑，监督制约任何时候都不能有丝毫放松。只要稍有放松，就一定会出问题。机关各级党组织和各级党政一把手对自己工作中的廉政风险点、对腐败易发多发部位和环节应该是最清楚、最明白的，关键在于想不想监督、敢不敢监督。决不能眼开眼闭，决不能自己做好人，决不能放任自流。各级党组织和各级党政一把手要始终坚持问题导向，紧紧盯住自身的问题不放，坚持不懈抓好自身监督制约机制建设，真正把权力关进制度的笼子里,特别是狠抓制度的执行和落实,决不能出现"灯下黑"。

第三,要狠抓改进作风。岐山书记强调,作风背后反映的是纪律问题。从查处的违纪违法案件看,很多都是从作风上的蜕变开始的。去年我们扎实开展了党的群众路线教育实践活动,今年3月份又开展了集中整治"庸懒散奢"问题专项活动,取得了初步成效。但是,作风建设是一个永恒的课题,不仅作风问题本身具有反复性,就是那些已经查找出的问题,我们有的整改措施还没有得到很好的落实,包括一些制度机制建设任务还没有到位。希望机关各级党组织紧紧抓住纪律作风问题,进一步深化整改活动,严格落实好整改落实方案,进一步巩固教育实践活动成果,打好改进作风的持久战。机关党委还要专门召开深化整改促进会,各部门、各单位要抓好教育实践活动最后阶段的整改落实工作。

第四,要狠抓责任分解和责任落实。总书记强调,不讲责任,不追究责任,再好的制度也会成为纸老虎、稻草人。党风廉政建设的主体责任,是各级党组织共同的责任,也是各级领导干部共同的责任。机关各级党组织必须把责任分解到基层、落实到人,层层传导压力,增强抓好党风廉政建设的责任感和自觉性,形成抓党风廉政建设的整体合力。特别是我们机关各级党组织和各级党政"一把手"、各级党员领导干部,都要牢记中央的要求,一定不能只记住自己是什么"长",而忘记自己的党内职务和责任,不能"只挂帅不出征"。

最高人民检察院党组要抓紧研究制定检察机关落实党风廉政建设"两个责任"的意见。重点是明确和细化"两个责任"的具体内容、履责要求,完善责任追究办法。纪检组监察局要加快工作进度,机关各部门要积极提出意见建议,真正使这个制度适合检察机关的特点,可定义、可操作、可量化、可追责,实现责任追究的制度化、程序化并具有刚性。

三、落实监督责任,就是纪检组和机关纪委要把好关、执好纪、问好责

最高人民检察院党组在学习讨论岐山书记重要指示精神时,不少同志谈到,中央强调纪委在落实党风廉政建设中负监督责任,既凸显了纪委在党风廉政建设和反腐败斗争中的重要地位,又进一步明确了纪委的职责使命和主责主业。纪检组监察局和机关纪委包括直属事业单位的纪委、机关各部门纪检委员,要按照中央和中央纪委的部署要求,牢记职责使命和主责主业,进一步转职能、转方式、转作风,把好关、执好纪、问好责,切实把监督责任履行好。

一要加大对机关干部违纪违法案件的惩防力度。要落实好最高人民检察院党组关于从严治检的要求,对反映机关党员干部特别是领导干部的问题线索,必须逐一认真清理、摸清底数、分析研判,提出分类处置意见,同时建立制度。要坚持抓早抓小,对办关系案、人情案、金钱案和索贿受贿、徇私枉法等执法犯法问题坚决严肃查处,不能大事化小、小事化了,不能手软,做到查处一个、震慑教育一片。纪检组监察局和机关纪委要定期对受理的检察人员举报情况、查办检察人员违纪违法案件情况进行综合分析,找准人民群众反映强烈的突出问题和薄弱环节,提出堵漏建制的具体建议,为最高人民检察院党组决策提供参考,推动从源头上预防腐败。

二要抓经常性的监督检查。反腐败必须强化监督、管住权力。纪检组、机关纪委和各事业单位纪委要紧紧围绕领导干部和执法办案这两个重点,进一步强化对关键岗位和关键环节的监督,特别是要继续狠抓《检察人员八小时外行为禁令》《关于规范检察官与律师交往行为的暂行规定》《禁酒令》等制度的执行和落实。要创新监督机制和方式,今年起探索对机关内设机构和直属事业单位进行巡视,对相关部门开展检务督察。

三要严格责任追究。该讲责任,不讲责任、不追究责任,再好的制度也落不到实处。要抓紧完善并严格执行责任追究办法,健全责任分解、检查监督、倒查追究的完整链条,坚决做到有错必究、有责必问。对发生重大腐败案件的,要实行"一案双查"制度,既追究当事人责任,又倒查追究相关人员的领导责任和监管责任。

四、机关各级党员领导干部特别是各级党政"一把手"要做党风廉政建设的领导者、执行者、推动者

岐山书记强调,在党委的主体责任中,"一把手"是第一责任人,十分重要。我们各级领导干部,尤其是在座的各位部门"一把手",是全国检察工作的核心骨干力量,我们的素质能力和党风廉政建设状况,不仅关系到机关各项工作能否顺利推进,也直接影响到全国检察工作发展大局。我们不抓谁抓？我们不做谁做？我们不仅要想到自己的行政职务，更要首先想到自己是书记、是委员。权力意味着责任，责任就要担当。谁不抓党风廉政建设，谁就是严重失职。一方面，对各项党风廉政建设任务，要务实推动。尤其是各位书记、各位厅局长，要做到对党风廉政建设常研究、常部署，抓具体、具体抓，重要工作亲自部署，重大问题亲自过问，重点环节亲自协调，重要案件亲自办理，勇于负责、敢于担当、层层传导责任，真正把本部门本单位的党风廉政建设抓好，把班子带好，把队伍管好，决不能只重业务不抓党风，决不能只看办案指标不抓惩治腐败，也不能每年只开个会、讲个话，甚至轻描淡写说几句。当前，要特别强调敢于担当，敢抓敢管，坚决防止和纠正好人主义、不敢担当和形式主义，不搞多栽花、少栽刺的庸俗哲学，不搞无原则的一团和气。另一方面，自身要过得硬。各级领导干部要坚持从我做起，向我看齐，既要做从严治检的表率，又要做廉洁从检的表率。带头贯彻中央八项规定，带头纠正"四风"，带头廉洁自律，带头接受纪检监察机构的监督，为机关广大干警、为全国检察人员树立榜样。在这里，我也郑重向大家承诺，我作为最高人民检察院的"一把手"，将更加严格要求自己，并真心实意接受大家的监督，欢迎大家直截了当对我严肃批评。

落实主体责任和监督责任，关键看行动，根本在担当。希望大家守土有责、守土尽责，把最高人民检察院机关党风廉政建设抓好，切实发挥示范带动作用，推动全国检察工作上一个新的台阶。

在全国检察机关学习贯彻十八届四中全会精神座谈会上的讲话

最高人民检察院检察长　曹建明

（2014 年 11 月 4 日）

十八届四中全会把依法治国作为主题，全面规划建设中国特色社会主义法治体系、建设社会主义法治国家的宏伟蓝图，明确提出了全面推进依法治国的指导思想、总目标、基本原则、主要任务和重点举措。深入学习、全面贯彻四中全会精神，是当前和今后一个时期一项重要政治任务。各级检察机关要认真抓好贯彻落实，进一步在深入学习领会上下功夫、在结合检察工作实际上下功夫，不断把学习贯彻活动推向深入，把工作和力量凝聚到落实全会提出的各项任务上来。贯彻落实四中全会精神，要特别注意以下问题：

一、坚定不移走中国特色社会主义法治道路，确保检察工作的正确方向

坚持和拓展中国特色社会主义法治道路，是贯穿《决定》全篇的一条红线。《决定》开篇就突出强调坚定不移走中国特色社会主义法治道路，并鲜明提出了全面推进依法治国的五项基本原则，阐明了中国特色社会主义法治道路的基本内涵。

检察机关作为党领导下的司法机关，在走什么路这个根本问题上绝不能含糊，必须树立自信、保持定力，旗帜鲜明地坚持中国共产党的领导、坚持人民主体地位、坚持法律面前人人平等、坚持依法治国和以德治国相结合、坚持从中国实际出发，坚定不移走中国特色社会主义法治道路。特别是，《决定》对政法机关如何坚持党的领导作了许多重要部署，我们要认真研究如何正确处理坚持党的领导与依法独立公正行使检察权的关系，如何正确处理执行法律和执行党的政策的关系，如何完善重大事项向党委报告制度，如何加强检察机关党的建设，真正把党的领导体现和落实到各项检察工作中。

二、紧紧围绕全面推进依法治国的总目标，切实找准检察机关推进法治建设的着力点和切入点

全会明确提出，全面推进依法治国的总目标是建设中国特色社会主义法治体系、建设社会主义法治国家，特别是突出强调"三个共同推进""三个一体建设"，对法治建设工作布局作了全面的顶层设计，明确了全面推进依法治国的工作重点和总抓手。检察机关作为法治建设的一支重要力量，要认真研究如何融入法治建设全局，融入立法、执法、司法、守法等重点环节，以履行职能、执法办案为切入点，在法治建设各领域充分发挥职能作用。在科学立法方面，要重点研究如何推动涉及检察机关的重大立法部署落实到位，促进完善中国特色社会主义法律体系。在严格执法方面，要重点研究如何健全行政执法和刑事司法衔接机制，如何完善对涉及公民人身、财产权益的行政强制措施实行司法监督制度，如何建立检察机关在履行职责中发现行政机关违法行使职权或不行使职权的行为督促纠正制度，如何建立检察机关提起公益诉讼制度。在公正司法方面，要重点研究如何完善检察机关行使监督权的法律制度，如何进一步加强对刑事诉讼、民事诉讼、行政诉讼的法律监督，真正让人民群众在每一个案件中都感受到公平正义。在全民守法方面，要重点研究如何结合执法办案开展法治宣传，如何建立检察官以案释法制度，如何健全检察环节社会矛盾纠纷预防化解机制，促进全社会增强尊法守法用法意识。

三、牢牢把握保证公正司法、提高司法公信力的要求，确保检察机关自身严格公正司法

《决定》针对司法不公、司法公信力不高等突出问题，提出了一系列重大措施。检察机关在履行好法律监督职能的同时，要认真研究如何提升自身严格公正司法的能力和水平。

一要坚持"以事实为根据、以法律为准绳"。重点研究如何健全事实认定符合客观真相、办案结果符合实体公正、办案过程符合程序公正的法律制度；如何进一步加强和规范司法解释和案例指导，统一法律适用标准；如何全面贯彻证据裁判规则，严格依法收集、固定、保存、审查、运用证据，完善证人、鉴定人出庭制度；如何正确认识、积极推进以审判为中心的诉讼制度改革，确保侦查、审查起诉的案件事实证据经得起法律的检验。

二要进一步加强人权司法保障。重点研究如何强化诉讼过程中当事人及其他诉讼参与人的知情权、陈述权、辩护辩论权、申请权、申诉权的制度保障；如何加强对刑讯逼供和非法取证的源头预

防，健全冤假错案有效防范、及时纠正机制；如何规范查封扣押冻结处理涉案财物的司法程序。

三要完善自身监督制约机制。重点研究如何进一步明确检察机关内部各层级权限，明确各类检察人员工作职责、工作流程、工作标准；如何建立办案质量终身负责制和错案责任倒查问责制；如何加强和规范舆论监督；如何进一步规范检察人员与当事人、律师、特殊关系人、中介组织的接触交往行为。

四要进一步深化检务公开。检务公开是我们今年抓的一项重点工作。目前，《人民检察院案件信息公开工作规定》已正式实施，案件信息公开系统全面上线运行，最高人民检察院官方微博、微信和新闻客户端运行效果也很好，订阅数已从4月初120多万上升到目前的1420万。下一步，要重点研究如何构建开放、动态、透明、便民的阳光检务机制，如何加强法律文书说理，如何建立生效法律文书统一上网和公开查询制度，如何规范案件信息公开系统的运行，更好地保障人民群众的知情权、监督权和参与权。

四、坚持大局意识、履行主体责任，抓紧落实好检察改革的重大任务

《决定》针对法治建设存在的不适应、不符合的问题，以建立健全新制度、新体制、新机制为重点，提出了185项重要改革举措，其中仅司法改革涉及检察机关就有46项。这些都是中央立足法治建设全局，为从根本上确保司法公正、提高司法公信力而作出的重大部署。各级检察机关尤其是最高人民检察院和省级检察院要认真履行好检察改革的主体责任，结合落实中央关于深化司法体制和社会体制改革的意见，集中力量攻坚克难，一个一个问题解决，一项一项抓好落实。对全会新提出来的"设立跨行政区划的人民检察院""完善对涉及公民人身、财产权益的行政强制措施实行司法监督制度""建立检察机关在履行职责中发现行政机关违法行使职权或不行使职权的行为督促其纠正制度""探索建立检察机关提起公益诉讼制度""完善对限制人身自由司法措施和侦查手段的司法监督""完善检察机关行使监督权的法律制度"等重大改革举措，要充分听取各方面意见建议，尽快拿出具体实施意见，为中央决策提供参考。对"完善主任检察官办案责任制""完善人民监督员制度""深化检务公开""建立符合职业特点的检察人员管理制度"等

正在探索或正在试点的改革举措，要进一步抓好落实、加快进度、早见成效。

五、认真贯彻"五个过硬"的要求，建设高素质检察队伍

习近平总书记在中央政法工作会议上，对政法队伍建设提出了"政治过硬、业务过硬、责任过硬、纪律过硬、作风过硬"的要求。在四中全会上，总书记再次强调"五个过硬"。我们要结合检察工作和检察队伍建设实际，认真研究如何深化理想信念和政治纪律教育，引导全体检察人员坚持党的事业、人民利益、宪法法律至上，做到忠于党、忠于国家、忠于人民、忠于法律；认真研究如何畅通检察机关与立法和其他执法司法机关、其他部门的干部和人才交流渠道，如何建立从符合条件的律师、法学专家中招录检察官的制度。特别是，要始终坚持从严治检，对违纪违法行为坚决做到"零容忍"，坚决清除害群之马。落实从严治党责任、坚持从严治检一刻也不能放松。当前，要按照《决定》要求，重点研究如何健全作风建设长效机制，深化"四风"和执法司法突出问题专项整治，坚决破除各种潜规则，坚决反对和克服特权思想、衙门作风、霸道作风，坚决反对和惩治粗暴执法、野蛮执法行为；如何进一步严明党的纪律和各项检察纪律，旗帜鲜明反对自身腐败，用铁的纪律带出过硬检察队伍。

各级领导干部要进一步增强法治意识、纪律意识和规矩意识，牢记法律红线不可逾越、纪律底线不可触碰，带头遵守国家法律和党的纪律，带头依法办事，严以修身、严以用权、严以律己。任何人都不得违背党中央的大政方针、自行其是，任何人都不得把党的政治纪律和政治规矩当儿戏、胡作非为，任何人都不得凌驾于国家法律之上、徇私枉法，任何人都不得把检察权作为私器牟取私利、满足私欲。

六、坚持把学习贯彻四中全会精神与推动当前工作结合起来，切实抓好岁末年初各项检察工作

现在离年底只有不到两个月的时间了，各级检察机关要把学习贯彻全会精神同学习贯彻习近平总书记系列重要讲话精神结合起来，同做好当前工作结合起来，按照中央和最高人民检察院的部署，以点带面、以专项工作带动整体工作，圆满完成全年检察工作任务。

一要认真抓好深化平安中国建设会议精神的落实。11月3日，孟建柱书记在深化平安中国建设会议上发表了讲话，深刻分析了社会稳定面临的新情况新问题，认真贯彻四中全会精神，明确提出了深入推进平安中国建设的总体思路和主要任务。各级检察机关要把贯彻孟建柱书记讲话精神与学习贯彻全会精神结合起来，结合本地实际，研究贯彻落实措施。特别是，要坚持把法治作为核心价值追求，坚持用法治思维和法治方式推进平安建设；要着力提高政治敏锐性和政治鉴别力，深入开展反分裂、反恐怖斗争，依法打击网络犯罪，确保社会政治稳定；要以人民群众平安需求为导向，继续深入推进打黑除恶专项斗争，对黑恶犯罪露头就打、除恶务尽，保障人民生命财产安全；要坚持维权与维稳统一，加强涉检信访工作，完善检察环节维护群众合法权益的制度；要积极参与立体化社会治安防控体系建设，积极参与危害食品药品安全、影响安全生产、损害生态环境、破坏网络安全等重点问题治理，积极参与流动人口和特殊人群的服务管理，积极参与突出治安问题专项整治，有效防范化解管控影响社会安定的问题。

二要进一步加强查办和预防职务犯罪工作。四中全会对严格依法查办职务犯罪作了专门部署，强调"加强职务犯罪线索管理，健全受理、分流、查办、信息反馈制度，明确纪检监察和刑事司法办案标准和程序衔接；加强反腐败国际合作，加大境外追逃追赃、遣返引渡力度"。各级检察机关要按照中央要求，坚持"老虎""苍蝇"一起打，坚持有腐必反、有贪必肃、有案必办，依法严格查办贪污贿赂、渎职侵权等职务犯罪，促进国家工作人员依法行政、廉洁从政。9月底，最高人民检察院部署了职务犯罪国际追逃追赃专项行动，中央领导和社会各界对此高度关注，必须抓紧、抓好、抓出成效。

三要做好涉法涉诉信访工作。随着修改后刑事诉讼法、民事诉讼法的贯彻实施和涉法涉诉信访改革的深入推进，检察机关受理的群众信访总量上行态势明显。为推进涉法涉诉信访工作，中央政法委出台了"三个意见"，最高人民检察院也制定了人民检察院受理控告申诉依法导入法律程序实施办法、控告申诉案件终结办法和司法瑕疵处理办法三个具体实施办法，即将下发。各级检察机关要认真抓好贯彻落实，切实做好检察环节的涉法涉诉信访工作。同时要主动争取党委政府的支持，加强与其他政法部门的沟通协调，建立通报、会商和信息共享、息诉化解联动机制，坚持在法治轨道内解决群众诉求、化解矛盾纠纷。

四要抓好减刑假释暂予监外执行专项检察等专项监督活动。总的看，专项活动取得了阶段性成效，但也还存在不平衡的问题，对罪犯交付执行和对法院直接决定暂予监外执行的监督还需要加强。我们要坚持问题导向，坚决克服畏难、自满和厌战情绪，以发现和纠正违法问题、查办职务犯罪为重点，推动专项活动取得更大成效。

五要更加自觉接受人大监督和民主监督。10月29日，全国人大常委会听取和审议了人民检察院规范司法行为的专项报告，我们要认真学习贯彻常委会审议意见，持续深入整治滥用强制措施、违法扣押冻结处理涉案财物、阻碍律师会见、不严格执行同步录音录像等检察环节司法不规范的"顽症"。各级检察机关还要主动加强与代表委员的经常性联系，通过召开座谈会、上门走访、邀请走访视察等方式，面对面通报检察工作重大动态和重要情况，直接听取代表委员意见建议，争取理解和支持。

六要深入开展"增强党性、严守纪律、廉洁从检"专题教育活动。要在前一阶段"学习教育、深化认识"的基础上，扎实抓好"深刻剖析、细对笃照"和"立整立改、固化成果"两个环节工作，特别是要把专题教育活动与深化党的群众路线教育实践活动紧密结合起来，认真落实好中央即将颁发的关于深化"四风"整治、巩固和拓展党的群众路线教育实践活动成果的指导意见，确保教育活动取得实效。

七要加强检察宣传和舆论引导工作。今年检察宣传工作力度大、效果好，得到了社会各界的充分肯定。临近年末，我们既要充分发挥传统媒体的宣传优势，也要进一步运用好微博、微信、新闻客户端等新媒体，加大宣传力度，及时回应社会关切，为全国和各地"两会"营造良好的舆论环境。

让我们共同努力，真正把全会精神和中央的决策部署学习好、领会好、落实好，做好各项检察工作，在全面推进依法治国、建设社会主义法治国家中更好地肩负起实践者、推动者的责任。

在律师界代表座谈会上的讲话

最高人民检察院检察长　曹建明

（2014 年 12 月 8 日）

去年7月，最高人民检察院专门召开座谈会，听取律师界全国人大代表、政协委员对检察工作、检察队伍建设和最高人民检察院开展党的群众路线教育实践活动的意见建议。时隔一年多，我们再次召开座谈会，主要是进一步听取律师界同仁对检察工作的意见建议，通报最高人民检察院在保障律师权利、维护司法公正方面准备出台的新举措。大家都作了很好的发言，提出了很多宝贵的、富有建设性的意见建议，很受启发。在座的各位都是律师协会的会长，是我国律师界的优秀代表。大家的发言饱含对国家法治建设的热忱期盼，饱含对强化检察监督、维护公平正义的殷切期望，也体现了对检察工作的重视、关心和支持。我们将认真梳理、充分吸纳大家的意见建议，进一步加强和改进各项检

察工作。借此机会，我就如何进一步形成检察官与律师之间的良性互动关系，共同担负起中国特色社会主义法治工作者的职责使命，谈几点想法，与大家一起探讨、交流。

一、深刻领会十八届四中全会加强法治工作队伍建设要求，着力构建新型、健康、良性互动的检律关系

党的十八届四中全会专门就法治建设作出决定，开启了全面推进依法治国的新时代。全会《决定》有很多重大理论创新和制度设计，不仅第一次提出中国特色社会主义法治体系、法治理论，第一次全面系统提出健全宪法实施和监督制度、健全司法权力运行体制机制等，而且还第一次鲜明提出"法治工作队伍"这个十分重要的概念并进行了专

门部署。按照《决定》要求，法治工作队伍既包括立法队伍、行政执法队伍、司法队伍等法治专门队伍，也包括律师、公证员、基层法律服务工作者、人民调解员等法律服务队伍，还包括法学教育、法学研究工作者。全会《决定》进一步明确和定位了在全面推进依法治国背景下检察官和律师的关系。人民检察官和人民律师，秉承相同的法治理念、职业信仰和核心价值观，都是社会主义法治工作队伍的重要组成部分，都是全面推进依法治国基本方略、加快建设社会主义法治国家的重要力量。

作为中国特色社会主义法治工作者，律师的作用越来越重要。近年来，广大律师积极从事刑事辩护、诉讼代理、法律援助和非诉法律服务工作，开拓法律服务领域，创新法律服务方式，在保障公民和法人的合法权益、维护社会公平正义、化解矛盾纠纷、促进社会和谐稳定方面发挥着重要作用。特别是广大律师充分发挥自身熟悉法律法规、了解法律实务的特长，为立法工作提供意见建议，促进科学立法；通过担任政府法律顾问和公职律师，为政府运用法律手段管理经济和社会事务提供法律服务，推动依法行政，促进严格执法；通过依法履行辩护代理职责，协助司法机关全面、准确查明事实，正确适用法律，从实体和程序上维护司法公正；通过具体的执业活动以案释法，传播法治文化，弘扬法治精神，促进全民守法。律师队伍在法治实践中不断发展壮大，已经成为我们国家法治建设的重要推动者、实践者。

检察官与律师同为法治工作队伍的重要组成部分，虽然职责任务、角色定位等不尽相同，在诉讼中的主张甚至针锋相对、大相径庭，但对思想政治素质、业务工作能力、职业道德水准的要求是相同的，对忠于党、忠于国家、忠于人民、忠于法律的要求是相同的。去年，我在与律师界全国人大代表、全国政协委员座谈时提出，检察官和律师在本质和基本要求上都是共同的、一致的。我想，这也是符合十八届四中全会的精神和要求的。在职能定位上，检察官和律师都是社会主义法治工作队伍，都是全面推进依法治国基本方略、加快建设社会主义法治国家的重要力量；在价值目标上，检察官和律师都以捍卫司法公正和法律尊严为己任，都必须维护当事人合法权益，维护法律正确实施，维护社会公平正义；在履职要求上，检察官和律师都要坚持以事实为依据、以法律为准绳，履行职责都受到法律保护，都要自觉接受社会各方面和当事人的监督；在职业特点上，检察官和律师同为法治工作者，同受法律教育，同循法律思维，同行法治方式，具有相同的职业素养和职业技能要求，是法律职业共同体的重要组成部分。因此，无论从哪方面讲，检察官与律师都不是简单的控辩关系、对抗关系，而应当是对立统一、相互依存、平等相待、彼此促进的良性互动关系。

二、紧紧围绕保证公正司法、提高司法公信力，更好地保障和促进律师依法执业

党中央对公正司法高度重视。这次四中全会围绕保证公正司法、提高司法公信力，部署了很多新的战略举措。全会《决定》突出强调，强化诉讼过程中当事人和其他诉讼参与人的知情权、陈述权、辩护辩论权、申请权、申诉权的制度保障。加强对律师执业权利的保障，是落实四中全会《决定》的重要内容，也是一个国家法治文明的重要标志。近年来，检察机关高度重视律师权益保障，认真贯彻落实修改后刑事诉讼法、律师法等法律规定，制定实施人民检察院保障律师在刑事诉讼中依法执业的规定等一系列规范性文件，包括我们即将出台依法保障律师执业权利的规定，完善了保障律师权益、听取律师意见和与律师沟通的制度机制，强调尊重和保障律师依法执业。不少地方检察机关与司法行政部门、律师协会等也联合下发规范性文件，包括湖北省人民检察院与湖北省司法厅共同出台了《关于建立新型检律关系的指导意见》，江西省人民检察院联合江西省司法厅出台了《关于保障和规范律师在刑事诉讼中依法行使会见、调查取证和阅卷权利的若干意见》等等，进一步细化对律师执业保障的规定，取得了积极成效。刚才，大家在发言中也给予了肯定。

当然，我们也清醒认识到，检察机关在律师权益保障方面还存在不少问题和不足，有的还比较突出，主要包括：有的检察机关和检察人员司法观念陈旧，对律师介入诉讼活动有抵触心理，对律师会见、阅卷、调查取证"防着""挡着"，甚至人为设置障碍；有的对律师是职业共同体的认识不到位，在办案中潜意识地把律师作为对手，把律师正常的执业活动看成是"搅局""搞事"，办案中不仅不认真听取律师意见，"无视"甚至"反感"律师提出意见，导致案件质量不高等等。这些行为，不仅影响诉讼过程和办案质量，而且严重损害了检察机关的司法形象和司法公信力。对于这些问题，我们将按照四中全会的有关要求，积极采取措施，更加注重制度建设，努力加以解决。特别是重点加强以下几个方面工作：

（一）开展规范司法行为专项整治活动。今年以来，我们对修改后刑事诉讼法的执行情况，包括对律师执业权利的保障情况等进行了专门检查，最高人民检察院党组听取了公诉厅、反贪总局的汇报，研究提出一系列措施。近期，我们还将对侵犯律师权益等不规范司法行为进行专项整治，重点围绕职务犯罪侦查、侦查监督、公诉、民事行政检察监督、刑罚执行和监管活动监督、控告申诉检察等部门和环节，突出整治以下八个方面问题：一是司法作风简单粗暴，特权思想、霸道作风严重，对待当事人和来访群众态度生硬、敷衍塞责、冷硬横推；二是执行办案规范和纪律规定不严格，讯问职务犯罪嫌疑人同步录音录像制度落实不到位，指定居所监视居住强制措施适用不规范，对一些限制性规定变通执行，有令不行、有禁不止、违规不究；三是不认真听取当事人和律师意见，对律师合法要求无故推诿、拖延甚至刁难，限制律师权利；四是滥用强制措施，刑讯逼供、违法取证，违法扣押冻结处理涉案财物，侵害当事人合法权益；五是为追求考评成绩掺水分甚至弄虚作假，违规办案；六是受利益驱动，越权办案，违规插手经济活动，参股经商办企业；七是私下接触当事人及律师，泄露案情或帮助打探案情，或者受人之托过问、干预办案，利用检察权获取个人好处；八是接受吃请、收受贿赂、以案谋私，办关系案、人情案、金钱案。通过集中整治，着力整改群众最关注、反映最强烈的突出问题，进一步健全完善规范司法的各项制度机制，带动和促进司法规范化水平全面提升。欢迎广大律师对我们专项整治活动多监督、多提意见建议。

（二）健全律师会见、阅卷、调查取证等执业权利的保障机制。会见难、阅卷难、调查取证难"三难"，一直是广大律师十分关心的问题，也是保障律师执业权利中的"顽疾"。近年来，各级检察机关采取了不少新措施，促使这"三难"问题逐步得到解决。比如，山东省检察机关建立集预约申请、受理、回复、查询等功能于一体的律师预约系统，律师只需登录省检察院或各市级检察院门户网站，实施简单的网上操作，即可办理相关申请事宜的预约工作。比如，上海市检察机关在网上律师服务平台建

设的基础上，通过新建或改建的方式，建立了与办公区域分离、功能齐全、管理有序的律师阅卷、接待、听取意见等专用工作用房，配备复印机、打印机、刻录机、速拍仪、触摸屏等设备。今年上半年，检察机关安排阅卷同比上升60%，侦查阶段许可会见同比上升9.5%，听取律师意见同比上升200%。当然，与法律的要求和律师的期望相比，"三难"问题还需要进一步解决。特别是对检察机关办理的职务犯罪案件，不少律师反映侦查阶段会见犯罪嫌疑人比较困难，存在对"特别重大贿赂犯罪案件"条件扩大适用、不许可会见等问题。针对这个问题，我们在这次《规定》中专门强调，即使对于特别重大贿赂案件，也要有相关的配套措施保证律师会见权：一是律师在侦查阶段提出会见特别重大贿赂案件犯罪嫌疑人的，人民检察院应当严格按照法律和相关规定及时审查决定是否许可，并在三日以内决定答复。二是有碍侦查的情形消失后，应当通知律师，可以不经许可会见犯罪嫌疑人。三是侦查终结前，应当许可辩护律师会见犯罪嫌疑人。人民检察院在会见时不得派员在场，不得通过任何方式监听律师会见的谈话内容。对阅卷、律师收集证据和申请收集、调取证据的权利，《规定》也进一步作了细化，从制度机制设计上作了保证。为切实保障律师的这些诉讼权利，我们还专门研究建立检察机关办案部门和办案人员违法行使职权的记录、通报和责任追究制度，对侵犯律师执业权利等违法行为的，依法依规严肃处理。

（三）构建开放动态透明便民的阳光司法机制。四中全会《决定》明确要求，构建开放、动态、透明、便民的阳光司法机制，推进检务公开。公开不仅是确保检察权依法正确行使的重要手段，也是检察机关更好地保障律师执业权利的重要方式。比如，以往律师要查阅犯罪嫌疑人涉嫌的罪名以及涉嫌犯罪的主要事实，采取强制措施等情况的，提出申请过程中可能受到一些人为的干扰。现在，通过检察机关案件信息公开系统，律师可以更加便捷地查询案件的相关信息。今年6月份，我们开通人民检察院案件信息公开网，专门颁布《人民检察院案件信息公开工作规定》，明确规定当事人及其法定代理人、辩护人、诉讼代理人等可以查询案件相关程序性信息。下一步，我们将按照全会《决定》要求，进一步深化检务公开，不仅从"硬件"建设上入手，完善"两微一端"、网上网下检务公开大厅等；而且从

"软件"上入手,构建案件程序性信息查询平台、法律文书公开平台、重要案件信息发布平台、辩护与代理预约平台等四个平台,更好地保障包括律师在内人民群众对检察工作的知情权、参与权和监督权。律师申请阅卷、会见、收集调取证据材料以及提供证据材料、要求听取意见、申请变更强制措施等,可以通过这些平台提出,检察机关将在法定期限内处理回复。我们还将进一步深化对律师的检务公开,加强律师接待窗口建设,畅通律师接待渠道,及时听取律师意见,规范律师接待流程,健全及时主动公开和依申请公开制度,增强司法办案透明度,方便律师参与诉讼。

(四)健全对侵犯律师执业权利的救济机制。这是修改后刑事诉讼法赋予检察机关的一项新职能,也是检察监督的重要内容,对保障律师执业权利具有重要意义。目前这方面的工作正扎实有序推进,一些地方检察机关根据律师控告,及时纠正侦查机关阻碍会见等违法行为,取得了较好效果。为强化对侵犯律师诉讼权利的救济,这次《规定》进一步要求对律师关于公安机关、人民检察院、人民法院及其工作人员阻碍其依法行使诉讼权利的申诉或者控告,检察机关应当在受理后十日以内进行审查,情况属实的,通知有关机关或者本院有关部门、下级人民检察院予以纠正,并将处理情况书面答复律师;人民检察院在办案过程中发现有阻碍律师依法行使诉讼权利行为的,应当依法提出纠正意见。此外,在民事、行政诉讼中,人民检察院也应当依法保障律师行使代理权。因此,这次文件进一步细化有关规定,要求在民事行政检察工作中,当事人委托律师代理的,人民检察院应当尊重律师的权利,依法听取律师意见,认真审查律师提交的证据材料;律师根据当事人的委托要求参加人民检察院案件听证的,人民检察院应当允许。

三、全面落实推进法治社会建设要求,共同维护法制统一、尊严和权威

四中全会《决定》明确要求,推进法治社会建设,增强全社会厉行法治的积极性和主动性,形成守法光荣、违法可耻的社会氛围,使全体人民都成为社会主义法治的忠实崇尚者、自觉遵守者、坚定捍卫者。推进法治社会建设,是包括检察官、律师在内所有法律人的共同责任和使命。特别是随着全面推进依法治国进程的加快,人民群众权利意识和法治观念不断增强,诉讼作为纠纷解决方式的作用越来越明显,控辩双方或原被告双方的交锋也会越来越激烈,这对检察官和律师加强沟通协调、严格依法办案提出了新的更高要求。检察机关愿意与广大律师一起,坚持共同的法治理想、法治目标,在诉讼中严格依法履行职责,相互尊重对方权利,相互尊重对方的诉讼行为,共同维护法治尊严、维护人民权益,提高司法公信;共同加强法治宣传教育,培育社会主义法治文化,促进全社会形成相信法律、运用法律,遇事找法、解决问题靠法的良好氛围。

(一)严格依法履职,相互支持配合。虽然检察官和律师秉承共同的理念和追求,但在诉讼活动中有时多表现为"对抗"的一面,这就要求检察机关和律师互相信任、互相支持,不断加强沟通、协商和协作。检察官应当坚持客观公正立场,认真听取律师对办案工作的意见,准确分析案情,正确适用法律,及时发现和纠正办案中的偏差和错误。对于律师提出无罪、罪轻或者不需要追究刑事责任,侦查中有刑讯逼供等违法情况,证据真实性、合法性存在问题的意见,都应当认真审查核实,确保案件依法公正处理。也希望广大律师加强与检察机关在司法办案中的协作、协商,严格依法行使职责,特别是对一些法律规定还不明确的问题,本着务实、合作的精神,共同查明案件事实、促进司法公正。检察官和律师不仅要牢固树立共同的社会主义法治理念、法治原则和共同的职业道德要求,更应该在具体办案中共同弘扬社会主义法治精神,真正做到"对抗而不对立、交锋而不交恶"。

(二)共同化解矛盾,维护司法权威。与一些经济社会发展中的矛盾问题更多地以诉讼形式进入了司法领域相比,司法权威不足、司法终局性功能难以有效发挥等问题更显突出,严重影响社会和谐稳定。解决司法权威、司法公信力不足问题,除了强化检察机关自身严格规范公正文明司法外,也迫切需要得到广大律师的支持和帮助。这次四中全会专门部署了"对不服司法机关生效裁判、决定的申诉,逐步实行由律师代理制度;建立法官、检察官、行政执法人员、律师等以案释法制度"等措施,目的就是为了形成解决矛盾纠纷的合力。检察机关要注重发挥律师疏导和化解矛盾纠纷的独特作用,对一些涉检信访案件,与律师密切沟通,共同答疑解惑,减少对抗情绪,增强和谐因素。也希望广大律师与检察机关一起,共同引导当事人通过正常渠道反映诉求和依法解决矛盾纠纷，共同维护司法权威。特别是对于当事人及其亲属不服正确的判决裁定、处理决定，影响、干扰司法机关依法正常办案工作，希望我们加强释法说理，共同促进矛盾化解，维护正常社会秩序和工作秩序。

（三）创新方式方法，加强沟通交流。加强沟通和联系是增进相互了解、理解和支持的基础。检察机关要主动加强与各级司法行政部门、律师协会和广大律师的沟通，创新联系方式，拓宽联系范围，建立健全业务交流、资源共享、定期座谈等长效机制，使律师和检察机关真正实现良性互动。一方面，检察机关要与司法行政机关、律师协会建立长效工作联系机制，重视征求广大律师对检察工作的意见建议。可以聘请资深律师担任检察机关专家咨询委员会委员，为检察机关办理疑难复杂案件、作出重大决策提供咨询意见。探索建立专业咨询制度，检察机关司法办案中遇到专业性较强的问题，可以聘

请熟悉该领域专业知识和法律事务的律师提供专业咨询，以及为办案提供必要的帮助等。另一方面，强化人才和学术交流。广泛开展业务研讨、专题讲座、律师与检察官论辩赛等活动，探索建立检察官与律师交叉培训制度，交流探讨共同关心的法学理论和法律适用疑难问题，促进业务工作交流和业务知识的互补。检察机关将完善向专家、学者、律师等专业法律人才群体公开招录检察官的制度，进一步拓宽律师与检察官职业之间的交流渠道。也欢迎各级律师协会鼓励、支持律师参加招录，为检察机关输送更多优秀人才。

全面推进依法治国，建设社会主义法治国家，是我们所有法律人的共同期望，也是共同使命。希望我们进一步增强检察官和律师之间的职业认同感和信任感，真正从法治建设全局和战略的高度出发，着力构建新型、健康、良性互动的检律关系，为实现"法治梦"而携手前行、共同奋斗。

在全国检察机关第一次案件管理工作会议上的讲话

最高人民检察院检察长　曹建明

（2014 年 12 月 18 日）

今天我们这次会议，是案件管理机制改革在全国检察机关全面推行以来召开的第一次工作会议，也是党的十八届四中全会之后最高人民检察院召开的第一个业务工作会议。会议的主要任务是：深入学习贯彻十八届四中全会精神，紧紧围绕中央关于保证公正司法、提高司法公信力的总体部署要求，总结交流检察机关案件管理工作经验，研究新形势下深化案件管理机制改革的思路和措施。

案件管理机制改革是最高人民检察院党组为强化内部监督制约、规范司法行为、促进司法公开公正而推行的一项重大改革举措。自 2011 年 7 月统一部署以来，案件管理制度体系日益完善，网上办案、流程管理、业务考评、质量评查、检察统计等工作扎实开展，机构队伍建设、基础设施建设显著加强，检察机关案件管理工作逐步走上正规化、科

学化的发展轨道，为各项检察业务工作健康发展作出了重要贡献。三年多来，各级检察院党组始终把案件管理机制改革放在突出位置，有力领导、统筹协调；各相关部门牢固树立全局观念，积极参与、主动配合；全体案管工作人员敢于担当、锐意创新、攻坚克难，做了大量开创性的工作。在此，我代表最高人民检察院党组，向同志们表示崇高的敬意和衷心的感谢！

泽君同志还要对案件管理工作作全面部署。这里，我先讲几点意见：

一、认真学习贯彻党的十八届四中全会精神，坚定不移深化案件管理机制改革

十八届四中全会把依法治国作为主题，全面规划建设中国特色社会主义法治体系、建设社会主义法治国家的宏伟蓝图，标志着我国法治建设进入新

的历史时期。特别是,这次全会突出强调公正是法治的生命线,专门对"保证公正司法、提高司法公信力"作出重要部署,不仅为检察工作创新发展提供了历史性机遇,也对检察机关依法正确履行职责提出了新的更高要求。案件管理机制改革既是检察工作和检察改革的重要组成部分,也是检察机关公正司法、提高司法公信力的重要保障。我们要认真学习贯彻全会精神,主动适应法治建设的新形势新要求,进一步统一思想、深化认识,坚定不移把案件管理机制改革推向深入。

第一,落实四中全会完善司法管理体制和司法权力运行机制的要求,必须深化案件管理机制改革。四中全会突出强调要"完善司法管理体制和司法权力运行机制",在优化司法职权配置方面作出了许多部署和安排。最近,孟建柱书记先后在《决定》辅导读本和《求是》杂志上发表了《完善司法管理体制和司法权力运行机制》《在全面推进依法治国中更好地肩负起实践者和推动者的责任》两篇重要文章,进一步对完善司法权力运行机制作出重要部署,为我们准确领会和把握全会精神、深入推动检察改革提供了重要指引。优化司法职权配置,不仅包括在各执法司法机关之间健全分工负责、互相制约的体制机制,也包括各司法机关内部职权的调整和优化。案件管理机制改革是强化检察权运行管理和监督的重要内容,是协调和推动各项检察权高效、有序运行的重要举措,也是检察业务工作实现管理现代化的关键步骤。我们国家检察权运行方式的一个重要特点是上下一体、协同配合、统一行使,各项检察业务工作相互衔接、联系紧密。这就要求我们更加重视整合检察业务管理职能,优化检察机关职权配置,提高检察机关案件管理及运行的公开性、规范性、系统性和有效性,加强对检察权运行过程的科学管理和有效监管。各级检察机关要坚持把案件管理机制改革置于整个司法体制改革和检察改革的大局中同步谋划、同步推进,不断提升案件管理的科学化、规范化、全程化、精细化、信息化水平。

第二,落实四中全会严格司法、规范司法的要求,必须深化案件管理机制改革。四中全会突出强调要推进严格司法、规范司法行为,这是保证公正司法、提高司法公信力最基本的要求。这些年来,我们紧紧抓住人民群众反映强烈、影响司法公正的突出问题,坚持不懈地健全制度机制、提升能力素质,严格规范司法的能力和水平有了很大提升。今年10月,全国人大常委会在审议检察机关规范司法行为工作情况专项报告时,对此予以充分肯定。但必须清醒看到,我们司法活动中仍然存在不少突出问题,特别是滥用强制措施、违法查封扣押冻结处理涉案财物、违法取证、限制律师权利、不严格落实同步录音录像制度等不规范司法的"顽症"根深蒂固。推进严格司法、规范司法行为,很重要的一条就是要加强案件管理机制改革,通过对办案全过程实行节点监控、对法律文书和涉案财物统一监管、对律师统一接待,增强严格规范司法的刚性约束。没有管理,或者管理不严格,就是不讲规矩,就是放任自流。在全面推进依法治国新的形势下,我们要牢牢把握党和人民对严格司法、规范司法的新要求新期待,不断完善案件管理机制、提升案件管理能力,确保检察机关每项司法办案活动都严格依法进行,努力让人民群众在每个案件中都感受到公平正义。

第三,落实四中全会加强对司法活动监督的要求,必须深化案件管理机制改革。四中全会把加强对司法活动的监督纳入法治监督体系,作出了一系列重要部署,不仅要求司法机关自觉接受外部监督,而且必须健全内部监督制约机制,这是确保司法权依法正确行使的必然要求。这些年来,我们反复强调要把强化自身监督放在与强化法律监督同等重要的位置来抓,特别是推行案件管理机制改革,通过统一受案和对办案节点的嵌入式监控,增强了对司法办案行为的有效约束,使整个办案过程受到全程、动态监督。强化对检察权运行的管理和监督制约是一个永恒的课题。我们要按照四中全会的部署,在强化法律监督职能的同时,始终紧紧盯住自身存在的问题,不断完善内部监督制约体系,尤其要把强化内部监督制约融入案件管理机制改革,落实和强化案件管理部门对司法办案活动的内部监督职责,细化监督内容、拓展监督方式,确保检察权依法正确行使。

第四,落实四中全会保障人民群众参与司法的要求,必须深化案件管理机制改革。四中全会把保障人民群众参与司法作为保证公正司法、提高司法公信力的重要举措进行了部署,突出强调要构建阳光司法机制、推进检务公开、拓展群众参与司法途径。随着民主法治建设的深入推进,人民群众不仅希望了解检察机关的职能职责,更希望了解和参与检察机关的司法办案活动。现阶段推进阳光司法、检务公开，不能只是简单的职能职责公开，也不仅仅是开展新闻宣传、检察开放日、检察长接待日、举报宣传周活动，而是要以案件信息公开为核心。今年9月，我们依托统一业务应用系统，建成并正式运行全国检察机关统一的案件信息公开系统，这是保障人民群众知情权、参与权和监督权的重要措施，受到社会各界广泛关注和好评，案件管理部门会同有关部门又做了一件开创性的工作。深化案件信息公开，涉及检察业务的不同环节、不同部门，迫切需要加强统筹协调、督促落实。我们要按照四中全会的部署，从更好地保障人民群众参与司法出发，在案件集中管理基础上，进一步深化案件信息公开，着力构建开放、动态、透明、便民的阳光检察机制，促进检察机关司法公信力的提升。

二、准确把握深化案件管理机制改革的重点和方向

深化案件管理机制改革是一场深刻的革命，它不是简单增设机构，也不是简单合并或取代原有的管理职能，核心是根据检察权运行规律和现代管理规律，进一步优化检察机关的管理职能配置。经过三年多的探索发展，案件集中管理作为检察机关一项新兴的业务工作，已经进入规范调整、全面提升、创新发展的新阶段。现在关键是要适应改革和信息化发展的需要，坚持以问题为导向，在巩固已有成绩的基础上，以检察权运行规范化、管理科学化、监督制度化为目标，加快建设权责明确、协作紧密、制约有力、运行高效的检察业务管理体系。深化案件管理机制改革，要重点把握以下几点：

第一，要在依法科学有效管理上下功夫。加强对司法办案活动的管理，是案件管理机制改革最基本的任务。这项改革全面推行以来，案件管理模式发生深刻变化，有力促进了办案活动规范高效开展。但由于运行时间不长，一些同志思想认识上还有一些误区，尤其对案件管理与办理、集中管理与条线管理、管理监督与服务保障等关系缺乏准确把握，导致实践中出现职责分工不清、管理质量效率不高等问题。深化案件管理机制改革，必须在认真总结实践经验、深化规律性认识的基础上，进一步加强顶层设计，依法依程序依职权创新检察机关案件管理机制，不断提高管理的科学性和有效性。一要促进案件办理与案件管理的有机统一。有司法办案活动，就必然有案件管理活动。案件管理兼具业务性和管理性特征，既要严格遵循司法规律，又要严格遵循管理规律。要坚持以司法办案为中心，实现案件办理与案件管理的适度分离，在加强全面管理、过程监管的同时，尊重办案活动的亲历性、判断性、独立性，把握好管理的具体方式和介入程度，既切实防止和纠正违法办案和办案瑕疵问题，又切实防止和纠正对正常的案件办理工作造成不当影响。二要促进案件集中管理与部门管理的有机统一。案件集中管理并不是否定和排斥办案部门的自身管理，而是在强调办案部门自我管理的同时，重视支持和推进办案部门和办案活动之外的管理和监督，增强管理和监督实效。要根据检察工作和检察改革提出的新要求，进一步理顺案件集中管理职能，全面构建在检察长和检察委员会领导下，以办案部门和办案人员自我管理为基础，以案件集中管理为枢纽，以纪检监察、政工人事等部门综合管理为支撑的案件管理立体格局，实现对司法办案活动的有效管理和监督。三要促进案件集中管理各项职能有机统一。案件管理部门履行统一受理、流程监控、统计分析、质量评查、业务考评、检务公开、业务信息化管理等多项职能。这些职能各有特点，但性质上高度统一，并相互关联、相互依存，都是综合性业务管理的重要组成部分。案件管理部门要加强统筹规划，促进各项职能的深度融合、集约管理。

第二，要在统筹规范司法上下功夫。司法规范化建设是个系统工程，涉及诸多部门和环节，必须统筹规划、协调运转，才能确保各项办案制度规范严格统一执行。目前，司法规范化建设主要以各业务部门为主。实行案件集中管理后，虽然案件的规范管理得到加强，但总体的统筹协调与规范仍不够有力，一定程度上制约和影响了规范司法水平的整体提升。案件管理部门统筹案件的综合管理工作，掌握全部司法办案信息，应当担当起统筹整个司法规范化建设的重任。希望各级检察机关案件管理部门增强大局意识，切实履行好这个责任。一要在统筹规划方面发挥作用。要在院党组统一领导和上级检察院案件管理部门指导下，结合检察业务的发展变化，积极协调业务部门加强调查研究，及时掌握司法实践中出现的突出问题，牵头制定司法规范化建设规划，统筹制定或修改涉及检察业务工作全局的制度规范、考评标准，组织研究涉及面广、关联性强的规范司法措施，确保检察机关司法规范化建设的系统性和协同性。二要在组织实施方面发挥作用。案件管理部门要充分发挥对司法办案活动的规范约束功能，把个案监管与突出问题治理结合起来，对在案件管理中发现的比较集中的不规范问题，督促业务部门及时纠正，推动规范司法的制度要求落到实处。三要在检查评价方面发挥作用。案件管理部门要通过案件质量评查、业务考评、办案分析等多种途径，加强对司法规范化情况的检查，实事求是评价办案质量和效果，督促和引导办案工作规范开展。要注意把握工作导向，切实改变简单通过数字指标、比率控制线等评价工作的做法，坚决纠正为追求绩效而唯数量、掺水分等有违规律或弄虚作假问题。

第三，要在强化内部监督制约上下功夫。案件管理的核心价值在于强化内部监督制约。当前司法活动中存在的一些不公正、不严格、不规范的突出问题，既有司法理念和司法行为方面的原因，也反映出案件管理方面还存在一些薄弱环节。有的案件管理部门不敢监督、不愿监督，监督不够有力；有的重办案期限监督、轻办案活动监督，发现和纠正浅层次问题多、重大问题少；有的监督还存在空白和"盲区"，尤其在违法违规办案监督方面有待加强。强化对司法办案活动的内部监督制约，是深化案件管理机制改革重中之重的任务。各级检察院党组要高度重视，坚决支持案件管理部门发挥好监督制约作用。一要落实和强化监督职责。坚持把监督制约贯穿案件管理工作全过程，真正做到案件流转到哪里，监督制约就延伸到哪里。当前还要积极适应办案组织、办案机制等改革，合理调整、完善监控节点和管理方式，强化对检察业务的过程控制、实时监管和事后评价，不断增强监督的针对性和实效性。二要把监督的重点放在严重影响、限制公民权利的司法措施和手段上。特别是，要重点监督是否依法适用强制措施和侦查措施，是否依法保障律师执业权利，是否依法查封扣押冻结处理涉案财物，是否严格落实同步录音录像制度，是否滥用退补等延长、重新计算办案期限规定，是否滥用例外规定，是否依法履行法律监督职责，坚决防止和纠正不规范司法、随意司法、怠于履行职责的问题，切实保障诉讼参与人合法权益。最近，最高人民检察院将对不规范司法的"顽症"部署开展为期一年的专项整治活动，对有令不行、有禁不止的，谁审批谁担责、谁办案谁担责，坚决进行查处。三要切实增强监督的刚性。依托科技信息化手段，将司法办

案的各种制度要求细化到每个节点、固化于软件之中，促进人工监督与技术监控的有机结合。健全案件管理部门同业务部门之间的问题情况反馈和督促落实机制，建立案件管理工作联络人和业务联席会议制度，确保监督中发现的问题得到切实整改。对检察机关办案部门、办案人员自身违法违纪行为，要探索建立纠正违法通知和违法办案记录、通报、责任追究制度。需要强调的是，一方面，案件管理部门要真正做到敢于监督、善于监督、规范监督；另一方面，各业务部门和办案人员也要自觉接受和支持案件管理部门的监督，这是案件管理机制改革能否取得实效的关键所在。

第四，要在推进司法公开上下功夫。案件信息公开是检务公开的核心，也是案件管理部门新增的一项重要业务。今年以来，最高人民检察院全面推进案件信息公开，社会始终在关注我们工作的正能量，实际效果远远超出当初的预料，好评一波又一波。人民检察院案件信息公开系统上线运行三个多月来，受到各界一致好评，但在实际工作中存在不平衡的问题，一些地方还有思想顾虑，选择性公开现象比较突出，公开法律文书的数量远远小于实际办案数，公开的普通刑事案件多、职务犯罪案件少，个别地区的公开信息长时间不更新。这项工作能否得到落实，不仅关系到检务公开的成效，也直接影响到检察机关的形象和公信。最近，最高人民检察院专门研究制定了《关于全面推进检务公开工作的意见》，对深化案件信息公开提出了新的要求，正在报中央政法委审批。各级检察机关务必高度重视，真正把案件信息公开作为司法办案的有机组成部分，按照依法、全面、及时、规范、便民的要求，坚持公开为原则、不公开为例外，实现从选择性公开到全面公开、规范公开的转变，以公开促公正、以透明促廉洁。要以人民检察院案件信息公开系统为主平台，加强新媒体公开平台建设，整合各类公开媒介，着力构建多层次、多角度、全覆盖的案件信息公开网络。要进一步整合律师统一接待与案件信息的电话查询、触摸屏查询、案件管理岗位查询等工作任务，及时同步网上与网下工作内容，完善"一站式"检察服务格局。要健全案件信息公开审核把关机制、风险评估预警机制，加强对发布各类案件信息的保密审查和舆情监测。案件管理部门要切实担负起案件信息公开的主管职责，加强监督指导，定期汇总通报，督促办案部门发挥主体作用，

把案件信息公开的各项要求落到实处。

第五，要在当好参谋助手上下功夫。增强检察决策的科学性，离不开对检察业务总体情况、发展态势和突出问题的及时准确掌握。案件管理的各项工作，无论是流程监控、文书监管、涉案财物管理，还是案件评查、业务统计、律师接待等，都会从不同方面掌握办案情况、发现司法活动中的问题，具有服务科学决策的独特优势。案件管理部门要进一步增强决策服务意识，为各级检察院党组、检察委员会把握全局和科学决策当好参谋助手。特别是，要进一步整合司法办案信息，坚持和完善集中统计机制，确保数据真实、准确、完整、及时，无论统一业务应用系统产生的案件信息，还是其他途径产生的案件信息，都要严格审核把关，坚决防止和纠正数据造假、相互冲突，充分发挥案件信息在科学决策中的基础性作用。要深化对办案情况的综合分析，依托积聚的案件信息，健全同业务部门的协作机制，充分运用现代信息化技术，深入挖掘数据资源，从总量中揭示规律、反映发展态势、分析问题和原因、提出对策和建议，形成情况翔实、有说服力、有参考价值的分析报告，为领导决策和业务部门指导工作提供依据。最高人民检察院党组和我本人对工作的认识判断，有很多都来自于案件管理部门的统计分析。案件管理部门既要报喜，也要报忧，更要报警。对于存在的问题，要敢于拉响警报。感谢案件管理部门在服务决策方面发挥的重要作用。

三、进一步加强对深化案件管理机制改革的组织领导

深化案件管理机制改革是检察机关一项新的重要探索，在检察工作中具有全局性和基础性地位。这项工作涉及检察业务、检务保障、队伍建设等方方面面，不只是案件管理部门的任务，也是整个检察机关共同的责任，必须强化统一领导和统筹协调。

第一，要真正把深化案件管理机制改革作为推进检察业务建设、提高法律监督能力的龙头来抓。案件管理工作，讲到底是为领导决策服务、为业务工作服务。各级检察院党组特别是检察长要更加重视案件管理工作，亲自谋划、亲自部署，下大力气推动。特别是在现阶段要加大投入，保障律师接待、涉案财物保管、案件信息公开等工作正常开展。上级检察院要有针对性地加强统筹协调和督促检查。各级领导干部尤其各业务部门负责同志要带

头解放思想，积极适应案件管理机制改革带来的新变化新要求，主动参与和支持改革，做好相关配合工作，自觉接受案件管理部门的监督和制约。

第二，要充分发挥信息技术的支撑作用。深化案件管理机制改革必须注重司法办案与信息化建设的深度融合，充分运用现代科技手段提升管理能力。去年以来，最高人民检察院先后完成开发并在全国检察机关全面推行了统一业务应用系统和人民检察院案件信息公开系统，成效显著，不仅有力提升了检察信息化发展水平，更为重要的是深刻改变了多年来的办案方式和公开模式。检察技术信息、案件管理和相关职能部门要进一步加强沟通协调，进一步坚持问题导向，深化服务意识，高度重视、及时听取和分析各地系统应用中存在的突出问题，以解决问题、保障应用为导向，切实加强应用指导和严格管理，及时解决系统应用中还存在的制度性、程序性问题和设计问题，重视完善统一业务应用系统、案件信息公开系统与其他相关系统的相互衔接和联合运维机制，积极顺应司法改革和检察改革要求，不断优化和升级完善系统整体功能。要稳步实施电子检务工程，积极参与跨部门网上执法办案平台建设，坚持不懈推动系统深入应用，进一步提升检察工作的现代化、信息化水平。要充分发挥办案部门的主体作用、案件管理部门的统筹作用、信息技术部门的保障作用，完成好业务信息化的需求整合、标准编制、技术实现等工作，促进司法规范化和管理科学化。

第三，要加强案件管理机构队伍建设和能力建设。深化案件管理机制改革，无论是统筹业务管理、统筹规范司法还是开展业务监督，都需要人来做具体工作。要从案件管理工作规律和现实需要出发，健全案件管理机构，合理调配人员力量，确保这项工作有专门的部门或专门的人员负责。案件管理不仅需要熟悉检察业务，还要善于综合分析；不仅要了解管理规律，还要了解信息化建设规律，熟练应用信息化成果。要注意挑选政治上强、思想敏锐、思路清晰、驾驭工作能力强、有开拓创新精神的检察业务骨干负责案件管理工作，同时积极推动案件管理部门和其他检察业务部门工作人员轮岗交流。要积极创造条件，保障案件管理部门主要负责人深度参与检察业务、信息化建设等相关工作的重要决策。要按照"五个过硬"要求，大力提升案件管理队伍的思想政治素质、业务工作能力和职业道

德水准,为深化案件管理机制改革提供组织保障。特别是要加强案件管理队伍作风建设和党风廉政建设。近年来,案件管理工作成绩有目共睹,功不可没,但是,任何部门都不具有天然的免疫力,都不是保险箱。案件管理部门必须用比监督别人更严、更高的标准来要求自己、监督自己。对利用案件管理职能跑风漏气、索贿受贿等违法违纪行为,发现一起坚决查处一起,清除害群之马。

第四,要进一步加强案件管理工作的制度建设。案件管理是促进严格规范司法的重要手段,自身必须首先做到严格按规则办事。要坚持边实践边总结,按照厘清权责、明确程序、规范运行的原则,进一步完善案件管理制度体系,健全案件管理的具体标准和操作规程,使案件管理的各个方面各个环节都有章可循。要在充分论证的基础上,尽快

出台规范案件受理、流程监控、质量评查、律师接待、涉案财物管理、业务数据集中管理、信息填录等工作的制度规定,确保案件管理工作标准统一、步调一致。要结合深化司法改革和检察改革,认真研究司法机关内部人员过问案件的信息采集、跨行政区划检察院的案件管理、主任检察官的监督管理等新课题,保障各项改革任务顺利推进。

深化案件管理机制改革是加强司法规范化建设、法律监督能力建设和司法公信建设的重要抓手,符合中央要求、顺应时代发展、体现检察规律。希望各级检察机关和广大检察人员本着对检察事业高度负责的态度,进一步解放思想、凝心聚力、开拓进取,深入推进案件管理机制改革,不断提升检察工作科学化水平,为全面推进依法治国作出新的更大贡献!

切实加强检察委员会建设
促进检察工作科学发展

——在全国检察机关检察委员会工作座谈会上的讲话

最高人民检察院副检察长 胡泽君

（2014 年 2 月 27 日）

这次全国检察机关检察委员会工作座谈会是最高人民检察院决定召开的一次重要会议。会议的主要任务是:全面贯彻落实党的十八大、十八届三中全会和中央政法工作会议精神,全面贯彻落实习近平总书记系列重要讲话精神,按照全国检察长会议的部署,总结近年来检察委员会工作情况,研究部署下一阶段工作。

检察委员会是检察机关重要的业务决策机构,是中国特色社会主义检察制度的组成部分,是党加强对检察工作领导,尤其是对检察业务工作领导的重要体现。最高人民检察院党组历来十分重视检察委员会工作。2008 年以来,曹建明检察长多次强调要把检察委员会建设放在突出位置。今年 1 月,曹建明检察长作出重要批示指出,各级检察机关检

察委员会工作存在的问题值得重视,要进一步加强检察委员会理论研究和制度建设,推进检察委员会工作改革创新,进一步提高检察机关业务决策的科学化、民主化和规范化。最近,曹建明检察长在最高人民检察院检察委员会上又就"加强检察委员会制度建设,积极慎重深化检察委员会改革"作了讲话。他强调,要重视发挥检察委员会的重要作用,要完善检察委员会审议方式方法,要深化检察委员会制度改革,更好地坚持中国特色社会主义检察制度,更好地坚持科学决策、民主决策、依法决策,更好地既强化检察官个人办案作用,又发挥集体把关作用,加强监督制约,确保检察机关依法独立公正行使检察权。

下面,我受曹建明检察长的委托,就检察委员

会工作讲几点意见：

一、近年来检察委员会工作取得的新进展

党的十八届三中全会指出，要建设公正高效权威的社会主义司法制度，确保依法独立公正行使检察权。加强检察委员会工作是保障检察权依法独立公正行使的一项长远的、带有根本性的工作，对加强和改进整个检察工作具有重要意义。近年来，在最高人民检察院的统一领导和地方各级检察院的共同努力下，检察委员会工作取得显著成效。

（一）检察委员会职能作用得到充分发挥。各级检察机关检察委员会紧紧围绕贯彻落实党的十八大、十八届三中全会精神，紧密结合本地实际，审议通过了一系列制度规范和有效措施，促进了检察工作的科学发展。检察委员会宏观指导、重大案件质量把关和内部监督的职能作用得到充分发挥，工作水平进一步提高。有的检察院建立了专项业务工作审议制度，对专项工作进行全方位、深层次立体分析，增强了对本地区检察工作的整体领导和宏观把握。各级检察机关运用检察委员会进行集体决策的意识不断增强，通过检察委员会正确处理重大疑难复杂案件、防止冤假错案发生的能力显著提高。各级检察委员会发挥集体领导、集体决策、集体监督的优势，不断强化内部监督，有效防止了案件处理中的不正之风和违法行为，在保障检察权依法独立公正行使方面发挥了重要作用。

（二）检察委员会建设不断加强。各级检察机关紧紧抓住制约检察委员会工作科学发展的问题，坚持问题导向，不断增强责任意识，检察委员会的制度建设、能力建设和组织建设进一步增强。一是规范检察委员会工作的制度体系得到健全和完善。近年来，最高人民检察院不断健全完善加强检察委员会建设的制度规范，全国统一的检察委员会制度和规范体系已经形成。省级检察院在贯彻落实检察委员会议事制度、例会制度、专职委员工作制度、执行情况报告制度、纪要报备制度的基础上，还出台了一些适应省级检察院职能分级和当地执法办案实际的工作制度。二是检察委员会专项业务培训和集体学习制度趋于制度化、常态化。各级检察机关加强对检察委员会委员的教育培训，检察委员会委员从检察业务全局的高度思考分析问题的能力显著提升。如有的地方建立了课题调研机制，每位委员每年至少就一项热点问题进行调研、查找问题、总结经验、提出改进措施，委员研究热点难点问

题的能力进一步增强；有的院成立检察委员会专业研究小组，通过专题论证、理论研究等形式，增强委员审查重大疑难复杂案件的能力。三是检察委员会组织建设力度不断加大。检察委员会专职委员的选任工作取得明显进展。截至2014年1月底，全国32个省级检察院选任出73名专职委员，386个分市检察院共有642名专职委员，县级检察院共有3306名专职委员，分别比2006年增加了97%、2.67倍和3.43倍。此外，各级检察院检察委员会办事机构建设也得到加强，其桥梁纽带作用得到有效发挥，促进了检察委员会议事质量和效率的提高。

（三）检察委员会工作的规范化水平不断提高。近年来，最高人民检察院深入研究检察委员会规范化建设面临的困难、问题，积极推进薄弱环节和关键程序的制度完善，先后出台了《人民检察院检察委员会议事和工作规则》《人民检察院检察委员会议题标准（试行）》等，不断加强上级检察院对下级检察院的工作指导，推动了检察委员会规范化建设的不断深入。如山东、上海、河北、云南等地通过规范和明确检察委员会议题范围、细化议题提请和决定督办执行程序等方式规范检察委员会运作。上级检察院通过对下级检察院的综合绩效考评、巡视督察、推广典型工作经验等多种形式，有效推进检察委员会工作规范化建设，检察委员会工作制度化、规范化水平显著提升。

在肯定成绩的同时，我们也应当清醒地看到当前检察委员会工作还存在不少问题。去年底，在最高人民检察院研究室举办的首届"全国检察机关检察委员会专职委员培训班"上，各地代表强烈反映了当前制约检察委员会工作的突出问题，提出了许多宝贵意见和建议，培训班很有成效。从培训班反映和平时调研掌握情况看，当前，检察委员会工作中存在的主要问题有：

一是专职委员选任和职责不规范的问题。《中共中央关于进一步加强人民法院、人民检察院工作的决定》《关于进一步加强地方各级人民法院、人民检察院领导干部选拔任用工作有关问题的意见》及《人民检察院检察委员会专职委员选任及职责暂行规定》，对专职委员的任职条件、选任程序和工作职责作了较为明确的规定。但各地在执行过程中存在较大差异，一定程度上制约了专职委员职能作用发挥。如，从选任情况看，一些地方把专职委员选

任看作一种政治待遇,没能真正保证将法学理论功底深、司法经验丰富和办案能力强的人员选任到专职委员岗位上;从履行职责看,各地专职委员的职责分工千差万别,一些地方发挥专职委员的作用还不够充分。从分管工作看,根据《人民检察院检察委员会专职委员选任及职责暂行规定》要求,各院须有一名专职委员负责检察委员会办事机构工作,但实践中执行得并不理想。

二是检察委员会办事机构建设及作用发挥方面存在的问题。具体表现在机构设置不统一、力量配备不足和履职不充分三个方面。办事机构设置不统一,有的设在研究室,有的设在案件管理办公室,有的设在办公室,也有的设在其他部门。32个省级检察院中,绝大多数院仅有一人专职或者兼职负责检察委员会办事机构工作,最多只有二人,市、县级检察院则以兼职为主;此外,绝大多数办事机构仅承担了会务服务职能,议题审核、参谋助手、业务咨询、协调指导等管理性职能基本没有涉及。

三是检察委员会执行民主集中制原则方面存在的问题。民主集中制原则在检察委员会决策中有时得不到有效落实,主要表现为有的院很少召开检察委员会,甚至一年就召开一两次检察委员会;有的存在检察长"一言堂"现象,检察长在检察委员会上首先定调后,其他委员基本不发表意见;还有个别地方少数服从多数的原则执行较差,在讨论议题时有时不能保证每位委员都能发表意见。

四是检察委员会议事范围方面存在的问题。各省掌握检察委员会议题范围尺度不一,存在较大差异,省内各检察院之间的差异也较大。有的检察院对应当提请审议的事项不提请,有的检察院检察委员会基本上成了单一的案件讨论会。另外,关于党组会、检察委员会、检察长办公会、院务会"四会"的职能划分和把握存在差异。

五是检察委员会责任落实的问题。有些同志反映,检察委员会责任追究机制不明确,看似"人人负责",实为"人人无责"。有的案件承办人或者部门负责人担心承担错案责任,将不应提请审议的案件提请检察委员会审议,个别检察院甚至一年召开了一百多次检察委员会。

二、完善落实检察委员会工作制度,扎实做好检察委员会工作

当前,我国进入了全面深化改革、加快转变经济发展方式的攻坚时期。各级检察机关要切实增强政治意识、责任意识,从战略和全局的高度,深刻认识新形势下加强检察委员会工作的重要性和紧迫性,将检察委员会工作摆在更加突出位置,提升决策能力,明确决策责任,提高检察委员会工作的质量和效率,更好地为检察工作科学发展和经济社会科学发展服务。

当前和今后一个时期,推进检察委员会工作的总体思路是:深入贯彻落实党的十八大、十八届三中全会和习近平总书记系列重要讲话和指示精神,坚持党的领导与人大监督,以中国特色社会主义理论体系为指导,恪守检察机关的宪法定位,遵循检察工作规律,紧密结合司法体制改革,不断强化检察委员会的司法属性,狠抓检察委员会的组织建设、制度建设、能力建设、规范化建设和理论建设,加大检察委员会制度的执行力,强化职能作用发挥,推动中国特色的社会主义检察制度不断健全和完善。具体抓好以下几个方面工作:

(一)加强理论研究,夯实检察委员会改革发展的理论基础。要深化检察委员会改革,推进机制创新,就必须加大基础理论研究和应用理论研究的力度,在阐释重大理论问题的深度和解决实践难题的力度上下功夫。一是深化基础理论研究。十八届三中全会对法院审判委员会改革提出了明确要求,学术界对检察委员会合理性、正当性的质疑亦时消时涨。面对新的形势,我们必须进一步明确理论研究的重点和方向,深入研究检察委员会制度的优越性、必要性以及同检察制度的契合性;要积极、审慎引导学术界、实务界的专家学者对检察委员会的基本属性、价值功能、决策模式等基本理论问题进行深入研究,为推动检察委员会改革和机制创新,奠定强有力的理论根基。有条件的检察院可以邀请本地区高校的专家学者参与相关研究。二是加强应用理论研究。各级检察院特别是省级检察院要深入调研检察工作中出现的新情况新问题,系统总结检察工作经验,深刻把握检察工作规律,高度重视理论研究成果的转化和应用。要深入研究强化检察委员会司法属性的方式,探索解决检察委员会工作中存在的问题和不足。三是拓展理论研究途径。针对检察委员会的基本属性、职能定位、检察委员会与检察权独立行使的关系等问题,深入研究,提升理论研究的软实力;最高人民检察院将带头深入基层,及时了解掌控基层工作动态,开展《刑事诉讼法》《刑事诉讼规则》修改后对检察委员会工作的影响等方面的专题调研，查找出制约检察委员会科学发展的瓶颈性问题，剖析原因、研究对策。各级检察院检察委员会委员、专职委员、办事机构工作人员要充分发挥主力军作用，积极参与、精心准备，通过理论研究来带动解决制约检察委员会工作科学发展的理论困惑和实践难题。

（二）抓好现有制度规范的落实，提升检察委员会工作规范化水平。近年来，最高人民检察院下大力气抓全国检察机关检察委员会制度的统一和规范工作，检察委员会制度规范体系已经基本形成，为检察委员会工作的长远、科学发展奠定了坚实基础。制度的生命力在于落实，落实的关键在于强化监督。下一步工作中，要通过以下方式强化和监督现有制度规范的落实：一是多措并举，综合施策。灵活采取视频汇报、经验交流、全面检查、交叉检查、通报情况、督导、巡视等多种有效措施，重点抓好《人民检察院检察委员会组织条例》《人民检察院检察委员会议事和工作规则》《人民检察院检察委员会议题标准（试行）》和《人民检察院检察委员会专职委员选任及职责暂行规定》的贯彻落实。今年，最高人民检察院将把纪检监察对各地的巡视工作与对各地检察委员会工作情况的监督检查结合起来，适当的时候还要采取视频方式听取各地关于检察委员会工作情况的汇报。二是加强对下指导。目前，80%以上的案件在基层检察院，基层检察院检察委员会工作制度的落实情况与规范化水平，直接关系到检察委员会工作的科学发展。最高人民检察院将加大对下指导力度，针对基层检察院检察委员会工作存在的薄弱环节和突出问题，适时制定下发《关于加强基层院检察委员会工作的意见》，各地要高度重视，抓好贯彻落实。省级检察院也要强化对下指导、检查和督办，及时掌握本地区检察委员会工作的动态情况，总结推广好的做法，提升检察委员会工作水平。各省级检察院要在每年1月10日前将上年度本地区检察委员会工作情况上报至最高人民检察院。三是借助检察委员会信息工作平台，加强层级管理。坚持以上带下，上下互动，最高人民检察院、省级检察院检察委员会办事机构要带动好下级检察院检察委员会办事机构工作，综合运用信息化平台，合理设置项目，填报会议议题、讨论情况、决定事项、委员人数、结构等动态数据，增强检察委员会工作的整体性和联动性。

（三）强化组织领导，规范检察委员会办事机构设置。检察委员会办事机构作为检察委员会制度运转的协调中心，是连接检察委员会与相关部门的桥梁和纽带，其职能作用发挥的程度直接影响到检察委员会议事、议案的效率和规范化水平。当前，省、市级检察委员会办事机构的设置相对规范，工作程序、工作机制比较健全，但基层检察院办事机构设置不统一，力量配备不足、履行职责不充分问题较为突出。下一步工作中：一是要加强对检察委员会办事机构工作的组织领导。各级检察院要高度重视检察委员会工作，严格按照《中共中央关于进一步加强人民法院、人民检察院工作的决定》和《人民检察院检察委员会专职委员选任及职责暂行规定》的要求，选好用好专职委员，专职委员员额不足或尚未配备的地方，要尽快选好配齐。已配备专职委员的地方，要对专职委员进行合理分工，明确职责，切实发挥好专职委员在检察业务中的作用，每个检察院必须有一名专职委员负责检察委员会办事机构工作。二是规范检察委员会办事机构设置。积极推进省、市级检察院以及人员编制较多的基层检察院设立办事机构，办事机构应当归口研究室管理；内设机构中没有研究室的，可以归口办公室管理；有条件的，也可以设立独立办事机构；在编制较少、案件较少的基层检察院，要有专人负责检察委员会工作。三是配齐配强办事机构人员，加大培训力度。通过定期培训、岗位练兵、经验交流等途径，不断提高办事机构人员的参谋、服务、协调和管理能力，提高做好检察委员会议题审核、会议服务、纪要起草、法律核稿以及检察委员会决定事项督办落实的能力，切实提高服务和保障水平。

加强检察委员会工作，对于提高检察机关执法办案水平、提升司法公信力，具有十分重要的意义。我们要以这次会议为契机，推动检察委员会工作迈上一个新台阶，为完善中国特色社会主义检察制度，推进法治中国建设作出积极贡献。

在全国检察机关第一次案件管理工作会议上的讲话

最高人民检察院副检察长　胡泽君

（2014 年 12 月 18 日）

这次会议是在全国检察机关深入学习党的十八届四中全会精神，认真贯彻《中共中央关于全面推进依法治国若干重大问题的决定》的新形势下召开的一次重要会议。刚才，曹建明检察长从贯彻落实四中全会精神、全面推进依法治国的高度，充分肯定了三年多来检察机关案件管理机制改革取得的成效，深刻阐述了深化案件管理机制改革的重要性、必要性和紧迫性，明确提出了新形势下深化案件管理机制改革的思路和措施，为今后工作指明了方向，提供了动力。我们一定要紧密结合贯彻四中全会精神，认真学习，深刻领会，抓好贯彻落实。下面，结合三年多来的工作情况，就如何贯彻落实曹建明检察长讲话精神，进一步做好新形势下的案件管理工作，我讲几点意见。

一、案件管理机制改革扎实推进，成效显著

自 2011 年第十三次全国检察工作会议对案件管理机制改革作出专门部署以来，全国检察机关按照最高人民检察院的要求，紧紧围绕检察工作大局，以强化内部监督制约为重点，以提升业务信息化水平为突破口，以制度建设和队伍建设为基础，精心组织，强力推进，案件管理机制改革取得重要阶段性成果。

（一）案件管理制度体系基本形成。各级检察机关把制度建设摆在突出位置，在不断探索总结的基础上，制定一系列规章制度。最高人民检察院着力抓好顶层设计，在刑事诉讼规则、民事诉讼监督规则和执法规范中将"案件管理"设置专章作出规定；制定最高人民检察院案件管理暂行办法，明确了案件管理的基本内容和职责任务；制定下发统一业务应用系统使用管理办法、案件信息公开工作规定，完善业务考评指导意见，为各地开展各项案件管理工作提供重要依据和引导。各地结合本地实际，针对案件受理，当事人及其辩护人、诉讼代理人接待，案件质量评查和检察业务考评工作制定了专门的实施细则。一套较为科学完备、符合实际、行之有效的案件管理制度体系基本形成，为案件管理工作深入健康发展打下了坚实的制度基础。

（二）案件管理队伍建设取得明显成效。机构和队伍是案件管理机制改革的组织保障。改革伊始，最高人民检察院党组将机构建设作为案件管理机制改革的基础性工作来抓，在中央机关机构和编制十分紧张的情况下，经中央编办批复成立了最高人民检察院案件管理办公室，起到了重要的引领和示范作用。各地检察机关特别是西藏、青海、新疆、兵团等地克服维稳压力大、人员数量相对较少等困难，加大工作力度，积极协调解决机构和人员问题。截至目前，全国四级检察机关案件管理机构数从 2011 年的 600 多个发展到 3500 多个，占检察院总数的 97%，基本实现了全覆盖。各地选调精兵强将组建案件管理队伍，一大批事业心强、作风扎实、业务精通、综合素质高的优秀人才充实到案件管理工作一线。截至目前，全国检察机关案件管理部门实有工作人员 15000 余名，为案件管理工作全面开展奠定了坚实的队伍基础。

（三）案件管理职能作用有效发挥。各级检察机关紧紧围绕案件管理部门的职能定位和职责要求，全面做好案件管理各项工作。一是流程管理扎实开展。各级案件管理部门严把案件受理审查关与结案审核关，加强对重要办案环节和节点的实时监控，基本做到统一案件受理、统一流程监控、统一管理法律文书、统一管理涉案财物，及时发现和督促纠正程序违法、办案超期、法律文书不规范、涉案财物违法处理等情形。海南省检察院制定了案件流程监管指引，全面开展流程监控，有效规范对执法办案的监督。山西、江苏、四川省检察院统一部署开展涉案财物专项检查活动,湖南、甘肃省检察院积极推行涉案财物省级统筹管理,有力促进了司法办案规范化。二是案件质量评查更加规范深入。各级检察院以容易发生问题的司法办案薄弱环节为突破口,采取随机评查、重点评查、专项评查等方式,深入开展案件质量评查工作。针对评查中发现的问题,总结归类,剖析原因,通过口头交换意见、通知整改、召开联席会议、专题点评、下发通报等多种方式督促整改。目前有 3100 多个检察院开展了案件质量评查工作,评查各类案件 50 多万件。广东、四川、吉林、河北、山东、江苏、湖北等省级检察院统一组织开展全省范围的案件质量专项评查,发现并整改了一批司法办案中存在的突出问题。三是业务考评更加科学合理。最高人民检察院制定下发了《关于进一步改进检察业务考评工作的意见》,积极引导各级检察机关牢固树立正确的政绩观和严格规范公正文明的执法观。各地按照意见要求,不断优化考评指标,完善考评工作机制。浙江省检察院把业务考评与执法规范化建设、队伍建设有机结合,最大限度发挥业务考评的作用。辽宁省检察院在全省推行市县两级检察院执法质量和队伍建设网上考评,实现了省检察院对市县两级检察院的日常管理和动态考评。四是检察统计工作在保持稳定中发展。各级检察院统计机构和职能已基本归口案件管理部门。各地不断加强数据日常审核和专项核查,自觉将案件监管和业务统计有机结合,定期通报和纠正数据质量问题,确保数据真实准确。着力加强业务运行态势分析工作,及时反映检察机关贯彻执行新刑事诉讼法总体情况和存在的突出问题,为各级检察院领导决策和业务部门改进工作提供依据。河南省检察院案件管理部门编写的半年和全年业务态势分析均作为全省检察长会议参阅件,较好地发挥了决策参谋作用。五是案件管理服务工作有序开展。各地立足实际,合理规划,建成设施齐全、功能完备的案件管理大厅,基本实现了由专门机构、专门人员在专门场所为当事人及其辩护人、诉讼代理人提供案件信息查询、案卷材料查阅等一站式服务。福建、江西、广西、重庆、云南、陕西等 20 个省级检察院设立了案件管理大厅。上海市检察院在门户网站推出覆盖全市三级检察院的"律师预约服务平台",荣获上海市"创新社会治理深化平安建设"十佳示范案例。

（四）检察业务信息化建设实现跨越式发展。案件管理工作深入开展与检察信息化发展密不可分。三年多来,全国检察机关坚持"四统一"原则,按照"推进建设、突出应用、加强管理"的工作思路,全力推进统一业务应用系统和案件信息公开系统的研发和部署应用,业务信息化建设取得重大突破。2012 年 8 月,最高人民检察院党组决定研发融办案、管理、统计于一体的全国检察机关统一业务应用系统以来,最高人民检察院案件管理办公室和检察技术信息研究中心牵头,在最高人民检察院机关各部门和地方各级检察机关的参与、支持与配合下,在不到两年的时间内,完成了需求分析、开发、测试、试点和部署工作,在全国检察机关全面上线运行,架起了四级检察机关纵向贯通、横向集成、资源共享的司法办案"信息高速公路",有效发挥了规范司法行为、提高办案质量和效率、强化内部监督的作用。最高人民检察院十分重视系统的后续研发,根据工作需要,确定四川、贵州为试点单位,指导研发应用多功能电子卷宗系统,成熟后将在全国检察机关部署应用。为进一步深化检务公开,今年3 月份,最高人民检察院又组织研发了全国检察机关统一的案件信息公开系统,目前,全国各级检察机关依托这个统一的平台发布案件程序性信息、重要案件信息和法律文书,为辩护人、诉讼代理人等办理相关业务,进一步丰富、创新了"阳光检务"的形式和手段,受到社会各界的广泛关注与好评。两大系统在短时间内相继成功研发并全面部署应用,标志着检察机关业务信息化工作迈出关键性步伐,取得跨越式新发展,得到中央领导、社会各界的充分肯定和高度赞誉。这是全国检察机关众志成城、共同奋斗的结果。最高人民检察院机关各相关部门大力支持,积极参与做好顶层设计。广东、山东、四川、江苏、山西、北京、上海、海南等地选调大批业务和技术骨干参与统一业务应用系统研发,山东、广东、宁夏三省先行先试,为系统的研发、部署应用提出了很多好的意见建议,创造了大量可复制、可推广的经验做法;黑龙江、河南、甘肃等地在案件信息公开系统试点工作中,也做了大量卓有成效的工作;天津、河北、内蒙古、安徽等地为系统的完善升级提供了很多有利条件。最高人民检察院党组已决定对为统一业务应用系统研发作出重要贡献的单位和个人进行表彰,我在此也对获得表彰的单位和个人表示热烈的祝贺和衷心的感谢!

经过三年多的努力,案件管理机制改革强力推进,各项工作有序开展,职能作用逐步发挥,工作效果日益显现,在规范司法行为、促进司法公正、提高检察公信力等方面发挥了重要的积极作用,得到最高人民检察院党组充分肯定和社会各界一致好评。这些成绩来之不易,得益于各级检察院党组的高度重视和正确领导,得益于有关单位和部门的大力支持,得益于广大案件管理人员的顽强拼搏、开拓进取,是各方面共同努力的结果!三年多来的实践证明,最高人民检察院党组关于推进案件管理机制改革的决策是正确的,符合中央关于全面推进依法治国的要求,符合司法规律,符合检察工作实际。我们要进一步统一思想,坚定信心,深入总结经验,不断开拓进取,推动案件管理工作在新的起点上创新发展。

二、认清形势,明确思路,充分发挥案件管理职能作用

当前,检察机关案件管理工作面临着新形势、新任务、新要求。一是全面推进依法治国战略对案件管理工作提出了新要求。党的十八届四中全会从全面推进依法治国的战略高度,强调要完善司法管理体制、优化司法权力运行机制、加强对司法活动的监督。案件管理工作必须从深入贯彻落实全面推进依法治国的战略总体要求出发,找准定位,明确任务和要求,在已有成效的基础上继续深入推进。二是司法体制改革和检察改革对案件管理工作提出了新要求。新一轮司法体制改革和检察改革以优化司法职权配置为重点,以促进公正司法为目标,推出了一系列重大改革举措。案件管理机制改革是检察改革的重要内容,又与其他改革措施相辅相成。案件管理工作要紧紧围绕司法体制改革和检察改革的总体部署,既谋划好自身改革发展,又要服务服从于其他方面的改革,形成各项检察改革同步推进、相向而行的良好局面。三是检察工作科学发展对案件管理工作提出了新要求。中国特色社会主义法律体系已经形成,法律实施将长期成为法治建设的重点和社会关注的焦点,检察机关的法律监督任务更加繁重。随着人民群众的法治意识、权利意识不断增强,对公正司法的要求和期待越来越高。检察机关作为国家法律监督机关,必须以比监督别人更大的勇气、更大的力度监督自己,以公正司法的实际成效维护法律权威,提升司法公信力。这就要求案件管理工作必须紧紧围绕严格、规范、公正、文明司法,充分履行内部监督职能,为检察工作的科学发展提供机制保障。四是案件管理工作自身发展提出了新要求。三年多来,全国检察机关案件管理机制改革取得重大进展,为案件管理工作的深入发展奠定了坚实基础。但我们也要清醒地看到,当前案件管理工作还存在不少问题:少数案件管理人员存在等靠思想、畏难情绪和不愿管理、不敢管理、不善管理等情况;案件管理人员数量、素质与工作任务和要求还不相适应;案件集中管理效能尚未充分发挥;案件管理工作机制尚未完全理顺。这些问题,都需要我们高度重视,切实采取措施予以解决和改进。

面对新形势、新任务和新要求,当前和今后一个时期检察机关案件管理工作的总体思路是:深入学习贯彻党的十八大以及三中、四中全会和习近平总书记系列重要讲话精神,紧紧围绕检察工作全局,以改革创新为动力,以强化监督管理为重点,以管理规范化建设、队伍能力建设和业务信息化建设为保障,加快构建科学规范的检察业务管理体系,全面发挥职能作用,为促进规范司法、公正司法,提升检察机关公信力提供有力的业务管理机制保障。落实上述总体工作思路,要重点把握好以下几个方面:

一是牢固树立全局观念。案件管理工作是检察工作的重要组成部分,与各项检察工作特别是检察业务工作密切相关。最高人民检察院党组强调,案件管理是综合性的业务工作,不能等同于一般的行政管理工作。案件管理部门要增强全局观念,树立一盘棋思想,自觉将案件管理工作置于整个检察工作的全局中来谋划和推进,找准工作的着力点、结合点和切入点,充分发挥促进规范司法和业务工作的统筹作用,与各职能部门分工负责,协作配合,共同推进检察工作科学发展。要正确处理案件管理与案件办理、集中管理与条线管理、管理监督与服务保障的关系,进一步厘清职能定位,坚持管理与服务并举、监督与配合并重,真正做到工作主线不偏离、工作思路不含糊、工作职责不越界。要更新管理理念,提升服务水平,通过全面履行案件管理职责,更好地服务于领导科学决策,服务于检察业务工作,服务于人民群众。

二是全面发挥案件管理职能作用。要紧紧围绕职能定位,切实发挥案件管理的办案监管、管理统筹、参谋服务等职能作用。要注重发挥办案监管作用,充分依托统一业务应用系统,对重要环节进行节点控制,针对检察环节司法不规范的突出问题,加强事中、事后监管,增强监督的及时性和有效性。要注重发挥管理统筹作用,在司法规范化建设、检察业务考评、案件质量评查、执法风险评估、业务信息化建设和案件信息公开等方面加强组织协调,引导和促进业务部门加强条线管理,形成集中管理与条线管理有机结合的检察业务管理体系。要注重发挥决策参谋作用,全面反映检察业务运行态势和规律,及时发现倾向性、苗头性、深层次问题,为领导决策和业务指导提供参考。要注重发挥服务群众作用,提高对外窗口服务的质量和效率,督促业务部门依法保障当事人诉讼权利和律师执业权利,实现与服务对象间的有效沟通、良性互动,提升检察机关的司法形象和司法公信力。

三是全面提升案件管理科学化水平。规范、严谨、高效是案件管理科学化的必然要求。规范化建设是科学管理的前提,要在建设科学合理、健全完善的规范化体系上下功夫,使案件管理的各个方面、各个环节都有章可循,有据可依,确保案件管理工作严格依程序、依规范、依制度进行。队伍能力建设是科学管理的核心,要在建设高素质的案件管理队伍上下功夫,构建以提升业务能力为核心的岗位练兵长效机制,促进案件管理人员的能力水平适应工作需要。业务信息化建设是科学管理的支撑,要积极顺应信息化发展的需要,扎实推进以统一业务应用系统为基础的科技信息化建设,最大限度发挥信息资源的集聚、规模效应,使管理更高效、更精准。要高度重视网络信息安全。统一业务应用系统是一个相互贯通的机密网,风险等级和安全要求都很高,任何一个地方出现安全隐患,就会影响到全国检察机关。各级检察机关都要严格按照要求做好分级保护建设,严格遵守安全保密要求,确保网络信息安全。

三、强化措施,狠抓落实,扎实做好案件管理各项工作

各级检察机关案件管理部门要紧紧围绕"管理、监督、服务、参谋"的职能定位,以促进规范司法、提高办案质量、提升检察公信力为目标,全面做好案件管理各项工作。

(一)积极做好案件流程管理工作。流程管理是对司法办案进行同步监督、动态监督的重要内容,也是强化过程控制的重要途径。统一业务应用系统上线运行后,流程管理的手段大大增强,要合理设置控制节点,加强对办案流程的实时、动态管理,特别是要重点围绕关系当事人切身利益的司法措施和关键环节,以及贯彻执行修改后刑事诉讼法新增职能的情况,有针对性地开展流程监控。要针对律师会见难、阅卷难、调查取证难等问题,主动做好统一接待工作,积极督促办案部门依法保障律师执业权利,并及时反馈结果。刑事诉讼规则明确规定涉案物品由案件管理部门直接保管,各地要抓好贯彻执行,进一步落实保管场所,改善保管条件,配备管理人员,确保涉案财物保管工作规范、有序进行。要按照新修订的涉案财物管理规定,从涉案财物的移送、接收、保管、处理等环节入手,严格审核把关,加强监督管理,坚决防止和纠正涉案财物查封、扣押、冻结、处理工作中存在的不规范、不及时甚至违法违规等突出问题。要会同有关部门切实做好执法风险评估预警工作,认真履行组织协调和督促检查职责,及时发现和提醒办案中的各种苗头性、倾向性、潜在性问题,促进矛盾和问题及时得到防范、化解和处置。

(二)认真做好案件质量评查和检察业务考评工作。案件质量评查和检察业务考评是加强案件质量管理、提升办案质量的重要抓手。要将案件质量评查纳入案件管理日常工作,采取定期评查、专项评查、随机评查和重点评查等方式对本院和本地区办理的案件组织评查,增强评查的实际效果。要加强对案件质量评查结果的综合分析,注重从评查中发现和总结规律性、普遍性、苗头性问题,最大限度地发挥案件质量评查的效能作用。要科学运用评查结果,加强与有关部门的密切配合,将案件质量评查与业务考评、执法规范化建设、业务指导、队伍建设等工作有机结合,把案件评查过程转化为促进整体办案质量提高的过程,转化为加强执法管理制度建设的过程,增强质量评查工作的科学性、有效性和权威性。各地要认真贯彻落实最高人民检察院《关于进一步改进检察业务考评工作的意见》,及时修订本地区考评细则,科学设置考评项目,突出考评重点,进一步减轻考评负担,改变简单通过数字指标、比率控制线等评价业务工作的做法,充分发挥考评的激励、引导和规范作用。

(三)进一步加强和改进检察统计工作。检察统计工作是检察机关重要的基础性工作,也是案件管理部门发挥参谋服务作用的重要手段,要在新形势下不断完善统计模式和工作机制,全面发挥检察统计在科学决策、科学指导、科学管理中的基础作用。要坚持并不断完善集中统计机制,进一步健全标准统一、内容完整、科学协调的检察统计报表体系,规范统计数据的查询使用、发布公开程序。各类业务数据要以案件管理部门提供的为准,数据公开要经案件管理部门核定,避免在使用统一业务应用系统中出现数据冲突现象。要加强统计数据的审核检查,建立健全数据质量通报制度,保证检察业务数据的准确性和权威性。要着力加强评价性、专题性业务运行态势分析,增强分析的针对性和实效性。

(四)深入推进案件信息公开工作。案件信息公开是检务公开的核心,是构建开放、动态、透明、便民的阳光司法机制的重大举措。从案件信息公开系统全面上线运行三个多月的情况看,还存在思想认识不到位、工作发展不平衡以及信息发布不及时、公开内容不全面、不规范、质量不高等问题。各级检察机关要加强督促检查和培训指导,严格落实最高人民检察院关于案件信息公开工作的有关规定,切实做到依法、全面、及时、规范、便民,真正实现案件信息从应付式公开到常态式公开,从选择性公开到全面公开,从随意性公开到规范化公开的转变。办案部门、办案人员要增强主动公开、主动接受监督的意识,坚持把案件信息公开作为办案工作的重要组成部分,树立"没有公开案件信息就是没有完成办案工作"的观念。案件管理部门要充分发挥组织统筹作用,积极探索与其他业务部门对外服务的衔接协调机制,以案件信息公开系统为主平台,全面建立网上查询、电话查询、触摸屏自助查询和案件管理岗位查询相结合的多元化案件信息查询机制,并逐步拓展检察机关统一上网和公开查询的生效法律文书范围。要建立健全对本地区案件信息公开的日常巡查和定期通报制度。

(五)深入开展检察业务信息化应用管理。业务信息化是司法规范化建设的重要载体,也是促进规范司法、提升检察公信力的重要手段。统一业务应用系统全面上线以来,总体运行顺畅平稳,但也反映出一些问题。有些问题是由于系统自身还存在不完善之处,有些则是由于干警的思想认识不到位,系统应用熟练程度不够,系统相关功能作用没有充分发挥等。对于这些问题,案件管理部门和技术部门要高度重视,积极采取有效措施予以解决。案件管理部门要充分发挥组织协调作用,积极推进

系统的应用管理,及时发现、纠正系统使用中的各种违规行为。要加强系统使用培训,把统一业务应用系统的深度应用,作为各条线培训的重要内容。要从加强数据分析挖掘和管理决策服务的需要出发,进一步完善系统功能和权限配置,促进系统更好地适应深化改革的新要求和检察业务的新变化。最高人民检察院和各省级检察院案件管理部门要积极会同技术、安全保密和检察业务等部门,共同做好业务信息化的统筹规划,积极构建以统一业务应用系统为核心的检察信息化体系。

四、加强组织领导,确保案件管理工作落到实处

案件管理机制改革事关检察事业长远发展,事关司法规范化建设、法律监督能力建设和检察公信力建设。各级检察检察机关要充分认识案件管理工作在检察工作中的全局性、基础性地位和作用,切实加强领导,精心组织,为深入推进案件管理工作创新发展提供有力保障。

一要切实加强组织领导。案件管理工作的成效如何,关键在领导。各级检察院党组特别是检察长要切实把案件管理工作作为"一把手"工程来抓,经常听取工作汇报,及时掌握工作动态,对重大问题,要亲自谋划,亲自部署,下大力气推动,及时解决制约发展的突出问题。主管领导要积极适应案件管理机制改革的新变化、新要求,加强统筹协调。要选好配强案件管理部门的领导班子,尤其是主要负责人,积极为案件管理工作有效开展创造条件。案件管理部门要认真履职,敢抓敢管,善做善成,推动工作不断取得新突破。

二要切实加强业务指导。案件集中管理是一项全新的工作,需要积极探索和实践,加强调研指导尤其重要。上级检察院要围绕案件管理工作的重大问题,加强调查研究,认真总结推广基层检察院的经验和做法,查找工作中存在的普遍性问题和薄弱环节,及时帮助解决,形成一级抓一级、层层抓落实的工作格局。

三要切实加强案件管理队伍建设。队伍建设是永恒的主题。案件管理部门是新成立的机构,也有违纪违法问题发生,必须坚持从严要求,从严管理。要把思想政治建设摆在首位,加强理想信念、纪律作风、反腐倡廉教育,继续发扬开拓进取、顽强拼搏、求真务实、坚持原则的优良作风。要以能力建设为主线,制定完善案件管理岗位素能基本标准,采取专项

培训、网络培训、岗位练兵、业务竞赛等形式，紧扣实践开展分类培训，增强培训实效，提高案件管理人员工作能力和水平。要加快培养一批专家型案件管理人才，全力打造一支政治过硬、业务过硬、责任过硬、纪律过硬、作风过硬的案件管理队伍。

四要切实加强理论研究和宣传引导。要紧紧围绕司法体制改革和检察工作机制改革，结合人民检察院组织法修改，就如何构建更加科学合理的检察业务管理机制，进行深入研究，进一步丰富和完善检察理论。要注重全方位、多角度宣传包括案件集中管理在内的各项检察工作，用好传统媒体，用足网络媒体，用活微媒体，促进案件管理工作健康发展。

案件管理工作已进入新的发展阶段，责任重大，使命光荣，让我们以更加奋发有为的精神，更加扎实有效的工作，推动检察机关案件管理工作再上新台阶，为检察工作创新发展、全面推进依法治国作出新的更大贡献！

在全国检察机关贯彻落实第二次中央新疆工作座谈会精神部署会上的讲话

最高人民检察院副检察长　邱学强

（2014 年 9 月 12 日）

全国检察机关贯彻落实第二次中央新疆工作座谈会精神部署会今天就要结束了。在与会同志的共同努力下，会议开得很好，达到了预期目的。下面，我就贯彻落实会议精神讲几点意见。

一、要充分认识这次会议的重大意义

这次会议是在全党全社会凝心聚力贯彻落实党中央新时期治疆方略，深入推进依法治疆、团结稳疆、长期建疆的大背景下召开的一次重要会议。曹建明检察长在会议开始时的讲话，认真贯彻第二次中央新疆工作座谈会精神，从政治和全局的高度，全面部署检察机关维护新疆社会稳定和长治久安各项工作，对于充分发挥检察职能，保障社会主义新疆建设，具有十分重要的指导意义。会上，有关地方检察机关就援疆工作进行了对口商谈，8 个单位交流了情况和经验。与会同志还围绕学习领会曹建明检察长的讲话进行了热烈讨论。大家一致认为，这次会议虽然时间不长，但主题鲜明、内容丰富、收获很大。一是进一步加深了对新时期中央治疆大政方针的准确把握。大家认为，中央在准确把握当前新疆形势的基础上，明确提出新形势下的治疆方略，使各级检察机关更加清醒地认识新疆发展大势，更加深刻地理解中央对新疆工作的重大战略决策，切实增强了抓好贯彻落实的主动性和自觉性。二是进一步明确了当前和今后一个时期新疆检察工作的目标任务。大家表示，这次会议围绕社会稳定和长治久安这个总目标，明确提出了严厉打击暴力恐怖犯罪活动、贯彻党的民族宗教政策、做好检察援疆工作等重点任务，我们要充分认识肩负的重大职责使命，切实增强责任感和紧迫感，更好地维护新疆社会稳定和长治久安。三是进一步增强了做好新疆检察工作的决心和信心。大家表示，党中央高度重视新疆工作，为我们做好新疆检察工作提供了新的机遇，注入了强大动力，特别是随着新一轮援疆工作的展开，做好新疆工作的有利因素越来越多，这必将极大地促进新疆检察工作深入健康发展，我们有决心、有信心做好各项工作，不断开创新疆检察事业新局面。

因此，贯彻落实好这次会议精神，对于我们准确把握大局，明确援疆工作的战略地位，同心协力做好援疆工作，具有重要的现实意义和深远的历史意义。我们一定要学习好，领会好，贯彻落实好。

二、要切实抓好会议各项部署的落实

维护新疆社会稳定和长治久安，是党中央根据新疆形势和全国大局作出的重大战略部署，是统领新疆各项工作的总纲。新时期中央治疆的大政方针已经确定，新疆检察工作的目标任务也已经明确，关键是要抓好落实。我们要切实增强政治意识、大局意识和责任意识，紧紧围绕新形势下新疆工作的总纲，着力抓好五件事：

一是要充分发挥检察职能，切实维护新疆社会稳定和长治久安。各级检察机关特别是新疆检察机关要清醒认识当前面临的严峻形势，坚持严打方针，依法严厉打击暴力恐怖犯罪活动，坚决有效遏制暴恐活动多发频发和向内地蔓延态势，筑牢新疆社会稳定和长治久安的铜墙铁壁。

二是要深入查办和预防职务犯罪，努力营造风清气正的政治环境。维护新疆社会稳定和长治久安，最根本的在于改善民生、凝聚民心。而要做到这一点，很重要的一条，就是必须深入查办和预防职务犯罪，努力营造风清气正的政治环境。特别是随着新一轮援疆工作的全面展开，新疆将掀起经济社会建设尤其是巨额投资、项目建设和资源开发的新高潮，容易滋生腐败问题，深入查办和预防新疆建设中的职务犯罪十分重要而紧迫。要深入查办和预防严重损害各族群众利益的职务犯罪，特别是要严肃查办国家重点投资项目、基础设施建设和能源资源等领域的职务犯罪案件，更好地保障民生、服务发展，为新疆社会稳定和长治久安赢得民心。

三是要抓紧完善检察援疆工作规划。各地特别是承担对口援疆任务的检察机关，要按照中央精神和这次会议的要求，立足本地实际，从检察业务、干部人才、教育培训、检察文化、科技信息、资金项目等6个方面，抓紧修订完善2014—2017年对口援疆规划。新疆各级检察机关要主动与对口支援方沟通协调，列出需求清单，配合支援方共同做好工作。

四是要进一步健全检察援疆工作机制。各地要进一步健全检察援疆工作领导小组和办事机构，及时调整充实人员力量，确定专人从事援疆协调工作，确保援疆工作稳步推进。特别是要健全和落实多对一协调机制，多个省市检察机关对口支援新疆一个地区检察机关的，由按行政区划排序在前的省级检察院负责牵头，定期组织召开会议，协商援助工作。

事宜，确保援疆工作有序推进。

五是要抓紧落实国家支持政策。最高人民检察院要加强与中央有关部门的联系协调，推动国家相关政策早日在检察机关落地生根。要抓紧研究并向中央有关部门提出落实中央政策的具体建议，争取改善南疆检察人员待遇。要继续协调中央编办，争取给新疆检察机关适当增加政法专项编制，充实基层一线执法办案力量。要加强与财政部、发改委等部门的沟通，争取进一步加大中央财政转移支付力度，落实新疆检察机关基础建设预算内补助投资，逐步化解新疆检察机关基层基础建设债务。

三、要及时传达贯彻会议精神

认真学习贯彻第二次中央新疆工作座谈会精神和这次会议精神，是当前各级检察机关的一项重要任务。大家回去以后，要迅速组织学习传达，抓紧研究提出贯彻落实的具体意见，并及时向地方党委、人大、政府汇报，努力把检察援疆纳入地方援疆工作大盘子，特别是要把检察援疆资金纳入大盘子。最高人民检察院要加强组织领导和督促检查，统筹协调相关工作，及时研究解决重大问题，确保检察援疆各项工作顺利推进。

借这个机会，我强调一下对口支援西藏、四省藏区以及支援赣南等原中央苏区工作。最近，中央召开了对口支援西藏二十周年电视电话会议，对今后一个时期对口支援西藏和四省藏区工作作了全面部署。根据中央要求，最高人民检察院要适当调整部分援藏检察机关与西藏检察机关的结对关系，确定部分发达省市检察机关与四川、云南、甘肃三省藏区检察机关的结对关系。承担援藏、援青和支援赣南等任务的检察机关要认真学习贯彻中央精神，按照最高人民检察院的要求，紧密结合本地实际，研究提出对口援助的具体措施，推动援助工作深入健康开展。

检察机关在保障新疆社会稳定和长治久安中责任重大、使命光荣。只要我们切实把思想和行动统一到中央和最高人民检察院的部署要求上来，真抓实干、奋发进取，就一定能够做好新疆检察工作，为保障和促进社会主义新疆建设作出新的更大贡献！

在检察机关刑事案件
速裁程序试点工作交流会上的讲话

最高人民检察院副检察长　孙　谦

（2014 年 12 月 19 日）

从今年 8 月最高人民检察院下发通知作出工作部署以来，各地检察机关高度重视，迅速行动。截止到 11 月 25 日全国试点地区检察机关共办理速裁程序案件 2150 件 2187 人。刚才，八个试点省份的同志分别对本省的改革试点进展情况和下一步工作设想作了交流发言，谈到了试点工作中存在的问题，提出了一些意见和建议。这些意见和建议都很好。

现在，我就贯彻中央精神和全国人大常委会的要求，推进检察机关刑事速裁试点工作，讲几点意见。

一、进一步提高对开展刑事案件速裁程序试点工作重要性的认识

（一）开展刑事案件速裁程序试点工作，是全面推进司法改革的重要内容。党的十八届四中全会审议通过了《中共中央关于全面推进依法治国若干重大问题的决定》。《决定》从全面推进依法治国的战略高度，部署了许多重要改革措施，刑事速裁程序试点是当前司法改革的一项重要内容。我们要把这项工作置于整个司法改革的大局中来谋划和推进，慎重稳妥推动改革试点工作取得新的进展。

（二）开展刑事案件速裁程序试点工作，是优化司法资源配置、提高诉讼效率的重要举措。繁简分流是诉讼程序改革的重要内容，在确保司法公正的前提下，对刑事案件进行速裁有利于进一步简化、细化相关诉讼程序，把有限的司法资源用在重大、疑难案件上，更好地实现因案制宜、分类办理，节约司法资源，提高诉讼效率。

（三）开展刑事案件速裁程序试点工作，是体现司法公正、依法保障当事人合法权益的内在要求。对被告人来讲，不仅有获得公正审判的权利，还有

获得迅速审判的权利，速裁程序可以把两者有机结合起来。办理速裁案件，要求检察机关快速及时审查起诉，扩大适用非羁押强制措施，促使司法机关合理适用非监禁刑，确保"轻罪轻刑"。对被害人和其他诉讼参与人而言，也能够及时化解矛盾，尽快修复社会关系，全面实现依法保护当事人合法权利的目的。

二、以改革创新的精神依法有序深化刑事速裁试点工作

开展刑事案件速裁程序试点，是一项探索性、改革性、系统性的工作，要求我们在授权范围内积极主动深入开展速裁程序试点。在前一段时间制定试点方案的过程中，各地对试点程序开展的想法和做法都不尽相同，对一些问题的理解和处理也有差别。对此，我谈一些具体意见。

（一）关于案件适用范围、条件。实践中有意见认为应当将可能判处三年以下有期徒刑的案件也纳入到速裁程序范围中来；也有意见提出，速裁程序不应限定罪名范围，只要可能判处一年以下有期徒刑、拘役、管制的案件都可以适用速裁程序。应当说，这些意见都有道理，但就目前两年试行期内，我们应当严格依照《试点办法》的规定来执行。一是严格罪名限制，将罪名限定为危险驾驶、交通肇事等 11 个罪名；二是严格刑罚标准，仅适用于依法可能判处一年以下有期徒刑、拘役、管制的案件，以及单处罚金的案件；三是严格证据标准，案件必须事实清楚、证据充分；四是严格保障当事人选择程序的权利，犯罪嫌疑人、被告人必须自愿认罪，同意人民检察院提出的量刑建议，案件当事人对适用速裁程序没有异议。

（二）关于速裁程序启动建议权。有的试点检

察院反映，可否由审判机关启动速裁程序？根据《试点办法》的精神，我认为，一是对于检察机关没有建议适用，法院经过审查认为可以适用速裁程序的案件，在征求检察机关和被告人同意后也可以适用，检察机关应予以积极配合；二是犯罪嫌疑人、被告人及其辩护律师认为案件符合速裁程序，向人民检察院提出适用速裁程序意见的，人民检察院应当及时审查，符合条件的可以适用速裁程序；三是对于公安机关（侦查机关）未建议适用速裁程序，犯罪嫌疑人及其辩护律师也未申请，人民检察院经审查认为符合速裁程序办理条件的，经犯罪嫌疑人同意后，可以按照速裁程序办理。

（三）关于公诉人是否出席速裁法庭支持公诉。实践中有意见认为，公诉人在速裁法庭上只对是否同意适用速裁程序表态，无其他实际作用，可以不再出庭。根据《试点办法》的精神，我认为，无论是基于法律规定还是为了保证庭审效果，公诉人都应当出庭。一是法律明确规定了公诉人出庭支持公诉的职责，《试点办法》第十一条也明确规定"人民法院适用速裁程序审理案件，应当当庭……听取公诉人、辩护人……的意见"。既然《试点办法》中存在当庭听取公诉人意见的规定，公诉人还是应当出庭。二是公诉人不出庭支持公诉不能保证庭审效果。实践表明，开庭时公诉人不出庭，整个案件基本情况，包括认定事实的主要证据都是审判员一个人在宣告，有失平衡。公诉人出庭，在庭上简要说明案件事实和主要证据，会实现庭审应有的效果，形成控、辩、审合理的诉讼构造。

（四）关于量刑建议。有意见提出，公诉人可以提出一定幅度的量刑建议，不必提出具体明确的量刑，否则如果法院最终量刑与检察院量刑建议不一致，易造成被动。根据《试点办法》的精神，我的意见是，一般案件中可以只提什么刑种、多少幅度的量刑建议，但基于速裁程序的特殊性，还是要提出明确的量刑建议。因为量刑建议在速裁程序案件中有着重要的作用，只有检察机关提出具体的量刑建议，才能使被告对是否同意适用速裁程序与检方进行协商。而且，适用速裁程序案件的刑罚是在一年有期徒刑以下，在这个幅度内，本身就没有过多的回旋余地，提出幅度量刑建议，没有实际意义。至于量刑建议是否准确的问题，可以通过加强学习研究、不断总结等方式，切实提高量刑建议水平。

（五）关于在检察环节设置值班律师，切实保障

犯罪嫌疑人合法权益。实践中有意见提出，值班律师不能仅设置在审判环节，在侦查、检察环节即可以有值班律师。关于这个问题，一是要与司法行政部门多沟通，争取在检察环节设置值班律师，切实保障犯罪嫌疑人诉讼权利。二是要充分尊重犯罪嫌疑人选择诉讼程序的权利，充分保障犯罪嫌疑人的知情权，对符合适用速裁程序条件的案件，如果犯罪嫌疑人不自愿，对指控事实、罪名认定及量刑建议有异议的，不能适用速裁程序。三是要依法告知犯罪嫌疑人有申请辩护人的权利，或者有申请值班律师提供法律帮助的权利。

（六）关于起诉书的简化问题。有意见提出，速裁程序案件起诉书应有单独的格式，适当简化，量刑建议也应在起诉书中体现。根据《试点办法》的精神，我考虑，一是尽量适用格式化的起诉书，起诉书中应有"刑事速裁程序专用"字样。适用速裁程序案件大都是批量地送达起诉书，有一个明显的标记，可以方便分类操作，提高效率。二是要适当简化起诉书，内容要简明，重点写明指控的内容和适用法律及具体的量刑建议。三是检察机关内部要完善各部门各环节以及与其他单位的对接机制，加快流转程序。案件材料要及时送达，确保送达接收渠道通畅。四是量刑建议可以写在起诉书中，不再单独制作量刑建议书。这样可以简化文书，提高诉讼效率。

（七）关于调查评估。实践中有同志反映目前调查评估制约速裁程序案件顺利开展，在检察环节时限内调查评估不能完成，影响提出缓刑、管制的量刑建议。需要明确的是，《试点办法》规定，人民检察院经审查认为对犯罪嫌疑人可能宣告缓刑或者判处管制的，可以委托犯罪嫌疑人居住地的县级司法行政机关进行调查评估。这就说明检察机关是可以委托调查评估，委托调查评估不是必要条件，检察机关根据案件情况，也可以自行进行调查评估。如果根据案件情况，必须要委托调查评估的，应当委托司法行政机关进行调查评估。

（八）关于办案期限。实践中有意见提出，目前检察机关的时限为8天，时间仍有些短，公诉人由于时限限制，对于某些案件无法过多做调解工作，比如大量轻伤害刑事案件中犯罪嫌疑人和被害人之间就附带民事赔偿无法短期内达成一致意见，影响这一程序的适用。速裁程序旨在提高诉讼效率，节约司法成本，保障当事人合法权益，《试点办法》

也有明确规定,不能突破 8 天时限规定。对于实践中出现的上述问题,有条件的检察院可以设置相对固定的办案组或者专办人员,及时办理适用速裁程序案件,提高案件诉讼效率。

(九)关于履行诉讼监督职责。要督促公安机关(侦查机关)及时办理、移送案件,提高诉讼效率。要及时审查公安机关(侦查机关)采取的强制措施是否适当,对不应当限制人身自由而采取强制措施的应当依法提出意见。通过适当方式,将案件适用速裁程序情况送达看守所,为监所部门及时催办,防止超期羁押提供依据。对法院审判程序是否合法进行监督,发现不宜适用速裁程序审理的或出现侵犯当事人和其他诉讼参与人诉讼权利等情形的,检察机关要提出纠正意见;对速裁程序变更为普通程序是否符合规定进行监督。

三、加强组织领导,确保改革试点工作积极稳妥推进

刑事案件速裁试点工作是一项系统工程,涉及面广,贯穿刑事诉讼整个程序。各试点地方检察院要把推进刑事速裁程序试点工作作为当前推进改革的重要任务,确保刑事速裁程序试点工作取得较好成效。

(一)进一步抓好检察机关刑事速裁试点方案的细化工作。当前的主要工作是根据总体试点方案的要求,把检察机关的试点方案和具体实施措施进一步细化。各地在制定具体的方案和办法时,一定要精心设计,周密安排。前期已经有具体措施和方案的地方,要按照这次会议的安排,进一步细化本地速裁程序实施的具体办法。要紧密结合当地实际和检察工作实际,增强针对性和可操作性。

(二)进一步加强沟通协调,形成推进改革的合力。速裁程序改革涉及诸多方面,试点地区检察机关要在党委政法委的统一协调下主动与相关部门沟通,严格按照要求加强与公安、法院和司法部门相互之间的工作衔接,形成推进试点改革工作的整体合力。

(三)进一步加强指导,切实有效推动试点工作取得新进展。刑事速裁程序是对完善中国特色刑事诉讼制度的重要探索,最高人民检察院公诉厅和各试点省份检察机关要建立健全对试点工作的督促检查机制,加强调研力度,及时发现、解决遇到的问题。各试点省份检察机关要按照中央统一部署,认真抓好速裁程序改革的试点工作,做到实施方案抓到位,实施行动抓到位,督促检查抓到位,对试点过程中遇到的重大问题要及时报告最高人民检察院,确保试点工作取得预期效果。

在全国铁路检察机关职务犯罪侦查和预防工作推进会上的讲话

最高人民检察院副检察长　姜建初

(2014 年 7 月 8 日)

这次会议的主要任务是:认真学习贯彻党的十八大、十八届中央纪委三次全会和中央政法工作会议精神,根据最高人民检察院党组有关部署和要求,总结交流近年来铁路检察机关查办和预防职务犯罪工作经验,分析存在的问题和不足,部署下半年及今后一个时期的工作,重点研究如何在新的形势下充分发挥专门检察职能,进一步推动涉铁职务犯罪查办和预防工作深入健康发展。下面,我讲几点意见。

一、准确把握新形势,增强做好查办和预防涉铁职务犯罪工作的使命感和责任感

(一)加大查办和预防涉铁职务犯罪力度,是铁路检察机关贯彻落实中央深入推进反腐败斗争决策部署的必然要求。党的十八大以来,党中央高度重视反腐倡廉建设和反腐败斗争。习近平总书记提出了坚持"老虎""苍蝇"一起打，善于运用法治思维和法治方式反对腐败，把权力关进制度的笼子里，坚持标本兼治，当前要以治标为主，为治本赢得时间等一系列富有战略创见的新思想、新理念、新对策、新要求。在中央纪委三次全会上，总书记再次强调，要深刻认识反腐败斗争的长期性、复杂性、艰巨性，以猛药去疴、重典治乱的决心，以刮骨疗毒、壮士断腕的勇气，坚决把党风廉政建设和反腐败斗争进行到底。中共中央下发的《建立健全惩治和预防腐败体系 2013—2017 年工作规划》中，对党风廉政建设和反腐败斗争作了全面部署，提出了"坚决遏制腐败蔓延势头，取得人民群众比较满意的进展和成效"的总体目标。这些都充分表明了党中央推动反腐败目标实现的力度和决心，也为我们铁路检察机关加强查办和预防职务犯罪工作创造了更为有利的执法环境。

（二）加大查办和预防涉铁职务犯罪工作力度，是服务铁路改革发展大局的现实需要。当前我国铁路正处于深化改革、快速发展的关键时期，面向市场的现代企业制度正在逐步建立，铁路运输在综合交通体系中的骨干作用、在国民经济中的重要基础作用将会进一步凸显。投融资规模的扩大和向外扩展的态势，都表明我国铁路的发展呈现新的局面。党中央、国务院对铁路建设高度重视。去年，国务院下发了《关于改革铁路投融资体制加快推进铁路建设的意见》，今年 4 月，中国铁路总公司将固定资产投资由 6000 亿元上调至 8000 亿元，铁路投资规模、建设速度前所未有。历史经验表明，新旧体制转轨时期往往是腐败现象易发时期，改革的重点领域容易成为腐败现象高发区域，铁路投融资规模的扩大，也会给腐败分子提供有机可乘的空间。铁路检察机关作为国家的专门检察机关，目前也处于改革发展的重要阶段，依法惩治和预防职务犯罪、维护铁路安全稳定的职责重大，任务繁重。

（三）加大查办和预防涉铁职务犯罪工作力度，是铁路检察机关在铁路检察管理体制改革中乘势借力、推进自身科学发展的有效途径。2012 年 6 月，随着铁路检察管理体制的改革，铁路检察院全部一次性移交给所在省级人民检察院，统一纳入国家司法管理体制。改革移交使铁路检察机关职务犯罪侦查和预防工作更加紧密地纳入了国家反腐败工作的大格局，对铁路检察工作的长足进展具有

强有力的推动作用，特别是对于涉铁职务犯罪侦查和预防工作，更是具有重大的"利好"意义。铁路检察机关作为法律监督机关、作为专门领域反腐败机构的职能定位更加明确清晰。长期以来，铁路检察机关有省级检察院和铁路局两个"婆婆"，"企业办司法"的状态不但容易引起外界对铁路检察机关的性质、定位、执法公信力的质疑，在办案实践中也容易出现铁路检察机关顾虑过多、束缚过多的情况，进而影响职务犯罪查办工作的效果。而铁路检察管理体制的改革在一定程度上为铁路检察机关放开手脚查办案件创造了体制上的有利条件，更有利于铁路检察机关最大限度排除阻力和干扰，提高案件查办的效率和效果。在这一新环境下，铁路检察机关尤其是各位检察长必须乘势借力，抓住这一机遇和有利时机，推进职务犯罪查办和预防工作深入开展。

（四）加大查办和预防涉铁职务犯罪工作力度，是铁路检察机关提高执法水平、加强法律监督能力建设的自身要求。近年来，全国各级铁路检察机关认真贯彻落实党中央和最高人民检察院的总体部署，认真履行铁路专门检察职责，在涉铁领域依法查办了一大批有影响的大案要案，积极探索实践铁路检察特色预防工作模式和机制，法律效果和社会效果都是比较好的。在肯定成绩的同时，我们也应当清醒地认识到，铁路检察机关查办和预防职务犯罪工作在执法理念、办案力度、工作机制、队伍素质等方面还存在不到位、不适应的问题，与当前铁路改革发展形势以及人民群众对反腐败的期待还存在不小差距。主要表现在：一是一些地方对查办职务犯罪工作的职责使命认识模糊，执法思想观念存在偏差，精神状态不佳，不能正确处理办案数量与质量、惩治腐败与保障人权、强化办案与监督制约、办案与服务等辩证关系，办案工作发展不够平衡健康；二是办案工作总体平稳但规模小，深入铁路运输重点领域查办铁路行业特色的案件少，与全社会对维护铁路运输领域公平正义的需求还不适应；三是侦查工作科技含量不高，与职务犯罪日益隐蔽化、智能化、复杂化的趋势不相适应；四是预防工作虽有较大发展，并已形成一定的特色，但还缺乏一定的规范性与系统性；五是干警违法违纪现象仍然时有发生。这些问题的存在虽然有客观方面的因素，但更主要还是主观上的问题，是我们的工作还没有到位、措施还不够有力，策略跟不上形势，部署

滞后于现实。

同时，当前铁路检察业务、队伍、检务保障等工作面临一系列新的情况，需要通过深化改革逐步加以解决。修改后刑事诉讼法已进入实施第二年，铁路检察机关面临提升严格、规范、文明执法能力的重大考验。涉铁职务犯罪行为日趋复杂化、隐蔽化、智能化，对铁路检察机关今后的侦破案件工作带来了新的挑战。我们必须统一思想，坚定信心，牢固树立进取意识、机遇意识、责任意识，以抓铁有痕、踏石留印的劲头，采取更加有效的措施，加大办案力度，确保办案质量，加强预防工作，更好地发挥专门检察职能，为铁路科学发展和长治久安提供服务和保障。

二、主动适应新要求，全面加强查办和预防涉铁职务犯罪工作

（一）强化办案意识，加大办案力度。查办涉铁职务犯罪始终是铁路检察机关的一项重点工作。铁路检察机关纳入国家统一司法体系之后，涉铁职务犯罪监督由过去的铁路内部监督转为外部监督，给这项工作的开展提供了更好的体制和制度环境，这项工作只能加强，不能削弱。我们要在主观上、从执法指导思想的深处正确认识与把握查办案件与服务铁路的关系，坚决摒弃那种把办案与服务对立起来的思维。要认识到依法查办发生在铁路领域的职务犯罪案件，促进铁路公职人员队伍廉政建设，是专门检察对铁路重要、直接、有效的服务。要把握好办案数量与质量的关系，没有一定的数量规模，无从谈及办案力度和质量。目前，铁路检察机关办案工作发展不够平衡，办案总量与涉铁职务犯罪高发频发的现状不相适应，有的铁路检察院办案工作长期打不开局面，个别院办案数量持续偏低，甚至出现空白，这种状况应当尽快改变。两级铁路检察院都要进一步强化办案意识，加大办案力度。加大办案力度，关键在领导、在党组、在检察长。院党组、院领导高度重视办案，检察长旗帜鲜明地抓办案，办案工作就会力度大、质量高、效果好。领导愿不愿、敢不敢、会不会办案，直接关系和决定着职务犯罪侦查工作的力度和成果。两级铁路检察院检察长要切实提高认识，增加胆识，勇于担当，提升能力，把职务犯罪侦查工作作为"一把手"工程来抓，切实肩负起第一责任，经常听取情况汇报，认真研究解决办案中遇到的实际问题，为工作开展提供有力的指导和支持。要亲自参与办案，对重大案件

的侦查工作，检察长要加强组织协调，靠前指挥，激发干警士气，营造工作氛围，推动办案工作上一个新的台阶。

（二）突出办案重点，拓宽工作领域。一要将"为铁路运输大局服务"作为今后相当长时期铁路检察侦查工作的主要方向，着力查办铁路运输领域重点部位和关键环节的职务犯罪案件。这是铁路检察机关的一项基本职责，是铁路检察职务犯罪侦查工作的立身之本。铁路检察机关的基本服务对象主要是铁路运输企业，这客观地要求我们必须把办案和预防工作的重点放在这一领域，否则难以突出铁路检察工作的特色和优势。要坚持以铁路运营单位发生的职务犯罪案件作为查办重点，针对铁路运输、经营管理、物资采购等重点环节，依法积极开展工作。同时，对于发生在铁路行业涉及社会保障、医疗卫生、劳动就业等民生民利的职务犯罪也要积极查办。

二要进一步加大查办铁路工程建设领域职务犯罪工作力度。面对铁路建设项目密集、投资金额巨大，相关领域职务犯罪易发、多发，且案值愈来愈大的特殊形势，各级铁路检察机关务必承担起这方面的办案职责。要以铁路工程招投标、勘察设计、转包分包、物资采购、质量监理、资金结算和工程验收等环节为重点，运用"抓系统、系统抓"的方法，深入推进办案工作。要认真执行最高人民检察院文件中关于铁路检察案件管辖范围的相关规定，即铁路运输检察院直接受理立案侦查负有铁路运输、管理、经营、建设等职责的人员和单位以及铁路公安、司法和行政执法人员的职务犯罪案件。铁路运输检察厅和两级铁路运输检察院要进一步规范线索管理和案件报备制度，在明确专门管辖原则的基础上，与地方检察机关加强配合协作，妥善处理管辖牵连问题，确保案件得到及时有力办理。

三要加强铁路检察机关在涉铁领域重大事故调查处理中的职能作用。根据国家铁路局发布的《2013年铁路运输安全监管报告》，2013年，全国铁路交通事故十亿吨公里事故率为1.253，死亡人数1336人。针对当前铁路运输和涉铁工程建设领域重大事故呈易发、多发态势，铁路检察机关要立足职能，延伸服务，积极介入事故调查，深挖事故背后可能隐藏的职务犯罪案件线索，拓展职务犯罪侦防工作新领域。各级铁路检察机关在日常工作中，应当加大对涉铁领域重大事故的关注，积极完善介入

涉铁安全事故调查机制，搭建有效信息平台，畅通沟通渠道。这里再强调一下，各铁路检察分院要与铁路单位安监部门积极联系沟通，确保事故发生第一时间获取讯息，并立即向最高人民检察院铁路运输检察厅报告。同时，力争在第一时间积极、同步介入事故调查，在配合相关事故调查组认定事实、厘清责任的同时，挖掘事故发生的原因，重点关注事故背后是否存在渎职侵权犯罪和贪污贿赂犯罪线索，以及是否存在其他严重后果和危险隐患，等等。积极介入事故调查，拓展案源渠道，应当成为铁路检察机关加大查办职务犯罪工作力度的一个新增长点，也是延伸专门检察触角，提高服务能力的一个有效途径。

四要严肃依法查办行贿犯罪案件。认真贯彻落实中央领导有关批示和最高人民检察院部署要求，在查办贿赂犯罪工作中，既要注重查办受贿案件，又要重视查办行贿案件，坚决防止和杜绝轻纵行贿犯罪的现象。

（三）转变侦查理念和侦查方式，依法规范文明办案。一要在转变执法理念上下功夫。铁路检察机关要进一步增强"五个意识"，坚持"六个"并重，把先进执法理念及要求贯彻到办案工作各个环节和方面，更好地体现诉讼文明、诉讼民主、诉讼公开和诉讼监督制约。二要在调整和改进侦查方式上下功夫。铁路检察机关必须着力提高公开、透明、全时监督环境下侦查破案能力。初查工作要向科学化、精细型转变，审讯要向专业化方向发展，侦查方式要向手段现代化转变。三要提高规范执法水平和执法公信力。要严格执行讯问同步录音录像制度，严格依法使用各种强制措施和侦查措施，确保侦查活动合法性和证据证明力。要高度重视办案安全防范工作，坚决防止办案安全事故，这既是对发案单位及当事人合法权益的尊重与保护，也是对检察干警的保护和对铁路检察机关执法形象的维护，各地务必高度重视。

（四）推动铁路检察机关渎职侵权检察工作进一步开展。近年来，铁路检察机关的渎职侵权检察工作取得了一定进展，但仍然是职务犯罪侦查工作中相对薄弱的环节，并存在一些需要高度重视的问题，如反渎工作力度不够、机制不健全、能力不适应，等等。当然，在开展渎职侵权检察工作中，铁路检察机关面临一些实际困难，如在涉铁领域反渎工作的对象受限，主体界定不够清晰，渎职侵权犯罪

案件发现难、取证难、处理难、阻力大的问题尚未得到根本解决等。为此，做好铁路检察机关的渎职侵权检察工作，一要提高思想认识，增强工作责任感和自觉性。二要进一步研究明确涉铁渎职犯罪主体。除铁路公安、司法人员外，对于涉铁领域依法或者受委托行使国家行政管理职权的公司、企业、事业单位的工作人员，在行使行政管理职权时滥用职权或者玩忽职守，构成犯罪的，应当严格依照有关法律规定，适用渎职罪的规定追究刑事责任。三要突出工作重点，加大查办和预防渎职侵权犯罪力度。要重点查办危害涉铁领域民生民利的渎职侵权案件；要严肃查处行使国家行政管理职权的铁路人员监管不力、行政不作为和乱作为造成重大损失的渎职犯罪案件；要结合对铁路重大责任事故的调查处理，重点关注事故背后是否存在忽视施工资质、把关不严、不履行相关监管职责、违反安全生产管理规定、事发后隐瞒不报甚至弄虚作假等渎职侵权犯罪线索。四要认真总结预防渎职侵权犯罪工作经验，进一步完善渎职侵权检察工作机制。

（五）扎扎实实推进职务犯罪预防工作。预防涉铁职务犯罪是铁路检察工作大有可为并且能够创出特色、抓出亮点的工作。铁路检察机关要认真领会习近平总书记"预防也出生产力"讲话的深刻内涵，把预防职务犯罪工作放到服务铁路科学发展的大局中加以谋划和推进。多年来，各地在这方面做了许多有益的探索与实践，创造出"贵广模式"等，受到了铁路企业、部门及社会各界的广泛赞誉。我们要坚持和发扬好的经验做法，还要有创新、有提高、有发展。要把预防与侦查有机结合起来，相互促进，探索"侦防一体"工作格局，充分发挥专门检察职能作用。两级铁路运输检察院既要抓好铁路运输管理领域的预防工作，又要抓好铁路工程建设领域预防工作，促进铁路企业管理规范，资产安全，工程优质，干部廉洁。铁路运输检察厅去年确定对16个铁路重大工程项目预防工作进行挂牌督导，这是一个好的工作思路，要进一步抓细、抓实。

三、加强领导，创新机制，加强基础建设

铁路检察改革移交后，很多铁路运输检察院不仅保持了原有的特色和优势，还在最高人民检察院、省级检察院的领导和支持下，创造性地开展各项工作，办案和预防工作发展势头都很好。当务之急是要在现行体制框架内进一步加强和改进各项工作，特别要善于通过工作机制、制度的创新完善

来适应领导管理体制的发展变化。

（一）健全铁路检察机关查办要案请示报告和情况通报制度、与铁路部门的沟通协调机制。查办涉铁职务犯罪必须加强党的领导和上级检察院的领导。最高人民检察院正在修改完善检察机关查办和预防职务犯罪党内请示报告制度，铁路运输检察厅要积极配合反贪总局等部门做好相关工作，反映铁路检察机关的情况，推动尽快明确涉铁职务犯罪要案党内请示报告和情况通报制度。最高人民检察院已经决定对铁路检察系统办案业务工作试行单独考评，这是加强铁路检察业务指导的重要措施和抓手，侦查和预防工作的考评要按规定抓好。铁路运输检察厅要与中国铁路总公司、国家铁路局等相关部门加强联系，从上层做好总体设计和沟通协调工作。两级铁路运输检察院要与铁路局、站段、铁路建设单位建立经常性的联系沟通机制，及时掌握铁路动态，建立完善涉铁职务犯罪案件线索移送机制，增强办案工作实效。

（二）加强铁路检察机关侦查一体化机制建设。关于铁路检察机关侦查一体化建设，希望同志们注意把握几点：一是铁路检察机关侦查对象的特点要求我们必须整合各种侦查资源，提高侦查工作的力度和效率。构建铁路检察机关侦查一体化机制十分重要、十分必要。二是构建铁路检察机关侦查一体化机制，铁路运输检察厅要发挥全局性的指导作用，各铁路运输检察分院要充分发挥主体作用，各铁路运输检察院之间要加强配合协作，形成全国铁路检察职务犯罪侦查工作"一盘棋"。三是铁路检察的侦查一体化应当具有一定兼容性和开放性。铁路检察机关与地方检察机关之间要进一步加强沟通，相互配合，发挥好各自优势。同时，铁路检察机关内部职能部门之间也要加强配合，形成工作合力。

（三）大力推进铁路检察机关"两化"建设和"两房"建设。加快侦查信息化和装备现代化建设，提高办案工作的科技含量，是优化职务犯罪侦查格局，实现侦查工作科学管理、高效运行的有效途径和重要保障。当前，最高人民检察院已争取中央支持，从全国层面启动了一些重大信息共享工程的建设。铁路检察机关要乘势借力，结合铁路检察工作实际，进一步加大协调、推进的力度，逐步构建适合铁路检察侦查工作需要的信息网络机制。侦查信息化和装备现代化重在建设，贵在应用，要边建边用、以用促建，切实发挥信息技术和科技装备的实战功能。关于铁路检察机关的"两房"建设问题，最高人民检察院党组和曹建明检察长是高度重视的，也正在积极争取中央有关部门的政策支持。希望各地也继续积极做好协调推进工作，向本地党政部门反映实际情况，反映铁路检察"两房"问题本质上是改革移交协议履行问题，争取地方有关部门的理解与支持。

（四）坚持不懈地狠抓侦查队伍建设。做好涉铁职务犯罪侦查和预防工作，队伍素质和作风建设至关重要。铁路检察机关要坚决贯彻习近平总书记强调的政法队伍建设要求，努力打造一支坚强有力的铁路检察职务犯罪侦查和预防队伍。要扎扎实实地开展党的群众路线教育实践活动，把铁路检察队伍的政治思想、纪律作风建设提高到一个新的水平。要切实加强侦查队伍自身反腐倡廉建设，决不允许专门检察队伍自身出现腐败问题。要高度重视铁路检察侦查和预防能力建设。两级铁路运输检察院要积极争取省级检察院支持，引进人员充实力量。内部也要注意挖掘潜力，统筹安排，把精兵强将放到侦查办案工作第一线。要积极采取专项业务培训、岗位练兵、技能竞赛等多种形式，加强队伍专业化建设，不断提高信息化侦查、预警化研判、精细化初查、规范化讯问、组合化证明、扁平化指挥、一体化支撑和科技化应用等八种能力，着力提升全体侦查干警执法办案的水平。

查办和预防涉铁职务犯罪工作，是我们这支专门检察队伍的光荣使命和不可推卸的重大责任。当前，形势催人奋进，征程任重道远，我们要始终保持昂扬向上的精神风貌，以更加坚定的信心、更加有力的措施、更加务实的作风，敢于担当，奋发有为，推动铁路检察机关职务犯罪侦查和预防工作再上新台阶、再创新辉煌！

在检察机关涉法涉诉信访
改革培训班开班仪式上的讲话

最高人民检察院副检察长　柯汉民

（2014 年 3 月 21 日）

这次培训班，是经最高人民检察院党组研究并经曹建明检察长批准举办的，主要任务是深入学习领会中央和最高人民检察院关于涉法涉诉信访改革精神，贯彻落实中央《关于依法处理涉法涉诉信访问题的意见》《关于创新群众工作方法解决信访突出问题的意见》和《最高人民检察院关于进一步加强新形势下涉法涉诉信访工作的意见》等文件要求，进一步统一思想，提高认识，理清思路，明确任务，为深入推进检察机关涉法涉诉信访改革奠定坚实基础。下面，我讲几点意见，供大家参考。

一、深刻领会涉法涉诉信访改革的重要意义

当前，我国社会大局总体稳定，但必须看到，我国正处于社会转型的特殊历史时期，社会矛盾高发频发的局面短期内难以根本扭转，影响社会稳定的因素大量存在，迫切需要创新社会治理体制，深化司法体制改革，充分发挥法治在化解社会矛盾、维护和谐稳定、促进社会公平正义方面的基础性作用。涉法涉诉信访改革是党的十八届三中全会通过的《中共中央关于全面深化改革若干重大问题的决定》关于"创新社会治理体制"的一项重要内容，也是 2013 年全国政法工作会议确立的"四项重点改革"任务之一。深入推进涉法涉诉信访改革，对提升社会治理法治化水平、推进国家治理体系和治理能力现代化具有特别重要的意义，是中央赋予政法机关的一项义不容辞的重大使命。

（一）涉法涉诉信访改革是创新社会治理体制、建设社会主义法治国家的重要举措。《中共中央关于全面深化改革若干重大问题的决定》指出，"法治是治国理政的基本方式"，并对"创新社会治理体制"提出了明确要求。创新社会治理体制，是我国社会主义社会发展规律的客观要求，也是我们党在

社会建设理论和实践上的一次新的飞跃。涉法涉诉信访改革，是创新社会治理体制、建设社会主义法治国家的重要举措，是深化司法体制改革的重要内容，直接关系人民群众的切身利益，关系司法公正和权威，关系国家的长治久安。深入推进涉法涉诉信访改革，必将有利于在全社会养成运用法治思维、法治方式化解社会矛盾的良好风气，有利于促进提升社会治理法治化水平。各级检察机关要站在依法治国、建设社会主义法治国家的战略高度，严格按照中央关于创新社会治理体制和深化司法体制改革的要求，健全完善内外部工作机制，扎实推进检察机关涉法涉诉信访改革，为平安中国、法治中国建设作出应有贡献。

（二）涉法涉诉信访改革是维护群众合法权益、保障社会和谐稳定的必然选择。随着依法治国基本方略的不断推进，人民群众的法律意识、权利意识不断增强，遇事"找法律""讨说法"的现象日益普遍，大量社会矛盾以涉法涉诉信访案件的形式涌入司法领域，法律已经成为调解社会关系、维护群众权益的重要手段。近年来，各级检察机关按照中央和最高人民检察院的要求，通过集中治理、专项活动等方式，解决了一大批涉法涉诉信访案件，化解了一大批矛盾纠纷，为推进社会主义法治建设发挥了积极作用。但是，诉讼与信访交织、法内处理与法外解决并存的状态并未得到根本扭转，"信访不信法""弃法转访"以及缠访闹访、违法上访等现象仍普遍存在，甚至在个别地方出现了"暴力截访""黑监狱"等严重侵犯群众合法权益的问题。这些问题，严重影响了社会秩序，损害了司法权威，疏离了党同人民群众的血肉联系，不利于在全社会形成尊重司法、崇尚法治的良好氛围。在中央政法工作

会议上，习近平总书记深刻指出，维护社会大局稳定是政法工作的基本任务，要处理好维稳和维权、活力和秩序的关系。习近平总书记关于加强和改进政法工作的一系列重要论述，是新时期党中央对政法机关的基本要求，是政法机关履行好使命的重要遵循。各级检察机关要立足于更好地维护群众合法权益、更好地维护社会和谐稳定，以解决涉法涉诉信访突出问题为着力点，深入推进检察机关涉法涉诉信访改革，不断提高运用法治思维和法治方式服务保障改革发展大局的能力和水平，积极引导群众把依法维权与依法信访有机结合起来，筑牢平安中国、和谐中国、法治中国的社会基础。

（三）涉法涉诉信访改革是适应涉法涉诉信访形势，解决信访突出问题的迫切要求。司法作为维护社会公平正义的最后一道防线，负有权利救济、定分止争的重要作用。修改后刑事诉讼法、民事诉讼法强化了审判监督、检察监督职能，完善了申请再审程序，为人民群众依法行使诉权构建起更加完备的法律保障。法律的修订，既为维护群众合法权益提供了依据，也对检察机关涉法涉诉信访工作提出了更高要求。据统计，2013 年全国检察机关和最高人民检察院接收群众来信、来访及举报数量同比均有大幅上升。据中央联席会议办公室通报，最高人民检察院 2013 年 1 月至 2014 年 1 月连续 13 个月成为中央政法机关上访人次数最多的部门，由过去的第三位跃居第一位。面对新形势、新任务和新挑战，如何公正高效、严格依法处理群众的涉法涉诉信访诉求，是摆在我们面前的一项重大课题和紧迫任务。各级检察机关要紧紧抓住中央涉法涉诉信访改革这一有利契机，积极探索，大胆实践，进一步健全完善涉法涉诉信访工作机制，严格依法按程序办理涉法涉诉信访案件，努力让人民群众在每一起案件中都感受到公平正义。

二、全面把握检察机关涉法涉诉信访改革的重点环节

自 2013 年全国政法工作会议部署开展涉法涉诉信访改革以来，中央政法委先后分 4 批部署开展改革试点工作，并多次召开专题会议研究推进改革进程。各级检察机关迎难而上，积极参与，依法处理涉法涉诉信访问题的新机制正逐步形成。但是，从各地反映情况看，入口不畅、程序空转、终而不结以及队伍现状不胜任形势要求等问题还比较突出。我们要按照"诉求合理的解决问题到位、诉求无理

的思想教育到位、生活困难的帮扶救助到位、行为违法的依法处理"的总要求，全面把握诉访分离、程序导入、案件办理、终结退出、司法救助、责任追究、信访秩序维护等改革关键环节，有针对性地采取措施，破解工作难题。目前，重点抓好以下三个问题：

（一）关于诉访不分、导入法律程序不畅的问题。实现诉讼与普通信访的分离，是涉法涉诉信访改革的前提和基础。从各地反映看，在如何实现诉访分离、依法及时导入法律程序方面还存在一些比较突出的问题。如刑事诉讼法规定不服法院生效刑事裁判的申诉既可以向法院提出，也可以向检察院提出，由于部门衔接不到位，对此类跨部门案件往往出现推诿扯皮、"踢皮球"现象；有些地方审查甄别工作质量不高，或者人为提高受理门槛，或者认为案子实体没多大问题，再折腾一次没有意义，致使该导入法律程序的不导入。根据中央司法体制改革领导小组暨社会体制改革专项小组的工作方案，中央已将"建立涉法涉诉信访事项导入法律程序机制"的牵头任务交最高人民检察院承担。最高人民检察院党组高度重视中央赋予的改革任务，成立了由曹建明检察长任组长的司法体制改革领导小组和相关院领导牵头的专题研究小组，研究相关领域的重要改革问题，协调推动专项改革政策措施的制定和实施。我们要按照中央和最高人民检察院的部署要求，针对诉访分离、法律程序导入方面存在的突出问题，严格依照修改后刑事诉讼法、民事诉讼法和检察机关涉法涉诉信访案件范围，科学设定审查受理与甄别分流的条件和程序。对符合法定条件、依法应进入法律程序的要及时导入；对存在执法瑕疵的，分别不同情况，通过提出检察建议、纠正违法通知书等方式，及时予以补正，争取当事人的理解和认可；对涉及其他政法机关的，要建立健全衔接配合机制，确保每一起案件都有相应的部门接待受理，防止因入口不畅激化矛盾。

（二）关于办案质量不高、法律程序空转问题。解决涉法涉诉信访问题，最根本的途径是回归法治轨道，把涉及刑事、民事、行政等诉讼权利救济的信访事项从普通信访中分离出来，由政法机关依法按程序进行处理。改革的出发点和落脚点，都应当是以法治的思维和理念处理涉法涉诉信访问题，最大限度地保障人民群众的合法诉求。涉法涉诉信访改革能否顺利推进，关键要看能否得到人民群众的理解和支持，关键在于我们能否通过依法办案让人

民群众感受到司法的公正，相信司法的力量。因此，在涉法涉诉信访改革过程中，一定要坚持有错必究的原则，只要发现涉法涉诉信访案件中有违法办案或程序瑕疵的，就要坚决履行法律监督职责，绝不能把程序作为司法机关推脱责任、掩盖错误的借口，绝不能让违法案件在冗长的程序中无谓地"兜圈子"，绝不能让群众在维权路上一次次承受诉累之苦。否则，当事人就会重新回到寻求上级机关、党政部门解决的老路。中央对"防止程序空转"的问题高度关注，2月17日，中央政法委专门召开座谈会，研究解决信访瑕疵案件问题，并要求各中央政法单位结合工作实际，对涉法涉诉信访案件中瑕疵案件的比例、类型、表现形式等进行深入的调研分析，制定出台解决瑕疵案件的具体措施。各级检察机关必须高度重视案件办理质量，健全完善案件办理机制，对导入法律程序的控告申诉案件认真审查办理，确保该纠正错误裁决的依法及时纠正、该给予国家赔偿的依法足额赔偿、该追究执法过错责任的依纪依法追究责任、该给予司法救助的依法有效救助，努力实现维护人民群众合法权益和维护司法权威的统一。

（三）关于终而不结、无限申诉问题。"终而不结，无限申诉"，是困扰涉法涉诉信访工作的老大难问题。从反映情况看，各地在开展案件终结工作方面遇到了一些带有普遍性的突出问题。如，有些地方检察院未按照"四到位"的要求严格审查把关，导致终结案件质量不高；有些地方检察院在与党委政府和基层组织协调移送终结案件以及落实教育帮扶责任方面还不能达成一致，移交机制不健全，衔接不顺畅；少数当事人拒不接受终结决定，坚持缠访缠诉，终结决定的权威性不高等。建立涉法涉诉信访依法终结制度，是中央全面深化改革的一项重要内容。孟建柱同志对此问题高度重视，强调"要坚持依法终结，防止无限申诉"。中央《关于依法处理涉法涉诉信访问题的意见》和《最高人民检察院关于进一步加强新形势下涉法涉诉信访工作的意见》对此问题都作了原则性规定。根据中央安排，最高人民检察院承担了"依法完善涉法涉诉信访终结办法"的牵头任务。目前，正按照改革分工方案抓紧修订《人民检察院控告申诉案件终结办法》，完善检察机关控告申诉案件依法终结制度。今后，对已经穷尽法律程序或者符合终结条件，当事人仍缠访缠诉的，要依法予以终结，不再受理，不再启动复查程序。对已经依法终结的，要积极争取党委领导和政府支持，加强与当地信访联席办的沟通协调，落实好帮扶救助、教育疏导等工作。对当事人或者其近亲属因遭受犯罪侵害或者民事侵权，无法通过诉讼获得赔偿、导致生活困难的，要按照《关于建立完善国家司法救助制度的意见（试行）》的要求，及时开展检察环节司法救助工作，彰显司法人文关怀。案件终结，必须要依法依程序办理，坚决防止和避免"甩包袱、推责任"的错误做法。在此，我要特别强调一下，在开展案件终结工作中，必须确保终结案件的质量。各级检察机关和相关领导一定要切实负起责任，认真考虑当事人的利益，依法审查，慎重办理，并积极做好终结后续工作。绝不能"一终了之"，更不能对不符合终结条件的案件强行终结，侵害当事人的合法权益，导致群众意见更大、问题更难解决，甚至激化矛盾，产生不良影响。

三、切实落实检察机关涉法涉诉信访改革的各项措施

在全国检察长会议上，"全面推进涉法涉诉信访工作机制改革"被列为今年检察机关重点做好的三项改革工作之一。在今年全国人大检察工作报告中，曹建明检察长提出，要将落实涉法涉诉信访工作机制改革作为全面深化检察改革的一项重要内容。一分部署，九分落实。深入推进检察机关涉法涉诉信访改革的目标要求已经明确，关键是如何把改革的目标要求转化为有针对性的、顶用的工作机制。

（一）加强组织领导。涉法涉诉信访改革是一项复杂的系统工程，必须加强对各项改革工作的组织领导。目前，最高人民检察院已成立了涉法涉诉信访改革领导小组，各省级检察院也要成立改革领导小组，统筹推进当地检察系统涉法涉诉信访改革工作。作为检察系统涉法涉诉信访改革的主要组织者、推动者、实施者，改革领导小组承担着对改革的总体研究、统筹协调、整体推进和督促落实等重要职责，工作开展得如何，直接关系到中央和最高人民检察院确定的改革任务能否落实，直接关系到改革成效及成败。希望各省级检察院改革领导小组切实担负起涉法涉诉信访改革的组织领导责任，敢于担当，敢于负责，加强沟通协调，狠抓督促落实，形成推进改革的强大合力，确保各项改革措施落到实处、落到基层。

（二）创新完善内外部工作机制。过去一年来，各地在创新完善内外部工作机制方面，积极探索，取得了很好的经验和成效。要抓住诉访分离、程序导入、案件办理、终结退出、司法救助、责任追究、信访秩序维护等改革关键环节，深入调研论证，摸清症结所在，形成具体可行的措施方案，为深入推进改革提供机制保障。一是严格按照法律监督职责和涉法涉诉信访案件范围，依据人民检察院刑事诉讼规则、民事诉讼监督规则等规范性文件，进一步规范审查受理机制，引导涉法涉诉信访群众依法有序向检察机关反映诉求。二是积极探索建立控告申诉案件一体化办理机制，明确上级检察机关、首办责任部门、案件管理部门以及控申检察部门的职能作用，确保案件办理质量和效率，努力避免案件积压。三是完善检察机关控告申诉案件终结工作机制，明确终结标准和程序，协调落实教育帮扶责任，畅通终结案件出口。四是主动争取党委领导和政府支持，积极加强与人民法院、公安机关的沟通协调，推动建立涉法涉诉信访案件联席会议制度、信息互通共享平台、律师等第三方介入化解息诉工作等外部协作配合机制，构建依法处理涉法涉诉信访问题的社会合力。特别是商请律师等第三方介入化解息诉工作，有利于消除当事人的抵触和疑虑情绪，更好地解决问题，各地要注意总结经验、有序推广。

（三）加强人员队伍建设。队伍机构建设和业务能力建设问题始终是制约控申检察工作持续健康发展的一个瓶颈因素。建设一支稳定的、高素质的控申检察干警队伍是顺利推进涉法涉诉信访改革的关键条件之一。中央《关于依法处理涉法涉诉信访问题的意见》《关于创新群众工作方法解决信访突出问题的意见》以及最高人民检察院改革实施意见都对加强信访干部队伍建设提出了明确要求。特别是民事诉讼法修订后，检察机关接收的民事申诉量大幅度增加，民事申诉受理工作已经成为控申检察部门的一项重要任务，必须配备、充实熟悉民事检察业务的人才。希望各省级检察院分管检察长、控申处长积极主动向院党组汇报，采取调整、引进等办法，将政治素质好，法律业务精通，熟悉刑事、民事、行政检察业务的人员选配到控申检察部门，尽快解决案多人少、年龄老化、知识结构不合理等突出问题。同时，要加强教育培训，培养造就更多的业务专家、办案能手和复合型人才，不断推进队伍专业化建设；要把改革的精神要求、目标任务传达

到每一名从事涉法涉诉信访工作的干警，把大家的思想和行动统一到中央和最高人民检察院的决策部署上来，为深入推进涉法涉诉信访改革提供坚实的组织保障。

（四）切实维护好信访秩序。越级访、极端信访等现象日益突出，严重影响了正常的信访秩序。必须坚持维护信访群众权益与维护信访秩序相结合，两手抓，两手都要硬。解决越级访问题，关键是要落实基层责任，依法及时处理当事人的合理诉求，努力赢得他们的信任，把他们吸附在当地；要加强对下级检察院的督查督办，对工作不到位、责任不落实，要通过派出督办组、发通报等方式予以纠正；对越级上访的，上级检察机关不予受理，防止滋生和助长越级上访的不良倾向。要加强文明接待室的动态管理，加强来访接待场所软硬件建设，配强安保人员，配齐安保设施，确保接访干警的人身安全，确保不发生安全事故。同时，要坚守法律底线，依法治访，防止无所作为。对各类违法上访行为，特别是以上访为名聚众滋事、冲击国家机关，或在重点地区、敏感部位聚集闹事、扰乱公共秩序的，要及时收集固定证据，移送公安机关依法处理，坚决维护正常的信访秩序。

（五）加强法制宣传和舆论引导。推动涉法涉诉信访改革取得预期成效，不仅要扎实落实改革的各项措施，还要努力赢得人民群众的理解和支持。要坚持一手抓法定职责的履行，不断提高执法办案质量，一手抓法制宣传和舆论引导，积极凝聚推动检察事业发展的正能量。要加强与宣传部门、新闻单位的沟通，充分利用各种宣传媒体和渠道，通过群众喜闻乐见的形式，加大对涉法涉诉信访改革的宣传力度，大力培育法治文化、弘扬法治精神，引导广大群众知法、守法、用法、尊法，依法按程序反映诉求，维护司法公信力；要加强涉法涉诉信访舆情监测，落实风险评估预警责任，对恶意炒作重大、敏感涉法涉诉信访问题，诋毁、攻击我国司法制度的，及时发布权威信息，消除负面影响，为依法处理涉法涉诉信访问题营造良好的社会环境。

四、扎实做好今年控告申诉检察工作

年初，中央政法工作会议和全国检察长会议对今年检察工作作出了全面部署，最高人民检察院控告检察厅、刑事申诉检察厅也都印发了2014年的控告、刑事申诉检察工作要点。各省在结合本地实际抓好落实的同时，要以深入推进涉法涉诉信访改

革为抓手,着重做好以下工作。

(一)积极开展网上信访和视频接访工作。中央深化改革的决定对开展网上受理信访工作提出了明确要求。曹建明检察长对此项工作高度重视,要求尽快建立健全网上信访工作机制。各地要积极探索新媒体时代服务群众工作新模式,依托统一业务应用系统,充分整合现有的信息化网络平台和技术,加快推进信访信息化建设。要逐步建立网上受理、网上办理、网上答复等工作机制,引导更多的信访群众变来信、来访为网访,让矛盾纠纷在网上解决、正能量在网上聚合。要全面推进视频接访工作,建立便捷高效的群众诉求表达渠道;今年上半年要实现最高人民检察院与省级检察院视频接访系统的联通,并逐步在全国推开,切实减轻信访群众的舟车劳顿之苦。要扩展12309控告举报平台,充实工作内容,丰富工作方式,将12309控告举报平台打造成检察机关集信访、检务公开等工作于一体的综合性网络平台。

(二)积极构建及时就地解决问题的工作机制。要把改革信访工作制度的重心放到就地化解社会矛盾上来,坚持和发展“枫桥经验”,把信访问题解决在基层,把信访矛盾化解在当地。要坚持推动检力下沉、重心下移,严格落实属地责任,积极开展领导干部下访、巡访活动,及时就地解决群众关心的热点、难点问题。要加强上级检察院对下级检察院的业务指导和督查督办,夯实基层检察院的责任,努力推动信访下行。对严重不负责任,不依法及时处理控告申诉案件,造成案件严重积压、引发极端信访事件或者重大群体性事件的,要严肃查究相关办案人员的纪律责任以及该检察院领导班子在队伍建设、执法管理等方面的失职渎职责任。

(三)加大控告申诉案件办理力度。要严格按照法律规定,进一步加大办案力度,规范办案方式,完善办案机制,提高办案能力,有序开展控告检察新增业务职能。要切实加强刑事申诉案件办理工作,将依法纠错作为衡量办案质量和效果的重要标准,提高审查质量和效率,确保存在错误的案件都进入立案复查程序,确保案件存在的错误都得到及时发现和纠正。要把公开审查作为办理不服检察机关处理决定刑事申诉案件的重要程序,进一步加大公开审查、公开听证、公开答复力度,以公开促公正、赢公信。要强化对不服法院生效刑事裁判申诉案件的监督,对于原审裁判确有错误的抗诉案件,要坚决依法提出抗诉,切实防止和纠正冤假错案。

(四)加强和规范司法救助工作。中央《关于建立完善国家司法救助制度的意见(试行)》已经下发实施。中央对这项工作高度重视,在中央政治局常委会审议涉法涉诉信访改革意见时,习近平总书记、李克强总理等中央领导同志都明确表示,建立完善司法救助制度,十分必要,十分重要。各省级检察院要切实重视起来,结合实际,制定本地检察机关开展司法救助工作的具体办法,细化相关救助对象范围、标准和程序,实现救助工作的专门化、规范化,推动检察机关司法救助工作稳步、规范开展,努力解决好当事人的民生问题,维护社会和谐稳定。

在全国检察机关检务保障工作座谈会上的讲话

最高人民检察院副检察长　　张常韧

(2014 年 7 月 10 日)

上周,最高人民检察院在青岛举办大检察官研讨班,深入学习习近平总书记系列重要讲话精神,总结上半年工作,安排下半年工作,全面部署今后一个时期检察改革各项任务。曹建明检察长作了讲话,就深化检察改革、推进检察工作提出了明确要求。今天的座谈会是研讨班之后,最高人民检察院党组批准召开的第一个专题会议,主要任务是根据大检察官研讨班的部署,推进检务保障工作、推动省以下检察机关财物统一管理改革，统一思想，强化措施，抓好落实。王松苗（最高人民检察院计划财务装备局局长——编者注）、李晓（最高人民检察院机关服务中心主任——编者注）同志将全面总结一年来的工作，对下步工作作出具体安排，请大家认真抓好贯彻落实。下面，我先讲几点意见，供大家讨论。

一、审时度势，找准方位，进一步增强做好检务保障工作的责任感和使命感

当前，检察工作面临难得的发展机遇。今年以来，习近平总书记多次对检察工作作出重要指示，李克强、王岐山同志分别听取最高人民检察院有关情况汇报，孟建柱同志出席检察机关队伍建设座谈会并发表讲话，充分体现了党中央对检察工作的高度重视。党的十八大和十八届三中全会就全面深化改革作出总体部署，我国经济社会发展和检察事业发展都站在新的历史起点上。作为服务检察事业发展的检务保障工作，必须在经济社会发展和检察事业发展的坐标中找准方位、明确方向，把握时代脉搏，抢抓改革机遇，以更加强烈的使命感、夙夜在公的责任感和时不我待的紧迫感，搞好财物统管改革，推动检务保障工作科学发展，更好地服务保障检察事业科学发展。

一要在认清形势中坚定信心。人民检察院恢复重建三十六年来，在党中央的高度重视、各级人大及其常委会的有力监督、国务院和各级地方政府的大力支持下，检察机关法律监督职能不断强化，各项检察事业蓬勃发展。与此同时，检务保障工作也经历了从无到有、从弱到强、从传统常规装备到现代化信息化装备的过程。特别是经费保障经历了从"分级管理"到"分类保障"，即将迈入省级以下统一管理体制的历史性转变，检务保障体制机制日臻科学完备。这为我们进一步做好检务保障工作提供了制度保障。

二要在推动发展中更新理念。检务保障作为检察工作的重要组成部分，其根本出发点和归宿点就是为检察工作大局服务，为业务工作和事业发展提供保障。新形势下，做好检务保障工作必须始终坚持围绕中心、服务大局，更加牢固地强化四个意识：一是强化全局意识，提高工作的自觉性和主动性，全力、全面推进"四位一体"保障格局建立，推动各项工作取得新进步，以检务保障工作自身的科学发展服务检察事业的科学发展。二是强化创新意识，增强工作的针对性和实效性，以改革统揽全局，以制度和机制创新为动力，以优化服务、强化管理为抓手，推动各项检务保障工作上水平。三是强化服务意识，提高工作能力和水平，以服务对象满意为目标，不断创新服务手段，提高服务能力。要进一步增强"服务为先"的理念，切实树立超前服务、主动服务的思想，坚持服务先行，主动听取干警的意见建议，做到及早掌握服务需求、及早做好应对工作、及早克服存在困难，不断增强服务的预见性和主动性。四是强化责任意识，提高工作的质量和效率，严肃认真、一丝不苟、极端负责地对待每一项工作，努力实现党组放心、干警满意的目标。

三要在把握大势中创新管理。当前我们处在大改革、大开放、大数据时代，时代发展的新趋势对各领域、各行业工作都提出了新要求、新任务。特别是大数据、云计算的使用，带来了一场"管理方式革命"。大数据具有的体量大、类型多、速度快的显著特征，要求我们要用先进的方法和技术实现信息的收集、存储、分配、管理和分析，并在管理方式上更多地依据大数据进行决策，从数据中获取价值，让数据主导决策。能否运用好大数据，将来有可能直接影响检察机关经费保障的成效，这就要求我们从现在起，就要更新思想观念、转变工作方式、创新管理模式，逐步提高运用大数据科学管理财物的能力和水平。

四要在辩证思维中增强实效。检务保障工作内容十分丰富，涉及方方面面，要确保各项工作取得好的成效，必须着力把握好四个关系：一是把握好长远发展与当前需要的关系。既要着眼长远、统筹规划，抓根本、抓制度、抓标准，又要抓住当前工作中的突出问题，重点突破，推动工作全面开展。二是把握好开源与节流的关系，在争取支持、做大"蛋糕"的同时，要坚持建设节约型机关，防止铺张浪费，维护检察机关形象。三是把握好工作中原则性和灵活性的关系，既要坚持按制度、按原则办事，把事情办成，又要注意工作方法，让大家易于接受，把事情办好。四是把握好全局与局部的关系。既要全国、全省一盘棋，整体推进工作发展，又要充分考虑地区间差异，紧密结合本地实际订规划、做决策，提高工作的科学性。

二、把握机遇，先行先试，坚定不移地推进省以下检察机关财物统一管理改革

今年是全面深化改革第一年，党的十八届三中全会部署的包括司法体制改革在内的各项改革全面展开。4月，中办国办印发《关于深化司法体制和社会体制改革的意见》及其贯彻实施分工方案，最高人民检察院也制定了相应的分工方案，对牵头办理和参与办理的各项改革任务提出了工作要求。3月以来，中央政法委陆续选定吉林、上海、湖北、广东、海南、青海六省市开展司法改革试点。6月6日，中央全面深化改革领导小组第三次会议审议通过了《关于司法体制改革试点若干问题的框架意见》和《上海市司法改革试点工作方案》。在经费保障体制改革方面，框架意见明确要求"地方各级法院、检察院经费上收省级统一管理，保证办公经费、办案经费和人员收入不低于现有水平"。同时明确"根据审判工作、检察工作特点，建立与法官、检察官单独职务序列配套的薪酬制度。现阶段，可采取现行工资收入＋办案补贴或岗位津贴的方式确定薪酬"。为落实好这个框架意见，曹建明检察长在大检察官研讨班上就抓好中央确定的改革试点工作作出了具体部署，提出了明确要求。

根据中央确定的分工方案，推动省以下地方检察院财物统一管理工作由中央政法委、财政部牵头，最高人民检察院参加。财政部和最高人民检察院党组对此高度重视，成立领导小组，制定工作方案，赴六个试点省市进行专题调研，形成了富有成效的调研成果。今年2月和4月，最高人民检察院在广东和北京召开两次改革座谈会，充分听取意见，形成了《关于推动省以下地方检察院财物统一管理改革试点的参考意见》。这个参考意见已经提交大检察官研讨班进行讨论，王松苗同志在大会上就此作了说明。今天的会上再次印发给大家，请同志们进一步提出修改意见，使之更加科学合理、更加完善、更具操作性，为试点单位提供更有价值的参考。

今后几年，推进省以下检察院财物统一管理改革面临艰巨而繁重的任务，我们必须进一步统一思想，实化措施，坚定不移地推动改革取得预期成效。当前，全系统上下要按照大检察官研讨班的部署，齐心协力，扎实推进改革试点相关工作。一要切实做好经费保障数据测算工作。省级统管改革涉及到保障总盘子确定、中央与地方保障基数划转等问题，摸清近年来经费保障数据底数是做好改革试点的基础和关键。前段时间，各省级检察院完成了财政部布置的《检察院基本情况统计报表》填报工作，

但各地上报的数据与我们掌握的系统报表数据存在较大差异。下一步，各地要认真分析、仔细查找数据差异的原因，对近年保障情况做到心中有数，以免出现因算账不清造成改革后基数减少、保障不足的问题。二要进一步完善改革试点方案。从了解的情况看，六个试点省市检察院都已经制定了各自的改革试点方案，其中上海的方案已经中央司改领导小组批准。下一步，试点地区还要按照中央政法委、最高人民检察院和财政部对改革试点的要求，结合近期相关工作开展情况，对方案进一步细化完善，使其更具可行性和操作性，为改革试点牵头部门提供有理有据、可信可行的参考依据。三要坚持分类分层分步推进。既要使检察改革的思路和目标符合中央要求，又要使具体推进步骤和措施因地制宜，要注意把握改革的时机和节奏，不搞"一刀切"。对涉及检察人员切身利益的改革措施，要"多做加法、少做减法"，最大限度释放改革效益。四要加强督促指导。最高人民检察院和省级检察院要加强沟通协调，及时指导、跟踪督办，及时掌握各项改革进度和落实情况，提出指导性意见。五要进一步做好调研工作。调查研究是推进改革的基础性工作，必须贯穿改革的全过程。尽管这几个月中央有关部门做了很多调研工作，但仍有许多问题还没有了解清楚、研究透彻。下一步，要坚持集中调研和分散调研相结合，继续加强深入调研。被调研地区要充分准备，认真梳理问题，全面反馈情况，结合当地实际，提出有益于试点改革的意见建议。

同时，在推进省以下检察院财物统一管理改革中，还要正确处理好几个关系。一要处理好"跳出检察"与"立足检察"的关系。既要吃透"上头"，着眼全局，在全面深化改革大局中谋划检察改革，在检察改革大局中谋划财物管理体制改革，不短视、不打"小算盘"，确保实现中央确定的改革任务；又要吃透"下情"，立足实际，充分考虑确保依法独立公正行使检察权的需要，科学设计包括财物管理体制改革在内的检察改革"路线图"和时间表，确保实现改革预期目标。二要处理好试点单位与非试点单位的关系。加强沟通协调，在全系统树立一盘棋思想。试点单位是检察系统参与改革的先行者，不仅要考虑本地区的特殊情况，还要统筹考虑其他地区的共性情况，尽力争取检察机关的话语权，为全面改革积累普适经验，使试点经验可复制、可推广；非试点单位也要把自己放在试点单位的位置，积极

思考改革可能出现的问题、风险、成因和解决办法，为试点单位顺利开展改革试点提供有益参考。各地要充分利用计财工作平台，加强交流，注重经验共享，及时研究解决试点中出现的问题。三要处理好经费保障改革和其他改革的关系。一方面，财物统管改革试点要与其他各项改革相互配合，理顺关系，协同推动，争取各项改革的最大效益；另一方面，对其他改革带来的经费保障问题要在试点中及早研究，统筹考虑，为各项改革的顺利推进提供坚实的保障基础。四要处理好改革试点与日常经费保障工作的关系。改革试点阶段调研论证、制定相关制度等各项任务十分繁重，会给日常经费保障工作带来一定影响。各地要正确处理改革试点与日常保障的关系，善于从当前的保障工作中总结经验，通过改革试点进一步提升保障能力和水平，做到日常保障与改革试点互相促进，真正把改革成效体现到加强检务保障工作中。

三、着眼长远，强基固本，大力加强检务保障制度建设

制度的功能在于规范和约束行为，因而带有根本性、全局性、稳定性和长期性，制度建设是做好检务保障工作必须始终扭住的"牛鼻子"。最高人民检察院始终高度重视检务保障制度建设，最近一年相继推出了13项规章制度，包括国内公务接待管理实施办法、内部审计工作暂行规定、计财局工作规则、财务管理工作规范以及各岗位职责规定等内部工作制度，还包括指导系统工作制度建设。特别是今年初出台了《检察机关计划财务装备工作基本规范》，为做好全系统计财装备工作提供了"操作指南"；今年2月，会同财政部出台了《人民检察院财务管理暂行办法》，为检察财务管理工作提供了"根本大法"。借这两个检务保障工作根本制度出台之机，一鼓作气，将现行有效的规章制度进行汇编，形成了《检察计划财务装备工作职业规范》（2014年版）。这是目前为止检务保障工作规章制度之集大成，成果来之不易，必须十分珍惜并切实有效执行。

今后一个时期，各级检察院要把检务保障制度建设置于更加重要的位置，通过建立健全并切实执行一系列行之有效的规章制度，真正形成议事有规则、管理有办法、操作有程序、过程有监督、责任有追究的良好工作格局。一要进一步强化法治思维，深化对制度功能的认识，不断加大推进工作制度化的力度。法治思维是规则思维、程序思维，也是权衡思维，是我们做好工作的基本出发点。依法办事在工作层面就是按制度办事，要在坚持依法办事的基础上，切实强化制度观念，牢固树立按制度办事的意识。二要抓好制度的废改立，建立健全覆盖全部检务保障工作的制度体系。制定制度重在管用、可行，体现于法周延、于事简便。各省级检察院要根据最高人民检察院制定的相关规章制度，结合自身实际，建立健全各项规章制度。既要抓好指导市县级检察院工作的制度建设，也要抓好机关自身的制度建设。既要抓好新制度的制定，也要抓好旧制度的修订，先立后破，确保制度常用常新。制度建设是一个制定、执行并在实践中不断检验和完善的动态过程。制度没有"最好"，只有"更好"。对已经不适应工作需要的制度，要及时进行修订，将不符合形势发展需要的制度予以废止，重新制定科学合理、适合工作需要的制度体系。三要抓好制度执行，切实维护制度的权威性和严肃性。制度的生命力在于执行。要坚持制度面前人人平等，既不能因人而异、"亲松远严"，更不能选择性执行、打擦边球，搞"特别授权"。要进一步完善监督机制，抓住重点环节和关键部位，加强对制度执行全方位、全过程监督，努力形成多层次、全方位的监督网络，确保各项制度落到实处。

四、艰苦奋斗，厉行节约，大力推进节约型检察机关建设

建设节约型机关，始终是检务保障工作的主旋律。中央八项规定出台以来，各级检察机关认真落实中央和最高人民检察院要求，严格执行《党政机关厉行节约反对浪费条例》《机关事务管理条例》和《党政机关国内公务接待管理规定》，从严控制"三公"经费等一般性支出，认真开展清理办公用房工作，在"两房"建设中严格控制楼堂馆所建设，取得了明显成效。去年以来，中央对贯彻落实八项规定提出了新的要求，各级检察机关一定要进一步树立过紧日子思想，进一步建立健全制度和标准，细化落实监督机制，固化党的群众路线教育实践活动成果，把节约型检察机关建设引向深入。

（一）着力构建厉行节约长效机制，做到各尽其责。落实责任是厉行节约的前提。节约型机关建设涉及经费使用、国有资产管理和资源配置、水电油气消耗等方方面面，与每一个部门、每一名干警密切相关，需要人人参与、通力协作。一是领导干部要带头，发挥表率作用。建设节约型机关，首先需要有节约型领导。各级检察院领导干部要把厉行节约贯穿于方方面面，带头减少公车使用，带头节约办公用品，带头推行无纸化办公，从严要求，以身作则。二是全体干警要参与，发挥群体作用。要加强宣传教育，在各级检察院机关倡导节约理念，培育节约文化，健全节约规范，提升节约素养，形成人人节约、处处节约、事事节约的浓厚氛围。三是职能部门要尽责，发挥主体作用。各级检察院政工、办公室、外事管理、计财装备、机关服务等部门，要明确权责、分工协作，在办文办会办事、衣食住行各环节坚持厉行节约，形成工作合力，积极稳妥地推进节约型机关建设。四是进一步创新服务管理，推进后勤服务社会化。要适应社会化服务的新趋势，打破自我保障、自我封闭的格局，积极引进社会资源，努力为检察机关提供专业化、规范化、精细化、便捷化的服务，促进后勤服务保障工作科学发展。机关食堂要严格执行《党政机关厉行节约反对浪费条例》，既要保证吃饱吃好吃得健康，又要珍惜每一滴油、每一粒米。

（二）着力强化经费预算管理，做到财尽其效。预算和经费管理是厉行节约的核心。党的十八届三中全会明确提出，要实施全面规范、公开透明的预算制度。全面规范就是要做到预算编制科学、预算执行规范；公开透明就是要实行阳光理财、民主理财；总体目标就是要实现预算管理工作的制度化、规范化、科学化。各级检察院要进一步加强机关预算管理，进一步完善部门预算管理制度。要分类细化预算定额，积极推行绩效预算和目标预算，增强预算编制的科学性和约束力。要落实预决算公开制度，自觉接受内部和外部监督。要进一步改变重投入轻效益的观念，切实避免铺张浪费，做到"用钱必问效，无效必问责"，确保财政资金使用效益的最大化。

（三）着力加强国有资产管理，做到物尽其用。国有资产是保障机关正常有序运转的物质基础，国有资产管理是厉行节约的具体体现。要严格执行《行政单位国有资产管理暂行办法》，建立健全国有资产管理与预算管理、财务管理相结合的国有资产管理体系和工作运行机制，强化对国有资产配置、使用、处置的全过程管理。要严格执行政府采购法、招标投标法等法律法规，坚持按照公开、公平、公正的原则实施政府采购，坚决防止政府采购中的商业贿赂等腐败行为。逐步推行资产配置标准化

和实名制，提高国有资产使用效益。要把办公办案装备、办公用房、"两房"、执法执勤用车作为国有资产管理工作重点，严禁超编制、超标准建设、配备和使用，降低办公办案消耗，最大限度地节约资源。

（四）着力加强审计监督，做到俭尽其能。强化审计监督是厉行节约的重要保障。近日，曹建明检察长针对审计署发布的2013年度中央预算执行和其他财政收支的审计工作报告，就加强检察机关审计工作作出重要批示，要求我们更加重视自身预算管理、经费使用、基本控制制度的依法规范运行，对存在突出问题特别是违规问题及时整改、抓早抓小，进一步提高自我发现问题、自我纠错能力和依法理财能力，为检察机关科学发展提供更加有力的物质保障。为此，我们要着力抓好三方面的工作：一要自觉接受外部审计。要把接受审计作为"专家体检"的好机会，虚心接受、积极配合审计部门的工作。根据审计部门发现的问题和薄弱环节，认真整改，强化资金和资产管理措施。二要大力加强内部审计。最高人民检察院设立内审专门机构，配备专业审计人员，较好地发挥了自我纠错作用。各省级检察院也要高度重视内审工作，切实加强内部控制，及早发现、及时纠正自身资金和资产管理中存在的隐患，防止小错酿大祸。三要严肃处理违规行为。要着力抓好节约型机关建设的督促、检查、考核，坚持"零容忍"，严肃查处各种奢侈浪费行为和违纪违法问题。

五、落实"两个责任"，提升能力素质，努力打造过硬保障队伍

今年4月召开的全国检察机关队伍建设座谈会，深入学习贯彻习近平总书记重要讲话和中央政法工作会议精神，对新形势下检察队伍建设进行了总体部署。孟建柱书记和曹建明检察长作了讲话，对进一步加强检察队伍建设提出了明确要求。检务保障部门是检察队伍的重要组成部分，必须始终按照"五个过硬"的要求，以政治过硬为核心要求，以业务过硬为立身之本，以责任过硬为基本品质，以纪律过硬为政治优势，以作风过硬为根本保障，努力建设一支政治坚定、业务精良、责任过硬、作风优良、纪律严明的检务保障专业化队伍。

（一）以深入学习习近平总书记系列重要讲话精神为统领，进一步加强思想建设。坚持把思想建设摆在首位，把深入学习贯彻习近平总书记系列重要讲话精神作为一项重大政治任务，在事关检察工

作科学发展的一系列重大问题上统一思想、深化认识。自觉用中国特色社会主义理论体系武装头脑，指导实践，推动工作，自觉坚持正确的政治方向，坚定不移地走中国特色社会主义政治发展和法治建设道路。认真落实《关于检察机关培育和践行社会主义核心价值观的意见》，永葆忠于党、忠于国家、忠于人民、忠于法律的政治本色。坚持把崇高理想信念同脚踏实地工作紧密结合起来，为做好服务保障工作打下坚实的思想基础。

（二）以深入开展党的群众路线教育实践活动为载体，进一步加强作风建设。目前，第二批教育实践活动已进入整改落实、建章立制阶段。市县两级检察院检务保障部门要认真学习贯彻习近平总书记在河南兰考指导教育实践活动时的重要讲话精神，严格标准，在深刻查摆、找准问题的基础上，分类梳理、逐项分解，制定整改措施，落实整改责任，切实解决"四风"方面的突出问题。一要从高处着眼，从推动检察工作科学发展、建设过硬检务保障队伍、培育和践行社会主义核心价值观的高度，善始善终地抓好教育实践活动。二要从实处着手，对照方案确定的整治重点和目标要求，针对查摆出来的问题，敢于碰硬，不留情面，以"钉钉子"的精神抓好整改。三要从长远着想，落实"抓常、抓细、抓长"的要求，建立健全防范和解决作风问题长效机制。要践行"三严三实"要求，用制度管作风、靠制度强作风。最高人民检察院和省级检察院要切实加强系统指导、督促检查，努力使全系统检务保障部门的整体面貌有一个明显改进。

（三）以落实"两个责任"为重点，进一步加强党风廉政建设。党风廉政建设主体责任和监督责任，是反腐败体制机制改革创新的重要内容，是深入推进党风廉政建设和反腐败工作的"牛鼻子"。最高人民检察院即将出台关于落实党风廉政建设主体责任、监督责任的实施意见，我们要认真贯彻落实。检务保障部门管钱管物管事务，是检察机关自身反腐败的重点部门，在强化监督制约、加强廉政建设方面承担着双重职责，既要建立健全各项规范制度，形成完备的制度规范体系，监督检查各部门遵守财经制度、防范经费支出、设备购置等方面的违法违纪问题；又要加强自身监督，提高检务保障人员拒腐防变能力。一方面，要通过强化思想教育，提升道德修养，树立崇高信仰，做到自重自省自警自励，自觉抵制消极腐朽思想侵蚀，守住党纪国法底线。另一方面，要加强制度监督，通过强化内控、落实不相容岗位分离等制度设计，切实加强重点岗位人员的廉政风险防控制约，堵塞管理漏洞。

（四）以强化业务培训为抓手，进一步加强能力建设。省以下检察院财物统一管理改革后，体制机制将发生重大变化，管理层级增加、管理责任加重、新问题新情况出现必然带来工作量激增，对计财装备人员配备、管理能力、专业素质、知识结构、信息化水平等都提出了前所未有的要求，加强队伍建设，提高队伍素质迫在眉睫。目前，最高人民检察院正在制定新一轮干部教育培训规划，各级检察院要把检务保障干部培训纳入检察教育培训的整体格局，进一步提高队伍专业化水平。最高人民检察院和省级检察院要有计划地组织业务知识和政策法规培训以及岗位练兵、评选岗位标兵等活动。通过业务培训和实践锻炼，着力改善知识结构，不断提高运用政策能力、协调沟通能力、研究指导能力、改革创新能力和服务管理能力，造就一专多能的复合型人才，积极适应深化改革新形势对检务保障工作的新要求、新挑战。要善于从检务保障工作实践中发现有培养前途的业务骨干，纳入检察系统高层次人才培养规划，培养一批财务管理、科技管理、电子检务管理、后勤服务等方面的高层次人才，以人才建设带动本地区检务保障人员业务素质、工作水平和整体形象的提升。

深化司法体制改革为加强检务保障工作提供了历史性机遇，也提出了新的问题和挑战。让我们以开拓进取的精神、敢挑重担的勇气、求真务实的作风，进一步做好新形势下的检务保障工作，努力为推动检察事业科学发展作出新的贡献！

聚焦中心任务　强化责任担当
深入推进检察机关反腐倡廉建设

——在全国检察机关党风廉政建设和反腐败工作会议上的工作报告

中央纪委驻最高人民检察院纪检组组长　莫文秀

(2014 年 2 月 20 日)

这次会议的主要任务是:高举中国特色社会主义伟大旗帜,以邓小平理论、"三个代表"重要思想、科学发展观为指导,深入学习贯彻党的十八大、十八届三中全会、十八届中央纪委三次全会、中央政法工作会议和全国检察长会议精神,回顾总结 2013 年检察机关党风廉政建设和反腐败工作,研究部署 2014 年任务。最高人民检察院党组对这次会议高度重视,专题进行研究,提出明确要求。在今天上午第二阶段的电视电话会议上,曹建明检察长将作讲话,对全国检察机关党风廉政建设和反腐败工作作出部署。我们要认真学习领会,坚决贯彻落实。

下面,我受最高人民检察院党组的委托,作检察机关党风廉政建设和反腐败工作报告。

一、2013 年检察机关党风廉政建设和反腐败工作回顾

2013 年是贯彻落实党的十八大精神的开局之年。最高人民检察院党组高度重视党风廉政建设和反腐败工作,认真贯彻落实新一届中央的重大部署和要求,坚持把党风廉政建设和反腐败工作摆在突出位置来抓,党组"一班人"身体力行,率先垂范,有力地推进了反腐倡廉工作。各级检察机关坚持把党风廉政建设与检察业务工作同部署、同落实、同检查、同考核;纪检监察机构全体干部认真履职,勤奋工作,检察机关党风廉政建设各项工作取得了新的成效。

(一)认真学习领会党的十八大和十八届中央纪委二次全会精神,贯彻中央反腐败工作决策部署有新举措。十八大以来,以习近平同志为总书记的

党中央把党风廉政建设和反腐败斗争提到新高度,作出一系列重要部署。各级检察机关坚持把贯彻党的十八大和十八届中央纪委二次全会精神作为首要的政治任务,结合实际狠抓落实。最高人民检察院党组及时召开专题会议,传达学习会议精神,研究提出贯彻落实的具体意见和措施。向全国检察机关下发通知,对学习贯彻会议精神提出明确要求。将纪检监察工作会议更名为反腐倡廉建设工作会议,更加聚焦主业,明确中心任务和责任担当。最高人民检察院机关各内设机构、直属事业单位和地方各级检察机关采取有效措施,切实加强党风廉政建设和反腐败工作,确保了中央和最高人民检察院决策部署落到实处。

(二)深入贯彻落实中央八项规定精神和最高人民检察院实施办法,着力解决"四风"问题,检察机关作风建设有新进展。制定实施检察机关厉行勤俭节约反对铺张浪费若干规定、检察人员八小时外行为禁令,用更严的标准、更高的要求规范检察人员行为。把力戒"四风"作为巡视监督的重要内容,对发现的问题进行诫勉谈话。组织对山西、内蒙古等 10 个省(区、市)90 个检察院改进工作作风、密切联系群众情况开展交叉督察,督促整改落实。最高人民检察院机关出台会议活动管理办法、从地方检察机关借用人员管理办法等 10 多项制度,对机关副厅级以上领导干部办公用房超标问题进行清理整改。2013 年,最高人民检察院机关印发的文件、简报数量同比下降 26.8%,召开的会议同比减少 38.6%,会议费支出同比下降 34.3%;因公出国(境)费、公务接待费、公车运行维护费同比分

别下降 10.9%、25.6% 和 8.7%。坚持正风肃纪，严肃查处 15 名违反中央八项规定精神的检察人员，对山西省检察院原副检察长文晓平等人违反规定参加奢靡娱乐活动典型案件进行通报，组织全国检察机关开展纪律作风专项整顿和警示教育。地方各级检察机关紧密联系实际纠正"四风"问题，效果明显。

（三）严格执行党风廉政建设责任制，强化廉洁从检教育，责任意识和自律意识有新提高。坚持充分发挥党风廉政建设责任制的龙头作用，积极推动落实党风廉政建设联席会议制度，深化党风廉政建设责任的检查考核与监督。严格落实领导干部报告个人有关事项制度，派员参加下级检察院党组专题民主生活会，组织 9 个省级检察院检察长述职述廉，指导各级检察院落实"三谈两述"制度。编辑出版《警示与镜戒——检察人员违纪违法典型案例剖析》。深化、拓展和延伸廉洁从检书画摄影创作展览活动，开辟网上展馆，开展"看展览、谈体会、促廉洁"活动，点击率达 17 万人次。最高人民检察院机关各部门、各单位强化党风廉政建设，有的对本系统发生的违纪违法案件进行通报，有的组织开展整顿作风、严明纪律、规范执法专项教育检查，有的下发通知要求所属单位加强党风廉政建设和纪检监察工作，有的制定廉洁规范执法行为准则。各地检察机关积极探索廉政风险防控机制建设，剖析通报检察人员违纪违法典型案例，开展纪律作风教育月活动，强化了检察人员的廉洁意识。

（四）坚持把强化自身监督放在与强化法律监督同等重要位置来抓，严格规范权力行使，司法公信力有新提升。充分发挥检察巡视对领导班子和领导干部的监督作用，最高人民检察院制定实施 2013—2017 年巡视工作规划，先后派出两批巡视组，对 7 个省级检察院领导班子进行检察巡视，共发现各类问题 56 个，向被巡视单位提出整改意见 35 条。加强执法办案内部监督，巩固深化规范执法和办案安全专项检查活动成果，督促落实同步录音录像、办案区规范化建设和办案工作区准用证等制度。积极应对和引导网络舆情，核查涉检网络舆情案件线索 43 件，查实或部分查实 12 件，对构成违纪违法的严肃处理。一些地方检察机关加强巡视、督察工作，开展扣押冻结涉案款物专项督察，积极探索规范执法办案"倒逼机制"，健全和完善执法办案考评、决策指导等机制，促进了检察权正确行使。

（五）始终坚持从严治检，有案必查，案件查办工作有新突破。坚持把查办检察人员违纪违法案件放在突出位置，在 12309 举报网站开设"检察干警违纪违法举报"专区，以"零容忍"的态度查处违纪违法案件。2013 年，全国检察机关纪检监察机构共受理检察人员违纪违法案件线索 2462 件，初核 1998 件，同比上升 8.6% 和 7.8%；立案查办 170 件 210 人，已结案件 175 件 222 人（含上年积存案件），立结案人数同比上升 26.2% 和 26.9%；给予党纪处分 83 人，检纪处分 185 人，双重处分 53 人；移送追究刑事责任 26 人。强化案件督办力度，最高人民检察院纪检组监察局会同反贪总局、渎职侵权检察厅等部门对中央领导同志批转的 7 起反映检察机关违规扣押冻结涉案款物案件和中央群众路线教育实践活动领导小组批转的有关案件实地督办。最高人民检察院机关有关部门积极配合纪检组监察局调查核实案件线索 6 起，对失实的予以澄清。

（六）坚持改革创新，深入调查研究，党风廉政建设制度机制建设有新进展。按照中央司法体制和工作机制改革的部署和要求，开展案件责任终身负责制和检察官惩戒制度改革专题调研。加强对完善检察权运行制约监督体系、执法过错责任追究以及涉案款物管理、移送、上缴国库等问题的研究，提出进一步加强和改进的措施。坚持以理论创新推动机制创新和实践创新，组织开展检察巡视理论与实务和检务督察理论研究征文活动，分别征集理论文章 164 篇和 606 篇，一批优秀理论文章被《人民检察》杂志刊发，进一步夯实了检察机关内部监督工作的理论基础。

（七）深入开展党的群众路线教育实践活动，着力加强自身建设，执纪执法能力有新提高。按照中央和最高人民检察院统一部署，紧密联系纪检监察工作实际，深入开展党的群众路线教育实践活动，以整风精神开展批评和自我批评，落实整改措施，切实纠正"四风"。扎实开展会员卡专项清理活动，严格落实中央八项规定和最高人民检察院实施办法。举办全国检察机关巡视干部培训班和纪检监察机构查办案件业务骨干培训班，着力提高纪检监察干部队伍素质和执纪执法水平。

检察机关党风廉政建设和反腐败工作取得的成效，是各级党委、纪委和各级检察院党组高度重视和正确领导的结果，是全体纪检监察干部开拓进取、扎实工作和广大检察人员共同努力的结果。在此,我代表最高人民检察院党组、代表中央纪委驻最高人民检察院纪检组、最高人民检察院监察局,向关心、支持纪检监察工作的各级领导和检察人员表示衷心感谢,向辛勤工作在检察机关纪检监察战线的全体同志表示亲切慰问!

在看到成绩的同时,我们还要清醒地认识到检察机关党风廉政建设和反腐败工作存在的问题和不足:有的检察院党组抓党风廉政建设的主体责任和担当意识不强,对队伍出现的问题遮遮掩掩,甚至对违纪违法问题大事化小、小事化了;"四风"问题、特权思想、霸道作风在一些地方还比较突出,有的党员干部还存在"庸懒散奢"问题;有的检察人员特别是领导干部对纪律禁令置若罔闻,顶风违纪,违法违规扣押、冻结和处理涉案款物等损害群众利益的问题仍然存在;执法不公、为检不廉甚至以权谋私、贪赃枉法等严重违纪违法案件时有发生,领导干部和重点岗位、重点环节和部位比重依然较大。少数纪检监察机构执纪监督不严,查办案件力度不大;有的纪检监察干部责任感不强,存在作风漂浮、监督缺位等问题。对此,我们要高度重视,采取针对性措施,切实加以解决。

二、2014 年检察机关党风廉政建设和反腐败工作主要任务

习近平总书记在十八届中央纪委三次全会上深刻指出,坚决反对腐败,防止党在长期执政条件下腐化变质,是我们必须抓好的重大政治任务。全党同志要深刻认识反腐败斗争的长期性、复杂性、艰巨性,以猛药去疴、重典治乱的决心,以刮骨疗毒、壮士断腕的勇气,坚决把党风廉政建设和反腐败斗争进行到底。习近平总书记的重要讲话,再次表明了我们党改进作风、惩治腐败的坚强意志和坚定决心。在中央政法工作会议上,习近平总书记对建设过硬队伍提出了新的更高要求,突出强调要以铁的纪律带出一支铁的政法队伍,以最坚决的意志、最坚决的行动扫除政法领域的腐败现象,坚决清除害群之马。最近,中央政法委公开通报 10 起政法干警违纪违法典型案件,要求各级政法机关要对违纪违法行为零容忍,打好反对司法不公、司法腐败的攻坚战。各级检察机关要切实把思想和行动统一到习近平总书记重要讲话和党中央对形势的判断和任务部署上来,充分认识加强检察机关党风廉政建设和反腐败工作的重要性、紧迫性,进一步增强忧患意识、危机意识和责任意识,以更加坚

定的决心、更加务实的作风、更加有力的措施,推动检察机关党风廉政建设和反腐败工作取得新成效。

2014 年,要全面贯彻党的十八大、十八届三中全会和十八届中央纪委三次全会和中央政法工作会议精神,牢牢把握党中央对党风廉政建设和反腐败工作提出的新要求,紧紧围绕强化法律监督、强化自身监督、强化队伍建设,坚持问题导向,增强责任意识,深入推进惩治和预防腐败体系建设,大力加强体制机制创新和制度保障,深入推进党风廉政建设和反腐败工作,为检察事业科学发展提供坚强有力的纪律作风保障。要重点抓好以下七个方面工作。

(一)严明党的纪律和检察纪律,确保中央和最高人民检察院重大决策部署贯彻落实。

严明党的政治纪律。遵守政治纪律是遵守党的纪律的第一位要求。检察机关作为党领导下的司法机关,严明政治纪律首要的是要牢牢把握检察工作的政治方向,坚持党的领导不动摇。要正确处理党的领导和依法独立公正行使检察权的关系,把坚持正确政治方向体现和落实在各项检察工作中。要坚决维护党的政策和国家法律的权威性,确保党的政策和国家法律得到统一正确实施。在深入推进检察改革过程中,要自觉抵制企图动摇党对检察工作领导和偏离社会主义制度的错误思潮;检察人员对外发表涉及司法改革、检察改革的文章,要严格按照程序报批。

严明党的组织纪律。组织严密是党的光荣传统和独特优势。要强化组织意识,相信组织、依靠组织、服从组织,自觉接受组织安排和纪律约束。要严格遵守组织制度,特别是要认真执行党内请示报告制度,正确处理组织意图和领导个人意图关系,做到服从组织意图而不是服从个人意图。要加强对组织纪律执行情况的监督检查,对违反组织纪律的要启动问责机制,严肃追究责任。

严格遵守检察纪律。检察纪律是党的纪律在检察领域的具体体现。最高人民检察院制定的各项条规禁令是检察纪律的重要内容,各级检察机关和检察人员必须不折不扣地贯彻执行。领导干部要率先垂范,带头执行检察纪律。要严肃查处违反检察纪律的行为,及时发现和纠正存在的突出问题,切实维护检察纪律的严肃性。

(二)聚焦"四风"和执法司法作风,深入推进检察机关作风建设。

进一步加强党性锻炼。要牢记党的性质和宗

旨，坚持把执法为民作为检察工作的根本宗旨和核心价值观，真正做到一切为了群众、一切依靠群众。要密切检察机关与人民群众的血肉联系，牢固树立理性平和文明规范的执法观，让人们群众真切感受到检察机关执法作风的新变化。要从党性的高度，正确处理公私关系，牢记公款姓公，公权为民，坚持做到公私分明、克己奉公、严格自律。

持之以恒地抓好中央八项规定精神和最高人民检察院实施办法的贯彻落实。要坚持问题导向，以抓铁有痕、踏石留印的劲头，坚决纠正检察机关在"四风"和执法司法作风方面存在的突出问题。要坚决执行党政机关厉行节约反对浪费条例、国内公务接待管理规定和检察机关厉行勤俭节约反对铺张浪费若干规定，禁止以业务协作会、交流会、研讨会等为名组织没有明确公务目的和实质内容的跨省区域性的联谊活动、学习交流、考察走访，禁止以各种名义和方式变相旅游，禁止违反规定到风景名胜区举办会议和活动，禁止将休假、探亲、旅游等活动纳入公务接待范围。严格执行检察人员八小时外行为禁令，加强对禁令执行情况的督察，对顶风违纪的，发现一起、查处一起、通报一起，把禁令落到实处。最高人民检察院机关各部门、各单位要扎实推进正在开展的集中整治"庸懒散奢"专项活动，切实发挥以上带下的表率作用。

深入开展党的群众路线教育实践活动。最高人民检察院和省级检察院要进一步巩固和扩大教育实践活动成果，坚持以"钉钉子"的精神抓好整改，确保各项整改措施落到实处。要把指导市县两级检察院开展教育实践活动作为深化和巩固活动成果的重要方面，健全改进作风常态化制度。市县两级检察院处于执法办案第一线，在第二批教育实践活动中，要着力纠正存在的"四风"问题，尤其要重点解决特权思想、霸道作风，以及不作为、乱作为等执法司法中存在的突出问题。

加大督促检查力度。要通过明查暗访、督促整改，强化对"四风"和执法作风的监督检查，加大惩戒问责力度。要重点查处和纠正检察机关领导干部出入私人会所、变相公款旅游问题，以及用公款相互宴请、赠送节礼、高档消费等问题；利用婚丧喜庆、乔迁履新、就医出国等名义，收受下属以及有利害关系单位和个人的礼金行为。各级检察机关纪检监察机构要铁面执纪，确保纪律刚性约束。

（三）加大违纪违法案件查处和曝光力度，用铁的纪律带出过硬检察队伍。

对违纪违法行为坚决做到"零容忍"。要始终坚持从严治检，有腐必反、有案必查、有贪必肃。严格执行中央纪委关于案件线索处置方式、处置标准的有关规定，严禁瞒案不报，压案不查。要加大办案力度，着力查办利用检察权以案谋私、贪赃枉法案件，刑讯逼供、暴力取证、超期羁押等任意侵犯当事人和其他诉讼参与人合法权益案件，失职渎职导致涉案人员自杀、死亡或脱逃案件，违法查封、扣押、冻结、处理涉案款物案件以及严重违反中央八项规定和廉洁从检若干规定案件。要发现一起、查处一起，决不姑息迁就。

提高案件发现和查办能力。要健全办案机制，灵活运用提办、交办、参办、督办等方式方法，推动内部协作配合，确保案件查办工作协调畅通。最高人民检察院和省级检察院纪检监察机构要带头查办案件，发挥示范作用。要严格备案审查把关，防止出现定性不准、处理不当等情况，确保办案质量。要注重整合办案力量，加强对办案骨干力量统筹、配备、管理，推动建立办案人才库。要加强对违纪违法案件的统计分析，为正确决策提供准确翔实的数据资料。

加大对违纪违法案件的通报曝光力度。要认真落实中央纪委即将下发的《关于建立违反中央八项规定精神案件公开曝光制度意见》，配合中央政法委对政法干警违纪违法典型案件不定期集中公布，在检察机关局域网设立曝光台，对检察人员违反八项规定精神的案件和严重违纪违法案件一案一曝光。今后，凡检察人员涉嫌违纪被地方纪委立案调查的，各地要及时层报最高人民检察院，不得瞒报迟报。

坚持抓早抓小，从源头上遏制和减少违纪违法案件的发生。对检察人员身上存在的问题，要早发现、早提醒、早纠正、早查处，对苗头性问题要及时约谈，加强诫勉谈话工作，防止小错酿大错，大错酿大祸。要认真研究检察人员违纪违法案件的新情况、新问题、新对策，充分发挥查办案件的治本功能。

（四）认真贯彻落实2013—2017年工作规划，全面推进检察机关惩治和预防腐败体系建设。

全面推进惩治和预防腐败体系建设，是党的十八大和十八届三中全会作出的重大决策。年前，中央印发了《建立健全惩治和预防腐败体系2013—

2017年工作规划》,对惩治和预防腐败作出新的战略部署。各级检察机关要把贯彻落实《工作规划》列入议事日程,紧密结合实际,抓紧研究制定检察机关贯彻落实《工作规划》实施办法。要做好顶层设计,着力健全完善内容科学、程序严密、配套完备、有效管用的制度体系。

抓好组织实施。全面推进惩治和预防腐败体系建设是检察机关的重大政治任务和各部门的共同责任。各级检察院党组要把贯彻《工作规划》与业务建设、队伍建设一起部署、一起落实、一起检查,落实到各项检察工作中。纪检监察机构要把落实《工作规划》和检察机关实施办法作为重要职责,积极协助党组抓好各项任务分解,搞好组织协调,加强检查监督,推动工作深入开展。各相关部门要切实负起责任,密切配合,多措并举,整体推进,形成工作合力。要完善督查考核机制,督促任务落实。要制定实施切实可行的责任追究制度,对工作不力、造成不良影响的,严肃追究责任。

(五)严格执行党风廉政建设责任制,进一步健全反腐败领导体制和工作机制。

各级检察院党组要切实承担党风廉政建设主体责任。履行党风廉政建设主体责任,不是开一次会、领导讲个话、签一份责任状就完事了。党员领导干部特别是"一把手"要牢固树立不抓党风廉政建设就是严重失职的责任意识,党组书记、检察长是第一责任人,其他领导班子成员和各内设机构、直属事业单位负责同志对职责范围内的党风廉政建设负领导责任。要支持和保障纪检监察机构履行职责,发挥监督执纪作用。要积极探索建立健全党风廉政建设责任制联席会议制度,制定切实可行的责任追究办法,健全责任分解、检查监督、倒查追究机制,加大问责力度,对发生重大腐败案件和不正之风长期滋生蔓延的单位和部门,实行"一案双查",既要追究当事人责任,又要追究相关领导责任。最高人民检察院年底将对机关各内设机构和直属事业单位、省级检察院领导班子及其成员履行党风廉政建设主体责任和"一岗双责"情况进行检查考核。

纪检监察机构要切实履行好监督责任。强调各级检察院党组的主体责任,并不是减轻纪检监察机构的监督责任。各级检察院纪检监察机构要积极协助党组加强党风廉政建设和反腐败工作,强化监督检查,做到守土有责。

加强廉洁从检教育。深入开展理想信念和宗旨教育、核心价值观教育、党风党纪和廉洁从检教育,使检察人员做到廉洁奉公、严格自律。积极推进检察廉政文化创建活动,营造风清气正的良好氛围。认真贯彻落实中央纪委、中央组织部《关于进一步加强党员领导干部廉洁从政教育培训的通知》要求,把廉政教育列入检察机关干部教育培训的必修课,在各类培训中专门开设廉洁从检教学。

(六)进一步强化自身监督,建立健全检察权运行制约和监督体系。

充分发挥检察巡视对领导班子和领导干部的监督作用。要增强发现问题能力,提高巡视工作针对性、实效性。要强化问题意识,重视巡视成果运用。要按照中央"四个着力"的要求,进一步突出巡视工作重点。要通过多种渠道和措施及时发现问题,对有关重要情况和问题线索进行深入了解,准确掌握领导干部的廉洁自律情况,强化巡视的震慑作用。今年,最高人民检察院将对8个省级检察院领导班子开展巡视,并对2013年已巡视过的7个单位进行回访。

加强执法办案活动的监督。要根据深化司法改革强化检察机关法律监督的新形势和新任务,加强对检察权行使尤其是重点岗位、重要环节的监督。要重视统一业务应用系统全面运行后检察权运行中的新问题,加强同有关部门的协调配合,提出强化监督的思路和措施。要积极推进案件责任终身负责制和完善检察官惩戒制度改革,健全有权必有责、用权受监督、违法要问责的制度体系。要强化对扣押冻结处理涉案款物的监督检查,制定涉案款物扣押冻结处理督办反馈机制。要配合部分检察机关正在推进的以检察官为主体的办案责任制试点工作,积极探索对主办检察官监督的方式方法,健全和完善执法办案责任体系。

持续开展专项督察和专项治理。针对社会关注度高、群众反映强烈的特权思想、霸道作风、受利益驱动办案、滥用强制措施、违法扣押冻结处理涉案款物等突出问题,组织开展专项督察和专项治理,狠抓整改落实。

积极探索把接受外部监督转化为加强内部监督的有效途径。及时核查和回应新闻媒体和网络舆情反映的问题,探索社会外部监督与检察机关内部监督有效衔接机制。要认真听取社会各界群众对检察工作的意见和建议,不断加强和改进内部监督工作。

（七）加强检察机关党风廉政建设和反腐败工作机制创新和制度保障，确保严格公正执法。

要善于用法治思维和法治方式加强自身反腐倡廉建设，建立健全制度规定，强化制度硬约束，提高制度执行力，让制度规范刚性运行。

加强机制创新。要规范案件线索管理，健全登记移交、交办转办、跟踪督办、核实调查、反馈回复、不实举报澄清机制。健全 12309 网上举报线索调查处置机制，注重涉检网络舆情举报线索的核查，加强与控告申诉、政工宣传等部门的协调互动，及时回应社会关切。健全防范办案安全事故工作机制，促进依法规范文明安全办案。制定检察机关干部选拔任用监督办法，强化对选人用人的监督检查。制定对重大经费支出和基建项目监督办法，强化对管钱管物人员的监督。

完善制度保障。对近年来出台的反腐倡廉制度规范进行清理，推进制度创新。抓紧修订人民检察院监察工作条例和检察人员纪律处分条例，加快检察机关内部监督规范化、法治化建设。制定被巡视单位配合巡视组开展巡视工作暂行规定，修订检察机关党风廉政建设责任制监督检查工作细则和检察机关领导干部报告个人有关事项暂行规定。围绕廉政风险防控机制建设，加快建立防止利益冲突、廉政隐患摸排预警、执法办案说情登记报告等制度。

抓好制度落实。要锲而不舍狠抓制度贯彻执行，明确制度执行的"红线""雷区"，探索建立制度执行情况专项检查报告机制。最高人民检察院各内设机构和直属事业单位要带头执行制度，为下级检察院作出表率。今年，最高人民检察院将组织全国检察机关开展纪律禁令教育、执行情况专项检查，对执行不严格、选择性执行以及违反纪律禁令的行为，要严肃处理并通报曝光。今后，最高人民检察院每年将对一两个制度的执行情况进行检查评估，推动制度落实，真正让铁规发力、让禁令生威。

三、全面加强检察机关纪检监察队伍建设

要按照打铁还要自身硬的要求，以更高的标准、更严的纪律作风要求自己，转职能、转方式、转作风，建设过硬队伍。

（一）进一步坚定理想信念，做到有信仰、有担当、有作为。要把信念坚定作为政治灵魂，突出抓好忠诚教育，切实做到高举旗帜、听党指挥、忠诚使命。纪检监察干部特别是领导干部要把敢于担当作为党性原则，加强党性教育和党性修养，面对歪风邪气敢于碰硬、敢于亮剑，不回避、不遮掩、不祖护。要进一步深化党的群众路线教育实践活动，牢固树立群众观念和公仆意识，始终把人民放在心中最高位置。

（二）进一步转变作风，树立可亲、可信、可敬的良好形象。要带头弘扬党的优良作风，坚持对纪检监察干部严格要求、严格教育、严格管理、严格监督。要严格落实中央八项规定和最高人民检察院实施办法，带头正文风、改会风、转作风、树新风。要自觉接受检察人员和社会各界的监督，加强自身纪律约束，用铁的纪律打造出硬队伍。

（三）进一步提高执纪监督能力，做到正规化、专业化、职业化。要通过强化理论学习、教育培训、实践锻炼等途径，努力提升纪检监察干部的素质和能力。今年最高人民检察院将举办全国检察机关纪检监察干部素能提升培训班和新形势下执法办案内部监督专题培训班。各省级检察院要结合实际，加大对纪检监察干部的培训力度。

（四）进一步夯实组织基础，不断增强创造力、凝聚力、战斗力。要按照"纪检监察工作只能加强，不能削弱"的要求，进一步加强检察机关特别是基层检察院纪检监察队伍建设。要注重选拔政治坚定、作风过硬的优秀干部充实纪检监察队伍，加大纪检监察干部轮岗交流、挂职锻炼力度。要关心善待纪检监察干部，努力做到用事业激励人、用关爱温暖人，让广大纪检监察干部快乐工作、幸福生活。

要按照中央纪委三次全会关于改革和完善纪检监察派驻机构的有关要求，各级检察机关纪检监察机构要聚焦主业，充分履行监督职责，纪检组长在党组中不分管其他业务工作。要强化上级检察院纪检监察机构对下级检察院纪检监察机构的领导和监督，探索建立报告工作、定期述职、约谈汇报等制度，不断完善考核、激励和责任追究机制。线索处置、案件查办、重大工作部署等重要情况要及时向上级检察院纪检监察机构报告，工作总结、专项报告及各类统计报表也要按照规定时间报送。

做好检察机关党风廉政建设和反腐败工作责任重大、使命光荣。让我们更加紧密团结在以习近平同志为总书记的党中央周围，认真贯彻落实中央的决策和最高人民检察院的部署,奋发进取,真抓实干,努力开创检察机关党风廉政建设和反腐败工作的新局面,为检察事业的科学发展提供更加有力保证。

科学统筹 务求实效
全力推进电子检务工程建设

—— 在全国检察机关电子检务工程工作会议上的讲话

最高人民检察院副检察长 李如林

(2014 年 6 月 17 日)

经最高人民检察院党组批准,我们今天召开全国检察机关电子检务工程工作会议。这次会议是继去年全国检察机关统一业务应用系统部署会议后,最高人民检察院召开的又一次关于检察信息化工作的重要会议。会议的主要任务是总结统一业务应用系统研发、部署和应用的成功经验,深入认识电子检务工程的重要意义,把握历史机遇,统一思想认识,明确任务,落实责任,顺势而为,全力推进电子检务工程建设,为检察业务工作提供多层次、全方位的技术支撑,以科技信息化引领检察工作现代化。下面,我讲五点意见:

一、认真总结统一业务应用系统经验,指导电子检务工程工作

2012 年 8 月,最高人民检察院党组决定研发部署统一业务应用系统,到今年 5 月,仅用一年多时间就在全国检察机关实现了全面部署和应用,搭建了一个四级检察院纵向贯通、横向集成、资源共享的执法办案平台,实现了全部案件在系统运行、案件办理与管理同步、案件流转和信息共享。统一业务应用系统的全面部署,是检察机关信息化和执法规范化工作的重要里程碑,使检察机关执法理念、执法规范化水平、执法办案信息化水平、业务管理水平和队伍素质得到全面提升,检察信息化建设和应用取得了历史性的进展,实现了检察信息化与检察业务的深度融合。同时也带动了系统运行平台、安全保密平台、运维保障平台和基础网络平台的全面建成和完善。统一业务应用系统覆盖范围广、数据汇集快、信息共享全,整体效益突出。

统一业务应用系统工作取得了许多成功的经验,在此我重点强调以下几点:一是建立了高效的组织领导机制和强有力的督导工作机制。最高人民检察院党组和曹建明检察长对统一业务应用系统工作高度重视,多次听取汇报,研究分析存在的问题,准确判断形势,及时作出关键决策。胡泽君常务副检察长强力领导,高效推进,每周亲自组织召开工作例会,部署落实工作,在工作关键节点多次派专门工作组赴全国督导工作。各级检察院强化组织领导,真正把统一业务应用系统部署应用作为"一把手"工程来抓。二是统一了四级检察机关、各部门的思想认识,建设过程中各级检察院有大局意识,成立了专门组织机构,加强统筹协调,全力投入,业务、案件管理、技术、保密、计财、政工等部门通力合作,各负其责。三是确立了紧贴业务、务求实效的工作思路,需求分析调研扎实,软件研发贴近实战,集业务办理和管理为一体,取得了实实在在的应用成效。四是选择了强大的战略合作伙伴,合作伙伴高度重视,不计成本,将软件研发作为一项政治任务全力以赴,快速高效地完成了研发部署任务。五是应用了先进技术理念,正确分析检察机关信息化实际,科学选择了两级部署模式,使省级检察院、地市级检察院和基层检察院的人力、财力和物力得以合理分配。

总结并借鉴统一业务应用系统成功经验是这次会议的主要任务之一,也是全面开展电子检务工程建设的基础性工作。各地要进一步总结统一业务应用系统工作的成果和经验，加强成果利用、经验指导，以统一业务应用系统为核心和基础，深入研究和实践，确保电子检务工程实施事半功倍。

二、正确把握国家信息化和电子政务发展形势，增强实施电子检务工程的紧迫感

今年2月27日，习近平总书记主持召开了中央网络安全和信息化领导小组第一次会议并发表重要讲话。他强调，没有信息化就没有现代化，没有网络安全就没有国家安全。网络安全和信息化是事关国家安全和国家发展、事关广大人民群众工作生活的重大战略问题。当今社会，大数据、云计算、物联网、移动互联网等新一代信息技术迅猛发展，成为经济社会发展的重要驱动力，深刻地影响了人们的社会关系网络、交流沟通方式、信息获取途径等各个方面。孟建柱书记在中央政法工作会议上指出，政法机关要按照科技引领、信息支撑的思路，加强整体规划，提高信息互通和资源共享程度，拓展信息技术应用广度深度，完善信息安全保障体系，坚持资源共享与深度应用相结合，以信息化引领社会治理体系和治理能力现代化。

从2000年最高人民检察院提出实施"科技强检"战略以来，历届院党组高度重视信息化工作，信息化建设取得了可喜的成绩。2005年最高人民检察院启动了电子检务工程申请立项工作，2012年电子检务工程纳入《"十二五"国家政务信息化工程建设规划》，标志着检察机关信息化建设成为国家电子政务建设的重要组成部分，2013年8月国家发展改革委正式批复了《电子检务工程项目建议书》。最高人民检察院在项目建议书编制立项的过程中，得到了国家发展改革委高技术司的大力支持以及各省级检察院的积极协助，在这里我代表最高人民检察院党组向大家表示衷心的感谢！

当前，中央的高度重视，最高人民检察院党组和曹建明检察长的正确决策，统一业务应用系统取得的应用成果、成功经验和培养的技术人才队伍为电子检务工程提供了天时、地利、人和的历史机遇。成功实施电子检务工程就是落实中央精神和最高人民检察院党组的重大决策，电子检务工程也必将使检察信息化应用范围不断扩展，应用程度不断深化，为检察机关更好地履行法律监督职能提供科技支撑。曹建明检察长指出，习总书记在中央网络安全和信息化领导小组第一次会议上的讲话十分重要，对检察机关深入推进信息化建设具有十分重要的指导意义，我们要按照总书记的要求，切实维护网络安全，加快推进信息化工作，要以电子检务工程为平台，在更高层次上统一谋划、统一部署、统一推进、统一实施全国检察机关网络安全和信息化工作，向技术强、基础强、人才强的长远战略目标发展。最高人民检察院党组和信息化领导小组多次听取电子检务工程专项工作汇报，掌握工作情况、研究并确定工作思路、把握工作方向。

各级检察机关必须结合统一业务应用系统取得的应用成果和成功经验，通过深入的学习和讨论，充分认识电子检务工程在检察事业发展中的重要地位，切实增强紧迫感和责任感，适应大数据时代的要求，充分运用现代信息技术，提高预防打击违法犯罪、防范化解不稳定风险能力，特别是要积极融入政法大信息平台，大力推进统一业务应用系统建设，建立内部侦查技术信息平台和数据库，以信息化引领和提高检察工作现代化水平。

三、明确任务，准确把握电子检务工程建设的主要内容

电子检务工程是新时期检察机关推动检察工作科学发展、践行"科技强检"的重大基础性工程。各级检察机关要坚持"四统一"的原则，充分借鉴统一业务应用系统成功经验，准确把握电子检务工程建设内容，认真学习领会中央有关政策，特别是国家发展改革委关于电子政务工程建设的政策精神以及本地有关配套政策规定，实事求是地根据本地区检察业务实际需求和信息化建设现状确定建设内容。坚持服务业务、务求实效，最大程度地发挥电子检务工程的资金效益。

（一）电子检务工程的基本情况

电子检务工程采取的是"整体立项、统一实施、整体验收"的模式，即最高人民检察院负责编制全国电子检务工程项目建议书，国家发展改革委批复后，各省级检察院不再编制项目建议书，而由最高人民检察院和各省级检察院分别编制各自的项目可行性研究报告、初步设计方案和投资概算，分别经国家和省级发展改革委审批后，统一组织实施，最后在完成最高人民检察院和各省项目验收的基础上进行整体验收。

电子检务工程建设思路要实现三个转变。一是在建设目标上，要从过去注重业务流程电子化、提高办公效率，向更加注重支撑履行检察职能、提高检务效能、有效解决社会问题转变;二是在建设方式上,要从部门独立建设、自成体系,向跨部门跨区域的协同互动和资源共享转变;三是在系统模式上,要从粗放离散的模式,向集约整合的模式转变,确保电子检务项目的可持续发展。电子检务工程实施重点是以统一业务应用系统为核心,开展检察业务、办公、队伍、检务保障应用和政法信息共享应用;以服务职务犯罪侦查为重点,开展职务犯罪侦查信息综合查询分析、行政执法与刑事司法信息共享应用;以统一业务应用系统采集的数据为基础,开展检务公开、网上信访应用。电子检务工程实施要以上述三方面重点工作为抓手,带动推进全面工作。

电子检务工程建设内容包括建设标准规范、基础网络、应用系统、信息资源和数据库、数据中心、远程办案指挥室和远程提讯监控室、安全保障、互联网门户网站等方面的内容。具体建设内容最高人民检察院已经于去年10月份转发给各省,在这里我强调两个问题:一是各地要及时梳理相关情况,积极争取发展改革委的理解和支持,调整项目建设内容和重点,确保电子检务工程投资效益。二是按照项目建议书规划,电子检务工程软件研发经费集中在中央本级,最高人民检察院将统一研发平台性、基础性、通用性的软件,配发各地应用,各地要充分吸收统一业务应用系统的成功经验,建设和部署应以省为单位。电子检务工程不是封闭的,是开放的、与时俱进的,在保障完成最高人民检察院规划建设内容的前提下,可以围绕最高人民检察院统一平台软件进行个性深化应用和探索创新,满足本地个性需求。

（二）电子检务工程阶段划分

电子检务工程大体可分为三个阶段,即立项阶段、实施阶段和验收运维阶段。立项阶段后续工作要质效并重、效率优先,避免政策变化带来的影响。各省级检察院要抓紧编制本地可行性研究报告,结合本地建设现状和实际需求,在最高人民检察院项目建议书确定的基本配置方案基础上,确定建设规模和建设内容,同时加强与发展改革委、财政部门和信息化主管部门沟通,争取电子检务工程项目建设地方投资尽快足额到位。实施阶段要保障重点、突出特点、用出亮点。以统一业务应用系统深度建设和深化应用为重点,发挥其示范作用,加大电子检务工程应用深度,拓展应用范围,突出检察机

应用特点,使之成为电子检务工程的亮点。验收运维阶段要准确把握政策,确保可控发展。为掌握工程进度和保证工程质量,在工程实施中注意培养检察机关专业技术队伍,形成良性工作机制,保证承建方交付的系统能够稳定运行,可控发展。

（三）当前工作进展和存在的问题

2013年10月最高人民检察院向省级检察院转发了《国家发展改革委关于电子检务工程项目建议书的批复》,同步下发了相关配套建设方案以及与国家电子政务建设有关的文件。要求各省级检察院注意研究政策,主动与发展改革委沟通,选定可研报告编制单位,尽快启动编制工作。最高人民检察院于2013年11月选定国家信息中心负责编制最高人民检察院本级可研报告,今年5月29日正式向国家发展改革委提交可研报告,国家发展改革委已经启动审查程序。最高人民检察院计划在国家发展改革委审批期间,尽快同步启动后续的初步设计方案和投资概算的编制工作。

目前,18个省级检察院已经委托专门机构编制可行性研究报告。总的来说,电子检务工程工作取得了不错的开局,但是仍存在一些地方重视程度不够高,力度不够大,进度不够快的现象。希望各地进一步提高思想认识,积极主动与发展改革委沟通协商,加快推进电子检务工程建设。

四、统筹协调,全力推进电子检务工程科学发展

曹建明检察长指出,电子检务工程能纳入国家电子政务的大盘子非常重要,对促进检察工作的发展和科技强检工作极其重要,电子检务工程涵盖了检察机关信息化全部内容,是大平台,既有新建的项目,又有提升整合、深化应用的项目。从长远发展来说,所有信息化项目都要纳入电子检务工程平台之中,现在是一期,将来还有二期建设,要不断完善和补充。各级检察机关都要高度重视,进一步加强顶层设计与整体设计,根据批准方案结合建设现状和需求,实事求是,把握重点,逐步推进。

（一）统筹规划,把握阶段节点进度

电子检务工程是一项系统工程,综合考验我们的领导能力、沟通协调能力、项目管理能力和技术能力。既要加强顶层设计,又要有阶段性的规划和落实。最高人民检察院已经完成编制可行性研究报告并提交审批,计划三季度完成初步设计报告和投资概算的编制工作,年底前通过国家发展改革委

审批。各省级检察院最迟要在今年9月底前完成可行性研究报告的编制工作，年底前通过审批；要加强统筹，并行开展相关工作，2015年3月底前完成初步设计报告和投资概算的审批工作。最高人民检察院将定期通报各地进展情况，加强工作落后地方的督导工作。立项阶段完成后，最高人民检察院将总结阶段性工作，届时再确定实施阶段的具体任务、实施步骤。为达到这一目标，相关部门要密切配合，多了解本地其他电子政务项目的工作方法和思路，吸取经验，少走弯路，切实提高立项阶段的工作效率。在与发展改革委等相关部门沟通协调的过程中，遇到困难，要分析原因，理清思路，提出解决办法，及时向院领导汇报。省级检察院领导要狠抓工作进展，定期听取工作汇报，必要时要出面与相关部门领导沟通协调，解决工作困难，确保按时完成任务。

（二）落实责任，科学分解建设任务

在落实电子检务工程实施任务方面，要发挥业务部门主体作用。经最高人民检察院信息化领导小组研究，明确了电子检务工程工作的责任主体。各地可参照最高人民检察院的工作安排，根据各地机构设置情况和惯用的方法做好分工，确保电子检务工程工作责任明确，任务落实到位。

（三）务求实效，高质高效完成工程建设

各地要积极主动做好协调，把握国家在信息化建设方面的政策，做好技术规划，最大程度发挥资金效益，高质高效完成工程建设。

一要坚持"四统一"原则。坚持"四统一"原则是统一业务应用系统成功的关键，在电子检务工程工作实践中要深刻理解"四统一"原则的精髓，既不能表面化，也不能机械化。电子检务工程建设要紧密结合司法体制改革要求的省以下检察院人、财、物统一管理的精神，切实发挥省级检察院在电子检务工程建设中的主体作用。各地要牢固树立电子检务工程全国"一盘棋"的全局观，确保电子检务工程的整体效益。

二要围绕核心应用。曹建明检察长、胡泽君常务副检察长多次指出信息化要重点服务职务犯罪侦查等工作。服务业务是统一业务应用系统的重要成功经验，是检察信息化发展的导向。工作中要重点建设职务犯罪侦查信息综合查询分析，网上信访等平台，以重点工程建设带动基础软硬件建设，真正做到服务业务，需求导向。在电子检务工程建设中要坚持以统一业务应用系统为核心和基础，不断完善、升级及拓展应用范围，带动检察业务、办公、队伍、检务保障、政法信息共享和检务公开等工作全面开展。

三要重视安全保密。网络安全和信息化是一体之两翼、驱动之双轮，要认真贯彻落实中央网络安全和信息化领导小组会议精神，不断健全管理制度，完善工作机制，抓好责任落实，加强日常管理，落实安全技术措施，改进技术手段，以安全保发展，在发展中求安全，确保信息系统安全稳定运行。

四要注重协调发展。各地在工程实际建设中，要妥善处理好三个关系，实现协调发展。一是要处理好共性与个性的关系。"统一"是全国检察机关信息化建设的原则，不能违背。核心业务要统一，也要留有余地，发挥各地积极性，充分吸收各地经验。二是要处理好重点与一般的关系。各个信息化项目建设不可能齐步走，要分出轻重缓急，急用先上。三是要处理好利用社会力量与自主可控的关系。既要充分利用专业公司的技术优势，又要在关键环节深度介入，掌握工程实施全局，把握工程质量和效率。

五、强化措施，保障电子检务工程顺利实施

电子检务工程是检察机关信息化历史上资金规模最大、覆盖范围最广、影响最为深远的信息化工程。建立一个良好的领导管理机制，建立一套严格的监督制度，建立一支技术过硬的队伍是电子检务工程成功实施的关键，更是确保电子检务工程科学发展的根本保障。

一要强化"一把手"负责制。各省级检察院"一把手"要切实加强领导，强化责任机制，有效落实顶层设计的思想，强化需求分析工作的指导，推动业务流程优化和业务模式创新，促进部门内部和部门之间的信息共享和业务协同，加强电子检务工程项目全过程的统筹指导，切实保障电子检务项目的建设实效，为电子检务工程顺利实施提供组织保障。

二要建立健全工作机制。信息化工作涉及方方面面，要确保信息化建设应用的整体成效，必须各部门联动、上下级联动，整体推进。各地要结合本地实际，科学建立相应工作机制，建立项目管理、资金使用、资产管理、档案管理、系统运行维护等方面的规章制度，明确分工，落实责任，采用科学的管理方法和管理模式，为电子检务工程高效推进提供机制保障。

三要加强信息化人才队伍建设。要进一步加强人才队伍建设,最高人民检察院各部门和各级检察机关要主动适应时代要求,注重培养既懂技术又懂管理的复合型人才,在电子检务工程建设中锻炼队伍,提高信息化工作人员的技术能力和项目管理能力,把握工程的关键点,掌控工程进度、确保工程质量。各级检察院要根据电子检务工程建设的任务和岗位职责要求,尽快配备足够的专业技术人员,关心爱护专业技术人员的发展,注意解决他们在工作生活中的实际困难,发挥他们在电子检务工程建设中的作用。

四要加强廉政建设和勤俭节约。电子检务工程是检察机关信息化工作的大盘子。要积极构建符合电子检务工程工作的廉政风险防控机制。在电子检务工程建设中严格落实"两个责任",将工程招标、采购、评审、验收等工作作为落实领导责任和监督责任的重要方面,纳入领导责任追究和纪检监察监督范围,特别是重大资金使用时,主动要求纪检监察部门参与监督,为工程建设提供内部监督保障。在电子检务工程建设中要坚持勤俭节约和少花钱多办事的原则,把有限的资金用到重点急需建设项目上,发挥切实有效的作用,不搞花架子。

在大数据时代,检察信息化工作大有可为,各级检察机关要抓住实施电子检务工程这一契机,以统一业务应用系统为核心和基础,不断丰富和深化信息化应用,努力推进平安中国、法治中国建设,积极参与创新社会治理方式,着力维护国家安全和社会和谐稳定,不断提升检察工作水平,为实现中华民族伟大复兴的中国梦提供更加有力的司法保障。

第 三 部 分

省、自治区、直辖市人民检察院工作报告

北京市人民检察院工作报告（摘要）

——2014年1月19日在北京市第十四届人民代表大会第二次会议上

北京市人民检察院检察长　池　强

（2014年1月22日北京市第十四届人民代表大会第二次会议通过）

2013年的主要工作

在市委和最高人民检察院的领导、市人大及其常委会的监督下，全市检察机关深入学习贯彻党的十八大、十八届三中全会精神，围绕服务经济社会发展、推进法治建设，认真履行宪法和法律赋予的职责，切实维护社会公平正义。

一、依法公正履职，服务首都发展

充分发挥打击、预防、教育、保护的职能作用，为平安北京建设、经济健康发展营造良好的法治环境。

依法批捕、起诉各类刑事犯罪。共批准逮捕犯罪嫌疑人16387人，提起公诉23272人。一是严厉打击危害首都安全稳定和侵犯公民人身财产权益的犯罪。加大对危害国家安全、公共安全犯罪，以及严重暴力、多发性侵财犯罪的惩治力度，依法办理了韩磊摔童案、机场爆炸案、网络有组织制造传播谣言等一批社会各界广泛关注的案件。严厉打击危害食品、药品安全犯罪，起诉制售假药、有毒有害食品犯罪案件537件564人，切实增强群众安全感。二是依法惩治危害经济秩序的犯罪。加大打击金融诈骗、合同诈骗等犯罪力度，依法惩治涉众型经济犯罪，起诉了涉及4万余名被害人、涉案26亿多元的"巨鑫联盈"非法吸收公众存款等案件。三是加强对知识产权的司法保护。起诉侵犯知识产权犯罪案件345件437人，针对利用电子商务平台实施侵犯著作权和商标权犯罪增多的情况，向相关部门提出加强行政执法、网络监管的建议，切实服务文化建设和科技创新发展。四是保障城乡一体化、生态文明建设。起诉非法占用耕地、非法采矿等严重破坏环境资源的犯罪案件54件86人，针

对执法办案中发现的问题，及时提出加强综合治理、堵塞漏洞的检察建议，相关单位及时整改，有效防止犯罪滋生蔓延。

依法查办贪污贿赂、渎职侵权犯罪。加大惩治职务犯罪的力度，立案侦查贪污贿赂犯罪案件299件357人、渎职侵权犯罪案件74件81人。一是集中力量突破大案要案。根据上级交办和指定管辖，立案侦查、审查起诉了原铁道部部长刘志军及铁路系统31人贿赂和滥用职权案、吉林省原常务副省长田学仁受贿案等重大案件。整合全市检察机关侦查资源，立案侦查县处级国家工作人员59人，厅局级以上15人；立案侦查贪污贿赂100万元、挪用公款1000万元以上案件57件；立案侦查重特大渎职侵权犯罪案件21件。二是深入查办群众反映强烈的职务犯罪。涉及民生领域的职务犯罪严重损害群众权益，社会影响恶劣。为此，全市检察机关重点开展查办发生在群众身边、损害群众利益的职务犯罪专项活动，立案侦查182件207人，查办了一批国家工作人员失职渎职导致拆迁补偿款被骗、基层公务人员利用职权冒领养老保障金、执法司法人员徇私枉法的案件。

依法开展职务犯罪预防工作。更加注重发挥预防工作在减少犯罪、保护干部方面的作用。一是促进廉政制度建设。针对近年来在10余个重点领域查办职务犯罪的情况，开展了预防调查，分析查找犯罪发生的原因和规律，向有关部门提出防控风险、完善制度的建议。二是促进社会诚信体系建设。建立面向社会公开的行贿犯罪档案查询中心，为招投标单位、企业提供查询36673人次，同比增长42.7%。联合市政府相关部门、部分区县，将行

贿犯罪档案查询纳入工程建设、"京交会"廉政准入制度，限制有行贿犯罪记录的失信企业进入投标，保障工程廉洁、投资安全。三是促进廉政文化建设。积极融入党委领导下的预防工作格局，建立完善与国资委、民政局、卫生局、教委等行业主管单位的预防协作平台，联合组织典型案例巡展、讲授法制课等活动，开展预防警示教育共3990次，市检察院反腐倡廉法制教育基地接待了12962人参观，有效推动预防腐败工作深入开展。

二、强化法律监督，维护公平正义

2013年是修改后刑事诉讼法、民事诉讼法实施的第一年，检察机关作为国家的法律监督机关，切实加强对立案、侦查、审判、执行等司法活动的监督制约，努力维护司法公正。

严把案件事实关、证据关和程序关。刑事诉讼既关乎国家安全和社会稳定，又与公民的财产、自由甚至生命息息相关。检察机关坚持严格执法，切实防止冤假错案。一是依法严格把握逮捕标准。修改后刑事诉讼法进一步明确了逮捕条件，检察机关积极与侦查机关沟通，严格执行法律规定，既注重依法打击犯罪，又慎用逮捕强制措施。对审查认为可能构成犯罪，但事实不清、证据不足的案件，依法引导公安机关补充侦查、完善证据；对情节显著轻微、认为不构成犯罪的431人，依法作出不批捕决定，保障无罪的人不受刑事追究。二是依法严格执行证据制度。强化办案人员重证据、不轻信口供的意识，全面提升收集、审查、运用证据的能力，加强对实物证据和技术鉴定意见的审查，探索建立关键证人、鉴定人出庭机制，确保案件事实清楚、证据确实充分。落实非法证据排除制度，对有非法取证嫌疑的案件，调取讯问犯罪嫌疑人的原始录音录像，仔细核实情况，对20件案件启动了非法证据排除。三是依法严格遵循诉讼程序。坚持有法必依、执法必严，决不降低执法标准或变通执行。针对修改后刑事诉讼法扩大简易程序适用范围、检察机关必须派员出庭的新规定，克服办案力量不足等困难，对12264件适用简易程序的案件全部派员出庭支持公诉，促进公正审判。认真执行不负刑事责任的精神病人强制医疗程序，建立会见涉案精神病人、听取代理人意见的制度，向法院提出强制医疗申请31件，保证程序依法顺利进行。

依法维护诉讼参与人合法权益。坚持尊重和保障人权的宪法原则，积极转变执法理念、改进执法方式，促进打击犯罪与保障人权相统一。一是注重保护当事人的诉讼权利。严格执行审查逮捕阶段讯问犯罪嫌疑人的新规定，加大对犯罪嫌疑人辩解的审查力度；对捕后犯罪嫌疑人是否具有继续羁押的必要性进行审查，依法建议侦查机关对396人变更了强制措施。联合市妇联建立"妇女儿童维权通道"，加大保护妇女儿童合法权益的力度。注重保障残疾人等弱势群体的权益，对盲、聋、哑等犯罪嫌疑人，协调法律援助机构提供辩护306件；对生活确有困难的被害人，开展司法救助。二是依法保障律师执业权利。与市司法局、市律师协会会签《关于保障和规范律师刑事诉讼辩护的若干规定》，开通律师网上接待平台，实现律师在线查询案件进度、预约阅卷和约见承办人，共接待辩护人阅卷6125人次，保障律师依法会见犯罪嫌疑人等权利。三是切实保护未成年人合法权益。推动完善合适成年人参与讯问、社会调查、犯罪记录封存等机制，联合团市委等单位，对依法作出附条件不起诉决定的70名未成年人开展帮教工作，帮助他们改过自新。四是依法保障军人及军属合法权益。加强军地检察机关协作，依法办理危害国防和军队利益、侵害军人及军属权益的案件。

依法深化诉讼监督工作。在认真总结2008年以来贯彻市人大常委会决议工作情况的基础上，制定了《2013—2017年深化诉讼监督工作规划纲要》，完善监督机制和措施，增强监督实效。一是深化对立案、侦查活动的监督。依法监督公安机关立案157件、撤销案件106件，对遗漏的犯罪嫌疑人依法追捕、追诉，努力做到不枉不纵、不错不漏。对侦查行为不规范等现象，依法启动调查核实程序，提出书面纠正意见195份。二是深化对刑事审判的监督。认真审查法院判决及裁定，对认为确有错误的依法提出抗诉75件，法院已经审结的案件采纳抗诉意见率为46.9%。针对修改后刑事诉讼法扩大二审案件开庭范围、严格限定检察机关审查期限的规定，出台《进一步加强刑事二审工作的意见》，规范二审监督工作，出席二审案件开庭287件，加强对一审判决认定事实和证据、定罪量刑的全面监督。三是深化对刑罚执行和监管活动的监督。针对"余刑三个月以上罪犯一律交监狱执行"的新规定，部署开展交付执行专项检察活动，集中清理不符合规定继续留在看守所服刑的情况。依法对刑罚变更执行开展同步监督，监督纠正不当减刑、假释、暂予监外执行 65 件。四是深化对民事、行政诉讼的监督。全年审结民事、行政申诉案件 1722 件，对不符合抗诉条件的 1472 件申诉案件认真做好释法说理、息诉服判工作；对审判程序等方面存在瑕疵但不影响判决结果的，积极协调法院进行妥善处理；对审查认为确有错误的，向法院提出抗诉 90 件，法院再审后原裁判改变率达 84%，同比上升了 9 个百分点；提出再审检察建议 53 件，法院同期采纳 21 件，引导当事人达成和解 25 件。按照修改后民诉法的要求，开展对法院生效调解书、民事执行活动的监督，提出监督检察建议 36 件，切实维护司法公正和权威。

三、加强自身建设，严格规范执法

以开展党的群众路线教育实践活动为契机，坚持用比监督别人更严的要求来监督自己，切实提升全市检察机关公正执法水平。

依法规范行使职务犯罪侦查权。完善权力运行机制，从制度上保证职务犯罪侦查权依法行使。一是完善举报线索管理机制。建立了电话、网上、来信和来访举报统一管理平台，实现全部案件线索由市检察院集中管理、分级评估、重点督办；对实名举报线索严格保密、优先办理、及时答复，对经查证举报失实、给被举报人和单位造成不良影响的，及时澄清事实、消除影响。二是完善侦查决定报批制度。立案侦查、逮捕职务犯罪嫌疑人全部报上一级检察院决定，拟撤销或不起诉的案件一律由市检察院审查批准，并组织人民监督员进行评议表决，确保严格公正执法。三是完善侦查行为监控机制。对讯问职务犯罪嫌疑人实施"全面、全部、全程"同步录音录像，案件移送审查逮捕、审查起诉时必须同时移送录音录像，依法接受审查。在反贪部门开展"整顿作风、严明纪律、规范执法"专项教育检查活动，及时纠正不依法行使侦查权的行为。

健全内部监督制约。把强化自身监督放在与强化法律监督同等重要的位置。一是健全案件管理机制。为了促进公开、规范、公正、高效执法，全市各级检察院统一设立了案件集中管理机构，启用覆盖全部执法办案活动的检察业务信息化系统，2014 年 1 月 1 日起实现三级检察机关、所有案件的受理、流转、办理、审批、生成文书和监督、考评全部在网上运行，做到全程控制、动态管理，切实把规范执法的责任落实到每个执法部门、每个执法环节和每一名执法人员。二是加大检务督察力度。制定

了《进一步加强检务督察工作的意见》，开展以改进执法作风、提高办案质量为重点的专项督察，对立案后撤案、捕后不诉等 9 类 1122 件案件全部进行了复查，对其中 17 件重点案件逐案剖析，通报查找出的问题及原因，责令相关部门纠正，切实加强对重点环节、关键岗位执法活动的内部监督。三是强化上级检察院对下级检察院的监督。市检察院派出 5 个巡视组对所有基层检察院开展了集中巡视，对发现的执法办案中存在的突出问题，及时反馈、督促整改。坚持从严治检不放松，共查处违纪检察人员 3 人。

建设为民务实清廉的检察队伍。认真贯彻落实中央、市委的部署，扎实开展党的群众路线教育实践活动，积极查摆和整改群众反映的执法作风问题。市检察院召开各类座谈会 42 次，广泛听取人民群众的意见建议，对 8 个方面 25 个具体问题进行边整边改，部署开展了 10 个专项整改工作，切实增强了领导班子、检察人员执法为民的宗旨意识，健全了整治"四风"问题的工作机制。顺利完成市检三分院成立、铁路检察院移交的工作。加强检察队伍专业化建设，建立"检察官教检察官"的师资库，推广面向实战、注重实效的培训模式，队伍执法水平进一步提升。截至目前，北京市有 51 名检察官被最高人民检察院授予全国"检察业务专家""侦查监督业务标兵"等称号，涌现出以全国"五一劳动奖章"获得者邢庆、全国"人民满意公务员"彭燕为代表的一批先进典型，西城区、昌平区检察院被授予全国"先进基层检察院"称号。

四、依法接受监督，增强执法公信力

始终牢固树立监督者更要自觉接受监督的意识，积极主动接受人大监督、政协民主监督和社会各界的监督，以监督促公正、以公开树公信。

自觉接受人大及社会各界监督。积极配合市人大常委会开展修改后刑事诉讼法执法检查专项工作，向市人大常委会专题报告贯彻实施刑事诉讼法工作情况，及时反馈落实审议意见的措施和成效。市人大交办的 6 件代表建议全部依法办结，代表均表示满意。就职务犯罪侦查工作规范化建设、刑事被害人救助等工作接受代表集中视察，组织观摩公诉人出庭支持公诉等活动，根据代表意见，积极改进工作。建立直接联系人大代表制度，针对代表关注的问题开展交流、调研活动 40 次，每周向代表发送检察工作情况手机彩信，为代表了解、监督

检察工作提供服务保障。组织召开座谈会，向人大代表、政协委员、民主党派、工商联、无党派人士通报检察工作情况，广泛听取社会各界的意见建议。

不断深化检务公开。促进执法办案环节的信息公开，依法保障群众对检察工作的知情权、参与权和监督权。建立案件信息查询系统，实现当事人及亲属在就近的检察院查询案件信息，共接待查询15069人次。探索刑事申诉案件公开审查、公开听证制度，对31件申诉案件邀请各界代表共同开展释法说理工作。改进公开方式，通过北京检察网、检察微博微信、"月新闻发布会"、检察开放日等多种渠道，主动向社会各界通报履行职责情况。统一规范检务接待的工作标准、服务内容，全市14个检察院被最高人民检察院评为全国检察机关"文明接待室""文明接待示范窗口"。

与此同时，我们也深切感受到，在全面深化改革、推进法治建设的新形势下，检察工作中还存在一些问题：一是司法理念需要进一步转变，司法能力需要不断提升。有的检察人员还没有牢固树立惩治犯罪与保障人权、程序公正与实体公正并重等司法理念，执法作风不够规范、文明，与人民群众对公正司法的强烈期盼还有差距。有的检察人员引导侦查取证、审查运用证据、出庭指控犯罪的能力有待增强，查办职务犯罪仍然存在依赖口供的现象，运用科技信息、技术手段收集证据、突破案件的水平相对滞后。检察机关与侦查机关、法院在执法标准上需要进一步加强沟通协调，促进统一正确适用法律。二是检察业务管理机制亟待改革。目前执法办案审批、检察官管理的模式存在权责不一致的问题，需要改革执法办案组织和检察权运行机制。实践中还存在案件管理不够精细、考核指标不够科学的现象，影响了执法办案的质量和效果。三是检务公开不够全面、深入。执法办案信息的公开范围需要进一步扩大，尤其是对社会关注的重大案件、执法结果和理由等信息的公开不主动、不充分。对于这些问题，我们将通过深化检察改革，切实加以解决。

2014 年的工作任务

2014年全市检察机关将深入贯彻党的十八大、十八届三中全会、中央政法工作会议精神，始终坚持党的领导、接受人大监督，全面落实上级关于司法改革、检察改革的决策部署，强化法律监督，强化自身监督，强化队伍建设，努力让人民群众切实感受到公平正义就在身边。

一、积极服务首都改革发展稳定。围绕创新社会治理方式，推进平安建设，依法打击严重暴力、涉枪涉爆涉恐、危害食品药品安全等犯罪，依法惩治利用网络实施的制造传播谣言、诈骗等犯罪。依法化解矛盾，健全执法办案风险评估预警、刑事和解、轻微案件快速办理等机制，促进提升社会治理法治化水平。围绕维护公平竞争的市场环境，依法惩治合同诈骗、金融诈骗、侵犯知识产权等犯罪，平等保护各类市场主体的合法权益。围绕促进城乡一体化、绿色北京建设，依法惩治侵害农民合法权益、破坏生态环境和资源的各类犯罪。围绕健全惩治和预防腐败体系，深入查办发生在改革重点领域、严重损害群众利益的职务犯罪，紧密结合执法办案深化预防工作，努力从源头上遏制和减少职务犯罪。针对深化改革过程中出现的新情况新问题，正确把握罪与非罪界限、法律与政策界限，努力为改革发展营造良好的法治环境。

二、加强和规范对诉讼活动的监督。继续严格执行修改后刑事诉讼法、民事诉讼法，完善诉讼监督工作机制，促进严格执法、公正司法。健全对重大疑难案件提前介入、引导侦查工作机制，加强刑事审判活动监督，严格规范民事、行政诉讼监督的内容、形式和程序。加大人权司法保障力度，健全和落实羁押必要性审查制度，深入开展清理纠正久押不决案件和违法减刑、假释、暂予监外执行专项监督，进一步规范对社区矫正和强制医疗的监督制度。健全错案的防止、纠正和责任追究机制，着力监督纠正刑讯逼供、体罚虐待等违法行为，进一步明确非法证据排除的程序和标准。规范查封、扣押、冻结、处理涉案财物程序。健全侦查、起诉环节保障律师权利的工作机制。

三、推进检察业务管理机制改革。健全执法办案全员全程管理监督机制，完善案件流程监控、质量评查、考核评价等制度，实现对执法办案活动全流程实时公开、全方位动态监督，提升检察业务管理规范化水平。认真查实涉法涉诉信访改革，坚持诉讼与信访相分离的原则，明确检察机关受理涉法涉诉信访案件范围，按照"法律问题解决到位、执法过错追究到位、解释疏导教育到位、实际困难救助到位"的标准，对符合条件的案件依法予以终结，引导涉法涉诉信访在法治轨道上解决。提高查办和预防职务犯罪的法治化水平，完善线索统一管理、信息引导侦查、侦查和预防一体化等制度。落实办案责任制改革,突出检察人员在执法办案中的主体地位,科学划分执法办案权限,健全执法办案组织,严格执法办案责任,促进公正执法。

四、深化检务公开改革。重点实现"四个公开",把执法办案活动置于人民群众的监督下。一是推进执法流程公开,逐步实现举报、控告、申诉的受理、流转和办案流程信息公开。二是推进法律文书公开,建立不逮捕、不起诉、不予提起抗诉等终结性文书公开制度,主动接受社会监督。三是推进执法理由公开,加强释法说理工作,对存在较大争议的拟作不起诉、不服检察机关处理决定的申诉案件实行公开审查、公开答复。四是推进重大案件和重要事项公开,完善新闻发布制度,改进检察职能宣传工作,健全与人大代表、社会各界的联系机制,不断拓展人民群众参与检察工作的途径,让检察权在阳光下运行。

五、建设清正廉洁的检察队伍。继续深入开展党的群众路线教育实践活动,巩固活动成果,形成长效机制,促进检察人员增强群众观念、转变执法作风。大力推进队伍专业化、职业化建设,落实检察人才建设规划,组织开展第五届检察业务技能竞赛,全面提升职业素养和专业水平。制定《2014—2018 年基层检察院建设实施意见》,实现资源向基层下沉、精力向办案集中、人才在基层培养,打牢公正执法的基础。毫不动摇地坚持从严治检的方针,全面开展对重点案件、重点岗位的督察,坚决防止和纠正执法不公正、不规范、不廉洁、不文明的行为。加大正风肃纪的力度,对违法违纪的检察人员,坚决查处、绝不姑息,确保检察队伍清正廉洁。

新的一年,全市检察机关将全面贯彻落实党的十八大和十八届三中全会精神,在市委和最高人民检察院的领导下,在市人大及其常委会的监督下,忠实履行宪法和法律赋予的职责,努力为首都全面深化改革、维护社会公平正义作出新的更大的贡献。

天津市人民检察院工作报告(摘要)

——2014 年 1 月 19 日在天津市第十六届人民代表大会第二次会议上

天津市人民检察院检察长 于世平

(2014 年 1 月 22 日天津市第十六届人民代表大会第二次会议通过)

2013 年,在市委和最高人民检察院正确领导下,在市人大及其常委会有力监督下,全市检察机关深入贯彻党的十八大精神,认真落实市委工作部署和市十六届人大一次会议决议,忠实履行宪法和法律赋予的职责,着力强化法律监督、强化自身监督、强化队伍建设,各项检察工作取得新进展,为建设平安天津、法治天津、美丽天津提供了有力司法保障。

一、充分发挥检察职能作用,营造良好发展环境

坚持把检察工作摆到全市发展大局中谋划和推进,立足检察职能,促进经济社会持续健康发展。

(一)深入开展司法调研服务。围绕市委"促发展、惠民生、上水平"的部署,全市三级检察机关通过走访、座谈、咨询等方式,深入经济管理部门和企事业单位了解司法需求,提供法律服务,帮解司法难题。依法惩治和预防深化国有企业改革过程中的职务犯罪,支持企业加强管理,保障国有资本安全。加强对非公企业特别是小微企业合法权益的平等保护,激发创业活力。结合调研中发现的问题向有关单位提出检察建议 170 余份,促进依法经营,防范风险。

(二)维护公平竞争市场环境。积极参与整顿和规范市场经济秩序,依法打击走私、传销、金融诈骗等犯罪,配合有关部门开展惩治侵犯知识产权犯罪专项行动,起诉破坏市场经济秩序犯罪嫌疑人872人。强化对商业贿赂和不正当竞争等问题的法律监督,向社会提供行贿犯罪档案查询6000余次,核实名单和案例,从源头上堵塞违法经营漏洞。

（三）更加注重保障改善民生。注重运用司法手段,维护人民群众的合法权益。积极参加食品药品安全专项整治,与市食品药品监管部门会签文件,建立衔接配合机制,加大打击食品药品生产、流通等领域犯罪活动的力度,起诉制售假冒伪劣商品、有毒有害食品犯罪嫌疑人35人,保障群众食品和用药安全。持续开展查办危害民生民利渎职侵权犯罪专项工作,加强对国土资源和生态环境的司法保护,起诉涉嫌污染环境犯罪嫌疑人40人。

二、全力维护社会和谐稳定,推动平安天津建设

认真做好检察环节维护国家安全和社会稳定工作,积极投入平安天津、法治天津建设,有力维护了社会大局稳定。

（一）依法打击刑事犯罪。密切关注社会治安和公共安全的新特点、新动向,积极参与重点地区和突出问题专项整治,突出打击严重暴力犯罪、黑恶势力犯罪、多发性侵财犯罪、毒品犯罪和网络电信诈骗等犯罪,依法严惩以报复社会为目的的危害公共安全和个人极端暴力犯罪,切实增强人民群众安全感。依法决定批准逮捕各类刑事犯罪嫌疑人8171人、提起公诉14683人。

（二）积极化解社会矛盾。深入贯彻宽严相济刑事政策,运用简易程序、量刑建议和不批捕、不起诉,对轻微犯罪从宽处理,依法决定不批准逮捕1062人、不起诉564人。强化社区矫正法律监督,促进社区服刑人员教育转化。针对刑事诉讼法、民事诉讼法修改后,检察环节申诉信访数量增加和息诉止访难度加大的新情况,建立健全刑事和解、检调对接机制,对轻微刑事案件、民事申诉案件,积极促成当事人和解。办理群众信访9447件次,同比上升30%,继续保持涉检进京非正常上访为零。

（三）注重保护合法权益。建立执法办案风险评估预警机制和刑事被害人救助制度。创立聘任检务翻译参与刑事诉讼的制度,注重维护涉案犯罪嫌疑人中外国人、少数民族及聋哑人的诉讼权利。全市基层检察院全部成立未成年人犯罪检察机构,推行涉罪未成年人羁押必要性审查和分案起诉、心理疏导、案后帮教、轻罪记录封存等制度,提升了未

检工作专业化水平。落实检察官接访、巡访下访、联合接访等工作机制,加强社区、乡镇检察室规范化建设,充分发挥联系社会、服务群众的纽带作用。

三、深入查办、预防职务犯罪,促进反腐倡廉建设

认真贯彻标本兼治、综合治理、惩防并举、注重预防的方针,充分发挥检察机关在惩防腐败中的特殊职能作用。

（一）严肃查办贪污贿赂案件。坚持有腐必反、有贪必肃,"老虎""苍蝇"一起打。立案侦查贪污贿赂等职务犯罪案件272件397人,大要案率88.9%。其中局处级国家工作人员19人,行政执法和司法工作人员15人。充分运用司法手段加大追赃追逃力度,全年共为国家挽回经济损失4.7亿元,决不让腐败分子在经济上得到好处,决不让腐败分子逃避法律制裁。

（二）着力加强渎职侵权工作。严肃查处滥用司法权、行政执法权、行政审批权给国家和人民利益造成重大损失的案件,立案侦查渎职侵权犯罪案件59件76人,其中重特大案件39件。落实同步介入重大事故调查等机制,立案侦查重大责任事故背后的渎职侵权犯罪案件9件9人。与天津海关会签关于加强惩治预防渎职侵权违法犯罪的工作文件,进一步理顺监督配合关系。

（三）扎实推进职务犯罪预防。广泛开展预防职务犯罪"进机关、进企业、进乡村、进学校、进社区"专题活动。坚持向党委、人大等机关提交惩治和预防职务犯罪年度报告,提出预防工作建议。与市国资委、市民政局等会签文件,联合开展专项预防工作。开展廉政公益海报评选,在4个基层检察院创建了警示教育基地,举办预防宣讲446场,受教育人数超过4.5万人。结合办案深入剖析原因,向有关单位提出预防职务犯罪建议422件。

四、强化诉讼活动法律监督,维护社会公平正义

严格执行修改后刑事诉讼法、民事诉讼法,全面加强对侦查、审判、执行活动的法律监督,落实"疑罪从无"原则,坚决纠正和防止冤假错案。

（一）加强刑事诉讼监督。在依法惩治犯罪的同时,注重保障人权,重点监督纠正刑讯逼供、滥用强制措施、量刑畸轻畸重等问题。完善审查逮捕阶段讯问犯罪嫌疑人制度,严格排除非法证据,重视保障律师执业权利,对侦查活动中的违法情况提出

纠正意见318件次。加强对刑事判决、裁定的全面审查,对认为确有错误的刑事裁判和违法情况分别提出抗诉62件、纠正意见34件次。加强对修改后刑事诉讼法实施情况的调查研究,主动与公安、法院和司法行政机关联系沟通,妥善处理配合协调与监督制约关系,确保法律统一正确实施。

(二)加强民事诉讼和行政诉讼监督。切实转变"重刑轻民"观念,综合运用多种手段,重点监督虚假诉讼、违法调解和其他显失公正、严重损害公共利益和当事人、案外人合法权益的裁判。受理审查民事行政申诉案件1176件,依法提出抗诉和再审检察建议70件,法院已改变原裁判49件。与此同时,对法院裁判正确的申诉,耐心做好服判息诉工作,维护司法权威。

(三)加强刑罚执行和监管活动监督。针对修改后刑事诉讼法新增的监督职责,及时制定实施检察机关履行死刑执行临场监督和减刑、假释法律监督工作规程,试点开展羁押必要性审查、指定居所监视居住和财产刑执行法律监督工作。推进与监管场所执法信息监控联网,加强派驻监管场所检察室规范化建设。开展罪犯交付执行与留所服刑、久押不决案件清理和夏季监管场所安全专项检察,对刑罚执行和监管活动中的违法情况提出纠正意见321件次,切实维护监管秩序和被监管人合法权益。

五、加强检察机关自身建设,提高执法能力水平

坚持把提高执法公信力摆在更加突出的位置,落实到执法作风建设、能力素质建设、执法监督制约等各个方面。

(一)深入开展教育实践活动。市检察院领导班子坚持高标准、严要求,认真学习理论、武装头脑,带头深入对口社区、村镇进行实地调研,开展送法和帮扶工作。坚持开门搞活动,广泛征求人大代表、政协委员、社会各界和基层干警的意见建议。坚持把整改贯穿始终,"四风"和执法突出问题得到有效整改。抓好中央八项规定的贯彻落实,制定实施关于加强领导班子作风建设、规范执法及机关管理等意见,促进作风、文风、会风进一步转变。通过教育活动,进一步强化了检察人员的群众观念,涌现出"爱心妈妈"等一批模范践行执法为民宗旨的先进集体和个人。

(二)大力加强能力素质建设。采取集中办班、岗位练兵、案例研讨等多种方式开展全员培训,共

计1.2万人次。举办第七届"天津检察论坛"和高层次的"天津检察讲坛",推动全市检察理论调研工作深入发展,出版检察理论专著3部,公开发表成果1500余篇。深入推进检察人才重点工程,培养出2名全国检察业务专家、2名"全国十佳公诉人"、1名"全国监所检察标兵"和1名"全国侦查监督能手"等业务骨干,全系统硕士研究生以上人员比例显著提升到23%。坚持强基固本,把人财物向基层倾斜,检察机关基层和基础工作不断夯实。

(三)切实强化执法监督制约。牢固树立监督者更要自觉接受监督的理念,主动向人大及其常委会报告工作,积极配合开展代表视察、专题调研和执法检查活动。自觉接受民主监督和社会监督,在市人大、市政协和市委统战部的支持帮助下,完成第三届人民监督员、第六届特约检察员和第二届专家咨询委员选聘工作,并集中开展履职培训。专门制定文件并广泛开展与人大代表、政协委员的联系工作,虚心听取意见建议。举办检察系统人大代表、政协委员培训班,促进发挥"一身二任"的履职作用。坚持举办"检察开放日"活动,创建"网上检察院",注重运用网络等新媒体听民声、察民意,及时回应社会关切。建立办案责任制和案件评查机制,全面加强检务督察和巡视工作,防止检察权滥用。深入开展纪律作风专项检查,以"零容忍"的态度严肃查处违纪检察人员2人。

回顾过去,我们清醒地认识到,检察工作中仍存在一些问题和不足:一是改革创新意识不强,破解制约检察工作科学发展的体制机制障碍招法不多。二是法律监督职能发挥得还不够充分,与法治建设的新要求和人民群众的新期待仍有差距。三是检察机关执法办案能力,尤其是群众工作能力,还不能很好地适应开放、透明环境下的新挑战。四是检察机关整改"四风"和执法作风等问题仍需持之以恒地抓好落实。对此,我们将在今后工作中切实加以解决。

2014年是全面深化改革的第一年,是加快建设美丽天津的关键一年。全市检察机关要全面贯彻党的十八大、十八届三中全会和习近平总书记系列重要讲话精神,按照中央政法工作会议的部署和市委十届四次全会提出的工作总要求,依法充分履行法律监督职责,维护社会大局稳定、促进社会公平正义、保障人民安居乐业,推动检察工作实现五个转变、全面上水平,为我市的经济社会科学发展、

全面深化改革和美丽天津建设提供更为坚强有力的司法保障。

一要着力提高服务大局水平。充分发挥惩治、预防、监督、教育、保护等职能作用，不断提高运用法治思维、法治方式服务大局的能力。认真开展司法调研，审慎对待各类问题，严格区分罪与非罪界限，坚持服务大局与严格执法、依法办案与保护人权、惩治犯罪与保护改革相统一，努力为我市全面深化改革营造平安稳定的社会环境、诚信有序的市场环境、廉洁高效的政务环境和公平正义的法治环境。

二要着力增强法律监督力度。依法打击刑事犯罪，积极参与创新社会治理方式，努力提升人民群众安全感和满意度，推进平安天津建设。坚持有案必查、有腐必惩，继续保持高压态势、形成震慑力，加强警示教育和预防宣传，提高查办和预防职务犯罪工作法治化水平。强化诉讼活动法律监督，推动执法、司法权力规范运行，努力使人民群众在每一个案件中都感受到公平正义，推进法治天津建设。依法惩治破坏环境资源和生态保护的刑事犯罪，坚决查处生态环境保护领域的职务犯罪，加强对生态环境执法司法活动的监督，推进美丽天津建设。

三要着力保障严格公正司法。始终把公平正义作为检察工作的生命线，坚持严格公正司法，坚决惩治司法腐败，让受到侵害的权利一定得到保护和救济，使违法犯罪活动一定受到制裁和惩罚。主动接受外部监督，配合市人大常委会开展未成年人犯罪检察工作专题视察活动。不断拓展人民群众参与监督的渠道，深化并推动人民监督员制度法制

化。推进检务公开，坚持"能公开的一律公开"，探索检察机关终结性法律文书公开和说理制度。强化检察官办案责任制，实行案件集中管理，全面推行检察机关统一业务应用系统，用规范化和信息化确保司法的公正和廉洁。

四要着力推进各项检察改革。认真落实中央关于深化司法体制改革的总体部署，全面推进涉法涉诉信访工作机制改革，规范审查受理和办理机制，完善信访案件终结机制，依法及时公正解决群众合法合理诉求。按照最高人民检察院关于深化检察改革的要求，研究探索全市检察机关人财物统一管理、司法管辖与行政区划适当分离、检察人员分类管理、滨海新区检察体制等改革工作，推动建立公正高效权威的司法制度。

五要着力加强检察队伍建设。按照政治过硬、业务过硬、责任过硬、纪律过硬、作风过硬的要求，全面加强思想政治、领导班子、业务能力、纪律作风和自身反腐倡廉建设，努力建设一支信念坚定、执法为民、敢于担当、清正廉洁的检察队伍。继续深化党的群众路线教育实践活动，使全体检察人员牢固树立法律信仰和职业良知，模范践行检察官职业道德规范，切实提高联系服务群众的能力和水平完善队伍管理机制，组织实施检察人员统一招录面试工作，进一步提升队伍专业化、职业化水平。

新的一年，全市检察机关将奋力拼搏，砥砺前行，继续坚持高标准，努力推动各项检察工作再上新水平，以新的精神面貌和良好工作业绩，为建设美丽天津、实现中央对天津的定位作出新的更大贡献！

河北省人民检察院工作报告（摘要）

——2014 年 1 月 10 日在河北省第十二届人民代表大会第二次会议上

河北省人民检察院检察长　童建明

（2014 年 1 月 12 日河北省第十二届人民代表大会第二次会议通过）

2013 年，全省检察机关在省委和最高人民检察院的正确领导下，在各级人大及其常委会的监督支

持下，深入贯彻落实党的十八大、十八届三中全会和省委八届五次全会、省十二届人大一次会议精

神,忠实履行宪法和法律赋予的职责,全力推进平安河北、法治河北建设和反腐倡廉建设,大力加强检察队伍建设,各项工作取得新的成绩。

一、积极查办和预防职务犯罪,促进反腐倡廉建设

充分发挥检察机关在惩治和预防腐败体系中的职能作用,坚持"老虎""苍蝇"一起打,惩治和预防两手抓,促进反腐败斗争深入开展。

(一)严肃查办贪污贿赂等职务犯罪。按照中央、省委关于推进反腐败斗争的重大部署,加强与纪检监察等执纪执法部门的协作配合,完善群众举报工作机制,加强上级检察院对下级检察院办案工作的组织指挥,加大执法办案力度,全年共立案侦查贪污贿赂犯罪案件1351件1932人,立案人数同比上升6.04%,其中,查办大案818件,查办涉嫌犯罪的厅级干部9人(含最高人民检察院交办)、县处级干部42人,为国家挽回经济损失3.23亿余元。突出查办发生在领导机关和领导干部中的贪污贿赂犯罪案件,以及发生在重大工程建设、国土资源、金融证券、政府采购等领域中项目审批、资金管理等关键环节的案件,共立案侦查此类犯罪嫌疑人416人。扎实开展查办和预防发生在群众身边、损害群众利益职务犯罪专项工作,进一步深化涉农检察工作,立案侦查征地拆迁、医药购销、支农惠农等领域贪污贿赂犯罪嫌疑人1439人。加大查办行贿犯罪力度,立案侦查行贿犯罪嫌疑人165人、单位行贿14人。

(二)着力加强渎职侵权检察工作。深入贯彻中央关于加大惩治和预防渎职侵权犯罪工作力度的要求,加强市级检察院侦查指挥平台建设,依法查办在土地征用等行政审批、环境监管、食品药品监管等行政执法以及司法活动中滥用职权、玩忽职守、徇私舞弊,给国家和人民利益造成重大损失的渎职侵权案件。全年共立案侦查渎职侵权犯罪案件440件949人,立案人数同比持平。其中立案侦查重特大渎职侵权案件147件;立案侦查涉嫌犯罪的司法工作人员202人。

(三)积极开展职务犯罪预防工作。发挥检察机关对职务犯罪特点和规律有比较准确的把握、对职务犯罪易发多发领域在管理和制度上的漏洞有比较深刻了解等优势,加强对典型案件的剖析,加快警示教育基地建设,深入开展专项预防、行业预防和系统预防。全省检察机关已建立警示教育基地192个,全年共开展预防教育8584次,提出预防建议2036件,接受行贿犯罪档案查询35523次。根据省委关于"四大攻坚战"要落实到企业、园区和项目的要求,完善预防工作机制,对南水北调配套工程等2800多个重大建设项目开展职务犯罪专项预防;深入企业、园区开展法治宣讲,帮助完善规章制度,积极提供法律咨询,着力增强服务企业、园区发展实效。实施惩治和预防职务犯罪年度报告制度,为党委、人大、政府和有关部门提供预防对策建议。协助省委成立职务犯罪预防工作领导小组,并召开会议专题部署预防工作。开展"送法进军营"巡回法治宣讲活动,加强军地共建工作。

二、依法打击刑事犯罪,大力推进平安河北建设

认真落实省委关于打造"首安之区"的重大部署,把维护社会和谐稳定作为检察机关的重要任务,积极参与"大平安"格局建设。

(一)依法严厉打击严重刑事犯罪,全力维护社会稳定。认真履行审查逮捕、审查起诉职责,依法批准逮捕各类犯罪嫌疑人33116人,起诉47026人。严厉打击危害国家安全犯罪,从严惩治危害公共安全、严重暴力犯罪、多发性侵财犯罪,突出打击涉黑涉恶、"两抢一盗"、寻衅滋事以及利用网络实施的犯罪等,增强人民群众安全感。加大对群众反映强烈的危害食品药品安全违法犯罪活动的打击力度,依法批准逮捕生产销售假药劣药、有毒有害食品等犯罪嫌疑人119人,提起公诉239人。

(二)依法打击各类经济犯罪,着力维护市场经济秩序。积极参与整顿和规范市场经济秩序活动,严厉打击合同诈骗、信用卡诈骗、非法吸收公众存款等破坏市场经济秩序犯罪,共批准逮捕破坏市场经济秩序犯罪嫌疑人1732人,起诉2794人。突出打击侵犯知识产权和制售伪劣商品犯罪活动,共批准逮捕两类犯罪嫌疑人427人,起诉727人。

(三)依法打击破坏环境资源犯罪,加大生态环境司法保护力度。严格执行"两高"《关于办理环境污染刑事案件适用法律若干问题的解释》,提前介入重大环境污染事故调查,与公安、法院、环保等部门密切配合,严厉打击环境污染刑事犯罪和各种破坏生态建设的刑事犯罪,共批准逮捕污染环境罪、非法占用农用地罪、非法采矿罪、盗伐滥伐林木罪等破坏环境资源保护犯罪案件196件272人,监督行政执法机关向公安机关移送此类犯罪案件43件

59 人,监督公安机关立案 50 件 64 人。

（四）深入化解矛盾纠纷,促进社会和谐。全面贯彻宽严相济刑事政策,积极开展释法说理、检调对接、刑事和解等工作,把化解矛盾贯穿执法办案全过程。引导群众理性、合法、有序地表达诉求,办理群众信访案件 7472 件次。积极探索涉法涉诉信访工作改革,推行诉访分离工作机制,推动涉检信访问题在法治轨道内解决。依法保障诉讼参与人的权利,对 58 名生活确有困难的刑事被害人或亲属提供救助,彰显司法人文关怀。在办理未成年人犯罪案件中,坚持"教育、感化、挽救"的方针,作出附条件不起诉 126 人,开展社会调查 1897 人次,实施未成年人犯罪记录封存制度等,努力维护其合法权益。

三、深化诉讼监督工作,积极推进法治河北建设

深入贯彻省人大常委会《关于加强人民检察院法律监督工作的决议》,认真实施修改后刑事诉讼法和民事诉讼法,全面加强对侦查、审判、执行活动的法律监督,努力维护司法公正。

（一）加强刑事诉讼监督。加强刑事立案和侦查活动监督,深入开展危害民生刑事犯罪专项立案监督活动,推进行政执法与刑事司法衔接机制建设,监督行政执法机关移送涉嫌犯罪案件 254 件 287 人,纠正侦查机关应当立案而不立案 2422 件、不应当立案而立案 1766 件,纠正漏捕犯罪嫌疑人 2926 人,纠正漏诉 1929 人,对侦查活动中的违法情况提出书面纠正意见 6351 件次。加强审判活动监督,严格落实公诉人出庭、量刑建议等制度,注重对量刑畸轻畸重、严重违法定程序等案件的监督,依法提出刑事抗诉 504 件,对刑事审判中的违法情况提出书面纠正意见 1887 件次。积极履行修改后刑事诉讼法规定的非法证据排除、羁押必要性审查等职责,充分尊重和保障律师的辩护权,切实维护犯罪嫌疑人、被告人的合法权利。认真贯彻最高人民检察院《关于切实履行检察职能防止和纠正冤假错案的若干意见》,完善审查逮捕、审查起诉、证据审查与认定、案件质量分析、办案责任追究等工作机制,坚守防止冤假错案底线。

（二）加强民事行政诉讼监督。坚持维护司法公正与维护司法权威并重,树立依法监督、居中监督、规范监督等民事诉讼监督理念,创新监督机制,按照修改后民事诉讼法规定构建多元化监督格局,综合运用抗诉、检察建议和支持起诉等监督方式,稳步开展对民事行政诉讼的法律监督,依法提出民事行政抗诉 214 件、再审检察建议 926 件,办理支持起诉 819 件,对立案审查后决定不支持监督申请的 1233 件案件当事人做好息诉服判工作。

（三）加强刑罚执行和监管活动监督。把监所检察工作作为保障人权、维护法律严肃性的一项重要工作来抓,监督纠正监管场所混管混押、体罚虐待、违规使用戒具和禁闭等违法监管行为 1276 件次;深化刑罚变更执行同步监督机制,监督纠正减刑、假释、暂予监外执行不当 872 件次;加强社区矫正检察监督,纠正监外执行和社区矫正违法情况 1627 人次;加强羁押和办案期限监督,集中清理久押不决案件 50 件 105 人;查办司法人员在刑罚执行和监管活动中的职务犯罪案件 35 件 44 人。

四、强化自身监督制约,依法正确行使检察权

牢固树立监督者更要自觉接受监督的权力观,坚持理性平和文明规范执法,完善对检察权运行的制约监督体系,着力提升执法公信。

（一）深化执法规范化建设。认真组织学习最高人民检察院制定的《刑事诉讼规则》《民事诉讼监督规则》和《检察机关执法工作基本规范（2013 年版）》,教育全省检察人员切实增强人权保障意识、程序意识、证据意识,真正做到按程序执法、依规则办案,努力让规范执法成为每个检察人员的自觉行动和行为习惯。

（二）深化内部监督制约。全面推进案件管理机制改革,建立统一受案、全程管理、动态监督、案后评查、综合考评执法办案集中管理监督机制,强化上级检察院对下级检察院执法工作的质量检查,及时发现和纠正办案中的违规违法情形。健全检察委员会议事规则,充分发挥检察委员会集体决策把关作用。加强廉政风险防控机制建设,对易发多发问题的执法岗位加强防控,着力防止发生违法办案行为。

（三）深化检务公开。推进权力运行公开化,让检察权在阳光下运行。加强检察门户网站建设,开通省检察院官方微博,举办检察开放日活动,共有 4500 余名机关干部、企业职工、在校学生、媒体记者走进检察机关,增强了执法办案透明度。全面落实人民监督员制度,各级人民监督员共监督案件 244 件,对其中的 11 件提出了不同意见,检察机关认真研究后全部采纳。自觉接受人民法院、公安机关和律师在诉讼中的制约,更加广泛地接受社会和舆论监督,提高公正廉洁执法水平。

五、加强检察队伍建设,提升整体素质能力

牢牢把握队伍建设的根本性、基础性地位,努力建设一支忠诚可靠、执法为民、务实进取、公正廉洁的检察队伍。

(一)深入开展党的群众路线教育实践活动。省检察院注重突出检察特色,创新载体和形式,广泛征求意见建议,针对人民群众反映的突出问题,积极开展领导干部正风肃纪、机关处室提质提效等5个专项工作。认真抓好克服"四风"问题十二件实事,修订完善制度规范,建立长效机制,以实际成效检验活动成果。

(二)扎实推进检察队伍专业化、职业化建设。紧紧围绕干部素能、修改后刑事诉讼法和民事诉讼法实施、信息化应用等内容,广泛开展岗位练兵、业务竞赛和专项业务培训,共组织培训110期。举办三级检察院参加的"河北检察讲堂"视频讲座,邀请知名专家、学者授课,与中国人民大学法学院、国家检察官学院、河北科技大学等院校开展校检合作,努力提高检察队伍专业化水平。注重发挥高层次人才示范带动作用,47人被评为全国全省检察业务专家。积极探索检察人员分类管理改革,落实职业保障制度,大力加强检察文化建设,提高检察队伍职业化水平。

(三)切实加强检察队伍纪律作风建设。深入贯彻落实中央"八项规定",坚持从严治检,认真执行党风廉政建设责任制,层层签订责任状,狠抓责任落实。严肃开展省检察院机关纪律作风整顿,切实改进工作作风和办事效率。深入开展检务督察和执法执纪检查,及时纠正执法不公不廉问题,查处违法违纪检察人员18人。

(四)不断巩固基层基础建设。加强与党委政府沟通协调,实行一院一策,努力解决影响基层检察工作开展的办案力量、经费保障、基础设施等方面的实际困难和突出问题,加快推进侦查信息化、装备现代化建设,努力建设执法规范化、队伍专业化、管理科学化、保障现代化的基层检察院。全省检察机关共有120多个先进集体和240多名先进个人受到省级以上表彰,张家口市宣化区人民检察院公诉科副科长张秉文荣获全国"最美检察官"称号,蠡县人民检察院荣获全国"人民满意的公务员集体"称号。

一年来,全省检察机关始终坚持围绕中心、服务大局,自觉把检察工作放在经济社会发展全局中谋划和推进。认真贯彻省委八届五次全会精神,深入开展解放思想大讨论,找准服务大局的切入点和着力点,制定实施《关于充分发挥检察职能为全省经济社会科学发展营造良好法治环境的指导意见》,组织开展专项行动,增强服务大局的针对性、实效性,着力为"四大攻坚战"营造诚信有序的市场环境、和谐稳定的社会环境、廉洁高效的政务环境和公平正义的执法司法环境。

一年来,全省检察机关始终坚持以人为本、执法为民,把维护人民权益作为检察工作的根本出发点和落脚点,加大惩治危害民生犯罪力度,抓住教育实践活动的契机,在检察工作中深入贯彻党的群众路线,健全联系和服务群众的长效机制,制定实施《河北省检察机关群众工作指导意见》,切实做到在思想上尊重群众、感情上贴近群众、工作上依靠群众,努力把执法过程变成联系服务群众和维护群众权益的过程。

一年来,全省检察机关始终坚持党的领导、自觉接受人大监督,深入学习贯彻省委各项决策部署,认真落实省人大各项决议和省人大常委会视察检察机关刑事诉讼法律监督工作时提出的审议意见,扎实做好人大代表建议和政协委员提案办理工作,广泛听取意见和建议,不断加强和改进检察工作。

我们深深地体会到,全省检察工作取得的成绩,是省委和最高人民检察院正确领导的结果,是各级人大及其常委会有力监督和政府政协高度重视、大力支持的结果,是社会各界和广大人民群众关心、支持、帮助的结果。

我们也清醒地看到,全省检察工作还存在许多问题和不足,主要的有:一是检察职能为大局服务发挥得还不够充分、有效,检察工作正确的发展理念和执法理念树得不够牢,法律监督力度还需进一步加强,办案质量和效果都有待进一步提高。二是检察队伍整体素质还不完全适应新形势新任务的要求,队伍专业化程度不高,高层次、专家型、骨干型人才相对缺乏。三是自身监督制约和反腐倡廉建设仍需加强,执法不规范、不文明、不廉洁的现象依然存在,损害了检察机关的执法公信力。四是基层基础工作相对薄弱,基层检察院建设发展不平衡,信息化建设和应用滞后,执法办案科技含量低,一些检察院队伍老龄化和提前离职离岗占编问题严重，案多人少矛盾突出。这些问题，需要在今后工作中下大力气解决。

2014年，全省检察机关将深入贯彻落实党的十八大、十八届三中全会和省委八届六次全会精神，顺应人民群众对公共安全、司法公正、权益保障和反腐倡廉的新期待，紧紧围绕省委和最高人民检察院的决策部署，坚持政治建检、业务立检、公信树检、素质兴检、科技强检，全面正确履行各项检察职责，深化检察体制和工作机制改革，大力提升各项工作水平，全力推进平安河北、法治河北建设，为促进全省经济社会科学发展提供有力的司法保障。

一是着力服务全省"四大攻坚战"，保障经济社会科学发展。围绕我省调整产业结构、转变发展方式、治理环境污染等重大部署，充分发挥检察职能作用，努力营造良好法治环境。坚决打击制假售假等严重破坏社会主义市场经济秩序犯罪，依法惩治国有资产运营和管理、国有企业改制等领域的职务犯罪，切实保障国有资产安全，加强对民营企业合法权益的平等保护，促进激发各类市场主体经济活力，维护公平有序的市场秩序。依法惩治破坏生态环境的各类犯罪活动，严肃查办和预防国家机关工作人员因失职渎职导致生态环境被严重破坏的案件，加大对涉及生态环境案件的诉讼监督力度，促进全省绿色崛起。

二是严肃查办和预防职务犯罪，推进惩防体系建设。认真贯彻中央《建立健全惩治和预防腐败体系2013—2017年工作规划》和全国人大常委会关于检察机关反贪污贿赂工作情况审议意见，突出打击重点，完善工作措施，有案必查、有罪必究，突出查办一批职务犯罪大案要案和发生在群众身边、损害群众利益的案件，始终保持查办职务犯罪的高压态势。更加注重从源头上预防职务犯罪，积极向党委、政府提出预防建议，促进实现干部清正、政府清廉、政治清明。

三是全力维护社会和谐稳定，促进社会治理体系建设。充分发挥检察机关在社会治理中的法治保障作用，坚决打击危害国家安全、危害公共安全、危害民生民利的犯罪活动，确保社会安宁有序、人民安居乐业。完善诉访分离工作机制，依法妥善处理好群众诉求。积极参与社会治理体系建设，会同有关部门突出整治治安乱点地区，促进提高社会治理法治化水平。

四是强化对诉讼活动的法律监督，着力维护司法公正。继续抓好修改后刑事诉讼法、民事诉讼法的实施工作，按照省人大常委会对检察机关开展刑事诉讼法律监督工作的审议意见要求，切实加大对执法司法不公问题的监督力度，加强对侦查、审判和执行活动的法律监督，增强监督实效，努力让人民群众在每一起司法案件中都感受到公平正义。

五是全面加强检察队伍建设，切实提高队伍整体素质。加强队伍思想政治建设，坚持用中国特色社会主义理论武装头脑，坚定理想信念，指导市县两级院深入开展党的群众路线教育实践活动。加强领导班子建设，提升领导检察工作科学发展的能力水平。加强队伍专业化、职业化建设，完善人才引进、培养和使用机制，推动检察人才整体上层次、上水平。加强队伍纪律作风建设，严格落实各项规章禁令，始终保持对自身腐败问题的"零容忍"，保证检察队伍清正廉洁。

六是落实各项改革措施，推动检察工作创新发展。认真学习贯彻党的十八届三中全会决定关于深化司法体制改革的要求，按照省委和最高人民检察院的统一部署，统筹推进各项检察改革，保障依法独立公正行使检察权。完善法律监督工作机制，健全检察权规范运行机制，完善人权司法保障制度，深化检务公开，健全检察人员职业准入制度，推进检察人员分类管理，积极探索符合检察工作特点的办案责任制和检察队伍管理机制，努力开创全省检察工作新局面。

在新的一年里，全省检察机关将在省委和最高人民检察院的正确领导下，在各级人大及其常委会的有力监督下，认真贯彻本次会议精神，锐意进取、扎实工作，为促进我省经济转型升级、奋进崛起作出新的贡献！

山西省人民检察院工作报告（摘要）

——2014年1月20日在山西省第十二届人民代表大会第二次会议上

山西省人民检察院检察长 杨 司

（2014年1月23日山西省第十二届人民代表大会第二次会议通过）

2013年，全省检察机关在省委和最高人民检察院的正确领导下，主动服务转型跨越发展，着力保障人民群众权益，努力维护社会公平正义，积极创新工作机制，忠实履行宪法和法律赋予的职责，各项检察工作取得了新的发展和进步。

一、充分发挥检察职能作用，服务和保障经济社会发展

坚持围绕中心、服务大局，以省委、省政府重大决策部署为着力点和切入点，积极保障我省经济社会健康发展。

主动服务转型综改区建设。以落实省检察院"服务保障转型综改区建设12条意见"为抓手，立足检察职能，扎实做好服务保障工作。积极参与"项目推进年"活动，围绕重点工程建设项目，开展职务犯罪专项预防486件，查办职务犯罪152件；围绕优化投资环境，起诉破坏市场经济秩序犯罪嫌疑人1366人，查办商业贿赂犯罪48件；查办破坏土地资源、矿产资源和生态环境相关职务犯罪99件；针对一些国家机关、国有企业怠于履行职责、导致国有资产流失的问题，部署开展督促起诉专项活动，依法督促相关单位清收国有资产24.1亿元。

全力维护社会大局稳定。保持社会大局稳定，是经济发展和人民安居乐业的重要保障，也是检察机关的职责所在。为此，我们与有关部门密切配合，深入开展打黑除恶专项斗争，突出打击危害公共安全犯罪、严重暴力犯罪和多发性侵财犯罪，共批准逮捕各类犯罪嫌疑人17834人，提起公诉29064人。在严厉打击犯罪的同时，全面贯彻宽严相济刑事政策，依法开展逮捕、羁押必要性审查，不批捕3902人，提出变更强制措施建议1552人。学习借鉴"枫桥经验"，开展涉法涉诉信访工作改革试点，进一步完善和落实检调对接机制，办理刑事和解案件663件，民事申诉和解案件759件；落实检察长接访、巡访、下访等制度，处理群众举报、控告、申诉信访12770件次。

注重为农村发展提供有力的法治保障。我们坚持把保障农村发展稳定，作为服务经济社会发展的重要举措，依法严厉打击侵害农民合法权益、损害农业生产发展、危害农村和谐稳定的各类犯罪；围绕保障中央、省委强农惠农政策的落实，针对涉农领域职务犯罪多发易发的情况，组织各地开展"小专项"行动，查办职务犯罪923件；在农村重点地区设立派驻乡镇检察室93个，到偏远乡村开展巡回检察2200余次，为农民群众提供便捷的法律服务。

二、积极保障民生民利，努力做到让人民群众满意

检察工作好不好，群众说了算。我们坚持把群众呼声作为工作的指向，把群众满意作为追求的目标，更加自觉地服务群众、保障民生。

严厉惩治侵害群众切身利益的犯罪。围绕保障群众"舌尖上的安全"，积极参与打击危害食品药品安全犯罪的活动，起诉生产销售假药劣药、有毒有害食品等犯罪嫌疑人270人，查办食品安全事件背后的渎职犯罪4件；开展危害民生刑事犯罪专项立案监督活动，监督行政执法机关移送涉嫌犯罪案件160件，监督侦查机关立案117件；扎实开展查办发生在群众身边、损害群众利益的职务犯罪专项工作，查办此类职务犯罪924件；同步介入矿难、溃坝等重大安全责任事故调查，查办事故背后的渎职犯罪89人。

加强对特殊人群和困难群众的司法保护。重视打击侵害妇女、未成年人权益的犯罪,起诉拐卖、收买妇女儿童犯罪嫌疑人76人;坚持教育、感化、挽救的方针,加强未成年人刑事检察工作,依法适用非羁押强制措施、附条件不起诉、犯罪记录封存等措施,办理未成年人刑事案件1589件,不批捕326人,不起诉108人。对盲聋哑、精神病人等特殊犯罪嫌疑人,通知法律援助机构指派律师提供辩护70件。针对拖欠农村务工人员劳动报酬等问题,部署开展专项活动,支持起诉599件,帮助社会弱势群体维护自身权益。开展刑事被害人救助工作,向916名生活确有困难的被害人或其近亲属发放救助金931.84万元。

扎实开展服务群众工作。开展"阳光检察"活动,建立综合性检务大厅,为群众和律师提供"一站式"服务,拉近检察机关与人民群众的距离。完善12309举报电话、网上信访、来信、来访"四位一体"诉求表达机制,坚持开展形式多样的"举报宣传周"活动,丰富检察门户网站内容,开通"山西检察"官方微博,拓宽联系和服务群众渠道。扎实开展扶贫工作,省检察院帮助扶贫点落实致富项目4项,建成塑料大棚40个,群众生产生活条件进一步改善。

三、加大查办和预防职务犯罪力度,推进反腐倡廉建设

以遏制和减少职务犯罪为重要责任,坚持惩防并举,更加注重预防,促进干部廉洁自律。

坚决查处职务犯罪案件。以查办大案要案为重点,部署开展专项行动,不断加大办案力度,全年共查办各类职务犯罪1349件1829人,追缴赃款3.6亿元。查办贪污贿赂犯罪884件1279人,其中大案704件,同比上升18.5%;县处级以上领导干部要案80人(其中厅局级7人),同比上升66.3%。查办渎职侵权犯罪465件550人,其中立查重特大案件206件,同比上升24.8%,查办县处级以上要案11人。

着力提高侦查水平和办案质量。建立大要案侦查预审机制,在决定拘留、报请逮捕、侦查终结、移送起诉等环节,严格进行证据审核。与公安、工商等部门建立信息查询协作机制,建成职务犯罪侦查基础信息查询平台、贪污贿赂犯罪侦查指挥中心信息平台,为查办案件提供及时、全面、准确的信息情报。建成了省市两级检察院职务犯罪远程提讯

系统,提高了办案效率,降低了办案成本。建立大要案质量追踪督导机制,全程跟踪、动态监督,确保办案质量,查办的职务犯罪案件全部被法院作出有罪判决。

突出抓好职务犯罪预防工作。认真贯彻习近平总书记"预防职务犯罪出生产力"的重要论述,深入推进《山西省预防职务犯罪工作条例》落实。在党委统一领导下,整合预防资源,加强警示教育基地建设,将预防教育纳入党校和行政学院培训课程,使国家工作人员每年至少接受一次警示教育,我省有5个警示教育基地被最高人民检察院评为"百优警示教育基地"。省检察院成立预防职务犯罪宣讲团,分6个专题,深入全省国家机关、企事业等单位巡回宣讲,受众达10万余人次;针对我省发生的多起重大安全事故,制作《责任重于泰山》警示教育片,在党政机关和大中型企业播放;针对涉农职务犯罪多发情况,制作《廉风惠农五入户》宣传片,在全省各地主流媒体播放。

四、强化诉讼监督,促进严格执法、公正司法

牢固树立让人民群众在我们办理的每一起案件中切实感受到公平正义的理念,严格执行修改后刑事诉讼法、民事诉讼法,认真履行诉讼监督职责,努力维护司法公正和法制权威。

保障"两法"全面正确实施。围绕保障修改后刑事诉讼法实施,省检察院与相关部门共同出台了16个规范性文件,细化了办理没收违法所得、精神病人强制医疗等案件的具体程序。积极履行新增检察职能,着力保障当事人的诉讼权利和律师执业权利,在检察环节听取律师意见187件次,纠正有关单位阻碍辩护人行使诉讼权利379件。以晋中市检察机关为试点,探索建立保障修改后民事诉讼法实施的18项工作机制,并在全省检察机关推行。

坚决防止冤错案件。防止司法权滥用、严防冤错案件发生,是保证社会公平正义的底线。我们积极创新办案机制,努力在检察环节杜绝瑕疵案件、冤错案件。全面推行案件首办责任制,谁办案谁负责,终身负责,对于不负责任、违法违规办案,导致发生冤错案件的,严肃追究责任。开展介入命案现场勘验检查工作,建立检察官"出现场"制度,全年共出现场347次,对侦查机关收集、固定、完善证据等提出意见和建议500余条。注重证据的真实性、关联性、合法性审查,要求侦查机关补正或作出书面解释233件,排除非法证据28件,因排除非法证

据而不逮捕 38 人、不起诉 5 人。

强化刑事诉讼监督。加强对刑事立案和侦查活动的监督，开展对公安派出所执法办案情况专项检查活动，全年共监督侦查机关应当立案而不立案 1771 件，不应当立案而立案 1541 件，促进了侦查活动的规范化。加强对刑事审判活动的监督，对认为确有错误的刑事裁判提出抗诉 439 件，法院审结 334 件。加强对刑罚执行和监管活动的监督，纠正减刑、假释、暂予监外执行不当 555 人；针对 2010 年 5 月 1 日以前羁押至今未审结的案件，与其他政法机关密切配合，清理久押不决 148 人，纠正超期羁押 17 人；积极开展社区矫正法律监督工作，依法纠正脱管漏管 769 人次；完成派驻看守所检察室与看守所监控图像和执法信息的联网工作，实现了对监管执法活动的 24 小时动态监督，发现违纪违法问题和安全隐患 1068 件。

加强民事行政检察工作。修改后民事诉讼法实施以来，检察机关受理的各类民事行政案件大幅增加，2013 年共受案 14733 件，同比上升 73.7%。对此，我们采取提高办案效率、充实办案力量、推行三级院一体化办案模式等措施，加强办案工作，全年共审查处理 14426 件，同比上升 76.8%。其中，提出抗诉 219 件，发出再审检察建议 333 件，对民事行政审判活动中的违法情形提出检察建议 1481 件；制定实施加强执行活动监督意见，办理执行监督案件 2625 件，促进了"执行难"问题的解决；办理支持起诉 3073 件，督促有关单位履行职责 4190 件。

五、高度重视自身监督，确保检察权正确行使

进一步完善和落实监督制约机制，内外部监督双管齐下，以比监督别人更严格的措施来监督自己，切实防止检察权滥用问题的发生。

自觉接受人大监督。认真落实人大及其常委会决议决定，主动向人大常委会报告工作 783 次，办理人大代表议案、建议及人大常委会转交办案件 367 件；积极配合省人大常委会开展贯彻落实《山西省预防职务犯罪工作条例》执法检查活动；落实各级检察院领导干部与人大代表定点联系制度，召开人大代表座谈会 421 次，邀请人大代表视察工作 285 次，虚心听取意见和建议。

自觉接受民主监督和社会监督。主动向政协和民主党派、无党派人士通报检察工作，邀请政协委员座谈、视察，及时办结省政协委员提出的 2 件提案。全面落实人民监督员制度，省检察院从社会各界增选 20 名人民监督员，邀请人民监督员参加执法检查、案件听证、信访接待等活动，监督"七类案件或事项"130 件 157 人。积极应对涉检网络舆情，开通网上 24 小时监督举报平台，受理群众对检察人员违纪违法行为的举报。

加强对自身执法办案活动的监督。发挥案件管理中心的内部监督制约作用，监督纠正执法不规范行为 1586 件，监管涉案款项 1 亿余元、物品 7642 件，确保每一个执法办案环节都符合司法程序规范。全面落实讯问犯罪嫌疑人同步录音录像规定，严格执行职务犯罪审查逮捕上提一级规定，省检察院办理的职务犯罪审查逮捕案件连续 5 年均无超法定期限、捕后撤案、不起诉、判无罪等情形。在全省检察机关部署开展办理职务犯罪案件专项检查活动，对近 3 年以来办理的案件进行"回头看"，认真整改存在的突出问题。

六、全面推进队伍和基层基础建设，提高整体能力素质

紧紧扭住队伍建设这一基础工作不放松，突出加强队伍思想政治建设、素质能力建设和纪律作风建设，着力在抓基层、打基础上下功夫，不断增强检察工作科学发展的后劲。

扎实开展党的群众路线教育实践活动。按照中央、省委的统一部署，省检察院机关聚焦"四风"，广泛征求人大代表、政协委员等各方意见建议，共征求意见建议 289 条；认真组织民主生活会和组织生活会，严肃开展批评与自我批评；针对"四风"方面存在的 14 个突出问题，确定了 6 项专项整治工作和 18 条整改措施，建立和完善长效工作机制，努力从根本上防止"四风"问题的发生。

着力提升专业化水平。以领导干部和执法办案一线检察人员为重点，推进大规模正规化岗位培训，省检察院举办任职资格、专项业务、岗位技能等培训班 27 期，培训 4435 人次，基层检察人员已全部轮训一遍。通过在线学习、检校合作、双向挂职等方式，促进人才成长，省检察院有 2 人被评为全国检察业务专家，全省检察机关有 2 人获得"全国优秀公诉人"称号。

狠抓纪律作风建设。深入贯彻中央"八项规定"和省委"四个实施办法"，制定和落实改进工作作风"十个严禁"、八小时之外"五条禁令"等规定，对办公用房、公务用车和机关工作秩序等开展专项督察。坚持从严治检，查处检察人员违纪违法案件

10件13人。针对个别领导干部发生的严重违纪问题，开展纪律作风专项教育整顿活动，着力纠正特权思想、霸道作风、奢靡之风等突出问题。

扎实推进基层建设。坚持人财物向基层倾斜，将130个专项编制、205名新录用公务员，全部分配到基层检察院，进一步缓解了检察官断档问题。试点探索基层检察院内设机构改革，整合办案力量，提高执法效能。深化"创先争优"活动，评选表彰全省"十大杰出检察官"，组织检察英模宣讲先进事迹，展示人民检察官执法为民、清正廉洁、务实奉献的职业道德和时代精神。

大力推进信息化建设。狠抓网络基础建设，完成检察专线网和局域网的基础设施建设任务，全省三级检察院实现了互联互通；加快软件应用平台建设，2013年12月25日，全省检察机关全部实现网上办案；注重信息系统的自主研发，开发完成办公自动化、队伍信息管理、检务保障等软件，提高了工作效率，推动了检务公开，促进了执法规范化建设。

回顾一年来的工作，我们清醒地认识到，全省检察工作还存在一些不足。一是查办职务犯罪案件虽然取得了一定的成效，但是与省委要求和人民群众期望还有差距。二是法律监督职能发挥得还不够充分，履行修改后刑事诉讼法、民事诉讼法赋予的新职能不够全面、到位，还不能满足人民群众对司法公正的需求。三是队伍专业化水平不高，高素质人才仍然缺乏，基层办案人员短缺问题还没有得到很好的解决。四是检察人员违纪违规问题仍有发生。对此，我们将高度重视，认真加以解决。

2014年，全省检察机关将在省委和最高人民检察院的正确领导下，全面贯彻十八届三中全会、中央政法工作会议、全国检察长会议、省委十届五次全会暨全省经济工作会议、全省政法工作会议精神，全面贯彻习近平总书记系列重要讲话精神，以维护社会稳定为基本任务，以促进社会公平正义为核心价值追求，以保障人民安居乐业为根本目标，深入推进检察改革，不断强化法律监督、自身监督和队伍建设，努力开创检察工作新局面。

第一，着力在服务和保障经济社会发展上下功夫。按照省委、省政府加快推进转型综改区建设的总体部署，进一步完善检察机关服务保障措施。围绕全面深化改革的重点热点领域，深入分析职务犯罪发案特点和规律，有针对性地加大工作力度，着力保障推进政府职能转变、深化国有企业改革、统

筹城乡发展等重大改革举措的落实。依法打击侵犯非公企业特别是小微企业合法权益的犯罪，加强平等保护。积极参与整顿和规范市场经济秩序，突出打击侵犯知识产权等犯罪，促进公平竞争。加强对全面深化改革中新情况、新问题的研究，依法妥善处理新领域、新类型案件，营造保护创新、宽容失误的改革氛围。

第二，着力在维护社会大局稳定上下功夫。以人民群众平安需求为导向，积极参与平安山西建设，努力为人民群众更加美好地生活提供有力的司法保障。突出打击黑恶势力、严重暴力、危害食品药品安全、环境污染等严重危害人民群众生命健康的犯罪，增强人民群众的安全感。依法惩治利用网络实施的造谣、敲诈勒索、诈骗等犯罪，切实维护网络社会安全。进一步完善贯彻宽严相济刑事政策的工作机制，该严则严，当宽则宽，最大限度地减少社会对抗。立足检察职能，坚持好发展好"枫桥经验"，深入推进检调对接工作，努力把矛盾化解在最初环节、化解在基层，筑牢社会和谐稳定的基础。

第三，着力在查办和预防职务犯罪上下功夫。紧紧围绕省委加强反腐倡廉建设的部署，坚持有案必查、有腐必惩，深入推进查办和预防职务犯罪工作。突出查办发生在群众身边、侵害群众利益的职务犯罪，坚决惩治教育、涉农、就业创业、社会保障、医药卫生、食品安全、征地拆迁、环境保护等领域的职务犯罪，以扎实的办案成效取信于民，彰显省委惩治腐败的力度。严肃查办破坏法律制度实施、影响依法行政和公正司法、影响改革政策实施的渎职侵权犯罪，促进国家机关工作人员依法履职。深化职务犯罪预防工作，立足检察职能，紧密结合执法办案，依托侦防一体化机制，进一步创新思路、完善措施，提高预防工作法治化水平，努力铲除腐败滋生的土壤。

第四，着力在维护社会公平正义上下功夫。坚持把公平正义作为检察工作的生命线，严格公正执法，坚决防止和纠正冤假错案，以实际行动维护社会公平正义，让人民群众切实感受到公平正义就在身边。加强刑事立案和侦查活动监督，加大监督纠正非法取证行为的力度，强化对刑事强制措施和强制性侦查措施的监督；加强刑事审判活动监督，强化对判处缓刑和免刑、二审书面审理等案件的监督；加强刑罚执行和监管活动监督，加大久押不决案件清理力度，开展违法减刑、假释、暂予监外执行

专项监督;进一步加强民事行政检察工作,综合运用抗诉、检察建议、调查违法等多种监督手段,监督纠正执法不严、司法不公的突出问题。

第五,着力在深化检察改革上下功夫。与其他司法机关密切配合,全面推进涉法涉诉信访工作机制改革,按照诉讼与普通信访相分离的原则,完善信访案件终结机制,共同促进案结事了。全面推行案件首办责任制和介入命案现场勘验检查工作,提高办案质量,增强执法公信力。深入推进检务公开,全面实施"阳光检察"工程,坚持"能公开的一律公开",细化公开的内容、对象、时机、方式,完善和落实公开审查、公开答复和新闻发布会等制度,让检察权在阳光下运行。稳妥推进基层检察院内设机构改革,重点解决工作效率不高、办案人员短缺等老大难问题。

第六,着力在建设过硬队伍上下功夫。以政治过硬、业务过硬、责任过硬、纪律过硬、作风过硬为要求,加强社会主义核心价值观和检察职业道德教育,打牢理想信念基础;加强执法能力建设,加大人才培养力度,完善教育培训体系,切实提高履行职责、担当重任的能力水平;狠抓纪律作风建设和自身反腐倡廉建设,决不允许对群众诉求置之不理,决不允许滥用权力侵犯群众合法权益,决不允许执法犯法造成冤假错案,对违纪违法行为坚决做到"零容忍",以铁的纪律带出过硬的检察队伍;巩固和发展党的群众路线教育实践活动成果,强化人民是衣食父母的意识,深入开展爱民实践活动,从让人民群众满意的事情做起,从人民群众不满意的问题改起,切实把检察机关的人民性贯穿到每一项检察工作之中、体现在每一个检察人员身上。

面对新形势新任务,我们深感责任重大。全省检察机关将在省委和最高人民检察院的坚强领导下,在各级人大及其常委会的监督支持下,认真贯彻落实本次会议精神和决议,进一步解放思想、坚定信心、振奋精神、真抓实干,推进检察工作迈上新台阶,为我省转型跨越发展作出新的更大贡献!

内蒙古自治区人民检察院工作报告(摘要)

——2014 年 1 月 18 日在内蒙古自治区第十二届人民代表大会第二次会议上

内蒙古自治区人民检察院检察长 马永胜

(2014 年 1 月 19 日内蒙古自治区第十二届人民代表大会第二次会议通过)

2013 年,全区检察机关在自治区党委和最高人民检察院的正确领导下,在自治区人大及其常委会的有力监督下,认真学习贯彻党的十八大、十八届三中全会和习近平总书记一系列重要讲话精神,紧密联系贯彻落实"8337"发展思路的实际,以保证经济社会发展在和谐稳定的社会环境中顺利推进、让人民群众在每一个司法案件中都感受到公平正义为己任,全面履行法律监督职责,各项检察工作都取得了新的发展和进步。

一、紧紧围绕"大局"和"民生",主动服务保障经济社会发展

牢固树立大局观念和责任意识,做到执法想到稳定、办案考虑发展、监督促进和谐。制定了《关于深入学习贯彻党的十八大精神充分发挥检察职能服务大局保障民生的意见》,贯彻"8337"发展思路的十五项措施,推动全区检察机关突出工作重点,主动服务大局,努力为"8337"发展思路的推进落实提供优质的法律服务和有力的司法保障。

立足检察职能,营造促进改革发展的法治环境。积极参与整顿规范市场经济秩序,批准逮捕金融诈骗、非法吸收公众存款、非法经营、侵犯知识产权等经济犯罪案件 579 件 807 人,营造诚信有序的市场环境。依法查办资源开发、公共资源出让、国有资产管理、产权交易、城镇化建设等领域商业贿赂犯罪 105 件 132 人,净化公平竞争的市场环境。关口前移,深入重大项目开展职务犯罪预防。自治区检察院在投资 173 亿元的中国电信云计算内蒙古信息园工程建设项目中开展专项预防,组织相关盟市检察机关主动介入全区 89 个投资 1 亿元以上的重大项目开展同步预防,为重大项目建设健康推进提供有效的司法保障。加强对开发建设的司法保护。赤峰市元宝山区检察院在回访一起已办结的欠缴国有土地出让金案件时,发现该区国土资源局在 6 家房地产开发企业欠缴土地出让金高达 2.6 亿余元的情况下,仍为其核发了国有土地使用证的违法事实,及时发出检察建议。该局积极整改,现已追缴 9800 万元。对非公经济同等对待、同等保护、同等服务。严肃查处对民营企业、小微企业"吃拿卡要"行为,依法查办行政执法人员职务犯罪案件 197 件。坚持理性平和文明规范执法,既依法打击犯罪,又注重办案方式方法,不轻易采取强制措施,不轻易扣押冻结企业账户,既严格执法又热情服务,正确把握法律政策界限,保护改革者,支持干事创业。

更加关注民生,维护人民群众合法权益。组织开展查办发生在群众身边、损害群众利益的职务犯罪专项工作,立案侦查征地补偿、退耕还林、教育就业、医疗保险、社会保障等领域的职务犯罪 936 人。查办了包头市第六医院党仁、李丽琴等 7 名医护人员作虚假司法鉴定、收受药品回扣的医疗腐败案,兴安盟地区职业教育系统 11 名干部和管理人员利用职务便利,虚报冒领学生补助金 60 万余元的窝案串案。依法惩治危害民生的刑事犯罪,起诉危害食品药品安全、制售假冒伪劣商品犯罪 243 人。包头、兴安盟、通辽、乌海、赤峰等地检察机关从严从快办理了制售"假牛羊肉""病死猪肉""地沟油"等一批危害食品安全犯罪案件,严肃查处这些案件背后的国家工作人员失职渎职犯罪。查办了扎赉特旗胡尔勒动物卫生监督站站长包达来等 4 人未履行检疫职责而出具检疫合格证,致使 158 吨不明死因的牛羊肉流入市场案。加强涉农检察工作,严惩制售伪劣农药、化肥、种子等坑农害农犯罪。满洲里市检察院提前介入侦查,引导取证,依法从快批捕跨省销售伪劣化肥给农户造成直接损失达 1000 余万元的两名犯罪嫌疑人,为农民追回购买化肥款 104 万余元。高度关注涉及农民工等弱势群体的案件。达茂旗检察院在批捕一起拒不支付劳动报酬

案件中,通过大量走访和说服工作,促使涉案单位支付农民工工资 51 万余元。

创新工作机制,提高为群众服务水平。加强与群众的联系,搭建起了人口密集乡镇有派驻检察室、偏远地区有巡回检察室、社区嘎查有工作站和联络员的联系服务群众平台,建立了群众来信、来访、来电、网上举报"四位一体"的高效便捷受理群众诉求的新机制。积极创建基层检察院示范院,大力推广"融入群众、公正执法、情理兼容、促进和谐"的全国重大先进典型张章宝工作模式,沉下身子察民情,真心实意解民忧。阿荣旗亚东镇太平庄 74 岁的老人赵雨江,因未及时缴纳农业税,名下的土地被村干部占用达 10 年之久,粮食综合补贴款分文未拿到。检察机关受理申诉后,多次下乡走访,讲政策、摆事理,督促村干部将占用的土地和补偿款退还给老人。老人拿到土地后激动地说感谢我们的检察院,我的地、我的钱终于回来了。

二、依法履行刑事检察职能,积极推进平安内蒙古建设

认真落实自治区党委政法委关于社会治安整治、社会矛盾化解、公共安全隐患消除"三个攻坚战"的部署,积极参与平安内蒙古建设,与其他政法部门密切配合,恪尽职守保稳定,千方百计促和谐。

切实维护社会稳定。依法严厉打击危害社会安定和人民生命财产安全的各类刑事犯罪,批准逮捕 13937 人,提起公诉 26342 人,其中批准逮捕故意杀人、爆炸、强奸、"两抢一盗"等犯罪嫌疑人 6341 人。积极参与打黑除恶专项斗争,对重大案件挂牌督办。包头市以武英慧、曾庆昶为首的 37 人黑社会性质组织,开设赌场,非法放贷,绑架勒索,称霸一方。检察机关适时介入侦查,严把证据关,有力指控犯罪,两名主犯数罪并罚分别被判处有期徒刑 25 年和 19 年,其他犯罪成员也被依法惩处,震慑了犯罪,增强了群众安全感。

积极化解社会矛盾。正确适用宽严相济刑事政策,对罪行轻微的初犯、偶犯、过失犯等不批捕 1797 人,不起诉 855 人。对双方有自愿和解基础的轻微刑事案件,主持达成刑事和解 977 人,对不符合和解条件但被告人真诚悔罪、积极赔偿损失的,依法向法院提出从宽处罚的量刑建议。加快案件办理,及时答复群众诉求,办理控告申诉案件 2392 件,实现了涉检信访零积案。全面推行执法办案风险评估预警,妥善做好应对处置工作。把释法说理

纳入执法办案各环节,让当事人明白案件处理的事实和法律依据。鄂尔多斯市检察机关严把事实关、证据关、法律适用关,成功起诉了苏叶女等人集资诈骗12亿余元的案件,接待受害人60余次,引导326名受害人依法反映诉求,避免了激化情绪引发群体性事件。

促进社会依法治理。深化行政执法与刑事司法的衔接,对于涉嫌犯罪的案件督促行政执法机关向司法机关移送,促进依法行政。配合有关部门加强对监外执行对象的教育管控,帮助刑释解教人员更好地融入社会。强化社区矫正法律监督,监督纠正未按规定收监、脱管等违法情形362人。加强教育挽救,推行未成年人犯罪档案封存、附条件不起诉、分案起诉、案后帮教等制度,对涉嫌犯罪的未成年人依法决定不批准逮捕356人,同比增加41.8%。积极参与网络虚拟社会建设管理,做好涉检网络舆情的监测、预警和快速处置工作。结合办案及时向有关部门提出完善制度、堵塞漏洞的检察建议1328件,促进社会治理创新。

三、加强查办和预防职务犯罪工作,努力推进反腐倡廉建设

坚决贯彻中央、自治区党委深入开展反腐败斗争的部署,全力抓好查办和预防职务犯罪工作,努力推进惩防体系建设。

查办案件工作取得新突破。一是办案力度上升。查办贪污贿赂、渎职侵权等职务犯罪案件857件1375人,同比分别上升26%和32.7%。二是查处大案要案上升。查处大案547件,同比上升37.8%;要案57人,同比上升62.9%,其中厅局级干部6人。三是查处涉案金额特别巨大的案件上升。查处贪污贿赂100万元、挪用公款1000万元以上的案件56件,滥用职权、玩忽职守造成国家损失100万元以上的案件69件,同比分别上升57.7%和50%。查办的自治区供销社原党组书记、主任薄连根玩忽职守、受贿案,鄂尔多斯人大常委会原副主任额尔敦仓受贿、贪污、巨额财产来源不明案,自治区党委政法委原副书记杨汉忠受贿、滥用职权案,涉案金额均在2000万元以上。四是挽回损失大幅上升。通过办案为国家挽回经济损失9.24亿元,同比增加5.5倍。

反渎职侵权工作得到新加强。认真落实中央和自治区党委关于加大惩治和预防渎职侵权违法犯罪力度的文件精神,以开展专项工作为抓手,加强指挥调度,推动解决渎职侵权犯罪发现难、立案难、取证难、处理难的问题。全区受理案件线索416件,立案侦查380人,其中重特大案件126件、要案12人,同比分别上升55.8%、48.4%、57.5%和100%。查办的罪名明显增多,办案领域明显拓宽。我区反渎职侵权工作提升幅度进入全国前8位。

职务犯罪预防取得新进展。积极推动将行贿犯罪档案查询作为政府采购和工程招投标的必经程序,全年受理查询2万余次。全面推行预防职务犯罪年度报告制度,形成年度报告51份、重点领域预防调查报告825个,受到党委、人大、政府及相关行业、单位的高度重视。广泛开展警示教育和预防咨询,推进预防教育进党校和行政学院,4.3万余名干部到各级警示教育基地接受教育。积极开展廉政文化建设,制作廉政短片、公益广告和廉政海报,在《内蒙古日报》等媒体开设预防专栏,推动预防工作不断深入。

四、全面强化对诉讼活动的法律监督,积极回应人民群众对司法公正的强烈期盼

认真执行修改后刑事诉讼法、民事诉讼法,坚持有法必依、执法必严、违法必究,着力提高法律监督水平,维护国家法制的统一、尊严和权威。

强化刑事诉讼监督。对当事人不服公安机关不立案的,监督立案684人,同比上升21.5%;对不符合立案条件的,监督撤销案件470件,同比上升49.2%。落实审查逮捕阶段讯问犯罪嫌疑人、听取律师意见制度,对侦查中的违法情况特别是滥用强制措施、违法取证等侵犯诉讼参与人合法权益的情况监督纠正1567件次。对公安机关遗漏犯罪嫌疑人、同案被告人的,追捕追诉1283人。对刑事审判中的违法情况监督纠正180件。对刑事裁判显失公正的案件,提出抗诉89件,法院已改判和发回重审50件。巴彦淖尔市检察院对一起一审判处缓刑的强奸案提出抗诉后,法院二审采纳抗诉意见,两名被告人依法被改判为有期徒刑八年和四年六个月。对违法减刑、假释、保外就医,监督纠正679件。自治区检察院派员参加高级法院开庭审理无期徒刑罪犯减刑案件31件,推进了减刑案件的"阳光审理"。

加强民事行政诉讼监督。受理各类民事、行政申诉2444件,同比上升40%。坚持依法监督,向法院提出抗诉229件,同比上升27.2%。阿鲁科尔沁旗登吉格嘎查24户牧民因土地承包权被侵害提起

诉讼，法院一审二审漏判诉讼请求，一直申诉。检察机关受理后，严格审查，依法抗诉，得到高级法院支持、依法改判，维护了农牧民的合法权益，长达 9 年的纷争终于解决。坚持抗诉与息诉并重，对不服法院正确裁判的申诉，做好服判息诉工作。开展民事执行监督，监督案件 952 件。对于审判、执行中的违法情况，监督纠正 76 件次。围绕公共利益保护，办理支持起诉、督促起诉案件 760 件。

加大惩治司法腐败力度。严肃查处执法司法人员执法犯法、贪赃枉法的职务犯罪案件 87 件，同比上升 70.6%。依法查处了呼和浩特市新城区公安分局刑警大队反抢中队原中队长冯振荣受贿案、巴彦淖尔市临河区公安局民警张鹏程等 6 人玩忽职守案、乌海市海勃湾区法院原院长申向东滥用职权案。积极配合自治区纪委，依法查处了兴安盟检察分院原检察长王秀春等人受贿案。这些腐败案件的查处，清除了害群之马，维护了司法公正。

五、努力建设过硬队伍，不断提升检察机关执法公信力

以为民务实清廉为核心，大力加强队伍的教育、管理和监督，不断提高检察队伍整体素质和维护公平正义的能力。

实打实地开展党的群众路线教育实践活动。特别是在查摆问题环节，自治区检察院精心设计了以执法办案为重点、以发现问题为主的"检察工作科学发展抽样评估"这个自选动作。对一个分市检察院和一个基层检察院 2012 年以来办理的各类案件和工作逐件逐项开展解剖麻雀式的检查评估，深入查摆"四风"方面的问题，查找出在政务工作、执法办案、队伍建设、检务保障等方面的问题 2453 个，促使全区检察人员反思警醒，认真整改。在建章立制、深入整改环节，进行"回头看"。组织两个分市检察院和相关基层检察院，采取同样的方法检查评估自治区检察院 2012 年的各项工作，再次揭短亮丑除病灶，促进整改落实。自治区检察院对照评估结果，既从思想根源、工作作风上找差距，又从素质能力、工作标准中查不足，实事求是地提出并督查落实整改措施 160 多项。《人民日报》《法制日报》《内蒙古日报》等主流媒体均作了深度报道。这项工作被评为 2013 年内蒙古十大法治事件之一。

深入开展"三个年"活动。以执法办案为重点，深入开展"规范化建设启动年"活动，仅自治区检察院层面就修改完善业务方面的规定 45 项、政务队伍保障等方面制度 41 项，严密了制度体系。以全面推进网上办案为契机，深入开展"检察信息化建设推进年"活动。经过一年的紧张工作，已从 12 月 26 日起，全国统一检察业务应用软件在全区三级院同步上线运行。各级检察院全部成立案件管理机构，依托统一业务软件，实现了执法信息网上录入、执法业务网上审批、执法流程网上管理、执法活动网上监督的集中统一管理。以提高检察工作亲和力和公信力为核心，开展"检察队伍建设强化年"活动，抓党建带队建，强素质树形象。以领导班子、中层干部、青年干警为重点，加强干部队伍建设。强化教育培训和岗位练兵，培训检察人员 18047 人次，组织开展公诉、侦监、预防等全区性业务竞赛，提高队伍的业务能力。一年来，全区检察机关涌现出 2013 年度内蒙古十佳法治人物赤峰市元宝山区检察院侦查监督科科长李秀丽等一批先进模范，全区 55 个单位、112 名个人受到自治区以上表彰。自治区检察院被评为"全区文明单位标兵"和"学习型机关"。深入开展严肃工作纪律整顿工作作风和警示教育专项活动，全面推行廉政风险防控等相关制度，努力解决"庸、懒、散""奢、私、贪""冷、横、硬"等问题。采取明察暗访、突击抽查等形式，先后 7 次对自治区检察院机关、15 个分市检察院及 30 个基层检察院开展检务督察，促进了中央八项规定和自治区党委、最高人民检察院各项规定的落实。坚持从严治检，以"零容忍"的态度，严肃查处了 13 名违法违纪的检察人员。

切实加强基层基础建设。制定基层检察院建设五年规划，努力提高基层检察院执法规范化标准化、队伍专业化职业化、管理科学化信息化、保障现代化实用化水平。坚持人、财、物向基层倾斜，考录人员优先充实基层，缓解办案力量不足、人才短缺、人员流失等问题。坚持领导干部联系基层、业务部门对口指导和结对帮扶制度。积极协调解决部分检察院经费困难问题，加强信息化、科技装备等基础建设。深入开展创先争优活动，5 个基层检察院被评为"全国先进基层检察院"，当地党委分别作出了向检察院学习的决定。加强检察宣传，让人民群众更多地了解检察工作，中央和自治区各类媒体刊发报道全区检察工作稿件 2980 篇。

六、自觉接受监督，确保检察权依法正确行使

不断增强接受监督意识，进一步完善内外部监督制约机制，努力加强和改进检察工作。

自觉接受人大及其常委会的监督、政协民主监督和社会各界监督。认真贯彻"两会"精神，切实办好代表建议、政协提案。11月向自治区人大常委会专题报告了查办职务犯罪工作情况，听取并认真落实审议意见。定期向政协通报工作情况，及时听取意见建议。各级检察院积极配合人大开展执法检查、专题调研，重要活动邀请代表委员视察，利用网络、短信、QQ平台等载体加强了与代表委员的联络互动。自治区检察院领导干部全部深入各盟市旗县联系代表委员，召开座谈会21次，征求意见建议180余条，为加强和改进检察工作发挥了重要作用。深化检务公开，开展了主题为"推进检务公开，主动开门纳谏"活动，邀请人大代表、政协委员、政府有关部门、企业、社区和媒体代表到检察院参观、座谈，听取意见和建议。

切实加强自身监督制约。完善人民监督员制度，加强对查办职务犯罪案件关键环节的刚性监督。严格实行讯问职务犯罪嫌疑人同步录音录像制度、询问重大职务犯罪案件证人和搜查扣押时录音录像制度。严格执行自治区检察院以下检察院审查逮捕职务犯罪案件上提一级、职务犯罪案件第一审判决上下级检察院同步审查等制度。加强岗位规范建设，完善业务工作下一环节对上一环节的监督制约。加强上级检察院业务部门的对下指导，完善案件复查、业务抽查、工作督查机制。针对薄弱环节和执法易发问题，自治区检察院率先在全国制定了严防冤假错案的23项刚性措施，严守法治底线。

我们也清醒地看到，检察工作距离党和人民的要求还有较大差距。查办职务犯罪工作虽然有较大幅度提升，但是办案总量、大要案比例仍处于全国较低水平，有的检察人员仍然不敢办案、不善办案，工作勇气不足；队伍中高层次人才和业务骨干缺乏，执法能力、执法作风和精神状态与形势任务的要求仍然不相适应，形式主义、官僚主义、享乐主义、奢靡之风的问题及苗头不同程度的存在；执法不严格、不规范、不文明等问题时有发生，少数干警特权思想、霸道作风严重，有的甚至以权谋私、以案谋钱，严重损害了执法公信力；现代化装备落后，影响了信息化条件下执法办案工作的开展。这些问题，我们要以更加务实的态度，认真研究解决。

2014年，全区检察机关要全面贯彻党的十八大、十八届三中全会和中央、自治区党委政法工作会议精神，全面贯彻习近平总书记系列重要讲话精神，围绕深入推进平安内蒙古、法治内蒙古和过硬队伍建设，坚持改革创新，以促进社会公平正义、增进人民福祉为总要求，以理念、能力、机制建设为关键，以深入推进"三个年"活动为载体，忠实履行法律监督职责，不断提升检察工作水平，为经济社会持续健康发展提供有力的司法保障。

第一，在贯彻落实"8337"发展思路上要有新作为。深化服务保障措施，继续抓好自治区检察院贯彻"8337"发展思路十五项措施的落实。贯彻中央关于"宽容改革失误"的精神，尊重和保护改革。加强对影响重大项目建设、县域经济和非公经济发展，以及国有资产监管、国有资本授权经营和投资运营、发展混合所有制经济、城镇化建设、生态环境建设等领域职务犯罪的查办和预防，为全面深化改革服务。

第二，在关注保障民生上要有新举措。要把保障人民安居乐业作为工作的根本目标，深入开展检察大走访活动，了解人民群众的新要求、新期待，有针对性地开展专项整治行动，集中治理侵害群众合法权益、群众反映强烈的突出问题，真正把人民群众的事当作自己的事，把人民群众的小事当作自己的大事，切实维护群众合法权益。

第三，在维护和谐稳定上要有新成效。围绕人民群众对平安的愿望和要求，深化社会稳定是根本大局的认识，密切关注社会治安和公共安全出现的新情况，坚决打击敌对势力的分裂、渗透、颠覆活动，依法打击各类严重刑事犯罪，坚持宽严相济刑事政策，增强人民群众安全感。坚持把化解矛盾贯穿于执法办案始终，依法公正对待群众诉求。深化行政执法与刑事司法衔接，充分发挥检察机关在社会治理中的法治保障作用，促进提高社会治理水平。

第四，在查办和预防职务犯罪上要有新力度。坚持"老虎""苍蝇"一起打，认真落实自治区人大常委会对查办职务犯罪工作情况报告的审议意见，进一步加大查办案件力度，更加重视预防，深化警示教育、预防调查和社会化预防协作，促进惩治和预防腐败体系建设。

第五，在强化诉讼监督上要有新进展。围绕法治内蒙古建设的要求，加大对各项诉讼活动法律监督的力度，切实防止和纠正冤假错案，坚决惩治司法腐败，促进严格执法、公正司法，让受到侵害的权利一定得到保护和救济，使违法犯罪活动一定受到制裁和惩罚，让人民群众切实感受到公平正义就在身边。

第六，在深化检察改革上要有新突破。认真贯彻最高人民检察院关于深化检察改革的意见和自治区党委贯彻落实中央全面深化改革决定的意见，积极稳妥地推进各项检察改革。在推进涉法涉诉信访工作机制改革、深化检务公开、完善人民监督员制度、案件管理机制以及检察官办案责任制、加强对行政执法法律监督等方面的改革要取得新进展。

第七，在检察队伍建设上要有新加强。把理想信念教育放在首位来抓，不断提高队伍的思想政治素质。要巩固和扩大自治区检察院党的群众路线教育实践活动成果，指导盟市、旗县检察院开展好教育实践活动。要紧紧扭住职业良知、坚守法治、制度约束、公开运行等环节，加强制度保障，加强纪律作风建设。坚持从严治检，严肃查处检察人员违法违纪案件，让铁规发力、禁令生威。按照政治过硬、业务过硬、责任过硬、纪律过硬、作风过硬的要求，努力建设一支信念坚定、执法为民、敢于担当、清正廉洁的检察队伍。

各位代表，在新的一年里，全区检察机关要在自治区党委和最高人民检察院的正确领导下，更加自觉地接受各级人大、政协和社会各界监督，认真执行本次大会决议，不断加强和改进检察工作，为建设更加繁荣富裕和谐美好的内蒙古作出新的更大贡献！

辽宁省人民检察院工作报告（摘要）

——2014年1月19日在辽宁省第十二届人民代表大会第二次会议上

辽宁省人民检察院检察长　肖　声

（2014年1月21日辽宁省第十二届人民代表大会第二次会议通过）

2013年，省检察院在省委和最高人民检察院的领导下，在省人大及其常委会的依法监督、省政府的大力支持和省政协的民主监督下，带领全省检察机关认真贯彻落实党的十八大精神，紧紧围绕全省工作大局，忠实履行宪法和法律赋予的职责，各项检察工作取得新的进展。

一、全力维护社会和谐稳定，积极推进"平安辽宁"建设

全省检察机关认真履行批捕起诉职责，共依法批准逮捕各类刑事犯罪嫌疑人29396人，提起公诉47516人。一是严厉打击危害社会治安秩序的犯罪。批准逮捕故意杀人、强奸、抢劫、绑架、放火、爆炸、抢夺、盗窃、诈骗以及毒品犯罪嫌疑人16492人，起诉19730人。二是严肃查处破坏市场经济秩序的犯罪。批准逮捕破坏社会主义市场经济秩序的犯罪嫌疑人1744人，提起公诉4574人。高度重视财政金融领域存在的风险隐患，依法打击非法吸收公众存款、集资诈骗、贷款诈骗等犯罪，批准逮捕破坏金融管理秩序和金融诈骗犯罪嫌疑人419人，起诉1113人。强化对知识产权、能源资源和生态环境的司法保护，依法起诉侵犯知识产权和造成重大环境污染、严重破坏能源资源保护的犯罪嫌疑人1037人。三是坚决惩处危害民生的犯罪。积极参与整治食品药品安全行动，依法起诉生产销售有毒有害食品、生产销售假药劣药、生产销售伪劣化肥种子等制售伪劣商品犯罪嫌疑人1294人。严厉打击拐卖妇女儿童的犯罪，起诉拐卖妇女儿童、收买被拐卖的妇女儿童犯罪嫌疑人36人。四是全面贯彻宽严相济刑事政策。对涉嫌犯罪但无逮捕必要的，决定不批准逮捕5567人；对犯罪情节轻微，依照刑法规定不需要判处刑罚或者免除刑罚的，决定不起诉2132人。积极探索推行轻微刑事案件快速办理、未成年人刑事案件分案起诉等工作机制，对主观恶性不大、犯罪情节轻微的未成年人、初犯、过失犯，以及因亲友邻里纠纷引发、当事人达成和解的轻微刑事案件，依法从轻处置。其中，对涉嫌犯罪的未成年人依法决定不批准逮捕598人、不起诉109人。五是主动参与社会治理。出台了《辽宁省检察机关依法处理涉法涉诉信访问题实施细则》，完善落实公开听证、检调对接、刑事和解、法律文书说理、刑事被害人救助等制度。延伸检察工作触角，在乡镇、社区增设派出检察室，开展巡回检察，就地受理群众诉求、提供法律服务，并积极参与社区矫正工作。

二、深入查办和预防职务犯罪，积极推进反腐倡廉建设

共立案侦查职务犯罪案件1727件2640人，通过办案为国家挽回经济损失4亿余元。其中，立案侦查贪污贿赂犯罪嫌疑人1883人，立案侦查渎职侵权犯罪嫌疑人757人。一是集中查办大案要案。立案侦查贪污贿赂犯罪大案728件、渎职侵权犯罪重特大案件343件，查处涉嫌职务犯罪的县处级以上国家工作人员199人，其中厅局级9人。二是突出查办人民群众反映强烈的重点案件。紧紧围绕保障民生、维护人民群众合法权益，继续深入开展了治理商业贿赂、工程建设领域专项治理以及查办涉农职务犯罪和教育、就业、社会保障、医疗卫生、食品药品安全等民生领域职务犯罪专项工作，共立案查办发生在群众身边、损害群众利益职务犯罪嫌疑人1640人。依法查处涉嫌贪赃枉法、徇私舞弊等犯罪的司法、执法工作人员147人。立案侦查重大责任事故背后的渎职犯罪39件51人。三是深入开展预防职务犯罪工作。省检察院在深入调研分析的基础上，起草了《2012年度我省职务犯罪发生情况发展趋势和预防对策的综合报告》等4份职务犯罪预防调查报告，得到省委、省政府的高度重视，为推动预防职务犯罪工作社会化建设、增强预防职务犯罪工作针对性和有效性发挥了积极作用。全省检察机关紧密结合执法办案实际，帮助发案单位建章立制、堵塞漏洞，起到了"查办一案、教育一片"的良好效果。同时，广泛开展"进机关、进企业、进乡村、进学校、进社区"专题预防活动，组织警示教育和宣传1607次、案例分析701件，发出检察建

议584件。

三、不断强化诉讼监督，积极推进"法治辽宁"建设

认真贯彻执行修改后的刑事诉讼法和民事诉讼法，更新监督理念，突出监督重点，增强监督实效。一是加强刑事诉讼监督。对侦查机关应当立案而不立案的，监督立案966件；不应当立案而立案的，监督撤案292件。对应当逮捕而未提请逮捕、应当起诉而未移送起诉的，决定追加逮捕1398人、追加起诉976人。在依法惩治犯罪的同时，更加注重保障人权，认真开展犯罪嫌疑人羁押必要性审查，加强对重大案件犯罪嫌疑人讯问过程全程录音录像资料的审查，依法启动非法证据排除程序，对侦查活动中的违法情况提出纠正意见1372件次。提出刑事抗诉549件，对刑事审判中的违法情况提出纠正意见101件次。二是加强刑罚执行和监管活动监督。对减刑、假释、暂予监外执行案件提出纠正意见1653件。组织开展了"强化执行监督、强化人权保障"专项活动，依法纠正违法侵犯被监管人合法权益问题140余件。继续推进久押不决案件专项清理工作，认真履行指定居所监视居住执行监督、死刑执行临场监督、刑事羁押期限监督等新增监督职责，着力建立健全监督机制、完善监督方式。三是加强民事行政诉讼监督。全省检察机关共提出民事行政抗诉237件，提出检察建议444件。同时，坚决维护司法权威，对912件不服法院裁判的民事行政申诉案件依法决定不支持监督申请，并耐心做好服判息诉工作。

四、大力提升队伍素质，积极推进检察机关自身建设

进一步加强对检察队伍的教育、管理和监督，着力为推动全省检察工作科学发展提供强有力的组织保障。一是大力加强思想作风建设。省检察院扎实开展以"为民、务实、清廉"为主要内容的党的群众路线教育实践活动，下发了《贯彻落实中共中央〈关于改进工作作风密切联系群众的八项规定〉的实施细则》，组织开展了全省检察机关扣押冻结款物处理情况专项督查、"整顿作风、严明纪律、规范执法"专项教育抽查、清退会员卡和商业预付卡专项行动，有力促进了执法作风的进一步好转和队伍形象的进一步改善。二是不断加强专业化建设。围绕提升检察人员新形势下的群众工作能力、维护社会公平正义能力、新媒体时代舆论引导能

力、科技信息化应用能力和拒腐防变能力,制定了
《2013 年检察教育培训工作要点》和《高层次检察
人才管理办法》,积极构建完善覆盖全员的检察教
育培训体系。分层分类开展专项业务培训、业务知
识测试和岗位练兵、技能竞赛,全省检察机关共培
训检察人员 3.2 万人次,选拔省级职务犯罪侦查人
才库成员 125 人,培育全国检察业务专家 6 人。三
是进一步加强执法规范化建设。扎实开展"案件质
量管理年"活动,在全省检察机关全面启动了"统一
受案、全程管理、动态监督、案后评查、综合考评"的
新型案件质量管理机制,对案件实行集中化、全程
化、精细化和信息化管理;专门召开全省检察机关防
止和纠正冤假错案工作会议,健全完善防止、纠正冤
假错案机制。严格落实职务犯罪案件审查逮捕上提
一级、讯问职务犯罪嫌疑人全程同步录音录像制度、
完善办案安全防范和预警机制,健全廉政风险防控
机制,严格确保检察人员按照法定权限、法定程序履
行职责。四是加强基层基础建设。省检察院用时 2
个月,对全省市、县两级检察院领导班子、人才队伍、
派驻检察室建设情况开展专门调研,全面梳理掌握
基层检察院建设的基本情况、突出问题,为进一步推
进基层检察院规范化建设奠定了良好基础。切实强
化对下级检察院领导班子的监督管理,积极协同地
方党委认真做好市级检察院检察长换届、领导班子
考核、班子成员配备和交流工作。采取定向培养、选
调、招录等多种方式,为基层检察院补充检察人员
500 余人,进一步充实了基层力量。紧紧依靠各级党
委、政府支持,重点解决贫困地区基层检察院经费困
难问题。扎实做好沈阳铁路检察系统纳入国家统一
司法管理体系的平稳过渡工作,出台了《辽宁省人
民检察院关于进一步加强铁路检察工作的意见》。
坚持科技强检战略,加快检察信息化建设,省检察院
远程视频接访系统建设圆满完成、档案管理工作实
现文书档案全部数字化并晋升省特级单位。全省检
察机关高清视频会议系统投入使用,统一业务应用
系统基本建成。一年来,全省检察机关共有 12 名个
人和 2 个集体荣记一等功,117 名个人和 26 个集体
荣记二等功,9 个基层检察院被评为"全国先进基层
检察院"。省检察院连续三届被评为"省直文明机关
标兵单位"。

**五、自觉接受人大及社会各界监督,确保检察
权依法正确行使**

牢固树立监督者更要接受监督的意识,自觉

接受人大、政协和社会各界的监督。一是主动向人
大报告工作。全省各级检察院共向地方各级人大
报告工作 160 余次。省检察院定期向省人大代表
送阅《辽宁检察工作汇报》。二是认真办理人大代
表批评、意见、建议和政协提案。省检察院共收到
省人大交办和省人大代表直接转办的批评、意见和
建议 38 件,省政协交办的提案 2 件,全部办复,代
表、委员对办理工作均表示满意。三是密切与人大
代表、政协委员的经常性联系。省检察院领导班子
成员分别到 14 个市,向代表委员当面汇报工作、征
求意见。主动邀请代表、委员及社会各界人士视察
社区矫正法律监督、未成年人刑事检察和铁路检察
工作;聘请部分省人大代表担任省检察院机关文明
监督员,切实为代表委员监督检察工作拓宽渠道、
提供便利。四是深入落实人民监督员制度。2013
年,省检察院统一选任了 812 位社会各界人士担任
"辽宁省检察机关人民监督员",并制定了《关于人
民监督员监督案件(事项)程序的规定(试行)》,举
办了人民监督员培训班,积极为人民监督员顺利履
职创造条件。一年来,人民监督员共监督案件 81
件 96 人。五是继续推进检务公开。省检察院首次
举办"检察开放日"活动,邀请 45 名人大代表、政协
委员及社会各界代表走进检察机关,身临其境参观
考察、面对面沟通交流,不断增加检察工作透明度。

2014 年,全省检察机关将全面贯彻党的十八
大、十八届三中全会和习近平总书记系列重要讲话
精神,按照省委十一届七次全会暨经济工作会议和
省委政法工作会议的总体部署,以维护社会大局稳
定、促进社会公平正义、保障人民安居乐业为主要
任务,以强化法律监督、强化自身监督、强化队伍建
设为总要求,全面履行法律监督职责,为建设富庶
文明幸福新辽宁提供有力的司法保障。

一是深入贯彻党的十八届三中全会精神,立足
检察职能,积极服务和保障全面深化改革。自觉把
检察工作摆到我省全面深化改革全局中来谋划和
推进,紧紧围绕政治体制、经济体制、文化体制、社
会体制和生态文明体制等各方面改革,推进各项检
察工作,加强对改革过程中遇到新情况新问题的司
法应对,积极查办和预防重点领域的犯罪,充分发
挥打击、预防、监督、教育、保护等职能作用,切实增
强服务和保障全面深化改革的前瞻性、针对性和有
效性。同时,要按照最高人民检察院的部署,进一
步深化检察改革,不断完善中国特色社会主义检察

制度。

二是依法全面履行法律监督职责，积极推进平安辽宁、法治辽宁建设。坚决打击境内外敌对势力的渗透破坏活动，确保社会政治稳定。突出打击黑恶势力、严重暴力、涉枪涉爆涉恐、拐卖妇女儿童、危害食品药品安全、环境污染等严重危害人民群众生命健康的犯罪，促进健全公共安全体系。积极参与整顿和规范市场经济秩序，依法惩治侵犯知识产权犯罪以及财政金融、证券等领域的犯罪活动，坚决打击侵犯非公企业特别是小微企业合法权益的犯罪活动，营造法治化营商环境。积极参与创新社会治理方式，健全完善预防和化解社会矛盾机制。深入查办和预防职务犯罪，坚持有案必查、有腐必惩，坚持"老虎""苍蝇"一起打，既坚决查办发生在领导机关和领导干部中的贪污贿赂、渎职侵权犯罪，又严肃查办发生在群众身边的腐败犯罪。深化职务犯罪预防工作，从源头上遏制和减少职务犯罪，推动健全权力运行制约和监督体系。加强和规范对诉讼活动的法律监督，进一步完善立案和侦查活动监督、

刑事审判活动监督、刑罚执行和监管活动监督机制。严格执行修改后刑事诉讼法，进一步规范执法行为，切实防止和纠正冤假错案。着力加强民事行政检察工作。下大气力监督纠正执法司法活动中的突出问题，推动执法司法权运行制约机制建设。

三是大力加强检察队伍建设，进一步提高执法公信力。切实按照习近平总书记提出的"政治过硬、业务过硬、责任过硬、纪律过硬、作风过硬"的要求，继续深入开展党的群众路线教育实践活动，教育引导全体检察人员牢牢把握检察工作的政治方向，坚持严格执法，公正司法，把公平正义作为检察工作的生命线，切实肩负起维护社会大局稳定、促进社会公平正义、保障人民安居乐业的神圣使命。进一步加强正规化、专业化、职业化建设，探索教育管理新模式，全面提升队伍素质能力。加强基层基础建设，深入实施科技强检战略，加强执法保障工作。坚持从严治检，狠抓自身纪律作风和反腐倡廉建设，健全完善自身监督制约机制，努力建设一支信念坚定、执法为民、敢于担当、清正廉洁的检察队伍。

吉林省人民检察院工作报告（摘要）

——2014年1月23日在吉林省第十二届人民代表大会第二次会议上

吉林省人民检察院检察长 杨克勤*

（2014年1月25日吉林省第十二届人民代表大会第二次会议通过）

2013年，在省委和最高人民检察院的正确领导下，在省人大及其常委会的有力监督下，全省检察机关坚持"务实、规范、创新、科学"发展的工作总调，紧紧围绕改革发展稳定这个大局，忠实履行法律监督职责，各项检察工作取得了新的进展。

一、坚持围绕中心、服务大局，依法保障全省振兴发展

切实强化服务发展的政策措施。为了更好地服务和保障经济社会发展，我们学习借鉴广东、浙

江经验，结合我省实际，制定实施服务民营经济、服务科技创新、服务重大项目"三个文件"。牢固树立有利于支持创业、有利于促进发展、有利于深化改革的意识，准确把握企业融资与非法集资等罪与非罪"六个正确区分"，慎重使用羁押、查封、扣押、冻结等办案措施，最大限度支持改革者、保护创业者、挽救失误者。

积极维护公平、有序、法治市场环境。突出打击制售"地沟油"、毒豆芽、假保健品等危害食品药

---

* 2019年7月，杨克勤涉嫌严重违纪违法，接受中央纪委国家监委纪律审查和监察调查。

品安全的犯罪。积极参加整顿市场经济秩序专项活动，加强知识产权司法保护，起诉制假售假、金融诈骗、非法传销等经济犯罪1421人。深入开展商业贿赂、工程建设领域突出问题专项治理，查处行政审批、土地保护、金融监管等行政执法环节职务犯罪489人。

突出服务民营经济。优先处理民营企业反映的问题，属于检察机关职责范围内的，快速解决到位；属于职责之外的，主动帮助协调解决到位，让企业在检察机关办事省时省力。在工业集中区设立检察服务站，建立涉企案件快速办理"绿色通道"。深入开展"服务企业年"活动，对2085家民营企业、重大项目进行重点服务，帮助解决问题400余个。

二、坚持宽严相济、化解矛盾，积极推进平安吉林建设

保持对严重犯罪的高压态势。坚决打击危害国家安全、公共安全、边境安全的犯罪，严厉打击杀人、绑架、涉黑涉恶等严重犯罪以及"两抢一盗"等多发犯罪。共批准逮捕12087人、提起公诉24870人，配合公安机关打掉为害一方的黑恶势力团伙92个。依法提前介入、快捕快诉长春"3·04"盗车杀婴案等重大案件，全力维护社会稳定。

依法从轻处理轻微犯罪。对未成年人、老年人、在校学生犯罪以及民间纠纷引发的轻微犯罪，依法不批捕4672人、不起诉2461人，有效减少社会对抗。对2784件事实清楚、被告人认罪案件，建议法院适用简易程序审理，提高了司法效率。对504名未成年人犯罪，落实捕、诉、监、防一体化教育矫治工作，帮助其悔过自新。对13371名缓刑、假释等罪犯的社区矫正活动加强监督，帮助其顺利回归社会。

积极化解社会矛盾。有效运用刑事和解、民事申诉调解、国家赔偿、刑事被害人救助等措施，稳妥处理涉法涉诉信访9410件，同比上升15.6%。最高人民检察院和省委政法委交办的信访案件全部及时办结。深入开展化解涉检上访老户案件专项活动，对53件上访老户案件实行省市检察院班子成员包保督办，现已成功化解44件，占总数的83%。加强军地检察机关协作，切实维护国防利益和军人军属合法权益。

三、坚持惩防结合、注重预防，深入推进反腐倡廉建设

切实加大查办职务犯罪力度。坚持"老虎""苍蝇"一起打，严肃查处各类职务犯罪2438人，同比增长12%。其中，大案1693人，处级以上干部要案79人。突出办案重点，依法查办中央纪委和最高人民检察院交办的广西政协原副主席李达球受贿案等4件全国有影响案件，查办省能源局原局长赵全洲滥用职权案、四平红嘴开发区管委会原主任杨文受贿案等一批省内有重大影响的大要案件，查办德惠"6·03"等几起重大安全生产责任事故背后的渎职犯罪94人。深入开展查办发生在群众身边职务犯罪专项行动，查处征地拆迁、普九化债、暖房子工程、农业保险等领域职务犯罪1987人。探索建立的"领导扁平化、指挥信息化、管理标准化、资源集约化"一体化侦查机制，被最高人民检察院在全国推广。

大力加强职务犯罪预防工作。我们本着干部少犯错误、事业少受损失、党和政府形象少受损害的宗旨，在丝毫不放松严厉惩治职务犯罪的同时，更加注重预防工作。积极构建社会化"大预防"工作格局，报请省委成立了预防职务犯罪工作领导小组；报请省人大常委会修订了《吉林省预防职务犯罪工作条例》，把预防工作纳入各单位"一把手"工程、预防经费纳入财政预算；创建预防责任区45个、警示教育基地60个；会同省委组织部、省委党校推进预防教育进党校，坚持各级检察长带头，走进党校、部队、高校、国资委、中储粮等系统开展警示教育1749次；向社会提供行贿犯罪档案查询17794次；向党委政府报送预防调查报告90个；向有关单位提出预防建议2190件。省国土厅根据省检察院建议，建立24项制度规范土地整理工作，使职务犯罪预防工作转化为实实在在的生产力。

四、坚持依法监督、规范监督，着力促进严格公正司法

切实加强刑事诉讼监督。全面贯彻修改后刑事诉讼法，加强人权司法保护，严防冤假错案。依法加强侦查监督，会同省公安厅出台提高命案质量等制度，提前介入重大案件侦查477次，监督侦查机关立案652件、撤案587件，追捕、追诉1385人。依法加强刑事审判监督，排除非法证据54件，量刑建议法院采纳率达87.7%，对定罪量刑确有错误的判决提出抗诉247件。依法加强刑罚执行监督，集中开展清理久押不决案件专项行动，同步监督纠正减刑、假释、保外就医不当96件。

突出加强民事行政诉讼监督。认真回应社会关切，严格执行修改后民事诉讼法，切实把民事行政检察监督作为新的工作增长点。在省法院的大力支持下，联合出台了加强对民事诉讼和执行工作监督的20条意见。依法受理民事行政申诉案件7306件，对确有错误的，提出抗诉346件，建议再审569件，提出纠正违法检察建议2689件；对裁判正确的，坚决维护司法权威，主动做好当事人工作，通过不懈努力，目前已和解息诉1773件。同时，为认真解决群众"告状难"问题，督促有关法院立案审理龙井市商贸城221户业主与承包商经济纠纷案。依法保护国有资产，督促、支持行政机关起诉案件175件，为国家挽回经济损失约4亿元。

认真完善监督机制。着力解决司法实践中部分法律监督规定不具体、不明确问题，会同省直政法机关开展29项监督机制建设，明确了监督查封扣押冻结措施、列席审判委员会、保障律师权益、保护当事人合法权益等工作的程序和方法。自觉接受其他政法机关监督制约，认真办理公安机关复议复核案件，接受法院司法建议，听取律师意见建议。严惩司法腐败，查处司法人员徇私枉法、贪赃枉法犯罪61人。

五、坚持强基固本、改革创新，全面加强自身建设

扎实开展党的群众路线教育实践活动。省检察院以大力弘扬"六种风气"为统领，邀请人大代表、政协委员、律师以及各界人士召开30多场"只谈问题"的座谈会，找出"四风"问题173个；开展清理警车、清理办公用房等8个专项整改活动，文件、简报、会议分别减少20%、65%和33%，警车压缩43%，办公用房缩减42%，经费支出降低9%；出台了规范律师复印案卷收费的有关规定；建立完善规章制度86项，执法为民意识和队伍的"精气神"进一步提升。

着力夯实基层基础。我们在继续抓好人财物等硬件建设的基础上，更加注重提升队伍的执行力和软实力，做到"两手抓、两手硬"。制定实施"双基"提升工程五年规划，坚持走内涵式发展道路，每年着力解决几个自身建设上的重大问题。统一选调招录干警271人，全部充实到基层。扎实推进全员轮训工程，集中培训干警3260人。推行"主副岗"工作模式，缓解案多人少矛盾，锻炼提高队伍素能。加强人才培养，评选21名第二批全省检察业务专家，组织54名干警参加挂职锻炼和援藏援疆。林业、铁路检察管理体制改革基本完成。省检察院司法鉴定实验室通过国家监督评审。

大力加强自身监督。坚持用比监督别人更严的标准监督自己。重点规范职务犯罪侦查活动，建立线索统一管理和初查审批制度；在全省41个看守所设立职务犯罪专审室，实行讯问"全面、全部、全程"同步录音录像，坚决杜绝刑讯逼供等行为；坚持职务犯罪逮捕上提一级；自觉接受人民监督员对职务犯罪案件撤案、不起诉及侦查活动的监督。加强检察机关内部监督制约，实行刑事生效判决申诉案件办理与公诉部门相分离制度。建立案件集中管理机制，运行统一业务软件，实行统一受案、流程管理、网上办案、网上监督，提高了案件质量，促进了规范执法。强化班子建设和集体领导，坚持"三重一大"事项分别提交党组会、检察委员会、检察长办公会讨论决定。突出加强自身反腐倡廉建设，省检察院制定落实中央八项规定20条办法，听取和评议了3个市级检察院检察长的述职述廉报告，对3个市级检察院班子进行巡视，对22个基层检察院"三公"经费进行内部审计。严格落实检察人员八小时外行为禁令。坚持以"零容忍"的态度严查自身违纪违法问题，立案查处检察干警3人，其中给予纪律处分2人、追究刑事责任1人。

一年来，全省检察机关自觉接受人大监督，不断加强和改进检察工作。认真落实省十二届人大一次会议精神，对人大代表提出的8个方面29条意见建议，件件落实到位、件件面复到人。为更好地接受监督，我们探索建立了邀请人大代表、政协委员列席检察委员会会议制度，先后邀请130名人大代表、政协委员列席省检察院检察委员会会议和参加重要活动。全省各级检察院坚持每半年向同级人大常委会报告一次工作，报告专项工作82次，接受人大视察和执法检查91次。主动接受社会监督，省检察院聘任新一届特约检察员25名、专家咨询委员20名，增选人民监督员17名。集中开展检察开放日活动，加强新闻发布会制度、门户网站和检察微博建设，实行"阳光检察"，切实把检察工作置于人民群众的监督之下。

在过去一年里，我省检察机关的反贪反渎、侦查监督、公诉、民事检察、检务保障、教育培训、教育实践活动等多项工作的做法被最高人民检察院推广，涌现出以"全国十大最美检察官"颜廷民为代表的一大批先进典型，共有158个集体和262名个人受到省级以上表彰，中央、最高人民检察院和省领导批示肯定检察工作50余次。

同时,我们清醒认识到,检察工作还存在很多问题和不适应。一是服务发展的措施落实不到位,服务工作不规范,存在就案办案、机械执法等问题。二是不敢监督、不善监督、监督不规范问题依然存在,查办大要案、纠正诉讼违法的力度与人民群众的期待还有很大差距。三是执法公信力不高,服务群众、化解矛盾的能力不强,"四风"问题还没有得到根治,个别干警存在执法不严、执法不廉、以案谋私的问题。四是工作发展不平衡,欠发达地区检察院留人难、专门检察院保障不足等问题依然突出。对此,我们将认真研究,抓住推进新一轮司法改革的有利契机,努力加以解决。

2014年是全面深化改革的第一年,也是我省加快振兴发展的重要一年。全省检察机关将认真学习习近平总书记系列重要讲话精神,深入落实党的十八届三中全会和省委十届三次全会精神,继续坚持"务实、规范、创新、科学"发展的工作总基调,忠实履行法律监督职责,努力建设过硬检察队伍,切实维护社会大局稳定、促进社会公平正义、保障人民安居乐业,为我省全面深化改革、加快振兴发展提供更加有力的检察保障。一是着力服务改革发展,制定实施参与和保障全面深化改革的工作意见,围绕全省"五大发展"战略,运用法治思维和法律手段,积极营造良好的社会环境、政务环境和法治环境。二是着力维护社会大局稳定,坚持"严打"方针不动摇,积极参加打黑除恶、打击"两抢一盗"等专项行动,制定常见罪名不批捕、不起诉指导标准,推动法制教育全面走进中小学课堂。三是着力惩防职务犯罪,坚决查处大案要案,开展城镇低保、棚户区改造、教育科研等领域突出问题专项整治,认真落实预防工作条例,推动建立职务犯罪多发单位问责制。四是着力强化诉讼监督,开展加强人权检察保障专项工作,加强对违法减刑、假释、保外就医的监督,认真接受省人大常委会对民事行政检察工作的视察,出台依法保障律师执业权利的具体规定。五是着力建设过硬队伍,指导市县检察院开展好党的群众路线教育实践活动,推进检察人员分类管理综合改革试点,认真解决部分检察院的保障难题,不断提升检察队伍的执行力和软实力。

2014年,全省检察机关将在省委和最高人民检察院的正确领导下,认真落实本次人大会议决议,锐意改革,开拓进取,扎实工作,努力为我省加快振兴发展作出新的更大贡献!

黑龙江省人民检察院工作报告（摘要）

——2014年1月21日在黑龙江省第十二届人民代表大会第三次会议上

黑龙江省人民检察院检察长　徐　明

（2014年1月22日黑龙江省第十二届人民代表大会第三次会议通过）

一、2013年全省检察工作的主要情况

2013年,全省检察机关在省委和最高人民检察院的正确领导下,在人大、政府、政协及社会各界的监督和支持下,深入学习贯彻党的十八大和十八届三中全会精神,认真贯彻省委决策部署和省十二届人大一次会议的决议,切实履行检察职能,服务发展、维护稳定、保障民生,各项检察工作取得了新成效。

（一）围绕中心服务大局,积极促进经济社会科学发展。一是主动营造经济发展环境。认真落实省委优化发展环境的部署,把服务发展与严格执法有机结合起来,配合有关部门对经济发展环境进行专项整治,快捕快诉涉企刑事案件,依法惩治侵犯企业权益的各类犯罪。共批捕破坏经济秩序犯罪1220人,起诉3003人。深入推进服务非公经济发展的各项措施,与有关部门一道共同营造有利于非公经济健康发展的法律政策环境。二是全力维护社会和谐稳定。积极参加社会治安防控体系建设，切实加强检察环节的综合治理措施。共批准逮捕各类刑事犯罪21629人，提起公诉37603人。认真落实宽严相济刑事政策，对轻微犯罪依法从宽处理，不批捕2274人，不起诉510人。完善刑事和解、被害人司法救助、不捕说理等工作机制，妥善协调处理各方司法诉求。三是加大服务民生力度。将基层检察室和检察联络室作为全省三级检察院在乡镇、社区便民利民助民的服务平台。集中开展查办发生在群众身边、损害群众利益的职务犯罪专项工作，共查办1907人。持续开展涉农惠民领域专项工作，查办1200人。深入开展危害民生刑事犯罪专项立案监督活动，共监督行政执法机关向公安机关移送危害民生领域刑事案件248人。四是化解社会矛盾纠纷。排查出的120起疑难涉检信访积案已化解117件，一批疑难信访积案先后得以化解。坚持检察长接待来访群众、阅批群众来信制度，办结信访案件484件。加强视频接访系统建设，方便百姓诉求。

（二）落实反腐倡廉各项工作部署，加大查办和预防职务犯罪力度。一是加大办案力度。共查办职务犯罪2252人，同比上升14.8%。其中，查办贪污贿赂犯罪1694人，渎职侵权犯罪558人，县处级以上国家工作人员126人。二是开展专项推进。深入推进工程建设领域专项工作，查办647人。积极参与治理商业贿赂专项工作，查办397人。抓获在逃职务犯罪嫌疑人89人。三是改进办案方式。构建以信息引导侦查新模式，推进侦查一体化机制建设，通过领办、交办、督办、指定管辖案件687件。四是切实保障人权。坚决禁止以违法方式收集证据，加强询问、审讯、取证活动的规范化管理，注意听取律师的辩护意见。五是推进综合治理。完善侦防一体化机制建设，将执法办案向社会管理延伸。对1172件典型职务犯罪案件的致罪因素、犯罪特点进行了分析，制发检察建议1487份。

（三）严格执行修改后刑事诉讼法和民事诉讼法，不断强化法律监督。一是加大监督力度。办理公安机关应当立案不立案、不应当立案而立案案件565件。依法纠正漏捕878人，漏诉391人。对确有错误的刑事判决、裁定提出抗诉170件，同比上升5.6%。共提出民事抗诉151件，提出再审检察建议897件，法院采纳率为96.8%。针对减刑、假

释、暂予监外执行不当等违法问题，提出纠正意见82件次，查办监管场所职务犯罪184人，同比上升22.7%。探索强制医疗案件审查起诉工作机制，提出精神病人强制医疗申请33人。二是转变执法理念。牢固树立惩治犯罪与保障人权、实体公正与程序公正、司法公正与司法效率并重的理念，不断提升检察机关执法办案的公信力。三是加强教育培训。以修改后"两法"及诉讼规则为主要内容，共举办各类岗位培训班151期，培训各类检察人员1.1万余人次。广泛开展多种形式岗位练兵和基层巡讲等活动117次，参与干警1.6万余人次。加强高层次人才培养选拔和管理使用，有5人被评为全国检察业务专家，28人被评为全省检察业务专家。开展了全省"十佳优秀公诉人""侦查监督十佳"和优秀检察官评选暨业务竞赛等活动。

（四）坚守防止冤假错案底线，提高执法水平和办案质量。一是加强案件管理。实行案件流程监控和质量监督，从源头上预防执法不规范、不严格和粗放执法等问题的发生。制定了职务犯罪案件线索评估和管理办法，规范线索处理流程。二是依法排除非法证据。建立证据内部审查和纠错机制，查找办案中出现的证据审查、程序不当问题60余个，全部进行整改。三是强化内部监督制约。开展"规范执法年"活动，共检查案件1267件，发现实体和程序瑕疵112个，通过下发通报推进整改。推行量刑规范化改革，对22548名犯罪嫌疑人发出量刑建议，法院采纳率91.2%。

（五）深入开展群众路线教育实践活动，努力建设过硬检察队伍。一是狠抓转变工作作风。全面落实中央八项规定和省委九项规定，修改制定厉行勤俭节约、反对铺张浪费以及会议、接待等6个方面21项制度。建立以下看上，下级检察院评价上级检察院工作机制，促进工作重心下移，精力下沉，使反映基层呼声、听取群众意见常态化、制度化。二是加强党风廉政建设。以"深化学习准则规定，促进干警廉洁从检"为主题开展廉政教育活动，深入开展职业道德教育、岗位廉政教育和警示教育。安排5个市分院检察长向省检察院述职述廉，接受评议监督。省检察院对大庆、鸡西市检察院，大兴安岭、林区分院开展了巡视工作。市分院对45个基层检察院开展了巡视工作。不断强化督导督察工作，开展督察活动370余次。立案查处违纪违法案件5件5人，均给予党政纪处分。加强内部监督

制约,制定了《黑龙江省检察机关内部监督管理办法》。三是自觉接受社会各界监督。共向人大报告工作398次,办理人大代表建议和政协委员提案62件。组织人民监督员评议案件1202人次。省检察院向省人大常委会报告了全省检察机关反贪污贿赂工作情况,并认真贯彻落实审议意见和决定。主动接受媒体监督,建立了检察机关与新闻媒体联系制度、新闻发布会制度和重要检情通报制度。举办"检察开放日"活动,增强了检察工作透明度。四是开展典型选树活动。开展了"全省优秀检察官"评选表彰活动,评出15名"全省优秀检察官"和5名"全省优秀检察官"提名奖。评选出20个"检察文化建设示范院"。省检察院连续三届被评为全国检察机关基层检察院建设组织奖。在第五届全国十佳公诉人竞赛中,省检察院选手荣获第一名。

面对新形势新任务的要求,我们一些地方、一些同志的执法观念、办案方式还没有及时转变,监督意识不强、能力不足问题更加凸显,严格公正廉洁执法理念和职业道德建设有待加强,一些基层检察院人员短缺与素质不高的矛盾并存,极少数检察人员违纪违法问题仍有发生。

二、2014年全省检察工作的总体安排

全省检察机关要牢固树立政治意识、大局意识、责任意识和进取意识,旗帜鲜明地坚持党的领导,毫不动摇地坚持检察工作的党性原则,坚定理想信念,坚守职业信仰,执法为民,敢于担当,通过强化法律监督、严格规范公正文明执法,维护社会大局稳定、促进社会公平正义、保障人民安居乐业。2014年全省检察工作的总体思路是:全面贯彻党的十八大、十八届三中全会和习近平总书记系列重要讲话精神及省委的决策部署,认真落实中央政法工作会议、全国检察长会议和省委政法工作会议的要求,以执法办案为中心,以促进社会公平正义为核心价值追求,以维护社会大局稳定、服务保障全面深化改革为主要任务,以深化检察改革为动力,进一步强化法律监督、强化自身监督、强化队伍建设,不断提升检察工作水平,为我省经济社会科学发展提供良好的司法保障。

（一）加大参与社会治理力度,维护社会大局稳定。一是严厉打击严重刑事犯罪。以维护社会大局稳定为基本任务,坚决打击境内外敌对势力的渗透破坏活动,切实维护社会政治稳定。突出打击严重危害人民群众生命健康的犯罪,切实提升人民群众安全感和满意度。二是加大预防化解矛盾纠纷工作。2014年重点抓好执法办案风险评估预警、法律文书说理、刑事和解、刑事被害人救助、检调对接等制度的完善和落实,从源头上预防和减少涉检矛盾纠纷。完善依法有序表达诉求机制,探索开展网上受理信访工作。认真落实信访案件终结制度,依靠党委政府的领导和支持,协调各方力量,共同促进案结事了。三是落实宽严相济刑事政策。正确处理好党的政策和国家法律的关系,自觉维护党的政策和国家法律的权威性。完善未成年人犯罪案件办案方式和配套工作体系,既健全轻微刑事案件快速处理机制,提高办案效率,又严把与非罪界限,慎用强制措施,促进社会和谐。认真研究法律政策适用和新类型案件,注意正确区分改革失误与失职渎职、改革探索中出现偏差与钻改革空子实施犯罪的界限,营造保护改革创新、宽容失误的改革氛围。

（二）加大服务民生民利力度,保障人民安居乐业。一是依法惩治和预防民生领域犯罪。继续深入推进查办和预防发生在群众身边、损害群众利益职务犯罪专项工作,依法严厉打击侵害农民权益、危害农业生产、影响农村稳定的刑事犯罪,依法保护农民财产权利。2014年重点开展打击涉农犯罪、维护农民工合法权益专项行动。加大对生态环境和资源的司法保护力度,加强对生态环境执法司法活动的监督。二是保障人民群众的切身利益。以保障人民安居乐业为目标,正确处理好维稳与维权的关系,认真解决好群众合理合法的利益诉求。2014年重点开展食品药品安全专项整治。健全检察机关联系群众、服务群众工作制度,不断提高群众工作能力。规范推进派出检察室、检察联络室建设,完善视频接访系统,深入开展联合接访、下访巡访,拓展服务群众渠道。三是改进办案方式方法。牢固树立理性平和文明规范的执法理念,认真落实人权司法保障制度。进一步规范律师会见和接待制度,依法保障律师执业权利。严格执行同步录音录像制度和办案安全防范制度,坚决防止出现重大办案安全事故。

（三）加大诉讼活动监督力度,促进社会公平正义。一是进一步监督执法司法的突出问题。把促进社会公平正义作为核心价值追求,加大对滥用权力侵犯群众合法权益、执法犯法造成冤假错案的监督和查办力度,以实际行动维护社会公平正义。

2014年重点开展清理纠正久押不决案件工作和违法减刑、假释、暂予监外执行专项监督，重点加强对职务犯罪、金融犯罪和黑社会性质组织犯罪三类罪犯刑罚执行情况的监督，依法监督纠正执法不严、司法不公等突出问题，让人民群众切实感受到公平正义就在身边。二是进一步健全完善法律监督工作机制。完善提前介入重大案件侦查制度和羁押必要性审查、强制医疗执行监督、指定居所监视居住执行监督等工作机制；完善案件质量动态跟踪制度，健全错案防止、纠正、责任追究机制；完善司法救助、人权司法保障制度和社区矫正法律监督机制。三是进一步加强民事行政检察工作。综合运用抗诉、检察建议、调查违法、建议更换承办人等多种监督手段，重点加强对生效裁判、调解书的监督。积极探索通过支持起诉、督促起诉、督促履行职责等方式推动解决涉及改革重点领域、损害国家和群众切身利益等突出问题。

（四）加大惩防职务犯罪力度，推进反腐倡廉建设。一是突出办案重点。重点查办发生在领导机关和领导干部中的贪污贿赂、渎职侵权犯罪，突出查处教育、就业创业、社会保障、医药卫生、食品药品安全、征地拆迁等领域职务犯罪；依法查处深化国有企业改革过程中发生的职务犯罪；坚决查办重大责任事故背后滥用职权、玩忽职守等职务犯罪；坚决查办国家机关工作人员利用职权实施的非法拘禁、报复陷害、破坏选举等犯罪。二是完善侦查机制。完善要案请示报告制度，加强与纪检监察、其他执法司法机关的协调配合，健全线索移送、案件协查等工作机制。深化侦查一体化机制建设，在纵向上规范指定管辖、交办、提办等工作，在横向上强化侦捕诉联动，提高突破大要案能力。健全职务犯罪举报、查处机制，做到有群众举报及时处理，有具体线索认真核查。加强侦查信息基础数据库和公共信息查询机制建设，提高办案工作科技含量。三是深化预防工作。2014年重点结合执法办案，把预防工作与反贪、反渎工作更加有效地结合起来，围绕问题抓预防，剖析案件建机制，增强预防工作的针对性和实效性。深入开展"预防职务犯罪，建设美丽龙江"专项预防。探索建立职务犯罪预测预警机制，促进完善防控廉政风险、防止利益冲突等制度。

（五）加大检察队伍建设力度，提高法律监督能力。一是切实加强队伍素能建设。按照习近平总书记提出的政治过硬、业务过硬、责任过硬、纪律过硬、作风过硬，努力建设一支信念坚定、执法为民、敢于担当、清正廉洁政法队伍的要求，加强检察人员社会主义核心价值观和职业道德教育，牢固树立法律信仰，坚守法律底线和道德底线，增强秉公执法的定力。坚持以正规化、专业化、职业化为方向，改进和加强检察教育培训工作。建立初任检察官统一招录、有序流动机制，探索建立与检察职业特点相适应的检察人员职业保障制度。二是切实加强自身监督制约机制建设。完善接受人大监督工作机制，坚持重大事项、重大决策向人大报告制度，健全与政协及民主党派的重大决策咨询、重大问题联合调研等制度。健全对执法办案活动的监督制约机制，实行案件流程全面监控、质量评查、考核评价和业务态势分析，深入推进执法规范化建设。深化检务公开各项措施，凡是"能公开的一律公开"。三是切实加强纪律作风建设。扎实推进第二批教育实践活动，深入开展巡视工作，把检察机关的作风建设不断引向深入。强化问题意识，既坚决纠正"四风"，又切实解决执法中的突出问题。深入开展爱民实践活动，对群众深恶痛绝的事零容忍、对群众急需急盼的事零懈怠。坚持从严治检，坚决查处司法腐败和违纪违法行为。四是切实加强基层基础建设。健全基层建设指导机制，完善领导干部联系基层、业务部门对口指导、基层检察院结对共建等制度，加强科学引导，推动基层建设全面发展。深入推进科技强检战略，认真组织实施电子检务工程，提高办公办案信息化水平。

在新的一年里，我们决心在省委和最高人民检察院的正确领导下，在人大及社会各界的监督支持下，坚持党的事业至上、人民利益至上、宪法法律至上，振奋精神，深化改革，务实创新，扎实工作，为促进全省经济社会持续健康发展作出新的更大的贡献！

上海市人民检察院工作报告（摘要）

——2014年1月21日在上海市第十四届人民代表大会第二次会议上

上海市人民检察院检察长　　陈　旭*

（2014年1月22日上海市第十四届人民代表大会第二次会议通过）

2013年，全市检察机关在市委和最高人民检察院的领导下，自觉接受人大及社会各界监督，紧紧围绕全市工作大局，认真开展党的群众路线教育实践活动，全面贯彻实施修改后的刑事诉讼法和民事诉讼法，坚持严格执法，加强法律监督，各项检察工作取得了新进展。

一、依法履行刑事检察职能，全力维护社会稳定

认真履行批捕、起诉职能，依法惩治各类刑事犯罪，落实宽严相济的刑事司法政策，积极参与社会治安综合治理，努力为上海经济社会发展营造良好环境。

坚决依法惩处各类刑事犯罪。依法惩处各类刑事犯罪，是检察机关维护社会稳定、增强人民群众安全感的重要工作。共批准逮捕犯罪嫌疑人27465人，提起公诉28112件39020人，人数同比分别上升1.5%和下降3.3%。尤其是重视严厉打击严重刑事犯罪和危害城市公共安全的犯罪。共批准逮捕故意杀人、抢劫、绑架等严重刑事犯罪2896人；批准逮捕危害公共安全犯罪430人。

高度重视依法惩处侵害民生的犯罪。按照最高人民检察院统一部署，开展侵害民生刑事犯罪专项法律监督，协同公安机关开展"打盗抢、防诈骗、严管理、保平安"等专项活动。加大对群众反映强烈的多发性侵财犯罪的打击力度，共提起公诉盗窃、抢夺、电信诈骗等犯罪10070人；严厉打击严重危害食品药品安全的犯罪，共提起公诉生产销售有毒有害食品犯罪44人，生产销售假药犯罪491人；

重视保护公民个人信息安全，提起公诉非法获取公民个人信息犯罪66人。

加大金融领域犯罪惩处和预防力度。密切与金融监管部门的协作配合，依法打击集资诈骗、利用内幕信息交易等金融领域犯罪，维护金融安全。共批准逮捕618人，提起公诉1277人。加强金融犯罪预防和金融风险防控，发布《上海金融检察白皮书》，向金融部门通报金融从业人员犯罪情况，与市金融纪工委共同建立金融从业人员犯罪预防教育基地，取得良好的效果。成立市检察院派驻中国（上海）自由贸易试验区检察室，积极为自贸试验区建设提供法律保障。

落实宽严相济的刑事司法政策。对轻微犯罪及初犯、偶犯、未成年人、老年人犯罪等依法慎捕慎诉，不批准逮捕4390人，同比上升41.2%；不起诉774人，同比上升71.6%。强化对涉罪未成年人的司法保护，依法适用附条件不起诉67人；对未成年人轻罪记录全部予以封存；对465名涉罪未成年人进行观护帮教；推动并配合公安、文化、工商等部门加强对未成年人在酒吧、网吧、KTV等娱乐场所犯罪预防。

二、深入查处和预防职务犯罪，着力推进反腐倡廉建设

认真贯彻中央和市委决策部署，坚决查处领导干部职务犯罪，切实解决发生在群众身边的不正之风和腐败问题。

集中力量查处贪污贿赂大案要案。积极拓宽案件线索来源，加大查案力度。共立案侦查贪污贿赂案件325件405人，人数同比上升1.3%，其中大

---

* 2018年10月25日，陈旭以受贿罪被判处无期徒刑，剥夺政治权利终身，并处没收个人全部财产。

案 308 件,局级干部 4 人,处级干部 39 人。坚决惩治司法领域腐败,查处司法工作人员职务犯罪案件 8 件 10 人。

重点查处损害群众利益的贪污贿赂犯罪。高度重视群众反映和群众举报,查处损害群众利益的贪污贿赂案件 106 件 129 人,占全部反贪案件的三分之一。查处征地拆迁和保障性住房领域案件 21 件 23 人;查处社会保障领域案件 14 件 23 人;查处医疗卫生领域案件 10 件 16 人。

加大对渎职侵权犯罪的打击力度。立案侦查国家机关工作人员玩忽职守、滥用职权等渎职侵权犯罪 48 人,同比上升 11.6%。其中,重特大案件 26 件,占 81.3%,处级以上干部要案 2 人。高度重视查处群众反应强烈、社会影响较大的民生领域渎职侵权案件。

积极推进职务犯罪预防工作专业化和社会化。推进预防职务犯罪地方立法,与市人大、市政协等部门联合开展了针对国有资产、公共资源、财政资金等职务犯罪易发多发领域 9 项课题调研。完善惩治和预防职务犯罪年度报告制度,在各级检察院报告提出的 55 项建议中,有 28 项被转化为预防制度,促进了工会资金管理、万人就业项目等制度的完善。成立行贿犯罪档案查询管理中心,面向社会提供查询服务,共受理查询 6.5 万余次。充分发挥警示教育基地的作用,市检察院警示教育基地接待国家机关、企事业单位 400 多批 1.4 万余人次。积极推进廉洁教育进党校活动,实现了市、区两级党校全覆盖,授课 57 次,听课 5100 余人次。制作廉政公益短片并在电视台、地铁、机场、码头、火车站、楼宇、社区等场所播放,大力营造全社会反腐倡廉的良好氛围。目前廉政公益广告在全市 2.9 万余块户外显示屏上定时滚动播放。

三、加强法律监督,维护司法公正

深入贯彻市人大常委会《关于加强人民检察院法律监督工作的决议》,进一步突出监督重点,扩大监督效果。

坚持把执法不严、司法不公等突出问题作为监督重点。对公安机关应当立案而不立案的,监督立案 115 件;对应当逮捕而未提请逮捕、应当起诉而未移送起诉的,纠正漏捕 460 人、纠正漏诉 521 人。向法院提出刑事抗诉 45 件、再审检察建议 85 件,法院采纳 101 件;提出民事行政抗诉 80 件、再审检察建议 5 件,法院改变原裁判 63 件。同步审查减刑、假释、暂予监外执行 7023 件,监督纠正 223 件。

加强对基层刑事执法活动的监督。针对全市公安派出所办理刑事案件大量上升的情况,依托社区检察室加强对公安派出所刑事执法活动的监督。与市公安局会签若干意见,联合召开工作推进会,加强对派出所刑事立案、讯(询)问活动、强制措施适用、扣押财产管理等重点办案环节的监督。共入所巡查 3309 次,调阅同步录音录像 719 件 864 人,审查案卷 2537 件 3417 人,针对部分派出所安全防范漏洞、犯罪嫌疑人供述笔录与录音录像不一致、讯问人员主体资格不合法等问题提出纠正意见 125 件。

对社区矫正活动实行全面监督。社区矫正已经成为本市轻刑犯罪刑罚执行的重要手段,目前全市有社区矫正对象 9728 人。为了规范社区矫正活动,确保矫正质量和效果,社区检察部门采用建立档案、抽查监督、约见谈话、查访公益劳动现场以及参与集中教育等方式加强全面监督。针对列管地不明确、判决执行交接脱节、出行手续不到位等问题,提出书面纠正意见 383 件,推进社区矫正工作制度化和规范化建设。

重视对一类问题开展监督。在加强个案监督纠正的同时,通过建立监督信息库,及时发现并监督纠正一类案件适用法律不统一、执法不公正等问题。针对同步录音录像制作不规范、部分毒品案件违法取证等问题,向公安机关提出监督建议 303 件;针对附加刑适用不当、诉前调解久调不决等问题,向法院提出监督建议 32 件;以及就实习律师违规执业、罪犯缓刑期间担任公司法定代表人等问题向司法行政部门提出监督建议 3 件。另外,对公安机关涉案物品扣押保管、取保候审保证金管理等问题开展专项监督,推动建立长效机制。

四、深入贯彻修改后刑事诉讼法和民事诉讼法,确保法律全面正确实施

刑事诉讼法、民事诉讼法修改是完善中国特色社会主义法律体系的重要组成部分。全市检察机关注重转变执法理念和执法方式,努力提高执法能力和监督能力,充分发挥检察机关在保障人权、维护司法公正中的作用。

积极创造"两法"实施的良好环境。高度重视"两法"的贯彻执行,强化人权意识、程序意识、证据意识和监督意识。加强与公安、法院、司法行政等部门的协作配合,就侦查人员出庭、庭前会议、证据合法性审查、非法证据排除等问题,逐项研究达成共识,出台 10 余份规范性文件并严格执行,保障了"两法"实施的平稳过渡和有序推进。

依法加强人权司法保障。保障人权是衡量一个国家司法文明和进步的重要标准。加强对重大有影响案件、久押不决案件、罪与非罪有争议案件的严格审查，防止冤错案件的发生。加强言词证据和关键证据的审查核实，主动排除非法证据 27 份，要求补正或者合理解释瑕疵证据 254 份。积极开展捕后羁押必要性审查工作，共审查 1057 人，变更强制措施 468 人。注重发挥律师在人权保障中的重要作用，制定了《依法保障律师执业权利的十条意见》，保障律师的会见权、阅卷权、调查取证权等执业权利。建立律师网上预约平台，改建、扩建律师接待室和阅卷室，为律师执业提供便捷服务。

推动执法方式更加公开透明。坚持以改革的精神推动转变执法办案方式，对部分争议较大的不批捕、不起诉、不抗诉，以及羁押必要性审查、刑事和解、申诉等案件，实行公开听证和公开宣告，做到兼听则明，充分释明法律依据，公开审查和宣告案件 371 件。积极推进讯（询）问室、听证室、宣告室等司法办案场所建设，把执法办案活动转移到司法办案场所，使诉讼参与人和社会公众能够通过看得见的方式感受司法公正。

加强对民事执行和立案监督。充分履行修改后民事诉讼法赋予检察机关的民事执行监督职能，制定了《民事执行检察工作实施办法》，通过成立专门机构、指定专人办理等方式，强化对民事执行的监督。共受理民事执行监督案件 146 件，制发执行监督检察建议、检察公函 34 件，法院回函采纳 20 件，促成执行和解 8 件。加强对人民群众反映较多的立案难问题的监督，向法院提出加强立案管理的检察建议。

着力化解涉检信访矛盾。充分发挥检察机关在涉法涉诉案件办理中的作用，加强法律监督，在对确有错误的判决依法抗诉的同时，对 1082 件不符合抗诉条件的申诉案件，加强释法说理，耐心细致做好工作，使大部分案件做到了息诉服判，案结事了。加大诉讼和解和司法救助的力度，对 269 件轻微刑事案件促成当事人和解；对 230 名刑事被害人及其近亲属给予司法救助。

五、加强检察队伍建设，打牢检察工作发展基础

坚持严肃教育、严明纪律、严格监督、严惩腐败，努力提高队伍整体素质，确保公正廉洁执法。

扎实开展党的群众路线教育实践活动。根据中央、市委的部署，通过广泛听取人大代表、政协委员等社会各界以及基层干警的意见，认真查找"四风"方面存在的突出问题。严格执行中央和市委各项制度规定，坚持边整边改，确定了 49 项整改事项，制定了 13 项制度。着眼于长效机制的建立，规定将执行"八项规定"各项制度列入每年督查事项，作为党组民主生活会以及领导干部述职述廉的重要内容。

深入开展"执法为民"主题实践活动。检察机关贯彻党的群众路线就是要继承人民司法的优良传统，将执法为民的思想贯穿于执法办案全过程。针对部分检察人员在执法办案中存在的特权思想和衙门作风，保护群众利益的意识不强，对群众意见重视不够等问题，在全市检察机关开展了为期一年的"执法为民"主题实践活动，制定了《上海检察机关加强执法为民工作 21 条》，明确提出将人民群众是否满意作为执法办案的工作标准，更加重视运用法律手段保护群众利益，更加注重人权保障，努力提高群众工作能力，提高司法公信度。

加强队伍专业化建设。进一步加强岗位练兵、岗位成才和全员培训工作，加强领导干部的素能培训，全面提高检察人员执法能力和综合素质。全年共培训干警 6047 人次。加大专家型人才培养力度，组织开展了上海检察机关第四届检察业务专家的评审活动。有 3 名同志被评为全国检察业务专家，17 名同志被评为第四届上海检察业务专家，9 名同志在全国检察系统业务竞赛中荣获"十佳""业务标兵"等称号。

坚持从严治检。组织开展"以案为镜、正风肃纪"专项警示教育活动，认真吸取违法违纪典型案事件的教训，制定并严格执行"五项严禁"。建立检察官反腐倡廉教育基地，加强廉政文化建设，营造浓厚的廉政文化氛围。认真落实党风廉政建设责任制，加强对自身执法活动的监督制约。严格执行检察干警违法违纪追究制度，查处违纪案件 1 件1 人。

六、自觉接受人大和社会各界监督，不断加强和改进检察工作

自觉接受人大法律监督、政协民主监督和社会监督是正确行使检察权的重要保障。采取报告工作、通报情况、邀请视察、参与执法检查等多种形式，主动接受监督。向各级人大报告法律监督等专项工作 80 件，报备抗诉、检察建议等重要法律文书

1323件,接受代表委员视察、组织座谈、参加听庭评议等1191人次。办理市人大代表书面意见、政协提案和代表委员转信等23件,已经办结21件,及时反馈了办理结果。制定了《上海检察机关接受人大及其常委会监督和加强同人大代表联系的工作规则》,进一步规范向人大报告工作、重要法律文书报备、接受人大质询和加强同人大代表联系等工作。主动听取市政协对检察工作意见,与市政协社会和法制委员会共同开展了关于加强社区检察工作的调研。顺利完成新一届人民监督员的换届工作,人民监督员共监督检察机关侦查的不起诉、撤案等案件48件,不同意检察机关意见6件,经检察委员会讨论,采纳人民监督员意见3件。深入推进检务公开,通过召开新闻发布会、组织集中采访、检察开放日等活动,积极回应群众关注的热点。完善人民监督员、特约检察员和专家咨询制度,加强对社会舆情的收集研判,把群众的意见和要求作为改进工作、检察决策的重要依据。

回顾过去一年的工作,我们清醒地认识到,检察工作还存在一些不足和问题:"两法"实施工作有待进一步深化,保障人权、程序公正的执法理念还有待强化;转变执法方式、增强检察工作的公开性、透明度还需解放思想,加大实践探索的力度;法律监督的职能作用需要进一步充分发挥,监督力度和监督成效有待加强;检察队伍的职业道德教育和执法为民实践活动仍需进一步深化。对于这些问题,我们将高度重视,采取有效措施加以改进。

2014年,全市检察机关将认真贯彻党的十八大、十八届三中全会和中央政法工作会议精神,深入学习习近平总书记系列重要讲话精神,以维护社会稳定为底线,以新一轮司法改革为契机,以进一步提高司法公信力为目标,深化"两法"实施,深化执法为民活动,深化队伍职业化、专业化建设,推动上海检察工作再上新台阶。

一是充分发挥检察工作在全面深化改革中的职能作用。认真学习贯彻十八届三中全会精神,深刻认识检察机关在全面深化改革中的重要责任,充分发挥打击、预防、监督、教育、保护职能作用,更好地服务和保障上海经济社会健康发展。严厉打击干扰改革、破坏改革、钻改革空子的违法犯罪行为,为创新发展营造良好的法治环境;依法平等对待各类经济主体,支持服务国资国企改革,注重保护改革者的创新精神和创新成果;服务保障自贸试验区

建设,为自贸试验区发展提供司法保障。

二是全力维护社会和谐稳定。依法惩治各类刑事犯罪,积极参与社会治安重点地区和突出治安问题的集中整治,维护社会大局稳定和城市公共安全。针对劳动教养制度废止后轻微刑事犯罪上升等情况,积极推进轻微刑事案件快速办理机制。充分发挥检察机关在涉法涉诉申诉信访处理中的作用,加强法律监督,依法保护合法权益。认真总结"两法"贯彻实施中存在的问题,加强与公安、法院、司法行政等部门的协作配合,细化操作性规范,进一步发挥好"两法"在打击犯罪、保障人权、维护社会稳定中的重要作用。

三是加强法律监督工作。坚持严格执法,加大法律监督力度,加强对群众反映较多的民事立案难、执行难,以及涉及执法不平衡、法律适用不统一等一类问题的监督。高度重视对诉讼程序的监督,依法排除非法证据,强化人权司法保障。完善行政执法与刑事司法衔接工作,加强对行政执法活动的监督,着力解决有案不立、有罪不究等问题。依托社区检察室,强化对基层刑事执法活动的监督。整合自身监督力量,增强监督工作合力,着力提升法律监督的能力。

四是深入推进反腐倡廉建设。加大惩治职务犯罪力度,坚决清除害群之马。深入开展打击损害群众利益职务犯罪专项活动,坚决查处发生在食品安全、医疗卫生、社会保障等领域群众反映强烈的案件。加大对重大事故事件介入调查力度,严肃查处国家工作人员不作为、乱作为等失职渎职、滥用职权犯罪。完善与纪委等部门的协作配合机制,增强反腐工作合力。推动执法、司法机关信息共享,提高侦查信息化水平。

五是积极稳步推进检察改革。以司法公开透明和完善检察权运行机制为重点,推动新一轮检察改革。坚持以公开促公正,以透明促廉洁,遵照"以公开为原则,不公开为例外"的要求,增强主动公开意识,做到能公开的一律公开。确立检察官执法主体地位,落实主任检察官办案责任制和责任追究终身制,严防冤假错案发生。根据统一部署,做好人财物统一管理、检察人员统一招录和分类管理等重大改革的调研和准备工作。

六是加强过硬检察队伍建设。加强检察人员理想信念、职业道德教育和过硬本领建设。坚持从严治检,认真执行上海检察机关"五项严禁"和最高人

民检察院"八小时外行为禁令",严格检察人员司法和社会行为规范。加强廉政文化建设,充分发挥检察官反腐倡廉教育基地和检察官文联的作用,提升检察官文化修养和自律精神。认真执行"八项规定",建立"四风"整治长效机制,深化群众路线教育成果。认真落实《上海检察机关加强执法为民工作21条》,以实际行动保护群众切身利益,维护社会

公平正义,让人民群众切实感受到公平正义就在身边。

在新的一年里,全市检察机关将以更加奋发有为的精神状态和更加求真务实的工作作风,坚守法治,秉公司法,脚踏实地,埋头苦干,为上海经济建设和社会发展作出新的更大贡献!

江苏省人民检察院工作报告(摘要)

——2014年1月21日在江苏省第十二届人民代表大会第二次会议上

江苏省人民检察院检察长 徐 安

(2014年1月23日江苏省第十二届人民代表大会第二次会议通过)

2013年全省检察工作

2013年,全省检察机关深入学习贯彻党的十八大精神,认真履行检察职能,全力推进平安江苏、法治江苏和过硬检察队伍建设,努力为全省深入推进"两个率先"提供司法保障。全年共依法批准逮捕犯罪嫌疑人41390人,提起公诉87636人,与2012年相比分别下降21.8%和9%;办理诉讼监督案件7043件;立案侦查涉嫌职务犯罪2155人,同比上升4.9%,通过办案为国家和集体挽回经济损失8.1亿元;在第五次省级机关作风评议中,人民群众对省检察院的评价满意率为96.8%。

一、强化服务大局举措,全力维护人民群众合法权益

全省检察机关认真贯彻习近平总书记关于政法机关要"以党和国家工作大局为重,以最广大人民利益为念"的重要指示,切实把保障人民对美好生活的向往作为检察工作根本目标,努力在服务全省工作大局和执法为民上见成效。

着力服务全省经济转型升级。根据省委决策部署,省检察院出台服务苏南现代化示范区建设等工作意见,督促指导各地检察机关提高执法办案的质量和效果,更好地保障和促进全省区域协调发展。依法打击影响深化产业结构调整、危害转变经

济发展方式的各类犯罪,审查批准逮捕走私、金融诈骗、虚开增值税专用发票等破坏社会主义市场经济秩序犯罪1762件2385人。深入开展打击侵犯知识产权和制售假冒伪劣商品专项行动,对假冒注册商标、侵犯商业秘密等犯罪案件提起公诉337件601人,保障创新驱动战略实施。镇江市开发区检察院被国家人力资源和社会保障部等部门表彰为"国家知识产权战略实施工作先进集体"。积极推进美丽江苏建设,各级检察院与法院、公安、环保等部门建立环保联动执法机制,加大惩处和预防破坏生态环境犯罪的力度,增强环境保护工作合力,对破坏环境资源保护犯罪提起公诉171件405人,一批故意将大量有毒有害气体、液体向天空、河湖、农田排放的严重污染环境犯罪嫌疑人依法受到惩处;立案查处环保领域受贿、渎职等职务犯罪52人。

依法打击民生民利领域刑事犯罪。认真履行审查批准逮捕和审查起诉职能,严厉打击严重刑事犯罪,共提起公诉黑恶势力犯罪和故意杀人、抢劫等严重暴力犯罪11321人,提起公诉盗窃、抢夺、电信诈骗等多发性侵财犯罪24324人,切实保障人民群众生命财产安全。针对非法集资案件严重侵害群众利益的问题,省检察院与省法院、省公安厅联合出台办理非法集资刑事案件意见,各级检察院依

法提起公诉集资诈骗、非法吸收公众存款等涉众型经济犯罪464件891人，其中涉案金额亿元以上的38件109人，并在办案中积极做好追赃工作，尽力帮助受害群众挽回经济损失。省检察院组织开展了打击"地沟油"等危害食品药品安全犯罪专项行动，对重点案件挂牌督办，全省检察机关共批准逮捕生产销售有毒有害食品和假药犯罪嫌疑人114人，维护人民群众生命健康安全。开展危害民生刑事犯罪立案监督专项活动，依法监督行政执法机关移送涉嫌犯罪线索，一批危害民生民利的刑事犯罪案件得到依法查处。

正确贯彻宽严相济刑事司法政策。对犯罪情节轻微的初犯、偶犯、过失犯等依法实行宽缓处理，共不批准逮捕涉嫌犯罪但无逮捕必要的5544人，决定相对不起诉2321人，努力减少社会不和谐因素。严格执行未成年人刑事案件诉讼程序，建立适合未成年人心理特点、有利于教育感化的案件办理机制，共对279名涉嫌犯罪未成年人作出附条件不起诉决定，对未成年人轻罪记录依法予以封存，并认真做好帮教转化工作，促进其改过自新、回归社会。支持1360件轻微犯罪案件被害人与加害人双方就赔偿损失、赔礼道歉等自愿协商达成和解，促进修复社会关系。一些地方积极探索开展涉嫌犯罪外来人员观护教育工作，与政府有关部门及企业、社区等社会力量密切配合，共同做好507名涉嫌轻微犯罪外来人员的矫正教育，这些人无一再犯罪。

积极回应人民群众诉求。省检察院出台执法为民七项公开承诺，对群众实名举报及时调查核实并限期联系举报人，通报工作进展情况，对群众通过"12309检察民生服务热线"反映的问题力求件件有回音；常州、泰州、南通等市检察机关建立集信访接待、案件受理、矛盾化解于一体的统一规范服务群众工作平台，方便了群众，提高了效率。积极推进涉法涉诉信访工作机制改革，接受、办理信访、控申和举报案件36900余件；依法维护当事人对民事行政诉讼案件申请检察监督的权利，共受理监督申请5457件，及时解决民生诉求；加强刑事申诉案件公开审查、答复工作，依法办理国家赔偿案件，促进化解了疑难复杂的重点信访案件429件。积极开展特困刑事被害人救助工作，对符合条件的1170件刑事案件的被害人及其近亲属，依照有关规定发放救助金464.7万元，缓解了受害群众的生活困难。

二、保持反腐败高压态势，严肃查办积极预防职务犯罪

全省检察机关根据中央和省委的新要求，坚持"老虎""苍蝇"一起打，进一步加大惩治和预防腐败的力度，保障和促进廉洁江苏建设。

坚持有案必办、有腐必惩。共立案侦查贪污贿赂犯罪案件1393件1646人，大案率为99.4%，贪污受贿100万元以上的181件；立案侦查渎职侵权犯罪案件367件509人，其中重特大案件222件。查办的职务犯罪案件中，处级以上干部要案107人，其中包括最高人民检察院交办的山东省原副省长黄胜受贿案，中国农业银行原副行长杨琨受贿案，以及省太湖水污染防治办公室原副主任沈振新，徐州市政协原副主席张引，常州市委原常委、政法委书记孙国建，省人防办原副主任刘友超等厅级以上干部受贿案，还查办了镇江市产权交易中心原主任冯智皓涉嫌贪污、挪用、受贿达2亿余元等一批数额特别巨大的职务犯罪案件。深入开展查办和预防发生在群众身边、损害群众利益职务犯罪专项工作，查处发生在征地拆迁、惠农补贴、医疗卫生、社会保障等领域职务犯罪案件1400件1709人，查处农村基层组织人员职务犯罪369人。徐州市检察机关通过查办农村低保领域职务犯罪，推动相关部门开展专项整顿，在清理不符合低保人员的同时，将符合低保条件的8159名困难群众依法纳入保障范围。加强境内外追逃工作，抓获职务犯罪嫌疑人64人。对故意拉拢腐蚀国家工作人员、谋取不正当利益的严重行贿犯罪行为进一步加大打击力度，立案查办行贿犯罪嫌疑人289人，同比增加18.9%。

坚持依法反腐、规范办案。为提高职务犯罪侦查能力，省检察院制定专门工作意见和规划，大力加强精细化初查、科学化审讯和侦查信息化、装备现代化建设，坚决摒弃片面依赖犯罪嫌疑人口供的陈旧办案模式，推动侦查方式向科技信息型转变。认真落实讯问职务犯罪嫌疑人全面全部全程同步录音录像并随案移送审查逮捕、审查起诉制度，有效防范刑讯逼供等非法取证行为的发生；严格规范职务犯罪案件监视居住强制措施的适用。贪污贿赂案件初查成案率达92.8%，职务犯罪嫌疑人非羁押率为53.1%。通过加强内部监督制约，教育引导检察干警牢固树立理性平和文明规范执法理念，确

保办案质量,对检察机关不文明、不规范办案的投诉大幅减少,职务犯罪案件被告人一审服判率达87.3%。

坚持惩防并举、更加注重预防。各级检察院深入学习贯彻习近平总书记在第十二届全国人大一次会议期间听取南京市检察院林志梅代表发言时作出的"预防职务犯罪也出生产力"的重要论断,结合查办案件,有针对性地进行预防职务犯罪专项调查,提出检察建议1133份,很多建议引起当地党政领导的高度重视,推动了重点行业、重点领域的治理。省检察院深入分析全省检察机关五年来查办职务犯罪情况,提出预防对策建议,省委罗志军书记作出重要批示,要求有关部门加强源头预防工作。积极推进行贿犯罪档案查询应用,对新发现的189个有行贿犯罪记录的单位、个人依法建议有关职能部门作出取消投标资格、降低单位资质等处置,促进社会诚信体系建设。组织开展生动具体的现场参观警示教育、网上专题警示教育和案例宣讲警示教育,促进国家工作人员增强拒腐防变免疫力。一些地方组织检察长宣讲团深入党政机关和国有企事业单位进行以案释法,触及灵魂,催人警醒,使一批有贪污受贿行为的国家工作人员主动自首交代问题。各级检察院依靠人民群众大力构建预防职务犯罪人民防线,常态化开展争创预防职务犯罪先进单位、职务犯罪风险点排查监控和预防职务犯罪进机关、进企业、进社区、进学校、进乡村、进家庭活动,组织2000余名预防志愿者协助检察机关开展预防宣传、预防调查、预防法律咨询等工作,一些行业主管部门也与检察机关建立起协作机制,促进从源头上预防职务犯罪。

三、切实加强诉讼监督,着力维护公平正义

全省检察机关以学习贯彻修改后的刑事诉讼法、民事诉讼法为契机,牢固树立人权意识、程序意识、证据意识、时效意识和监督意识,在自觉接受法院、公安、司法行政等部门的制约中,提升了正确规范适用新法的能力。

深入开展刑事诉讼监督。省检察院会同有关部门就实施新法后非法证据排除、律师执业权利保障、规范适用逮捕措施等问题共同出台工作意见,促进了法律统一正确实施。加强刑事立案和侦查活动监督工作,对侦查机关应当立案而未立案的监督立案192件,对不应当立案而立案的监督撤案94件,纠正漏捕270人,纠正漏诉504人。扬州市检察

院组织对全市669名被刑事拘留后未提请逮捕人员进行逐案调卷核查,依法监督侦查机关撤案21件38人。加强刑事审判活动监督,对量刑畸轻畸重、有罪判无罪等案件提出抗诉138件,法院依法改判、发回重审88件。加强对刑罚执行和监管活动的监督,依法监督纠正久押不决案件79人;强化对减刑、假释、暂予监外执行的法律监督,出席庭审2926人次,纠正不当决定31人;加强社区矫正法律监督工作,对不严格履行职责问题提出书面纠正意见297件次,对违反监管规定的321名社区服刑人员建议有关部门予以收监执行。严肃查处执法不严、司法不公背后的腐败问题,依法查办执法司法工作人员职务犯罪案件64件65人。

依法加大民事诉讼监督力度。认真贯彻省人大常委会专题审议民事诉讼法律监督工作的意见,全面提升民事诉讼监督水平。对认为确有错误的生效民事裁判提出抗诉237件,法院再审后改判、发回重审和调解231件;提出民事再审检察建议503件;对1237件民事执行案件提出检察建议;对当事人申诉、信访要求监督的,息诉704件。开展虚假诉讼监督专项活动,监督纠正恶意串通损害国家、集体利益或他人合法权益的虚假诉讼案件375件,依法追究71名虚假诉讼行为人刑事责任。积极督促相关部门和组织履行职责,发出检察建议830件,督促起诉、支持起诉1447件。

坚守防止冤假错案底线。认真贯彻中央和省委、最高人民检察院部署,及时出台防范和纠正冤假错案的意见。坚持疑罪从无原则,严把案件的事实关、证据关、程序关和法律适用关。对侦查机关随案移送审查起诉的重大刑事案件同步录音录像资料加强审查,及时纠正存在的问题。严格落实非法证据排除制度,对犯罪嫌疑人及其辩护律师提出的,以及检察机关审查中自行发现的涉嫌非法取证的问题,依法及时启动调查核实程序,共排除非法证据23件,29人因排除非法证据被不批准逮捕、不起诉。全面开展捕后羁押必要性审查工作,对认为没有继续羁押必要的1484名犯罪嫌疑人、被告人建议有关部门变更强制措施。

四、深入开展教育实践活动,打造过硬检察队伍

根据中央和省委统一部署,省检察院扎实开展党的群众路线教育实践活动,聚焦"四风"自我革新,勇于破除形式主义、官僚主义、享乐主义和奢靡

之风,进一步树立起新风正气。

围绕检察工作深查问题。按照"照镜子、正衣冠、洗洗澡、治治病"的总要求,联系检察工作实际查摆作风上存在的问题,省检察院先后召开人大代表、政协委员、律师、新闻媒体代表等13个座谈会征求意见,当面听取案件当事人、申诉人378人次意见,重点查出执法为民意识不牢、脱离群众,法律监督意识不强、讲情面不作为,执法作风不实、急功近利,干事创业激情减退、安于现状,艰苦奋斗精神淡化、讲排场比阔气等突出问题。省检察院领导班子在民主生活会上,主动认领责任,深挖思想根源,坦诚开展批评,深入研究整改措施,达到了"排毒治病"的目的。

围绕转变作风真改不足。坚持立说立行、即知即改,从人民群众反映最强烈的突出问题改起,省检察院领导班子成员轻车简从到基层驻点调研,组织140余名干部深入办案一线面对面了解基层真实情况,加强有针对性的指导,并直接倾听群众诉求,化解信访矛盾,实实在在帮助基层解决执法办案中的困难。省检察院坚决执行厉行节约、反对浪费各项规定,被评为"江苏省公共机构节能示范单位",全年下发文件数量、召开会议次数分别减少32.5%和29.6%,"三公"经费支出有较大幅度下降,其中公务接待费下降31%。为改变执法办案绩效考评中的急功近利等问题,省检察院全面修订了业务考评办法,废止了以办案数量排名次的做法,坚持内部综合评价与群众满意度测评相结合,引导各级检察院根据人民意愿开展检察工作。组织开展案件质量专项检查,省检察院抽调143名业务骨干组成13个检查组在全省各地对5995件正在办理的各类案件进行逐案评查,对发现的保障人权不到位、执法不规范、办案质量有瑕疵等问题,由省检察院领导向各市检察院提出整改意见,有力促进了全省检察机关严格公正执法。

围绕队伍建设狠抓落实。为加强队伍能力建设,举办全省十佳公诉人、侦查监督办案能手、司法警察警务技能竞赛评比等活动,提升检察干警业务技能;开展案例教学,剖析执法办案中的法律政策问题和典型案例,对办案一线干警进行有针对性的培训,检察干警的执法、司法水平普遍提高。为强化自身监督制约,全面加强对受理、立案、结案等办案环节的流程管理和动态监督,组织推行全国检察机关统一业务应用系统,实现办理的所有案件都全

程网上运行流转,全程监督预警,促进了严格规范执法。为推进自身反腐倡廉建设,全省检察机关开展检察人员专项纪律教育整顿,严格规范各类公务活动和检察人员八小时以外行为,严肃查处违纪违法问题,共查处9件13人。深入学习全国最美基层干部、全国人民满意的公务员和全国模范检察官林志梅同志先进事迹,引导检察人员进一步增强秉公执法、干事创业的自觉性,全省检察机关有64个集体和51名个人受到中央以及最高人民检察院和省有关部门的表彰奖励,南京市秦淮区检察院李海青当选全国最美检察官。

五、自觉接受外部监督,不断提升执法公信力

进一步加强与各级人大代表、政协委员的联络工作,严格依法接受人大监督,自觉接受政协民主监督。全省三级检察共向各级人大及其常委会报告工作307次,落实人大代表、政协委员视察调研活动7656次。认真办理人大代表、政协委员提交的75件建议提案议案,逐件明确办理领导和责任部门,加强督查督办,确保件件有落实。省检察院组织全国和省人大代表到常州、镇江等地视察环保联动执法、监狱检察监督、案件监督管理等工作,苏州、无锡等地还邀请人大代表、政协委员和特约检察员观摩评议庭审以及各类办案能手评比等活动,主动接受监督。不断增强检察工作透明度,全省三级检察院联动举办检察开放月活动,8600余名社会各界群众走进检察机关,现场观摩办公办案场所,听取检察情况介绍和宣传讲解。省市两级选出新一届人民监督员718名,对检察机关125件拟撤案、拟不起诉等"七种情形"案件进行有效监督。盐城、淮安、连云港等市检察院邀请人民监督员参与公开听证、信访接待等,促进了严格规范执法。

为深化检务公开,省检察院制定专门工作意见,明确规定除涉及国家秘密外,各级检察院一律将执法办案的依据、程序、过程和结果依法对外公开,保障人民群众的知情权、参与权和监督权。在基层检察院开展公开终结性法律文书试点工作,主动接受社会查询和监督。全面整合升级江苏检察网,开通官方微博"江苏检察在线",及时传递检察资讯。省检察院还就社会各界关注的生态环境司法保护、虚假诉讼监督、打击危害民生民利犯罪等问题,多次召开专题新闻发布会,及时回应群众关切。宿迁市检察院对办理的销售假冒注册商标商品等典型案件出庭支持公诉情况,在微博上全程同

步图文直播,取得良好效果。

过去一年检察工作仍然存在一些问题和不足:一是查办和预防职务犯罪虽有进步,但与人民群众期待还有不小差距;刑事诉讼监督和民事行政诉讼监督虽然加大了力度,但监督能力水平还不能适应依法治国的新要求。二是检察机关联系群众、服务群众的渠道还不够畅通,有的群众诉求没有得到及时有效解决,检察机关的群众工作水平有待进一步提高。三是教育监督还不到位,有的检察院和少数干警没有牢固树立打击犯罪与保障人权并重、程序公正与实体公正并重等理念,执法办案中不规范、不严谨、不文明等问题仍有发生。四是一些基层检察院骨干人才比较缺乏,队伍专业化、职业化建设亟待加强。我们将高度重视这些问题,在今后工作中认真加以解决。

2014 年全省检察工作主要任务

在新的一年里,全省检察机关将认真学习贯彻党的十八届三中全会、中央政法工作会议和省委十二届六次全会、全国检察长会议精神,始终牢记习近平总书记对政法工作提出的新要求,紧紧围绕全省发展大局,以促进社会公平正义、增进人民福祉为出发点和落脚点,以维护社会大局稳定、促进社会公平正义、保障人民安居乐业为主要任务,更加充分发挥检察职能作用,为我省深入推进"两个率先"提供有力司法保障。

一是全力维护社会大局稳定。坚持底线思维,依法严惩危害国家安全的各类犯罪活动,坚决打击以颠覆国家政权为目的的暴力恐怖、聚众扰乱社会秩序和公共秩序等犯罪活动。积极参与打击整治网络有组织制造传播谣言等违法犯罪专项行动,依法惩治利用网络实施的造谣、敲诈勒索、诈骗等犯罪,维护网络社会安全。依法严厉打击黑恶势力、严重暴力、涉枪涉爆涉恐、拐卖妇女儿童、危害食品药品安全、环境污染等严重危害人民群众生命健康的犯罪,严厉打击盗窃、诈骗等多发性侵财犯罪,深入开展社会治安突出问题专项整治,切实提升人民群众安全感。积极参与创新社会治理方式,完善落实社会风险排查研判、执法办案风险评估预警、法律文书说理、检调对接等制度,着力在检察环节预防和化解社会矛盾。

二是着力保障和促进全省经济转型升级。加大打击走私、集资诈骗等严重破坏社会主义市场经济秩序犯罪力度,依法惩治财政、金融、证券等领域

的犯罪,促进规范市场经济秩序。依法打击侵犯非公企业特别是小微企业合法权益的犯罪活动,切实维护公平竞争的市场环境。严厉打击制假售假、侵犯商业秘密等侵犯知识产权犯罪活动,强化对涉及市场准入、不正当竞争等方面的法律监督,保障战略性新兴产业发展,促进产业优化升级。依法打击征地拆迁、企业改制过程中侵犯群众合法权益的犯罪,妥善处理农村承包土地经营权流转等领域法律纠纷,促进城镇化和城乡发展一体化建设。深入推进环境保护行政执法与刑事司法有效衔接,加大对破坏环境资源类犯罪打击力度,积极查办土地资源开发、环境监管等领域职务犯罪,促进生态文明建设。

三是依法查办和积极预防职务犯罪。认真落实中央《建立健全惩治和预防腐败体系 2013—2017 年工作规划》,进一步加大依法查办职务犯罪案件的力度,既坚决查办发生在领导机关和领导干部中的贪污贿赂、渎职侵权犯罪案件,又严肃查办发生在群众身边、损害群众利益的腐败犯罪。深化预防职务犯罪工作,全面开展预防调查和咨询、预防检察建议、年度报告和预防警示教育等工作,使查办案件与源头治理更紧密结合起来,切实促进把权力关进制度的笼子。大力推进预防职务犯罪人民防线工程,深入开展预防职务犯罪"六走进"等活动,依靠人民群众提升预防职务犯罪水平。

四是着力促进严格执法、公正司法。切实加强对侦查、审判和刑罚执行活动的法律监督,着力监督纠正有案不立、有罪不究、量刑畸轻畸重、严重违反程序、侵犯当事人人身权利等执法不严、司法不公突出问题。深入开展清理纠正久押不决案件工作,依法监督纠正超期羁押等问题;组织开展违法减刑、假释、暂予监外执行专项监督,及时监督纠正刑罚变更执行不当问题,严肃查处背后的司法腐败。进一步建立健全防止冤假错案的工作机制,严格把握证据标准,切实把好审查逮捕、审查起诉关。认真落实省人大常委会专题审议民事诉讼法律监督工作意见,进一步加强民事诉讼法律监督工作,综合运用抗诉、检察建议、调查违法等监督手段,加强对生效裁判、调解书和执行中违法情形的监督,真正形成多元化监督格局。

五是积极稳妥推进检察改革。深入学习领会中央和省委关于全面深化改革的总体部署,精准把握司法体制改革有关要求,坚持先易后难、分类推

进,从人民群众最期盼、制约司法公信和司法能力最突出、最容易形成共识的问题改起。推进涉法涉诉信访工作机制改革,规范涉检信访案件办理工作,引导群众依法维护自身合法权益。积极深化检务公开,坚持"能公开的一律公开",建立检察机关终结性法律文书公开机制,健全公开审查、公开答复制度,探索建立审查逮捕公开听取意见机制,保障群众知情权、参与权、监督权。广泛实行人民监督员制度,拓展人民群众有序参与和监督司法的渠道,增强人民监督员制度的公信力。推行检察官办案责任制,科学划分执法办案权限,健全执法办案组织,完善执法办案责任体系。健全错案防止、纠正、责任追究机制,严格落实非法证据排除制度,完善律师执业保障机制,加强人权司法保障。按照中央和最高人民检察院统一要求,稳步推进涉及体制和法律政策调整的重大改革,注重实效,善做善成。

六是大力加强过硬检察队伍建设。按照政治过硬、业务过硬、责任过硬、纪律过硬、作风过硬的要求,狠抓队伍的理想信念教育、业务能力提升、纪律作风养成和党风廉政建设,着力建设一支信念坚定、执法为民、敢于担当、清正廉洁的检察队伍。省检察院将在巩固和深化党的群众路线教育实践活动成果基础上,积极协助地方党委指导市县两级检察院扎实开展教育实践活动,推动全省检察机关进一步改进作风,更好地服务人民群众。坚决纠正特权思想、霸道作风,使检察权始终用于维护人民利益;坚决纠正不敢监督、选择性办案做法,使坚守公平正义底线成为检察人员自觉行为;坚决纠正乐享乐主义、奢靡之风,使勤俭节约、廉洁自律在检察机关蔚然成风;坚决防止和纠正执法办案中不文明、不规范的问题,使检察机关办理的每一个案件都经得起法律、历史和人民的检验。

在新的一年里,我们将在省委和最高人民检察院的领导下,在省人大及其常委会的监督下,锐意进取,奋发有为,恪尽职守,扎实工作,为开创我省改革开放事业的新局面、谱写好中国梦的江苏篇章作出新的更大贡献!

浙江省人民检察院工作报告(摘要)

——2014 年 1 月 18 日在浙江省第十二届人民代表大会第二次会议上

浙江省人民检察院检察长 陈云龙

(2014 年 1 月 20 日浙江省第十二届人民代表大会第二次会议通过)

2013 年,全省检察机关在省委、最高人民检察院的领导和省人大及其常委会的监督下,在省政府、省政协以及社会各界的重视支持下,坚持把检察工作摆到省委工作大局中来谋划和推进,制定实施《关于扎实推进十二项工作,服务干好"一三五"、实现"四翻番"的意见》,紧紧围绕"四大国家战略举措""四大建设""三改一拆"、治水治污、创新驱动发展等重大决策部署,配套落实服务保障措施,充分发挥检察职能作用,努力为我省经济社会发展创造安全稳定的社会环境、公平正义的法治环境和优质高效的服务环境。

坚持把接受人大监督作为做好检察工作的重要保证。全省检察机关严格执行接受人大监督的各项制度,做好向人大及其常委会报告工作,加强与人大代表的联络,认真办理人大代表提出的议案、意见和建议。同时,自觉接受政协民主监督,主动向各民主党派、工商联和无党派人士通报检察工作情况,加强人民监督员和特约检察员工作,在检察决策和执法办案过程中充分听取意见,接受监督。

一年来,全省检察机关积极适应修改后刑事诉讼法、民事诉讼法的新要求,采取有力措施,克服案多人少的突出矛盾，全面强化法律监督职能，扎实推进检察自身建设，工作取得新进展。全省检察机关共依法批捕各类刑事犯罪 70678 人，起诉 122437 人，有罪判决率为 99.9%；依法立案侦查职务犯罪 1757 人，有罪判决率为 100%；依法提出抗诉、纠正违法意见等诉讼监督 4913 件（次），被采纳率为 85.7%，办案质量、效率、效果名列全国前茅。

一、坚持打击犯罪与保障人权并重，全力维护国家安全、社会稳定、人民安居乐业

充分发挥打击犯罪职能作用。坚决打击危害国家安全犯罪。依法严惩危害国防利益和军人军属合法权益犯罪。积极参加打黑除恶、治爆缉枪、打击"两抢一盗"等专项行动，依法批捕黑社会性质组织和恶势力团伙犯罪 4623 人，起诉 6291 人；依法批捕杀人、绑架、强奸等严重暴力犯罪 9906 人，起诉 14485 人。对危害食品药品安全、环境污染等严重危害人民群众生命健康的犯罪，切实加大打击力度，依法批捕制售有毒有害食品药品犯罪 495 人，起诉 763 人；批捕非法排放污水等破坏环境资源犯罪 259 人，起诉 525 人。着力营造诚信有序的市场环境，积极参与整顿和规范市场经济秩序，依法批捕走私、制假售假、合同诈骗、传销等严重破坏市场经济秩序犯罪 2737 人，起诉 8070 人。加强对市场主体合法权益的平等保护，依法批捕职务侵占、挪用公司资金、商业贿赂等犯罪 420 人，起诉 1006 人。积极服务创新驱动发展战略，建立与有关执法部门的工作联动机制，加强知识产权司法保护，依法批捕侵犯知识产权犯罪 244 人，起诉 987 人。围绕服务金融综合试点改革，省检察院、温州市检察院组建金融案件专业办案组，建立对涉金融案件的备案审查、定期研判制度，严厉打击金融诈骗、非法集资等犯罪，依法批捕 477 人，起诉 1315 人；对确因融资困难、所融资金投入实业的依法从宽处理。

坚决纠正和防止冤假错案。省检察院认真履行法律监督职责，发现"两张叔侄强奸案"和"萧山五青年抢劫杀人案"冤错后，及时组织复查案件，提出有错必纠、依法予以再审改判的审查意见。为吸取教训，省检察院先后召开反思两起错案教训的电视电话会议，组织全省检察机关开展严防冤假错案大讨论，制定防止和纠正冤假错案的十八条意见，剖析问题、落实整改、完善制度，并对检察环节的有关责任人进行了严肃处理。为防止冤假错案发生，省检察院还在全国率先推行以客观性证据为核心

的审查批捕、审查起诉工作模式，法学界、司法实务部门给予了高度评价，最高人民检察院先后两次在全国推广。组织开展全省检察机关公诉案件、死刑案件质量大评查，历时 5 个月，对全省 2012 年以来办理的 10.8 万件公诉案件、死刑案件逐件开展了评查，从中发现 5 方面问题，逐项落实整改措施，坚决予以纠正。

积极化解社会矛盾。着力推进刑事和解，省检察院制定《关于办理当事人和解的刑事公诉案件的若干规定》，积极促成因民间纠纷等引起的轻微刑事案件当事人和解 1682 件，依法作出不起诉决定 1169 人。全面推行未成年人刑事案件专门机构或专人办理，联合有关部门建立未成年人犯罪法律援助制度，推进合适成年人参与诉讼、案前社会调查及案后帮教基地建设，对 1313 人次未成年人依法作出不批捕、不起诉决定，强化对涉罪未成年人的感化教育挽救。强化法律监督说理，省检察院规定全省检察机关对不立案、不起诉、不抗诉等终结性决定开展释法说理，促进息诉息访。加强司法救助工作，对 349 名生活确有困难的刑事被害人及其亲属提供司法救助金 321 万元，努力增进和谐因素。加强互联网检务中心建设，完善 12309 举报电话、网上信访、来信、来访"四位一体"机制，办理群众申诉控告案件 25408 件，依法办结息访 25166 件。加强对隐藏在案件背后的社会矛盾的研究分析，我省检察机关就吸毒人员驾照管理、水污染治理等一批分析报告得到了省委和最高人民检察院的充分肯定。

二、坚持惩治与预防职务犯罪并重，全力推动健全权力运行制约和监督体系

坚持"老虎""苍蝇"一起打。坚决查处贪污贿赂犯罪大案要案，建立健全奖励实名举报、网络反腐研判等制度，完善交办、督办、提办等机制，增强突破大案要案的能力，依法立案侦查贪污贿赂犯罪 1046 件 1341 人，其中，大案 976 件，占 93.3%，同比增加 6.4 个百分点；科级以上干部 571 人，其中处级干部 139 人，厅级干部 7 人。加大渎职侵权犯罪查处力度，突出查处重大环境污染事件、重大责任事故、重大群体性事件背后的渎职侵权犯罪案件，依法立案侦查渎职侵权犯罪 325 件 416 人，其中，重特大案件 159 件，同比上升 23.3%。着力解决发生在群众身边的腐败问题，围绕"三农"工作和教育、就业、住房、水利、社会保障、生态环境、安全生产、医

疗医药、执法司法等重点领域和关键环节,从2013年2月起,集中开展为期两年的查办发生在群众身边、损害群众利益职务犯罪专项工作,已依法立案查处1056人。加大打击行贿犯罪力度,依法查处危害严重的行贿犯罪285人。通过办案,为国家挽回经济损失3.47亿元,同比上升64.5%。

严格规范职务犯罪侦查工作。认真贯彻修改后刑事诉讼法关于保障人权、规范执法的要求,组织全省检察机关开展专项教育,牢固树立理性平和文明规范办案的理念,提高查办职务犯罪案件法治化水平。组织开展整顿作风、严明纪律、规范执法专项检查和职务犯罪案件专项质量评查,深入查摆和整改突出问题。重点建立职务犯罪侦查环节非法证据防范机制,严格规范运用各种强制措施,依法全面客观收集证据,主动防范和排除非法证据。出台办案工作区使用和管理实施细则,明确使用条件,落实管理责任,坚决防止出现办案安全事故。会同有关部门出台职务犯罪侦查同步录音录像调取、查阅的规定,严格按照"全面、全程、全部"原则执行同步录音录像制度,保障办案依法规范。

深入推进预防职务犯罪工作。认真贯彻习近平总书记关于预防职务犯罪出生产力的重要指示精神,深入贯彻《浙江省预防职务犯罪条例》,推进预防职务犯罪法制化、社会化、专业化。进一步完善侦防职务犯罪一体化机制,紧密结合办案加强案件剖析警示、预防建议、行贿犯罪档案查询等工作。以"四大万亿工程"等项目预防为重点,建立健全项目督导、听取落标人员意见等制度,进一步增强重大项目预防的实效。先后与金融、建设、教育等10个系统建立了共同开展预防职务犯罪机制。组织开展预防职务犯罪进机关、企业、乡村、学校、社区等"五进"活动,共开展警示教育预防3144次,受众人数达10万多人。撰写全省检察机关年度职务犯罪情况报告102份,为各级党委、人大、政府加强反腐倡廉建设提供决策依据。金华市检察院以市管干部和后备干部为重点开展全市廉情分析,每季度向市委作专题汇报,加强防范,有力促进了廉政建设。

三、坚持强化法律监督与强化自身监督并重,全力促进严格执法、公正司法

大力监督纠正执法不严、司法不公。加强对侦查机关立案、侦查活动的监督,组织开展危害民生犯罪专项立案监督,依法监督侦查机关立案1005件、撤案448件,纠正漏捕、漏诉1311人,纠正违法侦查行为1153件次。加强对审判活动的监督,对认为确有错误的刑事裁判依法提出抗诉353件,同比增长36.3%,法院已改判、指令再审和发回重审194件;组织开展民生领域专项民事行政检察监督,对认为确有错误的民事裁判依法提出抗诉202件,法院已改判、发回重审103件,调解结案65件,对法院在民事执行中的违法问题提出纠正意见957件次,同比上升39.5%。加强对刑罚执行和监管活动的监督,对减刑、假释、保外就医等刑罚执行变更活动开展同步监督,依法纠正相关违法行为693件次;开展久押不决案件专项检察;加强社区矫正法律监督,对其中的监管改造违法情况提出纠正意见244件次。坚决打击恶意串通虚假诉讼,通过再审检察建议、抗诉纠正错误民事裁判43件,向公安机关移送涉嫌刑事犯罪线索143件,追究刑事责任45人。深挖查处执法不严、司法不公背后的腐败问题,依法查处执法司法人员受贿、徇私枉法等犯罪124人。

坚决维护诉讼参与人合法权益。全面落实审查逮捕阶段每案讯问犯罪嫌疑人制度,联合省公安厅推行审查逮捕社会危险性说明,探索开展羁押必要性审查,对构成犯罪但不具备社会危险性、无逮捕必要的4925名在押犯罪嫌疑人依法作出不批捕决定,同比上升26.6%;对不需要羁押的264名犯罪嫌疑人及时提出释放或变更强制措施建议。坚决保障诉讼参与人的控告申诉权,对当事人控告申诉侦查违法、控告申诉阻碍诉讼权利行使,省检察院规定必须及时进行审查,并将调查结论书面答复控告申诉人。更加注重保障律师执业权利,省检察院召开律师界人大代表、政协委员座谈会听取意见建议,会同有关部门积极研究制定保障和规范律师执业权利行使的制度。一些检察院还探索开展了律师会见网上预约和电子化卷宗阅卷,为律师行使诉讼权利提供便利。

更加重视强化自身监督。认真贯彻修改后刑事诉讼法、民事诉讼法的新要求,省检察院进一步完善执法办案各个环节规范化程序和工作要求,严格落实执法办案层级责任制,完善基层检察院工作考评体系,突出规范执法导向。全面修订《执法办案内部监督暂行规定》,突出执法监督重点,完善监督程序,强化责任追究。以信息化手段全面推进案件集中管理,探索开展对办案程序、案件质量的全程同步监督。在全省开展诉讼当事人权利保障、同步录音录像制度执行大检查，对发现的6个方面问题集中通报、限期整改纠正。

四、坚持打造过硬队伍与夯实基层基础并重，全力提高检察自身司法水平和公信力

大力加强思想政治建设。把学习贯彻党的十八大、十八届三中全会和习近平总书记系列重要讲话精神作为重要政治任务，切实加强队伍思想政治教育，坚定政治信念、立场和定力。积极开展做好新形势下群众工作能力、维护社会公平正义能力、新媒体时代社会沟通能力、科技信息化应用能力和拒腐防变能力五个能力建设。省检察院和杭州市、宁波市检察院扎实开展党的群众路线教育实践活动，认真抓好学习教育、对照检查、批评和自我批评、整改建制等各环节工作。严格执行中央"八项规定"和省委"28条办法"，出台"九项严禁"，组织开展正风肃纪专项警示教育，严肃查处违法违纪检察人员9人。

着力提升贯彻实施修改后"两法"的能力。把实施修改后刑事诉讼法、民事诉讼法作为检察业务建设的重中之重，省检察院成立领导小组，制定工作方案，先后两次召开专题研讨班、专题推进会。着力适应修改后"两法"对办案程序公开、程序公正以及证据合法性证明等更加严格的执法要求，研究确定简易程序案件全面出庭、侦查人员出庭作证等12个重点课题，积极开展专题调研、试点探索，省检察院及时总结经验，单独或会同有关部门出台19项制度予以规范。把提升队伍业务素质放在突出位置，坚持普遍性练兵培训和发挥业务精英引领作用相结合，加强各业务线的针对性培训和实战练兵，组织开展业务竞赛评选活动，一年来全省有53名干警被评为全国检察业务专家、全国优秀侦查监督能手等省级以上业务领军人才。

深入推进基层基础建设。以"先进基层检察院"创建活动为抓手，组织开展基层检察院评估试点工作，细化工作要求和标准，督促基层检察院围绕大局有效履职。着力推进派驻乡镇、街道等基层检察室建设，召开专题推进会进一步明确基层检察室的履职方式和具体要求，目前全省已经设立运行的99个检察室在排查化解基层矛盾、促进基层法治建设等方面发挥了积极作用。把科技强检作为强化基层基础的支撑，推进侦查信息化建设，推进电子数据证据技术运用，省检察院、杭州市检察院

建立了电子数据实验室，探索运用电子技术提取、恢复和固定涉案电子数据证据。

同时，我们清醒地认识到，工作中还存在不少问题和差距：面对修改后刑事诉讼法、民事诉讼法实施带来的新任务新要求，一些干警的执法理念、办案方式还没有及时转变；查处职务犯罪、诉讼监督的力度效果还需进一步提高；有的干警执法素质不高、纪律作风不严，执法不文明不规范现象还有发生；检察机关信息化建设与办案任务要求不相适应，科技强检亟须加强。对此，我们将采取积极有效的措施，努力加以解决。

2014年，全省检察工作总的思路是：坚持党对检察工作的领导，紧紧围绕我省推进治理体系和治理能力现代化走在前列的总目标，以维护社会大局稳定为基本任务，以促进社会公平正义为核心价值追求，以保障人民安居乐业为根本目标，坚持严格执法、公正司法，着力提升"三个效果"有机统一的办案质量，积极深化检察改革，不断提升检察工作水平，为我省走好"一三五"、实现"四翻番"提供有力的司法保障。

一是着力保障全面深化改革，积极推进检察改革。认真贯彻落实中央、省委的改革部署，紧紧围绕省委"五水共治""五措并举"等重大决策部署，找准服务保障改革的切入点和着力点，重点推进环保检察、知识产权检察、金融检察和行政执法检察监督。对改革中出现的新情况新问题加强调研，正确区分改革失误与失职渎职、改革探索中出现偏差与钻改革空子实施犯罪的界限，努力营造保护创新、宽容失败的改革氛围。根据中央、省委和最高人民检察院的部署，认真抓好检察自身的改革任务，努力在落实涉法涉诉信访工作机制、检务公开、人民监督员制度改革等方面取得突破。

二是着力坚持和发展"枫桥经验"，积极维护社会大局稳定。以人民群众平安需求为导向，突出打击黑恶势力、严重暴力、涉枪涉爆涉恐、危害食品药品安全、环境污染等严重危害人民群众生命健康的犯罪，促进健全公共安全体系。努力做到所办的每一起案件都体现公平正义，把牢法律底线，不发生一起冤假错案。立足"平安浙江""法治浙江"建设，以深入贯彻宽严相济刑事政策、改进执法办案方式方法、强化基层检察功能作用为着力点，积极构建检察环节坚持和发展"枫桥经验"的工作体系，重点推进执法办案风险评估、轻微刑事案件快速办

理与和解、未成年人犯罪记录封存和观护帮教基地建设、基层检察室建设等工作,从源头上预防和减少矛盾纠纷。

三是着力加大惩防职务犯罪力度,积极促进廉洁政治建设。坚持"老虎""苍蝇"一起打,既坚决依法查办发生在党政机关中的贪污贿赂、渎职侵权犯罪,又严肃依法查办发生在群众身边的腐败犯罪。深入推进查办和预防发生在群众身边、损害群众利益职务犯罪专项工作,坚决依法惩治"三农"、教育、社会保障、医疗卫生、食品药品安全、征地拆迁以及环保等领域职务犯罪。立足办案,深入抓好个案剖析、行贿犯罪档案查询、年度报告等工作,探索建立职务犯罪预测预警机制,促进完善防控廉政风险、防止利益冲突等制度。

四是着力强化法律监督,积极促进严格执法公正司法。深入贯彻修改后刑事诉讼法、民事诉讼法和省人大常委会《关于加强检察机关法律监督工作的决定》,紧紧抓住人民群众反映强烈的执法不严、司法不公问题,切实强化法律监督,坚决惩治司法腐败,更好地发挥维护执法司法公正的职能作用。把规范检察自身执法放在更加突出的位置来抓,重点抓好侦查讯问同步录音录像、非法证据排除、律师执业权利保障等工作。

五是着力加强检察自身建设,积极提升司法能力。按照政治过硬、业务过硬、责任过硬、纪律过硬、作风过硬的要求,深入开展党的群众路线教育实践活动,大力加强队伍思想政治建设、职业道德建设和法律监督能力建设,努力建设一支信念坚定、执法为民、敢于担当、清正廉洁的检察队伍。着力加强检察信息化建设,加快构建检察数据库体系,建立与有关部门的信息协查机制,提升运用科技手段发现和惩治违法犯罪的能力。制定实施新一轮基层检察院建设规划,推进基层检察室建设,进一步夯实检察工作科学发展的基础。

安徽省人民检察院工作报告(摘要)

——2014年2月12日在安徽省第十二届人民代表大会第三次会议上

安徽省人民检察院检察长 薛江武

(2014年2月13日安徽省第十二届人民代表大会第三次会议通过)

2013年,在中共安徽省委和最高人民检察院的领导下,在省人大及其常委会的监督下,全省检察机关认真落实省十二届人大一次会议精神,紧紧围绕平安安徽、和谐安徽、法治安徽建设,以强化法律监督、强化自身监督、强化队伍建设为总要求,以转变观念、规范执法、提升能力、增强公信为抓手,忠诚履职、务实创新,开启了新的发展篇章。

一年来,全省检察机关共批准逮捕刑事犯罪嫌疑人22746人,同比下降9.8%。提起公诉47216人,同比上升8.5%。立案侦查职务犯罪案件1561件2061人,同比分别上升29.5%和17.5%。办理刑事、民事行政申诉10066件,同比上升36.7%。纠正减刑、假释、暂予监外执行不当721人,同比上升119.8%。执法办案总体呈现力度加大、质量提高、健康平稳的良好态势。

一、立足检察职能、服务全省大局,促进经济持续健康发展

紧扣省委稳增长、调结构、促改革的决策部署,更加主动地把检察工作置于全省发展大局中来谋划和推进,用心用力做好服务和保障工作。

着力营造良好发展环境。围绕营造公平竞争的市场环境,严厉打击破坏市场经济秩序犯罪,起诉金融诈骗、传销、非法集资等犯罪嫌疑人2799人。围绕实施创新驱动发展战略,积极参与打击侵犯知识产权和制售假冒伪劣商品专项行动,起诉制假售假等犯罪嫌疑人508人。加强行政执法与刑事司法衔接,推动建设信息共享平台,依法纠正有罪不究、以罚代刑等问题,先后督促行政执法机关移送涉嫌犯罪案件438件。围绕经济建设重点领域,深化商业贿赂专项治理和工程建设领域专项治理,开展政府重点投资项目专项预防,促进形成法治化营商环境。

大力加强生态司法保护。加大对破坏能源资源和生态环境犯罪的打击力度,共起诉非法采矿、盗伐滥伐林木、造成重大环境污染事故等犯罪嫌疑人647人。及时介入重大环境污染事故调查,坚决查处生态环保领域国家工作人员索贿受贿、失职渎职等犯罪。立案侦查涉及环保资金申报、环境影响评价、环境监察执法等环节的职务犯罪133人,立案侦查非法批准征用土地、违法发放矿产许可证等职务犯罪74人。围绕重点领域职务犯罪高发问题形成专项分析报告,督促相关部门强化行业治理,促进生态强省建设。

依法维护企业合法权益。深入企业开展法律服务,主动了解企业司法需求。严厉打击利用国企改革之机侵吞国有资产的犯罪,维护国家经济利益。坚决打击侵犯非公企业特别是小微企业合法权益的犯罪,加强平等保护。依法妥善办理涉及企业案件,正确把握政策法律界限,注意执法方式方法,慎重把握办案时机,慎重扣押涉案款物,慎重采取强制措施,防止因执法不当影响企业正常生产经营,促进和保障实体经济发展。

二、坚持执法为民、维护社会稳定,促进平安和谐安徽建设

积极回应人民群众对公共安全、权益保障的新期待,扎实做好惩治犯罪、维护民利等工作,着力服务和保障民生。

全力维护社会和谐稳定。坚持把维护稳定作为第一责任,深入开展打黑除恶、禁毒禁赌、打击"两抢一盗"等专项整治行动,提高人民群众安全感和满意度。全年共起诉危害公共安全犯罪、严重暴力犯罪和多发性侵财犯罪嫌疑人19775人。严厉打击拐卖妇女儿童犯罪,起诉148人。积极参与网络犯罪专项整治行动,坚决打击群众反映强烈的散布谣言、网络诈骗等犯罪。认真贯彻宽严相济刑事政策,对达成刑事和解的犯罪嫌疑人不批捕1102人、不起诉847人,对涉罪未成年人依法适用附条件不起诉186人,最大限度减少社会对抗。

坚决惩治危害民生犯罪。坚持民生优先导向,集中开展查办和预防发生在群众身边、损害群众利益职务犯罪专项工作,立案侦查教育、就业、社会保障、医疗卫生、危房改造等民生领域职务犯罪1173人,占立案总数的56.9%。着眼于促进强农惠农政策的有效落实,组织开展查办政策性补贴领域渎职侵权犯罪专项行动,立案侦查农机、燃油、生猪养殖补贴等领域职务犯罪146人。积极参与食品药品安全专项整治,起诉制售有毒有害食品药品犯罪112人。部署开展危害民生刑事犯罪专项立案监督活动,督促行政执法机关移送涉嫌犯罪案件169件,切实维护民生民利。

依法妥善化解矛盾纠纷。落实涉法涉诉信访机制改革,加强控申接待窗口建设,完善检察长接待日、包案责任制、带案下访巡访制度,真心倾听群众诉求,真诚解决群众反映问题,全年共办理群众来信来访19038件,同比上升22.5%。坚持把矛盾化解贯穿于执法办案全过程,积极开展检调对接、刑事和解工作,引导群众理性、合法、有序表达诉求。全年有1745件刑事申诉案件和1671件民事行政申诉案件在检察环节息诉罢访。延伸法律监督触角,在乡镇社区设立检察室、检察工作站,参与社会治理、加强执法监督、受理群众诉求。积极开展刑事司法救助,先后救助刑事被害人2022名,发放救助金581万元,努力让群众真切感受到司法的温暖。

三、加大办案力度、注重惩防一体,促进反腐倡廉建设

坚决贯彻中央和省委严惩腐败的部署要求,坚持有案必查、有腐必惩,坚定不移地推进反腐败斗争。

保持反腐高压态势。全年共查办贪污贿赂犯罪1575人,同比上升12.8%;渎职侵权犯罪486人,同比上升35.8%。坚决查处大案要案,立案侦查大案1278件,同比上升43.1%;县处级以上干部要案125人(其中厅级干部14人),同比上升73.6%,职务犯罪有罪判决率达100%。加大惩治行贿犯罪力度,立案查处行贿犯罪243人,同比上升66.4%。突出查办重点领域和关键环节的职务犯罪,立案侦查土地领域163人、工程建设领域489人、征地拆迁领域143人。严厉查处利用执法、司法权谋取私利的案件,立案侦查行政执法人员526人、司法人员85人。坚持"老虎""苍蝇"一起打,对于那些案值虽小,但是严重侵害群众利益、情节恶劣的案件,态度坚决、毫不手软,先后立案侦查农村基层干部 717 人,同比上升 30.1%,形成了强大的办案震慑力。

大力提升侦查能力。适应修改后刑事诉讼法提出的新要求,转变办案方式,提高侦查技能,规范侦查行为。加强侦查信息化和装备现代化建设,建立侦查信息查询平台,深化线索评估管理,注重做好初查工作,实现办案重心前移。加强侦查一体化机制建设,对行业性、跨地区的重大案件,全省统一管理线索、统一指挥侦查、统一调配人员,提升协同作战能力。省检察院发挥办案龙头作用,先后带领有关市县检察院在土地、环保、公路、质监等领域深挖了一批窝案串案,取得了良好的办案效果。

深入开展犯罪预防。坚持惩防并举,更加注重预防,结合办案加强犯罪分析和预防调查,向有关单位提出预防建议 3121 件。省检察院与省预防职务犯罪领导小组共同部署,在涉农资金管理领域开展职务犯罪专项预防,推动各级主管部门强化资金审查,堵塞管理漏洞。组织开展"预防职务犯罪百场讲座进乡村"活动,举办讲座 1167 场次,16.4 万名乡镇干部、农村"两委"人员接受教育。全面落实预防职务犯罪年度报告制度,深入剖析职务犯罪发案态势和预防对策,为党委政府决策提供参考。加强预防宣传,各级检察院先后深入机关、企业、学校开展警示教育 4000 多场次,大力推动标本兼治方针的落实。

四、加强法律监督、维护司法公正,促进法治安徽建设

坚持把维护公平正义作为核心价值追求,全面加强对侦查、审判和监管活动的法律监督,让人民群众在每一个司法案件中感受到公平正义。

加强刑事诉讼监督。在依法惩治犯罪的同时,更加注重保障人权。强化对立案和侦查活动的监督,对应当立案而不立案的,督促公安机关立案 2142 件,对侦查活动中的违法行为提出纠正意见 2479 件次。加强羁押必要性审查,对不需要继续羁押的犯罪嫌疑人,提出变更强制措施建议 2354 人。加强刑事审判监督,对认为裁判不当的案件提出刑事抗诉 259 件。针对修改后刑事诉讼法扩大出庭范围的实际,克服案多人少矛盾,严格履行法定监督职责。检察机关先后派员对 14621 件简易程序案件、1363 件二审刑事案件出庭支持公诉,促进公正审判。

加强民事行政诉讼监督。强化业务培训和指导,制定《关于深入推进民行检察工作科学发展的实施意见》,切实履行修改后民事诉讼法赋予的监督职能。全年审查终结民事行政申诉案件 4163 件,提出民事行政抗诉 310 件,办理支持起诉案件 336 件。依法开展民事执行监督,提出纠正民事执行不当建议 1471 件。坚持抗诉与息诉并重,对认为不符合抗诉条件的 2430 件申诉案件,耐心做好申诉人的释法说理工作,维护司法权威。

加强刑罚执行和监管活动监督。健全同步监督机制,对群众反映强烈的"减、假、保"不当、久押不决、交付执行不规范等问题开展专项监督。强化对原县处级以上职务犯罪罪犯减刑、假释案件的监督,省检察院直接审查 137 件、依法监督纠正 27 件。与有关司法部门配合,清理久押不决案件 30 件 70 人;开展罪犯交付执行与留所服刑专项检查,督促不符合留所服刑条件的 114 名人员全部交付监狱执行。注重保障被监管人合法权益,对刑罚执行和监管活动违法提出纠正意见 3118 件次。严肃查办发生在监管场所中的职务犯罪,促进了依法文明监管。

坚守防止冤假错案底线。全面贯彻中央、省委、最高人民检察院部署,认真反思冤假错案成因,深刻吸取教训,制定落实检察环节防止冤假错案的七条措施,规范重大刑事案件办理。坚持疑罪从无原则,严把案件事实关、证据关和法律适用关。严格落实非法证据排除制度,依法启动非法证据调查核实程序 22 件。检察机关先后对 269 件存在证据瑕疵的案件要求侦查机关补正或作出合理解释,检察环节因证据不足不批捕 2046 人,不起诉 419 人。加大对确有错误裁判的监督力度,在省检察院持续监督下,于英生故意杀人案依法得到纠正。

五、转变执法理念、严格实施"两法",促进执法规范化建设

认真执行修改后刑事诉讼法、民事诉讼法,抓住影响规范执法的突出问题,明确用力方向,实行倒逼机制,执法办案更加规范精细。

树立规范执法理念。大力开展"两法"学习培训,引导干警树牢程序意识,严格依法行使检察权,以程序公正保障实体公正;树牢铁案意识,把案件质量作为执法办案的生命线,确保经得起法律和历史检验;树牢时效意识,严格遵守法定时限,着力提高司法效率。全年集中清理办结公诉环节积案

2178 件,清理办结民事行政积案 1255 件。

完善规范执法机制。制定办理简易程序、附条件不起诉、当事人和解以及羁押必要性审查案件等指导意见,明确执法标准,统一执法尺度。强化办案质量预警,建立案件评查机制,开展捕后撤案、不起诉、无罪案件专项调研,深入剖析原因,提出改进措施。推行案件集中管理,124 个检察院成立案件管理专门机构,三级检察院普遍设立了案件受理服务大厅,统一受理案件,严格流程管理,强化动态监督,执法办案规范化程度进一步提高。完善检察环节保障律师执业权利的工作机制,认真听取律师意见,促进自身公正执法。

强化内部监督制约。狠抓检务督察,严格落实讯问犯罪嫌疑人同步录音录像制度和职务犯罪案件审查逮捕上提一级制度,确保侦查权依法规范行使。省检察院先后对 48 个市、县检察院的执法执纪情况进行明查暗访,对发现的问题及时责令整改,对违纪人员进行严肃处理。制定督查工作办法,严格责任追究,提高制度执行力。

六、改进工作作风、夯实基层基础,促进过硬队伍建设

以开展群众路线教育实践活动为契机,坚持严格教育、严格管理、严格监督,着力打造信念坚定、执法为民、敢于担当、清正廉洁的检察队伍。

深入开展群众路线教育。按照中央、省委统一部署,精心组织、有序推进,切实解决"四风"突出问题。注重开门纳谏,先后召开征求意见座谈会 93 场次,征求 161 位人大代表和政协委员意见。坚持立行立改,部署开展 5 个专项整改活动,推出 43 项整改措施,制定完善 61 项规章制度,群众反映突出的一些问题得到解决,检察人员执法为民意识得到加强。认真贯彻中央八项规定和省委 30 条意见,整会风、改文风、转作风、树新风,省检察院机关发文数量、三公经费同比大幅下降。坚持从严治检,认真落实党风廉政建设责任制,强化廉洁从检教育,加大正风肃纪力度,着力整治庸懒散奢,检察队伍作风形象进一步好转。

推进队伍专业化建设。制定加强队伍建设的意见,深入实施人才强检战略。强化人才引进工作,全省共统一招录新进人员 425 名,省检察院面向社会公开遴选 6 名民事行政检察和侦查专业人才。强化检察教育培训工作,以业务骨干和执法办案一线人员为重点,积极开展全员培训和岗位练兵活动,全省累计培训检察人员 1.5 万人次,省检察院直接培训 3347 人次。强化人才培养选拔,5 名干警在全国优秀公诉人、优秀侦查监督员业务竞赛中获奖,10 名干警被评为全国、全省检察业务专家,187 名干警被确定为市级检察院业务尖子,检察队伍专业化、职业化水平进一步提高。

全面加强基层基础。积极争取省委重视支持,认真贯彻省人大常委会审议意见,推动解决制约基层检察发展的突出问题。全年共为基层定向招录 351 人,基层空编比例明显下降,专职检委配备数同比增加一倍,队伍年龄和专业化结构进一步优化。实施基层检察人才聚集工程,加强基层业务培训,加大上挂下派、交流任职力度。组织开展巡视工作,加强对下级检察院领导班子的管理。强化上级检察院调研指导,通过确定领导基层联系点、部门结对帮扶等措施,深入推进基层检察院"四化"建设,提升基层执法水平,培养基层先进典型。一年来,全省检察机关有 17 个集体、26 名干警获得省级以上表彰,其中 7 个检察院被评为全国先进检察院,灵璧县检察院荣获全国人民满意的公务员集体称号。

七、自觉接受监督、创新工作机制,促进阳光检务建设

紧紧依靠人大支持,主动作为、务实创新,完善接受监督措施,增强接受监督自觉,确保法律正确实施,促进严格公正执法。

不断创新联络平台。省检察院专门制定加强与人大代表和政协委员联系工作办法,促进联系工作制度化、规范化。在全国检察系统率先探索建立省人大代表约见检察长制度,方便代表直接反映问题、提出建议。在全省检察门户网站建立代表委员联络平台,开通手机联络短信,实现联络常态化,确保代表委员对检察工作的知情权。

认真落实监督意见。全面梳理代表、委员在"两会"上提出的意见,明确责任部门,逐条落实、逐条整改、逐件反馈办理结果,代表、委员提出的建议、提案全部办结。主动向人大报告重要工作,省检察院专题报告了反贪工作情况,并认真落实省人大决议,跟踪反馈改进情况。积极邀请特约检察员、人民监督员等"四员"参与案件评查和专题调研,虚心听取意见建议。一年来,人民监督员监督拟撤案、拟不起诉职务犯罪案件 223 件,所提监督意见全部被采纳。

主动推进检务公开。省、市、县三级检察院普遍开展检察开放日活动，2779名各界群众走进检察机关，面对面沟通、零距离接触。邀请1159名代表、委员观摩职务犯罪庭审，对检察人员出庭情况进行评议。拓宽检务公开的范围、内容和形式，及时通报检察工作情况，对社会高度关注的案件，适时发布权威信息，让公众深度参与检察活动、及时有效监督，以公开促公正、赢公信。

过去一年，全省检察工作取得了新成绩，迈出了新步伐。这些成绩的取得，离不开省委和最高人民检察院的坚强领导，离不开省人大及其常委会的有力监督，离不开各级党委、人大、政府、政协的关注支持，离不开代表、委员及社会各界的关心帮助。特别是，省委常委会专题听取检察工作汇报，为检察工作发展指明了方向。

与此同时，我们也清醒认识到，当前检察工作仍然存在一些不足：一是职能作用发挥还不够充分，特别是诉讼监督工作与群众期待还存在较大差距，对执法不严、司法不公等问题的监督力度仍需进一步加大。二是执法办案质量有待提升，证据意识有待加强，执法办案中还存在不规范、不严格问题，少数案件质量效果不够好，检察干警执法能力还不能适应新形势、新期盼、新要求。三是检务公开不够全面充分，人民群众对检察工作了解不够，执法办案透明度有待进一步加大，重大案件信息公开的主动性需进一步增强。对此，我们一定以高度负责的精神和认真务实的态度，切实加以解决。

2014年是全面深化改革的开局之年，全省检察机关将紧紧围绕全省经济社会发展大局，全面贯彻党的十八大、十八届三中全会、中央政法工作会议和全国检察长会议精神，牢记习近平总书记对政法工作提出的新要求，以维护社会大局稳定、促进社会公平正义、保障人民安居乐业为己任，以服务改革发展、严格规范执法、强化诉讼监督、打造过硬队伍为着力点，忠诚履职、主动作为、勇于担当，努力为打造"三个强省"、建设美好安徽提供有力的司法保障。

第一，主动服务改革发展大局。准确把握新形势、新任务，充分发挥惩治、预防、监督、保护等职能，努力为改革发展营造良好的法治环境。坚决打击侵吞国有资产的犯罪行为，支持国有企业完善现代企业制度。制定服务民营企业发展意见，加强平等司法保护，激发非公经济活力。依法妥善处理深

化改革中出现的新类型案件，正确把握法律政策界限，着力营造保护创新、宽容失误的改革氛围。认真落实中央和最高人民检察院司法改革部署，牢牢把握方向，大胆实践探索，积极稳妥推进我省检察改革。

第二，全力深化平安安徽建设。坚持把维护社会大局稳定作为基本任务，突出打击危害国家安全、危害社会治安、危害公共安全等领域刑事犯罪，切实提高人民群众的安全感。积极参与创新社会治理方式，全面落实涉法涉诉信访机制改革，完善信访案件终结机制，加大依法受理、依法纠错、依法赔偿、依法救助力度。坚持和发展枫桥经验，减少矛盾积累和信访上行。

第三，切实加强诉讼监督工作。着力强化公正、程序、证据、效率意识，严防冤假错案，全面加强对侦查、审判、执行等活动的法律监督，努力让人民群众从每一个司法案件中都感受到公平正义。深入开展久押不决案件清理和违法减刑、假释、暂予监外执行专项检察，下大力气监督纠正执法司法突出问题。大力加强执法规范化建设，深化案件管理机制改革，着力提升办案质量，确保自身严格规范文明执法。

第四，深入推进反腐倡廉建设。认真贯彻中央、省委反腐倡廉新部署，全面落实省人大常委会审议决议，突出重点，加大力度，继续保持惩治腐败的高压态势。既坚决查办发生在领导机关和领导干部中的职务犯罪，又严肃查办重点领域、关键环节和群众身边的腐败犯罪。深化惩防一体化建设，大力加强职务犯罪预防工作，努力从源头上减少腐败发生。

第五，全面强化过硬队伍建设。以坚定理想信念为根本，引导广大干警始终保持高度的政治清醒和政治自觉，毫不动摇地坚持党对检察工作的领导。始终坚守职业良知，弘扬法治精神，秉公执法，刚正不阿。以市、县检察院群众路线教育实践活动为抓手，改进工作作风，坚持执法为民。严格队伍管理，坚决查处检察人员违纪违法行为，确保执法廉洁。以大规模教育培训为载体，实施人才强检工程，提升队伍素质和执法水平。以基层基础为重点，开展创建特色品牌活动，筑牢执法办案一线平台。

第六，更加自觉接受外部监督。进一步增强主动接受监督意识，自觉接受人大监督、政协民主监

督、网络舆情监督和社会各界监督。完善拓展监督平台，加强与代表、委员的经常性联系，提升监督实效。深化检务公开，加强检察门户网站和检察微博建设，健全民意收集、研究、采纳、回应机制。深入探索大数据时代新媒体传播规律，做好舆情引导和宣传工作，传递检察工作正能量，凝聚检察发展正效应。

深化改革的蓝图已经绘就，检察工作任务更加繁重。我们将紧紧依靠中共安徽省委和最高人民检察院的领导，认真贯彻执行省委部署和人大决议，坚定信心、牢记使命、忠诚履职、真抓实干，努力为建设平安安徽、和谐安徽、法治安徽作出新的贡献！

福建省人民检察院工作报告（摘要）

——2014 年 1 月 13 日在福建省第十二届人民代表大会第二次会议上

福建省人民检察院检察长　何泽中

（2014 年 1 月 16 日福建省第十二届人民代表大会第二次会议通过）

2013 年，在省委和最高人民检察院的领导下，在省人大及其常委会的监督下，全省检察机关认真学习贯彻党的十八大、十八届三中全会、习近平总书记系列重要讲话和省委九届九次、十次全会精神，按照省十二届人大一次会议决议要求，顺应人民群众新要求、新期待，着力建设政治过硬、业务过硬、作风过硬队伍，提升检察机关亲和力和执法公信力，强化法律监督，维护公平正义，为推进福建科学发展跨越发展提供了有力司法保障。

一、主动融入经济社会发展大局，服务福建科学发展跨越发展

2013 年，是我省经济社会发展取得新成效的一年，全省检察机关始终围绕中心、服务大局，发挥检察职能作用，在全局中谋划和推进各项工作。

着力服务中心工作。紧贴省委全面实施"三规划两方案"，持续打好"五大战役"等重大决策部署，进一步完善和落实服务大局措施。围绕城乡基础设施建设六项提升工程，交通、水利、市政、能源等重大项目加强法律监督，推动治理商业贿赂、工程建设领域突出问题专项治理常态化，查办了一批商业贿赂犯罪案件和"违法占地、违法建设"背后职务犯罪案件。同步介入重点项目开展职务犯罪预防，保障项目建设顺利推进。参与规范市场经济秩序，

开展打击侵犯知识产权和制售假冒伪劣商品专项行动，推进行政执法与刑事司法衔接机制和信息共享平台建设，促进依法行政，维护公平竞争市场环境。共监督行政执法机关移送涉嫌犯罪案件 184 件，起诉破坏市场经济秩序犯罪案件 2984 件 4489 人，制假售假、侵犯知识产权犯罪案件 548 件 951 人。积极服务保障金融综合改革，起诉非法吸收公众存款、集资诈骗、贷款诈骗、信用卡诈骗等危害金融秩序犯罪案件 1272 件 1405 人。加强涉农检察工作，严肃查办农村基础设施建设和公共服务、支农惠农政策落实、林权改革、"新农合"等领域职务犯罪案件。

着力服务区域特色经济。主动服务我省加快海洋经济发展、加快创新体系建设等重大战略部署，立足生态强省、对台工作前沿优势，突出区域特色，增进服务实效。把握我省民营经济活跃特点，平等保护龙头企业、小微企业等各类市场主体，妥善处置涉及企业案件，加强对企业创新创造以及名牌产品、驰名商标的司法保护，促进企业发展。有关设区市检察院结合民营企业"二次创业"和产业集群发展，制定具体服务措施，助推实体经济发展。依法办理侵占挪用企业资金、企业人员受贿等侵害企业利益案件，查办了一批企业监管、市场准入审

批等环节职务犯罪案件。在司法互助、个案协查上加强探索实践,推动两岸检察交流。有关设区市检察院围绕平潭开放开发、综合改革试验区、台商投资区创业园区建设,探索建立派出检察室、涉台案件集中管辖、巡回检察等做法,提供法律服务和保障。

着力服务生态文明建设。认真贯彻省委"百姓富""生态美"有机统一要求,加强对生态环境、能源资源的司法保护。依法打击破坏环境资源犯罪,起诉非法采矿、盗伐滥伐林木、重大环境污染等犯罪嫌疑人1712人。开展查办生态文明建设领域贪污贿赂犯罪专项工作和"服务生态经济、建设美丽福建"专项监督活动,立案侦查环境监管、土地和矿产资源审批、出让等环节职务犯罪案件193件286人。与公安、法院和林业部门完善"补植复绿"机制,对2009年以来办理的"补植复绿"案件进行检查验收,督促补种林木13.65万亩,促进了生态修复。一些山区检察院在林区设立工作站,服务绿色经济发展。

服务大局,服务中心,服务发展,是检察机关义不容辞的职责,正成为全省检察机关的自觉行动。

二、全面履行法律监督职能,推进平安福建法治福建建设

全省检察机关坚持以人民群众平安需求、公正期盼为导向,认真履行批捕起诉、查办预防职务犯罪和诉讼监督等职责,为维护我省社会和谐稳定创造良好的法治环境。

扎实做好维护社会稳定工作。全面贯彻宽严相济刑事政策,共批捕各类刑事犯罪嫌疑人34536人,起诉61529人。坚持对重大疑难案件及时介入侦查、引导取证,依法排除非法证据,对侦查机关遗漏的犯罪嫌疑人追捕1399人,追诉1000人。加大庭审指控和质证力度,开展听庭评议,强化对简易程序案件和二审开庭审理案件的法律监督。完善执法办案风险评估预警机制,推行检调对接、不捕直诉、非羁押诉讼等办案机制,强化释法说理,办理刑事和解517件。加强对社区矫正活动的法律监督,促进矫正对象改过自新、融入社会。落实检察环节各项综合治理措施,配合做好我省"6·18"海交会、"9·8"投洽会等重大活动的维稳和安保工作,推进社会治安防控体系建设,促进加强社会治理。

积极查办和预防职务犯罪。共立案侦查职务犯罪案件1078件1449人,立案人数同比上升4.6%。其中,贪污贿赂案件895件1197人,渎职侵权案件183件252人。突出办案重点,查办处级以上领导干部59人,同比上升43.9%,其中厅级干部7人;查办百万元以上案件55件67人;查办涉嫌利用执法权、司法权谋取私利、贪赃枉法的行政执法人员369人、司法人员78人;对158名行贿人依法追究刑事责任;抓获在逃职务犯罪嫌疑人74人。加强反渎职侵权工作,推动惩防渎职侵权、维护群众权益工作纳入社会管理综合治理考评,健全完善与纪检监察等执法纪检部门联席会议、重大复杂案件专项调查、同步介入重大安全责任事故调查等工作机制,增强工作合力。在全省开展以反腐败为主题的"五进"宣讲活动。发挥警示教育基地作用,组织警示教育和预防宣传4984场次,开展预防调查556件,发出预防建议893件,提供行贿犯罪档案查询30493批次。积极查办和预防职务犯罪,彰显正义正气,促进了风清气正。

加强和改进诉讼活动监督。省人大常委会对诉讼监督工作很重视,列入重要议题,深入调研,2013年9月听取了侦查监督工作专项报告,我们根据审议意见及时整改,促进了各项诉讼监督工作开展。加强刑事诉讼监督,对应当立案而不立案、不应当立案而立案的,依法监督立案866件,监督撤案629件;对侦查活动中的违法情况提出纠正意见1247件次。对认为确有错误的刑事裁判提出抗诉166件,对刑事审判中的违法情况提出纠正意见374件次。加强民事诉讼法律监督,办理民事申诉2064件,依法提出民事抗诉和再审检察建议124件,对违法民事执行活动和民事审判程序违法提出检察建议1039件,在检察环节促成当事人和解127件;深入调查诉讼违法行为,查处虚假诉讼案件14件。加强行政诉讼活动法律监督,办理行政诉讼监督案件254件,对行政审判和行政执行提出检察监督建议161件,已采纳154件;探索开展行政非诉行监督,纠正行政机关怠于执行处罚决定等问题243件。加强刑罚执行和监管活动监督,对刑罚执行和监管活动中的违法情况提出纠正意见598件次,纠正减刑、假释、暂予监外执行不当23件。扎实开展清理久押不决案件专项工作,看守所罪犯交付执行与留所服刑专项检查活动,清理久押不决案件18件43人,督促对163名余刑1年以上留所罪犯交付执行,促进了依法收押、文明监管。

认真贯彻修改后刑事诉讼法和民事诉讼法。为解决修改后刑事诉讼法、民事诉讼法实务问题，促进规范执行新增检察职能，加强与公安机关、法院沟通协调，针对审查逮捕案件社会危险性证明、非法证据排除、简易程序、二审案件开庭审理、量刑建议等，制定了规范性文件。全面落实讯问职务犯罪嫌疑人全程同步录音录像制度，实现案件视听资料证据全部随案移送。与司法行政部门、律师协会建立联席会议制度，保障律师执业权利。探索涉罪未成年人社会调查、分案起诉、诉前引导、附条件不起诉、轻罪记录封存等制度，落实合适成年人到场制度，设立涉罪未成年人管护帮教基地，加强教育挽救工作。适应民事诉讼法修改新要求，重视发挥抗诉、再审检察建议和违法行为调查等监督手段，探索推进执行监督、调解监督和督促支持起诉等工作，增强了监督的效力。

三、始终坚持以人为本，践行执法为民宗旨

一年来，我们更加注重保障和改善民生，把人民群众的关注点作为履职着力点，把联系群众、服务群众、维护群众合法权益贯穿执法全过程，努力让人民群众在每一个司法案件中都感受到公平正义。

严惩危害民生、侵害民利犯罪。开展查办和预防发生在群众身边、损害群众利益职务犯罪专项工作，结合办案加强对扶贫开发、粮补油补等专项补贴、义务教育等涉及民生问题的调查分析，提出检察建议，促进了相关领域的专项整治。与省纪委、监察厅联合在全省开展查办和预防扶贫开发领域职务违法犯罪、查办和预防专项补贴资金管理领域渎职犯罪等专项工作，依法查办征地拆迁、保障性住房建设、医药购销、惠农资金管理等领域职务犯罪案件 630 件 866 人，涉案总金额 1.7 亿余元。开展危害民生刑事犯罪专项立案监督活动，协同公安机关和行政执法机关开展食品药品安全专项整治，批捕制售假药劣药、有毒有害食品犯罪嫌疑人 169 人，立案侦查销售病死猪肉、地沟油等事件背后涉嫌渎职犯罪的国家机关工作人员 29 人。

拓展服务群众平台和渠道。落实"马上就办"，开展"四下基层""六个在基层"活动，推行下访巡访、联合接访、巡回检察等制度，就地为群众排忧解难。加强服务窗口建设，开展文明接待室创建活动，设立综合性受理接待中心、网上查询平台，完善12309举报电话，拓展群众诉求渠道。全年共受理

群众控告、申诉、举报 24444 件，集中排查化解重点涉检信访案件 69 件。会同有关部门加强拒不支付劳动报酬案件查处工作，维护劳动者特别是进城务工人员合法权益。推进刑事被害人救助工作，明确救助范围、标准和程序，对 248 名特困被害人或近亲属予以救助。有爱民、亲民、为民的实际行动，就能让老百姓感受公平正义就在身边。

加强人权司法保护。严格落实办案程序、时限、场所和强制措施等法律规定，加强对违反诉讼程序、侵犯人权的法律监督，依法查办涉嫌违法取证、枉法裁判、虐待被监管人员犯罪的司法人员 37 人。强化程序公正意识和证据观念，建立侦捕诉衔接制约机制，依法决定不批捕 3946 人，同比上升 27%；不起诉 3355 人，同比上升 59.9%。加强社会危险性证据审查和羁押必要性审查，督促侦查机关解除羁押措施 582 人。认真听取犯罪嫌疑人辩解和律师意见，及时办理妨碍行使诉讼权利的控告申诉，保障案件当事人合法权益。

四、努力建设过硬队伍，提升检察机关亲和力和执法公信力

在全省检察机关部署加强"两提升三过硬"建设，即提升检察机关亲和力、执法公信力，建设政治过硬、业务过硬、作风过硬队伍，并作为党的群众路线教育实践活动自选动作，与规定动作有机结合，扎实推进，建队伍，强素质，改作风，树形象。

突出教育实践活动，整肃"四风"。根据中央和省委部署，省检察院紧紧围绕"照镜子、正衣冠、洗洗澡、治治病"总要求，严格把握各环节，扎实学习抓认识，听取意见摆问题，自选动作创特色，讲求实效两促进。坚持聚焦"四风"问题，通过走访座谈、案件回访、邀请评议检察工作、发函征询等多种形式，征集意见建议 589 条，找准"四风"问题在检察机关的突出表现。坚持突出检察特色，细化整改措施，从养成学习自觉、强化公正履职、密切联系群众、加强能力建设、严肃纪律作风、解决突出问题等六个方面，提出了 24 条具体工作措施。坚持建章立制、巩固成果，严格落实中央八项规定和省委实施办法，研究制定了领导班子改进作风、解决"门难进脸难看事难办"问题等具体意见，强学风、正文风、转会风、严检风。全省性会议、文件数量比上一年分别下降38.5%和22.8%，公务接待经费支出下降34.3%。整肃"四风"，弘扬正气，有力提振了全省检察机关的精气神。

突出素质强检,致力"三个过硬"。提升检察机关亲和力和执法公信力,关键在队伍。一是抓政治过硬。倡导养成学习自觉,开展主题演讲、主题报告、道德讲堂,请身边先进人物和援藏援疆、驻村干部现身宣讲等系列活动,坚定道路自信、理论自信和制度自信,增强群众观念、服务意识,广大干警政治方向、理想信念进一步坚定。二是抓业务过硬。制定实施推进检察人才重点工程的具体意见,分级分类建立检察人才库。组织开展集中授课、网络培训、岗位练兵、业务竞赛、专题研讨等各类培训班35期,培训检察人员2341人次。评选全省检察业务专家、业务尖子和办案能手,开展"检察业务专家基层行",以此带动业务素质提高。三是抓作风过硬。开展"讲纪律、正作风、树形象"专项检务督察,重点整治"不作为、慢作为、乱作为","门难进、脸难看、事难办"现象,突出整治特权思想、霸道作风,严肃处理对群众冷硬横推、作风粗暴等问题,严肃查处违法违纪检察人员。

突出底线思维,坚守"三条底线"。一是坚守防止冤假错案底线。制定了防止冤假错案具体意见。完善检察机关内部监督制约机制,严格执行职务犯罪案件上提一级审查逮捕、一审判决上下两级检察院同步审查、不起诉案件上提一级审批、撤案、变更强制措施报备审查等制度,加强对办案关键环节的监督。上级检察院撤销下级检察院不起诉决定17件26人,对下级检察院查办的职务犯罪案件作出不批捕决定51件61人。推进全省检察机关统一业务应用系统建设和使用,对案件集中管理,对执法活动全程、动态、实时监督。开展案件评查,及时纠正执法不规范问题。二是坚守防范办案安全事故底线。认真落实《检察机关执法工作规范》和《检察机关文明用语规范》,严格执行最高人民检察院"十依法""十严禁"等规定,规范讯问、询问工作。组织开展规范文明执法、办案安全防范等专项检查,把办案纪律和安全防范措施落到实处。三是坚守廉洁自律底线。严格执行党风廉政建设责任制,逐级签订党风廉政和队伍建设两个责任状,落实下级检察院检察长向上级检察院述职述廉制度,推行廉政风险防控、廉政信访谈话提醒等制度。对福州市、漳州市检察院领导班子开展巡视,提出意见建议限时整改,收到了好的效果。

突出固本强基,推进基层检察院建设。始终把检察工作重心放在基层一线,推进基层检察院执法规范化、队伍专业化、管理科学化、保障现代化建设。省检察院领导班子成员4次带队深入70多个基层检察院开展专题调研,了解情况,帮助解决具体困难和问题;制定联系基层检察院制度,明确每个院领导联系一个基层检察院。完善基层检察院建设考评机制,开展"优秀创新奖"评选,树立正确工作导向,引导基层检察院依法履职、推动发展。全省检察机关共有76个集体和个人获得省级以上表彰,7个单位被最高人民检察院评为全国先进基层检察院。讲亲和、立公信,建设过硬队伍,进一步激发了全省检察机关的活力。

坚持党的领导,自觉接受人大监督,是做好检察工作的重要保证。一年来,全省检察机关坚决贯彻中央、省委、最高人民检察院决策部署,坚持党的领导、人大监督和依法独立公正行使检察权有机统一,自觉把检察工作置于人民群众监督之下,确保检察工作的正确方向。认真落实人大及其常委会的决议和要求,主动向人大及其常委会报告全面工作、重要部署和重要事项。全省检察机关共办理人大代表意见、批评和建议297件,各级人大常委会转交案件和事项181件,全部在规定期限内办结反馈。加强人大代表联络工作,建立省、市、县三级检察院领导联系人大代表制度和短信联系平台,走访人大代表,通报工作情况,当面听取意见、批评和建议。深化检务公开,开展"检察开放日"活动,邀请人大代表、政协委员视察和评议检察工作1176人次。改革和完善人民监督员制度,发挥人民监督员、特约检察员、专家咨询委员监督执法办案、参与检察决策等作用,注意听取各民主党派、工商联、无党派人士和社会各界意见建议,改进检察工作。

在检察工作取得发展和进步的同时,我们也清醒地看到,检察工作中还存在一些不足和差距:一是队伍执法理念、执法能力仍需进一步增强,服务和保障经济社会发展的能力有待进一步提高,检察机关亲和力和执法公信力与人民群众期待还有很大差距。二是检察改革面临许多新任务,刑事诉讼法、民事诉讼法修改后检察工作面临一些新挑战,法律监督工作的一些方面还比较薄弱,需要进一步改进工作,推进工作落实。三是检察机关自身监督制约机制还需进一步完善和落实,个别干警违纪违法问题仍有发生,特别是个别设区市检察院主要领导因严重违法违纪受到查处,教训十分深刻。检察机关领导班子和干部队伍建设尚须进一步加强。

对这些问题，我们要采取更加有力措施，通过深化改革，依靠各方面的支持和帮助，逐步加以解决。

2014年是全面深化改革的第一年，全省检察机关要在省委和最高人民检察院的领导下，坚持以邓小平理论、"三个代表"重要思想、科学发展观为指导，深入学习贯彻党的十八大、十八届三中全会、习近平总书记系列重要讲话和省委九届十次全会精神，认真贯彻落实中央政法工作会议和全国检察长会议精神，牢固树立进取意识、机遇意识、责任意识，以促进社会公平正义、增进人民福祉为出发点和落脚点，更加自觉地把检察工作放在全面深化改革中来谋划和推进，更加自觉地把忠诚履职放在维护社会大局稳定、促进社会公平正义、保障人民安居乐业主要任务中来谋划和推进，更加自觉地把查办和预防职务犯罪工作放在惩治和预防腐败体系中来谋划和推进，更加自觉地把检察改革放在健全司法运行机制中来谋划和推进，更加自觉地把检察工作和检察队伍建设置于党的领导之下来谋划和推进，强化法律监督，强化自身监督，强化队伍建设，忠诚履职，扎实工作，为推进平安福建法治福建建设，推进福建科学发展跨越发展，加快建设小康社会，提供有力的司法保障。

一、忠实履行职责，为全面深化改革提供司法保障。充分发挥打击、预防、监督、教育、保护职能作用，更好地服务和促进全面深化改革。积极参与平安福建法治福建建设，依法惩治各类刑事犯罪，依法妥善处理全面深化改革中出现的新类型案件，运用法治思维和法治方式妥善化解社会矛盾，维护社会和谐稳定，促进创新社会治理。加大查办和预防职务犯罪力度，严肃查办危害改革实施的职务犯罪案件，更加重视从源头上预防职务犯罪，促进完善权力运行制约和监督体系。2014年，各级检察院向人大常委会专项报告反贪污贿赂工作情况。认真贯彻执行修改后刑诉法和民诉法，整体推进，重点突破，积极探索，确保实效。加强与有关部门协作配合，进一步完善相关执法规范和配套制度，全面加强对立案、侦查、审判、执行环节的法律监督。

二、积极稳妥推进检察改革，提高严格执法、公正司法水平。按照中央、省委和最高人民检察院总体部署，把握改革正确方向、方法步骤，加强统筹协调，积极稳妥推进检察改革。以解决影响司法公正和制约司法能力的深层次问题为重点，健全依法独立公正行使检察权的体制机制。重点推进涉法涉诉信访机制改革，做好息诉罢访工作，完善联系群众、服务群众工作机制。推进检务公开，强化各检察环节执法办案公开的内容、对象、时机、方式，建立健全法律文书说理和终结性法律文书公开制度。推进检察官办案责任制，形成符合检察工作规律、检察职业特点、检察队伍管理和法律监督运行要求的组织结构、责任体系和运行机制。完善人民监督员制度，拓展人民群众有序参与和监督司法的渠道。积极研究探索检察管理体制和检察人员管理制度改革。

三、坚守公平正义生命线，维护人民群众合法权益。坚决落实习近平总书记在中央政法工作会议上提出的"四个决不允许"要求，以实际行动促进社会公平正义，为人民群众安居乐业提供法律保障。积极回应人民群众新期盼，严惩危害民生、侵害民利的犯罪，以实效取信于民。建立健全执法办案风险评估预警机制、贯彻宽严相济刑事政策工作机制、社会矛盾化解机制。完善和落实便民利民措施，依法妥善解决群众合理诉求。加强与人大代表、政协委员经常性联系，认真负责办理议案、提案和建议。注重运用各种新媒体平台，听取群众意见，真诚接受监督。

四、把握过硬队伍建设新要求，建设党和人民满意的检察机关。加强党的建设，健全机关党建工作机制，推进学习型组织创建，用先进理论武装头脑，强化社会主义核心价值体系教育，提高职业素养。巩固和发展教育实践活动成果，加强设区市和基层检察院教育实践活动指导，进一步解决"四风"方面存在的突出问题。加强廉政建设，营造廉洁从检氛围。进一步推进基层检察院执法规范化、队伍专业化、管理科学化、保障现代化建设，深入实施科技强检，提高信息化水平。把习近平总书记提出的政治过硬、业务过硬、责任过硬、纪律过硬、作风过硬新要求落实到检察工作和检察队伍建设各个环节，不断提升检察机关亲和力和执法公信力，建设党和人民满意的检察机关。

在新的一年里，全省检察机关要紧密团结在以习近平同志为总书记的党中央周围，在省委和最高人民检察院的领导下，自觉接受人大及其常委会监督，落实中央、省委和最高人民检察院作出的各项部署，落实本次大会提出的各项任务，以高度的使命感和责任感，努力把各项检察工作做得更好！

江西省人民检察院工作报告（摘要）

——2014年1月23日在江西省第十二届人民代表大会第三次会议上

江西省人民检察院检察长 刘铁流

（2014年1月25日江西省第十二届人民代表大会第三次会议通过）

2013年全省检察工作的主要情况

2013年，是我省贯彻落实党的十八大精神实现良好开局，经济社会发展取得显著成就的一年。全省检察机关在中共江西省委和最高人民检察院的领导下，在省人大及其常委会的监督下，认真贯彻落实"发展升级、小康提速、绿色崛起、实干兴赣"方针，忠实履行宪法和法律赋予的职责，着力强化法律监督、强化自身监督、强化队伍建设，各项检察工作取得了新的发展。

一、深入践行执法为民宗旨，回应人民群众新期待

根据中央和省委统一部署，省检察院扎实开展党的群众路线教育实践活动，班子成员带队进行了两轮专题调研，广泛征求基层群众和社会各界的意见建议，在检察工作考评中增设群众满意度考核项目，引导全体检察人员增强宗旨意识和群众观念，更好地立足职能服务大局、保障民生。

积极营造良好发展环境。加快经济发展是全省的工作大局，也是保障和改善民生的基础。全省检察机关把优化发展环境作为重要任务，积极参与整顿和规范市场经济秩序，依法打击制假售假、非法集资、合同诈骗、侵犯知识产权等犯罪，批准逮捕破坏市场经济秩序犯罪嫌疑人989人，提起公诉1684人。深入国有大型企业和重点民营企业了解服务需求，制定《关于充分发挥检察职能服务企业发展的意见》，依法惩治盗窃、诈骗企业财产和侵占、挪用企业资金的犯罪，严肃查办国有企业工作人员职务犯罪案件，维护企业合法权益和经营秩序。

着力维护群众合法权益。积极跟进省委促发展、惠民生的决策部署，加强民生领域法律监督工作，促进惠民政策落地，使人民群众更多、更公平地享受到经济社会发展成果。部署开展了查办发生在群众身边、损害群众利益职务犯罪专项工作，依法立案侦查教育、医疗、社会保障、征地拆迁、食品药品安全等与群众权益密切相关领域的职务犯罪案件655件1073人。针对国家政策性补贴领域渎职犯罪问题，开展"小专项"集中行动，依法立案侦查农机购置补贴、农村客运燃油补贴、家电下乡补贴等领域的渎职犯罪案件67件103人，为国家挽回经济损失5000余万元。省检察院组织查办了全省农机系统45名国家工作人员涉嫌滥用职权，致使大量农机购置补贴被套取窝串案，涉及省、市、县三级农机局长20人。针对民生领域一些刑事犯罪案件被降格处理、以罚代刑等问题，部署开展了危害民生刑事犯罪专项立案监督工作，重点监督食品安全、环境污染等领域的犯罪案件，依法监督行政执法机关移送涉嫌犯罪案件67件87人，监督侦查机关立案34件49人。

完善便利民工作措施。健全检察民生服务热线、12309举报电话、网上信访、来信、来访"五位一体"信访工作机制，畅通群众诉求渠道，依法妥善处理群众来信来访9445件。进一步完善检察长接待日制度，积极开展预约接访、带案下访，各级检察长共接待群众来访1734件次。针对民事诉讼法修改后，民事申请监督案件大幅增加的情况，省检察院制定了办理民事检察案件加强内部协作配合的规定，合力解决群众"申诉难"问题。依法审查处理民事申请监督案件4620件，同比上升35.7%。新设派出检察室39个，进一步完善直接联系和服务群众的工作网络；广泛开展检察官"进乡村、进社区、进企业、进学校"活动，面对面向群众宣传法制、提供咨询、受理诉求。

二、依法履行法律监督职责，维护社会公平正义

全省检察机关牢牢把握宪法定位，认真贯彻实施修改后的刑事诉讼法和民事诉讼法，坚持以执法办案为中心，依法履行各项法律监督职责，促进社会和谐稳定，推进反腐倡廉建设，维护社会公平正义。

全力维护社会稳定。认真履行批捕、起诉职能，依法批准逮捕各类刑事犯罪嫌疑人20267人，提起公诉27898人。突出打击危害公共安全犯罪、严重暴力犯罪和"两抢一盗"等多发性侵财犯罪，批准逮捕此类犯罪嫌疑人9951人，提起公诉12532人。在依法打击犯罪的同时，切实做好检察环节化解社会矛盾工作。依法开展刑事和解，对于犯罪嫌疑人真诚悔罪，获得被害人谅解，达成和解协议且符合法定条件的轻微刑事案件，不批捕645人、不起诉749人。加强对涉罪未成年人的特殊司法保护，通知法律援助机构为212名未成年被告人指派辩护律师，切实保护诉讼权利；贯彻限适慎诉原则，对1043名未成年犯罪嫌疑人、被告人进行了社会调查，为依法适用逮捕措施和附条件不起诉提供参考，促进其改过自新、尽早回归社会。认真做好涉检信访工作，定期排查涉检信访矛盾，对重大疑难涉检信访案件逐案落实化解责任，依法妥善办结涉检信访案件575件，全省没有发生严重影响社会稳定的重大涉检信访案件。加强刑事被害人救助工作，帮助生活确有困难的被害人解决救助资金311万余元。

积极查办和预防职务犯罪。认真贯彻中央关于反腐败工作的决策部署，把查办职务犯罪工作摆在突出位置来抓。依法立案侦查各类职务犯罪案件1120件1707人，立案人数同比上升14.9%。其中，涉嫌贪污贿赂犯罪1292人，同比上升9.6%；涉嫌渎职侵权犯罪415人，同比上升35.6%。突出查办大案要案，依法立案侦查职务犯罪大案902件，同比上升26.2%；查办县处级以上领导干部要案85人（含厅级干部9人），同比上升21.4%。省检察院依法立案侦查了赣州市人大常委会原主任骆炳峰，南昌大学原校长周文斌，萍乡市原市委常委、常务副市长孙家群，省交通厅原副厅长许润龙、邓

经国，南昌高新技术产业开发区管委会原主任雷霆等一批厅级干部涉嫌受贿、滥用职权等职务犯罪案件。在加大办案力度的同时，注重从源头上预防职务犯罪。结合办案分析职务犯罪的趋势、特点、发案原因、预防对策，向各级党委、人大、政府及有关部门报送惩治和预防职务犯罪年度报告以及专项调查报告291件，发出预防检察建议2975件。组织廉政公益海报评选活动，推动廉政公益广告上电视，举办预防宣传和警示教育讲座3945场次，积极营造廉荣贪耻的社会氛围。完善行贿犯罪档案查询系统，向社会提供查询2078次。省检察院分别与省水利厅、省教育厅联合下发文件，将行贿犯罪档案查询作为水利工程、高校工程建设招投标活动的必经程序，实现预防关口前移。

强化对诉讼活动的法律监督。坚持敢于监督、善于监督、依法监督、规范监督，努力使人民群众在每一个司法案件中都能感受到公平正义。一是加强刑事诉讼监督。对认为确有错误的刑事裁判，依法提出抗诉215件。对侦查活动和刑事审判活动中的违法情形，提出书面纠正意见562件次。监督纠正减刑、假释、暂予监外执行不当964人次，监督纠正监管改造场所违法情形389人次。对侦查机关应当立案而未立案、不应当立案而立案以及遗漏犯罪嫌疑人、遗漏罪行等情形，依法提出监督意见，做到不枉不纵。二是加强民事行政诉讼监督。对不服法院生效判决、裁定、调解书申请监督案件，审查后向法院提出抗诉111件，提出再审检察建议176件。依法监督纠正民事行政审判活动中的违法情形506件次，监督纠正民事执行不当情形924件次。三是加强诉讼活动中的人权保障。坚持防冤纠错，加强证据审查，依法要求侦查机关补正或书面解释42件，纠正以非法方式收集证据情形11件，因排除非法证据而不予逮捕17人、不起诉11人。加强捕后羁押必要性审查，对不需要继续羁押的1495人，向有关机关提出了予以释放或者变更强制措施的书面建议。

全省检察机关在依法全面履行法律监督职能的同时，注重抓好执法规范化建设。一方面，加强执法办案制度建设，制定并实施全省检察机关领导干部执法办案"八条禁令"、执法办案责任暂行规定、防止干扰执法办案说情备案规定、案例指导工作规定，建立检察委员会定期审议检察业务工作等制度，及时研究解决执法办案中的突出问题；与省

司法厅、省律师协会联合制定关于保障和规范律师在刑事诉讼中依法行使会见、调查取证和阅卷权利的若干意见，既保障律师依法行使权利，又促进规范执业。另一方面，加强案件管理和案件质量评查。全省117个检察院设立了案件管理机构，统一负责各类案件受理、分流、督办和答复等工作，强化了流程监控和动态管理。全面推行检察机关统一业务应用系统，实行执法办案网上录入、流转、监督和考评，依靠信息化手段规范执法行为。建立全省检察机关案件质量评查员信息库，研究制定案件评查标准，组织评查案件2536件。注重纠正办案质量中的苗头性、倾向性问题，省检察院对部分设区市近两年起诉金额10万元以上贪污贿赂案件判缓刑等情况进行专题调研，逐案分析，就检察机关案件侦查和审查起诉工作中的问题提出改进措施，对量刑畸轻的案件提出监督意见。

三、着力强化队伍建设和自身监督，提升执法公信力

大力加强对检察人员的教育、管理和监督，坚持把作风搞实、按法律办事，把风气搞正、按规矩办事，努力打造为民、务实、清廉的检察队伍，提升了全省检察机关的执法公信力。

坚定理想信念。强化以理想信念为核心的思想教育，深入学习党的十八大和十八届三中全会精神，特别是习近平总书记系列重要讲话精神，增进全体检察人员对中国特色社会主义的道路自信、理论自信、制度自信。认真开展向全国道德模范龚全珍学习活动，引导全省检察人员向榜样看齐，践行政法干警核心价值观和检察官职业道德准则，全省检察机关涌现出一批执法为民、无私奉献的先进典型。南昌市检察院民事行政检察处处长赖蓉蓉作为全国检察机关基层代表，在最高人民检察院"模范践行党的群众路线先进事迹报告会"上作事迹报告；万年县检察院公诉科科长蔡明筱被评为2013年度"江西十大法治人物"；抚州市检察院杨露萍等10名女检察官被评为"江西省三八红旗手"。大力加强检察文化建设，充分发挥省检察官文联的职能作用，积极开展形式多样的文化活动，陶冶检察人员情操，凝聚推动检察工作科学发展的正能量。

提升素质能力。继续加大人才引进力度，全省检察机关共招录各类专业人才309人，检察队伍的年龄、学历结构继续改善。完善教育培训方式方法，深化检察机关与高等院校合作，推行检察业务专家巡回讲学，举办各类岗位培训班31期，培训3935人次。广泛开展岗位练兵和业务竞赛活动，举办修改后刑事诉讼法和民事诉讼法知识竞赛，评选"全省十佳暨优秀公诉人"和"全省侦查监督十佳检察官"，有9名检察人员分别被最高人民检察院授予全国检察业务专家、优秀公诉人、侦查监督业务能手等荣誉称号。省检察院制定机关干部交流轮岗规定，推动检察人员多岗位锻炼，培养检察工作"多面手"。继续选派干部到基层、信访接待一线锻炼，着力增强检察人员群众工作能力。

改进纪律作风。认真贯彻落实中央八项规定和省委、最高人民检察院关于改进作风的要求，省检察院研究制定了改进工作作风的25条实施意见，出台了公用经费使用、公务车辆管理、公务接待以及出差出国休假请假等制度，开展文山会海专项整治，利用科技手段加强公车管理，机关文风、会风和工作作风明显转变。认真落实党风廉政建设责任制，开展以检察人员执行八小时外行为禁令为主要内容的专项纪律整顿和警示教育活动，通报违纪典型案件，促进广大检察人员增强廉洁从检意识。开展纠正"四风"、铁面执纪专项检务督察活动，及时通报并跟踪督促纠正发现的问题，促进检风检纪持续改进。坚持从严治检，严肃查处9名违法违纪检察人员。

夯实基层基础。积极争取并促成最高人民检察院出台《关于支持赣南等原中央苏区检察工作发展的意见》，省检察院积极协调落实政策、资金、项目、人才、技术等方面的帮扶措施，推动赣南等原中央苏区检察工作全面协调发展。深入推进基层检察院"培优工程"，加大指导培扶力度，深化基层创先争优工作，九江市浔阳区检察院、吉安县检察院等6个单位被评为"全国先进基层检察院"，省检察院和赣州市检察院被授予"全国检察机关基层检察院建设组织奖"。充分利用中央政法转移支付资金，加强侦查装备和信息化建设，集中购置了一批侦查指挥、证据收集、检验鉴定等装备，完善职务犯罪侦查信息平台，实施办案工作区升级改造，改善了执法办案条件。

自觉接受监督。主动接受人大及其常委会的监督，各级检察院向同级人大及其常委会专题报告工作126次。省检察院向省人大常委会专题报告未成年人刑事检察工作，常委会组成人员给予充分肯定，同时提出意见建议，我们正抓紧落实审议意见。邀请人大代表视察检察工作 169 次，按时办结人大代表建议 130 件。主动接受政协民主监督，定期通报检察工作情况，认真办结政协委员提案 43 件。深化人民监督员制度，人民监督员对 12 件拟作不起诉决定的职务犯罪案件进行了监督评议。进一步深化检务公开，广泛开展举报宣传周、检察开放日等活动，推行刑事申诉案件公开审查，认真落实新闻发布制度，积极回应涉检网络舆情，切实保障人民群众对检察工作的知情权、参与权和监督权。

我们也清醒地看到，全省检察工作还有不少问题和困难：一是法律监督职能作用的发挥还不够充分，查办职务犯罪工作的效果需要进一步增强，诉讼监督工作还存在薄弱环节，对减刑、假释、暂予监外执行不当的监督有待加强。二是全省检察队伍的素质能力和执法保障与新形势、新任务的要求还有差距，存在执法理念不适应、人少案多矛盾突出、科技装备和信息化建设水平偏低等问题。三是执法不文明、不规范的问题仍然存在，工作作风需要进一步改进，检察工作的群众满意度需要进一步提高。对于这些问题和困难，我们将从实际出发，采取积极措施，努力加以解决。

2014 年的工作安排

2014 年，是深入贯彻落实党的十八届三中全会精神、全面深化改革的第一年。全省检察机关将全面贯彻党的十八大、十八届三中全会、中央政法工作会议和习近平总书记系列重要讲话精神，认真贯彻省委十三届七次、八次全会精神，以服务和保障全面深化改革为主线，以促进社会公平正义、增进人民福祉为目标，以强化法律监督、强化自身监督、强化队伍建设为总要求，以执法办案为中心，深入推进平安江西、法治江西、文明江西建设，为实现发展升级、小康提速、绿色崛起、实干兴赣作出积极贡献。

第一，坚持服务大局为重，为改革发展稳定提供有力司法保障。认真贯彻落实《中共中央关于全面深化改革若干重大问题的决定》和省委的实施意见，充分发挥惩治、预防、监督、教育、保护等职能作用，不断提高运用法治思维和法治方式服务和保障全面深化改革的能力。围绕深化经济体制改革、加快转变经济发展方式和实施新型工业化、城镇化等重大战略部署，加强法律监督工作，在促进市场体系建设、推动城乡发展一体化等方面发挥应有作用。积极参与创新社会治理方式，全面推进涉法涉诉信访工作机制改革，学习和推广"枫桥经验"，认真做好检察环节的社会矛盾化解工作，切实维护社会大局稳定。

第二，坚持人民利益为念，更好地服务群众、保障民生。积极回应人民群众对社会治安和公共安全的关切，依法严厉打击黑恶势力、严重暴力、涉枪涉爆涉恐、拐卖妇女儿童、危害食品药品安全、环境污染等犯罪，切实提升人民群众安全感和满意度。继续开展查办和预防发生在群众身边、损害群众利益职务犯罪专项工作，坚决惩治教育、就业创业、社会保障、医药卫生、食品安全、征地拆迁等领域的职务犯罪。部署开展打击涉农犯罪、维护农民工权益专项行动，促进农业生产发展、农村和谐稳定。

第三，坚持法律监督为本，依法全面正确履行检察职能。认真履行批捕、起诉职责，严把事实关、证据关、程序关、法律适用关，确保办案质量，坚决防止冤假错案。加大查办和预防职务犯罪工作力度，坚持"老虎""苍蝇"一起打，既坚决查办发生在领导机关和领导干部中的贪污贿赂、渎职侵权案件，又严肃查办发生在群众身边的职务犯罪案件，始终保持惩治腐败犯罪的高压态势。结合办案深化职务犯罪预防，增强预防工作实效。加强刑事诉讼法律监督，着力解决有罪不究、违法办案、侵犯人权、滥用强制措施等问题，开展清理纠正久押不决案件和违法减刑、假释、暂予监外执行专项监督工作。以省人大常委会听取和审议民事检察工作专题报告为契机，着力加强对民事审判和执行活动的法律监督。按照中央和最高人民检察院的统一部署，因地制宜、积极稳妥地推进检察体制和工作机制改革，更好地履行法律监督职能。

第四，坚持过硬队伍为基，提升法律监督能力和水平。加强社会主义核心价值观和检察职业道德教育，认真抓好省检察院党的群众路线教育实践活动整改落实工作，指导市县两级检察院开展教育实践活动。想方设法引进人才，营造环境留住人才，加强教育培训和实践锻炼，提升检察队伍专业化水平。认真落实党风廉政建设责任制，严格遵守中央八项规定和检察工作纪律，持之以恒地改进工作作风和执法作风。更加自觉地接受人大监督和政协民主监督，接受人民群众和新闻舆论监督，保障检察权依法正确行使。坚持强基固本，继续推进基层检察院建设，实施科技强检战略，提升检察工作信息化水平。认真贯彻《最高人民检察院关于支持赣南等原中央苏区检察工作发展的意见》，推动各项帮扶政策措施落实到位。

新的一年，我们将在省委和最高人民检察院的领导下，在省人大及其常委会的监督下，认真贯彻本次会议的决议要求，忠实履职，扎实工作，为建设富裕、和谐、秀美江西，早日实现与全国同步全面建成小康社会作出新的贡献！

山东省人民检察院工作报告(摘要)

——2014年1月19日在山东省第十二届人民代表大会第三次会议上

山东省人民检察院检察长 吴鹏飞

(2014年1月22日山东省第十二届人民代表大会第三次会议通过)

2013年，在省委、最高人民检察院的正确领导下，在省人大及其常委会的有力监督和省政府、省政协及社会各界的大力支持下，全省检察机关认真学习贯彻党的十八大、十八届二中、三中全会和习近平总书记系列重要讲话精神，紧紧围绕经济社会发展大局，忠实履行宪法和法律赋予的职责，各项检察工作取得新进展。

一、围绕中心、服务大局，保障经济持续健康发展

全省检察机关坚持跳出检察看全局、干检察，自觉把检察工作摆到经济社会发展全局中谋划和推进，用心用力做好服务和保障工作。

全力服务经济发展。认真贯彻落实中央、省委关于稳增长、调结构、促改革的决策部署，围绕"蓝黄"战略、"一圈一带"规划的实施，先后推出新的服务举措452项，努力为打造山东发展新优势发挥积极作用。开展千名检察官联系重大项目活动，组织2230多名检察人员深入关系国计民生的1280余个大项目，配合加强对招投标、资金拨付、质量验收等关键环节的监督，提供法律咨询5180余次，协助制定廉政风险防控措施2060多项，切实保障项目建设安全顺利。深化商业贿赂、工程建设领域突出问题专项治理，开展查办危害公共投资、生态能源职务犯罪专项行动，依法查处政府采购、产权交易、环境保护、矿产资源开发等领域职务犯罪732人。积极参与整顿和规范市场经济秩序，加大对侵犯知识产权犯罪的打击力度，依法办理非法集资、信用卡诈骗、合同诈骗等犯罪3071件，办理侵犯商业秘密、假冒注册商标和专利等犯罪258件，着力营造良好的营商环境。

依法保护企业合法权益。把服务企业发展作为服务经济的重要内容，主动了解企业司法需求，及时回应企业发展关切。加强"检企共建"，与4033家企业建立了工作联系机制，定期走访调查、提供服务，帮助解决涉法问题2930余个。坚决打击危害企业发展的犯罪活动，惩治对企业强买强卖、敲诈勒索、强揽工程等犯罪175件，查办行政执法管理过程中，借机向企业索贿受贿和滥用职权、玩忽职守造成企业重大损失的职务犯罪296件。妥善处理涉企案件，慎重使用强制措施，慎重扣押涉案款物，保障企业正常生产经营。通过办案，为国家和企业挽回损失27.3亿元。民营企业威海昌和渔业有限公司是当地远洋捕捞业的龙头企业，检察机关在办理其负责人龙某涉嫌共同受贿案过程中，依法慎重使用羁押措施，并积极协调银行履行2000万元的贷款合同，帮助企业重现生机。

扎实推进平安山东建设。深入开展打黑除恶专项行动，与公安、法院等部门密切配合，依法严厉打击严重暴力犯罪、黑恶势力犯罪、多发性侵财犯罪和毒品犯罪。全年共批捕犯罪嫌疑人43289人、起诉73088人。坚持把化解矛盾贯穿办案始终，认真落实宽严相济刑事政策，对10883名犯罪情节轻微的初犯、偶犯等作了不捕不诉决定；推行刑事和解、检调对接、公开听证、检察宣告等制度，坚持阳光执法解疑释惑、化解矛盾，促成和解8385起；健全人性化执法方式，探索建立无羁押必要涉罪人员观护帮教制度，联合热心公益的企业设立帮教基地110多个，观护帮教2977人，均未重新犯罪；重视保护涉罪未成年人合法权益，对1265名涉罪未成年人依法作了宽缓处理，使503人重返校园，有35人考入大学。适应涉法涉诉信访工作改革后群众信访大量进入检察环节的新形势，创建省检察院领办、市检察院参办、交叉办理的一体化工作模式，对涉检信访一站式受理、一条龙服务、一揽子解决。共接待群众来信来访20360件，全部妥善处理。积极参与社会治理创新，会同有关部门加强对突出治安问题的集中整治，广泛开展法制宣传教育活动，维护了全省社会治安持续稳定。

二、着力查办和预防职务犯罪，促进反腐倡廉建设

把查办和预防职务犯罪工作摆在突出位置，坚持"老虎""苍蝇"一起打，惩治、预防两手抓，努力遏制和减少腐败问题。

加大办案力度。坚决贯彻中央、省委和最高人民检察院的工作部署，加大查办职务犯罪力度。共立查职务犯罪嫌疑人3260人，同比上升13%；立查大案要案2105件，同比上升13.1%，其中县处级干部133人，厅级9人，副省级1人。在中央、省委和最高人民检察院的坚强领导下，圆满完成薄熙来案件的审查起诉和出庭公诉工作，以确实充分的证据，依法指控和证实薄熙来的犯罪事实，昭示了党和国家反对腐败的坚定决心。经最高人民检察院指定管辖，查办了安徽省原副省长倪发科重大职务犯罪；立查了枣庄矿业集团原总经理王明南，省农业厅原副厅长单增德，夏津县原县委书记杨同军等一批严重腐败分子。严肃查办国家工作人员滥用人事权、审批权，索贿受贿等职务犯罪案件493件；查办国企人员损公肥私，造成国有资产严重流失的案件213件。依法惩治行贿犯罪，对171名拉拢腐蚀国家工作人员的行贿人追究刑事责任。依法同步介入爆炸、火灾、矿难等重大事故调查，立查涉嫌渎职等职务犯罪的国家工作人员92人。

提高办案质量和效果。牢固树立人权意识、程序意识和证据意识，依法正确行使侦查权。严格规范侦查取证活动，坚决排除非法证据，认真落实人民监督员、律师会见和全程同步录音录像等制度，切实做到不枉不纵、客观公正。共起诉职务犯罪嫌疑人3177人，法院已判决2997人，案件质量位居全国前列。正确把握法律政策，通过办案，为104名受到错告、诬告的领导干部和企业负责人澄清是非，还以清白。成功举办国际反贪局联合会第五届研讨会，79个国家和地区的300余名与会代表深入研讨反腐败国际技术援助，向世界全面展示了党和国家反腐败的坚定决心和成效，展示了山东经济社会发展的新成就，展示了检察机关的良好形象，得到了最高人民检察院和与会代表的好评。

加强职务犯罪预防工作。坚持办案与预防同步推进，大力构建社会化预防体系。加强社会预防宣传，开展预防文化建设年活动，创作廉政短片、公益广告、微电影等560余部，在电视、电台、车站、机场等公共场所广泛进行公益宣传；全省组建153个预防警示教育宣讲团，深入3400多个党政机关和企事业单位巡回宣讲，受教育人数48万余人；加强警示教育基地建设，在派驻检察室建成预防警示教育展览室474个，以身边事教育身边人，40.8万名基层干部接受教育。深化社会化预防协作，实现了行贿犯罪档案全国联网查询，提供查询4万余次，建议取消66个单位的市场准入资格。针对办案发现的问题，向有关部门提出预防建议792份。建立健全惩治和预防职务犯罪年度报告制度，向党委、人大、政府及有关部门提交年度报告158份。

三、强化对诉讼活动的法律监督，维护社会公平正义

认真贯彻实施修改后的刑事诉讼法、民事诉讼法，全力推进法治山东建设。

强化刑事诉讼监督。加强刑事立案和侦查活动监督，共监督撤案2213件，决定不捕不诉16026人；监督立案1758件，追捕追诉5763人，起诉后法院已判决3380人，其中判处10年以上有期徒刑、无期徒刑和死刑151人。德州市德城区检察院在审查一起杀人案时，依法追捕了涉嫌犯罪而未被提请逮捕的胡庆芳，查明了其指使、组织他人报复杀人的犯罪事实，胡一审被判处死刑。加强刑事审判监督，抗诉刑事案件330件，法院已改判和发回重审239件。加强刑罚执行和监管活动监督，依法监督纠正违法减刑、假释、暂予监外执行等案件177件，监督纠正监管活动和社区矫正中的违法问题2145个，促进了文明安全监管。

强化民事行政诉讼监督。改变单一抗诉的传统监督模式，综合运用抗诉、检察建议、诉讼违法调查、支持起诉等监督手段，构建多元化监督格局。对认为确有错误的民事行政裁判，提出抗诉和检察建议1145件，法院已改判、发回重审、调解结案387件，采纳检察建议565件；办理督促、支持起诉案件374件；开展诉讼违法调查1302次，监督纠正违法行为911件。山东华冠集团公司破产案历时8年没有审结，职工群众多次集体上访，莱芜市检察机关通过诉讼违法调查，监督纠正了低价拍卖国有资产等问题，并查处了该市中级法院技术室原主任赵振芳借办案之机贪污、受贿犯罪案件，职工拍手称快。抓住群众反映强烈的执法不作为、乱作为等问题，集中开展行政执法检察监督试点、民事调解和执行监督专项活动，依法办理行政执法监督案件778件，办理民事调解监督和执行监督案件992件，挽回经济损失8.3亿元。

强化诉讼监督实效。加强与其他执法司法部门的工作联动，共同维护法律尊严和司法权威，对不服公安机关正确决定和法院正确裁判的1190余起申诉案件，耐心做好服判息诉工作。坚持强化诉讼监督与查办职务犯罪相结合，加大惩治司法腐败力度，查办执法司法不公背后的贪赃枉法、徇私舞弊等职务犯罪133人。聊城市公安局交警支队驾驶员管理科原科长杜迎新执法犯法，收受贿赂110余万元；单县检察院公诉科原科长黄启龙徇私枉法，故意包庇犯罪分子；淄博市司法局原副局长郑建业以权谋私，贪污、受贿100余万元。检察机关严肃查办这些腐败犯罪，清除了害群之马，纯洁了司法队伍。

四、以人为本、执法为民，维护人民群众合法权益

坚持把人民群众的关注点作为检察工作的着力点，更加注重保障和改善民生，真心实意为群众遮风挡雨、排忧解难。

坚决惩治损害民生民利犯罪。为保障群众"舌尖上的安全"，协同公安机关和行政执法机关开展了制售有毒有害食品药品集中整治活动，办理"地沟油""病死猪""毒豆芽"、假劣药等犯罪836人，立查背后的监管失职渎职犯罪77人。开展危害民生民利刑事犯罪专项立案监督，依法督促行政执法机关移交案件416件，监督公安机关立案157件，防止了打击不力。为促进解决事关群众切身利益

的突出问题，开展了查办发生在群众身边、损害群众利益职务犯罪专项工作，依法查处教育招生、医疗卫生、保障性住房等民生领域职务犯罪1777人，同比上升51.9%；集中查办侵吞、截留征地补偿款、新农合资金、农机和小麦补贴等涉农领域职务犯罪884人，追回惠农资金1.6亿元。烟台市检察机关通过对农机补贴资金发放情况进行核查，严肃查办了莱阳市农机局原副局长赵东瑞等10名农机部门管理人员与不法经销商相互勾结，骗取、侵吞农机补贴的犯罪案件，追缴补贴资金480多万元，促进了惠农政策落实。

加强对弱势群体和困难群众的司法保护。围绕保障妇女儿童、老年人的合法权益，依法办理拐卖妇女儿童犯罪案件122件；对侵害幼女、伤害留守儿童、欺凌孤寡老人的违法犯罪，从重从快予以严惩，批捕479人，起诉537人。围绕保障农民工的合法权益，认真办理拖欠农民工工资、劳动争议等申诉案件208件，依法惩处拒不支付劳动报酬犯罪53人，督促发放农民工工资3000余万元。江苏诚达建筑有限公司在五莲县承建工程过程中，拖欠农民工劳务费引发群体上访，检察机关受理申诉后，依法支持250余名农民工起诉，帮他们讨回"血汗钱"392万元。围绕保障残疾人、下岗职工、低保户等困难人员的合法权益，依法查办社会保障、扶贫救济、残疾救助、就业扶持等领域的职务犯罪212件。

健全联系服务群众长效机制。以民生检察服务热线为平台，以大走访活动为载体，以群众诉求信息化办理为保障，构建服务民生的常态化工作格局。全面推行网络受理、远程视频接访，开通检察门户网站、检察微博、民生微信等290多个，把"脚板走访"与"网络对话"结合起来，让数据多跑路、让群众少跑腿，更加方便快捷地办理群众诉求。深入推进"五进两服务"大走访活动，更加自觉用脚步丈量与群众的距离，倾听群众呼声，解决群众困难。一年来，联系群众21.8万人次、企业1.2万家，提供法律服务3.6万次，帮扶困难家庭2.5万户，化解矛盾7660起，解决群众诉求4.1万起。

五、深入推进"三项建设"，增强检察工作可持续发展实力

坚持把执法规范化、检察信息化和基层基础建设作为全局性、基础性工程，集中攻坚全力推进，不断激发检察工作活力。

执法规范化建设取得新进步。坚持把执法规范化建设作为提升执法公信力的必由之路,大力创建"执法主体、执法制度、执法场所、执法信息化、执法监督"五位一体的执法规范化建设新模式。编制《执法规范化建设制度汇编》,健全制度体系,严格规范执法办案活动。深化案件管理机制改革,对执法办案实行流程管理和动态监督,探索推行律师预约和电子阅卷系统,三级检察院全部设立了案件受理服务大厅和标准化律师接待室,共接待律师阅卷、会见3.2万人次。加强执法检查,通过巡视、专项检查和检务督察等多种形式,查找解决执法中的问题。通过执法规范化建设,全省检察机关的执法办案活动更加规范有序,执法质量明显提升。

检察信息化建设取得新成效。坚持以信息化引领检察工作科学化,着力打造山东检察机关的"信息航母"和"信息超市"。我省作为全国检察机关统一业务应用系统率先试点单位,精心组织,先行先试,将案件的受理、立案、侦查、批捕、起诉等业务流程,全部、全程在网上录入,网上运行,网上监督,执法办案模式发生深刻变革,办案效率进一步提高。最高人民检察院在我省召开全国检察机关统一业务应用系统建设现场会。加强侦查情报信息系统建设和应用,推动职务犯罪侦查从传统人力型向现代科技型转变。省检察院与浪潮集团签署检务云计算建设战略合作协议,加快推进涵盖政务管理、队伍管理、廉政风险防控等8大子系统的检务综合平台建设,以信息化促进资源整合和工作机制改革,赋予检察工作更多科技元素。

基层基础建设取得新突破。强化基层检察院规范化建设,把人财物更多地向基层倾斜,夯实检察工作发展根基。坚持重心下移,检力下沉,接好地气,全力推进派驻检察室建设,全省共建成与派出法庭对应设置的派驻检察室556个,配备工作人员3106名。派驻检察室建在基层,离老百姓最近,把法律监督触角延伸到乡镇街道、社区农村和辖区企业,把法律服务送到"村头、地头、街头",开展警示教育5880场次,发现职务犯罪线索2096件,提供诉讼监督线索3260条,排查化解矛盾纠纷5573件,被群众亲切地称为家门口的检察院,为百姓撑起了维权伞。

六、深入开展党的群众路线教育实践活动,着力加强过硬检察队伍建设

根据中央、省委的统一部署,深入开展党的群众路线教育实践活动。坚持以学为先,不断强化理论武装;坚持开门搞活动,广泛征求意见建议,切实找准"四风"方面存在的突出问题;坚持领导带头,广泛开展谈心谈话,认真开好专题民主生活会和组织生活会,以整风的精神开展批评与自我批评;坚持边查边整边改,推动建立长效机制,以"钉钉子"的精神,扎实整改落实、建章立制;严格执行中央八项规定、省委实施办法和省检察院具体实施意见;开展"守纪律、正检风、做表率",清理违规公务用车等专项活动,集中整治庸懒散,作风建设取得明显成效。

全省检察机关进一步加强理想信念和群众观点教育,严守党的政治纪律,夯实广大检察人员立检为公、执法为民的思想基础。制订实施加强和改进队伍建设的意见,广泛开展修改后刑事诉讼法、民事诉讼法学习培训和技能比武活动,共组织业务培训班812期,培训3.2万人次,开展岗位练兵活动810余次。加大人才引进力度,在组织人事部门的支持下,公开招录了624名大学毕业生和公务员充实基层。深入实施人才强检战略,培养了1530名检察专业人才,队伍专业化水平明显提高。在最高人民检察院组织的5次全国性业务竞赛中,我省6人进入前十名,是获得全国十佳最多的省份之一。高度重视自身反腐倡廉和纪律作风建设,层层签订廉政责任书,认真执行电子执法档案、述职述廉、诚勉谈话等制度,严密防范检察权的滥用,举报检察人员违法违纪的信访同比下降9.4%。

一年来,全省广大检察人员奋发有为,敢于担当,涌现出一大批先进集体和个人。全省有119个检察院、346名检察人员受到省级以上表彰,有32个市县党委作出向检察院或检察人员学习的决定。据省社情民意调查中心电话随机抽查显示,2013年全省检察工作群众满意率为90.66%,同比提升0.64个百分点。

我们也清醒地看到,检察工作还存在不少问题和不足:检察职能作用发挥与经济社会发展的新要求和人民群众的新期待仍有一定差距,服务大局的思路措施还需深化;队伍整体素质有待于进一步提高,队伍专业化程度还不高,有的检察人员全面把握政策、准确适用法律、办理复杂案件、做好群众工作的能力还不强;纪律作风建设的力度有待进一步加大,极少数检察人员违规违纪甚至以权谋私、以案谋私;检察信息化建设、基层基础工作仍需加强,一些地方案多人少的矛盾依然比较突出。对此,我们将以更加务实负责的态度,认真研究解决。

2014年是全面贯彻落实党的十八届三中全会精神,全面深化改革的开局之年。全省检察机关将深入学习贯彻党的十八大、十八届二中、三中全会、中央政法工作会议和习近平总书记系列重要讲话精神,按照省委、最高人民检察院的工作部署,紧紧围绕改革发展大局,以维护社会大局稳定、促进社会公平正义、保障人民安居乐业为己任,全面加强和改进各项检察工作。一是着力保障全面深化改革。坚持把检察工作融入全面深化改革全局中谋划和推进,增强进取意识、机遇意识和责任意识,充分发挥检察职能作用,努力为全面深化改革提供有力司法保障。按照中央、省委和最高人民检察院的统一部署,稳步推进检察改革。二是着力服务经济、服务民生。切实把服务经济的立足点转变到服务促进提高经济增长质量和效益上,不断强化对经济结构优化升级、创新驱动战略实施、统筹城乡区域协调发展的司法保护。始终把人民群众放在心中最高位置,坚持民生导向,持续推进"五进两服务"大走访活动,健全联系服务群众的长效机制,打造山东民生检察新品牌。三是着力推进平安山东、法治山东建设。以人民群众平安需求为导向,依法严厉打击各类严重刑事犯罪,积极参与社会治理创新,完善预防和化解社会矛盾机制,切实维护社会和谐稳定。强化法律监督,坚守执法为民的职业良知,严格执法,公正司法,努力让人民群众在每个案件中都感受到公平正义。四是着力强化查办和预防职务犯罪工作。坚持有案必查、有腐必惩,坚持"老虎""苍蝇"一起打,突出查办大案要案,严肃查处危害民生民利的腐败犯罪,保持惩治腐败的高压态势。深化职务犯罪预防工作,加强社会化预防宣传、预防调查和年度报告等工作,全面推进惩治和预防腐败体系建设。五是着力深化"三项建设"。加快打造"五位一体"的执法规范化建设新模式,强化执法主体建设,丰富执法规范化建设内涵。充分发挥检察机关统一业务应用系统的作用,启动"电子检务"工程,提升检察信息化效能。深化基层基础工作,进一步发挥派驻检察室作用,促进检察工作扎根培土接地气、惠民生。六是着力加强检察队伍建设。坚持久久为功,扎实开展党的群众路线教育实践活动,进一步解决好"四风"方面突出问题,增强检察工作公信力和人民群众满意度。深入推进检察队伍思想政治建设、能力素质建设和纪律作风建设,按照政治过硬、业务过硬、责任过硬、纪律过硬、作风过硬的要求,努力建设一支信念坚定、执法为民、敢于担当、清正廉洁的检察队伍。

在新的一年里,我们决心在省委和最高人民检察院的坚强领导下,认真落实本次大会决议,更加自觉接受人大监督、民主监督和社会监督,求真务实,真抓实干,努力开创检察工作新局面,为推进全面深化改革,加快建设经济文化强省作出新贡献!

河南省人民检察院工作报告(摘要)

——2014年1月18日在河南省第十二届人民代表大会第三次会议上

河南省人民检察院检察长 蔡 宁

(2014年1月20日河南省第十二届人民代表大会第三次会议通过)

省十二届人大一次会议以来,全省检察机关认真学习贯彻党的十八大、十八届三中全会精神,顺应人民群众对美好生活的向往,坚持遵循规律、理性司法、务实发展,全面实施修改后的刑事诉讼法和民事诉讼法,认真履行法律监督职能,各项检察工作保持了健康发展态势。

一、顺应人民群众对公共安全的期待，着力维护社会和谐稳定

（一）打击刑事犯罪保障群众安全。坚持把维护稳定作为第一责任，共批准逮捕各类刑事犯罪嫌疑人47190人，提起公诉87099人。与公安、法院密切配合，依法打击危害群众生命财产安全的犯罪，共批捕严重危害公共安全犯罪、黑恶势力犯罪、严重暴力犯罪和重大侵财犯罪24256人，起诉38027人，有力震慑犯罪分子。依法惩治利用网络实施的造谣、敲诈勒索、诈骗等犯罪，维护网络社会安全。坚持重大案件提前介入、挂牌督办、跟踪指导，严格把关，对"8·19"安阳市公交车恶性杀人案等严重影响社会治安的重大案件依法快捕快诉，对省委政法委督办的20起涉黑案件，集中力量办理，17件已于2013年年底前依法提起公诉。

（二）坚持宽严相济促进社会和谐。积极推行轻微刑事案件非羁押诉讼制度，共对涉嫌犯罪但无社会危险性的7454人作出不批准逮捕决定；对经审查认为不构成犯罪的889人作出不批准逮捕决定；对犯罪情节轻微、社会危害较小的2659人作出不起诉决定。按照修改后刑事诉讼法规定，探索开展逮捕后羁押必要性审查工作，提出变更强制措施建议772人次，保障在押人员合法权益，减少社会对抗，增进社会和谐。

（三）加强源头治理化解矛盾纠纷。落实执法办案风险评估预警机制，在办案各个环节强化释法说理，增强化解社会矛盾效果。落实检察长接待日、首办责任制、点名接访等制度，健全依法处理涉检信访问题工作机制，化解涉检信访积案176件，在信访总量上升的情况下，涉检赴省进京访下降75%和53.8%；开展司法救助，协调有关方面救助刑事被害人937人。落实执法办案三个层次目标要求，在把案件办准、办好的基础上，加强调查研究，先后就规范户籍管理、加强校园安全和校车安全管理、整治矿山资源税费征管秩序、涉罪未成年人的教育矫正等，向省有关部门提出建议或共同出台相关措施，促进社会治理。

二、顺应人民群众对廉洁政治的期待，着力惩治和预防职务犯罪

坚持惩防并举、标本兼治，坚持有案必查、有腐必惩，既打"老虎"又打"苍蝇"，充分发挥省市两级检察院带头办案作用，充分发挥侦查信息化、装备现代化的支撑作用，共立案侦查职务犯罪案件2852件4157人，有力推进了反腐倡廉工作。

（一）突出查办贪污贿赂犯罪大案要案。共立案侦查国家工作人员涉嫌贪污贿赂犯罪2054件2861人，其中大案1667件，县处级以上干部179人，内有省部级干部1人，厅级干部19人。通过办案为国家挽回直接经济损失4.59亿元。根据最高人民检察院指定，我们查处了广东省委原常委、统战部长周镇宏受贿案；直接查处了中隧集团原董事长郭大焕、原总经理张继奎、平顶山市政协原党组副书记祝义方等贿赂案；配合省纪委查处了安阳市委原书记张笑东、政协原主席赵微等领导干部职务犯罪案件，体现中央、省委反腐决心，彰显反腐成效。

（二）持续加大反渎职侵权工作力度。共立案侦查国家机关工作人员涉嫌渎职侵权犯罪798件1296人，其中县处级干部20人，重特大案件686件。加强对重点领域渎职犯罪案件查办工作，部署开展惩治滥发淘汰落后产能奖励资金、随意提高建设用地容积率等渎职犯罪专项活动，立案侦查涉嫌滥用职权、玩忽职守、受贿犯罪124人；结合办案开展预防调查，发现和纠正涉容积率问题509个，督促补交土地出让金9.58亿元。坚决查办执法不严、司法不公背后的职务犯罪，立案侦查涉嫌徇私舞弊、滥用职权、索贿受贿犯罪的行政执法人员547人、司法人员85人。与省高级人民法院会签《关于在办理渎职侵权刑事案件中严格适用法律若干问题的座谈纪要》，共同解决渎职侵权类案件缓免刑判决比例偏高问题。

（三）不断加强预防职务犯罪工作。加强个案预防，针对所办案件，召开座谈会，分析发案原因，提出检察建议，促进案发单位完善管理制度。省检察院提出的加强对云台山风景区管理的检察建议，引起省人大常委会重视，《河南省云台山景区保护条例》采纳了相关内容。加强重大工程建设项目同步预防，通过提供行贿犯罪档案查询、开展法治宣传教育、参与施工过程监督等，促进工程优质、干部清廉。全省检察机关共提供行贿犯罪档案查询18万余次，在郑州地铁、南水北调等2088个重大工程建设项目开展同步预防。加强重点行业系统预防，结合所办案件，开展专题调研，分析犯罪规律，向主管部门提出改进管理的检察建议，推进行业治理。省检察院结合查处中储粮河南分公司系列案件，开展"转圈粮"专项预防调查，查出"转圈粮"28亿斤，

涉及粮食资金 7 亿多元,提出完善国家粮食收储管理体制机制建议,引起中央有关部门重视,为确保国家粮食安全发挥了积极作用。加强预防宣传,组织廉政公益广告评选活动,发挥全省 172 个预防职务犯罪警示教育基地作用,推进廉政教育进党校、进机关、进企业、进社区、进乡村,开封、濮阳等 6 个警示教育基地被评为全国检察机关"百优"教育基地。

三、顺应人民群众对富民强省的期待,着力服务科学发展

(一)自觉服务企业发展。着眼更好服务我省三大国家战略规划,引导全省检察干警牢固树立"服务大局首先就是服务发展,服务发展重点就是服务企业"的理念,积极作为、跟进服务,助推企业转型升级、爬坡过坎。组织开展服务企业发展调研,了解企业司法需求,查找服务工作薄弱环节;专门召开全省检察机关服务企业发展座谈会,进一步明确检察工作服务企业发展的具体措施,为企业发展创造法治化营商环境。全省检察机关通过出台或完善服务企业发展的意见、向产业集聚区派驻检察室、建立服务企业联系人制度、与相关行业协会建立联系制度等,努力做到主动服务。检察机关服务企业做法,受到党委、政府肯定和企业欢迎,南阳市委市政府专门发文,推广市检察院服务企业做法。

(二)依法服务保障现代市场体系。参与整顿和规范市场经济秩序工作,共批准逮捕涉嫌金融诈骗、非法经营、损害商业信誉商品声誉、强迫交易等犯罪 2909 件 4110 人,提起公诉 4891 件 7445 人,推动建立健全社会信用体系。加强知识产权法律保护,批准逮捕涉嫌侵犯知识产权犯罪 180 人,起诉 345 人。立案查处国有企业工作人员涉嫌职务犯罪 667 人,结合办案开展法制宣传、提出完善制度建议,推动企业规范经营决策、健全管理制度。

(三)着力提升服务效果。坚持站位全局,自觉把执法办案工作放到经济社会发展全局中审视和判断,有利于企业发展的案件坚决查办,查案会对大局有不利影响的慎办、缓办;坚持"五个并重",同等保护各种所有制合法利益,促进各种所有制经济依法平等使用生产要素、公开公平公正参与市场竞争;坚持规范服务,正确把握法律政策界限,慎用查封、扣押、冻结等强制措施,灵活把握办案时机,尽量避免办案对企业正常生产经营活动造成负面

影响。省检察院在办理中加集团公司董事长李某涉嫌行贿案时,发现其正在与舞钢公司洽谈 5.1 亿元股权转让、合资兴建舞钢冶金公司事宜,在保证诉讼正常进行的情况下,省检察院决定对李某取保候审,最终双方达成合作协议,维护了企业的正常发展。

四、顺应人民群众对权益保障的期待,着力保障改善民生

(一)履行打击职能维护民生民利。开展危害民生刑事犯罪专项立案监督活动,监督行政执法机关移送涉及食品药品安全、卫生教育、劳动保障、假种子假化肥等危害民生刑事案件 315 件 402 人。着眼维护合法财产权益,依法打击集资诈骗、非法吸收公众存款等犯罪行为,认真做好追赃挽损工作。着眼保障舌尖上的安全,配合公安机关开展专项行动,对 4 批 122 起生产销售"毒豆芽""病死猪肉"等有毒有害食品犯罪案件挂牌督办,依法批捕危害食品安全类犯罪 1246 人,起诉 2671 人。着眼保护生态环境,积极参与专项治理,加强环境执法监督,共批准逮捕破坏环境资源犯罪 219 人,起诉 1721 人。商丘、南阳两市检察院专门出台发挥检察职能服务生态文明建设的意见。

(二)严查损害群众切身利益的职务犯罪。开展查办和预防发生在群众身边、损害群众利益职务犯罪专项工作,加强举报宣传,畅通群众举报渠道,受理群众举报 9900 件,立案侦查新农村建设、惠农资金管理等"三农"领域职务犯罪 387 件 593 人,立案侦查食品药品安全、生态环境领域职务犯罪 187 件 290 人,立案侦查教育、就业、医疗卫生、保障性住房、征地拆迁等领域职务犯罪 1182 件 1706 人。安阳市检察院结合办案,对国家基本卫生公共服务项目资金执行状况进行专题调查,针对发现的挤占挪用专项资金、虚列开支等问题,向市政府发出检察建议,引起重视,在全市开展专项清查活动,推动这一民生政策落实。

(三)保护未成年人健康成长。健全捕诉监防一体化的未成年人刑事检察工作机构,推行亲情会见、监护人到场、犯罪记录封存等办案机制,对涉罪未成年人进行教育、感化、挽救,批捕涉罪未成年人同比下降 16.6%。坚决打击性侵中小学生等严重侵害未成年人身心健康的犯罪,保护其合法权益。省检察院与省教育厅联合下发《关于校园法制宣传教育工作实施办法(试行)》,与共青团、妇联、关工

委等密切配合，建立 65 个青少年法制宣传教育基地，选派 1800 余名检察官兼任中小学法制副校长，开展关爱青少年活动。全国政协副主席齐续春到郑州、许昌等地检察机关专题调研"蓓蕾 580"救助模式、"苗雨行动"，给予充分肯定。

五、顺应人民群众对公平正义的期待，着力维护司法公正和法制权威

（一）依法加强刑事诉讼监督。坚持打击犯罪与保护人权并重，对应当立案而没有立案的，监督公安机关立案 1291 件，对不应当立案而立案的，监督撤案 800 件，追加逮捕犯罪嫌疑人 2306 人、追加起诉被告人 2996 人；对认为人民法院确有错误的刑事判决、裁定，依法提出抗诉 423 件；依法监督纠正刑罚执行和监管活动违法问题 4937 人次。省检察院追诉的重大漏犯侯朝军，被法院以组织领导黑社会性质组织罪等 7 个罪名，判处死刑缓期两年执行，同案追诉的 33 名犯罪分子也分别被判处 1 至 16 年有期徒刑。

（二）依法加强民事行政诉讼监督。适应修改后民事诉讼法要求，建立受理与审理分离和衔接机制、提出抗诉后跟进监督机制，依法清理积案 457 件。对认为人民法院确有错误的生效民事行政裁判提出抗诉 399 件，对认为裁判正确的，依法作出不支持监督申请决定 579 件，维护司法权威；提出再审检察建议 1381 件，法院采纳 1194 件。认真履行对诉讼程序、民事调解和民事行政执行违法的监督职责，督促纠正违法行为。

（三）依法加强行政执法监督。推进行政执法与刑事司法衔接工作，加强"两法衔接"信息共享平台建设和使用，开展调查处理举报、建议移送案件、立案监督等工作，共督促行政执法机关移送涉嫌犯罪案件 279 件 361 人，纠正了一批行政违法行为，促进了依法行政、规范执法。

（四）严防冤假错案发生。贯彻疑罪从无，与法院、公安机关共同依法妥善处理李怀亮案件。落实习近平总书记重要指示精神，提出"五个决不能"要求，与省高级人民法院、公安厅、司法厅会签《关于办理刑事案件排除非法证据的实施细则（试行）》等 7 个规范性文件，强化对刑事诉讼各个环节的监督，坚守防止冤假错案底线。在省委政法委组织协调下，牵头与公安、法院、司法联合开展诉讼困难的久押不决案件专项清理活动，3 年以上久押不决案件已依法清理 96%。

六、顺应人民群众对阳光司法的期待，着力强化对自身执法活动的监督

（一）自觉接受党的领导、人大监督和政协民主监督。坚持重要工作和事项及时向省委、省人大常委会请示报告，郭庚茂书记、谢伏瞻省长专程到省检察院视察指导工作，省人大常委会专题听取和审议全省检察机关反贪污贿赂工作报告。省检察院认真办理人大代表建议、政协委员提案和省人大常委会转办交办事件 38 件，做到办前沟通、办中反馈、办后回访、件件落实。坚持三级检察院领导联系人大代表制度，定期向人大代表、政协委员通报检察工作重要情况，加强经常性联系。各级党委、人大、政府、政协主要领导同志十分重视支持检察工作，经常听取汇报，给予批示和肯定。焦作市人大常委会 2013 年作出了《关于加强刑事诉讼法律监督工作的决定》。

（二）深入推进检务公开和司法民主建设。落实权利义务告知、重大疑难复杂案件公开听证、公开答复制度。完善检察门户网站功能，推进检察微博建设，定期编发检察手机报，适时召开新闻发布会，与新闻媒体联办专题栏目，及时通报情况，主动回应网络关切。利用检察专线网，组织三级检察院同步开展以"心系民生、服务群众"为主题的"检察开放日"活动，四级人大代表、政协委员及媒体代表、群众代表、网民代表 4000 余人参加，代表们通过实地察看办案区、信访接待室，听取省检察院工作通报，观看检察机关服务群众工作专题片，积极为检察工作科学发展建言献策，提出意见建议 800 余条。按照"依法、全面、及时、规范"要求，作为全国五个试点省市之一，省检察院和郑州、许昌、南阳三市检察院启动了深化检务公开制度试点工作，公开内容拓展到执法办案全过程，公开形式延伸到新媒体，群众可以通过检察门户网站、"一站式"检务公开大厅、案件查询系统等平台，随时随地了解、参与、监督检察工作。深化人民监督员制度、特约检察员和专家咨询制度，建立与律师协会的联系机制，自觉接受社会监督，真正让人民监督检察权，让检察权在阳光下运行。

（三）持续强化执法办案监督制约机制。推进案件集中管理机制改革，所有案件实行统一受理、全程管理、案后评查、综合考评，对办案期限、办案程序、办案质量进行同步管理、监督和预警。重点加强对职务犯罪查办工作的监督制约，发挥检察技术的支持保障作用,严格执行审查逮捕上提一级、全程同步录音录像等制度,规范执法行为。开展反腐倡廉制度建设年活动,完善办案质量终身负责、安全事故责任追究等制度,规范权力行使。

七、顺应人民群众对过硬队伍的期待,着力加强高素质检察队伍建设

(一)扎实开展党的群众路线教育实践活动。按照中央"照镜子、正衣冠、洗洗澡、治治病"的总要求,省委"一学三促四抓"和"六问六带头"工作部署,聚焦"四风"问题,省检察院认真抓好学习教育、听取意见、查摆问题、开展批评、整改落实、建章立制三个环节,做到"三个坚持"。坚持把学习教育贯穿始终,坚定理想信念,强化宗旨意识,增强改进作风、践行群众路线的主动性和自觉性。坚持把领导班子和领导干部作为查摆剖析的重点,通过深入基层调研走访、剖析典型事例、分析网络热点、真诚谈心交流,省检察院共征求到意见建议 260 余条,院党组和机关各支部分别召开民主生活会和专题组织生活会,认真对照检查,严肃开展批评和自我批评。坚持上下联动抓整改,省检察院领导班子细化9 方面整改措施,开展会议发文、节庆活动、清理办公用房、"三公"经费支出等专项治理活动,制定出台《关于切实改进工作作风密切联系群众的实施意见》等 18 项制度,从源头上防止作风不正、不实、不廉的问题,2013 年省检察院"三公"费用下降 13%。

(二)加强领导班子建设。健全领导班子集体学习、研讨交流制度,提高领导班子的学习力。坚持遵循规律、科学发展,建立重大问题调研制度,完善党组会、检察委员会议事规则,规范决策咨询工作,提高领导班子科学决策力。严格执行民主集中制,坚持集体领导,按程序办事,提高领导班子凝聚力。落实一岗双责,严明政治纪律,狠抓督促检查,严肃责任查究,提高领导班子执行力。克服监督重一般干警、轻领导干部现象,加强对领导班子和领导干部的管理监督,提高约束力。省检察院派员列席 19 个市分院党组民主生活会,对 2 个市检察院进行巡视,对 2 个市分院班子进行重点帮扶,4 个市分院检察长到省检察院述职述廉。

(三)加强专业化、职业化建设。出台《加强和改进全省检察队伍建设的意见》。分级分类组织专业培训和全员培训,省检察院举办各类培训班 61 期,培训检察人员 8624 人次,着力提高检察干警把握政治方向、执行法律政策、做好群众工作、运用信息化、新媒体时代沟通、廉洁执法等能力。组织开展岗位练兵、技能竞赛、精品案件评选活动,注重高层次专业人才培养,5 名干警被评为第三批全国检察业务专家,13 名干警被评为全国检察机关检察业务标兵。

(四)加强检察形象建设。树立"人人是检察形象、案案是公正载体"意识,规范执法行为,推行文明用语、规范用语、禁止用语,提升检察工作亲和力、公信力。加强和改进新媒体时代检察宣传工作,实现"面对面"交流与"键对键"沟通相结合,推动检民良性互动,传递检察正能量。公开招录 465 名公务员充实到基层,完善重点乡镇检察室职能,加强基层检察院信息化建设,提高基层检察院公正执法能力。省检察院组织 20 个督察组,对全省各级检察院落实八项规定、执行禁酒令等 7 个方面情况进行督察,对督察发现的问题点名通报、限期整改;强化内部监督,严肃处理违纪违法干警 14 人。开展创先争优活动,11 个基层检察院被评为"全国先进基层检察院",10 名检察干警被评为全省"人民满意十佳检察官"。

在总结成绩的同时,面对新形势新任务,我们也清醒地看到,检察工作还存在不少问题和困难。一是检察工作与大局结合得还不够紧密,在服务生态文明建设、推进社会治理创新、服务民营企业小微企业上办法不够多,效果不够好。二是法律监督职能还需要进一步加强,发现和查处发生在群众身边的职务犯罪案件还不够及时有力,在解决群众反映强烈的徇私枉法、裁判不公以及诉讼程序违法等方面,需要强化措施。三是一些干警的执法理念存在差距,重实体轻程序、重打击轻保护、重配合轻制约等落后观念仍然存在,一些案件质量不高,诉讼效率较低,社会效果不好。四是检察工作开展不平衡,重刑事轻民行、重打击轻预防、重办案轻释法等现象还不同程度存在;一些条件类似的地方,工作力度、工作成效差距较大;省检察院指导工作的针对性和时效性不强,一些能解决的问题没能得到及时有效解决。五是在接受外部监督和加强内部监督方面还有差距,如何更好地依靠群众推进工作,接受监督改进工作,互动交流提升公信,回应关切服务群众,还需要下大功夫;有的地方制度落实"棚架",队伍管理不严,检察人员违法违纪和涉检负面网络舆情时有发生,损害检察形象。六是案多人少的矛盾突出,修改后"两法"实施一年,基层检察院出庭简易程序公诉案件和省检察院、市检察院二审出庭公诉案件大幅上升，三级检察院受理民事行政监督申请上升39.3%，随着涉法涉诉信访工作的调整，要求监督的案件大量涌入检察机关，增大了工作压力。上述问题，我们将在新的一年里积极应对，认真解决。

2014年，全省检察机关要深入贯彻落实中央和省委一系列重要会议精神，紧紧围绕全省工作大局，牢记新形势下政法工作肩负的维护社会大局稳定、促进社会公平正义、保障人民安居乐业的神圣使命，全面履行各项法律监督职责，以改革的精神，认真做好五个方面工作。

第一，着力服务富强河南、文明河南、平安河南、美丽河南。按照中国特色社会主义五位一体总体布局，围绕省委"四个河南""两项建设""三大国家战略规划""一个载体、三个体系"等重大决策部署，找准结合点和着力点，完善服务措施，发挥打击、预防、监督、教育、保护等职能作用，积极参与、有效服务全省经济社会发展大局。

第二，着力保障全面深化改革。围绕改革目标任务，继续加大查办和预防职务犯罪工作力度，加强对行政执法和司法活动的法律监督，依法保障和促进全面深化改革开放。深刻领会中央关于"宽容改革失误"的精神，认真研究法律政策适用和新类型案件，正确区分改革失误与失职渎职、改革探索中出现偏差与钻改革空子实施犯罪的界限，处理好活力和秩序的关系，营造保护创新、宽容失误的改革氛围。按照中央司法改革部署，积极推进检察改革措施落实，2014年将全面推进涉检信访工作机制、检务公开、检察官办案责任制、人民监督员选任方式等四项改革，抓好省直管县检察体制改革工作，配合推进省检察院一、二分院建设。

第三，着力维护人民权益。牢固树立以民为本、执法为民的理念，善于从群众立场分析问题，让检察工作更好地体现群众意愿。督促市、县两级检察院深入开展党的群众路线教育实践活动，转变司法作风，提升群众工作能力。立足检察职能拓展联系服务群众平台，健全群众有序参与检察工作的方式途径，让群众更方便地监督、支持检察工作。顺应人民群众对公共安全、司法公正、权益保障的新期待，加大法律监督力度，不断提高人民群众对检察工作的认同感和满意度。

第四，着力弘扬法治精神。坚持严格公正文明规范执法，自觉运用法治思维和法治方式执法办案、化解矛盾、服务发展，促进公正司法、依法行政，提高社会治理法治化水平。推进统一业务应用系统，实现执法办案管理信息化、全程化、精细化。严格执法办案标准，既坚持疑罪从无，又坚持"两个基本"，健全案件质量保障体系，严防冤假错案。下大力气纠正执法司法突出问题，继续加强对久押不决案件的监督，健全长效机制，防止边清边积；组织开展违法减刑、假释、暂予监外执行专项监督，重点加强对职务犯罪、金融犯罪和黑社会性质组织犯罪三类罪犯刑罚执行情况的监督，让人民群众切实感受到公平正义就在身边。

第五，着力加强检察队伍建设。按照政治过硬、业务过硬、责任过硬、纪律过硬、作风过硬的要求，把信念坚定作为政治灵魂，把执法为民作为重要的职业良知，把敢于担当作为党性原则，把清正廉洁作为本质要求，抓好忠诚教育，加强制度保障，加强纪律作风建设，加大正风肃纪力度，强化自身监督制约，决不允许对群众诉求置之不理，决不允许滥用权力侵犯群众合法权益，决不允许执法犯法造成冤假错案，努力建设一支信念坚定、执法为民、敢于担当、清正廉洁的检察队伍。

党的领导、人大监督是做好检察工作的根本保证，政协和社会各界监督是推进检察工作的强大动力，人民群众有序参与是检察工作持续发展的力量源泉。在新的一年里，我们将自觉坚持重大问题和重要事项及时向党委、人大常委会请示报告，认真贯彻执行省委部署和人大决议，进一步加强与人大代表、政协委员联系，深化检务公开，健全接受外部监督机制，努力使检察工作与时代同步，与发展合拍，与人民群众同声相应，为实现中原崛起、河南振兴、富民强省的中原梦作出新的更大贡献！

湖北省人民检察院工作报告（摘要）

——2014年1月19日在湖北省第十二届人民代表大会第二次会议上

湖北省人民检察院检察长　敬大力

（2014年1月22日湖北省第十二届人民代表大会第二次会议通过）

2013年,省人民检察院在省委和最高人民检察院正确领导下,在省人大及其常委会有力监督下,带领全省检察机关,深入贯彻党的十八大、十八届三中全会精神和"三个走在前列"要求,围绕"五个湖北"建设,忠实履行职责,推进"五个检察",各项工作取得新进展。

一、积极发挥检察职能作用,服务经济社会发展

始终以大局为重、以人民利益为念,努力发挥打击、预防、监督、保护等职能作用服务发展、保障民生。

着力为经济发展营造良好法治环境。制定实施优化法治环境促进经济发展的意见,全面部署、全员参与"发挥检察职能、优化发展环境"专项工作。起诉传销、非法经营、金融诈骗等破坏市场经济秩序犯罪嫌疑人2353人,查办涉及国家工作人员的商业贿赂犯罪688人,与省招投标管理部门共同推进招投标活动中的行贿犯罪档案查询,促进公平竞争和商务诚信。建立联系服务企业制度,对各类企业不分国有民营、内资外资、本地外地、规模大小,实行平等司法保护和法律服务。严厉打击盗抢生产设施设备等犯罪,严惩强迫交易、敲诈勒索经营者的黑恶势力犯罪,净化企业周边治安环境。加强对违法查封、扣押企业财产等问题以及债务纠纷、破产清算等民事案件的监督,正确区分经济纠纷与经济诈骗等6条界限,维护企业合法权益和正常生产经营秩序。

促进宏观调控政策落实。依法惩治城镇化建设、产业转型升级等领域的犯罪,开展查办淘汰落后产能领域渎职犯罪专项工作,做好引江济汉等116个重大项目职务犯罪预防。与省环保厅密切配合、严厉惩治环境违法犯罪,起诉违法排放有毒有害物质等犯罪嫌疑人776人,加大对环境监管失职等犯罪的打击力度,促进绿色湖北建设。起诉侵犯商标权、专利权、商业秘密等犯罪嫌疑人419人,强化对高新技术、战略新兴产业等领域的司法保护,服务创新驱动发展战略。严惩制售伪劣农资等坑农害农刑事犯罪,查办涉农职务犯罪539人,促进农业农村发展。

维护人民群众权益。开展打击和预防发生在群众身边、损害群众利益犯罪专项工作。起诉制毒贩毒、制售假药劣药和有毒有害食品、非法行医等犯罪嫌疑人5193人,起诉盗窃、非法集资等犯罪嫌疑人8352人,保护人民生命健康和财产安全。依法打击恶意欠薪等侵害劳动者权益的犯罪。严惩拐卖妇女儿童、虐待遗弃残疾人老年人以及性侵中小学生、农村留守儿童等犯罪。立案侦查社保、教育、就业、医疗等民生领域职务犯罪674人,加大对侵吞国家民生补助资金犯罪的惩治力度。介入火灾等事故调查137起,查办事故背后的玩忽职守等犯罪61人。开展危害民生刑事犯罪立案监督专项工作,监督立案835件,加强对涉及征地拆迁、人身损害赔偿等民事、行政案件的监督。结合检察职能,公正对待当事人及其亲友诉求,做好特殊性专门性群众工作。

二、积极参与平安湖北建设,维护社会和谐稳定

全力做好检察环节维护稳定各项工作,保障社会安定有序,促进人民安居乐业。

依法打击各类刑事犯罪。批准逮捕刑事犯罪嫌疑人30797人,提起公诉42896人。严惩危害国家安全、公共安全和社会治安的严重刑事犯罪，积极参与打黑除恶、缉枪治爆等专项整治行动，起诉爆炸、故意杀人、绑架、抢劫、强奸等严重暴力犯罪嫌疑人3210人。对轻微犯罪依法落实宽从宽政策，决定不批捕3440人、不起诉1526人。

严守防止冤假错案底线。坚持打击犯罪与保障人权并重，严把事实关、证据关、程序关、法律适用关，建立办案质量终身负责制。加大对刑讯逼供、暴力取证、隐匿伪造证据等违法犯罪的查处和监督力度，依法全面客观收集、审查证据，坚决排除非法证据。落实羁押必要性审查制度，对不需要继续羁押的3266人依法提出释放或变更强制措施建议。完善听取辩护律师意见机制，依法监督纠正阻碍当事人、辩护律师行使诉讼权利的行为。

积极参与社会治理。配合有关部门加强对校园周边、城中村等重点地区的排查整治，依法打击利用互联网、手机传播谣言和淫秽信息、赌博、诈骗等犯罪。针对执法办案中发现的突出问题，及时向有关部门提出加强社会治理的建议。推行涉罪未成年人分案起诉、犯罪记录封存、附条件不起诉等制度，加强教育、感化、挽救，抓好未成年人犯罪预防，85个单位被评为全国、全省"优秀青少年维权岗"。设立83个社区矫正检察室或联络站，依法监督纠正社区服刑人员脱管漏管等问题，协助做好帮教安置工作。开展对不负刑事责任的精神病人强制医疗决定和执行的监督。

三、依法查办和预防职务犯罪，促进反腐倡廉建设

按照中央、省委和最高人民检察院部署，坚持有案必办、有腐必惩，惩防并举、注重预防，抓好惩治和预防职务犯罪工作。

依法查办职务犯罪。立案侦查各类职务犯罪2374人，其中贪污贿赂犯罪1826人，渎职侵权犯罪548人。严肃查办大案要案，办理贪污、受贿、挪用公款百万元以上和重特大渎职侵权案件389件，县处级以上干部职务犯罪要案173人，其中厅局级干部15人。查办执法司法不公背后的职务犯罪642人。加大行贿犯罪惩治力度，对389名行贿人依法追究刑事责任。完善举报机制，转变侦查模式，规范侦查行为，坚持"五条办案原则"，加强并规范与纪检监察、审计等部门的协作配合，提升严格公正规范文明执法水平。着力加强反渎职侵权工作，落实中央关于重大复杂案件专案调查、非法干预查处

渎职侵权违法犯罪情况沟通和处理等制度，参与组织全省近10万名公务人员参加预防渎职侵权违法犯罪集中教育培训，收到良好效果。

积极预防职务犯罪。深入国家机关、企事业单位、农村基层组织等开展预防宣传、警示教育3800余次，建成53个预防职务犯罪警示教育基地，其中4个被评为全国"百优"，组织创作廉政公益海报、宣传短片，推动廉政文化建设，促进公务人员依法履职、廉洁自律。开展预防调查4000余次，深入剖析发案原因，发出预防检察建议4148件，推动建章立制、堵塞漏洞。坚持惩治和预防职务犯罪年度报告制度，加强重点领域职务犯罪发案态势和预防对策研究，为反腐倡廉建设提供决策参考。继续与省工商联共同做好涉及非公企业的受贿行贿犯罪预防，探索在非公企业、重点行业协会设立预防联络员，协助企业防范法律风险。深入推进预防职务犯罪、预防刑事犯罪和预防诉讼违法三项职能整合，健全检察机关预防违法犯罪工作大格局。

四、强化对诉讼活动的法律监督，维护司法公正

深入贯彻修改后刑事诉讼法、民事诉讼法，全面加强对立案、侦查、审判、执行等各环节的法律监督，促进公正司法和法治湖北建设。

加强刑事诉讼监督。对应当立案而不立案或者不应当立案而立案的，监督侦查机关立案3243件、撤案3276件；完善行政执法与刑事司法衔接机制，建议行政执法机关移送涉嫌犯罪案件1404件，促进依法行政；加大对违法取保候审、违法查封扣押冻结等侦查活动违法情形的监督纠正力度；探索完善对公安派出所刑事执法活动监督的内容、方法和程序。着眼于维护刑事审判公平公正，对认为确有错误的刑事裁判提出抗诉357件，采纳意见率为84.9%；强化对超期判决、侵犯诉讼权利等刑事审判活动违法情形的监督；依法做好死刑案件审查、出庭和监督工作。以涉黑涉恶等罪犯为重点，对刑罚变更执行中的问题开展专项治理，依法监督纠正减刑、假释、暂予监外执行不当1141人次；加大对跑风漏气、久押不决等监管活动违法情形的监督力度，维护正常监管秩序和被监管人员合法权益。

加强民事和行政诉讼监督。强化对民事和行政裁判不公、损害国家及公共利益的调解等问题的监督，提出抗诉303件，综合改变率为90%，提出再审检察建议370件。对审理超期、适用程序错误等

审判活动中的违法情形依法及时提出纠正意见。加大对无正当理由不执行、违法强制执行、超标的执行等问题的监督力度，促进解决执行难、执行乱问题，维护法律尊严权威。针对国有资产流失、群众权益受损等问题，深入探索督促履行职责、督促起诉工作。

五、深化检察改革，推动检察工作创新发展

认真贯彻司法改革总体部署，以解决群众反映强烈的执法司法问题为重点，扎实推进检察改革和工作机制创新。

推进涉法涉诉信访改革。适应法律修改和中央关于涉法涉诉信访与普通信访分离的改革要求，积极应对信访数量明显上升、处理难度增大的挑战。完善受理、审查、办理、终结机制，妥善处理涉法涉诉信访21173件次，依法维护公正结论、纠正错误裁决。对不服司法机关正确裁决的2111件申诉，通过加强释法说理、促成当事人和解等方式耐心做好息诉工作。对法度之外、情理之中的问题，加强司法救助，发放司法救助金256万元；对违法闹访的依法处理。

推进司法权力运行机制改革。积极参与量刑规范化改革，依法对29855名被告人提出量刑建议，与法院共同推进职务犯罪案件量刑规范化试点。深化检察工作一体化机制，积极开展诉讼违法行为调查，继续推进诉讼职能和诉讼监督职能、案件办理职能和案件管理职能适当分离，强化法律监督，强化自身监督。健全与其他政法机关监督制约和协调配合机制，落实办案情况通报、检察长列席审判委员会等制度，共同维护司法公正。

推进三项工作机制创新。一是推进诉讼监督工作制度化、规范化、程序化、体系化，加强和规范对司法活动的法律监督。二是加强检察机关组织体系及基本办案组织建设，在47个基层检察院推进内部整合改革试点，精简机构层级，充实一线力量，提升工作效能；在67个检察院开展检察官办案责任制试点，突出检察官主体地位，强化办案人员责任。三是推动执法办案转变模式转型发展，部署落实建立新型检律关系、执法办案风险评估预警等工作，更好地体现保障人权、诉讼民主等法治精神。

六、加强队伍建设和基层基础工作，提高法律监督能力

推进检察队伍"六项建设"，着力打造高素质队伍，不断夯实检察工作根基。

扎实开展党的群众路线教育实践活动。深入学习习近平总书记系列重要讲话精神和中央、省委改进作风的规定，坚持政治建检，坚持党的领导，严守政治纪律，打牢坚定信念、执法为民思想基础。省检察院通过走访、蹲点调研等方式广泛听取意见，认真查找、整改会议活动、公车管理、公务接待以及执法作风方面的问题，领导班子成员带头领办10件实事，努力做到为民、务实、清廉。以教育实践活动为契机，制定并落实深化、细化、实化检察机关群众工作的意见，完善综合性受理接待中心网上受理、流程指引、预约服务、信访信息查询等功能，开展下访、巡访、视频接访728次，加强派驻检察室、检察服务站和巡回服务组建设，深入387个社区、企业、学校开展法制宣传，积极参加省委"三万"活动，健全民意恳谈、便民服务等长效机制。

加强队伍专业化职业化建设。以领导干部和执法办案一线人员为重点狠抓教育培训，完善岗位能力席位标准，推行实训式、互动式教学，培训检察人员7000余人次。加大检察人才培养力度，开展侦查监督业务竞赛等活动，建立公诉等专业人才库，与武汉大学共建卓越法律人才教育培养基地，新增34名全国、全省检察业务专家。大力开展职业信仰、职业精神教育，完善检察职业道德自律机制，加强政法专项编制管理，提升队伍职业化水平。

加强基层基础工作。推进基层检察院综合配套改革，全面建设新型检察院。完善上级检察院领导联系基层、重点帮扶等制度，为基层补充编制103名、招录人员280人，培训基层检察人员5700余人次。在各级地方党委、人大、政府、政协的重视和支持下，检察经费保障和执法办案装备建设水平进一步提升。加强统一业务应用系统建设，建立多种信息化平台。2013年，全省检察系统连续第2次被评为省级精神文明建设工作先进系统，省检察院被评为省级最佳文明单位，连续第5次荣获全国基层检察院建设组织奖，7个单位被评为全国先进基层检察院，涌现出了张启纯、李晓宝、李红艳等公正执法、一心为民的先进典型。

七、强化自身监督制约，提升执法公信力

坚持从严治检，自觉接受外部监督，强化内部监督制约，保障检察权依法正确行使。

自觉接受人大、政协和社会监督。认真贯彻2013年全省"两会"精神，制定21项改进措施狠抓落实。向省人大常委会专项报告监所检察工作，认真落实 5 条审议意见。完善领导班子成员联络服务人大代表制度，推动建立人大监督与检察机关法律监督衔接机制。就查办和预防职务犯罪、诉讼监督等工作邀请各级人大代表、政协委员视察、调研 3771 人次，创建代表委员联络专网、手机报等新平台。对 15 件代表、委员建议和提案，安排专人办理，全部办结回复。深入推进人民监督员制度，新选任 593 名人民监督员，按规定将 339 件案件纳入监督程序。深化检务公开，邀请 13000 余名社会群众参加检察机关"公众开放日"活动；全面开通检察门户网站、博客、微博、微信、手机客户端，省检察院运用新媒体发布互动信息 9000 余条，为网民提供法律咨询、开展诉求引导 4000 余次，加强检察宣传，回应社会关切，自觉接受群众和舆论监督，努力提升新媒体时代检察机关社会沟通能力。

加强内部监督管理和自身反腐倡廉建设。实行岗位廉政教育和警示教育常态化，持续抓好"检察人员八小时外行为禁令"等规定的学习教育，健全廉政风险防控机制。规范检察领导干部权力行使，完善"三重一大"决策及监督机制。落实规范执法"倒逼"机制，加强对同步录音录像、扣押冻结款物等方面的监督检查。以办案安全、廉洁从检等内容为重点，深入开展巡视督察，严肃查处检察人员违法违纪问题。狠抓检察管理，开展"两转两抓"活动，完善"全面管理、统分结合、分工负责、统筹协调"的执法管理模式，建立诉讼违法线索管理、案件统一管理等制度，对 16000 余件案件进行质量评查，以管理促公正、提效率。

2014 年，全省检察机关将深入贯彻党的十八届三中全会和中央、省委、最高人民检察院有关会议精神，坚持党的领导，坚持严格公正廉洁执法，着力服务改革、维护稳定、促进法治，深化检察改革，加强自身建设，努力实现"三个走在前列"，为湖北"建成支点、走在前列"提供有力司法保障。

第一，履职尽责，服务大局。严厉打击境内外敌对势力渗透破坏活动，维护国家安全。严惩黑恶势力、严重暴力、危害食品药品安全、环境污染等犯罪，积极预防和化解社会矛盾，维护社会大局稳定，

保障人民安居乐业。适应反腐败领导体制机制创新，严肃查办权力集中、资金密集领域的大案要案，严肃查办发生在群众身边的腐败犯罪，深化职务犯罪预防，强化对权力运行的制约和监督。依法惩治、监督纠正损害公平竞争和群众权益的各类违法犯罪，以实际行动促进公平正义、增进人民福祉。坚持做改革的促进者，积极发挥打击、预防、监督、保护等职能作用服务全面深化改革，促进湖北"竞进提质、升级增效"。

第二，强化法律监督，促进严格执法、公正司法。围绕法治湖北建设，坚持惩治违法犯罪和维护合法权益相结合，全面加强和规范对诉讼活动的法律监督，依法清理纠正久押不决案件，深入开展违法减刑、假释、暂予监外执行专项监督。严肃查处执法司法领域腐败犯罪。加强诉讼违法预防，促进完善司法权力运行机制。严把批捕、起诉等关口，严格排除非法证据，切实防止、发现、纠正冤假错案，努力让人民群众在每一个案件和每一项执法活动中都感受到公平正义。

第三，深化检察改革，推动完善中国特色社会主义检察制度。全面推进涉法涉诉信访改革，切实在法治轨道上解决涉法涉诉信访问题。积极开展深化检务公开、检察官办案责任制和广泛实行人民监督员制度等改革试点。配合做好检察管理体制和检察人员管理制度改革调研论证工作。深入推进诉讼监督工作制度化、规范化、程序化、体系化，执法办案转变模式转型发展，检察机关组织体系及基本办案组织等三项机制建设。

第四，加强自身建设，提升素质能力和执法公信力。深化党的群众路线教育实践活动，持续治理"四风"问题，巩固检察工作群众基础。贯彻政治过硬、业务过硬、责任过硬、纪律过硬、作风过硬的要求，深入推进检察队伍"六项建设"，努力建设一支信念坚定、执法为民、敢于担当、清正廉洁的检察队伍。以执法管理为重点，全面加强检察管理。大力推进新型检察院建设，加强执法保障，加快科技强检步伐，筑牢检察事业发展基础。

湖南省人民检察院工作报告（摘要）

——2014年2月13日在湖南省第十二届人民代表大会第三次会议上

湖南省人民检察院检察长　游劝荣

（2014年2月15日湖南省第十二届人民代表大会第三次会议通过）

2013年，全省检察机关在中共湖南省委和最高人民检察院的领导下，在省人大及其常委会的监督和省政府、省政协的关心支持下，深入贯彻党的十八大精神和习近平总书记对政法工作的一系列重要指示，认真落实省十二届人民代表大会第一次会议决议，坚持围绕全省工作大局，忠实履行宪法和法律赋予的职责，不断强化法律监督、强化自身监督、强化队伍建设，各项检察工作取得新进展。

一、围绕全省工作大局，忠实履行法律监督职能，为经济社会发展营造良好环境

根据推进"四化两型""四个湖南"建设和"三量齐升"的目标要求，加强对全省经济发展形势和运行规律的研究，出台《关于充分发挥查办和预防职务犯罪职能优化我省经济发展环境的意见》，明确了为优化发展环境提供服务的具体措施。配合"发展环境优化年"活动，积极参与整顿和规范市场经济秩序，依法惩处破坏经济发展环境的犯罪，共批准逮捕涉嫌生产销售伪劣商品、金融诈骗、侵犯知识产权、破坏环境资源保护、妨害公司企业管理秩序、破坏金融管理秩序、扰乱市场秩序犯罪2116人，提起公诉4480人；立案查办商业流通、工程建设、土地开发、环境保护等领域和重大责任事故背后的职务犯罪674人。注重改进执法办案的方式方法，防止因自身执法不当损害地方投资和发展环境、损害守法企业和企业家的合法权益。

二、认真贯彻反腐败总体部署，积极查办和预防职务犯罪，深入推进反腐倡廉建设

针对职务犯罪的新特点、新变化，进一步改进侦查一体化办案机制，坚持省、市检察带头办案，切实加大查办职务犯罪案件力度。共立案侦查贪污贿赂犯罪1235人、渎职侵权犯罪566人，其中大案980件，要案88人（厅级8人）；基层组织工作人员190人。按照中央和省委的统一部署，参与了"衡阳破坏选举案"的查处工作。深入开展查办发生在群众身边、损害群众利益职务犯罪专项工作，立案查办社会保障、征地拆迁、扶贫开发等民生领域的职务犯罪368人，农村基础设施建设、资金管理使用、资源开发利用等涉农领域的职务犯罪199人。比较典型的案件有：省交通厅原党组书记陈明宪、原副厅长李晓希、邹和平涉嫌特大受贿案，怀化市政协原副主席杨冬英涉嫌滥用职权、受贿、巨额财产来源不明、非法倒卖土地使用权案，湘江流域重金属污染防治工程建设中的玩忽职守案，涟源、新化学生食用营养餐中毒事件背后的滥用职权、受贿系列案等。同时，坚持标本兼治、惩防并举，结合办案加强职务犯罪预防工作。针对案件多发领域开展预防调查574件，提出预防检察建议486件；为有关单位或个人提供行贿犯罪档案查询18866次；运用典型案例开展警示教育650次。

三、积极参与平安湖南建设，依法打击各类刑事犯罪，维护社会和谐稳定

把握社会矛盾凸显、刑事犯罪高发、对敌斗争复杂的阶段性特征，全面贯彻宽严相济的刑事政策，全力做好检察环节维护社会和谐稳定的各项工作。加强与公安、法院等单位的密切配合，深入开展打黑除恶、禁赌禁毒、扫黄打非、打击"两抢一盗"等专项行动，保持对严重刑事犯罪的高压态势。共批准逮捕各类刑事犯罪嫌疑人37928人，提起公诉54485人，其中批准逮捕黑恶势力犯罪、严重暴力犯罪、多发性侵财犯罪、涉黄赌毒犯罪嫌疑人22251

人，提起公诉28982人。继续深化刑事和解、检调对接、释法说理工作，致力于在法律许可的范围内最大限度减少社会对立面，化解消极因素。共运用刑事和解不批捕1142人、不起诉2615人。加强对社会稳定形势、重大敏感案件和热点问题的分析研判，实施12309举报电话、网上信访、来信、来访群众诉求畅通机制，做好检察长接待、视频接访、乡镇检察室就地接访等工作，加大依法受理、依法纠错、依法赔偿、依法救助力度，努力化解社会矛盾。共办结涉检信访案件333件、刑事申诉案件141件，救助困难刑事被害人55人。积极参与社会治安防控体系建设，配合整治重点地区、重点领域的突出问题，加强对监外执行罪犯、刑释人员、涉案未成年人等特殊人群的帮教管理，推进法律服务进乡村、进社区、进学校、进企业、进机关，推动形成学法遵法、守法、用法的良好氛围。

四、强化对诉讼活动的监督，维护司法公正，努力让人民群众在每一个司法案件中都感受到公平正义

针对执法不严、司法不公等突出问题，完善监督机制，狠抓薄弱环节，着力强化对侦查活动、刑事审判活动、民事审判和行政诉讼、刑罚执行和监管活动的监督。共监督纠正应该立案而不立案547件，不该立案而立案302件；追加逮捕1714人，追加起诉969人；对不构成犯罪、证据不足的依法不批捕6240人，不起诉1794人；提出刑事抗诉193件，已改判64件，发回重审26件；监督纠正减刑、假释、暂予监外执行不当967人，违法超期羁押11人，监外执行履行职责不当2446件；提出民事行政抗诉123件、再审检察建议35件，已改判47件，发回重审、调解结案、采纳再审建议54件。在深化日常监督的同时，着力推进行政执法与刑事司法相衔接，组织开展危害民生刑事犯罪专项立案监督活动，督促行政执法机关移送涉嫌犯罪222件348人，其中涉嫌危害民生刑事犯罪141件219人；开展罪犯交付执行与留所服刑专项检查活动，清理纠正余刑一年以上留所服刑罪犯98人；开展久押不决案件专项清理工作，监督纠正三年以上久押不决案件25件81人；加强支持起诉、督促履职工作，支持相对弱势的被侵害方提起民事诉讼642件，督促有关行政机关依法履行职责910件，为国家追回应收款项6亿余元。着眼于解决人民群众反映强烈的司法腐败问题，加大渎职行为调查和职务犯罪查

办力度，共调查渎职行为56件，立案查处74人。

五、实施修改后刑事诉讼法和民事诉讼法，进一步转变执法理念，提高执法办案规范化水平

适应修改后刑事诉讼法、民事诉讼法在保障人权等方面提出的更高要求，强化对新法律的学习，引导检察人员顺应法治文明进步，牢固树立人权意识、程序意识、证据意识和监督意识。部署开展转变执法理念教育活动，通过举办执法理念专题讲座，组建执法理念巡讲团，清理不符合新要求的文件，查摆、整改执法中的突出问题等活动，促进理性、平和、文明、规范执法。加强对执法办案的分析研究，分别就全省检察业务数据、撤回起诉、无罪判决等情况进行专项调研，召开专题会议研究改进措施，形成转变执法理念的倒逼机制。落实职务犯罪案件立案报备和撤案报批、讯问职务犯罪嫌疑人全程同步录音录像、审查逮捕职务犯罪嫌疑人上提一级等制度，加强对职务犯罪侦查权运行的监督。深化改革创新，完成铁路运输检察、林业检察体制改革，探索建立指定居所监视居住、非法证据排除、羁押必要性审查等人权保障机制，执法规范化体系进一步健全。成立案件专门管理机构，制定案件集中管理实施细则，对所有案件进行统一受案、同步管理、全程监督。加强个案督察工作，仅省人民检察院就直接督查个案21件，督促整改问题49起，督办执法过错追责案件3起。

六、坚持从严治检，扎实开展群众路线教育实践活动，全面提升队伍整体素质

省人民检察院坚持把开展党的群众路线教育实践活动作为解决自身发展问题、提高检察工作水平的一项重要政治任务来抓。认真落实中央、省委的决策部署，加强理论学习，广泛听取意见，深入剖析整改。在严格落实这些"规定动作"的同时，结合检察实际，重点完成以优化经济发展环境、转变执法理念、干部队伍教育整顿为主题的"自选动作"，以整风精神对群众反映强烈的"四风"和执法办案中的突出问题进行了专项整治，并建立健全了领导决策、选人用人、机关管理等制度。深入开展"创建学习型检察院、争当学习型检察官"活动，狠抓分类培训、岗位练兵和业务竞赛，提升法律监督能力。4人被评为第3批全国检察业务专家，3人被评为全国优秀公诉人。坚决贯彻中央八项规定和省委九项规定，加大整风肃纪力度，严肃查处检察人员违纪违法案件，全省39名检察干警被查处。坚持"抓

两头、促中间",树立示范院,确定重点联系院,采取领导挂点、部门对口指导、先进检察院结对帮扶等措施,着力加强基层检察院建设。8 个单位获评第五届"全国先进基层检察院",5 个单位被评为省文明窗口单位,67 个单位获省级以上文明单位称号。坚持科技强检,全面加强统一业务应用系统建设,着力推进电子检务工程、侦查信息化和装备现代化建设,努力提高检察工作科技含量。

七、坚持党的领导,自觉接受监督,确保检察权正确行使

正确处理坚持党的领导和依法独立公正行使检察权的关系,始终坚持党对检察工作的领导,确保思想上、政治上、行动上与党中央保持高度一致,确保党的路线方针政策和国家法律在检察工作中得到正确执行。不断增强接受监督意识,坚持经常主动向人大常委会报告工作。省人民检察院向省人大常委会专题报告了《关于加强人民检察院对诉讼活动法律监督工作的决议》贯彻执行情况,针对审议意见,形成了针对性、操作性较强的整改方案并付诸实施。加强与人大代表的联系,通过上门走访、专题座谈、寄送征求意见函等方式,主动通报检察工作情况,诚恳听取意见。省人大常委会转交办事项 8 件已办结 5 件,另外 3 件正在积极办理之中;省人大代表建议、批评和意见 11 件已全部办结。自觉接受政协民主监督,主动邀请政协委员参与检察活动,及时向民主党派、工商联和无党派人士通报检察工作情况。召开律师代表座谈会,听取律师意见,重视保障律师执业权。制定《人民监督员监督案件工作基本规范》,人民监督员监督评议相关案件 238 件。深化专家咨询委员、特约检察员制度,邀请参与讨论热点疑难案件,听取对检察决策事项的意见和建议。重视涉检网络舆情,妥善处置舆论关注的热点问题。加强检务公开平台建设,推进执法过程公开。全省检察机关联动举办"检察开放日"活动,邀请 6000 多人"零距离"参与和监督检察工作。

过去一年全省检察工作顺利推进,取得了一些新的进步。这是各级党委坚强领导、人大有力监督的结果,也是政府大力支持、政协民主监督和社会各界大力支持的结果。

与此同时,我们也清醒地看到,检察工作仍然存在不少困难和问题。一是服务经济发展大局的意识有待进一步增强;二是执法失范、侵犯合法权益的现象仍有发生,执法理念有待进一步更新;三是一些检察人员素质不高、能力不强、作风不实,执法办案还不能完全适应新形势要求;四是查办和预防职务犯罪的力度不够大,诉讼活动法律监督存在薄弱环节,与人民群众反对腐败、维护公平正义的期待有较大差距;五是一些检察人员违纪违法,甚至以案谋私、贪赃枉法,干部队伍建设管理的任务十分繁重;六是规范检察权运行的体制机制尚未健全,相应的制度有待进一步完善。这些问题的存在,虽然有客观原因,但主要与我们自身信念、责任、纪律、能力和作风有直接关系。对此,我们将认真研究,采取有力措施,努力加以解决。同时,希望各位人大代表和社会各界进一步加强对检察工作的监督,促进我们把法律监督职能履行得更好,把这支队伍建设得更好。

党的十八届三中全会描绘了全面深化改革、推动中国特色社会主义制度自我完善和发展、实现中华民族伟大复兴中国梦的宏伟蓝图。面对新形势、新任务,全省检察机关将认真贯彻党的十八大、十八届三中全会和习近平总书记系列重要讲话精神,认真贯彻中央、省委政法工作会议和全国检察长会议精神,紧紧围绕全省经济社会发展大局,以促进社会公平正义、增进人民福祉为出发点和落脚点,以强化法律监督、强化自身监督、强化队伍建设为总要求,以执法办案为中心,以深化改革创新为动力,全面履行检察职能,着力提升工作水平,为促进我省"三量齐升"、推进"四化两型"建设提供司法保障。重点做好以下工作:

一是深入学习贯彻十八届三中全会精神,确保检察工作正确的政治方向。深入学习、准确把握十八届三中全会、中央政法工作会议和习近平总书记系列重要讲话精神,牢牢把握中央对检察工作的新要求,毫不动摇地坚持党对检察工作的领导。自觉在思想上、政治上、行动上同党中央保持高度一致,坚定不移走中国特色社会主义政治发展和法治建设道路,确保党的政策和国家法律得到统一正确实施。围绕全省工作大局,着力优化经济发展环境,保障人民群众合法权益,维护社会公平正义。

二是充分履行法律监督职能,为全省经济社会持续健康发展提供有力的法治保障。密切关注社会治安和公共安全新情况,突出打击黑恶势力、严重暴力、涉枪涉爆涉恐、拐卖妇女儿童、危害食品药品安全、环境污染等严重危害人民群众生命健康的犯罪，提升人民群众安全感和满意度。积极参与深化打击整治网络违法犯罪专项行动，切实维护网络社会安全。重视打击侵犯知识产权等犯罪，依法惩治财政、金融、证券等领域的犯罪活动，坚决打击侵犯非公企业特别是小微企业合法权益的犯罪活动，加强行政执法与刑事司法衔接，共同营造法治化营商环境。学会运用法治思维和法治方式推进涉检信访工作，既依法按政策解决合法合理诉求，努力为群众排忧解难，又坚守法律底线，维护正常信访秩序。积极参与社会治安防控体系建设，切实维护社会和谐稳定。坚决贯彻反腐败工作总体部署，坚持有案必查、有腐必惩，坚决查办发生在领导机关和领导干部中的贪污贿赂、渎职侵权犯罪案件，国家机关工作人员利用职权实施的非法拘禁、报复陷害、破坏选举等犯罪，严肃查办发生在教育、就业创业、社会保障、食品药品安全、征地拆迁、环境保护等群众身边的腐败犯罪；结合办案深化职务犯罪预防，提高预防调查、预防检察建议、警示教育的针对性，促进把权力关进制度的笼子里，切实推进反腐倡廉建设。紧紧抓住人民群众反映强烈的执法不严、司法不公问题，全面加强和规范对诉讼活动的监督，深入开展清理纠正久押不决案件工作和违法减刑、假释、暂予监外执行专项监督，开展"坚决纠正涉法涉诉中损害群众利益行为"的专项整治，坚决防止冤假错案，维护司法公正，让人民群众切实感受到公平正义。在坚持有法必依、执法必严、违法必究的同时，不断改进方式方法，优化办案程序，提升办案效率，努力为经济社会发展创造良好的法治环境，努力让检察机关成为良好投资与发展环境的重要组成部分，甚至标志。

三是积极落实改革部署，努力提升改革实效。牢牢把握中央关于全面深化改革的指导思想、总体思路、目标任务，立足检察职能加强调查研究、司法应对、服务保障各项工作，严厉打击阻扰和破坏改革的违法犯罪行为，坚定不移地做全省深化改革的支持者、促进者和保障者。在中央、省委和最高人民检察院统一领导下，积极争取各方支持，全面推进涉法涉诉信访工作机制改革，稳妥推进检察自身改革。加强检察实务研究，健全完善人权司法保障机制和执法办案机制，形成科学合理、规范发展的法律监督工作格局。推进执法过程公开，细化各环节公开的内容、对象、时机和方式，探索建立终结性法律文书公开制度，健全公开审查、公开答复制度，

组织对争议或影响较大拟作不起诉、不服检察机关处理决定的申诉案件开展公开审查、公开答复，进一步依托信息网络拓宽检务公开的途径和方式，加快实现当事人通过网络实时查询举报、控告、申诉的受理、流转和办案流程信息。

四是加强执法规范化建设，切实提高办案质量。持之以恒推进执法理念转变，使检察工作在正确理念引领下更加符合司法规律和群众期待。严格执行修改后的刑事诉讼法、民事诉讼法，进一步规范办案流程、细化执法标准。深化案件集中管理机制，全面推进教育自律、制度约束、风险预警、过程监控、案件查究内部监督制约机制建设，实现对执法办案活动的全程、统一、实时、动态管理和监督。建立办案质量终身负责制，完善案件质量动态跟踪制度，健全错案防止、发现、纠正和责任追究机制，将办案质量记入个人执法档案，加强案件流程监控、质量评查、考核评价和业务态势分析，实现办案质量稳步提升。

五是加强检察队伍建设，进一步夯实基层基础。深入开展党的群众路线教育实践活动，既坚决纠正"四风"，又认真解决执法司法中的突出问题。深入开展爱民实践活动，立足检察职能拓展联系服务群众平台，不断提高群众工作能力，始终保持同人民群众的血肉联系。加强专业培训和岗位练兵，狠抓自身纪律作风和反腐倡廉建设，强化监督管理和警示教育，严肃查处违纪违法行为，努力建设一支信念坚定、执法为民、敢于担当、清正廉洁的检察队伍。认真贯彻最高人民检察院《2014—2018年基层人民检察院建设规划》，加强执法规范化标准化、队伍专业化职业化、管理科学化信息化、保障现代化实用化建设，为推动检察工作科学发展奠定坚实基础。

六是自觉接受监督，提升执法公信力。认真执行人大及其常委会的决议决定，及时报告决议决定执行情况；加强与人大代表的联系，认真办理人大代表建议、批评和意见，充分尊重和支持人大代表依法履行职责。省人民检察院将逐条落实省人大常委会关于加强诉讼监督专项报告审议意见的整改措施，认真做好向省人大常委会报告推进检务公开规范执法行为的工作。自觉接受政协民主监督，健全与政协及民主党派的重大决策咨询机制、重大问题联合调研制度。主动接受社会和新闻媒体的监督，深化人民监督员、专家咨询委员、特约检察员制度，拓展人民群众有序参与检察工作的途径，进

一步落实权利义务告知、检察文书说理、检察开放日等制度，保证检察权在阳光下运行，努力让全省检察机关和检察干警在严格、严密监督下开展工作成为自觉，成为习惯。

在新的一年里，全省检察机关一定在省委和最高人民检察院的领导下，在人大的监督和政府、政协以及人民群众的关心支持下，奋发进取，开拓创新，忠实履行宪法和法律赋予的职责，为维护社会大局稳定、促进社会公平正义、保障人民安居乐业而不懈努力。

广东省人民检察院工作报告（摘要）

——2014年1月17日在广东省第十二届人民代表大会第二次会议上

广东省人民检察院检察长 郑 红

（2014年1月20日广东省第十二届人民代表大会第二次会议通过）

一、2013年履行检察职责基本情况

2013年全省检察机关认真贯彻党的十八大关于全面推进依法治国、加快建设社会主义法治国家的战略部署，紧紧围绕努力让人民群众在每一个司法案件中都感受到公平正义的工作目标，顺应人民群众对公共安全、司法公正、权益保障和反腐倡廉的期待，全面履行法律监督职能，坚持严格公正执法，加强检察队伍建设，着力提升检察机关公信力和亲和力。

坚持把依法打击刑事犯罪、保障人民生命财产安全放到突出位置，充分发挥批捕、起诉职能，全年共批准逮捕犯罪嫌疑人122201人，提起公诉128776人。

坚持有贪必肃、有腐必反，持续加大查办职务犯罪力度。立案侦查贪污贿赂犯罪嫌疑人2347人，渎职侵权犯罪嫌疑人726人，涉嫌犯罪的县处级干部170人，厅级干部32人，为国家挽回经济损失6.07亿元。加大查办行贿犯罪力度，共查处行贿犯罪嫌疑人487人。加大追逃力度，抓获在逃职务犯罪嫌疑人55人，追缴赃款810万元。

坚持有法必依、执法必严、违法必究，坚决依法监督纠正诉讼活动中执法不严、司法不公的突出问题，切实维护社会主义法制统一、尊严、权威。监督侦查机关立案1866件、撤案2103件，纠正侦查活动违法2931件，追加逮捕2949人，追加起诉1557人，对认为确有错误的刑事判决、裁定提出抗诉373件。对认为确有错误的民事、行政裁判提出抗诉728件，提出再审检察建议208件，办理执行监督案件2904件。依法监督纠正减刑、假释、暂予监外执行案件1205件，纠正脱管漏管罪犯515人。

坚持把依法办案与维护群众权益、化解矛盾纠纷有机结合起来，畅通群众申诉渠道，妥善处理群众涉法诉求。受理控告申诉20296件，重复信访量同比下降15%，群众满意度不断提升。

二、2013年着力抓好的重点工作

（一）充分发挥检察职能，全力保障我省经济持续健康发展。围绕中央和省委的重大决策部署，进一步找准检察工作切入点和着力点，服务大局的针对性、实效性明显增强。一是着力服务保障粤东西北地区振兴发展。认真贯彻落实省委促进粤东西北地区振兴发展的战略部署，制定实施13条服务保障措施，主动服务产业园区、新型城镇化、民生事业等建设，积极查办和预防重大建设项目中的职务犯罪。二是着力服务保障民生。深入开展查办和预防发生在群众身边、损害群众利益职务犯罪专项工作，立案侦查发生在安全生产、社会保障、医疗卫生等民生领域职务犯罪嫌疑人1994人。开展危害民生刑事犯罪专项立案监督活动，监督行政执法机关移送犯罪线索204件，监督公安机关立案439人。严厉打击危害食品药品安全犯罪，批捕生产销售地沟油等有毒有害食品药品犯罪嫌疑人 973 人，起诉 905 人。三是着力服务保障我省生态文明建设。针对人民群众高度关注的生态安全问题，组织开展查办与预防危害生态环境职务犯罪专项工作，立案侦查发生在资源开发和环境保护等领域职务犯罪嫌疑人 626 人。深入剖析发案原因，查找环境监管体制机制等方面的薄弱环节，积极提出整改和建章立制建议，促进完善生态文明制度建设。四是着力营造公正有序的市场环境。积极参与整顿和规范市场经济秩序活动，强化知识产权司法保护，依法平等保护各类市场主体合法权益，批捕走私、金融诈骗、假冒注册商标等破坏社会主义市场经济秩序犯罪嫌疑人 7562 人，起诉 8304 人。制定实施发挥检察职能积极服务营造法治化国际化营商环境的意见，促进市场监管体系和社会诚信体系建设。

（二）积极参与创建平安广东，确保社会安定有序。严格落实省委创建平安广东的部署要求，扎实做好打击犯罪、化解矛盾、推进社会治理创新等工作，最大限度促进社会和谐稳定。一是更加注重落实宽严相济刑事政策。依法严厉打击危害国家安全、公共安全犯罪，突出打击涉黑、涉毒、涉枪、两抢一盗等犯罪，批捕故意杀人、强奸、绑架等严重暴力犯罪嫌疑人 14123 人，起诉 14817 人。对不构成犯罪以及主观恶性较轻、社会危害不大的初犯、偶犯、未成年人犯，依法决定不批捕 21193 人、不起诉 5891 人。二是更加注重运用法治思维和法治方式化解矛盾纠纷。深化刑事和解、检调对接等工作，加强对不批捕、不起诉、不抗诉等重点环节的释法说理，共办理当事人和解刑事案件 1550 件，对 2812 件民事申诉案件通过调解实现息诉。坚持事前抓防范、事中抓处置、事后抓修复，把矛盾化解贯穿于执法办案全过程。稳步实施检察环节涉法涉诉信访改革，加大依法受理、纠错、赔偿、救助力度，审结刑事申诉案件 1004 件，提出抗诉 11 件，息诉 910 件，决定给予国家赔偿案件 157 件，对被害人或其近亲属发放救助金 239 万元。三是更加注重发挥在社会治理创新中的法治保障作用。积极参与打黑除恶、雷霆扫毒等专项整治，推动治安防控体系建设。针对办案中发现的市场监管、专项资金拨付、公共安全等领域存在的管理漏洞，向政府和有关单位提出检察建议 4552 件，督促完善工作制度 583 项，其中省检察院提出的完善环境资源保护、完善住房改建资金申领管理等 16 条建议被有关部门

采纳。加强对未成年犯罪嫌疑人的教育挽救，推行附条件不起诉、轻罪犯罪记录封存等制度，依法保护其合法权益。

（三）充分发挥查办和预防职务犯罪职能，促进党风廉政建设和反腐败斗争。坚持"老虎""苍蝇"一起打，惩治预防两手抓，促进干部清正、政府清廉、政治清明。一是严肃查办贪污贿赂等职务犯罪。坚决查办大案要案，厅级干部查处数同比上升 68.4%。省检察院完善纵向指挥有力、横向协作紧密的侦查工作机制，通过交办、督办、指定异地办理等方式，加大对重大疑难复杂案件的组织指挥和查办力度，依法查处揭阳市委原书记陈弘平、省水利厅原副厅长吕英明等大要案。坚决查办严重损害群众利益的基层组织职务犯罪案件，查办村官 299 人，同比上升 23.5%。二是加大反渎职侵权工作力度。认真落实省人大常委会专项审议意见，突出办案重点，完善内部职能整合、外部协作等机制，反渎职侵权工作取得新进展。立案侦查重、特大案件 198 件，同比上升 15.1%，查办国家和省下拨的涉及科技扶持、教育培训等专项资金使用渎职犯罪嫌疑人 65 人，查办司法领域渎职侵权犯罪嫌疑人 150 人，查办重大责任事故背后渎职犯罪嫌疑人 20 人。三是深化职务犯罪预防。认真贯彻落实习近平总书记关于预防职务犯罪出生产力的指示精神，创新预防工作内容和载体。结合办案开展个案预防、系统预防和专项预防，共开展案例剖析 2830 个、预防咨询 12099 次，撰写专项预防报告 3631 份。推动责任单位落实防控措施，对港珠澳大桥珠海连接线等 1802 个工程项目实行同步预防。全省各地建成警示教育基地 119 个，开展警示教育 6127 场次。大力推进行贿犯罪档案查询纳入工程建设、政府采购廉政准入，为招投标等单位提供查询 155767 次。省检察院和 21 个市级检察院全部建立预防职务犯罪年度报告制度，加强对职务犯罪的原因分析和预防对策研究，为党委、政府决策提供参考。省检察院分别召开国有大型企业负责人和专家学者座谈会，深化重点行业领域预防，分析研究预防工作出现的新情况新问题，提出对策。

（四）以贯彻落实修改后刑事诉讼法、民事诉讼法为重点，不断强化诉讼监督。深入贯彻落实省人大常委会《关于加强人民检察院对诉讼活动的法律监督工作的决定》，全面加强对侦查、审判、执行活动的法律监督，切实把修改后刑事诉讼法、民事诉

讼法关于维护司法公正、依法保障人权的要求落到实处。一是不断加大刑事诉讼监督力度。监督立案、撤案同比分别上升30.1%和51.6%，纠正漏捕、漏诉同比分别上升24.8%和2.2%，纠正侦查活动违法、提出刑事抗诉同比分别上升239.2%和14.8%。着力提升诉讼监督案件质量，建立刑事执法状况年度报告制度，广泛开展案件质量季度监测通报、捕后撤案、不起诉等典型案件逐案分析活动，得到最高人民检察院充分肯定。推动出台加强我省行政执法与刑事司法相衔接工作意见，与行政执法机关共同推进两法衔接工作机制和信息共享平台建设，运用平台建议行政执法机关移送涉嫌犯罪案件203件，有力促进了依法行政。强化对刑罚执行和监管活动的监督，派员参加减刑假释开庭审理案件6055件，开展罪犯交付执行与留所服刑专项检查、久押不决案件专项清理、看守所监管执法教育整顿等活动，共清理罪犯5405人，纠正久押不决案件53件269人，处理、防范并化解监管安全隐患816起。二是强化民事行政诉讼监督。完善民事行政检察案件办理规程，与法院健全再审检察建议、执行监督、检法协同化解矛盾等机制，加大对下业务指导力度，确保修改后民事诉讼法统一正确实施。针对修改后民事诉讼法实施不服法院再审裁判民事申诉案件大量集中到检察机关的新情况，完善民事行政案件受理范围、案件审查、分流、文书送达等规范，加强接访和办案人员力量，提高办案质量和效率，依法保障当事人申请检察监督的权利。全省检察机关共接收民事类控告、申诉7920件，同比上升40.2%。探索开展督促起诉、支持起诉等工作，共督促行政机关及有关单位履行职责758件、支持起诉1204件。三是抓好新增刑事诉讼监督职责的实施。进一步加大修改后刑事诉讼法的学习培训力度，引导干警深刻领会立法精神，做到惩罚犯罪与保障人权并重、实体公正与程序公正并重。细化新增监督职责操作规程，扎实开展羁押必要性审查、社会危险性证明、非法证据排除等工作，共提出变更强制措施建议379人次，被采纳226人次，因非法证据排除不予逮捕49人，不起诉6人。更加注重保障犯罪嫌疑人、被告人合法权益，对应当讯问的犯罪嫌疑人全部予以讯问，听取律师意见2258件。强化对命案、死刑、超期羁押等案件的法律监督，坚守防止冤假错案的底线。

（五）以开展教育实践活动为契机，全面加强检察队伍和基层基础建设。以法律监督能力建设为主线，持续不断强化队伍教育、管理和监督，着力建设信念坚定、执法为民、敢于担当、清正廉洁的过硬检察队伍。一是深入开展党的群众路线教育实践活动。牢牢把握照镜子、正衣冠、洗洗澡、治治病的总要求，以整风精神解决四风和执法作风方面的突出问题。省检察院深入基层召开72场座谈会，广泛收集意见建议，制定实施改进作风密切联系群众的20条意见和加强作风建设8项公开承诺。着力整治一些干警群众观念淡薄、处理群众诉求方式简单、执法不规范不文明等问题，在改进接访工作、完善便民利民措施、规范自身执法行为、接受外部监督等方面制定或修改51项制度。通过开展教育实践活动，进一步坚定了理想信念，树立了为民务实清廉的执法形象。二是突出抓好法律监督能力建设。大力推进人才培养工程，搭建教育培训基层行、青年检察官岗位实务培训等平台，采取检察官教检察官和案例式、互动式教学方法，提高干警实务能力。省检察院共组织培训班77期、轮训干警89826人次，全省有17名干警分别获得全国模范检察官、全国侦查监督业务标兵、全国十佳公诉人等荣誉称号。制定实施《进一步加强检察文化建设的决定》，广泛开展丰富多彩的检察文化活动，努力培育检察队伍的精气神。三是着力加强领导班子建设。突出抓好领导素能培训，落实廉政风险防控、领导干部任前廉政谈话、上级检察院派员参加下级检察院领导班子民主生活会等制度。组织5个市级检察院检察长到省检察院述职述廉报告工作，对市级检察院开展新一轮巡视，强化对各级检察院领导班子的监督管理。四是大力加强基层基础建设。积极落实基层检察院公用经费保障标准，将中央和省级财政转移支付资金全部用于15个欠发达地区的检察院。依托177个镇街检察室积极开展法制宣传、犯罪预防、矛盾化解、群众帮扶等工作，把法律监督触角延伸到乡镇街道、社区农村。全面整合信息资源，改造扩容检察专线网、局域网和视频会议系统，加大应用力度，信息化建设迈出新步伐。深圳福田、珠海横琴新区、佛山顺德等基层检察院探索开展检察官办案责任制试点等改革，强化司法属性，优化检察职权配置。铁路运输两级检察院移交地方后业务建设、队伍建设顺利开展。扎实推进基层检察院执法规范化、队伍专业化、管理科学化、保障现代化建设，广州天河、珠海香洲等10个基层检察院荣获全国先进基层检察院称号。

（六）强化内外部监督制约，提升检察机关公信力。牢固树立监督者更要接受监督意识，不断完善监督措施，确保自身公正廉洁执法。一是进一步深化阳光检务。加强新闻发布、举报宣传周、检察开放日、检察微博等工作，开展不起诉、不抗诉等优秀法律文书说理评比活动，以公开促公正、赢公信，中国社会科学院2013年《中国检务透明度年度报告》将广东省检察院透明度列为全国省级检察院第一名。二是深化案件管理机制改革。圆满完成全国检察机关统一业务应用系统试点工作，搭建纵向贯通、横向集成、资源共享的执法办案平台，提升了全省检察机关整体执法效能和水平。进一步发挥案件管理中心职能，加强对办案的全程、统一、实时、动态管理和监督，促进严格规范文明执法，为全国检察机关推行案件集中管理提供了广东第一手经验。三是健全监督制约机制。深入推进办案工作区规范化建设和管理，有力促进了办案数量、质量、效率、效果、安全有机统一。全面推行人民监督员制度，对检察机关直接立案侦查的296件职务犯罪案件实施监督。严格落实廉洁从检规定，集中整治违规使用警车、公务用车等，开展检务督察1991次，提出督察建议630条，严肃查处检察人员违法违纪14人。四是自觉接受人大、政协监督。加强与人大代表、政协委员的联系，通过召开座谈会、邀请视察、观摩公诉人出庭等形式，虚心听取意见。12件省人大代表建议和9件省政协委员提案全部在规定期限内办结，代表、委员均表示满意。积极配合省人大常委会开展诉讼监督专题调研和执法检查，省检察院专题报告了贯彻落实省人大常委会《关于加强人民检察院对诉讼活动的法律监督工作的决定》的情况，提出落实审议意见加强和改进工作的措施。

2013年全省检察工作取得了一些进步，但工作中仍然存在不少困难和问题：一是检察职能的发挥与建设法治社会的要求、与人民群众日益增长的司法需求相比还有一定差距，运用法治思维和法律手段促进改革发展、化解矛盾纠纷的能力有待进一步增强。二是检察人员专业化、职业化步伐推进较慢，科学高效的工作机制有待进一步健全。三是修改后刑事诉讼法、民事诉讼法赋予检察机关更多法律监督职责，破解案多人少等难

题的力度仍需进一步加大。四是少数干警仍然存在执法不严、不公、不廉等问题，队伍整体素质还需进一步提高。对此，我们应以更加负责的态度，认真研究解决。

三、2014年工作安排

党的十八届三中全会对全面深化改革作了部署，强调要深化司法体制改革，加快建设公正高效权威的社会主义司法制度，检察工作面临新的机遇和挑战。2014年，我们要深入学习贯彻党的十八大、十八届三中全会、省委十一届三次全会和全国检察长会议精神，进一步深化检察改革，强化法律监督，推进平安广东、法治广东建设，为我省实现三个定位、两个率先的目标提供有力司法保障。重点抓好以下工作：

第一，积极服务我省改革发展大局。牢固树立大局意识、责任意识，着力保障我省创新驱动发展、区域协调发展等战略实施，着力保障我省全面深化改革、增创发展新优势。坚持对非公有制经济和公有制经济同等保护和服务。严格区分罪与非罪，妥善处理深化改革中出现的新情况新问题，依法惩治犯罪者，支持改革者，教育失误者。

第二，扎实推进平安广东、法治广东建设。依法严厉打击黑恶势力、严重暴力、涉枪涉爆等严重损害群众生命财产安全的犯罪，部署打击侵害农民权益犯罪专项行动，加大对食品药品生产、流通、质量监管等环节犯罪的打击力度，增强群众安全感。创新有效预防和化解社会矛盾机制，促进提升社会治理法治化水平。

第三，进一步加强查办和预防职务犯罪工作。认真贯彻中共中央《建立健全惩治和预防腐败体系2013—2017年工作规划》，坚持主动出击，有案必查，继续开展查办发生在群众身边、损害群众利益职务犯罪和查办危害生态环境职务犯罪专项工作，深入查办规划调整、招标投标、质量监管等重点环节职务犯罪案件，积极探索符合城镇化建设实际情况和职务犯罪特点的犯罪控制机制。立足职能，健全完善年度报告、预防建议等预防工作机制，从源头上遏制和减少职务犯罪。

第四，加大对诉讼活动法律监督力度。切实加强和规范诉讼监督工作，更好地发挥维护执法司法公正的职能作用。充分运用两法衔接信息共享平台加大监督力度，开展破坏环境资源刑事犯罪立案监督专项工作；健全非法证据排除、量刑建议、错案

防止等机制,加强违法减刑、假释、暂予监外执行专项监督工作,提升法律监督质量和水平。

第五,积极稳妥推进我省检察改革。坚决贯彻中央、省委和最高人民检察院的部署,着力解决影响司法公正、制约司法能力、妨碍司法公信的深层次问题。大力推进阳光检务,建立检察机关终结性法律文书公开制度,健全公开审查、公开答复制度。紧紧依靠党委、人大、政府,开展检察官办案责任制、人员分类管理等改革试点,健全司法权力运行机制,完善人权司法保障制度,确保依法独立公正行使检察权。

第六,大力加强自身建设。坚持为民务实清廉,落实党的群众路线教育实践活动整改措施,紧紧扭住职业良知、坚守法治、制度约束、公开运行等环节,端正执法理念,改进执法作风,增强检察干警秉公执法的定力。以提高法律监督能力为核心,进一步推进检察队伍专业化、职业化建设。

在新的一年里,我们要在省委和最高人民检察院的正确领导下,认真落实本次大会各项要求,振奋精神,忠诚履职,开拓创新,为我省实现三个定位、两个率先的目标作出应有的贡献!

广西壮族自治区人民检察院工作报告（摘要）

——2014 年 1 月 18 日在广西壮族自治区第十二届人民代表大会第三次会议上

广西壮族自治区人民检察院检察长　崔智友

（2014 年 1 月 20 日广西壮族自治区第十二届人民代表大会第三次会议通过）

2013 年检察工作回顾

2013 年,全区检察机关在自治区党委和最高人民检察院的正确领导下,在自治区人大及其常委会的有力监督和自治区政府、政协以及社会各界的大力支持下,深入学习贯彻党的十八大和十八届二中、三中全会精神,以中国特色社会主义理论为指导,紧紧围绕我区改革发展稳定大局,认真履行宪法和法律赋予的职责,不断强化法律监督、强化自身监督、强化高素质检察队伍建设,各项检察工作取得新成效。一是多项检察业务工作走在全国前列。最高人民检察院通报的 79 项检察业务工作指标中,我区排名全国前 5 位的有 15 项、前 10 位的有 32 项。侦查监督、反渎职侵权、控告申诉检察、监所检察等 15 项工作在全国检察机关相关会议上作经验介绍并获得最高人民检察院在全国推广。二是执法规范化水平明显提高。自治区人民检察院制定完善 16 项执法规范、配套制度和考评机制,对所办案件实行集中管理。全区检察机关共批捕各类刑事犯罪嫌疑人 43081 人、提起公诉 44416 人,提起

公诉的案件有罪判决率达 99.99%,其中逮捕后公诉案件有罪判决率达 100%,连续 18 年没有发生办案安全事故。三是职务犯罪预防工作成效突出。职务犯罪预防工作所有指标均排名全国检察系统前 7 位,工作经验获得最高人民检察院在全国推广,农业、教育、金融、农村"两委"、铁路建设等领域的专项预防工作得到自治区领导批示肯定,3 个预防职务犯罪警示教育基地被评为全国检察机关优秀预防职务犯罪警示教育基地。四是服务群众工作成效显著。全区检察机关建设综合性检务接待中心等做法获得最高人民检察院在全国推广。2013 年 10 月,全国人大常委会办公厅和最高人民检察院首次联合组织部分全国人大代表视察检察机关开展服务群众工作情况,全国人大代表和最高人民检察院曹建明检察长对我区检察机关建设民生检察、维护群众合法权益的做法给予充分肯定。五是检察队伍建设得到进一步加强。56 个集体、45 名个人获得自治区级以上表彰,2 人被评为"全国检察业务专家",2 人被评为"全国十佳公诉人""全

国优秀公诉人"，4人被评为"全国预防职务犯罪素能比武优胜标兵"，1人被评为全国检察机关侦查监督业务能手，8个基层检察院被评为全国先进基层检察院。

一、围绕中心，服务大局，为经济社会发展提供法治保障

在围绕中心服务大局中谋划和推进检察工作。自治区人民检察院党组深入调研，努力找准服务改革发展稳定大局的切入点和着力点，制定了《关于充分发挥检察职能深入推进平安广西法治广西美丽广西建设的意见》等指导性文件和配套措施，要求全区检察机关紧紧围绕我区经济社会发展大局来谋划和推进检察工作，正确处理执法办案与服务发展的关系，在办案时想到发展与稳定，始终坚持打击与保护并重，注重保障涉案人员、涉案单位合法权益，慎重对待改革发展中的新情况新问题，依法惩治犯罪者、挽救失足者、支持改革者，确保检察工作始终坚持党的领导、保持正确的政治方向，努力使执法办案有利于促进和保障经济社会科学和谐发展。

积极投身经济社会发展实践。全区检察机关以开展服务"千百十亿元企业工程"行动和"五走进"（进机关、进企业、进农村、进学校、进社区）等专项活动为抓手，深入重点建设领域开展法律服务，协助有关单位完善管理制度，保障国有资产和公共投资安全。深入自治区重点推进重大项目，帮助协调解决建设中遇到的困难和问题。积极投身"美丽广西·清洁乡村"活动，深入扶贫开发、清洁乡村、创建旅游名县等联系点，为当地群众生产生活提供帮助。

为经济社会发展营造良好法治环境。全区检察机关充分发挥打击、预防、监督、教育、保护等职能作用，着力为我区加快实现"两个建成"目标、加快产业结构调整、实施"两个倍增"计划等重大决策部署提供法律支持和法治保障。积极参与整顿和规范市场经济秩序，依法惩治假冒伪劣、欺行霸市、坑蒙拐骗、侵犯知识产权等破坏市场经济秩序犯罪，维护公平有序的市场环境。依法查办和预防产业转型升级、基础设施建设、城镇化建设、环境保护等领域职务犯罪。加强对经济领域新情况新问题的研究，依法妥善处理经济发展过程中出现的新类型案件，依法支持实体经济和小微企业发展，保障各种所有制经济同等受到法律保护。

二、坚持执法为民，把保障人民群众安居乐业作为检察工作的根本目标

依法惩治危害民生犯罪。全区检察机关积极顺应人民群众对公共安全的新期待，协同有关部门开展食品药品安全专项整治，加大打击制售假冒伪劣农药、化肥、种子等坑农害农犯罪力度，依法惩治生产销售有毒有害食品、假药劣药等犯罪。深入开展危害民生刑事犯罪专项立案监督活动，监督侦查机关立案侦查危害民生案件137件196人。集中开展查办和预防发生在群众身边、损害群众利益职务犯罪专项工作，立案侦查征地拆迁、农村危房改造、社会保障、惠农资金管理使用等领域职务犯罪嫌疑人861人。

加强困难群众和特殊群体权益保障。全区检察机关积极顺应人民群众对权益保障的重大关切，高度重视对妇女儿童、残疾人、老年人的司法保护，依法惩治性侵害未成年人犯罪，批捕拐卖、收买妇女儿童犯罪嫌疑人106人、起诉104人。对侵害劳动者权益特别是拖欠农民工工资等民事案件支持起诉，对涉嫌犯罪的依法追究刑事责任。推进刑事被害人救助工作，对1714名生活确有困难的被害人或其近亲属提供救助金638万多元。与军队检察机关建立协作机制，切实维护国防利益和军人军属合法权益，服务国防和军队建设。重视涉港澳台、涉侨和涉外案件，依法保护港澳台同胞、归侨侨眷合法权益。

拓展联系服务群众渠道。全区检察机关加强检务接待服务窗口建设，深入开展文明接待室创建活动，有86个检察院建成集控申接访、案件受理、信息查询、律师阅卷等功能于一体的综合性检务接待中心。建立来信、来访、电话、网络"四位一体"的群众诉求表达机制，畅通群众控告申诉渠道，使群众问题能反映、矛盾能化解、权益有保障。一些基层检察机关的综合性检务接待中心、"惠民检察热线"等，得到了广大人民群众和来广西视察的全国人大代表的充分肯定。全区基层检察院共设置派驻乡镇检察室204个，在乡镇开展巡回检察，送法送服务上门，就地受理控告申诉，为群众排忧解难。

三、依法惩治犯罪，积极化解矛盾，把维护社会大局稳定作为检察工作的基本任务

坚决打击危害国家安全犯罪。全区检察机关坚决打击敌对势力的分裂、渗透、颠覆活动，坚决打击"法轮功""全能神"等邪教组织的犯罪活动,批捕犯罪嫌疑人 32 人、起诉 29 人,确保国家安全。依法惩治跨国毒品、走私、偷越国境等涉边犯罪,与有关部门建立办理边海防地区刑事案件联席会议、共同督办等协作机制,批捕犯罪嫌疑人 228 人、起诉 203 人,有力维护边疆巩固安宁。

依法惩治危害社会治安犯罪。全区检察机关突出打击严重暴力犯罪、黑恶势力犯罪、多发性侵财犯罪、网络犯罪等,依法严惩以报复社会为目的的危害公共安全和个人极端暴力犯罪,切实增强人民群众安全感。进一步健全提前介入、引导取证、挂牌督办等机制,严把案件证据关和法律适用关,确保及时、准确打击犯罪。共批捕各类危害社会治安犯罪嫌疑人 41483 人、起诉 42979 人。依法从快批捕起诉梧州市岑瑞意等 64 人组织参加黑社会性质组织犯罪、南宁市"6·13"群体滋事事件的犯罪等一批人民群众关切的案件。

更加注重预防和化解社会矛盾。全区检察机关全面贯彻宽严相济刑事政策,完善刑事和解、检调对接工作机制,对 1096 件轻微刑事案件开展刑事和解,分别对 227 人和 1110 人依法作出不批捕、不起诉决定,依法和解一批因山林土地纠纷、企业和地方矛盾以及邻里纠纷等引发的轻微刑事案件。加强检察法律文书说理,促使当事人消除疑惑、及时息诉。建立上下级检察院共同处理重大涉检涉诉信访案件机制,完善巡访下访、联合接访、视频接访、检察长接待日等制度,共办理群众信访 19055 件。积极推进涉检涉诉信访工作改革,促进以法治手段解决涉检涉诉信访问题。

积极参与创新社会治理。全区检察机关密切配合有关部门开展禁毒、"扫黄打非"、流浪乞讨人员救助管理等专项活动,积极参与对城乡接合部、校园周边环境和治安混乱地区的集中整治,促进社会治安立体防控体系建设。加强未成年人犯罪检察工作,探索建立涉罪未成年人羁押必要性审查、分案起诉、案后帮教等制度,加强教育、感化和挽救。加强社区矫正法律监督,促进对社区服刑人员的教育转化。加强普法宣传教育,积极开展法制宣传进校园、进乡村、进社区、进企业等活动,增强全民法治观念。

四、认真履行查办和预防职务犯罪职责,推进反腐倡廉建设

严肃查办贪污贿赂等职务犯罪。全区检察机关认真贯彻中央关于反腐倡廉的决策部署,坚持有贪必反、有腐必惩、有案必办,"老虎""苍蝇"一起打。加强举报中心建设,健全与执法执纪部门的情况通报、案件移送等机制,加强对查办重大复杂案件的统一组织、指挥协调和侦查协作,严格规范强制措施适用,提高反贪污贿赂工作水平。共立查贪污贿赂等职务犯罪案件 1002 件 1399 人,通过办案为国家和集体挽回直接经济损失 1.47 亿多元。突出查办大案要案,立查大案 775 件、县处级以上国家工作人员 57 人(其中厅级 3 人)。持续开展查办涉农贪污贿赂犯罪专项工作,立查涉农领域国家工作人员和农村基层组织人员贪污贿赂犯罪嫌疑人 432 人。深入开展商业贿赂和工程建设领域突出问题专项治理,依法查办土地出让、产权交易、医药购销、招标投标等领域贪污贿赂犯罪嫌疑人 306 人。加大惩处行贿犯罪力度,对 199 名行贿犯罪嫌疑人依法追究刑事责任。

着力加强反渎职侵权工作。认真贯彻中央、自治区党委和最高人民检察院关于加大惩治和预防渎职侵权违法犯罪工作力度的要求,建立重大复杂案件专案调查、提前介入重大责任事故调查、并案侦查等机制,推动解决渎职侵权犯罪发现难、立案难、查证难、处理难问题。立查渎职侵权犯罪案件 314 件 349 人,其中重特大案件 136 件。认真查处执法不严、司法不公背后的司法人员渎职犯罪 23 人,立查重大环境污染事件、重大责任事故等背后渎职侵权犯罪案件 17 件 19 人。

更加注重职务犯罪预防工作。全区检察机关认真贯彻习近平总书记关于"预防职务犯罪出生产力"的指示精神,更加注重治本,更加注重预防,更加注重制度建设,努力铲除腐败滋生蔓延的土壤。结合执法办案中发现的问题,向有关单位提出健全制度、堵塞漏洞的预防建议 1986 件。开展工程建设领域、民生领域、国有企业、农村"两委"人员等重点领域、重点人群的专项预防,与有关单位建立预防工作机制,编印并免费发放预防农村"两委"人员职务犯罪检察提示手册 4 万册。深入开展预防宣传和警示教育,建设广西检察机关预防职务犯罪宣传联播网,创作推广廉政宣传短片和预防职务犯罪公益广告、舞台话剧等,建立预防职务犯罪警示教育基地 149 个,推进预防教育进党校和行政学院,对国家工作人员进行警示教育 7758 人次,推动形成廉荣贪耻的社会氛围。完善行贿犯罪档案查询系统，共受理查询 133496 次，相关行业主管（监管）部门对 12 起有行贿犯罪记录的单位或个人作出相应处置。全面实行惩治和预防职务犯罪年度报告制度，加强对职务犯罪的特点、原因分析和预防对策研究，为各级党委、人大、政府决策提供参考，促进预防成果的转化运用。

五、加强对诉讼活动的法律监督，把促进社会公平正义作为检察工作的核心价值追求

加强刑事立案监督。推进刑事司法与行政执法相衔接，加强与行政执法机关的信息共享平台建设，积极拓宽立案监督案源渠道，完善立案监督事后跟踪机制，重点监督纠正有案不立、有罪不究、动用刑事手段违法介入民事经济纠纷等问题。对应当立案而不立案的，监督侦查机关立案 1454 件；对不应当立案而立案的，监督撤案 1052 件。

加强侦查活动监督。实行重大案件介入侦查、备案审查、案件质量预警防控等制度，严把侦查环节监督质量关。落实审查逮捕阶段讯问犯罪嫌疑人、听取律师意见、非法证据排除制度，加强对刑讯逼供、滥用强制措施、侵犯诉讼权利等问题的监督，对侦查活动中的违法情形提出纠正意见 732 件次，对漏捕、漏诉的犯罪嫌疑人依法追加逮捕 3178 人、追加起诉 4021 人。

加强刑事审判监督。推行量刑建议改革，落实检察长列席审判委员会会议等制度，运用纠正违法、建议重审、刑事抗诉等手段，重点监督纠正有罪判无罪、无罪判有罪、量刑畸轻畸重以及程序违法影响公正审判等问题，对认为确有错误的刑事裁判提出抗诉 180 件，对审判程序中的违法情形提出纠正意见 516 件次。

加强刑罚执行和监管活动监督。加强驻所检察室规范化建设，推进与监管场所执法信息联网和监控联网，对刑罚执行和监管活动中的违法情形提出纠正意见 5650 件次。组织开展罪犯交付执行与留所服刑专项检查活动，加强对减刑、假释、保外就医的监督，依法监督纠正不当减刑、假释、暂予监外执行 216 人，纠正监外执行罪犯脱管漏管 4287 人。

加强民事行政诉讼监督。坚持依法监督、规范监督，重点监督严重损害国家利益、社会公共利益和当事人合法权益的民事行政裁判，依法提出抗诉 241 件、提出再审检察建议 108 件。依法开展民事执行活动监督，探索开展申诉和解、督促起诉、支持起诉等工作，逐步形成民事行政检察多元化监督格局。坚持抗诉与息诉并重，对作出不予监督决定的 666 件申诉，加强释法说理，认真做好申诉人的服判息诉工作。

六、强化检察队伍建设和基层基础建设，不断提高司法水平和司法公信力

狠抓思想政治建设。全区检察机关大力推进学习型、服务型、创新型党组织建设，坚持把党支部建到执法办案第一线，完善检察队伍思想动态定期分析、通报制度，引导全区检察人员坚定中国特色社会主义道路自信、理论自信、制度自信。加强社会主义法治理念教育，注重检察文化建设，引导广大检察人员牢固树立和自觉践行忠诚、为民、公正、廉洁的政法干警核心价值观。

狠抓领导班子建设。认真做好市、县两级检察院领导班子调配工作，选好配强地方检察机关领导干部，提高领导班子凝聚力和战斗力。健全完善党组会、检察委员会等议事规则，确保重大案件、重大事项集体讨论决定，提高民主、科学决策能力和水平。认真落实个人重大事项报告、任前廉政谈话、巡视、下级检察院检察长向上级检察院述职述廉等制度，强化领导干部监督管理。

狠抓业务素能建设。分类开展培训，广泛开展岗位练兵和业务竞赛，有计划地组织上挂下派和内外交流挂职锻炼，切实提升检察人员专业素养和岗位技能。实施人才强检战略，完善培养、选拔和管理办法，重点培养扶持青年业务骨干，促进检察队伍年轻化、专业化、职业化建设。

狠抓执法作风建设。按照中央、自治区党委和最高人民检察院的部署，自治区人民检察院扎实有效开展党的群众路线教育实践活动，坚持班子成员带头认真学习理论，带头深入基层征求意见建议，带头谈心谈话、撰写对照检查材料、查摆问题，带头开展批评和自我批评，带头严格执行中央八项规定和整改"四风""六病"，制定完善检察人员严禁以案谋私规定等 16 项制度，坚决纠正人民群众反映强烈的突出问题。经过整改，自治区人民检察院与上年相比，"三公"经费下降 19%、会议缩减 51%、文件减少 25%，在自治区党的群众路线教育实践活动会议上，自治区人民检察院发言介绍了经验。全区检察机关还深入开展"干警清正、机关清廉、检务清明"主题教育活动和"纪律教育周""廉洁守纪讲评日"等活动，严格遵守八小时以外行为规范，树立检察机关良好形象。以"零容忍"态度严肃查处违法违纪检察人员 4 人，保持检察队伍的纯洁性。

狠抓基层基础建设。坚持人财物向基层倾斜，将新增的 144 名政法专项编制全部用于市、县两级院，努力缓解基层办案力量不足问题。推动完善公用经费正常增长机制、落实政法转移支付资金，有效缓解市、县两级检察机关经费保障不足的矛盾。推进检察机关统一业务应用软件系统、侦查指挥系统和高清视频会议系统建设，以信息化推进检察工作现代化。

七、自觉接受人大监督和社会各界监督，不断提升司法规范化水平

自觉接受人大监督。自治区十二届人大一次会议闭幕后，自治区人民检察院及时组织学习贯彻会议精神，对代表意见建议高度重视，逐项研究整改。各级人大常委会交办的 12 件建议全部按期办结，其中自治区人大常委会交办的 1 件建议已按期办结并及时认真反馈人大代表。2013 年，向自治区人大常委会专题报告涉法涉诉信访工作、自治区十二届人大一次会议代表建议批评意见办理情况，配合自治区人大常委会对预防未成年人犯罪法贯彻实施情况开展专题调研。

自觉接受民主监督和社会监督。健全落实与各民主党派、工商联、无党派人士的联系制度，邀请政协委员参加座谈、视察和专题调研，主动通报检察工作情况。坚持和完善特约检察员、专家咨询委员制度，深化人民监督工作。人民监督员共对 104 件拟作撤案、不起诉等处理的七类职务犯罪案件或事项进行了监督。大力推行"阳光检务"，完善新闻发布、公开审查、公开听证等制度，推进检察门户网站、微博建设，加强检察信息网上发布，坚持举办"检察开放日"活动，以公开促公正、以透明保廉洁，让社会各界群众更好地了解和监督检察工作。

强化内部监督制约。全区检察机关严格执行讯问职务犯罪嫌疑人全程同步录音录像、省级以下检察院逮捕职务犯罪嫌疑人报上一级检察院审查决定等制度。全区各级检察院专门设立案件监督管理机构，对所办案件实行严格的流程管理和动态监督，促进严格公正规范文明执法。自治区人民检察院成立检务督察队，对执法办案重点部门、重点环节和重点岗位开展监督检查，共对 69 个检察院的执法办案、出庭公诉等情况进行暗访督察。对 2013 年全区检察机关办理的案件全面开展案件质量评查，对发现的问题及时通报，限期整改。

同时，我们清醒地认识到，检察工作仍然存在一些不足和问题：一是检察职能作用发挥得还不充分，惩治和预防犯罪、监督纠正违法的力度和效果与人民群众的期待还有不小的差距。二是检察机关服务经济社会发展、服务人民群众的能力还有待进一步提高。三是检察队伍整体素质还不能完全适应新形势发展的要求，特别是修改后刑事诉讼法、民事诉讼法于 2013 年 1 月 1 日正式实施后，检察机关新增了多项业务工作，案多人少矛盾更为突出，一些检察人员不注重执法效果等问题不同程度存在，脱离群众、以案谋私等现象仍有发生。四是基层基础建设力度还需加大，一方面人手紧张，另一方面招不到人、留不住人的矛盾日趋尖锐，检务保障、信息化建设和应用水平还不能适应新形势新任务的需要。这些困难和问题，我们将高度重视，进一步采取有效措施，努力加以解决。

2014 年检察工作主要安排

2014 年，我区检察机关将全面贯彻落实党的十八大、十八届二中三中全会和本次会议精神，按照中央、全区政法工作会议和全国检察长会议的工作部署，结合我区实际，重点做好六个方面工作。

一是积极为全面深化改革提供有力司法保障。要更加自觉地把检察工作摆到全面深化改革大局中来谋划和推进，为全面深化改革提供有力司法保障。要深化检察改革，全面推进涉法涉诉信访工作机制改革，推进检务公开，推行检察官办案责任制，广泛实行人民监督员制度，推动各项司法体制改革和检察改革任务的落实。

二是积极服务和保障经济社会科学发展。要主动加强对新情况新问题的分析研判，准确把握法律政策界限，注意改进执法方式方法，通过强化法律监督和严格规范公正文明执法来促发展、促转方式调结构，为经济社会发展营造良好法治环境。要始终坚持以民为本、执法为民，依法惩治侵害农民权益、危害农业生产、影响农村稳定的犯罪活动，深入开展严肃查办危害民生民利渎职侵权犯罪专项工作，促进从源头上保障和改善民生。

三是积极参与创新社会治理。要充分发挥检察职能，积极推进平安广西建设。坚决打击境内外敌对势力的渗透破坏活动，着力维护国家政权安全。创新预防和化解社会矛盾机制，促进提升社会治理法治化水平，突出打击严重危害社会治安和公共安全的犯罪，确保社会和谐稳定。以人民群众平安需求为导向，完善依法有序表达诉求机制，促进公共安全体系建设。严格执行修改后刑事诉讼法，坚持惩治犯罪和保障人权并重，坚决排除非法证据，坚守防止冤假错案底线。

四是积极推进反腐倡廉建设。坚决查办发生在领导机关和领导干部中的职务犯罪案件，严肃查办发生在群众身边的腐败犯罪。围绕服务和保障全面深化改革，查办和预防发生在资金密集、监管薄弱、经营垄断或产业垄断等重点行业和领域的案件。贯彻落实中央关于"宽容改革失误"的精神，营造保护创新、宽容失误的改革氛围。认真落实人权司法保障制度，健全侦查工作机制，进一步规范侦查行为。更加注重职务犯罪预防工作，深化侦防一体化机制建设，从源头上遏制和减少职务犯罪，既促进经济社会发展，又注意保护干部干事创业的积极性。

五是积极推进法治广西建设。加强和规范对诉讼活动的法律监督，着力纠正执法司法突出问题。推动执法司法权运行制约机制建设，进一步完善立案和侦查活动监督机制、刑事审判活动监督机制和刑罚执行、监管活动监督机制。加强民事行政检察工作，发挥民事行政检察服务和保障经济社会发展的职能作用。

六是积极推进过硬队伍建设和基层基础建设。继续深入开展党的群众路线教育实践活动，强化自身监督制约机制建设，狠抓自身纪律作风和反腐倡廉建设，努力打造信念坚定、执法为民、敢于担当、清正廉洁的过硬检察队伍。牢固树立强基固本思想，认真贯彻落实基层检察院建设规划，加强执法保障工作，深入实施科技强检战略。

在新的一年里，全区检察机关将紧密团结在以习近平同志为总书记的党中央周围，在自治区党委和最高人民检察院的领导下，高举中国特色社会主义伟大旗帜，以中国特色社会主义理论为指导，更加自觉接受人大监督、民主监督和社会监督，求真务实，开拓进取，努力为实现我区与全国同步全面建成小康社会奋斗目标作出新的贡献！

海南省人民检察院工作报告（摘要）

——2014年2月11日在海南省第五届人民代表大会第二次会议上

海南省人民检察院检察长　贾志鸿

（2014年2月13日海南省第五届人民代表大会第二次会议通过）

2013年，全省检察机关认真贯彻党的十八大、十八届三中全会和省第六次党代会精神，在省委和最高人民检察院的坚强领导下，在省人大的监督和省政府、省政协及社会各界的支持下，紧紧围绕海南科学发展和绿色崛起，积极履行宪法和法律赋予的职责，强化法律监督，强化自身监督，强化队伍建设，各项检察工作取得了新进展。

一、充分发挥检察职能作用，为谱写美丽中国海南篇章提供有力司法保障

服务保障"项目建设年"。深入文昌航天城、西环铁路、西南部电厂等126个重点项目，开展全程预防跟踪服务，与项目单位一起完善风险防控措施377项，提供行贿犯罪档案查询服务234次，开展预防调查和预防咨询525次。把征地拆迁、移民安置等补偿款发放作为服务项目建设的切入点和着力点，努力做到"补偿资金发到哪里，预防监督跟到哪里"。全年共查办贪污、挪用上述补偿款案件37件51人，追缴被侵占的补偿款717万元，如数返还给受害群众。配合有关部门妥善化解项目建设中的矛盾纠纷，批准逮捕危害项目建设和周边地区社会治安稳定的刑事犯罪嫌疑人449人、提起公诉418人，为项目建设保驾护航。

加大生态环境资源保护力度。省检察院联合省林业厅在全省开展了为期一年半的专项行动,"重拳"打击破坏森林资源犯罪,为海南生态环境"增绿""护蓝"。全年共批准逮捕盗伐滥伐林木、非法占用农用地等破坏环境资源犯罪嫌疑人163 人、提起公诉 337 人,立案查办因失职渎职造成生态环境资源重大损失的国家机关工作人员 36 人。

维护诚信有序的市场环境。积极参与整顿和规范市场经济秩序,批准逮捕走私、传销、金融诈骗、非法吸收公众存款等经济犯罪嫌疑人 188 人、提起公诉 226 人。海口市检察机关依法批捕、起诉了刘越、李育胜等人利用网上银行非法转账套现 587 亿元一案,针对办案中发现的网上银行系统资金支付监管中的漏洞,向有关部门提出规范管理的措施建议,有效防范金融风险。深入开展打击制售假冒伪劣商品、侵犯知识产权专项行动,批准逮捕此类犯罪嫌疑人 50 人、提起公诉 39 人。

二、积极参与平安海南、法治海南建设,保障社会安定有序、人民安居乐业

依法打击刑事犯罪。全年共批准逮捕各类刑事犯罪嫌疑人 8339 人、提起公诉 9965 人。重点打击严重暴力犯罪、黑恶势力犯罪、多发性侵财犯罪、毒品犯罪、网络犯罪和危害食品药品安全犯罪,共批准逮捕上述犯罪嫌疑人 6607 人、提起公诉 7370 人。"万宁校长开房案"发生后,省检察院加强指导,重点督办,理性对待舆论,以事实为依据,以法律为准绳,与公安、法院密切配合,准确地打击了犯罪,保护了未成年人的合法权益。坚持理性、平和、文明、规范执法,正确适用宽严相济刑事政策,对无逮捕必要、轻微犯罪嫌疑人依法不批捕 423 人、不起诉 244 人。对群体性事件中的刑事案件和社会关注的热点敏感案件,明确执法办案的法律政策界限与办理方式方法,对其中的组织、策划、指挥和主要犯罪者依法严惩不贷,对起次要、辅助作用、情节较轻者依法从宽处理,同时积极协助党委政府做好释法疏导工作,最大限度地减少社会对抗。

强化对诉讼活动的法律监督。监督与支持并重,注重在依法制约中互相配合,共同坚守法律底线,防止冤假错案发生。全年依法监督立案 394 件、撤案 100 件,纠正漏捕 219 人、漏诉 111 人,对确有错误的刑事判决、裁定提出抗诉 33 件,清理纠正久押不决案件 7 件 14 人,纠正超期羁押 8 人,纠正减刑、假释、暂予监外执行不当 296 件,对刑事诉讼活动中违法情况提出纠正意见 517 件次,立案查处徇私舞弊、枉法裁判等司法工作人员 6 人。积极构建多元化民事行政检察工作格局,综合运用抗诉、检察建议、违法行为调查等手段,加大对裁判不公案件监督力度,依法提出民事、行政抗诉和再审检察建议 25 件,监督民事执行案件 64 件,对 189 件裁判正确的民事行政申诉案件做好息诉服判工作。积极开展民事督促起诉工作,对侵害国有资产和公共利益等行为,督促相关单位提起诉讼 121 件,避免了 4.1 亿元国有资产流失。

认真做好检察环节社会治安综合治理工作。把执法办案向化解矛盾延伸,落实执法办案风险评估预警机制,对不立案、不批捕、不起诉、不抗诉等案件,加强说理答疑,促进案结事了人和。完善检调对接、刑事和解、重信重访案件公开审查、刑事被害人救助等制度,提高化解社会矛盾能力。强化特殊群体司法保护,协助基层司法组织做好对社区服刑人员的矫正帮教。健全 12309 举报电话、网上信访、来信、来访"四位一体"工作机制,依法公正对待群众诉求。申诉人梁某从 1993 年起持续信访 20 年,全国人大常委会等多家单位对该案挂牌督办。省检察院不迁就、不放弃,耐心细致释法说理,坚持不懈进行化解,最终实现息诉罢访。

三、加大查办和预防职务犯罪力度,促进反腐倡廉建设

始终保持查办案件的强劲态势。全年共立案侦查职务犯罪案件 239 件 322 人,同比分别上升 13.3%、11%。其中大案 167 件,县处级以上干部 33 人(含厅级干部 5 人),同比分别上升 30.5%、94.1%。向法院提起公诉 214 件 302 人,通过办案挽回直接经济损失 2368.6 万元。坚持"老虎""苍蝇"一起打,开展查办和预防发生在群众身边、损害群众利益职务犯罪专项工作,查处侵害农民利益、危害农业生产、影响农村稳定的涉农职务犯罪 79 件 128 人,查办发生在劳动就业、教育医疗、交通运输等群众反映强烈的重点行业领域职务犯罪 62 件 64 人。

着力加强反渎职侵权工作。省检察院制定了《关于进一步加强惩治和预防渎职侵权犯罪工作的实施意见》,完善与审计、林业等部门的衔接配合机制,采取有效措施,着力破解渎职侵权案件"发现难、立案难、查证难、处理难"问题。全年共立案查办渎职侵权职务犯罪案件45件61人，同比分别上升87.5%、96.8%。重特大案件10件，是上年的5倍。提起公诉45件63人（含上年积案）。法院已作出有罪判决46人。全省渎职侵权案件立案人数、大案人数、提起公诉人数三项指标同比上升幅度和有罪判决比例均排名全国前两位，实现了办案力度、质量、效率、效果的整体提升。

深入推进职务犯罪预防。树立"预防职务犯罪出生产力"的指导思想，结合办案向有关单位提出预防检察建议139份。开展服务保障农村"两委"换届选举专项预防，依托派驻乡镇检察室为9400名"两委"干部进行廉政宣讲。建立预防职务犯罪法制教育进党校的工作机制，将预防职务犯罪纳入党校培训必修课程，在各级党校授课69场，受教育干部1.2万余人次。推进廉政风险防控机制建设，省检察院与省地税局、省公安厅、省边防总队、南方电网海南公司等单位建立了预防协作机制，共建"不能腐"的防范体系。坚持预防职务犯罪年度报告制度，11个市县（区）的主要领导给予批示肯定。开展预防职务犯罪宣传，在全社会弘扬反腐廉洁的正气，省检察院第二分院以海南黎锦为题材制作的廉政公益海报，在全国检察机关评选中获得三等奖。

四、全面实施修改后的刑事诉讼法、民事诉讼法，提升检察工作公信力

抓好配套制度机制建设。细化执法标准，单独或会同公安、法院、司法行政部门等制定了检察机关介入侦查、刑事案件换押、在民事行政诉讼活动中加强协作配合等规范性文件29项。围绕防范冤假错案，完善了批捕、起诉环节讯问犯罪嫌疑人和证据审查、非法证据排除、证人出庭制度，健全了对刑讯逼供等违法行为监督机制。制定了律师接待管理规定，出台了电子阅卷、听取辩护人意见等措施，有效保障律师依法执业。省检察院制定的《关于侦查监督工作中适用修改后刑事诉讼法若干问题的指导意见（试行）》被最高人民检察院全文转发。

建立健全未成年人刑事检察工作机制。认真落实修改后的刑事诉讼法，全面推行"捕、诉、监、防"一体化办案模式，开展了羁押必要性审查、附条件不起诉、轻罪记录封存、合适成年人参与诉讼等有益探索，加强对涉罪未成年人教育、感化和挽救。全年共不批捕涉罪未成年人182人，不起诉69人，

对670名涉罪未成年人封存犯罪记录，对97名涉罪未成年人落实帮教措施，均顺利复学或就业。海口市秀英区检察院率先在全省设立未成年人观护站，建立起"党委领导、政府支持、社会协同、公众参与"的运行体系，集中对涉罪未成年人开展法制教育、心理矫正等观护工作，逐步实现办案专业化和帮教社会化的有机结合。

规范完善案件集中管理机制。设立专门的案件管理机构，以信息化为依托，对执法办案实行严格的流程监控和质量管理，对每一个执法办案环节进行流程指引和预警控制。除3个试点省份外，我省检察机关在全国率先上线运行统一检察业务应用软件。全省三级检察院所有案件全程网上运行，每个环节网上操作，法律文书网上生成，所有审批网上办理，将执法规范的"软约束"转化为网络运行的"硬要求"，从源头上防止随意执法、粗放执法等问题的发生。省检察院加强案件管理的做法得到了最高人民检察院领导的肯定和表扬。

强化对自身执法活动的监督制约。高度重视省人大常委会对全省检察机关贯彻执行《关于加强人民检察院法律监督工作的决议》情况的专项调研，认真听取调研中相关单位的意见建议，细化、落实为10个方面71项整改措施，推动形成规范执法的长效机制。加强对办理职务犯罪案件全过程的监督，认真落实"全面、全部、全程"要求，坚决执行讯问职务犯罪嫌疑人同步录音录像制度。开展了职务犯罪侦查工作专项执法检查、渎职侵权案件质量点评和审查逮捕案件、公诉案件质量评查等活动，完善执法档案、执法过错责任追究等制度，及时发现和纠正办案中的苗头性、倾向性问题。

五、深入践行党的群众路线，加强检察队伍和基层基础建设

全省检察机关认真学习、深刻领会习近平总书记系列重要讲话精神，坚持党对检察工作的绝对领导，坚定对中国特色社会主义的道路自信、理论自信、制度自信，努力打造过硬检察队伍。

扎实开展党的群众路线教育实践活动。以身边的先进模范人物为标杆，树立文昌市检察院民事行政检察科原科长周经发为"为民、务实、清廉"的先进典型，省检察院为他追记个人二等功，文昌市委追授他为"文昌市优秀共产党员"，省委追授他为"海南省优秀共产党员"，省委宣传部、南国都市报

评选他为"2013 感动海南十大人物"。利用这一典型，我们在全省检察机关开展了巡回宣讲活动。举办了派驻乡镇检察室"党的群众工作"知识竞赛，通过上党课、理论研讨、专题辅导等形式，引导全省检察干警坚定理想信念，筑牢为民宗旨，永葆忠诚本色。省检察院在广泛征求意见的基础上，深入查摆"四风"方面突出问题，高质量地开好专题民主生活会，切实让每一名党员干部思想受教育、作风有改进。建立健全了联系基层、服务群众、检务公开、执法办案考核评价等 19 项工作机制，使"为民、务实、清廉"根植于全体检察人员的思想和行动中，让人民群众真切感受到检察机关在执法理念、执法行为、执法作风方面的新变化。

重点加强领导班子和队伍素能建设。更加重视对"一把手"的教育、监督和管理，认真落实巡视、上级检察院派员列席下级检察院党组民主生活会、任前谈话、述职述廉、个人重大事项报告等制度。配合组织部门调整交流了 9 名基层检察院检察长，推荐提拔了 2 名基层检察院副检察长异地任职检察长，各级检察院领导班子年龄、专业知识和学历结构进一步优化。广泛开展业务竞赛和岗位练兵活动，采取实训、研讨、问题式教学等方式，引导干警在执法办案中强化素能训练。组织 96 名年轻干警参加司法考试集中培训，考试通过率 68.7%。全年共举办各类培训班 62 期，培训干警 7098 人次。有 2 名干警被评为全国检察业务专家，5 名干警获得全国检察机关优秀公诉人和侦查监督业务能手称号。

突出抓好纪律作风和自身反腐倡廉建设。认真贯彻中央八项规定和我省 20 条规定，研究制定了具体实施办法。2013 年，省检察院机关会议费、公务接待费、因公出国境费同比分别减少 24.7%、20.9%、2.8%。建立会议计划、审批管理制度，精简文件简报，强化网上考勤和检察日志的监督管理。严格执行《检察人员八小时外行为禁令》，加大对落实八项规定、公车使用和检风纪律的检务督察力度，对全省检察机关临时性聘用工作人员进行集中清理，继续抓好"庸懒散奢贪"突出问题集中整治，不断排查和解决自身执法不公正、不文明、不廉洁等问题。严肃查处了 1 名违纪干警，对 4 人进行了诫勉谈话。

全面推进派驻乡镇检察室和基层基础建设。在总结派驻乡镇检察室五年来探索实践的基础上，围绕法律监督"触角"定位，进一步完善工作流程和考核机制，突出核心职能和基础性工作，有效提升服务"三农"水平。一年来，全省 37 个派驻乡镇检察室深入乡村农户 3907 人次，化解矛盾纠纷 188 件次，向乡镇党委政府提交调查报告 73 份，发现收集农村基层干部职务犯罪线索 206 件，派出检察院从中立案查处 111 人。认真落实全国检察机关 2013—2017 年基层建设规划，新增 39 名政法专项编制充实到办案一线，投入 9762 万元用于基层科技装备和信息化建设。2013 年 9 月，三沙市三沙群岛人民检察院命名成立、依法履职。全省基层检察院有 163 个（次）集体、638 名（次）个人受到省级以上表彰。澄迈县检察院、琼海市检察院被评为全国先进基层检察院。

在过去一年的工作中，全省检察机关牢固树立监督者更要接受监督的意识，将人大、政协及社会各界的监督作为推动检察工作的重要保证和强大动力。坚持主动向人大及其常委会报告重要工作，积极配合开展专题调研和执法检查。省检察院专门召开会议对贯彻落实全省"两会"精神进行全面部署，每年召开一次驻琼全国人大代表和各市县区人大主任座谈会，邀请代表委员参加检察机关的重大活动、视察评议检察工作，登门拜访各级人大代表听取意见建议。开展了以"改进执法作风、密切联系群众"为主题的"检察开放日"活动，邀请 722 名社会各界人士走进检察机关、了解检察工作。2013 年，各级人大代表、政协委员提出的 34 件建议、提案，均已办结回复。

我们也清醒地认识到，全省检察工作仍然存在一些问题和不足，主要是：一是法律监督职能作用的发挥还不够充分，惩治预防犯罪、监督纠正违法的力度和效果与人民群众的期待仍有差距，立足检察职能服务海南科学发展、绿色崛起还不够到位。二是执法办案还存在薄弱环节，少数检察人员法律政策水平不高、群众工作能力不强，影响了执法办案的质量和效果，转变执法理念、提升办案能力的任务还很繁重。三是基层基础建设仍需加强，基层检察院发展不平衡，高层次专业人才缺乏，偏远欠发达地区检察院人才难进、人才难留问题仍然存在。对此，我们将采取有力措施，认真加以解决。

2014 年，全省检察机关将深入贯彻党的十八大、十八届三中全会和中央政法工作会议精神，全面落实省委、最高人民检察院的部署要求，以全省工作大局为重，以最广大人民利益为念，以法律监督职责为本，紧紧围绕"维护社会大局稳定、促进社会公平正义、保障人民安居乐业"的主要任务，扎实做好各项检察工作，为实现海南科学发展、绿色崛起、全面建设国际旅游岛营造良好法治环境。

一是主动为全面深化改革提供有力司法保障。紧紧围绕省委全面深化改革年、科学管理年的决策部署，把检察工作放到全面深化改革全局中谋划和推进，充分发挥打击、预防、监督、教育、保护职能作用，强化对特色优势产业、市场经济体制、环境资源和城镇化建设等的司法保护，更好地保障和促进全省经济、政治、文化、社会和生态文明建设。

二是认真落实维护社会大局稳定的各项措施。以人民群众平安需求为导向，更加主动地做好检察环节社会管理综合治理工作，坚决打击严重刑事犯罪，依法从宽处理轻微犯罪，积极参与创新社会治理方式，善于运用法治思维和法治方式化解社会矛盾纠纷，充分发挥好检察机关在平安海南、法治海南建设中的积极作用。

三是更加注重服务和保障民生。牢固树立以民为本、执法为民的理念，严厉打击民生领域犯罪活动，加强对困难群众和特殊群体的司法保护，畅通联系群众渠道，完善民意收集、转化机制，把严格执法与热情服务有机结合起来，努力为群众排忧解难，不断提高人民群众的认同感和满意度。

四是进一步加大查办和预防职务犯罪工作力度。主动融入全省惩治和预防腐败体系建设总体格局，坚决查办发生在领导机关和领导干部中的贪污贿赂、渎职侵权犯罪案件，严厉打击发生在群众身边的腐败犯罪。强化查办案件治本功能，围绕全面深化改革的重点热点领域，深入分析职务犯罪发案特点和规律，继续抓好警示教育、预防调查、年度报告等工作，从源头上遏制和减少职务犯罪。

五是着力维护司法公正和法制权威。进一步落实省人大常委会《关于加强人民检察院法律监督工作的决议》，继续抓好修改后刑事诉讼法、民事诉讼法的贯彻实施，依法拓展和完善监督的范围、程序和方法，全面加强对刑事诉讼、民事诉讼、行政诉讼和刑罚执行、监管活动的法律监督，严肃查处司法人员贪赃枉法、索贿受贿等职务犯罪，让人民群众切实感受到公平正义就在身边。

六是深入推进检察改革。深刻领会党中央关于深化司法体制改革的指导思想、根本原则和主要任务，在最高人民检察院的统一领导下，结合我省实际，积极稳妥有序地推进各项改革措施，重点抓好涉法涉诉信访工作机制改革和检务公开、检察官办案责任制、人民监督员制度等改革试点，不断提高法律监督能力和检察管理水平。

七是坚持不懈地加强检察机关自身建设。深入开展党的群众路线教育实践活动，集中整治"四风"突出问题，继续抓好八项规定的贯彻落实，加强领导班子和队伍的思想政治、纪律作风建设和职业道德、职业良知教育，加大业务培训和人才培养力度，全面推进派驻乡镇检察室和基层检察院建设，着力强化内部监督制约，不断完善接受人大、政协和人民群众的监督机制，确保检察权在阳光下运行，努力使检察机关真正成为国家营血卫气、祛邪扶正的重要力量。

在新的一年里，全省检察机关将在省委和最高人民检察院的领导下，认真落实本次大会决议，牢记职责，锐意进取，积极作为，不负重托，为争创中国特色社会主义实践范例、谱写美丽中国海南篇章作出新的更大贡献！

重庆市人民检察院工作报告（摘要）

——2014 年 1 月 20 日在重庆市第四届人民代表大会第二次会议上

重庆市人民检察院检察长　余　敏

（2014 年 1 月 22 日重庆市第四届人民代表大会第二次会议通过）

2013 年主要工作

2013 年，全市检察机关在十八大精神指引下，在市委、最高人民检察院正确领导和市人大及其常委会监督支持下，认真贯彻市四届人大一次会议精神，紧紧围绕"科学发展、富民兴渝"，以平安、法治、过硬队伍"三大建设"为抓手，依法履行宪法法律赋予的职责，批捕 20119 人，起诉 32857 人，查办涉嫌职务犯罪 892 人，审查办理信访 7568 件，对刑事民事行政裁判提出抗诉 336 件。

一、维护社会稳定，参与平安重庆建设

依法履行打击犯罪职能。保持打击严重刑事犯罪高压态势，批捕涉嫌故意杀人、故意伤害、抢劫、绑架等犯罪 1901 人、起诉 2993 人，对田应学杀死 4 人灭门惨案、李天兰在幼儿园投毒致 119 名儿童中毒、汪均在贩毒中拒捕持刀杀害民警蒋卫红等重大案件，提前介入引导侦查取证，快捕快诉，有力震慑犯罪分子。积极投入禁毒禁赌、扫黄打非专项整治，批捕多发性侵财犯罪和黄赌毒犯罪嫌疑人 15415 人、起诉 19177 人，张治平等结伙流窜十多个区县盗抢百余起、曹春宝等贩卖毒品海洛因 17.7 公斤，均被及时提起公诉。依法打击了利用电信、网络实施犯罪的团伙 13 个，如黄天宝等群发短信虚构社保退款事实、窃取百多名群众银行存款 110 余万元案。

努力推动社会矛盾化解。健全贯彻宽严相济刑事政策工作制度，市检察院下发了《关于严把多人共同犯罪案件质量的通知》，会同市高法院、市公安局就当前刑事诉讼中亟待解决的危险驾驶、诈骗等犯罪法律适用问题，形成了纪要，联合市司法局完善了公诉案件委托人民调解制度；各级检察院对构成犯罪但无逮捕必要的依法不捕 364 人，对犯罪情节轻微的依法不诉 1540 人，对亲友邻里之间轻微案件促成刑事和解 406 件。坚持源头防范、动态化解、集中治理相结合，切实加强法律文书说理、重大敏感案件信访风险评估和涉检信访积案定期排查、专项化解工作；以公开促公正增公信，大力推行重大信访上下级检察院共同接访，邀请人大代表、政协委员、人民监督员联合接访，探索公开听证、公开审查。清理排查的 26 件积案已化解息诉 24 件。

促进社会治安综合治理。强化检察机关未成年人刑事检察工作与团市委、"关工委"的工作衔接；组织"莎姐"检察官深入中小学校宣讲法制 206 场，与晨报联办的"莎姐故事"普法专栏获全国法制好新闻奖项，市检察院公诉一处获评全国维护妇女儿童权益先进集体。深入剖析治安形势和发案特点，就制售假药、网购枪支、非法销售窃听窃照器材、伪造买卖证件印章、盗窃通信设施等犯罪提出防控建议，引起市领导及相关部门高度重视，加强了整治。围绕村社"两委"换届，开展"增强民主意识、预防违法犯罪"主题宣传，举办法制教育 235 场，赠阅资料 8 万余份，维护了换届选举秩序。

二、促发展护民生，加大司法保障力度

积极服务经济发展。依法批捕金融诈骗、侵犯知识产权、扰乱市场秩序等犯罪嫌疑人 601 人、起诉 966 人，徐应富等集资诈骗 3900 余万元、唐守亨等非法传销 1.2 亿元，均被从快批捕起诉。立案查办涉嫌在园区建设和重大建设项目招标投标、工程管理、款项支付等环节贿赂犯罪 335 人；服务江北机场扩建、渝万铁路等重大工程和各类园区建设，深入查找职务犯罪风险控制点，促进相关单位完善内控制度146项。审慎把握经济纠纷、经济活动违规与经济犯罪的法律政策界限，办理涉企案件坚持不轻易传唤企业负责人、不轻易扣押冻结企业资金和调取账册，维护正常生产经营秩序。着眼增强民企防范犯罪和维权能力，联合市、区县工商联开展"检察官进民企"活动，覆盖民企九百余家，举办检察官讲堂230场，发放检察机关自编《民营企业防贪要诀》等预防读本5万余册，播放案例教育微电影56场。

积极维护群众合法权益。扎实开展打击民生领域职务犯罪和食品药品犯罪专项工作，依法查处侵害民生职务犯罪嫌疑人582人；批捕制售有毒有害食品药品犯罪嫌疑人104人、起诉157人，周小平等制售"潲水油"54吨，被及时批捕起诉；深化行政执法与刑事司法衔接，建议工商、质监等部门移送涉嫌制假售假等危害民生犯罪578人。强化特殊群体司法保护，对侵害在校学生和农村留守妇女老人儿童权益的案件，依法批捕2289人、起诉2417人；对生活严重困难的刑事被害人给予司法救助523人，发放救助金203万元；尽力维护农户、农民工合法权益，支持1502人起诉维权，某公司未予履行收购协议致317户农户1400余吨萝卜腐烂，检察机关支持起诉，帮助挽回了损失。健全便民利民措施，出台加强接待群众来访工作的意见，积极推行热心接访、虚心倾听、耐心释疑、真心解难、诚心服务的接待群众"五心"工作法；夯实基层服务平台，70个检务联络室、19个派出检察室，辐射139个乡镇社区，形成"定点+巡回+联络员"工作模式，就近接待处置来访、预防犯罪、开展社区矫正监督和微罪不诉人员社会帮教。

积极开展对生态环境的司法保护。依法起诉非法采矿、非法占用农用地、盗伐滥伐林木等案件被告人283人，立案查办矿产开发、森林保护、林业补贴等环节职务犯罪案件44人。针对群众反映强烈的公害污染问题发出整改检察建议23件、建议有关部门提起民事诉讼3件。某电镀厂无证生产非法排污致耕地和饮水重金属超标100余倍，检察机关通过检察建议督促环保、疾控等单位依法起诉，促使厂家关停并为治污"埋单"。指导"两翼"检察院围绕生态涵养、生态保护区功能定位强化工作措施，积极推进渝北、万州区检察院跨区域集中办理环保案件，加大生态保护力度。

三、惩防职务犯罪，促进反腐倡廉建设

坚持"老虎""苍蝇"一起打。专群结合，高度重视群众实名举报和网络举报，加强与有关部门的协作，立案查办贪污贿赂案件634件771人、渎职侵权案件116件121人。重点查办发生在领导机关和领导干部中的职务犯罪，查处厅级干部7人、处级177人，涉案100万元以上的126人；依法查办涉嫌在行政审批环节权力寻租、索贿受贿犯罪115人。继续深入推进查办发生在群众身边、侵害群众利益职务犯罪专项工作，着力解决群众反映强烈的腐败问题，查办涉嫌在征地拆迁、城乡社保、涉农惠民、教育医疗等领域贪污贿赂犯罪397人。

立足办案加强职务犯罪预防。向市、区县党委提交揭示发案特点、趋势的查办预防职务犯罪年度报告。向发案单位及主管部门提出预防建议271件，被采纳236件。以案析法，推动预防职务犯罪进党校、进机关、进企业、进村社，三级院到各级党校专题讲座170场，在一些部门、单位、国有企业开展预防讲座1518场。对农村基础设施和社会事业建设开展预防调查，助力"阳光村务"建设。

四、加强诉讼监督，维护司法公正

建立健全贯彻修改后刑事诉讼法的配套机制。把落实未成年人案件特别程序与贯彻教育感化挽救方针相结合，解决未成年人案件中监护人缺位的问题，与相关部门会签了未成年人案件法定代理人、合适成年人参与刑事诉讼规定，组建以退休教师、妇联干部、志愿者为主体的合适成年人库；加强监督、矫正、保护，制定附条件不起诉考察办法，永川、长寿等地依托企业、职业学校探索涉罪未成年人矫正观护制度。到目前，以批捕环节律师介入、讯问时监护人或合适成年人在场，起诉环节社会调查、亲情会见、分案起诉，案后帮教、污点封存等为内容的未成年人刑事检察机制已在各级检察院全面建立。与公安机关健全了定期分析通报刑事案件质量联席会制度、出台了适用逮捕强制措施的指导意见、制定了对公安派出所刑事执法监督协作的意见，促进提升取证固证水平。强化人权司法保障，完善了讯问职务犯罪嫌疑人全程同步录音录像实施细则，整体规划、统一指导在全市看守所建成适应远程讯问和同步录音录像要求的检察讯问室；制发指定居所监视居住管理办法，严格上级检察院审批，实行居、审场所分离；制定对事实清楚证据充分、被告人认罪并同意适用简易程序案件的办理规

则,相对集中办理,缩短办案周期。依法保障诉讼参与人合法权利,加强当事人权利告知、投诉处置工作。依托网上办案系统全面实现律师电子阅卷,积极推行预约接待,为律师执业提供便捷条件。

加强刑事诉讼监督。强化证据意识,对审查逮捕、审查起诉中发现证据不足和不构成犯罪的,决定不捕332人、不诉381人;对庭审控辩中发现证据变化或证据疑点的案件,启动自我纠错程序撤回起诉46人;对法院判决无罪的12人,倒查侦查、检察环节疏漏,剖析两审分歧;严格依法处置涉黑案件申诉。加强在案证据审查,强化与行政执法衔接,监督立案560件,追诉408人。提出量刑建议20527件,法院采纳率92.2%。检察机关提出的刑事抗诉法院审结37件,改判15件、发回重审8件。提出刑事再审检察建议25件,法院决定再审14件,改判10件、以裁定补正形式纠正3件。督促纠正呈报或裁定减刑、假释、暂予监外执行不当45人次,督促纠正混关混押等监管违规106件次,督促纠正监外执行罪犯脱漏管648人。

加强民事行政诉讼监督。抗诉与检察建议并重,检察机关提出的民事行政裁判抗诉法院审结333件,改判48件、发回重审9件、再审调解结案249件、当事人和解撤诉6件,如涪陵区4名农民被人借用身份证骗取贷款,被判承担还款责任,检察机关依法抗诉,法院撤销原判,其合法权益得到维护;提出民事行政再审检察建议371件,法院采纳358件。对应当立案而不立案、消极执行等提出改进工作检察建议177件。办案中注重析法明理、引导理性维权、坚持和解优先,既减轻群众讼累又增进司法公信。

在监督纠正诉讼活动违法违规的同时,加大查处司法腐败力度,依法查办涉嫌贪赃枉法、滥用职权、刑讯逼供等犯罪的司法人员26人。

五、狠抓"三基"工程,推进检察队伍建设

强化思想武装。认真学习党的十八大、十八届三中全会和习总书记系列讲话精神,引导干警坚定理想信念,筑牢执法为民、公正执法思想根基。把群众路线教育实践活动与检察工作、队伍建设紧密结合,扎实开展惩防民生领域职务犯罪、化解涉检信访积案、危害民生刑事犯罪立案监督、完善便利民机制、正风肃纪五个专项行动;举办为民服务先进事迹报告会,建立年轻干警到信访接待窗口轮岗锻炼长效机制,评选表彰先进,深化以职业精神

为内核的检察文化建设。

增强执法素能。大力实施素质兴检工程,分层分类制定人才培养规划,构建岗位素能标准体系。突出证据判断、法庭辩论、审讯技巧、电子数据分析运用等专题,推行案例教学、疑案研讨等实训模式,市检察院集中培训3021人次。积极开展各项业务技能比武和法律文书评比,选派39名业务骨干上挂下派,22名法学专家挂任市检察院、分院中层干部和基层副检察长。3名检察官获评全国检察业务专家,3名分获全国十佳公诉人、十佳侦查监督业务标兵、十佳预防标兵。1件民事监督案件评为全国"十佳"精品案件。

夯实基层基础。持续开展规范化检察院创建活动,整体提升基层建设水平。依托电子检务实现对执法办案的全程、实时、动态、统一管理监督。加大执法规范的执行力,组织开展执法检查和职务犯罪侦查部门"严明纪律、规范执法"的重点检查。统一招录208人重点补充基层,完善遴选办法,出台加强"两翼"地区检察人才队伍建设意见。制定了新一轮科技强检意见,将中央政法专款和地方配套9616万元用于检察技术装备建设。

从严整肃风纪。认真执行中央八项规定、党风廉政纪律,深化"反特权、反霸道、反腐败"教育,结合实际出台检察机关改进作风实施意见和纪律"十严禁",开展为期4个月的专项督查,坚持重大违纪案件通报,定期开展警示教育。邀请78名人民监督员参与39次检风检纪督查和检察人员违纪线索核查,强化监督刚性,增强检察公信力。坚持从严治检,举报必查,实名举报限期答复,9名干警受到党纪政纪处分。

六、自觉接受监督,不断改进检察工作

始终铭记检察权源于人民、向人民负责、受人民监督。全市检察机关向两级人大常委会报告专项工作39次,市检察院向市人大常委会专题报告了加强检察机关基层建设促进公正司法的情况。认真办理代表建议16件、政协提案17件,满意率100%。定期寄送工作动态、通报重大案件,适时送阅检察机关重要文件,邀请代表、委员观摩公诉出庭、参加逮捕必要性审查和微罪不诉社会帮教等活动1179人次。聘请10位民主党派、工商联、无党派人士担任第四届特约检察员,接受民主监督。深化"阳光检务",重庆检察机关法律监督网站公开发布案件流程信息483万件;对拟不起诉、撤案的42件

职务犯罪案件全部提交人民监督员监督,对人民监督员提出可能存在违规办案情形的 29 件全部启动监督;邀请群众 23 万人次观摩案件公开审查、业务竞赛等活动。

过去一年全市检察工作取得了新的进步,职务犯罪侦查、民事诉讼监督质效指标居全国检察机关前列。以执法信息为主要内容的检务公开,在中国社会科学院《中国法治蓝皮书》的检务透明度指数居全国第三。18 个集体、24 名个人受到市级以上表彰,涪陵、南岸、九龙坡三个院被评为全国先进基层检察院,检察队伍建设民意测评满意度进一步提升。

我们也清醒认识到,工作中仍存在一些问题和不足:一是贯彻修改后刑事诉讼法、民事诉讼法的法律监督工作机制还不尽完善,执法办案法律效果、社会效果、政治效果相统一的水平还需提升;二是打击犯罪、维护群众权益的能力还不完全适应新形势新要求,对网络犯罪、新型犯罪的特点和规律研究不够深入,应对职务犯罪方式隐蔽化、手段多样化挑战的能力有待提升,做群众工作的能力尚待增强;三是与新形势下人权司法保障既强调实体正义又强调程序正当、既强调执法规范又强调司法公开的要求相比,执法规范化建设和检务公开还需加大力度;四是基层基础和检察队伍建设仍有薄弱环节,科技装备水平总体不高,边远地区人才流失问题较为突出,执法行为不规范、执法作风不文明的问题在个别地方一些案件中依然存在,干警违纪问题仍有发生。对此,我们将认真研究,努力解决。

2014 年工作思路

全市检察机关将深入贯彻党的十八大、十八届三中全会、中央政法工作会议精神,认真落实市委和最高人民检察院工作部署,紧紧围绕平安重庆、五大功能区建设,以维护社会大局稳定、促进社会公平正义、保障人民安居乐业为主线,以检察改革为动力、过硬队伍建设为保证,严格执法公正司法,为经济发展、社会稳定、民生福祉提供有力司法保障。主要任务是:

一是深化检察环节平安建设。围绕发展环境抓平安,依法打击非法吸收公众存款、集资诈骗、侵犯知识产权、商业贿赂等犯罪,准确把握市场准入政策调整,加强非公企业平等保护,推动建设统一开放的市场体系;严肃查办产业转型升级、园区企业发展、城乡基础设施建设中的职务犯罪;强化对破坏生态资源环境犯罪的打击,运用督促起诉、检察建议等方式促进环境污染治理。紧贴民生需求抓平安,坚决打击恐怖、严重暴力、多发性侵财犯罪和网络犯罪,增强群众安全感;依法打击危害食品药品安全犯罪;扎实开展治理危害民生职务犯罪专项工作,深入查办预防发生在征地拆迁、社会保障、涉农惠民、保障性住房建设等领域,以及涉及学生助学、伙食补贴的职务犯罪;运用支持起诉等手段维护弱势群众权益。坚持源头治理抓平安,认真贯彻宽严相济刑事政策,加强逮捕、起诉必要性审查;把握维权与维稳的关系,依法解决群众合法诉求,全面落实重大敏感案件信访风险评估、涉检信访定期排查化解等制度,充分发挥派出检察室涉农涉稳检察工作效能。强化依法治理抓平安,加大查办预防职务犯罪力度,突出查办发生在领导机关和领导干部中的职务犯罪,严肃查办权力寻租、索贿受贿、滥用职权的案件,促进依法行政;强化诉讼监督,重点监督有案不立、有罪不究、刑讯逼供、徇私枉法、超期羁押、裁判不公、虚假诉讼等问题,维护司法公正,惩治司法腐败;积极参与治安整治,运用检察建议促进完善防控体系。

二是积极推进检察改革。健全相互制约的司法权运行机制,健全错案防止、纠正、责任追究机制,研究非法证据界定、防范、排除规范,探索建立减刑假释暂予监外执行同步监督和社区矫正法律监督机制,加强对公安派出所刑事执法监督,探索民事执行监督。完善人权司法保障制度,探索建立对侦查违法行为控告的调查处置机制,健全对刑讯逼供、体罚虐待等问题的法律监督机制,建立在押人员继续羁押必要性审查制度,强化律师执业权利保障。推进涉法涉诉信访工作机制改革,明晰涉法涉诉信访终结程序的适用条件、释法说理规范,完善终结程序与司法救助的衔接机制,建立与有关方面促进息诉罢访的联动制度。深化检务公开,建立不起诉、不抗诉等终结性法律文书公开制度,增强法律文书说理性,试行对重大复杂、社会关注的批捕、起诉、抗诉案件公开审查制度。推进检察官办案责任制改革,按照最高人民检察院要求,在渝中、渝北、武隆检察院试点,构建主任检察官对检察长、检察委员会负责的办案组织模式,健全执法责任体系。

三是着力打造过硬检察队伍。深入学习贯彻十八大和十八届三中全会精神,筑牢理想信念,坚定不移走中国特色社会主义政治发展和法治建设道路。指导基层检察院扎实开展群众路线教育实践活动,深化执法为民五个专项行动。加强社会主义法治理念、法律信仰和职业良知教育,坚持公、检、法三机关相互配合相互制约诉讼格局,强化程序意识、证据意识以及接受监督意识。实施新一轮基层检察院规范化建设。持续推进全员岗位练兵,提升专业技能。严字当头,自觉遵守党纪国法,严格执行铁规禁令,加大正风肃纪力度,努力建设一

支信念坚定、执法为民、敢于担当、清正廉洁的检察队伍。

四是主动接受各方监督。强化宪法意识,认真落实市委第四次人大工作会精神,不断完善接受人大监督的制度、措施和办法,认真接受市人大常委会对检察机关规范执法行为工作的专项审议;自觉接受政协民主监督,认真听取社会各界的建议、批评和意见,推动检察工作务实创新发展。

四川省人民检察院工作报告(摘要)

——2014 年 1 月 19 日在四川省第十二届人民代表大会第二次会议上

四川省人民检察院检察长　邓　川

(2014 年 1 月 23 日四川省第十二届人民代表大会第二次会议通过)

2013 年,全省检察机关在中共四川省委和最高人民检察院的领导下,在人大及其常委会的监督、政府的支持和政协的民主监督下,紧紧围绕省委提出的实施"三大发展战略"、与全国同步全面建成小康社会的奋斗目标,认真贯彻落实修改后的刑事诉讼法和民事诉讼法,全面强化法律监督、强化自身监督、强化队伍建设,各项检察工作取得新进展,为推进四川"两个跨越"提供了有力的司法保障。

一、紧紧围绕建设小康四川,服务全省经济跨越提升

依法打击各类经济犯罪,努力营造规范有序的市场环境。省检察院及时制定《关于充分发挥检察职能为四川与全国同步全面建成小康社会提供司法保障的意见》,提出了 16 条服务保障措施。围绕服务多点多极支撑发展战略,突出打击破坏社会主义市场经济秩序的犯罪,批捕 1254 人,起诉 1935人。围绕服务"两化"互动、统筹城乡,对全省 50 个新开工的重大建设项目开展职务犯罪全程跟踪预防;深化商业贿赂、工程建设领域突出问题专项治理,查办产权交易、招标投标等关键环节中的职务犯罪 780 人。围绕服务创新驱动发展,依法打击制

假售假、侵犯知识产权犯罪,批捕 165 人,起诉 238人。围绕平等保护各类市场主体的合法权益,依法妥善处理涉及民间金融机构、实体经济和小微企业的案件,办理督促、支持起诉 727 件,依职权提起刑事附带民事诉讼 117 件。

严厉打击破坏环境资源犯罪,着力促进生态文明建设。着眼于营造美丽清新的生态环境,与林业、国土等部门建立健全资源保护协作机制,与相关部门联合开展集中打击整治破坏森林和野生动植物资源违法犯罪专项行动,批捕 323 人,起诉 852人。着眼于促进能源资源节约,突出打击非法采矿、造成重大环境污染事故等犯罪,批捕 64 人,起诉 87 人。查办生态环境保护领域的职务犯罪211 人。

积极参加抗震救灾和抗洪抢险,全力服务灾区重建发展。"4·20"芦山强烈地震和特大暴雨洪灾发生后,省检察院迅速反应,成立领导小组,采取有力措施指导全省检察机关全力投入抢险救灾,严厉打击涉灾刑事犯罪,同步开展预防和查办职务犯罪。灾区检察机关主动深入抢险救灾一线,充分履职尽责,着力维护灾区和谐稳定。省检察院针对地

震涉法涉诉问题的调研报告被中共中央办公厅采用。

二、紧紧围绕建设平安四川,维护社会和谐稳定

突出打击严重刑事犯罪,有力维护全省社会稳定。积极参与藏区维稳防控工作,坚决打击分裂国家、破坏民族团结的犯罪,积极参与打黑除恶、扫黄打非、禁毒、打击"两抢两盗一诈骗"、打击拐卖妇女儿童、平安铁路建设等专项整治。依法严惩个人极端暴力犯罪,严厉打击侵害在校学生、农村留守儿童安全的犯罪,加大对网络犯罪等新型犯罪的打击力度。全年批捕刑事犯罪嫌疑人 37270 人,起诉57692 人。

坚决惩治危害民生民利的犯罪,切实保障群众合法权益。紧紧围绕民生热点问题,部署查办食品安全监管渎职犯罪专项行动,查办教育、医疗、征地拆迁、社会保障等民生领域职务犯罪 1821 人;开展危害民生刑事犯罪专项立案监督,监督行政执法机关移送危害民生涉嫌犯罪案件 401 件 532 人,监督公安机关立案 352 件 457 人;组织依法保障和促进安全生产专项督导检查,查办重大安全责任事故背后的渎职犯罪 57 人;深化农民工法律维权工作,办理维权案件 268 件,帮助追付工资 586 万元;加强刑事被害人救助,发放救助金 620 万元。

注重化解社会矛盾,着力增进社会和谐。落实宽严相济刑事政策,对无逮捕必要的不捕 5354 人,对犯罪情节轻微的不诉 2096 人;对捕后无羁押必要的 484 人提出释放或变更强制措施建议。完善检调对接机制,促进案结事了人和,促成民事和解400 件,促成刑事和解后不捕 317 人、不诉 496 人。加强 12309 举报电话、文明接待室建设,推行下访巡访、联合接访和预约接访,健全联系、服务群众机制,依法办理控告申诉举报 13496 件。完善执法办案社会稳定风险评估预警制度,积极推进涉法涉诉信访工作改革,推行刑事申诉案件公开审查,促进涉检信访矛盾化解。

三、紧紧围绕建设廉洁四川,加大惩防职务犯罪工作力度

坚持"老虎""苍蝇"一起打,保持惩治职务犯罪高压态势。立案查办职务犯罪案件 1797 件 2384人,同比分别上升 15% 和 11.2%。其中,贪污贿赂犯罪 1443 件 1933 人,渎职侵权犯罪 354 件 451 人。查办大案 1550 件,上升 7.1%;查办县(处)级以上

国家工作人员 121 人,上升 31.5%,其中厅级干部11 人。查办农村基层组织人员 759 人。查办行政执法人员 648 人。加大惩治行贿犯罪力度,查办196 人。抓获在逃职务犯罪嫌疑人 9 人。为国家挽回直接经济损失 3.5 亿余元。

适应查办职务犯罪的新要求,积极转变办案模式。加强举报线索集中管理、实名举报核实答复、举报线索不立案审查工作。深化侦查一体化机制,有效整合全省检察机关侦查力量,加强对系统案件、跨区域案件、疑难复杂案件的办理,提高办案质量和效率。大力推进侦查信息化和装备现代化建设,省检察院建成情报信息综合处理系统,实现人口、工商、航班、电力等信息联网查询。

树立"预防职务犯罪出生产力"的理念,不断增强预防工作效果。广泛开展预防职务犯罪"进机关、进企业、进乡村、进社区、进学校"活动,省检察院组织宣讲团在省直机关和国有企业开展预防职务犯罪巡回宣讲 18 场,获得良好反响。全省检察机关向机关、企业发出预防建议 186 件,深入行业系统提供预防咨询、开展预防调查 211 件,组织参观警示教育基地 4949 人(次)。坚持惩治和预防职务犯罪年度报告制度,完善行贿犯罪档案查询工作,促进预防成果转化。

四、紧紧围绕建设法治四川,维护司法公正和法治权威

不断强化诉讼监督,全力维护司法公正。加强刑事诉讼监督,监督侦查机关立案 1011 件,纠正不应当立案而立案 364 件;纠正漏捕 716 人、漏诉 860人;提出刑事抗诉 221 件;组织开展清理纠正久押不决案件、罪犯交付执行与留所服刑专项检查活动,书面纠正监管活动违法行为 1491 件(次);省检察院开展减刑、假释、暂予监外执行法律监督,对原任正县(处)级以上职务的职务犯罪罪犯"减假暂"案件和因重大立功减刑案件审查监督 120 件。全面深化诉讼结果、过程及执行程序"三位一体"的民事行政诉讼监督格局,提出抗诉、再审检察建议 597件;办理诉讼过程中的违法情形监督案件 469 件;监督民事执行案件 475 件;对 185 件违法行为启动调查。查办司法人员职务犯罪 67 人。

坚守防止冤假错案底线,着力提升司法公信力。强化人权司法保障意识,依法适用侦查措施和强制措施,严格执行讯问职务犯罪嫌疑人全程同步录音录像制度,规范职务犯罪侦查工作。严格把好

审查逮捕、起诉关,完善证据审查认定制度,依法排除非法证据。加强死刑二审案件审查、出庭工作和对适用简易程序审理案件的监督。在全国检察机关率先制定实施办法加强对死刑执行的临场监督。深化案件管理机制改革。全省三级检察院均设立案件管理机构,依托案件管理大厅接待辩护人、诉讼代理人及当事人案件查询、阅卷、申请会见承办人20625人(次),听取辩护人意见1244人(次)。在全国首批全面运行检察机关统一业务应用系统,三级检察机关全部案件全程网上运行。省检察院与省司法厅在全国率先会签《关于保障和规范律师在刑事诉讼中依法执业的暂行办法》,依法办理妨害辩护人、诉讼代理人参与诉讼的控告申诉案件11件。实行案件质量分析评查通报,评查案件45099件。强化对虚假民事诉讼的监督,查办虚假诉讼案件26件。

深化行政执法与刑事司法衔接工作,合力推进依法行政。认真履行职责,落实完善联席会议、执法协作、信息共享等机制。推进全省三级"两法衔接"工作信息共享平台建设,推动"两法衔接"工作纳入省依法行政和社会治理综治考核。开展重大行政执法案件同步监督,建议行政执法机关移送涉嫌犯罪案件755件903人,公安机关已立案694件837人。

参与创新社会治理,促进提高社会治理法治化水平。完善未成年人法律援助、附条件不起诉、犯罪记录封存等制度,加强对涉罪未成年人的教育、感化和挽救。开展对依法不负刑事责任的精神病人进行强制医疗的监督,提出强制医疗申请60人,纠正强制医疗决定和执行不当8件。强化对监外执行和社区矫正的法律监督,对脱管、漏管等违法问题提出书面纠正2354件,上升77.3%。

五、紧紧围绕提升法律监督能力,切实加强自身建设

扎实开展党的群众路线教育实践活动。省检察院坚持开门纳谏,深入查摆检察机关在"四风"和执法方面存在的问题,逐项进行整改。制定加强纪律作风建设、改进文风会风等相关规定,修改公务接待、车辆管理等制度,组织开展对落实中央、省委和最高人民检察院关于改进工作作风、密切联系群众的各项规定的专项督察。对执法办案中的突出问题开展专项治理,重点纠正冷硬横推、违法扣押款物、违规使用警车等问题。认真开展"实现伟大中国梦、建设美丽繁荣和谐四川"主题教育活动和"转变作风、司法为民"活动,检察干警的大局意识、群众意识、法治意识、监督意识和责任意识不断增强。

突出抓好班子队伍素质能力建设。认真落实巡视、领导干部报告个人事项、任期经济责任检查、述职述廉等制度,强化监督管理。深化"人才强检"工程,制定全省检察人才队伍建设中长期规划,加大人才培养和管理力度。新补充检察人员648名。组织基层检察人员全员轮训,培训7828人(次)。2人被评为全国检察业务专家。2人被分别评为全国检察机关"十佳公诉人"和侦查监督业务标兵。

不断强化内外部监督制约。制定涉案财物管理实施细则,组织检察干警执法规范在线考试,完善干警执法档案。深化廉政风险防控机制建设,不断加大自身反腐倡廉力度。自觉接受人大监督和政协民主监督。省检察院在全国率先向省人大常委会报告案件管理机制改革情况。依法及时办理人大和政协转来的议案、提案、案件以及人大代表、政协委员提出的建议。邀请人大代表、政协委员参加"检察开放日"、工作视察、听庭评议等活动892人(次)。深化人民监督员、特约检察员制度,健全与各民主党派、工商联、无党派人士等社会各界的联系机制。开展深化检务公开改革试点工作,加强门户网站、官方微博、微信等平台建设,建立健全案件办理情况查询、法律文书公开、新闻发布会等12项制度,以公开促公正,切实提高执法公信力。

着力加强基层基础工作。坚持力量、精力、重心向基层倾斜,深入推进基层检察院的执法规范化、队伍专业化、管理科学化和保障现代化建设。11个检察院被评为全国先进基层检察院,26个检察院被评为全省"四化"建设示范院或检察文化建设示范院。深化内地检察院对口帮扶藏区、彝区检察工作。抓好派驻乡(镇)等基层检察室建设,全省已批准设置332个,覆盖1700多个乡镇(街道)。加快推进检察涉密信息系统分级保护、远程视频接访、看守所远程提讯等建设,全省检察信息化水平不断提高。

2014年全省检察工作的总体思路是:认真贯彻党的十八大、十八届二中、三中全会,中央、省委政法工作会议和全国检察长会议精神,以中国特色社会主义理论体系为指导,紧紧围绕全省工作大局,围绕人民群众对公共安全、反腐倡廉、司法公正、权益保障的新期待,坚持有法必依、执法必严、违法必究,积极稳妥推进检察改革,充分履行检察职能,为我省全面深化改革,与全国同步全面建成小康社会提供有力的司法保障。第一,保障全面深化改革有新突破。第二,服务四川"两个跨越"有新成效。第三,服务和保障民生有新举措。第四,推进反腐倡廉建设有新作为。第五,强化法律监督和自身监督有新提升。第六,检察队伍和基层基础建设有新风貌。

贵州省人民检察院工作报告(摘要)

——2014年1月18日在贵州省第十二届人民代表大会第二次会议上

贵州省人民检察院检察长　袁本朴

(2014年1月20日贵州省第十二届人民代表大会第二次会议通过)

2013年检察工作回顾

2013年,全省检察机关在省委和最高人民检察院的坚强领导下,认真学习贯彻党的十八大精神和省第十一次党代会、省十二届人大一次会议精神,以"让党满意、让人民满意"为目标,主动融入经济社会发展大局,全面履行检察职责,各项工作取得明显进步,为贵州经济社会发展提供了强有力的司法保障。

一、主动服务全省大局,全力保障经济发展

自觉把检察工作摆到经济社会发展全局中谋划和推进,努力做到与全省改革同步、与全省发展同行。

紧紧围绕优化经济发展环境,积极服务重大项目建设。以保障我省"5个100工程"顺利实施为重点,采取分级挂牌督办的方式,及时跟进"黔中水利枢纽建设""贵阳国际金融中心建设"等重点工程,帮助完善内控机制41项,发现不符合资质单位15个。深化工程建设领域突出问题专项治理,立案侦查项目审批、招标投标、物资采购等环节的职务犯罪279人。省人民检察院成立了派驻贵安新区检察工作联络办公室,各级检察院在11个工业园区成立检察工作室,推动贵安新区和产业园区等重点发展平台建设,服务180余个国家投资重大项目顺利进行。

紧紧围绕保护青山绿水,积极服务"生态文明先行区"建设。加大对破坏国土、资源、生态和环境犯罪的打击力度,批准逮捕重大环境污染、非法采矿、盗伐林木等破坏生态环境的犯罪嫌疑人495人,起诉1167人。查办危害能源资源和生态环境渎职犯罪51人。建立生态环境保护检察工作机构,保障全省经济在青山绿水中快速发展、健康发展、可持续发展。

紧紧围绕"产业带动"战略,积极服务实体经济建设。根据省委、省政府关于"崇商重企"的要求,省人民检察院制定了《关于积极发挥检察职能服务保障企业发展的意见》,全省检察机关多层次与企业召开联席会议、座谈会50余次,与200余家企业建立了经常性联系机制,积极搭建检企联系、检企共建平台。依法打击侵占挪用企业财产、假冒注册商标和专利、侵犯企业商业秘密等各类刑事案件179件259人。在办理涉企案件时,慎重采取拘留、逮捕等强制措施,不轻易查封、扣押、冻结企业资产,维护企业正常生产经营秩序。

二、深入推进平安贵州建设,全力维护社会稳定

立足检察职能,依法打击影响贵州改革、发展、稳定的各类刑事犯罪,努力创造人民群众满意的平安环境。

依法惩治刑事犯罪,确保社会大局稳定。严厉打击危害国家安全犯罪、严重暴力犯罪、黑恶势力犯罪和多发性侵财犯罪，共批准逮捕各类刑事犯罪嫌疑人31142人，提起公诉39952人。加大打击制售假药劣药、有毒有害食品等犯罪的力度，严厉打击报复社会的危害公共安全犯罪，严重影响群众安全感的盗窃、抢劫、抢夺等犯罪，共批准逮捕12131人，起诉13704人，让人民群众吃得放心、住得安心。

贯彻宽严相济刑事政策，体现司法人文关怀。对初犯、偶犯、过失犯和未成年人、老年人犯罪案件，依法不批准逮捕1159人，不起诉246人，减少社会对抗。对涉嫌犯罪的未成年人，坚持教育为主、惩罚为辅的原则，推行亲情会见、案后帮教等制度，有5个基层检察院荣获全省优秀"青少年维权岗"称号。依法为符合条件的涉嫌犯罪的流动人员办理取保候审，积极协调社区、企业提供担保、解决食宿和帮教管护，充分体现司法温暖。

积极化解社会矛盾，努力促进社会和谐。认真开展重大突出矛盾集中化解"百日攻坚战"，扎实做好政法挂帮、同步小康驻村工作，共排查化解矛盾纠纷247件，协助解决项目资金5200余万元。全面推行刑事和解、检调对接工作机制，对犯罪嫌疑人认罪悔罪、积极赔偿的轻微刑事案件促成和解548件。切实加强释法说理和执法办案风险评估预警工作，加强羁押必要性审查，对无羁押必要的425名犯罪嫌疑人、被告人监督变更强制措施。探索矛盾纠纷诉讼外化解，推动涉及多家国有大型企业的系列劳动争议纠纷妥善处理，有效避免了可能引发的集体诉讼和群体性事件，得到省委充分肯定。

三、自觉践行执法为民宗旨，注重保障改善民生

自觉把人民群众的关注点作为检察工作的着力点，积极服务保障和改善民生的重大决策部署，推动利民富民政策落实。

坚决惩治危害民生民利的犯罪，尽力解决群众反映强烈的问题。深入开展查办和预防发生在群众身边、损害群众利益的职务犯罪专项工作，立案侦查发生在征地拆迁、移民安置、社会保障、医疗卫生、食品安全、棚户区改造、小城镇建设等领域职务犯罪案件688件883人。认真落实省人大代表关于检察机关要更加关注民生的意见建议，进一步加大对困难群众、留守儿童、孤寡老人、进城务工人员的司法保护力度，严厉打击招工诈骗、强迫劳动、拒

不支付劳动报酬、拐卖妇女儿童等犯罪，起诉96人。扎实开展查办和预防涉农惠民领域职务犯罪专项工作，共立案侦查204人，保障了农业基础设施建设顺利进行。

完善直接联系群众、服务群众工作机制，尽力为群众排忧解难。建立健全检察官直接联系和服务群众机制，积极开展"走千家农户、访民生民情、送法律服务"活动，接地气、察民情、促民生，为7万多名群众提供法律服务，对生活确有困难的当事人及其近亲属，解决和协助解决救助金530余万元，彰显司法人文关怀。制定并认真落实《贵州省人民检察院司法便民十条措施》，全面推行带案下访、巡访和视频接访制度，最大限度地方便群众，共接受群众来信来访9970件，处理率100%，其中各级检察院检察长接待来访1488件，批办案件1240件。省人民检察院对排查出的20件涉检信访案件，由领导包案依法全部化解。加强检务公开"窗口"建设，在最高人民检察院组织开展的文明接待室评比活动中，我省有7个接待室被授予全国检察机关"文明示范窗口"称号，21个接待室被授予全国检察机关"文明接待室"称号。

四、坚持惩治和预防腐败两手抓，两手都要硬

坚持标本兼治、惩防并举，以惩治更加有力、预防更加有效为目标，依法查办和积极预防职务犯罪，努力促进干部清正、政府清廉、政治清明。

认真落实中央和省委关于"'老虎''苍蝇'一起打"的指示。以前所未有的力度，坚持有案必查、有腐必惩，突出查办有影响、有震动的大案、要案。共立案侦查贪污贿赂、渎职侵权等职务犯罪案件922件1158人，为国家挽回经济损失1.99亿元。其中，大案806件，县处级以上领导干部要案45人。立案侦查了省交通运输厅原厅长程孟仁涉嫌受贿案、黔南州委原常委沙先贵涉嫌受贿案、黔东南州原副州长洪金洲涉嫌受贿案、安顺市原市长王术君涉嫌受贿案等厅级领导干部要案。在全国率先设立重大责任事故检察调查专员，加大对重大责任事故的查处和预防力度，立案侦查各类安全事故背后的职务犯罪35人。最高人民检察院、公安部在我省召开了全国检察机关反渎部门与公安机关纪检监察部门联席会议制度座谈会，将我省经验在全国推广。

加大预防职务犯罪工作力度。认真贯彻省委提出的"教导管防在前、察帮诚劝紧随、惩处罚治在

后"和"惩治腐败是成绩、有效预防腐败更是成绩"的要求，积极开展预防职务犯罪工作，保护、教育和挽救了一批干部。预防工作在全国形成了贵州品牌，最高人民检察院在全国转发推广我省经验和做法。省人民检察院和各市州检察院成立"职务犯罪预防局"，职务犯罪预防机构建设走在全国前列，预防专业化水平进一步提升。深入到工程建设、医疗卫生、交通运输等职务犯罪易发多发领域开展预防调查 2989 次，开展行贿犯罪档案查询 33814 次，同比提升 117%；开展职务犯罪警示宣传教育 11915 次，同比提升 200%；向发案单位及其主管部门发出检察建议 2260 件，同比提升 399%。充分发挥惩治和预防职务犯罪年度综合报告的参谋助手作用，形成报告 98 份。创新"去贪求廉"的廉政文化，各级检察院设计制作警示教育片 59 部、廉政公益海报 300 余份，预防宣传力度进一步加大。省人民检察院制作的廉政公益海报《廉根》被最高人民检察院评为特等奖。紧紧围绕我省大发展、大投资和大建设，组织开展了"预防职务犯罪，保障投资安全""百日助推重大工程项目建设"等专项预防工作，各级检察机关共挂牌督办、全程跟踪服务 276 个重点工程，保障了 4200 多亿元国家项目建设资金的安全。

五、强化法律监督和自身监督，维护社会公平正义

积极应对修改后刑事诉讼法和民事诉讼法对检察机关执法办案提出的新要求，切实强化诉讼活动监督、强化自身监督，努力让人民群众在每一个司法案件中都能感受到公平正义。

强化诉讼监督，顺应人民群众对司法公正的新期待。全面加强刑事诉讼法律监督，共监督立案 705 件，监督撤案 632 件，追捕 961 人，追诉 733 人。提出刑事抗诉 107 件，纠正不当减刑、假释、暂予监外执行 917 次，开展罪犯交付执行与留所服刑专项检查活动，纠正违规留所服刑罪犯 1778 人。立案复查刑事申诉案件 154 件。加强民事行政诉讼法律监督，提出民事抗诉 84 件，提出再审检察建议 109 件。通过督促起诉帮助追缴土地出让金等国有资产，共办理督促起诉、支持起诉案件 1689 件，挽回国有资产损失 11.6 亿元。

强化自身监督，努力提高执法公信力。认真贯彻执行中央、省委、最高人民检察院关于防止和纠正冤假错案的工作意见，制定实施细则。建立案件评查机制，加强对疑难复杂案件的指导，进一步强

化案件质量审核把关，实行办案质量责任终身制。规范侦查办案行为，严格落实讯问职务犯罪嫌疑人全程同步录音录像制度。运用统一业务应用软件，对执法办案过程实行全程管理、动态监督，有效提升执法效率和规范化水平。认真开展"遵守执法办案纪律和规定情况"专项检务督察，落实岗位廉政风险防控制度，更加重视和解决自身执法不公正、不规范、不廉洁的问题，多管齐下强化内部监督，15 名检察人员因违纪违法被查处。

自觉接受人大监督和社会监督。各级检察院高度重视代表联络工作，采取多种形式向代表报告工作情况，走访各级人大代表 3500 余人次，邀请视察工作 1200 余次。对在 2013 年人代会上和走访中，省人大代表提出的建议意见 240 件，全部按期办结；提出的 102 条批评意见，全部落实整改，满意率达到 100%。全面推行特约检察员、人民监督员和专家咨询委员制度，不断深化检务公开，广泛开展"开门评检"和"检察开放日"活动，检察机关执法公信力和社会满意度进一步提高，人民群众对人民检察院满意度为 95.26%，同比上升 0.51 个百分点。

六、加强检察队伍建设和基层基础建设，筑牢检察工作科学发展根基

牢固树立固本强基思想，切实加强基层检察院建设，强化对检察人员的教育、管理和监督，提高队伍素质能力。

以理想信念为魂，切实加强队伍政治建设。立足检察实际，扎实推进党的群众路线教育实践活动，认真贯彻执行我省政法机关执法办案"五严禁"规定，进一步坚定检察干警理想信念，进一步增强宗旨意识，进一步密切检群干群关系，进一步树立为民务实清廉形象，得到了省委、最高人民检察院的充分肯定。最高人民检察院在我省召开了全国检察机关"群众路线与检察工作座谈会"，向全国推广介绍我省的经验。

以素质能力为基，切实加强队伍能力建设。认真制定和落实《加强和改进新形势下全省检察队伍建设的意见》，在全国首创基层检察院执法规范化、队伍专业化、管理科学化、保障现代化与检察文化建设相结合的"4+1"工程，大力实施检察骨干队伍建设工程和检察干警素质能力提升工程，打造"贵州品牌"、唱响"贵州声音"，得到最高人民检察院主要领导充分肯定，并在全国推广。认真开展修改后

刑事诉讼法、民事诉讼法的学习培训，共培训检察人员 11600 余人（次）。积极开展岗位练兵活动，多项业务工作在全国举行的各种素能比赛和业务评比中取得突破，获得历史最好名次，一批业务尖子入选全国办案人才库。

以效能革命为本，切实加强队伍作风建设。贯彻落实省委提出的效能革命，深入开展"转变作风年"活动，切实整治"庸懒慢浮贪"，尤其是解决"慢"方面存在的问题。建立健全督办制度，加大对省委、最高人民检察院重大决策部署贯彻执行情况的监督检查，"当日事当日毕""谁主管谁负责"的理念深入人心，全省检察机关作风明显好转，工作效能明显提高，干事创业激情迸发，创先争优蔚然成风，62 个先进集体和个人获得省级以上表彰。

我们清醒地认识到，我省检察工作还存在一些不足：一是法律监督水平与经济社会发展的新要求和人民群众的新期待还存在一定差距，少数检察人员服务大局、执法为民的能力还不够强；二是检察队伍专业化水平需要进一步提高，有的检察人员办理复杂案件、化解社会矛盾能力不够强；三是执法不规范的问题仍然存在，极个别检察人员违纪违法，损害执法公信力；四是基层基础建设的力度还需加大，基层检察院建设发展不够平衡，一些地方仍然面临案多人少、经费保障不足、管理水平不高等问题。对此，我们将通过坚持不懈的努力，认真加以解决。

2014 年工作安排

在新的一年中，全省检察机关将认真贯彻落实党的十八届三中全会和省委十一届四次全会精神，落实中央、省委政法工作会议的工作部署，按照省委对检察工作提出的要求，"坚持以人为本、执法为民，坚持公平正义、服务群众，坚持严打犯罪、严管队伍，不断强化法律监督、自身监督，不断提升检察工作公信力、亲和力和人民群众满意度，为全省加速发展、推动跨越、同步小康提供有力的司法保障"。

第一，坚持党对检察工作的绝对领导，全力服务贵州经济社会发展。深入学习贯彻习近平总书记关于政法工作的一系列重要讲话精神，更加自觉地把党的绝对领导作为做好检察工作的根本保证，把坚持正确政治方向体现和落实到各项检察工作中，履行好党和人民赋予的职责使命，保障和服务我省经济社会发展。

第二，坚持深化平安贵州建设，全力维护社会大局稳定。认真落实省委关于"稳定是第一责任"的要求，把群众对平安的愿望和要求作为努力方向，探索完善检察机关参与创新社会治理的方式方法，在推进系统治理、依法治理、综合治理、源头治理的各项工作中发挥检察职能作用，依法严厉打击影响群众安全感的严重刑事犯罪和多发性犯罪，运用法治方式定分止争、化解矛盾、促进和谐，不断提高群众安全感和满意度。

第三，坚持加强和改进群众工作，全力保障人民安居乐业。始终把依法保障人民对美好生活的向往作为检察工作的根本目标，坚决惩治民生领域的职务犯罪，认真办理涉及群众教育、医疗、就业、社保等案件，切实维护群众合法权益，不断健全检察官联系群众、服务群众的工作机制，努力做到贴近群众、依靠群众、服务群众，更好地保障和改善民生。

第四，坚持依法查办和积极预防职务犯罪，全力促进廉洁政治。落实中央《建立健全惩治和预防腐败体系 2013—2017 年工作规划》，坚持有腐必惩、有贪必肃，保持惩治腐败的高压态势，突出查办大案要案，努力做到惩治腐败更加坚决，预防腐败更加有效。严肃查办和积极预防职务犯罪，促进反腐倡廉建设。

第五，坚持以深化改革为动力，全力维护社会公平正义。在中央、省委、最高人民检察院统一部署下，积极稳妥地推进检察改革，推动省级以下地方检察院人、财、物统一管理，落实人权司法保障制度，健全防止冤假错案的工作机制。不断加强和规范诉讼监督工作，下大气力监督和纠正人民群众反映强烈的执法司法突出问题，完善检察权运行的自身监督，不断加大检务公开力度，不断提高执法公信力。

第六，坚持抓基层强队伍，全力夯实检察工作发展根基。认真落实中央对政法队伍建设提出的"政治过硬、业务过硬、责任过硬、纪律过硬、作风过硬"的要求，深入开展党的群众路线教育实践活动，突出抓好忠诚教育，全面提升队伍素质能力，加大正风肃纪力度，不断健全执法办案"五严禁"长效机制，以"零容忍"的态度，坚决严肃查处违纪违法检察人员，努力建设一支信念坚定、执法为民、敢于担当、清正廉洁的检察队伍。

2014 年，全省检察机关决心紧密团结在以习近平同志为总书记的党中央周围,在省委和最高人民检察院的坚强领导下,在人大及社会各界的监督支持下,以改革的精神,开拓奋进,扎实工作,不断开

创我省检察工作新局面,为全省科学发展、推动跨越、同步小康作出新的贡献!

云南省人民检察院工作报告(摘要)

——2014年1月22日在云南省第十二届人民代表大会第二次会议上

云南省人民检察院检察长 王田海

(2014年1月24日云南省第十二届人民代表大会第二次会议通过)

2013年全省检察工作情况

过去的一年,全省检察机关在省委和最高人民检察院的正确领导下,在省人大、省政府、省政协及社会各界的监督支持下,深入学习贯彻党的十八大精神,认真落实省委重大部署和省十二届人大一次会议决议,全面履行法律监督职责,各项工作取得了新的成效。

一、服务工作大局,促进经济社会科学发展

充分发挥检察职能,强化服务措施,努力为实现"翻两番、增三倍、促跨越、奔小康"目标提供司法保障。

积极服务桥头堡建设。及时制定服务南博会的实施意见,突出工作重点,逐级落实责任,全力保障首届南博会顺利举办,促进云南对外开放展示平台和交流窗口建设。深入开展边境地区专项整治,批捕妨害边境管理秩序等犯罪嫌疑人196人、起诉199人,派出9个检察室入驻口岸所在地乡镇开展工作;继续加强与周边国家边境地区检察机关的司法合作,共同打击跨国犯罪,依法监督湄公河中国船员遇害案糯康等罪犯的刑罚执行;切实维护涉外企业、外籍人员合法权益,办理涉外民事经济申诉案件121件,促进兴边睦邻。省检察院完成省政府决策咨询课题《桥头堡战略实施中与周边国家刑事司法协助问题研究》,为加强桥头堡建设的司法保障提供了前瞻性决策参考。

依法维护市场经济秩序。坚决打击制假售假、集资诈骗、侵犯知识产权等犯罪,批捕犯罪嫌疑人

1235人、起诉1577人,促进依法经营。积极提供行贿犯罪档案查询服务,339个单位或个人因有行贿犯罪记录,受到相关单位取消投标资格等处置,推动社会诚信体系建设。平等保护各种所有制经济合法权益,更加关注非公企业特别是小微企业的司法需求,办理涉及企业的民事行政监督案件1260件,维护公开公平公正的市场竞争秩序。

着力保障生态文明建设。加强环境资源检察机构建设,完善统一办理案件的工作机制,探索依法保护环境资源的新举措,促进美丽云南建设。坚决打击盗伐林木、非法采矿等犯罪,依法追究1904名被告人的刑事责任。及时介入调查重大环境污染等事故,依法查办事故背后的渎职犯罪嫌疑人47人。加强对破坏环境资源违法行为的法律监督,采取督促起诉、支持起诉等方式办理环境公益诉讼民事案件327件。

二、推进平安建设,维护社会和谐稳定

认真贯彻省委、省政府《关于加强法治建设创建平安云南的意见》,坚持打击犯罪、教育挽救、综合治理相结合,努力建设基础更牢、层次更高、群众更加满意的平安云南。

依法打击刑事犯罪。认真履行批捕、起诉职责,共批捕各类刑事犯罪嫌疑人34699人、起诉46181人。突出打击重点,批捕"两抢一盗"等多发性侵财犯罪嫌疑人13065人、起诉14616人,增强群众安全感;批捕毒品犯罪嫌疑人7853人、起诉7530人,遏制毒品犯罪蔓延;批捕故意杀人、故意伤害、

危害食品药品安全等犯罪嫌疑人 6320 人、起诉 7824 人,保障群众生命健康权。

正确适用宽缓刑事政策。综合运用检调对接、简易程序等工作机制办理轻微刑事案件,决定不批捕 9246 人、不起诉 2080 人,建议审判机关对具有自首、立功等情节的 1851 名被告人从轻、减轻处罚,办理符合法定条件的当事人自愿和解案件 366 件,达成和解协议 312 件,促进社会和谐。

积极挽救涉罪未成年人。全省三级检察院均设立专门机构或指定专人,采取分案起诉、亲情会见、犯罪记录封存等保护性措施办理未成年人犯罪案件,决定不批捕 1213 人、附条件不起诉 315 人;协调关工委、学校等方面共同建立帮教网络,配合有关单位开展社区矫治和教育,帮助涉罪未成年人更好地回归社会。

认真做好综合治理工作。全力投入"扫黄打非"、治爆缉枪等专项整治行动,参加对 287 个治安重点地区的排查整治,针对办案中发现的社会治理漏洞和发案规律,提出完善打防控体系建设的检察建议 206 件,促进堵塞漏洞、预防犯罪。认真研判我省毒品犯罪形势,提出对策建议,推动第三轮禁毒人民战争深入开展。

三、坚持惩防并举,促进反腐倡廉建设

坚决贯彻落实中央、省委关于反腐败斗争的部署,坚持"老虎""苍蝇"一起打,进一步强化查办和预防职务犯罪工作。

办案力度持续加大。依法查办贪污贿赂、渎职侵权犯罪案件 1596 件 1935 人,同比分别上升 6.1% 和 9.6%;挽回经济损失 5.14 亿元,同比上升 67.1%。其中,查办县处级以上干部 84 人(厅级 6 人),同比上升 25.4%;查办发生在群众身边、损害群众利益的扶贫救灾、医药卫生、社会保障等领域职务犯罪案件 1049 件,同比上升 10.1%;查办司法工作人员职务犯罪案件 59 件,同比上升 9.3%,彰显了中央、省委反腐败的坚强决心。

办案工作更加规范。完善初查程序,加强立案审查,准确把握罪与非罪的法律界限,及时为受到不实举报的 89 名干部澄清问题。规范侦查行为,严格执行讯问职务犯罪嫌疑人全程同步录音录像、看审分离等制度,严守传唤、拘传时限,规范指定居所监视居住等强制措施和侦查手段的使用,坚决杜绝刑讯逼供等非法取证行为,保障犯罪嫌疑人合法权益。把好案件质量关,严格执行审查逮捕上提一

级等制度,认真听取辩护律师意见,综合判断和全面审查证据,职务犯罪案件有罪判决率为 100%。

预防工作不断加强。积极履行《云南省预防职务犯罪工作条例》规定的职责,协助党委、政府构建社会化大预防工作格局。选择典型职务犯罪案件开展案例剖析、预防调查等工作,提出预防检察建议 961 件,采纳率为 93.5%。围绕重点领域、重点行业和重点项目开展专项预防,加强职务犯罪风险防控,保障国有资产和公共投资安全。深入开展预防职务犯罪"进机关、进企业、进乡村、进学校、进社区"活动,开展警示教育 14317 次,制作 5 部廉政宣传短片在云南电视台播出,与省纪委、司法厅等单位共同举办"以案说法·反腐倡廉"大型巡回展,收到良好效果。

四、全面强化监督,维护司法公平公正

严格执行修改后刑事诉讼法、民事诉讼法,积极推进检察权运行机制改革,按照省委、省人大领导在省检察院调研时的指示精神,坚持强化法律监督与强化自身监督并重,确保法律统一正确实施。

依法规范诉讼监督。建立羁押必要性审查、民事执行监督等机制,完善刑罚变更执行同步监督、检察长列席同级法院审判委员会等制度,全面开展侦查违法行为调查、非法证据排除等工作,坚决防止和纠正冤假错案,确保诉讼监督工作规范有效开展。共监督侦查机关立案 2156 件,纠正漏捕漏诉 4564 件,纠正减刑、假释、暂予监外执行不当 2349 件,纠正各类诉讼违法行为 4585 件,对认为确有错误的判决裁定提出抗诉 318 件,维护法律尊严。

切实加强内部监督。深入推进办案信息化建设,全面开展案件集中管理,统一实行办案流程监控,对涉案款物处置不当、履行法律监督职责不到位等情形提出监督意见 542 件,对重点案件开展质量评查 8709 件,提高执法规范化水平。强化检察执法各环节之间的监督制约,确保检察权依法规范运行。

主动接受外部监督。各级检察院认真执行人大及其常委会决议和审议意见,共向同级人大常委会专题报告工作 354 次,配合开展专题调研和执法检查 252 次。采取召开座谈会、发送手机短信、开通专线电话等形式,加强与代表委员的联络,及时听取意见。办理代表建议 16 件、政协提案 8 件,按时办结率、面商协商率、代表委员满意率均为 100%。依法保障人民监督员履行职责,122 件案件

进入监督程序，监督意见采纳率为 83.3%。坚持和完善特约检察员、检察开放日、案件公开审查等制度，保障人民群众对检察机关执法活动的知情权、参与权和监督权。

五、践行为民宗旨，提高群众工作的能力

始终把解决群众诉求作为贯彻党的群众路线的有力措施，坚持在工作中倾听群众心声、了解群众疾苦、解决群众困难，不断满足人民群众对检察工作的新期待新要求。

畅通群众诉求表达渠道。完善 12309 举报电话、网上信访、来信、来访"四位一体"机制，进一步规范信访接待工作，受理并全部分流处理控告、申诉和举报 18033 件，同比上升 43.2%。7 个控告申诉举报接待室被评为"全国检察机关文明接待示范窗口"，33 个控告申诉举报接待室被评为"全国检察机关文明接待室"。

切实解决群众合理诉求。围绕诉访分离目标，积极开展涉法涉诉信访改革试点工作，探索完善涉检信访案件审查受理、依法办理、终结退出、源头治理的工作机制。坚持矛盾纠纷定期排查和办案风险评估预警制度，综合运用领导包案、依法复查、公开听证等方式办理涉检信访案件。认真执行《云南省涉诉特困人员救助条例》，依法为刑事被害人申请并发放救助金 538 万元，协调有关单位提供低保医保、就业援助等社会保障救助，帮助解决实际困难。

创新联系群众方式。大力加强云南检察门户网站、检察长电子信箱、微博、微信集群化建设，用亲民的语言、真挚的情感，回应社会关切，解答群众疑惑，传播法治正能量。云检官方微博被 70 余万网友关注，成为广大网友了解检察工作、发表意见建议的重要平台。

六、加强自身建设，夯实检察工作发展根基

始终坚持抓教育、转作风，抓队伍、强素质，抓基层、打基础，切实解决自身存在的突出问题，推动法律监督能力全面提升。

教育实践活动扎实开展。省检察院紧密结合工作实际，深入开展党的群众路线教育实践活动，查摆出 28 个"四风"和自由主义、执法不规范等方面的问题，提出 59 条整改措施并立行立改，办文办会、公车使用、经费管理等工作进一步规范，基层和群众反映的突出问题得到及时整改。全面梳理现有制度，并对 52 项进行"废、改、立"，不断完善检察机关践行为民务实清廉要求的长效机制。

队伍专业化建设持续加强。制定实施意见，指导各级检察院加强和改进队伍建设。在编制分配、人员招录等方面重点向边疆民族贫困地区和案件量大的基层检察院倾斜，继续做好"西部定向生"和少数民族"双语生"的委托培养工作，为基层补充检察人员 380 名，进一步缓解案多人少的矛盾。切实加强教育培训工作，采取网络培训、基层巡讲等方式举办各类业务培训班 48 期、培训 3.2 万余人次，有效提升检察人员执法素质。广泛开展岗位练兵和业务竞赛，与省司法厅共同举办首届公诉人与律师论辩大赛，多渠道锻炼队伍、培养人才，在全国检察机关业务竞赛中，涌现出以十佳公诉人武广轶为代表的 10 名业务尖子。采取与中国政法大学共建"卓越法律人才教育培训基地"等方式，加大选拔培养高层次检察人才力度，目前共有硕士研究生以上学历人员 633 名、全国检察业务专家 10 名。

基层基础建设深入推进。高度重视基层实际困难，积极帮助争取中央和省级专项补助资金，加强对"两房"建设和经费使用的指导，提高检务保障水平。以向省人大常委会专题报告基层检察院建设情况为契机，进一步加大帮扶力度，促进工作水平整体提升，8 个院获评"全国先进基层检察院"，怒江州贡山县检察院独龙族检察官江德华以最高票当选"全国最美检察官"，昆明市西山区检察院杨竹芳被授予第八届"全国人民满意公务员"荣誉称号。

2014 年主要工作任务

新的一年，全省检察机关将全面贯彻党的十八大、十八届三中全会以及习近平总书记系列重要讲话精神，按照中央政法工作会议、省委九届七次全委会、全国检察长会议的部署，以促进社会公平正义、增进人民福祉为出发点和落脚点，以强化法律监督、强化自身监督、强化队伍建设为总要求，以执法办案为中心，深化检察改革，提升工作水平，努力推进平安云南、法治云南建设，为我省经济持续健康发展、社会和谐稳定提供有力的司法保障。重点抓好以下工作：

一、着力维护社会和谐稳定。坚决打击暴力恐怖、扰乱社会秩序等犯罪活动，依法打击危害网络社会安全的犯罪，突出打击毒品犯罪、黑恶势力、涉枪涉爆、拐卖妇女儿童、危害食品药品安全等犯罪，严厉打击影响改革发展大局的犯罪，不断满足人民群众平安需求，营造安定有序的发展环境。

二、着力加强查办和预防职务犯罪工作。坚决查办发生在领导机关和领导干部中的职务犯罪案件,严肃查办损害群众利益的职务犯罪案件,始终保持惩治腐败的高压态势。认真研究法律适用和新类型案件,正确区分改革失误与失职渎职等界限,处理好活力和秩序的关系,营造保护创新、宽容失误的改革氛围。紧密结合执法办案,进一步创新预防工作思路,努力铲除腐败滋生蔓延的土壤。

三、着力加强和规范对诉讼活动的法律监督。积极推动执法司法权运行制约机制建设,加大对涉及民生民利案件的监督力度,依法监督纠正执法司法活动中的突出问题,严肃查处司法工作人员贪赃枉法、徇私舞弊、索贿受贿等职务犯罪,使受到侵害的权利得到保护和救济,使违法犯罪活动受到制裁和惩罚,让人民群众切实感受到公平正义就在身边。

四、着力深化检察改革。坚决贯彻中央部署,在省委和最高人民检察院的领导下,准确把握改革的方向、目标和重点,有序、协调推进检察改革。深化检务公开,认真开展检察管理体制和检察人员管理制度改革调研,做好检察官办案责任制、人民监督员制度改革的准备工作,推动形成符合检察工作规律和职业特点的工作新机制。

五、着力加强检察队伍建设。积极推进党的群众路线教育实践活动在市县两级检察院深入开展,大力推进最高人民检察院组织实施的"铸才、聚才、育才、扶才、优才、引才"六项重点工程,狠抓自身反腐倡廉建设,努力建设一支信念坚定、执法为民、敢于担当、清正廉洁的检察队伍。

六、着力加强基层基础建设。全面贯彻落实省人大常委会审议基层检察院建设情况的意见,推进基层检察院执法规范化、队伍专业化、管理科学化和保障现代化建设。积极构建经费保障、基础设施、科技装备、后勤服务"四位一体"的检务保障格局,更好地适应检察工作发展的新要求。

西藏自治区人民检察院工作报告(摘要)

——2014 年 1 月 12 日在西藏自治区第十届人民代表大会第二次会议上

西藏自治区人民检察院检察长　张培中

(2014 年 1 月 14 日西藏自治区第十届人民代表大会第二次会议通过)

2013 年,全区检察机关认真学习贯彻党的十八大和十八届二中、三中全会精神,学习贯彻习近平总书记系列重要讲话精神和关于西藏工作的重要指示精神,特别是"治国必治边、治边先稳藏"重要战略思想,学习贯彻俞正声主席"依法治藏、长期建藏"指示要求,在区党委和最高人民检察院坚强领导下,按照区十届人大一次会议决议,依法履行宪法和法律赋予的职能,全力维护社会和谐稳定与公平正义,深入开展群众路线教育实践活动,切实加强检察机关自身建设,各项检察工作实现了新的发展。

一、围绕构建和谐西藏,服务大局性工作取得新成效

综合运用检察职能维护稳定成绩较大。认真贯彻落实中央关于西藏反分裂斗争的方针政策,按照区党委创新社会管理的总体部署和陈全国书记对检察工作的重要指示,确保检察环节维稳工作及时跟进到位,深入开展反自焚、反渗透等专项斗争,对十四世达赖集团的各种分裂破坏活动主动治理、主动出击、依法打击,坚决维护国家安全和西藏稳定。积极参加敏感时段和重点部位值班备勤工作,全区检察干警在岗率保持在 98% 以上。积极参与守边护路,先后投入检力 40000 人次,对500 公里铁路沿线、25 个口岸(边境通道)、65 个油气站、100 座寺庙进行管护,三级检察院班子成员深入维稳一线"跑面"督导维稳工作 937 人次。全区检察机关有 2367 人参与和支持城镇网格化和村、居委会"先进双联户"建设,有效促进了社会面和谐稳定。

检察机关驻村工作成效显著。坚决贯彻落实区党委强基础惠民生工作的决策部署,全区检察机关进驻 210 个行政村,对 19950 户 91000 余名群众进行面对面服务。在促进驻村经济发展中,科学规划、合理布局,解决基础设施和公共服务项目 344个,筹集资金 7000 余万元,帮助老百姓办实事 974件。在维护驻村社会稳定中,实现了"四零一降",即所驻村大要案件发案率为零、非法出入境人员为零、群体性事件为零、越级上访为零,普通刑事治安案件和各种矛盾纠纷显著下降。在建强驻村"两委"班子中,对班子建设、议事规则、村务公开等提出建议 580 余条,培养和发展基层入党积极分子、党员 1500 余名。进村入户进行感党恩教育、新旧西藏对比教育和法制宣传教育,受教育群众达 20余万人次。在驻村工作中,全区检察机关涌现出 59个先进集体和 157 个先进个人。

职务犯罪预防工作不断深入。通过办案开展个案预防,根据发案单位存在的问题,及时发出有针对性的检察建议,促使发案单位进一步完善制度、加强管理、堵塞漏洞。以点带面开展行业和系统预防,与发改、财政、建设、卫生、交通等重点部门和行业共同建立健全预防机制,注意总结带有行业特点的职务犯罪发案规律,制定有针对性的防范措施。结合重点工程开展专项预防,对"拉林公路""拉日铁路"等重点工程项目在实施之前和全过程中开展同步预防,努力实现工程优质、干部优秀的预防效果。拓展领域推动构建社会化预防网络,积极把职能预防和社会预防结合起来,形成了各级党委统一领导、有关部门共同参与、检察机关在其中发挥职能作用的社会预防网络。

二、围绕强化法律监督,常规性工作有了新进展

诉讼监督职能全面强化。全年依法批捕各类刑事犯罪嫌疑人 1125 人,提起公诉 1457 人。依法决定不捕不诉 385 人,追捕追诉 41 人。依法加大审判监督力度,依法对法院生效判决提出抗诉,法院改判、发回重审或调解结案率达 66.7%。依法向法院、公安、司法行政等部门发出检察建议 107 件。依法监督减刑、缓刑、假释、监外执行 1133 人,深入监管场所对提审、会见、监管、看守以及收押、释放、执行等环节开展执法检查 2331 人次。

查办职务犯罪工作成绩较大。认真贯彻中央和区党委、最高人民检察院关于反腐倡廉的决策部署,积极发挥检察机关在反腐败斗争中的职能作用。立案侦查各类职务犯罪嫌疑人 39 人,提起公诉 16 人,为国家挽回经济损失 1400 余万元。突出查办职务犯罪大案要案,查办要案人数同比上升了150%。加强初查工作,强化侦、捕、诉协作配合和监督制约机制,严格执行讯问职务犯罪嫌疑人全程同步录音录像、逮捕职务犯罪嫌疑人报上一级检察院审查决定制度,努力做到办案数量、质量、效率、规范和安全的有机统一。

专项监督成效明显。认真落实最高人民检察院专项工作部署,积极开展查办和预防发生在群众身边、损害群众利益职务犯罪专项工作,切实维护了广大农牧民群众切身利益;积极开展治理商业贿赂专项活动,既注重打击索贿、受贿犯罪,又注重查办行贿犯罪,为构建公平竞争、合法经营、廉洁高效的社会主义市场经济秩序作出了积极贡献;积极开展依法清理纠正久押不决案件专项行动和罪犯交付执行与留所服刑人员专项检查活动,进一步规范了监管秩序,依法保障了人权。

三、围绕推进检察改革和规范化建设,创新性工作开创新局面

探索接受监督的新措施。不断扩大检务公开,主动接受社会各界监督。实行刑事申诉、民事行政监督案件公开审查制度,建立健全人大代表、政协委员对检察工作意见建议专项办理机制,邀请人大代表、政协委员视察检察工作。不断深化人民监督员制度改革,强化检察机关办理职务犯罪案件外部监督制约。

探索履行检察职能的新方法。积极配合有关部门开展对重点地区和重点部位的集中整治,深挖各类不稳定因素背后的经济、政治根源,建立检察一体化专案办理与移送机制,为维护稳定发挥了积极的作用。扎实推进案件管理制度改革,统一案件入口和出口,建立了统一受案、全程管理、动态监督、案后评查、综合考评的执法办案管理新机制。

探索队伍管理的新机制。将每人每月所做的工作科学测评为相应分值,作为考核依据。这一机制以量化为基础,引入公开、客观、动态等科学理念,解决了机关管理工作中存在的"定性考核多、定量考核少""干多干少一个样"的问题,有效激发了广大检察人员多干工作、干好工作的热情。

四、围绕强化检察队伍素能建设,基础性工作得到新加强

切实在政治理论学习上下功夫。坚持把深入开展学习党的十八大、十八届二中、三中全会和习近平总书记系列重要讲话精神活动,作为新时期检察工作的奠基和灵魂工程。以区检院党组中心组学习为重点,全体检察人员学习理论经常化、制度化,坚持理论学习与业务工作相结合、坚持专家学者辅导与深入实际调查研究相结合,重点学习领会习近平总书记关于法治建设、西藏工作的系列新思想、新论断、新要求和党的十八届三中全会关于全面深化改革的新理论、新观点、新举措,全区检察人员的进取意识、机遇意识、责任意识进一步增强,对中国特色社会主义的道路自信、理论自信和制度自信进一步增强。

切实在深入开展群众路线教育实践活动上下功夫。结合"为民、务实、清廉"的检察队伍建设,真正把教育实践活动作为改进服务人民的新起点、自我净化的"大扫除"。坚持以整风精神搞活动,聚焦"四风""两问题",抽丝剥茧、环环相扣,学习教育入脑入心,征求意见广泛深入,剖析问题一针见血,相互批评敢于揭短,整改措施触及痛处,建章立制管用务实。在活动开展以来,区检院组织学习讨论30次,征求意见建议768条,开展批评与自我批评858人次,提出整改措施44条。院党组班子成员和处级干部带头对照检查、带头自我批评、带头作出承诺、带头立改立行,使教育活动抓住了重点、抓住了关键、触到了痛处、改到了实处,真正达到了打下预防针、注入强心剂、敲响警示钟的目的,进一步增强了对人民群众的关切之情、敬畏之心、服务之意。

切实在加强基层基础建设上下功夫。实行工作重心下移,抓基层,打基础,着力围绕班子好、队伍好、机制好、业绩好、形象好的目标,坚持上级检察院领导联系基层检察院制度,加大对下帮扶力度。积极争取中央政法专项资金1.6亿元,加强基层基础设施、技术装备和信息化建设,建成了全区检察机关的数据存储中心、大要案指挥中心、统一业务应用系统数据交换中心,积极推行网上办公办案,提高科技强检水平。围绕修改后"两法"的全面实施,大力开展教育培训工作,全年共举办各类培训班100余期,培训各类检察人员5000余人次,有5人被评为全国优秀公诉人、全国侦查监督业务能手,司法考试通过率达36%,同比上升10%。

切实在受援工作上下功夫。针对新时期检察工作特点,坚持以人才智力受援为根本,以检察业务受援为中心,以教育科技受援为动力,以资金项目受援为保障,突出解决人才匮乏的问题,突出解决业务瓶颈的问题,突出解决基础薄弱的问题。先后选派77名业务骨干到援藏省市检察机关跟班学习,邀请46名专家能手赴藏开展个案指导,合作举办研究生学历教育108人,争取援藏资金项目2622万元,为进一步推动西藏检察事业全面发展注入了新的活力。

过去一年,我区检察工作取得了新的成绩。在成绩面前,我们更应清醒地看到不足和存在的问题,主要是:服务大局的视野还不够开阔,方式方法比较单一,工作实效和影响力不够明显;检察职能的发挥还不够充分,查办职务犯罪的数量、质量、效果与人民群众的期望不相适应;法律监督工作发展还不平衡、不协调,对修改后的刑事诉讼法、民事诉讼法的全面实施还存在不小差距。对这些问题,我们将采取相应的措施认真解决。

党的十八届三中全会作出了全面深化改革的决定,区党委八届五次全委会动员全区各族人民为建设富裕和谐幸福法治文明美丽社会主义新西藏而不懈奋斗。全区检察机关不仅要以和谐西藏保障者的姿态,更要以和谐西藏建设者的姿态,投身于西藏发展稳定大局之中。面对新形势和新任务,2014年,全区检察工作的总体要求是:以党的十八大和十八届三中全会精神为指导,认真学习习近平总书记系列重要讲话和关于西藏工作的重要指示精神,特别是"治国必治边、治边先稳藏"重要战略思想和俞正声主席"依法治藏、长期建藏"指示要求,按照中央和区党委、最高人民检察院的统一部署,乘势而上,履职尽责,努力为推进西藏跨越式发展和长治久安提供有力的检察保障。为此,我们将按照"贯穿一条主线、突出两个方面、履行三项职能、强化四项保障"的工作思路狠抓落实。

"贯穿一条主线。"把学习贯彻落实党的十八届三中全会精神和习近平总书记系列重要讲话精神作为检察工作的主线贯穿始终,深刻领会和把握十八届三中全会和区党委八届五次全委会对检察工作的新任务新期望,深刻领会和把握习近平总书记系列重要讲话特别是对坚持严格执法、公正司法、促进社会公平正义、保障人民安居乐业和过硬队伍建设的新要求新指引,切实加强和改进各项检察

工作。

"突出两个方面。"一是突出抓好服务大局、深化检察社会管理工作。二是突出强化法律监督、维护公平正义的检察工作主题。

"履行三项职能。"一是严厉打击十四世达赖集团分裂破坏活动，履行好维护稳定的职能。二是贯彻反腐败斗争的总方针，履行好查办和预防职务犯罪的职能。三是全力维护群众合法权益和社会公平正义，履行好诉讼监督职能。

"强化四个保障。"一是加强检察队伍和基层检察院建设，强化基础保障。二是加快检察体制机制改革步伐，强化体制机制保障。三是加快检察统一业务应用系统建设，强化科技保障。四是加强检察执法作风建设，强化纪律保障。

在新的一年里，我们决心在区党委和最高人民检察院的坚强领导下，更加自觉地接受各级人大、政协和社会各界监督，认真执行本次会议决议，牢记全区各族人民的期望和重托，振奋精神、求真务实，深化改革、锐意进取，进一步推动检察工作科学发展，为建设富裕、和谐、幸福、法治、文明、美丽西藏作出新的更大的贡献。

陕西省人民检察院工作报告（摘要）

——2014 年 1 月 17 日在陕西省第十二届人民代表大会第二次会议上

陕西省人民检察院检察长　胡太平

（2014 年 1 月 19 日陕西省第十二届人民代表大会第二次会议通过）

2013 年，全省检察机关在省委和最高人民检察院的正确领导下，在省人大及其常委会的有力监督下，在省政府、省政协及社会各界的大力支持下，认真贯彻党的十八大、十八届三中全会精神和省十二届人大一次会议决议，顺应人民群众对公共安全、司法公正、权益保障的新期待，紧紧围绕富裕、和谐、美丽陕西建设，忠实履行宪法和法律赋予的职责，不断强化法律监督、强化自身监督、强化队伍建设，各项检察工作取得新进展。

一、坚持服务大局，促进陕西省经济社会持续健康发展

始终围绕全省经济社会发展大局谋划和推进检察工作，充分发挥打击、预防、监督、教育、保护等职能作用，努力为我省稳增长、调结构、惠民生、促和谐提供有力的司法保障。

（一）着力维护社会主义市场经济秩序。加大打击经济犯罪力度，维护诚信、公平、有序市场竞争秩序和人民群众合法权益。共批捕传销、合同诈骗、非法经营等扰乱市场秩序犯罪嫌疑人 1253 人，

起诉 1111 人；批捕非法吸收公众存款、信用卡诈骗、集资诈骗等破坏金融管理秩序犯罪嫌疑人 179 人，起诉 138 人；批捕侵犯知识产权犯罪嫌疑人 131 人，起诉 92 人。继续推进治理商业贿赂工作，共查办商业贿赂犯罪嫌疑人 46 人。

（二）着力保障政府投资安全。围绕城镇化建设重大部署和重点项目建设资金管理使用安全，加强和完善检察环节各项服务措施，加大保障力度。共深入 1034 个重点工程项目，建立健全职务犯罪风险预警机制，开展警示教育，帮助建章立制、堵塞漏洞；提供行贿犯罪档案查询 33084 次。依法查办项目决策、规划审批、土地出让等环节职务犯罪嫌疑人 90 人。

（三）着力促进改善民生政策的落实。高度关注民生诉求并大力加强司法保护，依法查办发生在社会保障、医疗卫生、教育科研、征地拆迁、移民补偿、招生考试等民生领域的贪污贿赂犯罪嫌疑人 193 人；积极配合有关部门开展整治食品药品安全，打击制售假冒伪劣商品犯罪等专项工作，共

批捕制售"毒豆芽"等危害食品药品安全犯罪嫌疑人379人,起诉291人;依法查办重大食品药品安全事件、重大安全生产事故背后的职务犯罪嫌疑人42人。

（四）着力加强对生态环境的司法保护。围绕实现绿色、循环、低碳可持续发展目标,加大对破坏环境资源犯罪的打击力度,共批捕破坏耕地、盗伐滥伐林木等破坏生态环境资源的刑事犯罪嫌疑人116人,起诉265人;查办水利建设、矿产资源开发利用、重大生态修复工程、防灾减灾体系建设、环境监管中的职务犯罪嫌疑人60人。

二、全力维护社会稳定,促进和谐陕西建设

坚持把维护全省社会稳定作为首要任务,深入落实深化和谐陕西建设的各项部署和措施,依法履行批捕起诉职能,共批捕各类刑事犯罪嫌疑人21980人,起诉27723人。

（一）依法严厉打击严重刑事犯罪。突出办案重点,围绕维护国家安全、社会稳定和增强群众安全感,依法批捕危害国家安全犯罪、严重暴力犯罪、黑恶势力犯罪、多发性侵财犯罪和毒品犯罪嫌疑人18108人,起诉22020人;围绕保障公民个人信息安全,依法批捕侵害公民个人信息犯罪以及由此滋生的电信诈骗、网络诈骗、敲诈勒索等犯罪嫌疑人1332人,起诉1120人。坚守防止冤假错案底线,采取提前介入侦查、典型案件挂牌督办、案件评查等措施,严把案件事实关、证据关、程序关和法律适用关,依法排除非法证据,确保案件质量。

（二）坚持把社会矛盾化解贯穿于执法办案全过程。全面贯彻宽严相济刑事政策,坚持区别对待,依法慎捕慎诉,对涉嫌犯罪但无逮捕必要的,依法不批捕1176人;对犯罪情节轻微、社会危害性不大的,依法不起诉1212人。健全完善附条件不起诉、检调对接等工作机制,加强不捕不诉等案件释法说理工作,促进案结事了人和。坚持执法办案风险评估预警,妥善处理重大敏感案件。推进刑事被害人救助工作,共办理救助案件934件,救助金额共计263.45万元。坚持检察长接访日和下访、巡访等制度,依法办理群众来信来访7536件次。深入开展"基层检察院涉检赴省进京零上访"活动,继续实现预期控制目标,全省111个基层检察院中,有106个检察院辖区内无涉检进京访,105个检察院辖区内无涉检赴省访。

（三）积极参与社会治理创新。深入开展"检

官进社区（村）""两下移三贴近""走千访万"等活动,在乡镇、社区设立检察工作站或联络室,促进检力下沉,服务基层群众。结合办案,适时向有关部门提出改进社会治理、防范违法犯罪的检察建议7615件。加强社区矫正法律监督,促进对社区服刑人员的教育转化。加强与军事检察机关的联系,完善协作机制,维护国防利益和军人军属合法权益。

三、依法查办和预防职务犯罪,促进反腐倡廉建设

认真贯彻中央、省委反腐败工作部署,坚持惩治和预防两手抓,努力遏制和减少职务犯罪。共查办各类职务犯罪嫌疑人1421人,同比上升1.9%。其中,贪污贿赂犯罪嫌疑人1090人,渎职侵权犯罪嫌疑人331人。通过办案为国家挽回经济损失1.2亿元。

（一）突出查办案件重点。加强侦查能力建设,发挥侦查一体化机制优势,始终保持惩治腐败的高压态势,坚决查办有影响的大案要案,共查办贪污贿赂大案和渎职侵权重特大案件491件、要案58人,同比分别上升10.1%、1.8%。认真开展查办和预防发生在群众身边、损害群众利益职务犯罪专项行动,共查办职务犯罪嫌疑人879人。深化跨地域侦查协作配合,办理侦查协作案件110件。健全追逃追赃机制,抓获在逃职务犯罪嫌疑人27人。

（二）坚持严格依法规范办案。严格执行《人民检察院刑事诉讼规则》和《检察机关执法工作基本规范》,进一步加强案件线索管理,依法规范侦查办案活动,严格按照法定条件采取侦查手段和强制措施,全面贯彻讯问职务犯罪嫌疑人全程同步录音录像等制度,依法保障涉案人员的合法权益。加强办案安全防范,严格执行办案安全责任、看审分离和办案工作区管理使用等制度,未发生办案安全事故。职务犯罪案件有罪判决率达到100%。

（三）深入开展职务犯罪预防。坚持党委领导下的预防职务犯罪联席会议制度,健全完善社会化预防工作机制。开展预防工作"进机关、进企业、进乡村、进学校、进社区"活动,积极协调把预防职务犯罪纳入各级党校和行政学院的教学计划,建立预防职务犯罪警示教育基地97个,受教育180037人次。会同有关单位联合开展预防教育。结合办案向有关单位提出预防建议885件。不断推进预防职务犯罪工作法制化,坚持惩治和预防职务犯罪年

度报告制度,全省 115 个检察院向同级党委和政府提交了惩防职务犯罪年度报告。

四、强化对诉讼活动的法律监督,维护司法公正

认真贯彻落实修改后的刑事诉讼法、民事诉讼法和省人大常委会《关于加强人民检察院对诉讼活动法律监督工作的决议》,坚决依法监督纠正执法不严、司法不公等问题,努力让人民群众在每一个司法案件中都感受到公平正义。

(一)强化刑事诉讼监督。立案监督,重点监督纠正有案不立、有罪不究等问题,对应当立案而未立案的,依法监督侦查机关立案 916 件;对不应当立案而立案的,依法监督撤案 827 件。侦查监督,重点监督漏捕漏诉等问题,对应当逮捕而未提请逮捕、应当起诉而未移送起诉的,依法追捕 2246 人、追诉 1626 人;对不应当追究刑事责任或证据不足的,依法不批捕 2408 人、不起诉 189 人;依法监督纠正侦查活动中的违法情况 5856 件次。审判监督,重点监督纠正量刑畸轻畸重等问题,依法提出刑事抗诉 72 件,法院改判、撤销原判发回重审的案件占审结案件的 91.5%;依法监督纠正刑事审判活动中的违法情况 567 件次。认真履行检察职责,依法做好死刑二审案件审查和出庭公诉工作。

(二)强化民事和行政诉讼监督。高度关注与群众关联最多、诉求集中的民事行政诉讼,对法院生效民事行政判决、裁定确有错误,以及民事调解书损害国家利益、社会公共利益的,依法提出抗诉 161 件,法院改判、撤销原判发回重审、调解的案件占审结案件的 88.8%;提出再审检察建议 291 件,法院采纳 127 件。依法对民事行政执行活动进行监督,提出检察建议 1123 件,法院采纳 1083 件。对民事审判活动中的违法行为进行监督,提出检察建议 710 件,法院采纳 616 件。

(三)强化刑罚执行和监管活动的监督。规范和加强派驻监管场所检察室建设,推进与看守所的执法信息联网和监控联网,逐步对看守所执法活动实行动态监督,保障被监管人员合法权益。开展清理久押不决案件、罪犯交付执行与留所服刑检查等专项检察活动,依法监督纠正各类违法情况 6541 件次;开展刑罚执行同步监督工作,纠正不当减刑、假释、暂予监外执行 885 人。

同时,严肃查办执法不严、司法不公背后的职务犯罪,共查办涉嫌贪赃枉法、失职渎职等职务犯罪的司法工作人员 80 人。

五、加强自身执法监督,确保检察权依法正确行使

始终把强化自身监督放在与强化法律监督同等重要的位置来抓,进一步加强内外部监督制约机制建设,确保严格规范公正文明执法,不断提高执法公信力。

(一)加强执法规范化建设。适应信息化时代要求和检察工作创新发展的需要,坚持以执法办案信息化促进执法规范化、管理科学化,深入推进案件统一管理工作,顺利完成系统运行、安全保密、运维保障和基础网络"四个平台"建设任务。2013 年 12 月下旬,检察机关统一业务应用系统全面上线运行,实现了全省检察机关全程网上办案,检察工作科技含量和信息化水平进一步提高,执法办案工作更加透明、规范、高效。

(二)完善内部监督制约机制。加强检察委员会对执法办案工作的审查监督,进一步规范检察委员会议事范围和程序。强化上级检察院对下级检察院执法办案活动的监督,严格落实职务犯罪案件审查逮捕决定权上提一级、职务犯罪案件撤案、不起诉报上一级检察院批准制度。加强纪检监察部门对执法办案活动的全程动态监督,进一步完善实施搜查、扣押等侦查措施的操作规程。

(三)自觉接受外部监督。主动接受政协民主监督和社会监督,全面推进特约检察员工作,聘任 56 位民主党派成员和无党派人士为特约检察员,参与对检察工作的讨论、建议和疑难复杂案件研讨。坚持人民监督员制度,由人民监督员对检察机关直接受理侦查案件"七种情形"进行监督,共组织评议案件 74 件,监督意见均依法予以采纳。深入推进检务公开,广泛开展"检察开放日"、举报宣传周等活动,充分利用网络媒体、检察门户网站等信息手段,大力宣传检察机关职能和作用,把执法办案的依据、程序、流程和结果及时公之于众,确保检察权在阳光下运行。

六、扎实开展党的群众路线教育实践活动,深入推进过硬队伍建设和基层基础建设

坚持以党的群众路线教育实践活动为主线,全面加强检察队伍建设,深入推进基层基础工作,进一步夯实检察工作创新发展的根基。

(一)认真开展教育实践活动。省检察院紧紧围绕"为民务实清廉"的活动主题,组织广大检察人员深入学习党的十八大、十八届三中全会精神和习近平总书记系列重要讲话精神，采取多种形式，认真听取各方面意见，省检察院领导班子及全体干部深入查摆"四风"方面存在的问题，认真制定并严格落实整改措施，建立健全改进工作作风、密切联系群众的长效机制。全面加强思想政治建设，深入开展"学党章、学宪法、读经典"活动，大力宣传我省检察队伍中涌现出的先进典型，深入开展向"全国模范检察官""中国最美检察官""全省优秀共产党员"刘宝奇同志学习活动，组织先进事迹巡回报告。通过教育实践活动，广大检察人员进一步坚定了理想信念、增强了群众观念、改进了工作作风、提高了群众工作能力，有力地促进了检察工作发展。

（二）加强领导班子建设。着眼于提高领导检察工作科学发展的能力，进一步加强各级检察院领导班子自身建设。认真贯彻民主集中制，健全领导班子议事规则和决策程序，提高科学、民主决策水平。加强对领导干部的教育、管理和监督，坚持述职述廉、巡视、上级检察院派员参加下级检察院民主生活会等制度，811 名领导干部进行了述职述廉，省检察院对 2 个市检察院进行了巡视，派员参加市检察院班子民主生活会 11 次。加强领导干部素能建设，组织 1315 名领导干部参加上级机关举办的各类素能培训班。

（三）加强执法能力建设。适应修改后刑事诉讼法、民事诉讼法的要求，大规模推进教育培训工作，共举办各类专项业务培训班 288 期，培训检察人员 14944 人次。选调 306 名学员参加国家检察官学院举办的各类培训。适应网上办案需要，集中开展统一业务应用软件全员培训，共举办 125 期培训班，对 6438 名业务人员进行了培训。加大高层次检察人才培养力度，与西北政法大学联合举办的第二期在职法律硕士研究生班 407 名学员即将毕业，开展检察业务专家评选活动，13 名同志被评为全国、全省检察业务专家，11 名同志入选省委政法委法律专家库和"双千计划"。

（四）加强纪律作风建设。认真贯彻执行中央八项规定、省委的实施意见和中央反腐倡廉有关规定，坚持对检察队伍严格教育、严格管理、严格监督。严格执行党风廉政建设责任制，积极推进检察机关惩防腐败体系建设。认真开展"整顿作风、严明纪律、规范执法"专项教育检查，重点纠正执法不规范、不文明等问题。深化检务督察工作，省检察

院组织开展专项督察 6 次，对办案安全防范、警械警车管理使用等方面存在问题认真督查整改。

（五）加强基层基础建设。制定并认真落实基层人民检察院建设规划，采取领导干部包联包抓示范院、重点建设院和基层检察院结对共建等措施，加大对基层检察院建设的帮扶力度，帮助解决办案力量不足、装备滞后等实际问题。选派 27 名业务骨干到基层挂职锻炼，为基层检察院招录检察人员 69 名，配发交通通讯、检验鉴定等各类装备 800 多台（套）。深入开展创先争优活动，有 25 个集体和 75 名干警受到省级以上表彰奖励。

自觉接受人大及其常委会的监督，是不断加强和改进检察工作的重要保证。一年来，全省检察机关进一步强化人大意识，坚持把检察工作置于人大及其常委会的监督之下。省十二届人大一次会议以来，我们认真落实人大及其常委会的决议和要求，对学习贯彻会议精神、落实人大代表建议、批评和意见都作出专门部署。坚持主动向人大常委会报告工作，积极配合人大开展集中视察、专题调研和执法检查。加强与代表、委员的经常性联系，主动邀请代表、委员视察检察工作，参加庭审观摩、案件评析等活动，及时通报检察工作重要情况。2013年，省检察院向代表、委员通报重要情况和重大活动 4 次，征求意见 1900 人次，视察工作 11 次。认真办理人大交办案件和事项，均在规定期限内办结反馈。

一年来全省检察工作取得的发展和进步，离不开各级党委正确领导、人大及其常委会有力监督，政府、政协以及社会各界关心、支持和帮助。在此，我代表全省检察机关表示衷心的感谢！

同时，我们也清醒地认识到，检察工作还存在一些问题和不足：检察职能作用的发挥还不够充分，与人民群众的期待仍有差距；一些基层检察院基础建设仍然比较薄弱；信息化条件下检察人员科技应用能力还有不足；检察干警纪律作风建设仍需进一步加强等。对这些问题，我们将采取更加有力的措施，努力加以解决。

2014 年是贯彻落实党的十八届三中全会精神、全面深化改革的第一年。全省检察机关将深入学习贯彻党的十八大、十八届三中全会和习近平总书记系列重要讲话精神，认真落实省委十二届四次全会、全省政法工作会议和全国检察长会议精神，紧紧围绕科学发展、富民强省主题和稳中有为、提质

增效战略，以维护社会公平正义、增进人民福祉为出发点和落脚点，以深化检察改革为动力，以提升执法能力为核心，进一步强化法律监督、强化自身监督、强化队伍建设，不断提升检察工作水平，努力为加快建设"三个陕西"提供有力司法保障。我们将重点做好以下工作：

一是更加注重围绕中心，全力服务我省改革发展大局。认真贯彻落实习近平总书记系列重要讲话精神，尤其是关于政法工作的重要讲话精神，切实增强政治意识、大局意识和责任意识，更加自觉地把检察工作放到我省全面深化改革的全局中谋划和推进，围绕省委建设"三个陕西"和全面推进各项改革的决策部署，明确工作重心，突出工作重点，完善服务措施，充分发挥职能，努力为我省经济社会持续健康发展营造公正高效的法治环境。

二是更加注重维护和谐稳定，积极参与社会治理创新。围绕和谐陕西、美丽陕西建设，依法履行批捕起诉检察职能，坚决打击危害国家安全犯罪，严厉打击严重危害公共安全、社会治安和人民群众安全感的各类犯罪，依法严惩严重破坏社会主义市场经济秩序犯罪、侵犯知识产权犯罪、破坏生态资源犯罪、危害食品药品安全等犯罪，努力维护国家安全和社会和谐稳定。贯彻落实宽严相济刑事政策，加大对未成年人的司法保护。开展送法进军营活动，依法办理涉军案件，维护国防利益和军人军属合法权益。积极参与社会治理创新，坚持把化解社会矛盾贯穿执法办案始终，依法妥善处理好群众诉求，最大限度增加和谐因素。

三是更加注重促进反腐倡廉建设，加强查办和预防职务犯罪工作。按照中央、省委关于反腐倡廉的决策部署，加大工作力度，既突出查办大案要案，又注重查办群众反映强烈的案件。继续深入推进查办和预防发生在群众身边、损害群众利益的职务犯罪专项工作，不断加强涉农检察工作，积极查办推进城镇化建设过程中的职务犯罪，严肃查办民生领域职务犯罪，依法查办环境评价、污染治理等环节的职务犯罪，坚决查办重大安全生产事故、食品药品安全等事件背后的职务犯罪。进一步深化预防工作，努力从源头上遏制和减少职务犯罪。

四是更加注重维护司法公正，全面加强对诉讼活动的法律监督。要认真贯彻省委、最高人民检察院的部署，积极稳妥地落实好各项检察改革措施，确保检察权依法正确行使。要严格执行修改后的刑事诉讼法、民事诉讼法，始终把人民群众的关注点作为诉讼监督工作的着力点，加大对刑事、民事和行政诉讼活动的监督力度，强化对自身执法活动的监督，严肃查办执法、司法人员徇私舞弊、枉法裁判的案件，切实防止和纠正冤假错案，努力维护司法公正。

五是更加注重强化自身建设，切实提高公正廉洁执法水平。省检察院机关要抓好党的群众路线教育实践活动整改措施的落实，市县两级检察机关要认真开展好教育实践活动，促进检察机关和全体干警作风进一步转变。全面加强思想政治建设、领导班子建设、法律监督能力建设、自身纪律作风和反腐倡廉建设，着力打造信念坚定、执法为民、敢于担当、清正廉洁的检察队伍。适应新形势、新要求，继续推进大规模教育培训，加强检察队伍专业化职业化建设，不断提升法律监督能力。坚持抓基层、打基础，不断深化基层检察院建设，努力解决基层检察人员短缺等问题，推动检察工作创新发展。

我们决心在省委和最高人民检察院的正确领导下，认真贯彻这次会议的决议，更加自觉地接受人大监督，接受民主监督和社会监督，全面履行法律监督职责，锐意进取，扎实工作，努力为加快建设富裕陕西、和谐陕西、美丽陕西作出新的更大的贡献！

甘肃省人民检察院工作报告(摘要)

——2014年1月15日在甘肃省第十二届人民代表大会第二次会议上

甘肃省人民检察院检察长　路志强

(2014年1月17日甘肃省第十二届人民代表大会第二次会议通过)

2013年的检察工作

一、严惩破坏经济发展的犯罪,积极服务全省经济建设

严惩破坏甘肃投资环境的犯罪。严肃查办项目审批、土地征用等过程中的职务犯罪147人,同比增长75%;批捕金融诈骗、职务侵占等侵害企业权益的犯罪嫌疑人1187人,起诉2277人,同比分别增长6.7%和4.9%。为242名受到错告、诬告的领导干部和企业负责人澄清了是非。

严惩破坏市场秩序的犯罪。批捕生产销售"毒蔬菜""假羊肉"、假冒注册商标、合同诈骗等破坏市场经济秩序的犯罪嫌疑人282人,起诉473人。监督行政执法部门向公安机关移送破坏市场秩序的犯罪案件319件375人,同比分别增长81.3%和65.2%。

严惩重点建设领域的职务犯罪。组织开展了集中查办涉农惠民领域贪污贿赂犯罪专项工作,查办征地补偿、生态保护等领域的贪污贿赂犯罪491人。加大惩治商业贿赂和工程建设领域职务犯罪力度,查办产权交易、医疗卫生等领域的职务犯罪139人。组织开展了查办国家助学金管理领域渎职侵权犯罪专项行动,查办侵害中小学生利益的犯罪50人。

二、严惩破坏社会稳定的犯罪,努力促进平安甘肃建设

批捕各类刑事犯罪嫌疑人12676人,起诉19773人,同比分别上升4.2%和8.1%。

严惩各类严重刑事犯罪。突出打击危害国家安全犯罪、黑恶势力犯罪、严重暴力犯罪、毒品犯罪和邪教组织犯罪,批捕犯罪嫌疑人5913人,起诉8039人,同比分别上升6%和3.9%。认真开展甘南藏区反自焚专项斗争,批捕犯罪嫌疑人28人,起诉17人。

深入推进检调对接化解矛盾。对涉嫌犯罪但无逮捕必要的766人依法作出不批捕决定,同比上升89.1%;对犯罪情节轻微、社会危害性较小的181人依法作出不起诉决定,同比上升36.1%;促成轻微刑事案件和解358件;促成民事行政案件和解息诉203件。

积极参与社会治理。针对办案中发现的监管漏洞,向发案单位提出检察建议335件。集中开展平安建设法制宣传活动,印发宣传材料24万余份,提供法律帮助1240余次。

三、严惩侵害群众利益的犯罪,切实维护人民群众合法权益

坚决惩治损害民生的犯罪。批捕"两抢一盗"、拐卖妇女儿童及网络诈骗等犯罪嫌疑人4227人,起诉5522人;严厉打击欺压群众、横行乡里的村霸街霸,批捕犯罪嫌疑人998人,起诉1283人。立案查处发生在群众身边、损害群众利益的职务犯罪305人。建议行政执法部门移送危害民生刑事犯罪线索397件,公安机关已立案388件。

切实加强对特殊群体的司法保护。出台未成年人犯罪记录封存实施办法等制度7项,不批捕未成年人239人,不起诉100人。办理危害劳动保障的犯罪案件30件、拖欠农民工工资案件253件。对395名生活确有困难的刑事被害人发放救助金268万余元。

着力解决人民群众涉检信访问题。受理涉检信访100件,已全部办结。立案复查刑事申诉案件

299 件。排查出的 12 件疑难信访积案目前已基本化解息诉，全省涉检进京访继续处于全国最低水平。

四、严惩职务犯罪,深入开展反腐倡廉建设

严肃查处贪污贿赂大案要案。立案侦查贪污贿赂犯罪 603 件 999 人,同比分别上升 4.3% 和 5.5%,其中,大案 376 件,要案 61 人,同比分别上升 10.3% 和 22%。在省委的坚强领导和地方党委的积极配合下,省检察院带头查办了酒泉市政协原主席杨林受贿 1350 余万元案等大要案。通过办案挽回经济损失 1.44 亿元,同比上升 25.2%。

严肃查处渎职侵权犯罪。立案侦查 186 件 370 人,同比分别上升 56.3% 和 85%,其中,重特大案件 105 件,要案 22 人,同比分别上升 110% 和 214.3%。积极介入重大安全生产事故调查 73 件,查办事故背后的职务犯罪 58 人。

严肃查处执法司法人员犯罪。立案侦查涉嫌滥用职权等犯罪的行政执法人员 123 人;立案侦查涉嫌执法犯法、徇私枉法等犯罪的司法人员 42 人。

五、强化预防工作,努力从源头遏制犯罪

创新制度防腐措施。主动探索推进对国家工作人员的警示提醒、训诫督导、责令纠错等三项制度,对群众和社会有反映的 192 人进行警示提醒;对存在不当履职隐患的 234 人进行训诫督导;对履职有过错的 76 人责令纠错,及时教育挽救了一批干部。主动加强与组织部门及党校的联系协调,建立预防职务犯罪警示教育进党校工作机制。开展预防犯罪警示教育 4723 次,受教育 23 万余人次。

构建专群结合的预防格局。开展预防调查 592 件,其中,323 份调查报告引起各地党委、人大领导重视并批示。提出预防建议 717 件,其中,685 件检察建议被相关单位采纳并整改落实。受理行贿犯罪档案查询 52417 次。

深入开展"两联系、两促进"专项行动。以开展"重大项目建设服务年"活动为契机,组织开展了"联系企业、联系项目,促进发展、促进廉洁"专项行动,为省列总投资 1.2 万亿元的 200 个重大项目提供法律服务,3780 名检察官积极参与联促行动。共设立检察服务室 803 个,开展走访调研 1355 次,帮助整章建制 551 项,调处矛盾纠纷 159 件,依法督促政府有关部门及时为企业办理手续 292 项,力争提醒、引导、帮助企业家创业不闯灯,干事不出事,流汗不流泪,吃苦不吃亏,受到了普遍欢迎。

六、强化法律监督,努力维护司法公正

强化刑事立案和侦查活动监督。重点监督纠正有案不立、有罪不究、违法立案等问题,监督侦查机关立案 639 件,监督撤案 1400 件,同比分别上升 20.1% 和 91.8%;追捕 972 人,追诉 330 人,同比分别上升 11.3% 和 91.9%。

强化审判活动监督。对认为确有错误的刑事、民事、行政判决、裁定提出抗诉 271 件,法院审结 189 件,改判、发回重审 132 件。办理民事执行监督 1122 件,法院采纳 1038 件,采纳率为 92.5%。

强化刑罚执行和监管活动监督。监督纠正提请减刑、假释、暂予监外执行不当 763 人次。会同公安、监狱机关联合清理违法留所服刑罪犯 138 人,监督看守所送交监狱执行罪犯 341 人。

七、强化内部监督,确保检察权公正行使

自觉接受人大监督。省十二届人大一次会议闭幕后,省检察院立即梳理出省人大代表对检察工作 9 个方面的意见和建议,并逐项落实了整改措施。各级检察院向同级人大常委会报告专项工作 98 次。认真办理人大代表转交的案件 69 件。三级检察院 339 名检察官分层级联系所在地的全国和省人大代表,自觉接受监督。

自觉接受民主监督和社会监督。高度重视政协委员对检察工作的意见建议。组织人民监督员监督案件 37 件。省检察院先后 3 次邀请特约检察员和专家学者参与重大决策。通过门户网站、检察微博、新闻发布会等平台,及时向社会公布重大工作部署和重大案件办理情况 392 次。

自觉加强执法办案监督。省检察院制定了搜查工作规定、防范冤假错案工作意见等 24 项规章制度。组织开展了案件质量评查活动,对存在的案件质量隐患等问题及时进行了监督纠正。先后两次派出 11 个工作组赴市县两级检察院,对遵守办案纪律、接待群众来访等情况进行了专项督察。

通过以上措施,执法行为进一步规范,监督力度进一步加大,办案质量和效率进一步提高,最高人民检察院通报的 114 项案件质量考核指标中,甘肃检察机关有 7 项位居全国第一,有 23 项进入全国前 5 名,有 43 项进入全国前 10 名,有 84 项进入全国前 20 名,占考核指标的 73.7%,考核指标上升到了近十年来的最好水平。查办教育领域渎职侵权犯罪专项行动等 6 项工作的做法被最高人民检察院在全国推广。

八、强化自身建设，努力提高履职水平

大力加强思想政治建设。认真开展党的群众路线教育实践活动，通过实地走访、开门纳谏等方式征求意见建议 372 条，梳理查摆出"四风"方面的问题 32 个，并逐个分析了原因，制定了措施，进行了整改；针对执法办案等方面的问题，建立完善了 25 项制度。

大力加强队伍专业化建设。加大业务培训力度，共举办各类培训班 461 期，培训检察人员 10420 余人次。组织开展了挂职锻炼、岗位练兵、业务竞赛、司法考试备考等工作，189 名干警通过国家司法考试。

大力加强作风建设。认真执行中央八项规定和省委"双十条"规定，组织 360 名各级检察院领导干部开展大调研活动，形成调研报告 43 份，专题召开"破解发展难题、推动工作进位"现场办公会，解决制约发展的问题 83 个。组织开展了"提质增效"活动，省检察院年初确定的 82 项争先进位目标任务，全部按时完成，其中超额完成 25 项，占完成数的 30.5%。

大力加强"双联"工作。各级检察院共协调帮扶重点项目 215 个，帮助落实项目资金 9406 万余元，自筹资金 460 万余元，为联系村修建道路 275 公里、便民桥 23 座、捐赠化肥等物资 266 吨、硬化连户道路及庭院 376 家。省检察院还组织联系两当县的省直五部门召开了帮扶推进会和现场观摩会，整体推动了"双联"工作，使联系的 8 个村 2013 年人均纯收入平均增长 30%。

2014 年全省检察工作主要任务

一、更加主动地服务经济社会发展

紧紧围绕全省工作大局谋划检察工作，更加有效地服务"十大行动""3341"工程、"1313"文化工程等中心工作。以对待国有企业同等的态度依法保护支持非公经济的发展。依法打击非法集资、虚假招投标等破坏市场经济秩序的违法犯罪活动。紧扣"1236"扶贫攻坚行动，依法惩治农村基础设施建设、易地扶贫搬迁、新型城镇化建设等领域的犯罪，保障小康建设顺利推进。

二、更加有力地维护社会和谐稳定

紧紧围绕平安甘肃建设，加强和改进批捕、起诉工作，及时有力地惩治危害国家安全、人民群众安全的犯罪活动。深入开展反恐怖、反自焚、网络造谣等专项治理。完善未成年人、残疾人、老年人犯罪检察制度。积极推广"枫桥经验"，完善刑事和解、检调对接机制。

三、更加努力地维护人民群众的合法权益

紧紧围绕法治甘肃建设，依法坚决打击黑恶势力犯罪、严重暴力犯罪、多发性侵财犯罪、"黄赌毒"犯罪、拐卖妇女儿童犯罪。坚守好检察官的职业良知，坚持既严格执法、公正执法，又文明执法、人性执法、柔性执法、阳光执法。严把案件质量关，以"零差错"的姿态严防冤假错案的发生。

四、更加严厉地惩治职务犯罪

紧紧围绕廉洁政治建设，继续坚持有案必查、有腐必惩，"老虎""苍蝇"一起打，严肃查办领导机关和领导干部中的贪污贿赂犯罪案件，发生在群众身边的腐败案件。严肃查处滥用司法权、行政执法权、审批权给国家和人民利益造成重大损失的渎职侵权犯罪案件，严肃查处重大环境污染事件、重大责任事故背后的渎职侵权犯罪案件。

五、更加突出地开展职务犯罪预防工作

紧紧围绕惩防体系建设，在继续深入开展"两联系、两促进"专项行动的同时，在全省检察机关部署开展"保民生、促三农"专项行动和预防职务犯罪进学校、进机关活动。健全行贿犯罪档案查询体系，建立职务犯罪记录和查询制度。加强预防职务犯罪宣传教育，增强干部守法的自觉性。

六、更加有效地维护执法司法公正

紧紧围绕人民群众反映强烈的问题加强法律监督，以"零容忍"的态度坚决清除执法司法队伍中的害群之马。同时要针对有权人、有钱人被判刑后减刑快、假释和暂予监外执行比例高、实际服刑时间短等社会反映强烈的问题，认真进行专项监督检查，坚决维护司法公正。

七、更加扎实地抓好队伍建设

紧紧围绕信念坚定、执法为民、敢于担当、清正廉洁以及政治、业务、责任、纪律、作风"五过硬"的要求抓好队伍建设，更加坚决地接受省委领导，更加自觉地接受人大、政协、社会各方面及舆论的监督，以铁的纪律带出铁的队伍，守护好铁的法律。

八、更加深入地推进"双联"工作

紧紧围绕小康建设，组织、领导全省检察机关进一步夯实责任，完善制度，强化措施，真抓实干，深入推进"双联"工作。切实做到谋发展、解难事、强技能、促增收，努力实现农民早日脱贫致富、干部切实锻炼提高的目标。

青海省人民检察院工作报告(摘要)

——2014年1月22日在青海省第十二届人民代表大会第三次会议上

青海省人民检察院检察长 王晓勇

(2014年1月24日青海省第十二届人民代表大会第三次会议通过)

关于2013年的主要工作

2013年,全省检察机关在省委和最高人民检察院的正确领导下,在人大及其常委会的有力监督、政府的关心支持、政协的民主监督下,认真贯彻党的十八大、十八届三中全会和省委十二届四次、五次全会精神,按照省十二届人大一次会议的决议要求,进一步强化法律监督、强化自身监督、强化队伍建设,全面履行宪法和法律赋予的职责,各项检察工作取得了新的进展。

一、更加主动地服务经济社会发展大局

全省检察机关始终坚持把服务大局作为第一要务,注重运用法治思维和法治方式谋划和推进检察工作,致力于提升服务经济社会发展的能力和水平。

2013年6月,最高人民检察院检察长曹建明在青海视察时,对我省检察机关围绕中心忠诚履职,更好地服务经济社会发展大局提出了新的要求。省委书记骆惠宁就抓好学习贯彻作出重要批示。省检察院专门研究制定贯彻落实意见,细化、实化服务措施,创新服务举措,改进服务方式,增强服务发展的主动性和针对性。及时研究制定《青海省检察机关贯彻落实〈青海省创建民族团结进步先进区近期重点任务分工方案〉的工作方案》,明确推进创建工作的目标任务和要求,落实党政军企共建和定点扶贫措施,扎实推进创建工作。各级检察院倾力抓好省检察院服务经济社会发展系列措施的落实,切实保障全省经济社会健康持续发展。不断加强保障和改善民生工作,深入开展查办和预防发生在群众身边、损害群众利益职务犯罪和危害民生刑事犯罪专项立案监督活动,共立查此类职务犯罪案件48件64人,批捕危害民生刑事案件12件19人,全力维护人民群众的合法利益。依法妥善处理企业特别是非公企业的案件,平等保护各类市场主体的合法权益,批准逮捕侵犯知识产权和制售假冒伪劣商品案件15件23人,积极参与开展防范和打击非法集资宣传日活动,为经济社会发展营造良好的法治环境。

二、更加有力地维护社会和谐稳定

全省检察机关紧紧围绕平安青海、法治青海建设,坚持惩罚犯罪与保障人权并重,努力提高维护社会和谐稳定能力。

依法严惩各类刑事犯罪。认真履行批捕、起诉等职责,与有关部门密切配合,加大打击黑恶势力犯罪、严重暴力犯罪、多发性侵财犯罪、涉枪涉毒等严重刑事犯罪力度,共批准逮捕各类刑事犯罪案件2398件3884人,提起公诉3293件5270人,出席一审、二审法庭3235件,法院已对4279人作出有罪判决,有罪判决率99.9%。严格贯彻宽严相济刑事政策,不批捕678人,不起诉281人。对西宁地区文奎、苟建平为首的两个黑社会性质组织40余名团伙成员依法提起公诉,切实增强人民群众的安全感。

坚决惩治危害国家安全犯罪。认真落实省委、最高人民检察院的部署和要求,深入开展"反自焚"专项斗争和对"全能神"邪教组织的专项整治工作,加强提前介入和引导取证工作,依法快捕快诉。共批捕自焚刑事案件22件33人,提起公诉19件30人,法院一审判决17件27人。批捕"全能神"邪教案件11件27人,提起公诉11件26人。结合案件办理,进行总结剖析,以案例分析提出防范建议,为

党委决策提供参考。

十分注重化解社会矛盾。召开全省检察机关控告申诉检察工作会议，制定出台《关于加强和改进控告申诉检察工作的意见》，稳步推进涉法涉诉信访改革，共排查化解重点涉检信访案件23件，涉检上访案件明显下降。进一步畅通群众诉求表达渠道，健全完善12309统一举报电话、网上信访、来信、来访"四位一体"机制，落实刑事和解、检调对接、视频接访、法律文书说理、执法办案风险评估预警制度，及时研判和化解执法中的不稳定因素。加强刑事被害人救助和刑事案件公开审查工作，共救助刑事被害人58人，支付救助金34.23万元。

三、更加深入地查办和预防职务犯罪

全省检察机关认真贯彻标本兼治、综合治理、惩防并举、注重预防方针，切实加大执法办案和预防工作力度，促进反腐倡廉建设。

严肃查办各类腐败案件。认真贯彻有案必办、有腐必惩、"老虎""苍蝇"一起打的工作要求，突出查办危害民生民利的案件，主动回应人民群众的关切，保持了查办案件的强劲势头。共立案侦查贪污贿赂案件150件192人，同比分别上升8.7%和1.6%。其中，大案96件，要案12人，大要案率同比上升35%。在立查案件中，涉农职务犯罪案件43件59人，工程建设领域职务犯罪案件32件35人，商业贿赂案件10件11人。

着力加强反渎职侵权工作。继续狠抓《青海省人民检察院关于进一步加强和改进新形势下惩治和预防渎职侵权犯罪工作的实施意见》的落实工作，落实同步介入重大事故调查、重大复杂案件专案调查、非法干预查处渎职侵权违法犯罪工作情况沟通和处理三个机制，推动解决渎职侵权犯罪发现难、立案难、查证难、处理难问题。立案侦查渎职侵权犯罪案件21件30人，为国家挽回经济损失1400多万元。

推动侦查工作方式转变。进一步突出办案重点，强化初查工作，实现工作重心前移，严格落实全程同步录音录像制度，加强同金融、电信、税务、公安、房产等单位的沟通协调，建成全省职务犯罪侦查信息快速查询平台，实现侦查方式从传统人力型向综合运用情报信息、科技手段的转变。运用侦查一体化机制突破案件71件92人。

不断深化职务犯罪预防。协助召开青海省预防职务犯罪工作领导小组会议，组织召开由预防职务犯罪工作领导小组成员单位负责人、省直有关单位负责人、各市州纪委书记和检察长共100多人参加的惩治和预防职务犯罪年度通报分析会，明确各成员单位预防职责；5个市州和26个区县成立了由党委统一领导的预防职务犯罪领导机构。向省委呈报了《青海省检察机关2012年度惩治和预防职务犯罪分析报告》，省委书记骆惠宁等领导作了重要批示，省委办公厅以青办通报的形式印发；各市州检察院和33个基层检察院也积极落实这项工作，得到了当地党委、人大的高度重视和充分肯定。认真参与《青海省预防职务犯罪工作条例》的制定，以检察人员"五进"活动为依托，在全省检察机关集中组织开展了《条例》"宣传月"活动，致力于推动建立社会化预防工作大格局。启动了与省交通厅等部门共同预防职务犯罪联动工作，联合下发了《关于在交通基础设施建设中共同开展职务犯罪预防工作的实施意见》。在省纪委举办的县委书记、县长党风廉政建设培训班和重点单位进行了警示教育讲座。在全省中小学标准化学校建设项目、曹家堡临空经济园区整体搬迁集中安置项目等投资额高、社会影响大、涉及国计民生的重大基础设施、重大产业项目、重大惠民工程中突出系统预防，实行挂牌督办。共开展警示教育443场次，提供行贿犯罪档案查询4394次，发出检察建议169件。玉树州检察机关对97个百万元以上的灾后重建项目进行专项预防，确保灾后重建项目资金安全。

四、更加有效地加强对诉讼活动法律监督

继续深入贯彻落实省人大常委会《关于加强人民检察院对诉讼活动的法律监督工作的决定》，努力顺应人民群众对司法公正和权益保障的新期待，促进法治青海建设。

加强刑事诉讼活动监督。注重保障人权，重点监督纠正非法取证、滥用强制措施、侵犯诉讼权利等问题。共受理立案监督案件99件，要求侦查机关说明不立案理由94件，侦查机关主动立案36件、执行立案17件；对不应当立案而立案的，督促撤案19件。对认为确有错误的刑事裁判提出抗诉27件。会同省公安厅出台了《关于刑事诉讼适用"另案处理"若干问题的规定》，积极推进量刑建议工作，依法提出量刑建议2349人，法院采纳率为75.6%，促进了量刑公开公正。

加强刑罚执行和监管活动监督。省检察院在省看守所设立派驻检察室，实现全省监管场所派驻检察工作全覆盖，全面完成与监管场所的监控联网。与食品药品监管部门对重点监管场所食品药品安全进行联合检查，部署开展罪犯交付执行与留所服刑专项检查活动，继续加大清理久押不决案件工作力度，加强对刑罚变更执行的监督，审查减刑4739件、假释41件、暂予监外执行109件，发出书面纠正违法通知24件。针对在监外执行和社区矫正中存在的问题，发出书面检察建议125件，监督纠正不及时换押和超期羁押案件12件16人。

加强民事行政检察工作。向省人大常委会专题报告了全省民事行政检察工作情况，制定了贯彻落实审议意见的工作方案，着力构建和推进民事行政检察多元化监督格局，得到省人大常委会的充分肯定。共审查处理民事行政申请检察监督案件345件，其中，提出抗诉7件，发出再审检察建议7件，督促起诉20件，支持起诉11件，检察和解23件，发出检察建议78件，作出不支持监督申请决定92件。

五、更加积极地推进改革创新工作

继续下大力气深化检察体制机制改革，着力把检察权的行使纳入法治轨道、关进制度"笼子"。

全力推进执法规范化建设。坚持把执法规范化建设作为一项基础性、先导性、全局性工作，部署开展了为期两年的"执法规范化建设年"活动，对2012年以来办理的九类重点案件14个节点行为组织执法评查，逐案件逐事项进行评估，深入查找办案质量、法律监督水平、业务能力素质、规范执法情况、法律文书质量等方面存在的问题，并进行了及时督促整改。

切实推进案件管理机制改革。进一步完善案件集中管理模式，理顺案件受理、办理、管理关系，推进办案期限预警、办案程序监控、办案态势研判、涉案财物监管等工作，加强执法管理、流程监控和质量管理，省检察院及部分市州检察院、基层检察院成立了案件管理机构，为强化自身监督、促进执法规范化建设提供组织保障和机制支撑。省检察院新建案件管理中心投入运行。

稳妥推进修改后"两法"新增监督职能。积极适应修改后"两法"实施的有关要求，注重从外地发现的冤假错案中吸取教训，切实防止"带病"批捕、起诉现象的发生，坚守防止冤假错案的底线。省检察院组织七个调研组，对实施情况进行了专题调研，切实解决"两法"实施中存在困难和问题。认真履行羁押必要性审查、强制医疗执行监督、简易程序出庭、庭前会议、非法证据排除等新增监督职责，保障律师介入、阅卷等辩护权利，规范死刑执行临场监督工作。

注重运用信息技术提高执法监督管理水平。牢固树立向科技要战斗力的观念，加大执法办案的科技管理投入，推进全国检察机关统一业务软件应用工作，建成纵向贯通、横向集成、资源共享的执法办案平台，依托网上办案加强对执法办案活动的全程、统一、实时、动态监管，使执法规范的"软约束"变为网络运行的"硬要求"，检察人员的程序意识、过程控制意识和持续改进工作意识不断增强，2013年通过网络办案5200余件，执法办案规范化水平、工作效率和案件质量得到提升。

六、更加扎实地落实检察队伍建设和基层基础建设措施

坚持不懈地加强对检察队伍的教育、管理和监督，以党建带队建，更加重视抓基层、打基础工作。

深入开展党的群众路线教育实践活动。省检察院把开展教育实践活动作为重要政治任务，围绕"为党尽职、为民奉献、为检尽责"的要求，坚持强化理论武装，在学思践悟中磨砺党性心性，推动广大检察人员在坚持党的群众路线、强化法律监督方面做到知行合一。坚持开门纳谏，通过在机关设立意见箱、检察微博设立专栏、召开座谈会等形式，共征求到系统内外对省检察院工作的意见建议254条。把握关键环节，聚焦"四风"问题，以整风精神开展批评与自我批评，集聚检察工作的"正能量"。突出检察特色，通过组织开展向先进典型学习、检察人员"五进"活动和检务公开效能提升、民生检察等八项行动，在凸显"检察元素"中增强群众认同，推动联系服务群众工作制度化、常态化。切实整改落实。坚持边查边改、即行即改，研究制定切实改进工作作风、密切联系群众的23条措施，着力改进文风、会风、工作作风；制定整改方案，细化整改措施，明晰分工责任，固化教育实践活动成果。全省性检察工作会议、文件、简报数量同比分别下降26%、18.9%和11.4%，领导干部下基层调研同比增加42.3%，会议费用、"三公"经费同比下降27.2%和5%。狠抓建章立制工作，共修改42项、新制定37

项、废止 12 项。

突出推进素能建设。以专业化职业化为方向，持续推进"大学习、大培训、大练兵"活动，坚持以办案一线检察人员为重点，着力加强执法技能培训，通过举办各类业务培训班和竞赛活动，培训人员 1935 人（次），培训的覆盖面达到 100%。强化高层次人才培养，共有 16 名同志分别被确定为全国检察业务专家和全省检察业务专家，组织开展全省公诉、侦监、"双语"诉讼等岗位竞赛活动，发现和培养了一批业务尖子。继续抓好司法考试集中培训工作，37 人通过司法考试，通过率 48.1%。加强检察文化建设，成立青海省检察官文联，增强检察文化软实力。西宁市检察院沙汎同志荣获"全国模范检察官"称号，格尔木市检察院陈永洁同志荣获全国十大"最美检察官"称号。

切实抓好内部监督。坚持把强化自身监督与强化法律监督摆到同等重要的位置，持续开展扣押冻结款物、警车管理使用、同步录音录像、办案安全和质量等工作的交叉督查检查，认真解决自身违法违规办案的突出问题。听取和评议两个市州检察院检察长述职述廉报告，接受最高人民检察院巡视组巡视，组织开展了廉洁从检承诺、廉政风险防控机制建设"回头看"活动，健全领导干部廉政档案和检察人员执法档案。进行正风肃纪专项整治，通过采取岗位警示教育、明察暗访、严格考勤等措施，促进机关作风进一步好转。

注重强化基层检察院建设。以提高执法能力为核心，着力推进基层检察院执法规范化、队伍专业化、管理科学化、保障现代化建设，建立健全重心下移、检力下沉、保障下沉的工作机制。坚持人、财、物向基层倾斜，加快构建经费保障、基础设施、科技装备、后勤服务"四位一体"检务保障格局建设的步伐。强化铁路检察工作，理顺工作关系，稳定铁路检察队伍。对 9 个全省先进基层检察院、3 个基层检察院建设组织获奖单位进行了表彰。15 个检察院被命名为全省精神文明单位。

自觉接受监督，是强化法律监督、维护公平正义的重要保障。全省检察机关始终坚持主动向党委和人大汇报检察工作的重大部署、重要改革、重要事项和重大案件，依靠党的领导和人大的监督支持开展工作，破解法律监督难题，排除执法干扰阻力，克服工作中的困难。主动向省政协常委会通报工作，自觉接受政协民主监督。省十二届人大一次

会议结束后，省检察院及时对学习贯彻会议精神、落实人大代表建议、批评和意见提出工作要求，融入年度工作部署予以谋划和推进。重视与代表、委员的经常性联系，积极配合开展代表视察、专题调研和执法检查工作，对代表、委员提出的建议，均在规定期限内办结回复。

我们清醒地认识到，检察工作仍然存在一些问题和差距。一是检察职能作用发挥还不够充分，服务全省经济社会科学发展的实效性有待进一步增强。二是监督纠正违法的力度和效果与人民群众的期待仍有不小差距，不敢监督、不善监督的问题仍不同程度存在。三是检察队伍的执法理念、能力水平、纪律作风与建设过硬队伍的要求还有差距，高层次的专业人才相对缺乏。四是基层检察院建设发展还不平衡，基层基础工作仍需加强。对这些问题，我们将高度重视，采取有力措施，切实加以解决。

关于 2014 年的主要任务

根据党的十八届三中全会、中央政法工作会议、省委十二届五次全会精神和全国检察长会议的部署，2014 年全省检察机关将着重抓好以下几个方面的工作。

一是着力保障经济社会科学发展。紧紧围绕全省工作大局，认真贯彻落实省委的中心工作部署，牢固树立进取意识、机遇意识、责任意识，找准检察工作的切入点和着力点，突出增强服务新形势下青海发展战略任务的针对性和实效性。充分发挥检察职能作用，依法严惩严重破坏市场经济秩序的犯罪，坚决打击侵犯非公企业特别是小微企业合法权益的犯罪活动，加强平等保护，营造公平竞争的市场环境。注重查办影响产业转型升级、城镇化建设、侵害农牧民利益、严重破坏土地、矿产资源、危害能源资源和生态环境的犯罪。深入化解社会矛盾，促进社会治理，创造良好的社会环境和法治环境。

二是着力强化法律监督。始终把维护稳定作为第一职责，依法打击各类刑事犯罪，全力维护国家安全和社会稳定，有效保护人民群众生命和财产安全，进一步增强人民群众的安全感和满意度。向省人大常委会汇报反贪污贿赂工作，把查办和预防职务犯罪工作摆在更加突出的位置，坚持有案必办、有腐必惩，"老虎""苍蝇"一起打，重点查办发生在领导机关和领导干部中的贪污贿赂大案要案

和发生在群众身边、损害群众利益的腐败案件,始终保持惩治腐败的高压态势。认真贯彻落实《青海省预防职务犯罪工作条例》,深化职务犯罪预防工作,全力推进侦防一体化机制建设,加强预防腐败公共宣传,推动形成社会化预防工作大格局。切实加强诉讼法律监督工作,进一步完善和落实行政执法与刑事司法衔接机制,注重修改后"两法"实施问题的研究及实践,坚决维护国家法制的统一、尊严和权威。

三是着力保障人民群众合法权益。要始终把人民放在心中最高位置,以广大人民根本利益为念,依法保护人民群众合法权益。畅通群众诉求表达渠道,注重司法人文关怀,创新便民利民措施,严格执法、热情服务,持续推进检察人员"五进"活动常态化、制度化。深化检务公开,不断提升执法规范化建设水平,不断提高检察工作的亲和力和公信力,努力让人民群众在每一个司法案件中都能够感受到公平正义。

四是着力深化检察工作体制机制改革。要认真落实中央、省委和最高人民检察院关于深化司法体制改革的部署要求,深入研究论证,切实抓好各项检察工作改革措施的落实。以强化法律监督和自身监督为主线,进一步健全检察机关内部的决策、管理和监督机制,推行检察官办案责任制,广泛

实行人民监督员制度,深入开展"执法规范化建设年"活动,加强对执法办案的流程监控和质量管理,确保检察权始终在阳光下规范运行。继续探索符合检察规律和青海实际的管理模式,加强执法保障和基层基础建设,为推动检察工作全面上水平创造良好条件。

五是着力加强过硬检察队伍建设。抓好省检察院机关开展群众路线教育实践活动成果的巩固提升,有效督导市州和基层检察院深入开展好教育实践活动。全面加强科技强检工作,不断增强信息化应用本领,提升服务科学发展、维护社会稳定、维护公平正义以及做好群众工作、舆论引导和拒腐防变能力。坚持开展"大学习、大培训、大练兵"活动,加强队伍专业化职业化建设,提高法律监督能力。落实最高人民检察院巡视工作意见,毫不放松地抓好自身反腐倡廉建设,严肃查处检察人员违法违纪案件,维护司法廉洁。深入推进基层检察院建设,筑牢执法为民的一线平台。

在新的一年里,全省检察机关要以更加奋发有为的精神状态和求真务实的工作作风,认真执行本次大会决议,脚踏实地,埋头苦干,努力把全省检察工作提高到一个新水平,为深化平安青海、法治青海建设作出应有贡献。

宁夏回族自治区人民检察院工作报告（摘要）

——2014年1月9日在宁夏回族自治区第十一届人民代表大会第三次会议上

宁夏回族自治区人民检察院代理检察长　李定达

（2014年1月11日宁夏回族自治区第十一届人民代表大会第三次会议通过）

2013年检察工作

2013年,自治区检察院在自治区党委和最高人民检察院的正确领导下,在自治区人大、政府、政协及社会各界的监督支持下,认真贯彻党的十八大精神,坚持以邓小平理论、"三个代表"重要思想、科学发展观为指导,紧紧围绕经济社会发展大局,突出

"强化法律监督,维护公平正义"检察工作主题,忠实履行宪法和法律赋予的职责,各项检察工作取得了新进步,为全区经济发展与社会和谐稳定作出了应有的贡献。

一、立足检察职能,服务经济社会发展

认真贯彻中央和自治区党委一系列决策部署,

自觉把检察工作放在经济社会发展大局中谋划和推进。自治区检察院制定了服务"两区"建设的意见,对全区检察机关服务自治区"两大战略"和"两区"建设作出部署。各级检察院充分发挥打击、监督、预防、教育等职能作用,服务经济社会发展。

依法维护市场经济秩序。积极参与整顿和规范市场经济秩序,共批捕合同诈骗、非法经营、假冒注册商标、生产销售伪劣商品等各类破坏市场经济秩序的犯罪嫌疑人 153 人,提起公诉 241 人。依法惩治商业贿赂犯罪,立案查办商业贿赂案件 33 件,维护了公平竞争的市场环境。

积极服务企业改革发展。召开服务国有企业和民营经济座谈会,主动了解企业法律需求,有针对性地开展送法进企业活动,建立服务企业工作机制。依法打击危害企业生产经营的各类犯罪,在办理涉及企业的案件中,注意改进执法方式,慎重采取拘留、逮捕等强制措施,不轻易查封、扣押、冻结企业资产,维护了企业正常生产经营秩序。

切实促进依法行政。自治区党委、政府办公厅转发了自治区检察院会同有关部门制定的《关于进一步推进行政执法与刑事司法衔接工作的实施意见》,将"两法"衔接工作纳入县级以上地方人民政府绩效考核,促进依法行政。办理督促行政机关履行职责案件 353 件,督促土地管理、环保、税务等部门收回国有资产 3.17 亿元,保护了国有资产安全。

二、坚决查办和预防职务犯罪,深入推进反腐败斗争

认真贯彻中央和自治区党委反腐败斗争总体部署,坚持"老虎""苍蝇"一起打,充分运用侦查一体化机制,采取督办、参办和异地交办等方式,坚决查办和预防职务犯罪。

查办职务犯罪工作平稳发展。坚持办案数量、质量、效率、效果、安全有机统一,依法惩治职务犯罪。办案数量稳中有进。全年共立案查处贪污贿赂、渎职侵权等职务犯罪案件 270 件 409 人,立案件数、人数同比有所增加。其中,查处大案 158 件,要案 23 人。依法查处了自治区林业局原党组书记、局长王德林受贿、非法倒卖土地使用权和诬告陷害案,自治区林业局原副局长马林受贿案等一批在全区有影响、有震动的职务犯罪大要案。通过办案共挽回经济损失 1412 万元。专项工作稳步推进。集中开展"查办和预防发生在群众身边、损害群众利益职务犯罪"专项工作,立案查办涉及征地

拆迁、保障性住房、新农村建设、扶贫移民等损害群众利益的职务犯罪案件 194 人。办案质量稳步提高。坚持把质量作为查办案件的生命线,积极转变侦查方式,建立侦查综合信息平台,认真落实职务犯罪案件全程同步录音录像制度,严格执行职务犯罪案件由上一级检察院审查决定逮捕的规定,严把案件事实关、证据关、程序关和法律适用关。职务犯罪案件有罪判决率达到 100%。查办职务犯罪取得良好的法律效果、社会效果和政治效果。

更加注重预防职务犯罪工作。牢固树立"预防职务犯罪出生产力"的理念,深入推进"黄河预防工程"。对阅海湾中央商务区、黄河疏浚工程等 55 个全区重大工程项目招投标、资金使用等关键环节实行同步预防。在生态移民、食品安全、安居工程等领域开展专项预防。全年提供预防咨询 1076 次,开展预防调查 239 次,撰写专题预防报告 76 份。结合办案,提出预防建议 309 件,督促有关单位和部门健全制度,完善管理。提供行贿犯罪档案查询 1.5 万次,7 个单位因有行贿犯罪记录被取消投标资格。建立警示教育基地 23 个,先后有 4 万余人到警示教育基地接受廉政教育。会同民政系统开展违纪违法及职务犯罪预防工作,对社会救灾救助、优抚安置、社会捐赠等民政资金拨付发放情况进行专项检查,确保国家惠民政策落到实处。坚持预防职务犯罪年度综合报告制度,各级检察院结合当地职务犯罪的特点规律,提出预防对策建议,为党委、政府部署反腐败工作提供决策参考。

三、积极履行维稳职责,促进平安宁夏建设

突出打击严重刑事犯罪。共受理提请批捕案件 3549 件 5071 人,依法批准(决定)逮捕 4017 人。受理移送起诉案件 4995 件 7102 人,提起公诉 6649 人。严厉打击黑恶势力犯罪、严重暴力犯罪和多发性侵财犯罪,共批捕故意杀人、故意伤害、爆炸、绑架、抢劫、抢夺、盗窃等犯罪嫌疑人 1922 人,提起公诉 2567 人,保持了对严重刑事犯罪的高压态势。建立完善非法证据排除、羁押必要性审查、死刑案件客观性证据审查等机制,严把案件质量关,有效提高了办案质量。

积极参与社会矛盾化解和社会治理创新。对犯罪情节轻微、社会危害不大的未成年人、老年人、初犯、从犯等犯罪,依法适用轻缓刑事政策。全面开展检调对接、刑事和解、附条件不起诉等工作。全年共依法不批捕 1023 人,不起诉 181 人。在街

道、社区设立 23 个社区矫正检察官办公室,强化社区矫正法律监督。认真落实首办责任制和领导接访制度,受理群众来信来访和网络投诉举报 2438 件,办理刑事申诉案件 63 件。集中清理涉法涉诉信访积案,对可能引发群体性事件、赴京非正常上访、重复信访等案件进行重点化解,做好息诉罢访工作。通过宁夏检察微博发现并成功处置 37 起涉检网络舆情。加强刑事被害人困难救助工作,向 89 名刑事案件困难被害人发放救助金 60.5 万元,彰显司法人文关怀。

四、切实强化法律监督,维护社会公平正义

着力加强刑事诉讼监督。共监督公安机关立案 67 件,撤销不当立案 176 件,纠正漏捕 95 人,追诉漏犯 34 人,追诉遗漏犯罪事实和罪名 77 件 163 人。深入推进量刑建议工作,法院对量刑建议采纳率为 86.2%。对刑事判决提出抗诉 29 件,法院审理改判 26 件。加强监狱等劳动改造场所的刑罚执行监督,完善刑罚变更执行同步监督、羁押期限预警提示、在押人员约见检察官等制度。依法监督纠正减刑、假释、暂予监外执行不当 65 人,脱管漏管 28 人。

切实加强民事行政检察监督。认真执行修改后的民事诉讼法,积极构建以民事抗诉为中心的多元化监督格局,促进公正司法。共提出抗诉 45 件,法院审结并作出裁判 66 件(含旧存案件)。提出《再审检察建议》29 件,法院再审 25 件,改变原判决 20 件。办理民事行政执行监督案件 403 件,提出《检察建议》385 件,法院已采纳 291 件。对正确裁判,依法引导当事人服判息诉 63 件,维护了法律权威。

积极推进行政执法监督。在银川市道路运输管理系统集中开展行政执法案件专项检查,检查行政处罚案件 5264 件,针对发现的执法不规范问题发出检察建议。加强行政执法与刑事司法衔接工作。在全国检察系统率先建成县级以上"两法"衔接信息平台。行政执法机关通过信息平台录入案件 3392 件,监督有关行政执法机关移送涉嫌犯罪案件 12 件 12 人,法院已作有罪判决 8 人。"两法"衔接工作得到最高人民检察院充分肯定。

五、进一步强化自身监督,不断提升执法公信力

自觉接受各级人大监督和政协民主监督。全区检察机关向各级人大常委会专题报告工作 49 次,接受视察评议和满意度测评。各级检察院普遍建立与人大代表、政协委员常态化联络机制,走访全国及区、市、县人大代表、政协委员 1162 人次,邀请人大代表、政协委员视察工作 92 次,出庭评议公诉案件 47 件,办理回复人大常委会对检察工作的决议事项和交办案件 40 件。自治区检察院党组成员分别到五市召开座谈会,征求自治区人大代表、政协委员对加强和改进检察工作的意见建议。

主动接受社会监督。继续推进人民监督员工作,自治区检察院为全区检察机关统一选任人民监督员 69 名。对检察机关作出的 44 件职务犯罪不起诉案件和撤销案件,均按程序报人民监督员监督,采纳人民监督员意见 42 件。深化检务公开,创新建立检务告知、检务公示等机制,增强执法透明度。

深入开展"规范执法巩固年"活动。以机制建设为重点,不断强化自身监督。全面落实最高人民检察院防止冤假错案的要求,制定《关于进一步提高办案质量严防冤假错案的意见》《关于非法证据排除实施办法》,进一步完善内部监督制约机制,严防冤假错案发生。加强检务督察工作,对自侦部门查办职务犯罪案件实行跟踪监督。开展捕后不起诉案件、撤回起诉案件、撤销案件等五类重点案件评查工作,分析解决执法中存在的问题,提高执法水平。开展自侦案件扣押、冻结款物专项检查清理。组织公诉案件庭审观摩评议活动。在全国检察系统率先试点运行统一业务应用系统,依托案件管理平台,全部案件网上办理,实现了统一受案、全程管理、动态监督、案后评查、综合考评。试点工作经验在全国检察系统交流推广。

六、坚持公正廉洁执法,进一步加强检察队伍建设

切实加强思想作风建设。深入开展党的群众路线教育实践活动,通过与人大代表、政协委员、人民监督员、律师和新闻媒体记者专题座谈,班子成员下基层联系点走访民情,开展"六个一"活动等形式,征求社会各界意见建议 270 条。从执法理念、执法作风、执法方式、执法效果等方面查摆具体问题 16 条,提出整改措施 19 项,落实整改责任,认真解决"四风"方面存在的突出问题。围绕检察权行使、党风廉政建设、干部人事管理、举报投诉信件办理等重点岗位和关键环节,进一步完

善规章制度36项，实现用制度管人管事管案件。全年有48个集体和98人次受到自治区级以上表彰奖励。

全面加强队伍素质建设。以队伍专业化、职业化建设为目标，实施"素质强检"工程。与中国政法大学、中国人民大学、国家检察官学院建立合作关系，积极开展领导素能、专项业务和任职资格培训，全年培训2000余人次。自治区检察院实施"青年检察人才育才工程"，通过岗位练兵、业务竞赛、技能比武等形式，培养实用型、骨干型和复合型人才。9名干警在全国检察系统业务竞赛中取得优异成绩。

扎实推进基层建设。积极争取中央专项及地方配套资金1.2亿元，用于办案经费补助和基层检察院建设。全面完成视频远程讯问系统、看守所全程同步录音录像讯问系统和办案区数字化升级改造。统一招录112名检察人员，充实一线办案力量。自治区检察院和五市检察院设立案件管理机构，基层检察院全部组建了案件管理部门。建成三级联动网络问检平台，宁夏检察微博跻身腾讯网"全国十大检察系统微博"前三名，进入新浪网"全国十大司法机构微博"排行榜。全区14个检察院控告申诉部门被授予"全国文明接待室"，4个检察院被评为"全国文明接待示范窗口"。

面对我区经济社会发展新形势、人民群众新期待、检察工作新任务，我们清醒地认识到工作中的不足：一是检察工作服务经济社会发展的针对性、实效性还不强，服务的途径和方式有待拓展改进；二是一些检察人员的执法为民意识还不强，服务群众的水平和群众工作能力还需提高；三是执法规范化建设仍需加强，检务公开还需深入推进；四是高层次检察人才短缺问题突出，队伍专业化、职业化建设还需不断加强。对此，我们将高度重视，认真加以解决。

2014 年检察工作

2014年全区检察工作的总体思路是：全面贯彻党的十八大和十八届三中全会、自治区党委十一届三次全委会和中央政法工作会议、全国检察长会议精神，坚持以科学发展观为指导，以执法办案为中心，以改革创新为动力，以维护公平正义为目标，全面履行检察职能，为建设开放宁夏、富裕宁夏、和谐宁夏、美丽宁夏提供更加有力的司法保障。

一、紧紧围绕深化改革，着力服务经济社会又好又快发展

认真贯彻中央和自治区关于改革和经济社会发展的一系列决策部署，密切关注我区完善基本经济制度、完善现代市场体系、生态文明建设和城乡一体化发展等重点领域和关键环节的改革，紧紧围绕加快实施沿黄经济区发展和百万贫困人口扶贫攻坚战略、加快内陆开放型经济试验区建设、加快产业转型升级、加快社会事业发展、加快民生改善，切实履行检察职能，依法平等保护不同所有制经济体和投资主体的合法权益，保障市场在资源配置中的决定性作用。积极参与整顿和规范市场经济秩序，依法打击危害安全生产、食品药品安全等犯罪。严肃查办危害能源资源的职务犯罪，加大生态环境保护力度，促进"两型"社会建设。全面推进"两法"衔接工作，加强行政执法监督，促进依法行政。

二、始终坚持惩防并举，着力推进反腐倡廉建设

深入推进惩治和预防腐败体系建设。严肃查办滥用司法权、行政执法权、行政审批权给国家和人民利益造成重大损失的案件。坚决查办重大环境污染事件、重大责任事故背后的职务犯罪。持续开展"查办和预防发生在群众身边、损害群众利益职务犯罪"专项工作。依法查办社会保障、征地拆迁、扶贫移民等领域侵害民生的职务犯罪。深入推进"黄河预防工程"，不断强化公共资金使用、公共资源配置、公共项目实施等领域的预防监督。充分发挥警示教育基地作用，深化预防调查和预防约谈工作机制。认真落实预防职务犯罪年度综合报告制度，推动反腐倡廉法治化建设。

三、充分发挥检察职能，着力促进和谐宁夏建设

坚持宽严相济刑事政策，依法严厉打击危害国家安全犯罪、黑恶势力犯罪、严重暴力犯罪和多发性侵财犯罪。坚决打击各类危害农业、农村发展，侵害农民权益的犯罪，服务保障农村改革和农业现代化建设。深入开展检调对接、刑事和解、刑事被害人困难救助工作。积极应对网络舆情，提高新媒体时代舆论引导能力和社会沟通能力。稳步推进涉法涉诉信访制度改革，建立涉检信访案件依法终结制度。主动顺应人民群众对公共安全、司法公正和权益保障的新需求,充分运用法治思维和法治方式化解社会矛盾,参与社会治理创新,促进社会治安防控体系建设,确保人民安居乐业、社会安定有序。

四、不断强化法律监督,着力维护法治权威

认真贯彻习近平总书记关于"要努力让人民群众在每一个司法案件中都能感受到公平正义"的重要指示,坚持惩罚犯罪和保障人权并重、实体公正和程序公正并重、互相配合和依法制约并重,不断创新监督机制。加强侦查活动监督。重点监督有案不立、有罪不究、以罚代刑、刑讯逼供、滥用强制措施等案件。加强刑事审判监督。重点监督适用简易程序案件、二审书面审理案件和抗诉再审案件。加强刑罚执行活动监督。重点监督减刑、假释、保外就医审批,强化对裁定、决定程序的监督。加强社区矫正法律监督,促进社区矫正规范化建设。加大对民事和行政诉讼活动的监督力度,促进公正司法。加强对行政处罚、行政审批和行政强制措施的法律监督,依法保障行政相对人合法权益。

五、积极推进司法改革,着力促进检察工作科学发展

认真落实中央和最高人民检察院深化司法体制改革部署,积极推动省以下检察院人财物统一管理改革和检察人员分类管理改革,进一步完善检察官选任招录、任免惩戒机制,推动建立健全检察人员职业保障制度。认真落实最高人民检察院《关于切实履行检察职能防止和纠正冤假错案的若干意见》,健全错案防止、纠正、责任追究机制。建立完

善保障律师依法执业机制,充分保障律师会见、阅卷、调查取证等执业权利。全面推行人民监督员制度,规范监督程序和范围,促进检察权依法正确行使。继续深化检务公开,建立完善不立案、不逮捕、不起诉、不予提起抗诉决定书等终结性法律文书公开机制和答疑说理制度。

六、全面加强队伍建设,着力提升公正廉洁执法能力

以深入推进党的群众路线教育实践活动为契机,紧紧围绕为民务实清廉主题,认真做好市、县级检察院教育实践活动指导工作,督促查摆整改在执法理念、执法作风等方面存在的"四风"问题,不断提高队伍执法为民意识和能力。以执法能力建设为根本,抓好高素质人才培养、高层次学历教育和规范化业务培训,不断提高队伍整体素质。以执法规范化建设为抓手,进一步健全风险预警、内外监督、考核评价和责任追究机制,加强自身反腐倡廉建设。坚持文化育检,积极培育检察文化软实力和职业使命感。认真落实《2014—2018年基层人民检察院建设规划》,全面加强基层检察院执法规范化、队伍专业化、管理科学化和保障现代化建设。

在新的一年里,全区检察机关将在自治区党委和最高人民检察院的坚强领导下,在自治区人大及其常委会的监督支持下,认真贯彻本次会议精神,坚定信心,开拓进取,不断开创检察工作科学发展新局面,为实现我区与全国同步进入全面小康社会作出不懈努力!

新疆维吾尔自治区人民检察院工作报告(摘要)

——2014 年 1 月 18 日在新疆维吾尔自治区第十二届人民代表大会第二次会议上

新疆维吾尔自治区人民检察院检察长 尼相·依不拉音

(2014 年 1 月 20 日新疆维吾尔自治区第十二届人民代表大会第二次会议通过)

一、2013 年检察工作的主要情况

2013 年,在自治区党委和最高人民检察院的坚强领导下,在自治区人大及其常委会的有力监督下,全区检察机关全面贯彻落实党的十八大及十八届三中全会、自治区党委八届五次、六次全委(扩大)会议和自治区十二届人大一次会议精神,紧紧围绕我区跨越式发展和长治久安两大历史任务,全面履行法律监督职责,各项检察工作取得新的进展。

(一)坚持立足职能、服务大局,为经济社会发展提供司法保障。自觉把检察工作置于自治区经济社会发展大局中来谋划和推进,适应新形势、新要求,充分发挥打击、预防、监督、教育、保护等职能作用,服务跨越发展和民生建设的主动性进一步增强。全年共批准逮捕破坏市场经济秩序犯罪嫌疑人 426 人,提起公诉 585 人。深入开展查办和预防发生在群众身边、损害群众利益职务犯罪专项工作。查办在征地拆迁、保障性住房和社会保障等九个重点领域贪污贿赂案件 393 件 414 人。开展涉农惠民专项工作和危害民生刑事犯罪专项立案监督活动,挂牌督办 11 起案件,查办案件 11 件 183 人。开展查办骗取家电下乡补贴资金背后渎职犯罪专项行动,立案侦查国家公职人员犯罪案件 75 件 88 人。主动协调有关部门,对昌吉"6·18"、奎屯"10·28"重大交通事故、呼图壁白杨沟煤矿"12·13"重大瓦斯爆炸事故和乌鲁木齐米东区北沙窝区域上千亩国家公益林被污水损毁事件介入同步调查。深化行政执法与刑事司法衔接工作,积极参与网络信息、食品药品安全等领域专项整治,坚决惩治损害群众切身利益的犯罪。与审计和工商等 43 个部门建立行政执法与刑事司法联席会议制度。

(二)严厉打击严重刑事犯罪,全力维护国家安全和社会稳定。加强和改进批捕、起诉等工作,在依法打击犯罪的同时,重视化解社会矛盾,推动完善社会管理。始终把依法严厉打击"三股势力"犯罪活动作为首要政治任务,坚持"一反两讲",依法快捕快诉了喀什、吐鲁番、和田等地系列暴恐犯罪。检察机关第一时间组成专案组,提前介入案件办理,对证据审查、批准逮捕和审查起诉等严格指导把关,取得了较好的法律和社会效果。持续加大对各类严重刑事犯罪的打击力度。全年检察机关共批准逮捕刑事犯罪嫌疑人 13876 人,提起公诉 21853 人。坚持宽严相济刑事政策,对涉嫌犯罪但无逮捕必要的,依法决定不批捕 2575 人,对犯罪情节轻微、依照刑法不需要判处刑罚或者免除刑罚的,决定不起诉 1500 人,同比分别上升 23.3% 和 17.1%。注重结合办案化解社会矛盾,促进社会和谐。加大推进刑事和解、社区矫正试点、检调对接和释法说理等项工作,下大力气解决了一批涉检信访积案,促进案结事了人和。积极参与重点地区、重点领域的社会治安综合治理,针对执法办案中发现的苗头性、倾向性问题,及时向有关部门提出检察建议。

(三)加大查办和预防职务犯罪力度,促进反腐倡廉建设。坚持把严肃查办、积极预防职务犯罪摆在突出位置,充分发挥检察机关在反腐倡廉建设中的职能作用。全年立案查办贪污贿赂犯罪案件 547 件 580 人,同比上升 18.1 和 11.3%,其中大案 262 件,县处级以上国家工作人员 29 人,厅局级 5 人。

加大查办行贿犯罪力度,立案查办行贿犯罪嫌疑人95人,同比增加8%。大力加强渎职侵权检察工作,查办渎职侵权犯罪案件121件132人,同比上升22%和16.8%,其中重特大案件34件36人,同比增加100%。依法查办了和田行署原副专员艾山江·孜依提,新疆煤田灭火工程局原局长齐德香、副局长蔡建勇、任新敏等一批贪污受贿犯罪案件。通过办案为国家挽回经济损失8434万元。

结合查办案件开展职务犯罪预防,选取乌鲁木齐市"田"字形快速通道二期工程等30个重点项目开展挂牌预防。加强预防对策研究,建立惩治和预防职务犯罪年度报告制度,向有关部门反馈执法办案中发现的社会管理风险漏洞和制度缺陷检察建议236件。开通全国检察机关网络举报线索分流系统,109个检察院公布和开通了12309"双语"举报电话。完善行贿犯罪档案查询系统,提供行贿犯罪档案查询服务7865次。

(四)强化对诉讼活动的法律监督,依法纠正执法司法中的突出问题。坚持惩治犯罪与保障人权并重,紧紧抓住人民群众反映强烈的执法不严、司法不公和打击不力等问题,重点加强对有案不立、有罪不究、刑讯逼供、枉法裁判、量刑畸轻畸重和超期羁押、违法减刑、假释等突出问题的监督。全年监督纠正侦查机关应当立案而不立案案件145件,不应当立案而立案案件100件。对应当逮捕、起诉而未提请逮捕、起诉的,决定追加逮捕155人、追加起诉180人,同比分别上升67%和24%。落实审查逮捕阶段讯问犯罪嫌疑人、认真听取律师意见制度,对侦查中的违法情况提出纠正意见636件次。加强审判监督,落实检察长列席审判委员会等制度,对认为确有错误的刑事裁判提出抗诉72件,对刑事审判中违法情况提出纠正意见96次。加强民事行政检察工作,对认为确有错误的民事行政裁判提出抗诉165件,清理民事行政申诉积案195件,办理民事执行监督案件121件。加强刑罚执行监督力度。开展羁押必要性审查和临场监督工作,清理久押不决案件149人、变更强制措施109人,纠正超期羁押114人,对刑罚执行和监管活动中的违法情况提出纠正意见324件次。

(五)以正风肃纪为重点,扎实开展党的群众路线教育实践活动。按照自治区党委和最高人民检察院的统一部署,以为民务实清廉为主题,围绕保持党的先进性和纯洁性,在坚决反对"四风"的同时,坚持把突出政治坚强作为正风肃纪的核心,切实加强组织领导,完善和细化"学习教育、听取意见""查摆问题、开展批评"和"整改落实、建章立制"等环节工作安排。召开社会各界座谈会、深入基层检察院联系点,广泛听取意见,主动查找工作中的薄弱环节,制定了自治区检察院《关于改进作风、提高执法能力、主动接受监督的公开承诺》,着力在立行立改、健全和完善党的群众路线的长效机制等方面切实抓好整改落实。精心组织开展领导班子民主生活会,认真查摆和解决存在的问题,大力开展批评与自我批评,切实加强班子建设,改进工作作风,提高群众工作本领。

(六)加强自身监督制约机制建设,确保检察权依法正确行使。牢固树立监督者更要接受监督的意识,进一步完善内部监督制约机制建设,执法规范化水平不断提高。深入推进讯问职务犯罪嫌疑人全程同步录音录像,严格落实非法证据排除规定、职务犯罪案件审查逮捕"上提一级"和职务犯罪案件一审判决上下两级检察院同步审查制度。制定了《关于加强规范执法严防冤假错案的意见》《关于侦查监督部门对重大案件适时介入的规定》和《职务犯罪要案线索管理规定》等制度。进一步规范职务犯罪案件侦查指定管辖、职务犯罪案件不起诉工作,推行执法办案风险预警评估机制。深化案件管理机制改革,加强对执法办案各环节的管理监督,有112个检察院建立了统一受案、全程管理、动态监督、案后评查、综合考评的执法办案管理机构,有效提高了办案质量和效果。深化检务公开,推行阳光检务,制定《深化"检务公开"工作的实施意见》,建立完善检察长接待日、检察开放日制度和"举报宣传周"活动,邀请来自社会各界代表参观办案设施、与检察官面对面交流。推进检察门户网建设,加强检察信息网上发布,及时回应社会关注的问题。全面推行人民监督制度,改进人民监督员选任方式,增强监督效果,有69件案件进入人民监督员监督程序。

(七)以提高执法公信力为核心,加强检察队伍素质能力建设。坚持把建设一支政治坚定、公正廉洁、纪律严明、业务精通、作风过硬的干部队伍放在突出位置,深化检察人员核心价值观教育,不断夯实检察人员严格公正廉洁执法的思想基础。召开全疆检察机关队伍建设工作会议,制定了《关于加强和推进新时期新疆检察机关队伍建设的实施意见》和《关于加强检察机关内部监督工作的实施意见》等规范性文件。突出抓好领导班子建设，强化对领导班子的监督管理。广泛开展基层检察院新任检察长、班子成员和自治区检察院机关处级领导干部政治业务全员培训。坚持德才兼备原则，面向全区检察机关公开选拔处级领导干部。注重挖掘基层先进经验和先进典型，在全区检察机关广泛开展向"全国模范检察官"张飚同志学习活动。全年有5个基层检察院荣获全国先进基层检察院、有24个基层检察院荣获全区先进基层检察院。认真贯彻执行修改后刑事诉讼法和民事诉讼法，广泛开展全员业务培训、案例研讨和实践训练等岗位练兵活动，举办各类专项培训班108期，参训人员7900余人次。严格执行各项禁令和纪律规定，加大对执法行为、检风检纪督察力度，严肃查处违法违纪检察人员4人。

（八）树立强基固本思想，加快基层基础建设和科技强检步伐。坚持把夯实基层基础作为根本任务，下大力气解决基层缺编少员问题。面向社会公开招录检察人员455人、定向招录36人，全部充实基层一线。进一步加大"两房"建设和装备建设力度，全年落实下拨中央和自治区办案业务经费14850万元、装备经费10712万元。落实在建国家和自治区下达的14个基层检察院"两房"建设项目，投资金额6518万元。加快国家检察官学院新疆分院建设，落实建设资金3000万元，已建成投入使用。加大信息化建设力度，以推行检察机关统一业务应用软件为契机，认真开展检察专网基础网络平台建设，完成检察专网分级保护工作。坚持以提高法律监督能力和执法办案水平为重点，统筹抓好检察对口援疆工作。

（九）高度重视代表、委员意见和建议，不断加强和改进检察工作。坚持经常主动向人大常委会报告重要工作。向自治区人大常委会专题汇报了5年来全区检察机关反贪污贿赂工作情况。积极配合常委会开展专题调研和执法检查，与各级人大代表和政协委员召开联系会议和各类座谈会571次，寄发征求意见函1000余份，诚恳听取批评、意见和建议。高度重视本届人大、政协一次会议代表和委员对检察工作提出的意见和批评，召开有关负责人会议，认真分析研究存在问题的原因，提出加快解决的措施。认真办理人大代表《关于在阿克苏地区设立派出检察院的建议》提案，及时答复并报告办

理情况。

兵团检察机关在自治区党委、兵团党委和最高人民检察院的领导下，全面履行法律监督职责，各项检察工作取得了显著成绩。

回顾一年来的工作，我们认识到检察工作中还存在一些问题和不足：一是法律监督职能发挥得还不够充分、有效，与人民群众强化法律监督、维护公平正义的要求还存在差距。二是检察队伍思想政治素质、专业化程度、法律监督能力和群众工作能力需要进一步提高。三是检务公开的层次水平还不高，特别是在发挥人民群众对检察工作的知情权、监督权、参与权、批评权和建议权等方面，工作还不够全面细致。四是检察工作科技含量、信息化应用水平还下高，科技专业人才短缺。

二、2014年检察工作的总体要求

2014年检察工作的主要任务是：认真学习、全面贯彻党的十八届三中全会和中央政法工作会议精神，按照自治区党委八届六次全委（扩大）会议部署和自治区政法工作会议、全国检察长会议要求，把检察工作的着眼点和着力点放在社会稳定和长治久安上，以促进社会公平正义、增进人民福祉为出发点和落脚点，以强化法律监督、强化自身监督、强化队伍建设为总要求，以执法办案为中心，深化检察改革，不断提升检察工作水平，为自治区全面深化改革创造安全稳定的社会环境、公平正义的法治环境和优质高效的服务环境。

一是更加注重服务经济社会发展。自觉地把检察工作摆到自治区工作全局中来谋划和推进，为自治区跨越式发展和长治久安作出检察机关的新贡献。紧紧围绕全面深化改革的重点热点领域，认真研究法律政策适用和新类型案件，正确区分改革失误与失职渎职、改革探索中出现偏差与钻改革空子实施犯罪的界限，处理好活力和秩序的关系，营造保护创新、宽容失误的改革氛围。依法平等保护各种所有制经济合法权益，坚决打击侵犯非公企业特别是小微企业合法权益的犯罪活动，切实增强服务和保障经济社会发展的针对性和实效性。

二是更加注重维护社会和谐稳定。密切关注社会治安和公共安全出观的新情况新问题，始终把依法严厉打击"三股势力"犯罪活动放在各项检察工作之首。对严重刑事犯罪坚持严打方针，突出打击以报复社会为目的的危害公共安全和个人极端暴力犯罪，在检察环节上做到提前介入，依法快捕

快诉，始终保持高压态势，切实防止打击不力。完善贯彻宽严相济刑事政策工作机制，依法积极稳妥化解经济社会发展中的各类矛盾和问题，促进依法行政和社会治理法治化。

三是更加注重促进反腐倡廉建设。认真贯彻中央、自治区党委关于加强新形势下反腐倡廉建设的决策部署，坚持"老虎""苍蝇"一起打，既坚决查办发生在领导机关和领导干部中的贪污贿赂、失职渎职等犯罪案件、重点经济领域和关键环节中的职务犯罪案件，又严肃查办发生在群众身边的腐败案件。加大执法办案力度，深化侦防一体化建设，促进惩治和预防腐败体系建设。对于社会关切、群众反映强烈的突出问题，要进行专项治理，确保取得实际成效，对司法腐败，要有案必查、有腐必惩。

四是更加重视执法规范化建设。严格执行修改后刑事诉讼法、民事诉讼法，积极稳步推进检察改革，认真抓好各项工作机制和改革措施的落实。坚持依法独立公正行使检察权，更加重视与各司法机关的相互监督制约，依法坚决排除非法证据，最大限度防止和纠正冤假错案。认真落实人权司法保障制度，坚持严格公正廉洁执法与理性平和文明规范执法并重，依法保障律师执业权利。始终把强化自身监督放在与强化法律监督同等重要的位置来抓，细化办案责任制、案件管理机制和执法考评机制建设，完善监督管理细则，严肃责任追究，加强对检察权的监督制约。既加强全面监督，防止监督缺位，又切实增强监督实效，确保检察权不被滥用。

五是更加注重加强队伍建设。进一步巩固深化党的群众路线教育实践活动成果，教育引导全体检察人员忠实履行法律监督职责，既要坚持严格执法、公正司法，更要信仰法治、坚守法治。按照政治过硬、业务过硬、责任过硬、纪律过硬、作风过硬的要求，努力建设一支信念坚定、执法为民、敢于担当、清正廉洁的检察队伍。加强领导班子建设，规范和细化决策程序，不断提高科学决策、民主决策、依法决策的能力水平。加强上级检察院对下级检察院的管理监督、考察考核，确保检令畅通、令行禁止。强化专业化建设，以更新执法理念、提高执法水平和群众工作能力为重点，大力开展专项培训、业务竞赛和岗位练兵，着力打造高素质检察队伍。

六是更加注重保障群众合法权益。坚持民生优先，群众第一，把法律监督的着力点放在解决群众关心关注的问题、维护群众合法权益上，依法严惩严重损害群众经济权益、政治权益、人身权益的违法犯罪，特别是要坚决惩治人民群众高度关注的教育、就业、医疗、食品卫生、安全生产和生态环境等领域的犯罪，让人民群众切实感到公平正义在身边。加强涉检信访办理答复工作，最大限度把矛盾化解在初始环节，切实提升人民群众安全感和满意度，努力使每一个司法办案过程都成为服务群众、维护保障群众利益的具体实践，通过实实在在的服务群众体现对宗旨意识和展示良好形象。

七是更加注重基层基础建设。牢固树立强基固本的思想，更加重视做好抓基层、打基础的工作。认真贯彻基层检察院建设规划，注重执法理念、制度机制、素质能力和纪律作风等各项建设全面推进。加强科技强检和执法保障建设，不断提高检察工作科技含量，努力构建经费保障、基础设施、科技装备、后勤服务"四位一体"的检务保障格局。认真贯彻中央和自治区党委关于改进作风的要求，坚持厉行勤俭节约、反对铺张浪费，大力推进节约型机关建设。进一步做好检察援疆工作。

八是更加自觉接受人大监督、民主监督和社会监督。认真落实人大及其常委会的决议和决定，坚持重大事项、重大决策向人大报告制度，健全与人大、政协及民主党派重大决策、重大问题联合调研等制度，不断完善接受人大监督、民主监督和社会监督的制度措施。对代表、委员的意见和建议，深入研究、认真吸纳，切实转化为加强和改进工作的动力，以实际成效回应代表、委员和人民群众的关切。进一步深化检务公开、检察开放日和人民监督员制度，拓展检察工作接受社会各界、新闻媒体和人民群众有序参与和监督的渠道，不断增强检察工作透明度和执法公信力。

在新时期新阶段，检察机关肩负的责任重大、使命光荣。全区检察机关将切实按照本届大会决议要求，以更加奋发有为的精神状态、更加开拓进取的创新意识、更加求真务实的工作作风，坚持变化变革、敢于担当，不断开创我区检察工作新局面，为实现党的十八届三中全会和自治区党委八届六次全委（扩大）会议确定的目标任务作出新的贡献。

第四部分

检察工作概况

全国检察工作

综述 2014 年,全国检察机关认真贯彻党的十八大、十八届三中、四中全会和习近平总书记系列重要讲话精神,紧紧围绕党和国家工作大局,深入推进平安中国、法治中国建设,认真履行法律监督职责,不断深化司法改革,大力加强自身建设,各项工作取得了新的进展。

一、充分发挥检察职能,积极主动为全面深化改革服务

制定实施《关于充分发挥检察职能为全面深化改革服务的意见》,有针对性地调整工作重心,努力为改革发展营造良好法治环境。

(一)着力保障经济平稳健康发展。围绕新农村建设、保障性安居工程、重大水利、中西部铁路、社会事业等政府投资重点领域,严肃查办贪污、挪用、私分政府投资资金的职务犯罪 10529 人。依法维护金融管理秩序,起诉非法吸收公众存款、集资诈骗、内幕交易、保险诈骗等金融犯罪 22015 人,同比上升 12.2% 。推动健全行政执法机关与司法机关信息共享、案情通报、案件移送制度,起诉破坏市场经济秩序犯罪 91025 人,督促行政执法机关向公安机关移送涉嫌犯罪案件 6706 件。深化商业贿赂治理,查办涉嫌商业贿赂的国家工作人员 4056 人,依法办理葛兰素史克(中国)投资有限公司行贿案。

(二)平等保护各种所有制经济。查办国有企业经营、管理、改革中的职务犯罪 6158 人,保障国有资产安全;坚决打击侵犯非公有制企业特别是小微企业合法权益的犯罪。认真分析涉案单位改革发展中遇到的法律问题,正确把握法律政策界限,慎重使用强制措施,慎重查封扣押冻结涉案财物,及时与涉案单位及主管部门沟通,维护正常生产工作秩序。

(三)保障创新驱动发展战略实施。加大知识产权司法保护力度,与有关部门共建打击侵权假冒信息平台,坚决打击侵权行为,起诉侵犯商标权、专利权、著作权和商业秘密等犯罪 9427 人,同比上升 7.1% 。妥善办理科研活动和成果转化中的案件,严格区分罪与非罪界限,支持和保护科技创新。

(四)严惩危害食品药品安全犯罪。最高人民检察院牵头制定办理危害药品安全刑事案件的司法解释,开展危害食品药品安全犯罪专项立案监督。坚持依法从严原则,起诉制售有毒有害食品、假药劣药等犯罪 16428 人,同比上升 55.9% ;在食品药品生产流通和监管执法等领域查办职务犯罪 2286 人。

(五)加强对生态环境的司法保护。开展破坏环境资源犯罪专项立案监督,起诉污染环境、盗伐滥伐林木、非法开垦草原等犯罪 25863 人,同比上升 23.3% 。在生态环境保护领域查办职务犯罪 1229 人。一些地方检察机关在办理毁林等案件时,探索建立"补植复绿"机制,由犯罪嫌疑人或其亲属补种恢复后,依法酌情从宽处理。针对生态环境遭受破坏后无人提起民事诉讼等情况,探索督促或支持有关行政机关、社会团体起诉。

二、以人民群众的平安需求为导向,全力投入平安中国建设

认真履行批捕、起诉等职责,积极运用法治思维和法治方式做好检察环节平安建设各项工作。2013 年,共批准逮捕各类刑事犯罪嫌疑人 879615 人,提起公诉 1391225 人。

(一)依法严惩严重刑事犯罪。积极投入反渗透、反间谍、反分裂斗争,坚决维护国家安全。严厉打击暴力恐怖犯罪,对重大暴恐案件第一时间介入侦查、引导取证。最高人民检察院深入一线、直接指导,会同有关部门制定办理暴力恐怖和宗教极端刑事案件的意见。深入开展打黑除恶专项斗争,依法办理刘汉刘维黑社会性质组织犯罪等重大案件。严惩"全能神"等邪教组织犯罪。坚决打击群众反映强烈的电信诈骗、拐卖儿童妇女、性侵幼女以及侵害残疾人、老年人和农村留守儿童妇女合法权益的犯罪。与有关部门合作,完善劳动保障监察执法与刑事司法衔接制度,加大对拒不支付劳动报酬等犯罪打击力度,维护劳动者特别是农民工合法权益。与有关部门共同开展打击涉医违法犯罪专项行动,严惩"温岭杀医案"等暴力伤医犯罪,维护正

常医疗秩序。

（二）最大限度增进社会和谐。坚持宽严相济刑事政策，该严则严，当宽则宽。对涉嫌犯罪但无社会危险性的，决定不批捕85206人；对犯罪情节轻微、依法不需要判处刑罚的，决定不起诉52218人。对不需要继续羁押的33495名犯罪嫌疑人建议释放或变更强制措施。加强未成年人检察工作，落实专人办理、合适成年人到场、犯罪记录封存等制度，对4021名涉嫌轻微犯罪但有悔罪表现的未成年人，决定附条件不起诉，加强帮教考察，创造改过自新的机会。对17666名真诚悔罪，积极赔偿损失、赔礼道歉，获得被害人谅解的轻微刑事犯罪嫌疑人，决定不起诉。

（三）推进涉法涉诉信访工作机制改革。建立涉法涉诉信访导入、纠错、退出机制，引导当事人在法治轨道上表达诉求、维护权益。最高人民检察院与各省级检察院全面联通远程视频接访系统，积极推进与基层检察院的全面贯通，方便群众就地反映诉求。完善检察环节司法救助制度，为10919名生活确有困难的刑事被害人或其近亲属提供救助。

（四）做好社会治安综合治理工作。积极参与校园周边、医院、城乡接合部等重点地区治安突出问题专项整治。加强社区矫正法律监督，防止社区服刑人员脱管漏管。对1453名实施暴力危害社会、经鉴定依法不负刑事责任的精神病人，向人民法院提出强制医疗申请。依法惩治"伪基站"和利用网络敲诈勒索、诈骗、制造传播谣言、传播淫秽信息等犯罪，维护网络信息安全。

三、依法查办职务犯罪，保持惩治腐败犯罪高压态势

坚决贯彻党中央关于反腐败斗争的重大部署，始终坚持反腐败领导体制和工作机制，充分发挥检察机关在反腐倡廉建设中的职能作用。2013年共立案侦查各类职务犯罪案件41487件55101人，人数同比上升7.4%。

（一）坚持"老虎""苍蝇"一起打。查办贪污、贿赂、挪用公款100万元以上的案件3664件，同比上升42%。查办县处级以上国家工作人员4040人，同比上升40.7%，其中厅局级以上干部589人。以对人民、对法律高度负责的精神，依法办理周永康、徐才厚、蒋洁敏、李东生、李崇禧、金道铭、姚木根等28名省部级以上干部犯罪案件。针对惠民资金和涉农补贴申报审核、管理发放环节"雁过拔毛"

"跑冒滴漏"等问题，深入开展查办发生在群众身边、损害群众利益职务犯罪专项工作，查办社会保障、征地拆迁、扶贫救灾、教育就业、医疗卫生、"三农"等民生领域的职务犯罪9913人，查处了北戴河供水总公司总经理马超群等"小官巨贪"。

（二）加大惩治贿赂犯罪力度。针对一些国家工作人员利用职权索贿受贿的问题，查办受贿犯罪14062人，同比上升13.2%；针对不法分子为谋取不正当利益、行贿腐蚀干部的问题，部署打击行贿犯罪专项行动，查办行贿犯罪7827人，同比上升37.9%。

（三）依法惩治渎职侵权犯罪。积极回应人民群众反映强烈的"为官不为""为官乱为"问题，查办国家机关工作人员渎职侵权犯罪13864人，同比上升6.1%，其中行政执法人员6067人、司法人员1771人。延寿看守所发生在押人员杀警脱逃、讷河监狱发生在押罪犯利用手机进行网络诈骗的恶性案件后，检察机关及时介入，依法对涉嫌玩忽职守、滥用职权犯罪的监管人员立案侦查。同步介入晋济高速特大燃爆事故、昆山特大爆炸事故等重特大安全生产事故调查，查办事故背后渎职犯罪788人。

（四）开展职务犯罪国际追逃追赃专项行动。与有关部门联合发布敦促在逃境外经济犯罪人员投案自首的通告，加强境外司法合作，共抓获境内外在逃职务犯罪嫌疑人749人，其中从美国、加拿大等17个国家和地区抓获、劝返49人。在积极追逃的同时，探索对犯罪嫌疑人逃匿案件启动违法所得没收程序，依法追缴其违法所得及其他涉案财产，决不让腐败分子在经济上捞到好处。

（五）结合办案深化职务犯罪预防。向涉案单位及其主管部门提出防控风险、堵塞漏洞的建议2.1万余件。普遍开展惩治和预防职务犯罪年度报告、专题报告工作，深入分析系统性、行业性、区域性职务犯罪的特点和原因，提出防治对策建议。重视发挥职务犯罪警示教育基地作用，广泛开展警示教育和预防宣传。

四、加强对诉讼活动的法律监督，维护社会公平正义

坚持把维护社会公平正义作为核心价值追求，加强对执法不严、司法不公问题的监督，加强人权司法保障，维护宪法法律尊严和权威。

（一）把严防冤假错案作为必须坚守的底线。

以事实为依据、以法律为准绳,加大审查把关力度,对侦查机关不应当立案而立案的,督促撤案 17673 件;对滥用强制措施、违法取证、刑讯逼供等侦查活动违法情形,提出纠正意见 54949 件次;对不构成犯罪和证据不足的,决定不批捕 116553 人、不起诉 23269 人,其中因排除非法证据不批捕 406 人、不起诉 198 人。顺平县检察院在审查办理王玉雷涉嫌故意杀人案时,针对多处疑点,坚决排除非法证据,作出不批捕决定,提出补充侦查意见,公安机关最终抓获真凶。对从申诉或办案中发现的"徐辉强奸杀人案""黄家光故意杀人案""王本余奸淫幼女、故意杀人案""呼格吉勒图故意杀人、流氓案"等冤错案件,认真复核证据,依法提出纠正意见,监督支持人民法院纠错。对冤错案件首先深刻反省自己,倒查追究批捕、起诉环节把关不严的责任,吸取沉痛教训,健全纠防冤假错案长效机制。

(二)开展减刑假释暂予监外执行专项检察。针对群众反映强烈的一些"有权人""有钱人"犯罪后"以权赎身""提钱出狱"等问题,以职务犯罪、金融犯罪、涉黑犯罪为重点,对正在监管场所服刑的,逐人审查;正在保外就医的,逐人见面、重新体检。监督纠正"减假暂"不当 23827 人,同比上升42.6%;监督有关部门对 2244 名暂予监外执行罪犯依法收监执行,其中原厅级以上干部 121 人;查办违法"减假暂"背后的职务犯罪 252 人。

(三)深入开展久押不决案件专项监督。在中央政法委统一领导和支持下,检察机关牵头,对政法各机关羁押 3 年以上仍未办结的案件持续进行集中清理;最高人民检察院对羁押 8 年以上的案件挂牌督办,逐案提出处理建议。经各机关共同努力,清理出的 4459 人现已纠正 4299 人。坚决贯彻保障人权、疑罪从无原则,对 32 件因存在疑点或证据不足难以定案、导致犯罪嫌疑人被长期羁押的案件分别依法作无罪处理,其中检察机关不起诉 10 人,并共同做好释法说理、司法救助、国家赔偿等工作。

(四)全面履行对诉讼活动的监督职能。强化刑事诉讼监督,督促侦查机关立案 21236 件,追加逮捕 27496 人,追加起诉 32280 人,对认为确有错误的刑事裁判提出抗诉 7146 件。强化民事诉讼监督和行政诉讼监督,对认为确有错误的民事和行政生效裁判、调解书提出抗诉或再审检察建议 9378 件,对民事执行活动中的违法情形提出检察建议

33107 件。

五、深化司法改革,完善检察体制和检察权运行机制

认真贯彻党的十八届三中、四中全会部署,出台关于深化司法改革和检察改革的意见,扎实推进各项改革。

(一)认真落实中央统一部署的司法人员分类管理、司法责任制、司法人员职业保障、省以下地方检察院人财物统一管理 4 项重大改革。上海等 7 个省市检察机关全面启动第一批试点,山东等 11 个省市检察机关积极准备第二批试点。落实"谁办案、谁决定、谁负责",组织 17 个市县检察院开展检察官办案责任制试点,择优选任 460 名主任检察官,赋予相应司法办案决定权,完善司法办案责任制度,主任检察官对所办案件终身负责。

(二)在上海、北京探索设立跨行政区划人民检察院。重点办理跨地区的行政诉讼监督案件、重大民商事监督案件、重大职务犯罪案件、重大环境资源保护和重大食品药品安全刑事案件,保证国家法律正确统一实施。在部分地区开展刑事案件速裁程序试点。

(三)深化检务公开,着力构建开放、动态、透明、便民的阳光司法机制。改变以往主要公开职能职责和政务信息的做法,重点推进案件信息公开。开通人民检察院案件信息公开网,全面建成全国检察机关统一的案件信息公开系统,正式运行四大平台:一是案件程序性信息查询平台。当事人及其法定代理人、近亲属、辩护人等可以在网上查询案由、办案进度、强制措施等信息。二是法律文书公开平台。对人民法院所作判决裁定已生效的刑事案件起诉书、抗诉书,不起诉决定书,刑事申诉复查决定书等法律文书,及时在网上公开。三是重要案件信息发布平台。对有较大社会影响的职务犯罪案件、刑事案件,及时向社会公开犯罪嫌疑人身份、涉嫌罪名、案件所处诉讼阶段等信息。四是辩护与代理预约申请平台。辩护人、诉讼代理人可以通过该平台申请会见、阅卷、收集调取或提供证据材料、要求听取意见、申请变更强制措施等,相关检察院必须在法定时限内处理并回复。

(四)会同司法部在 10 个省市开展深化人民监督员制度改革试点,健全确保依法独立公正行使检察权的外部监督制约机制。积极回应"检察机关自己选人监督自己"的质疑,由市级以上司法行政机

关选任和管理人民监督员。拓宽人民监督员监督范围,将查办职务犯罪工作中违法适用指定居所监视居住、阻碍律师或其他诉讼参与人依法行使诉讼权利等纳入监督。人民监督员共监督案件2527件。

六、加强过硬队伍建设和基层基础建设,提升严格规范公正文明司法水平

认真落实"五个过硬"的要求,牢固树立强基固本的思想,坚持把提高队伍素质、夯实基层基础作为根本性、战略性任务来抓,为检察工作发展提供坚实保障。

(一)着力加强思想政治建设。深入学习贯彻党的十八届三中、四中全会和习近平总书记系列重要讲话精神,对最高人民检察院机关全体干部、省级检察院班子成员、市级检察院检察长普遍进行了政治轮训。认真开展"增强党性、严守纪律、廉洁从政"专题教育活动,着力解决党性党风党纪方面存在的突出问题。研究制定《关于进一步加强和改进检察机关主题教育实践活动的指导意见》,规范主题教育实践活动。制定实施《关于检察机关培育和践行社会主义核心价值观的意见》,教育和引导广大检察人员自觉践行社会主义核心价值观。集中宣传张飚同志先进事迹,开展"寻找最美检察官"和"坚守职业良知、践行执法为民"检察英模巡回报告活动,引导检察人员坚守法治、信仰法律。

(二)加大检察人才培养力度。积极推进检察人才"六项重点工程",落实卓越检察人才培养实施意见,加强人才工作的动态监测和管理,提升队伍专业化水平。组织研发检察机关岗位素能基本标准,加大正规化分类培训力度,加强专兼职师资队伍建设,推进检察教育网络学院建设工作,推动素质培训向能力培训转变,教育培训工作质量和效果有新的提升。广泛开展业务竞赛和岗位练兵活动,组织全国民事行政、刑事申诉等检察业务竞赛活动,大力选拔和培养骨干型业务人才,发挥带动和引领作用。

(三)加强司法规范化建设和内部监督制约。向全国人大常委会专题报告规范司法行为工作情况,认真贯彻审议意见,部署开展为期一年的规范司法行为专项整治工作。健全举报线索受理、分流、查办和信息反馈机制,防止有案不办、选择性执法。规范适用指定居所监视居住,严格审批程序。严格执行讯问职务犯罪嫌疑人同步录音录像制度,

加强内部监督制约,案件提请逮捕、移送审查起诉时必须移送录音录像资料。制定检察机关刑事诉讼涉案财物管理规定,防止超范围扣押、该返还不返还。在2011年取消对省级检察院业务工作打分排名、改为通报主要业务数据的基础上,又将通报的79项数据精简为26项核心数据,并要求各级检察机关坚决取消简单以数字指标、比率控制线等排序评优的做法。

(四)以零容忍态度正风肃纪。最高人民检察院带头加强作风建设,集中整治"四风"和"庸懒散奢",颁布严肃纪律作风15条禁令。制定落实党风廉政建设主体责任和监督责任的实施意见,出台在司法办案活动中防止说情干扰的规定。对8个省级检察院领导班子进行巡视,对12个省市部分检察院执行纪律情况进行督察。共立案查处违纪违法检察人员404人,敢于亮丑,主动向社会公布29起检察人员严重违纪违法典型案件。

(五)加强基层基础工作。认真落实《2014—2018年基层人民检察院建设规划》,整体推进基层基础建设。最高人民检察院组织开展第五届全国先进基层检察院和基层检察院建设组织奖的评选表彰工作,通报2013年度基层检察院建设抽样评估工作情况。制定实施2014年基层检察院建设组织工作指导意见,完善检察人员直接联系基层服务群众制度。组织编制电子检务工程可行性研究报告,加强侦查信息综合查询分析平台建设,检察工作信息化水平进一步提升。统筹推进检察援藏援疆援青以及援助赣南等中央苏区工作,加大对中西部地区检察院的资金项目以及业务、人才、教育培训等支持力度,促进共同发展。

七、自觉接受人民监督,不断加强和改进检察工作

牢记"检察院"前面的"人民"二字,不断强化监督者更要自觉接受监督的意识,完善监督制约机制,始终把检察权置于人民监督之下。

(一)自觉接受人大监督。2014年是全国人民代表大会成立60周年。检察机关深刻认识坚持人民代表大会制度就是坚持党的领导、人民当家做主、依法治国有机统一,接受人大监督就是接受人民监督,对人大负责就是对人民负责。认真落实全国人大常委会部署要求,积极开展国家宪法日活动,加强对新颁布和新修订法律的学习贯彻,配合开展专题调研和执法检查。最高人民检察院建立

领导班子成员直接联系全国人大代表、内设机构直接联系代表团制度。通过座谈、上门走访、专网互动、电话约谈、邀请视察等方式，真心实意听取代表意见。全国人大代表提出的 76 件议案、建议全部办结及时答复。

（二）自觉接受民主监督。2014 年是中国人民政治协商会议成立 65 周年。检察机关牢固树立接受民主监督就是发扬司法民主的理念，向全国政协汇报司法改革等情况，向各民主党派中央、全国工商联通报检察工作，认真听取意见建议，推进检察环节协商民主。邀请政协委员和民主党派、工商联、无党派人士参加专题调研，凝聚智慧、接受监督。全国政协委员提出的 35 件提案全部办结。

（三）依法接受人民法院、公安机关和司法行政机关的制约，共同维护司法公正。充分认识律师在维护公民合法权益、促进法律正确实施特别是推动检察机关严格规范公正文明司法中的重要作用，努力构建良性互动检律关系。认真解决律师会见难、阅卷难、调查取证难问题，制定实施依法保障律师执业权利的规定，指定专门部门接待律师，严格规范重大贿赂案件律师会见，安排专门场所方便律师阅卷，认真审查律师提供的证据材料。对阻碍律师依法行使诉讼权利拒不纠正的，给予纪律处分并通报。

（四）主动接受社会监督。广泛开展检察开放日、检察长接待日等活动，拓宽人民群众有序参与和监督检察工作渠道。加强与媒体沟通，对涉检舆情反映的问题及时核查处理。最高人民检察院还积极推进检察新闻发布常态化，全面开通微博、微信和新闻客户端，建立网上发布厅。

（最高人民检察院办公厅　程　文）

全国检察长会议　2014 年 1 月 8 日，最高人民检察院在北京召开全国检察长会议。会议的主要任务是：全面贯彻落实党的十八大和十八届三中全会精神，深入学习领会习近平总书记系列重要讲话和中央政法工作会议精神，总结 2013 年工作，部署 2014 年检察工作。中央政法委书记孟建柱对会议作出重要批示。最高人民检察院检察长曹建明作讲话，常务副检察长胡泽君主持会议。最高人民检察院领导、检察委员会专职委员；各省、自治区、直辖市检察院，军事检察院，新疆生产建设兵团检察院检察长；解放军各大单位检察院检察长；最高人民检

察院机关各内设机构、各直属事业单位主要负责人参加会议。有关中央和国家机关的部门负责同志应邀出席会议。

会议指出，党的十八大以来，习近平总书记就政法工作作出的重要指示和在中央政法工作会议上的重要讲话，具有深刻理论内涵和鲜明时代特征，是指导政法工作的纲领性文献，为做好检察工作提供了强有力的思想武器。各级检察机关要深入学习贯彻习近平总书记重要讲话精神，牢牢把握检察工作的政治方向，始终坚持党的领导不动摇；牢牢把握检察工作的主要任务，肩负起维护社会大局稳定、促进社会公平正义、保障人民安居乐业的神圣使命；牢牢把握检察工作的核心价值追求，坚持严格公正执法，把公平正义作为检察工作的生命线；牢牢把握检察工作的检验标准，不断提升人民群众满意度；牢牢把握深化司法体制改革的战略部署，发展和完善中国特色社会主义检察制度；牢牢把握队伍建设的总体要求，努力建设一支和人民满意的过硬检察队伍，切实把思想和行动统一到党中央对政法工作、检察工作新部署新要求上来。

会议强调，2014 年检察工作的总体思路是：全面贯彻党的十八大、十八届三中全会和中央经济工作会议、中央政法工作会议精神，全面贯彻习近平总书记系列重要讲话精神，紧紧围绕完善和发展中国特色社会主义制度、推进国家治理体系和治理能力现代化的总目标，坚持稳中求进、改革创新，以促进社会公平正义、增进人民福祉为出发点和落脚点，以强化法律监督、强化自身监督、强化队伍建设为总要求，以执法办案为中心，努力推进平安中国、法治中国建设，深化检察改革，不断提升检察工作水平，为全面建成小康社会、实现中华民族伟大复兴的中国梦提供有力的司法保障。

会议要求，各级检察机关要按照党中央关于创新社会治理方式的要求，充分发挥检察职能，积极推进平安中国建设，促进提升社会治理法治化水平。要以人民群众平安需求为导向，密切关注社会治安和公共安全出现的新情况，突出打击黑恶势力、严重暴力、涉枪涉爆涉恐、拐卖妇女儿童、危害食品药品安全、环境污染等严重危害人民群众生命健康的犯罪，促进健全公共安全体系。要积极参与整顿和规范市场经济秩序，重视打击侵犯知识产权等犯罪，依法惩治财政、金融、证券等领域的犯罪活动，坚决打击侵犯非公企业特别是小微企业合法权

益的犯罪活动，平等保护非公企业和各类投资者，强化对涉及市场准入、不正当竞争等问题的法律监督，加强行政执法与刑事司法衔接，规范市场秩序、促进公平竞争，共同营造法治化营商环境。要立足检察职能，坚持好发展好"枫桥经验"，创新预防和化解社会矛盾机制，完善依法有序表达诉求机制，加强初信初访办理答复工作，最大限度把矛盾化解在最初环节、化解在基层。要紧紧抓住近年暴露出的冤假错案深入剖析，加强证据综合审查，改变单纯审查卷宗的办案模式，健全错案防止、发现、纠正和责任追究机制，切实防止和纠正冤假错案。

会议指出，要认真落实党中央关于强化权力运行制约和监督体系决策部署，进一步提高查办和预防职务犯罪工作法治化水平。要坚持有案必查、有腐必惩，既坚决查办发生在领导机关和领导干部中的职务犯罪案件，又严肃查办发生在群众身边、损害群众利益的腐败犯罪，坚决惩治教育、就业创业、社会保障、医药卫生、食品药品安全、征地拆迁等领域的职务犯罪，进一步健全职务犯罪举报、查处机制，始终保持查办高压态势。要紧紧围绕服务和保障全面深化改革，针对一些资金密集、监管薄弱、经营垄断或产业垄断的行业和领域案件高发态势，有针对性地加大工作力度。要深化侦查一体化机制建设，加强侦查信息化、装备现代化建设，增强查办职务犯罪工作合力和能力。要认真落实人权司法保障制度，加快侦查模式转型，严格依法采取侦查手段和强制措施，严格执行办案安全防范制度，进一步规范查封、扣押、冻结、处理涉案财物，严格按照"全面、全程、全部"原则执行同步录音录像制度。要立足检察职能、紧密结合执法办案开展职务犯罪预防工作，进一步深化侦防一体化机制建设，从源头上遏制和减少职务犯罪。

会议强调，严格执法、公正司法体现着国家法治文明程度，各级检察机关在解决自身执法突出问题的同时，要下大气力监督纠正人民群众反映强烈的执法不严、司法不公问题。要深入开展清理纠正久押不决案件工作，组织开展违法减刑、假释、暂予监外执行专项监督，严肃查处司法工作人员贪赃枉法、索贿受贿等职务犯罪，真正做到敢于监督、善于监督、依法监督、规范监督，发挥维护执法司法公正的职能作用。要结合履行法律监督职能，针对容易发生问题的重点领域和关键环节，积极推动健全执法司法权运行制约机制。要认真落实修改后民事

诉讼法和民事诉讼监督规则，健全对民事诉讼活动的法律监督机制，切实把工作重点转移到全方位的监督上来，更加重视发挥基层检察院在民事行政检察工作中的基础作用，更好发挥民事行政检察服务和保障经济社会发展的职能作用。

会议指出，检察改革是政治体制改革的重要组成部分，要准确把握改革的正确方向，把握改革方法步骤，加强统筹协调，严格改革宣传纪律，确保改革正确准确有序协调推进，不断完善中国特色社会主义检察制度。2014年检察机关要重点做好三项改革工作：一是全面推进涉法涉诉信访工作机制改革，按照诉讼与普通信访相分离原则，规范审查受理和办理机制，完善信访案件终结机制，严格终结程序。加强与有关部门协调配合，依法及时公正解决群众合理诉求，共同促进案结事了。二是深化三项改革试点，推进检务公开，细化各检察环节执法办案公开工作，建立检察机关终结性法律文书公开制度，健全公开审查、公开答复制度；推行检察官办案责任制，努力形成符合检察工作规律、检察职业特点、检察队伍管理和法律监督运行要求的组织结构、责任体系和运行机制；广泛实行人民监督员制度，改革人民监督员选任方式，规范和完善监督程序，推动人民监督员制度法制化。三是组织检察管理体制和检察人员管理制度改革试点方案研究论证工作，抓紧研究提出改革建议。

会议强调，加强自身建设对于提高司法水平和司法公信力具有十分重要意义，必须认真落实习近平总书记和中央政法工作会议对政法队伍建设提出的新要求，深入开展党的群众路线教育实践活动，认真解决执法司法中突出问题，始终保持同人民群众的血肉联系。要把正规化、专业化、职业化建设置于战略性、先导性位置来抓，加强社会主义核心价值观和检察职业道德、职业良知教育，坚守法律底线和职业良知底线，增强秉公执法的定力。要完善接受人大监督和民主监督的工作机制，加快推行统一业务应用系统，健全对执法办案活动的监督制约机制，加强对领导班子和领导干部的监督，进一步强化内外部监督制约机制建设，进一步把接受外部监督转化为切实加强自身监督。要坚持从严治检，全面推进检察机关惩治和预防腐败体系建设，进一步严格规范与当事人和律师交往行为，加强警示教育，加大监督检查和问责追究力度，用铁的纪律带出过硬检察队伍。要牢固树立强基固本

的思想,认真贯彻基层检察院建设规划,加强执法保障工作,深入实施科技强检战略。要高度重视检察宣传工作,坚持公开透明、及时主动原则,自觉接受媒体监督,善于运用新兴传播工具,积极主动释放检察工作信息,创新宣传工作内容和方式,不断提升新媒体时代社会沟通能力。

会议要求,各级检察机关领导干部要以只争朝夕的精神和扎实有效的举措,首先从自己做起,努力提高领导检察工作科学发展的能力和水平。特别是,要围绕全面深化改革的重大问题加强学习和调研,及时了解和把握改革中出现的新情况新问题,更好地服务和保障改革;要注重研究检察工作重大理论和实践问题,加强统筹协调,善谋应对之策,靠前决策指挥,努力提高思想政治能力、动员组织能力、驾驭复杂矛盾能力;要紧紧扭住落实中央八项规定精神,纠正"四风"不放,带头严以律己、改进作风,带头做有信仰、有原则、有担当、有作为的人,奋力把检察事业推向前进。

(最高人民检察院办公厅)

各民主党派中央、全国工商联负责人和无党派人士代表座谈会 2014年1月10日上午,最高人民检察院召开各民主党派中央、全国工商联负责人和无党派人士代表座谈会,通报检察工作情况,征求对检察工作的意见和建议。最高人民检察院检察长曹建明主持座谈会并讲话,常务副检察长胡泽君通报了2013年检察工作主要情况和2014年检察工作主要安排,副检察长邱学强、孙谦、姜建初、张常韧、柯汉民,中央纪委驻最高人民检察院纪检组组长莫文秀,检察委员会专职委员张德利、陈连福出席座谈会。

座谈会上,中央统战部副部长林智敏,民革中央副主席郑建邦,民盟中央副主席徐辉,民建中央副主席郝明金,民进中央副主席刘新成,农工党中央副主席何维,致公党中央副主席杨邦杰,九三学社中央副主席丛斌,台盟中央副主席苏辉,全国工商联副主席谢经荣,无党派人士、全国政协委员、金诚同达律师事务所高级合伙人刘红宇等先后发言,就检察机关如何加大惩治和预防职务犯罪力度、进一步深化检察改革、全面加强和改进诉讼监督、更好地关注和保障民生、强化自身监督制约、加强检察机关专业化职业化建设以及进一步加强与各民主党派、工商联和无党派人士的联系合作等问题提出意见和建议。

曹建明检察长感谢中央统战部、各民主党派中央、全国工商联和无党派人士多年来对检察工作的关心、支持和帮助,他说,推进检察机关与各民主党派、工商联和无党派人士的民主协商,自觉接受民主监督,是坚持和完善中国共产党领导的多党合作和政治协商制度的根本要求,是发扬社会主义民主、促进人民群众有序参与司法的重要途径,也是贯彻党的群众路线、提高决策水平和法律监督能力的重要环节。各级检察机关要切实增强自觉接受民主监督的意识,进一步加强和改进与各民主党派、工商联和无党派人士的联系,推进协商民主建设。

曹建明检察长指出,做好检察机关与各民主党派、工商联和无党派人士的民主协商工作,要在拓宽渠道、完善制度、健全机制上下功夫,做到"三个结合":一是坚持"请进来"与"走出去"相结合,既要请进来开展协商,又要通过上门拜访、开展联合调研等形式,走出去听取意见建议,增强协商工作针对性;二是坚持专题协商与日常协商相结合,既要集中时间和精力办好相关提案,又要对平时各民主党派、工商联和无党派人士反映的社情民意高度重视、认真办理,促进协商工作常态化;三是坚持传统协商方式与依托现代信息技术相结合,探索利用互联网等现代技术手段,开辟与各民主党派、工商联和无党派人士进行协商的快捷通道。

曹建明检察长表示,在刚刚结束的中央政法工作会议上,习近平总书记的重要讲话对事关政法工作全局和长远发展的一系列重大问题作出了全面精辟阐述,对检察工作提出了新的更高的要求。真诚希望各民主党派、工商联和无党派人士本着知无不言、言无不尽的原则,多提意见建议,帮助检察机关完善工作思路,破解工作难题,提高检察决策民主化、科学化水平。

(最高人民检察院办公厅　张　阳)

全国检察机关学习贯彻"两会"精神电视电话会议 2014年3月20日,最高人民检察院召开全国检察机关学习贯彻"两会"精神电视电话会议。最高人民检察院检察长曹建明出席会议并讲话,常务副检察长胡泽君主持会议,副检察长邱学强、朱孝清、孙谦、姜建初、张常韧、柯汉民,政治部主任李如林出席会议。最高人民检察院各内设机构和直属事业单位全体人员、各老干部党支部书记,军事检察院领导、内设机构负责人在北京主会场参加会议。各省(自治区、直辖市)、市、县三级检察机关院领导、内设机构负责人,各大军区检察院检察长在各分会场参加会议。

曹建明检察长指出,刚刚闭幕的全国"两会",是一次凝聚共识、提振信心、鼓舞士气的盛会,对于全面深化改革,推进国家治理体系和治理能力现代化,坚持和完善中国特色社会主义制度具有十分重要的意义。会议审议和讨论最高人民检察院工作报告,充分肯定2013年工作,对2014年工作提出明确要求,为我们进一步加强和改进检察工作指明了方向。各级检察机关要切实把思想和行动统一到"两会"精神和中央部署要求上来,认真研究代表委员建议,积极回应人民群众期待,推动检察工作再上新台阶。

曹建明检察长强调,学习贯彻全国"两会"精神,就是要积极回应人民群众对改革发展的新期待,服务和保障深化改革、调整结构、改善民生等重大部署。各级检察机关要认真贯彻最高人民检察院《关于充分发挥检察职能为全面深化改革服务的意见》,深入研究国有资产管理体制、财税体制、金融体制等重要改革对法律监督新需求,依法稳妥处理改革中出现的新类型案件,防范国有资产流失和各种风险,着力保障重要领域改革。要积极参与整顿和规范市场经济秩序,完善行政执法与刑事司法衔接机制,依法惩治制假售假、非法传销、虚假破产等经济犯罪,加大对知识产权司法保护力度,平等保护各类经济主体合法权益,营造公平竞争的营商环境。要组织开展打击涉农犯罪、维护农民工合法权益专项活动,依法惩治城镇化建设中出现的犯罪活动,着力促进农村改革发展和新型城镇化建设。要积极参与食品药品、环境资源领域专项治理,依法督促行政执法机关移送涉嫌犯罪案件,注意发现监管活动背后的职务犯罪线索,保障"舌尖上的安全"和"蓝天碧水"。

曹建明检察长指出,学习贯彻全国"两会"精神,就是要积极回应人民群众对公共安全的新期待,深入推进平安中国建设。各级检察机关要积极参与治安重点地区和突出治安问题专项整治,坚决打击电信诈骗、拐卖妇女儿童、性侵幼女等严重危害人民群众生命财产安全的犯罪,促进建立立体化社会治安防控体系。要依法严惩"暴力伤医"犯罪,

依法打击职业"医闹"故意寻衅滋事、敲诈勒索等犯罪,保障医疗机构和医护人员合法权益。要加强未成年人检察工作和社区矫正法律监督工作,落实涉法涉诉信访工作机制改革,促进完善国家司法救助制度。

曹建明检察长强调,学习贯彻全国"两会"精神,就是要积极回应人民群众对反腐倡廉的新期待,进一步提高查办和预防职务犯罪水平。各级检察机关要坚持有案必查、有腐必惩,让人民群众切实感受到检察机关反腐败的成效。要进一步加大对行贿犯罪的打击力度,进一步完善行贿犯罪档案查询系统,促进社会征信体系建设。要更加重视查办渎职侵权犯罪,推动法治政府建设。要加强反腐败国际合作,充分运用违法所得没收程序,加大对外逃职务犯罪嫌疑人的追捕追赃力度。要更加重视结合执法办案抓好职务犯罪预防,深化侦防一体化建设。要坚决落实"十个依法、十个严禁"要求,严格落实讯问职务犯罪嫌疑人全程同步录音录像制度,坚持严格规范公正文明执法。

曹建明检察长指出,学习贯彻全国"两会"精神,就是要积极回应人民群众对公平正义的新期待,进一步强化法律监督能力,促进严格执法公正司法。各级检察机关要把严防冤假错案作为检察工作坚决守住、不能突破的底线,更加注重听取当事人和律师意见,更加重视依法核实和排除非法证据;对发现确有错误的案件,要敢于监督、坚决纠正。要进一步完善长效机制,积极有序推进久押不决案件清理纠正工作。要把强化诉讼监督与查处司法腐败紧密结合起来,严查司法不公特别是虚假诉讼、违法插手经济纠纷、枉法裁判等背后的司法腐败,促进执法司法公正和廉洁。

曹建明检察长强调,学习贯彻全国"两会"精神,就是要积极回应人民群众对司法公信的新期待,进一步加强检察机关自身建设。各级检察机关要扎实开展第二批党的群众路线教育实践活动,持续治理"四风"特别是特权思想、霸道作风等突出问题。要抓紧落实检察人才"六项重点工程",重视招录、遴选、培养高层次专门人才,提升检察队伍职业素养和专业水平。要认真落实《2014—2018年基层人民检察院建设规划》,注重基层检察院"软实力建设",进一步夯实基层基础工作。要按照中央部署要求,稳步扎实推进司法改革和检察改革。要深入推进司法规范化建设,进一步完善案件管理机制,

以信息化推进执法规范化。

曹建明检察长要求，各级检察机关要从发展社会主义民主政治出发，进一步健全接受人大监督和政协民主监督的工作机制，主动拓展人民群众有序参与检察工作的途径。要积极主动推进检务公开进程，不断完善办案信息查询系统，逐步实现检察机关终结性法律文书统一上网；善于运用微博、微信等新媒体，落实新闻发言人制度，及时公开重大案件办理等情况，构建开放、动态、透明的阳光检察新机制。

曹建明检察长强调，树立和发扬良好的作风，对于落实全国"两会"精神、做好2014年检察工作至关重要。各级检察机关要把习近平总书记提出的"严以修身、严以用权、严以律己，谋事要实、创业要实、做人要实"要求作为作风建设的重要指南，引导全体检察人员特别是领导干部加强党性修养，坚持用权为民，敢于担当责任，发扬钉钉子精神，保持力度、保持韧劲，推动检察工作取得新的更大成效。

（最高人民检察院办公厅 贝金欣）

大检察官研讨班 2014年7月2日至4日，最高人民检察院在山东青岛举办大检察官研讨班。研讨班的主要任务是：全面贯彻党的十八届三中全会和中央政法工作会议的部署要求，深入学习贯彻习近平总书记系列重要讲话和对检察工作的重要指示精神，总结上半年工作，部署下半年任务，研究深化检察改革，推动2014年各项检察工作任务全面落实。最高人民检察院领导、检察委员会专职委员；各省、自治区、直辖市检察院，军事检察院，新疆生产建设兵团检察院检察长、大检察官；最高人民检察院各内设机构、直属事业单位负责人参加研讨班。部分全国人大代表、最高人民检察院专家咨询委员和有关政法院校负责人应邀参与研讨。山东省委书记、省人大常委会主任姜异康出席研讨班开班式并致辞。山东省委常委、政法委书记才利民，山东省委常委、青岛市委书记李群，山东省委常委、省委秘书长雷建国出席研讨班。

曹建明检察长在开班式上作讲话，胡泽君常务副检察长在研讨班结束时作总结讲话。与会人员结合学习领会会议精神，就司法改革等问题进行了深入讨论。会议期间，曹建明检察长还分别主持召开座谈会，听取参加研讨班的全国人大代表及最高人民检察院专家咨询委员和政法院校负责人对检察工作特别是深化检察改革的意见和建议。

曹建明检察长简要回顾了上半年的检察工作。他说，今年以来，各级检察机关认真贯彻党中央关于政法工作、检察工作的重大部署，突出执法办案，突出法律监督，突出改革创新，全力推进平安中国、法治中国和过硬队伍建设，在八个方面取得新的成绩。一是自觉把深入学习贯彻习近平总书记系列重要讲话精神作为一项重大政治任务，在事关检察工作科学发展的一系列重大问题上统一了思想、深化了认识，为推动人民检察事业创新发展奠定了坚实的思想基础。二是自觉融入中国特色社会主义事业发展全局，主动为全面深化改革提供司法保障。三是全力维护国家安全和社会稳定，促进提升社会治理法治化水平。四是努力提高查办和预防职务犯罪水平，促进反腐倡廉建设。五是强化和规范对执法司法突出问题的监督，促进严格执法、公正司法。六是按照中央深化司法体制改革的战略部署，积极稳步推进检察改革。七是全面加强过硬检察队伍建设，提高素质能力，强化自身监督。八是牢固树立强基固本思想，更加重视抓基层打基础。

曹建明检察长强调，扎实抓好下半年检察工作，要把维护国家安全和社会稳定作为检察机关的基本任务，进一步扎实做好检察环节各项工作。要将反恐怖斗争作为长期战略任务，认真做好批捕起诉工作，依法处理与暴恐犯罪相关联案件，保持"严打"高压态势，铲除滋生暴恐势力的土壤。要积极参与打击邪教组织犯罪工作，依法严厉打击黑恶势力、食品药品安全、环境污染等严重影响人民群众安全感的犯罪，深入开展维护医疗秩序打击涉医违法犯罪专项行动，维护良好社会秩序。

曹建明检察长强调，扎实抓好下半年检察工作，要深入贯彻中央关于反腐败斗争的决策部署，继续保持惩治职务犯罪高压态势，进一步打好反腐持久战、攻坚战、整体战。要切实加大查办案件力度，突出查办发生在领导机关和领导干部中的职务犯罪案件，严肃查办重点领域行业的职务犯罪，继续深入推进查办和预防发生在群众身边、损害群众利益的职务犯罪专项工作，加强对职务犯罪举报线索的集中管理，加大重要举报线索的交办、催办和督办力度。要继续加大惩治行贿犯罪工作力度，严肃查办一批行贿数额大、手段恶劣、造成严重后果的典型案件，强化对行贿案件处理的监督，落实有关工作部署,确保取得实效,明显遏制行贿犯罪。要最大限度运用法律武器,加强反腐败国际司法合作,加大对外逃职务犯罪嫌疑人的追捕追逃力度。要始终把案件质量作为生命线,坚持把依法收集、固定证据作为侦查办案重点,严格执行全程同步录音录像制度,确保办案安全。

曹建明检察长指出,扎实抓好下半年检察工作,要切实加大对诉讼活动的法律监督力度,突出抓好专项监督活动。要扎实推进破坏环境资源和危害食品药品安全犯罪专项立案监督活动,拓宽案件线索来源渠道,对重点案件挂牌督办。要深入推进减刑、假释、暂予监外执行专项检查活动,坚持以"三类罪犯"为重点,抓住关键环节,加大监督力度,严惩司法腐败。要认真执行民事诉讼监督规则,充分运用法律赋予的多种监督手段,组织开展民事行政案件质量评查。要积极参与行政诉讼法修改研究论证工作,推动探索行政检察制度,更好地促进依法行政。

曹建明检察长强调,扎实抓好下半年检察工作,要深入推进司法规范化建设,以10月份向全国人大常委会作专项报告为契机,进一步提升严格规范公正文明执法水平。要加强对修改后刑事诉讼法和民事诉讼法执行情况的评估分析,组织开展执法规范专项检查,有针对性地完善相关执法规范和配套制度。要落实和完善统一业务应用系统,坚持全员、全面、全程、规范使用。要结合本地实际,研究贯彻落实最高人民检察院《关于进一步改进检察业务考评工作的意见》的具体措施,遵循检察工作规律,科学设置考评内容,切实发挥考评正面引导、激励和规范作用。

曹建明检察长要求,扎实抓好下半年检察工作,要切实抓好全国检察机关队伍建设座谈会精神的贯彻落实,着力在坚定政治方向、加强党性修养、提升职业素质、树立良好形象上下功夫。要坚持严格尺度、讲认真,坚持开门搞整改,认真落实"抓常、抓细、抓长"的要求,深入推进第二批党的群众路线教育实践活动。要组织开展"坚守职业良知、践行执法为民"大学习大讨论,抓紧研制业务岗位素能基本标准,积极推进检察教育培训网络学院建设。要树立主动宣传、立体传播理念,不断提高新媒体时代社会沟通能力。要把落实主体责任作为各级检察院党组落实党风廉政建设责任制最突出的大事、要事来抓,以领导干部和执法办案为重点,强化

监督、管住权力。要全面落实领导干部联系基层制度,进一步加强和改进抽样评估,切实加强基层检察院执行力建设,全面推进对口支援工作。要全力推进电子检务工程建设,为提升法律监督能力提供科技支撑。

在谈到全面推进司法改革和检察改革时,曹建明检察长强调,当前改革已进入实施阶段,能否积极稳妥地把改革抓出成效,是对我们的重大考验。各级检察机关要切实树立全国检察机关"一盘棋"思想,深入开展调查研究,坚持分类分层分步推进,认真做好试点和准备工作,加强督促指导,全力以赴抓好各项改革任务的落实。对于中央部署的各项改革,各级检察机关要按照党中央全面深化司法体制改革的整体部署,按照可复制、可推广的要求,切实做好各项改革试点工作。对于检察改革,要重点深入推进四项改革任务:一要深入推进涉法涉诉信访工作机制改革,坚持诉讼和信访相分离的原则,建立健全案件导入、执法瑕疵处理等制度;抓紧研究部署检察机关网上信访系统建设,全面推进视频接访。二要深化检务公开改革试点,把执法办案信息公开作为重点,着力推进案件信息查询、重大案件信息和典型案例发布等工作,建立全国统一的案件信息公开系统,创新公开形式。三要深入推进检察官办案责任制改革试点,与人员分类管理改革、内设机构改革等有机结合起来,统筹谋划、协调推进,探索建立突出检察官主体地位的办案责任制。四要稳步推进人民监督员制度改革试点,改革人民监督员选任和管理方式,拓展监督案件范围,完善监督案件程序,完善人民监督员知情权保障机制。

（最高人民检察院办公厅）

最高人民检察院专家咨询委员和政法院校负责人座谈会 2014年7月3日,最高人民检察院检察长曹建明主持召开座谈会,听取应邀参加大检察官研讨班的最高人民检察院专家咨询委员和政法院校负责人对检察工作特别是深化检察改革的意见和建议,常务副检察长胡泽君、有关内设机构负责人参加了座谈会。

中国政法大学教授陈光中、四川大学教授左卫民和龙宗智、北京师范大学教授宋英辉、中国社会科学院法学研究所研究员陈泽宪、中国人民大学教授何家弘、复旦大学教授谢佑平等7名专家咨询委

员,以及华东政法大学党委书记杜志淳、中南财经政法大学党委副书记齐文远、西南政法大学副校长孙长永、西北政法大学校长贾宇、清华大学法学院党委书记黎宏、复旦大学法学院副院长王伟等6名政法院校负责人参加了座谈会,在座谈会上,各位法学专家结合自己的科研和教学经历,围绕全面推进司法改革和检察改革,就如何建立符合职业特点的检察人员管理制度、提升检察队伍专业化职业化水平、健全检察官职业保障机制、推进省以下地方检察院人财物统一管理、进一步深化检务公开等问题提出了意见和建议。

曹建明检察长在认真听取各位专家学者的发言后指出,法学理论工作者和检察人员都是社会主义法治国家的建设者。多年来,各位法学专家始终关心和支持检察工作的发展,积极建言献策,支持和协助检察机关培养高层次人才,为检察事业发展进步作出了积极贡献。各位专家提出的意见建议,无论是真诚建议还是善意批评,都充分体现了大家对检察工作的关爱,我们将认真梳理研究,吸纳落实到今后的检察工作中。

曹建明检察长强调,当前,无论是强化法律监督、推进依法治国,还是深化检察改革、完善中国特色社会主义检察制度,检察机关都面临着一系列重大理论和实践问题。解决这些问题,离不开法学界专家学者的支持帮助。各级检察机关要进一步加强检察机关与专家咨询委员、法学理论界的紧密联系,共同研究解决检察工作中的重大理论和实践问题;要进一步建立完善法学专家咨询、到检察机关挂职等工作机制,实现检察机关与法学专家交流合作的常态化、长效化和规范化;要进一步深化检察机关与法学院校的合作,促进检察实务与法学理论的良性互动,实现法律专业人才培养的互利共赢。真诚希望各位专家在教学和科研工作中,能够深度参与检察理论和检察实务的研究,积极为检察工作建言献策,共同促进检察事业健康发展。

(最高人民检察院办公厅)

人民代表大会制度和检察工作发展研讨会 2014年9月10日,最高人民检察院召开人民代表大会制度和检察工作发展研讨会,与部分人大代表、专家学者共同学习领会习近平总书记在庆祝全国人民代表大会成立60周年大会上的重要讲话精神。最高人民检察院检察长曹建明出席会议并讲话,常

务副检察长胡泽君主持研讨会并介绍了检察机关坚持人民代表大会制度、自觉接受人大监督以及开展代表联络工作情况,副检察长邱学强、柯汉民出席研讨会。

研讨会上,北京市律师协会会长李大进、北京航空航天大学国家重点实验室首席科学家张涛、山东省临沂市第一实验小学副校长张淑琴、《广州律师》杂志主编陈舒、贵州省文联副主席姚晓英、波司登股份有限公司董事长高德康、河北省国家一级演员靳灵展等7位全国人大代表,以及广东省人大代表、立白集团董事长陈凯旋、中国人民大学法学院院长韩大元、中国社会科学院法学研究所研究员莫纪宏等受邀人员,分别畅谈了坚持人民代表大会制度、推动检察工作科学发展的深入思考,提出了许多建设性的意见和建议。

曹建明检察长在认真听取发言后指出,坚持人民代表大会制度,就是坚持根本政治制度不动摇,就是坚持党的领导、人民当家做主、依法治国有机统一的根本制度安排。检察机关作为党领导下的司法机关和国家法律监督机关,必须坚持正确政治方向,坚定不移地走中国特色社会主义政治发展和法治建设道路,不断探索和回答什么是中国特色社会主义检察制度、为什么要坚持中国特色社会主义检察制度、怎样发展和完善中国特色社会主义检察制度这些重大理论和实践问题,确保检察工作政治性、人民性、法律性的有机统一。

曹建明检察长指出,坚持和完善人民代表大会制度必须坚持人民主体地位,保证人民当家做主。要顺应人民群众的新期待,依法打击各类犯罪活动,促进解决人民最关心、最直接、最现实的利益问题。要依法保障人民享有更加广泛、更加充实的权利和自由,保证人民广泛参加国家治理和社会治理,支持人大代表依法履职。要拓宽人民群众有序参与和监督检察工作的渠道,进一步深化检务公开,完善人民监督员制度,凝聚起人民群众的智慧和力量。要加强与人民群众的联系,认真倾听群众呼声,切实改正工作中的缺点和错误。

曹建明检察长指出,坚持和完善人民代表大会制度,必须加强和改进法律实施工作,全面推进依法治国。检察机关不仅是法律实施的重要主体,也是国家法律监督机关,是国家权力监督体系的重要组成部分,在确保法律实施方面具有重要作用。各级检察机关要切实担负起法律实施的法定职责,进

一步健全申诉控告检举机制，健全职务犯罪举报机制，全面推进涉法涉诉信访机制改革，畅通和规范群众诉求表达渠道。要加强和规范对诉讼活动的监督，坚决纠正有法不依、执法不严、违法不究现象，坚决整治以权谋私、以权压法、徇私枉法问题，让人民群众真正感受到公平正义就在身边。要坚定不移反对腐败，坚持有腐必反、有贪必肃、有案必办，推动营造风清气正的党风政风和社会风气。

曹建明检察长强调，各级人大及其常委会对"一府两院"的监督，也就是代表人民进行的具有法律效力的监督，体现了国家一切权力属于人民的宪法原则。检察机关自觉接受人大监督，就是自觉接受人民监督，就是让人民监督权力，让权力在阳光下运行，把权力关进制度的笼子里。检察机关接受人大及其常委会的监督，最根本的要求就是坚持严格公正依法办案，建设一支过硬检察队伍，确保法律得到有效实施，确保检察权得到正确行使。各级检察机关要进一步完善接受人大监督的工作机制，进一步加强同人大代表的联系，认真办理代表议案和建议，不断探索接受监督的途径和方法，始终把检察工作置于人民监督之下。

曹建明检察长指出，中国特色社会主义检察制度是以人民代表大会制度为基石构建的，并伴随人民代表大会制度巩固发展而不断丰富完善。检察机关要以推进人民代表大会制度理论和实践创新为契机，从完善和发展中国特色社会主义制度、推进国家治理体系和治理能力现代化的高度，坚持在党的领导和人大监督下，不断深化司法体制改革和检察改革，进一步强化对诉讼参与人合法权利的保障，进一步健全司法权力运行机制，进一步保障检察机关依法独立公正行使检察权，增强和扩大我国检察制度的优势和特点，使中国特色社会主义检察制度永葆生机活力。

（最高人民检察院办公厅　董佳林）

全国检察机关贯彻落实第二次中央新疆工作座谈会精神部署会　2014年9月11日，全国检察机关贯彻落实第二次中央新疆工作座谈会精神部署会在北京召开。最高人民检察院检察长曹建明出席会议并讲话，常务副检察长胡泽君主持会议，副检察长邱学强、姜建初、张常韧、柯汉民、李如林，政治部主任王少峰，检察委员会专职委员张德利、陈连福和中央新疆工作协调小组办公室负责同志出席

会议。各省、自治区、直辖市检察院负责同志，新疆维吾尔自治区各市州分院和新疆生产建设兵团师分院主要负责同志，最高人民检察院机关各内设机构、直属事业单位主要负责同志参加会议。

会议指出，党的十八大以来，习近平总书记多次就新疆工作作出重要指示，特别是在第二次中央新疆工作座谈会上的重要讲话，深刻阐述了新疆工作一系列重大理论和实践问题，为做好新疆检察工作和检察援疆工作提供了根本遵循。各级检察机关要切实把思想和行动统一到中央对新疆工作的重大决策部署上来，深刻认识做好新疆工作的特殊重要意义，深刻认识检察机关在做好新疆工作中的重大责任，切实增强政治责任感和历史使命感。要牢牢把握新形势下新疆工作的总目标，全力投入反分裂反恐怖斗争，全力维护新疆社会稳定和长治久安。要深刻领会民族团结是新疆最长远的问题，自觉把党的民族和宗教政策贯穿于执法办案各个环节、落实到检察工作方方面面。要准确把握紧贴民生推动新疆跨越式发展的新要求，紧紧围绕各族群众安居乐业，进一步加大法律监督力度，着力保障和改善民生。要深刻认识加强意识形态领域反分裂斗争的重要作用，更加重视结合执法办案教育引导群众，通过做好检察工作争取凝聚人心。要深刻理解做好新疆工作关键在党的重要论述，坚持抓党建带队建、抓队伍促业务、抓基层打基础。要牢牢把握中央对兵团的战略定位和工作要求，推动兵团更好发挥安边固疆稳定器、凝聚各族群众大熔炉的作用。

会议强调，维护新疆社会稳定和长治久安，是党中央根据新疆形势和全国大局作出的重大战略部署，是统领新疆各项工作的总目标。全国检察机关特别是新疆检察机关要下大气力落实中央反恐怖工作一系列重要部署，把严厉打击暴力恐怖活动作为当前斗争的重点，突出打击暴力恐怖、宗教极端、制枪制爆、组织偷越国（边）境四类犯罪活动，第一时间介入侦查引导取证，依法快捕诉，始终保持对"三股势力"的高压态势。要完善检察机关反恐维稳应急指挥、协调配合、办案指导等工作机制，强化新疆、兵团检察机关与内地检察机关之间的协作，切实形成反恐怖工作整体合力。要推进综合治理，推动建立全方位立体式的社会防控体系，及时排查化解影响社会稳定的风险点，努力铲除滋生暴恐犯罪的土壤。要提高运用法治思维和法治方式

处理问题的能力，坚持反暴力、讲法治，坚持法律面前人人平等，坚持宽严相济，做好教育感化工作，夯实社会稳定、民族团结的法治基础。

会议强调，在做好反恐维稳工作的同时，还要充分发挥检察职能作用，更好地保障民生、服务发展，为新疆社会稳定和长治久安赢得民心。要适应丝绸之路经济带建设的需要，积极预防和严肃查办国家重点投资和支柱产业领域的职务犯罪，依法打击金融诈骗、走私、制假售假、商业贿赂等犯罪，平等保护各类市场主体合法权益，为新疆全方位开放营造良好的营商环境。要以群众关注的民生问题为重点，突出查办和预防严重损害各族群众利益的职务犯罪。要加大对新疆生态环境和能源资源的司法保护力度，依法严惩破坏生态环境犯罪活动，保护好新疆特别是绿洲的生态环境。

会议指出，民族团结是新疆社会稳定和长治久安的根基，检察机关要自觉担负起维护民族团结的重大政治责任，着力促进团结稳疆。要坚持把党的民族、宗教政策落实到司法办案中，始终做到执行法律与执行民族宗教政策相结合、惩罚犯罪与平等保护各族群众合法权益相统一，坚持保护合法、制止非法、遏制极端、抵御渗透、打击犯罪。要把民族团结作为最大的群众工作，立足检察工作实际和平台，善于做好不同类型群众的工作，多做帮民难、解民忧的好事实事，最大限度团结依靠各族群众。要加强各民族检察人员交流交往交融，在全系统特别是新疆检察人员中大力培养、树立和宣传民族团结先进典型，鼓励和引导各族检察人员争做民族团结友谊使者。要有针对性有计划地加强双语检察人才培养，抓紧翻译一批与检察工作密切相关的维文法律书籍资料，满足新疆各族检察人员学习和工作的需要。

会议强调，检察援疆是国家援疆战略的重要组成部分，是检察机关的重大政治任务。全国检察机关特别是担负援疆任务的检察机关，要认真落实中央和最高人民检察院部署，坚持全国一盘棋，举全系统之力，更加扎实地做好检察援疆工作。要把有利于新疆社会稳定和长治久安作为根本目标，进一步调整充实援疆工作规划，进一步提高检察援疆工作的针对性、实效性，优化援疆工作格局。要深刻理解中央对南疆采取特殊政策措施的意义，在全面落实对口援助任务的同时，重点加强对南疆四地州检察机关的援助。要强化科学援助理念，在检察业

务、干部人才、教育培训、信息化建设、资金项目等方面，努力拓展援助渠道、改进援助方法，提升援疆工作水平。

会议指出，维护新疆社会稳定和长治久安，必须切实加强检察机关党的建设和队伍建设。要坚持把思想政治建设放在首位，强化办案一线党组织建设，坚定不移做祖国统一和民族团结的忠诚捍卫者。要把政治上强作为选拔任用领导干部的首要条件，把贯彻落实中央决策部署、维护稳定、增进民族团结的成效作为考核评价领导班子的重要内容。要大力弘扬求真务实、艰苦奋斗、敢于担当的作风，狠抓党风廉政建设"两个责任"的落实，确保检察权公正廉洁行使。要下大力气解决好基础工作、基本素质、基本保障问题，关心爱护基层检察人员，努力把基层检察院建成维护稳定、反对分裂、服务群众的坚强战斗堡垒。

（最高人民检察院办公厅 董佳林）

全国检察机关案件信息公开系统部署应用工作电视电话会议 2014年9月22日，最高人民检察院召开全国检察机关案件信息公开系统部署应用工作电视电话会议。最高人民检察院常务副检察长胡泽君出席会议并讲话，副检察长李如林主持会议，最高人民检察院机关各内设机构、直属事业单位主要负责人参加会议。

会议指出，案件信息公开是检务公开的核心，也是深化检务公开的核心和"牛鼻子"。部署应用案件信息公开系统，把检务公开全面纳入规范化、信息化的快速发展轨道，是继统一业务应用系统后，检察机关推进司法规范化和检察信息化建设的又一项具有标志性的重要工作，是深入贯彻中央决策部署、深化司法体制改革和检察改革的重大举措和必然要求，是检察机关自觉践行群众路线、保证人民当家做主的有效途径，是促进司法公正、提升司法公信力的重要保障。各级检察机关要深刻认识做好案件信息公开系统部署应用工作的重大意义，切实增强抓好这项工作的责任感和紧迫感。

会议强调，案件信息公开工作具有很强的法律性、政策性、技术性，各级检察机关要进一步明确任务，突出重点，统筹兼顾，扎实推进，确保案件信息公开工作取得良好效果。要准确把握案件信息公开依法、全面、及时、规范的基本要求；统筹处理好案件信息公开与司法规范化建设的关系、公开与保

密的关系、保障公众知情权和保护公民个人隐私权的关系、规范统一与探索创新的关系；通过案件信息公开系统和检察服务窗口、电话、邮件等方式，及时为当事人及其近亲属、律师等，提供办案流程信息查询；积极稳妥地做好重要案件信息发布，准确把握重要案件信息的范围、案件信息发布的方式方法，严格审批、报告程序，重要案件信息由办案部门拟制，经院领导批准后，由新闻宣传部门或案件管理部门负责发布；要对不同种类的法律文书采取不同的公开方式，规范开展法律文书公开和律师网上预约等工作，全面保障辩护人、诉讼代理人依法执业。

会议要求，各级检察机关要高度重视、强化措施，抓紧做好各项准备工作，确保全面部署运用。各级检察院党组要把案件信息公开系统的部署应用摆上重要位置，一把手要亲自抓，分管办案、案件管理、技术的副检察长都要具体抓，确保工作落实到位。各级检察院办案部门是司法办案的具体承担者，也是案件信息公开的第一责任部门，要把案件信息公开工作作为司法办案的有机组成部分，作为办案部门、办案人员的重要职责，积极主动地做好案件信息公开工作，严格把好保密关、质量关、版式关。要建立健全对本地区、本部门案件信息公开的监督检查和通报机制，定期对发布的案件信息数量、质量等情况予以通报。要充分运用"两微一端"、广播电视、报纸、检务大厅展板等，积极稳妥地做好宣传引导工作，让更多群众了解系统、使用系统，主动接收检察机关发布的案件信息。要建立健全案件信息公开的风险评估、防范机制，加强对发布的各类案件信息的舆情监测、分析研判。

（最高人民检察院办公厅　王才玉）

省级检察院和部分省会市、计划单列市检察院负责人座谈会　2014年11月4日，最高人民检察院在湖北省武汉市召开省级检察院和部分省会市、计划单列市检察院负责人座谈会。最高人民检察院检察长曹建明出席会议并讲话，副检察长孙谦主持会议。各省、自治区、直辖市和新疆生产建设兵团检察院有关负责同志，部分省会市、计划单列市检察院负责同志参加会议。湖北省检察机关有关负责同志列席会议。在座谈会上，湖北省检察院副检察长张正新、上海市检察院副检察长陈辐宽、河南省检察院副检察长贺恒扬、西藏自治区检察院副检察长王双全、南京市检察院检察长葛晓燕、

济南市检察院检察长郭鲁生先后发言，就学习贯彻四中全会精神、做好下一步工作谈了打算并提出建议。

曹建明检察长在认真听取发言后作了讲话，他说，深入学习、全面贯彻四中全会精神，是当前和今后一个时期一项重要政治任务。中央政法委员会第十三次全体会议、深化平安中国建设会议和全国政法委书记座谈会，对政法机关如何深入学习贯彻四中全会精神、做好当前各项工作进行了部署。各级检察机关要认真抓好贯彻落实，把工作和力量凝聚到落实全会提出的各项任务上来。

曹建明检察长强调，要按照《中共中央关于全面推进依法治国若干重大问题的决定》（下称《决定》）要求，坚持和拓展中国特色社会主义法治道路。检察机关作为党领导下的司法机关，必须树立自信、保持定力，旗帜鲜明地坚持中国共产党的领导、坚持人民主体地位、坚持法律面前人人平等、坚持依法治国和以德治国相结合、坚持从中国实际出发，真正把党的领导体现和落实到各项检察工作中，确保检察工作的正确政治方向。

曹建明检察长指出，要牢牢把握《决定》对保证公正司法、提高司法公信力的要求，坚持"以事实为根据、以法律为准绳"，确保侦查、审查起诉的案件事实证据经得起法律的检验；进一步加强人权司法保障，健全冤假错案有效防范、及时纠正机制；完善自身监督制约机制，建立办案质量终身负责制和错案责任倒查问责制，进一步深化以案件信息公开为核心的检务公开，提升自身严格公正司法的能力和水平。

曹建明检察长强调，要抓紧研究落实《决定》提出的各项检察改革任务。各级检察机关尤其是最高人民检察院要认真履行好检察改革的主体责任，集中力量攻坚克难，一个一个问题解决，一项一项抓好落实。对于全会新提出来的重大改革举措，要充分听取各方面意见建议，尽快拿出具体实施意见。对正在探索或正在试点的改革举措，要进一步抓好落实、加快进度、早见成效。

曹建明检察长指出，要认真贯彻《决定》建设高素质法治专门队伍的部署，按照"五个过硬"要求，深化检察机关理想信念和政治纪律教育，始终坚持从严治检，深化"四风"和执法司法突出问题专项整治，坚决反对和克服特权思想、衙门作风、霸道作风，坚决清除害群之马，用铁的纪律带出过硬检察

队伍。各级领导干部要进一步增强法治意识、纪律意识和规矩意识，牢记法律红线不可逾越、纪律底线不可触碰，带头遵守国家法律和党的纪律，带头依法办事。

曹建明检察长强调，各级检察机关要把学习贯彻全会精神同学习贯彻习近平总书记系列重要讲话精神结合起来，同全面完成 2014 年各项工作任务结合起来。一是要认真抓好深化平安中国建设会议等会议精神的落实，坚持把法治作为核心价值追求，以人民群众平安需求为导向，用法治思维和法治方式推进平安建设。二是要进一步加强查办和预防职务犯罪工作，坚持有腐必反、有贪必肃、有案必办，抓紧抓好职务犯罪国际追逃追赃专项行动，深入推进反腐败斗争。三是要认真落实检察机关开展涉法涉诉工作有关实施办法，加强与有关部门沟通协调，坚持在法治轨道内解决群众诉求，化解社会矛盾。四是要坚持问题导向，以发现和纠正违法问题、查办职务犯罪为重点，推动减刑假释暂予监外执行专项检查等专项监督活动取得更大成效。五是要认真贯彻落实全国人大常委会对人民检察院规范司法行为专项报告的审议意见，更加自觉接受人大监督和政协民主监督，规范司法行为，坚持严格司法，维护司法公正，提高司法公信力。六是要深入开展"增强党性、严守纪律、廉洁从检"专题教育活动，筑牢理想信念，坚守政治纪律，巩固和发展党的群众路线教育实践活动成果。七是要加强检察宣传和舆论引导工作，充分发挥传统媒体和新媒体的宣传优势，形成宣传合力，及时回应社会关切。

（最高人民检察院办公厅　王才玉）

最高人民检察院专家咨询委员座谈会　2014 年 11 月 28 日，最高人民检察院召开专家咨询委员座谈会，通报一年来检察改革进展情况和明年重点改革任务，听取专家学者对检察改革的意见建议。最高人民检察院检察长曹建明主持会议并讲话，检察委员会专职委员张德利通报 2014 年检察改革进展情况和 2015 年重点改革任务，副检察长邱学强、姜建初，政治部主任王少峰，检察委员会专职委员陈连福出席座谈会。最高人民检察院机关各内设机构主要负责人参加座谈会。李步云、陈光中、马怀德、王利明、左卫民、龙宗智、付子堂、刘荣军、汤维建、何家弘、汪建成、宋英辉、胡建淼等 13 位专家咨询委员应邀出席座谈会并发言，就检察机关如何贯彻落实全面推进依法治国的重大战略部署，深入推进司法体制改革和检察改革提出了许多富有建设性的意见建议。

曹建明检察长对各位专家咨询委员长期以来对检察工作的关心支持表示感谢。他指出，党的十八届四中全会坚持问题导向、坚持改革精神，对全面推进依法治国涉及的许多重大理论和实践问题提出了制度化解决方案。特别是创造性地提出了中国特色社会主义法治道路、法治体系和法治理论的重大论断，为全面推进依法治国提供了根本遵循。中国特色社会主义检察制度，始终是与中国法治建设紧密联系在一起的，必然也必须伴随着中国特色社会主义法治道路、法治体系和法治理论的丰富完善而不断发展进步。因此，无论是坚持走中国特色社会主义法治道路，还是建设中国特色社会主义法治体系、贯彻中国特色社会主义法治理论，都必然要求坚持和完善中国特色社会主义检察制度。中国特色社会主义检察制度只有适应国家经济社会发展需要，顺应国家民主法治的进步，符合国家政治体制和司法体制的内在要求，才能始终充满生命力。

曹建明检察长强调，党的十八届四中全会把深化司法体制改革纳入全面推进依法治国、全面深化改革的战略全局之中来部署，分量之重、力度之大、涉及面之广前所未有。特别是全会把检察监督纳入法治监督体系，并作为司法监督的重要组成部分，在完善原有法律监督措施的基础上，又有许多新的探索和发展，赋予了检察机关新的职责任务。这些重大的改革举措，都是重大的理论和制度创新，不仅明确了新形势下检察监督制度建设的重大任务，也对检察机关履行监督职责提出了更高要求。检察机关将按照四中全会改革部署，加强调查研究，强化顶层设计，积极稳妥推进各项改革，完善法律监督制度，提升法律监督能力，更好发挥检察监督在规范权力运行、保证法律正确实施等方面的作用。

曹建明检察长指出，全面推进依法治国，全面深化司法改革和检察改革，需要强有力的智力支持和学理支撑，需要紧紧依靠一批政治立场坚定、理论功底深厚、熟悉中国国情的高水平法学家和专家团队，积极探索和推进理论创新、实践创新。最高人民检察院和地方各级检察机关要从推动科学决策、民主决策,增强检察机关软实力的战略高度,高度重视、紧紧依靠中国特色新型智库,加强与法学界的交流合作,充分发挥法学院校和法学研究机构的重要作用,推动检察理论研究的繁荣和发展。要健全检察机关与法学院校、法学研究机构人员双向交流机制,坚持和完善法学专家到检察机关挂职制度,选派理论水平较高的检察官到高等院校兼职任教,使法学界和检察机关增进了解、相互支持,使法学研究、法学教育和检察实践相互促进。

曹建明检察长表示,最高人民检察院的各位专家咨询委员,都是各法学学科领域的学术带头人,是检察机关特别是最高人民检察院的"智库""智囊团"。要充分发挥智囊团作用,坚持问题导向、坚持理论联系实际,更加关注和重视对中国特色社会主义法治道路、理论、体系的研究,更加关注和重视对中国特色社会主义检察制度的研究,更加关注和重视对司法改革、检察改革重大理论和实践问题的研究,为推进检察理论创新、制度创新、实践创新多建睿智之言,多献务实之策。最高人民检察院也将进一步完善工作机制,加强和改进专家咨询委员工作,为各位专家学者深入检察实践、了解检察工作创造良好条件。

（最高人民检察院办公厅　张　阳）

律师界代表座谈会　2014 年 12 月 8 日,最高人民检察院召开律师界代表座谈会,听取律师界对检察工作的意见建议。最高人民检察院检察长曹建明出席会议并讲话,副检察长柯汉民主持座谈会并介绍了最高人民检察院在保障律师权利、维护司法公正方面的新举措,副检察长孙谦、李如林出席座谈会,来自全国各地的 32 位律师协会负责人以及最高人民检察院机关各内设机构主要负责人参加座谈会。在座谈会上,各位律师协会负责人踊跃发言,提出了许多富有建设性的意见建议。

曹建明检察长对大家的发言表示感谢,并表示最高人民检察院将认真梳理、充分吸收,进一步加强和改进各项检察工作。曹建明检察长指出,党的十八届四中全会第一次鲜明提出"法治工作队伍"概念,明确指出律师队伍是其中的重要组成部分;突出强调加强对律师执业权利的保障。但我们也要清醒认识到,与法治要求相比,与律师期待相比,有的地方检察院和检察人员还存在司法观念陈旧,对律师介入诉讼活动有抵触心理,对律师是职业共同体的认识不到位等突出问题和不足。这些问题,不仅影响诉讼过程和办案质量,而且损害检察机关的司法形象和司法公信力。

曹建明检察长强调,针对这些突出问题和不足,最高人民检察院将按照四中全会的要求,围绕保证公正司法、提高司法公信力,推出四项重点举措强化对律师执业权利的保障。一是集中开展规范司法行为专项整治工作。针对人民群众最关注、反映最强烈的执行办案不规范不严格、限制律师权利等突出司法"顽疾",开展集中整治,进一步健全规范司法的各项制度机制,带动和促进司法规范化水平全面提升。二是健全律师会见、阅卷、调查取证等执业权利的保障机制。针对律师普遍关心的会见难、阅卷难、调查取证难"三难"问题,从制度机制上明确和细化相关规定保证律师合法执业权利,同时,研究建立检察机关办案部门和人员违法行使职权的纠正机制和记录、通报及责任追究制度,对侵犯律师执业权利等违法行为,依法依规严肃处理。三是构建开放动态透明便民的阳光司法机制。进一步深化以案件信息公开为核心的检务公开,构建案件程序性信息查询、法律文书公开、辩护与代理预约、重要案件信息公开等四大平台;进一步深化针对律师的检务公开,加强律师接待窗口建设,畅通律师接待渠道,规范律师接待流程,健全及时主动公开和依申请公开制度,方便律师参与诉讼。四是健全对侵犯律师执业权利的救济机制。认真履行修改后刑事诉讼法赋予检察机关的新职能,对司法机关阻碍律师行使诉讼权利的行为,强化法律监督。

曹建明检察长指出,推进法治中国建设,是包括检察官、律师在内所有法律人的共同责任和使命。检察机关要牢固树立法律职业共同体的理念,与广大律师一起,在诉讼中坚持客观公正立场,严格依法履行职责,相互尊重对方权利,相互尊重对方的诉讼行为,共同维护法治尊严、维护人民权益,提高司法公信力。要注重发挥律师疏导和化解矛盾纠纷的独特作用,与律师密切沟通,共同答疑解惑,共同引导当事人通过正常渠道反映诉求和依法解决矛盾纠纷,共同促进矛盾化解,促进全社会形成相信法律、运用法律、遇事找法、解决问题靠法的良好氛围。要主动加强与各级司法行政部门、律师协会和广大律师的联系,建立健全业务研讨、学术交流、定期座谈等长效机制。要探索建立检察官与律师交叉培训制度,完善从律师群体中公开选拔检察官的制度,进一步拓宽律师与检察官职业之间的交流渠道。

曹建明检察长表示,虽然检察官和律师职责任务、角色定位等不太相同,但对思想政治素质、业务工作能力、职业道德水准的要求是相同的。检察官和律师同为法治工作者,同受法律教育,同循法律思维,同行法治方式,同以捍卫司法公正和法律尊严为己任,同要坚持以事实为依据、以法律为准绳。因此,无论从哪方面讲,检察官与律师都不是简单的控辩、对抗关系,而是对立统一、相互依存、平等相待、彼此促进的良性互动关系。希望进一步增强检察官和律师之间的职业认同感和信任感,着力构建新型、健康、良性互动的检律关系,为实现"法治梦"而携手前行、共同奋斗。

(最高人民检察院办公厅 王才玉)

全国检察机关规范司法行为专项整治工作电视电话会议 2014年12月26日,最高人民检察院召开全国检察机关规范司法行为专项整治工作电视电话会议,决定从现在起到明年底,在全国检察机关开展为期一年的规范司法行为专项整治工作。最高人民检察院检察长曹建明出席会议并作讲话,常务副检察长胡泽君主持会议。最高人民检察院领导邱学强、孙谦、张常韧、莫文秀、李如林、王少峰,检察委员会专职委员张德利、陈连福出席会议。这次会议以视频会议形式开至省、市、县三级3100多个检察院。最高人民检察院机关各内设机构副处长以上干部、各直属事业单位负责人,军事检察院领导、内设机构主要负责人在最高人民检察院机关主会场参加会议。全国人大常委会法工委刑法室、全国人大内司委司法室和中央政法委队建室有关负责同志应邀在主会场参加会议。地方各级检察院领导、机关内设机构负责人,各大军区检察院检察长在分会场参加会议。

会议传达了中共中央政治局委员、中央政法委书记孟建柱就检察机关规范司法行为专项整治工作提出的明确要求。曹建明指出,孟建柱同志的重要指示,从全面推进依法治国和国家治理体系、治理能力现代化的高度,深刻阐明了规范司法行为的重大意义,深刻指出了检察机关司法规范化建设的基本原则和重点任务,具有很强的思想性和针对性,对我们深化司法规范化建设、深入开展专项整

治工作具有十分重要的指导意义。各级检察机关一定要认真学习领会,切实抓好贯彻落实。

曹建明检察长指出,十八届四中全会突出强调发挥司法公正对社会公正的重要引领作用,第一次在我们党的重要文献中,明确把"规范司法行为"确立为司法工作的基本要求。党的十八大以来,习近平总书记等中央领导同志多次对规范司法行为提出要求。全国人大常委会继2006年之后,再次听取检察机关规范司法行为的专项报告。这些都充分体现了中央对规范司法行为工作的高度重视,为检察机关深入推进司法规范化建设指明了方向,也对检察机关提出了更高要求。

曹建明检察长强调,这些年来,检察机关高度重视司法规范化建设,检察队伍严格规范司法的能力和水平显著提升。全国人大常委会组成人员在审议专项报告中,对此也给予了充分肯定。但是,我们必须始终保持清醒头脑,必须清醒认识到,当前检察机关在司法活动中仍然存在不少突出问题,检察机关司法规范化建设任重道远。规范司法行为是全面推进依法治国对司法工作的基本要求,只有规范司法行为才能保障严格司法、公正司法,进而推动全民守法、树立法治权威。检察机关必须从全面推进依法治国的战略高度,深刻认识深化司法规范化建设的极端重要性和现实紧迫性,高度重视并坚决纠正自身司法不规范的突出问题,真正把深入推进司法规范化建设作为一项基础性、全局性工作抓紧抓好。

曹建明检察长强调,深入推进司法规范化建设,必须严格落实法律规定,推进严格司法。规范司法首先要严格司法,如果连法律规定都不能严格执行,规范司法行为就无从谈起。各级检察机关要把坚决贯彻、严格执行修改后的刑事诉讼法、民事诉讼法和行政诉讼法作为规范司法的重点,严格依照法律规定的权限、程序履行职责、行使权力。要认真贯彻保障人权的要求,全面贯彻证据裁判规则,加强对刑讯逼供和非法取证的源头预防,严格规范强制措施、侦查措施的适用,强化诉讼过程中当事人和其他诉讼参与人合法权益的制度保障。要认真贯彻程序公正的要求,切实改变"重实体、轻程序"的倾向,真正把程序公正作为规范司法的前提,确保每一个司法办案环节都符合程序规范的要求。要认真贯彻规范监督的要求,高度重视对立案、侦查、审判和执行活动监督的规范化建设,正确

把握各类监督方式、手段的适用条件，努力提高监督的质量和效率。

曹建明检察长强调，深入推进司法规范化建设，必须深化司法体制改革和检察改革，进一步完善规范司法行为的制度机制。最高人民检察院和各省级检察院要按照四中全会和审议意见要求，对现有制度规范进行梳理，当立则立、该修则修，增强制度的执行力和约束力，使每一个司法环节、每一个司法行为都有章可循。要紧紧围绕检察权的运行，进一步明确检察机关内部各层级权限，明确各类检察人员工作职责、工作流程、工作标准。要加强职务犯罪线索管理，健全受理、分流、查办、信息反馈制度，规范查封扣押冻结处理涉案财物的程序。要突出案件质量评查，引入社会评价，健全科学合理的考核指标体系。

曹建明检察长指出，深入推进司法规范化建设，必须加强对自身司法活动的监督，确保检察权依法正确行使。要以司法办案活动为重心，不断强化内部管理和监督，真正坚持司法办案数量、质量、效率、效果、规范、安全的有机统一。要深入推进主任检察官办案责任制改革，建立办案质量终身负责制和错案责任倒查问责制，完善和落实检察机关内部人员过问案件的记录制度和责任追究制度。要进一步健全案件管理机制，强化对检察业务的过程控制、实时监管和事后评价，真正做到案件流转到哪里，监督制约就延伸到哪里。要认真贯彻下发的《关于依法保障律师执业权利的若干规定》，下决心解决律师会见难、阅卷难、调查取证难的问题。要依法慎用指定居所监视居住等强制措施，慎重扣押涉案财物，注重改进司法办案方式。探索对检察机关办案部门、办案人员自身违法违纪行为建立纠正违法通知和违法办案记录、通报、责任追究制度，坚持谁审批谁担责、谁办案谁担责。

曹建明检察长指出，深入推进司法规范化建设，必须深化检务公开，以公开促规范，以公开"倒逼"规范。要以案件信息公开系统为主平台，加强"两微一端"等新媒体公开平台建设，着力构建多层次、多角度、全覆盖的案件信息公开网络。要加强法律文书释法说理工作，针对案件争议焦点，厘清事实认定、阐明适法依据、讲透法理情理。要加快推进统一的检务公开大厅建设，逐步把控告举报申诉受理、律师接待、视频接访、行贿犯罪档案查询、案件信息查询、12309举报电话等工作整合在检务

公开场所，整合在门户网站等互联网平台上，实现网上网下"一站式"服务。

曹建明检察长强调，深入推进司法规范化建设，要坚持不懈把队伍的司法理念、能力和作风建设作为第一位任务，坚持从源头抓起，为规范司法行为提供有力思想和组织保障。要加强忠诚教育、理想信念和社会主义法治理念教育，引导和教育全体检察人员始终牢记"四个必须"，始终坚持"六个并重"，严守职业道德和权力边界，规范权力行使。要加快研发检察机关岗位素能基本标准，紧贴司法实践开展分类培训，不断提升检察人员严格规范司法的职业素养和专业水平。要坚决反对和克服特权思想、衙门作风、霸道作风，坚决反对和惩治粗暴执法、野蛮执法行为，突出抓好《检察人员八小时外行为禁令》，坚持以最严的标准、最严的举措根除司法作风的顽瘴痼疾。

曹建明检察长强调，深入推进司法规范化建设，必须切实把规范司法行为的要求落实到基层。最高人民检察院、省级检察院和分州市检察院在带头执行制度规定、带头规范司法的基础上，要坚持把工作重心放在基层，把基层作为司法规范化建设的重点和基石，推进规范司法行为与基层建设的深度融合。全国各个基层检察院党组尤其每一位检察长要身体力行，强化"两个责任"，持续不断抓落实、抓督查，牢固树立不抓规范司法就是失职、放任违法违规办案就是渎职的观念，真正做到用制度管权管事管人，真正做到执行制度没有例外。

曹建明检察长指出，检察机关开展规范司法行为专项整治工作，既是落实全国人大常委会审议意见、集中整治检察环节司法不规范突出问题的重要部署，也是落实四中全会精神，深化司法规范化建设、提高严格规范公正文明司法能力的重要抓手，是保证公正司法、提高司法公信力的重要举措。这次专项整治工作将重点围绕职务犯罪侦查、侦查监督、公诉、民事行政检察、刑罚执行和监管活动监督、控告申诉检察、职务犯罪预防等部门和环节，重点整治八个方面司法不规范的突出问题。一是司法作风简单粗暴，特权思想、霸道作风严重，对待当事人和来访群众态度生硬、敷衍塞责、冷硬横推；二是执行办案规范和纪律规定不严格，讯问职务犯罪嫌疑人同步录音录像制度落实不到位，指定居所监视居住强制措施适用不规范，对一些限制性规定变通执行；三是不依法听取当事人和律师意见，对律

师合法要求无故推诿、拖延甚至刁难,限制律师权利;四是违法采取强制措施,违法取证,违法查封扣押冻结处理涉案财物,侵害当事人合法权益;五是为追求考评成绩而弄虚作假,违规办案;六是受利益驱动,越权办案,违规插手经济活动;七是私下接触当事人及律师,泄露案情或帮助打探案情,或者受人之托过问、干预办案,利用检察权获取个人好处;八是接受吃请、收受贿赂、以案谋私,办关系案、人情案、金钱案。检察机关将抓住要害、集中发力、持续用劲,以"刮骨疗毒"的勇气,下大气力整治不公正、不文明、不规范、不廉洁的司法行为,取得让群众看得见、感受得到的成效。

曹建明检察长强调,各级检察院要把专项整治工作作为当前的一项重要任务来抓,检察长负总责,确保全员参与、不留死角。要动真格、敢碰硬,对反映出的重点问题要进行挂牌督办,对重点单位、重点地区和重点部门要开展专门督导、检务督察,对涉嫌违纪违法的,发现一起,坚决查处一起。要实行"一案双查",既要追究当事人责任,又要倒查相关人员的领导责任和监管责任。要敢于向违纪违法问题"亮剑",敢于向系统内外"亮丑",重拳整治司法不规范的突出问题。

(最高人民检察院办公厅 贝金欣)

检察队伍建设 2014年,全国检察机关认真学习贯彻党的十八大、十八届三中和四中全会精神,紧紧围绕"五个过硬"目标,大力加强检察队伍建设,各项工作取得新的成效。

一、检察队伍理论武装得到新的强化

深入学习贯彻党的十八届三中、四中全会和习近平总书记系列重要讲话精神,坚持不懈抓好中国特色社会主义理论体系学习教育,确保领导干部信念坚定、对党忠诚、政治可靠。深化对重大理论问题的认识,广泛开展党组中心组学习、集中培训、个人自学、研讨交流等活动,最高人民检察院分三批组织628名省级检察院领导班子成员和地市级检察院检察长进行轮训,地方检察机关采取多种形式,重点轮训处级以上领导干部。

二、党的群众路线教育实践活动顺利完成

第一批单位扎实开展深化整改任务落实工作,结合实际研究制定整改任务完成评定标准、整改任务销号管理办法,进一步强化整改措施,严格整改责任,落实督导制度,确保达到了中央要求的

"100%完成整改任务"的目标。市、县两级检察机关认真贯彻最高人民检察院部署,在当地党委领导下,认真整治"门难进、脸难看、事难办""控告难、申诉难、监督难"问题,办"关系案、人情案、金钱案"问题。坚持从严从实、突出问题导向、贯彻整风精神,认真组织开展"增强党性、严守纪律、廉洁从政"专题教育活动,进一步巩固和拓宽了党的群众路线教育实践活动成果。

三、思想文化建设不断加强

大力培育和践行社会主义核心价值观,制定实施《关于检察机关培育和践行社会主义核心价值观的意见》。组织开展全国检察机关"坚守职业良知,践行执法为民"先进事迹英模报告团巡讲。启动"全国杰出检察官"评选表彰活动,大力宣传张飚先进事迹;组织全国检察机关第八次"双先"表彰,评选表彰143个先进集体和190名先进个人。开展全国检察文化理论与实务研究征文活动,组织首届全国检察机关微电影展播,举行"新媒体形势下的检察影像表达"研讨会,推出一批高品质、有深度的检察题材影视作品。抓好检察文化网络建设,进一步提升检察机关宣传文化"软实力"。制定实施《关于进一步加强和改进检察机关主题教育实践活动的指导意见》。

四、领导班子建设成效明显

坚持把领导班子作为队伍建设的关键环节,认真贯彻新修订的《干部任用条例》,做好各级检察院领导班子的调整补充工作,最高人民检察院协助省级党委任免省级检察院领导班子成员48名,进一步改善领导班子结构。开展10个新任检察长的省级检察院领导班子开局工作专项调研,全面掌握领导班子、干部队伍建设情况。制定印发省级人民检察院领导班子及其成员贯彻执行民主集中制情况考核评估办法,组织了对安徽、江西、新疆3个省级检察院领导班子考核评估,努力探索加强省级检察院领导班子贯彻执行民主集中制监督的新途径、新方法。全面推行述职述廉报告工作制度,制定实施《关于下级人民检察院检察长向上一级人民检察院述职述廉报告工作的规定》,加强对各级检察院领导班子的管理监督。

五、人才队伍建设有序推进

建立推进检察人才六项重点工程进展情况半年报制度,加强人才工作的动态监测与管理,开展对检察人才六项重点工程实施情况的专题调研,推

动重点工程落实。落实《卓越检察人才培养实施意见》和"双千计划"，实施"二百千万"高层次人才培养工程，积极推动检察机关与高等院校人员互聘工作，落实中组部关于选拔推荐青年拔尖人才的意见。组织检察人员参评国家级专家人才评选，1人获十大中青年法学家提名奖，2人入选知识产权领军人才和高层次人才。

六、教育培训工作实现新的发展

制定实施《检察机关岗位素能基本标准研制方案》，扎实推进研制工作。加大正规化分类培训力度，组织省级以下检察院领导班子成员素能培训、省级检察院及分州市检察院业务骨干专项业务培训。协调举办电子数据取证大练兵、申诉检察人员岗位学练赛、民事行政检察业务竞赛等活动，举办最高人民检察院厅级干部领导素能培训班，组织最高人民检察院厅级干部参加自主选学，开展公文写作培训班，促进提高了机关干部队伍专业化水平。开展第二批全国精品课程评选活动，评选产生33门精品课程、17门精品提名课程。积极推进检察教育网络学院建设工作，加强专兼职师资队伍建设。

七、检察队伍管理体制机制改革取得阶段性成果

制定主任检察官办案责任制改革实施方案，印发实施试点工作指导意见，7个省（市）17个试点单位改革工作顺利推进，主任检察官办案责任制改革取得重要成果。积极参与中央司法体制改革顶层设计工作，研究提出《检察人员分类管理制度改革建议方案》等三个建议方案。主动参与中央有关部门牵头组织的省以下政法专项编制统管、检察官工资制度改革等专题调研，北京、上海两市成立跨行政区划检察院。圆满完成了农垦及政企合一检察院管理体制改革及编制清查转换工作。积极参与中央政法委牵头的《中长期改革实施规划》、军事法官检察官转任地方法官检察官改革、检察院组织法修改等改革项目的研究。组织司法警察警员职务套改工作，认真做好有关检察院设立、撤销、更名审批工作。

八、基层基础更加扎实

全面贯彻落实《2014—2018年基层人民检察院建设规划》，制定实施《2014年基层检察院建设组织工作指导意见》。最高人民检察院组织对20个基层检察院建设情况进行抽样评估，督促整改落实。地方各级检察机关紧紧围绕基层检察院"八化"建设目标，不断适应新形势、明确新思路、采取新举措，全面加强基层基础建设，各项检察工作都取得了新的进步。着力推进基层检察院领导班子建设、队伍专业化职业化建设，大力开展基层检察长轮训，制定实施《基层检察人员轮训办法（试行）》，加强对基层检察人员的专业培训。统筹推进检察业务、干部人才、教育培训、资金项目等援藏援疆工作，认真落实援助任务。召开全国检察机关贯彻落实第二次中央新疆工作座谈会精神部署会，推动座谈会精神在检察机关全面深入贯彻。组织西部巡讲支教，开展网络培训，促进教育培训广覆盖。

（最高人民检察院政治部）

首期全国检察政工干部轮训示范班　2014年5月26日至30日，最高人民检察院在国家检察官学院举办首期全国检察政工干部轮训示范班。最高人民检察院政治部主任王少峰出席开班式并讲话。王少峰指出，检察政工干部培训是检察机关加强政工部门能力建设的重要内容和主要途径，是建设高素质专业化检察政工队伍的基础工程，事关检察政工部门整体战斗力和检察队伍建设长远发展，必须站在全局和战略的高度，深刻认识开展全员轮训工作的重要意义。要紧紧围绕贯彻落实习近平总书记提出的"四句话""五个过硬"政法队伍建设目标和要求，努力打造高素质专业化检察政工队伍。要进一步坚定理想信念，努力把检察政工队伍打造成信仰崇高、立场鲜明、定力超强的政治坚定者；进一步提高业务素养，努力把检察政工队伍打造成精通理论、钻研本职、熟悉实践的业务过硬者；进一步弘扬担当精神，努力把检察政工队伍打造成勇于负责、主动担责、全面尽责的使命担当者；进一步改进作风，努力把检察政工队伍打造成带头落实中央规定、坚决反对"四风"的优良作风引领者；进一步树立良好形象，努力把检察政工队伍打造成公道正派、清正廉洁、遵纪守法的从严律己者。培训紧紧围绕提高干部人事部门负责人素质能力这一主题进行，课程和内容涉及与干部人事工作密切相关的政策解读、理论专题、实务研讨等，紧贴检察机关干部人事工作实际，具有较强的针对性和现实性。授课人员为中组部、人社部有关部门和最高人民检察院政治部的领导、高等院校的著名教授。参加首期轮训示范班的有各省级检察院政治部分管干部人事工作的副主任、干部（人事、检察官管理）处处长，

省会城市和副省级城市检察院政治部负责人。

（最高人民检察院政治部办公室）

全国检察机关"坚守职业良知,践行执法为民"先进事迹英模报告团巡讲活动 为深入学习贯彻习近平总书记系列重要讲话精神,进一步教育引导检察人员坚守职业良知、践行执法为民,扎实推进全国检察机关党的群众路线教育实践活动,2014 年 6 月 23 日至 7 月 15 日,最高人民检察院组织开展了全国检察机关"坚守职业良知,践行执法为民"先进事迹英模报告团巡讲活动,先后在最高人民检察院机关以及江苏、吉林、陕西、重庆、广东、湖北等省市举办七场报告会。

最高人民检察院党组高度重视报告团巡讲活动,曹建明检察长亲自审定"坚守职业良知,践行执法为民"报告主题,要求巡讲报告既体现中央和最高人民检察院党组对检察队伍建设的要求,又彰显检察英模的精神核心。5 位报告人均系全国检察机关第八次"双先"会表彰的"全国模范检察官",他们以朴实的语言,生动感人的事迹,生动诠释了当代人民检察官忠诚可靠、献身使命、恪尽职守、爱岗敬业、心系群众、执法为民、公正执法、敢于担当、清正廉洁、无私奉献的职业良知,集中展示了检察机关为民务实清廉的良好形象。共有 42900 余名检察人员在主会场和分会场聆听了英模事迹报告。《人民日报》《求是》等中央新闻媒体和各相关省市主流媒体分批次、成规模地对巡讲活动进行广泛深入宣传报道,产生了良好反响。

（最高人民检察院政治部宣传部）

全国检察机关主要领导干部学习贯彻十八届四中全会精神专题培训班 2014 年 11 月至 12 月,最高人民检察院以"全面学习贯彻党的十八届四中全会精神、结合检察工作形势、研究贯彻落实思路和措施"为主题,举办 3 期全国检察机关领导干部学习贯彻十八届四中全会精神专题培训班,培训省级检察院领导班子成员和分州市检察院检察长共计 628 名。培训主要取得以下几方面成效:一是进一步深化了对十八届四中全会重大意义和全面推进依法治国指导思想、目标任务、工作布局、重点举措等重大问题的思想认识。一系列主题辅导报告和专题辅导讲座对十八届四中全会精神进行了深入的阐释和全面解读,帮助学员理清了学习脉络和贯彻思路。二是进一步强化了贯彻落实十八届四中全会提出各项任务措施的使命感、责任感和紧迫感。通过培训,学员们切实感受到党中央对法治工作的高度重视,充分认识到在全面推进依法治国的大背景下,检察机关作为法律监督机关,需要切实肩负起依法治国的实践者、推动者的责任,特别是要从自身做起、从办理具体案件做起,发挥应有的作用、作出应有的贡献,确保依法治国的各项目标任务落到实处。三是进一步增强了全面推进依法治国、履行法律监督职责、严格公正执法、深化司法体制改革、建设过硬队伍的信心和决心。作为司法工作者,学员们全面系统了解到司法体制改革特别是检察改革的复杂性和重要性,深入掌握了全面推进依法治国的一系列新思想、新观点、新论断、新举措,澄清了模糊认识,坚定了全面依法治国和完成各项检察工作、推进司法改革的信心。四是进一步明确了推进检察事业科学发展、开创检察工作新局面的努力方向。曹建明检察长在培训班上的报告阐述理论系统深入、分析问题一针见血,具有高度的针对性和指导性,学员们在聆听报告的基础上,通过主题研讨、互动交流等,深入反思了检察工作中存在的实际问题,研究了改进举措,理清了工作思路,明确了前进方向,抓住了下一步工作的重点和切入点。培训结束后及时转化成果,收录曹建明、胡云腾、黄太云、王洪祥等专家领导授课提纲和学员心得体会,编辑出版并下发《依法治国与检察工作》一书,为全国检察系统学习贯彻四中全会精神提供辅导教材。

（最高人民检察院政治部干部教育培训部）

侦查监督工作 2014 年,全国检察机关侦查监督部门紧紧围绕党和国家工作大局、检察工作全局,以执法办案"规范化、精细化"建设和过硬队伍建设为统领,推动侦查监督工作不断取得新的进步。

一、全力维护国家安全和社会稳定,保障经济平稳健康发展

一是全国检察机关侦查监督部门始终保持"严打"方针不动摇,突出打击严重危害国家安全、公共安全和社会治安的犯罪。2014 年,共批准逮捕各类

刑事犯罪嫌疑人 879615 人，同比下降 0.02%。二是依法严惩严重经济犯罪，努力为经济社会发展营造良好法治环境。2014 年，共批准逮捕破坏经济秩序犯罪 56165 人，同比上升 19.5%。最高人民检察院侦查监督厅针对办案中发现的突出问题，部署开展"破坏环境资源和危害食品药品安全犯罪专项立案监督活动"，共监督相关行政执法机关移送涉嫌犯罪案件 3676 件 4519 人，监督公安机关立案 2953 件 3699 人，挂牌督办了两批 89 件重大案件。三是认真落实职务犯罪案件审查逮捕"上提一级"制度，加强与检察机关自侦部门的制约与配合，提高办理职务犯罪审查逮捕案件质量和效率，坚持"老虎""苍蝇"一起打，依法准确惩治贪污贿赂、渎职侵权犯罪，确保惩治腐败力度和效果。2014 年，共决定逮捕职务犯罪嫌疑人 19682 人，同比上升 18.7%。四是针对网络媒体时代，重大敏感案件时有发生，处理稍有不当会引起炒作的新形势，建立重大敏感案件快报制度，对重大敏感案件及时将有关情况报告提出处理建议，为领导决策提供参考，确保案件依法及时妥善处理。最高人民检察院侦查监督厅直接参与指导了西安幼儿园给幼儿喂药案等一批网络舆情高度关注的重大敏感案件，山东招远"5·28"故意杀人案等重大敏感案件，当地侦查监督部门均及时介入侦查引导取证，确保了案件质量，避免了检察环节处理上的二次炒作。五是积极参与打黑除恶、打击拐卖妇女儿童、打击涉医违法犯罪、打击整治非法生产、销售和使用伪基站违法犯罪等多项专项行动，有效整治社会治安突出问题。通过办案发现社会管理存在的漏洞和薄弱环节，积极向有关部门提出建议，促进和加强社会治理。

二、坚持执法办案规范化、精细化，努力提高办案质量和效果

一是强调全面审查证据，重视客观证据，坚决纠正、排除非法证据，把好检察机关预防冤假错案第一关。2014 年，全国检察机关侦查监督部门共受理非法证据调查 530 件 726 人，排除非法证据后不捕 406 人；对侦查机关不应当立案而立案的，督促撤案 17673 件；对滥用强制措施、违法取证、刑讯逼供等侦查活动违法情形，提出纠正意见 54949 件次。2014 年，捕后无罪判决、撤

案、不起诉以及复议复核后改变原不捕决定的比例继续保持在较低水平。例如，河北省顺平县检察院在办理王玉雷涉嫌故意杀人案中，及时发现并排除非法供述，依法作出证据不足不予逮捕决定，积极引导公安机关补充侦查，缉捕"真凶"王斌到案，纠正了一起重大冤错案件。二是全面准确把握逮捕条件，规范逮捕程序。一方面，加强逮捕社会危险性条件的审查，努力减少不必要的逮捕。福建、四川、河南等地与公安机关联合制定了社会危险性证明制度、轻微刑事案件不捕直诉制度等办案机制，江苏、上海、北京等地建立了外来犯罪嫌疑人羁押管护教育基地，取得良好效果。另一方面，严格落实审查逮捕程序，做到"兼听则明"。各地对刑事诉讼法规定应当讯问的情形均严格落实讯问，不必要讯问的则书面征求意见，一些地方做到了每人必问。充分保护当事人诉讼权利，保障律师依法履行辩护职责。2014 年，审查逮捕环节听取律师意见 9819 件，同比上升 26.4%。重庆、上海、河北、河南等地还积极探索完善了审查逮捕说理、听审式审查逮捕等制度。这些做法对提高案件质量起到了积极作用。三是进一步健全监督机制。大力推进"两法"衔接信息平台建设。截至目前，各地由检察机关牵头建设平台的 10 个省份中，有 8 个已经建成，其余 2 个也在积极筹备中。上海、广东、河北等地还探索建立了与公安机关刑事案件信息共享机制，同步掌握公安机关立案、侦查活动等相关信息，对及时发现监督线索起到了积极作用。最高人民检察院侦查监督厅起草了《关于规范刑事案件"另案处理"适用的指导意见》，与公安部会签下发，进一步规范了"另案处理"的适用与监督。一些地方在介入侦查引导取证机制、派出所刑事执法监督机制、刑事拘留监督机制等方面也进行了积极探索。各地坚持日常监督和专项监督相结合，根据最高人民检察院工作部署和本地实际情况，针对突出问题适时组织专项监督，效果明显。

三、以解决执法不规范问题为抓手，加强侦查监督队伍作风建设

针对一些地方存在的滥用监督权、业务考评弄虚作假、办案粗糙、把关不严等突出问题，狠抓了两项工作：一是组织对 2013 年使用书面纠正违法的

情况进行核查。就核查中发现的随意发放书面纠正违法通知书、拆分监督和在统计数据上弄虚作假的现象进行通报，提出整改意见和工作要求，在各地引起较大反响。各省级检察院纷纷完善监督工作考评机制，改变单纯考查监督数量的做法，更加注重监督实效。二是对2014年省级检察院提请批准延长侦查羁押期限案件的情况进行了通报。对部分省级检察院侦查监督部门在办理延押案件中存在的不履行监督审查职责、期限计算错误、报送材料不规范、文书制作错误、迟报早报等问题进行了点名批评，责令个别省检察院侦查监督部门写出书面检查，扭转了部分省级检察院存在的延押就是"办手续"的错误观念，督促他们自觉提高延押案件质量，强化对侦查羁押期限的监督和对犯罪嫌疑人权利的保护。上述措施在改进侦查监督人员工作作风、端正业绩观、强化监督意识、规范监督行为上起到了积极作用，推动了侦查监督工作健康有序发展。

四、贴近工作实际，加强调查研究和机制创新

一是对检察机关贯彻执行修改后刑事诉讼法情况进行了深入调研，向最高人民检察院党组作了专题报告，并代院拟写了下发全国检察系统的通知、呈全国人大常委会和中央政法委的情况报告。二是组织研究制定《常见新型疑难刑事案件审查逮捕指引》，对审查判断证据的基本要求、需要特别注意的问题以及社会危险性条件的把握等提出指导意见。三是积极推进最高人民检察院部署的改革任务。对于"重大疑难案件侦查机关听取检察机关意见和建议制度"项目，侦查监督厅在前期沟通的基础上，已起草了对相关问题的书面意见和建议，送公安部刑侦局，推动按计划取得进展。对"探索建立对公安派出所刑事执法活动监督机制"和"探索建立对刑事拘留监督机制"项目已经进行了深入调研，正在起草相关规范性文件。四是全面梳理侦查监督部门在执行贯彻修改后刑事诉讼法中遇到的问题，研究制定了《侦查监督部门实施刑事诉讼法若干问答》；制定《侦查监督部门介入职务犯罪案件侦查工作的指导意见》《关于在侦查监督环节建立重大敏感案件快速反应机制的意见》等规范性文件；先后对办理批捕暴恐犯罪案件及其关联案件的情况、审查逮捕自侦案件的情况、办理核准追诉案件的情况等进行了专题调研分析，对有关问题提出有针对性的意见和建议。

（最高人民检察院侦查监督厅）

公诉工作 2014年，各级检察机关公诉部门认真学习贯彻党的十八届三中、四中全会精神和习近平总书记系列重要讲话精神，紧紧围绕党和国家工作大局，依法履行指控犯罪和诉讼监督两项基本职能，大力加强公诉规范化建设，坚持以专业化职业化为目标加强高素质公诉队伍建设，办案质量、执法水平和司法公信力进一步提高，各项工作取得新进展。

一、依法指控犯罪，切实维护国家安全和社会稳定

面对维护国家安全和社会稳定的严峻形势，各级检察机关公诉部门积极投入平安中国建设，依法履行指控犯罪职能，有力打击各类犯罪。2014年，全国检察机关公诉部门共受理侦查机关（部门）移送案件1139141件1626404人，同比分别上升2.93%和0.88%，审结案件1082193件1519427人，同比分别上升7.15%和5.26%，其中提起公诉1027115件1437899人，决定不起诉77609人。一是开展严厉打击暴恐犯罪专项斗争。按照中央统一部署，以新疆为主战场开展打击暴力恐怖犯罪专项活动，召开办理涉疆暴恐案件工作座谈会，对检察机关加强打击暴恐犯罪工作进行部署。依法办理了北京"10·28"案件、云南昆明"3·01"案件、新疆乌鲁木齐"5·22"案件、新疆莎车案件等重大暴力恐怖袭击案件，有效打击了暴恐犯罪，维护了国家安全。二是依法办理各类重大复杂敏感案件。在全国开展对"全能神"邪教组织专项整治"百日会战"活动，依法严厉打击邪教犯罪活动。依法办理全能神"5·28"案件，对张帆、张立冬、吕迎春、张航涉嫌故意杀人、利用邪教组织破坏法律实施，张巧联涉嫌故意杀人案依法提起公诉。依法打击严重暴力犯罪、黑恶势力犯罪，对刘汉、刘维等36人组织领导参加黑社会性质组织、故意杀人、故意伤害案依法提起公诉。积极参与依法开展整顿网络谣言专项工作，严厉打击各类网络犯罪。三是依法打击各类经济犯罪，切实维护社会主义市场经济秩序。完善办理经济犯罪案件工作机制，认真贯彻落

实党的十八届三中全会精神,深入研究全面深化改革中经济领域出现的新情况新问题,依法妥善处理改革中出现的新类型案件。依法办理了葛兰素史克商业贿赂犯罪案件等多起社会广泛关注的重大经济犯罪案件。积极配合有关部门深化重点领域、突出问题的专项治理,促进经济领域法治化建设。依法严惩制假售假、危害食品药品安全、侵犯知识产权犯罪,配合公安部开展"打击食品犯罪保卫餐桌安全"和"打四黑除四害"专项行动,督办了一批危害食品安全、假药犯罪等重大侵害民生民利犯罪案件。四是完善职务犯罪公诉案件审查办理机制,加强省部级以上干部职务犯罪大要案公诉工作,确保案件质量,依法办理了20多起省部级以上职务犯罪案件,为反腐败斗争深入开展提供有力司法保障。

二、全面加强诉讼监督,促进司法公正

各级检察机关公诉部门全面贯彻修改后刑事诉讼法,认真落实罪刑法定、疑罪从无、非法证据排除等制度,进一步加强对侦查活动和刑事审判活动的法律监督,监督效果进一步提升。侦查监督方面,2014年全国检察机关公诉部门向侦查机关(部门)提出证据补正或解释要求1094件1654人;受理开展非法证据调查767件1111人;纠正遗漏罪行12382件18733人,纠正遗漏同案犯13879件32950人;书面纠正侦查活动违法24847件次,侦查机关(部门)采纳公诉部门意见已纠正23530件次。审判监督方面,研究制定了最高人民检察院《关于加强和改进刑事抗诉工作的意见》,坚持依法、准确、及时、有效的基本要求,准确把握刑事抗诉的标准和条件,提高抗诉质量和效率。健全和落实抗诉案例指导制度,促进找准"抗点",增强抗诉实效。地方各级检察院公诉部门强化对法院裁判认定事实、采信证据、适用法律方面确有错误的审查与抗诉。最高人民检察院公诉部门将裁判适用法律确有错误,保证法律统一正确适用作为抗诉工作的重点。2014年,全国检察机关公诉部门共提出刑事抗诉7053件,同比上升13.14%;其中提出二审程序抗诉6126件,同比上升13.00%,提出再审程序抗诉927件,同比上升14.02%。最高人民检察院对广东省人民检察院提请抗诉的马乐利用未公开信息交易一案向最高人民法院提出抗诉,发挥了重要的

示范作用。

三、积极推进公诉改革,促进提高办案质量和效率

各级检察机关公诉部门贯彻中央司法体制改革和检察改革的总体部署,积极推进公诉领域的相关工作机制改革。公诉厅与公安部刑侦局就加强指控犯罪力度、确保刑事案件质量、严防冤假错案等有关工作进行会商,会签了《关于提高办案质量、加强指控犯罪工作的会商纪要》,推动公诉部门开展介入侦查引导取证工作,通过建立重大敏感复杂案件分析研究、侦查公诉业务交流、案件质量评析通报等工作机制,进一步密切侦诉协调配合,提高办案质量。积极开展刑事案件速裁程序改革试点,在山东济南召开了检察机关刑事案件速裁程序试点工作交流会,明确适用速裁程序中的重点问题,有力地推动了速裁程序试点工作深入开展。

四、进一步加强未成年人刑事检察工作专业化、制度化建设

认真落实修改后刑事诉讼法增设的"未成年人刑事案件特别诉讼程序",全面推进未成年人刑事检察工作。全国三级检察机关已成立有独立编制的未成年人刑事检察机构800多个。积极促进政法机关建立办理未成年人刑事案件配套工作体系和未成年人犯罪社会化帮教预防体系,建立考察帮教机制,努力实现对未成年人教育、感化、挽救的无缝衔接。依法严厉打击侵害未成年人身心健康与合法权益的各类刑事犯罪活动,切实维护未成年人合法权利。对办案中发现的对未成年人管理服务方面的薄弱环节及时提出检察建议,堵塞漏洞。加强未检工作宣传力度。广泛开展进社区、进学校、进农村等活动,采取举办法制讲座、以案释法等形式加强对未成年人的法制宣传教育。积极参与团中央牵头的全国"青少年维权岗"评选活动和中央综治办、团中央、中国法学会组织的"未成年人健康成长法治保障"系列活动,努力营造保障未成年人健康成长的社会环境。

五、以专业化、职业化为目标大力加强公诉队伍建设

各级检察机关公诉部门坚持将打造门类齐全、结构合理、素质优良、纪律严明、能打硬仗的专业化

公诉队伍作为重要工作,坚持以强化教育培训、岗位练兵为主要手段,着力提高审查判断证据、运用法律政策、出庭指控犯罪、开展诉讼监督、做好群众工作、化解矛盾纠纷等能力,全面提升公诉人依法履职的业务水平。加强公诉队伍业务培训,举办全国检察机关第七期优秀公诉人高级研修班,结合刑事诉讼法的实施,着力提升公诉人法律素养和出庭公诉能力。继续推进高端优秀公诉人才培养,与清华大学法学院和中国政法大学联合招录高端公诉人法学硕士班。完善优秀公诉人才储备、培养、适用和管理制度,充分发挥优秀公诉人才的引领帮带作用,推动优秀公诉人才上课堂。加强公诉理论研究,围绕公诉政策、公诉基本理论和公诉前沿理论设立课题,提高公诉队伍理论研究水平。

(最高人民检察院公诉厅)

反贪污贿赂工作 2014 年,全国检察机关反贪部门紧紧围绕党和国家工作大局,积极依法履行贪污贿赂犯罪侦查职责,办案力度进一步加大,办案质量和办案效率稳步提高,为推进反腐倡廉建设、维护社会和谐稳定、保障经济平稳健康发展作出了积极贡献。一年来,全国检察机关反贪部门共受理贪污贿赂案件线索 48523 件,初查 36235 件,立案侦查 31851 件 41237 人,同比分别上升 12.5% 和 7.8%,最终决定起诉 35845 人,人民法院作出有罪判决 28047 人,办案工作取得了新成效。

一、加大办案力度,始终保持惩治腐败高压态势

各级检察机关反贪部门紧紧围绕全国反贪工作平稳健康发展的总体目标,进一步加大办案力度,提高办案质量,保障办案安全,提升办案效率和效果,实现了办案力度、质量、效率、效果、安全的有机统一。一是明确工作思路,强化宏观指导。年初及时召开全国检察机关反贪部门办案推进会并下发工作要点,分析反贪办案工作形势,部署全年反贪工作,明确工作目标,研究采取针对性措施,督促各地加大办案力度,始终保持惩治腐败高压态势。同时密切关注各地反贪办案情况,坚持月度分析通报,加强工作动态预警,强化工作督导,确保办案工作深入健康发展。二是充分发挥示范作用,带头办案。反贪总局充分发挥示范表率作用,带头查办周永康、李春城、郭永祥、蒋洁敏、李东生等 5 件疑难

复杂省部级干部犯罪案件,组织指挥北京、吉林、河南、山东、安徽等地立案侦查其他 20 件省部级案件,办案规模创历年之最。组织查办的央视系列案、国资委系列案、中石油系列案取得突破性进展并产生重要影响,得到中央领导、中央纪委、中央政法委和院领导的高度肯定。三是加大办案力度,突出办案重点。突出查办大案要案,共立案侦查贪污贿赂犯罪大案 26879 件,占立案总件数的 84.4%,立案侦查要案 3426 人,占立案总数的 8.3%。突出查办利用公权力谋取私利的贪污贿赂犯罪案件,共立案侦查涉嫌贪污贿赂犯罪的国家机关工作人员 11016 人,占立案总数的 26.7%。四是加强执法规范化建设,保障办案质量和安全。修订印发《人民检察院办理直接受理侦查案件讯问犯罪嫌疑人全程录音录像工作规定》,推动讯问全程录音录像制度全面落实,下发《关于全国检察机关在查办职务犯罪案件中严格规范使用指定居所监视居住的通知》,严格规范指定居所监视居住。联合纪检组监察局,部署开展全国检察机关反贪部门规范执法和队伍建设专项检查,推动严格公正规范文明执法。

二、深入开展专项工作,全面服务经济社会发展

全国检察机关反贪部门认真贯彻落实习近平总书记重要指示精神,紧紧围绕党和国家中心工作和最高人民检察院党组的重大工作部署,深入开展查办和预防发生在群众身边、损害群众利益职务犯罪专项工作,重点打击行贿犯罪专项行动和国际追逃追赃工作专项行动,努力为全面建成小康社会、全面深化改革、全面依法治国、全面从严治党服务。一是继续深入开展查办和预防发生在群众身边、损害群众利益职务犯罪专项工作。反贪总局继续把着力解决涉及民生、群众反映强烈的腐败问题作为办案重点,引导各地结合当地实际,突出查办发生在征地拆迁、保障性住房建设与分配、教育、医疗、就业、环保、社会保障、“三农”等发生在群众身边、损害群众利益的贪污贿赂犯罪案件,以办案的实际成效取信于民。全年全国检察机关共立案侦查发生在群众身边损害群众利益的贪污贿赂犯罪案件 18458 件 24493 人,大案 15170 件,要案 1200 人,分别占立案件数、人数的 82.2% 和 4.9%,涉案总金额 70.2 亿元,取得了良好的法律效果和社会效果。二是部署开展重点打击行贿犯罪专项行动。反贪总

局组织召开全国检察机关反贪部门认真贯彻落实中央领导同志重要批示精神加大惩治行贿犯罪力度电视电话会,制定下发专项行动工作方案和指导意见,在全国检察机关部署开展重点打击行贿犯罪专项行动,要求各地反贪部门切实纠正重视查处受贿、轻视打击行贿的观念,在坚决惩治受贿犯罪的同时,不断加大查办行贿犯罪力度,努力从源头上切断受贿犯罪的因果链。各地按照最高人民检察院的部署,集中优势兵力在工程建设、医药购销、土地出让、政府采购、人事变动、教育就业、食品安全、环境保护等领域和环节,查处了一批社会影响恶劣、危害性大的行贿犯罪。全年共查办行贿犯罪案件6894件7827人,同比分别上升42.2%和37.9%,有效遏制了贿赂犯罪蔓延势头。三是组织开展国际追逃追赃工作专项行动。反贪总局认真贯彻落实习近平总书记、王岐山书记关于加强国际追逃追赃工作的重要讲话精神,组织召开全国检察机关开展职务犯罪国际追逃追赃专项行动部署会议,下发《关于进一步加强追逃追赃工作的通知》,制定实施方案,集中部署境内外追逃追赃和依法运用违法所得没收程序追缴贪污贿赂犯罪所得工作。各地反贪部门按照总局的部署,采取集中组织境内追逃、加大境外追逃力度、强化境内外侦查协作、积极运用违法所得没收程序等措施,全面加强追逃追赃力度,全年共抓获潜逃境内外贪污贿赂犯罪嫌疑人692名,其中从境外抓获和劝返犯罪嫌疑人49名。

三、加强侦查信息化和装备现代化建设与应用,积极推进反贪侦查改革

各级检察机关反贪部门主动适应反腐败斗争的新形势和修改后刑事诉讼法实施的新要求,着力加强侦查信息化和装备现代化建设与应用,积极推进反贪侦查改革,促进了侦查方式转变和反贪工作创新发展。一是反贪侦查信息化工作取得新进展。反贪总局加强与中国银监会协调,形成《银行业金融机构协助人民检察院、公安机关、国家安全机关查询冻结工作规定》,解决了查询、冻结商业银行账户信息难等问题;与公安部会签《人民检察院委托公安机关采取技术侦查措施程序规定》,规范委托采取技术侦查措施的程序;印发《关于进一步规范报请通过中国反洗钱监测分析中心查询工作的通知》,规范反洗钱信息查询工作,提升查询效果;联合信息技术中心编制《全国检察机关职务犯罪侦查

信息系统综合查询平台总体方案》,进一步整合侦查信息资源,发挥海量侦查信息对突破案件的重要作用;指导各地有效运用组织机构代码、民航旅客等信息查询系统,充分发挥侦查信息化的作用。据统计,2014年各地反贪部门共查询组织机构代码、民航旅客信息、公安人口车辆信息194634次、52971次、1050余人次,同比分别上升6.5%、16.6%和425%。二是反贪侦查装备现代化建设稳步推进。反贪总局修订装备配备目录,强化工作督导,指导各地大力推进装备现代化建设;联合计财局、机关服务中心赴河北、天津等地实地考察调研特种侦查车辆定型工作,推动检察机关特种办案用车标准化建设进程;配合秦城监狱完成秦城监狱讯问室改造工程,配备高质量同步录音录像等相关设备,提升自身装备现代化水平。三是认真落实和完成有关司法改革任务。围绕"完善职务犯罪案件初查机制"等司法改革任务分工开展专题调研,并形成初步成果;认真开展"建立职务犯罪案件跨区域管辖制度"等检察改革任务的调研工作,并配合最高人民检察院总体部署及时推进;组织全国检察机关反贪部门开展刑诉规则修改调研,更好适应执法办案新形势要求。

四、加强过硬反贪队伍建设,不断提高执法公信力

各级检察机关反贪部门抓住学习贯彻党的十八届四中全会精神和"增强党性、严守纪律、廉洁从政"专题教育活动的有利契机,以加强思想政治建设、专业化建设、纪律作风建设为核心,全面推进过硬反贪队伍建设,广大干警的执法能力和纪律作风有了新的提高和转变。一是以专题教育活动为契机,突出思想政治建设。反贪总局结合"增强党性、严守纪律、廉洁从政"专题教育活动,采取民主生活会、专题座谈会、谈心会等形式,深入贯彻落实中央精神和习近平总书记系列重要讲话精神,不断加强思想政治建设,始终保持反贪工作正确的方向。各地紧密结合反贪办案实践和队伍建设实际,坚持政治建检,以党建带队建,扎实推进专题教育活动,确保队伍在反腐败斗争中不变质。二是以侦查能力为核心,强化队伍专业化建设。反贪总局编写出版全国预备检察官培训系列教材《反贪污贿赂业务教程》,进一步提升反贪干警的侦查能力;举办两期全国检察机关反贪初查与讯问培训班,着力提高反贪干警初查、讯问能力;组织反贪侦查征文活动和"精

品案件"评选活动,推进侦查实务调研和理论研究,激励广大反贪干警恪尽反贪职责,不断提高侦查水平和办案质量。各地紧紧围绕办案实践,广泛开展业务培训、岗位练兵和技能竞赛活动,不断提高执法办案能力,努力打造本领过硬的反贪队伍。三是以违纪违法为警钟,狠抓纪律作风建设。反贪总局认真分析2013年反贪干警违纪违法情况和近五年全国检察机关反贪部门违法违规办案情况,及时通报重大办案安全事故情况,深刻剖析原因,提出具体应对措施,促进严格规范公正文明执法,确保办案安全;联合政治部举办全国检察机关反贪干警和司法警察加强办案安全工作视频培训,切实提高办案安全防范能力。2014年,全国检察机关反贪部门共有6名干警被评为"全国模范检察官",24名干警荣记个人一等功,有力提升了反贪队伍的社会形象和执法公信力。

（最高人民检察院反贪污贿赂总局）

全国检察机关开展职务犯罪国际追逃追赃专项行动部署会议　2014年9月26日最高人民检察院在北京召开全国检察机关开展职务犯罪国际追逃追赃专项行动部署会议,部署开展为期半年的职务犯罪国际追逃追赃专项行动,集中追捕潜逃境外的职务犯罪嫌疑人。最高人民检察院检察长曹建明出席会议并讲话,常务副检察长胡泽君主持会议,副检察长邱学强、检察委员会专职委员陈连福出席会议。最高人民检察院相关部门负责人,各省级检察院分管反贪工作的副检察长、反贪局长,部分地市级检察院负责人参加会议。中央纪委、最高人民法院、公安部、外交部、司法部、中国人民银行等有关部门负责人,部分在京特约检察员、专家咨询委员应邀参加会议。

曹建明检察长要求各级检察机关要认真学习贯彻习近平总书记等中央领导同志重要指示精神,深刻认识职务犯罪嫌疑人潜逃境外的严重危害,坚持把国际追逃追赃工作摆在与办案工作同等重要的位置来抓,深入开展职务犯罪国际追逃追赃专项行动,尽最大努力将潜逃境外的职务犯罪嫌疑人绳之以法,最大限度运用法律武器追缴赃款,坚决维护法律权威,有力打击和震慑犯罪分子。一要主动加强内外部协作配合,完善运转高效、协调有序的体制机制,切实增强国际追逃追赃工作的合力。在中央统一领导和组织下,主动加强与公安、外交、司法、人民银行等相关职能部门的沟通协调,推动建立职务犯罪国际追逃追赃工作信息沟通、情况交换、协作配合机制。整合检察机关内部相关部门工作资源,逐步建立动态统一的境外追逃信息网络,充分发挥检察一体化优势,统筹开展职务犯罪国际追逃追赃工作。二要进一步巩固和拓展职务犯罪国际追逃追赃合作平台,通过多种形式、多种渠道灵活务实开展国际司法合作。充分发挥最高人民检察院作为《联合国反腐败公约》刑事司法协助中央机关的职能作用,充分利用多边公约、双边司法协助条约和引渡条约开展境外追逃。在充分用好国际反贪局联合会、上海合作组织总检察长会议机制、中国—东盟国家总检察长会议机制等现有国际合作平台的基础上,不断创新双边合作平台,不断拓展发现、查缉犯罪嫌疑人和追缴腐败资产的渠道。充分发挥部分边境地区检察机关在边境合作机制中的便利与优势,强化统筹管理,加强同邻近国家或地区执法部门在追逃追赃方面的合作。三要在调查摸底的基础上,研究确定追逃追赃的主要方向和重点对象,集中优势兵力,综合运用引渡、遣返、劝返等手段,有计划、有重点、分层次地推进重点个案追逃追赃工作,力争在重点个案上取得突破。充分用好刑事政策,加大政策宣传力度,规劝教育犯罪嫌疑人回国投案自首。加强对国外反腐败法律制度和司法实践的研究,加强重点国家追逃追赃个案的突破,提高运用国外法律开展追逃追赃工作的能力。四要充分认识违法所得没收程序在反腐败斗争中的重要作用,积极探索实践,加强法律适用研究,强化证据意识,加大重点案件司法程序推进力度,真正把这个法律武器用好,决不让腐败分子在经济上捞到好处。

（最高人民检察院反贪污贿赂总局）

反渎职侵权工作　2014年,全国检察机关反渎职侵权部门认真贯彻落实中央关于反腐败工作的指示精神,按照最高人民检察院的部署要求,大力推进办案工作,完善办案机制,深化办案协作,强化队伍建设,反渎职侵权各项工作取得了明显成效。

一、持续加大办案力度,办案工作发展势头良好

2014年,全国检察机关立案侦查渎职侵权犯罪案件9636件13864人,同比分别上升4.4%和

6.1%。其中，立案侦查行政机关工作人员 7615 人，占立案总数的 54.9%，同比数量上升 5.7%；立案侦查司法机关工作人员 1771 人，占立案总数的 12.8%，同比数量上升 14.2%，严肃惩治了各类渎职侵权犯罪，为推进依法治国、依法执政、依法行政提供了有力保障。

二、坚持上级检察院带头办案，查办大案要案数量大幅上升

2014 年，全国检察机关立案侦查渎职侵权犯罪重特大案件 5625 件，同比上升 8.5%；立案侦查县处级以上干部 614 人，同比上升 32.3%，其中省部级 2 人，厅局级干部 63 人，同比上升 215.0%。最高人民检察院直接立案查办了湖南省政协原副主席童名谦玩忽职守案和湖北省政协原副主席陈柏槐滥用职权、受贿案，领办和督办了中央交办和其他部委移送的 12 件厅局级干部渎职犯罪案件。各省级检察院积极发挥示范引领作用，严肃查办了一批厅局级干部渎职犯罪案件和大案要案。特别是湖南衡阳破坏选举案的政治性、法律性、政策性都很强，司法处理难度非常大。在党中央高度重视和最高人民检察院党组正确领导下，湖南省检察机关全力以赴查办案件，立案侦查 65 件 68 人，其中包括 5 名厅级干部和 17 名处级干部。

三、扎实推进专项工作，查办重点领域渎职侵权犯罪案件成效明显

2014 年，全国检察机关共立案侦查发生在群众身边、损害群众利益渎职侵权犯罪案件 7583 件 10714 人，同比分别上升 6.1% 和 7.1%。其中，查办专项资金领域 4220 人、执法司法领域 2065 人、"三农"领域 1970 人、生态环境领域 1224 人、食品药品安全领域 464 人。检察机关紧密结合工作实际，突出重点，部署开展了一系列查办渎职侵权犯罪"小专项"活动。针对渎职犯罪容易在多部门、多环节、多岗位发案和渎职、贪贿犯罪相交织的特点，深挖细查窝案串案，形成强有力的震慑。

四、积极介入事故调查，查办事故所涉职务犯罪案件工作得到强力推进

2014 年，全国检察机关共立案侦查事故所涉渎职等职务犯罪案件 593 件 851 人。最高人民检察院渎职侵权检察厅先后派员参加国务院事故调查组，对晋济高速山西晋城段岩后隧道"3·1"特大道路交通危化品燃爆事故、沪昆高速湖南邵阳段"7·19"特大道路交通危化品燃烧事故、江苏昆山市中荣金属制品有限公司"8·2"特别重大爆炸事故和西藏拉萨尼木县"8·9"特大道路交通事故等 4 起特别重大事故组织力量开展调查，指导当地检察机关依法立案侦查上述事故所涉渎职等职务犯罪案件 49 件 49 人。同时，对云南曲靖市下海子煤矿重大透水事故等 38 起重大事故进行挂牌督办，当地检察机关依法查办事故背后所涉渎职等职务犯罪 280 余人。

五、加强执法规范化建设，办案质量、效果进一步提升

全面贯彻修改后刑事诉讼法和《人民检察院刑事诉讼规则（试行）》，积极开展规范执法行为、办案安全防范专项检查等活动，切实做到严格依法规范文明办案；全面上线运行全国检察机关统一业务应用系统，切实加强办案流程监控和质量管理；认真执行《关于办理渎职刑事案件适用法律若干问题的解释（一）》和《关于办理职务犯罪案件严格适用缓刑、免予刑事处罚若干问题的意见》，深入开展渎职侵权犯罪判决轻刑化、无罪判决、撤案、撤诉等问题的调研，研究解决相关问题，确保办案数量、质量、效率、效果、安全有机统一。

六、不断强化内外协作，侦查办案机制进一步完善

加强与最高人民法院、审计署、公安部、海关总署等单位有关部门的沟通联系，逐步建立完善渎职侵权犯罪案件线索移送、侦查协作机制和联席会议制度。加强同公安部纪检监察局的协作，推动联席会议制度向基层延伸。召开渎职侵权犯罪侦查信息化建设研讨会，推动各地加强同有关部门的沟通协调，建立健全职务犯罪侦查信息系统和信息查询协作机制。加强与检察机关相关内设机构的联系配合，完善线索发现和移送、联合查办重大专案、提前介入引导侦查等机制，深入推进侦查一体化机制建设。加强国际和区域司法协作，加大追逃追赃劝返工作力度。

七、落实"五个过硬"要求，反渎队伍建设取得新进展

深入推进党的群众路线教育实践活动，切实整顿工作作风和执法作风。扎实开展"增强党性、严守纪律、廉洁从政"专题教育活动，加强警示教育，牢筑拒腐防变的思想防线。积极推进反渎职侵权部门领导班子和机构建设以及干警配备工作，重大责任事故调查专门机构和人员配备工作取得长足发展。着

力开展业务培训、技能竞赛和侦查人才选拔等活动，加强侦查人才库的更新、管理和使用，全面提升自身侦查办案能力。认真抓好反渎职侵权条线岗位素能基本标准研制工作，为今后队伍素能建设提供参考和指引。继续实行述职述廉报告制度，切实加强对下级检察院反渎职侵权局班子的监督管理，严肃查处检察机关反渎职侵权干警违纪违法问题。

八、加强反渎宣传和预防工作，执法办案环境不断优化

运用新闻发布会、高端网络访谈、"反渎局长访谈录"、先进典型事迹宣讲等形式，积极宣传检察机关依法办案服务经济社会发展大局的做法和成效。多次派员参加人权外宣工作，积极宣传检察机关加强人权司法保障方面的情况。总结渎职侵权犯罪发案规律，深入开展个案预防、类案预防与制度预防，推动相关单位积极建章立制、整改落实。通过不断地宣传教育引导，全社会重视和支持反渎职侵权工作的社会氛围进一步形成。

（最高人民检察院渎职侵权检察厅）

刑事执行检察工作 2014年，全国检察机关刑事执行检察部门认真贯彻落实党的十八届三中和四中全会、中央政法工作会议和全国检察长会议精神，以开展减刑假释暂予监外执行专项检察活动、清理纠正久押不决案件和推进监所检察部门更名工作为重点，全面履行刑事执行检察职能，着力推进新增刑事执行监督业务，加大查办刑事执行中的职务犯罪案件力度，进一步强化制度建设和规范化建设，深化刑事执行检察机构改革，各项刑事执行检察工作取得了新的明显进展。

一、认真贯彻中央领导重要批示精神，扎实开展减刑、假释、暂予监外执行专项检察活动

为深入贯彻中央领导同志有关重要指示批示精神和中央政法委《关于严格规范减刑、假释、暂予监外执行切实防止司法腐败的意见》要求，经报中央政法委同意，最高人民检察院于2014年3月至12月在全国检察机关部署开展了减刑、假释、暂予监外执行专项检察活动，把金融罪犯、涉黑犯罪和职务犯罪三类罪犯刑罚变更执行情况作为监督重点。在全国检察机关刑事执行检察部门共同努力下，专项检察活动取得明显成效，摸清了底数，建议收监执行了2244名罪犯，其中原厅级以上干部121人，查办了252名职务犯罪案件。结

合开展专项检察活动，加强刑罚变更执行监督工作机制建设，最高人民检察院出台或联合有关部门出台了《关于对职务犯罪罪犯减刑、假释、暂予监外执行案件实行备案审查的规定》和《人民检察院办理减刑、假释案件规定》《暂予监外执行规定》等规范性文件。

二、采取有力措施，推进久押不决案件集中清理纠正工作

按照中央政法委和最高人民检察院统一部署要求，2013年4月至2014年9月，监所检察厅（现刑事执行检察厅）组织全国检察机关刑事执行检察部门开展了集中清理纠正久押不决案件专项工作。经过各级检察机关历时一年多的不懈努力，清理出的4459人现已纠正4299人，对32件长期羁押的久押不决案件坚决依法作出无罪处理，其中检察机关不起诉10人。在集中清理过程中，最高人民检察院会同最高人民法院、公安部联合制发了《关于羁押犯罪嫌疑人、被告人实行换押和羁押期限变更通知制度的通知》，努力将运动式集中清理纠正转化为日常监督工作，防止"边清边超""前清后超"问题的发生。

三、强化日常监督，加大对刑事执行和监管活动中违法问题的监督纠正力度

（一）加强对监狱、看守所刑罚执行和监管活动违法问题的监督力度。坚持把加强对监管场所的日常检察监督作为基础性工作常抓不懈，从源头上防止事故和安全隐患的发生。2014年，全国检察机关刑事执行检察部门检察纠正减刑、假释、暂予监外执行不当23827人次，同比上升42.6%。

（二）深入推进监外执行和社区矫正检察工作。结合贯彻落实全国社区矫正工作会议精神，进一步加强对社区矫正各执法环节的法律监督。江苏、安徽、福建等地建立完善检察机关与人民法院、公安机关、司法行政机关监外执行信息交换、情况通报和联席会议制度，落实监外执行专项检察、重大事件报告等制度。天津市检察院与有关部门联合下文加强对交付环节的监督，北京部分区县积极探索使用腕式电子手铐，有效预防和减少了监外罪犯脱管漏管现象的发生。

（三）切实保障被刑事执行人合法权益。各地高度重视被刑事执行人合法权益保障，深入罪犯劳动、生活、学习"三大现场"，及时发现、纠正监管安全隐患和工作漏洞，防止监管事故和监管违法的发生。

认真办理被刑事执行人及其亲属的控告、举报和申诉。加大对体罚虐待被刑事执行人、滥用戒具、超时超强度安排劳动等问题的监督力度。加强对律师会见活动的检察监督，保障刑事诉讼活动顺利进行。

四、更新理念，稳妥推进各项新增刑事执行监督业务

（一）全面开展羁押必要性审查工作。2014年，全国检察机关刑事执行检察部门通过开展羁押必要性审查，向办案机关或部门提出释放或变更强制措施建议19909人，被采纳19232人，被采纳人数同比上升60.3%，有力地保护了被羁押人的合法权益，促进了社会的和谐稳定。最高人民检察院监所检察厅在广西百色市召开羁押必要性审查研讨交流会，总结推广广西百色、上海、江苏省苏州市吴江区等地刑事执行检察部门开展羁押必要性审查工作的经验和做法。

（二）规范开展执行死刑临场监督。临场监督执行死刑职责统一由刑事执行检察部门承担以来，各地刑事执行检察部门主动与公诉部门、案件管理部门和法院有关部门做好协调和衔接工作，认真履行执行死刑临场监督职责，确保执行死刑活动依法顺利开展。最高人民检察院于2014年底印发了《人民检察院临场监督执行死刑工作规定》。

（三）大力开展指定居所监视居住执行监督。2014年，全国检察机关刑事执行检察部门对指定居所监视居住执行不当提出纠正意见和建议853人次，同比上升79.2%。各地通过现场查看、调阅卷宗、查阅文书、见面谈话等多种形式开展指定居所监视居住执行监督。

（四）认真开展强制医疗执行等监督。2014年，全国检察机关刑事执行检察部门对强制医疗执行不当的，提出纠正意见书285人次，已纠正282人次。陕西西安市检察院、宁夏区银川市上前城检察院在安康医院成立了派驻检察室，依法对强制医疗执行进行监督。

（五）探索开展财产刑执行监督。2014年，全国检察机关刑事执行检察部门对财产刑执行不当提出纠正意见和建议4182人次，同比上升126.3%。河北、贵州、宁夏等地检察院通过建立审查提请减刑假释罪犯狱内消费情况制度，建议监狱加强对服刑人员财产刑履行能力的评估和考察，建议监狱、法院对有执行能力但拒不执行财产刑的罪犯从严掌握减刑幅度和假释的使用等方式，有效地促进了财产刑的执行。

五、深入推进办案工作，严肃查办一批刑事执行活动中的职务犯罪案件

全国检察机关刑事执行检察部门充分发挥"省级检察院为主导，市级检察院为主体，基层检察院为基础"的办案机制，进一步优化案件结构，以查办违法办理减刑、假释、暂予监外执行背后的职务犯罪为重点，加强对刑事执行中职务犯罪案件的办理。2014年，全国检察机关刑事执行检察部门共立案查办职务犯罪案件1030件1246人，立案人数同比上升3.83%，其中查办县处级以上领导干部涉嫌职务犯罪案件31件34人，大案369件447人。

六、根据深化司法体制机制改革精神，推进刑事执行检察体制机制改革与机构建设

（一）积极推动监所检察机构更名为刑事执行检察部门工作。随着修改后刑事诉讼法、人民检察院刑事诉讼规则的实施和劳动教养制度的废止，监所检察部门承担的法律监督职责和任务发生重大变化。为全面加强新形势下刑事执行监督工作，最高人民检察院经研究并报中央批复同意，于2014年12月30日下发通知，决定将监所检察厅更名为刑事执行检察厅。

（二）认真组织开展巡视检察工作。各地结合落实最高人民检察院组织开展的专项检察、集中清理等工作，有针对性开展了巡视检察活动。最高人民检察院组成由最高人民检察院特约检察员、全国检察机关监所检察业务标兵、业务能手和检察法医技术专家为成员的巡视检察工作组，对辽宁等6个省（区）检察机关开展的减刑、假释、暂予监外执行专项检察活动进行专项巡视检察，推动了有关省份减刑、假释、暂予监外执行专项检察活动的深入健康发展。

（三）组织开展了第四届全国检察机关派驻监管场所检察室规范化等级评定活动。最高人民检察院监所检察厅采取书面审查和随机实地抽查相结合的方式对各地申报的604份材料进行了审查。根据各地申报和审查情况，最高人民检察院最终确定了417个一级规范化检察室。同时，各地以第四届规范化检察室等级评定为契机，进一步加强派驻检察室规范化建设。

（四）积极推进刑事执行检察信息化建设。各地继续抓好派驻检察室与监管场所信息联网、监控联网和检察专线网支线建设。湖北部分地区试点开展上下级检察院、基层检察院与派驻检察室监控视频与监管信息的联网建设。福建、山东、广东、云南、青海等地积极与有关部门共同推进建立信息共享交换平台，实现对监狱、看守所、社区矫正监管信息的动态监督。

七、以深化学习张飚精神为抓手，切实加强刑事执行检察队伍素质能力和作风建设

一是深化向"全国模范检察官"张飚同志学习活动，最高人民检察院召开了部分省级检察院监所检察处处长和派出检察院检察长学习张飚先进事迹座谈会，总结出"忠诚、执着、担当、奉献"的八字张飚精神，作为学习的核心内容，加强职业道德教育。二是各地把素质能力建设作为重中之重，采取业务培训、经验交流、业务竞赛、岗位练兵等形式，开展全员培训，使刑事执行检察队伍的业务素质和执法技能得到新的提高。最高人民检察院举办了两期全国性的刑事执行检察业务培训班，对省级检察院分管领导、监所检察处负责同志、业务骨干和全国监所检察业务标兵、能手等进行了重点培训。三是进一步加强对新形势下刑事执行检察工作中重大理论和实务问题的研讨。监所检察厅组织刑事执行检察重点课题研究征文活动，共收到各地687篇论文，经过评审，评选一、二、三等奖共90名。

（最高人民检察院刑事执行检察厅）

民事行政检察工作 2014年，全国检察机关民事行政检察部门深入学习党的十八届三中、四中全会精神，积极参加党的群众路线教育实践活动，以贯彻修改后民事诉讼法和行政诉讼法为契机，扎实推进各项工作，取得较好成效。全年共办理各类民事行政诉讼监督案件100438件，其中对生效裁判、调解提出抗诉4299件，收到再审结果3770件，改变原审裁判、调解2829件，改变率为75%；再审检察建议5079件，法院采纳3557件，采纳率为70%；对审判程序中的违法行为提出检察建议20902件，法院采纳19450件，采纳率为93%；对执行活动中的违法情形提出检察建议33107件，法院采纳30967件，采纳率为93.5%。

一、深入贯彻党中央战略部署，服务经济社会发展大局

落实十八届四中全会部署和最高人民检察院党组要求，民事行政检察厅从最高人民检察院机关司改分工方案中梳理出28项改革措施，制定《民事行政检察厅落实相关司法改革措施的分工方案》，

责任到人，一抓到底。立足法律监督职能，找准服务经济社会发展大局的切入点，高度重视生态环境保护、食品药品、安全生产等涉及民生的案件，积极维护农民工等弱势群体合法权益。如广东省检察院制定下发《关于发挥民事行政检察职能服务经济社会发展大局的若干意见》。江苏泰兴"12·19"重大环境污染公益诉讼案件中，检察机关出庭支持起诉，最终肇事者被判赔偿1.6亿元。福建省检察机关配合当地人大、政府开展行政执法专项检查活动110次。重庆市检察院与市司法局会签《关于加强民事行政检察暨法律援助工作的协作意见》，通过支持起诉帮助226名农民工追讨欠薪248万元。广西区检察院制定了《全区检察机关民事行政检察部门开展维护弱势群体合法权益专项行动的工作方案》，开展服务弱势群体专项行动。

二、全面推进修改后民事诉讼法的实施，民事诉讼多元化监督格局初步形成

最高人民检察院编发了《〈人民检察院民事诉讼监督规则（试行）〉条文释义及民事诉讼监督法律文书制作》一书，指导各地贯彻修改后民事诉讼法和民事诉讼监督规则，对各地贯彻落实情况全面调研，分析问题并提出措施。2014年11月，召开了全国检察机关民事行政检察工作座谈会，从11个方面提出了加强和改进工作的要求。江苏、内蒙古、四川、云南等省级检察院出台了民事诉讼监督规则实施细则或指导意见。湖北、辽宁、安徽等省级检察院深入基层调研提出指导意见，引导基层检察院转变理念，调整重心。2014年，全国检察机关共办理各类民事诉讼监督案件91154件，其中抗诉4064件，再审检察建议4877件，对审判程序中的违法行为提出检察建议19721件，对执行活动中的违法情形提出检察建议29461件。

三、积极探索司法改革，稳步推进行政检察工作

2014年，全国检察机关共办理各类行政诉讼监督案件9284件，其中对裁判结果监督案件3987件，对行政审判程序中的违法行为提出检察建议1181件，对行政执行活动中的违法行为提出检察建议3646件。

广泛收集整理典型案例和相关资料，提出对行政诉讼法修正案的整体修改意见。组织知名行政法学专家学者和部分省级检察院分管检察长召开了推动行政检察工作科学发展座谈会。起草了关

于落实十八届四中全会重要部署推进行政检察工作科学发展的报告，围绕行政公益诉讼、行政违法监督和行政强制措施监督，提出试点工作建议。针对跨行政区域检察院设置和行政违法行为监督等问题组织9个省级检察院副检察长研究座谈。

探索开展行政执法监督和行政公益诉讼。如贵州省检察机关围绕收取国有土地出让金、环境污染治理费等领域，办理督促起诉案件3600余件，追收国有资金130亿余元。重庆、山西、吉林、福建、河南、广东、四川、内蒙古等地检察机关与当地党委、政府"两办"就加强行政执法检察监督会签文件，完善检察监督与行政执法衔接制度。安徽、湖南等地检察机关通过督促履职专项活动追收国有资产9亿余元。山西省检察机关开展了为期一年的行政执法检察监督专项活动。贵州省金沙县检察院审慎探索行政公益诉讼，金沙县环保局因行政不作为怠于处罚污染企业，县检察院将其起诉至法院，后环保局对污染企业作出了行政处罚决定，县检察院撤回了起诉。

四、加强沟通协调力度，优化监督环境

主动向中央政法委汇报工作中的难题和问题，积极向全国人大常委会反映立法修法建议，与最高人民法院就规范民事执行法律监督工作和检察建议案件办理进行协商。各地检察机关也加强了与人大、法院等相关单位或部门的联系，优化民事行政检察监督外部环境。如吉林、安徽、江西、江苏等地检察机关就民事行政检察工作向省人大常委会作专题报告。北京、重庆、山西、吉林等地通过召开检法联席会议、开展案件通报、会签文件等方式，增强与法院的沟通联系。山东省检察院与省监察厅、省政府法制办会签《关于在行政执法检察监督工作中加强协作配合的意见》。

五、加强业务规范化建设，促进办案质量效率进一步提高

通过案件评查提高案件质量，规范办案程序。组织各地对2013年1月1日至2014年6月30日受理并办结的115830件民事行政诉讼监督案件进行了评查，民事行政检察厅对12个省份的4106件案件进行了复查，总结问题并提出改进措施。贵州省检察院对全省2520件督促起诉案件进行了逐案核查，辽宁省检察院对违法行为监督、执行监督案件开展专项检查。福建省检察院建立检察建议备案审查制度，内蒙古区检察院制定《全区案件质量监控和预警

办法》，对办案整体情况进行定期通报，对案件质量下降的分市检察院进行预警。黑龙江省检察院制定了《民事行政检察检务公开工作办法》，北京市检察院制定《民事检察程序中权利告知相关规定》。云南省检察院邀请人民监督员参加听证活动，共组织人民监督员参加29次公开听证活动。河南省检察院出台了《民事行政检察接访工作办法》，山西省、广东省检察院出台了息诉工作的指导意见。

六、加强民事行政检察队伍建设，不断提高公正廉洁执法水平

举办了两期全国检察机关民事诉讼监督规则培训班。举办了首届全国民事行政检察业务竞赛，达到了以赛促训、发现和储备人才、树立榜样标杆的目的。根据业务竞赛结果和各地综合工作情况，民事行政检察厅确定了"办案实务类人才库"人员52人和"综合调研类人才库"人员38人。各地以多种方式开展学习培训工作。吉林、湖北、浙江、重庆、青海、甘肃、辽宁等省级检察院举办由三级检察院党组成员、检察委员会委员、内设机构负责人和有关部门人员参加的民事诉讼监督规则培训。吉林省检察院组织全省开展了民事行政检察业务闭卷考试。山西省检察院召开了学习贯彻民事诉讼监督规则现场会。上海、四川等省级检察院邀请高校专家学者、资深法官进行授课，提高队伍业务素质和办案水平。

（最高人民检察院民事行政检察厅）

首届全国民事行政检察业务竞赛 为加强民事行政检察队伍法律监督能力培养，提升民事行政检察队伍职业素养和专业水平，提高民事行政检察人员的业务素质和实践能力，最高人民检察院政治部和民事行政检察厅于2014年11月15日至16日在北京举办了首届全国民事行政检察业务竞赛。为组织好竞赛，最高人民检察院成立了竞赛活动组织委员会，姜建初副检察长担任组织委员会主任，政治部胡尹庐副主任、民事行政检察厅郑新俭厅长担任副主任，郑新俭厅长兼任秘书长，组织委员会下设办公室。5月5日，最高人民检察院印发了关于举办竞赛的通知，要求各地组织本省（自治区、直辖市）范围内的初赛，择优选拔推荐两名选手参加全国竞赛。各省级检察院和铁路运输检察系统在逐级选拔的基础上，共推荐出66名优秀选手参加全国竞赛。竞赛邀请全国人大代表、政协委员、最高

人民检察院专家咨询委员及有关专家、学者担任评委。经过综合业务知识笔试、案件审查与文书制作、案件汇报与答辩三轮比赛,北京市检察院王真等10位选手获得"全国民事行政检察业务标兵"奖,广东省广州市检察院潘建明等20位选手获得"全国民事行政检察业务能手"奖,湖南省新晃侗族自治县检察院伍松林等36位选手获得"全国民事行政检察优秀办案人"奖,重庆市检二分院王长江等5位选手获得"综合业务知识优胜奖",浙江省检察院胡卫丽等8位选手获得"优秀文书制作奖",江苏宿迁宿城区检察院袁远等5位选手获得"优秀汇报与答辩奖",内蒙古自治区检察院等5个单位获得"组织奖"。12月12日,最高人民检察院专门印发通报,对上述获奖选手通报表扬。

11月17日,最高人民检察院曹建明检察长、姜建初副检察长、政治部王少峰主任亲切会见了参赛选手,向参加竞赛的所有选手表示亲切问候,向在竞赛中取得优异成绩的获奖选手表示衷心祝贺。曹建明检察长指出,近年来,全国检察机关民事行政检察部门紧紧围绕党和国家工作大局,积极回应人民群众对加强民事行政检察监督的要求期待,在依法监督、规范监督上狠下功夫,无论是监督力度,还是监督的质量和效果,都有长足进步。开展首届全国民事行政检察业务竞赛活动,是检察机关深入学习贯彻十八届四中全会精神、全面贯彻落实修改后民事诉讼法和行政诉讼法的重要举措,也是民事行政检察部门深化创先争优活动的重要载体。这次活动的成功举办,既实现了广泛参与、普遍提高的预期目的,也选拔出了一批功底扎实、能力过硬的优秀人才,必将有力推动民事行政检察工作创新发展。

曹建明检察长强调,加强对民事诉讼和行政诉讼监督,与加强对刑事诉讼的法律监督一样,是加强对司法活动监督不可或缺的重要内容,也是中国特色社会主义检察制度的重要组成部分,更是深化司法体制改革的明确要求。四中全会突出强调要完善检察机关行使监督权的法律制度,对加强民事行政检察监督工作作出了新的重大改革部署。修改后的民事诉讼法、行政诉讼法也进一步加强和规范了民事行政检察监督的内容、形式和程序。所有这些,都对民事行政检察工作提出了新的更高要求。希望全国检察机关民事行政检察部门忠实履行好法律赋予的职责,不断提高民事行政检察监督

能力和水平,积极稳步推进司法改革,更好地保证公正司法、提高司法公信力,在全面推进依法治国新的伟大实践中再创佳绩。

(最高人民检察院民事行政检察厅 肖正磊)

控告检察工作 2014年,全国各级控告检察部门按照中央和最高人民检察院的部署要求,深入学习贯彻党的十八届三中、四中全会、中央政法工作会议和全国检察长会议精神,以稳步推进涉法涉诉信访工作改革为主线,狠抓维护稳定、狠抓信访改革、狠抓执法办案、狠抓队伍建设,不断加大工作力度,控告检察工作呈现新局面。

一、狠抓信访渠道畅通,促进社会和谐稳定

一是远程视频接访全面推开。2014年,31个省级检察院、952个市县级检察院与最高人民检察院实现了远程视频联通,内蒙古等省区基本实现了四级联通,视频接访工作在全国检察机关全面展开。最高人民检察院发布了《最高人民检察院远程视频接访办法》,科学指导视频工作开展。二是综合性受理平台建设稳步推进。广西区检察院召开"综合性受理接待中心和查询服务窗口建设现场推进会",组织部分省级检察院参加会议,大力推进集控告、举报、申诉、咨询、查询等功能于一体的综合性受理平台建设,进一步畅通群众诉求表达渠道。三是接待窗口建设进一步提升。开展第八轮全国检察机关文明接待室创建评比表彰活动,授予1174个检察院"文明接待室""文明接待示范窗口"称号。各级检察院以此为抓手,在场所建设、制度健全、工作作风、人员配备等方面进一步加强改善,检察机关形象得到有效提升。四是信访安全维护卓有成效。针对近年来信访安全隐患明显加大等问题,下发《关于进一步加强信访安全防范工作的通知》,各地组织全面检查,查找问题,落实整改,信访安全形势明显好转。全国两会、十八届四中全会、APEC会议等期间,依法妥善处置多起告急信访,没有发生任何信访安全问题。

二、狠抓涉法涉诉信访改革,推动控告检察工作创新发展

一是科学构建涉法涉诉信访改革框架。在充分研究认证、听取多方意见、总结各地试点经验的基础上,制定了《最高人民检察院关于进一步加强新形势下涉法涉诉信访工作的意见》和《最高人民检察院受理控告申诉依法导入法律程序实施办法》

等三个配套文件,确立改革基本构架和主要内容,在全国检察机关涉法涉诉信访改革中发挥了导向和纲领作用。二是坚决落实各项制度要求。坚持诉访分离原则,实现辖内和辖外信访有效分离。2014年,全国检察机关共接收群众控告、申诉、举报112万余件次,其中涉法涉诉信访33万余件次,均依法及时审查、甄别、分流,切实保障了群众控告申诉举报权利。各地积极探索第三方参与化解机制、案例指导制度、依法处理违法上访协调机制等,形成上下联动、左右互动、协作配合的工作格局,确保了涉法涉诉信访改革各项要求落到实处。三是大力加强宣传引导。最高人民检察院三次就检察机关信访形势、信访改革意见及三个配套文件、《人民检察院举报工作规定》举行答记者问,多家新闻媒体予以刊载,中央电视台等权威媒体进行专门解读,积极引导群众依法按程序理性表达诉求,收到良好的社会效果。

三、狠抓举报机制建设,强化内部监督制约

一是建立健全举报工作制度。根据曹建明检察长的系列指示精神和修改后刑事诉讼法及刑事诉讼规则,对《人民检察院举报工作规定》进行了全面修订,并制定了不立案举报线索审查工作办法等规范性文件,对举报线索的集中统一管理、审查分流、流转监督、存查缓查、不立案举报线索审查、举报奖励答复等作出了具体规定,进一步推动了举报工作健康有序规范开展。二是优化完善举报工作机制。各地举报中心积极探索与地方党委纪委等建立联席会议制度,与反贪污贿赂、渎职侵权检察等业务部门定期进行举报线索清理和研判分析工作,提高配合协作实效。最高人民检察院在12309举报网站开设"检察干警违法违纪举报专区",举报中心与纪检组监察局建立快速移送审查机制,检察干警违法违纪举报线索查处更加便捷高效。三是加强举报宣传工作。6月下旬,开展了以"依靠群众惩治职务犯罪,公开检务强化自身监督"为主题的第十六个"举报宣传周"活动,各地利用报刊、广播、电视宣传7566次,其他新兴媒体宣传27718次;共有56867名干警走上街头,设现场宣传点7459个,带案下访4917次,展出宣传挂图展板28784件,发放宣传资料5314811份,出动宣传车8580台次。

四、狠抓执法办案,切实维护群众合法权益

一是加强群众控告、申诉和举报的受理办理。

2014年,全国检察机关共接收群众控告、申诉、举报112万余件次,同比上升35.3%。经审查受理88万余件次,同比上升79.2%。最高人民检察院控告检察厅对1742件重要控告、申诉和举报进行了交办转办,同比上升38.5%。其中,中央政法委转交320件、全国人大转交18件。二是加大控告检察新增业务的办案力度。制定下发了人民检察院审查办理阻碍行使诉讼权利和本院办案违法控告申诉案件的工作办法等规范性文件,进一步促进控告检察新增业务高效、有序和规范开展。2014年,全国检察机关控告检察部门审查办理五项新增业务60456件。其中,审查民事行政诉讼监督案件43467件,初核举报线索12210件,审查不立案举报线索2867件,审查办理公检法机关及其工作人员阻碍辩护人、诉讼代理人依法行使诉讼权利的控告申诉1389件,审查办理对本院办案中违法行为的控告申诉523件。

五、狠抓干警培训和管理,提升队伍专业化、职业化水平

一是加强业务培训。最高人民检察院控告检察厅组织7期涉法涉诉信访改革培训班,对全国960名控申检察干警进行了培训。各省级检察院控告检察部门积极组织全员培训,确保控申检察干警对涉法涉诉信访改革尽知尽会。二是加强理论和业务研究。最高人民检察院控告检察厅组织编写了《控告举报检察新业务指引》及配套工具书《新编控告申诉举报检察实用法律法规手册》,为控告检察干警准确适用法律,有效开展新增业务办理提供有力指导。三是加强岗位廉政、纪律作风和执法规范化建设。针对控告检察干警工作在群众一线的特点,有针对性地开展警示教育,强化干警宗旨意识;结合群众路线教育实践活动,坚决整改,努力建设一支信念坚定、执法为民、敢于担当、清正廉洁的控告检察队伍。

(最高人民检察院控告检察厅)

刑事申诉检察工作 2014年以来,全国检察机关刑事申诉检察部门坚持以执法办案为中心,进一步加大办案力度,创新工作机制,加强队伍建设,认真履行刑事申诉检察职能,扎实推进各项工作,取得了良好成效。

一、以执法办案为中心,依法履行法律监督职能

(一)全面抓好刑事申诉检察办案工作。2014

年,全国检察机关全年共受理不服检察机关处理决定刑事申诉案件5990件,审查结案1503件,立案复查4085件,复查结案3742件,变更、纠正原检察机关处理决定793件;共受理不服法院生效刑事裁判申诉案件10968件,审查结案3734件,立案复查6188件,复查结案5785件,提出监督意见1237件,法院采纳监督意见、改判431件;共受理刑事赔偿申请1652件,决定给予赔偿1244件;受理当事人申请和办案部门提请刑事被害人救助12570人,实际发放救助金8537万元。

(二)加大监督纠正冤假错案工作力度。2014年以来,刑事申诉检察厅综合运用抗诉、再审检察建议、检察建议等多种监督方式,直接办理和指导下级检察院监督纠正了一批有重大影响的冤错案件,如广东徐辉案、海南黄家光案,其中,海南黄家光案是继2013年安徽于英生案后由最高人民检察院向最高人民法院发出再审检察建议后得到纠正的又一起冤错案件。

(三)广泛开展刑事申诉检察反向审视工作。2014年以来,各地开展了不服检察机关处理决定申诉案件质量评查工作,最高人民检察院刑事申诉检察厅对吉林、安徽、河南、湖北、重庆、新疆等地进行了集中调研督导,促进了办案质量、效率和效果的提升。开展了国家赔偿案件分析报告试点工作,选取山西、上海、江苏、安徽、福建、江西、广东、四川等8个省市作为试点地区,四级院同时进行试点,形成了兼具调研、指导、建议等诸多功能的对下指导平台,以及通过案件办理发现、警示执法办案突出问题的工作机制。

(四)扎实推进国家司法救助工作。2014年年初,中央政法委等六部委《关于建立完善国家司法救助制度的意见(试行)》下发后,刑事申诉检察厅及时研究下发了《最高人民检察院关于贯彻实施〈关于建立完善国家司法救助制度的意见(试行)〉的若干意见》,要求各省级检察院主动报告同级党委政法委,积极沟通协调其他政法单位,共同研究制定本地区国家司法救助制度实施办法。截至2014年底,已有28个省(自治区、直辖市)出台了本地区国家司法救助制度实施办法,黑龙江、江苏、福建、贵州和云南等5个省检察院还制定了本地检察机关开展国家司法救助工作实施细则。

二、以制度机制建设为抓手,促进各项工作规范开展

(一)修改出台《人民检察院复查刑事申诉案件规定》(以下简称《规定》)。该《规定》作为开展刑事申诉检察工作的基本规范,颁布实施16年来,司法实践发生巨大变化,相关立法、司法解释等也发生了重大改变,亟待修改完善。修改后的《规定》于2014年4月29日由第十二届第二十次检察委员会审议原则通过,其后又经征求全国大人常委会法工委和最高人民法院有关部门意见,并报中央政法委同意,修改后的《人民检察院复查刑事申诉案件规定》于10月27日印发。

(二)建立完善有关业务指导工作机制。2014年,刑事申诉检察厅创办了《刑事申诉检察工作指导》,出版了3辑。编发《刑事申诉检察工作情况》12期,通过典型案例、工作动态等多种栏目适时总结经验、鼓励先进。注重调研指导,先后派出工作组赴江西、福建、四川、江苏等地开展调研,具体指导工作,研究对策措施。

三、加强队伍建设,为刑事申诉检察工作发展提供人才支持

(一)创建全国刑事申诉检察人才库。全国检察机关刑事申诉检察人才库首批入选人员于2014年5月正式确定,入选人员均经过层层严格推荐和评审,从严审核把关,并经过网上公示,确定首批入库人才共166人。人才库实行动态管理,结合开展有关办案、研讨、培训活动,统一对入库人才进行调配使用。

(二)开展"岭南杯"刑事申诉检察理论与实务研究征文活动。刑事申诉检察厅与《人民检察》杂志社、广东省检察院联合开展"岭南杯"刑事申诉检察理论与实务研究征文活动,共收到征文355篇。2014年5月底对优秀征文和优秀组织单位进行了表彰,并将获奖论文编辑成《刑事申诉检察理论与实务研究》一书,有力带动了刑事申诉检察理论研究的深入开展。

(三)举办全国检察机关刑事申诉检察业务培训班、办案技能实训班。2014年5月27日至29日,全国检察机关刑事申诉检察业务培训班在广东省广州市举办,11个省级检察院就刑事申诉案件办理以及加强业务指导、推动机制创新、推进队伍建设等工作作了交流发言。2014年9月15日至19日,全国检察机关办理不服法院生效刑事裁判申诉

案件技能实训班在吉林省长春市举办,对刑事申诉检察人才库的专门业务人才及业务骨干进行了实战技能培训。

（四）举办全国检察机关刑事申诉检察岗位学练赛和精品案件评选活动。2014年5月开始,刑事申诉检察厅以学习培训修改后的《人民检察院复查刑事申诉案件规定》为重点,通过网络培训、专题培训、知识竞赛、案例评选等多种方式,促使干警认真学习掌握刑事申诉检察业务知识和业务技能。11月,全国检察机关刑事申诉检察人员进行应知应会知识全员网上统一考试,共提交有效考卷7877份,占全国检察机关从事刑事申诉检察工作总人数的98%。12月,首届全国检察机关刑事申诉检察业务竞赛活动在江苏省举办,共评选出全国刑事申诉检察业务标兵10名、业务能手20名、优胜奖10名,10个单位获得优秀组织奖。

（最高人民检察院刑事申诉检察厅）

全国检察机关刑事申诉检察工作研讨会暨刑事申诉检察业务培训班 2014年5月27日至29日,全国检察机关刑事申诉检察工作研讨会暨刑事申诉检察业务培训班在广东省顺利举办并取得良好效果。最高人民检察院党组成员、副检察长柯汉民同志出席会议并讲话,广东省人民检察院郑红检察长出席会议,北京师范大学赵秉志教授、中国人民大学何家弘教授和最高人民法院审判监督庭及最高人民检察院刑事申诉检察厅有关领导作了精彩授课。

研讨会暨培训班主要议程有三项:一是表彰"岭南杯"刑事申诉检察理论与实务研究征文活动优秀论文和优秀组织单位,并开展获奖论文交流研讨和专家点评活动;二是对新修改的《人民检察院复查刑事申诉案件规定》进行集中学习培训;三是交流研讨刑事申诉检察工作实践经验。

研讨会暨培训班将理论研讨、业务培训、工作交流三结合进行,取得了丰硕成果:一是有力推动了刑事申诉检察理论和实务研究。会议印发了《"岭南杯"刑事申诉检察理论与实务研究征文活动优秀论文选编》,20位优秀论文作者围绕刑事冤错案件的法律监督等4个专题作交流发言,何家弘等专家学者作了精彩点评。二是有效加强了刑事申诉检察业务培训。研讨会暨培训班以修改后复查规定为重点内容,结合重大冤假错案等典型案

例,从各个侧面对亟须掌握的重点、难点问题进行了讲解,让学员们全面、深入、及时掌握了刑事申诉检察工作最新动态和办理刑事申诉案件急需的业务知识,为依法、规范开展刑事申诉检察工作,全面履行好各项职责进一步夯实了基础。三是进一步推动了刑事申诉检察工作发展。柯汉民副检察长在讲话中对认真学习贯彻习近平总书记关于坚守防止冤假错案底线重要指示精神和中央涉法涉诉信访工作机制改革精神,进一步做好各项刑事申诉检察工作作了动员部署,并提出了明确、具体的要求。会议还安排安徽省检察院、浙江省检察院分别以视频短片形式介绍了办理于英生故意杀妻申诉案、张氏叔侄强奸杀人申诉案的典型经验,广东、河南等11个省级检察院就刑事申诉案件办理以及加强业务指导、推动机制创新、推进队伍建设等工作作了交流发言。

研讨会暨培训班认真贯彻执行中央八项规定和最高人民检察院有关会议活动管理规定,坚持勤俭办会、务实办会、高效办会,把两个晚上的时间也充分用于培训,保证了各项预定议程和课程的圆满完成。参会同志普遍反映,这次研讨会暨培训班虽然时间短、任务重,但内容丰富、设置科学、安排紧凑,体现了良好的学风会风,实现了理论研讨与实践总结、实务研究与业务交流的有机结合,从多方面增长了知识、开阔了视野,很有收获。

各省级检察院刑事申诉检察部门负责人及业务骨干、广东省各分市检察院刑事申诉检察部门负责人及业务骨干、获得"岭南杯"刑事申诉检察理论与实务研究征文一、二等奖的作者及最高人民检察院机关有关单位领导等共148人参加研讨会暨培训班。

（最高人民检察院刑事申诉检察厅 孔 静）

铁路运输检察工作 2014年,全国铁路运输检察机关按照"三个强化"总要求,坚持以执法办案为中心,以深化改革为动力,以自身建设为保障,不断更新司法理念,加大工作力度,积极履行法律监督职能,全力推进平安、法治铁路建设,维护社会和谐稳定,各项工作取得新进展。

一、主动融入铁路改革发展大局,认真履行职责,全力维护铁路安全稳定

一是严厉打击各类刑事犯罪,积极回应人民群众对铁路安全的新期待。始终保持对破坏铁路运

输设施及工程建设、危害铁路运营安全和群众生命财产安全等犯罪的打击力度，批捕各类犯罪嫌疑人3002人，起诉3754人。坚持宽严相济，化解社会矛盾，依法决定不逮捕523人，不起诉419人。针对铁路反恐维稳的严峻形势，铁路运输检察厅下发了《关于切实发挥铁检职能进一步加强铁路领域反恐维稳工作的通知》，各级铁路运输检察机关按照通知要求，加强与铁路公安机关沟通配合，做到快速反应、及时介入、依法处置，有力打击铁路领域危害国家安全和暴力恐怖犯罪。二是深入开展打击犯罪专项行动，加大保障民生民利工作力度。组织开展铁路"春运"和"两会"专项维稳活动，打击涉票犯罪和其他严重危害铁路春运安全和治安秩序的犯罪，保障人民群众安全、方便出行，确保"两会"顺利召开。深入推进平安铁路建设专项活动（2013年5月—2014年4月），严厉打击各种危害铁路安全刑事犯罪，不断净化铁路治安环境。开展打击涉及铁路领域危害民生民利专项活动，办理了一批有影响的案件，得到了社会广泛关注和认可。三是积极参与社会治理创新，维护社会和谐稳定。认真研判铁路治安态势，向有关部门提出意见建议，健全跟进、约谈、回访等制度，推动完善治理机制，努力消除治安隐患盲点，进一步增强人民群众的安全感。畅通群众诉求表达渠道，抓好矛盾纠纷源头治理工作，共受理来信来访762件，依法妥善处理涉铁集体访和告急访，做好教育疏导、矛盾化解等息诉罢访工作。

二、加大查办职务犯罪工作力度，注重惩防结合，深入推进反腐倡廉建设

坚持有腐必反、有贪必肃，积极回应人民群众对铁路投资、建设、运营、管理的关注，努力营造廉洁环境。全年共立案侦查涉铁职务犯罪案件377人，同比上升31.9%，其中县处级以上领导干部要案68人，占立案数18%，同比增加4.1个百分点。强化追逃追赃工作，通过办案追缴赃款赃物折合人民币6500.9万余元。完善侦查工作机制，规范侦查行为。下发《关于进一步加强涉及铁路职务犯罪案件要案线索管理的通知》，完善了对涉铁职务犯罪要案的请示报告及通报制度。推动建立铁路运输检察机关介入重大涉铁事故调查、重要信息沟通和职务犯罪线索移送、案件通报等制度。严格执行安全防范制度，确保办案安全。

同时，深入开展职务犯罪预防工作，积极构建涉铁领域职务犯罪预防体系。共提出检察建议28件，被采纳26件，推动建立制度17件，开展警示教育和宣传共426次，其中，开展警示教育讲座232次，参加人员80274人。认真开展行贿犯罪档案查询工作，维护铁路招投标诚信、公平、廉洁环境。8月，最高人民检察院与中国铁路总公司联合下发《关于加强铁检机关与铁路系统工作联系配合的意见》，铁路运输检察厅下发《最高人民检察院铁路运输检察厅和中国中铁股份有限公司中国铁建股份有限公司关于加强铁检机关与铁路建设单位工作联系配合的通知》，进一步提高了铁路运输检察机关与铁路管理、建设单位工作协作配合的规范性和有效性。

三、加强对诉讼活动的法律监督，维护司法公正，着力提高司法公信力

一是加强刑事诉讼活动监督。积极开展站车交接刑事案件专项检查监督、"一队一所"立案监督等活动，共监督公安机关立案22件，同比上升69.2%，对不符合立案条件的，监督公安机关撤案17件，同比上升240%。对侦查活动中存在的违法情形，提出书面纠正意见22件次，纠正漏捕21人，纠正漏诉23人。依法监督法院刑事审判活动，对审判程序中的违法情形坚决提出纠正意见，切实提高监督实效，抗诉后改判和发回重审的比例同比增加11个百分点。二是认真履行民事诉讼监督职责。综合运用抗诉、检察建议、违法行为调查、支持起诉等监督措施，维护人民群众切身利益和铁路国有资产安全。共受理各类民事检察案件70件，对不符合抗诉或再审检察建议条件的申诉案件，认真做好当事人服判息诉工作。三是加强刑罚执行和监管活动监督。认真开展罪犯交付执行与留所服刑专项检查活动、清理纠正久押不决案件专项活动及被监管人员身体状况定期集中检查活动，对违法情形提出书面纠正24件次，已纠正21件次，同比上升75%，纠正率为87.5%，有效维护了监管秩序和被监管人员合法权益。

四、坚决贯彻中央司改工作部署，积极主动作为，深入推进铁路运输检察管理体制改革

坚持把深化铁路运输检察改革放在检察改革和司法改革全局中来谋划和推进，开展调查研究，与有关部门反复沟通协商，积极提出依托铁路检察院设立跨行政区划检察院的改革框架意见和方案建议供领导决策参考，推动此项改革举措取得重大突破和实质性进展。十八届四中全会提出了"探索

设立跨行政区划的人民法院和人民检察院，办理跨地区案件"改革部署。2014 年 12 月 2 日中央全面深化改革领导小组第七次会议审议通过了《设立跨行政区划人民法院、人民检察院试点方案》，12 月底上海、北京分别依托铁路运输检察分院成立了上海市检察院第三分院和北京市检察院第四分院并挂牌办公，标志着跨行政区划检察院改革迈出了关键一步。

在积极探索跨行政区划检察院的同时，认真抓好深化检察改革相关工作部署在铁路运输检察系统的落实和推进，积极推动"完善主任检察官办案责任制""深化检务公开""建立符合职业特点的检察人员管理制度"等改革措施在铁路运输检察机关试点。各地铁路运输检察机关结合实际，建立健全方便铁路单位、旅客、群众知情、监督、参与的阳光检务机制。经中央机构编制委员会办公室和最高人民检察院批复同意，吉林省人民检察院铁路运输分院于 2013 年 8 月底成立，最高人民检察院下发通知明确了业务管辖范围。

五、坚持加强铁路运输检察机关自身建设，打造过硬队伍，不断提升法律监督能力

一是始终抓好思想政治建设和纪律作风建设。巩固和扩大群众路线教育实践活动成果，深入查摆和解决"四风"特别是执法司法作风方面存在的突出问题，确保教育实践活动善始善终、善作善成。积极开展集中整治"慵懒散奢"专项活动和"增强党性、严守纪律、廉洁从政"专题教育活动，不断强化纪律意识和廉洁从检意识，努力建设一支忠诚、公正、清廉、文明的铁路运输检察队伍。二是积极推进铁检队伍专业化建设。组织开展案件管理、自侦、侦查监督、民事行政等业务培训班，促进铁路运输检察人员更新执法理念、改进执法方式、提高执法水平。通过开展铁路运输检察机关优秀公诉法律文书评选活动和优秀公诉案件示范庭评选活动，促进提升实战能力、规范执法行为。为落实人才强检战略，发挥优秀人才的引领示范效果，建立了全国铁路运输检察机关检察业务人才库。三是加强执法规范化建设。推动统一业务系统在铁路运输检察机关顺利实施应用，全国 17 个铁路运输检察分院已实现统一业务软件线上运行。建立严格规范的案件管理制度，实现对执法办案活动的全程、统一、实时、动态管理和监督。通过交叉考评的方式对各铁路运输检察分院及其所属部分基层检察院

的侦查监督案件和站车交接案件质量开展评查，并及时对案件质量情况进行了反馈和通报。四是重视基层基础建设。建立了联系基层工作制度，加大对基层的指导力度，帮助解决一些实际问题。组织开展了铁路运输检察机关的人员队伍、"两房"建设、经费保障等专题调研，及时发现存在的问题，并提出有关工作意见建议。各级铁路运输检察机关稳步推进改革后续任务的落实，积极沟通，争取支持，逐步配齐配强领导班子，充实干部队伍，着力解决检务保障中的突出问题。

（最高人民检察院铁路运输检察厅）

全国铁路检察机关职务犯罪侦查和预防工作推进会 2014 年 7 月 8 日至 9 日，全国铁路检察机关职务犯罪侦查和预防工作推进会在广西北海召开。会议的主题是学习贯彻党的十八大、十八届三中全会、十八届中央纪委三次全会和中央政法工作会议精神，总结交流近年来铁路检察机关查办和预防职务犯罪工作经验，分析存在的问题和不足，部署下半年及今后一个时期铁路检察机关的职务犯罪侦查和预防工作，重点研究如何在新形势下充分发挥专门检察职能，进一步推动涉铁职务犯罪查办和预防工作深入健康发展。最高人民检察院副检察长姜建初出席会议并讲话，铁路运输检察厅厅长徐向春在会议结束时做了总结，铁路运输检察厅有关同志，各铁路运输检察分院的检察长和分管职务犯罪侦查、预防工作的副检察长，部分基层铁路运输检察院的检察长参加了会议。

会议认为，铁路检察机关作为专门检察机关，在查办和预防铁路领域职务犯罪，保护国家铁路资金安全，促进铁路廉政建设和法治建设等方面发挥着不可替代的作用。2014 年以来，全国各级铁路检察机关认真贯彻落实中央关于党风廉政建设和反腐败斗争的总体要求和最高人民检察院、省级检察院的具体部署，强化领导，统筹兼顾，认真履行铁路专门检察职责，查处了一批涉铁职务犯罪案件，保持了办案工作良好发展势头。

会议指出，加大查办和预防涉铁职务犯罪力度，是铁路检察机关贯彻落实中央深入推进反腐败斗争决策部署的必然要求；是服务铁路改革发展大局的现实需要，是铁路检察机关在铁路运输检察管理体制改革中乘势借力、推进自身科学发展的有效途径；是铁路检察机关提高执法水平、加强法律监

督能力建设的自身要求。各级铁路检察机关要准确把握新形势，清醒认识存在的问题，切实增强做好查办和预防涉铁职务犯罪工作的责任感和使命感。

会议要求，各级铁路检察机关要主动适应新要求，全面加强查办和预防涉铁职务犯罪工作。一是强化办案意识，加大办案力度。要认识到依法查办发生在铁路领域的职务犯罪案件，促进铁路公职人员队伍廉政建设是专门检察对铁路重要、直接、有效的服务，不断强化工作措施，推动办案工作上一个新的台阶。二是突出办案重点，拓宽工作领域。要将"为铁路运输大局服务"作为今后相当长时期铁路检察侦查工作的主要方向，着力查办铁路运输领域重点部位和关键环节的职务犯罪案件；进一步加大查办铁路工程建设领域职务犯罪工作力度；加强铁路检察机关在涉铁领域重大事故调查处理中的职能作用；严肃依法查办行贿犯罪案件。三是转变侦查理念和侦查方式，依法规范文明办案。四是推动铁路检察机关渎职侵权检察工作进一步开展。五是扎扎实实推进职务犯罪预防工作。认真领会习近平总书记"预防也出生产力"讲话的深刻内涵，把预防职务犯罪工作放到服务铁路科学发展的大局中加以谋划和推进。

会议强调，各级铁路检察机关要加强领导，创新机制，加强基础建设。铁路运输检察院改革移交后，很多铁路运输检察院不仅保持了原有的特色和优势，还在最高人民检察院、省级检察院的领导和支持下，创造性地开展各项工作，办案和预防工作发展势头都很好，当务之急是要在现行体制框架内进一步加强和改进各项工作，特别是善于通过工作机制、制度的创新完善来适应领导管理体制的发展变化。一是健全铁路检察机关查办要案请示报告和情况通报制度、与铁路部门的沟通协调机制。铁路运输检察厅要与中国铁路总公司、国家铁路局等相关部门加强联系，从上层做好总体设计和沟通协调工作。两级铁路运输检察院要与铁路局、站段、铁路建设单位建立经常性的联系沟通机制，及时掌握铁路动态，建立完善涉铁职务犯罪案件线索移送机制，增强办案工作实效。二是加强铁路检察机关侦查一体化机制建设。要整合各种侦查资源，提高侦查工作的力度和效率，要加强配合协作，形成全国铁路检察职务犯罪侦查工作"一盘棋"。三是大力推进铁路检察机关"两化"建设和"两房"建设。

侦查信息化和装备现代化重在建设，贵在应用，要边建边用、以用促建，切实发挥信息技术和科技装备的实战功能。要持续积极做好铁路检察"两房"建设的协调推进工作，争取地方有关部门的理解与支持。四是坚持不懈地狠抓侦查队伍建设。做好涉铁职务犯罪侦查和预防工作，队伍素质和作风建设至关重要，各级铁路检察机关要坚决贯彻习近平总书记强调的政法队伍建设要求，努力打造一支坚强有力的铁路检察职务犯罪侦查和预防队伍。

（最高人民检察院铁路运输检察厅）

职务犯罪预防工作 2014年，全国各级预防部门以习近平总书记系列重要讲话精神为指导，认真贯彻党的十八大、十八届三中、四中全会、十八届中央纪委三次全会和中央政法工作会议、全国检察长会议精神，以服务全面深化改革为中心，以预防职务犯罪专项工作为抓手，强化专门工作，强化制度反腐，创新工作机制，创新方式方法，加强预防职务犯罪专业化和社会化建设，全面推进各项预防工作，取得新的进展。

一、加强成果转化，深化惩治和预防职务犯罪年度报告制度

地方各级检察机关普遍在当地"两会"前，向地方党委、人大、政府等报送了2013年度报告，均得到当地领导的充分肯定，成为各级党委了解检察工作的重要渠道，研究推进地方反腐倡廉建设的重要依据，开展反腐倡廉教育的重要资料，其综合效应进一步显现。各级检察机关全年共制作预防报告14992件，通过预防报告推动建立制度6943件。河北、内蒙古、吉林、江西、广西、云南、贵州、青海、新疆等省、自治区的主要负责人对检察机关的查办和预防职务犯罪工作作出重要批示，提出了明确要求。一些地方年度报告中提出的对策建议等引起党委、人大、政府的高度重视，得到有关部门的采纳，转化为相关制度建设和地方法规，有力推进了惩治和预防腐败体系建设。为提高年度报告的质量和实际效果，职务犯罪预防厅组织开展首次全国检察机关惩治和预防职务犯罪年度报告评比活动。此外，各地还积极开展重点领域的职务犯罪案件的专题分析，向党委提出专项报告。安徽省检察院《关于我省涉农资金管理使用环节职务犯罪预防调查的报告》、湖南省检察院《湖南省涉农惠民领域职务犯罪态势分析及防范对策》、宁夏回族自治区检

察院《宁夏检察机关 2013 年度查办和预防民政系统职务犯罪综合报告》等受到当地主要负责同志的充分肯定。

二、重点抓、抓重点，预防职务犯罪专项工作深入开展

职务犯罪预防厅召开了全国检察机关预防职务犯罪专项工作推进会，对发挥专项工作的牵引作用、推动预防工作有效开展作出了具体部署。"进机关、进企业、进乡村、进学校、进社区"专题预防职务犯罪活动深入开展，挂牌督办的 100 个重点项目预防扎实推进；与民政部共同召开民政领域预防职务犯罪工作座谈会，深化民政系统预防专门工作。职务犯罪预防厅牵头的"南水北调工程建设预防"和"神华物资采购集团廉政防控体系建设"两个重点项目已初步完成，取得良好成果；与中铁建合作，共同开展我国企业"走出去"战略反腐败防控体系研究。中央司改项目"工程建设领域腐败预防、监督机制"已研究起草试点方案，正在按要求推进。

各地检察机关特别是省级检察院充分发挥"龙头"作用，按照全国检察机关查办和预防发生在群众身边、损害群众利益职务犯罪专项工作和"进机关、进企业、进乡村、进学校、进社区"专题预防职务犯罪活动的要求，突出"重点抓、抓重点"，深入重点领域和关键环节，积极开展有震动、上规模的区域性、行业性专项预防活动，推进职务犯罪行业、系统或区域性的治理和防范。各级预防部门全年共开展预防调查 22801 件，案例分析 20652 件；提出检察建议 21004 件，被采纳 17623 件，通过检察建议推动建立制度 8904 件，预防工作的质量效果都得到较大提升。浙江部署开展了"四大万亿"工程专项预防活动，安徽部署开展了为期一年的"安徽检察预防行"活动并对全省涉农资金领域预防职务犯罪专项行动进行督查，河南在全省开展国家公共卫生资金、科技资金、民政环保三项预防调查活动，重庆部署开展了为期半年的全市涉农领域职务犯罪预防工作，甘肃部署开展了为期一年的全省检察机关"保民生、促三农"专项行动，江西制订实施重大工程建设专项预防工作办法，等等，形成了整体声势，得到党政领导的高度重视，对提升预防工作层次、带动全局工作起到了积极作用。

三、拓宽领域，推动行贿犯罪档案查询纵深发展

积极推动建立健全行贿犯罪档案查询工作配套机制与应用制度，拓展行贿犯罪档案查询与应用领域。充分利用行贿犯罪档案库信息资源，加强对贿赂犯罪信息的分析研究。首次对 2008 年至 2013 年中央企业贿赂犯罪情况、1990 年至 2013 年省部级以上领导干部受贿犯罪情况和领导干部"带病上岗"情况进行了系统分析，服务领导决策。制定全国检察机关职务犯罪信息库建设方案，目前已进入研发建设阶段。积极参与国家信用信息系统（平台）建设，编制检察机关优良信用记录和不良信用记录基础目录，推进社会信用体系建设。为保证数据安全，对查询系统增加服务器机组，实行"双机双备"。加强宣传，举办全国检察机关行贿犯罪档案查询工作新闻发布会，有效地扩大了查询工作的影响，提高了查询工作认知度。各地普遍加大了行贿犯罪档案查询工作的规范化建设，积极与相关部门联系配合，主动把行贿犯罪档案查询工作纳入当地信用体系建设和相关行业市场准入制度，净化营商环境，有力促进了市场经济秩序的健全完善。各级检察机关全年共受理行贿犯罪档案查询 2233342 次，涉及被查询单位 2915287 个次、个人 4345199 人次。

四、加大警示教育和预防宣传力度，培育预防文化

大力开展以预防职务犯罪"正"字 logo 为主题的预防宣传活动，弘扬"关心您、保护您、帮助您"的预防理念，预防文化蓬勃开展。开展全国检察机关首届预防职务犯罪专题微电影评选活动并举行全国展播启动仪式，举办 2014 年平遥国际摄影大展暨首届预防职务犯罪摄影大赛作品展，弘扬主旋律，传播正能量，宣传社会主义廉政文化和法治文化，在社会引起极大反响。各地检察机关进一步加强警示教育基地规范化建设，推进预防职务犯罪进党校、进行政学院活动。充分利用互联网、智能手机等新兴传播技术，运用大众传媒，推出了一批预防职务犯罪警示宣传教育的栏目和品牌，开展预防职务犯罪宣传进机场、地铁、电视、商圈、楼宇、网站等活动，扩大覆盖面。充分发挥预防宣讲团的作用，特别是一些省级检察院组织宣讲团，有计划地在权力集中、资金密集的行业部门开展巡回宣讲，增强宣讲效果。各级检察机关全年共开展警示教育和预防宣传 115767 次，受教育人数 6447655 人。山东省检察院组织全省检察机关预防职务犯罪警示教育宣讲团，对省直有关单位深入开展预防警示教育宣讲；浙江省检察院开展了"百场领导干部预

防职务犯罪宣讲""千场预防职务犯罪进农村"活动,省检察院检察长为省直机关干部作首场预防专题报告。

五、加强协同,稳步推进侦防一体化工作机制

各级预防部门进一步加强与侦查、公诉、控告等相关业务部门的联系配合,把预防工作与执法办案紧密结合起来,及时开展重点典型职务犯罪案件预防介入工作,充分发挥庭审预防的作用,完善共同开展预防工作的制度,建立健全相关机制,实行信息共享、优势互补、惩防联动,为提高检察机关反腐败的整体效能打下了坚实基础。职务犯罪预防厅积极推进侦查预防信息化建设,提出职务犯罪侦查预防信息化平台建设方案,进一步加强侦防一体化建设。安徽省检察院制定了《安徽省检察机关职务犯罪惩防一体化防范机制建设若干规定》,青海省召开了全省检察机关侦防一体化工作机制推进会等,进一步推动检察机关预防工作机制的建立健全。此外,各地还通过预防调查,在发现漏洞,提出预防对策建议的同时,注意发现收集职务犯罪线索和信息,发挥以防促打的作用。全年在预防工作中共移送职务犯罪线索1064件,其中侦查部门已立案497件。

六、进一步推进预防职务犯罪法治化建设,构筑社会化预防格局

最高人民检察院加强指导,各省级检察院积极推动地方预防职务犯罪法治化建设,预防工作的制度化保障进一步加强。截至目前,全国已有19个省份出台了预防职务犯罪条例或决议,预防职务犯罪的法治化水平不断提高。同时,各地检察机关依据条例,主动把预防工作纳入地方工作责任制目标考核之中,强化了责任,有力增强了预防工作的刚性,夯实了预防工作社会化的基础。社会化预防机制规范有序发展,党委领导下的预防职务犯罪领导机制不断健全和完善。目前,全国已有17个省(自治区、直辖市)、319个地(市)、2262个县(区)建立了党委预防职务犯罪领导小组(指导委员会),预防职务犯罪联席会议制度不断深化,社会化预防工作格局不断完善。

七、立足职能,不断探索创新预防措施方法

一是积极开展职务犯罪预警预测,对已发职务犯罪和存在的职务犯罪隐患加强研究分析,查找诱发职务犯罪的风险点,及时向有关单位进行预警通报,增强预防工作的预见性。二是探索开展预防诫

告制度,对检察机关直接立案侦查案件中不立案、撤案、不起诉、判决免除刑事处罚的国家工作人员,有针对性地进行预防诫告,防止"小错"演变成"大案"。甘肃省检察院出台了《甘肃省检察机关预防职务犯罪约谈办法(试行)》,还有一些地方也制定了预防诫告的工作制度,保证了该项工作的规范开展。三是改进案例剖析工作,重在提高参与性和警示性,把案例剖析的过程转变为警示教育、建章立制的过程。四是完善措施制度,建立了预防笔录制度、预防卷宗制度,规范预防讯问,促进工作有序开展。

此外,预防队伍建设不断加强。扎实推进、积极参与第二批党的群众路线教育实践活动,认真落实中央改进作风的"八项规定",加强理想信念和纪律作风建设。加强党风廉政责任制建设,严肃工作纪律,对2009年以来预防部门工作人员违纪违法案件进行了通报,开展警示教育;在全国检察机关试行预防职务犯罪工作告知卡和监督卡制度,主动接受社会监督。加强预防职务犯罪专业素质的培养,先后举办了全国检察机关第八期预防业务培训班、预防监督工作培训班暨工程建设领域职务犯罪预防监督研讨班,各地也普遍加大了业务培训力度,开展岗位练兵,提高队伍的实际工作能力。

(最高人民检察院职务犯罪预防厅)

司法解释工作 2014年,最高人民检察院单独或者联合其他单位制发了一批司法解释和司法解释性质文件。这些司法解释和司法解释性质文件紧紧围绕党和国家工作大局,将维护国家安全、服务经济发展、保障民生利益作为重点内容,对于加强对全国检察机关适用法律的宏观指导,规范司法行为,提高办案水平发挥了重要作用,取得了良好的政治效果、法律效果和社会效果。主要有:

一、司法解释

(一)《最高人民检察院关于强迫借贷行为适用法律问题的批复》

该批复于2014年4月11日由最高人民检察院第十二届检察委员会第十九次会议通过,自公布之日起施行。这一批复是针对广东省人民检察院的请示作出的,批复规定:以暴力、胁迫手段强迫他人借贷,属于刑法第二百二十六条第二项规定的"强迫他人提供或者接受服务",情节严重的,以强迫交易罪追究刑事责任;同时构成故意伤害罪等其他犯

罪的,依照处罚较重的规定定罪处罚。以非法占有为目的,以借贷为名采用暴力、胁迫手段获取他人财物,符合刑法第二百六十三条或者第二百七十四条规定的,以抢劫罪或者敲诈勒索罪追究刑事责任。

（二）《最高人民法院、最高人民检察院关于办理走私刑事案件适用法律若干问题的解释》

经 2014 年 2 月 24 日最高人民法院审判委员会第 1608 次会议、2014 年 6 月 13 日最高人民检察院第十二届检察委员会第二十三次会议通过,最高人民法院、最高人民检察院制发了《关于办理走私刑事案件适用法律若干问题的解释》,自 2014 年 9 月 10 日起施行。该解释根据《刑法修正案（七）》《刑法修正案（八）》对走私罪的修改以及经济社会的发展变化情况,对此前发布的相关司法解释的有关规定进行了调整、完善。针对办理走私刑事案件存在的认识分歧问题提出了明确处理意见,进一步明确了相关走私犯罪的定罪量刑标准和有关法律适用问题。

（三）《最高人民法院、最高人民检察院关于危害药品安全刑事案件适用法律若干问题的解释》

经 2014 年 9 月 22 日最高人民法院审判委员会第 1626 次会议、2014 年 3 月 17 日最高人民检察院第十二届检察委员会第十八次会议通过,最高人民法院、最高人民检察院制发了《关于办理危害药品安全刑事案件适用法律若干问题的解释》,自 2014 年 12 月 1 日起施行。该解释根据《刑法修正案（八）》的有关规定,结合经济社会发展和司法实践中的新情况新问题,针对实践中办理危害药品安全刑事案件存在的争议问题提出了明确意见,同时进一步明确了有关危害药品安全犯罪的定罪量刑标准。

二、司法解释性质文件

（一）《最高人民法院、最高人民检察院、公安部关于办理非法集资刑事案件适用法律若干问题的意见》

该意见根据刑法、刑事诉讼法的规定,结合司法实践,对非法集资的行政认定、"向社会公开宣传"及"社会公众"的认定、共同犯罪的处理、涉案财物的追缴处置、证据的收集、涉及民事案件的处理、跨区域案件的处理等八个方面的问题作了规定,进一步明确了非法集资犯罪的有关法律适用问题。

（二）《最高人民法院、最高人民检察院、公安部关于办理利用赌博机开设赌场案件适用法律若干

问题的意见》

该意见根据刑法和有关司法解释的规定,结合司法实践,对利用赌博机组织赌博的性质认定、利用赌博机开设赌场的定罪处罚标准、共犯的认定、生产、销售赌博机的定罪量刑标准、赌资的认定、赌博机的认定、宽严相济刑事政策的把握、国家机关工作人员渎职犯罪的处理等八个方面的问题作了规定,进一步明确了办理利用赌博机开设赌场案件的有关法律适用问题。

（三）《最高人民检察院、公安部关于严格依法办理虚报注册资本和虚假出资抽逃出资刑事案件的通知》

该通知根据新修改的公司法和有关立法解释的规定,要求充分认识公司法修改对案件办理工作的影响,严格把握罪与非罪的界限,依法妥善处理跨时限案件,进一步加强工作联系和沟通,严格依法办理虚报注册资本和虚假出资抽逃出资刑事案件。

（四）《最高人民法院、最高人民检察院、公安部关于规范毒品名称表述若干问题的意见》

该意见对毒品犯罪案件涉及的含甲基苯丙胺成分的毒品、含氯胺酮成分的毒品、含 MDMA 等成分的毒品、"神仙水"类毒品、大麻类毒品等五类毒品,在起诉意见书、起诉书、刑事判决书、刑事裁定书中的名称表述问题提出了规范意见。

（五）《最高人民法院、最高人民检察院、工业和信息化部、公安部关于印发〈公用电信设施损坏经济损失计算方法〉的通知》

该通知对我国境内由于盗窃、破坏等因素造成公用电信设施损坏所带来的经济损失,明确了计算方法,为司法部门对相关案件的立案侦查和定罪量刑提供了支撑。

（六）《最高人民法院、最高人民检察院、公安部关于办理邻氯苯基环戊酮等三种制毒物品犯罪案件定罪量刑数量标准的通知》

该通知根据刑法和有关司法解释的规定,对办理邻氯苯基环戊酮、1 - 苯基 - 2 - 溴 - 1 - 丙酮、3 - 氧 - 2 - 苯基丁腈等三种制毒物品犯罪案件的定罪量刑数量标准作了规定。

（七）《最高人民法院、最高人民检察院、公安部关于暴力恐怖和宗教极端刑事案件适用法律若干问题的意见》

该意见根据刑法和其他有关法律规定,对正确

把握办理案件的基本原则、准确认定案件性质、明确认定标准、明确管辖原则等四个方面的问题作了规定,进一步明确了办理暴力恐怖和宗教极端刑事案件的有关法律适用问题。

(八)《最高人民法院、最高人民检察院、人力资源社会保障部、公安部关于加强涉嫌拒不支付劳动报酬犯罪案件查处衔接工作的通知》

该通知根据刑法和有关司法解释的规定,对加强涉嫌拒不支付劳动报酬违法犯罪案件查处工作、规范涉嫌拒不支付劳动报酬犯罪案件移送工作、完善劳动保障监察行政执法与刑事司法衔接机制提出了要求,进一步加大了对拒不支付劳动报酬犯罪行为的打击力度,维护了劳动者的合法权益。

(最高人民检察院法律政策研究室)

检察专题调研工作 2014年检察专题调研工作全面落实党的十八届三中、四中全会精神,贯彻落实习近平总书记系列讲话精神,按照中央政法工作会议和全国检察长会议的要求,围绕检察工作和检察改革中的热点、难点展开,为领导决策服务、为检察改革和检察业务工作服务,检察专题调研工作取得新的成绩。

一、切实做好对检察机关专题调研工作的指导、组织工作

一是通过下发重点调研题目,指导各级检察机关专题调研工作的方向。2014年1月,最高人民检察院法律政策研究室针对检察工作中的重点内容,拟定了35个检察应用理论研究重点题目,下发了《关于印发〈二〇一四年检察专题调研重点题目〉的通知》,要求各地检察机关研究室结合本地实际,紧紧抓住坚持和发展中国特色社会主义检察制度这条主线,针对检察工作和检察改革中的重点、难点问题大兴调研之风,切实发挥其为检察业务工作和领导决策服务的积极作用,进一步推动检察工作更好地服务经济社会科学发展。在开展调研工作中,要注重上下级人民检察院和本院各部门之间的协同与配合,充分调动各级、各部门工作人员的积极性,创新调研工作机制。重点题目涵盖落实十八届三中全会精神、进一步深化检察改革,刑法和刑事诉讼法适用及民事、行政检察工作等方面。地方检察机关领导和研究室同志对专题调研工作高度重视,精心组织和协调本院各部门和上下级人民检察院,围绕检察业务工作中的热点、难点问题,结合

本地区、本部门的实际,积极申请承担重点专题调研题目的研究工作。二是积极推广宣传优秀调研成果。最高人民检察院法律政策研究室和省级检察院通过向全国或者全省转发、向领导专报、在内部刊物上刊载等方式,积极向全国或者本地区宣传推广优秀调研成果,充分调动了各级、各部门工作人员的积极性,有效推动了调研成果的转化应用。

二、做好修改后刑事诉讼法和《人民检察院刑事诉讼规则(试行)》的专题调研

2014年5月起,最高人民检察院法律政策研究室派人赴福建、浙江、内蒙古、山东、河南、江苏等地就修改后刑事诉讼法和刑诉规则执行情况开展实地调研,并向最高人民检察院各相关业务厅局和各省级检察院研究室发函,就《人民检察院刑事诉讼规则(试行)》执行情况和问题进行函调。根据调研收集的意见与建议,结合检察机关贯彻执行修改后刑事诉讼法的情况,对意见和建议进行了逐条研究,形成了《人民检察院刑事诉讼规则(试行)涉及的重大问题报告》《〈人民检察院刑事诉讼规则(试行)〉修改意见综述》《〈人民检察院刑事诉讼规则(试行)〉修改需与相关政法单位协调的问题汇总》等调研材料。

三、举办全国调研骨干培训班

2014年8月3日至8月8日、11月24日至29日分别在内蒙古通辽市和北京举办两期全国调研骨干培训班。针对各地调研骨干反映的业务难点问题,由最高人民检察院法律政策研究室领导和知名专家学者分别对司法改革热点问题、最新司法解释、刑事诉讼法学前沿问题和法学论文写作技巧等作了专题讲座,受到了学员好评。11月26日,最高人民检察院柯汉民副检察长与在京参加培训的各地调研骨干进行座谈,柯汉民副检察长对近年来研究室工作取得的成绩、目前存在的困难和问题进行了总结和分析,对下阶段研究室工作的总体思路、目标、任务作了重要阐述,并对进一步做好研究室工作进行了全面部署。

(最高人民检察院法律政策研究室)

检察委员会工作 2014年,在最高人民检察院党组和曹建明检察长的领导下,最高人民检察院检察委员会议事质量和效率进一步提高,检察委员会办事机构作用进一步发挥,对基层人民检察院的工作指导进一步加强,较好地完成了服务检察委员会的各

项工作。

一、召开检察委员会会议情况

2014年，最高人民检察院检察委员会共召开会议19次（第十二届第十五至三十三次），讨论议题47件次。具体情况是：

审议案件11件次。在审议的案件中，包括中共内蒙古自治区党委原常委、统战部原部长王素毅受贿案，湖南省政协原副主席童名谦玩忽职守案，国家发展和改革委员会原副主任、国家能源局原局长刘铁男受贿案，辽宁省人民检察院报请核准追诉的肖文海故意杀人案，内蒙古自治区人民检察院报请核准追诉的丁国山等四人故意伤害案，江苏无锡亿仁肿瘤医院有限公司申请监督案，广东省人民检察院提请抗诉的原审被告人马乐利用未公开信息交易案，吉林省人民检察院提请抗诉的原审被告人金绍有抢劫案等。

审议司法解释和规范性文件25件次。审议的司法解释和规范性文件主要有：《最高人民法院、最高人民检察院关于办理危害药品安全刑事案件适用法律若干问题的解释》《最高人民法院、最高人民检察院关于办理走私刑事案件适用法律若干问题的解释（审议稿）》《最高人民法院、最高人民检察院、公安部关于办理利用赌博机开设赌场案件适用法律若干问题的意见》《最高人民法院、最高人民检察院、公安部关于严格依法办理利用信息网络实施诽谤等违法犯罪案件的意见》《最高人民检察院关于强迫借贷行为适用法律问题的批复》《最高人民检察院关于以检察专递方式邮寄送达有关检察法律文书的若干规定》《最高人民检察院关于充分发挥检察职能，为全面深化改革服务的意见》《人民检察院讯问职务犯罪嫌疑人实行全程同步录音录像的规定》《人民检察院复查刑事申诉案件规定》《最高人民检察院关于办理职务犯罪罪犯减刑、假释、暂予监外执行案件实行备案审查的规定》《人民检察院案件信息公开工作规定（试行）》《人民检察院办理减刑、假释案件规定》《最高人民检察院关于废止有关劳动教养检察规定的决定》《人民检察院举报工作规定（第二次修订）》《人民检察院受理控告申诉依法导入法律程序实施办法》《最高人民检察院关于加强和改进刑事抗诉工作的意见》《最高人民检察院关于依法保障律师执业权利的规定》《最高人民检察院远程视频接访办法》等。

审议两批指导性案例。审议了《最高人民检察院第四批指导性案例》《最高人民检察院第五批指导性案例》。

审议其他议题9件。审议了曹建明检察长拟向第十二届全国人民代表大会第二次会议作的《最高人民检察院工作报告》《关于公司注册资本制度改革涉及刑法适用有关问题的研究意见》《关于刑法、刑事诉讼法法律解释（征求意见稿）有关情况的报告》《关于对〈中华人民共和国行政诉讼法修正案（草案）〉的修改意见》《关于最高人民检察院检委会2013年工作情况及2014年工作建议的报告》《最高人民检察院2014年司法解释和司法解释性质文件工作计划》《关于人民检察院规范司法行为工作情况的报告》等。

二、举办检察委员会集体学习情况

根据《关于改进和加强最高人民检察院检察委员会工作的意见》的要求，2014年12月25日最高人民检察院第十二届检察委员会举行了第五次集体学习，邀请最高人民法院审判委员会专职委员、研究室主任胡云腾同志作了"推进以审判为中心的诉讼制度改革"的专题讲座。曹建明检察长主持学习活动并作了讲话。除委员外，各内设机构和直属事业单位的主要负责同志均参加了集体学习。

三、检察委员会工作指导情况

召开全国检察机关检察委员会工作座谈会。2014年2月，在北京组织召开全国检察机关检察委员会工作座谈会，最高人民检察院常务副检察长胡泽君、检察委员会专职委员陈连福总结了近年来检察委员会工作取得的成绩、存在问题，对下一步工作进行了部署。

组织地方检察委员会工作情况调研。2014年10月，在全系统开展了地方检察委员会工作情况调研，全面掌握各地检察委员会工作开展情况、经验做法及存在问题，形成了《关于地方检察委员会工作及改革建议的调研报告》。最高人民检察院党组专门听取了有关汇报，对进一步做好检察委员会工作提出明确要求。党组认为，近年来，在最高人民检察院领导和地方各级检察机关共同努力下，检察委员会工作不断加强、健康发展，为促进检察机关依法科学民主决策，保障检察权依法独立公正行使发挥了积极作用。从当前情况看，检察委员会工作仍然存在一些问题和不足。关于报告提出的改进检察委员会工作的具体措施，法律政策研究室要做更加充分的研究论证,属于进一步落实已有规定的内容,可以着手先做;属于改革性质的措施,要结合司法改革和检察改革总体要求,统筹考虑,稳步推进,具备条件的可以先行试点,积累经验,确保检察委员会改革的正确方向。

召开全国检察机关检察委员会工作视频汇报会。2014 年 12 月 10 日,组织召开了检察委员会视频汇报会,由北京、黑龙江、上海、江苏、山东、四川 6 个省级检察院汇报对检察委员会工作座谈会精神的落实情况,交流各自在开展检察委员会工作方面的经验做法、存在问题和改进措施,陈连福专职委员发表讲话,对进一步做好检察委员会工作进行部署。通过视频汇报形式检查督促各地开展工作情况,是最高人民检察院加强对地方检察委员会工作组织领导的创新举措,曹建明检察长对这一会议形式作出批示予以肯定。

对省级检察院检察委员会纪要备案情况进行检查。为了加强和规范检察委员会会议纪要备案工作,根据院领导指示,对省级人民检察院 2013 年度检察委员会会议纪要备案情况进行了检查,分析存在的问题,起草并印发了《关于 2013 年省级人民检察院检察委员会会议纪要和学习纪要备案情况的通报》,进一步对备案工作提出了要求。

将检察委员会工作纳入最高人民检察院巡视工作,并对巡视组反馈意见进行督办。2014 年 6 月,经报院领导同意,商纪检组监察局将检察委员会工作纳入最高人民检察院巡视工作,并将检察委员会办公室及人员配备情况、检察委员会委员履职、检察委员会规范化等作为巡视组巡视检察委员会工作的评价标准。根据《关于落实最高人民检察院对山西、辽宁省检察院巡视建议的督办通知》要求,积极督促山西、辽宁两省检察院认真落实整改巡视中发现的检察委员会工作方面的问题,并及时报送了督促整改情况。

四、检察委员会办事机构工作情况

对最高人民检察院检察委员会审议决定案件情况进行了分析研究。为了进一步提高检察委员会审议案件质量,经报院领导同意,检察委员会办公室对最高人民检察院检察委员会第十一届第一次会议至第十二届第十三次会议期间审议决定案件的审议情况、会议决定情况以及执行情况进行了分析研究,形成了《关于 2008 至 2013 年最高人民检察院检察委员会决定案件有关情况的分析报告》,并在第十二届

检察委员会第三十三次会议上作了通报。

继续做好检察委员会办事机构日常工作。一是认真开展会前议题审查工作。根据规定,坚持对提请检察委员会审议的所有议题进行把关的同时,认真落实院领导批示,对 18 件重要议题进行研究并出具书面审查意见,从办理程序、报告内容到附件准备等提出意见和建议,指导议题提请部门修改完善,为提高议题质量和审议效率奠定了基础。二是认真做好会议记录、纪要起草及决定事项跟踪督办等工作。坚持会中速录检察委员会委员发言情况,会后及时整理会议记录、起草会议纪要,不断提高起草质量和工作效率。对 2014 年检察委员会决定事项与以往决定事项未完成部分及后续情况进行跟踪督办,并总结报告督办情况,确保检察委员会决定得到贯彻执行。三是开展法律核稿工作。2014 年完成《人民检察院讯问职务犯罪嫌疑人实行全程录音录像的规定》《科技强检示范院创建办法》《人民检察院办理减刑、假释案件规定》《人民检察院案件信息公开工作规定(试行)》《人民检察院举报工作规定》等业务规范性文件法律核稿 17 件。四是做好检察长列席最高人民法院审判委员会会议沟通协调工作。根据《最高人民法院、最高人民检察院关于人民检察院检察长列席人民法院审判委员会会议的实施意见》规定,积极与最高人民法院审判管理办公室沟通协调,2014 年联系办理最高人民检察院分管副检察长十余次列席最高人民法院审判委员会会议相关事宜。五是 2014 年共编发《检察委员会工作情况》6 期。

(最高人民检察院法律政策研究室)

案例指导工作 党的十八届四中全会提出要"加强和规范司法解释和案例指导,统一法律适用标准"。案例指导工作的重要作用日益凸显。2014 年,最高人民检察院案例指导工作得到进一步加强。

一、召开新闻发布会发布第四批指导性案例

为加大对危害食品安全犯罪的惩治力度,2014 年 2 月 20 日,最高人民检察院发布了第四批 5 个指导性案例,为各级检察机关正确办理危害食品安全案件提供指导。案例为柳立国等人生产、销售有毒、有害食品,生产、销售伪劣产品案(检例第 12 号);徐孝伦等人生产、销售有害食品案(检例第 13 号);孙建亮等人生产、销售有毒、有害食品案(检例

第 14 号）；胡林贵等人生产、销售有毒、有害食品，行贿案，骆梅、刘康素销售伪劣产品案，朱伟全、曾伟中生产、销售伪劣产品案，黎达文等人受贿、食品监管渎职案（检例第 15 号）；赛跃、韩成武受贿、食品监管渎职案（检例第 16 号），为各级检察机关正确办理危害食品安全案件提供指导。最高人民检察院召开了第四批指导性案例新闻发布会，收到了较好的宣传效果和社会效果。

二、首次启用最高人民检察院网上新闻发布厅发布第五批指导性案例

2014 年 9 月，最高人民检察院发布第五批共 3 个检察机关第二审刑事抗诉案例：陈邓昌抢劫、盗窃案，付志强盗窃案（检例第 17 号）；郭明先参加黑社会性质组织、故意杀人、故意伤害案（检例第 18 号）；张某、沈某某等七人抢劫案（检例第 19 号）。发布抗诉成功的指导性案例，有利于指导地方检察机关树立正确的抗诉理念，明确刑事抗诉条件和标准，保证抗诉案件质量。该批案例以最高人民检察院网上新闻发布厅启动为契机予以发布，相关主流媒体予以充分报道，收到较好社会效果。

三、向案例指导工作委员会汇报有关工作情况

为进一步加强案例指导工作，最高人民检察院法律政策研究室向最高人民检察院案例指导工作委员会作了《关于案例指导工作有关情况的报告》，对近年来最高人民检察院开展案例指导工作情况及存在问题进行了研究梳理，并提出了下一步工作建议。案例指导工作委员会充分肯定了 2010 年以来案例指导工作取得的成绩，客观分析了当前工作存在的问题，对进一步加强案例指导工作提出了明确要求：一是明确"一个中心，两条主线"的工作思路；二是提高指导性案例筛选和编写质量；三是加强省级检察院和最高人民检察院业务部门案例报送工作。

四、调整最高人民检察院案例指导工作委员会组成人员

2010 年 10 月 25 日，根据《最高人民检察院关于案例指导工作的规定》，成立了最高人民检察院案例指导工作委员会。2014 年以来，由于院领导分工调整、人事调动、人员退休等原因，案例指导工作委员会组成人员变动较大，经最高人民检察院案例指导工作委员会讨论通过，适当调整了组成人员。调整后的最高人民检察院案例指导工作委员会由柯汉民副检察长担任主任，张德利、陈连福专职委员担任副主任，最高人民检察院 14 名业务部门负责同志和 11 名专家学者共 25 人担任委员。

五、下发通知规范案例指导工作

针对地方检察机关在案例收集报送工作中存在的问题，2014 年 10 月，最高人民检察院下发《关于进一步做好检察机关案例选送工作的通知》，对地方检察院报送案例范围和重点类型予以明确，进一步提高了案例报送工作的针对性；明确了各省级检察院承担案例报送工作的负责人及具体工作人员，建立了联系通讯录，全面加强和规范了案例报送工作，为进一步做好案例指导工作奠定基础。

（最高人民检察院法律政策研究室）

对台工作 2014 年，检察机关贯彻中央对台工作要求，推动双方司法交流，落实《海峡两岸共同打击犯罪及司法互助协议》，为维护两岸民众权益、促进两岸关系和平发展作出了新的成绩。

一、交流合作情况

（一）保持了高层互访的良好态势。曹建明检察长等最高人民检察院领导先后会晤了台湾"韩忠谟教授法学基金会"董事长翁岳生、"法务部政务次长"陈明堂、海基会副董事长兼秘书长施惠芬等台方高层。最高人民检察院副检察长孙谦、检察委员会专职委员张德利先后应台方邀请赴台交流。两岸检方高层在开展司法合作与法律交流的总体构想、具体措施等方面达成诸多共识。

（二）加大了双向交流力度。2014 年，大陆检察机关赴台交流 31 批次 208 人，其中最高人民检察院组（参）团赴台 7 批次 72 人，批准各省级检察院组（参）团赴台 24 批次 136 人；接待台方团组 15 批次 116 人，其中最高人民检察院台办邀请和接待台方团组 8 批次 79 人，批准和安排各省级检察院接待台方团组 7 批次 37 人。

（三）检察实务研讨、检察官研习等常态交流机制运行良好。2014 年 5 月在台湾举办第五届检察实务研讨会，孙谦副检察长一行 35 人赴台参会，台湾"法务部政务次长"吴陈镶及台湾"高检署"检察长、各高分检署检察长、地检署检察长及检察官 75 人参会，双方在加强两岸司法互助协作、携手打击跨境犯罪方面取得一系列成果。2014 年 4 月，台湾嘉义地检署检察长罗荣乾一行 4 人到国家检察官学院参加检察培训；7 月，最高人民检察院监所检察厅副厅长周伟一行 10 人赴台进行了为期 6 天的公

诉实务研习活动。

（四）与台湾民间团体的交流更加深入。2014年，大陆检察机关先后接待了"韩忠谟教授法学基金会"董事长翁岳生、"海峡两岸法律交流协会"副理事长卢嘉辰、高雄法律文化推广协会董事长罗仁强和台湾检察官协会参访团等民间法律团体来大陆参访。中国检察官教育基金会代表团赴台与"韩忠谟教授法学基金会"成功举办第二届检察教育交流研习活动。应"海峡两岸法学交流协会"、台湾"中华法学会"等民间团体的邀请，广东、江西等省级检察院分别组团赴台开展法律交流活动。

二、司法互助情况

（一）及时高效办理各类司法互助案件，维护了两岸民众合法权益。2014年大陆检察机关共办理台湾检方请求的各类司法互助案件564件，均已办结，其中协助送达司法文书约500件，协助调查取证18件，已回复台方16件，其余2件已转交有关省检察机关协助调查取证；人员遣返、犯罪信息通报等其他事项13件，已回复台方12件。

（二）深化与台方的司法合作机制，拓展刑事司法互助领域。2014年2月，最高人民检察院台办和台湾"法务部"廉政署建立司法互助工作机制，协助其对2件案件进行调查取证。其中，台方从我方提供的台湾公务人员简某某涉嫌收受大陆渔民贿赂案的证据材料中发现重大犯罪线索，请求我方继续协助调查取证并希望派员来大陆现场协助取证，我方同意了台方的请求。12月，台湾"法务部"廉政署派员赴福建协助调查取证，最高人民检察院台办派员现场指导，圆满完成了对证人的询问和证据移交。

三、配合有关部门做好对台工作

一是配合中央台办做好两岸服刑人员移管、台籍家属探视、人员缉捕遣返、涉台个案协调和办理等工作。二是与最高人民法院港澳台办协商，明确了对台方检察机关受理并在其处理程序中的刑事自诉案件所涉的司法文书由检察机关代为送达；参加最高人民法院《关于办理人民法院办理接受在台湾地区服刑的大陆居民返回大陆服刑案件的规定（征求意见稿）》专家论证会，两次向最高人民法院提出参考意见。三是就司法部拟移第四批8名台籍服刑人员返台服刑提出意见。四是积极申请"海峡两岸关系法学研究会"赴台短期研修项目，推荐国家检察官学院温辉教授参加该项目并赴台开展

为期2个月的访问研修工作。

（最高人民检察院法律政策研究室）

案件管理工作 2014年，全国检察机关案件管理部门深入学习贯彻党的十八届三中、四中全会和中央政法工作会议精神，紧紧围绕全国检察机关统一业务应用系统部署工作会议、全国检察机关案件信息公开系统部署应用工作电视电话会议等部署和要求，认真做好案件管理各项工作，在业务信息化、案件信息公开、案件管理制度建设等各方面取得明显成效，为强化内部监督制约、规范司法办案行为等发挥了积极作用。

一、强化调研指导，推动全国案件管理工作稳健发展

最高人民检察院案件管理办公室对2011年以来全国检察机关案件管理工作情况、2013年以来统一业务应用系统部署应用情况进行了调研，进一步掌握了全国案件管理工作开展情况，找出了突出问题，研究提出了对策建议。建立案件管理工作联系点制度，在全国检察机关选择21个市级检察院、基层检察院作为首批案件管理工作联系点，直接指导促进联系点案件管理工作规范发展，充分发挥联系点的带动作用和辐射效应，以点带面提高全国案件管理工作水平。加强队伍建设，抓紧组织研制案件管理岗位素能基本标准，举办统一业务应用系统统计衔接工作培训班、案件信息公开系统业务骨干师资培训班，建立统一业务应用系统人才库，多层次、多角度提升全国案件管理人员素质。召开全国检察机关第一次案件管理工作会议，最高人民检察院检察长曹建明、常务副检察长胡泽君出席会议并发表讲话，充分肯定三年多来全国检察机关案件管理工作取得的成效，明确提出下一步工作的基本思路和具体任务，为促进全国检察机关案件管理工作创新发展指明了方向。各地检察机关把案件管理工作作为"一把手"工程，围绕案件管理工作重点、探索案件管理工作规律、强化对下指导和横向交流，提高了案件管理工作整体水平。

二、扎实履行案件管理职能，有效促进检察机关司法办案规范高效

一是加强案件流程管理。做好统一受理、流程监控工作，海南省检察院制定各类案件流程监管指引，有效规范了对执法办案的流程监控。加强涉案

财物监管,最高人民检察院案件管理办公室起草了《人民检察院刑事诉讼涉案财物管理规定》,经最高人民检察院检察委员会讨论通过。认真做好当事人及其辩护人、诉讼代理人接待工作,吉林、海南、重庆、四川等省级检察院协调当地物价管理部门,对律师复印卷宗收费问题作出了全省统一规定。二是加强案件质量管理。最高人民检察院下发了《关于进一步改进检察业务考评工作的意见》,以不排名、只通报核心数据的方式对省级检察院进行考评,要求纳入考评的数据项目原则上都应由统一业务应用系统产生,将案件质量评查情况、下级检察院落实上级检察院重要业务工作部署情况、社会评价情况纳入考评内容。积极开展案件质量评查,江苏省检察院将评查中发现的7大类127项容易发生的办案程序和实体问题汇编成册,分送各办案部门参考借鉴。三是着力加强案件统计信息管理。各地认真开展统一业务应用系统与AJ2013统计系统衔接的操作培训、数据比对测试等基础工作,推动统计衔接工作顺利进行。最高人民检察院案件管理办公室调取十多年来的业务数据进行深入研究,撰写了《职务犯罪缓免刑情况分析》专题报告,引起最高人民检察院领导、业务部门和地方检察院领导的重视。

三、部署应用统一业务应用系统,检察机关业务信息化建设迈上新台阶

以新疆生产建设兵团三级检察院正式上线运行为标志,系统在全国检察机关全面部署运行,四级检察机关执法办案信息在检察史上第一次实现互联互通,检察机关业务信息化水平实现跨越式发展,对提升司法规范化水平、促进检察机关科学发展具有重大意义。把系统优化完善作为重中之重,最高人民检察院案件管理办公室在江苏、内蒙古、河北组织了三次较大规模研讨会,对系统应用中的问题进行全面梳理研讨,形成10余万字的系统升级需求文档,对系统进行8次升级完善,促使系统更加适应实际工作需要。强化对系统应用的指导,最高人民检察院案件管理办公室组织编写《全国检察机关统一业务应用系统使用指引手册》,成为指导统一业务应用系统操作的权威教材;向各省级检察院下发《关于全国检察机关统一业务应用系统部署应用情况的通报》,对继续推进系统深度应用提出明确要求;制定统一业务应用系统常见使用问题解答,及时处理各地上报的意见建议。各地案件管

理部门通过在内网开辟统一业务应用系统专栏、召开座谈会、现场检查、随机抽查、数据比对、网上监控等多种形式,加大督促检查力度,确保系统规范运行。

四、深入推进案件信息公开,检察机关司法办案公开化进程开创新局面

2014年3月份以来,最高人民检察院案件管理办公室与办公厅、信息中心等部门一起,按照院党组的决策部署,协调研发单位成功研发出案件信息公开系统,包括了案件程序性信息查询、辩护与代理网上预约申请、重要案件信息和法律文书公布四大平台。最高人民检察院制定下发《人民检察院案件信息公开系统部署应用工作方案》,召开全国检察机关案件信息公开系统部署应用工作电视电话会议,有力促进了案件信息公开系统部署应用进程。各地案件管理部门充分发挥案件信息公开系统主管部门作用,加强沟通协调,积极配备硬件设施,做好业务培训,确保案件信息公开系统10月1日前在全国检察机关全面上线运行。不断完善制度体系,最高人民检察院出台《人民检察院案件信息公开工作规定(试行)》《人民检察院案件信息网上公开工作操作规范(试行)》《公开法律文书的版式标准和技术处理工作规则(试行)》等规范性文件,促进全国检察机关依法、及时、规范地开展工作。截至2014年12月31日,全国检察机关通过案件信息公开系统,共公开案件程序性信息677107件,发布重要案件信息23198件,公布法律文书82630件,在倒逼检察机关规范司法、提高司法公信力方面发挥了非常重要的作用。

(最高人民检察院案件管理办公室)

全国检察机关第一次案件管理工作会议 2014年12月18日至19日,最高人民检察院在广东省广州市召开全国检察机关第一次案件管理工作会议。会议的主要任务是:深入学习贯彻十八届四中全会精神,紧紧围绕中央关于保证公正司法、提高司法公信力的部署要求,总结交流检察机关案件管理工作经验,研究新形势下深化案件管理机制改革的思路和措施。最高人民检察院检察长曹建明、常务副检察长胡泽君出席会议并讲话,广东省委副书记、政法委书记马兴瑞出席会议并致辞,广东省检察院检察长郑红出席会议,最高人民检察院案件管理办公室主任王晋作总结讲话。最高人民检察

院机关各内设机构和直属事业单位负责人,各省、自治区、直辖市检察院,军事检察院及新疆生产建设兵团检察院分管院领导、案件管理部门负责人等共计110余人参加会议。

曹建明检察长指出,各级检察机关要认真学习贯彻十八届四中全会精神,主动适应法治建设的新形势新要求,进一步统一思想、深化认识,坚定不移把案件管理机制改革推向深入。一是落实四中全会完善司法管理体制和司法权力运行机制的要求,必须深化案件管理机制改革。各级检察机关要坚持把案件管理机制改革置于整个司法体制改革和检察改革的大局中同步谋划、同步推进,更加重视整合检察业务管理职能,优化检察机关职权配置,不断提升案件管理的科学化、规范化、全程化、精细化、信息化水平。二是落实四中全会严格司法、规范司法的要求,必须深化案件管理机制改革。各级检察机关要牢牢把握党和人民对严格司法、规范司法的新要求新期待,不断完善案件管理机制、提升案件管理能力,加强对办案全过程实行节点监控、对法律文书和涉案财物统一监管、对律师统一接待,增强严格规范司法的刚性约束,确保检察机关每项司法办案活动都严格依法进行。三是落实四中全会加强对司法活动监督的要求,必须深化案件管理机制改革。各级检察机关要把强化内部监督制约融入案件管理机制改革,落实和强化案件管理部门对司法办案活动的内部监督职责,细化监督内容、拓展监督方式,确保检察权依法正确行使。四是落实四中全会保障人民群众参与司法的要求,必须深化案件管理机制改革。各级检察机关要从更好保障人民群众参与司法出发,在案件集中管理基础上,进一步深化案件信息公开,着力构建开放、动态、透明、便民的阳光检察机制,促进提升检察机关的司法公信力。

曹建明检察长强调,各级检察机关要适应改革和信息化发展的需要,以检察权运行规范化、管理科学化、监督制度化为目标,加快建设权责明确、协作紧密、制约有力、运行高效的检察业务管理体系。一要在依法科学有效管理上下功夫。进一步加强顶层设计,依法依程序依职权创新检察机关案件管理机制,促进案件办理与案件管理的有机统一,促进案件集中管理与部门管理的有机统一,促进案件集中管理各项职能有机统一,不断提高管理的科学性和有效性。二要在统筹规范司法上下功夫。案

件管理部门要在统筹规划方面发挥作用,确保检察机关司法规范化建设的系统性和协同性。要在组织实施方面发挥作用,把个案监督与突出问题治理结合起来,推动规范司法的制度要求落到实处。要在检查评价方面发挥作用,实事求是评价办案质量和效果,督促和引导办案工作规范开展。三要在强化内部监督制约上下功夫。案件管理部门要落实和强化监督职责,坚持把监督制约贯穿案件管理工作全过程。要把监督的重点放在严重影响、限制公民权利的司法措施和手段上,坚决防止和纠正不规范司法、随意司法、怠于履行职责的问题,切实保障诉讼参与人合法权益。要切实增强监督的刚性,对检察机关办案部门、人员自身违纪违法行为,探索建立纠正违法通知和违法办案记录、通报、责任追究制度,确保监督中发现的问题得到切实整改。四要在推进司法公开上下功夫。各级检察机关要真正把案件信息公开作为司法办案的有机组成部分,按照依法、全面、及时、规范、便民的要求,坚持公开为原则,不公开为例外,实现从选择性公开到全面公开、规范公开的转变,以公开促公正、以透明促廉洁。要以案件信息公开系统为主平台,加强新媒体公开平台建设,整合各类公开媒介,着力构建多层次、多角度、全覆盖的案件信息公开网络。五要在当好参谋助手上下功夫。案件管理部门要充分运用现代信息化技术,深入挖掘数据资源,进一步增强决策服务意识,进一步整合司法办案信息,坚持和完善集中统计机制,深化对办案情况的综合分析,为领导决策和业务部门指导工作提供依据。

曹建明检察长要求,各级检察院党组特别是检察长要真正把深化案件管理机制改革作为推进检察业务建设、提高法律监督能力的龙头来抓,亲自谋划、亲自部署、下大力气推动。要充分发挥信息技术的支撑作用,顺应司法改革和检察改革要求,不断优化和升级完善系统整体功能,提升案件管理能力。要健全案件管理机构,大力提升案件管理队伍的思想政治素质、业务工作能力和职业道德水准,为深化案件管理机制改革提供组织保障。要按照厘清职责、明确程序、规范运行的原则,进一步加强案件管理工作的制度建设,使案件管理的各个方面各个环节都有章可循。

胡泽君常务副检察长全面总结了三年多来全国检察机关推进案件管理机制改革的基本情况,深

入分析了当前工作面临的机遇和挑战，进一步明确了下一步工作的基本思路和具体任务。会议播放了广东省检察机关案件管理工作专题片，5个单位口头经验交流，7个单位书面经验交流。王晋主任对会议召开情况进行了全面总结，要求各级案件管理部门开拓进取、扎实工作，以更加奋发有为的精神状态承担起深化案件管理机制改革的历史使命，为强化内部监督制约、规范司法行为、促进检察工作科学发展作出新的更大贡献。

（最高人民检察院案件管理办公室）

纪检监察工作 2014年，全国各级检察院党组增强担当意识，积极履行主体责任，各级检察院纪检监察机构聚焦中心任务，强化监督执纪问责，检察机关党风廉政建设和反腐败工作取得新的成效。

一、结合检察实际，贯彻中央决策部署

将学习贯彻十八届中央纪委三次全会精神与学习贯彻党的十八届三中全会精神紧密结合，聚焦中心任务，抓好中央关于党风廉政建设和反腐败斗争各项部署要求的落实。最高人民检察院党组专题研究，提出贯彻落实习近平总书记重要讲话和全会精神的意见和措施。向全国检察机关下发通知，要求把思想和行动统一到党中央对形势的判断和决策部署上来，切实做好党风廉政建设和反腐败工作。将全国检察机关反腐倡廉建设工作会议更名为全国检察机关党风廉政建设和反腐败工作会议，提出推进工作的思路与举措。认真贯彻落实中央《建立健全惩治和预防腐败体系2013—2017年工作规划》，结合检察工作实际，研究制定实施办法。最高人民检察院机关各部门和地方各级检察院把贯彻落实中央要求作为重要政治任务，采取有效措施，把中央和最高人民检察院党组决策部署落到实处。

二、增强担当意识，推动"两个责任"落实

认真学习贯彻习近平总书记关于党风廉政建设责任制的重要讲话精神和王岐山书记对检察机关落实"两个责任"的指示精神，自觉肩负起抓党风廉政建设的政治责任。最高人民检察院召开党组中心组（扩大）学习会，交流学习体会和贯彻意见，统一认识，明确任务。曹建明检察长与最高人民检察院各部门主要负责人集体谈心，提出明确要求。分别制定最高人民检察院党组落实主体责任、纪检组监察局落实监督责任实施意见，明确和细化责任

标准、内容、履责要求。召开部分省级检察院纪检组组长和分州市检察院检察长座谈会，研究推进落实的思路和措施。在检察日报开辟检察长（纪检组组长）谈"两个责任"专栏，32个省级检察院检察长和纪检组组长发表文章；组织编辑纪检监察工作情况专刊，推动"两个责任"深入贯彻落实。对最高人民检察院反贪总局等7个内设机构和国家检察官学院等5个事业单位实地调研督查，提出改进意见。各地检察机关通过召开推进会、交流谈心、出台意见、完善制度、监督检查等多种途径，推动"两个责任"落地。

三、持续纠正"四风"，不断强化作风建设

针对检察机关实际，认真研究深入落实中央八项规定精神、坚持不懈狠刹"四风"的具体措施，并抓好重要节点持续发力。组织对公诉厅等单位落实八项规定精神情况进行调研督导，提出整改建议，督促改进作风。派出4个督察组，围绕解决"四风"问题、纪律禁令执行、检察人员纪律处分决定执行等情况，对12个省（区、市）78个检察院开展交叉督察，对发现的违规使用公款购置礼品、违规发放补贴福利、公车私用、利用检察权吃拿卡要以及纪律处分不到位等问题提出纠正处理意见，并向全国检察机关通报。严格按照中央要求对办公用房和公务用车情况进行清理核查。组织开展自建培训中心清理工作。会同反贪总局组织开展全国检察机关反贪部门规范执法和加强队伍建设专项检查工作。对6起违反中央八项规定精神的典型案件进行曝光通报。各地结合开展党的群众路线教育实践活动，通过严明纪律规定、组织专项检查和交叉督察、开展作风整顿等方式，持续推进"四风"问题整治工作。

四、加大巡视力度，强化领导干部监督

按照中央巡视工作领导小组的要求，结合检察机关实际，突出监督重点，做到"四个着力"，发挥震慑作用，先后对天津等8个省级检察院开展常规巡视，并积极探索对最高人民检察院民事行政检察厅、检察技术信息研究中心开展专项巡视，共发现领导干部违纪违法问题线索60件，违反中央八项规定方面问题8件，选人用人上的不正之风和腐败行为2件，巡视广度进一步拓展、力度进一步加大。研究制定被巡视检察院配合最高人民检察院巡视组开展工作、规范巡视移交工作、规范巡视反馈工作三个规范性文件，强化巡视监督实效。

五、坚持从严治检,严查违纪违法问题

各级检察院党组旗帜鲜明,措施果断,坚决以零容忍的态度直面自身腐败问题,坚决查处检察人员违纪违法案件,坚决清除害群之马,切实做到有案必办、有腐必惩。加大纪律审查力度,共受理检察人员违纪违法案件线索3546件,初核3058件,立案查处检察人员违纪违法案件317件404人,已结案件300件386人,给予党纪处分146人、检纪处分317人,其中双重处分83人,移送刑事处理17人,已作有罪处理20人(以上均含上年积存)。加大案件备案审查力度,最高人民检察院纪检组监察局全年审查各地上报备案材料617件,提出纠正意见10件。高度重视来信来访和网络舆情等反映的突出问题,及时全面核查,弄清事实真相。制定加强执法办案活动内部监督防止说情等干扰若干规定,保障广大检察人员依法履职。注重发挥查办案件的警示教育作用,对18起检察人员严重违纪违法典型案件公开曝光。

六、落实"三转"要求,强化执纪监督问责

认真落实中央纪委关于转职能、转方式、转作风的要求,进一步聚焦党风廉政建设和反腐败中心任务,明确职责定位,改进工作方式,强化作风建设,提高履职能力。强化对最高人民检察院领导班子和厅局长的监督,对反映班子成员的问题及时了解核实,与新任厅局长分别谈心交流,要求对落实主体责任作出承诺。认真落实"执法的再执法、监督的再监督、检查的再检查"的要求,集中精力,聚焦主业,突出执纪监督职能。突出重点,狠抓办案,加大自查和交办力度。落实纪检组组长不得兼任其他职务的要求,坚决巩固清理议事协调机构成果,做到在转职能中实现精准定位,在转方式中提高监督质量,在转作风中强化监督能力。积极参加党的群众路线教育实践活动和"增强党性、严守纪律、廉洁从政"专题教育活动,纪检监察干部纪律意识进一步强化,廉洁观念进一步增强。探索培训授课与解决问题相结合,举办全国检察机关纪检监察机构提升办案素能暨促进廉洁从检培训班和执法办案内部监督专题培训班,不断提升纪检监察干部执纪能力和水平。不遮掩、不护短,积极支持、配合地方纪委查处了11名检察机关纪检监察干部。

(最高人民检察院监察局)

全国检察机关党风廉政建设和反腐败工作会议

2014年2月20日至21日上午,最高人民检察院在北京召开全国检察机关党风廉政建设和反腐败工作会议。会议的主要任务是:高举中国特色社会主义伟大旗帜,以邓小平理论、"三个代表"重要思想、科学发展观为指导,深入学习贯彻党的十八大、十八届三中全会、十八届中央纪委三次全会、中央政法工作会议和全国检察长会议精神,回顾总结2013年检察机关党风廉政建设和反腐败工作,研究部署2014年任务。最高人民检察院检察长曹建明就深入学习贯彻习近平总书记在十八届中央纪委三次全会和中央政法工作会议上的重要讲话精神,坚定推进检察机关党风廉政建设和自身反腐败工作作了讲话。中央纪委驻最高人民检察院纪检组组长莫文秀作了题为《聚焦中心任务,强化责任担当,深入推进检察机关反腐倡廉建设》的工作报告。最高人民检察院副检察长邱学强、朱孝清、孙谦、姜建初、张常韧,检察委员会专职委员陈连福出席会议。中央纪委、中央政法委等有关部门的负责同志应邀出席会议。全国检察机关党风廉政建设和反腐败工作会议代表,最高人民检察院机关全体干部和直属事业单位有关同志参加会议。各省级检察院领导、检察委员会专职委员和内设机构负责人、纪检监察和检务督察机构全体同志在各省级分会场参加会议。

会议认为,2013年以来,全国检察机关认真学习贯彻党中央关于党风廉政建设和反腐败斗争的新理念、新思路、新举措,坚持把党风廉政建设和反腐败工作纳入检察工作全局,不断强化廉洁从检教育,坚决落实中央八项规定,进一步强化对领导干部和执法办案活动的监督,严肃查处检察人员违纪违法问题,自身反腐倡廉建设取得新进展。

会议要求,各级检察机关要深入学习贯彻党的十八大、十八届中央纪委三次全会、中央政法工作会议和全国检察长会议精神,牢牢把握党中央对党风廉政建设和反腐败工作提出的新要求,紧紧围绕强化法律监督、强化自身监督、强化队伍建设,坚持问题导向,增强责任意识,深入推进惩治和预防腐败体系建设,大力加强体制机制创新和制度保障,深入推进自身反腐倡廉建设,为检察事业科学发展提供坚强有力的纪律作风保障。

会议指出,党的十八大以来,习近平总书记在对政法工作的系列重要讲话和对检察工作的重要批示中,始终把过硬队伍建设放在一个突出的位置进行强调,凸显了党中央和总书记对政法队伍、检察队伍建设的高度重视。我们一定要从党和国家事业发展全局的高度,深刻认识建设过硬检察队伍的极端重要性,自觉把过硬队伍建设放在更加突出的位置来抓,始终把政治过硬作为检察队伍的核心要求,始终把业务过硬作为检察队伍的立身之本,始终把责任过硬作为检察队伍必备的基本品质,始终把纪律过硬作为检察队伍的政治优势,始终把作风过硬作为检察队伍完成职责使命的根本保障,树立检察队伍严格规范公正文明执法的形象。

会议强调,严明的组织纪律是我们党的光荣传统,也是我们党不断走向胜利的重要保证。各级检察机关要充分认识严明组织纪律的极端重要性和现实紧迫性,教育广大检察人员切实增强组织观念,正确对待自己,正确对待组织,坚决执行中央和上级的部署要求,自觉接受组织安排和纪律约束。要认真执行民主集中制,认真落实党内生活制度,严格执行领导干部个人事项报告制度。要严格执行组织纪律,切实维护纪律的权威性和严肃性。

会议对2014年检察机关党风廉政建设和反腐败工作进行了部署。一是严明党的纪律和检察纪律,加强对组织纪律执行情况的监督检查,对违反组织纪律的要启动问责机制,严肃追究责任。二是深化检察机关作风建设,紧紧扭住落实中央八项规定精神不放松,对群众反映强烈的不正之风开展专项整治,坚持抓早抓小,把作风建设变成常态。三是坚决查处检察人员违纪违法案件,进一步加强检察人员违纪违法问题举报工作,对反映检察人员违法违纪问题,及时核查处理,并结合案件查处剖析问题堵漏建制。四是进一步强化监督制约,突出抓好对领导班子、领导干部特别是"一把手"监督和执法办案活动的监督。五是严格执行党风廉政建设责任制,落实各级检察院党组及各部门的主体责任和纪检监察机构的监督责任,完善并严格执行责任追究办法。六是认真贯彻落实《建立健全惩治和预防腐败体系2013—2017年工作规划》,抓紧研究制定检察机关贯彻落实工作规划实施办法。七是加强自身反腐倡廉机制创新和制度保障,对近年来出台的反腐倡廉制度规范进行清理,围绕廉政风险防控机制建设,加快建立防止利益冲突、廉政隐患摸排预警、执法办案说情登记报告等制度。

会议要求,各级检察院党组要更加重视纪检监察工作,在优化检察资源配置、推进检察机构和人事制度改革等方面,都必须坚持和体现"纪检监察工作只能加强,不能削弱"这个原则。各级检察院纪检监察机构要牢记职责使命,注意转职能、转方式、转作风,提高工作能力和水平,在过硬检察队伍建设中更好发挥职能作用。

（最高人民检察院监察局）

计划财务装备工作 2014年,计划财务装备工作以党的十八大和十八届三中、四中全会精神为指导,围绕"保障有力,干警满意"工作目标和深化改革主线,不断加大经费保障力度和系统支持力度,提高资金使用效益,坚持"理念牵引、工作推动、制度管控、文化育人",各项工作取得新进展。最高人民检察院2013年度中央部门决算工作、2013—2014年中央部门预算管理工作和2013年政府采购信息统计工作分别获得财政部通报表彰。

一、整体经费保障水平有新提高

一是积极争取支持,经费保障有增长。2014年最高人民检察院部门预算增长9.74%,中央政法专项转移支付资金与2013年保持不变。落实援助西藏、新疆和兵团等检察院500万元专项资金,四省藏区700万元专项资金,对受灾地区检察机关专项补助560万元。落实政法基础设施投资保障机制,积极依法争取国家发改委支持,落实中央预算内补助投资项目251个,总投资10.22亿元。二是强化大局观念,突出服务保障重点。专程到办案驻地就专案财物保障问题进行调研。严格执行政府采购制度,完成采购货物9789件,实现政府采购额1873万元,节约资金797万元,资金节约率约30%。配合基建办等部门,做好最高人民检察院机关原改扩建工程和北戴河办案中心建设收尾工作,积极推进西区业务用房和香山项目建设。三是强化绩效管理,提高资金使用效益。加强对预算经费的跟踪监控,按月编制执行进度表,对不符合规定要求的提出预警并予以纠正。全面推行公务卡结算制度,减少现金支付结算,提高公务支出透明度,加强和规范公务支出管理。

二、围绕焦点难点问题开展督促检查

一是认真落实中央清理整顿党政机关、国有企业自建培训中心重要部署,开展检察机关自查自纠活动。会同机关有关部门,采取实地调研,抽查与普查相结合等形式,考察22个培训基地,了解各地培训基地建设和相关使用情况。目前全国 20 所分院已建成并投入使用，累计培训干警 52.32 万人次。二是开展贯彻执行中央八项规定严肃财经纪律和"小金库"专项治理工作。通过清理整治，提出 6 项强化预算约束整改建议，在有关部门配合下，上缴中央财政专户非税收入 660 万元。三是深入开展政法转移支付资金专项检查。对 32 个省级检察院开展政法转移支付资金管理使用情况进行专项检查。2013 年中央和省级政法转移支付资金到位率 97.11%。对检查出的支付资金涵盖范围不全面、"上进下退"、办案业务费与装备费比例不合理、资金核算拨付不规范、地区间分配不平衡、分配指标不透明等问题，配合有关部门采取措施予以纠正。

三、配合有关部门推进检察经费保障体制改革

一是深入开展统管改革调研。围绕"推动省以下地方检察院财物统一管理"主题，先后赴广东等 10 省市改革调研，与 96 个检察院的 190 余位代表进行工作会谈，了解经费保障现状，听取 12 位全国大人代表的意见建议，先后形成 9 份调研材料。与有关主管部门、兄弟部门举行工作会谈，广泛听取意见。二是制定《关于推动省以下地方检察院财物统一管理改革试点的参考意见》。在 7 月的大检察官研讨班交流讨论后，报经院党组审议，9 月下发各地供参考。三是组织开展"两权分离"调研。根据十八届四中全会《关于全面推进依法治国若干重大问题的决定》提出的"改革司法机关人财物管理体制，探索实行法院、检察院司法行政事务管理权和审判权、检察权相分离"的要求，分别组织人员对国内司法行政事务管理权的历史变迁及现实状况、国（境）外管理司法行政事务的主要方式、司法行政事务管理权与审判权、检察权分离的路径等问题进行研究，提出建立内部分离和外部监督相结合的司法行政事务管理体系构想。

四、计财装备工作规范化法治化水平有提升

与财政部联合出台《人民检察院财务管理暂行办法》，召开四级电视电话会议进行贯彻落实，督促各地组织开展专题培训，并派员赴 13 省市授课辅导，跟进修改 631 个会计核算科目，既强化了管理又明确了政策。制定《最高人民检察院机关国内公务接待管理实施办法》等 15 项制度规定，量化公务接待、办公设备家具配置等具体标准。制定《计划财务装备局工作规则》，对计财局工作职责、决策程序、执行程序、公文审批、作风纪律等多个方面进行

规范，使日常工作有章可循。将 149 项制度汇编成《检察计划财务装备工作职业规范》，为干警出差开会办公办案提供第一手"消费"指南。

五、计财队伍软实力不断增强

扎实开展"增强党性、严守纪律、廉洁从政"专题教育活动，大力提升政治素养。强化理念牵引，有效提升工作素养。不断强化"要钱难花钱更难""用钱必问效、无效必问责"等理财理念，逐步掌握"越是钱少，越要注重结果导向""越是复杂，越要注重制度安排"等辩证法，并努力使之内化于心、外践于行、固化于制，提升干警理论素养。丰富教育载体，逐步提升人文素养。不定期举办"计财论坛"，加强计财业务培训。不断丰富完善"支部建设""悦读"以及"资料库"等检察内网栏目，活跃"财子家人"和"兴财园"两个微信群，注重正能量信息的传播，打造"温度"计财，提升计财文化软实力。加强党风廉政建设，坚守廉政底线。层层签订党风廉政建设责任书，严格落实党风廉政责任制，强化"两个责任"落实，教育干部不做"围猎"的对象，底线面前不迷糊、不打盹。积极开展岗位廉政风险点排查和防控，严格计财装备人员岗位操作规范，特别是在与中介、服务商交往中推行回避制度，全方位建立制度"防护网"，形成更加完善的自身惩治和预防腐败体系。

（最高人民检察院计划财务装备局）

司法改革和检察改革工作 2014 年是全面深化改革的开局之年。党的十八届三中、四中全会对深化司法体制改革作出全面部署，提出许多重大改革举措。全国检察机关认真学习贯彻党的十八届三中、四中全会精神和中央关于深化司法改革的重大决策部署，全面规划新一轮检察改革任务，采取有力措施推进改革，各项改革任务取得明显进展。

一、制定实施新一轮深化检察改革工作规划

2014 年 3 月，中办、国办印发《关于深化司法体制和社会体制改革的意见》。6 月，最高人民检察院出台《关于深化检察改革的意见（2013—2017 年工作规划）》，就落实中央确定的司法体制改革任务和检察机关自身工作机制方面的改革，提出 70 项具体改革举措。最高人民检察院党组对改革工作高度重视，曹建明检察长亲自担任司法体制改革领导小组组长，2014 年亲自主持召开 4 次司法体制改革领导小组全体会议，对改革任务逐项明确责任部

门和时限、成果要求。为了有重点、有步骤、有秩序地抓好检察改革规划的落实和推进工作，确保改革取得实效，最高人民检察院在明确各项改革措施的任务分工和时间节点的基础上进一步夯实责任、加强督办，制定了《最高人民检察院关于做好检察改革规划跟踪督办工作的意见》，通过建立工作台账，明确专人跟踪，逐月汇总进展情况的方式，确保各项改革严格按照规划确定的时间表、路线图完成。

二、扎实开展司法体制改革试点

2014年3月，中央就完善司法人员分类管理、完善司法责任制、健全司法人员职业保障、推动省以下地方法院检察院人财物统一管理4项改革，部署在吉林、上海、湖北、广东、海南、青海六省（市）先行开展试点。最高人民检察院对中央政法委改革试点工作高度关注，及时向6个试点省份检察院了解改革试点进展情况，加强对口指导。7月15日，中央政法委召开司法体制改革试点工作座谈会后，最高人民检察院立即召开院司法体制改革领导小组第3次会议，学习贯彻座谈会精神，并对如何进一步加强对下指导提出要求。7月31日、9月16日和11月2日，最高人民检察院3次就改革试点中的一些重要问题向中央政法委报送了研究意见。9月12日，最高人民检察院召开了司法改革先行试点省份碰头会，对抓好中央政法委部署的4项改革试点工作提出了要求。中央确定第二批改革试点省份后，11月16日再次召开第二批司法体制改革试点省份座谈会，听取了第二批试点单位准备工作情况汇报，研究试点工作中的重要问题，对下一步工作提出要求。目前，各试点省份试点方案正陆续报经中央批准，相继开展试点工作。

三、重点推进四项检察改革任务

在中央确定的司法改革任务中，最高人民检察院牵头的有12项。最高人民检察院根据中央政法委部署，2014年重点推进了深化检务公开、人民监督员制度、检察官办案责任制和涉法涉诉信访工作机制改革。

（一）深化检务公开。2013年11月，最高人民检察院就深化检务公开部署在5个省的66个检察院开展试点，2014年又进一步扩大了试点地区。9月22日，人民检察院案件信息公开系统全面上线运行。同时，为推进检务公开的制度化、规范化，最高人民检察院先后制定下发了《关于人民检察院案件信息公开系统部署应用工作的实施方案》《人民

检察院案件信息公开工作规定（试行）》《人民检察院案件信息网上公开工作操作规范（试行）》等规范性文件。2015年1月6日，最高人民检察院下发《关于全面推进检务公开工作的意见》，要求各级检察机关及时公开检察案件信息、检察政务信息、检察队伍信息，通过完善案件公开审查制度、加强检察法律文书释法说理、加强新媒体公开平台建设、规范检务公开场所建设等，创新检务公开方式方法，完善检务公开工作机制。以《人民检察院案件信息公开工作规定（试行）》和《关于全面推进检务公开工作的意见》两个文件为标志，检务公开制度框架基本搭建完成。在此基础上，最高人民检察院2014年先后出台了《关于新形势下加强检察新闻工作的意见》《最高人民检察院职务犯罪大要案信息发布暂行办法》《最高人民检察院新闻发布会实施办法》《关于进一步加强检察媒体管理的通知》和《检察政务微博管理暂行办法》等5个配套文件，地方各级人民检察院也制定了一批贯彻落实制度，进一步完善了人民检察院检务公开制度体系。

（二）完善人民监督员制度。人民监督员制度自2003年试点和建立以来，对于加强检察机关查办职务犯罪工作监督起到了积极作用，党中央和社会各界充分肯定。十八届三中全会要求广泛实行人民监督员制度，拓宽人民群众有序参与司法的渠道，四中全会又提出了进一步要求。为了更好地发挥人民监督员的作用，解决检察机关"自己选人监督自己"的问题，最高人民检察院对人民监督员选任管理方式改革进行了重点研究，提出了由司法行政机关负责选任管理人民监督员的改革思路。2014年9月，最高人民检察院与司法部联合印发《关于人民监督员选任管理方式改革试点工作的意见》，确定在北京等10省市进行试点；最高人民检察院同时印发《人民监督员监督范围和监督程序改革试点工作方案》，同步开展人民监督员监督范围和监督程序改革试点工作。

（三）推行检察官办案责任制。建立突出检察官主体地位的办案责任制，是健全司法权力运行机制的重点改革任务。最高人民检察院于2013年12月印发《检察官办案责任制改革试点方案》，确定在北京、河北、上海、湖北、广东、重庆、四川等7个省（直辖市）的17个地市级检察院和基层检察院开展试点。2014年先后印发了《关于在检察官办案责任制改革试点中推进内设机构整合的指导意见的通

知》和《关于检察官办案责任制改革试点工作进展情况通报》,同时向中央政法委报送了《关于检察官办案责任制改革试点进展情况及进一步深化改革试点的报告》。改革内容主要包括以下几方面:一是根据所在检察院办案数量和检察官队伍实际情况等因素,选配主任检察官;二是整合内设机构,探索设立相应的主任检察官办案组织;三是科学确定主任检察官职责权限,赋予主任检察官和办案组织相对独立作出决定的权力;四是与实行办案责任制相适应,构建执法办案监督制约制度体系。

(四)改革涉法涉诉信访工作机制。十八届三中全会提出,改革信访工作制度,把涉法涉诉信访纳入法治轨道解决,建立涉法涉诉信访依法终结制度。2014年1月,最高人民检察院印发《关于进一步加强新形势下涉法涉诉信访工作的意见》,对群众控告申诉的受理、办理、司法救助等作出具体规定,保障群众的控告申诉权利。同时对检察机关依法办理涉法涉诉信访案件的基本原则、内部工作机制等提出了明确要求。11月,最高人民检察院印发《人民检察院受理控告申诉依法导入法律程序实施办法》《人民检察院控告申诉案件终结办法》和《人民检察院司法瑕疵处理办法》3个文件。按照诉讼与普通信访相分离的原则,明确人民检察院对控告申诉事项导入法律程序6种情形,以及受理控告申诉依法导入法律程序的原则、程序和期限;规定了人民检察院在诉讼监督过程中建议人民法院、公安机关依法终结案件的5种情形,以及省级人民检察院可以依法作出终结决定的12种情形;建立信访案件终结的移交、退出、通报机制,以及专项督查、案件排查评查等工作机制,加强最高人民检察院对案件终结工作的督促指导,以维护当事人的合法权益,规范信访秩序。

此外,其他改革任务都在按规划时间要求推进,有些已取得阶段性成果。主要有:一是完善检察环节司法救助制度。3月,最高人民检察院印发《关于贯彻实施〈关于建立完善国家司法救助制度的意见(试行)〉的若干意见》,进一步健全了国家司法救助工作制度机制。二是加强刑罚变更执行的法律监督。6月,印发实施《最高人民检察院关于对职务犯罪罪犯减刑、假释、暂予监外执行案件实行备案审查的规定》;7月,印发《人民检察院办理减刑、假释案件规定》;10月,会同最高人民法院、公安部、司法部、国家卫生计生委签下发《暂

予监外执行规定》,进一步落实了修改后刑事诉讼法赋予检察机关的法律监督职责。三是完善轻微刑事案件快速办理机制。8月,最高人民检察院、最高人民法院、公安部、司法部印发《关于在部分地区开展刑事案件速裁程序试点工作的办法》。9月,最高人民检察院印发《关于贯彻执行〈关于在部分地区开展刑事案件速裁程序试点工作的办法〉的通知》,试点工作稳妥推进。四是加强和规范对刑事申诉权的保障。10月,最高人民检察院印发《人民检察院复查刑事申诉案件规定》,对刑事申诉案件管辖、受理、立案、复查等程序进行了全面修改完善,刑事申诉复查程序改革取得重大进展。

(最高人民检察院司法体制改革领导小组办公室)

新闻宣传工作 2014年,全国检察机关新闻宣传部门深入学习贯彻习近平总书记系列重要讲话精神,认真贯彻落实最高人民检察院关于检察新闻宣传工作决策部署,积极顺应新媒体时代新闻宣传和舆论引导工作形势,紧紧围绕检察中心工作,加强新闻策划,创新工作机制,健全工作机构,丰富宣传载体,及时唱响检察好声音,传播法治正能量,为检察工作科学发展营造了良好的舆论环境。

一、提高思想认识,成立专门机构,切实加强检察新闻宣传工作组织领导

2014年,最高人民检察院深入贯彻落实中央、中央政法委关于宣传思想工作和政法宣传工作的决策部署,切实提高对做好新形势下检察新闻宣传工作重要性的认识,坚持将检察新闻宣传工作放到检察工作全局中来谋划和推进。3月24日,最高人民检察院党组决定,根据当前新闻宣传态势和检察工作实际需要,将新闻宣传工作职能从政治部分离出来,成立单独序列的最高人民检察院新闻办公室,专门负责最高人民检察院和全国检察机关新闻宣传工作。新闻办公室成立后,及时制定出台《关于加强新形势下检察新闻宣传工作的意见》等一系列工作文件,全面贯彻落实中央精神,进一步明确新时期检察新闻宣传工作的指导思想、基本原则、主要任务和工作重点。各级检察机关认真落实最高人民检察院部署要求,大力加强对检察新闻宣传工作的组织领导和实施推进,以形象建设、阵地建设、机制建设、保障建设为重点,坚持主动宣传、立体传播,积极构建以最高人民检察院为引领、地方检察机关协同推进、职能部门和业务部门分工负责、全体检察人员积极参

与的检察新闻宣传工作大格局。

二、加强新闻发布工作，推动形成开放、动态、透明的阳光检务机制

检察新闻宣传部门把新闻发布作为深化检务公开、加强检察宣传的重点措施，加大发布频率、丰富发布内容、健全发布机制、提升发布水平，着力推动检察新闻发布工作制度化规范化。最高人民检察院充分发挥示范导引作用，制定实施《最高人民检察院新闻发布会实施办法》，紧紧围绕检察工作重点，通过组织新闻发布会、媒体通气会、建立网上发布厅等多种形式，主动向社会发布检察机关的重大方针政策、重要工作部署以及颁布的重要司法解释和规范性文件等内容，2014年共组织新闻发布会、背景吹风会、媒体通气会、网上发布会34次，发布各类职务犯罪大要案信息200余条。

三、全面开通运行"两微一端"，有效扩大检察新媒体宣传影响

为充分把握新媒体环境下检察宣传工作新机遇，努力提升检察宣传工作传播力和影响力，2014年3月3日，最高人民检察院在新浪网、腾讯网、正义网开通官方微博；4月15日，最高人民检察院正式开通官方微信、搜狐新闻客户端，并在人民网、新华网增开官方微博；11月2日，最高人民检察院进驻人民日报客户端，11月27日，最高人民检察院开通今日头条客户端，检察新媒体格局进一步完善，"两微一端"社会影响力不断提升。截至2014年底，共发布信息2万多条，订阅总数达1600多万。最高人民检察院官方微博被评为2014年度最具影响力政务微博；官方微信在中央机构官方微信影响力排行榜中进入前十；新闻客户端在搜狐中央部委新闻客户端中排名第一。12月，最高人民检察院连续召开三次检察新媒体建设推进座谈会，指导督促地方检察机关加快新媒体建设力度。2014年底，全国31个省级检察院，1500多个分州市检察院、基层检察院开通官方微博，部分地方检察机关检务APP建成并投入使用，检察机关新媒体矩阵初步形成。

四、加强网络宣传和舆情应对，不断提高网上舆论引导工作实效

检察新闻宣传部门不断强化互联网意识，高度重视网上正面宣传和涉检舆情应对处置，把握好网上舆论引导的时、度、效，着力唱响检察网络"好声音"，努力使网络空间清朗起来。一是大力打造精品网络栏目。对检察机关门户网站进行系统改造

升级，进一步突出网站的检务公开、公共服务、公众参与功能，及时宣传检察工作新举措和检察队伍新形象。二是持续开展重点检察工作网络专题宣传。对于社会高度关注的重点检察工作，在主流新闻网站、重点商业网站以网络专题形式进行深度宣传，相关新闻稿件被推送首页置顶，使检察工作亮点得到立体化、全景式展现。三是大力加强涉检网络舆情监测研判和应对处置工作。督促各地进一步落实《检察机关涉检网络舆情监控联动机制暂行办法》，成功处置或指导地方检察机关处置了"安徽退休检察官举报自己办错案""长沙检察官出庭雷语"等系列舆情事件。

五、健全制度机制，为检察新闻宣传工作创新发展打下扎实基础

2014年，最高人民检察院先后制定出台《关于加强新形势下检察新闻宣传工作的意见》《最高人民检察院新闻发布会实施办法》《最高人民检察院职务犯罪大要案信息发布暂行办法》《检察微博管理暂行办法》等一系列规范性文件，建立健全检察新闻宣传工作制度机制，促进形成检察新闻宣传工作合力。一是建立最高人民检察院与中央主流媒体和重点网站的良性协作机制。分别召开中央主流新闻媒体负责人座谈会和部分中央新闻网站、商业网站负责人座谈会，就建立"新媒体条件下常态化工作联系"等多项工作机制与媒体达成共识。二是建立最高人民检察院机关新闻宣传联席会议机制。在机关各内设机构和直属事业单位设立新闻联络人，每月末由新闻发言人召集新闻联络人会议，共同研究策划重大新闻宣传选题。三是建立新闻发言人和新媒体运行管理培训机制。举办全国检察机关新闻发言人培训班和新媒体运行管理专题研修班，指导各省级检察院定期举办培训班并派员授课，提升检察机关新闻发言人工作和新媒体运行管理工作水平。四是健全检察媒体新闻宣传管理制度。下发《关于进一步严肃检察新闻宣传纪律、加强检察媒体管理的通知》，要求各级检察机关进一步加强对检察媒体的监督管理，坚持正确导向、坚守纪律底线，更好地发挥检察新闻宣传主渠道、主阵地、主力军作用。

（最高人民检察院新闻办公室）

2014年最高人民检察院新闻发布会 1.2月21日，检察机关惩治危害食品安全犯罪案例发布会；

2.2 月 27 日,2013 年检察机关开展危害民生刑事犯罪专项立案监督活动情况新闻发布会;

3.4 月 22 日,2013 年检察机关知识产权司法保护情况新闻发布会;

4.5 月 14 日,第一季度全国检察机关查办贪污贿赂、渎职侵权职务犯罪情况新闻发布会;

5.5 月 29 日,检察机关开展未成年人刑事检察工作新闻发布会;

6.6 月 12 日,检察机关查办破坏生态环境犯罪案件新闻发布会;

7.7 月 25 日,1 月至 6 月全国检察机关查办贪污贿赂、渎职侵权职务犯罪情况新闻发布会;

8.8 月 26 日,最高人民检察院出台《人民检察院办理减刑、假释案件规定》新闻发布会;

9.9 月 25 日,检察机关贯彻执行修改后民事诉讼法情况新闻发布会;

10.10 月 31 日,1 月至 9 月全国检察机关查办和预防职务犯罪情况新闻发布会;

11.10 月 17 日,检察机关案件信息公开工作新闻发布会;

12.11 月 18 日,"两高"颁布办理危害药品安全刑事案件司法解释新闻发布会;

13.12 月 24 日,检察机关行贿犯罪档案查询工作情况新闻发布会。

(最高人民检察院新闻办公室)

地方、军事检察工作

北京市检察工作　2014 年,北京市检察机关以"严格规范司法"为工作重点,依法履行职责。

一、严格把握逮捕条件,准确把握起诉标准,从源头上严防冤错案件

市检察院制定办案细则,细化审查逮捕的法定条件、办案标准、工作流程;对侦查机关提请逮捕的案件,全部当面听取犯罪嫌疑人供述;对命案等重大复杂案件,派员参加现场勘验,引导侦查机关依法收集证据。全年共批准逮捕 16086 人,对 1753 人作出不批捕决定。市检察院制定《提高公诉办案质量的工作意见》《规范不起诉工作的指导意见》,严格执行罪刑法定、疑罪从无、证据裁判等原则和规定。全年共提起公诉 25204 人,对 751 人作出不起诉决定;排除非法证据 55 件。对存在较大分歧的 43 类问题,协调侦查机关、审判机关统一证据标准,编发指导案例 160 余件,确保同类案件作出相同处理。

二、在诉讼中依法保障人权

依法告知诉讼参与人在每一个环节的权利、义务,增加告知文书 99 种,完善书面、口头"双告知"制度。落实与市律师协会签订的《关于保障和规范律师刑事诉讼辩护的若干规定》,对律师提出的无罪、罪轻、变更强制措施等意见,认真核实、记录入卷,并说明是否采纳的情况和理由;对律师查询案件、阅卷、会见当事人,全部实行网上预约、严格依法办理。健全妇女儿童维权"绿色通道"、残疾人法律援助和司法救助机制,严惩侵害未成年人、老年人、残疾人权益犯罪。适用刑事案件特别程序,对 56 名未成年人作出不起诉决定。

三、加大对诉讼活动的监督力度

监督立案 146 件,追捕、追诉 375 人;提出书面监督意见 253 件。办理刑事上诉、抗诉案件 153 件,抗诉意见采纳率 75%。针对危害食品安全案件判决没有依法加判禁止令,犯罪分子在缓刑考验期仍然从事食品生产、销售的问题,提出抗诉、发出检察建议 13 件,监督审判机关改判和纠正。加强对民事、行政诉讼活动的监督,提出抗诉 53 件,发出再审检察建议 18 件,采纳率 85%。针对执法、司法人员利用职权制造虚假民事诉讼、骗取巨额资金的问题,以涉嫌滥用职权、民事枉法裁判和诈骗罪立案侦查 5 人。专项检察职务犯罪、金融犯罪、涉黑犯罪人员,17 名违法保外就医人员全部被收监。对上述案件中涉及的司法人员受贿、渎职犯罪,立案侦查 5 人。

四、查办和预防职务犯罪,促进反腐倡廉建设

立案侦查贪污贿赂、渎职侵权犯罪 505 人,同比上升 15.3%。查办国家发改委、信访局等 13 个系列专案,截至年底立案 114 人,其中省部级 2 人、

厅局级 20 人，涉案金额千万元以上的 12 人。审查起诉省部级职务犯罪 4 件。全流程规范职务犯罪侦查行为。实行所有线索由市检察院集中管理、统一评估、重点督办；不允许初查影响举报人、被举报人的正常工作和生活，对经初查认定不构成犯罪，但对被举报人造成不良影响的，到有关单位通报情况、消除影响。严格执行同步录音录像制度，接触犯罪嫌疑人必录、讯问必录、搜查必录；对立案侦查、逮捕或指定居所监视居住、拟不起诉的，一律由上一级检察院批准；查封、扣押、冻结、处理涉案财物一律实行电子台账、全流程管理。对潜逃的 95 人建立信息库，持续查明犯罪事实、赃款去向，通过网上通缉、边防控制、国际合作等多种方式，追捕、劝返 21 人归案。与医疗卫生、工程建设等 20 多个单位签订预防职务犯罪共建协议，联合开展巡展。各级检察院依托查办案件，在国企、金融、司法等行业领域开展专项预防调查，向有关部门提出预防报告 76 份。

五、稳妥推进改革，完善检察权运行机制

按照中央关于司法改革的部署，市检察院制定《深化检察改革实施意见》《健全检察权运行机制改革的指导意见》，落实改革任务。在主要检察业务部门、3 个基层检察院试点检察官办案责任制改革，建立由主任检察官负责的专业化办案组织，执行办案质量终身负责制和错案责任倒查问责制。建立程序性信息、法律文书、重要案件信息发布三大公开平台，从 9 月 1 日起，当事人及代理人可以实时在互联网上查询职务犯罪侦查、审查逮捕等 14 类案件的办理流程、处理结果等 100 多项程序性信息；对 6 大类法律文书，除法律规定不公开的案件外，全部提供公开查询；及时发布有较大影响的职务犯罪、典型案例等重要案件信息。对 127 件有较大争议和社会影响的案件以及刑事申诉、民事申诉、羁押必要性审查案件，公开听证、示证、答复、强化释法说理。优化检察职权配置。依托铁路运输检察分院成立第四分院，集中办理跨区划的行政类、知识产权类、环境资源保护类、交通运输类检察案件。依托"两法衔接"工作制度，涵盖 26 家执法司法机关的联席会议，推动各区县逐步建立平台，及时通报、移送案件。针对国有资产保护、国有土地使用权转让、生态环境和资源保护等领域危害公共利益的案件，研究论证提起公益诉讼的法律依据、诉讼程序等问题，为此项改革的落实做好准备。

改革业务管理机制，实现案件一律在网上办理，对 26 项核心业务数据、692 个办案关键节点实时公开、动态监控，反映全市每名检察人员的执法办案情况，发现问题，立即整改。取消对各级检察院计分考核排名，建立定期集中通报案件质量、执法办案中突出问题的制度。加大案件质量评查和专项督察力度，通报 19 项问题并限期整改。开展业务摸底考试、全员技能实训，评选出 15 个业务领域 176 名业务标兵和骨干。严肃查处检察人员违纪 2 人，确保队伍清正廉洁。

六、自觉接受监督

市检察院向市人大常委会报告依法规范行使检察权的情况，配合组织开展专题调研 30 余次，落实审议意见，及时报告整改情况。挂账督办代表建议 12 件。办结政协委员提案 5 件，向市政协通报检察改革进展情况。探索建立检察官与律师互相评价机制。建立统一的人民监督员库，人民监督员共监督评议案件 33 件，保障职务犯罪侦查权依法规范行使。

（北京市人民检察院法律政策研究室）

天津市检察工作 2014 年，全市检察机关认真落实全面深化改革、全面推进依法治国、全面从严治党的新要求，忠实履行宪法和法律赋予的职责，各项检察工作取得了显著成效。

一、着力保障经济社会发展

依法维护市场经济秩序，起诉非法经营等破坏市场经济秩序犯罪嫌疑人 857 人，侵犯商标权等知识产权犯罪嫌疑人 54 人，向社会提供行贿犯罪档案查询 12826 次。与市工商联会签《关于依法保障和促进民营经济健康发展的意见》，与市环保局、市公安局会签《关于依法严厉打击环境污染违法犯罪有关问题的意见》。积极参加食品药品安全专项整治，起诉危害食品药品安全犯罪嫌疑人 27 人。

二、着力维护社会和谐稳定

严厉打击危害国家安全、公共安全犯罪和暴力恐怖活动，故意杀人等严重暴力犯罪和盗窃等多发性侵财犯罪，深入推进整治"伪基站"等专项行动，从严惩处"全能神"等邪教组织犯罪。全年批准逮捕 8057 人，提起公诉 14428 人。依法办理群众信访 8072 件次，检察长亲自接待群众 447 人次，连续八年保持涉检进京非正常上访为零。注重发挥派驻检察室和检务工作站的特殊作用，配合开展犯罪调查、类案分析,提出防范建议。创新未成年人犯罪检察工作,向市人大常委会作专题报告。

三、着力惩治预防职务犯罪

全年立案侦查职务犯罪案件294件397人,其中,县处级以上国家工作人员55人,包括马白玉等9名厅局级干部。根据最高人民检察院指定管辖,立案侦查了丰立祥等系列贪腐案件。依法查办行政执法和司法人员58人,对34名行贿人追究刑事责任,会同有关部门抓获在逃犯罪嫌疑人8人,通过办案为国家挽回经济损失2.1亿元。市检察院成立职务犯罪侦查局,带头查办大案要案,建立职务犯罪大要案信息发布制度,先后发布4批28人。深化职务犯罪预防,建立10个警示教育基地,举办300余次反腐倡廉专题讲座,受教育人员4万余人。与市国资委等建立联席会议制度,深入310个重大工程建设项目开展专项预防,提出检察建议280件。3篇预防职务犯罪年度报告被评为全国"十佳"和"优秀"。创新方式方法,组织拍摄微电影,扩大了预防宣传的覆盖面和影响力。

四、着力发挥法律监督作用

制定《防止和纠正冤错案件的实施意见》,正确把握捕诉标准。监督侦查机关立案136件、撤案11件,纠正漏捕303人、漏诉258人。对刑事裁判提出抗诉70件,对民事、行政生效判决、调解书提出抗诉或再审检察建议70件,对损害国家和社会公共利益、损害弱势群体合法权益的民事案件支持起诉178件。加强羁押必要性审查,对249名犯罪嫌疑人建议释放或变更强制措施;加强社区矫正法律监督,依法提出书面纠正意见582件;完善刑罚变更执行同步监督机制,监督纠正减刑、假释、暂予监外执行不当244人,收监执行82人。在全国检察机关综治考核中继续位列第一。全面加强自身监督,制定加强与人大代表、政协委员直接联系工作的意见,举办"国家宪法日"和检察开放日活动,邀请代表委员视察调研、媒体采访、群众参观。建立案件集中管理机制,启用全国统一业务应用系统。成立检察改革领导小组和14个专题调研组,围绕重点改革工作进行调研论证。启动刑事案件速裁程序全国首批试点工作,探索实行案件繁简分流。深化检务公开改革,公开案件信息5726件、终结性法律文书151篇。

五、着力建设过硬检察队伍

持续深入开展教育实践活动,着力整改"四风"和执法司法突出问题,工作作风和队伍面貌有了明显改善。开展"天津检察精神大讨论"活动,全员参与提炼出天津检察精神和"三项基本要求"。建成天津检察展览馆,设计制作"天津检察标识",举办第八届年度检察论坛和检察讲坛。加强司法能力建设,培训检察人员6500人次,累计有304名检察官被评为全国、全市检察业务专家和拔尖人才。8个集体和28名个人获得省部级以上表彰,静海、北辰分别获得"全国模范检察院"和荣立集体一等功,3人分别获得"全国模范检察官"和荣立个人一等功。同时,严格落实"两个责任",召开部分区县检察长述职述廉报告会,加强巡视回访和常态化检务督察,正风肃纪零容忍,查处违纪违法人员5人。

(天津市人民检察院研究室)

河北省检察工作 2014年,全省检察机关在省委和最高人民检察院的正确领导下,坚持以政治建检、业务立检、公信树检、素质兴检、科技强检为总体工作布局,全面履行宪法和法律赋予的职责,扎实推进平安河北、法治河北建设,各项检察工作取得新的成绩。

一、坚持服务大局,为全省经济转型升级、绿色崛起提供司法保障

依法服务和保障经济转型升级。批准逮捕非法经营、非法吸收公众存款、合同诈骗、信用卡诈骗、虚开增值税专用发票、商业贿赂等破坏市场经济秩序犯罪嫌疑人2776人,起诉3563人。严肃查办国有资源管理、市场监管等领域职务犯罪473件684人。

依法服务和保障生态环境建设。严厉打击大气污染、非法采矿、毁坏林地等破坏生态环境资源的刑事犯罪,批准逮捕犯罪嫌疑人593人,起诉987人。严肃查办环境监管等国家机关工作人员滥用职权、玩忽职守、徇私舞弊等职务犯罪案件,立案侦查此类案件74件141人。加强对环保领域执法司法活动的法律监督,监督行政执法机关移送案件124件,监督公安机关立案177件,向行政监管部门提出督促履行职责的检察建议216件。

依法服务和保障重大项目建设。围绕园区建设、项目建设、县域经济发展,加强工程招投标、政府采购、产权交易、土地使用权出让等重点领域和环节职务犯罪预防工作,对南水北调、石家庄轨道交通、京港澳高速公路改扩建等1646个重大工程建设项目开展同步预防。受理工程招投标过程中

的行贿犯罪档案查询 68025 次，提供预防咨询 5202 次。

二、积极查办和预防职务犯罪，促进反腐倡廉建设

集中力量查办大案要案。全年共立案侦查贪污贿赂犯罪案件 1510 件 2007 人，同比上升 11.8% 和 3.9%；渎职侵权犯罪案件 561 件 1023 人，同比上升 27.5% 和 7.8%。其中，大案 1374 件，同比上升 42.4%，涉嫌犯罪金额 1000 万元以上的 43 件；县处级以上干部要案 167 人，同比上升 198.2%，包括厅局级 32 人，省部级 2 人；收缴扣押赃款赃物 8.7 亿元。加大查办行贿犯罪力度，立案侦查行贿犯罪嫌疑人 430 人，同比上升 127.5%。

严肃查办发生在群众身边的职务犯罪案件。深入开展查办和预防发生在群众身边、损害群众利益职务犯罪专项工作，立案侦查征地拆迁、教育就业、社会保障等民生领域职务犯罪嫌疑人 422 人。加强涉农检察工作，立案侦查扶贫开发、支农惠农资金管理使用、农村基础设施建设和农村基层政权建设中的职务犯罪嫌疑人 559 人。

加强职务犯罪预防工作。开展预防教育进机关、进企业、进农村、进学校、进社区、进军营专项活动，组建 43 个宣讲团，巡回宣讲 612 场。发挥各地检察机关警示教育基地作用，对职务犯罪多发易发行业 8.5 万余名工作人员进行警示教育。注重职务犯罪的规律分析和防范对策研究，向县级以上党委、人大、政府报送惩治和预防职务犯罪专题报告 142 个，为推进反腐倡廉建设提供决策参考。

三、依法履行批捕、起诉等职能，维护社会和谐稳定

依法严厉打击严重破坏稳定刑事犯罪。全年共依法审查批捕各类犯罪嫌疑人 32657 人，起诉 52885 人。坚决打击境内外敌对势力、敌对分子和"全能神"等邪教组织的渗透分裂破坏活动，批捕犯罪嫌疑人 121 人，起诉 117 人；突出打击黑恶势力、严重暴力、涉枪涉爆、拐卖妇女儿童、"两抢一盗"等严重刑事犯罪，批捕犯罪嫌疑人 11342 人，起诉 15823 人。

依法严惩危害民生刑事犯罪。把惩治危害民生犯罪摆在重要位置，依法批捕生产销售假药劣药、有毒有害食品犯罪嫌疑人 344 人，起诉 657 人；批捕假冒伪劣产品犯罪嫌疑人 105 人，起诉 179 人；批捕危害农村稳定、侵害农民合法权益的各类

犯罪嫌疑人 8664 人，起诉 10076 人；批捕拒不支付劳动报酬犯罪嫌疑人 63 人，起诉 83 人。部署开展危害食品药品安全犯罪专项立案监督活动，监督立案此类犯罪案件 144 件 148 人。

积极参与社会治理。认真开展涉法涉诉信访案件攻坚行动，对导入法律程序的控告申诉案件及时审查办理，积极试行邀请人大代表、政协委员等参加听证会处理信访案件模式，全年办理群众信访案件 8150 件次。协同有关部门对网络犯罪开展专项整治行动，维护网络社会安全。坚持"教育、感化、挽救"方针，落实国家对未成年人的司法保护政策，附条件不起诉 134 人。

四、全面加强对诉讼活动的法律监督，维护司法公正

加强刑事诉讼监督。强化刑事立案监督，纠正公安机关应当立案而不立案 1805 件、不应当立案而立案 1117 件；强化侦查活动监督，纠正侦查活动违法 4595 件次，纠正以非法方式收集证据 432 件，排除非法证据不批准逮捕犯罪嫌疑人 54 人；强化刑事审判监督，注重加强对量刑畸轻畸重、严重违反法定程序等问题的监督，提出刑事抗诉 789 件，对违法情形提出书面纠正意见 1234 件次。强化人权保障，依法不批捕 3869 件 5757 人，不起诉 1463 件 2094 人；保障犯罪嫌疑人辩护权利，听取辩护人意见 2462 件，对阻碍律师执业的违法行为提出纠正意见 222 件。

加强民事行政诉讼监督。依法开展对错误裁判和违法执行、违法调解及审判程序违法的监督，深化督促履行职责、支持起诉工作，努力构建多元化监督格局。对生效裁判、调解书提出民事行政抗诉 318 件、再审检察建议 296 件；提出执行监督检察建议 1664 件；对审判程序中的违法行为提出检察建议 729 件。督促有关国家机关和国有单位依法履行职责 2332 件，支持起诉 810 件。

加强刑罚执行和监管活动监督。针对群众反映强烈的"有权人、有钱人"违法监外执行问题，部署开展专项检察活动，监督纠正减刑、假释、暂予监外执行不当 1140 件次，对职务犯罪、金融犯罪、涉黑犯罪的三类罪犯监督收监执行 84 人。开展清理久押不决案件专项工作，清理纠正久押不决案件 37 件 75 人。加强社区矫正检察监督，纠正违法情形 2004 人次。依法履行羁押必要性审查等刑事诉讼法新增职责，对 1108 人提出释放或变更强制措施

建议,被采纳 1099 人。

加强查办司法人员职务犯罪工作。把查处司法腐败作为加强诉讼监督的重要手段,深挖执法不严、司法不公背后的职务犯罪线索,坚决惩治司法领域中的腐败行为,共立案侦查涉嫌贪赃枉法、徇私舞弊等职务犯罪的司法工作人员 235 人,同比上升 16.3%。

五、扎实推进执法规范化建设,提高司法公信力

强力推进检务公开工作。紧紧抓住司法公开这个我省推进司法改革的"牛鼻子",指导邢台市检察院先行先试,以点带面,着力加强检务公开平台建设。省、市检察院和 161 个基层检察院开通了官方微博、微信。通过人民检察院案件信息公开网,共公开案件程序性信息 27746 件,公开已作出生效裁判的刑事案件起诉书及不起诉决定书等法律文书 3873 份,发布重要案件信息 1039 条,保障人民群众的知情权和监督权。

组织开展"规范执法强化年"活动。围绕检察权运行重点环节,制定权力运行手册,坚持从每个部门、每个岗位、每项要求抓起,细化操作规范,厘定权力边界。在全省检察机关随机抽人考试 1899 人,抽查案件 1767 件,抽样评估基层检察院 47 个,发现并纠正执法办案中存在的不规范问题 2856 个,引导检察人员自觉树立理性平和文明规范的执法理念。

加强对自身执法的管理监督。积极开展案件质量评查、检查工作,重点加强对职务犯罪侦查工作的监督制约,规范查封、扣押、冻结、处理涉案财物工作,严格执行办案安全防范制度。全面落实人民监督员制度,监督评议拟撤案、不起诉等七类情形的职务犯罪案件 163 件。

六、加强过硬检察队伍建设,提高执法能力和水平

加强思想政治建设。深入开展党的群众路线教育实践活动,结合检察工作实际部署开展"增强党性、严守纪律、廉洁从政"专题教育活动,坚定理想信念,坚决纠正"四风"。

加强执法能力建设。邀请 6 位知名专家、教授为三级检察院全体检察人员参加的"河北检察讲堂"授课,组织各类培训 122 期。加强高层次检察人才队伍建设,组织开展各类业务竞赛活动,167 人荣获省级以上业务标兵、办案能手等称号。

加强纪律作风建设。严格执行中央八项规定和各项纪律要求,扎实开展正风肃纪专项行动,制定实施《关于落实党风廉政建设党组主体责任和纪检监察机构监督责任的实施办法》及考评细则。

加强基层基础建设。制定《2014—2018 年河北省基层人民检察院建设实施意见》,要求每个基层检察院针对自身存在的突出问题,制定方案,因院施策,对症下药。

(河北省人民检察院研究室)

山西省检察工作 2014 年,山西省检察机关深入贯彻党的十八届三中、四中全会精神和习近平总书记系列讲话精神,认真落实省委和最高人民检察院工作部署,全面履行法律监督职能,各项检察工作都取得了新的进展。

一、全力维护社会和谐稳定,积极保障平安山西建设

突出打击黑恶势力犯罪、严重暴力犯罪以及"两抢一盗"等严重影响人民群众安全感的犯罪,全年共批准逮捕各类犯罪 12428 件 16891 人,批准逮捕准确率达到 99.9%;提起公诉 20982 件 29666 人,有罪判决率达到 99.9%。在农机、医疗、粮食等领域部署开展专项检察活动,立查发生在群众身边、损害群众利益的职务犯罪 950 件 1209 人。积极推进涉法涉诉信访机制改革,加大信访积案清理力度,74 件积案全部办结。认真贯彻宽严相济刑事司法政策,规范重大案件公开听证制度,进一步完善和落实检调对接机制,办理各类和解案件 1685 件,化解了社会矛盾,促进了社会和谐。

二、坚持有案必查、有贪必肃,加大职务犯罪案件查办力度

面对山西发生系统性、塌方式严重腐败问题的严峻形势,坚定不移地贯彻山西省委关于反腐败斗争的重大决策部署,坚持有案必查、有贪必肃,全年共立查职务犯罪 1419 件 1991 人,其中大案 945 件,县处级以上要案 155 人(含厅级 25 人),追缴赃款赃物 3.2 亿元。全省检察机关贪污贿赂犯罪案件侦结率达到 90.5%,起诉率达到 98%,渎职侵权犯罪案件侦结率达到 61%,起诉率达到 94%。紧密结合办案,深入开展职务犯罪预防工作,组织预防职务犯罪"十百千"工程,推动相关部门建立制度 1488 件,组织警示教育和预防宣讲 7265 余次,受众达 16 万余人,促进国家工作人员依

法廉洁从政。

三、强化法律监督工作，努力维护司法公平正义

深入开展破坏环境资源和危害食品药品安全犯罪专项立案监督活动，纠正各类侦查活动违法3604件次，促进了侦查活动的规范化。进一步加强刑事审判监督，对认为确有错误的刑事裁判提出抗诉478件。组织开展减刑、假释、暂予监外执行专项检察活动，纠正提请不当976人，查办相关职务犯罪39件43人。加大清理久押不决案件工作力度，完成了对我省2010年5月1日前羁押未审结案件的清理纠正任务。探索民事行政监督新领域，深化督促履职和支持起诉两个专项活动，为弱势群体提供支持起诉2923件，办理督促履行职责案件3646件，为国家挽回经济损失5亿多元。

四、全面推行案件首办责任制，积极稳妥地推进检察改革

在全面推行案件首办责任制的基础上，出台《全省检察机关规范执法强化年实施方案》，进一步分解和细化办案的流程，将办案责任逐一落实到具体执法环节和办案人员。积极探索构建新的办案组织形式，试点开展捕诉合一的主任检察官办案负责制，在全省检察机关大力推行介入命案现场勘验检查机制，办案质量和诉讼效率明显提高。按照中央、省委和最高人民检察院部署，起草了我省检察机关司法体制改革试点实施方案，为下一步开展检察人员分类改革、司法责任制、职业保障机制、省以下地方法院、检察院人财物统一管理等工作打好基础。

五、加强队伍建设，夯实检察工作发展根基

深入开展"争创职业道德模范"活动，检察队伍思想政治和职业道德建设取得初步成效。认真落实群众路线教育实践活动整改任务，开展"增强党性、严守纪律、廉洁从政"专题教育活动，组织开展"学习讨论落实"活动，制定《关于进一步加强省检察院机关纪律作风建设的意见》等规定，不断增强干警的底线意识，检察机关工作秩序和纪律作风有了明显好转。以基层一线检察人员为重点，举办任职资格、专项业务、岗位技能培训27期，培训4435人次，检察队伍专业素质有了较大提升。

六、大力加强党风廉政建设，努力促进公正廉洁执法

认真落实党风廉政建设"两个责任"，对各级检察院党组、纪检监察机构落实主体责任和监督责任提出明确要求。探索建立廉政监督员制度，修订《全省检察机关党风廉政建设检查考核办法》，实行党风廉政建设工作与检察工作同部署、同考核。坚持从严治检，针对不认真履职，工作秩序散漫等情形，对全省检察系统进行不间断的明察暗访和督察，对查出问题的单位和个人进行了通报批评；针对发生问题，与相关领导进行约谈。

2015年，全省检察机关将认真贯彻党的十八届三中、四中全会精神，以全面深化改革、全面推进法治山西建设为指引，以检察体制改革为契机，认真贯彻落实省委学习讨论落实活动实施意见，以净化政治生态为目标，进一步加大查办职务犯罪工作力度；以实现弊革风清为目标进一步强化法律监督和自身监督；以重塑山西形象为目标进一步加强过硬检察队伍建设；以促进富民强省为目标进一步提高服务保障"六个发展"水平，为开创弊革风清、富民强省的新局面提供坚强的司法保障。

（山西省人民检察院　尹桂珍）

内蒙古自治区检察工作　2014年，全区检察机关认真学习贯彻党的十八大、十八届三中、四中全会和习近平总书记系列重要讲话、考察内蒙古重要讲话精神，在自治区党委和最高人民检察院的领导下，在自治区人大及其常委会的监督下，忠实履行宪法和法律赋予的神圣职责，坚持做到贯彻"8337"发展思路积极主动，保障民生措施有力，惩治腐败依法从严，法律监督公正高效，自身监督认真严格，各项检察工作都有新的发展和进步。

一是始终坚持党的领导，坚持检察机关向党委报告重大事项制度，坚持重大部署、重要工作、重大案件及时向党委和最高人民检察院党组报告，检察工作赢得了各级党委、人大、政府、政协的高度重视和大力支持。

二是围绕自治区党委打造祖国北疆亮丽风景线的决策部署，制定实施了为自治区新一轮经济社会发展营造"六个环境"的贯彻意见。主动适应经济发展新常态，研究制定了发挥检察机关司法保障作用的9项措施，指导全区检察工作融入大局，服务改革发展。

三是积极投入平安内蒙古建设，突出打击严重影响人民群众安全感的严重暴力犯罪、多发性侵财犯罪、毒品犯罪和黑恶势力犯罪。全年共批捕各类

严重刑事犯罪嫌疑人 13283 人,提起公诉 28704 人。正确适用宽严相济刑事政策,对轻微刑事犯罪不批捕 4254 人、不起诉 1515 人。

四是坚持有案必办、有腐必惩,不断加大查办和预防职务犯罪工作力度。全年立案侦查贪污贿赂、渎职侵权等职务犯罪案件 959 件 1610 人,同比上升 11.9% 和 17.1%。查处大案 699 件,同比上升 27.8%。查处县处级以上领导干部 100 人(其中厅级干部 11 人),同比上升 75.4%。

五是部署开展了 "3 + 1" 专项活动,推动诉讼监督全面加强。强化刑事抗诉,监督纠正确有错误的刑事裁判案件,职务犯罪案件判处实刑的比例上升。强化刑罚执行监督,突出解决 "有权人" "有钱人" 花钱买刑、花钱捞人等突出问题。支持配合法院启动再审程序,监督纠正呼格吉勒图案件。加强民事行政诉讼法律监督,再审改变数、法院采纳再审检察建议、采纳执行监督检察建议数同比均上升。严惩司法腐败,查办公、检、法、司机关人员职务犯罪 95 人。

六是积极稳步推进司法改革,在积极为自治区司法体制改革试点工作做好调研论证、方案起草等准备工作的基础上,启动了深化检务公开和人民监督员制度改革试点,工作取得明显成效。积极推进涉法涉诉信访体制改革,群众的司法诉求逐步回归到司法轨道上来,检察机关受理、办理群众控告申诉举报大幅上升。

七是扎实推进党的群众路线教育实践活动,压茬开展 "增强党性、严守纪律、廉洁从政" 专题教育活动,组织开展 "过硬队伍建设推进年" 活动,强化了思想政治建设和理想信念教育。开展全员培训,组织岗位练兵,评选业务能手,宣传先进典型,推进了检察队伍专业化建设。坚持从严治党、从严治检,党风廉政建设 "两个责任" 总体上得到落实。查处违法违纪检察人员 22 人,同比上升 69%。

八是强化对自身司法办案的监督制约,继续组织开展 "规范化建设推进年",完善并延伸了 "检察工作科学发展抽样评估" 活动,形成了科学发现问题、及时纠错问责的 "一个活动、四个机制" 的工作方法,得到了最高人民检察院的肯定并向全国推广。

九是大力推进检察信息化建设,自治区检察院的新媒体工作、全区的信息化建设跃居全国前列。

十是部署开展基层检察院 "八化" 建设示范院创建活动,在人口相对集中的地区建成检察室 326 个,延伸法律监督触角,基层基础建设明显加强。

(内蒙古自治区人民检察院研究室)

辽宁省检察工作 一、紧紧围绕建设 "平安辽宁",全力维护社会和谐稳定

坚持以维护社会大局稳定、保障人民安居乐业为出发点,认真履行批捕起诉等职责,共批准逮捕各类刑事犯罪嫌疑人 27731 人,起诉 53677 人。一是突出打击严重影响人民群众安全感的犯罪。批准逮捕故意杀人、强奸、抢劫、绑架、放火、爆炸等严重暴力犯罪嫌疑人 2478 人,提起公诉 3419 人;批准逮捕抢夺、盗窃、诈骗等多发性侵财犯罪嫌疑人 8105 人,提起公诉 12961 人;批准逮捕毒品犯罪嫌疑人 4313 人,提起公诉 6392 人;起诉拐卖妇女儿童、收买被拐卖的妇女儿童犯罪嫌疑人 49 人。二是依法查处破坏市场经济秩序的犯罪。批准逮捕破坏社会主义市场经济秩序犯罪嫌疑人 1939 人,提起公诉 4916 人。积极配合有关部门深入开展反走私、反洗钱等专项斗争和不良贷款清理整治工作,批准逮捕走私、破坏金融管理秩序、金融诈骗犯罪嫌疑人 749 人,提起公诉 1467 人。进一步加大对侵犯知识产权和制售假冒伪劣商品犯罪活动的打击力度,批准逮捕假冒注册商标、生产、销售伪劣产品、假药、有毒、有害食品等犯罪嫌疑人 422 人,提起公诉 1500 人。三是全面贯彻宽严相济刑事政策。对涉嫌犯罪但无逮捕必要的,决定不批准逮捕 4980 人;对犯罪情节轻微,依照刑法规定不需要判处刑罚或者免除刑罚的,决定不起诉 2004 人。切实加强对未成年犯罪嫌疑人的教育挽救,对涉嫌轻微犯罪的未成年人依法决定不批准逮捕 448 人、不起诉 114 人。四是主动参与社会治理方式创新。完善落实法律文书说理、刑事和解、检调对接等制度。深入推进涉法涉诉信访工作机制改革,积极构建来信、来访、12309 举报电话、网上信访 "四位一体" 群众诉求表达机制,开通远程视频接访系统,切实做好检察长接待、派出检察室就地接访等工作。组织开展信访案件督察督办活动,出台《司法救助制度实施细则》。积极应对劳教制度废止后出现的新情况,全面推行轻微刑事案件快速办理机制,继续推进社区矫正法律监督。

二、紧紧围绕促进反腐倡廉,深入查办和预防职务犯罪

坚决贯彻中央和省委关于反腐败斗争的决策

部署,认真履行查办和预防职务犯罪职责,共立案侦查职务犯罪案件1680件2568人,其中,立案侦查贪污贿赂犯罪嫌疑人1801人,立案侦查渎职侵权犯罪嫌疑人767人。一是突出查办大案要案。按照省委的要求和部署,集中力量查办了一批有影响、有震动的案件。共立案侦查职务犯罪大案1225件,同比上升14.4%;查办职务犯罪大案数量占立案总数的72.9%,同比上升10.9个百分点。查处涉嫌职务犯罪的县处级以上国家工作人员227人,同比上升12.7%,其中厅局级19人,省部级1人。二是坚决查办阻碍和影响深化改革的职务犯罪案件。查办涉及国有企业改革、城镇化建设、生态环境建设、财税改革等领域职务犯罪案件547件880人。查办发生在中央对地方转移支付专项资金审批、发放、监管、使用等环节的渎职犯罪案件148件191人。三是严肃查办发生在群众身边、严重损害群众利益、人民群众反映强烈的重点案件。立案侦查征地拆迁、社会保障、食品安全、医疗卫生、扶贫开发、教育和涉农等领域职务犯罪案件901件1375人。立案侦查重大责任事故背后的渎职犯罪案件23件32人。切实加大打击行贿犯罪力度,查办行贿犯罪嫌疑人352人,同比上升53%。四是深入开展职务犯罪追逃专项行动。成立专门组织,强化追逃措施,专项行动开展3个月以来,追回境内外在逃职务犯罪嫌疑人47人,其中追回境外在逃职务犯罪嫌疑人6人。五是更加注重预防职务犯罪工作。全省检察机关继续坚持"查办职务犯罪非常重要,预防职务犯罪同等重要"的工作理念,建立预防职务犯罪警示教育基地71个,结合办案开展预防调查511件、案例分析774件,向发案单位和相关部门提出防控风险、完善制度的建议596件;开展重点工程项目专项预防301项;受理行贿犯罪档案查询24737次。省检察院经省委批准,在省委党校常规班开设了预防职务犯罪专门课程。向省委、省政府报送的《2013年度辽宁省检察机关查办和预防职务犯罪情况综合报告》《近年来检察机关办理的乡村两级基层干部职务犯罪情况分析》和《近四年来辽宁省国有企业工作人员贪污贿赂犯罪情况分析》等专题报告,受到省委、省政府的高度重视和充分肯定。

三、紧紧围绕建设"法治辽宁",不断强化诉讼监督

认真贯彻党的十八届四中全会精神,坚持把促进严格执法、公正司法、保障人权作为着力点,全面开展诉讼监督工作。一是强化对刑事诉讼活动的监督。对侦查机关应当立案而不立案的,监督立案403件;不应当立案而立案的,监督撤案186件。对应当逮捕而未提请逮捕、应当起诉而未移送起诉的,决定追加逮捕604人、追加起诉754人。对证据不足和不构成犯罪的,决定不批捕4760人、不起诉1396人。对滥用强制措施、违法取证、刑讯逼供等侦查活动违法情形,提出纠正意见691件次。提出刑事抗诉499件。重视保障犯罪嫌疑人诉讼权利和律师执业权利,对不需要继续羁押的266名犯罪嫌疑人建议释放或者变更强制措施,监督纠正阻碍辩护人行使诉讼权利案件51件。二是强化对刑罚执行和监管活动的监督。深入开展职务犯罪、金融犯罪和黑社会性质组织犯罪三类罪犯减刑、假释、暂予监外执行专项检察活动。全年共纠正减刑、假释、暂予监外执行不当1600件,收监执行暂予监外执行条件消失的罪犯75人。扎实推进久押不决案件清理纠正工作,清理久押不决案件35件103人。三是强化对民事行政诉讼活动的监督。依法对生效裁判、调解书提出抗诉或再审检察建议261件,对审判中的违法情形提出检察建议507件。对民事执行根据和执行行为不当情形提出检察建议566件。对侵害国家和社会公共利益的案件,督促履行职责280件,支持起诉193件。同时,注重维护法院的司法权威和既判力,对裁判正确的1466件民事行政申诉案件,认真做好释法说理、服判息诉工作。四是严肃查办执法司法不公背后的职务犯罪。共查处在办理案件中涉嫌贪污贿赂、玩忽职守、滥用职权、徇私舞弊等职务犯罪的司法和行政执法人员149人。

四、紧紧围绕提升司法公信力,大力强化检察机关自身建设

全省检察机关在认真履行各项法律监督职责的同时,更加注重加强检察机关自身建设。一是大力加强检察队伍建设。省检察院研究制定《关于加强过硬检察队伍建设的意见》,组织指导全省检察机关圆满完成党的群众路线教育实践活动,扎实开展"培育和践行社会主义核心价值观""增强党性、严守纪律、廉洁从政"和"五项教育"专题教育活动。举办市县两级检察院领导班子研修班,认真学习领会党的十八届三中、四中全会精神。出台《加强检察机关作风建设的规定》,建立健全廉政风险防控、廉政隐患摸排预警、重点岗位轮岗交流等工作机制。加大检务督察力度,自行查处违纪检察人员17人。研究制定公诉岗位素能标准,组织开展"杰出检察官"评选、检察业务专家评审活动,建立侦查监督人才库,调整充实检察理论研究人才库,广泛开展大规模、多层次的教育培训和贴近实战的岗位练兵、业务竞赛,培训检察人员2万余人次。二是继续加强司法规范化建设。组织全省检察机关全面建成并上线运行统一业务应用系统,实现了对司法办案流程的节点控制和对司法办案活动的全程、统一、实时、动态监督。深入开展案件质量评查工作,研究制定《错案、瑕疵案件认定标准》和《案件评查办法》,修订完善《错案、严重瑕疵案件责任追究办法》,开展无罪判决案件专题调研,评查撤回起诉、不起诉案件3288件,评查民事行政诉讼监督案件4765件,认真查找和纠正司法办案工作中的不严格、不公正、不规范、不文明问题。三是持续加强基层基础建设。省检察院领导班子成员分别带队到16个市(分)检察院和28个基层检察院开展基层检察院建设专题调研,制定了《关于加强基层检察院建设工作的意见》。为基层检察院新招录检察人员403名,定向培养和选调优秀大学毕业生45名。全省检察机关基层执法保障状况进一步得到改善,检察技术和信息化水平不断提高。四是积极推进检察改革。成立深化检察改革工作领导小组,出台深化检察改革实施意见,综合梳理涉及检察机关的38项司法体制和社会体制改革任务,明确了全省检察改革工作的总体思路。制定深化检察改革分工方案,细化了全省各级检察院、省检察院机关各部门在深化检察改革工作中的职能分工、工作要求。着手起草辽宁省检察机关司法体制改革试点建议方案,认真研究省以下地方检察院人财物统一管理、检察人员分类管理、完善检察官职业保障制度、检察官办案责任制等改革试点工作。

五、紧紧围绕坚持人民代表大会制度,自觉接受人大和社会各界监督

从坚持我国根本政治制度和宪法原则的高度,更加自觉接受人大及其常委会对检察工作的监督。一是严格执行向同级人大常委会报告工作制度。2014年7月,省检察院就反贪污贿赂工作向省人大常委会作了专项报告,并根据常委会审议意见,组织全省检察机关逐条研究落实措施。全省各级检察院共向地方各级人大常委会报告专项工作160余次。二是认真办理人大代表批评、意见和建议。省检察院共收到省人大交办和代表直接转办的批评、意见和建议43件,全部办复,代表对办理工作均表示满意。三是进一步加强与人大代表联络工作。出台《关于进一步加强省院领导与省人大代表直接联系工作的意见》,建立每位班子成员直接联系3至5名基层人大代表的工作制度,定期向省人大代表送阅《辽宁检察工作汇报》,邀请省人大代表列席省检察院召开的多个重要工作会议、参与评选"全省杰出检察官"、视察未成年人教育改造法律监督等工作,并多次召开省人大代表座谈会,诚恳征求代表对检察工作的意见和建议。

(辽宁省人民检察院研究室)

吉林省检察工作　2014年,吉林省人民检察院在省委的正确领导和省人大的有力监督下,在省政府、省政协及社会各界的大力支持下,坚持"务实、规范、创新、科学"发展的工作总基调,带领全省检察机关认真履职,真抓实干,各项检察工作取得新的进展。

一、深入学习贯彻习近平总书记系列重要讲话精神

扎实开展群众路线教育实践活动和"增强党性、严守纪律、廉洁从政"专题教育活动,着实解决"四风"和司法作风问题。省检察院党组提出坚持党的领导等"五个不动摇",召开理论中心组学习会9次,主动向省委和省委政法委请示报告工作60余次,多次得到巴音朝鲁书记、金振吉书记的批示肯定。

二、坚定不移服务全省改革发展大局

省检察院制定保障全面深化改革的意见,主动联系18家外埠商会。三级检察院结对帮扶1635个民营企业、创新项目,跟踪服务"长影海南环球100"等跨省项目,办理涉企案件做到"六个区分""三个慎重",积极营造良好的社会环境、政务环境和法治环境。巴音朝鲁书记肯定省检察院"为吉林全面振兴发展作出了重要贡献"。

三、全力推进平安吉林建设

坚持严厉打击暴力恐怖、涉黑涉毒、两抢一盗等严重犯罪,共批捕14800人、起诉28729人;对轻微犯罪依法不批捕、不起诉6787人。充分运用检察建议、查处黑恶势力保护伞和执法不公背后职务犯罪等手段,实现执法办案与化解矛盾同研究、同

部署、同落实。全年发出检察建议 111 件次，建议采纳率 90%。在既有刑事和解工作机制的基础上，通过全方位检调对接，探索刑事和解的新途径、新方法，促进刑事和解工作广泛深入开展。长春地区"检察工作服务站"、辽源地区"阳光关爱基地"、白山地区"阳光工作站"等机制平台的建设运行，已成为检调对接延伸检察职能、拓宽刑事和解渠道、多角度化解社会矛盾的重要保障和依托。认真贯彻落实宽严相济刑事政策，充分运用刑事和解、附条件不起诉等工作机制。对一些初犯、偶犯、未成年人、在校学生犯罪，以及因民间矛盾纠纷引发的各类轻微犯罪，依法刑事和解不起诉 607 人，刑事和解不诉率 3.01%。同比上升 19.25%。三级检察院检察长带头接访，在 43 个院建成远程视频接访系统，化解 90% 涉检信访老户案件，实现群体访、进京访"双下降"。省检察院被评为"平安吉林建设先进单位"。

四、保持惩防职务犯罪工作力度

全年共查处 2433 人，其中包括省内 12 名厅级干部在内的县处级以上干部 104 人，大要案率同比上升 4.2 个百分点，人均立案数、起诉率、判决率继续保持全国第一，挽回直接经济损失 7.2 亿元。省检察院抽调 240 余名干警参与或主办中央"打虎"行动、央视专案等重大案件。最高人民检察院向吉林省交办的案件数量进入全国前 5 位。2014 年以来，省检察院深入贯彻预防工作条例，积极推动预防教育进党校并成为必修课。一年来，全省预防责任区建设成效明显，特别是突出重大项目专项预防，围绕国务院支持新一轮东北振兴确定的 46 个重大项目，省检察院研究制定《关于对 46 个重大建设项目开展预防监督的意见》。全省检察机关对重大项目招投标开展预防监督，发现串通投标违规行为 6 次，涉及投标企业 22 家，概算资金 2700 万元。同时，坚持把开展专项工作作为提升预防工作效果的切入点和着力点，进行案例分析 386 件。省检察院专项预防报告被评为全国检察机关首届"十佳专项预防报告"。

五、大力推动民事行政检察工作优先发展

2014 年初，省检察院、法院联合下发《吉林省高级人民法院吉林省人民检察院关于民事诉讼法律监督工作有关问题的通知》，随之省检察院出台《关于贯彻落实省法院、省检察院联席会议工作指导意见》，推动全省各级检察院和法院召开联席会议 49

次，形成会议纪要 36 件，在 73 个法院设立检察官工作室，引进 50 名优秀法官。省人大常委会听取省检察院专项工作报告，通过民事诉讼法修改后全国省级人大第一个专门决议。这些举措有力推动民事行政检察工作发展，共提出抗诉和再审检察建议 693 件，开展诉讼违法行为调查 344 件，建议更换办案人 50 件，督促、支持起诉 228 件。加强对全省范围内人民群众普遍关注的环境资源保护和食品药品安全监管活动法律监督，开展专项行政检察监督活动 21 项。紧紧围绕社会保障、国土资源、水土流失、环境保护、规划审批、食品药品安全、信息公开等涉及国家利益、社会公共利益和事关民生的领域，涉及群众生活、可能影响社会和谐稳定的领域为重点，加大办案力度。综合运用多种监督手段，向司法部门和行政执法部门发出检察建议和纠正违法通知书 1086 件，已采纳 944 件，为国家挽回经济损失 2.5 亿元。曹建明检察长把吉林省检察院的做法批转全国省级检察院检察长借鉴，巴音朝鲁书记、蒋超良省长、黄燕明主席等 8 位省领导给予充分肯定。

六、突出加强人权司法保障

组织开展"人权司法建设年"活动，全面加强刑事立案、侦查活动、审判活动监督，努力做到不枉不纵。在开展减刑、假释、暂予监外执行专项检察活动中，全省摸底排查"三类罪犯"1655 人（监狱 1257 人，社区矫正 398 人）。其中，职务犯罪罪犯 1065 名，金融犯罪罪犯 352 名，涉黑犯罪罪犯 238 名；监督重新收监 66 人。加强羁押必要性审查、纠防超期羁押，办理羁押必要性审查案件 266 件，向有关机关提出释放或变更强制措施建议 263 件，有关机关采纳建议对犯罪嫌疑人、被告人采取释放或变更强制措施 263 件，采纳率 98.9%。省检察院监所处被评为专项活动的全国先进集体。省检察院集中评查 20 个基层检察院的 1981 件重点案件，召开三级检察院检察长专题会议进行总结部署，为最高人民检察院研究部署专项整治工作提供重要参考。

七、积极推进司法体制改革试点

根据中央批准的吉林省试点方案，按照"破中保稳、稳中求破"的原则，推动办案责任制改革人员分类管理改革、内设机构改革和内部监督制约机制改革为一体的"四为一体"改革试点工作，重点在内部管理和运行机制上"啃硬骨头"。先后组织全省广大检察干警进行 6 轮讨论，努力做到思想工作到位、发扬民主到位、兼顾利益到位"三个到位",形成鲜明特色。孟建柱书记肯定"吉林省检察院的很多做法可供全国借鉴",曹建明检察长评价"吉林为全国检察改革探出了一条路子来"。同时,全面完成林检、铁路运输检察体制改革,深入推进涉法涉诉信访改革,大力深化检务公开,联合省司法厅推进人民监督员选任管理方式改革。

八、持之以恒抓队建打基础

深入开展"增强党性、严肃工作纪律、清廉从政"主题教育活动,巩固群众路线教育实践活动成果,切实防止"四风"反弹,突出抓好班子建设。规范检察室,将全省检室清理整合为67个,统一选调招录的193名干警全部充实基层。省检察院集中培训干警3728人次,完成两年全员轮训计划。检察宣传工作成效明显,省检察院开通"两微一端"和门户网站新媒体平台,处置网络舆情及时有力,《警戒线》《检察之声》的影响力不断扩大,"吉林检察"官方微博被新浪、腾讯两大微博平台评选为"十大检察机构微博"。省检察院制定落实"两个责任"的实施意见,组织3名市级检察院检察长述职述廉,对3个市级检察院班子进行巡视,对19个院进行内部审计,集中暗访7次,严肃查处干警7人,其中追究刑事责任4人。

2014年,全省检察机关多项工作经验被最高人民检察院向全国推广。全省有32个单位和个人荣获全国模范检察院、全国模范检察官等国家级荣誉。在省委开展的强化"两个责任"、落实党风廉政建设责任制检查考核中,省检察院机关干部和直属单位负责人对省检察院班子测评优秀率达到98%。

（吉林省人民检察院研究室）

黑龙江省检察工作　2014年,全省检察机关深入学习贯彻党的十八大和十八届三中、四中全会和习近平总书记系列重要讲话精神,全面履行检察职能,促进经济社会发展,以司法办案为中心,狠抓法律监督能力、司法规范化和过硬队伍建设,全力维护司法公正,各项检察工作取得新的进展。

一、坚持营造环境、服务民生,努力促进经济社会发展

紧紧围绕省委"五大规划"发展战略和十大重点产业建设提供法律服务和法治保障。一是努力营造良好发展环境。省检察院主动把服务发展、保障民生与严格司法有机结合起来,先后出台了全省检察机关服务经济建设、优化发展环境、维护企业权益的具体办法。各地结合实际不断深化和规范服务非公经济发展举措,为非公经济营造发展环境,初步形成了服务、预防、打击、保护"四位一体"的新格局。省检察院组织开展对俄经贸法律服务工作,与有关部门建立服务对俄经贸合作联系制度,搭建俄罗斯法律网上查询平台,维护涉俄企业合法权益。省检察院承办了第六届中俄检察业务研讨会,探讨进一步加强两国检察机关司法合作的有效措施。二是切实维护市场经济秩序。主动加强与企业的沟通联系,创新方式方法,引导企业合法、诚信经营,依法维权。依法惩治严重经济犯罪,共批捕破坏市场经济秩序犯罪1338人,起诉2460人。针对企业反映强烈的插手经济纠纷、滥用强制措施、违法扣押查封行为,制发检察建议,维护企业合法权益。严肃查办利用执法权和司法权谋取私利、贪赃枉法案件,共立案查办行政执法人员和司法人员职务犯罪593人。三是不断加大服务民生力度。在乡镇、街道和社区设立212个检察室和307个检察联络室,延伸检察工作触角。深入开展"两室"特色服务试点工作,开展法治宣传和法律咨询服务,答疑解惑当好法律顾问,排查和协调处理矛盾纠纷,引导群众依法维权,使"两室"成为全省三级检察院便民助民护企的服务平台和检察宣传的前沿阵地。积极开展破坏环境资源和危害食品药品安全犯罪专项立案监督活动,督促行政执法机关移送涉嫌犯罪案件60件63人。加强食品安全监管,开展了病害猪无害化处理监管领域渎职犯罪专项治理,打击套取财政补贴、病害猪流入市场行为,查处食品安全领域职务犯罪76人。

二、坚持宽严相济、化解矛盾,全力维护社会和谐稳定

积极参加社会治安防控体系建设,落实检察环节综合治理措施。一是严厉打击严重刑事犯罪。突出打击严重危害人民生命财产安全、严重破坏社会秩序的暴力犯罪、黑恶势力犯罪、多发性侵财犯罪等。全年共批捕各类刑事犯罪嫌疑人20038人,起诉36194人,同比分别下降7.4%和3.7%。开展打击暴恐、邪教犯罪专项行动,及时提前介入、跟踪指导了安达"德克士快餐店爆炸"、兰西于春富"持枪杀人"、黑河—哈尔滨"7034次列车脱轨"等案件。二是全力化解涉检信访案件。积极推进涉法涉诉信访改革,扩建省检察院信访接待大厅,以"畅

通入口""理顺出口"为重点,搭建来信、来访、电话、网络的综合受理平台,落实全员接访机制,加强视频接访系统建设,畅通和拓宽群众诉求表达渠道。采取领导包案、"专家会诊"、逐案剖析、下访专访等措施,加大信访积案化解力度,一批老大难案件先后息诉罢访。建立涉检信访风险评估和防控机制,制定了依法处置非正常访办法,有效维护了信访秩序。办理中央巡视组交办涉法涉诉信访事项169件,办结率98.2%。三是落实宽严相济刑事政策。体现区别对待,对轻微犯罪依法从宽处理,不批捕2977人,不起诉595人,同比分别上升32.3%和18.8%。其中,对获得被害人谅解、达成和解协议的犯罪嫌疑人依法作出不批捕、不起诉决定的分别占9.6%和26.1%。受理国家赔偿申请8件,依法决定给予赔偿133.6万元。开展刑事被害人救助工作,救助刑事被害人116人,发放救助金46.3万元,促进社会矛盾化解。

三、坚持有案必查、有腐必反,加大惩防职务犯罪力度

以开展专项工作为突破口,以侦查一体化机制为依托,继续保持惩治腐败的高压态势和强劲势头。一是持续加大办案力度。全省检察机关突出办案重点,集中查办涉农惠民领域,农垦、森工、煤炭系统职务犯罪案件。共依法查办贪污贿赂、渎职侵权等职务犯罪嫌疑人2277人,同比上升1.1%,其中大案1002件、要案202人,同比分别上升6%和60.3%,为国家挽回经济损失2.29亿余元。加强追逃一体化机制建设,抓获在逃职务犯罪嫌疑人53人,劝返和抓获2名潜逃俄罗斯的职务犯罪嫌疑人,实现境外抓捕工作的新突破,追逃工作连续5年位居全国前列。开展查办和预防发生在群众身边、损害群众利益的职务犯罪专项工作,查办此类案件占立案人数的83%。开展惩治行贿犯罪专项工作,依法查办行贿犯罪336人,占查办贪污贿赂案件的20%。二是注重改进办案方式。省检察院在带头查办大要案的同时,着力完善侦查一体化、个案跟踪督导、执法办案问责和信息引导侦查等机制,强化上级检察院组织指挥、带头办案,在查办副厅级以上要案、最高人民检察院交办的案件、社会关注的案件等方面取得新突破。办理最高人民检察院交办案件18件次77人,是历史上最多的。省检察院充分发挥引领示范作用,直接立案侦查13人。注重信息引导侦查,省检察院建立起涵盖18

个行业领域的侦查信息数据库和统一的案件线索管理库,完善公共信息查询系统,实现查询全程网络化。三是深化职务犯罪预防。积极开展专项预防和社会化预防工作,全省共开展预防调查909次,犯罪原因分析803件次,受理行贿犯罪档案查询上万批次。深入开展发生在群众身边、损害群众利益职务犯罪和"预防职务犯罪,保障投资安全"专项预防工作。把预防与办案有机结合起来,在国土资源、医药卫生、农机补贴等领域推行专案预防工作,围绕问题抓预防,剖析案件建机制。

四、坚持突出重点、完善机制,不断强化法律监督工作

把进一步解决执法司法的突出问题,健全完善法律监督工作机制作为工作重点,不断提升司法公信力。一是突出监督重点。办理公安机关应当立案不立案、不应当立案而立案案件405件;依法纠正漏捕528人、漏诉183人;依法提出刑事抗诉157件;深入开展减刑、假释、暂予监外执行专项检察活动,对发现的160个问题提出纠正意见,建议刑罚执行机关收监执行88人,查办与刑事执行活动有关的职务犯罪147人;民事行政审判活动监督不断取得新成效,立案办理民事行政审判活动违法监督案件674件,同比上升324%;立案办理民事执行监督案件422件,同比上升235%,全省民事行政抗诉案件改变率为94.3%,案件质量持续提高。二是完善监督机制。全面推行职务犯罪侦捕诉一体化工作机制,公诉部门与职务犯罪侦查部门形成沟通会商长效机制,前移工作重心,加强引导取证。建立非法证据排除机制,与省法院、公安厅、司法厅联合制定了排除非法证据工作意见和实施细则。着力构建良性互动控辩关系,依法保障律师在刑事诉讼中检察环节的会见权、阅卷权、申请收集和调取证据权。细化办理未成年人犯罪案件工作措施,健全完善权利告知制度和快速办理、分案起诉、犯罪记录封存、法律援助机制,共分案起诉未成年犯罪嫌疑人163人,提供法律援助386人。三是改进监督方式。通过积极开展介入侦查、引导取证工作,推动侦查机关全面客观收集固定证据,依法排除非法证据,严防发生错捕错诉。建立强制医疗案件审查起诉工作机制,推行民事行政案件合议制、办案质量评查、社会危险性审查机制,办案质量和效率不断提高。探索建立"网上衔接、信息共享"平台,推进行政执法与刑事司法衔接常态化、制度化,使有

案不立、有案难移、以罚代刑问题得到较好解决。

五、坚持严格执法、规范司法，切实提高执法办案水平

坚持以司法规范化引领各项检察业务建设，以完善制度促管理，以强化督察促规范。一是切实加强司法规范化制度建设。紧紧抓住检察权运行的重点环节，进一步修订案件线索评估、重大案件全程指导、无罪案件问责、错案责任追究、办案安全事故防范等制度，确保检察权严格依照法律规定的权限和程序行使。二是全面实施案件信息化管理。基本实现执法信息网上录入、执法业务网上审批、执法流程网上管理、执法活动网上监督，共在系统中录入各类案件80166件，办结50937件，对存在违规办案情形的670件案件作出口头提示或发送流程监控通知书，严防程序违法。加强案件质量评查，对评查结果综合分析，及时发现和解决苗头性、倾向性、普遍性问题。三是加大化解执法办案风险力度。省检察院开展防范和纠正执法非规范化问题专题研讨，以查找执法办案非规范化问题为重点，将执法不规范常见性风险点分解到岗、落实到人。省检察院编写了《办案安全手册》，全面规范从受案到交付审判的风险防控。积极推进检务督察向基层、向执法一线延伸，坚决纠正司法不严格、不规范、不文明、不公正、不廉洁问题，案件质量明显提升。

六、坚持试点先行、逐步推开，积极稳妥推进检察改革

认真落实省委和最高人民检察院深化检察改革的各项工作部署，全力做好检察改革先期调研论证和农垦、森工系统检察管理体制改革方案的起草工作。按照最高人民检察院的部署，坚持以公开促公正，重点抓好检务公开试点工作。一是强化检务公开指导推进。组成推进机构，制定试点实施方案，完善15项具体实施办法和6项试点工作机制。按照"公开是原则，不公开是例外"的要求，以案件信息公开为核心，在拓展公开内容、创新公开方式上下功夫，逐步将检务公开延伸到检察机关执法办案全过程，以公开促规范。仅9月至12月，全省发布重要案件信息6753件，公开法律文书7162件，案件信息公开互联网平台累计点击量超百万次，均居全国前列。二是全方位打造检察公开平台。打造门户网站"龙剑网"平台，及时公开相关检察工作事项，回应质疑，引导舆情，争取社会各界理解和支持。全面打造"面对面"公开方式，全省三级检察院

均已建成案件管理大厅，设置多功能服务窗口，形成案件管理、信访接待、便民服务为一体的"一站式"服务。依托案件管理大厅，向当事人及其近亲属、律师、辩护人提供案件查询服务。打造多媒体公开平台，全省各级检察院相继开通了官方微博、公众微信、公众易信和维权微博，充分利用新兴媒体拓展与公众交流途径。三是完善检务公开工作机制。制定加强法律文书说理工作指导意见和公开审查、公开听证、公开答复制度，形成检务公开评价督察机制，倒逼检察干警规范司法行为，提升司法公信力。建立新闻发布常态化工作机制，共召开3次新闻发布会，分别通报举报宣传、案件信息公开和查办行贿犯罪专项工作情况。

七、坚持从严管理、落实责任，全面加强检察队伍建设

以基本素能建设、基层基础建设和内部监督制约机制建设为切入点，大力加强过硬队伍建设。一是切实加强思想政治建设。紧紧围绕巩固群众路线教育实践活动成果和"增强党性、严守纪律、廉洁从政"专题教育活动，持续用力深化整改，着力在建立长效工作机制和制度执行上下功夫，重点解决"四风"和执法不规范、特权思想、霸道作风等方面存在的突出问题。把定量评价和定性评价，内部评价和外部评价相结合，建立了下级检察院评价省检察院"以下看上"和省检察院评价市分院"以上看下"两个工作机制，变目标考评为综合评价，解决考评指标设定不合理、考评过程不公正、考评结果不科学问题。进一步落实完善领导干部联系基层、业务部门对口指导、基层检察院结对共建、三级检察院依托"两室"联系群众等工作制度，促进工作重心前移，精力下沉。以机关党委换届为契机，狠抓省检察院党建工作，落实从严管理责任，把党的组织优势转化为推动检察工作的强大动力。二是切实加强队伍素能建设。以领导干部、一线办案骨干和基层检察人员为重点加强教育培训，共举办各类岗位培训班179期，培训检察人员10798人次。坚持论坛促学、研讨促学、竞赛促学、考试促学，将实战演练纳入培训教学。与省法院、司法厅共同举办"法律职业共同体论坛"，研讨交流建设高素质法治专门队伍的有效措施和途径。开展身边人选身边人、身边人学身边人岗位标兵选树活动，先后涌现出"全国模范检察官"王蕴卿、窦兴华，"全国人民满意公务员"李明等一批先进典型。省检察院先后获

得全国检察机关党建理论研讨会、首届全国民事行政检察业务竞赛和首届全国刑事申诉检察业务知识竞赛组织奖。三是切实加强党风廉政建设。省检察院制定《关于落实党风廉政建设主体责任的实施意见》，明确一把手负总责，纪检监察部门履行监督职责，分管领导"一岗双责"，形成一级抓一级，层层抓落实的责任制体系，确保"两个责任"全面落实。省检察院党组切实履行主体责任，班子同志带头从我做起，向我看齐，当好廉洁从检的风向标；省检察院党组大力支持纪检监察部门落实监督责任，建立检察人员违纪违法案件逐案剖析、通报制度，促进了警示教育和内部监督管理。坚持问题导向，采取专项督察、联合督察和交叉督察等方式，省检察院先后开展16次督察，对230余个典型问题实名通报。查处检察人员违纪违法案件22件30人，全部给予了党纪、政纪处分。以发现问题、促进解决为重点，对7个市分院开展了第二轮巡视和"回访"。把监督的触角延伸到办案一线，在重大专案组成立临时党支部、签订办案廉政承诺书、选派专人担任纪检监督员，防止违纪违法行为的发生。全面落实中央八项规定精神，修改制定厉行勤俭节约、反对铺张浪费以及会议、接待等41项制度。主动接受人大、政协和社会各界监督，建立重要检情通报制度，自觉落实省人大常委会的决议，不断改进工作。主动开展人大代表、政协委员联络工作，听取意见，接受监督，走访代表、委员1398人次，举办"检察开放日"活动，增强了检察工作透明度。

面对全面推进依法治国的新形势，检察队伍不适应的问题也比较突出：在司法理念上，法治思维的意识有待增强，还不同程度地存在急功近利、机械执法、单纯办案的现象；在履行职能上，工作开展不平衡，监督能力有待提升，还存在不愿监督、不敢监督、不善监督的问题；在规范司法行为上，检察机关整改"四风"和改进司法作风等方面仍需持之以恒地抓好落实，执法不规范、制度不落实等现象不同程度存在，极少数检察人员违纪违法和办案安全事故仍有发生，造成不良的社会影响，说明司法规范责任制落实和执行不到位，责任神经末梢失灵，教训深刻；在队伍建设上，如何进一步强化自身监督，强化高素质过硬队伍建设，强化基层司法保障，措施还不够有力，工作效果上还有不小差距。我们将通过不断努力，采取有效措施，切实加以整改。

（黑龙江省人民检察院研究室）

上海市检察工作 2014年，全市检察机关认真贯彻党的十八大和十八届三中全会、中央政法工作会议精神，全面贯彻落实中央、市委和最高人民检察院工作部署，坚持以维护社会稳定为底线，以改革为统领，以提高司法公信力为目标，既立足当前，又着眼长远，一手抓重大问题研究，一手抓工作落实推进，突出重点、统筹协调，完成年初确定的工作任务，检察职能的发挥取得新成效，中央、市委、最高人民检察院部署的各项检察改革取得新进展，检察队伍整体素质、精神面貌和工作作风有了新转变。重点抓了以下几方面的工作：

一、立足检察职能维护稳定、服务发展取得了良好成效

坚持把确保亚信峰会的顺利举办作为首要任务，配合公安机关开展"迎峰会、保平安"打防管控专项行动，坚决打击严重影响公共安全和社会稳定的刑事犯罪，加大对涉恐涉暴犯罪打击力度。坚持以执法办案为中心，人力向办案倾斜、资源向办案集中，有力地克服了人案矛盾，确保了办案质量。全年依法批准逮捕犯罪嫌疑人29577人、提起公诉42791人，同比分别上升7.7%和9.7%。积极维护金融秩序安全，依法打击非法吸收公众存款、集资诈骗、利用未公开信息交易等金融领域犯罪，共提起公诉1925人，同比上升50.7%；加强对金融犯罪一类案件的研究和金融犯罪风险研判，发布金融检察白皮书，结合办案向金融监管部门、金融机构就加强金融创新的风险评估、构建互联网金融监控体系等问题制发检察建议14份，促进金融行业内控机制的完善。积极服务上海自贸区建设，组织开展《检察机关服务保障自贸区的定位、作用与对策》等6项自贸区检察调研课题，研究制定《涉上海自贸试验区刑事法律适用指导意见》等规范性文件，并建立涉自贸区重大案件三级检察院联动办理机制，办理了李强信用证诈骗4000余万元，董良虚假跨境贸易合同诈骗49万美元等一批案件。

二、查办和预防职务犯罪工作力度、质量和效果得到提升

严格落实中央有案必查、有腐必惩的工作要求，以市人大常委会专项审议反贪污贿赂工作为契机，对历年反贪工作进行了全面、深刻总结，结合落实人大审议意见，制定《关于加强查办和预防职务犯罪工作的若干意见》，确定了进一步加大办案力度、加快侦查方式转变、深化完善一体化工作机制

等6个方面30项措施,为反腐败工作指明方向,奠定基础。进一步加大反贪查案力度,共立案354件442人,人数同比上升9.1%,其中,大案342件,立案侦查局级干部5名、处级干部34名。反渎工作有了新突破,查处渎职侵权犯罪36件44人,实现连续三年立案超过40人,且各区县检察院均有立查案件。预防职务犯罪专业化、社会化工作机制进一步完善,深化惩治和预防职务犯罪年度报告,市检察院、3个区检察院获评全国检察机关首届年度报告评比"十佳"和优秀年度报告;加强预防专业化工作,开展了城镇化建设、国有企业职务消费等领域预防专题调研,推动行业治理;深化预防职务犯罪"五进"活动,廉政教育成为市委党校处级领导干部任职培训的项目,探索廉政电视剧、微电影等预防手段,推动廉政文化建设,增强预防实效。

三、法律监督的能力和水平进一步增强

紧紧抓住执法不严、司法不公中的突出问题,加强侦查活动监督,监督公安机关立、撤案112件,纠正漏捕、漏诉877人;与公安机关联合开展派出所办案区规范使用专项检查,纠正人身检查、物品保管、讯(询)问等办案环节不规范问题。加强审判监督,向法院提出刑事抗诉49件,同比上升8.9%,法院审结33件,其中改判和发回重审24件;提出民事行政抗诉和再审检察建议57件,虽然数量有所下降,但质量有所提升,法院改变率74.6%,同比上升1.3个百分点。加强对刑罚执行活动的监督,对不符合减刑、假释、暂予监外执行条件的,提出检察意见299份,纠正脱漏管47例;深入开展职务犯罪、金融犯罪、涉黑犯罪罪犯减刑、假释、暂予监外执行专项检查,监督收监17人,其中原副部级干部1人、局级干部2人。在加强个案监督的同时,重点加强对一类案件监督,着力提高法律监督的层次和效果。制定《关于加强一类问题法律监督的意见》,建立一类案件发现和监督机制,每年梳理确定重点监督项目。确定了部分案件报请逮捕把握标准过低、毒品案件同案不同判、民刑交织案件损害当事人诉权等17个监督事项。其中,法院决定暂予监外执行存在监管盲区等13个事项,年底前通过制发监督白皮书、通报、达成会议纪要等形式结项;公安对未成年犯罪记录封存执行不规范等4个事项,因涉及公安自身信息系统技术等问题,将进一步深化监督。

四、修改后刑事诉讼法、民事诉讼法在人权司法保障、维护司法公正中的重要作用得到更好的发挥

更加注重全面、客观收集证据,扎实做好非法证据排除工作,要求公安补正和合理解释瑕疵证据125份。重视诉讼参与人权益保障,提供司法救助219人;附条件不起诉涉罪未成年人191人,对未成年人不起诉和轻罪记录全部予以封存;高度重视保障律师会见、阅卷、调查取证等执业权利,规定律师预约接待必须一个半工作日内回复,开通案件诉讼流程网上查询、短信推送服务;保障外国人犯罪案件当事人权益,建立翻译人员信息库并统一翻译人员选聘、管理程序,将涉外案件法律文书翻译成外文。强化诉讼全程监督,加强捕后羁押必要性审查的统一归口办理;强化民事执行监督,受理220件,提出检察建议27件,法院采纳26件;强化对民事诉讼程序中违法行为的监督,提出检察建议56件,采纳55件;向行政机关提出督促履行职责的检察建议12件,采纳9件,促进了司法和执法公正。

五、各项检察改革试点工作稳步推进

2014年,改革的任务主要有中央政法委确定的检察人员分类管理、完善检察官办案责任制、健全检察官职业保障机制、建立省以下检察院的检察官省级统一管理机制、建立省以下检察院经费省级统一管理机制等五项改革试点;市委政法委推动的轻微刑事案件快速办理机制改革;最高人民检察院推动的建立主任检察官制度、涉法涉诉信访工作改革、检务公开等改革项目。一是检察改革试点工作积极稳妥推进,经过大半年的探索实践,4家先行试点单位初步完成试点任务,在主任检察官制度、分类管理、内设机构改革等方面形成了可以面上推开的经验做法。细化的操作性改革方案和各项配套制度基本形成,改革试点中需要解决的办案责任归责、办案组织、内设机构改革等重点问题也逐步形成了解决方案,为2015年在全市推开试点打下了良好的基础。二是深入推进主任检察官制度改革试点。作为全国首批试点单位,2014年,在浦东、闵行区检察院作为全国试点的基础上,将试点工作扩大到徐汇等另外5个基层检察院和市、分院公诉、侦查监督部门。制定《关于主任检察官办案组设置的指导意见》,规范主任检察官办案组的人员配备;探索实行主任检察官专业化分工,在侦监、公诉等部门设立经济、金融、未成年人犯罪、简易程序等专

业办案组;建立主任检察官监督制约机制,探索形成一套检察长和检察委员会监督、办案组内部监督制约、办案流程监控、案件质量评查等监督制约机制,确保主任检察官正确行使权力。三是积极推进涉法涉诉信访改革。制定《关于处理涉法涉诉信访问题实施办法》;建立信访诉求审查甄别机制,实现诉访分离,引导各类信访分类依法处理;健全信访受理分流、执法风险预警评估、信访终结和司法救助等工作机制,保证涉法涉诉信访改革工作有序开展。2014年,通过执法风险评估,对有较大风险的案件有效落实了预案;通过加大信访件的办理,办结群众信访30495件,化解突出信访矛盾,取得了良好的效果。四是积极推进轻微刑事案件快速办理机制建设。加强与公安、法院和司法行政机关的沟通衔接,在快速补充证据、集中审理、社会调查前置等方面取得进展。重视内部各职能部门的配合,确保案件在检察机关内部流转的高效、及时,落实"集中受理""集中审查""集中起诉""集中开庭"等集约化工作方法,提高办案质量和效率。五是积极构建开放、动态、透明、便民的阳光检察工作机制。作为全国检务公开首批试点单位,坚持突出重点,加大推进力度,制定《深化检务公开试点工作重点项目推进表》,确定检务公开20个重点项目,以项目化方式推进工作;加大案件公开审查、公开宣告力度,组织公开审查不起诉、刑事申诉、羁押必要性审查、民事诉讼监督等案件725件;加强综合性受理接待中心建设,开通案件信息查询、法律文书公开、法律咨询、律师服务、行贿档案查询和网上信访共6个服务平台,网上网下同步服务,方便群众查询和监督;加大案件信息公开力度,通过召开新闻发布会、发布新闻通稿等方式,发布查处职务犯罪大要案查办情况70余次;组织"检察开放日"活动,加强"上海检察"门户网站建设,完善检察官方微博发布制度,全方位推进与社会的互动。

六、检察队伍整体素质、精神面貌和工作作风有了新转变

积极巩固和深化党的群众路线教育实践活动成果,市检察院确定的加强党组班子自身建设、改进领导干部作风等46项整改措施全部落实,同时制定了加强作风建设等17项制度,形成长效机制。坚决防止"四风"问题反复,着力规范公务接待,严格车辆管理,积极清理超标用房,严控"三公"经费,采取抽查、市检察院和区县检察院联合检查等方

式,确保"八项规定"各项要求落到实处。大力加强司法为民教育,就群众工作语言与沟通技巧、群众工作礼仪礼节与行为规范等内容,举办4期提升新时期群众工作能力专项培训班。探索建立检察工作社会评价机制,选定5个基层检察院开展试点工作,社会评价工作实现对职务犯罪侦查活动"全覆盖",并适度向其他执法办案活动拓展。加强领导班子建设,举办基层检察院检察长、市检察院部门负责人学习十八届四中全会精神培训班,提高领导干部的思想政治水平和领导能力;强化对领导干部监督,对4家基层检察院领导班子进行了巡视,对3个区检察院检察长开展了任期经济责任审计,将配偶(子女)定居境外的领导干部调离了领导岗位。以办案能手的培养带动队伍整体素质的提升,65名同志获得全市"三优一能"称号,6名同志在全国检察业务和专业技术竞赛中荣获"业务标兵""业务能手"等称号。

七、检察管理和检务保障水平取得较大改善

全面推进统一业务应用系统的应用和管理,实现了对各类案件和办案流程的全程、统一、动态、规范管理。加快推进司法办案场所建设,全市各级检察院基本建成了规范化的司法办案场所。着力推进检察业务综合管理信息平台建设,实现了全市各级检察院与市检察院业务平台的互联互通。检察技术服务保障办案的能力和水平不断提高,大力提升服务保障重大活动的能力和水平,统一协调、周密部署、精心安排,成功承办了中国刑事诉讼法学研究会2014年年会和第四届全国金融检察论坛。

(上海市人民检察院研究室)

江苏省检察工作 2014年,江苏省检察机关认真学习贯彻党的十八大和十八届三中、四中全会精神,深入学习领会习近平总书记系列重要讲话精神,围绕全省工作大局,充分履行检察职能,为江苏推进"两个率先"提供有力司法保障。

一、立足检察职能,促进平安江苏建设

全力维护国家安全和社会稳定,共依法批准逮捕各类犯罪嫌疑人36047人,同比下降12.9%;提起公诉91467人,同比上升4.4%。省检察院制定关于加强危害国家安全犯罪案件办理工作的意见,指导各级检察院依法提起公诉69件"法轮功"等邪教组织犯罪案件。严厉打击严重暴力犯罪,共批准逮捕黑恶势力犯罪和故意杀人、抢劫等犯罪嫌疑人

5696 人。对盗窃等多发性侵财犯罪提起公诉 23728 件 31512 人。依法提起公诉集资诈骗、非法吸收公众存款犯罪 418 件 705 人。批准逮捕生产销售有毒有害食品和假药犯罪嫌疑人 290 人。努力增加社会和谐因素，共不批准逮捕涉嫌犯罪但无逮捕必要的 5208 人，对犯罪情节轻微的决定相对不起诉 1425 人。对 165 名未成年犯罪嫌疑人依法作出附条件不起诉决定。对 668 名刑事案件被害人或其近亲属依照规定发放救助金 402.9 万元。

二、服务转型升级，保障经济平稳健康发展

共批准逮捕破坏社会主义市场经济秩序犯罪嫌疑人 2603 人。加强知识产权司法保护，共提起公诉侵犯知识产权犯罪 316 件 590 人。与法院、公安、环保等部门加强环保联动执法司法，提起公诉破坏环境资源保护犯罪 215 件 454 人。探索推进环境公益诉讼工作，向环境监管部门发出督促起诉意见书 48 件，向法院发出支持起诉意见书 20 件，依法追偿破坏生态环境造成的损失。依托"两法衔接"信息平台监督立案 32 件，促进行政执法部门依法履职。

三、依法反对腐败，加大查办和预防职务犯罪力度

共立案侦查贪污贿赂犯罪 1393 件 1590 人，其中贪污受贿 100 万元以上的案件 226 件，同比上升 24.9%；立案侦查渎职侵权犯罪 398 件 520 人。查办县处级以上干部要案 180 人，同比上升 56.5%。省检察院组织查办了 24 名厅级以上干部职务犯罪案件，同比上升 300%。抓获在逃职务犯罪嫌疑人 53 人。查办行贿犯罪嫌疑人 336 人，同比上升 15.1%。加快推进职务犯罪侦查信息化和装备现代化建设，提升职务犯罪侦查能力。认真落实讯问职务犯罪嫌疑人全程同步录音录像制度，有效遏制非法取证行为。职务犯罪案件被告人一审服判率达 86.9%。召开重大典型案件剖析会 171 次，发出预防检察建议 466 份，推动重点问题的专项治理。

四、加强诉讼监督，推动严格执法公正司法

加强人权司法保障，对事实不清、证据不足的案件依法不批准逮捕 5098 人、不起诉 275 人；严格落实非法证据排除规则，排除非法证据 97 件；督促有关机关对无继续羁押必要的 2650 名犯罪嫌疑人、被告人变更强制措施。加大诉讼监督力度，依法监督纠正应当立案而未立案、不应当立案而立案的 252 件；提出刑事抗诉 168 件，法院依法改判、发回重审 85 件；提出民事行政抗诉 155 件，法院再审后改判、发回重审和调解 124 件；提出再审检察建议 293 件，法院采纳率 80.9%。开展破坏环境资源和危害食品药品安全犯罪专项立案监督，监督侦查机关立案 54 件。审查办理虚假诉讼案件 385 件，依法追究刑事责任 47 人。对减刑、假释、暂予监外执行处理不当提出纠正意见 130 件，督促收监执行 100 人。

五、推进司法改革，增强检察工作发展活力

深入推进涉法涉诉信访工作机制改革，依法审查受理各类群众信访 13977 件；对原处理决定确有错误的坚决依法纠正，办理刑事申诉和国家赔偿案件 687 件；对 24 件重大疑难复杂案件进行公开审查，确保依法公正处理群众诉求。全面深化检务公开改革，公开法律文书 21630 份，发布重要案件信息 834 条，公开案件程序性信息 121600 条。推进检察为民服务中心规范化建设，打造面对面的一站式检务公开服务平台。开展检察官办案责任制改革试点，按照突出检察官办案主体地位、完善检察权运行机制、促进专业化建设的要求，严格选任标准，科学合理授权，强化监督制约，保障主任检察官依法独立行使职权。

六、坚持从严治检，打造过硬检察队伍

认真学习贯彻党中央全面推进依法治国的新部署和习近平总书记系列重要讲话精神，更加坚定了走中国特色社会主义法治道路的决心，增强了强化法律监督的责任感。全省检察机关 219 个集体和个人受到中央以及最高人民检察院和省有关部门表彰。为提升职业素养，4700 余人次的检察人员到省检察官学院参加各类培训，联合高等院校举办高层次培训班 26 期，1600 余人次接受深造。在最高人民检察院组织的刑事申诉、民事行政检察业务竞赛中，有 5 人获得全国业务标兵等称号。扎实开展党的群众路线教育实践活动和"增强党性、严守纪律、廉洁从政"专题教育活动，结合实际加强职业良知教育和违纪违法案例警示教育。省检察院对 3265 件重点案件逐案评查，严肃整改不规范问题。查处违纪违法案件 29 件 39 人，其中追究刑事责任 4 人。

七、自觉接受监督，使检察权在阳光下运行

向地方各级人大及其常委会报告工作 295 次，办理人大代表、政协委员建议、提案 99 件。人民监督员对检察机关办理的 68 件拟不起诉、拟撤案等情形的职务犯罪案件进行有效监督。切实保障律

师执业权利,对阻碍律师依法执业的行为及时监督纠正。

（江苏省人民检察院研究室）

浙江省检察工作 2014 年,全省检察机关在省委、最高人民检察院的领导和省人大及其常委会的监督下,在省政府、省政协及社会各界的支持下,紧紧围绕我省改革发展稳定大局,深入贯彻省人大常委会关于加强检察机关法律监督工作的决定,在全国率先部署运用法治思维和法治方式推进检察工作,各项工作取得了新进展。全省共受理移送审查逮捕犯罪嫌疑人 79814 人,移送审查起诉 140083 人;立案查处职务犯罪嫌疑人 2065 人,已提起公诉 1568 人;依法提出抗诉、纠正违法意见等诉讼监督 2396 件,提出行政执法监督 720 件。通过办案,为国家挽回经济损失 8.53 亿元。

一、全面强化法律监督

强化批捕起诉工作。坚决贯彻中央、省委关于稳定是根本的大局的重要指示精神,把维护社会大局稳定作为检察机关的基本任务,全省共依法批准逮捕犯罪嫌疑人 67844 人,提起公诉 122050 人。坚决打击危害国家安全犯罪。依法严惩危害国防利益和军人军属合法权益犯罪。积极参加打黑除恶、治爆缉枪、打击邪教等专项斗争,依法从重从快批捕黑社会性质组织和恶势力团伙犯罪 4774 人,起诉 6776 人;依法从重从快批捕涉枪涉爆涉恐、杀人、绑架、强奸等严重暴力犯罪 8573 人,起诉 13087 人;依法批捕黄赌毒犯罪 13577 人,起诉 21123 人。严把案件事实关、证据关、程序关和法律适用关,共对审查认为不构成犯罪的依法决定不批准逮捕 1069 人,不起诉 1220 人;对审查认为证据不足的依法决定不批准逮捕 4121 人,不起诉 871 人。依法慎重办理涉及群体性事件和敏感社会问题的案件,坚持司法理性、严守法律底线,做好舆情沟通、回应群众关切。完善落实刑事诉讼中认罪认罚从宽制度,依法对 10073 名犯罪情节轻微的初犯、偶犯作了不捕不诉决定,其中,外来人员 3939 人,占 39.1%;推行刑事和解、检调对接、公开听证等制度,促成和解 1438 件,依法作出不起诉决定 1191 人。全面落实未成年人案件专门办理机制,依法严厉打击侵害未成年人犯罪,依法宽缓处理 1305 名涉罪未成年人,结合办案加强对未成年人的法制教育,最大限度保护涉案未成年被害人合法权益、教育挽救涉罪未成

年人、预防未成年人犯罪。

强化惩治职务犯罪。坚决贯彻中央、省委以猛药去疴、重典治乱的决心,以刮骨疗毒、壮士断腕的勇气,把反腐败斗争进行到底的决策部署,坚持"老虎""苍蝇"一起打。持续保持查处贪污贿赂犯罪的高压态势,共依法立案侦查贪污贿赂犯罪 1597 人,其中,大案占 95.7%,比上一年分别增加 33.7% 和 4 个百分点;科级以上干部 515 人,比上一年增加 15%,其中,县处级干部 124 人,厅级干部 7 人。切实改进反渎职侵权工作,突出查处重大责任事故、重大群体性事件背后的渎职侵权犯罪,共依法立案侦查渎职侵权犯罪 468 人,其中,重特大案件占 53.8%,比上一年分别增加 38.4% 和 4.9 个百分点。认真贯彻省委落实中央巡视组反馈意见十大整改行动方案,组织开展查处土地出让、工程建设、房地产开发领域和领导干部、基层干部以权谋利案件专项工作。组织开展打击行贿犯罪专项行动,坚决查办行贿次数多、行贿人数多、行贿数额大、获取不正当利益和行贿手段恶劣、造成严重后果的犯罪案件,决不让行贿者逍遥法外,共查办行贿犯罪 415 人,比上一年增加 45.6%。组织开展职务犯罪追逃追赃专项行动,运用法律武器及时收没犯罪所得和违法所得,加大追逃追赃力度,已追赃 8500 余万元,从境外追逃职务犯罪嫌疑人 5 人,坚决将腐败犯罪分子绳之以法,决不让腐败犯罪分子在经济上捞到好处。

强化对诉讼活动和行政执法的监督。坚决贯彻中央、省委关于形成严密的法治监督体系、完善检察机关行使监督权的法律制度的重大决策部署,切实加强和改进检察监督工作。加强对刑事立案、侦查活动的监督,依法监督公安机关对应当立案而不立案的立案 1014 件,对应当逮捕而没有移送审查逮捕的追捕 452 人,对应当起诉而没有移送审查起诉的追诉 889 人,立案监督、追捕、追诉后判处十年有期徒刑以上的 101 人;依法监督公安机关对不应当立案而立案的撤案 448 件;依法纠正侦查违法行为 1191 件次。加强对刑事审判活动的监督,依法对重罪轻判、轻罪重判等案件提出抗诉 376 件,法院已改变原决定 232 件;依法纠正审判违法行为 37 件次。加强对刑罚执行和监管活动的监督,依法提出纠正违法意见 593 件次;开展违法减刑、假释、暂予监外执行专项监督,依法监督刑罚执行机关对 59 名不符合暂予监外执行条件的罪犯收监执行。

加强对刑事生效裁判申诉案件的审查，依法监督纠正27件。加强对民事行政诉讼活动的监督，对认为判决确有错误的民事行政案件提出抗诉199件，法院已改变原决定113件；严厉打击民商事虚假诉讼，依法监督纠正错误裁判103件，217名涉嫌伪造证据的人员被追究刑事责任。加强对违法行政行为的监督，依法监督行政执法机关移送刑事案件56件，坚决防止和纠正以罚代刑；对涉及公共利益的行政违法行为，依法发出检察建议720份。坚决查办隐藏在执法不严、司法不公背后的腐败案件，共立案查处司法、行政执法人员职务犯罪500人，比上一年上升12.6%。

二、充分运用法治服务大局和保障民生

突出保障民生民利。着力保障群众"舌尖上的安全"，积极参与制售有毒有害食品药品集中整治行动，依法批准逮捕生产销售有毒有害食品药品犯罪287人，提起公诉537人；组织开展危害食品药品安全犯罪专项立案监督，依法督促行政执法机关移交案件6件，监督公安机关立案13件17人；立案查处相关监管人员贪污贿赂、渎职侵权犯罪42件47人。着力解决国家工作人员损害群众利益问题，组织开展查办发生在群众身边、损害群众利益职务犯罪专项工作，依法查处教育招生、医疗卫生、保障性住房等民生领域职务犯罪1233人。着力保障农民的合法权益，会同审计部门开展惩治和预防涉农专项资金领域职务犯罪专项工作，集中查办了一批侵吞、截留土地复垦补贴、种粮补贴、林业补助、海洋渔业补助等涉农资金领域职务犯罪。

突出抓好"三项检察"。紧紧围绕浙江省"五水共治"、金融改革和稳定、产业升级、创新驱动等重点工作，在全省部署开展环保检察、金融检察、知识产权检察工作，省检察院分别制定工作方案、成立领导小组，强化工作指导。认真抓好环保检察，组织开展打击破坏环境资源犯罪专项行动，依法批捕破坏环境资源犯罪嫌疑人1230人、起诉2444人；监督行政执法机关移送相关案件14件，监督公安机关立案66件；立案侦查相关职务犯罪115人。同时，针对司法办案中存在的罪与非罪界限、证据标准、办案协作等问题，会同有关部门出台规范性文件，提升办案质效。认真抓好金融检察，依法批捕破坏金融管理秩序犯罪嫌疑人956人、起诉1560人；针对我省一些地方非法集资案件多发及企业互保、"逃废债"等影响经济社会稳定的突出问题，会

同有关部门开展打击"逃废债"专项工作，研究规范刑民交叉金融案件和集资类案件办理，依法查处相关职务犯罪27人。认真抓好知识产权检察，依法批捕侵犯商标权、专利权等犯罪嫌疑人192人、起诉937人；建立与有关行政机关的协作机制，认真开展法律政策研究，积极提出防控知识产权犯罪的对策建议。同时，深入抓好服务保障"三改一拆"工作，大力加强行政执法监督，及时明确涉拆迁人员行为的罪与非罪界限，依法批捕、起诉相关刑事犯罪123件197人，查办相关职务犯罪219人，在"三改一拆"中有效发挥了法治护航的作用。

突出助推社会治理创新。充分发挥预防职务犯罪作用，结合办案，在全省组织开展"百场领导干部预防职务犯罪宣讲"和"千场预防职务犯罪宣讲进乡村"活动，12万余名党员干部接受了廉政警示教育。深入做好预防职务犯罪年度报告、重大工程项目同步预防、行贿犯罪档案查询等工作，推行定期廉情分析报告制度，努力提升预防职务犯罪的实效。省检察院预防职务犯罪年度报告被评为全国十佳报告。充分发挥行政执法监督作用，推进行政执法与刑事司法相衔接，积极构建行政执法信息实时共享平台，强化执法过程监督，对行政执法不作为、乱作为形成监督预防。充分发挥控告申诉检察作用，按照中央、省委统一部署，认真开展涉法涉诉信访改革，大力推进诉讼与普通信访分离，引导相关社会矛盾在法治轨道上解决。全省共受理信访案件22779件，已办结22610件。充分发挥检察建议作用，立足办案，积极向党委、政府、有关部门和发案单位提出堵漏建制等检察建议476份，推动开展专项检查整治125次，制定完善制度46个。省检察院针对采砂制砂行业监管问题提出检察建议，有关部门高度重视，在全省开展了采砂制砂专项治理。

三、努力提升法律监督能力和司法公信力

切实规范自身司法。在审查批捕、审查起诉工作中，全面推进我省首创的客观性证据审查模式，变偏重口供为注重书证、物证等客观性证据，以审判为中心来审查判断证据，积极引导公安机关依法取证，确保案件质量；克服案多人少突出矛盾，在全国率先推行审查批捕案件逐案讯问犯罪嫌疑人制度，认真听取其供述辩解及有否刑讯逼供的反映，认真执行告知犯罪嫌疑人及其法定代理人、辩护人关于非法证据排除的相关规定，严防冤假错案；会

同公安、法院建立一系列司法规范和标准，包括故意杀人、故意伤害、盗窃、诈骗等重点类案的审证采证标准、逮捕必要性条件和证明标准等，把规范司法落实到具体的标准上。在职务犯罪侦查工作中，密切关注涉检信访所反映、基层司法实践中所暴露出来的问题，制定实施《进一步规范职务犯罪侦查工作若干规定》，对传唤、拘传犯罪嫌疑人持续时间及其必要的休息时间作出明确规定；要求检察机关首次讯问一律在办案工作区进行，实行看审分离、审录分离；对全省看守所的检察审讯室全部采取防护网物理隔离，坚决防止不文明办案行为。为抓好上述规定落实，组织开展专项检查和检务督察，对发现的问题通报全省，督促整改。

扎实加强队伍建设。认真组织学习习近平总书记系列重要讲话精神和党的十八届四中全会、省委十三届六次全会精神专题培训，开展先进集体先进个人表彰和先进事迹巡回报告，切实加强队伍思想政治教育。深入推进党的群众路线教育实践活动，组织开展"增强党性、严守纪律、廉洁从政"专题教育活动，通过开展检务督察、建立司法办案廉洁自律卡、司法办案监督卡"一案双卡"制度等，深入整顿"四风"和司法作风问题，建设廉洁清正高效队伍。深入推进队伍专业化建设，根据司法改革、刑事诉讼法修改等带来的新形势新任务，组织开展有针对性的业务培训和技能训练竞赛，提升队伍业务素能。全省有35名检察干警获得全国模范检察官、全国民事行政检察业务标兵、全国检察机关电子数据取证业务标兵等省级以上荣誉称号。同时，深入抓好基层基础建设，通过优化考评手段和推行基层检察院建设评估，加强对基层检察院建设的领导，全省有26个基层检察院获得全国模范检察院、荣记集体一等功等省级以上荣誉。

扎实推进信息化建设。积极适应大数据时代要求，大力推进全省检察机关信息化建设。积极参与政法信息网络平台建设，实现与公安、法院特定信息的点对点共享。建设电子数据实验室，探索推进电子数据恢复、话单分析、身心监护等侦查技术手段运用。全面推行依托统一业务应用系统的案件集中管理，实现案件受理、办理和审批全程网上运行，强化对办案的过程监督、动态管理。加强检察新媒体平台建设，改进检察门户网站、建立官方微博、微信公众号、新闻客户端，加强检察工作情况信息的推送，在线开展案件流程信息查询、接受群众咨询和控告申诉、提供律师预约阅卷和会见申请服务等工作，在亲民、便民上下功夫。省检察院官方微博被评为全国十大检察微博。

（浙江省人民检察院研究室）

安徽省检察工作　2014年，全省检察机关以"三个强化"为总要求，锐意进取，忠诚履职，各项工作取得新的成绩。

一、坚持立足职能促发展

与省工商联联合出台《关于服务和保障民营经济健康发展的意见》，指导全省检察机关强化平等保护理念，细化相关服务措施，努力搭建服务民营企业的绿色通道。与省国资委共同制定《关于开展国有企业预防职务犯罪工作的实施意见》，与省属33家国有企业负责人进行预防座谈，推动国企完善预防制度，着力构建保护国有资产的安全屏障。与行政执法、公安机关加强协调配合，推动建成涉及"双打"领域14家单位、覆盖省市县三级机关的"两法衔接"信息共享平台，加大对制售假冒伪劣产品、侵犯知识产权犯罪的打击力度，共起诉此类犯罪614人，同比上升20.9%。部署开展破坏环境资源和危害食品药品安全犯罪专项立案监督，监督行政执法机关移送案件170人，监督公安机关立案254人，全力保障碧水蓝天和食品药品安全。

二、坚持维护稳定保平安

积极参与突出治安问题集中整治，会同有关部门深入开展打击黑恶势力、网络犯罪、涉医犯罪、非法生产销售和使用"伪基站"犯罪等多个专项活动，严厉打击各类严重刑事犯罪，共批准逮捕普通刑事犯罪嫌疑人21524人，提起公诉46303人。认真落实省委禁毒工作决策部署，上下联动、重拳出击，坚决遏制我省部分地区毒情蔓延势头，全省批捕毒品犯罪2536人，同比上升31.2%。全面贯彻宽严相济刑事司法政策，推动落实社会危险性证明、当事人和解等工作指导意见，统一执法尺度，严格程序规范，对无社会危险性的不批捕4646人，对犯罪情节轻微的不起诉1949人。认真开展未成年人刑事检察工作，落实教育为主、惩罚为辅原则，先后对251名未成年犯罪嫌疑人适用附条件不起诉，合肥市包河区检察院等19个集体被授予全国、全省"青少年维权岗"称号。

三、坚持高压反腐不放松

继续加大自侦办案力度，全年共立案侦查各类职务犯罪1816件2219人，同比分别上升16.3%和7.7%。其中，大案1633人，同比上升27.8%；要案145人（厅级以上干部11人），同比上升16%。更加注重发挥省检察院带头办案作用，依法查办了江西省人大常委会原副主任陈安众受贿案，直接立案查处了江山、邢高、杨谋林、周耀等厅级干部案件，领办了马钢公司受贿窝案串案，先后立案34人。更加注重发挥专项整治带动作用，深入开展查办发生在群众身边、损害群众利益职务犯罪专项行动，立案查处1115人；继续深化商业贿赂和工程建设领域专项治理，立案查处631人；组织开展查办医疗卫生领域职务犯罪专项行动，立案查处123人。更加注重发挥侦查信息化在查处职务犯罪中的基础性作用，省检察院先后与公安、工商等10余家单位建立专线或绿色查询通道，推动侦查模式转型升级，增强了自行突破案件能力，非来源于纪检机关移送的职务犯罪案件占办案总数的76.7%。更加注重对行贿犯罪的打击，全年立查行贿犯罪336人，同比增加37%，有效防止了轻纵行贿犯罪的现象。更加注重职务犯罪预防工作，积极开展"安徽检察预防行"活动，推动职务犯罪预防"六进"，举办宣传教育活动3955次，受教育干部群众达28万多人，推动建章立制1344项。创新预防形式，拍摄预防微电影，制作播出以案说法节目《检察直播间》，扩大了预防宣传覆盖面和影响力。深化涉农资金专项预防，督促相关部门自查纠正违规违纪1268件，专项活动入选全省首届"十大法治事件"。

四、坚持强化监督促公正

加强与公安、法院和监狱管理部门沟通协调，明确疑难案件定罪标准，构建重大刑事案件提前介入侦查机制，推进市级公安机关统一移送命案制度试点，细化民事行政抗诉、再审检察建议案件办理规定，促进了各项监督工作平稳发展。组织开展减刑、假释、暂予监外执行专项检察，对3924名"三类罪犯"逐人建档、仔细核查，建议收监执行30人，查处违法行为背后的职务犯罪18人。省人大常委会专题审议全省民事检察工作报告，充分肯定了过去五年的工作，并出台《关于加强全省检察机关民事检察工作的决议》，为构建多元化民事监督格局提供了有力支持。

五、坚持规范司法提公信

努力以强化管理促规范，积极推行案件集中管理机制改革，规范使用统一业务应用系统，组织开展省检察院自办案件年度评查，不诉、撤诉、无罪案件专项评查，以及2013年以来民事行政监督案件逐案评查等活动，深入剖析问题，及时提出对策，推动解决案件质量方面存在的突出问题。以强化监督促规范，加强检务督察、专项检查，强化对办案工作区准用、全程同步录音录像制度落实、扣押款物管理以及强制措施适用的监督，出台规范指定居所监视居住的指导意见，促进职务犯罪侦查权依法规范行使。以强化责任促规范，制定《安徽省检察机关错案责任追究实施办法（试行）》，明确错案范围、责任主体、追究程序，推动完善办案质量终身负责制和错案责任倒查问责制。

六、坚持深化改革求突破

围绕检察人员分类管理、完善司法责任制等重点内容，深入基层一线，开展专题调研，向省委政法委提交《关于贯彻落实中央司法体制改革试点框架意见的基本思路和建议》及配套方案，为完善方案设计积极建言献策。围绕涉法涉诉信访改革，在开展专项活动全力化解86件重点信访积案的同时，着力破解"导入难、纠错难、息诉难"问题，探索"四审、三必查、两见面"工作法。围绕人民监督员制度改革，加快制定试点实施方案，切实强化对侦查权运行的监督。围绕检务公开制度改革，制定实施11种终结性法律文书制作标准，完成三级检察院门户网站升级改造，上线运行案件信息公开系统，53个检察院开通官方微博。

七、坚持立足长远抓队伍

扎实推进思想政治建设，认真组织学习十八届三中、四中全会精神，深入开展理想信念教育、社会主义核心价值观教育和法治理念教育，积极引导全体检察人员旗帜鲜明地做到"四个忠于""五个坚持"。扎实推进纪律作风建设，深入开展党的群众路线教育活动，聚焦"四风"、转变作风，着力整治突出问题、健全长效机制。部署开展"增强党性、严守纪律、廉洁从政"专题教育活动，不断增强广大干警的党性修养、纪律观念和自律意识。认真贯彻党风廉政建设"两个责任"，改进巡视工作方式，加大正风肃纪力度，推动从严治检的要求落到实处。扎实推进业务能力建设，广泛开展领导素能培训、检察业务培训和全员岗位练兵，通过各类专题学习和

"一月一讲"专家论坛，累计培训检察人员 3 万余人次，10 名干警在全国业务竞赛中获奖，10 名干警被评为全国、全省检察业务专家，队伍执法专业化水平进一步提升。

八、坚持夯实基层强基础

着眼于推进基层规范执法，以迎接最高人民检察院对安徽省基层检察院建设抽样评估为契机，认真排查梳理执法办案中的突出问题，举一反三，积极整改，有力促进了基层执法规范化建设。着眼于加大帮扶基层力度，进一步健全省检察院党组和内设机构对口指导基层检察院制度，切实增强了帮扶指导的针对性。着眼于缓解基层案多人少的矛盾，不断加大人才引进力度，先后为市县两级检察院招录检察人员 426 名，创历年之最。着眼于推动基层创先争优，部署开展基层检察院"抓特色、创品牌、育典型"活动，积极引导基层检察院打特色牌、走精品路，目前已经评选出 10 个品牌项目、10 个先进典型，有力带动了基层检察工作整体发展。

（安徽省人民检察院研究室）

福建省检察工作　2014 年，福建省检察机关认真学习贯彻党的十八大、十八届三中、四中全会和习近平总书记系列重要讲话精神，紧紧围绕建设机制活、产业优、百姓富、生态美的新福建，切实加强法律监督、司法办案、改革创新、过硬队伍建设，持续提升检察工作亲和力和公信力，各项检察工作取得新进展。

一、围绕中心，服务福建科学发展跨越发展

贯彻中央支持福建进一步加快科学发展跨越发展、加快生态文明先行示范区建设的决策部署，制定《关于服务福建科学发展跨越发展的意见》，把服务发展的做法上升为制度规范。支持厦门、泉州等金融改革试点，依法打击新型金融犯罪。关注城镇化建设，查办违法占地、违法建设背后职务犯罪 106 件 131 人。服务平潭开放开发及台商投资区、台湾农民创业园建设，加强与台湾司法机关在赃证移交、调查取证等方面的协作，探索建立与台湾检察官及法律界人士常态化交流机制。融入生态省战略，开展"服务生态经济，建设美丽福建"专项监督活动，立案侦查生态文明建设领域职务犯罪 99 件 140 人。

二、强化监督，推进法治福建平安福建建设

认真履行批捕起诉职责，全年共批捕各类刑事犯罪嫌疑人 35381 人，起诉 61322 人。建立健全冤假错案防范纠正机制，加强对司法鉴定意见等技术性证据审查，对证据合法性的监督审查，审查技术性证据 6096 件，纠正瑕疵证据 107 份，排除非法证据 12 份。坚持宽严相济刑事政策，依法对初犯、偶犯、过失犯等涉嫌犯罪但无逮捕必要的，决定不批捕 2282 人，比升 38.55%；办理刑事和解案件 723 件，对 4416 人依法不起诉或建议法院从轻处罚，促进社会矛盾化解。

严肃查办、积极预防职务犯罪，共立案侦查职务犯罪案件 1171 件 1567 人，人数比升 8.14%。立案侦查贪污、贿赂、挪用公款 100 万元以上案件 82 件，查办处级以上干部 79 人，比升 33.9%，其中厅局级 9 人。根据最高人民检察院指定管辖，立案侦查省外部级干部 2 人。立案侦查滥用行政管理权、审批权、司法权以及严重不负责任盲目决策造成重大经济损失、重大安全生产事故等背后的渎职失职犯罪 302 人，比升 19.84%。加强职务犯罪预防工作，向发案单位和相关部门提出防控风险、完善制度的建议 710 件。

强化诉讼活动法律监督，对应当逮捕而未提请逮捕、应当起诉而未移送起诉的，追加逮捕 1419 人，追加起诉 993 人；对侦查活动中的违法情况提出纠正意见 1203 件次，对认为确有错误的刑事裁判提出抗诉 172 件。会同省政府法制办等有关部门，建成全省行政执法与刑事司法衔接信息共享平台，1404 家行政执法机关接入。全年共监督行政执法机关移送涉嫌犯罪 375 人，监督公安机关立案 1056 人。加强刑事执行检察监督，监督收监职务犯罪、金融犯罪、涉黑犯罪"三类罪犯"85 人，其中原厅级职务犯罪罪犯 2 人，原处级职务犯罪罪犯 39 人；专项清理法院判处实刑后未收押服刑罪犯，监督收押执行 186 人。加大对民事行政诉讼活动的监督力度，共办理民事行政申请监督案件 3337 件，依法提出抗诉或再审检察建议 163 件。

三、司法为民，积极回应社会和民生保障关切

牢固树立司法为民理念，全面落实讯问职务犯罪嫌疑人全程同步录音录像、职务犯罪案件审查逮捕上提一级制度，切实推进侦查人员、证人、鉴定人出庭工作，着力解决律师会见难、阅卷难、取证难等问题。加强羁押必要性审查，提出释放或变更强制措施建议并得到采纳 333 件。完善来信、来访、电话、网络"四位一体"群众诉求表达机制，加强检察

长接待、下访巡访、巡回检察等工作,受理群众控告、申诉29560件,办理国家赔偿案件29件,对225名确有困难的刑事被害人或近亲属提供国家司法救助。参与社会治理,推行亲情会见、犯罪记录封存、设立管护帮教基地等制度,帮助涉案未成年人改过自新、回归社会。协助对社区服刑人员矫正帮教,监督纠正社区矫正不当405件。

四、勇于实践,积极推进司法改革和工作创新

稳妥推进司法改革和检察改革,对检察人员分类管理、检察官办案责任制、检察官职业保障、省以下地方检察院人财物统一管理等四项改革,深入开展试点调研论证工作,测算基础性数据。研究制定全省检察机关改革试点方案,细化5个方面25项具体任务,启动试点准备工作。制定信访审查分流处理办法,规范审查受理、分流引导、督办催办、反馈答复等工作,运用网上举报和远程视频接访。与省司法厅开展人民监督员选任管理方式改革试点,拓展监督案件范围。全省三级检察机关同步运行统一业务应用系统,实现案件程序性信息实时查询、法律文书和重大案件信息互联网公开以及辩护与代理预约申请网上办理。加强检察机关门户网站建设,开通微博、微信和新闻客户端,及时发布检察工作信息。

五、从严治检,深入推进"两提升五过硬"建设

落实习近平总书记关于政法队伍建设要求,推进"两提升五过硬"建设。开展"增强党性、严守纪律、廉洁从政"专题教育,强化政治、组织、纪律意识,在司法办案和工作中讲亲和、立公信。贯彻中央八项规定精神,改进作风,全省性会议同比减少23%。落实省委对中央巡视反馈意见的整改措施,组织评查案件1668件,开展"正风肃纪、公正廉洁"专项检务督察和为期半年的整风肃纪专项治理,推动治理802项问题;查处违纪违法检察人员12人。推进大规模教育培训,加大专家型人才培养力度,培训检察人员3284人次,2名干警被评为全国检察业务专家,5名干警在全国检察机关业务竞赛中荣获"十佳""业务标兵"等称号。全省检察机关有167个集体和个人获得省级以上表彰,涌现出"全国模范检察官"刘龙清等一批先进典型。

(福建省人民检察院研究室)

江西省检察工作 2014年,江西省检察机关紧紧围绕全省改革发展稳定工作大局,依法履行检察职能,切实加强自身建设,为推动"发展升级、小康提速、绿色崛起、实干兴赣"提供了司法保障。

一、全力维护社会稳定

认真履行批捕、起诉职责,依法惩治刑事犯罪,重点打击严重暴力犯罪、黑恶势力犯罪、毒品犯罪和影响群众安全感的多发性犯罪,全省检察机关共批准逮捕各类刑事犯罪嫌疑人20340人,提起公诉29818人,同比分别上升0.4%、6.9%。贯彻宽严相济刑事政策,对当事人达成和解等轻微刑事案件,依法不批准逮捕646人,不起诉834人。加强对涉罪未成年人的特殊司法保护,完善社会调查、分案起诉等办案机制,探索建立涉罪未成年人非羁押性措施特殊观护基地;对无逮捕必要的涉罪未成年人依法不批准逮捕525人,依法适用附条件不起诉234人。推进涉法涉诉信访机制改革,制定实施《关于进一步做好检察环节诉访分离工作的意见》,完善涉检信访受理、办理、终结等机制,全年共依法妥善办理群众信访11560件。

二、坚决查办和积极预防职务犯罪

全省检察机关共立案侦查各类职务犯罪案件1205件1712人。其中,立案侦查大案973件,同比上升7.9%;查办县处级以上领导干部101人(其中省级1人、厅级13人),同比上升18.8%。省检察院依法查办了萍乡市政协原主席晏德文、东华理工大学原校长刘庆成、江西煤矿安全监察局原巡视员朱怀萍等人涉嫌职务犯罪案件。立案侦查涉嫌职务犯罪的农村基层组织工作人员475人,让人民群众切身感受到反腐败力度。强化追逃追赃工作,抓获在逃职务犯罪嫌疑人15名,追缴赃款赃物共计3.5亿余元。同时,结合办案,充分运用年度报告、预防调查、检察建议等方式,推进预防职务犯罪工作,在158个重大建设项目中开展专项预防,向社会提供行贿犯罪档案查询42440次,建议对有行贿犯罪记录的单位或个人作出处置156件,有效推动社会诚信体系建设。根据省检察院干警创作剧本拍摄的电影《危局始末》在中央电视台播出,举办全省检察机关首届预防职务犯罪专题微电影评选活动,营造浓厚的预防职务犯罪社会氛围。

三、切实加强对诉讼活动的法律监督

严格执行修改后刑事诉讼法和民事诉讼法,依法监督刑事立案419件、监督刑事撤案630件,纠正漏捕1137人,纠正漏诉1947人,提出刑事抗诉216件;加强羁押必要性审查,对不需要继续羁押的

1118 名犯罪嫌疑人、被告人建议释放或变更强制措施；依法开展非法证据排除，因排除非法证据不批准逮捕 8 人、不起诉 6 人；提出民事行政抗诉 120 件、再审检察建议 104 件，对民事行政审判程序中的违法情形提出检察建议 365 件，对民事执行活动中的违法情形提出检察建议 685 件。开展减刑、假释、暂予监外执行专项检察活动，监督纠正减刑、假释、暂予监外执行不当 840 人次，监督收监执行原县处级以上职务犯罪罪犯 32 人（其中厅级 9 人），立案侦查司法人员涉嫌徇私舞弊暂予监外执行犯罪案件 3 件 3 人。结合我省实际，部署开展了民事行政虚假诉讼专项监督活动，调查核实虚假诉讼 66 件，提出抗诉 30 件，提出再审检察建议 23 件，正在办理 13 件，立案查处涉及虚假诉讼的司法人员和诉讼参与人 18 人。健全情况通报、案件移送机制，督促行政执法机关移送涉嫌犯罪案件 304 件。会同省公安厅制定实施《关于加强办理命案侦诉工作的意见》。

四、着力保障和改善民生

开展破坏环境资源和危害食品药品安全犯罪专项立案监督，依法监督侦查机关立案 35 件 60 人，已提起公诉 29 件 42 人，铜鼓县检察院监督立案的杨福成非法采伐红豆杉案入选全国检察机关专项监督工作典型案例。立案侦查医疗卫生、社会保障、征地拆迁、扶贫开发等民生领域案件 273 人。及时介入中央媒体曝光的高安病死猪肉等食品安全事件的调查，依法查办事件背后的失职渎职犯罪。开展查办政策性补贴领域渎职犯罪专项行动，依法查办汽车以旧换新、淘汰落后产能、小额担保贷款等领域滥用职权犯罪案件 86 件 127 人，促进惠民政策有效落实。

五、主动接受外部监督，保障检察权在阳光下运行

向江西省人大常委会专项报告全省检察机关民事诉讼法律监督工作情况，研究并落实加强和改进民事诉讼法律监督工作的措施。配合全国人大常委会办公厅和最高人民检察院首次组织和邀请外省全国人大代表视察江西检察工作。省、市两级检察院组织人民监督员对 51 件拟作撤案、不起诉决定的职务犯罪案件进行监督评议。省检察院聘任 19 名民主党派、无党派和工商联代表人士担任第六届特约检察员，主动接受民主监督和社会监督。在全省检察机关部署运行案件信息公开系统，

向社会公开案件程序性信息 13667 条、重要案件信息 378 条、不起诉决定书等法律文书 2576 份，保障了案件当事人的知情权、监督权。加强检察门户网站和新媒体平台建设，省检察院和 30 多个市、县检察院开通了检察官方微博、微信。

六、强化内部监督制约，促进自身规范司法

以规范司法行为和提高办案质量为重点，组织评查案件 7203 件，对 41 件撤回起诉、10 件无罪判决案件进行逐案评查，督促整改证据审查把关不严、适用法律不当等问题；对 2013 年全省渎职犯罪不起诉案件开展专项检查。

七、加强队伍建设

举办全省检察机关学习贯彻习近平总书记系列重要讲话精神专题研讨班。开展"增强党性、严守纪律、廉洁从政"专题教育活动。全省检察机关共招录各类专业人员 329 名。首次选聘 4 名高校法学教师到检察机关挂职，推荐 4 名检察业务专家到高校兼职任教。16 名检察人员被评为第三批全省检察业务专家。2913 人次参加教育培训和岗位练兵，23 名检察人员在全国各类检察业务竞赛中获奖或入选全国检察业务人才库。推动上海等五省（市）18 个市检察院对口援助赣州市 18 个基层检察院。深化基层创先争优工作，全省检察机关有 165 个集体、163 名干警获得省级以上表彰，吉安县检察院被评为"全国模范检察院"，抚州市检察院荣获江西省"五一"劳动奖状，南昌市检察院未成年人刑事检察处处长朱勇被评为 2014 年度"江西十大法治人物"。

八、加强纪律作风和廉政建设

省检察院扎实抓好第一批党的群众路线教育实践活动整改任务落实，市、县两级检察院认真开展第二批教育实践活动，推动作风建设持续深入。省检察院巡视组对九江、鹰潭、赣州 3 个设区市检察院领导班子进行巡视，对 468 名领导干部开展了廉政谈话。加大检务督察力度，对执法办案、检风检纪、警车使用等情况进行明察暗访 1067 次，严肃查处检察人员违纪违法案件 8 件 17 人。

（江西省人民检察院研究室）

山东省检察工作 2014 年，全省检察机关在省委、最高人民检察院的正确领导下，在省人大及其常委会的有力监督和省政府、省政协及社会各界的关心支持下，深入学习贯彻党的十八大、十八届三中、四

中全会和习近平总书记系列重要讲话精神,忠实履行法律监督职责,全力打造过硬检察队伍,各项检察工作取得新进展。

一、着力保障全面深化改革

用心营造法治化发展环境。准确把握经济社会发展新特征,及时推出服务全面深化改革的意见等新举措530余项。更加注重平等保护各种所有制经济组织健康发展,惩治强买强卖、敲诈勒索等侵害企业合法权益的犯罪398人;与4030余家国有、民营和中小微企业建立经常性联系,帮助解决涉法涉诉问题3190个;立查国企人员损公肥私,造成国有资产严重流失的职务犯罪197人。更加注重保障政府投资安全,组织3890名检察官深入1403个重点工程,协助完善管理制度2870余项。更加注重推动解决影响改革发展的突出问题,积极参与整顿市场经济秩序,深入开展商业贿赂专项治理,强化对生态资源的司法保护,严惩集资诈骗、传销、侵犯知识产权等破坏市场经济秩序犯罪6426人;查办政府采购、市场监管等领域职务犯罪367人;查处环保政策落实领域职务犯罪134人。切实维护人民群众合法权益。为保障群众食品药品安全,惩治制售假药劣药、有毒有害食品等犯罪1433人,立查背后的监管渎职犯罪76人。为促进解决群众反映强烈的入学、看病、就业等问题,立查教育就业、医疗卫生、社会保险等民生领域职务犯罪913人。为维护广大农民的合法权益,严查粮食和农机补贴、新农合等领域虚报冒领、侵吞截留惠农资金的职务犯罪814人,追回惠农资金2.7亿元。加强对刑事被害人的司法救助,共办理刑事救助案件1263件,发放救助金550余万元。深化"五进两服务"大走访活动,共走访群众28.4万人次,提供法律服务3.7万次,帮助解决困难问题4.5万件。全力维护社会和谐稳定。深入开展打黑除恶、打击邪教、严打暴恐等专项行动,共批捕各类刑事犯罪嫌疑人43425人,起诉79694人。严格落实宽严相济刑事政策,对11578名犯罪情节轻微、危害不大的嫌疑人作出不捕不诉决定;对涉罪未成年人依法宽缓处理1571人,受理的未成年人犯罪同比下降13.4%;完善检调对接、刑事和解机制,依法促成刑事、民事和解3606件。

二、加大查办和预防职务犯罪力度

严肃查处各类职务犯罪。全省共立查职务犯罪嫌疑人3563人,同比上升9.3%。立查发生在领导机关和领导干部中的贪污贿赂、失职渎职犯罪1356人,同比上升22.5%,其中县处级干部141人、厅级以上干部16人,同比分别上升6%和60%,先后办理了南京市原市长季建业、日照市原市委常委、统战部部长万同等一批有震动、有影响的案件。严肃查办发生在群众身边、涉案金额100万元以上的"小官大贪"职务犯罪384人。重视查办行贿犯罪,将302名拉拢腐蚀国家工作人员、谋取不正当利益的行贿人绳之以法,同比上升51.8%。依法介入重特大事故调查,查处严重失职渎职,造成国家和人民利益重大损失的国家工作人员42人。加强追逃工作,缉捕在逃的重大职务犯罪嫌疑人26人。严惩司法腐败,查处司法人员徇私舞弊、以案谋私等职务犯罪147人。健全职务犯罪举报查处机制。构建来信、来访、电话、网络"四位一体"举报体系,完善侦查一体化机制,强化案件质量内部管控。全年共起诉职务犯罪嫌疑人3232人,法院已判决2865人,办案质量位居全国前列。加强职务犯罪预防。依托全省建成的724个警示教育基地、组建的156个警示教育宣讲团,深入2303个党政机关、1891个企事业单位和1086所学校,广泛开展警示宣传教育活动,受教育人数41.5万人。拓宽行贿犯罪档案查询系统的应用领域,受理查询6.4万次,建议取消93个单位的市场准入资格。开展惠民政策落实、行政执法等领域职务犯罪专项预防,进行犯罪分析333次、预防调查263次。深化社会化预防,与277家单位会签预防工作意见,向党委、人大、政府和相关部门提出预防建议247份、提交年度报告161份,地方党政领导批示肯定243件次。

三、全面强化法律监督

加强刑事立案监督、侦查监督和审判监督。共监督立案1184件,追捕追诉4441人;监督撤案1713件,决定不捕不诉19643人;抗诉刑事案件293件,法院已改判和发回重审205件。开展公安派出所刑事执法专项监督,深入2231个派出所,纠正降格处理、超职权立案等问题973个。开展以纠正刑讯逼供、暴力取证为重点的专项侦查监督,纠正适用强制措施不当、违法取证等问题61个。坚守防止冤假错案底线,健全非法证据排除制度,先后排除非法证据599份,因事实证据存疑撤案、不捕不诉231人。加强刑罚执行和监管活动监督。建立健全同步监督机制,对刑罚执行和监管活动中的违法情形提出纠正意见1432件。集中清理久押不决案件,对事实不清、证据不足的,督促有关部门依法处理108人。开展减刑、假释、暂予监外执行专项检察活动,逐人清查职务犯罪、金融犯罪、涉黑犯罪三类罪犯的服刑情况,监督纠正违法案件114件,依法建议收监执行72人。加强民事行政诉讼和行政执法监督。依法对生效裁判、调解书提出抗诉和再审检察建议535件,法院已改判、发回重审、调解结案389件。认真做好执行监督和督促、支持起诉工作,共办理执行监督案件687件,依法督促、支持起诉190件,挽回经济损失10亿元。强化诉讼违法调查工作,对民事行政审判和民事执行活动中的违规违法情形开展调查109次,提出纠正意见513件次。围绕行政许可、行政审批、行政处罚等重点部位,依法查办行政执法人员职务犯罪928人。健全行政执法与刑事司法衔接机制,督促纠正有案不移、以罚代刑等问题180个。开展行政执法检察监督试点专项工作,监督纠正行政执法不作为、乱作为案件693件。

四、深化检察改革

加强全局统筹。认真落实中央关于深化司法改革的部署,将改革任务细化分解为98个具体项目。积极做好第二批司法体制改革试点准备工作。认真组织实施。在全国率先运行案件信息公开系统,已公开重要案件信息1369条、法律文书6676份,向当事人提供案件程序性信息公开查询49114件。深化人民监督员制度改革,实行人民监督员外部选任管理,完善人民监督员监督程序。深化涉法涉诉信访工作机制改革,加快建设集控告、举报、申诉、查询于一体的综合受理平台,妥善办理群众来信来访30110件,同比上升47.9%。组织开展刑事案件速裁程序试点工作,探索快速办理犯罪情节轻微、社会危害性不大的案件270件。创建工作品牌。创新建立检察宣告制度,公开宣告的2247起案件全部定分止争,收到了良好的法律效果和社会效果。从党政机关、企事业单位选聘志愿者5293人,组织开展特色性预防活动1790余次,实现了预防专业化与社会化的有效互动。积极建设新媒体宣传工作平台,开通微博、微信和新闻客户端187个,其中省检察院微博粉丝60多万人,让人民群众更好地了解、参与和监督检察工作。

五、深化升级"三项建设"

深化执法规范化建设。不断丰富"五位一体"执法规范化建设的内涵,综合运用检务督察、执法检查、案件评查等措施,发现整改问题3500余个。省检察院抽取2387起案件进行集中评查,对发现的超管辖办案、文书制作不规范等8大类问题进行了认真整改。集中开展规范司法行为专项整治,加强制度规范建设,建立说情报告、加强侦查工作管理等制度32项。深化检察信息化建设。全省建成集政务管理、队伍管理、绩效考核、刑事执行检察信息管理为一体的检务综合平台,省检察院建成与50余家单位信息共享的情报信息查询平台。在全国率先建成全省三级检察院互联互通的远程接访系统。全面应用检察机关统一业务应用系统,对所有案件进行全程、实时、动态监督,共发出期限预警7556次,退回瑕疵案件601件。研发推行律师网上预约系统,接受律师预约1万人次,安排阅卷2.1万人次,受理会见、变更强制措施等申请4897件次。深化基层基础建设。全面加强556个派驻检察室建设,聚焦农村"两委"换届、征地拆迁、惠农政策落实等重点领域,强化对公安派出所、司法所、人民法庭执法司法活动的法律监督,建设录入涉农政策、社区矫正、群众诉求等数据的"信息小超市",收集职务犯罪线索2060件,协助查办案件968件,协助办理批捕、公诉和诉讼监督案件5012件,协调解决医疗、低保、粮食补贴等问题2905个。

六、大力加强检察队伍建设

加强思想政治建设。扎实推进党的群众路线教育实践活动,坚决落实中央八项规定精神,深入开展"增强党性、严守纪律、廉洁从政"专题教育活动。深入推进专业化、职业化建设。创办"山东检察大讲堂",举办领导素能、专项业务等培训777期、培训3.2万人次,组织业务竞赛、优秀案例评比等岗位练兵活动2220次。认真落实与高校人员互聘"双百计划",公开招录226名大学毕业生充实基层。设立检察救助金,对因公牺牲、伤残和患有重大疾病的检察人员及家属及时给予救助。强化自身党风廉政建设。省检察院对6个市检察院进行了巡视和回访,市检察院对79个基层检察院开展了巡查,查找解决纪律作风问题317个。坚持以零容忍的态度严肃查处了10名违纪违法检察人员。全省检察机关和广大检察人员恪尽职守,敬业奉献,涌现出了一批先进集体和模范人物,受到省级以上表彰582件次;在全国检察机关"双先"表彰会上,山东省74个单位和13名个人受到表彰,是受表彰最多的省份之一。

(山东省人民检察院研究室)

河南省检察工作 2014年,全省检察机关紧紧围绕"维护社会大局稳定、促进社会公平正义、保障人民安居乐业"的政法工作主要任务,忠实履行宪法和法律赋予的职责,各项检察工作取得新进展。

一、加大惩治和预防职务犯罪力度,深入推进反腐败斗争

坚决贯彻中央、省委严惩腐败的决策部署,坚持有腐必惩、有贪必肃,促进政治清明、政府清廉、干部清正。一是始终保持惩治腐败高压态势。共立案侦查涉嫌职务犯罪3195件4523人,同比分别上升12%和8.8%;其中,贪污贿赂犯罪2408件3202人,渎职侵权犯罪787件1321人;大案2803件,同比上升19.1%;100万元以上案件328件,同比上升38.4%;县处级以上干部270人,同比上升35.7%,内有厅级干部40人,同比上升110.5%,省级干部1人。二是坚持省市检察院带头查办大案要案。省市检察院充分发挥办案主体作用,重点查办处级以上领导干部案件,立案侦查253人,同比上升32.5%。省检察院立案查处了37名领导干部涉嫌贪污受贿、渎职案。三是围绕群众反映强烈的突出问题开展专项查案行动。开展查办房地产税费征管领域贪污贿赂犯罪专项行动,立案侦查涉嫌职务犯罪406人。开展查办淘汰落后产能专项资金领域渎职犯罪专项行动,立案侦查涉嫌职务犯罪73人。开展查办行贿犯罪专项行动,立案侦查涉嫌行贿犯罪549人。开展追逃追赃专项行动,抓获潜逃职务犯罪嫌疑人37人。四是深化职务犯罪预防工作。坚持立足检察职能开展预防职务犯罪工作,结合所办案件,剖析原因,提出建议,督促发案单位整改。坚持预防职务犯罪年度报告、专题报告制度,向党委、人大、政府及有关部门提交报告694份。坚持抓住突出问题开展专项预防调查,全省检察机关统一开展民生领域、国家基本公共卫生服务项目执行、科研经费管理等三个专项预防调查,发出预防检察建议1214件。

二、积极推进平安河南建设,保障社会安定、人民安居乐业

认真履行审查逮捕、审查起诉职能,共批准逮捕刑事犯罪嫌疑人44377人,提起公诉81064人。一是依法打击危害群众安全和健康的严重刑事犯罪。与公安、法院密切配合,严厉打击危害国家安全犯罪,从严惩治危害公共安全、严重暴力、多发性侵财犯罪,突出打击涉黑涉恶、"两抢一盗"、黄赌毒以及利用网络实施的犯罪等,依法批准逮捕暴力恐怖、邪教组织、故意杀人、抢劫、强奸、绑架等严重刑事犯罪嫌疑人4888人,提起公诉6078人。开展危害食品药品安全犯罪专项立案监督活动,监督行政执法机关移送涉嫌生产销售有毒有害食品、假药劣药犯罪418件461人,批准逮捕474人,起诉2443人。加大打击制假售假、合同诈骗、金融诈骗、非法集资等犯罪力度,批准逮捕2125人,提起公诉5776人。二是依法服务和保障生态环境建设。与国土、环保、林业等部门建立协作机制,依法批准逮捕涉嫌污染环境、非法采矿、盗伐滥伐林木等破坏环境资源的犯罪302人,提起公诉1703人。开展破坏环境资源犯罪专项立案监督活动,监督行政执法机关移送涉嫌犯罪182件210人;开展查办环保领域渎职犯罪专项行动,立案侦查环境监管等国家机关工作人员涉嫌滥用职权、徇私舞弊等渎职犯罪31人。三是注重社会矛盾化解。全面贯彻宽严相济刑事政策,健全轻刑案件快速办理机制,启动刑事案件速裁程序试点工作,落实刑事和解、附条件不起诉制度,深入推进轻刑案件非羁押诉讼制度,对涉嫌犯罪但无逮捕必要的13870人作出不批准逮捕决定,对犯罪情节轻微、社会危害较小的2870人作出不起诉决定。积极推进涉法涉诉信访改革,受理信访案件25757件,导入法律程序19440件,中央巡视组交办的319起信访案件全部办结。四是严防冤假错案。坚持打击犯罪与保障人权并重,恪守罪刑法定、非法证据排除、疑罪从无等原则,严格依法收集、固定、审查证据,依法对229人因证据不足、事实不清,作出存疑不起诉处理决定。

三、依法履行诉讼监督职责,维护司法公正

一是加强刑事诉讼监督。强化刑事立案监督,监督公安机关立案1145件、撤案692件;注重行政执法与刑事司法衔接工作,监督行政执法机关移送涉嫌犯罪733件。强化侦查活动监督,纠正漏捕1508人、纠正漏诉2614人,起诉后被判处三年以上有期徒刑的1448人。强化刑事审判监督,对认为确有错误的刑事裁判,提出抗诉565件。二是加强民事行政诉讼监督。开展对错误裁判、审判程序违法和执行违法的监督,深化督促履行职责、支持起诉和公益保护工作。对认为确有错误的生效民事行政裁判提出抗诉404件。对认为裁判正确的,作出不支持监督申请决定860件,维护司法权威。充分运用调查核实权,查明民事虚假诉讼、虚假调解

案件 25 件。三是开展减刑、假释、暂予监外执行专项监督。针对群众反映强烈的有权人、有钱人被判刑后减刑快、假释和暂予监外执行比例高、实际服刑期限短等问题，开展专项监督，重点调查核实职务犯罪、金融犯罪、黑社会性质组织犯罪等三类案件的减刑、假释、暂予监外执行，对涉嫌渎职犯罪的，坚决立案查处，严防"以权或钱赎身"。依法监督纠正不当减刑 1352 件；依法监督重新收监执行 246 人，其中职务犯罪 51 人；立案查处涉嫌徇私舞弊减刑、假释、暂予监外执行的职务犯罪 22 件 30 人。四是依法维护诉讼参与人合法权益。严格执行审查逮捕阶段讯问犯罪嫌疑人制度，开展逮捕后羁押必要性审查，对不需要继续羁押的 2873 人依法提出变更强制措施建议。对盲、聋、哑等残疾犯罪嫌疑人，协调法律援助机构提供辩护 373 件。对 951 名生活确有困难的被害人，协调救助资金 903 万元，彰显司法人文关怀。

四、强化自身监督制约，提高司法公信力

一是规范司法行为。规范职务犯罪案件初查工作，立案前不得限制或变相限制涉案人员人身自由，不得查封、扣押、冻结财物。规范侦查取证，细化传唤、讯问等程序性要求，依照法定条件采取强制措施，严格执行"十个依法、十个严禁"。推行讯问职务犯罪嫌疑人全程同步录音录像制度，提请逮捕、移送审查起诉同时移送录音录像资料。二是强化监督制约。健全案件管理机制，全面运用检察机关统一业务应用系统，集中管理案件入口和出口，强化过程控制、实时监管和事后评价。对职务犯罪案件的立案、审查逮捕、指定居所监视居住，报上一级检察院备案审查、批准或决定。对不服检察机关处理决定申诉案件立案复查 360 件，变更、纠正原决定 14 件；办理国家赔偿案件 213 件，决定赔偿 185 件，支付赔偿金 811 万元。三是深化检务公开。坚持以公开为原则，不公开为例外，认真组织好深化检务公开试点工作。2014 年 9 月 1 日起，全省检察机关统一通过互联网公开案件相关信息，检务公开内容由以前的以职能职责为主，转向以案件信息为主，检务公开方式从以传统媒体为主，转为新媒体和传统媒体并重。公开已生效的刑事案件起诉书、抗诉书、不起诉决定书等检察机关终结性法律文书 5756 份，延长羁押、变更强制措施等程序性信息 8 万多条。省检察院扩建检务公开大厅，全省检察机关全部建立官方网站，开通官方微博、微信、手机客户端 297 个。以"依法治国与检察工作"为主题，三级检察院同步开展检察开放日活动，8000 余名人大代表、政协委员、社会群众走进检察机关。

五、加强高素质检察队伍建设，打牢检察工作发展基础

一是加强思想政治建设。深入开展社会主义核心价值观和社会主义法治理念教育，筑牢检察干警忠于党、忠于国家、忠于人民、忠于法律的思想根基。强化法治思维，遵循司法规律，努力做到理性司法、严格司法、公正司法。二是加强领导班子建设。坚持党组中心学习组、检察委员会委员集体学习制度，坚持集中轮训制度，培训基层检察院领导班子成员 180 人。发挥干部协管职能，配合省委组织部完成了郑州、开封等 10 个省辖市级检察院检察长换届工作。采取派员列席下级检察院党组民主生活会、听取检察长述职述廉、开展巡视等方式，加强对下级检察院领导班子的监督管理；由省检察院领导带队，对 2 个市级检察院班子进行重点帮扶。深入开展党的群众路线教育实践活动，省检察院领导班子"四抓"46 项、个人"三件事"195 项，全部整改落实。三是加强纪律作风建设。严格执行中央八项规定和省委、省政府 20 条实施意见，认真落实中央巡视组、最高人民检察院巡视组反馈意见，扎实开展正风肃纪专项行动。制定党风廉政建设"两个责任"实施办法，严格落实查处违法违纪人员"五项制度"，24 名违纪检察干警受到党政纪处分，其中，2 人受到刑事追究，另有 7 名领导干部受到问责追究。四是加强基层基础建设。开展基层检察院抽样评估，加强科学规范指导。强化教育培训，省检察院培训基层检察干警 5000 余人次；在省财政的支持下，省检察院全额承担了 44 个财政困难基层检察院的培训费用。适应修改后刑事诉讼法的新要求，在省人社厅的支持下，组织开展了检察系统专业技术职务任职资格评审工作。统一公开招录 406 名公务员，畅通基层优秀干警晋升渠道，市县两级院 4 名同志通过竞争上岗，任职省检察院正副处长。

（河南省人民检察院研究室）

湖北省检察工作 2014 年，全省检察机关在最高人民检察院和省委正确领导下，全面履行职责，深化改革创新，狠抓自身建设，各项工作取得新进展，多项工作位居全国前列。

一是严格依法履职,服务改革发展稳定大局取得新成效。共批捕刑事犯罪嫌疑人 31306 人,起诉 43595 人。立案侦查职务犯罪 2897 人,其中县处级干部 212 人、厅局级干部 55 人,查办案件数量创近年来新高;开展追逃追赃专项行动,抓获在逃职务犯罪嫌疑人 42 人。监督侦查机关立案 2429 件、撤案 1427 件;监督行政执法机关移送涉嫌犯罪案件 1099 件;提出刑事抗诉 471 件;深入开展减刑、假释、暂予监外执行专项检察活动,监督纠正刑罚变更执行不当 1207 件,监督 87 名罪犯收监执行;提出民事、行政抗诉和再审检察建议 492 件。

二是深化改革创新,检察工作法治化水平实现新提高。司法体制改革试点工作正式启动;涉法涉诉信访改革稳步推进,妥善办理涉法涉诉信访案件 15472 件,省检察院在全国涉法涉诉信访改革工作推进会上交流了经验;检务公开迈出新步伐,案件信息公开专网正式开通,130 个检察院全部开通官方微博和官方微信;推进由司法行政机关选任、管理人民监督员改革试点,监督范围进一步拓展,监督程序更加完善;诉讼监督“四化”等工作机制创新取得明显进展,各项改革创新红利进一步释放,得到了曹建明检察长充分肯定。

三是转作风抓规范,检察公信力建设取得新进展。继续扎实开展党的群众路线教育实践活动,严格执行中央八项规定和省委六条意见,持续整治“四风”和司法作风问题,作风建设长效机制进一步健全,44 个综合受理接待中心被评为全国文明接待示范窗口和文明接待室。大力加强司法和监督工作规范化建设,继续狠抓规范司法倒逼机制 24 项任务落实,全面推行统一业务应用系统,自身监督制约体系进一步完善,积极配合省人大常委会在全国率先出台人大司法监督与省检察院法律监督工作衔接办法,得到最高人民检察院、省委、省人大充分肯定,检察工作美誉度和公信力进一步提升。黄冈等地推进司法规范化建设、十堰等地在强化检察管理方面措施有力、成效明显。

四是打造过硬队伍,法律监督能力实现新提升。坚持从严治检,制定关于落实“两个责任”的实施办法,自身反腐倡廉建设深入推进。深化全员培训,省市两级院共培训检察人员 7800 余人次,制定实施人才队伍建设重点项目规划,58 名人员进入全国全省检察业务专家库,70 名人员进入全国各类检察业务人才库,队伍专业化职业化水平进一步提

高;新型检察院建设稳步推进,为基层招录人员 352 人,基层经费保障水平稳步提升;制定实施加强科技强检工作的意见,检察工作科技水平进一步提高。一年来,全省检察理论研究、检察宣传、司法警察、检察信息、统计、档案、保密、督办、外事等也创造了新的业绩。全省共有 21 个集体和 38 名个人受到中央政法委、最高人民检察院、省委表彰,涌现出了全国模范检察官、《法制日报》年度法治人物程然等一批先进典型。荆门等地在基层检察院建设方面取得长足进展,孝感等地在学典型、树典型方面取得积极成效,鄂州等地认真按照省检察院评议意见改进工作、取得新进步。

在统筹推进各项工作齐头并进的同时,省检察院党组注重观大势、抓大事,办专案、抓专项。着力深化政治建检。坚持党的领导,制定实施《中共湖北省人民检察院党组关于向省委报告工作的规定》,扎实开展学习习近平总书记系列重要讲话专题辅导讲座、“增强党性、严守纪律、廉洁从政”专题教育等活动,做到讲政治、讲法治、讲大局、讲改革、讲公正、讲公信,始终确保了检察工作正确政治方向。着力开展专项工作。开展惩治涉及企业的违法犯罪专项工作,起诉破坏市场经济秩序犯罪 2253 人,坚决打击、监督纠正侵害企业合法权益的违法犯罪,查办涉及国家工作人员的商业贿赂犯罪 218 人,与省工商联共同开展非公企业受贿行贿犯罪预防,促进企业健康发展,促进企业家健康成长,为企业发展营造健康环境。开展打击侵犯知识产权违法犯罪、促进科技成果转化专项工作,结合职能制定实施意见,起诉侵犯知识产权犯罪 230 人,准确区分法律政策界限,服务创新驱动发展战略。开展以增强公务人员法律底线意识和程序意识为主题的专项预防工作,组织 36000 余人参观警示教育基地,引导公务人员树立法律红线不可触碰、法定程序不可违反的观念。开展打击和预防发生在群众身边、损害群众利益的违法犯罪专项工作,起诉破坏环境资源犯罪 889 人,起诉制售有毒有害食品、假药劣药等犯罪 216 人,查办民生领域职务犯罪 559 人,让发展成果更公平惠及全体人民。荆州检察机关扎实开展“两个意识”专项预防工作,铁路运输检察机关认真开展打击涉铁危害民生民利违法犯罪专项活动,神农架林区检察院围绕林区重大项目开展专项预防,都取得了积极成效。着力推进司法体制改革试点,广泛开展调研,加强沟通交流,根

据中央框架意见和省委试点方案,研究制定检察机关试点实施方案及配套制度。武汉、黄石、恩施等地 12 个检察院按照省检察院统一部署积极开展改革试点。以检察官办案责任制为核心的综合配套改革取得重要进展,在全国检察机关介绍了经验。随州检察机关主任检察官办案责任制改革试点稳步推进。积极争取省委、省政府及财政厅等部门支持,初步建立了全省检察机关财物统一管理体制。着力办理重大专案。坚持党的领导,坚守法治、勇于担当,省检察院和咸宁市检察机关认真办理"1·10"专案,出色完成办案任务,实现了"三个效果"有机统一,得到中央政法委、最高人民检察院和省委表彰。宜昌、襄阳、汉江等地检察机关按照最高人民检察院和省检察院统一部署,对蒋洁敏、王永春等一批重大系列专案,依法开展侦查、批捕和起诉工作,取得重大进展。

（湖北省人民检察院　徐泽坤）

湖南省检察工作　2014 年,湖南省检察机关深入贯彻党的十八大、十八届三中、四中全会和习近平总书记系列重要讲话精神,忠实履行宪法和法律赋予的职责,全力推进平安湖南、法治湖南建设,各项检察工作都得到了新发展。共立案侦查贪污贿赂、渎职侵权等职务犯罪案件 1380 件 1794 人,其中大案 1012 件,县处级以上干部 95 人（其中厅级 15 人）;抓获在逃职务犯罪嫌疑人 42 名;共批准逮捕各类刑事犯罪 27669 件 37345 人,提起公诉 38279 件 55165 人;对应当立案而未立案的监督立案 710 件,对不应当立案而立案的监督撤案 514 件;纠正漏捕 1238 人,纠正漏诉 996 人;对刑事判决、裁定提出抗诉 244 件,法院已审结 185 件,其中改判和发回重审 93 件;依法提出民事行政抗诉 107 件,法院已审结 63 件,其中改判和发回重审 34 件;对 175 名不符合暂予监外执行条件的罪犯提出收监建议,收监 142 人（其中厅级 18 人）;立案复查刑事申诉案件 172 件,受理刑事赔偿申请 64 件,对刑事被害人发放救助金 125 万元。

一、发挥检察职能作用,为全面深化改革、促进经济社会发展提供法治保障

围绕优化经济社会发展环境,深入落实《关于充分发挥查办和预防职务犯罪职能优化我省经济发展环境的意见》,着力查办破坏投资、损害经济发展环境职务犯罪案件 961 人。积极参加整顿和规范市场秩序专项行动,批准逮捕危害食品药品安全、侵犯知识产权、金融诈骗等破坏市场经济秩序的犯罪 1776 人,提起公诉 2747 人。加强对行政执法的监督,建议行政执法机关移送涉嫌犯罪案件 227 人。加大生态环境司法保护力度,批准逮捕污染环境、非法采矿、非法占用农用地、盗伐滥伐林木等破坏环境资源犯罪案件 273 人。通过走访企业和商会、到企业开展法制宣传、妥善处理涉企案件、平等对待市场主体等方式,维护企业合法权益,促进企业健康发展。注重以问题为导向推进执法规范化建设,改进执法方式方法,坚决防止因自身执法不当、执法失误给企业带来负面影响,损害当地经济发展环境。

二、积极参与和推进平安湖南建设,维护社会和谐稳定

始终保持对严重刑事犯罪的严打高压态势,批准逮捕涉枪涉爆、黑恶势力、严重暴力和毒品犯罪 13110 人、提起公诉 17031 人。积极参与扫黄打非、打击涉医犯罪维护医疗秩序等专项行动,推动突出问题的整治。落实宽严相济的刑事政策,对不构成犯罪以及主观恶性较轻、社会危害不大的初犯、偶犯、未成年人犯等,依法决定不批捕 14296 人,不起诉 7856 人。深化刑事和解、检调对接工作,对当事人和解的刑事案件不批捕 1060 人、不起诉 2335 人。积极推进社会治理创新,针对办案中发现的公共安全、专项资金拨付等领域管理漏洞,向有关单位提出检察建议 1525 件,督促完善工作制度 281 项。加大对未成年犯罪嫌疑人的教育挽救力度,推行涉罪未成年人分案起诉、疏导帮教、轻罪记录封存等制度,依法维护其合法权益。

三、突出政治担当,依法严肃查办衡阳破坏选举案

坚决贯彻执行中央、省委的决策部署,把依法严肃查办衡阳破坏选举案作为重大政治责任和重大政治任务,勇于承担职责使命,稳妥做好侦查、批捕、起诉等环节的司法处理工作。坚持理性、平和、文明、规范执法,建立统分结合、责任明晰、严谨严密、公正公开的办案模式和工作机制,统一办案标准,尊重事实证据,确保执法办案行为规范、程序得当、实体准确、处理公正。统筹考虑政治影响、经济发展、社会稳定、企业生产运营以及行为情节等因素,在严格依法、公正公平的前提下,区分重点查处对象和一般适用对象,做到公职人员从严、一般代

表从宽。通过300余名办案骨干9个月的工作，共调查甄别涉案人员590余人，以涉嫌破坏选举、玩忽职守、滥用职权、受贿、行贿、单位行贿等一罪或数罪立案侦查65件68人，法院对提起公诉的68名被告人及1个被告单位均作出有罪判决，其中，判处实刑30人，缓刑36人，剥夺政治权利2人。通过办案，既维护了人民代表大会制度的尊严和宪法法律的权威，又促进了当地经济社会持续健康发展，实现了案件处理的政治效果、社会效果和法律效果的统一。

四、积极查办和预防职务犯罪，促进反腐倡廉建设

全省各级检察机关深入贯彻中央、省委关于反腐倡廉决策部署，坚持"老虎""苍蝇"一起打，始终保持反腐败高压态势。严肃查办发生在领导机关和领导干部中的职务犯罪，查办涉嫌犯罪的县处级以上干部95人，包括韩建国、刘岳辉、周昌贡等一批有影响的职务犯罪大要案。认真查办发生在群众身边、损害群众切身利益职务犯罪，共查办食品安全、生态环境、医疗卫生、社会保障、安全生产等民生领域职务犯罪312人。依法惩治渎职侵权犯罪，重点查处了沪昆高速邵阳段特别重大道路交通危化品燃烧事故背后的失职渎职案11人，醴陵市浦口镇南阳出口鞭炮烟花厂重大火药爆炸事故背后的玩忽职守案5人。加大行贿犯罪打击力度，共查办行贿犯罪259人。坚持惩防并举、标本兼治，积极开展职务犯罪预防工作，通过向党委、政府建言，推动预防职务犯罪警示教育进党校课堂、开展农村危房改造和中储粮系统专项预防调查等措施，增强预防工作的针对性和实效性。

五、强化诉讼活动监督，维护司法公正

深入贯彻落实省人大常委会《关于加强人民检察院对诉讼活动法律监督工作的决议》，全面加强对侦查、审判、执行活动的法律监督，切实将尊重保障人权、维护司法公正的要求落到实处。加强对诉讼活动的日常性监督和突出问题的专项监督，全省建议收监人数和收监原任厅级职务人数均列全国首位。通过开展久押不决案件专项清理，监督清理结案30件73人。加大查处司法腐败力度，依法查办司法人员犯罪95人。认真履行新诉讼监督职责，扎实开展羁押必要性审查、社会危险性证明、非法证据排除、民事执行监督等工作，对不需要继续羁押的1532人提出释放或变更强制措施的建议，

被采纳1410人；因非法证据排除不予逮捕23人，不起诉18人；办理督促履行职责案件930件，支持起诉案件347件；提出民事执行监督检察建议220件，法院采纳181件。

六、贯彻实施修改后"两法两规则"，提高理性平和文明规范执法水平

继续深化转变执法理念教育，采取剖析撤回起诉案件、开办检察工作研讨班、改进执法质量考评等方式，推进司法理念转变和更新。积极适应和对接新诉讼规范对检察工作的要求，组织编写《检察执法岗位操作规程指导丛书》，细化执法标准、统一执法尺度。构建案件管理、检务督察、纪检监察"三位一体"的内部监管体系，完善执法风险评估、办案同步监督、信访案件评查、重点案件回访、个案督察纠偏、执法过错问责追责等工作机制，坚决治理利益驱动办案、违规扣押涉案款物等执法"顽症"，提升检察执法公信力。开展修改后"两法两规则"新增检察职能履行情况专项调研，单独或联合其他政法单位研究制定了指定居所监视居住适用、错捕案件规定、正确适用逮捕措施、监狱老病残罪犯认定等执法办案操作规程。自觉接受公安、法院在诉讼程序上的制约，认真听取律师意见，切实保障律师行使会见、阅卷等执业权利，共同巩固避免冤假错案的防线。

七、积极稳妥推进各项检察改革

深入贯彻省委、最高人民检察院深化检察改革的部署，重点推进涉法涉诉信访工作机制改革、深化检务公开、完善轻微刑事案件快速办理机制、严格规范减刑假释保外就医程序等改革。出台《检察机关深入推进涉法涉诉信访工作改革实施细则》，依法做好息诉息访工作，切实将解决群众利益诉求纳入规范化、法治化轨道，一批上访老案得以息诉化解。出台检务公开办法，推行不服检察机关处理决定申诉案件公开听证，运行检察机关案件信息公开系统，实现三类终结性法律文书和四类重要案件信息互联网公开、案件程序性信息查询以及辩护与代理预约申请网上办理。指导各市州城区检察院以及长沙县、浏阳市、宁乡县、耒阳市检察院推进轻微刑事案件快速办理机制建立，提高办案效率。建立健全减刑、假释同步监督机制。在苏仙区检察院、宜章县检察院、津市市检察院开展内设机构整合与人员分类管理、案件公开审查、行政执法检察监督等改革试点工作，积累改革经验。省检察院专

门召开全省检察工作改革推进会，总结梳理前阶段改革的成果经验，研究破除改革障碍的方法路径，制定推进改革的具体措施。

八、坚持从严治检，建设过硬检察队伍

认真落实习近平总书记"五个过硬"要求，下大气力建设党和人民满意的过硬检察队伍。按照省委统一部署，着力抓好群众路线教育实践活动整改情况"回头看"，加强对市县两级检察院教育实践活动的督导，出台了加强队伍作风建设等一系列制度。大力推进队伍专业化、职业化建设，开展各类培训14310人次。评选出"全省反贪侦查业务标兵和办案能手"20名，7名干警获评全国优秀公诉人、刑事申诉检察业务标兵、电子数据取证业务标兵。71个单位被评为省级以上文明单位，51名干警受到省级以上表彰。最高人民检察院和湖南省委联合召开命名表彰大会，为新田县检察院原党组副书记、副检察长陈运周同志追授全国模范检察官、湖南省优秀共产党员荣誉称号。省检察院机关对任职五年以上的处长、任职八年以上的副处长和科级干部分别进行轮岗交流，增强队伍活力，工作经验得到省委领导肯定。严格规范完善检察权运行机制，健全案件管理、检务督察、纪检监察"三位一体"的内部监管体系，实行办案同步监督、重点案件回访、个案督察纠偏、执法过错追究。对7个市州检察院及部分基层检察院领导班子开展巡视，推动突出问题的解决。狠抓党风廉政建设"两个责任"的落实，坚持对腐败行为零容忍，敢于向违纪违法行为"亮剑"，严肃查处违纪违法检察人员31人，并在全系统范围内公开通报。

九、加强基层检察院建设，夯实检察工作基础

出台《2014—2018年湖南省基层人民检察院建设规划》，整体推进基层检察院建设。制定了《关于加强和改进上级检察院领导联系指导基层建设工作的意见》，省市两级检察院100余名班子成员每人挂点联系一个基层检察院，以问题为导向加强指导帮扶，实现了对基层检察院联系指导工作的全覆盖。坚持新增政法专项编制向一线倾斜，新招干警重点补充基层，帮助解决办案力量不足、人才老化断层特别是老少边穷地区检察人才短缺的突出问题。出台加强改进基层检察院分类考核、执法状况考评办法，优化考核项目，改进考评方式，形成正确的工作导向。培育不同层次基层检察院建设先进典型，指导韶山市检察院探索构建新形势下检群关系的"韶山模式"，得到最高人民检察院的充分肯定。选派大批年轻干部和博士检察官到县级检察院挂职，加强基层检察工作；接受大批基层干警到省检察院跟班学习，培养基层干警。组织业务专家到市州、基层检察院"巡回授课"，服务基层办案需求，满足基层干警发展需要。以案件信息公开系统、检察业务统一应用系统、远程视频接访系统、侦查信息化和装备现代化等为重点，加强执法办案基础设施建设，提高检察工作信息化水平。

十、自觉接受党委领导和人大监督，确保检察工作健康发展

自觉坚持党对检察工作的领导，认真贯彻中央、省委的决策部署，确保思想上政治上行动上与中央、省委保持高度一致，确保党的路线方针政策和国家法律在检察工作中得到正确执行。2014年，省检察院10余次向省委常委会议和省委主要领导汇报。经常向人大及其常委会报告工作，主动接受人大监督，出台省"两会"建议、批评和意见办理工作方案，明确责任部门和办理要求，全程跟踪办理进度，及时反馈落实情况。省检察院向省人大常委会专题报告了《关于推进检务公开、规范执法行为工作情况》，审议意见正逐项落实中。建立湖南检察微信平台，每日推送检察工作最新信息，使社会各界了解、理解并支持检察工作。加强与人大代表的经常性联系，通过邀请视察、上门走访、专题座谈、寄送征求意见函等方式，主动通报检察工作情况，诚恳听取意见。认真办理议案1件、省人大代表建议5件、代表关注案件8件。自觉接受民主监督，主动向政协通报检察工作情况，邀请政协委员座谈、视察、专题调研。健全与各民主党派、工商联和无党派人士的联系机制，支持配合省政协开展派驻民主监督小组试点工作，推进联系工作制度化和民主监督工作规范化。省政协委员提出的2件提案全部办结。深化人民监督员、专家咨询委员、特约检察员制度，提升监督制度的效力和公信力。重视涉检网络舆情，妥善处置舆论关注的热点问题。全省三级检察机关联动举办检察开放日活动，邀请各界群众4500余人"零距离"参与和监督检察工作。

（湖南省人民检察院研究室）

广东省检察工作 2014年广东省检察机关全面履行法律监督职能，积极稳妥推进检察改革，不断加强过硬队伍建设,各项工作取得了新的进步。

一、积极参加平安广东建设,维护社会和谐稳定

依法惩治刑事犯罪。批捕黑恶势力犯罪、毒品犯罪、严重暴力犯罪36333人,起诉37383人,其中批捕"陆丰12·29雷霆扫毒"专项行动中的毒品犯罪122人,起诉116人。严惩邪教组织犯罪活动,批捕179人,起诉130人。

深入化解社会矛盾。全面推行刑事和解、检调对接等工作,对犯罪嫌疑人认罪悔罪、积极赔偿的轻微刑事案件促成和解2470件,促成272件民事申诉案件达成和解。坚持把信访纳入法治轨道,全省各级检察院领导走访群众近13000人次,全省有44个检察院信访室获评全国检察机关"文明接待室"。

积极参与社会治理创新。加强对涉罪未成年人的司法保护,推行附条件不起诉、轻罪犯罪记录封存等制度,依法决定不批捕1445人、不起诉349人,监督纠正脱管漏管罪犯1049人,提出完善管理的检察建议460份,其中省检察院提出的打击"医闹"犯罪、完善消防领域执法权责等21条建议被省有关部门采纳。

二、加大查办和预防职务犯罪力度,促进反腐倡廉建设

坚持"老虎""苍蝇"一起打。立案侦查贪污贿赂、挪用公款百万元以上和重特大渎职侵权犯罪案件568件,查处镇街、农村基层干部631人,查处贪赃枉法、失职渎职的行政执法人员618人,司法人员320人。直接立案侦查36人,包括海南省原副省长谭力、广东省科技厅原厅长李兴华等厅级以上干部18人,为国家挽回经济损失4.93亿元。

突出加强查处行贿犯罪和追逃追赃工作。查处行贿犯罪757人,推动将行贿犯罪档案查询纳入招投标、公共资源出让的必经程序,接受查询19.3万余次。组织开展职务犯罪追逃追赃专项行动,追捕、劝返在逃人员77人,其中潜逃境外人员9人。

更加重视侦查工作中的人权保障。规范侦查取证活动,依法排除非法证据,坚决防止刑讯逼供、违法取证等行为。依法保障律师的会见权、阅卷权和调查取证权,听取辩护律师意见13729人次。

结合办案加强职务犯罪预防。开展案例分析875个、预防调查1381件,撰写预防报告327份,对港珠澳大桥等680个重点工程建设项目开展同步预防。建立119个预防职务犯罪警示教育基地,基

本实现全省覆盖。

三、坚持服务大局,促进改革发展、保障民生民利

积极服务保障经济持续健康发展。加大对侵犯知识产权、金融诈骗等犯罪的打击力度,积极参与反走私、反假币、反洗钱等专项治理,批捕破坏社会主义市场经济秩序犯罪13083人,起诉12494人。

着力服务保障民生。立案侦查发生在食品药品安全、征地拆迁、惠农资金补贴等领域职务犯罪2145人。监督有关执法机关移送危害食品药品安全犯罪线索580件649人,公安机关立案294人。依法同步介入重特大事故调查,立案侦查涉嫌渎职犯罪36人。制定实施《推进检察官"五进"活动制度化、常态化和规范化的意见》,开展法治宣传教育6664场次,选派120多名优秀检察官担任中小学法制副校长。充分发挥168个派驻镇街检察室的职能作用,为群众提供便捷司法服务。

加大生态环境保护力度。立案侦查对生态环境负有保护职责的林业、国土、水利、环保等部门职务犯罪644人。起诉非法采矿、盗伐林木等破坏生态环境犯罪935人,监督行政执法机关移送犯罪线索135件170人,公安机关立案123人。广州市白云区检察院成功支持中华环保联合会对破坏环境的侵权人提起公益诉讼。

四、加强对诉讼活动的法律监督,维护社会公平正义

强化刑事诉讼监督。全省检察机关通过平台建议移送涉嫌犯罪443人。强化刑事审判监督,办理刑事二审案件4186件6730人,复查刑事申诉案件476件476人,监督纠正审判活动违法167件次。省检察院对全国最大基金"老鼠仓"犯罪马乐案提请抗诉获最高人民检察院支持,对徐辉强奸杀人案向法院提出再审意见,获法院采纳,最终改判无罪。

强化刑罚执行和监管活动监督。监督收监执行138名罪犯,其中职务犯罪126人,包括厅级12人、处级26人,立案查处背后的司法腐败案件18人。依法监督纠正张海违法减刑案,审查执行机关提请减刑、假释、暂予监外执行案件41603件,纠正各类违法和不当情况477件,清理纠正久押不决案件160人。

强化民事行政诉讼和行政违法行为监督。开展民事执行专项监督,发出执行检察建议640件。加强民事审判程序违法监督,纠正审判人员不依法受理等程序违法案件221件。加大对民事虚假诉

讼的监督力度，监督此类案件 265 件。加强行政诉讼监督，办结申请监督案件 404 件。开展行政违法检察监督试点工作，发出行政执法监督检察建议 539 份。

五、深化检察改革，提高司法公信力

进一步深化阳光检务。制定《全面加强阳光检务工作的若干意见》，发布办案进程、处理结果等案件程序性信息 54898 条，公开法律文书 11142 份。建成"一站式"服务检务公开大厅 146 个。省检察院每季度召开新闻发布会，开通检察官方微博，粉丝过 200 万，获评"全国十大检察微博"。

积极稳妥抓好检察体制改革试点。2014 年，中央把我省列为改革试点省。省检察院会同省有关部门起草试点方案，细化主任检察官权力清单等 24 项实施细则。深圳市检察机关全面铺开试点，佛山、汕头、茂名三市检察机关稳步推进试点工作。

全面推进涉法涉诉信访工作机制改革。制定实施细则，完善诉访分离程序导入、案件办理、终结退出、司法救助等机制。受理涉法涉诉来信来访 31316 件，及时依法分类审查和归类流转，导入法律程序办理 11581 件，决定给予国家赔偿 312 件，支付赔偿金 1358 万元，对被害人或其近亲属发放救助金 310 万元。

六、大力加强自身建设，夯实检察工作发展根基

强化理想信念教育。开展"增强党性、严守纪律、廉洁从政"专题教育活动，加强检察机关党的建设，加大对先进典型的培养和宣传，汕头市澄海区检察院等 22 个集体和个人获得全国模范检察院、全国模范检察官等荣誉，涌现出 2014 年 CCTV 年度法治人物王雄飞等一批先进典型。

突出加强作风建设。牢固树立作风建设永远在路上的理念，认真贯彻落实中央八项规定和省有关规定，省检察院和广州、深圳市检察机关等第一批群众路线教育实践活动单位继续巩固活动成果，着力抓好整改措施的落实。第二批活动单位重点围绕对群众诉求敷衍塞责、纪律松散等 8 个方面问题进行专项整治，坚决纠正"四风"和司法作风中的突出问题。

深入推进队伍专业化和基层基础建设。广泛开展业务竞赛活动，7 名检察官荣获全国侦查监督、民事行政检察、刑事申诉检察业务标兵和办案能手荣誉。搭建"青年检察官岗位实务培训""教育培训

基层行"等平台，研发应用检察教育网络培训系统，培训检察人员 89765 人次，评选 20 门精品课程，有 4 门获评全国精品。制定《2014—2018 年基层检察院建设规划实施意见》，坚持人财物向基层倾斜，推动基层检察院协调发展。大力推进电子检务工程，提高检察工作科技含量。

认真落实党风廉政建设"两个责任"。省检察院制定《落实党风廉政建设主体责任和监督责任的实施意见》，制定实施强化对各级检察长监督的 8 项配套制度，组织 4 个市级检察院检察长到省检察院述职述廉。对 10 个市级检察院领导班子进行巡视。严肃查处违法违纪检察人员 14 人。加强与人大代表、政协委员的经常性联系，主动听取其意见建议。认真办结省人大代表建议 10 件、省政协委员提案 2 件。人民监督员对 277 件职务犯罪案件开展监督，充分发挥检察决策、监督办案等作用。

（广东省人民检察院研究室）

广西壮族自治区检察工作　2014 年，广西检察机关认真学习贯彻党的十八大、十八届三中、四中全会和习近平总书记系列重要讲话精神，忠实履职，各项检察工作取得新成绩。

一、充分发挥检察职能，服务改革发展保障民生民利

自治区检察院制定了《关于服务和保障全面深化改革的实施意见》，从 9 个方面对全区检察机关服务和保障全面深化改革提出了指导性意见。全区检察机关充分发挥检察职能，紧紧围绕全面深化改革的各项部署，查办贪污挪用国家投资资金等犯罪，保障项目建设和国家投资安全。批捕走私、传销、非法集资、金融诈骗、侵犯知识产权等破坏社会主义市场经济秩序犯罪嫌疑人 1876 人，起诉 1942 人，维护公平有序的市场环境。

二、加大查办和预防职务犯罪力度，坚定不移反对腐败

2014 年共立查职务犯罪案件 1439 件 1819 人。其中百万元以上大案 109 件，县处级干部要案 78 人，厅级以上干部要案 12 人。全面规范侦查行为，全区检察机关连续 19 年没有发生办案安全事故。注重职务犯罪预防工作。向自治区党委、人大专题报告了惩治和预防水利、新农合等领域职务犯罪工作情况。自治区检察院、玉林市检察院惩治与预防职务犯罪年度报告荣获"首届全国检察机关惩治与

预防职务犯罪十佳年度报告"。

三、依法惩治犯罪和化解矛盾,切实维护边疆安全和社会稳定

认真履行批捕、起诉等职责,共批捕刑事犯罪嫌疑人38178人,起诉47509人。一是把维护国家安全作为头等大事,主动与公安、边防等部门建立协作机制,依法严惩偷越国(边)境参加恐怖组织活动犯罪和"法轮功""全能神"等邪教组织犯罪活动。突出打击严重暴力、多发性侵财等犯罪。会同有关部门开展打击涉医、涉校园违法犯罪专项行动。二是健全依法化解矛盾纠纷机制。贯彻宽严相济刑事政策,依法对169名初犯、偶犯、过失犯等犯罪嫌疑人作出不批捕决定,对687人作出不起诉决定;通过刑事和解方式对611件轻微刑事案件作出不起诉处理。对1949件不批捕、不起诉、不抗诉案件开展释法说理,帮助、劝导当事人消除疑惑、服法息诉。

四、全面强化诉讼监督职责,促进严格执法公正司法

一是强化刑事诉讼活动监督。2014年监督立案1116件,监督撤案891件。提前介入899件重大复杂案件引导侦查取证,追加逮捕1972人,追加起诉3227人。坚决监督纠正裁判不公、程序违法等问题,提出抗诉368件。最高人民检察院向全国推广的16起刑事抗诉典型案例中广西入选9起。二是加强刑罚执行和监管活动监督。监督收监执行59人,监督清理久押不决96人。自治区检察院主要领导带队到全区19个监狱和派驻监狱检察室,逐一对刑罚执行和监管活动监督工作开展调研督查。认真开展捕后羁押必要性审查工作,对948名不需要继续羁押的犯罪嫌疑人建议变更强制措施,获采纳917人。三是强化民事行政诉讼监督。全面开展对民事行政案件裁判结果、审判程序和执行活动的监督,受理审查民事行政监督案件4522件,对生效民事行政裁判、调解书依法提出抗诉或者再审检察建议299件,办理执行监督案件1844件。在履行职责中发现行政机关违法行使职权或者不行使职权的行为,及时督促纠正198件。

五、着力推进检察改革,提高司法公信力

一是扎实做好推进改革的准备工作。组织召开全区市分院检察长座谈会和20多次专题座谈会、研讨会,专题研究检察改革。梳理出重点难点问题38项,向最高人民检察院提出意见建议96

条。二是深入推进涉法涉诉信访工作机制改革。全面推行12309统一举报电话,开通"惠民检察热线",受理信访案件数同比下降4%。广西到最高人民检察院上访人数同比下降25%。三是积极推进检务公开制度改革试点工作。全年共发布程序性案件信息15856件、终结性法律文书866份;开通检察院官方微博、微信113个,发布检察工作信息12443条。四是深化人民监督员制度改革试点工作。年内人民监督员监督职务犯罪案件199件,人民群众监督职务犯罪侦查工作进一步加强。

六、加强检察队伍建设,大力提升思想政治素质和履职能力

一是狠抓思想、作风建设。深入开展社会主义核心价值观教育、党的群众路线教育实践活动等专题教育活动,结合广西检察队伍中发生的违法违纪典型案例,加强警示教育。二是狠抓检察队伍能力素质建设。大力推进检察人才"六项重点工程",出台广西检察业务专家管理办法,广泛开展岗位练兵和业务竞赛。

七、自觉接受人大监督和社会各界监督,不断加强和改进检察工作

一是自觉接受人大监督。对人大代表提出的意见建议专题研究,逐项落实整改。建立健全广西三级检察院领导与人大代表直接联系工作机制,通过邀请代表视察、调研、座谈和走访代表、加强手机短信联系平台建设等多种形式,密切联系代表。二是自觉接受民主监督。政协委员提案均按时办结。健全与各民主党派、工商联和无党派人士联系制度。三是自觉接受社会各界监督。认真听取律师和诉讼参与人的意见建议,完善涉检舆情收集、分析和处置机制。

(广西壮族自治区人民检察院研究室)

海南省检察工作 2014年,海南检察机关紧紧围绕海南改革发展大局,全面履行监督职责,不断强化法律监督、强化自身监督、强化队伍建设,扎实推进维护社会大局稳定、促进社会公平正义、保障人民安居乐业三大任务,各项工作取得了新的进展。

一、主动融入经济社会发展大局,服务和保障全面深化改革

紧紧围绕省委全面深化改革年、科学管理年决策部署,省检察院及时制定《关于充分发挥检察职能为海南全面深化改革服务的意见》,指导全省检

察机关细化、实化服务措施,增强服务大局的针对性、实效性。围绕促进中央、省委强农惠农富农政策落实,省检察院联合省发改委、省农业厅开展为期一年的涉农项目职务犯罪专项预防,通过组织开展广泛的预防宣传、扎实的预防调研和全面的风险排查,保障涉农项目和资金安全运行。围绕优化经济发展环境,严厉打击制售假冒伪劣商品、侵犯知识产权犯罪,2014 年批准逮捕破坏市场经济秩序犯罪 123 件 188 人、提起公诉 166 件 329 人,同比分别上升 14.9% 和 28.7%。按照最高人民检察院部署,在全省深入开展破坏环境资源和危害食品药品安全犯罪专项立案监督活动,监督行政执法机关移送涉嫌犯罪案件 22 件 22 人,监督公安机关立案 17 件 19 人。持续开展打击破坏森林资源犯罪保护海南生态环境专项行动,查办生态环境保护领域职务犯罪 13 件 20 人。

二、积极参与平安海南建设,全力维护社会大局稳定

全年共批准逮捕犯罪嫌疑人 8062 人、提起公诉 10347 人。严厉打击黑恶势力、严重暴力、多发性侵财和毒品犯罪,共批准逮捕上述犯罪嫌疑人 5588 人、提起公诉 6240 人。积极参与扫黄打非、维护医疗秩序打击涉医违法犯罪、打击整治非法生产销售和使用"伪基站"等专项行动,批捕使用"伪基站"犯罪嫌疑人 17 人。全面贯彻宽严相济刑事政策,在审查逮捕环节建立社会危险性证明和双向说理工作机制,无逮捕必要不批捕 495 人,犯罪情节轻微不起诉 307 人。

三、加大查办和预防职务犯罪工作力度,推动健全权力运行制约和监督体系

坚持"老虎""苍蝇"一起打,以查办案件的实际成效彰显中央和省委反腐败的决心。全年共立案侦查职务犯罪案件 276 件 354 人。突出查办大要案,共立案查处大案 207 件,要案 56 人(厅级干部 7 人)。突出查办自办案件,健全完善案件线索管理、侦查取证、适用强制措施等工作机制,不断提升检察机关自行发现、突破案件的能力,2014 年自办案件比例位居全国前列。突出查办窝串案,先后查办了海洋渔业系统窝案 36 件 38 人、公路交通系统窝案 17 件 17 人、农综系统窝案 7 件 10 人、教育系统窝案 25 件 28 人、国有企业案件 24 件 28 人。突出加大追逃力度,在有关部门的协作配合下,13 名在逃职务犯罪嫌疑人被抓获,12 名在逃职务犯

罪嫌疑人主动投案。突出加强"两化"建设,建立健全了案件线索库、贿赂犯罪资料库、侦查装备库和侦查信息分析系统、快速查询系统等,有力提升了侦查工作水平。突出办案"三个效果"的有机统一,在天涯正义网上及时公布了立案侦查的 41 起职务犯罪案件信息。深化重点建设项目专项预防,加强对招投标、资金拨付、质量验收等关键环节的监督,向有关部门提交调研报告 25 份。完善惩治和预防职务犯罪年度报告制度,全省有 23 个检察院的年度报告获得当地党委、政府主要领导的批示肯定。

四、切实加强诉讼监督,促进严格执法和公正司法

认真落实中央政法委 5 号文件,以职务犯罪、金融犯罪、涉黑犯罪"三类罪犯"刑罚变更执行为重点,积极开展减刑假释暂予监外执行专项检察活动,监督省监狱管理局对 56 名保外就医罪犯重新体检,对其中 19 名不符合保外就医条件的"三类罪犯"收监执行。针对服刑人员违法违规离监探亲和特许离监等问题,向省司法厅发出检察建议,省司法厅高度重视,在全系统部署开展了专项整治。强化刑事诉讼活动监督,监督公安机关应当立案而不立案和不应当立案而立案案件 211 件;依法纠正漏捕 181 人、漏诉 79 人;对侦查违法提出纠正意见 217 件次,对审判违法提出纠正意见 15 件次;对不需要继续羁押的,向办案机关提出释放或变更强制措施建议 43 人,被采纳 43 人。狠抓修改后民事诉讼法和民事诉讼监督规则的贯彻执行,提出抗诉和再审检察建议 60 件,对民事行政诉讼及执行活动违法提出检察建议 38 件。

五、落实最高人民检察院、省委统一部署,积极稳妥推进检察改革

稳步推进司法体制改革试点工作,省检察院成立了司法体制改革试点工作小组,紧紧围绕检察人员分类管理制度、检察官职业保障制度、检察官办案责任制、省以下检察院人财物统一管理等改革内容,研究制定了试点工作的总体方案和六个分方案。深化检务公开改革,制定了《关于深化新形势下检务公开工作的意见》及具体实施方案,细化了公开内容,除法律明确规定保密的情况外,对案件信息均探索以适当方式公开,并逐项明确了公开对象、公开方式,确定了责任部门和完成时限。省检察院在 2014 年 3 月开通检察官方微博,及时向社

会公布全省检察机关办理的典型案例，引起了社会各界和网络媒体的强烈反响，"粉丝"已突破 22 万人。研究制定了《海南省检察机关"案件信息公开系统"部署应用工作方案》，2014 年 9 月 22 日，依托全国检察机关案件信息公开系统，全省检察机关案件信息正式上线运行，三级检察院所办案件的程序性信息、重要案件信息和法律文书均能网上查询，成为人民群众了解、监督检察工作的新渠道。稳步推进检察环节涉法涉诉信访工作机制改革，制定了《海南省检察机关信访工作内部协调规定》《关于进一步规范全省检察机关举报线索管理的意见》等细则，严格按照诉讼分离原则规范受理审查，与省高级人民法院、省公安厅建立常态化个案配合协作机制。

六、强化自身监督制约，保障检察权的依法正确行使

自觉接受人大监督，坚持主动向人大常委会报告重要工作，积极配合开展专题调研和执法检查，2015 年就反贪污贿赂工作提请省人大常委会进行专题审议。完善执法办案考评工作机制，取消年终综合考核排名，实行按业务条线对主要工作数据综合分析月通报制度，把考核评价和对下指导有机结合起来，引导各级检察院特别是各级领导更加科学理性地抓工作。依托统一业务应用系统，在网上对全省检察机关执法办案实行严格的流程监控和质量管理，对每一个办案环节进行流程指引和预警控制。2014 年各级检察院案件管理部门共纠正文书不规范、信息录入错误等问题 7513 件次。制定了接待律师的管理规定，在省检察院门户网站公布律师预约电话，提供专门的接待窗口和阅卷场所，2014 年以来各级检察院共安排律师阅卷 2121 次，听取辩护人意见 1066 次。开展了全省检察机关自侦部门规范执法专项检查，发现了 19 个单位在涉案财物、规范执法、队伍和"两化"建设等四个方面存在的 58 个问题或不足，逐项提出整改意见，狠抓各项措施落实，有力提升了自侦部门规范执法水平。

七、狠抓检察队伍建设和基层基础建设，提高整体素质能力

以打造"枫桥经验"海南版本为目标，以落实派驻乡镇检察室工作流程为抓手，深入推进派驻乡镇检察室建设，各派驻乡镇检察室共深入乡村农户 1434 人次，化解矛盾纠纷 75 件次，发现收集农村基

层干部职务犯罪线索 113 件，派出检察院从中立案查处 79 人。着力抓好第一批教育实践活动整改任务落实，深入开展第二批党的群众路线教育实践活动，省检察院党组将学习宣传周经发同志先进事迹作为有效载体，组织开展了巡回宣讲活动，在全省引起了强烈反响和共鸣。广泛开展业务竞赛和岗位练兵活动，采取实训、研讨、问题式教学等方式，先后组织了全省公诉、民事行政检察、案件管理、检察技术、派驻乡镇检察室、司法警察等素能培训，累计培训人员 1630 人次。出台《海南省人民检察院关于加强对各级检察院检察长监督的规定（试行）》，实行分市检察院党组向省检察院党组每季度报告一次工作和省检察院领导班子成员、分市检察院、基层检察院检察长每日工作安排报告制度，对二分院、东方市检察院、琼中县检察院和海口市龙华区检察院开展为期一个月的巡视工作，强化对各级领导干部和下级检察院的监督领导。认真落实党风廉政建设"两个责任"，严格执行检察人员八小时外行为禁令和岗位廉政风险防控机制，组织开展了办"人情案""关系案""金钱案"问题专项整治，以"零容忍"的态度严肃查处违纪违法检察人员案件。

（海南省人民检察院研究室）

重庆市检察工作 2014 年，重庆市检察机关紧紧围绕重庆全面深化改革和五大功能区域发展战略，忠实履行宪法和法律赋予的职责，各项工作取得新进展。

一、积极维护社会和谐稳定，深入推进平安建设

依法惩治各类刑事犯罪。依法批捕故意杀人、故意伤害、抢劫、强奸、绑架等恶性暴力犯罪嫌疑人 1991 人、起诉 3298 人。批捕抢夺、扒窃、入室盗窃、电信诈骗等多发性侵财犯罪 7866 人、起诉 11774 人。依法宽缓处理轻微犯罪。对构成犯罪但无逮捕必要的依法不捕 1924 人，对犯罪情节轻微的依法不诉 1923 人。完善轻微案件快速办理机制，在遵循法定程序前提下快速办理 1226 件，审查批捕、起诉时间分别由过去平均 7 天、21 天缩短为 3 天、6 天。促进社会治安综合治理。纠正不服检察机关不诉和涉案财物处理决定 13 件，对捕后终止刑事责任追究的赔偿 16 件，司法救助 146 人。

二、依法惩防职务犯罪，推进反腐倡廉建设

突出查办大案要案和窝案串案。查处厅级干部10人、处级167人，涉案金额100万元以上的170人。查处规划审批、土地出让、招标投标、资金管理使用、质量和安全监管等环节权钱交易、失职渎职的职务犯罪418人；查处利用经营管理、物资采购等职权贪污、受贿、挪用公款的国有企业人员犯罪104人。深入查办侵害民生的职务犯罪。针对群众反映强烈的民生资金"跑冒滴漏"问题，在城乡社保、民政救助、医疗卫生、生态环保等领域查办458人，在征地补偿、种养直补、移民扶持、宅基地复垦等领域查办107人。增强职务犯罪预防实效。立足办案向发案单位及其主管部门发出预防建议127件，向党委、人大、政府提交专项报告、年度报告91件。开展涉农领域职务犯罪专项预防，发现并移送查处职务犯罪77件。

三、强化执法司法活动监督，保障法律正确统一实施

严守案件质量底线。对定罪证据不足或不应当追究刑事责任的，依法不捕544人，不诉530人。促进严格执法公正司法。监督立案300件，纠正漏诉230人，诉至法院全部获有罪判决。对认为法院裁判错误的提出抗诉58件，法院审结46件，其中改判24件。纠正监管场所混关混押、违规使用械具等违法行为606件次，纠正监外执行违法行为431人次。提出民事行政抗诉104件，法院再审审结100件，其中改判41件；建议再审54件，采纳率96.3%；纠正民事行政诉讼和民事执行中的违法行为578件。严格规范自身司法行为。扎实开展"规范司法行为强化年"活动。强化办案全流程监控预警，案件管理部门发出监管提示586次。严格逮捕强制措施适用，制定《开展羁押必要性审查工作的指导意见》，建议侦查部门依法释放或变更强制措施212人；依法保障律师执业，开通律师预约接待网络平台和专线电话；与市公安局、市司法局共同出台《关于依法保障律师会见在押或者监视居住职务犯罪嫌疑人的意见》，全部实现在侦查终结前获得会见。组织市检察院和分院开展执法规范化检查，随机抽查3344件，分类梳理问题并点名通报、督促整改。不服检察机关处理决定的申诉连续两年下降，2014年同比下降30.1%。

四、积极稳妥推进检察改革，提高司法公信力

抓好检察官办案责任制改革试点，构建权力、责任、监督三位一体的检察权运行机制。推进涉法涉诉信访工作机制改革。打造来信、来访、电话、网络四位一体综合受理平台，连续7年保持涉检群体性事件和进京非正常访"零目标"。深化检务公开。对77件复杂疑难、社会关注的批捕、起诉、申诉案件，邀请人大代表、政协委员、人民监督员等参与公开听证、公开答复。全面升级三级检察院门户网站"法律监督网"，开通重庆检察公众微信平台，统一上线全国案件信息公开系统，配套出台实施细则。深化人民监督员制度改革。将27件拟撤案、79件拟不起诉的职务犯罪案件全部提交监督。创设人民监督员接待日、监督信息通报、人民监督告知等三项制度，最高人民检察院、司法部2014年9月确定重庆为首批人民监督员制度改革试点地区。

五、全面加强自身建设，提高公正廉洁执法水平

践行为民司法理念。深入开展群众路线教育实践活动，层层组织"让人民群众在每一个案件中感受到公平正义"大讨论，以查办民生领域职务犯罪、危害民生犯罪立案监督、化解涉检信访积案、完善便民利民机制、正风肃纪"五个专项行动"的成绩彰显教育活动实效。扎实推进专业化建设。启动为期三年的全员岗位大练兵，重庆市检察教官主讲的4门课程入选全国检察教育培训精品课程。在最高人民检察院举办的电子数据取证、民事行政检察业务竞赛中，重庆市干警分获第一、第二名。坚持从严治检不动摇。建立约谈、预警、质询、通报、责任追究机制。对检察人员腐败"零容忍"，查处违纪违法9人，其中移送司法处理3人。筑牢基层基础。发挥派驻基层检察室服务群众一线平台作用，34个检察室化解涉法矛盾纠纷280件，统一招录203人充实基层。将1.48亿元中央政法转移支付和市级配套资金，重点投向基层侦查装备、信息化建设和办案区升级改造。建成全国一级规范化派驻监管场所检察室10个。

六、自觉接受人大和各界监督，保障检察权依法正确行使

全市检察机关向两级人大常委会报告专项工作50次，市检察院认真落实市人大常委会审议规范司法行为工作的意见；提请人大常委会任免检察官294人次。充分吸纳人大代表、政协委员的批评、意见和建议，梳理下发"两会"期间口头建议50余条，认真整改落实并逐一反馈；办理代表建议7件、委员提案9件，实现办理工作、办理

结果满意率100%。健全接受监督的日常机制,主动邀请代表、委员视察、调研,以及参与涉检信访积案化解公开听证、涉罪未成年人帮教考察等活动400余人次;定期赠阅检察报刊、寄送工作动态,开通"渝检人民监督"微信公众号和"渝检人民监督专线"。

一年来,全市检察工作取得新成效。职务犯罪侦查、民事行政诉讼监督等质效指标保持全国前列。137个集体、92名个人受到市级以上表彰,城口县检察院被最高人民检察院荣记一等功,江北区检察院荣获"全国模范检察院"称号,荣昌县检察院干警潘朗获评"全国模范检察官"。市社情民意调查中心调查结果显示,2014年人民群众对全市检察机关的综合满意度为92.75分,司法公信力为93.14分。

(重庆市人民检察院研究室)

四川省检察工作　2014年,全省检察机关在省委和最高人民检察院的领导下,认真落实省委推进依法治省、建设法治四川部署,充分发挥法律监督职能,主动服务全面深化改革和促进依法治省,为我省推进"两个跨越"、促进治蜀兴川各项事业法治化提供了有力的司法保障。

一、围绕推进法治经济建设,立足职能服务和保障全面深化改革取得新成效

着力维护市场主体合法权益,保障发展创新积极性。依法平等保护公有制与非公有制、内资与外资、大中型企业与小微企业等各类经济主体的合法权益。畅通非公有制、小微企业不服生效裁判的申请监督渠道,妥善处理各类民商事纠纷。保障企业科技创新,依法打击侵犯知识产权、妨害科技创新及应用的犯罪。保障市场公平竞争,推进市场交易法治化。围绕发挥市场在资源配置中的决定性作用,依法打击非法经营、逃税骗税等破坏市场经济秩序的犯罪。强化对涉及市场准入、不正当竞争等方面的法律监督。围绕推动城乡要素平等交换和公共资源均衡配置,立足职能服务城乡统筹发展,依法查办工程建设、征地拆迁、土地流转、涉农等领域职务犯罪。强化对环境资源的司法保护,促进经济可持续发展。切实发挥在生态四川建设中的法治保障作用,与林业、国土等部门健全资源保护协作机制,联合开展集中打击整治破坏森林和野生动植物资源违法犯罪专项行动。

二、围绕推进法治政府建设,促进健全权力运行制约和监督体系取得新成效

通过坚决查办职务犯罪,促进依法行政、廉洁从政。坚持有腐必反、有贪必肃,查办职务犯罪1882件2457人,查办大案1727件,共查办县处级以上要案200人(含厅级29名)。加大打击渎职侵权犯罪力度,深入推进查办发生在群众身边、损害群众利益的渎职侵权犯罪。开展追逃追赃专项行动,抓获外逃人员10人。通过深化职务犯罪预防,从根源上遏制和减少腐败。省检察院与省发改委、省国资委等43个部门建立职务犯罪预防联席会议制度。结合办案同步开展预防调查,及时向党委、政府及有关单位发出预防检察建议。通过强化对行政执法的法律监督,促进行政权力规范运行。深化"两法衔接"机制,建成全省"两法衔接"工作信息共享平台并试运行。开展破坏环境资源和危害食品药品安全违法犯罪专项立案监督活动。探索开展诉讼外行政违法行为监督,对办案中发现的行政不作为、乱作为,及时向行政机关提出纠正违法行为或督促履行职责的检察建议。

三、围绕推进法治社会建设,结合执法办案促进全民守法取得新成效

依法打击各类刑事犯罪,推动树立法治权威。积极参与反分裂、反颠覆渗透、反邪教斗争,坚决惩治暴力恐怖活动,严厉打击刑事犯罪,全年批捕各类刑事犯罪嫌疑人38549人,起诉60108人。积极化解社会矛盾,引导群众依法维权。依法推进检察环节社会矛盾化解,及时办理控告申诉案件;推进检察环节司法救助工作,发放救助金552万余元;深入开展"清理拖欠农民工工资专项行动",支持农民工起诉并全程跟踪督办拖欠工资案件302件,涉案金额958万余元。参与创新社会治理,提升社会治理法治化水平。加强未成年人刑事检察工作。强化社区矫正同步法律监督。对依法不负刑事责任的精神病人提出强制医疗申请78人,纠正强制医疗决定和执行不当案件。

四、围绕促进公正司法,全面履行刑事、民事、行政诉讼监督职能取得新成效

加强人权司法保障,严防冤假错案。通过立案监督、侦查活动监督、刑事审判活动监督、刑事执行监督,既防止打击不力,又严防冤假错案。开通律师预约会见、阅卷网上通道,着力解决会见难、阅卷难、取证难问题。建立"三位一体"监督格局,促进

依法定分止争。强化措施，抓好修改后民事诉讼法落实，共受理民事申请监督案件 3432 件。重点加强对严重损害司法公信与国家、社会公共利益的虚假诉讼的法律监督。构建多元化监督格局，维护行政相对人合法权益。加大对生效行政裁判和行政赔偿调解案件的监督力度，受理行政申请监督案件 260 件，提出抗诉、再审检察建议 10 件。加强行政审判活动违法监督，对违法情形提出监督意见 16 件。严惩司法腐败，查办政法、司法人员职务犯罪 108 人。

五、围绕保障检察权依法正确行使，狠抓自身严格司法取得新成效

加强司法规范化建设，提升规范司法能力水平。严格依据法律细化检察各诉讼环节、各诉讼行为、各工作岗位的程序与规范，依托统一业务应用系统对案件全部实行全程动态监督管理。围绕检察工作重点环节开展专项监督，对撤案、不起诉、撤诉等裁量权较大的案件进行质量评查。全面启动规范司法行为专项整治，突出整治滥用强制措施和侦查措施，诉讼监督不规范、不及时等问题。深化检察改革，提升司法公信力。深入推进检务公开，全省三级检察院全部开通"案件信息公开网"，及时公布案件信息和提供网上查询。稳步推进检察官办案责任制改革试点，首批成都市检察院 57 名、龙泉驿区检察院 14 名主任检察官正式上岗。推进人民监督员制度改革，在查办职务犯罪立案、侦查、起诉重点环节均引入人民监督员监督。深化检察环节涉法涉诉信访工作机制改革，排查涉检信访积案。

六、围绕提升检察工作水平，建设高素质检察队伍取得新成效

狠抓思想政治和司法作风建设。扎实开展第二批教育实践活动，部署开展"增强党性、严守纪律、廉洁从政"专题教育活动，专项整治"庸懒散浮拖"。加强廉政风险防控，开通检察人员违纪违法网上举报平台。开展市县两级检察院领导干部经济责任落实情况、全省检察机关涉案财物管理、规定禁令教育执行情况等专项检查和检务督察。大力推进队伍专业化职业化建设。实施检察人才"六项重点工程"，储备了一批全国、全省检察业务专家。开展公诉、民事行政检察、刑事申诉检察业务竞赛，举办首届优秀公诉人法治论坛、电子数据取证大练兵，着力培养业务尖子、办案能手。切实加

强基层基础工作。深入实施检察援藏援彝 10 年规划，对三州 41 个基层检察院加强对口援助。2 个基层检察院被评为"全国模范检察院"，6 个基层检察院被最高人民检察院荣记一等功。推进科技强检，实现全省派驻看守所检察室与看守所信息系统联网，加快推进远程提讯系统建设，建成"一体五翼"司法鉴定实验室体系。

（四川省人民检察院研究室）

贵州省检察工作 2014 年，全省检察机关忠实履行检察职责，大力推进平安贵州、法治贵州建设，围绕中心，服务大局，自觉把检察工作摆到经济社会发展全局中谋划和推进，努力探索服务全省经济效益、社会效益、生态效益同步提升的新思路新举措。

一、创新服务方式，助推经济发展

按照省委的统一部署，在全国率先开展检察机关督促起诉专项行动，共办理督促起诉案件 3640 件，收回国有资金 137 亿元，为促进依法行政、保证项目开工、保护国资安全、预防职务犯罪作出了新的贡献。省委、省人大、省政府、省政协对此充分肯定，最高人民检察院给予高度赞扬，并将我省做法向全国检察机关推广，为全国检察机关探索开展督促起诉工作提供了先行先试的"贵州经验"，为党的十八届四中全会提出的建立督促起诉制度进行了有益的探索。

二、强化生态保护，建设美丽贵州

积极服务全省生态文明先行区建设，在全国率先成立生态环境保护检察专门机构 36 个，配备生态检察专门人员 207 名，实现了重点河流、重点生态功能区法律保护全覆盖。对都柳江流域锑矿开采、水晶生产污染等社会反映强烈的典型案件进行挂牌督办，批准逮捕破坏环境资源犯罪嫌疑人 602 人，提起公诉 1625 人。立案侦查环境资源领域职务犯罪 143 人。与林业、环保、工商等部门联合开展执法行动，参与清理整顿非法木材加工、违法排污等破坏生态环境的企业 987 家，强制关停 482 家。针对环境污染领域发出"检察督促令" 363 件，督促有关单位和个人通过"补植复绿"进行恢复性治理，助推绿色 GDP 快速增长。

三、坚持有腐必反、有贪必肃

以前所未有的力度，"老虎""苍蝇"一起打，共立案侦查贪污贿赂、渎职侵权等职务犯罪案件 1037 件 1295 人，为国家挽回经济损失 2.9 亿元。突出查

办大案要案,立案侦查贪污贿赂大案 810 件,渎职侵权重特大案件 120 件,县处级以上要案 69 人,其中厅局级 11 人,为历年最多。人均查办大要案数位居全国第 4 名。

四、查办民生领域职务犯罪重点突出

重点查办扶贫攻坚、就业创业、社会保障等领域职务犯罪,立案侦查 236 件 314 人,为 2300 多亿民生资金安全提供司法保护。深入查办发生在群众身边、损害群众利益职务犯罪,立案侦查 669 件 846 人。突出查办"违法占地、违章建筑"背后的职务犯罪,立案侦查 214 件 272 人,并提出 4 条预防对策建议,得到省委的肯定和有关部门的采纳。

五、预防职务犯罪工作"打响品牌"

组织开展"预防职务犯罪,保障投资安全"等专项预防工作,全程跟踪服务 346 个重点工程建设,帮助完善内控机制 96 项,为国家 3600 多亿元项目资金安全提供司法保障。介入中央扶持贵州的支农惠农项目 88 个,涉及中央转移支付专项资金 600 亿元,有效预防支农惠农资金流失。开展预防调查 731 件,受理行贿档案查询 63665 次,向有关部门提出预防检察建议 596 份。推进预防教育进党校、行政学院,建成警示教育基地 52 个,其中毕节市、习水县基地荣获全国检察机关"百优警示教育基地"称号。全面实施惩治和预防职务犯罪年度报告制度,为各级党委、人大、政府提供预防报告 98 份,得到各级党委、人大、政府领导批示表扬 203 次。省检察院向省人大常委会专题报告了预防职务犯罪工作情况,得到各位委员的肯定。

六、推进平安贵州建设,保障社会安定有序、人民幸福安康

坚决打击危害国家安全、暴力恐怖、涉黑涉恶等各类犯罪活动,共批准逮捕 31285 人,提起公诉 41538 人。重点打击影响人民群众安全感的严重暴力犯罪、多发性侵财犯罪,批准逮捕 2898 人,提起公诉 3386 人。突出打击侵犯妇女儿童和农民工、残疾人、老年人合法权益的犯罪,批准逮捕 3646 人,提起公诉 3867 人。

七、努力化解社会矛盾,夯实和谐稳定的民心基础

贯彻宽严相济刑事司法政策,采取检调对接、刑事和解、司法救助等方式,妥善处理案件 1281 件,确保案结事了。探索建立涉法涉诉信访事项依法导入、纠错、终结机制,审查处理各类来信来访 9420 件,其中省检察院审查处理 3853 件,处理率均为 100%。

八、强化诉讼监督,守护社会公平正义最后一道防线

监督纠正有案不立、有罪不究、以罚代刑、裁判不公等案件 2165 件。对应当立案而未立案的,监督立案 588 件;对不应当立案而立案的,监督撤销案件 659 件。监督纠正漏捕 746 人、纠正漏诉 784 人。提出刑事抗诉 152 件。审查不服生效民事、行政裁判的监督案件 656 件,提出抗诉 46 件,法院已改判 29 件;提出民事行政案件再审检察建议 29 件,法院已采纳 18 件;深挖司法不公、枉法裁判背后的徇私舞弊、权钱交易等职务犯罪,查处司法人员 67 人。深入推进久押不决案件专项清理,纠正 38 件 96 人。积极开展减刑、假释、暂予监外执行专项检察活动,监督收监执行 139 人,其中职务犯罪罪犯 42 人。

九、坚持疑罪从无,确保案件处理经得起法律和历史检验

制定切实防止冤假错案的实施意见,在全国率先出台贯彻疑罪从无原则的"十条措施",得到最高人民检察院的肯定和推广。严把案件事实关、证据关、程序关和法律适用关,对事实不清、证据不足的,依法不批捕 948 人。对 628 件"疑罪"案件作存疑不起诉处理,对 61 件"疑罪"案件作撤回起诉处理。因排除非法证据而不予批捕 13 人、不予起诉 9 人;对定罪证据不足、长期不能定案、多年积压的案件 6 件 6 人,依法出庭支持法院作出无罪判决。2014 年提起公诉的生效判决案件,全部为有罪判决,5 年以来首次实现当年起诉案件"零无罪"。

十、完善监督机制,把规范文明执法贯穿到每一个执法办案环节

在全国检察机关率先正式上线运行案件统一业务应用系统和电子卷宗系统,对 65631 件案件实行全程管理、动态监控,发出预警提示 910 件,纠正文书不当、程序违法等 589 件。积极开展案件质量大评查活动,评查案件 5840 件,纠正执法瑕疵 9415 个。全面落实查办职务犯罪案件"全面、全部、全程"同步录音录像制度,共录音录像 2978 次,形成视听资料 9812 小时,人权司法保障进一步加强。

十一、坚持加强作风建设和创先争优活动

全省检察干警创先争优、激情干事,有 26 个集体、59 人获得省级以上表彰,仁怀市检察院获"全国模范检察院"、龙里县检察院韩彩云获"全国模范检察官"荣誉称号,兴义市检察院等 6 个集体和个人荣立最高人民检察院一等功。

十二、坚持抓好队伍执法素质和执法能力建设

大力实施素质能力提升、骨干队伍建设等"六大工程",打造精品教育课程 22 门,培养优秀教官 21 名,与清华大学等开展检校合作,举办培训班 233 期,培训检察人员 12205 人(次)。探索建立全省检察业务骨干人才库,选拔评定检察骨干 658 名。大力开展岗位练兵活动,涌现出省级以上表彰的办案能手、优秀侦查员、"十佳"公诉人等各类业务标兵 89 名。

十三、自觉接受人大监督

制定加强人大代表联络工作的意见,建立走访代表三级检察机关联动机制,共走访各级人大代表 6308 人(次),其中走访省人大代表 1320 人(次)。对各级人大代表提出的 157 条意见建议,100% 落实。主动向各级人大汇报工作 177 次,邀请人大代表、政协委员视察检察工作和参加庭审观摩、检察开放日等重大活动 342 次 3034 人。省检察院邀请省人大代表、政协委员,分 5 批次对生态环境保护、督促起诉、防止冤假错案等工作进行视察,促进了检察工作的创新发展。

十四、大力推进检务公开

积极开展控告举报、申诉受理、案件查询等工作,受理案件信息查询 8198 人(次),办理当事人及其代理人会见、阅卷等请求事项 6456 件(次)。推行人民监督员、特约检察员和专家咨询委员制度,落实新闻发言人制度,开通"两微一端",向当事人或社会公开各类案件信息 16409 条。省检察院官方微博、微信发布信息 200 余条,粉丝 1 万余人,阅读数 20 余万次。人民群众对检察机关的满意率不断提高,2014 年人民群众对检察机关满意度为 97.12%,同比上升 1.86 个百分点,实现连续三年提升。坚决贯彻省委指示,积极争取司法体制改革试点,经中央政法委批准,贵州省成为全国司法体制改革第一批试点的七个省份之一。

（贵州省人民检察院研究室）

云南省检察工作　2014 年,云南省检察机关以服务全面深化改革为主线,依法履行职责,共批准逮捕各类刑事犯罪嫌疑人 34732 人、起诉 50915 人;立案侦查贪污贿赂犯罪案件 1394 件 1688 人,查办渎职侵权犯罪案件 403 件 457 人;强化法律监督、注意发现司法不公背后的腐败问题,立案查办司法人员职务犯罪案件 44 件 47 人;强化自身监督、强化队伍建设,各项工作取得了新的进步。

一、充分发挥检察职能,为全面深化改革提供有力司法保障

积极参与整顿和规范市场经济秩序,严厉打击合同诈骗、信用卡诈骗、走私等犯罪,批捕破坏市场经济秩序犯罪嫌疑人 1239 人、起诉 1871 人。认真开展打击侵犯知识产权等专项行动,批捕侵犯商标权、专利权、商业秘密等犯罪嫌疑人 89 人、起诉 274 人。高度重视环境安全,严厉打击盗伐滥伐林木、毁坏国家重点保护植物、非法采矿等犯罪,批捕破坏环境资源保护犯罪嫌疑人 771 人、起诉 2224 人,保障国家生态文明先行示范区建设。坚决打击食品药品生产、流通等领域的犯罪,批捕生产销售有毒有害食品、假药等犯罪嫌疑人 36 人、起诉 125 人。切实加强涉农检察工作,依法打击盗抢耕牛、制售假种子假化肥假农药、侵犯农村留守妇女儿童人身权利等犯罪活动,维护农业农村稳定和农民合法权益。

二、依法打击严重刑事犯罪,推进平安云南建设

批捕危害国家安全、危害公共安全、偷越国(边)境、利用邪教组织破坏法律实施等犯罪嫌疑人 1750 人、起诉 7438 人,维护社会安定团结。及时介入"3·01"昆明火车站暴恐案件,引导侦查取证,依法指控犯罪,坚决打击暴恐分子的嚣张气焰。批捕严重暴力、黑恶势力、制贩毒品、多发性侵财以及破坏网络安全等犯罪嫌疑人 25831 人、起诉 32697 人。认真开展社会治安综合治理工作,积极参加对校园、医院、车站、城中村等治安重点部位的专项整治,推动突出治安问题的解决。结合办案开展调查研究,完成《云南环境保护司法保障研究》《加强云南禁毒司法工作对策研究》等决策咨询课题,专题分析我省暴恐犯罪、偷越国(边)境犯罪新动向。全面贯彻宽严相济刑事政策,充分运用检调对接、刑事和解等机制办理轻微刑事案件,决定不批捕 2967 人、不起诉 1234 人,办理符合法定条件的当事人自愿和解案件 311 件,修复社会关系、促进社会和谐。

三、深入查办和积极预防职务犯罪,促进反腐倡廉建设

坚持有案必查、有腐必惩,查办贪污贿赂犯罪案件同比上升12.8%,挽回经济损失4.3亿余元;查办大案1239件,同比上升15.9%;查办县处级以上国家工作人员107人,同比上升42.7%;查办发生在群众身边、损害群众利益的犯罪案件792件1004人;完善防逃追逃工作机制,追捕在逃职务犯罪嫌疑人41人;深化边境地区国际刑事司法合作,境外追逃7人。查办各类渎职侵权犯罪案件同比上升11.9%,挽回经济损失1.3亿余元;依法介入矿难、火灾等重大安全事故调查,查办事故背后的渎职犯罪案件42件45人。深入贯彻《云南省预防职务犯罪工作条例》,针对职务犯罪的苗头性、倾向性问题开展预防调查911件,开展典型案例剖析889件,提出预防检察建议876件,推动相关单位建章立制423项;围绕政府重点项目建设,认真做好专项预防和行贿犯罪档案查询等工作,减少职务犯罪隐患。

四、全面加强对司法活动的监督,维护法律尊严

强化对刑事诉讼活动的监督,监督侦查机关立案1683件、撤案926件,纠正漏捕漏诉2951人;完善检察机关参加庭前会议、申请证人出庭作证等工作机制,规范对审判活动的监督,提出量刑建议27692件,采纳率为82.2%,提出抗诉273件,采纳率为87.8%;书面纠正侦查违法行为3029件、审判违法行为410件。强化对民事和行政诉讼活动的监督。全面贯彻修改后民事诉讼法,对生效裁判提出抗诉143件、再审检察建议201件,办理审判活动违法行为监督案件2952件,对执行活动提出检察建议4897件,办理督促行政机关依法履行职责和纠正违法行政行为案件3736件,支持受害单位或个人向法院起诉2042件。强化对刑罚执行和监管活动的监督,监督纠正体罚虐待、违法使用戒具等违法行为102件,监督纠正刑罚执行和监管活动违法1826件。深入开展减刑、假释、暂予监外执行专项检察活动,监督纠正刑罚变更执行不当3167人,监督收监执行职务犯罪、金融犯罪、涉黑犯罪等三类罪犯179人。

五、贯彻中央和省委部署,深化体制机制改革

深入推进涉法涉诉信访改革,控告申诉案件受理数同比下降37.2%,成功息诉罢访一批上访积案。正式上线运行案件信息公开系统,发布案件程序性信息17658条、重要案件信息327条、法律文书961份;健全公开审查制度,公开审查不服检察机关处理决定申诉案件150件。不断创新未成年人刑事检察工作,完善分案起诉、社会调查、犯罪记录封存等制度,切实保护涉罪未成年人合法权益,富源、水富县检察院被命名为"全国青少年维权岗"。全面推行检察机关统一业务应用系统,实现网上对检察环节办案活动的全程、统一、实时、动态管理和监督,开展案件评查10849件,纠正办案不规范情形822件。规范同步录音录像工作,建立司法办案说情报告及通报制度。进一步改进人大代表、政协委员联络工作,采取走访座谈、书面通报、网络交流、短信沟通等形式,及时报告检察工作情况,对308位代表、委员提出的557条意见建议逐条办理,并书面反馈情况。规范律师会见和接待工作,保障律师依法执业。切实保证人民监督员依法履职,不断探索列席案件公开听证会等新形式,更加主动接受监督。

六、加强队伍建设,保障检察工作科学发展

认真组织开展"增强党性、严守纪律、廉洁从政"等专题教育活动,进一步筑牢高举旗帜、听党指挥、忠诚使命的思想基础,涌现出全国模范检察官江德华、何树云,一等功臣唐仲远、石清佩,最美机关干部赵安金等先进模范人物。全面落实党风廉政建设主体责任和监督责任,强化廉政风险防控管理,两次组织分州市检察院检察长述职述廉,对4个州市检察院领导班子进行巡视,立案查处5名违纪违法检察人员。市、县两级检察院深入开展党的群众路线教育实践活动,深入查摆、认真整改"四风"等突出问题,健全完善作风建设长效机制。坚持以文明单位、文明行业争创活动推进作风转变,全省97.3%的检察院成功创建文明单位,其中2个检察院为全国文明单位,省检察院在群众评议省直机关作风活动中被评为优秀。采取集中办班、网络授课、专家巡讲等方式,举办全省性检察业务培训班19期,边疆少数民族地区检察干部素能培训班5期,培训检察人员8722人次。认真做好少数民族"双语"定向生的委托培养、定向录用工作,将75名"双语"毕业生充实到60个边疆、民族地区基层检察院。组织各类岗位练兵、业务竞赛活动102次,涌现出全国检察机关"电子取证业务标兵""刑事申诉业务能手""民事行政案件优秀办案人"等一批业

务尖子。

（云南省人民检察院研究室）

西藏自治区检察工作 2014年，西藏自治区检察机关在区党委、最高人民检察院的正确领导下，紧紧围绕社会发展稳定大局，积极推进平安西藏、法治西藏建设，忠实履行宪法和法律赋予的职责，检察工作有了新的发展和进步。

一、坚持服务大局，着力维护稳定促进发展

一是围绕反分裂斗争把检察工作引向深入。在工作布局上，始终坚持上下一体、内外联动，与公安、法院等部门分工负责、互相配合、协同办案，对分裂破坏分子形成强攻合围之势。在打击现行上，强化事实认定、证据采集、法律适用和程序规范，坚持侦捕诉与量刑监督相结合，有效打击和震慑了危安犯罪。在深挖团伙上，注重统筹办案、捕诉并审、以案查人、以人串案，从犯罪事实证据、动机目的和行为影响上深挖幕后策划者、指挥者，摧毁了分裂破坏势力的组织体系。在源头治理上，坚持堵源截流、打头断线，依法打击、综合治理，深入开展反自焚反偷渡专项斗争，从源头上消除不稳定隐患。二是围绕和谐西藏建设把检察工作引向深入。批准逮捕侵害群众切身利益的各类刑事犯罪1009件1427人，起诉1111件1607人。对不构成犯罪或涉嫌犯罪但没有逮捕必要的，依法决定不捕295人，不诉117人，建议法院从轻处理175人，最大限度促进社会和谐。建立健全有访必接、下访巡访、联合接访、检察长接待日和包案等制度，认真办理群众来信来访98件。对因多种因素形成的涉检信访缠访案件，用法治方式息诉罢访7件7人，依法终结3件3人。在检察驻村工作中化解矛盾纠纷1248起，充分发挥检察人员就地受理、调解矛盾纠纷的特殊作用。三是围绕社会治理创新把检察工作引向深入。深入开展平安创建活动，以驻村、驻寺、"双联户"创建、城镇网格化管理等为载体，进一步完善平安创建工作体系和工作机制。通过组织签订"联防责任书""平安责任书"和开展"十户联创""法律服务进家庭"等群众喜闻乐见、广泛参与的创建活动，极大丰富了平安创建内容，创新了平安创建形式，增强了平安创建实效。在检察驻村干警中开展"我的岗位我负责、我的工作请放心"争创活动，取得良好效果，所驻村经济社会发展稳定，村域内寺庙宗教和睦，僧尼和群众遵纪守

法，村民和队员情同手足。在2014年驻村工作中，检察机关有304个先进集体和个人受到区、地（市）、县表彰。主动参与城镇社区治理创新，强化对社区矫正的法律监督，配合做好对监外执行罪犯、刑释解教人员、涉罪未成年人等特殊人群的帮教管理工作。依法打击利用互联网、手机实施诈骗、煽动分裂、传播淫秽信息、造谣传谣等违法犯罪活动，净化网络环境，保护网络信息安全。对执法办案中发现的社会治理问题，建立检察约谈、跟踪回访等机制，督促堵塞漏洞、完善制度，促进提升社会治理水平。四是围绕保障改善民生把检察工作引向深入。坚决惩治损害民生的违法犯罪，在全区深入开展破坏环境资源和危害食品药品安全犯罪专项立案监督活动，依法批捕破坏环境资源和制假售假犯罪案件24件36人。依法查处社会保障、教育就业、医疗卫生、扶贫开发等领域职务犯罪18件20人。和有关部门修订国家司法救助制度实施办法，推进对刑事被害人和确有困难当事人的司法救助工作。

二、坚持惩防并举，着力加大查办和预防职务犯罪力度

一是严肃查办职务犯罪。立案侦查各类职务犯罪案件72件84人，同比上升105.7%和104.9%。其中，查办大案46件，同比上升228.6%；查办县处级以上干部7人，同比上升40%；为国家挽回经济损失4137万元，同比上升195.5%。二是积极预防职务犯罪。与有关部门合作加强重大工程预防，对总投资427亿元的9个重点项目实行专项预防。在金融、涉农、工程建设等领域成立职务犯罪专项预防工作小组，通过开展预警预测、及时发出检察建议等措施，推进廉政教育进党校、进机关、进企业、进农村、进社区，促进职务犯罪预防社会化、专业化、规范化。开展警示宣传教育388次，受教育人数达66602人。向单位（个人）提供行贿犯罪档案查询3377件次，促进国家工作人员提高自身"免疫力"，构筑廉政"防火墙"。

三、坚持严格公正司法，着力强化对诉讼活动的监督

一是加强刑事诉讼监督。2014年刑事立案监督案件同比上升300%，对侦查活动中的违法情形提出纠正意见同比上升25%。全面开展捕后羁押必要性审查1427人次，依法监督变更强制措施52人。强化刑事审判监督，坚持指控犯罪和诉讼监督

并重,依法审查刑事判决裁定 686 件,对确有错误的刑事裁判成功抗诉 9 件。二是加强民事行政诉讼监督。对认为确有错误的民事行政判决裁定,依法提出抗诉和再审建议 4 件,均被法院采纳。受理民事执行申诉案件 7 件,针对一些执行迟缓、执行不到位、财产处理不当等问题向法院发出检察建议 7 份。坚持抗诉与息诉并重,对不符合抗诉条件的 20 件申诉案件,积极做好服判息诉工作。三是加强刑罚执行和监管活动监督。对 146 名职务犯罪、金融犯罪、涉黑犯罪罪犯逐人逐案进行审查,依法纠正并收监执行 8 人。对全区监管场所开展执法活动检查 637 次,审查案件 934 件,纠正刑罚执行机关报请减刑不当 43 人,查办涉嫌贪赃枉法、玩忽职守等犯罪的司法工作人员 7 人。坚决依法纠正监管场所安全隐患和违法使用警械具等违法情形,切实维护监管场所安全和在押人员合法权益。

四、坚持改革创新,着力推动检察工作科学发展

一是全面推进深化检务公开改革。进一步明确公开的内容,建成检察机关案件信息公开系统,组织发布一批社会广泛关注的重大案件信息和法律文书。二是深入推进人民监督员制度改革。与自治区司法厅共同制定人民监督员选任管理方式改革试点方案,明确人民监督员的选任和管理事项。三是稳步推进涉法涉诉信访改革,明确检察机关受理涉法涉诉案件的范围,细化审查受理和办理程序,健全内外部工作机制。四是紧紧围绕检察官办案责任制、自治区以下检察机关人财物统一管理和检察人员分类管理等重大改革举措,认真组织调研,形成调研报告 18 份。

五、坚持"五个过硬"要求,着力建设高素质检察队伍

一是抓政治立检。在全区检察机关深入开展"增强党性、严守纪律、廉洁从政"专题教育活动,进一步严明政治纪律和政治规矩。二是抓理论武装。组织引导广大检察人员认真学习、深刻领会党的十八届三中、四中全会精神和习近平总书记系列重要讲话精神,不断打牢忠诚为民、公正廉洁的思想基础。三是抓作风建设。扎实开展党的群众路线教育实践活动,集中整治"庸懒散拖",认真落实"两个责任",进一步严格落实中央八项规定和区党委"约法十章""九项要求"。四是抓民族团结。深入开展民族团结教育活动,检察人员的祖国观、民族观、宗教观、文化观进一步增强,各民族检察人员之间交往交流交融进一步加强,检察队伍向心力、凝聚力、战斗力进一步提升。五是抓业务培训。全年共选派 296 人参加各类业务培训,请进 70 名内地业务专家指导帮助办理重大疑难案件,派出 74 名业务骨干到内地实践锻炼,进一步提升检察干警的素质和能力。六是抓基层基础。建成涉密信息分级保护系统,推进统一业务应用系统上线运行,进一步提升案件入口、出口与过程监管的规范化水平。积极推进电子检务工程建设,运用信息化、网络化技术推动各项检察工作跟上大数据时代要求。落实援藏资金 2354 万元,基层基础建设进一步加强。

(西藏自治区人民检察院研究室)

陕西省检察工作　2014 年,陕西省检察机关牢牢把握建设中国特色社会主义法治体系、建设社会主义法治国家的总目标,紧紧围绕"科学发展、富民强省"主题,忠实履行法律监督职责,各项检察工作取得新进展。

一、充分发挥检察职能,服务全省经济平稳健康发展

共批捕扰乱市场经济秩序犯罪嫌疑人 1264 人,起诉 1281 人;批捕破坏金融管理秩序犯罪嫌疑人 273 人,起诉 178 人;批捕侵犯知识产权、侵犯商业秘密等犯罪嫌疑人 53 人,起诉 95 人。查办项目决策、工程建设等环节的职务犯罪嫌疑人 173 人;查办涉农领域职务犯罪嫌疑人 492 人;查办国有企业生产经营、转型改制中的职务犯罪嫌疑人 371 人。查办民生领域的职务犯罪嫌疑人 362 人;批捕危害食品药品安全犯罪嫌疑人 147 人,起诉 277 人;查办重大食品药品安全事件背后的职务犯罪嫌疑人 84 人。批捕破坏环境资源犯罪嫌疑人 129 人,起诉 363 人;查办环境污染防治中的职务犯罪嫌疑人 59 人。

二、深化平安陕西建设,维护社会和谐稳定

批捕各类刑事犯罪嫌疑人 21224 人,起诉 28730 人。贯彻宽严相济刑事政策,对可捕可不捕的依法不批捕 1346 人,对可诉可不诉的依法不起诉 1099 人。落实司法救助制度,办理救助案件 765 件,提供救助 329.1 万元。向有关部门、单位提出防范违法犯罪的检察建议 1562 件。

三、加大查办和预防职务犯罪工作力度，深入推进反腐败斗争

共立案侦查各类职务犯罪案件 1153 件 1702 人，同比上升 18.1% 和 19.8%。其中，查办贪污贿赂案件 928 件 1334 人，同比上升 19.1% 和 22.4%；查办渎职侵权案件 225 件 368 人，同比上升 14.2% 和 11.2%。突出查办有影响的大案 653 件、要案 65 人；大案占办案总数的 56.6%，同比上升 6.3 个百分点。严厉惩治行贿犯罪嫌疑人 56 人，同比上升 80.6%。充分发挥上级检察院组织指挥和主办领办作用，省检察院带头办案，查办职务犯罪案件 26 件 30 人，同比上升 3.3 倍和 4 倍。

四、强化对司法活动的法律监督，促进公正司法

规范和约束司法权的行使，侦查监督，依法监督纠正侦查机关应当立案而不立案、不应当立案而立案 1629 件；依法追捕 399 人、追诉 769 人；依法不批捕 4541 人、不起诉 1294 人。审判监督，提出刑事抗诉 160 件，提出民事行政抗诉和再审检察建议 221 件。刑事执行和监管活动监督，监督纠正违法情况 5207 件。集中解决执法司法突出问题，深入开展违法减刑、假释、暂予监外执行专项检察，依法纠正执行不当 562 件、收监执行 43 人；深入开展清理纠正久押不决案件专项工作，清理案件 60 件 135 人。查处涉嫌贪赃枉法、失职渎职职务犯罪的司法人员 70 人。

五、认真落实检察改革任务，进一步提升检察工作公信力

全面推进涉法涉诉信访机制改革，推动检务公开由职能职责公开向以执法办案信息公开为主转变，不断完善人民监督员制度，积极推进司法体制改革，开展跨行政区划的行政案件、环境资源案件法律监督改革试点工作，启动轻微刑事案件速裁试点。

六、加强检察队伍建设，着力提高新形势下履职能力

提升干警思想政治素质、法律监督能力和职业道德水准，努力建设一支过硬的检察队伍。深入开展"强作风、抓规范、贴民心、促公正"专项活动，着力巩固和扩大教育实践活动成果。认真落实党风廉政建设"两个责任"，确保检察干警清正廉洁。

七、自觉接受人大监督和政协民主监督

向省人大常委会汇报刑事诉讼法贯彻执行情况，认真办理代表、委员提案建议，主动通报工作情况，省检察院全年向代表、委员主动通报重要情况 8 次，征求意见 2600 人次，邀请视察工作 5 次。

（陕西省人民检察院研究室）

甘肃省检察工作 一、严惩刑事犯罪，努力促进平安甘肃建设

全力做好检察环节维护稳定各项工作，保障社会安定有序、人民安居乐业。共批捕各类刑事犯罪嫌疑人 13016 人，起诉 22303 人。

第一，严惩破坏社会和谐稳定的犯罪。密切关注国家安全、公共安全和社会治安领域出现的新情况新动向，依法惩治各类刑事犯罪。共批捕严重暴力、黑恶势力等犯罪嫌疑人 6404 人，起诉 8321 人；批捕"黄赌毒"犯罪嫌疑人 2875 人，起诉 3511 人。

第二，严惩侵害人民群众切身利益的犯罪。严厉打击生产销售"地沟油"、"病死猪"、假劣药等危害民生的犯罪，批捕 59 人，起诉 211 人。依法严惩集资诈骗、合同诈骗、非法经营等破坏市场经济秩序犯罪，批捕 685 人，起诉 1218 人。认真开展破坏环境资源犯罪专项立案监督活动，监督立案 65 件。切实加强特殊群体司法保护，严厉打击拐卖妇女儿童及侵害在校学生、农村留守老人等犯罪，批捕 48 人，起诉 113 人。

第三，积极参与社会治理。加强行政执法与刑事司法信息共享平台建设，督促行政执法机关移送涉嫌犯罪案件 428 件。全面执行涉罪未成年人分案起诉、犯罪记录封存等制度，主导建立涉罪未成年人观护教育基地，决定附条件不起诉 154 人，同比上升 4.5 倍。建立检察官以案释法制度，推动全社会树立法治意识。

二、坚决惩治和预防职务犯罪，深入推进反腐倡廉建设

坚持有腐必反、有贪必肃、有案必办，共立案侦查贪污贿赂、渎职侵权等职务犯罪 869 件 1439 人，同比分别上升 10.1% 和 5.1%。

第一，集中精力查办了一批以权谋私、权钱交易的大案要案。立案侦查贪污贿赂大案 486 件，要案 89 人，同比分别上升 29.3% 和 45.9%；加大行贿犯罪惩治力度，对 153 名行贿人依法追究刑事责任，立案侦查重特大渎职侵权案件 115 件，同比上升 9.5%。

第二，深入查办重点领域的腐败案件。针对一些重点领域职务犯罪易发多发的问题，坚持系统抓抓系统、小专项带动大专项，先后在征地拆迁、生态

环境、农机系统、淘汰落后产能等领域,组织开展专项行动,共立案侦查利用职权贪占国家补贴、损害群众利益犯罪795人。

第三,积极构建法制化社会化专业化预防格局。省检察院及时主动提出立法建议,并积极配合省人大常委会修订完善了《甘肃省预防职务犯罪工作条例》。发挥专项预防的职能优势,共开展预防宣传和警示教育5380次,向发案单位及主管部门提出预防建议718件,被采纳630件。推动健全社会征信体系,向社会提供行贿犯罪查询77925次。

三、强化法律监督,着力维护司法公正

第一,加强刑事立案和侦查活动监督。切实加强审查把关,充分发挥检察机关在审前程序中的监督作用。依法监督侦查机关立案429件,监督撤案644件,纠正漏捕638人,纠正漏诉487人。

第二,加强审判活动监督。对认为确有错误的法院刑事判决提出抗诉124件;提请、提出民事行政抗诉217件;办理民事执行监督案件403件;对经过审查认为法院裁判正确的189件民事行政申诉案件,耐心做好相关当事人的服判息诉工作,有效维护司法权威。

第三,加强刑罚执行监督。健全刑罚变更执行同步监督机制,针对"有钱人""有权人"违法减刑、假释、暂予监外执行等问题,开展专项检察,审查发现并监督纠正470人。对遗留的久押不决案件逐案研究、集中清理,共督促纠正104人。

第四,严守防止冤假错案底线。全面落实罪刑法定、疑罪从无、非法证据排除等制度,出台侦捕诉衔接、非法证据核查等9项工作意见,依法对证据存疑的1031人不批捕、111人不起诉。组织召开律师代表座谈会,出台保障律师执业权利的意见,确保律师意见被听取、合理意见被采信。

第五,着力查办执法司法人员犯罪。加大查处力度,坚决打击公器私用、公权滥用的害群之马。依法查办索贿受贿、滥用职权的行政执法人员260人,同比上升111.4%;查办徇私舞弊、贪赃枉法的司法人员57人,同比上升35.7%。

四、立足检察职能,全力服务经济发展

第一,扎实开展"保民生、促三农"专项行动。挂牌成立1239个乡镇检察室和15557个检察联络室,覆盖率分别达到100%和96.9%,选聘检察联络员21023名。依法查处涉农职务犯罪833人,对尚未构成犯罪的407名乡村干部进行警示提醒、训诫督导和责令纠错;帮助建章立制685项,提供法律咨询和帮助2530次;督促纠正低保户错保9688户;调处涉农资金使用矛盾纠纷945件。

第二,深入推进"两联系、两促进"专项行动。组织1279名检察官为737个重大建设项目提供法律服务,开展预防调查112件,调处征地拆迁、农民工欠薪等矛盾纠纷355件,督促有关部门及时为企业办理手续97项;批捕诈骗、盗窃、侵占企业财产和侵害从业人员权益等犯罪嫌疑人1684人,起诉3541人,依法查处涉企职务犯罪232人。

第三,进一步深化"扶贫"工作。认真履行组长单位牵头职责,细化实化帮扶措施,引导农民群众转变致富观念,帮助解决了一批制约发展的突出问题。协调帮扶致富项目209个,帮助落实项目资金1.2亿元,发放惠农贷款1.35亿元,为联系村修建道路363.1公里、硬化连户道路及庭院1078家。省检察院联系村2014年人均纯收入平均增长26.5%。

五、推进检察改革,着力提升司法规范化水平

第一,着力做好检务公开改革。积极搭建检务公开平台,开通"两微一端",大力推行"一站式"服务,共向社会发布法律文书787份、重要案件信息467件、案件程序信息7998件。出台深化检务公开的意见和实施方案,在全省推行。

第二,扎实开展涉法涉诉信访工作机制改革。及时出台处理涉诉信访工作意见,妥善处理涉法涉诉信访6336件;对不服法院正确裁决的2011件刑事申诉,耐心做好息诉罢访工作。开展检调对接,对181件轻微刑事案件促成当事人在检察环节和解。有针对性地开展司法救助,对115名刑事被害人发放司法救助金117.6万元。

第三,积极推进司法权力运行机制改革。建立健全案件办理执法检查、刑罚变更执行同步监督等制度,有效规范了执法行为。制定出台过问案件记录、追查问责暂行规定,确保检察权依法独立公正行使。全面推行统一业务应用系统,实现了对全省三级检察院司法办案活动的全程、实时、动态管理和监督。推进人民监督员制度改革,对拟不起诉、撤案的职务犯罪案件全部启动人民监督员监督程序。

第四,着力健全代表联络工作机制。健全代表意见落实工作机制,针对省人大代表对检察工作的意见建议,分类制定266条措施并逐条研究落实。健全代表联系工作机制,建立了专题工作报告、面对面汇报、检讯通短信发布等机制,组织全省检察

机关开展了联系走访人大代表活动，邀请代表委员视察、座谈等 1108 人次。健全代表监督事项办理工作机制，及时办结并反馈了办理结果。

六、强化队伍建设，不断增强法律监督能力

第一，加强思想政治建设。认真组织学习党的十八大、十八届三中、四中全会精神和习近平总书记系列重要讲话精神，深入开展第二批党的群众路线教育实践活动，扎实开展"增强党性、严守纪律、廉洁从政"专题教育活动，通过"八个一"举措，进一步增强干警的党员意识、宗旨意识、党纪观念和职业良知。

第二，加强专业化、职业化建设。持续推进全员轮训，共举办各类培训班 461 期，培训干警 10400 余人次。注重加强专业人才培养，定向举办了藏汉"双语"、心理测试等专题培训班。着力提升培训层次，举办 3 期高级检察官研修班。突出强化实战演练，与省司法厅联合举办了首届全省公诉人与律师论辩赛。

第三，加强党风廉政建设。始终把党风廉政建设放在尤为重要的位置，出台落实"两个责任"实施办法，推行履责情况定期通报等 6 项工作机制。强化对领导班子、领导干部的管理和监督，深入推进廉政风险防控机制建设，对检务督察中发现的问题全部作出通报整改。

第四，加强基层基础工作。出台基层检察院 5 年建设规划，进一步完善上级院领导联系基层、定期督导调研等制度。以科技强检为支撑，推进侦查装备和信息化建设，改善了执法办案条件。

（甘肃省人民检察院研究室）

青海省检察工作　2014 年，全省检察机关认真贯彻党的十八届三中、四中全会和省委十二届六次、七次、八次全会精神，按照省十二届人大三次会议的决议要求，紧紧围绕平安青海、法治青海建设，以"三个强化"为总要求，以司法办案为中心，以深化改革为重点，以公正司法为保障，忠诚履职、务实创新，各项检察工作取得了新的进展。

一、紧紧围绕全省工作大局，着力服务经济社会发展

一是始终把服务经济社会发展作为首要任务，更加主动地把检察工作置于全省发展大局中来谋划和推进，用心用力做好服务和保障工作。研究制定了《青海省检察机关关于充分发挥检察职能，为全面深化改革服务的实施意见》，明确提出检察工作服务全面深化改革、保障"三区"建设的 24 条具体措施，得到了省委、省政府的一致肯定，省委办公厅向全省摘要印发。二是牢固树立"生态保护第一"的理念，部署开展打击破坏环境资源和危害食品药品安全犯罪立案监督专项活动，共监督行政执法机关移送案件 5 人，监督公安机关立案 16 件 29 人；批捕破坏环境资源犯罪嫌疑人 48 人，已提起公诉 64 人；查办环境保护领域的职务犯罪 26 人。三是在海东市、海西州检察机关组织开展了督促履行职责、督促起诉专项工作，向国土资源部门发出督促起诉意见书 28 件、检察建议 14 件，共督促追缴长期拖欠的土地出让金 1.74 亿元，收回长期未使用的建设用地 152 亩，保障了国有资产的安全，促进了行政机关依法行政。四是制定下发《全省检察机关服务和保障村（社区）"两委"换届选举专项工作实施方案》，严肃查办和预防涉选违法犯罪案件，为选举工作顺利进行提供良好的法律服务和司法保障。

二、紧紧围绕平安青海建设，全力维护社会和谐稳定依法惩治各类刑事犯罪

认真履行批捕、起诉职能，坚决打击危害国家安全犯罪和暴力恐怖犯罪，巩固和扩大"反自焚"专项斗争和对"全能神"专项整治成果，共起诉此类案件 8 人。密切关注社会治安和公共安全领域出现的新情况，突出打击严重影响人民群众安全感的犯罪，批准逮捕严重暴力犯罪、黑恶势力犯罪、多发性侵财犯罪、毒品犯罪嫌疑人 3306 人，提起公诉 4300 人。积极参与整顿和规范市场经济秩序活动，依法打击金融诈骗、扰乱市场秩序等破坏市场经济秩序犯罪，共批准逮捕此类犯罪嫌疑人 183 人，起诉 248 人。开展打击侵犯知识产权和制售伪劣商品犯罪专项活动，共批准逮捕两类犯罪嫌疑人 34 人，起诉 55 人。全年共批准逮捕各类刑事犯罪嫌疑人 4120 人，提起公诉 6037 人；法院已作出有罪判决 4510 人，有罪判决率为 100%。全面贯彻宽严相济刑事政策，不批捕 671 人，不起诉 324 人。

三、紧紧围绕反腐倡廉建设，依法查办和预防职务犯罪切实加大查办职务犯罪的力度

办案规模明显上升。共查办贪污贿赂案件 150 件 210 人，同比分别上升 0.7% 和 9.4%。办案结构明显改善。共立案侦查大案 103 件，占立案数的 68.7%，同比上升 8.4%；立查县处级以上干部要案 15 人，占立案人数的 7.1%，同比上升 25%。办案

重点明显突出。严肃查办行贿犯罪和危害民生民利、重点领域职务犯罪案件的力度加大，共立案侦查行贿犯罪 22 件 28 人，同比分别上升 15.7% 和 38.1%；立案侦查发生在群众身边、损害群众利益职务犯罪 56 件 81 人；立案侦查商业领域 16 人、工程建设领域 16 人、涉农领域 71 人。共立案侦查渎职侵权案件 23 件 41 人，同比上升 9.5% 和 36.7%，其中，大案 8 件 14 人，要案 2 人。同时，更加注重提高办案质量，职务犯罪案件的有罪判决率为 100%，为国家追回损失 5421.2 万元。坚持办案与预防同步推进，积极构建社会化预防体系。向省委呈报《青海省检察机关 2013 年度惩治和预防职务犯罪分析报告》，省委领导作了重要批示，省委办公厅以青办通报的形式印发全省，各级检察院普遍落实了这一制度。省检察院年度分析报告被评为首届全国检察机关十佳年度报告。开展警示教育讲座 447 次，受教育人员达 5.6 万多人次，取得良好社会反响和警示效果。与省工商联共同举办非公企业家面临的刑事法律风险专题讲座，受到非公企业的欢迎和肯定。认真抓好行贿犯罪档案查询、预防调查和咨询、预防告诫、预防建议等工作，促进预防成果转化。提供行贿犯罪档案查询 7735 次，进行预防调查 349 次，发出预防检察建议 191 件。

四、紧紧围绕法治青海建设，强化对诉讼活动的法律监督

强化对立案和侦查活动的监督，共受理应当立案而不立案的案件 102 件，要求侦查机关说明不立案理由 100 件，侦查机关主动立案 38 件，执行通知立案 22 件。对不应当立案而立案的，监督撤案 13 件；对应当逮捕而未提请逮捕的，追加逮捕 70 人；对应当起诉而未移送起诉的，追加起诉 84 人；对认为确有错误的刑事裁判提出抗诉 35 件。加强羁押必要性审查，对不需要继续羁押的 296 名犯罪嫌疑人依法建议变更强制措施。积极推进量刑建议工作，依法提出量刑建议 4303 人，法院采纳率为 89.7%。严格落实非法证据排除制度，依法启动非法证据调查核实程序 28 件 49 人。共审查处理民事行政申请检察监督案件 378 件，同比上升 29.5%，提请、提出抗诉 8 件，再审检察建议 14 件，督促履行职责 53 件，支持起诉 32 件，发出检察建议 96 件。首次开展对申请监督案件的公开听证活动，增强监督案件的公信力。与省司法厅共同召开座谈会，并出台了《关于加强民事行政检察与律师工作协作的意见》。组织开展民事行政监督案件质量评查专项活动，对 2013 年以来的 335 件案件进行了全面评查，对发现的问题及时进行了整改。加强对刑罚变更执行的监督，与有关部门会签了《青海省社区服刑人员考核奖惩办法》，针对监外执行和社区矫正中发现的违法问题，发出书面检察建议 162 件，加强和规范了社区矫正监管工作。

五、紧紧围绕全面深化改革，积极稳妥推进司法体制改革和检察改革

青海省检察院党组高度重视司改试点工作，成立专门领导小组，抽调精干力量，针对省检察院牵头办理的 11 项、参加办理的 20 项工作任务，细化分工，明确要求，落实责任，深入各级检察院进行了全面、广泛的前期调研工作，在吃透检情、摸清底数、找准问题的基础上，根据《青海省司法体制改革试点工作方案》精神，完善了《青海省检察体制改革试点工作实施方案》及《青海省检察人员分类管理与员额制改革试点方案》等 11 项子方案。重点推进涉法涉诉信访改革、检务公开、检察官办案责任制、人民监督员制度改革和案件管理机制等五项检察改革任务。省检察院逐项研究制定实施方案，明确时间表、路线图、责任人，各项检察改革扎实推进。在 4 个市州检察院和 3 个基层检察院组织开展检务公开、人民监督员制度改革试点工作，各级检察院普遍开通了检察微博，在案件信息公开网发布程序性信息 1720 条、重要案件信息 18 条、公开法律文书 363 份。制定《青海省人民检察院关于开展涉法涉诉信访改革"四项机制"的实施意见》，推行诉访分离工作机制，引导涉检信访问题在法治轨道内解决。大力推进案件管理机制改革，实现了网上办案、网上流转、网上审批，规范案件"进出口"管理，全年网上受理、录入、分流各类案件 10569 件，办案质量和效率进一步提升。

六、紧紧围绕提升法律监督能力，切实加强自身建设

认真贯彻省委关于加强"三基"建设和机关效能建设的工作要求，制定具体实施方案，狠抓措施落实。着力抓好教育实践活动整改工作，把教育实践活动意见建议和最高人民检察院巡视反馈意见的整改结合起来，逐条制定务实管用、切实可行的整改措施，健全和完善各项规章制度，共修订 41 项、新建 51 项，并跟踪督促落实，形成了用制度管人、用制度管案、用制度管事的良好氛围。制定

《2014 年—2017 年青海省检察机关干部教育培训规划》。持续开展"大学习、大培训、大练兵"活动，广泛开展岗位练兵、业务竞赛、司法考试等业务培训，尤其注重对藏区检察机关"双语"诉讼人才的培训，逐步形成"检察官教检察官"的互学、助学、带学模式，扎实推进检察队伍正规化、专业化、职业化建设。共组织规模化培训 26 期，参训人员达 2715 人次。始终把司法规范化建设作为运用法治思维和法治方式强化法律监督的实践，持续开展"执法规范化建设年"活动，着力解决查摆出的执法不规范问题。制定《青海省人民检察院巡视工作实施细则》，2 个州检察院检察长向省检察院述职述廉报告工作，启动第二轮巡视工作，对海东市检察院和果洛州玛多县检察院进行了常态巡视。深入贯彻落实中央"八项规定"和省委、省政府 21 条措施，加强检察队伍纪律作风建设。开展"坚守职业良知、践行执法为民"专项活动，以检察人员"五进"活动为载体，紧密与人民群众的联系。经省统计局、省综治办抽样调查，2014 年人民群众对检察机关的满意度位列全省政法机关前茅。

（青海省人民检察院 李楠）

宁夏回族自治区检察工作 2014 年，宁夏回族自治区人民检察院认真学习贯彻党的十八大、十八届三中、四中全会、中央政法工作会议和习近平总书记系列讲话精神，紧紧围绕改革发展稳定大局，全面履行法律监督职责，各项检察工作取得了新进展。

一、积极参与平安宁夏建设，维护社会和谐稳定

依法打击严重刑事犯罪。制定实施《自治区人民检察院参与平安宁夏建设工作推进方案》，依法严厉打击严重暴力犯罪、多发性侵财犯罪及毒品犯罪，全年批捕刑事犯罪嫌疑人 4049 人，提起公诉 7045 人。积极参与社会治理。与有关机构联合出台《查处收拘强戒吸毒人员正常死亡处理办法》，加大禁毒工作力度。建立社区矫正检察官办公室，推进社区矫正法律监督。落实轻缓刑事政策，决定不批准逮捕 1290 人，不起诉 294 人。在全区 5 个基层检察院成立未成年人刑事检察办公室。落实《司法救助实施办法》，共救助 116 人，发放救助金 92.73 万元。

二、立足检察职能，服务经济社会发展

制定实施《关于全面推进"两区"建设大发展，服务开放富裕和谐美丽宁夏建设的意见》。依法打击破坏市场经济秩序犯罪，共批捕 144 人，提起公诉 223 人。开展破坏环境资源和危害食品安全犯罪专项立案监督活动，监督立案 14 件 20 人。制定实施《关于为企业改革发展服务的工作措施》，开展行贿犯罪档案查询服务，提供查询 17000 余次。加大国有资产保护力度，办理督促行政执法机关履行职责案件 235 件，督促国土、环保、税务等部门收回国有资金 4 亿元。

三、坚持惩防并重，促进反腐倡廉建设

坚决查办各类职务犯罪，共立案侦查各类职务犯罪案件 301 件 430 人。立案侦查大案 231 件，查处县处级以上领导干部要案 30 人（含厅局级 6 人），决定起诉 440 人，有罪判决率为 99.5%。与自治区纪委密切配合查办了黄宗信、方仁等一批大案要案。开展打击行贿犯罪和查办发生在群众身边损害群众利益犯罪专项行动，立案查办 358 人。加强职务犯罪预防，"黄河预防工程"稳步推进，与有关机构共同制定实施《关于在全区民政系统共同开展违纪违法及职务犯罪预防工作的实施方案》，发现案件线索 9 件 21 人，立案侦查 7 件 16 人，移送有关部门纪律处分 2 件 5 人，提出检察建议 19 份。全年结合办案向有关单位提出检察建议 147 件。

四、强化诉讼监督

强化刑事诉讼监督。受理公安机关应当立案而不立案的案件 244 件，监督公安机关立案 104 件，受理公安机关不应当立案而立案的案件 172 件，监督公安机关撤案 95 件。纠正漏捕 195 人，纠正漏诉 102 人，提出书面纠正侦查活动违法 304 件次。办理刑事申诉、国家赔偿案件 96 件。强化刑罚执行和监管活动监督。开展"久押不决"案件清理工作和减刑、假释、暂予监外执行专项活动，纠正减刑不当 43 人，收监执行保外就医逾期未归罪犯 9 人。对不需要继续羁押的 88 名犯罪嫌疑人提出变更强制措施建议。办理强制医疗执行监督案件 8 件。强化民事行政诉讼活动监督。受理各类申诉案件 1060 件，向法院提出抗诉 31 件，提出再审检察建议 13 件。针对民事行政审判活动和执行活动提出检察建议 639 件，向职务犯罪侦查部门移送涉嫌职务犯罪案件线索 5 件 8 人。积极推进"两法衔接"，全区有 415 个行政执法机关与"两法"信息平台实现对接，录入行政执法案件 9308 件。开展"对行政执法机关移送涉嫌犯罪案件专项监督活动"，建议行政执法机关移送涉嫌犯罪案件 45 件 50 人。

五、强化自身监督

自觉接受人大监督，主动征求代表的意见建议，人大代表转交的 3 件案件全部办结。落实自治区人大常委会对全区检察机关公诉工作的审议意见，加强和改进公诉工作。主动接受民主监督和社会各界监督。及时向政协通报检察工作情况，诚恳听取意见。发挥人民监督员作用，共监督职务犯罪案件 33 件。关注涉检舆情，及时回应社会关切。全面推进检务公开，召开了全区检务公开工作现场会，全区检察机关开通案件程序性信息查询服务平台，发布案件程序性信息 4300 条，重要案件信息 185 条，公开终结性法律文书 592 份，受理辩护人、诉讼代理人预约申请查询 61 件。扎实开展规范执法提升年活动。坚守防止冤假错案底线。与有关单位联合制定《关于刑事案件排除非法证据的实施办法》，制定《关于进一步提高公诉案件质量防止冤假错案发生的意见》并抓好落实。2014 年 9 月，部分省市 10 位全国人大代表就宁夏检察工作进行了视察，对检务公开、信息化建设和执法规范化建设等工作给予充分肯定。

六、积极推进改革

积极推进涉法涉诉信访工作机制改革。加强服务型窗口建设，全区检察机关全部开通视频接访系统，共受理来信来访 2839 件，其中属于检察机关管辖的涉法涉诉类信访事项 959 件，均按规定审查结案并答复当事人。2 个检察院荣获全国文明接待示范窗口，6 个检察院荣获全国文明接待室。与自治区司法厅联合制定了改革试点方案，推进人民监督员制度改革。积极稳妥推进检察改革工作，按照最高人民检察院和自治区党委政法委部署，制定改革方案，确立并指导试点院做好准备工作。

七、坚持从严治检，建强检察队伍

加强作风建设。指导市县两级检察院开展党的群众路线教育实践活动，着力整改"四风"和执法司法突出问题。加强素质能力建设。广泛开展业务竞赛和岗位练兵，培训检察人员 1657 人次。实施"青年检察人才育才工程"，已评选 97 名干警为全区检察业务人才。全区有 3 个基层检察院分别荣获"全国模范检察院"、集体一等功、"人民满意的公务员集体"，7 名干警荣获"全国模范检察官""全国民族团结进步模范个人"、个人一等功、个人二等功、嘉奖。加强党风廉政建设和纪律建设。贯彻落实中央八项规定，严格遵守检察人员八小时外行为

禁令，强化对领导干部的监督，听取 5 个市级检察院检察长述职述廉报告工作，对 2 个市级检察院领导班子进行巡视。严肃查办违法违纪检察人员，移送追究刑事责任 1 人，纪律处分 2 人，及时通报典型案件，强化警示教育。

（宁夏回族自治区人民检察院研究室）

新疆维吾尔自治区检察工作　2014 年，在自治区党委和最高人民检察院的坚强领导下，在自治区人大及其常委会的有力监督下，全区检察机关深入贯彻党的十八大及十八届三中、四中全会、第二次中央新疆工作座谈会精神和习近平总书记系列重要讲话精神，认真落实自治区党委八届七次、八次全委（扩大）会议精神及自治区十二届人大二次会议决议，紧紧围绕新疆社会稳定和长治久安这个总目标，以维护人民群众权益为出发点和落脚点，认真执行修改后的刑事诉讼法、民事诉讼法，全面履行法律监督职能，各项检察工作取得新进展。全区检察机关共批准逮捕各类刑事犯罪嫌疑人 27164 人，提起公诉 34816 人，同比分别上升 95.7% 和 59.3%；查办贪污贿赂、渎职侵权等职务犯罪 695 件 786 人，同比分别上升 4.8% 和 11.2%，其中，查处县处级以上要案 54 人（厅级 5 人）；办理刑事民事行政抗诉案件 130 件；监督纠正诉讼活动中的违法情况 533 件次；监督纠正刑罚执行和监管活动违法情况 206 件次。

一、以严厉打击暴力恐怖犯罪为首要任务，全力维护社会大局稳定

坚持"反暴力、讲法治、讲秩序"，一手抓打击，一手抓教育疏导，努力营造安定有序的社会环境。

深入开展严厉打击暴力恐怖活动专项行动。按照中央、自治区党委关于开展严打专项行动的统一部署和要求，围绕打击重点，坚持"两个基本"，加强与政法各部门配合，形成合力，打准打狠打出声威。做到第一时间介入侦查，引导取证，强化捕、诉衔接，集中力量办理重特大案件，依法快捕快诉了乌鲁木齐"5·22"、莎车"7·28"等一批暴恐案件以及伊力哈木·土赫提分裂国家案，主办和协办了北京"10·28"、云南"3·01"等暴恐案件。注重严打法律适用研究，参与制定了《关于依法开展严厉打击暴力恐怖活动专项行动若干问题的解答》等指导性文件。适时举行公捕大会，结合出庭支持公诉，揭批暴恐分子反人类、反社会、反文明的丑恶本质，

形成严打震慑效果。以"去极端化"为目标，积极参与"三非"专项整治，主动将预防暴力恐怖犯罪、宗教极端犯罪纳入检察机关预防犯罪总体格局，开展为期一年的预防犯罪宣传进乡村活动。依法打击各类刑事犯罪。批准逮捕重大恶性案件及"两抢一盗"、诈骗、黄赌毒等犯罪嫌疑人9344人，提起公诉11635人。积极参加依法打击"全能神"等邪教组织犯罪"百日严打"专项行动，与自治区公安厅、高级人民法院、司法厅会签下发《关于做好涉"法轮功"等邪教案件工作的意见》。积极参与重点地区、重点领域排查整治和社会面安全防控工作，结合办案研究犯罪规律及对策，推进立体化社会治安防控体系建设。

二、以服务保障经济社会发展大局为中心，充分发挥检察职能作用

围绕全面深化改革和丝绸之路经济带核心区建设，找准检察工作的切入点和着力点，提供有力司法保障。

积极预防和严肃查办重大工程建设中的犯罪，依法保障国家投资安全。全区检察机关及时跟进重点工程建设、重点项目实施等领域，依法惩治贪污、挪用、骗取国家投资等犯罪活动。积极参与整顿和规范市场经济秩序。批准逮捕制假售假、合同诈骗、非法经营等破坏市场经济秩序犯罪嫌疑人426人，提起公诉585人。坚决惩治危害民生民利犯罪。开展危害食品药品安全犯罪专项立案监督，监督行政执法机关移送案件和公安机关立案6件；开展查办和预防发生在群众身边、损害群众利益职务犯罪专项工作，查办民生领域职务犯罪案件459件494人，同比分别上升11.7%和14.4%；开展查办专项资金领域渎职犯罪专项工作，查办骗取家电下乡补贴资金背后的渎职犯罪嫌疑人70人。加大生态环境司法保护力度。依法惩治非法开荒、偷排偷放、非法排放有毒有害污染物等破坏环境资源的刑事犯罪，开展破坏环境资源专项立案监督工作，监督行政执法机关移送案件和公安机关立案33件。注重结合办案化解矛盾。全面贯彻宽严相济刑事政策，对无逮捕必要的，依法不批捕2963人，对犯罪情节轻微、依照刑法不需要判处刑罚或者免除刑罚的，依法不起诉1600人。妥善解决群众诉求，办理群众信访3797件次。加大检察长接访密度，全面推行约访、下访、回访等制度。积极开展对涉罪未成年人的社会调查、帮教转化、回访考察等

工作，深入推进刑事和解、社区矫正、检调对接等工作，取得良好社会效果。

三、以突出查办重点领域职务犯罪为抓手，坚决惩治和有效预防腐败

坚持"老虎""苍蝇"一起打，突出查办和预防发生在领导机关和领导干部中的职务犯罪，以及腐败高发易发领域的职务犯罪。

加大查办案件力度。查办贪污贿赂等职务犯罪案件580件628人，同比分别上升6%和8.3%，其中大案326件，同比上升24.4%。查办水利、人防等单位窝案串案63件65人。开展打击行贿犯罪、职务犯罪追逃追赃专项工作，查办行贿犯罪150人，追逃12人。通过办案为国家挽回经济损失12343万元。查办渎职侵权犯罪案件115件158人，同比人数上升24.4%，其中，重特大案件30件。同步介入米东区沙沟煤矿"10·24"等重大安全责任事故，查办责任事故背后渎职犯罪16件16人。依法查办了自治区人防办原党组书记、主任朱信义等一批贪污、受贿、滥用职权、玩忽职守犯罪案件。查处涉嫌贪赃枉法、徇私舞弊等犯罪的司法人员16人。深化预防职务犯罪工作。结合办案开展预防调查301件次，深入重点行业和领域进行专项预防，对乌鲁木齐G30绕城高速、地铁一号线等重点工程开展挂牌预防，与自治区28家厅局会签《关于在预防职务犯罪工作中加强联系和配合的意见》。面向社会提供行贿犯罪档案查询服务18371次，同比上升110%。撰写完成的《2013年新疆检察机关惩治和预防职务犯罪年度分析报告》受到自治区党委领导的充分肯定。

四、以监督纠正执法司法突出问题为重点，促进严格执法公正司法

紧紧抓住人民群众反映强烈的执法不严、司法不公问题，加大诉讼监督力度。

强化刑事诉讼活动监督。对应当立案而不立案的，督促侦查机关立案124件，对不应当立案而立案的，督促撤案62件；对应当逮捕而未提请逮捕、应当起诉而未移送起诉的，决定追加逮捕146人、追加起诉231人；对侦查中的违法情况提出纠正意见289件次；对认为确有错误的刑事裁判提出抗诉50件；对刑事审判中违法情况提出纠正意见45件次。强化民事行政诉讼活动监督。对认为确有错误的民事行政裁判提出抗诉80件，提出再审检察建议23件；对审判程序中的违法行为提出检

察建议 48 件,对执行活动中的违法情形提出检察建议 151 件,同比上升 64%。与自治区高级人民法院会签《关于开展执行活动监督的若干意见(试行)》。强化刑罚执行和监管活动监督。以职务犯罪、金融犯罪、涉黑犯罪"三类罪犯"刑罚变更执行为重点,认真开展减刑、假释、暂予监外执行专项检察活动,监督减刑假释暂予监外执行不当等违法违规问题 769 件次,其中监督收监 28 人,立案查办监管干警职务犯罪 3 件 3 人。深入开展清理超期羁押、久押不决案件专项工作,纠正超期羁押 51 人,清理久押不决案件 7 件 15 人。强化对行政机关执法活动监督。建立健全行政执法与刑事司法衔接工作机制,依法监督纠正行政违法行为。2014 年,通过督促有关部门履行职责,促使 9 家企业补交土地出让金 2846 万余元。

五、以深化检察改革为动力,不断强化检察权运行制约机制建设

坚持强化法律监督与强化自身监督并重,着力提高规范公正文明执法水平。

推进涉法涉诉信访工作机制改革。建立了诉、访分离制度和信访终结制度,启动视频接访工作。深化案件管理机制改革。95% 以上的检察院建立了独立的案件管理大厅,全面运行统一业务应用系统,开展执法办案风险评估预警工作,实现对执法办案活动的全程、统一、实时、动态管理和监督。进一步规范司法行为。认真贯彻执行修改后的"两法",坚持惩治犯罪与保障人权并重。制定《关于加强规范执法严防冤假错案的意见》,严格落实讯问职务犯罪嫌疑人全程同步录音录像制度以及非法证据排除规定、职务犯罪案件审查逮捕"上提一级"和职务犯罪案件一审判决上下两级院同步审查制度。在全区检察机关开展清理纠正违法扣押冻结处理涉案款物和清理职务犯罪案件历史积案工作。切实尊重和依法保障律师执业权利,重视听取律师意见,与自治区司法厅、新疆律师协会会签《加强民事行政检察部门与执业律师联系协作的实施意见》。全面深化检务公开。坚持把执法办案信息公开作为重点,着力推进案件信息查询、重大案件信息和典型案例发布等工作,全疆有 94 个检察院已通过互联网适时发布程序性案件信息和终结性法律文书。举办"检察开放日"活动,适时召开新闻发布会,邀请 3000 余名社会各界代表走进各级检察机关参观座谈。开通了新疆检察机关门户网站、官方微博,在检务公开、服务群众、舆情研判等方面发挥了积极作用。

六、以不断提升检察公信力为核心,全面加强过硬队伍建设

认真落实"五个过硬"和"四强干部"要求,努力建设政治坚定、公正廉洁、纪律严明、业务精通、作风过硬的检察队伍。

扎实推进党的群众路线教育实践活动。自治区人民检察院认真进行"回头看",在机关开展纪律作风集中专项整治,落实整改任务,逐项查漏补缺,全面清理完善制度措施 43 项。各级检察院牢牢把握为民务实清廉主题,坚持以突出政治坚强为核心,结合"增强党性、严守纪律、廉洁从政"专题教育活动,加大正风肃纪力度,"四风"和执法司法突出问题得到有效整改。积极把"访惠聚"工作作为教育活动实践载体,全区选派 801 名检察人员住村下社区工作。扎实推进队伍素能建设。组织开展"坚守职业良知、践行执法为民"大学习大讨论,不断深化社会主义核心价值观和检察职业道德教育。突出加强领导班子及"一把手"管理监督和素能培训。大力开展业务培训、案例研讨、岗位练兵等活动,举办各类专项培训 21 期 2500 人次。扎实推进党风廉政建设和反腐败工作。认真落实惩治和预防腐败体系 2013—2017 年工作规划,制定了《关于进一步加强新疆检察机关纪检监察工作的意见》《新疆检察机关强化党风廉政建设和反腐败工作的主体责任和监督责任的实施意见》。加大对执法办案行为、检风检纪等方面的督察和问责追究力度,查处违法违纪检察人员 5 人。扎实推进基层检察院建设。制定了《2014—2018 年全疆基层人民检察院规范化建设的实施意见》,坚持重心下移,检力下沉,着力加强基层基础建设。深入开展"全国先进基层检察院""最美新疆检察官"系列宣传报道及大型采访评选活动。广泛开展学习张飚同志先进事迹活动,在全疆监所检察岗位设立"张飚岗"。加快推进信息化建设,统筹推进检察对口援疆工作取得新进展。

一年来,全区检察机关自觉接受人大监督、民主监督和社会监督。认真落实自治区十二届人大二次会议决议,办理并及时答复各级人大代表、政协委员的议案、建议、提案 73 件,主动走访各级人大代表、政协委员 1500 余人次。坚持向人大常委会报告重要工作,2014 年 11 月下旬,自治区人民检

察院向自治区人大常委会专题报告了规范司法行为工作的情况。全面落实人民监督员制度，组织人民监督员监督职务犯罪七类案件218件。广泛接受社会监督，自治区人民检察院聘请14名特约检察员。

（新疆维吾尔自治区人民检察院研究室）

军事检察工作 2014年，全军和武警部队检察机关在中央军委、总政治部和最高人民检察院领导下，紧紧围绕实现强军目标，紧贴部队中心任务，认真履行检察职能，强力推进案件查处，各项工作成效明显，自身建设得到新的加强。

一、学习贯彻习近平主席系列重要讲话认真深入

各军事检察院按照军委、总政和部队党委的统一部署，认真组织学习党的十八大和十八届三中、四中全会精神，深刻学习领会习近平主席系列重要讲话精神特别是国防和军队建设重要论述。认真贯彻落实全军政治工作会议精神特别是习近平主席重要讲话，紧紧围绕习近平主席指出的10个方面突出问题和总政提出的"三个肃清"要求，坚持问题导向，贯彻整风精神，剖析肃清徐才厚案件危害影响，深入查改自身存在突出问题。积极参加"牢记强军目标、献身强军实践"主题教育活动，组织开展战斗力标准大讨论，引导检察干部树牢服务打赢意识，推动履行检察职能向打仗聚焦用力。扎实搞好党的群众路线教育实践活动"回头看"，认真落实整改措施，着力巩固教育活动成果。

二、查办职务犯罪工作强力推进

坚决贯彻党中央、中央军委和习近平主席关于反腐倡廉建设的决策部署，坚持有案必办、有腐必惩，始终保持惩腐肃贪的强劲态势，查处了徐才厚等一批重大职务犯罪案件。各军事检察院狠抓案件线索受理、评估和初查初核工作，深挖窝案、串案、案中案，有效提高了成案率。军事检察院加强办案指导，及时转办交办案件线索，直接和指导有关大单位院立案侦查大案要案。各军事检察院检察长坚持深入办案一线，主动参加调查取证，协调解决办案难题，确保了案件侦查工作顺利开展。注重发挥军地协作机制优势，协调最高人民检察院和地方检察机关做好境外追赃取证、采取边控措施、侦查技术支持等工作，形成侦查办案整体合力。

三、维护部队安全稳定坚决有力

充分运用批捕、起诉职能，严厉打击各类刑事犯罪，扎实做好检察环节维护部队安全稳定工作。坚持依法提前介入、快捕快诉，认真落实各项办案制度，高度重视研究法律适用问题，对事实不清、证据不足、适用法律不准和超过追诉时效的案件，及时退回补充侦查或提出撤案处理建议；针对2013年办案任务重、起诉案件多的实际，各军事检察院统一调配骨干力量组成公诉团队，出庭公诉了谷俊山等一批职务犯罪大要案。坚持事前监督、同步监督和全程监督相结合，依法纠正有案不立、隐案不报、超期羁押和超审限办案等问题，有效促进了司法公正。坚持履行民事检察职责，妥善处理刑事申诉问题，及时排查化解矛盾纠纷，有力地维护了部队、官兵和当事人的合法权益。

四、预防职务犯罪工作积极主动

积极适应军队反腐倡廉建设新形势新要求，扎实开展预防职务犯罪工作。各军事检察院结合办案，采取巡回宣讲、图片展览、编发教材、现身说法等多种形式，积极推进"五个一"系列预防活动。针对训练演习、远洋护航、反恐维稳等任务，各军事检察院深入做好多样化军事任务中的预防职务犯罪和法律服务工作，全年共为部队授课428场次，举办警示教育图文展160余场次，编发教育材料10900余份（册），受教育官兵达14.1万人次。突出抓好重点领域预防，以四总部名义制定颁布《军队重点领域预防职务犯罪工作细则》，对预防职务犯罪《若干规定》和《意见》进行拓展细化。积极探索加强和改进预防工作方法途径，持续推动军营法律文化建设，通过开办"网上三维法纪学校"，建立预防职务犯罪警示教育基地，开通"总参军事检察之窗"网站，实现全员额、全时段、全方位覆盖，促进了预防职务犯罪工作深入开展。

五、执法规范化建设成效明显

牵头修订中央军委《关于军队执行〈中华人民共和国刑事诉讼法〉若干问题的暂行规定》，会同解放军军事法院制定颁发《军队办理抢夺罪数额认定标准》，研究制定《军事检察机关民事诉讼监督规则》。兰州、济南、广州军区军事检察院组织召开军地检察机关协作工作会议，进一步健全案件线索移送、境外调查取证、重大情况处置、联合组织预防、检察队伍建设、涉检敏感舆情防控和维护军人军属合法权益等方面的制度机制，促进了军地协作工作

规范化、常态化。各军事检察院深入宣传贯彻军职罪立案标准规定和军队举报工作规定，认真落实案件线索审核报备、上提一级审查逮捕、量刑建议规范化改革和刑事诉讼监督等各项办案制度规定，切实增强法规制度执行力，有力地促进了严格规范公正执法。

六、自身建设得到进一步加强

重视加强业务培训和实践锻炼，组织 101 名检察干部参加国家检察官学院 31 个班次专题培训；结合 2014 年工作实际，各军事检察院采取以案代训、以老带新、案例研讨等形式，有效提高检察干部业务素质和执法办案能力。大力培育宣扬先进典型，军事检察系统推荐的空军直属军事检察院和沈阳军区军事检察院职务犯罪检察处处长田地，在第七次"双先"评比中分别荣获"全国模范检察院""全国模范检察官"称号，湖南军事检察院副检察长曹松柏被推荐参加最高人民检察院组织的"守望正义——群众最喜爱的检察官"评选活动，大力宣扬身边拒礼拒贿、不徇私情、秉公执法的先进典型，激发了广大检察干部拒腐防变、爱岗敬业的积极性主动性。坚持从严治检，通过建立办案组临时党支部、党小组，严格组织生活，严格教育管理。结合贯彻落实党的十八届四中全会和中央司法改革精神，根据深化国防和军队改革总体部署，对军事检察机关领导体制、编制设置、案件管辖、人财物管理等问题进行调研论证，提出初步改革设想和意见建议。

（解放军军事检察院　田　毅）

新疆生产建设兵团检察工作　2014 年，兵团检察院认真贯彻落实第二次中央新疆工作座谈会、中央政法工作会议、全国检察长会议精神，紧紧围绕兵团"两个率先、两个力争"工作目标，以反恐维稳为首要政治任务，以提升执法能力和执法公信力为抓手，忠实履行宪法和法律赋予的职责，着力强化法律监督、强化自身监督、强化队伍建设，各项检察工作取得了较好成效。

一、依法严厉打击各类刑事犯罪活动，全力推进法治兵团建设

坚持把维护社会稳定作为第一责任，在充分发挥检察职能，依法履行批捕、起诉职责的同时，积极推进平安兵团建设，促进提升社会治理法治化水平。一是严厉打击"三股势力"和敌对势力组织、策划、实施的分裂国家、暴力恐怖活动，扎实开展打击极端宗教违法犯罪专项行动和严厉打击暴力恐怖活动专项行动。二是认真落实最高人民检察院要求，突出打击危害公共安全、严重暴力、"两抢一盗"、危害食品药品安全、环境污染等严重危害职工群众生命健康的犯罪。三是深入开展清理涉检信访积案和矛盾化解工作，筑牢社会和谐稳定基础。四是认真贯彻宽严相济刑事政策，对未成年人犯罪、轻伤害等危害不大的犯罪案件适时启动刑事和解程序，及时化解矛盾，促进社会和谐稳定。五是推动维稳值班备勤各项工作扎实有序开展。同时，进一步强化了自身安全管理防范理念，确保机关安全防范工作措施到位。

二、坚持有腐必反、有贪必查、有案必办，重点查办了一批职务犯罪案件

兵团各级检察机关认真贯彻中央、兵团反腐败方针，坚持"老虎""苍蝇"一起打，切实加大查办职务犯罪力度。在不放松严厉惩治职务犯罪的同时，更加注重预防工作。共受理行贿犯罪档案查询 523 次，发出预防检察建议 77 次；有针对性地开展预防警示教育宣传 128 次，受教育人数 23398 人次；结合办案分析职务犯罪的趋势、特点、发案原因、预防对策，兵团检察院和 13 个师检察分院及时向党委、纪委、政法委及有关部门报送了惩治和预防职务犯罪年度报告。

三、强化法律监督职能，诉讼监督工作成效明显

认真学习、深刻领会、全面贯彻习近平总书记关于防止冤假错案的重要指示精神，坚守防止冤假错案底线，确保在检察环节不办冤案、假案、错案，不办金钱案、关系案、人情案。坚持依法监督、规范监督，不断加大对法院定罪量刑裁量权和适用简易程序审理案件的诉讼监督力度。加大对造成国有资产流失、非法占用农用地、损害社会弱势群体利益等领域的监督力度，认真开展督促履行职责，共发出督促起诉检察建议 3 件，被采纳 3 件。进一步加强刑罚执行和监管活动监督，认真开展犯罪交付执行与留所服刑和减刑、假释、暂予监外执行专项检查活动。

四、紧紧围绕"增强党性、严守纪律、廉洁从政"专项活动，深入推进党的群众路线教育实践活动

坚持高标准、高质量地开展党的群众路线教育实践活动，紧密结合兵团检察工作实际，及时研究解决执法办案和队伍建设中存在的突出问题。一

是结合检察系统开展的"增强党性、严守纪律、廉洁从政"专题教育活动，深入推进党的群众路线教育实践活动。二是按照最高人民检察院和兵团党委的工作要求，加大对下指导力度，加强衔接联动，及时把兵团检察院制定的整改措施和制度规定传达到师检察分院和垦区检察院。认真研究基层出现的新情况，通过上下联动解决突出问题。三是认真开展联系基层服务群众工作。兵团检察院党组成员带头深入各师检察机关，调查研究工作开展情况以及存在的具体困难和问题，指导各师检察机关加强和改进检察工作。四是及时召开"增强党性、严守纪律、廉洁从政"专题教育活动动员大会，引领广大检察干警提高党性修养，严守党的政治纪律和组织纪律。五是按照自治区、兵团党委要求，及时选派干警赴基层连队开展"三民"活动。

五、进一步完善检察权运行和监督机制

兵团各级检察机关按照上级部署的改革任务，结合兵团检察工作实际，着力抓好重点改革任务。一是进一步探索研究兵团检察改革，结合检察机关的职能分工，制定了兵团检察机关贯彻落实十八届三中、四中全会精神的意见，为全面推进检察改革打下了良好的基础。二是认真谋划，整体推进，突出抓好检察系统涉法涉诉工作机制改革，稳步推进检务公开。认真开展"检察开放日""举报宣传周"等活动，加强和改进与人大代表、政协委员联络工作，自觉接受社会监督。三是积极推进人民监督员制度改革，进一步加强对人民监督员制度理论和实践的调查研究，规范和完善监督程序。四是积极探索建立突出检察官主体地位的办案责任制。

六、严格执法公正司法，不断推进执法规范化建设

认真执行修改后刑事诉讼法、民事诉讼法，树立规范执法理念，完善规范执法机制。一是以强化制度建设为突破口，构建执法规范化长效机制。二是结合党的群众路线教育实践活动，继续开展"端正执法理念、规范执法行为、改进执法作风"专项教育活动，强化干警规范执法意识，提升兵团检察机关执法公信力。三是大力开展修改后刑事诉讼法、民事诉讼法学习培训，引导干警强化程序意识，严格依法行使检察权，以程序公正保障实体公正。四是深入实施科技强检战略，加快推进统一业务应用系统的应用工作。

七、建设过硬检察队伍，全面提升队伍专业化、职业化水平

始终把检察队伍建设作为根本，常抓不懈。一是突出加强领导干部素能培训和管理监督。通过巡视、调整交流、上级检察院派员参加下级检察院党组民主生活会、干部诫勉谈话等方式，加大对下级检察院领导班子的协管和建设力度。二是着力推进正规化分类培训和全方位岗位练兵。三是进一步加大人才建设力度。四是严格落实党风廉政建设责任制，切实加强自身反腐倡廉和纪律作风建设，进一步强化对检察队伍特别是领导干部、关键岗位和关键环节的监督，确保检察人员不违法、不犯罪。

八、以强化基层基础为重点，进一步推进基层检察院建设

着重加强基层基础建设，切实提升基层检察院的软实力和执行力。一是制定了《兵团检察院贯彻落实最高人民检察院〈2014—2018 年基层人民检察院建设规划〉的实施意见》，进一步明确基层检察院建设的主要任务。二是认真研究制定 2014 年中央政法转移支付资金分配方案，充分利用中央政法转移支付资金，进一步加强装备科技化。三是继续做好兵团检察机关"两房"的新建、改建和续建工作。五是深化基层创先争优。

九、贯彻落实第二次中央新疆工作座谈会精神，认真做好对口支援工作

根据最高人民检察院检察援藏援疆规划，年初兵团检察长工作会议及时对检察受援工作进行了部署。兵团检察院研究制定了《2014—2017 年兵团检察受援工作安排》，对兵团检察系统未来三年的检察受援工作进行安排，明确目标任务、工作措施和工作要求。2014 年，内地有 7 名干部来兵团检察机关挂职、帮助工作，兵团有 12 名干警赴内地进行岗位锻炼，支援省检察院为兵团培训干警 248 人次，兵团检察机关收到受援资金 824 万元；一师、二师、三师、四师、五师、六师、七师、九师、十师、十三师、十四师等检察机关与对口支援单位进行了进一步对接和交流；江苏省检察院、湖北省检察院分别派主要领导带队到兵团调研、对接检察援疆工作。

（新疆生产建设兵团人民检察院
法律政策研究室　李长义）

第 五 部 分

最高人民检察院重要文件选载

中共中央政法委员会　财政部
最高人民法院　最高人民检察院　公安部
司法部关于建立完善国家司法救助制度的意见(试行)

2014 年 1 月 17 日　中政委〔2014〕3 号

为贯彻落实党的十八大、十八届三中全会精神,切实做好司法过程中对困难群众的救助工作,有效维护当事人合法权益,保障社会公平正义,促进社会和谐稳定,现就建立完善国家司法救助制度,提出以下意见。

一、建立完善国家司法救助制度的意义和基本原则

开展国家司法救助是中国特色社会主义司法制度的内在要求,是改善民生、健全社会保障体系的重要组成部分。当前,我国正处于社会矛盾凸显期、刑事犯罪高发期。随着越来越多的矛盾以案件形式进入司法领域,一些些刑事犯罪案件、民事侵权案件,因案件无法侦破、被告人没有赔偿能力或赔偿能力不足,致使受害人及其近亲属依法得不到有效赔偿,生活陷入困境的情况不断增多。有的由此引发当事人反复申诉上访甚至酿成极端事件,损害了当事人合法权益,损害了司法权威,影响社会和谐稳定。近年来,各地积极探索开展刑事被害人救助、涉法涉诉信访救助等多种形式的救助工作,对解决困难群众燃眉之急,及时化解矛盾纠纷,收到了良好的效果。但是,司法救助工作总体上仍处于起步阶段,发展还不平衡,救助资金保障不到位、对象不明确、标准不统一、工作不规范等问题亟待解决。党的十八届三中全会通过《中共中央关于全面深化改革若干重大问题的决定》,要求完善人权司法保障制度,健全国家司法救助制度,为进一步加强和改进司法救助工作指明了方向。实现国家司法救助工作制度化、规范化,对受到侵害但无法获得有效赔偿的当事人,由国家给予适当经济资助,帮助他们摆脱生活困境,既彰显党和政府的民生关怀,又有利于实现社会公平正义,促进社会和

谐稳定,维护司法的权威和公信。

国家司法救助,应当遵循以下基本原则:

——坚持辅助性救助。国家司法救助是对遭受犯罪侵害或民事侵权,无法通过诉讼获得有效赔偿的当事人,采取的辅助性救济措施。重点解决符合条件的特定案件当事人生活面临的急迫困难。对同一案件的同一当事人只进行一次性救助。对于能够通过诉讼获得赔偿、补偿的,一般应当通过诉讼渠道解决。

——坚持公正救助。严格把握救助标准和条件,兼顾当事人实际情况和同类案件救助数额,做到公平、公正、合理救助,防止因救助不公引发新的矛盾。

——坚持及时救助。对符合救助条件的当事人,办案机关应根据当事人申请或者依据职权及时提供救助,确保及早化解社会矛盾。

——坚持属地救助。对符合救助条件的当事人,不论其户籍在本地或外地,原则上都由案件管辖地负责救助。

二、国家司法救助的对象

对下列人员提出国家司法救助申请的,应当予以救助:

(一)刑事案件被害人受到犯罪侵害,致使重伤或严重残疾,因案件无法侦破造成生活困难的;或者因加害人死亡或没有赔偿能力,无法经过诉讼获得赔偿,造成生活困难的。

(二)刑事案件被害人受到犯罪侵害危及生命,急需救治,无力承担医疗救治费用的。

(三)刑事案件被害人受到犯罪侵害而死亡,因案件无法侦破造成依靠其收入为主要生活来源的近亲属生活困难的;或者因加害人死亡或没有赔偿

能力,依靠被害人收入为主要生活来源的近亲属无法经过诉讼获得赔偿,造成生活困难的。

(四)刑事案件被害人受到犯罪侵害,致使财产遭受重大损失,因案件无法侦破造成生活困难的;或者因加害人死亡或没有赔偿能力,无法经过诉讼获得赔偿,造成生活困难的。

(五)举报人、证人、鉴定人因举报、作证、鉴定受到打击报复,致使人身受到伤害或财产受到重大损失,无法经过诉讼获得赔偿,造成生活困难的。

(六)追索赡养费、扶养费、抚育费等,因被执行人没有履行能力,造成申请执行人生活困难的。

(七)对于道路交通事故等民事侵权行为造成人身伤害,无法经过诉讼获得赔偿,造成生活困难的。

(八)党委政法委和政法各单位根据实际情况,认为需要救助的其他人员。

涉法涉诉信访人,其诉求具有一定合理性,但通过法律途径难以解决,且生活困难,愿意接受国家司法救助后息诉罢访的,可参照执行。

申请国家司法救助人员,具有以下情形之一的,一般不予救助:对案件发生有重大过错的;无正当理由,拒绝配合查明犯罪事实的;故意作虚伪陈述或者伪造证据,妨害刑事诉讼的;在诉讼中主动放弃民事赔偿请求或拒绝加害责任人及其近亲属赔偿的;生活困难非案件原因所导致的;通过社会救助措施,已经得到合理补偿、救助的。对社会组织、法人,不予救助。

三、国家司法救助的方式和标准

(一)救助方式。国家司法救助以支付救助金为主要方式。同时,与思想疏导、宣传教育相结合,与法律援助、诉讼救济相配套,与其他社会救助相衔接。有条件的地方,积极探索建立刑事案件伤员急救"绿色通道"、对遭受严重心理创伤的被害人实施心理治疗、对行动不便的受害人提供社工帮助等多种救助方式,进一步增强救助效果。

(二)救助标准。各地应根据当地经济社会发展水平制定具体救助标准,以案件管辖地上一年度职工月平均工资为基准,一般在36个月的工资总额之内。损失特别重大、生活特别困难,需适当突破救助限额的,应严格审核控制,救助金额不得超过人民法院依法应当判决的赔偿数额。

(三)救助金额。确定救助金具体数额,要综合考虑救助对象实际遭受的损害后果、有无过错以及过错大小、个人及其家庭经济状况、维持当地基本

生活水平所必需的最低支出、以及赔偿义务人实际赔偿情况等。

四、国家司法救助程序

使用国家司法救助资金应当严格遵循以下程序:

(一)告知。人民法院、人民检察院、公安机关、司法行政机关在办理案件、处理涉法涉诉信访问题过程中,对符合救助条件的当事人,应当告知其有权提出救助申请。

(二)申请。救助申请由当事人向办案机关提出;刑事被害人死亡的,由符合条件的近亲属提出。申请一般采取书面形式。确有困难,不能提供书面申请的,可以采用口头方式。申请人应当如实提供本人真实身份、实际损害后果、生活困难、是否获得其他赔偿等相关证明材料。

(三)审批。办案机关应当认真核实申请人提供的申请材料,综合相关情况,在10个工作日内作出是否给予救助和具体救助余额的审批意见。决定不予救助的,及时将审批意见告知当事人,并做好解释说明工作。

(四)发放。对批准同意的,财政部门应及时将救助资金拨付办案机关,办案机关在收到拨付款后2个工作日内,通知申请人领取救助资金。对急需医疗救治等特殊情况,办案机关可以依据救助标准,先行垫付救助资金,救助后及时补办审批手续。

五、国家司法救助资金的筹集和管理

(一)国家司法救助资金的筹集。坚持政府主导、社会广泛参与的资金筹措方式。各地国家司法救助资金由地方各级政府财政部门列入预算,统筹安排,并建立动态调整机制。已经建立的刑事被害人救助资金、涉法涉诉信访救助资金等专项资金,统一合并为国家司法救助资金。中央财政通过政法转移支付,对地方所需国家司法救助资金予以适当补助。同时,各地要采取切实有效的政策措施,积极拓宽救助资金来源渠道,鼓励个人、企业和社会组织捐助国家司法救助资金。

(二)资金管理和监督。各级政府财政部门严格资金管理,确保管好、用好救助资金。政法各单位在年度终了1个月内,向救助领导小组报送当年发放救助资金的明细情况,接受纪检、监察和审计部门监督,确保专款专用。对个人、企业和社会组织捐助救助资金的,应当告知救助的具体对象,确保资金使用的透明度和公正性。

（三）责任追究。对截留、侵占、私分或者挪用国家司法救助资金的单位和个人，违反规定发放国家司法救助资金造成重大损失的单位和个人，骗取国家司法救助资金的相关人员，严格依纪依法追究责任，并追回救助资金。

六、国家司法救助工作的组织领导

（一）明确工作机构。各地成立由党委政法委牵头，财政和政法各单位等共同参加的国家司法救助领导小组，负责研究制定国家司法救助的制度规范和配套措施，测算资金需求，定期检查各单位工作落实情况。政法各单位应当指定专门机构或者人员负责救助工作。

（二）加强组织协调。各地各有关部门要在当地党委、政府统一领导下，各司其职、相互配合、形成合力。政法各单位按照职责范围和案件管辖分工，分别对救助申请进行审批。案件需移送下一办案环节或其他政法单位的，办案机关应将国家司法救助有关材料随案卷一并移送。

（三）建立衔接机制。对于符合司法救助条件的当事人就人身伤害或财产损失提起民事诉讼的，人民法院应当依法及时审查并减免相关诉讼费用，司法行政部门应当依法及时提供法律援助，保障困难群众充分行使诉讼权利。对于未纳入国家司法救助范围或者实施国家司法救助后仍然面临生活困难的当事人，符合社会救助条件的，办案机关协调其户籍所在地有关部门，纳入社会救助范围。

（四）制定实施办法。各地根据本意见精神，制定本地区国家司法救助制度实施办法，并在实践中不断总结完善，确保救助工作有章可循、有据可依，公开透明、公平公正，充分发挥救助效能。各省、自治区、直辖市和新疆生产建设兵团的实施办法，在本意见下发3个月之内，报中央政法委员会、财政部、最高人民法院、最高人民检察院、公安部、司法部备案。

各省、自治区、直辖市和新疆生产建设兵团党委政法委、财政厅（局）自2015年起，每年2月底前，将本地区上一年度执行司法救助情况，分别报中央政法委员会、财政部。

最高人民法院　最高人民检察院　公安部
关于办理网络犯罪案件适用刑事诉讼程序若干问题的意见

2014年5月4日　公通字〔2014〕10号

各省、自治区、直辖市高级人民法院，人民检察院，公安厅、局，新疆维吾尔自治区高级人民法院生产建设兵团分院，新疆生产建设兵团人民检察院、公安局：

为解决近年来公安机关、人民检察院、人民法院在办理网络犯罪案件中遇到的新情况、新问题，依法惩治网络犯罪活动，根据《中华人民共和国刑法》《中华人民共和国刑事诉讼法》及有关司法解释的规定，结合侦查、起诉、审判实践，现就办理网络犯罪案件适用刑事诉讼程序问题提出以下意见：

一、关于网络犯罪案件的范围

1. 本意见所称网络犯罪案件包括：

（1）危害计算机信息系统安全犯罪案件；

（2）通过危害计算机信息系统安全实施的盗窃、诈骗、敲诈勒索等犯罪案件；

（3）在网络上发布信息或者设立主要用于实施犯罪活动的网站、通讯群组，针对或者组织、教唆、帮助不特定多数人实施的犯罪案件；

（4）主要犯罪行为在网络上实施的其他案件。

二、关于网络犯罪案件的管辖

2. 网络犯罪案件由犯罪地公安机关立案侦查。必要时，可以由犯罪嫌疑人居住地公安机关立案侦查。

网络犯罪案件的犯罪地包括用于实施犯罪行为的网站服务器所在地，网络接入地，网站建立者、管理者所在地,被侵害的计算机信息系统或其管理者所在地,犯罪嫌疑人、被害人使用的计算机信息系统所在地,被害人被侵害时所在地,以及被害人财产遭受损失地等。

涉及多个环节的网络犯罪案件,犯罪嫌疑人为网络犯罪提供帮助的,其犯罪地或者居住地公安机关可以立案侦查。

3. 有多个犯罪地的网络犯罪案件,由最初受理的公安机关或者主要犯罪地公安机关立案侦查。有争议的,按照有利于查清犯罪事实、有利于诉讼的原则,由共同上级公安机关指定有关公安机关立案侦查。需要提请批准逮捕、移送审查起诉、提起公诉的,由该公安机关所在地的人民检察院、人民法院受理。

4. 具有下列情形之一的,有关公安机关可以在其职责范围内并案侦查,需要提请批准逮捕、移送审查起诉、提起公诉的,由该公安机关所在地的人民检察院、人民法院受理:

(1)一人犯数罪的;

(2)共同犯罪的;

(3)共同犯罪的犯罪嫌疑人、被告人还实施其他犯罪的;

(4)多个犯罪嫌疑人、被告人实施的犯罪存在关联,并案处理有利于查明案件事实的。

5. 对因网络交易、技术支持、资金支付结算等关系形成多层级链条、跨区域的网络犯罪案件,共同上级公安机关可以按照有利于查清犯罪事实、有利于诉讼的原则,指定有关公安机关一并立案侦查,需要提请批准逮捕、移送审查起诉、提起公诉的,由该公安机关所在地的人民检察院、人民法院受理。

6. 具有特殊情况,由异地公安机关立案侦查更有利于查清犯罪事实、保证案件公正处理的跨省(自治区、直辖市)重大网络犯罪案件,可以由公安部商最高人民检察院和最高人民法院指定管辖。

7. 人民检察院对于公安机关移送审查起诉的网络犯罪案件,发现犯罪嫌疑人还有犯罪被其他公安机关立案侦查的,应当通知移送审查起诉的公安机关。

人民法院受理案件后,发现被告人还有犯罪被其他公安机关立案侦查的,可以建议人民检察院补充侦查。人民检察院经审查,认为需要补充侦查的,应当通知移送审查起诉的公安机关。

经人民检察院通知,有关公安机关根据案件具体情况,可以对犯罪嫌疑人所犯其他犯罪并案侦查。

8. 为保证及时结案,避免超期羁押,人民检察院对于公安机关提请批准逮捕、移送审查起诉的网络犯罪案件,第一审人民法院对于已经受理的网络犯罪案件,经审查发现没有管辖权的,可以依法报请共同上级人民检察院、人民法院指定管辖。

9. 部分犯罪嫌疑人在逃,但不影响对已到案共同犯罪嫌疑人、被告人的犯罪事实认定的网络犯罪案件,可以依法先行追究对已到案共同犯罪嫌疑人、被告人的刑事责任。在逃的共同犯罪嫌疑人、被告人归案后,可以由原公安机关、人民检察院、人民法院管辖其所涉及的案件。

三、关于网络犯罪案件的初查

10. 对接受的案件或者发现的犯罪线索,在审查中发现案件事实或者线索不明,需要经过调查才能够确认是否达到犯罪追诉标准的,经办案部门负责人批准,可以进行初查。

初查过程中,可以采取询问、查询、勘验、检查、鉴定、调取证据材料等不限制初查对象人身、财产权利的措施,但不得对初查对象采取强制措施和查封、扣押、冻结财产。

四、关于网络犯罪案件的跨地域取证

11. 公安机关跨地域调查取证的,可以将办案协作函和相关法律文书及凭证电传或者通过公安机关信息化系统传输至协作地公安机关。协作地公安机关经审查确认,在传来的法律文书上加盖本地公安机关印章后,可以代为调查取证。

12. 询(讯)问异地证人、被害人以及与案件有关联的犯罪嫌疑人的,可以由办案地公安机关通过远程网络视频等方式进行询(讯)问并制作笔录。

远程询(讯)问的,应当由协作地公安机关事先核实被询(讯)问人的身份。办案地公安机关应当将询(讯)问笔录传输至协作地公安机关。询(讯)问笔录经被询(讯)问人确认并逐页签名、捺指印后,由协作地公安机关协作人员签名或者盖章,并将原件提供给办案地公安机关。询(讯)问人员收到笔录后,应当在首页右上方写明"于某年某月某日收到",并签名或者盖章。

远程询(讯)问的,应当对询(讯)问过程进行录音录像,并随案移送。

异地证人、被害人以及与案件有关联的犯罪嫌疑人亲笔书写证词、供词的,参照本条第二款规定执行。

五、关于电子数据的取证与审查

13. 收集、提取电子数据,应当由二名以上具备相关专业知识的侦查人员进行。取证设备和过程应当符合相关技术标准,并保证所收集、提取的电子数据的完整性、客观性。

14. 收集、提取电子数据,能够获取原始存储介质的,应当封存原始存储介质,并制作笔录,记录原始存储介质的封存状态,由侦查人员、原始存储介质持有人签名或者盖章;持有人无法签名或者拒绝签名的,应当在笔录中注明,由见证人签名或者盖章。有条件的,侦查人员应当对相关活动进行录像。

15. 具有下列情形之一,无法获取原始存储介质的,可以提取电子数据,但应当在笔录中注明不能获取原始存储介质的原因、原始存储介质的存放地点等情况,并由侦查人员、电子数据持有人、提供人签名或者盖章;持有人、提供人无法签名或者拒绝签名的,应当在笔录中注明,由见证人签名或者盖章;有条件的,侦查人员应当对相关活动进行录像:

(1)原始存储介质不便封存的;

(2)提取计算机内存存储的数据、网络传输的数据等不是存储在存储介质上的电子数据的;

(3)原始存储介质位于境外的;

(4)其他无法获取原始存储介质的情形。

16. 收集、提取电子数据应当制作笔录,记录案由、对象、内容,收集、提取电子数据的时间、地点、方法、过程,电子数据的清单、规格、类别、文件格式、完整性校验值等,并由收集、提取电子数据的侦查人员签名或者盖章。远程提取电子数据的,应当说明原因,有条件的,应当对相关活动进行录像。

通过数据恢复、破解等方式获取被删除、隐藏或者加密的电子数据的,应当对恢复、破解过程和方法作出说明。

17. 收集、提取的原始存储介质或者电子数据,应当以封存状态随案移送,并制作电子数据的复制件一并移送。

对文档、图片、网页等可以直接展示的电子数据,可以不随案移送电子数据打印件,但应当附有展示方法说明和展示工具;人民法院、人民检察院因设备等条件限制无法直接展示电子数据的,公安机关应当随案移送打印件。

对侵入、非法控制计算机信息系统的程序、工具以及计算机病毒等无法直接展示的电子数据,应当附有电子数据属性、功能等情况的说明。

对数据统计数量、数据同一性等问题,公安机关应当出具说明。

18. 对电子数据涉及的专门性问题难以确定的,由司法鉴定机构出具鉴定意见,或者由公安部指定的机构出具检验报告。

六、关于网络犯罪案件的其他问题

19. 采取技术侦查措施收集的材料作为证据使用的,应当随案移送批准采取技术侦查措施的法律文书和所收集的证据材料。使用有关证据材料可能危及有关人员的人身安全,或者可能产生其他严重后果的,应当采取不暴露有关人员身份、技术方法等保护措施,必要时,可以由审判人员在庭外进行核实。

20. 对针对或者组织、教唆、帮助不特定多数人实施的网络犯罪案件,确因客观条件限制无法逐一收集相关言词证据的,可以根据记录被害人数、被侵害的计算机信息系统数量、涉案资金数额等犯罪事实的电子数据、书证等证据材料,在慎重审查被告人及其辩护人所提辩解、辩护意见的基础上,综合全案证据材料,对相关犯罪事实作出认定。

最高人民法院　最高人民检察院　公安部 国家安全部关于依法办理非法生产销售 使用"伪基站"设备案件的意见

2014 年 3 月 14 日　公通字〔2014〕13 号

各省、自治区、直辖市高级人民法院，人民检察院，公安厅、局，国家安全厅、局，新疆维吾尔自治区高级人民法院生产建设兵团分院，新疆生产建设兵团人民检察院、公安局、国家安全局：

近年来，各地非法生产、销售、使用"伪基站"设备违法犯罪活动日益猖獗，有的借以非法获取公民个人信息，有的非法经营广告业务，或者发送虚假广告，甚至实施诈骗等犯罪活动。"伪基站"设备是未取得电信设备进网许可和无线电发射设备型号核准的非法无线电通信设备，具有搜取手机用户信息，强行向不特定用户手机发送短信息等功能，使用过程中会非法占用公众移动通信频率，局部阻断公众移动通信网络信号。非法生产、销售、使用"伪基站"设备，不仅破坏正常电信秩序，影响电信运营商正常经营活动，危害公共安全，扰乱市场秩序，而且严重影响用户手机使用，损害公民财产权益，侵犯公民隐私，社会危害性严重。为依法办理非法生产、销售、使用"伪基站"设备案件，保障国家正常电信秩序，维护市场经济秩序，保护公民合法权益，根据有关法律规定，制定本意见。

一、准确认定行为性质

（一）非法生产、销售"伪基站"设备，具有以下情形之一的，依照《刑法》第二百二十五条的规定，以非法经营罪追究刑事责任：

1. 个人非法生产、销售"伪基站"设备三套以上，或者非法经营数额五万元以上，或者违法所得数额二万元以上的；

2. 单位非法生产、销售"伪基站"设备十套以上，或者非法经营数额十五万元以上，或者违法所得数额五万元以上的；

3. 虽未达到上述数额标准，但两年内曾因非法生产、销售"伪基站"设备受过两次以上行政处罚，又非法生产、销售"伪基站"设备的。

实施前款规定的行为，数量、数额达到前款规定的数量、数额五倍以上的，应当认定为《刑法》第二百二十五条规定的"情节特别严重"。

非法生产、销售"伪基站"设备，经鉴定为专用间谍器材的，依照《刑法》第二百八十三条的规定，以非法生产、销售间谍专用器材罪追究刑事责任；同时构成非法经营罪的，以非法经营罪追究刑事责任。

（二）非法使用"伪基站"设备干扰公用电信网络信号，危害公共安全的，依照《刑法》第一百二十四条第一款的规定，以破坏公用电信设施罪追究刑事责任；同时构成虚假广告罪、非法获取公民个人信息罪、破坏计算机信息系统罪、扰乱无线电通讯管理秩序罪的，依照处罚较重的规定追究刑事责任。

除法律、司法解释另有规定外，利用"伪基站"设备实施诈骗等其他犯罪行为，同时构成破坏公用电信设施罪的，依照处罚较重的规定追究刑事责任。

（三）明知他人实施非法生产、销售"伪基站"设备，或者非法使用"伪基站"设备干扰公用电信网络信号等犯罪，为其提供资金、场所、技术、设备等帮助的，以共同犯罪论处。

（四）对于非法使用"伪基站"设备扰乱公共秩序，侵犯他人人身权利、财产权利，情节较轻，尚不构成犯罪，但构成违反治安管理行为的，依法予以治安管理处罚。

二、严格贯彻宽严相济刑事政策

对犯罪嫌疑人、被告人的处理，应当结合其主观恶性大小、行为危害程度以及在案件中所起的作用等因素,切实做到区别对待。对组织指挥、实施非法生产、销售、使用"伪基站"设备的首要分子、积极参加的犯罪分子,以及曾因非法生产、销售、使用"伪基站"设备受到行政处罚或者刑事处罚,又实施非法生产、销售、使用"伪基站"设备的犯罪分子,应当作为打击重点依法予以严惩;对具有自首、立功、从犯等法定情节的犯罪分子,可以依法从宽处理。对情节显著轻微、危害不大的,依法不作为犯罪处理。

三、合理确定管辖

(一)案件一般由犯罪地公安机关管辖,犯罪嫌疑人居住地公安机关管辖更为适宜的,也可以由犯罪嫌疑人居住地公安机关管辖。对案件管辖有争议的,可以由共同的上级公安机关指定管辖;情况特殊的,上级公安机关可以指定其他公安机关管辖。

(二)上级公安机关指定下级公安机关立案侦查的案件,需要逮捕犯罪嫌疑人的,由侦查该案件的公安机关提请同级人民检察院审查批准,人民检察院应当依法作出批准逮捕或者不批准逮捕的决定;需要移送审查起诉的,由侦查该案件的公安机关移送同级人民检察院审查起诉。

(三)人民检察院对于审查起诉的案件,按照《刑事诉讼法》的管辖规定,认为应当由上级人民检察院或者同级其他人民检察院起诉的,将案件移送有管辖权的人民检察院,或者报上级检察机关指定管辖。

(四)符合最高人民法院、最高人民检察院、公安部、国家安全部、司法部、全国人大法工委《关于实施刑事诉讼法若干问题的规定》有关并案处理规定的,人民法院、人民检察院、公安机关可以在职责范围内并案处理。

四、加强协作配合

人民法院、人民检察院、公安机关、国家安全机关要认真履行职责,加强协调配合,形成工作合力。国家安全机关要依法做好相关鉴定工作;公安机关要全面收集证据,特别是注意做好相关电子数据的收集、固定工作,对疑难、复杂案件,及时向人民检察院、人民法院通报情况,对已经提请批准逮捕的案件,积极跟进、配合人民检察院的审查批捕工作,认真听取意见;人民检察院对于公安机关提请批准逮捕、移送审查起诉的案件,符合批捕、起诉条件的,应当依法尽快予以批捕、起诉;人民法院应当加强审判力量,制订庭审预案,并依法及时审结。

最高人民法院 最高人民检察院 公安部关于办理非法集资刑事案件适用法律若干问题的意见

2014 年 3 月 25 日 公通字〔2014〕16 号

各省、自治区、直辖市高级人民法院,人民检察院,公安厅、局,解放军军事法院、军事检察院,新疆维吾尔自治区高级人民法院生产建设兵团分院,新疆生产建设兵团人民检察院、公安局:

为解决近年来公安机关、人民检察院、人民法院在办理非法集资刑事案件中遇到的问题,依法惩治非法吸收公众存款、集资诈骗等犯罪,根据刑法、刑事诉讼法的规定,结合司法实践,现就办理非法集资刑事案件适用法律问题提出以下意见:

一、关于行政认定的问题

行政部门对于非法集资的性质认定,不是非法集资刑事案件进入刑事诉讼程序的必经程序。行政部门未对非法集资作出性质认定的,不影响非法集资刑事案件的侦查、起诉和审判。

公安机关、人民检察院、人民法院应当依法认定案件事实的性质,对于案情复杂、性质认定疑难的案件,可参考有关部门的认定意见,根据案件事实和法律规定作出性质认定。

二、关于"向社会公开宣传"的认定问题

《最高人民法院关于审理非法集资刑事案件具体应用法律若干问题的解释》第一条第一款第二项中的"向社会公开宣传",包括以各种途径向社会公众传播吸收资金的信息，以及明知吸收资金的信息向社会公众扩散而予以放任等情形。

三、关于"社会公众"的认定问题

下列情形不属于《最高人民法院关于审理非法集资刑事案件具体应用法律若干问题的解释》第一条第二款规定的"针对特定对象吸收资金"的行为，应当认定为向社会公众吸收资金：

（一）在向亲友或者单位内部人员吸收资金的过程中，明知亲友或者单位内部人员向不特定对象吸收资金而予以放任的；

（二）以吸收资金为目的，将社会人员吸收为单位内部人员，并向其吸收资金的。

四、关于共同犯罪的处理问题

为他人向社会公众非法吸收资金提供帮助，从中收取代理费、好处费、返点费、佣金、提成等费用，构成非法集资共同犯罪的，应当依法追究刑事责任。能够及时退缴上述费用的，可依法从轻处罚；其中情节轻微的，可以免除处罚；情节显著轻微、危害不大的，不作为犯罪处理。

五、关于涉案财物的追缴和处置问题

向社会公众非法吸收的资金属于违法所得。以吸收的资金向集资参与人支付的利息、分红等回报，以及向帮助吸收资金人员支付的代理费、好处费、返点费、佣金、提成等费用，应当依法追缴。集资参与人本金尚未归还的，所支付的回报可予折抵本金。

将非法吸收的资金及其转换财物用于清偿债务或者转让给他人，有下列情形之一的，应当依法追缴：

（一）他人明知是上述资金及财物而收取的；

（二）他人无偿取得上述资金及财物的；

（三）他人以明显低于市场的价格取得上述资金及财物的；

（四）他人取得上述资金及财物系源于非法债务或者违法犯罪活动的；

（五）其他依法应当追缴的情形。

查封、扣押、冻结的易贬值及保管、养护成本较高的涉案财物，可以在诉讼终结前依照有关规定变卖、拍卖。所得价款由查封、扣押、冻结机关予以保管，待诉讼终结后一并处置。

查封、扣押、冻结的涉案财物，一般应在诉讼终结后，返还集资参与人。涉案财物不足全部返还的，按照集资参与人的集资额比例返还。

六、关于证据的收集问题

办理非法集资刑事案件中，确因客观条件的限制无法逐一收集集资参与人的言词证据的，可结合已收集的集资参与人的言词证据和依法收集并查证属实的书面合同、银行账户交易记录、会计凭证及会计账簿、资金收付凭证、审计报告、互联网电子数据等证据，综合认定非法集资对象人数和吸收资金数额等犯罪事实。

七、关于涉及民事案件的处理问题

对于公安机关、人民检察院、人民法院正在侦查、起诉、审理的非法集资刑事案件，有关单位或者个人就同一事实向人民法院提起民事诉讼或者申请执行涉案财物的，人民法院应当不予受理，并将有关材料移送公安机关或者检察机关。

人民法院在审理民事案件或者执行过程中，发现有非法集资犯罪嫌疑的，应当裁定驳回起诉或者中止执行，并及时将有关材料移送公安机关或者检察机关。

公安机关、人民检察院、人民法院在侦查、起诉、审理非法集资刑事案件中，发现与人民法院正在审理的民事案件属同一事实，或者被申请执行的财物属于涉案财物的，应当及时通报相关人民法院。人民法院经审查认为确属涉嫌犯罪的，依照前款规定处理。

八、关于跨区域案件的处理问题

跨区域非法集资刑事案件，在查清犯罪事实的基础上，可以由不同地区的公安机关、人民检察院、人民法院分别处理。

对于分别处理的跨区域非法集资刑事案件，应当按照统一制定的方案处置涉案财物。

国家机关工作人员违反规定处置涉案财物，构成渎职等犯罪的，应当依法追究刑事责任。

最高人民法院　最高人民检察院　公安部关于办理利用赌博机开设赌场案件适用法律若干问题的意见

2014 年 3 月 26 日　公通字〔2014〕17 号

各省、自治区、直辖市高级人民法院,人民检察院,公安厅、局,解放军军事法院、军事检察院,新疆维吾尔自治区高级人民法院生产建设兵团分院,新疆生产建设兵团人民检察院、公安局:

为依法惩治利用具有赌博功能的电子游戏设施设备开设赌场的犯罪活动,根据《中华人民共和国刑法》《最高人民法院、最高人民检察院关于办理赌博刑事案件具体应用法律若干问题的解释》等有关规定,结合司法实践,现就办理此类案件适用法律问题提出如下意见:

一、关于利用赌博机组织赌博的性质认定

设置具有退币、退分、退钢珠等赌博功能的电子游戏设施设备,并以现金、有价证券等贵重款物作为奖品,或者以回购奖品方式给予他人现金、有价证券等贵重款物(以下简称设置赌博机)组织赌博活动,应当认定为刑法第三百零三条第二款规定的"开设赌场"行为。

二、关于利用赌博机开设赌场的定罪处罚标准

设置赌博机组织赌博活动,具有下列情形之一的,应当按照刑法第三百零三条第二款规定的开设赌场罪定罪处罚:

(一)设置赌博机 10 台以上的;

(二)设置赌博机 2 台以上,容留未成年人赌博的;

(三)在中小学校附近设置赌博机 2 台以上的;

(四)违法所得累计达到 5000 元以上的;

(五)赌资数额累计达到 5 万元以上的;

(六)参赌人数累计达到 20 人以上的;

(七)因设置赌博机被行政处罚后,两年内再设置赌博机 5 台以上的;

(八)因赌博、开设赌场犯罪被刑事处罚后,五年内再设置赌博机 5 台以上的;

(九)其他应当追究刑事责任的情形。

设置赌博机组织赌博活动,具有下列情形之一的,应当认定为刑法第三百零三条第二款规定的"情节严重":

(一)数量或者数额达到第二条第一款第一项至第六项规定标准六倍以上的;

(二)因设置赌博机被行政处罚后,两年内再设置赌博机 30 台以上的;

(三)因赌博、开设赌场犯罪被刑事处罚后,五年内再设置赌博机 30 台以上的;

(四)其他情节严重的情形。

可同时供多人使用的赌博机,台数按照能够独立供一人进行赌博活动的操作基本单元的数量认定。

在两个以上地点设置赌博机,赌博机的数量、违法所得、赌资数额、参赌人数等均合并计算。

三、关于共犯的认定

明知他人利用赌博机开设赌场,具有下列情形之一的,以开设赌场罪的共犯论处:

(一)提供赌博机、资金、场地、技术支持、资金结算服务的;

(二)受雇参与赌场经营管理并分成的;

(三)为开设赌场者组织客源,收取回扣、手续费的;

(四)参与赌场管理并领取高额固定工资的;

(五)提供其他直接帮助的。

四、关于生产、销售赌博机的定罪量刑标准

以提供给他人开设赌场为目的,违反国家规定,非法生产、销售具有退币、退分、退钢珠等赌博功能的电子游戏设施设备或者其专用软件,情节严重的,依照刑法第二百二十五条的规定,以非法经营罪定罪处罚。

实施前款规定的行为,具有下列情形之一的,属于非法经营行为"情节严重":

（一）个人非法经营数额在五万元以上，或者违法所得数额在一万元以上的；

（二）单位非法经营数额在五十万元以上，或者违法所得数额在十万元以上的；

（三）虽未达到上述数额标准，但两年内因非法生产、销售赌博机行为受过二次以上行政处罚，又进行同种非法经营行为的；

（四）其他情节严重的情形。

具有下列情形之一的，属于非法经营行为"情节特别严重"：

（一）个人非法经营数额在二十五万元以上，或者违法所得数额在五万元以上的；

（二）单位非法经营数额在二百五十万元以上，或者违法所得数额在五十万元以上的。

五、关于赌资的认定

本意见所称赌资包括：

（一）当场查获的用于赌博的款物；

（二）代币、有价证券、赌博积分等实际代表的金额；

（三）在赌博机上投注或赢取的点数实际代表的金额。

六、关于赌博机的认定

对于涉案的赌博机，公安机关应当采取拍照、摄像等方式及时固定证据，并予以认定。对于是否属于赌博机难以确定的，司法机关可以委托地市级以上公安机关出具检验报告。司法机关根据检验报告，并结合案件具体情况作出认定。必要时，人民法院可以依法通知检验人员出庭作出说明。

七、关于宽严相济刑事政策的把握

办理利用赌博机开设赌场的案件，应当贯彻宽严相济刑事政策，重点打击赌场的出资者、经营者。对受雇佣为赌场从事接送参赌人员、望风看场、发牌坐庄、兑换筹码等活动的人员，除参与赌场利润分成或者领取高额固定工资的以外，一般不追究刑事责任，可由公安机关依法给予治安管理处罚。对设置游戏机，单次换取少量奖品的娱乐活动，不以违法犯罪论处。

八、关于国家机关工作人员渎职犯罪的处理

负有查禁赌博活动职责的国家机关工作人员，徇私枉法，包庇、放纵开设赌场违法犯罪活动，或者为违法犯罪分子通风报信、提供便利、帮助犯罪分子逃避处罚，构成犯罪的，依法追究刑事责任。

国家机关工作人员参与利用赌博机开设赌场犯罪的，从重处罚。

最高人民法院　最高人民检察院　公安部印发《关于规范毒品名称表述若干问题的意见》的通知

2014 年 8 月 20 日　法〔2014〕224 号

各省、自治区、直辖市高级人民法院、人民检察院、公安厅（局），解放军军事法院、军事检察院，新疆维吾尔自治区高级人民法院生产建设兵团分院，新疆生产建设兵团人民检察院、公安局：

为进一步规范毒品犯罪案件办理工作，最高人民法院、最高人民检察院、公安部制定了《关于规范毒品名称表述若干问题的意见》。现印发给你们，请认真贯彻执行。执行中遇到的问题，请及时分别层报最高人民法院、最高人民检察院、公安部。

最高人民法院　最高人民检察院　公安部
关于规范毒品名称表述若干问题的意见

为进一步规范毒品犯罪案件办理工作,现对毒品犯罪案件起诉意见书、起诉书、刑事判决书、刑事裁定书中的毒品名称表述问题提出如下规范意见。

一、规范毒品名称表述的基本原则

(一)毒品名称表述应当以毒品的化学名称为依据,并与刑法、司法解释及相关规范性文件中的毒品名称保持一致。刑法、司法解释等没有规定的,可以参照《麻醉药品品种目录》《精神药品品种目录》中的毒品名称进行表述。

(二)对于含有二种以上毒品成分的混合型毒品,应当根据其主要毒品成分和具体形态认定毒品种类、确定名称。混合型毒品中含有海洛因、甲基苯丙胺的,一般应当以海洛因、甲基苯丙胺确定其毒品种类;不含海洛因、甲基苯丙胺,或者海洛因、甲基苯丙胺的含量极低的,可以根据其中定罪量刑数量标准较低且所占比例较大的毒品成分确定其毒品种类。混合型毒品成分复杂的,可以用括号注明其中所含的一至二种其他毒品成分。

(三)为体现与犯罪嫌疑人、被告人供述的对应性,对于犯罪嫌疑人、被告人供述的毒品常见俗称,可以在文书中第一次表述该类毒品时用括号注明。

二、几类毒品的名称表述

(一)含甲基苯丙胺成分的毒品

1. 对于含甲基苯丙胺成分的晶体状毒品,应当统一表述为甲基苯丙胺(冰毒),在下文中再次出现时可以直接表述为甲基苯丙胺。

2. 对于以甲基苯丙胺为主要毒品成分的片剂状毒品,应当统一表述为甲基苯丙胺片剂。如果犯罪嫌疑人、被告人供述为"麻古""麻果"或者其他俗称的,可以在文书中第一次表述该类毒品时用括号注明,如表述为甲基苯丙胺片剂(俗称"麻古")等。

3. 对于含甲基苯丙胺成分的液体、固液混合物、粉末等,应当根据其毒品成分和具体形态进行表述,如表述为含甲基苯丙胺成分的液体、含甲基苯丙胺成分的粉末等。

(二)含氯胺酮成分的毒品

1. 对于含氯胺酮成分的粉末状毒品,应当统一表述为氯胺酮。如果犯罪嫌疑人、被告人供述为"K粉"等俗称的,可以在文书中第一次表述该类毒品时用括号注明,如表述为氯胺酮(俗称"K粉")等。

2. 对于以氯胺酮为主要毒品成分的片剂状毒品,应当统一表述为氯胺酮片剂。

3. 对于含氯胺酮成分的液体、固液混合物等,应当根据其毒品成分和具体形态进行表述,如表述为含氯胺酮成分的液体、含氯胺酮成分的固液混合物等。

(三)含MDMA等成分的毒品

对于以MDMA、MDA、MDEA等致幻性苯丙胺类兴奋剂为主要毒品成分的丸状、片剂状毒品,应当根据其主要毒品成分的中文化学名称和具体形态进行表述,并在文书中第一次表述该类毒品时用括号注明下文中使用的英文缩写简称,如表述为3,4-亚甲二氧基甲基苯丙胺片剂(以下简称MDMA片剂)、3,4-亚甲二氧基苯丙胺片剂(以下简称MDA片剂)、3,4-亚甲二氧基乙基苯丙胺片剂(以下简称MDEA片剂)等。如果犯罪嫌疑人、被告人供述为"摇头丸"等俗称的,可以在文书中第一次表述该类毒品时用括号注明,如表述为3,4-亚甲二氧基甲基苯丙胺片剂(以下简称MDMA片剂,俗称"摇头丸")等。

(四)"神仙水"类毒品

对于俗称"神仙水"的液体状毒品,应当根据其主要毒品成分和具体形态进行表述。毒品成分复杂的,可以用括号注明其中所含的一至二种其他毒品成分,如表述为含氯胺酮(咖啡因、地西泮等)成分的液体等。如果犯罪嫌疑人、被告人供述为"神仙水"等俗称的,可以在文书中第一次表述该类毒品时用括号注明,如表述为含氯胺酮(咖啡因、地西泮等)成分的液体(俗称"神仙水")等。

（五）大麻类毒品

对于含四氢大麻酚、大麻二酚、大麻酚等天然大麻素类成分的毒品，应当根据其外形特征分别表述为大麻叶、大麻脂、大麻油或者大麻烟等。

最高人民法院　最高人民检察院
工业和信息化部　公安部关于印发
《公用电信设施损坏经济损失计算方法》的通知

2014 年 8 月 28 日　工信部联电管〔2014〕372 号

各省、自治区、直辖市高级人民法院、人民检察院、通信管理局、公安厅（局），新疆维吾尔自治区高级人民法院生产建设兵团分院，新疆生产建设兵团人民检察院、公安局，中国电信集团公司、中国移动通信集团公司、中国联合网络通信集团有限公司：

为有效打击盗窃、破坏电信设施违法犯罪行为，支撑司法部门对相关案件的立案侦查和定罪量刑，加强电信设施保护管理，规范统计考核的依据，我们制定了《公用电信设施损坏经济损失计算方法》。现印发给你单位，请遵照执行。

公用电信设施损坏经济损失计算方法

第一条　为保障公用电信设施安全稳定运行，规范公用电信设施损坏经济损失计算，制定本方法。

第二条　中华人民共和国境内由于盗窃、破坏等因素造成公用电信设施损坏所带来的经济损失，根据本方法计算。

第三条　本方法中公用电信设施主要包括：

（一）通信线路类：包括光（电）缆、电力电缆等；交接箱、分（配）线盒等；管道、槽道、人井（手孔）；电杆、拉线、吊线、挂钩等支撑加固和保护装置；标石、标志标牌、井盖等附属配套设施。

（二）通信设备类：包括基站、中继站、微波站、直放站、室内分布系统、无线局域网（WLAN）系统、有线接入设备、公用电话终端等。

（三）其他配套设备类：包括通信铁塔、收发信天（馈）线；公用电话亭；用于维系通信设备正常运转的通信机房、空调、蓄电池、开关电源、不间断电源（UPS）、太阳能电池板、油机、变压器、接地铜排、消防设备、安防设备、动力环境设备等附属配套设施。

（四）电信主管部门认定的其他电信设施。

第四条　公用电信设施损坏经济损失，主要包括公用电信设施修复损失、阻断通信业务损失和阻断通信其他损失。

公用电信设施修复损失，是指公用电信设施损坏后临时抢修、正式恢复所需各种修复费用总和，包括人工费、机具使用费、仪表使用费、调遣费、赔补费、更换设施设备费用等。

阻断通信业务损失，是指公用电信设施损坏造成通信中断所带来的业务损失的总和，包括干线光传送网阻断通信损失、城域/本地光传送网阻断通信损失和接入网阻断通信损失。

阻断通信其他损失，是指公用电信设施损坏造成通信中断所带来的除通信业务损失以外的其他损失的总和,包括基础电信企业依法向电信用户支付的赔偿费用等损失。

第五条 公用电信设施修复损失计算

公用电信设施损坏后临时抢修、正式修复所需费用按照《关于发布〈通信建设工程概算、预算编制办法及相关定额〉的通知》(工信部规〔2008〕75号)核实确定。

公用电信设施损坏后通过设置应急通信设备、使用备份设备或迂回路由等方式临时抢修产生的费用,可由当地通信管理局确定。

第六条 阻断通信业务损失计算

阻断通信业务损失 = 阻断通信时间 × 单位时间通信业务价值。

阻断通信时间,是指自该类业务通信阻断发生时始,至该类业务修复后经测试验证后通信可用时止的时间长度。

单位时间通信业务价值,是指阻断通信时间段前三十天对应时段内的平均业务量与业务单价的乘积。

各类业务单价可在该类业务标价和套餐折合最低价之间取值,具体由当地通信管理局根据当地实际情况确定。

(一)干线光传送网阻断通信损失

干线光传送网,按照阻断通信的使用带宽进行计算,即:

干线光传送网阻断通信损失 = 阻断通信时间(分钟)× 前三十天对应时段内平均使用带宽(Mbps)× 单位带宽价格(元/Mbps/分钟)

单位带宽价格按基础电信企业向当地通信管理局资费备案的互联网100Mbps专线接入(当地静态路由接入方式)价格的百分之一计算。

(二)城域/本地光传送网阻断通信损失

城域/本地光传送网阻断通信损失参照干线光传送网阻断通信损失计算。

(三)接入网阻断通信损失

接入网可明确区分不同业务类型,应分别计算该网络内不同业务实际阻断通信时间内的损失,并将不同业务类型损失进行叠加。

接入网阻断通信损失包括固定和移动语音业务损失、固定数据业务损失、移动数据业务损失、固定和移动专线出租电路损失、短信业务损失和增值电信业务损失。

固定和移动语音业务损失包括国际长途、国内长途和本地通话三类业务损失,每类业务损失计算公式为:固定和移动语音业务损失 = 前三十天对应时段内平均通话时长(分钟)× 单价(元/分钟)。

固定数据业务损失计算公式为:固定数据业务损失 = 阻断通信时间(分钟)× 月均固定数据业务资费/当月分钟数(元/分钟)。

移动数据业务损失计算公式为:移动数据业务损失 = 前三十天对应时段内平均数据流量(MB/秒)× 阻断时长(秒)× 单价(元/MB)。

固定和移动专线出租电路损失根据基础电信企业与党、政、军机关、事业单位、企业等签订的专线电路租用合同相关条款进行计算。

短信业务损失计算公式为:短信业务阻断损失 = 前三十天对应时段内平均短信量(条)× 单价(元/条)。

增值电信业务损失可由当地通信管理局确定。

第七条 专用电信设施损坏经济损失计算可参照本方法执行。

第八条 各省、自治区、直辖市通信管理局可根据本规定,结合具体情况制订适合本行政区域内的公用电信设施损坏经济损失计算方法。

第九条 本方法由工业和信息化部负责解释。

第十条 本规定自印发之日起实施。

最高人民法院　最高人民检察院　公安部
关于办理邻氯苯基环戊酮等三种制毒物品
犯罪案件定罪量刑数量标准的通知

2014 年 9 月 5 日　　公通字〔2014〕32 号

各省、自治区、直辖市高级人民法院,人民检察院,公安厅、局,解放军军事法院、军事检察院,新疆维吾尔自治区高级人民法院生产建设兵团分院,新疆生产建设兵团人民检察院、公安局:

近年来,随着制造合成毒品犯罪的迅速增长,制毒物品流入非法渠道形势严峻。利用邻氯苯基环戊酮合成羟亚胺进而制造氯胺酮,利用 1 - 苯基 - 2 - 溴 - 1 - 丙酮(又名溴代苯丙酮、2 - 溴代苯丙酮、α - 溴代苯丙酮等)合成麻黄素和利用 3 - 氧 - 2 - 苯基丁腈(又名 α - 氰基苯丙酮、α - 苯乙酰基乙腈、2 - 苯乙酰基乙腈等)合成 1 - 苯基 - 2 - 丙酮进而制造甲基苯丙胺(冰毒)等犯罪尤为突出。2012 年 9 月和 2014 年 5 月,国务院先后将邻氯苯基环戊酮、1 - 苯基 - 2 - 溴 - 1 - 丙酮和 3 - 氧 - 2 - 苯基丁腈增列为第一类易制毒化学品管制。为遏制上述物品流入非法渠道被用于制造毒品,根据刑法和《最高人民法院关于审理毒品案件定罪量刑标准有关问题的解释》《最高人民法院、最高人民检察院、公安部关于办理制毒物品犯罪案件适用法律若干问题的意见》等相关规定,现就办理上述三种制毒物品犯罪案件的定罪量刑数量标准通知如下:

一、违反国家规定,非法运输、携带邻氯苯基环戊酮、1 - 苯基 - 2 - 溴 - 1 - 丙酮或者 3 - 氧 - 2 - 苯基丁腈进出境,或者在境内非法买卖上述物品,达到下列数量标准的,依照刑法第三百五十条第一款的规定,处三年以下有期徒刑、拘役或者管制,并处罚金:

(一)邻氯苯基环戊酮二十千克以上不满二百千克;

(二)1 - 苯基 - 2 - 溴 - 1 - 丙酮、3 - 氧 - 2 - 苯基丁腈十五千克以上不满一百五十千克。

二、违反国家规定,实施上述行为,达到或者超过第一条所列最高数量标准的,应当认定为刑法第三百五十条第一款规定的"数量大",处三年以上十年以下有期徒刑,并处罚金。

最高人民法院　最高人民检察院　公安部关于办理
暴力恐怖和宗教极端刑事案件适用法律若干问题的意见

2014 年 9 月 9 日　　公通字〔2014〕34 号

各省、自治区、直辖市高级人民法院,人民检察院,公安厅、局,新疆维吾尔自治区高级人民法院生产建设兵团分院,新疆生产建设兵团人民检察院、公安局:

近年来,我国部分地区发生的暴力恐怖案件表现形式呈现多样化,且均与宗教极端犯罪活动有直接关系,对国家安全、社会稳定、民族团结和人民群众生命财产安全造成了严重危害。为依法惩治暴力恐怖、宗教极端犯罪活动，有效防止暴力恐怖案件的发生，根据《刑法》和其他有关法律规定，现就办理暴力恐怖、宗教极端刑事案件适用法律的若干问题提出以下意见。

一、正确把握办理案件的基本原则

（一）坚持严格依法办案。坚持以事实为依据、以法律为准绳，全面审查犯罪嫌疑人、被告人的犯罪动机、主观目的、客观行为和危害后果，正确把握罪与非罪、此罪与彼罪、一罪与数罪的界限。严格依照法定程序，及时、全面收集、固定证据。对造成重大人员伤亡和财产损失，严重危害国家安全、公共安全、社会稳定和民族团结的重特大、敏感案件，坚持分工负责、互相配合、互相制约的刑事诉讼基本原则，做到既准确、及时固定证据、查明事实，又讲求办案效率。

（二）坚持宽严相济、区别对待。对犯罪嫌疑人、被告人的处理，要结合主观恶性大小、行为危害程度以及在案件中所起的作用等因素，切实做到区别对待。对组织、策划、实施暴力恐怖、宗教极端违法犯罪活动的首要分子、骨干成员、罪行重大者，以及曾因实施暴力恐怖、宗教极端违法犯罪活动受到行政、刑事处罚或者免予刑事处罚又实施暴力恐怖、宗教极端犯罪活动的，依法从重处罚。对具有自首、立功等法定从宽处罚情节的，依法从宽处罚。对情节较轻、危害不大、未造成严重后果，且认罪悔罪的初犯、偶犯，受裹胁蒙蔽参与犯罪、在犯罪中作用较小，以及其他犯罪情节轻微不需要判处刑罚的，可以依法免予刑事处罚。

（三）坚持执行宗教、民族政策。要严格区分宗教极端违法犯罪与正常宗教活动的区别，严格执行党和国家的宗教、民族政策，保护正常宗教活动，维护民族团结，严禁歧视信教群众和少数民族群众，严禁干涉公民信仰宗教和不信仰宗教的自由，尊重犯罪嫌疑人、被告人的人格尊严、宗教信仰和民族习俗。

二、准确认定案件性质

（一）为制造社会恐慌、危害公共安全或者胁迫国家机关、国际组织，组织、纠集他人，策划、实施下列行为之一，造成或者意图造成人员伤亡、重大财产损失、公共设施损坏、社会秩序混乱的，以组织、领导、参加恐怖组织罪定罪处罚：

1. 发起、建立恐怖活动组织或者以从事恐怖活动为目的的训练营地，进行恐怖活动体能、技能训练的；

2. 为组建恐怖活动组织、发展组织成员或者组织、策划、实施恐怖活动，宣扬、散布、传播宗教极端、暴力恐怖思想的；

3. 在恐怖活动组织成立以后，利用宗教极端、暴力恐怖思想控制组织成员，指挥组织成员进行恐怖活动的；

4. 对特定或者不特定的目标进行爆炸、放火、杀人、伤害、绑架、劫持、恐吓、投放危险物质及其他暴力活动的；

5. 制造、买卖、运输、储存枪支、弹药、爆炸物的；

6. 设计、制造、散发、邮寄、销售、展示含有暴力恐怖思想内容的标识、标志物、旗帜、徽章、服饰、器物、纪念品的；

7. 参与制定行动计划、准备作案工具等活动的。

组织、领导、参加恐怖活动组织，同时实施杀人、放火、爆炸、非法制造爆炸物、绑架、抢劫等犯罪的，以组织、领导、参加恐怖组织罪和故意杀人罪、放火罪、爆炸罪、非法制造爆炸物罪、绑架罪、抢劫罪等数罪并罚。

（二）参加或者纠集他人参加恐怖活动组织的，或者为参加恐怖活动组织、接受其训练，出境或者组织、策划、煽动、拉拢他人出境，或者在境内跨区域活动，进行犯罪准备行为的，以参加恐怖组织罪定罪处罚。

（三）实施下列行为之一，煽动分裂国家、破坏国家统一的，以煽动分裂国家罪定罪处罚：

1. 组织、纠集他人，宣扬、散布、传播宗教极端、暴力恐怖思想的；

2. 出版、印刷、复制、发行载有宣扬宗教极端、暴力恐怖思想内容的图书、期刊、音像制品、电子出版物或者制作、印刷、复制载有宣扬宗教极端、暴力恐怖思想内容的传单、图片、标语、报纸的；

3. 通过建立、开办、经营、管理网站、网页、论坛、电子邮件、博客、微博、即时通讯工具、群组、聊天室、网络硬盘、网络电话、手机应用软件及其他网络应用服务，或者利用手机、移动存储介质、电子阅读器等登载、张贴、复制、发送、播放、演示载有宗教极端、暴力恐怖思想内容的图书、文稿、图片、音频、视频、音像制品及相关网址，宣扬、散布、传播宗教极端、暴力恐怖思想的；

4. 制作、编译、编撰、编辑、汇编或者从境外组织、机构、个人、网站直接获取载有宣扬宗教极端、暴力恐怖思想内容的图书、文稿、图片、音像制品等，供他人阅读、观看、收听、出版、印刷、复制、发行、传播的；

5. 设计、制造、散发、邮寄、销售、展示含有宗教极端、暴力恐怖思想内容的标识、标志物、旗帜、徽章、服饰、器物、纪念品的；

6. 以其他方式宣扬宗教极端、暴力恐怖思想的。

实施上述行为，煽动民族仇恨、民族歧视，情节严重的，以煽动民族仇恨、民族歧视罪定罪处罚。同时构成煽动分裂国家罪的，依照处罚较重的规定定罪处罚。

（四）明知是恐怖活动组织或者实施恐怖活动人员而为其提供经费，或者提供器材、设备、交通工具、武器装备等物质条件，或者提供场所以及其他物质便利的，以资助恐怖活动罪定罪处罚。

通过收取宗教课税募捐，为暴力恐怖、宗教极端犯罪活动筹集经费的，以相应犯罪的共同犯罪定罪处罚；构成资助恐怖活动罪的，以资助恐怖活动罪定罪处罚。

（五）编造以发生爆炸威胁、生化威胁、放射威胁、劫持航空器威胁、重大灾情、重大疫情等严重威胁公共安全的事件为内容的虚假恐怖信息，或者明知是虚假恐怖信息而故意传播、散布，严重扰乱社会秩序的，以编造、故意传播虚假恐怖信息罪定罪处罚。

编造虚假信息，或者明知是编造的虚假信息，在信息网络上散布，或者组织、指使他人在信息网络上散布，造成公共秩序严重混乱，同时构成寻衅滋事罪和编造、故意传播虚假恐怖信息罪的，依照处罚较重的规定定罪处罚。

（六）明知图书、文稿、图片、音像制品、移动存储介质、电子阅读器中载有利用宗教极端、暴力恐怖思想煽动分裂国家、破坏国家统一或者煽动民族仇恨、民族歧视的内容，而提供仓储、邮寄、投递、运输、传输及其他服务的，以煽动分裂国家罪或者煽动民族仇恨、民族歧视罪的共同犯罪定罪处罚。

虽不明知图书、文稿、图片、音像制品、移动存储介质、电子阅读器中载有利用宗教极端、暴力恐怖思想煽动分裂国家、破坏国家统一或者煽动民族仇恨、民族歧视的内容，但出于营利或其他目的，违反国家规定，予以出版、印刷、复制、发行、传播或者提供仓储、邮寄、投递、运输、传输等服务的，按照其行为所触犯的具体罪名定罪处罚。

（七）网站、网页、论坛、电子邮件、博客、微博、即时通讯工具、群组、聊天室、网络硬盘、网络电话、手机应用软件及其他网络应用服务的建立、开办、经营、管理者，明知他人散布、宣扬利用宗教极端、暴力恐怖思想煽动分裂国家、破坏国家统一或者煽动民族仇恨、民族歧视的内容，允许或者放任他人在其网站、网页、论坛、电子邮件、博客、微博、即时通讯工具、群组、聊天室、网络硬盘、网络电话、手机应用软件及其他网络应用服务上发布的，以煽动分裂国家罪或者煽动民族仇恨、民族歧视罪的共同犯罪定罪处罚。

（八）以"异教徒""宗教叛徒"等为由，随意殴打、追逐、拦截、辱骂他人，扰乱社会秩序，情节恶劣的，以寻衅滋事罪定罪处罚。

实施前款行为，同时又构成故意伤害罪、妨害公务罪等其他犯罪的，依照处罚较重的规定定罪处罚。

（九）传授暴力恐怖或者其他犯罪技能、经验，依法不能认定为组织、领导、参加恐怖组织罪的，以传授犯罪方法罪定罪处罚。

为实现所教唆的犯罪，教唆者又传授犯罪方法的，择一重罪定罪处罚。

（十）对实施本意见规定行为但不构成犯罪的，依照治安管理、宗教事务管理以及互联网、印刷、出版管理等法律、法规，予以行政处罚或者进行教育、训诫，责令停止活动。对其持有的涉案物品依法予以收缴。

三、明确认定标准

（一）对涉案宣传品的内容不作鉴定，由公安机关全面审查并逐一标注或者摘录，与扣押、移交物品清单及涉案宣传品原件一并移送人民检察院审查。因涉及宗教专门知识或者语言文字等原因无法自行审查的，可商请宗教、民族、新闻出版等部门提供审读意见，经审查后与涉案宣传品原件一并移送人民检察院审查。需要对涉案宣传品出版、印刷、制作、发行的合法性进行鉴定的，由公安机关委托新闻出版主管部门出具鉴定意见。人民检察院、人民法院应当全面审查作为证据使用的涉案宣传品的内容。

（二）对是否"明知"的认定，应当结合案件具体情况,坚持重证据,重调查研究,以行为人实施的客观行为为基础,结合其一贯表现,具体行为、程度、手段、事后态度,以及年龄、认知和受教育程度、所从事的职业等综合判断。曾因实施暴力恐怖、宗教极端违法犯罪行为受到行政、刑事处罚、免予刑事处罚,或者被责令改正后又实施的,应当认定为明知。其他共同犯罪嫌疑人、被告人或者其他知情人供认、指证,行为人不承认其主观上"明知",但又不能作出合理解释的,依据其行为本身和认知程度,足以认定其确实"明知"或者应当"明知"的,应当认定为明知。

四、明确管辖原则

(一)对本意见规定的犯罪案件,一般由犯罪地公安机关管辖,犯罪嫌疑人居住地公安机关管辖更为适宜的,也可以由犯罪嫌疑人居住地公安机关管辖。对案件管辖有争议的,可以由共同的上级公安机关指定管辖;情况特殊的,上级公安机关可以指定其他公安机关管辖。跨省、区、市以及涉外案件需要指定管辖的,由公安部指定管辖。

(二)上级公安机关指定下级公安机关立案侦查的案件,需要逮捕犯罪嫌疑人的,由侦查该案件的公安机关提请同级人民检察院审查批准,人民检察院应当依法作出批准逮捕或者不批准逮捕的决定;需要移送审查起诉的,由侦查该案件的公安机关移送同级人民检察院审查起诉。

(三)人民检察院对于审查起诉的案件,按照《刑事诉讼法》的管辖规定,认为应当由上级人民检察院或者同级其他人民检察院起诉的,应当将案件移送有管辖权的人民检察院,同时通知移送审查起诉的公安机关。

最高人民法院　最高人民检察院
公安部　司法部　国家卫生计生委
关于印发《暂予监外执行规定》的通知

2014 年 10 月 24 日　司发通〔2014〕112 号

各省、自治区、直辖市高级人民法院、人民检察院、公安厅(局)、司法厅(局)、卫生计生委,新疆维吾尔自治区高级人民法院生产建设兵团分院、新疆生产建设兵团人民检察院、公安局、司法局、监狱管理局、卫生局:

为了正确贯彻实施修改后的刑事诉讼法,进一步完善暂予监外执行制度,保障暂予监外执行工作严格依法规范进行,按照中央司法体制改革的要求,最高人民法院、最高人民检察院、公安部、司法部、国家卫生计生委联合制定了《暂予监外执行规定》,现予以印发,请认真贯彻执行。对于实施情况及遇到的问题,请分别及时报告最高人民法院、最高人民检察院、公安部、司法部、国家卫生计生委。

暂予监外执行规定

第一条　为了规范暂予监外执行工作,严格依法适用暂予监外执行,根据刑事诉讼法、监狱法等有关规定,结合刑罚执行工作实际,制定本规定。

第二条　对罪犯适用暂予监外执行,分别由下列机关决定或者批准:

(一)在交付执行前,由人民法院决定;

（二）在监狱服刑的，由监狱审查同意后提请省级以上监狱管理机关批准；

（三）在看守所服刑的，由看守所审查同意后提请设区的市一级以上公安机关批准。

对有关职务犯罪罪犯适用暂予监外执行，还应当依照有关规定逐案报请备案审查。

第三条 对暂予监外执行的罪犯，依法实行社区矫正，由其居住地的社区矫正机构负责执行。

第四条 罪犯在暂予监外执行期间的生活、医疗和护理等费用自理。

罪犯在监狱、看守所服刑期间因参加劳动致伤、致残被暂予监外执行的，其出监、出所后的医疗补助、生活困难补助等费用，由其服刑所在的监狱、看守所按照国家有关规定办理。

第五条 对被判处有期徒刑、拘役或者已经减为有期徒刑的罪犯，有下列情形之一的，可以暂予监外执行：

（一）患有属于本规定所附《保外就医严重疾病范围》的严重疾病，需要保外就医的；

（二）怀孕或者正在哺乳自己婴儿的妇女；

（三）生活不能自理的。

对被判处无期徒刑的罪犯，有前款第二项规定情形的，可以暂予监外执行。

第六条 对需要保外就医或者属于生活不能自理，但适用暂予监外执行可能有社会危险性，或者自伤自残，或者不配合治疗的罪犯，不得暂予监外执行。

对职务犯罪、破坏金融管理秩序和金融诈骗犯罪、组织（领导、参加、包庇、纵容）黑社会性质组织犯罪的罪犯适用保外就医应当从严审批，对患有高血压、糖尿病、心脏病等严重疾病，但经诊断短期内没有生命危险的，不得暂予监外执行。

对在暂予监外执行期间因违法违规被收监执行或者因重新犯罪被判刑的罪犯，需要再次适用暂予监外执行的，应当从严审批。

第七条 对需要保外就医或者属于生活不能自理的累犯以及故意杀人、强奸、抢劫、绑架、放火、爆炸、投放危险物质或者有组织的暴力性犯罪的罪犯，原被判处死刑缓期二年执行或者无期徒刑的，应当在减为有期徒刑后执行有期徒刑七年以上方可适用暂予监外执行；原被判处十年以上有期徒刑的，应当执行原判刑期三分之一以上方可适用暂予监外执行。

对未成年罪犯、六十五周岁以上的罪犯、残疾人罪犯，适用前款规定可以适度从宽。

对患有本规定所附《保外就医严重疾病范围》的严重疾病，短期内有生命危险的罪犯，可以不受本条第一款规定关于执行刑期的限制。

第八条 对在监狱、看守所服刑的罪犯需要暂予监外执行的，监狱、看守所应当组织对罪犯进行病情诊断、妊娠检查或者生活不能自理的鉴别。罪犯本人或者其亲属、监护人也可以向监狱、看守所提出书面申请。

监狱、看守所对拟提请暂予监外执行的罪犯，应当核实其居住地。需要调查其对所居住社区影响的，可以委托居住地县级司法行政机关进行调查。

监狱、看守所应当向人民检察院通报有关情况。人民检察院可以派员监督有关诊断、检查和鉴别活动。

第九条 对罪犯的病情诊断或者妊娠检查，应当委托省级人民政府指定的医院进行。医院出具的病情诊断或者检查证明文件，应当由两名具有副高以上专业技术职称的医师共同作出，经主管业务院长审核签名，加盖公章，并附化验单、影像学资料和病历等有关医疗文书复印件。

对罪犯生活不能自理情况的鉴别，由监狱、看守所组织有医疗专业人员参加的鉴别小组进行。鉴别意见由组织鉴别的监狱、看守所出具，参与鉴别的人员应当签名，监狱、看守所的负责人应当签名并加盖公章。

对罪犯进行病情诊断、妊娠检查或者生活不能自理的鉴别，与罪犯有亲属关系或者其他利害关系的医师、人员应当回避。

第十条 罪犯需要保外就医的，应当由罪犯本人或者其亲属、监护人提出保证人，保证人由监狱、看守所审查确定。

罪犯没有亲属、监护人的，可以由其居住地的村（居）民委员会、原所在单位或者社区矫正机构推荐保证人。

保证人应当向监狱、看守所提交保证书。

第十一条 保证人应当同时具备下列条件：

（一）具有完全民事行为能力，愿意承担保证人义务；

（二）人身自由未受到限制；

（三）有固定的住处和收入；

（四）能够与被保证人共同居住或者居住在同一市、县。

第十二条 罪犯在暂予监外执行期间，保证人应当履行下列义务：

（一）协助社区矫正机构监督被保证人遵守法律和有关规定；

（二）发现被保证人擅自离开居住的市、县或者变更居住地，或者有违法犯罪行为，或者需要保外就医情形消失，或者被保证人死亡的，立即向社区矫正机构报告；

（三）为被保证人的治疗、护理、复查以及正常生活提供帮助；

（四）督促和协助被保证人按照规定履行定期复查病情和向社区矫正机构报告的义务。

第十三条 监狱、看守所应当就是否对罪犯提请暂予监外执行进行审议。经审议决定对罪犯提请暂予监外执行的，应当在监狱、看守所内进行公示。对病情严重必须立即保外就医的，可以不公示，但应当在保外就医后三个工作日以内在监狱、看守所内公告。

公示无异议或者经审查异议不成立的，监狱、看守所应当填写暂予监外执行审批表，连同有关诊断、检查、鉴别材料、保证人的保证书，提请省级以上监狱管理机关或者设区的市一级以上公安机关批准。已委托进行核实、调查的，还应当附县级司法行政机关出具的调查评估意见书。

监狱、看守所审议暂予监外执行前，应当将相关材料抄送人民检察院。决定提请暂予监外执行的，监狱、看守所应当将提请暂予监外执行书面意见的副本和相关材料抄送人民检察院。人民检察院可以向决定或者批准暂予监外执行的机关提出书面意见。

第十四条 批准机关应当自收到监狱、看守所提请暂予监外执行材料之日起十五个工作日以内作出决定。批准暂予监外执行的，应当在五个工作日以内将暂予监外执行决定书送达监狱、看守所，同时抄送同级人民检察院、原判人民法院和罪犯居住地社区矫正机构。暂予监外执行决定书应当上网公开。不予批准暂予监外执行的，应当在五个工作日以内将不予批准暂予监外执行决定书送达监狱、看守所。

第十五条 监狱、看守所应当向罪犯发放暂予监外执行决定书，及时为罪犯办理出监、出所相关手续。

在罪犯离开监狱、看守所之前，监狱、看守所应当核实其居住地，书面通知其居住地社区矫正机构，并对其进行出监、出所教育，书面告知其在暂予监外执行期间应当遵守的法律和有关监督管理规定。罪犯应当在告知书上签名。

第十六条 监狱、看守所应当派员持暂予监外执行决定书及有关文书材料，将罪犯押送至居住地，与社区矫正机构办理交接手续。监狱、看守所应当及时将罪犯交接情况通报人民检察院。

第十七条 对符合暂予监外执行条件的，被告人及其辩护人有权向人民法院提出暂予监外执行的申请，看守所可以将有关情况通报人民法院。对被告人、罪犯的病情诊断、妊娠检查或者生活不能自理的鉴别，由人民法院依照本规定程序组织进行。

第十八条 人民法院应当在执行刑罚的有关法律文书依法送达前，作出是否暂予监外执行的决定。

人民法院决定暂予监外执行的，应当制作暂予监外执行决定书，写明罪犯基本情况、判决确定的罪名和刑期、决定暂予监外执行的原因、依据等，在判决生效后七日以内将暂予监外执行决定书送达看守所或者执行取保候审、监视居住的公安机关和罪犯居住地社区矫正机构，并抄送同级人民检察院。

人民法院决定不予暂予监外执行的，应当在执行刑罚的有关法律文书依法送达前，通知看守所或者执行取保候审、监视居住的公安机关，并告知同级人民检察院。监狱、看守所应当依法接收罪犯，执行刑罚。

人民法院在作出暂予监外执行决定前，应当征求人民检察院的意见。

第十九条 人民法院决定暂予监外执行，罪犯被羁押的，应当通知罪犯居住地社区矫正机构，社区矫正机构应当派员持暂予监外执行决定书及时与看守所办理交接手续，接收罪犯档案；罪犯被取保候审、监视居住的，由社区矫正机构与执行取保候审、监视居住的公安机关办理交接手续。

第二十条 罪犯原服刑地与居住地不在同一省、自治区、直辖市，需要回居住地暂予监外执行的，原服刑地的省级以上监狱管理机关或者设区的市一级以上公安机关监所管理部门应当书面通知罪犯居住地的监狱管理机关、公安机关监所管理部门，由其指定一所监狱、看守所接收罪犯档案，负责办理罪犯收监、刑满释放等手续，并及时书面通知罪犯居住地社区矫正机构。

第二十一条　社区矫正机构应当及时掌握暂予监外执行罪犯的身体状况以及疾病治疗等情况，每三个月审查保外就医罪犯的病情复查情况，并根据需要向批准、决定机关或者有关监狱、看守所反馈情况。

第二十二条　罪犯在暂予监外执行期间因犯新罪或者发现判决宣告以前还有其他罪没有判决的，侦查机关应当在对罪犯采取强制措施后二十四小时以内，将有关情况通知罪犯居住地社区矫正机构；人民法院应当在判决、裁定生效后，及时将判决、裁定的结果通知罪犯居住地社区矫正机构和罪犯原服刑或者接收其档案的监狱、看守所。

罪犯按前款规定被判处监禁刑罚后，应当由原服刑的监狱、看守所收监执行；原服刑的监狱、看守所与接收其档案的监狱、看守所不一致的，应当由接收其档案的监狱、看守所收监执行。

第二十三条　社区矫正机构发现暂予监外执行罪犯依法应予收监执行的，应当提出收监执行的建议，经县级司法行政机关审核同意后，报决定或者批准机关。决定或者批准机关应当进行审查，作出收监执行决定的，将有关的法律文书送达罪犯居住地县级司法行政机关和原服刑或者接收其档案的监狱、看守所，并抄送同级人民检察院、公安机关和原判人民法院。

人民检察院发现暂予监外执行罪犯依法应予收监执行而未收监执行的，由决定或者批准机关同级的人民检察院向决定或者批准机关提出收监执行的检察建议。

第二十四条　人民法院对暂予监外执行罪犯决定收监执行的，决定暂予监外执行时剩余刑期在三个月以下的，由居住地公安机关送交看守所收监执行；决定暂予监外执行时剩余刑期在三个月以上的，由居住地公安机关送交监狱收监执行。

监狱管理机关对暂予监外执行罪犯决定收监执行的，原服刑或者接收其档案的监狱应当立即赴羁押地将罪犯收监执行。

公安机关对暂予监外执行罪犯决定收监执行的，由罪犯居住地看守所将罪犯收监执行。

监狱、看守所将罪犯收监执行后，应当将收监执行的情况报告决定或者批准机关，并告知罪犯居住地县级人民检察院和原判人民法院。

第二十五条　被决定收监执行的罪犯在逃的，由罪犯居住地县级公安机关负责追捕。公安机关将罪犯抓捕后，依法送交监狱、看守所执行刑罚。

第二十六条　被收监执行的罪犯有法律规定的不计入执行刑期情形的，社区矫正机构应当在收监执行建议书中说明情况，并附有关证明材料。批准机关进行审核后，应当及时通知监狱、看守所向所在地的中级人民法院提出不计入执行刑期的建议书。人民法院应当自收到建议书之日起一个月以内依法对罪犯的刑期重新计算作出裁定。

人民法院决定暂予监外执行的，在决定收监执行的同时应当确定不计入刑期的期间。

人民法院应当将有关的法律文书送达监狱、看守所，同时抄送同级人民检察院。

第二十七条　罪犯暂予监外执行后，刑期即将届满的，社区矫正机构应当在罪犯刑期届满前一个月以内，书面通知罪犯原服刑或者接收其档案的监狱、看守所按期办理刑满释放手续。

人民法院决定暂予监外执行罪犯刑期届满的，社区矫正机构应当及时解除社区矫正，向其发放解除社区矫正证明书，并将有关情况通报原判人民法院。

第二十八条　罪犯在暂予监外执行期间死亡的，社区矫正机构应当自发现之日起五日以内，书面通知决定或者批准机关，并将有关死亡证明材料送达罪犯原服刑或者接收其档案的监狱、看守所，同时抄送罪犯居住地同级人民检察院。

第二十九条　人民检察院发现暂予监外执行的决定或者批准机关、监狱、看守所、社区矫正机构有违法情形的，应当依法提出纠正意见。

第三十条　人民检察院认为暂予监外执行不当的，应当自接到决定书之日起一个月以内将书面意见送交决定或者批准暂予监外执行的机关，决定或者批准暂予监外执行的机关接到人民检察院的书面意见后，应当立即对该决定进行重新核查。

第三十一条　人民检察院可以向有关机关、单位调阅有关材料、档案，可以调查、核实有关情况，有关机关、单位和人员应当予以配合。

人民检察院认为必要时，可以自行组织或者要求人民法院、监狱、看守所对罪犯重新组织进行诊断、检查或者鉴别。

第三十二条 在暂予监外执行执法工作中,司法工作人员或者从事诊断、检查、鉴别等工作的相关人员有玩忽职守、徇私舞弊、滥用职权等违法违纪行为的,依法给予相应的处分;构成犯罪的,依法追究刑事责任。

第三十三条 本规定所称生活不能自理,是指罪犯因患病、身体残疾或者年老体弱,日常生活行为需要他人协助才能完成的情形。

生活不能自理的鉴别参照《劳动能力鉴定——职工工伤与职业病致残等级分级》(GB/T16180—2006)执行。进食、翻身、大小便、穿衣洗漱、自主行动等五项日常生活行为中有三项需要他人协助才能完成,且经过六个月以上治疗、护理和观察,自理能力不能恢复的,可以认定为生活不能自理。六十五周岁以上的罪犯,上述五项日常生活行为有一项需要他人协助才能完成即可视为生活不能自理。

第三十四条 本规定自2014年12月1日起施行。最高人民检察院、公安部、司法部1990年12月31日发布的《罪犯保外就医执行办法》同时废止。

最高人民法院 最高人民检察院 人力资源社会保障部 公安部关于加强涉嫌 拒不支付劳动报酬犯罪案件查处衔接工作的通知

2014年12月23日 人社部发〔2014〕100号

各省、自治区、直辖市高级人民法院、人民检察院、人力资源社会保障厅(局)、公安厅(局),新疆维吾尔自治区高级人民法院生产建设兵团分院,新疆生产建设兵团人民检察院、人力资源社会保障局、公安局:

为贯彻执行《中华人民共和国刑法》和《最高人民法院关于审理拒不支付劳动报酬刑事案件适用法律若干问题的解释》(法释〔2013〕3号)关于拒不支付劳动报酬罪的相关规定,进一步完善人力资源社会保障行政执法和刑事司法衔接制度,加大对拒不支付劳动报酬犯罪行为的打击力度,切实维护劳动者合法权益,根据《行政执法机关移送涉嫌犯罪案件的规定》(国务院2001年第310号令)及有关规定,现就进一步做好涉嫌拒不支付劳动报酬犯罪案件查处衔接工作通知如下:

一、切实加强涉嫌拒不支付劳动报酬违法犯罪案件查处工作

(一)由于行为人逃匿导致工资账册等证据材料无法调取或用人单位在规定的时间内未提供有关工资支付等相关证据材料的,人力资源社会保障部门应及时对劳动者进行调查询问并制作询问笔录,同时应积极收集可证明劳动用工、欠薪数额等事实的相关证据,依据劳动者提供的工资数额及其他有关证据认定事实。调查询问过程一般要录音录像。

(二)行为人拖欠劳动者劳动报酬后,人力资源社会保障部门通过书面、电话、短信等能够确认其收悉的方式,通知其在指定的时间内到指定的地点配合解决问题,但其在指定的时间内未到指定的地点配合解决问题或明确表示拒不支付劳动报酬的,视为刑法第二百七十六条之一第一款规定的"以逃匿方法逃避支付劳动者的劳动报酬"。但是,行为人有证据证明因自然灾害、突发重大疾病等非人力所能抗拒的原因造成其无法在指定的时间内到指定的地点配合解决问题的除外。

(三)企业将工程或业务分包、转包给不具备用工主体资格的单位或个人,该单位或个人违法招用劳动者不支付劳动报酬的,人力资源社会保障部门应向具备用工主体资格的企业下达限期整改指令书或行政处罚决定书,责令该企业限期支付劳动者劳动报酬。对于该企业有充足证据证明已向不具备用工主体资格的单位或个人支付了劳动者全部的劳动报酬,该单位或个人仍未向劳动者支付的,应向不具备用工主体资格的单位或个人下达限期整改指令书或行政处理决定书,并要求企业监督该单位或个人向劳动者发放到位。

(四)经人力资源社会保障部门调查核实,行为人拖欠劳动者劳动报酬事实清楚、证据确凿、数额较大的,应及时下达责令支付文书。对于行为人逃匿,无法将责令支付文书送交其同住成年家属或所在单位负责收件人的,人力资源社会保障部门可以在行为人住所地、办公地、生产经营场所、建筑施工项目所在地等地张贴责令支付文书,并采用拍照、录像等方式予以记录,相关影像资料应当纳入案卷。

二、切实规范涉嫌拒不支付劳动报酬犯罪案件移送工作

(一)人力资源社会保障部门向公安机关移送涉嫌拒不支付劳动报酬犯罪案件应按照《行政执法机关移送涉嫌犯罪案件的规定》的要求,履行相关手续,并制作《涉嫌犯罪案件移送书》,在规定的期限内将案件移送公安机关。移送的案件卷宗中应当附有以下材料:

1. 涉嫌犯罪案件移送书;

2. 涉嫌拒不支付劳动报酬犯罪案件调查报告;

3. 涉嫌犯罪案件移送审批表;

4. 限期整改指令书或行政处理决定书等执法文书及送达证明材料;

5. 劳动者本人或劳动者委托代理人调查询问笔录;

6. 拖欠劳动者劳动报酬的单位或个人的基本信息;

7. 涉案的书证、物证等有关涉嫌拒不支付劳动报酬的证据材料。

人力资源社会保障部门向公安机关移送涉嫌犯罪案件应当移送与案件相关的全部材料,同时应将案件移送书及有关材料目录抄送同级人民检察院。在移送涉嫌犯罪案件时已经作出行政处罚决定的,应当将行政处罚决定书一并抄送公安机关、人民检察院。

(二)公安机关收到人力资源社会保障部门移送的涉嫌犯罪案件,应当在涉嫌犯罪案件移送书回执上签字,对移送材料不全的,可通报人力资源社会保障部门按上述规定补充移送。受理后认为不属于本机关管辖的,应当及时转送有管辖权的机

关,并书面告知移送案件的人力资源社会保障部门。对受理的案件,公安机关应当及时审查,依法作出立案或者不予立案的决定,并书面通知人力资源社会保障部门,同时抄送人民检察院。公安机关立案后决定撤销案件的,应当书面通知人力资源社会保障部门,同时抄送人民检察院。公安机关作出不立案决定或者撤销案件的,应当同时将案卷材料退回人力资源社会保障部门,并书面说明理由。

(三)人力资源社会保障部门对于公安机关不接受移送的涉嫌犯罪案件或者已受理的案件未依法及时作出立案或不立案决定的,可以建议人民检察院依法进行立案监督。对公安机关受理后作出不予立案决定的,可在接到不予立案通知书后3日内向作出决定的公安机关提请复议,也可以建议人民检察院依法进行立案监督。

(四)人民检察院发现人力资源社会保障部门对应当移送公安机关的涉嫌拒不支付劳动报酬犯罪案件不移送或者逾期不移送的,应当督促移送。人力资源社会保障部门接到人民检察院提出移送涉嫌犯罪案件的书面意见后,应当及时移送案件。人民检察院发现相关部门拒不移送案件和拒不立案行为中存在职务犯罪线索的,应当认真审查,依法处理。

三、切实完善劳动保障监察行政执法与刑事司法衔接机制

(一)人力资源社会保障部门在依法查处涉嫌拒不支付劳动报酬犯罪案件过程中,对案情复杂、性质难以认定的案件可就犯罪标准、证据固定等问题向公安机关或人民检察院咨询;对跨区域犯罪、涉及人员众多、社会影响较大的案件,人力资源社会保障部门通报公安机关的,公安机关应依法及时处置。

(二)对于涉嫌拒不支付劳动报酬犯罪案件,公安机关、人民检察院、人民法院在侦查、审查起诉和审判期间提请人力资源社会保障部门协助的,人力资源社会保障部门应当予以配合。

(三)在办理拒不支付劳动报酬犯罪案件过程中,各级人民法院、人民检察院、人力资源社会保障部门、公安机关要加强联动配合,建立拒不支付劳动报酬犯罪案件移送的联席会议制度,定期互相通报案件办理情况,及时了解案件信息,研究解决查处拒不支付劳动报酬犯罪案件衔接工作中存在的问题,进一步完善监察行政执法与刑事司法衔接工

作机制,切实发挥刑法打击拒不支付劳动报酬犯罪 行为的有效作用。

最高人民检察院　公安部关于印发
最高人民检察院、公安部《关于规范
刑事案件"另案处理"适用的指导意见》的通知

2014 年 3 月 6 日　高检会〔2014〕1 号

各省、自治区、直辖市人民检察院、公安厅(局),军事检察院,新疆生产建设兵团人民检察院、公安局:

　　为进一步规范侦查活动及其法律监督工作,保证严格依法办案,现将最高人民检察院、公安部《关于规范刑事案件"另案处理"适用的指导意见》印发你们,请结合实际,认真贯彻落实。执行中遇到的问题,请及时报告最高人民检察院、公安部。

最高人民检察院　公安部
关于规范刑事案件"另案处理"适用的指导意见

　　第一条　为进一步规范刑事案件"另案处理"的适用,促进严格公正司法,根据《中华人民共和国刑事诉讼法》《人民检察院刑事诉讼规则(试行)》《公安机关办理刑事案件程序规定》等有关规定,结合实际工作,制定本意见。

　　第二条　本意见所称"另案处理",是指在办理刑事案件过程中,对于涉嫌共同犯罪案件或者与该案件有牵连关系的部分犯罪嫌疑人,由于法律有特殊规定或者案件存在特殊情况等原因,不能或者不宜与其他同案犯罪嫌疑人同案处理,而从案件中分离出来单独或者与其他案件并案处理的情形。

　　第三条　涉案的部分犯罪嫌疑人有下列情形之一的,可以适用"另案处理":

　　(一)依法需要移送管辖处理的;

　　(二)系未成年人需要分案办理的;

　　(三)在同案犯罪嫌疑人被提请批准逮捕或者移送审查起诉时在逃,无法到案的;

　　(四)涉嫌其他犯罪,需要进一步侦查,不宜与同案犯罪嫌疑人一并提请批准逮捕或者移送审查起诉,或者其他犯罪更为严重,另案处理更为适宜的;

　　(五)涉嫌犯罪的现有证据暂不符合提请批准逮捕或者移送审查起诉标准,需要继续侦查,而同案犯罪嫌疑人符合提请批准逮捕或者移送审查起诉标准的;

　　(六)其他适用"另案处理"更为适宜的情形。

　　第四条　对于下列情形,不适用"另案处理",但公安机关应当在提请批准逮捕书、起诉意见书中注明处理结果,并将有关法律文书复印件及相关说明材料随案移送人民检察院:

　　(一)现有证据表明行为人在本案中的行为不构成犯罪或者情节显著轻微、危害不大,依法不应当或者不需要追究刑事责任,拟作或者已经作出行政处罚、终止侦查或者其他处理的;

　　(二)行为人在本案中所涉犯罪行为,之前已被司法机关依法作不起诉决定、刑事判决等处理并生效的。

第五条 公安机关办案部门在办理刑事案件时，发现其中部分犯罪嫌疑人符合本意见第三条规定的情形之一，拟作"另案处理"的，应当提出书面意见并附下列证明材料，经审核后报县级以上公安机关负责人审批：

（一）依法需要移送管辖的，提供移送管辖通知书、指定管辖决定书等材料；

（二）系未成年人需要分案处理的，提供未成年人户籍证明、立案决定书、提请批准逮捕书、起诉意见书等材料；

（三）犯罪嫌疑人在逃的，提供拘留证、上网追逃信息等材料；

（四）犯罪嫌疑人涉嫌其他犯罪，需要进一步侦查的，提供立案决定书等材料；

（五）涉嫌犯罪的现有证据暂不符合提请批准逮捕或者移送审查起诉标准，需要继续侦查的，提供相应说明材料；

（六）因其他原因暂不能提请批准逮捕或者移送审查起诉的，提供相应说明材料。

第六条 公安机关对适用"另案处理"案件进行审核时，应当重点审核以下内容：

（一）是否符合适用"另案处理"条件；

（二）适用"另案处理"的相关证明材料是否齐全；

（三）对本意见第三条第三项、第五项规定的情形适用"另案处理"的，是否及时开展相关工作。

对于审核中发现的问题，办案部门应当及时纠正。

第七条 公安机关对下列案件应当进行重点审核：

（一）一案中存在多名适用"另案处理"人员的；

（二）适用"另案处理"的人员涉嫌黑社会性质的组织犯罪以及故意杀人、强奸、抢劫、绑架等严重危及人身安全的暴力犯罪的；

（三）适用"另案处理"可能引起当事人及其法定代理人、辩护人、诉讼代理人、近亲属或者其他相关人员投诉的；

（四）适用"另案处理"的案件受到社会广泛关注，敏感复杂的。

第八条 公安机关在提请批准逮捕、移送审查起诉案件时，对适用"另案处理"的犯罪嫌疑人，应

当在提请批准逮捕书、起诉意见书中注明"另案处理"，并将其涉嫌犯罪的主要证据材料的复印件，连同本意见第五条规定的相关证明材料一并随案移送。

对未批准适用"另案处理"的刑事案件，应当对符合逮捕条件的全部犯罪嫌疑人一并提请批准逮捕，或者在侦查终结后对全部犯罪嫌疑人一并移送审查起诉。

第九条 在提请人民检察院批准逮捕时已对犯罪嫌疑人作"另案处理"，但在移送审查起诉时"另案处理"的原因已经消失的，公安机关应当对其一并移送审查起诉；"另案处理"原因仍然存在的，公安机关应当继续适用"另案处理"，并予以书面说明。

第十条 人民检察院在审查逮捕、审查起诉时，对于适用"另案处理"的案件，应当一并对适用"另案处理"是否合法、适当进行审查。人民检察院审查的重点适用本意见第六条、第七条的规定。

第十一条 人民检察院对于缺少本意见第五条规定的相关材料的案件，应当要求公安机关补送，公安机关应当及时补送。

第十二条 人民检察院发现公安机关在办案过程中适用"另案处理"存在违法或者不当的，应当向公安机关提出书面纠正意见或者检察建议。公安机关应当认真审查，并将结果及时反馈人民检察院。

第十三条 对于本意见第四条规定的情形，人民检察院应当对相关人员的处理情况及相关法律文书进行审查，发现依法需要追究刑事责任的，应当依法予以法律监督。

第十四条 人民检察院对于犯罪嫌疑人长期在逃或者久侦不结的"另案处理"案件，可以适时向公安机关发函催办。公安机关应当及时将开展工作情况函告人民检察院。

第十五条 人民检察院和公安机关应当建立信息通报制度，相互通报"另案处理"案件数量、工作开展情况、案件处理结果等信息，共同研究办理"另案处理"案件过程中存在的突出问题。对于案情重大、复杂、敏感案件，人民检察院和公安机关可以根据实际情况会商研究。

第十六条 人民检察院和公安机关应当建立对"另案处理"案件的动态管理和核销制度。公安机关应当及时向人民检察院通报案件另案处理结

果并提供法律文书等相关材料。市、县级人民检察院与公安机关每六个月对办理的"另案处理"案件进行一次清理核对。对"另案处理"原因已经消失或者已作出相关处理的案件,应当及时予以核销。

第十七条 在办理"另案处理"案件中办案人员涉嫌徇私舞弊、失职、渎职等违法违纪行为的,由有关部门依法依纪处理;构成犯罪的,依法追究刑事责任。

第十八条 各地人民检察院、公安机关可以根据本意见并结合本地工作实际,制定"另案处理"的具体实施办法。

第十九条 本意见自下发之日起施行。

最高人民检察院关于印发《关于进一步改进检察业务考评工作的意见》的通知

2014 年 2 月 27 日 高检发〔2014〕7 号

各省、自治区、直辖市人民检察院,军事检察院,新疆生产建设兵团人民检察院:

《关于进一步改进检察业务考评工作的意见》已经 2014 年 2 月 7 日最高人民检察院第十二届第四十次党组会议讨论通过,现印发你们,请结合实际,认真贯彻落实。

关于进一步改进检察业务考评工作的意见

(2014 年 2 月 7 日最高人民检察院第十二届第四十次党组会议通过)

为进一步改进检察业务考评工作,引导全国检察机关牢固树立正确的执法观、业绩观,不断加大办案力度,提高办案质量和效率,推动检察业务工作科学发展,在认真总结经验的基础上,结合检察工作实际,提出如下意见:

一、充分认识进一步改进检察业务考评工作的重要意义

检察业务考评是加强管理、推进工作的重要手段。近年来,各地检察机关根据高检院《关于进一步建立健全检察机关执法办案考评机制的指导意见》(高检发〔2011〕19 号),全面开展检察业务考评工作,对推动检察工作创新发展发挥了积极作用。但是,考评工作中仍然不同程度地存在着重数量轻质量、重内部评价轻社会评价、重量化排名轻分析整改等倾向,导致一些地方和单位单纯围绕考评指标部署开展工作,片面追求计分排名,甚至为追求考评成绩而弄虚作假,影响了检察职能作用的正确有效发挥。党的十八大以来,中央对政法工作和检察工作作出一系列重大部署,人民群众对于维护自身合法权益、维护社会公平正义的司法需求日益增长,刑事诉讼法、民事诉讼法的修改对检察机关履行法律监督职能提出了更高要求,对检察机关执法理念、执法机制、执法方式、执法能力提出了新的挑战,迫切需要对检察业务考评工作进行调整和改进,以更好地适应新形势、新任务的要求。各级检察机关要从顺应人民群众要求、改进工作作风、推动检察工作科学发展的高度,充分认识进一步改进检察业务考评工作的重要性、必要性和紧迫性,切实把思想统一到中央和高检院的部署要求上来,进一步更新考评理念,不断完善工作机制,充分发挥考评工作的积极作用。

二、准确把握改进检察业务考评工作的指导思想和基本思路

进一步改进检察业务考评工作的指导思想是：以邓小平理论、"三个代表"重要思想和科学发展观为指导，深入贯彻党的十八大和十八届三中全会精神以及中央关于政法工作、检察工作一系列指示要求，遵循司法规律，认真总结经验，针对考评工作中存在的突出问题，注重体现检察业务之间的相互关系，科学设置考评内容，改进考评方法，构建体现正确执法理念和导向的检察业务考评体系，最大限度地发挥考评工作的积极作用，推动检察业务工作全面健康协调发展。贯彻上述指导思想，要坚持以下基本思路：

（一）坚持正确的考评导向。通过对检察业务的考评，引导各级检察机关牢固树立正确的政绩观和理性、平和、文明、规范的执法观，坚持数量、质量、效率、效果、安全的有机统一，紧紧围绕检察工作总体部署和要求，最大限度地调动各方面的工作积极性，切实发挥考评工作的积极作用，防止因导向偏差给工作带来消极作用和负面影响。

（二）坚持遵循检察工作规律。充分认识检察业务工作的司法属性、部门之间相互制约的特殊性、执法办案活动的复杂性以及地区因素的差异性，综合运用多种手段和方式，正确处理考评中的矛盾和冲突。正确认识考评的功能和作用范围，积极探索考评工作与业务指导、规范化建设、内部监督制约机制有机结合的途径和方式，使各种工作机制和管理手段协同配合、共同发挥作用。

（三）坚持定量评价与定性评价相结合。在充分发挥定量评价积极作用的同时，将定性评价纳入考评机制，对不宜量化的考评内容进行定性分析，形成定量评价与定性评价相结合的考评方式，改变简单通过数字指标、比率控制线等方式评价办案质量的做法，构建科学评价执法办案数量、质量、效率、效果、安全的考评体系，增强考评工作的针对性、科学性和全面性。

（四）坚持内部评价与外部评价相结合。在不断完善内部考评机制的同时，积极稳妥地引入外部评价机制，听取群众呼声，回应社会关切，形成内部评价与外部评价相结合的评价体系，不断提高考评工作的科学化水平，推动实现执法办案法律效果与政治效果、社会效果的有机统一。

三、科学设置考评内容

要根据不同层级检察院的工作重心和办案特点，紧密结合形势任务、政策要求和上级检察院的工作部署，科学设定、适时调整考评内容，使考评工作更加符合检察工作规律，更加客观、准确地反映检察业务工作情况，更好地推动各项工作部署和要求的落实。检察业务考评内容主要包括以下几个方面：

（一）检察业务核心数据。检察业务核心数据是检察业务考评的重要内容。设置检察业务核心数据项目要把握以下几点：一是突出重点。重点考评执法办案工作的主要方面和重点环节，不搞面面俱到，进一步减轻考评负担。二是统筹兼顾。要充分考虑各项检察业务的不同性质和特点，区分不同情况，明确考评侧重点，统筹兼顾办案数量、质量、效率、效果和安全。对于一些能够在最终结果中反映的中间性、过程性、阶段性工作，一般不纳入考评。三是客观公正。要注重考评项目的客观性和可核查性，纳入考评的检察业务数据，原则上都应当由统一业务应用系统产生，取消不易验证核查以及不能客观反映实际情况的项目，坚决防止和纠正弄虚作假等问题。

（二）案件质量评查情况。为全面、准确评价检察业务工作，在考评检察业务相关数据的基础上，对一些特定种类的案件开展案件质量评查，并将评查情况纳入考评工作，改变过去简单通过数字指标评判执法办案质量的做法。案件质量评查的重点包括查办职务犯罪业务中的撤销案件、不起诉、法院判决无罪案件；侦查监督业务中的批准或者决定逮捕后撤销案件、不起诉、法院判决无罪案件；公诉业务中的撤回起诉、法院判决无罪案件等，并可以根据实际情况适时调整。

（三）落实上级检察院重要业务工作部署情况。为使检察业务考评工作更好地贴近检察工作大局，更好地推动各项工作部署和要求的落实，应当将下级检察院落实上级检察院重要业务工作部署情况纳入考评内容。重点考评落实上级检察院工作部署和要求，推动检察业务工作健康发展，在本地区检察机关实施并产生一定成效的工作措施等情况。上级检察院考评工作责任部门应当会同各业务部门在每年年初提出纳入当年考评内容的重要工作部署、任务及要求，以便下级检察院有针对性地加强和改进工作。纳入考评的工作部署、任务要立足

全局、突出重点,不宜过多,防止出现消极影响。对于没有法律依据的探索性、临时性、局部性的工作,一般不纳入考评。

(四)社会评价情况。人大代表、政协委员对检察工作提出的意见、建议,全面客观地反映了人民群众对检察工作的评价,各地要将人大代表、政协委员以及人民监督员等对检察机关执法办案情况的评价或者对检察业务工作提出的意见、建议作为社会评价的重要内容纳入考评。

最高人民检察院对各省级检察院的检察业务考评主要采用通报本意见附件所列举的核心数据的方式进行,不对各地的检察业务进行量化打分和排名。地方各级检察机关可以参考附件的通报项目,根据本地情况适当增减后确定考评内容和考评方式。

四、进一步改进考评方式方法

要充分运用检察机关统一业务应用系统,紧紧围绕检察业务考评内容,进一步改进考评方式方法,把结果考评与过程监管、日常考核与年终考评、综合考评与个案评查、内部考评与外部评价结合起来,增强考评工作的科学性、针对性和透明度,不断提高考评效率。

(一)开展执法办案网上考评。积极推进信息技术在考评工作中的应用,建立健全执法办案网上考评机制,实现对执法办案活动网上监督管理、网上考核评价。要充分利用全国检察机关统一业务应用系统开展考评工作,通过严格落实网上办案要求,实现考评数据实时自动生成,客观、即时反映执法办案情况。开展网上案件质量评查、网上通报考评结果、网上收集反馈考评意见,不断拓展网上考评应用范围,实现考评工作日常化、动态化。

(二)开展案件质量评查。将案件质量评查作为检察业务考评的重要手段,对应当进行定性评价的案件,从办案程序和实体处理等方面进行核查、分析,实事求是地对办案质量作出评价并予以通报。对纳入考评范围案件的评查,既可以结合日常评查进行,也可以单独组织。

(三)开展社会评价。及时汇总人大代表审议、政协委员讨论检察院工作报告的意见和建议,通过召开座谈会、邀请视察执法工作、举办检察开放日等多种形式征求人大代表、政协委员以及人民监督员对检察业务工作的意见和建议。对收集

到的意见建议,要在认真梳理分析的基础上予以通报。

五、充分运用考评结果

考评结果运用是发挥考评机制功能作用的关键。要把考评结果运用与业务建设、队伍建设、基层院建设相结合,把上级检察院对下级检察院的考评与本级检察院对干警个人的考评相结合,进一步整合考评资源,拓展考评结果运用的广度和深度,充分发挥考评结果的引导、规范、督促、激励等作用。

(一)及时发现问题。要通过业务考评及时发现、梳理、归纳检察业务工作中存在的突出问题,及时予以研究解决。

(二)促进制度完善。对于考评中反映出的普遍性、倾向性问题,要认真查找原因,及时建立、健全相应的机制制度,从源头上防止和杜绝类似问题的发生。

(三)提高队伍素质。对于考评中反映出来的突出问题,特别是涉及到办案人员的执法理念、执法作风、执法能力方面的问题,要有针对性地加强教育培训和管理监督,不断提高广大检察人员的业务素质和执法能力,规范执法办案行为。

(四)总结推广经验。对于考评中发现的先进经验和典型,可以采取通报、编发材料、媒体宣传、表彰奖励等方式,及时予以总结归纳、宣传推广,以激励先进,鞭策后进。

(五)服务指导决策。要善于结合考评开展检察业务分析研判工作,就工作部署、改进工作等提出合理化的对策建议,为领导决策和业务部门指导工作提供参考和依据。

六、加强检察业务考评工作的组织实施

检察业务考评原则上采取逐级考评模式,由上级检察院统一组织实施,案件管理部门具体负责,其他部门协助做好相关工作,检察业务考评结果由上级检察院统一通报。最高人民检察院通报的内容见所附的《年度各省级检察院检察业务核心数据》。

铁路运输检察分院检察业务由最高人民检察院组织考评,具体考评办法另行制定。

基层检察院执法规范化建设考评以及其他考评中涉及检察业务数据的,以检察业务考评结果为依据,上级检察院各内设部门不再另行组织检察业务考评或者变相考评。

各地在考评工作中遇到的重要情况和问题,要 及时层报最高人民检察院。

最高人民检察院关于印发
《人民检察院举报工作规定》的通知

2014 年 9 月 30 日　高检发〔2014〕15 号

各省、自治区、直辖市人民检察院,军事检察院,新疆生产建设兵团人民检察院:

修订后的《人民检察院举报工作规定》已经 2014 年 7 月 21 日最高人民检察院第十二届检察委员会第二十五次会议通过,现印发你们,请认真贯彻执行。

人民检察院举报工作规定

(1996 年 7 月 18 日最高人民检察院检察委员会第五十八次会议通过　2009 年 4 月 8 日最高人民检察院第十一届检察委员会第十一次会议第一次修订　2014 年 7 月 21 日最高人民检察院第十二届检察委员会第二十五次会议第二次修订)

目　录

第一章　总　则

第一条　为了进一步规范人民检察院举报工作,保障举报工作顺利开展,根据《中华人民共和国刑事诉讼法》等有关法律的规定,制定本规定。

第二条　人民检察院依法受理涉嫌贪污贿赂犯罪,国家工作人员的渎职犯罪,国家机关工作人员利用职权实施的非法拘禁、刑讯逼供、报复陷害、非法搜查的侵犯公民人身权利的犯罪以及侵犯公民民主权利的犯罪的举报。

第三条　人民检察院举报工作的主要任务是,受理、审查举报线索,答复、保护、奖励举报人,促进职务犯罪查办工作,保障反腐败工作顺利进行。

第四条　各级人民检察院应当设立举报中心负责举报工作。

举报中心与控告检察部门合署办公,控告检察部门主要负责人兼任举报中心主任,地市级以上人民检察院配备一名专职副主任。

有条件的地方,可以单设举报中心。

第五条　举报工作应当遵循下列原则:

(一)依靠群众,方便举报;

(二)依法、及时、高效;

(三)统一管理,归口办理,分级负责;

(四)严格保密,保护公民合法权益;

（五）加强内部配合与制约，接受社会监督。

第六条 人民检察院应当采取多种形式，充分利用现代信息技术，开展举报宣传。

第七条 任何公民、法人和其他组织依法向人民检察院举报职务犯罪行为，其合法权益受到法律的保护。人民检察院鼓励依法实名举报。

使用真实姓名或者单位名称举报，有具体联系方式并认可举报行为的，属于实名举报。

第八条 人民检察院应当告知举报人享有以下权利：

（一）申请回避。举报人发现举报中心的工作人员有法定回避情形的，有权申请其回避。

（二）查询结果。举报人在举报后一定期限内没有得到答复时，有权向受理举报的人民检察院询问，要求给予答复。

（三）申诉复议。举报人对人民检察院对其举报事实作出不予立案决定后，有权就该不立案决定向上一级人民检察院提出申诉。举报人是受害人的，可以向作出该不立案决定的人民检察院申请复议。

（四）请求保护。举报人举报后，如果人身、财产安全受到威胁，有权请求人民检察院予以保护。

（五）获得奖励。举报人举报后，对符合奖励条件的，有权根据规定请求精神、物质奖励。

（六）法律法规规定的其他权利。

第九条 人民检察院应当告知举报人如实举报，依照法律规定，不得故意捏造事实，伪造证据，诬告陷害他人。

第十条 人民检察院应当加强信息化建设，建立和完善举报信息系统，逐步实现上下级人民检察院之间、部门之间举报信息的互联互通，提高举报工作效率和管理水平。

第十一条 人民检察院应当加强与纪检监察机关、审判机关、行政执法机关的联系与配合，建立和完善举报材料移送制度。

第二章 举报线索的受理

第十二条 人民检察院举报中心统一受理举报和犯罪嫌疑人投案自首。

第十三条 各级人民检察院应当设立专门的举报接待场所，向社会公布通信地址、邮政编码、举报电话号码、举报网址、接待时间和地点、举报线索的处理程序以及查询举报线索处理情况和结果的方式等相关事项。

第十四条 对以走访形式初次举报的以及职务犯罪嫌疑人投案自首的，举报中心应当指派两名以上工作人员专门接待，问明情况，并制作笔录，经核对无误后，由举报人、自首人签名、捺指印，必要时，经举报人、自首人同意，可以录音、录像；对举报人、自首人提供的有关证据材料、物品等应当登记，制作接受证据（物品）清单，并由举报人、自首人签名，必要时予以拍照，并妥善保管。

举报人提出预约接待要求的，经举报中心负责人批准，人民检察院可以指派两名以上工作人员在约定的时间到举报人认为合适的地方接谈。

对采用集体走访形式举报同一职务犯罪行为的，应当要求举报人推选代表，代表人数一般不超过五人。

第十五条 对采用信函形式举报的，工作人员应当在专门场所进行拆阅。启封时，应当保持邮票、邮戳、邮编、地址和信封内材料的完整。

对采用传真形式举报的，参照前款规定办理。

第十六条 对通过12309举报网站或者人民检察院门户网站进行举报的，工作人员应当及时下载举报内容并导入举报线索处理系统。举报内容应当保持原始状态，不得作任何文字处理。

第十七条 对采用电话形式举报的，工作人员应当准确、完整地记录举报人的姓名、地址、电话和举报内容。举报人不愿提供姓名等个人信息的，应当尊重举报人的意愿。

第十八条 有联系方式的举报人提供的举报材料内容不清的，有管辖权的人民检察院举报中心应当在接到举报材料后七日以内与举报人联系，建议举报人补充有关材料。

第十九条 反映被举报人有下列情形之一，必须采取紧急措施的，举报中心工作人员应当在接收举报后立即提出处理意见并层报检察长审批：

（一）正在预备犯罪、实行犯罪或者在犯罪后即时被发觉的；

（二）企图自杀或者逃跑的；

（三）有毁灭、伪造证据或者串供可能的；

（四）其他需要采取紧急措施的。

第二十条 职务犯罪举报线索实行分级管辖。上级人民检察院可以直接受理由下级人民检察院管辖的举报线索，经检察长批准，也可以将本院管辖的举报线索交由下级人民检察院办理。

下级人民检察院接收到上级人民检察院管辖

的举报线索,应当层报上级人民检察院处理。收到同级人民检察院管辖的举报线索,应当及时移送有管辖权的人民检察院处理。

第二十一条　举报线索一般由被举报人工作单位所在地人民检察院管辖。认为由被举报犯罪地人民检察院管辖更为适宜的,可以由被举报犯罪地人民检察院管辖。

几个同级人民检察院都有权管辖的,由最初受理的人民检察院管辖。在必要的时候,可以移送主要犯罪地的人民检察院管辖。对管辖权有争议的,由其共同的上一级人民检察院指定管辖。

第二十二条　除举报中心专职工作人员日常接待之外,各级人民检察院实行检察长和有关侦查部门负责人定期接待举报制度。接待时间和地点应当向社会公布。

第二十三条　对以举报为名阻碍检察机关工作人员依法执行公务,扰乱检察机关正常工作秩序的,应当进行批评教育,情节严重的,应当依照有关法律规定处理。

第三章　举报线索的管理

第二十四条　人民检察院举报中心负责统一管理举报线索。本院检察长、其他部门或者人员接收的职务犯罪案件线索,应当自收到之日起七日以内移送举报中心。

侦查部门自行发现的案件线索和有关机关或者部门移送人民检察院审查是否立案的案件线索,由侦查部门审查。

第二十五条　人民检察院对于直接受理的要案线索实行分级备案的管理制度。县、处级干部的要案线索一律报省级人民检察院举报中心备案,其中涉嫌犯罪数额特别巨大或者犯罪后果特别严重的,层报最高人民检察院举报中心备案;厅、局级以上干部的要案线索一律报最高人民检察院举报中心备案。

第二十六条　要案线索的备案,应当逐案填写要案线索备案表。备案应当在受理后七日以内办理;情况紧急的,应当在备案之前及时报告。

接到备案的上级人民检察院举报中心对于备案材料应当及时审查,如果有不同意见,应当在十日以内将审查意见通知报送备案的下级人民检察院。

第二十七条　举报中心应当建立举报线索数据库,指定专人将举报人和被举报人的基本情况、举报线索的主要内容以及办理情况等逐项录入专用计算机。

多次举报的举报线索,有新的举报内容的,应当在案卡中补充完善,及时移送有关部门;没有新的举报内容的,应当在案卡中记录举报时间,标明举报次数,每月将重复举报情况通报有关部门。

第二十八条　举报中心应当每半年清理一次举报线索,对线索的查办和反馈情况进行分析,查找存在问题,及时改进工作,完善管理制度。

第二十九条　举报中心应当定期对举报线索进行分类统计,综合分析群众反映强烈的突出问题以及群众举报的特点和规律,提出工作意见和建议,向上级人民检察院举报中心和本院检察长报告。

第四章　举报线索的审查处理

第三十条　举报中心对接收的举报线索,应当确定专人进行审查,根据举报线索的具体情况和管辖规定,自收到举报线索之日起七日以内作出以下处理:

(一)属于本院管辖的,依法受理并分别移送本院有关部门办理;属于人民检察院管辖但不属于本院管辖的,移送有管辖权的人民检察院办理。

(二)不属于人民检察院管辖的,移送有管辖权的机关处理,并且通知举报人、自首人;不属于人民检察院管辖又必须采取紧急措施的,应当先采取紧急措施,然后移送主管机关。

(三)属于性质不明难以归口的,应当进行必要的调查核实,查明情况后三日以内移送有管辖权的机关或者部门办理。

第三十一条　侦查部门收到举报中心移送的举报线索,应当在三个月以内将处理情况回复举报中心;下级人民检察院接到上级人民检察院移送的举报材料后,应当在三个月以内将处理情况回复上级人民检察院举报中心。

第三十二条　侦查部门应当在规定时间内书面回复查办结果。回复文书应当包括下列内容:

(一)举报人反映的主要问题;

(二)查办的过程;

(三)作出结论的事实依据和法律依据。

举报中心收到回复文书后应当及时审查,认为处理不当的,提出处理意见报检察长审批。

第三十三条　举报中心对移送侦查部门的举

报线索,应当加强管理、监督和跟踪。

第三十四条 上级人民检察院举报中心可以代表本院向下级人民检察院交办举报线索。

第三十五条 举报中心对移送本院有关部门和向下级人民检察院交办的举报线索,可以采取实地督办、网络督办、电话督办、情况通报等方式进行督办。

第三十六条 下级人民检察院举报中心负责管理上级人民检察院举报中心交办的举报线索。接到上级人民检察院交办的举报线索后,应当在三日以内提出处理意见,报检察长审批。

第三十七条 对上级人民检察院交办的举报线索,承办人民检察院应当在三个月以内办结。情况复杂,确需延长办理期限的,经检察长批准,可以延长三个月。延期办理的,由举报中心向上级人民检察院举报中心报告进展情况,并说明延期理由。法律另有规定的,从其规定。

第三十八条 办案部门应当在规定期限内办理上级人民检察院交办的举报线索,并向举报中心书面回复办理结果。回复办理结果应当包括举报事项、办理过程、认定的事实和证据、处理情况和法律依据以及执法办案风险评估情况等。举报中心应当制作交办案件查处情况报告,以本院名义报上一级人民检察院举报中心审查。

第三十九条 交办案件查处情况报告应当包括下列内容:

(一)案件来源;

(二)举报人、被举报人的基本情况及反映的主要问题;

(三)查办过程;

(四)认定的事实和证据;

(五)处理情况和法律依据;

(六)实名举报的答复情况。

第四十条 上级人民检察院举报中心收到下级人民检察院交办案件查处情况报告后,应当认真审查。对事实清楚、处理适当的,予以结案;对事实不清,证据不足,定性不准,处理不当的,提出意见,退回下级人民检察院重新办理。必要时可以派员或者发函督办。

第四十一条 举报中心对性质不明难以归口、检察长批交的举报线索应当进行初核。

对群众多次举报未查处的举报线索,可以要求侦查部门说明理由,认为理由不充分的,可以提出处理意见,报检察长决定。

第四十二条 对举报线索进行初核,应当经举报中心负责人审核后,报检察长批准。

第四十三条 初核一般应当在两个月以内终结。案情复杂或者有其他特殊情况需要延长初核期限的,应当经检察长批准,但最长不得超过三个月。

第四十四条 初核终结后,承办人员应当制作《初核终结报告》,根据初核查明的事实和证据,区分不同情形提出处理意见,经举报中心负责人审核后,报检察长决定:

(一)认为举报的犯罪事实属于检察机关管辖的,移送有管辖权的人民检察院处理;属于本院管辖的,移送本院侦查部门办理;

(二)认为举报的事实不属于检察机关管辖的,移送有管辖权的机关处理;

(三)认为举报所涉犯罪事实不存在,或者具有刑事诉讼法第十五条规定的情形之一,不需要追究刑事责任的,终结初核并答复举报人。需要追究纪律责任的,移送纪检监察机关或者有关单位处理。

第四十五条 在作出初核结论十日以内,承办人员应当填写《举报线索初核情况备案表》,经举报中心负责人批准后,报上一级人民检察院举报中心备案。

上一级人民检察院举报中心认为处理不当的,应当在收到备案材料后十日以内通知下级人民检察院纠正。

第五章 不立案举报线索审查

第四十六条 举报人不服侦查部门的不立案决定向人民检察院反映,具有下列情形之一的,举报中心应当对不立案举报线索进行审查,但依照规定属于侦查部门和侦查监督部门办理的除外:

(一)举报中心移送到侦查部门,经侦查部门初查后决定不予立案的;

(二)领导机关或者本院领导批示由举报中心审查的。

第四十七条 审查不立案举报线索,原则上由同级人民检察院举报中心进行。

同级人民检察院举报中心认为由上一级人民检察院举报中心审查更为适宜的,应当提请上一级人民检察院举报中心审查。

上一级人民检察院举报中心认为有必要审查

下级人民检察院侦查部门的不予立案举报线索的，可以决定审查。

第四十八条 审查不立案举报线索的范围应当仅限于原举报内容。对审查期间举报人提供的新的职务犯罪线索，举报中心应当及时移送有管辖权的人民检察院侦查部门审查办理。

第四十九条 审查期间，举报人对不立案决定不服申请复议的，控告检察部门应当受理，并根据事实和法律进行审查，可以要求举报人提供有关材料。认为需要侦查部门说明不立案理由的，应当及时将案件移送侦查监督部门办理。

举报人申请复议，不影响对不立案举报线索的审查。但承办人认为需要中止审查的，经举报中心负责人批准，可以中止审查。

中止审查后，举报人对复议结果不服的理由成立，继续审查有必要的，不立案举报线索审查应当继续进行。

第五十条 不立案举报线索审查终结后，应当制作审查报告，提出处理意见。

第五十一条 举报中心审查不立案举报线索，应当自收到侦查部门决定不予立案回复文书之日起一个月以内办结；情况复杂，期满不能办的，经举报中心负责人批准，可以延长两个月。

第五十二条 举报中心审查不立案举报线索，应当在办结后七日以内向上一级人民检察院举报中心备案。

对侦查部门重新作出立案决定的，举报中心应当将审查报告、立案决定书等相关文书，在立案后十日以内报上一级人民检察院举报中心备案。

第五十三条 举报人不服下级人民检察院复议决定提出的申诉，上一级人民检察院控告检察部门应当受理，并根据事实和法律进行审查，可以要求举报人提供有关材料，认为需要侦查部门说明不立案理由的，应当及时将案件移送侦查监督部门办理。

第六章 举报答复

第五十四条 实名举报应当逐件答复。除联络方式不详无法联络的以外，应当将处理情况和办理结果及时答复举报人。

第五十五条 对采用走访形式举报的，应当场答复是否受理；不能当场答复的，应当自接待举报人之日起十五日以内答复。

第五十六条 答复可以采取口头、书面或者其他适当的方式。口头答复的，应当制作答复笔录，载明答复的时间、地点、参加人及答复内容、举报人对答复的意见等。书面答复的，应当制作答复函。邮寄答复函时不得使用有人民检察院字样的信封。

第五十七条 人民检察院举报中心和侦查部门共同负责做好实名举报答复工作。

第七章 举报人保护

第五十八条 各级人民检察院应当依法保护举报人及其近亲属的安全和合法权益。

第五十九条 各级人民检察院应当采取下列保密措施：

（一）举报线索由专人录入专用计算机，加密码严格管理，未经检察长批准，其他工作人员不得查看。

（二）举报材料应当放置于保密场所，保密场所应当配备保密设施。未经许可，无关人员不得进入保密场所。

（三）向检察长报送举报线索时，应当将相关材料用机要袋密封，并填写机要编号，由检察长亲自拆封。

（四）严禁泄露举报内容以及举报人姓名、住址、电话等个人信息，严禁将举报材料转给被举报人或者被举报单位。

（五）调查核实情况时，严禁出示举报线索原件或者复印件；除侦查工作需要外，严禁对匿名举报线索材料进行笔迹鉴定。

（六）其他应当采取的保密措施。

第六十条 举报中心应当指定专人负责受理网上举报，严格管理举报网站服务器的用户名和密码，并适时更换。

利用检察专线网处理举报线索的计算机应当与互联网实行物理隔离。

通过网络联系、答复举报人时，应当核对密码，答复时不得涉及举报具体内容。

第六十一条 人民检察院受理实名举报后，应当对举报风险进行评估，必要时应当制定举报人保护预案，预防和处置打击报复实名举报人的行为。

第六十二条 举报人向人民检察院实名举报后，在人身、财产安全受到威胁向人民检察院求助时，举报中心或者侦查部门应当迅速查明情况，向检察长报告。认为威胁确实存在的，应当及时通知当地公安机关;情况紧急的,应当先指派法警采取人身保护的临时措施保护举报人,并及时通知当地公安机关。

第六十三条 举报人确有必要在诉讼中作证时,应当采取以下保护措施:

(一)不公开真实姓名、住址和工作单位等个人信息;

(二)采取不暴露外貌、真实声音等出庭作证措施;

(三)禁止特定的人员接触举报人及其近亲属;

(四)对举报人人身和住宅采取专门性保护措施;

(五)其他必要的保护措施。

第六十四条 对打击报复或者指使他人打击报复举报人及其近亲属的,经调查核实,应当视情节轻重分别作出处理:

(一)尚未构成犯罪的,提出检察建议,移送主管机关或者部门处理;

(二)构成犯罪的,依法追究刑事责任。

第六十五条 对举报人因受打击报复,造成人身伤害或者名誉损害、财产损失的,应当支持其依法提出赔偿请求。

第八章 举报奖励

第六十六条 举报线索经查证属实,被举报人构成犯罪的,应当对积极提供举报线索、协助侦破案件有功的举报人给予一定的精神及物质奖励。

第六十七条 人民检察院应当根据犯罪性质、犯罪数额和举报材料价值确定奖励金额。每案奖金数额一般不超过二十万元。举报人有重大贡献的,经省级人民检察院批准,可以在二十万元以上给予奖励,最高金额不超过五十万元。有特别重大贡献的,经最高人民检察院批准,不受上述数额的限制。

第六十八条 奖励举报有功人员,一般应当在判决或者裁定生效后进行。

奖励情况适时向社会公布。涉及举报有功人员的姓名、单位等个人信息的,应当征得举报人同意。

第六十九条 符合奖励条件的举报人在案件查处期间死亡、被宣告死亡或者丧失行为能力的,检察机关应当给予依法确定的继承人或者监护人相应的举报奖励。

第七十条 举报奖励工作由举报中心具体承办。

第九章 举报失实的澄清

第七十一条 人民检察院应当遵照实事求是、依法稳妥的原则,开展举报失实澄清工作。

第七十二条 经查证举报失实,具有下列情形之一并且被举报人提出澄清要求或者虽未提出澄清要求,但本院认为有必要予以澄清的,在征求被举报人同意后,应当报请检察长批准,由侦查部门以适当方式澄清事实:

(一)造成较大社会影响的;

(二)因举报失实影响被举报人正常工作、生产、生活的。

第七十三条 举报失实澄清应当在初查终结后一个月以内进行。举报中心开展举报线索不立案审查或者复议的,应当在审查或者复议结论作出后十个工作日以内进行。侦查监督部门开展不立案监督的,应当在监督程序完成后十个工作日以内进行。

第七十四条 举报失实澄清应当在被举报人单位、居住地所在社区、承办案件的人民检察院或者被举报人同意的其他地点进行。

第七十五条 举报失实澄清可以采取以下方式:

(一)向被举报人所在单位、上级主管部门通报;

(二)在一定范围内召开澄清通报会;

(三)被举报人接受的其他澄清方式。

第十章 责任追究

第七十六条 举报中心在举报线索管理工作中,发现检察人员有违法违纪行为的,应当提出建议,连同有关材料移送本院纪检监察部门处理。

第七十七条 具有下列情形之一,对直接负责的主管人员和其他直接责任人员,依照检察人员纪律处分条例等有关规定给予纪律处分;构成犯罪的,依法追究刑事责任:

(一)利用举报线索进行敲诈勒索、索贿受贿的;

(二)滥用职权,擅自处理举报线索的;

(三)徇私舞弊、玩忽职守,造成重大损失的;

(四)为压制、迫害、打击报复举报人提供便利的;

（五）私存、扣压、隐匿或者遗失举报线索的；

（六）违反举报人保护规定，故意泄露举报人姓名、地址、电话或者举报内容等，或者将举报材料转给被举报人、被举报单位的，或者应当制定举报人保护预案、采取保护措施而未制定或者采取，导致举报人受打击报复的；

（七）故意拖延、查处举报线索超出规定期限，造成严重后果的；

（八）隐瞒、谎报、未按规定期限上报重大举报

信息，造成严重后果的。

第十一章　附　　则

第七十八条　本规定自公布之日起施行。最高人民检察院此前发布的有关举报工作的规定与本规定不一致的，适用本规定。

第七十九条　本规定由最高人民检察院负责解释。

最高人民检察院关于印发《人民检察院复查刑事申诉案件规定》的通知

2014 年 10 月 27 日　　高检发〔2014〕18 号

各省、自治区、直辖市人民检察院，军事检察院，新疆生产建设兵团人民检察院：

《人民检察院复查刑事申诉案件规定》已经 2014 年 4 月 29 日最高人民检察院第十二届检察委

员会第二十次会议通过，现印发你们，请认真贯彻执行。执行中遇到的问题，请及时报告最高人民检察院。

人民检察院复查刑事申诉案件规定

（2014 年 4 月 29 日最高人民检察院第十二届检察委员会第二十次会议通过）

目　　录

第一章　总　　则

第一条　为加强人民检察院法律监督职能，完善内部制约机制，规范刑事申诉案件复查程序，根据《中华人民共和国刑事诉讼法》《中华人民共和国人民检察院组织法》和有关法律规定，结合人民检察院复查刑事申诉案件工作实践，制定本规定。

第二条　人民检察院复查刑事申诉案件的任务，是通过复查刑事申诉案件，纠正错误的决定、判

决和裁定,维护正确的决定、判决和裁定,保护申诉人的合法权益,促进司法公正,保障国家法律的统一正确实施。

第三条 人民检察院复查刑事申诉案件,应当遵循下列原则:

(一)原案办理权与申诉复查权相分离;

(二)依照法定程序复查;

(三)全案复查,公开公正;

(四)实事求是,依法纠错。

第四条 人民检察院复查刑事申诉案件,根据办案工作需要,可以采取公开听证、公开示证、公开论证和公开答复等形式,进行公开审查。

第五条 本规定所称刑事申诉,是指对人民检察院诉讼终结的刑事处理决定或者人民法院已经发生法律效力的刑事判决、裁定不服,向人民检察院提出的申诉。

第二章 管 辖

第六条 人民检察院刑事申诉检察部门管辖下列刑事申诉:

(一)不服人民检察院因犯罪嫌疑人没有犯罪事实,或者符合《中华人民共和国刑事诉讼法》第十五条规定情形而作出的不批准逮捕决定的申诉;

(二)不服人民检察院不起诉决定的申诉;

(三)不服人民检察院撤销案件决定的申诉;

(四)不服人民检察院其他诉讼终结的刑事处理决定的申诉;

(五)不服人民法院已经发生法律效力的刑事判决、裁定的申诉,本规定另有规定的除外。

第七条 对不服人民检察院下列处理决定的申诉,不属于刑事申诉检察部门管辖,应当分别由人民检察院相关职能部门根据《人民检察院刑事诉讼规则(试行)》等规定办理:

(一)不服人民检察院因事实不清、证据不足,需要补充侦查而作出的不批准逮捕决定的;

(二)不服人民检察院因虽有证据证明有犯罪事实,但是不可能判处犯罪嫌疑人徒刑以上刑罚,或者可能判处徒刑以上刑罚,但是不逮捕不致发生社会危险性而作出的不批准逮捕决定的;

(三)不服人民检察院因应当逮捕的犯罪嫌疑人患有严重疾病、生活不能自理,或者是怀孕、正在哺乳自己婴儿的妇女,或者系生活不能自理的人的唯一扶养人而作出的不批准逮捕决定的;

(四)不服人民检察院作出的不立案决定的;

(五)不服人民检察院作出的附条件不起诉决定的;

(六)不服人民检察院作出的查封、扣押、冻结涉案款物决定的;

(七)不服人民检察院对上述决定作出的复议、复核、复查决定的。

第八条 不服人民法院死刑终审判决、裁定尚未执行的申诉,由人民检察院监所检察部门办理。

第九条 基层人民检察院管辖下列刑事申诉:

(一)不服本院诉讼终结的刑事处理决定的申诉,本规定另有规定的除外;

(二)不服同级人民法院已经发生法律效力的刑事判决、裁定的申诉。

第十条 分、州、市以上人民检察院管辖下列刑事申诉:

(一)不服本院诉讼终结的刑事处理决定的申诉,本规定另有规定的除外;

(二)不服同级人民法院已经发生法律效力的刑事判决、裁定的申诉;

(三)被害人不服下一级人民检察院不起诉决定,在收到不起诉决定书后七日以内提出的申诉;

(四)不服原处理决定、判决、裁定且经过下一级人民检察院审查或者复查的申诉。

第十一条 上级人民检察院在必要时,可以将本院管辖的刑事申诉案件交下级人民检察院办理,也可以直接办理由下级人民检察院管辖的刑事申诉案件。

第三章 受 理

第十二条 人民检察院对符合下列条件的刑事申诉,应当受理,本规定另有规定的除外:

(一)属于本规定第五条规定的刑事申诉;

(二)符合本规定第二章管辖规定;

(三)申诉人是原案的当事人及其法定代理人、近亲属;

(四)申诉材料齐备。

申诉人委托律师代理申诉,且符合上述条件的,应当受理。

第十三条 申诉人向人民检察院提出申诉时,应当递交申诉书、身份证明、相关法律文书及证据材料或者证据线索。

身份证明是指自然人的居民身份证、军官证、士兵证、护照等能够证明本人身份的有效证件；法人或者其他组织的营业执照副本、组织机构代码证和法定代表人或者主要负责人的身份证明等有效证件。对身份证明，人民检察院经核对无误留存复印件。

相关法律文书是指人民检察院作出的决定书、刑事申诉复查决定书、刑事申诉复查通知书、刑事申诉审查结果通知书或者人民法院作出的判决书、裁定书等法律文书。

第十四条 申诉人递交的申诉书应当记明下列事项：

（一）申诉人的姓名、性别、出生日期、民族、职业、工作单位、住所、有效联系方式，法人或者其他组织的名称、住所和法定代表人或者主要负责人的姓名、职务、有效联系方式；

（二）申诉请求和所依据的事实与理由；

（三）申诉人签名、盖章或者捺指印及申诉时间。

申诉人不具备书写能力而口头提出申诉的，应当制作笔录，并由申诉人签名或者捺指印。

第十五条 自诉案件当事人及其法定代理人、近亲属对人民法院已经发生法律效力的刑事判决、裁定不服提出的申诉，刑事附带民事诉讼当事人及其法定代理人、近亲属对人民法院已经发生法律效力的刑事附带民事判决、裁定不服提出的申诉，人民检察院应当受理，但是申诉人对人民法院因原案当事人及其法定代理人自愿放弃诉讼权利或者没有履行相应诉讼义务而作出的判决、裁定不服的申诉除外。

第十六条 刑事申诉由人民检察院控告检察部门统一负责接收。控告检察部门对接收的刑事申诉应当在七日以内分别情况予以处理：

（一）属于本院管辖，并符合受理条件的，移送本院相关部门办理；

（二）属于人民检察院管辖但是不属于本院管辖的，应当告知申诉人向有管辖权的人民检察院提出，或者将申诉材料移送有管辖权的人民检察院处理。移送申诉材料的，应当告知申诉人；

（三）不属于人民检察院管辖的，应当告知申诉人向有关机关反映。

第四章 立 案

第十七条 对符合受理条件的刑事申诉，应当指定承办人员审查，并分别情况予以处理：

（一）经审查，认为符合立案复查条件的，应当制作刑事申诉提请立案复查报告，提出立案复查意见；

（二）经审查，认为不符合立案复查条件的，可以提出审查结案意见。对调卷审查的，应当制作刑事申诉审查报告。

第十八条 对符合下列条件之一的刑事申诉，应当经部门负责人或者检察长批准后立案复查：

（一）原处理决定、判决、裁定有错误可能的；

（二）被害人、被不起诉人对不起诉决定不服，在收到不起诉决定书后七日以内提出申诉的；

（三）上级人民检察院或者本院检察长交办的。

第十九条 原处理决定、判决、裁定是否有错误可能，应当从以下方面进行审查：

（一）原处理决定、判决、裁定认定事实是否有错误；

（二）申诉人是否提出了可能改变原处理结论的新的事实或者证据；

（三）据以定案的证据是否确实、充分；

（四）据以定案的证据是否存在矛盾或者可能是非法证据；

（五）适用法律是否正确；

（六）处理是否适当；

（七）是否存在严重违反诉讼程序的情形；

（八）办案人员在办理该案件过程中是否存在贪污受贿、徇私舞弊、枉法裁判行为；

（九）原处理决定、判决、裁定是否存在其他错误。

第二十条 对不服人民检察院诉讼终结的刑事处理决定的申诉，经两级人民检察院立案复查且采取公开审查形式复查终结，申诉人没有提出新的充足理由的，不再立案复查。

对不服人民法院已经发生法律效力的刑事判决、裁定的申诉，经两级人民检察院办理且省级人民检察院已经复查的，如果没有新的事实、证据和理由，不再立案复查，但是原审被告人可能被宣告无罪或者判决、裁定有其他重大错误可能的除外。

第二十一条 对不符合立案复查条件的刑事申诉，经部门负责人或者检察长批准，可以审查结案。

第二十二条 审查结案的案件，应当将审查结果告知申诉人。对调卷审查的，可以制作刑事申诉审查结果通知书,并在十日以内送达申诉人。

第二十三条 对控告检察部门移送的案件,应当将审查结果书面回复控告检察部门。

第二十四条 审查刑事申诉,应当在受理后二个月以内作出审查结案或者立案复查的决定。

调卷审查的,自卷宗调取齐备之日起计算审查期限。

重大、疑难、复杂案件,经部门负责人或者检察长批准,可以适当延长审查期限。

第五章 复 查

第一节 一般规定

第二十五条 复查刑事申诉案件应当由二名以上检察人员进行,原案承办人员和原复查申诉案件承办人员不再参与办理。

第二十六条 复查刑事申诉案件应当全面审查申诉材料和全部案卷,并制作阅卷笔录。

第二十七条 经审查,具有下列情形之一,认为需要调查核实的,应当拟定调查提纲进行补充调查:

(一)原案事实不清、证据不足的;

(二)申诉人提供了新的事实、证据或者证据线索的;

(三)有其他问题需要调查核实的。

第二十八条 对与案件有关的勘验、检查、辨认、侦查实验等笔录和鉴定意见,认为需要复核的,可以进行复核,也可以对专门问题进行鉴定或者补充鉴定。

第二十九条 复查刑事申诉案件可以询问原案当事人、证人和其他有关人员。

对原判决、裁定确有错误,认为需要提请抗诉、提出抗诉的刑事申诉案件,应当询问或者讯问原审被告人。

第三十条 复查刑事申诉案件应当听取申诉人意见,核实相关问题。

第三十一条 复查刑事申诉案件可以听取原案承办部门、原复查部门或者原承办人员意见,全面了解原案办理情况。

第三十二条 办理刑事申诉案件过程中进行的询问、讯问等调查活动,应当制作调查笔录。调查笔录应当经被调查人确认无误后签名或者捺指印。调查人员也应当在调查笔录上签名。

第三十三条 复查终结的刑事申诉案件,应当是案件事实、证据、适用法律和诉讼程序以及其他可能影响案件处理的情形已经审查清楚,能够得出明确的复查结论。

第三十四条 复查终结刑事申诉案件,承办人员应当制作刑事申诉复查终结报告,提出处理意见,经部门集体讨论后报请检察长决定;重大、疑难、复杂案件,报请检察长或者检察委员会决定。

经检察委员会决定的案件,应当将检察委员会决定事项通知书及讨论记录附卷。

第三十五条 下级人民检察院对上级人民检察院交办的刑事申诉案件应当依法办理,并向上级人民检察院报告结果。

下级人民检察院对上级人民检察院交办的属于本级人民检察院管辖的刑事申诉案件应当立案复查,不得再向下交办。

第三十六条 复查刑事申诉案件,应当在立案后三个月以内办结。案件重大、疑难、复杂的,最长不得超过六个月。

对交办的刑事申诉案件,有管辖权的下级人民检察院应当在收到交办文书后十日以内立案复查,复查期限适用前款规定。逾期不能办结的,应当向交办的上级人民检察院书面说明情况。

第二节 不服人民检察院诉讼终结刑事 处理决定申诉案件的复查

第三十七条 被害人不服不起诉决定,在收到不起诉决定书后七日以内申诉的,由作出不起诉决定的人民检察院的上一级人民检察院刑事申诉检察部门立案复查。

被害人向作出不起诉决定的人民检察院提出申诉的,作出决定的人民检察院应当将申诉材料连同案卷一并报送上一级人民检察院。

第三十八条 被害人不服不起诉决定,在收到不起诉决定书七日以后提出申诉的,由作出不起诉决定的人民检察院刑事申诉检察部门审查后决定是否立案复查。

第三十九条 被不起诉人不服不起诉决定,在收到不起诉决定书后七日以内提出申诉的,由作出不起诉决定的人民检察院刑事申诉检察部门立案复查;在收到不起诉决定书七日以后提出申诉的,由作出不起诉决定的人民检察院刑事申诉检察部门审查后决定是否立案复查。

第四十条 对不服人民检察院不起诉决定的申诉复查后,应当分别作出如下处理:

(一)不起诉决定正确的,予以维持;

(二)不起诉决定认定的事实或者适用法律错误,需要变更的,应当变更不起诉决定;

(三)不起诉决定认定的事实或者适用法律错误,应当对被不起诉人提起公诉的,应当撤销不起诉决定,将案件移送有管辖权的人民检察院或者本院有关部门向人民法院提起公诉。

第四十一条 对不服人民检察院不批准逮捕决定的申诉复查后,应当分别作出如下处理:

(一)不批准逮捕决定正确的,予以维持;

(二)不批准逮捕决定正确,但是需要依法追究刑事责任的,应当维持不批准逮捕决定,将案件移送有管辖权的人民检察院或者本院有关部门依法办理;

(三)不批准逮捕决定错误,需要依法批准逮捕的,应当撤销不批准逮捕决定,将案件移送有管辖权的人民检察院或者本院有关部门依法办理。

第四十二条 对不服人民检察院撤销案件决定的申诉复查后,应当分别作出如下处理:

(一)撤销案件决定正确的,予以维持;

(二)撤销案件决定正确,但是所认定的部分事实或者适用法律错误的,应当纠正原撤销案件决定书中错误的部分,维持原撤销案件决定;

(三)撤销案件决定错误,需要依法追究刑事责任的,应当撤销原撤销案件决定,将案件移送有管辖权的人民检察院或者本院有关部门重新立案侦查。

第四十三条 对不服人民检察院诉讼终结的刑事处理决定的申诉复查后,认为应当维持原决定的,报请检察长决定;认为应当改变原决定的,报请检察长或者检察委员会决定。

第四十四条 对不服人民检察院诉讼终结的刑事处理决定的申诉复查后,应当制作刑事申诉复查决定书,并在十日以内送达申诉人、原案当事人,同时抄送有关部门。

上级人民检察院作出的复查决定,可以委托下级人民检察院送达。

刑事申诉复查决定书应当公开宣布,并制作宣布笔录。

第四十五条 下级人民检察院对上级人民检察院的复查决定应当执行,并将执行情况书面报告

上级人民检察院。

上级人民检察院必要时可以制作纠正案件错误通知书,指令下级人民检察院执行。

下级人民检察院对上级人民检察院的复查决定有异议的,应当在执行的同时向上级人民检察院报告。

第三节 不服人民法院已经发生法律效力刑事判决、裁定申诉案件的复查

第四十六条 最高人民检察院对不服各级人民法院已经发生法律效力的刑事判决、裁定的申诉,上级人民检察院对不服下级人民法院已经发生法律效力的刑事判决、裁定的申诉,经复查决定提出抗诉的,应当按照审判监督程序向同级人民法院提出抗诉,或者指令作出生效判决、裁定的人民法院的上一级人民检察院向同级人民法院提出抗诉。

第四十七条 经复查认为人民法院已经发生法律效力的刑事判决、裁定确有错误,具有下列情形之一的,应当按照审判监督程序向人民法院提出抗诉:

(一)有新的证据证明原判决、裁定认定的事实确有错误,可能影响定罪量刑的;

(二)据以定罪量刑的证据不确实、不充分的;

(三)据以定罪量刑的证据依法应当予以排除的;

(四)据以定罪量刑的主要证据之间存在矛盾的;

(五)原判决、裁定的主要事实依据被依法变更或者撤销的;

(六)认定罪名错误且明显影响量刑的;

(七)违反法律关于追诉时效期限的规定的;

(八)量刑明显不当的;

(九)违反法律规定的诉讼程序,可能影响公正审判的;

(十)审判人员在审理案件的时候有贪污受贿、徇私舞弊、枉法裁判行为的。

第四十八条 对不服人民法院已经发生法律效力的刑事判决、裁定的申诉,经复查认为需要向同级人民法院提出抗诉的,由刑事申诉检察部门提出意见,报请检察长或者检察委员会决定。

第四十九条 人民检察院决定抗诉后,刑事申诉检察部门应当制作刑事抗诉书,向同级人民法院提出抗诉。

以有新的证据证明原判决、裁定认定事实确有错误提出抗诉的，提出抗诉时应当随附相关证据材料。

第五十条　地方各级人民检察院刑事申诉检察部门对不服同级人民法院已经发生法律效力的刑事判决、裁定的申诉复查后，认为需要抗诉的，应当提出意见，经检察长或者检察委员会决定后，提请上一级人民检察院抗诉。提请上一级人民检察院抗诉的案件，应当制作提请抗诉报告书，连同案卷报送上一级人民检察院。

上一级人民检察院刑事申诉检察部门在接到提请抗诉报告书后，应当指定检察人员进行审查，并制作审查提请抗诉案件报告，经部门集体讨论，报请检察长审批。

上级人民检察院对下一级人民检察院提请抗诉的刑事申诉案件作出决定后，应当制作审查提请抗诉通知书，通知提请抗诉的人民检察院。

第五十一条　上级人民检察院审查下一级人民检察院提请抗诉的刑事申诉案件，应当自收案之日起三个月以内作出决定。

对可能属于冤错等事实证据有重大变化的刑事申诉案件，可以不受上述期限限制。

对不服人民法院已经发生法律效力的死刑缓期二年执行判决、裁定的申诉案件，需要加重原审被告人刑罚的，应当在死刑缓期执行期限届满前作出决定。

第五十二条　地方各级人民检察院经复查提请上一级人民检察院抗诉的案件，上级人民检察院审查案件的期限不计入提请抗诉的人民检察院的复查期限。

第五十三条　经复查认为人民法院已经发生法律效力的刑事判决、裁定确有错误，符合本规定第四十七条规定的情形，需要人民法院通过再审方式纠正的，刑事申诉检察部门可以提出意见，经本院检察委员会决定后，向同级人民法院提出再审检察建议。

对不适宜由同级人民法院再审纠正，或者再审检察建议未被人民法院采纳的，可以按照审判监督程序向人民法院提出抗诉。

第五十四条　人民检察院刑事申诉检察部门办理按照审判监督程序抗诉的案件，认为需要对原审被告人采取逮捕措施的，应当提出意见，移送侦查监督部门审查决定；认为需要对原审被告人采取保候审、监视居住措施的，应当提出意见，报请检察长决定。

第五十五条　对不服人民法院已经发生法律效力的刑事判决、裁定的申诉复查后，不论是否决定提出抗诉或者提出再审检察建议，立案复查的人民检察院均应当制作刑事申诉复查通知书，并在十日以内送达申诉人。

经复查向上一级人民检察院提请抗诉的，应当在上一级人民检察院作出是否抗诉的决定后制作刑事申诉复查通知书。

第五十六条　对按照审判监督程序提出抗诉的刑事申诉案件，或者人民法院依据人民检察院再审检察建议决定再审的刑事申诉案件，人民法院开庭审理时，由同级人民检察院刑事申诉检察部门派员出席法庭，并对人民法院再审活动实施法律监督。

第五十七条　对按照审判监督程序提出抗诉的刑事申诉案件，人民法院经重新审理作出的判决、裁定，由派员出席再审法庭的人民检察院刑事申诉检察部门审查并提出意见。

刑事申诉检察部门经审查认为人民法院作出的判决、裁定仍然确有错误，需要提出抗诉的，报请检察长或者检察委员会决定。如果案件是依照第一审程序审判的，同级人民检察院应当向上一级人民法院提出抗诉；如果案件是依照第二审程序审判的，上一级人民检察院应当按照审判监督程序向同级人民法院提出抗诉。

第六章　其他规定

第五十八条　地方各级人民检察院刑事申诉检察部门应当在刑事申诉案件复查结案后十日以内，将刑事申诉复查终结报告、刑事申诉复查决定书或者刑事申诉复查通知书、讨论案件记录等材料的复印件或者电子文档报上一级人民检察院刑事申诉检察部门备案。

对提请抗诉、提出抗诉或者提出再审检察建议的刑事申诉案件，地方各级人民检察院刑事申诉检察部门应当在复查结案后十日以内，将刑事申诉复查终结报告、刑事申诉复查通知书、讨论案件记录、提请抗诉报告书、审查提请抗诉案件报告、审查提请抗诉通知书、刑事抗诉书或者再审检察建议书等材料的复印件或者电子文档层报最高人民检察院刑事申诉检察厅备案。

第五十九条　上级人民检察院刑事申诉检察

部门应当指定人员审查下级人民检察院报送的备案材料,认为存在错误时可以调卷审查或者听取下级人民检察院刑事申诉检察部门汇报案件的相关情况,并分别情况予以处理:

(一)案件存在错误但是不影响处理结论的,上级人民检察院应当指令下级人民检察院纠正;

(二)案件存在错误并且可能影响处理结论的,上级人民检察院可以自行办理,也可以指令下级人民检察院重新办理。对指令重新办理的案件,下级人民检察院应当重新立案复查。

第六十条 人民检察院对具有下列情形之一的刑事申诉案件,经部门负责人或者检察长批准,可以中止办理:

(一)人民法院对原判决、裁定调卷审查的;

(二)无法与申诉人及其代理人取得联系的;

(三)申诉的自然人死亡,需要等待其他申诉权利人表明是否继续申诉的;

(四)申诉的法人或者其他组织终止,尚未确定权利义务承受人的;

(五)由于其他原因,致使案件在较长时间内无法继续办理的。

决定中止办理的案件,应当制作刑事申诉中止审查通知书,通知申诉人;确实无法通知的,应当记录在案。

中止办理的事由消除后,经部门负责人或者检察长批准,应当恢复办理。中止办理的期间不计入办理期限。

第六十一条 人民检察院对具有下列情形之一的刑事申诉案件,经检察长批准,应当终止办理:

(一)人民检察院因同一案件事实对撤销案件的犯罪嫌疑人重新立案侦查的,对不批准逮捕的犯罪嫌疑人重新作出批准逮捕决定的,或者对不起诉案件的被不起诉人重新起诉的;

(二)人民检察院接到人民法院受理被害人对被不起诉人起诉的通知的;

(三)人民法院对原判决、裁定决定再审的;

(四)申诉人自愿撤回申诉,且不损害国家利益、社会公共利益或者他人合法权益的;

(五)申诉的自然人死亡,没有其他申诉权利人或者申诉权利人明确表示放弃申诉的,但是有证据证明原案被告人是无罪的除外;

(六)申诉的法人或者其他组织终止,没有权利义务承受人或者权利义务承受人明确表示放弃申诉的,但是有证据证明原案被告人是无罪的除外;

(七)案件中止办理后超过六个月仍不能恢复办理的;

(八)其他应当终止办理的情形。

决定终止办理的案件,应当制作刑事申诉终止审查通知书,通知申诉人;确实无法通知的,应当记录在案。

终止办理的事由消除后,申诉人再次提出申诉,符合刑事申诉受理条件的,应当予以受理。

第六十二条 办理刑事申诉案件中发现原案办理过程中存在执法瑕疵等问题的,可以向原办案部门提出检察建议或者整改意见。

第六十三条 办理刑事申诉案件中发现原案办理过程中有贪污贿赂、渎职等违法违纪行为的,应当移送有关部门处理。

第六十四条 办理刑事申诉案件中发现原案遗漏罪行、遗漏同案犯罪嫌疑人的,应当移送有关部门处理。

第六十五条 刑事申诉案件办理终结后,刑事申诉检察部门应当结合刑事申诉检察职能协助有关部门做好善后息诉工作。

第六十六条 办理刑事申诉案件中严重不负责任,未能发现原案办理过程中存在的重大执法过错或者拒不依法纠正原案错误,造成严重后果的,应当依照规定追究相关人员责任。

第六十七条 人民检察院办理刑事申诉案件,应当执行检察机关案件管理的有关规定。

第六十八条 制作刑事申诉案件法律文书,应当符合规定的格式。

刑事申诉案件法律文书的格式另行制定。

第七章 附 则

第六十九条 本规定由最高人民检察院负责解释。

第七十条 本规定自发布之日起施行。1998年6月16日发布的《人民检察院复查刑事申诉案件规定》同时废止;本院此前发布的有关办理刑事申诉案件的其他规定与本规定不一致的,以本规定为准。

最高人民检察院关于印发《最高人民检察院关于依法保障律师执业权利的规定》的通知

2014 年 12 月 23 日 高检发〔2014〕21 号

各省、自治区、直辖市人民检察院,军事检察院,新疆生产建设兵团人民检察院:

为了依法保障律师执业权利,促进人民检察院规范司法,维护司法公正,最高人民检察院制定了《关于依法保障律师执业权利的规定》,经 2014 年 12 月 16 日最高人民检察院第十二届检察委员会第三十二次会议通过,现印发你们,请遵照执行。

最高人民检察院关于依法保障律师执业权利的规定

(2014 年 12 月 16 日最高人民检察院第十二届检察委员会第三十二次会议通过)

第一条 为了切实保障律师依法行使执业权利,严肃检察人员违法行使职权行为的责任追究,促进人民检察院规范司法,维护司法公正,根据《中华人民共和国刑事诉讼法》《中华人民共和国民事诉讼法》《中华人民共和国行政诉讼法》和《中华人民共和国律师法》等有关法律规定,结合工作实际,制定本规定。

第二条 各级人民检察院和全体检察人员应当充分认识律师在法治建设中的重要作用,认真贯彻落实各项法律规定,尊重和支持律师依法履行职责,依法为当事人委托律师和律师履职提供相关协助和便利,切实保障律师依法行使执业权利,共同维护国家法律统一、正确实施,维护社会公平正义。

第三条 人民检察院应当依法保障当事人委托权的行使。人民检察院在办理案件中应当依法告知当事人有权委托辩护人、诉讼代理人。对于在押或者被指定居所监视居住的犯罪嫌疑人提出委托辩护人要求的,人民检察院应当及时转达其要求。犯罪嫌疑人的监护人、近亲属代为委托辩护律师的,应当由犯罪嫌疑人确认委托关系。

人民检察院应当及时查验接受委托的律师是否具有辩护资格,发现有不得担任辩护人情形的,应当及时告知当事人、律师或者律师事务所解除委托关系。

第四条 人民检察院应当依法保障当事人获得法律援助的权利。对于符合法律援助情形而没有委托辩护人或者诉讼代理人的,人民检察院应当及时告知当事人有权申请法律援助,并依照相关规定向法律援助机构转交申请材料。人民检察院发现犯罪嫌疑人属于法定通知辩护情形的,应当及时通知法律援助机构指派律师为其提供辩护,对于犯罪嫌疑人拒绝法律援助的,应当查明原因,依照相关规定处理。

第五条 人民检察院应当依法保障律师在刑事诉讼中的会见权。人民检察院办理直接受理立案侦查案件,除特别重大贿赂犯罪案件外,其他案件依法不需要经许可会见。律师在侦查阶段提出会见特别重大贿赂案件犯罪嫌疑人的,人民检察院应当严格按照法律和相关规定及时审查决定是否许可,并在三日以内答复;有碍侦查的情形消失后,应当通知律师,可以不经许可会见犯罪嫌疑人;侦查终结前,应当许可律师会见犯罪嫌疑人。人民检察院在会见时不得派员在场,不得通过任何方式监听律师会见的谈话内容。

第六条 人民检察院应当依法保障律师的阅卷权。自案件移送审查起诉之日起,人民检察院应当允许辩护律师查阅、摘抄、复制本案的案卷材料;经人民检察院许可,诉讼代理人也可以查阅、摘抄、复制本案的案卷材料。人民检察院应当及时受理并安排律师阅卷,无法及时安排的,应当向律师说明并安排其在三个工作日以内阅卷。人民检察院应当依照检务公开的相关规定,完善互联网等律师服务平台,并配备必要的速拍、复印、刻录等设施,为律师阅卷提供尽可能的便利。律师查阅、摘抄、复制案卷材料应当在人民检察院设置的专门场所进行。必要时,人民检察院可以派员在场协助。

第七条 人民检察院应当依法保障律师在刑事诉讼中的申请收集、调取证据权。律师收集到有关犯罪嫌疑人不在犯罪现场、未达到刑事责任年龄、属于依法不负刑事责任的精神病人的证据,告知人民检察院的,人民检察院相关办案部门应当及时进行审查。

案件移送审查逮捕或者审查起诉后,律师依据刑事诉讼法第三十九条申请人民检察院调取侦查部门收集但未提交的证明犯罪嫌疑人无罪或者罪轻的证据材料的,人民检察院应当及时进行审查,决定是否调取。经审查,认为律师申请调取的证据未收集或者与案件事实没有联系决定不予调取的,人民检察院应当向律师说明理由。人民检察院决定调取后,侦查机关移送相关证据材料的,人民检察院应当在三日以内告知律师。

案件移送审查起诉后,律师依据刑事诉讼法第四十一条第一款的规定申请人民检察院收集、调取证据,人民检察院认为需要收集、调取证据的,应当决定收集、调取并制作笔录附卷;决定不予收集、调取的,应当书面说明理由。人民检察院根据律师的申请收集、调取证据时,律师可以在场。

律师向被害人或者其近亲属、被害人提供的证人收集与本案有关的材料,向人民检察院提出申请的,人民检察院应当在七日以内作出是否许可的决定。人民检察院没有许可的,应当书面说明理由。

第八条 人民检察院应当依法保障律师在诉讼中提出意见的权利。人民检察院应当主动听取并高度重视律师意见。法律未作规定但律师要求听取意见的,也应当及时安排听取。听取律师意见应当制作笔录,律师提出的书面意见应当附卷。对于律师提出不构成犯罪,罪轻或者减轻、免除刑事责任,无社会危险性,不适宜羁押,侦查活动有违法情形等书面意见的,办案人员必须进行审查,在相关工作文书中叙明律师提出的意见并说明是否采纳的情况和理由。

第九条 人民检察院应当依法保障律师在刑事诉讼中的知情权。律师在侦查期间向人民检察院了解犯罪嫌疑人涉嫌的罪名以及当时已查明的涉嫌犯罪的主要事实,犯罪嫌疑人被采取、变更、解除强制措施等情况的,人民检察院应当依法及时告知。办理直接受理立案侦查案件报请上一级人民检察院审查逮捕时,人民检察院应当将报请情况告知律师。案件侦查终结移送审查起诉时,人民检察院应当将案件移送情况告知律师。

第十条 人民检察院应当依法保障律师在民事、行政诉讼中的代理权。在民事行政检察工作中,当事人委托律师代理的,人民检察院应当尊重律师的权利,依法听取律师意见,认真审查律师提交的证据材料。律师根据当事人的委托要求参加人民检察院案件听证的,人民检察院应当允许。

第十一条 人民检察院应当切实履行对妨碍律师依法执业的法律监督职责。律师根据刑事诉讼法第四十七条的规定,认为公安机关、人民检察院、人民法院及其工作人员阻碍其依法行使诉讼权利,向同级或者上一级人民检察院申诉或者控告的,接受申诉或者控告的人民检察院控告检察部门应当在受理后十日以内进行审查,情况属实的,通知有关机关或者本院有关部门、下级人民检察院予以纠正,并将处理情况书面答复律师;情况不属实的,应当将办理情况书面答复律师,并做好说明解释工作。人民检察院在办案过程中发现有阻碍律师依法行使诉讼权利行为的,应当依法提出纠正意见。

第十二条 建立完善检察机关办案部门和检察人员违法行使职权行为记录、通报和责任追究制度。对检察机关办案部门或者检察人员在诉讼活动中阻碍律师依法行使会见权、阅卷权等诉讼权利的申诉或者控告,接受申诉或者控告的人民检察院控告检察部门应当立即进行调查核实,情节较轻的,应当提出纠正意见;具有违反规定扩大经许可会见案件的范围、不按规定时间答复是否许可会见等严重情节的,应当发出纠正通知书。通知后仍不纠正或者屡纠屡犯的,应当向纪检监察部门通报并报告检察长,由纪检监察部门依照有关规定调查处理,相关责任人构成违纪的给予纪律处分,并记入执法档案,予以通报。

第十三条 人民检察院应当主动加强与司法行政机关、律师协会和广大律师的工作联系,通过业务研讨、情况通报、交流会商、定期听取意见等形式,分析律师依法行使执业权利中存在的问题,共同研究解决办法,共同提高业务素质。

第十四条 本规定自发布之日起施行。2004年2月10日最高人民检察院发布的《关于人民检察院保障律师在刑事诉讼中依法执业的规定》、2006年2月23日最高人民检察院发布的《关于进一步加强律师执业权利保障工作的通知》同时废止。最高人民检察院以前发布的有关规定与本规定不一致的,以本规定为准。

最高人民检察院关于印发《最高人民检察院关于贯彻实施〈关于建立完善国家司法救助制度的意见(试行)〉的若干意见》的通知

2014 年 3 月 26 日 高检发办字〔2014〕33 号

各省、自治区、直辖市人民检察院,军事检察院,新疆生产建设兵团人民检察院:

现将《最高人民检察院关于贯彻实施〈关于建立完善国家司法救助制度的意见(试行)〉的若干意见》印发你们,请结合工作实际,认真贯彻执行。贯彻实施情况及遇到的问题,请及时报告最高人民检察院刑事申诉检察厅。

最高人民检察院关于贯彻实施《关于建立完善国家司法救助制度的意见(试行)》的若干意见

2014 年 1 月 17 日,中央政法委、财政部、最高人民法院、最高人民检察院、公安部、司法部印发《关于建立完善国家司法救助制度的意见(试行)》(以下简称《意见》)。为认真贯彻实施《意见》,现就有关问题提出以下意见。

一、充分认识贯彻实施《意见》的重要意义

开展国家司法救助是中国特色社会主义司法制度的内在要求,是改善民生、健全社会保障体系的重要组成部分,顺应了人民群众对司法公正、权益保障的新期待,顺应了加强权利救济的现代法治发展趋势,既彰显党和政府的民生关怀,又有利于进一步实现社会公平正义。《意见》是在近年来开展刑事被害人救助、涉法涉诉信访救助等工作实践基础上,为实现国家司法救助工作的制度化、规范化,制定出台的重要政策性文件,是深入贯彻落实党的十八大和十八届三中全会精神,进一步深化司法体制和社会体制改革,推进涉法涉诉信访工作机制改革的重要举措。各级人民检察院要站在践行党的群众路线、强化权利救济和促进司法公信建设的高度,切实增强责任感和使命感,采取有效措施,认真扎实地做好《意见》的贯彻实施工作。

二、主动发挥职能作用,积极开展国家司法救助工作

国家司法救助的对象既包括人身受到伤害或财产受到重大损失的刑事案件被害人或其近亲属、举报人、证人、鉴定人,又包括特定民事侵权案件当事人、符合条件的涉法涉诉信访人。人民检察院在办理案件过程中,应当主动了解当事人家庭生活状况,对符合救助条件的当事人,不论其户籍在本地或外地,均应主动开展救助工作。在处理涉法涉诉信访问题过程中,对符合救助条件的涉法涉诉信访人,也应根据规定及时提供救助,促进息诉息访,及早化解社会矛盾。

三、统一救助标准,优化和提升救助工作效果

国家司法救助以支付救助金为主要方式,重点解决符合条件的特定案件当事人生活面临的急迫困难。要严格把握救助标准和条件,根据本地区救助标准,兼顾当事人实际情况和本地区同类案件救助数额,综合考虑相关情况,确定救助金具体数额,做到公开公正、公平合理救助,防止因救助不公引发新的矛盾。要积极探索多元化的救助方式,将经济救助与思想疏导、宣传教育相结合,与法律援助、诉讼救济相配套,与其他社会救助相衔接。在有条件的地方,人民检察院可以协调有关部门建立联合救助机制,开展心理治疗、社工帮助等多种救助方式。对于未纳入国家司法救助范围或者实施国家司法救助后仍然面临生活困难的当事人,符合社会救助条件的,可以协调其户籍所在地有关部门,纳入社会救助范围。

四、明确内部分工,严格遵循救助工作程序

人民检察院各相关部门在国家司法救助工作中要各司其职、相互配合、形成合力。职务犯罪侦查、侦查监督、公诉、监所检察、民事行政检察、控告检察、刑事申诉检察等办案部门对符合救助条件的当事人,应当告知其有权提出救助申请。刑事申诉检察部门依规定受理救助申请,也可以依据职权启动救助程序,其他办案部门应当将相关材料及时移送刑事申诉检察部门。刑事申诉检察

部门在规定期限内,作出是否给予救助和具体救助金额的意见,报检察长审批。计财装备部门收到财政部门拨付的救助资金后,应当会同刑事申诉检察部门,及时向申请人发放。申请国家司法救助人员不符合《意见》规定的救助条件,或具有《意见》规定的不予救助情形,人民检察院决定不予救助的,要及时告知当事人,并做好解释说明工作。

五、加强沟通协调,加大救助工作保障力度

人民检察院开展国家司法救助工作,要坚持党委政法委的统一领导,积极参与本地区国家司法救助领导小组。要按照职责范围和案件管辖分工,支持、配合其他政法单位的救助工作,畅通信息沟通渠道,实现政法各单位救助工作衔接互补和救助标准协调统一。案件需移送其他政法单位的,应当将国家司法救助有关材料随案卷一并移送。要全力争取财政部门支持,鼓励个人、企业和社会组织捐助,推动建立政府主导、社会广泛参与的国家司法救助资金筹措方式和动态调整机制。要及时报送年度发放救助资金的明细情况,自觉接受纪检、监察和审计部门监督。对个人、企业和社会组织捐助救助资金的,应当告知救助的具体对象,确保资金使用的透明度和公正性。对截留、侵占、私分、挪用、骗取和违规发放国家司法救助资金的,严格依纪依法追究责任,并追回救助资金。

六、抓紧制定实施办法和配套制度,规范开展救助工作

各省级人民检察院要根据《意见》要求,主动报告本地党委政法委,积极沟通协调其他政法单位,共同研究制定本地区国家司法救助制度实施办法,进一步明确条件、细化标准、规范程序、落实经费,并报最高人民检察院备案。各级人民检察院要及时制定完善本院国家司法救助制度规范性文件,确保救助工作有章可循、有据可依,公开透明、规范进行。要建立完善国家司法救助工作档案和台账制度,及时、准确、规范填录检察统计报表,小额应急性帮扶不纳入救助统计范围。

七、重视学习培训,强化组织领导,完善工作机构

各级人民检察院要把学习《意见》作为检察业务培训和岗位技能培训的重要内容,认真组织好学习培训工作,确保全体检察人员深入学习、准确理解和把握《意见》的内容。要以高度的政治责任感,

切实加强对贯彻实施《意见》工作的领导,精心组织、周密部署、抓好落实。各级人民检察院检察长要高度重视国家司法救助工作,经常性地听取工作汇报,及时研究解决工作中的实际困难和问题。上级人民检察院要切实履行对本地区国家司法救助工作的组织指导职责,加强对下级人民检察院开展救助工作的督导,注意加强调查研究,全面掌握救助工作进展情况,及时总结推广有效工作经验,不断推进本地区救助工作深入开展。要根据救助工作开展情况,加强国家司法救助工作机构建设,调配、增强救助工作部门人员力量,有条件的地方可以设立专门工作机构,指定专职人员负责救助工作。

最高人民检察院关于印发《科技强检示范院创建办法(试行)》的通知

2014 年 8 月 7 日 高检发办字〔2014〕52 号

各省、自治区、直辖市人民检察院,新疆生产建设兵团人民检察院:

现将《科技强检示范院创建办法(试行)》印发你们,请结合实际认真贯彻执行。执行中的情况和问题,请及时报告最高人民检察院检察技术信息研究中心。

科技强检示范院创建办法(试行)

第一章 总 则

第一条 为了深入实施科技强检战略,充分发挥科学技术对检察工作的支撑、推动和引领作用,推广科技强检工作的先进经验,结合检察工作实际,制定本办法。

第二条 科技强检示范院是指在科技强检工作中具有表率和示范作用的人民检察院。科技强检示范院的创建活动,坚持公平、公正、公开,坚持实事求是、严格标准、动态管理。

第三条 科技强检示范院每三年评定一次。评定工作采取自愿申请、上级考察确认的方法进行。

第四条 科技强检示范院的创建过程接受检察机关纪检监察部门的监督,对评定结果进行公示。

第二章 科技强检示范院创建活动的组织

第五条 科技强检示范院创建活动由最高人民检察院负责组织实施,具体评定工作由最高人民检察院检察技术信息研究中心组织实施,政治部审核,院党组审定。最高人民检察院主要负责:

(一)制定科技强检示范院的创建标准;

(二)制定创建科技强检示范院的工作方案,并组织实施;

(三)指导地方各级人民检察院开展科技强检示范院的创建活动。

第六条 各省级人民检察院政工部门和检察技术信息部门具体负责本辖区内科技强检示范院创建活动的组织领导及申报的初审和推荐工作。

第三章　科技强检示范院的评定

第七条　科技强检示范院应当具备以下基本条件：

（一）具有科学、合理的科技强检工作领导体制；

（二）具备较为完善的科技强检工作机制；

（三）现代科技手段在检察工作中得到广泛应用，成果显著，具有示范效应；

（四）具有适应执法办案需要的科技装备和较高的科技管理水平；

（五）配备专职检察技术和信息化工作人员。

第八条　参与科技强检示范院创建活动的人民检察院，应自下而上逐级向最高人民检察院申报，并按要求提供申报材料。

第九条　省级人民检察院对本辖区内申报科技强检示范院的人民检察院进行初审。

（一）初审时应审核各人民检察院的申报材料，审核可采取书面审核与现场审核相结合的方式进行；

（二）初审应按照科技强检示范院创建标准进行；

（三）省级人民检察院根据初审的结果向最高人民检察院推荐科技强检示范院，并提出推荐意见。

第十条　最高人民检察院对各省级人民检察院申报和推荐的科技强检示范院进行复核。复核可采取书面复核与现场复核相结合的方式进行。

第十一条　最高人民检察院在复核的基础上，结合创建单位在科技强检工作中的成绩与表现，综合评定，确定授予科技强检示范院。

发现有下列情形之一的，取消评定资格：

（一）在创建活动中弄虚作假的；

（二）检察长、分管检察长或者从事检察技术和信息化工作的检察干警严重违法违纪，受到党纪政纪处分或者被追究刑事责任的；

（三）存在其他不宜评定为科技强检示范院情形的。

第四章　科技强检示范院的管理

第十二条　最高人民检察院采取以下方式对评定为科技强检示范院的人民检察院进行表彰并开展示范。

（一）进行通报表彰，颁发科技强检示范院牌匾和荣誉证书；

（二）转发科技强检示范院的经验材料，组织相关人员到科技强检示范院观摩交流学习；

（三）优先选择科技强检示范院作为科技项目的试点单位和参与单位。

第十三条　最高人民检察院采取实地检查与委托检查的方式，定期或者不定期对科技强检示范院进行复审，发现有下列情况之一的，应撤销科技强检示范院称号：

（一）在创建活动中弄虚作假的；

（二）检察技术和信息化工作出现严重错误，造成严重后果或者恶劣影响的；

（三）从事检察技术和信息化工作的检察干警严重违法违纪，造成严重后果或者恶劣影响，受到党纪政纪处分或者被追究刑事责任的；

（四）其他不宜被评定为科技强检示范院情形的。

凡是被取消科技强检示范院称号的人民检察院，自被取消之日起三年内不得申请参评。

第五章　附　　则

第十四条　各级人民检察院的派出检察机构，参照本办法参加科技强检示范院的创建和评定。

第十五条　本办法由最高人民检察院负责解释。

第十六条　本办法自下发之日起实施。

最高人民检察院关于印发《人民检察院案件信息公开工作规定(试行)》的通知

2014 年 8 月 29 日 高检发办字〔2014〕68 号

各省、自治区、直辖市人民检察院,军事检察院,新疆生产建设兵团人民检察院:

《人民检察院案件信息公开工作规定(试行)》已经 2014 年 6 月 20 日最高人民检察院第十二届检察委员会第二十四次会议审议通过,现印发你们,请结合实际,认真贯彻落实。执行中的问题请及时报告最高人民检察院办公厅。

人民检察院案件信息公开工作规定(试行)

(2014 年 6 月 20 日最高人民检察院第十二届检察委员会第二十四次会议通过)

第一章 总 则

第一条 为了保障人民群众对检察工作的知情权、参与权和监督权,进一步深化检务公开,增强检察机关执法办案的透明度,规范司法办案行为,促进公正执法,根据有关法律规定,制定本规定。

第二条 人民检察院公开案件信息,应当遵循依法、便民、及时、规范、安全的原则。

第三条 人民检察院应当通过互联网、电话、邮件、检察服务窗口等方式,向相关人员提供案件程序性信息查询服务,向社会公开重要案件信息和法律文书,以及办理其他案件信息公开工作。

最高人民检察院依托国家电子政务网络建立统一的人民检察院案件信息公开系统,各级人民检察院依照本规定,在该系统办理案件信息公开的有关工作。各级人民检察院互联网网站应当与人民检察院案件信息公开系统建立链接。

第四条 人民检察院对涉及国家秘密、商业秘密、个人隐私和未成年人犯罪的案件信息,以及其他依照法律法规和最高人民检察院有关规定不应当公开的信息,不得公开。

人民检察院应当建立健全案件信息发布保密审查机制,明确审查的程序和责任。案件信息公开前,应当依照《中华人民共和国保守国家秘密法》《中华人民共和国保守国家秘密法实施条例》《检察工作中国家秘密范围的规定》等相关规定,审查拟公开的案件信息。各部门对案件信息不能确定是否可以公开的,应当依照规定报保密部门确定。

第五条 人民检察院案件管理部门是案件信息公开工作的主管部门,负责案件信息公开的组织、监督、指导和有关服务窗口的查询服务等工作;案件办理部门负责本部门案件信息公开的密级确定、文字处理和审核;新闻宣传部门负责审核、发布重要案件信息和收集、处理舆情反映;保密部门负责保密检查、管理;技术信息部门负责技术保障。相关部门应当分工负责,相互配合。

第六条 任何单位和个人不得利用案件信息公开工作谋取利益。

第二章 案件程序性信息查询

第七条 人民检察院应当依法、及时履行法律规定的通知、告知、送达、公开宣布等职责。当事人及其法定代理人、近亲属、辩护人、诉讼代理人,可以依照规定,向办理该案件的人民检察院查询案由、受理时间、办案期限、办案部门、办案进程、处理结果、强制措施等程序性信息。

第八条 当事人及其法定代理人、近亲属、辩护人、诉讼代理人查询案件程序性信息,应当向办理该案件的人民检察院案件管理部门提交身份证明、委托书等证明材料。

人民检察院对查询申请人身份审核认证后,对符合条件的,应当提供查询服务,或者提供网上查询账号。查询申请人可以凭账号登录人民检察院案件信息公开系统,查询相关案件程序性信息。

第九条 当事人及其法定代理人、近亲属、辩护人、诉讼代理人需要查询经常居住地以外的人民检察院办理的案件程序性信息的,可以到经常居住地所在的县、区级人民检察院案件管理部门请求协助办理身份认证。被请求协助的人民检察院应当及时与办理该案件的人民检察院联系,传输有关材料,办理该案件的人民检察院审核认可后,应当提供查询服务或者查询账号。

第十条 辩护人、诉讼代理人因与当事人解除委托关系等原因丧失查询资格的,人民检察院应当及时注销其查询账号。

第三章 重要案件信息发布

第十一条 人民检察院应当及时向社会发布下列重要案件信息:

(一)有较大社会影响的职务犯罪案件的立案侦查、决定逮捕、提起公诉等情况;

(二)社会广泛关注的刑事案件的批准逮捕、提起公诉等情况;

(三)已经办结的典型案例;

(四)重大、专项业务工作的进展和结果信息;

(五)其他重要案件信息。

人民检察院对正在办理的案件,不得向社会发布有关案件事实和证据认定的信息。

第十二条 人民检察院可以通过新闻发言人、召开新闻发布会、提供新闻稿等方式对外发布重要案件信息,并且应当同时在人民检察院案件信息公开系统上发布该信息。

第十三条 重要案件信息由办理该案件的人民检察院负责发布。对于重大、敏感案件以及上级人民检察院交办、督办的案件,在发布信息前应当报上级人民检察院批准;对于在全国范围内有重大影响的案件,在发布信息前应当层报最高人民检察院批准。上级人民检察院可以与下级人民检察院同步发布已经获得批准的重要案件信息。

第十四条 各级人民检察院案件办理部门负责拟制本部门应当发布的案件信息,经分管副检察长或者检察长批准后,由本院新闻宣传部门负责发布。没有设立新闻宣传部门的,由案件管理部门负责在人民检察院案件信息公开系统上发布,需要向其他媒体发布的,由办公室或者其他指定的部门负责发布。

第十五条 新闻宣传部门、案件管理部门发现有应当发布的案件信息没有及时发布的,应当协调案件办理部门及时发布。

第四章 法律文书公开

第十六条 人民检察院制作的法律文书,应当依照法律规定,及时向当事人、其他诉讼参与人和有关单位送达、宣布。

第十七条 人民检察院作出撤销案件、不批准逮捕等决定的法律文书,可以通过在本院设立电子触摸显示屏等方式提供查阅。

第十八条 人民检察院制作的下列法律文书,应当在人民检察院案件信息公开系统上发布:

(一)人民法院所作判决、裁定已生效的刑事案件起诉书、抗诉书;

(二)不起诉决定书;

(三)刑事申诉复查决定书;

(四)最高人民检察院认为应当在该系统发布的其他法律文书。

人民检察院不得在案件信息公开系统发布内部工作性文书。

第十九条 人民检察院在案件信息公开系统上发布法律文书,应当采取符号替代等方式对下列当事人及其他诉讼参与人的姓名做匿名处理:

(一)刑事案件的被害人及其法定代理人、证人、鉴定人;

(二)不起诉决定书中的被不起诉人;

(三)被判处三年有期徒刑以下刑罚以及免予

刑事处罚,且不属于累犯或者惯犯的被告人。

当事人或者其他诉讼参与人要求公开本人姓名,并提出书面申请的,经承办人核实、案件办理部门负责人审核、分管副检察长批准后,可以不做相应的匿名处理。

第二十条　人民检察院在案件信息公开系统上发布法律文书,应当屏蔽下列内容:

(一)自然人的家庭住址、通讯方式、身份证号码、银行账号、健康状况等个人信息;

(二)未成年人的相关信息;

(三)法人以及其他组织的银行账号;

(四)涉及国家秘密、商业秘密、个人隐私的信息;

(五)根据文书表述的内容可以直接推理或者符合逻辑地推理出属于需要屏蔽的信息的;

(六)其他不宜公开的内容。

第二十一条　案件承办人应当在案件办结后或者在收到人民法院生效判决、裁定后十日以内,依照本规定,对需要公开的法律文书做出保密审查和技术处理,报部门负责人审核、分管副检察长或者检察长批准后,提交案件管理部门复核、发布。

对需要报上级人民检察院备案审查的法律文书,应当在备案审查后十日以内,依照前款规定办理法律文书发布手续。

第二十二条　向社会公开的法律文书,除依照本规定的要求做技术处理的内容以外,应当与送达当事人的法律文书内容一致。

第五章　监督和保障

第二十三条　上级人民检察院应当组织、指导下级人民检察院依法、有序开展案件信息公开工作,发现下级人民检察院在案件信息公开工作中存在不合法或者不适当情形的,应当及时纠正。

案件当事人及其法定代理人、近亲属、辩护人、诉讼代理人或者其他单位、个人认为人民检察院发布案件信息不规范、不准确的,可以向人民检察院案件管理部门反映。案件管理部门应当及时协调相关部门核实、处理。

第二十四条　各级人民检察院新闻宣传部门或者其他指定部门,应当全面收集、研判案件信息公开工作引发的社会舆情,并会同相关部门及时处理。

第二十五条　人民检察院案件管理部门应当定期统计、通报本院和本地区检察机关案件信息公开工作情况。

第六章　附　则

第二十六条　人民检察院案件信息公开的技术规范、标准由最高人民检察院另行制定。

第二十七条　省级人民检察院可以根据本规定,结合本地实际情况,制定案件信息公开工作实施细则。

第二十八条　本规定自2014年10月1日起试行。最高人民检察院此前发布的相关规定与本规定不一致的,以本规定为准。

最高人民检察院关于印发《人民检察院受理控告申诉依法导入法律程序实施办法》的通知

2014年11月7日　　高检发办字〔2014〕78号

各省、自治区、直辖市人民检察院,军事检察院,新疆生产建设兵团人民检察院:

《人民检察院受理控告申诉依法导入法律程序实施办法》已经2014年8月28日最高人民检察院

第十二届检察委员会第二十六次会议通过,现印发你们,请认真组织学习,抓好贯彻执行。执行中遇到的问题,请及时报告最高人民检察院。

人民检察院受理控告申诉
依法导入法律程序实施办法

(2014年8月28日最高人民检察院第十二届检察委员会第二十六次会议通过)

第一条 为了保障公民、法人和其他组织依法行使控告、申诉权利,畅通群众诉求表达渠道,进一步完善人民检察院控告申诉审查受理工作,根据刑事诉讼法、民事诉讼法、行政诉讼法、国家赔偿法等法律和相关规定,结合检察工作实际,制定本办法。

第二条 人民检察院受理控告申诉依法导入法律程序,应当坚持诉访分离、统一受理、分类导入、保障诉权、及时高效的原则。

第三条 人民检察院应当进一步畅通和拓宽群众诉求表达渠道,积极推进网上信访、视频接访,整合来信、来访、电话、网络、视频等诉求表达渠道,推进集控告、举报、申诉、投诉、咨询、查询于一体的综合性受理平台建设。

第四条 人民检察院控告检察部门统一接收控告、申诉。本院检察长、其他部门或者人员接收的控告、申诉,应当在七日以内移送控告检察部门,但另有规定的除外。

第五条 人民检察院控告检察部门对接收的控告、申诉应当认真审查,准确甄别控告、申诉的性质和类别,严格按照管辖规定,在规定期限内审查分流。

第六条 对不涉及民商事、行政、刑事等诉讼权利救济的普通信访事项,根据"属地管理、分级负责,谁主管、谁负责"原则,人民检察院控告检察部门应当告知控告人、申诉人向主管机关反映,或者将控告、申诉材料转送主管机关并告知控告人、申诉人,同时做好解释说明和教育疏导工作。

第七条 对涉及民商事、行政、刑事等诉讼权利救济,依法可以通过法律程序解决的控告、申诉,属于本级检察院管辖的,人民检察院控告检察部门应当按照相关规定移送本院有关部门办理;属于其他人民检察院管辖的,告知控告人、申诉人向有管辖权的人民检察院提出,或者将控告、申诉材料转送有管辖权的人民检察院并告知控告人、申诉人。

对属于本级检察院正在法律程序中办理的案件,当事人等诉讼参与人提出控告或者申诉,但法律未规定相应救济途径的,控告检察部门接收材料后应当及时移送本院案件承办部门,承办部门应当继续依法按程序办理,并做好当事人等诉讼参与人的解释说明工作。

第八条 对涉及民商事、行政、刑事等诉讼权利救济,依法可以通过法律程序解决的控告、申诉,属于公安机关、人民法院以及其他机关管辖的,人民检察院控告检察部门应当告知控告人、申诉人向有管辖权的机关反映,或者将控告、申诉材料转送有管辖权的机关并告知控告人、申诉人,同时做好解释说明和教育疏导工作。

第九条 控告、申诉已经最高人民检察院或者省级人民检察院决定终结的,各级人民检察院不予受理。按照中央和最高人民检察院相关规定,移交当地党委、政府有关部门及其基层组织,落实教育帮扶、矛盾化解责任。

第十条 人民检察院依法管辖下列控告、申诉:

(一)涉检事项

1. 不服人民检察院刑事处理决定的;

2. 反映人民检察院在处理群众举报线索中久拖不决,未查处、未答复的;

3. 反映人民检察院违法违规办案或者检察人员违法违纪的;

4. 人民检察院为赔偿义务机关,请求人民检察院进行国家赔偿的。

(二)诉讼监督事项

1. 不服公安机关刑事处理决定,反映公安机关侦查活动有违法情况,要求人民检察院实行法律监督,依法属于人民检察院管辖的;

2. 不服人民法院生效判决、裁定、调解书,以及人民法院赔偿委员会作出的国家赔偿决定,反映审判人员在审判程序中存在违法行为，以及反映人民法院刑罚执行、民事执行和行政执行活动存在违法情形，要求人民检察院实行法律监督，依法属于人民检察院管辖的。

（三）依法属于人民检察院管辖的其他控告、申诉。

第十一条 控告、申诉符合下列条件的，人民检察院应当受理：

（一）属于人民检察院受理案件范围；

（二）本院具有管辖权；

（三）控告人、申诉人具备法律规定的主体资格；

（四）控告、申诉材料符合受理要求；

（五）控告人、申诉人提出了明确请求和所依据的事实、证据与理由；

（六）不具有法律和相关规定不予受理的情形。

第十二条 控告、申诉材料不齐备的，控告检察部门可以采取当面、书面或者网络告知等形式，要求控告人、申诉人限期补齐，并一次性明确告知应当补齐的全部材料。

人民检察院的接收时间从控告人、申诉人补齐相关材料之日起计算。

第十三条 人民检察院控告检察部门对属于本院管辖的控告、申诉，能够当场答复是否受理的，应当当场书面答复。不能当场答复的，应当在规定期限内书面答复，但是控告人、申诉人的姓名（名称）、住址不清的除外。对不予受理的，应当阐明法律依据和理由。

第十四条 对控告人民检察院或者检察人员违法违纪的，控告检察部门应当在收到控告之日起七日以内移送本院监察部门办理。监察部门应当按照相关规定调查处理，并将处理情况反馈控告检察部门。控告检察部门和监察部门应当按照法律规定，及时将办理情况答复实名控告人。

第十五条 对辩护人、诉讼代理人反映公安机关、人民检察院、人民法院及其工作人员阻碍其依法行使刑事诉讼权利的申诉或者控告，控告检察部门应当在受理后十日以内进行审查，并将处理情况书面答复提出申诉或者控告的辩护人、诉讼代理人。

辩护人、诉讼代理人反映看守所及其工作人员阻碍其依法行使刑事诉讼权利的申诉或者控告，由监所检察部门办理。

第十六条 对当事人和辩护人、诉讼代理人、利害关系人反映本级检察院办理刑事案件中的违法行为的控告，控告检察部门应当在规定期限内及时审查办理；对当事人和辩护人、诉讼代理人、利害关系人反映司法机关及其工作人员有刑事诉讼法第一百一十五条规定的行为，不服下级人民检察院和其他司法机关处理的申诉，控告检察部门应当根据案件的具体情况，及时移送侦查监督部门、公诉部门或者监所检察部门审查办理。审查办理部门应当在收到案件材料之日起十五日以内提出审查意见。对刑事诉讼法第一百一十五条第一款第三至五项的申诉，经审查认为需要侦查机关说明理由的，应当要求侦查机关说明理由，并在收到理由说明后十五日以内提出审查意见。控告检察部门应当在收到审查意见后五日以内书面答复控告人、申诉人。

第十七条 对不服人民检察院刑事不立案决定的复议和不服下级人民检察院复议决定的申诉，控告检察部门应当根据事实和法律进行审查，并可以要求控告人、申诉人提供有关材料；认为需要侦查部门说明不立案理由的，应当及时将案件移送侦查监督部门办理。

对要求人民检察院实行刑事立案监督的控告或者申诉，控告检察部门应当根据事实和法律进行审查，并可以要求控告人、申诉人提供有关材料；认为需要公安机关说明不立案或者立案理由的，应当及时将案件移送侦查监督部门办理。

第十八条 对要求人民检察院实行刑事审判活动监督，刑事判决、裁定监督，死刑复核法律监督，羁押和办案期限监督，看守所执法活动监督，刑事判决、裁定执行监督，强制医疗执行监督的控告或者申诉，不服人民检察院诉讼终结的刑事处理决定的申诉，以及请求国家赔偿或者赔偿监督等，控告检察部门应当在七日以内按照首办责任制的要求移送有关业务部门办理，法律和相关规定有特别规定的，从其规定。首办责任部门应当在收到控告、申诉材料之日起一个月以内将办理进度情况书面告知控告检察部门，三个月以内或者立案后三个月以内书面回复办理结果。

第十九条 对申请民事、行政诉讼监督的事项，实行受理、办理与管理相分离。控告检察部门负责审查受理工作，对符合受理条件的，应当在决定受理之日起三日以内向申请人送达《受理通知书》，同时移送本院民事行政检察部门办理。民事行政检察部门应当在三个月以内审查终结作出决定，并书面告知控告检察部门。

第二十条 具有下列情形之一的，人民检察院应当告知控告人、申诉人向公安机关提出：

（一）当事人和辩护人、诉讼代理人、利害关系人认为公安机关及其工作人员有刑事诉讼法第一百一十五条规定的行为，未向办理案件的公安机关申诉或者控告，或者办理案件的公安机关在规定的时间内尚未作出处理决定，直接向人民检察院申诉的；

（二）被害人及其法定代理人、近亲属认为公安机关对其控告应当立案侦查而不立案侦查，向人民检察院提出，而公安机关尚未对刑事控告或报案作出不予立案决定的；

（三）控告人、申诉人对公安机关正在办理的刑事案件，对有关办案程序提出复议、复核，应当由公安机关处理的；

（四）对公安机关作出的行政处罚、行政许可、行政强制措施等决定不服，要求公安机关复议的；

（五）对公安机关作出的火灾、交通事故认定及委托鉴定等不服，要求公安机关复核或者重新鉴定的；

（六）因公安机关及其工作人员违法行使职权，造成损害，依法要求国家赔偿的；

（七）控告公安民警违纪的；

（八）其他属于公安机关职权范围的事项。

第二十一条 具有下列情形之一的，人民检察院应当告知控告人、申诉人向人民法院提出：

（一）当事人和辩护人、诉讼代理人、利害关系人认为人民法院及其工作人员有刑事诉讼法第一百一十五条规定的行为，未向办理案件的人民法院申诉或者控告，或者办理案件的人民法院在规定的时间内尚未作出处理决定，直接向人民检察院申诉的；

（二）当事人不服人民法院已经发生法律效力的民事判决、裁定和调解书，向人民法院申请再审，或者人民法院在法定期限内正在对民事再审申请进行审查，以民事诉讼法第二百零九条第一款规定为由直接向人民检察院申请监督的；

（三）当事人认为民事审判程序中审判人员存在违法行为或者民事执行活动存在违法情形，未依照法律规定提出异议、申请复议或者提起诉讼，且

无正当理由，或者人民法院已经受理异议、复议申请，在法定期限内正在审查处理，直接向人民检察院申请监督的；

（四）控告法官违纪的；

（五）其他属于人民法院职权范围的事项。

第二十二条 对人民检察院和其他司法机关均有管辖权的控告、申诉，人民检察院应当依法定职权审查受理，并将审查受理情况通知其他有管辖权的司法机关。

人民检察院在审查受理时，发现其他有管辖权的司法机关已经受理、立案的，可以告知控告人、申诉人在已受理、立案的司法机关作出法律结论后，再依法提出控告、申诉。

对控告、申诉既包含人民检察院管辖事项，又包含其他司法机关管辖事项的，人民检察院应当就管辖事项审查受理，同时告知控告人、申诉人将其他控告、申诉事项向相关主管机关提出。

第二十三条 人民检察院控告检察部门与有关案件承办部门应当进一步规范受理、办理流程，加强各环节之间的衔接配合，加快案件流转，防止形成积压。严格执行最高人民检察院关于全国检察机关统一业务应用系统使用管理的规定，对控告、申诉依法导入法律程序的各环节工作实行全面、实时、动态监督管理。案件管理部门应当加强流程监控、期限预警，及时纠正执法不规范等行为。

上级人民检察院应当加强受理、立案工作的督查指导，发现下级人民检察院对控告、申诉的受理、立案存在错误的，应当指导或者责令下级人民检察院依法纠正。对群众反映的受理难、立案难、申诉难等突出问题，采取案件评查、专项督查等方式督促整改。

第二十四条 人民检察院应当加强与党委、人大、政府信访部门的联系，做好检察机关管辖事项与普通信访事项的分流、对接、移交工作。对与其他党政部门存在受理争议的事项、检察机关管辖事项与普通信访交织的疑难复杂事项、检察机关管辖事项涉众和涉及相关政策落实的，人民检察院可以报请同级处理信访突出问题及群体性事件联席会议协调相关部门，共同做好化解工作。

人民检察院应当加强与公安机关、人民法院的衔接配合，确保控告、申诉在司法机关之间有序流转和依法处理。应当积极推动建立人民检察院与公安机关、人民法院涉法涉诉信访案件信息共享平

台,实现横向互联互通。应当建立会商机制,明确共同管辖案件的处理原则、移送标准和条件,细化分工负责、协作配合措施。

第二十五条 人民检察院应当严格执行责任追究制度。对敷衍搪塞控告人、申诉人,不依法及时受理、不按期办结,造成案件积压,形成重复访、越级访、非正常访,甚至引发极端事件或者重大群体性事件的,以及对存在执法错误和瑕疵拒不依法纠正、补正的,应当依纪依法追究相关办案人员和领导的责任。

第二十六条 本办法由最高人民检察院负责解释。

第二十七条 本办法自公布之日起施行。

最高人民检察院关于
进一步加强未成年人刑事检察工作的通知

2014 年 12 月 2 日 高检发诉字〔2014〕28 号

各省、自治区、直辖市人民检察院,新疆生产建设兵团人民检察院:

近年来,未成年人刑事检察工作取得了长足进步。全国检察机关坚持少捕慎诉,强化帮教,挽救了一大批涉罪未成年人,取得了良好的法律效果和社会效果。为深入推进未成年刑事检察工作健康发展,最大限度保护未成年人合法权益,最大限度教育挽救涉罪未成年人,最大限度预防未成年人犯罪,现通知如下:

一、进一步加强对未成年人保护相关法律规定的学习,着力促进司法观念转变。为依法保护未成年人合法权益,我国先后颁布实施了《中华人民共和国未成年人保护法》和《中华人民共和国预防未成年人犯罪法》,2012 年修改刑事诉讼法设专章规定了"未成年人刑事案件诉讼程序",并先后参与制定或加入了联合国《少年司法最低限度标准规则》《预防少年犯罪准则》和《儿童权利公约》等国际社会重要法律文件。为落实对未成年人的特殊刑事政策,最高人民检察院于 2012 年印发了《关于进一步加强未成年人刑事检察工作的决定》(以下简称《决定》),2013 年修订了《人民检察院办理未成年人刑事案件的规定》(以下简称《规定》),与最高人民法院、公安部、司法部联合制定了《关于依法惩治性侵害未成年人犯罪的意见》等一系列司法解释、规范性文件。作为国家法律监督机关,充分发挥法律监督职能,确保国家对涉罪未成年人"教育、感化、挽救"方针和"教育为主,惩罚为辅"原则以及特殊刑事政策、特别诉讼程序统一实施是检察机关的重要责任。但目前各级检察机关均不同程度地存在司法理念滞后,对儿童特殊、优先保护等观念还没有真正树立,对未成年人刑事检察工作的重要性、特殊性和复杂性认识不到位,工作的积极性、主动性不够等问题。各级检察机关要进一步加强对未成年人保护相关法律规定的学习,深化对未成年人刑事检察工作重要性的认识,增强责任感和自觉性,全面落实对未成年人司法保护的各项规定和要求,保障法律有效实施,促进社会和谐稳定。

二、进一步履行法定职责,严厉打击侵害未成年人的犯罪,保护救助未成年被害人。为全面落实国家对未成年人司法保护政策,充分体现双向保护原则,各地要结合实际,将性侵害未成年人,拐卖(绑架)儿童,胁迫、诱骗、利用未成年人犯罪等专门针对未成年人的犯罪案件纳入未成年人刑事检察部门受案范围,强化立案监督,积极介入侦查引导取证,依法严厉打击危害未成年人犯罪。在办案中注意讲究方式和技巧,依法保护未成年被害人的名誉权、隐私权等合法权益,避免对其造成二次伤害。要加强与司法行政、民政、教育、卫生等相关部门及未成年人保护组织的联系和协作,共同做好未成年被害人的身体康复、心理疏导、法律援助、司法救助等工作,保证各项特殊保护政策和制度在检察机关得到贯彻落实,更好地保护涉案未成年被害人的合法权益。

三、进一步完善未成年人刑事检察工作制度机制，着力推动专业化体系构建。未成年人刑事检察工作的持续发展有赖于适合未成年人身心特点的制度机制建设。要进一步加强未成年人刑事检察工作制度机制建设：一是进一步细化特殊程序办案规定。要根据办案需要，建立未成年人刑事检察专门办案场所，开辟适合未成年人身心特点的未成年人刑事检察工作室，并规范讯问（询问）未成年人和不起诉训诫、宣布、不公开听证等特殊程序，逐步建立讯问（询问）未成年人的录音、录像制度。二是进一步完善政法机关办理未成年人刑事案件衔接配合机制。加强与共青团组织、综治委等部门的联系，根据修改后刑事诉讼法的要求，及时完善办理未成年人刑事案件配套工作体系，在工作评价标准、社会调查、逮捕必要性证据收集与移送、法律援助、分案起诉等需要配合的制度上相互衔接，形成工作体系和有效合力。三是建立未成年人刑事检察工作异地协助机制。对异地检察机关提出协助社会调查、附条件不起诉监督考察、跟踪帮教、社区矫正、犯罪记录封存等请求的，协作地检察机关应当及时予以配合。必要时，可以通过共同的上级检察机关未成年人刑事检察部门进行沟通协调，切实提升帮教、挽救工作水平。

四、进一步加强未成年人刑事检察专门机构建设，着力提升未成年人刑事检察队伍专业化水平。未成年人刑事检察工作设置专门机构、配齐配强专业人员，是贯彻国家对未成年人特殊刑事政策，落实一系列保护未成年人的特殊制度机制，实现未成年人刑事案件办理工作专业化的重要保障。各级检察机关要积极采取有效措施落实《规定》要求，着力推进未成年人刑事检察专门机构建设，提升队伍专业化水平：一是要抓住当前深化司法体制改革的时机，积极推进未成年人刑事检察主任检察官办案责任制试点，允许有条件的地方积极探索，解决未成年人刑事检察专门机构和专业化队伍建设问题；

已建立专门未成年人刑事检察机构和专业化队伍的地方应当保持和巩固。二是强化未成年人刑事检察专业人员配备。案件量较小、指定专人办理未成年人刑事案件的地方实行检察官办案责任制的，指定的专人应当具有主任检察官资格。三是采取多种形式开展岗位练兵、业务培训和业务竞赛活动，着力建立一支素质高、业务过硬的未成年人刑事检察队伍。四是制定未成年人刑事检察岗位素能基本标准，推进未成年人刑事检察队伍专业化、职业化建设。

五、进一步推动社会化制度构建，着力建立多部门合作及司法借助社会力量的长效机制。社会调查、合适成年人到场、附条件不起诉帮教考察等工作涉及面广、专业性强，需要加强与有关部门的配合协调。各级检察机关在与公安、法院、司法行政等部门衔接配合的同时，要进一步加强与共青团、妇联、民政、教育、卫生、社区等方面的联系，建立多部门合作及司法借助社会力量的长效机制，通过促进未成年人犯罪预防帮教社会化体系建设，实现对涉罪未成年人教育、感化、挽救的无缝衔接，共同将社会调查、合适成年人到场、强制辩护、附条件不起诉、犯罪记录封存以及心理疏导、司法救助等保护未成年人合法权益的制度措施落到实处。

六、进一步加强对未成年人刑事检察工作的组织领导、业务指导。各级检察机关要高度重视未成年人刑事检察工作，上级院要加强对未成年人刑事检察工作的指导，及时掌握情况，帮助解决突出问题，认真总结推广各地具有普遍意义的创新成果和经验。在检察机关统一业务应用系统中按照捕、诉、监、防一体化模式，逐步完善设计独立的未成年人刑事检察业务流程、未成年人刑事检察文书和统计报表，建立以办案质量和帮教效果为核心，涵盖少捕慎诉、帮教挽救、落实特殊制度、开展犯罪预防等内容的未成年人刑事检察独立评价机制，引导和促进全国检察机关未成年人刑事检察工作科学、全面发展。

最高人民检察院关于印发《关于加强和改进刑事抗诉工作的意见》的通知

2014 年 11 月 26 日 高检发诉字〔2014〕29 号

各省、自治区、直辖市人民检察院,军事检察院,新疆生产建设兵团人民检察院:

《关于加强和改进刑事抗诉工作的意见》已经 2014 年 11 月 19 日最高人民检察院第十二届检察委员会第二十九次会议通过,现印发你们,请认真贯彻执行。执行中遇到的问题,请及时报告最高人民检察院。

最高人民检察院
关于加强和改进刑事抗诉工作的意见

(2014 年 11 月 19 日最高人民检察院第十二届检察委员会第二十九次会议通过)

为促进司法公正,保证法律统一正确实施,强化检察机关法律监督,提升刑事抗诉工作水平,根据法律规定,结合检察工作实际,现就加强和改进人民检察院刑事抗诉工作提出以下意见。

一、刑事抗诉工作的基本要求

1. 刑事抗诉是法律赋予检察机关的重要职权。通过刑事抗诉纠正确有错误的裁判,切实维护司法公正,是人民检察院履行法律监督职能的重要体现。全面加强和改进刑事抗诉工作,对于维护司法公正,保护诉讼当事人合法权益,实现社会公平正义,促进社会和谐稳定,树立和维护法治权威具有重要意义。

2. 对刑事抗诉工作的基本要求是:

——依法。严格依照法律规定独立公正开展刑事抗诉工作,不受任何干预,防止滥用抗诉权或者怠于行使抗诉权。

——准确。案件质量是刑事抗诉工作的生命线。要精细化审查案件事实、证据和法律适用,全面理解、准确把握刑事抗诉的条件和标准,确保刑事抗诉案件质量。

——及时。增强时限意识,严格遵守办理刑事抗诉案件期限的规定,对符合抗诉条件和标准的案件,及时提出抗诉,提高工作效率。

——有效。围绕经济社会发展大局,关注社会热点,回应公众关切,突出监督重点,加强矛盾化解,注重刑事政策在抗诉工作中的具体运用,实现抗诉工作法律效果和社会效果的统一。

二、刑事抗诉的情形

3. 人民法院刑事判决、裁定在认定事实方面确有下列错误,导致定罪或者量刑明显不当的,人民检察院应当提出抗诉和支持抗诉:

(1)刑事判决、裁定认定的事实与证据证明的事实不一致的;

(2)认定的事实与裁判结论有矛盾的;

(3)有新的证据证明原判决、裁定认定的事实确有错误的。

4. 人民法院刑事判决、裁定在采信证据方面确有下列错误,导致定罪或者量刑明显不当的,人民

检察院应当提出抗诉和支持抗诉:

(1)刑事判决、裁定据以认定案件事实的证据不确实的;

(2)据以定案的证据不足以认定案件事实,或者所证明的案件事实与裁判结论之间缺乏必然联系的;

(3)据以定案的证据依法应当予以排除而未被排除的;

(4)不应当排除的证据作为非法证据被排除或者不予采信的;

(5)据以定案的主要证据之间存在矛盾,无法排除合理怀疑的;

(6)因被告人翻供、证人改变证言而不采纳依法收集并经庭审质证为合法、有效的其他证据,判决无罪或者改变事实认定的;

(7)经审查犯罪事实清楚,证据确实、充分,人民法院以证据不足为由判决无罪或者改变事实认定的。

5. 人民法院刑事判决、裁定在适用法律方面确有下列错误的,人民检察院应当提出抗诉和支持抗诉:

(1)定罪错误,即对案件事实进行评判时发生错误。主要包括:有罪判无罪,无罪判有罪;混淆此罪与彼罪、一罪与数罪的界限,造成罪刑不相适应,或者在司法实践中产生重大不良影响的;

(2)量刑错误,即适用刑罚与犯罪的事实、性质、情节和社会危害程度不相适应,重罪轻判或者轻罪重判,导致量刑明显不当。主要包括:不具有法定量刑情节而超出法定刑幅度量刑;认定或者适用法定量刑情节错误,导致未在法定刑幅度内量刑或者量刑明显不当;共同犯罪案件中各被告人量刑与其在共同犯罪中的地位、作用明显不相适应或者不均衡;适用主刑刑种错误;适用附加刑错误;适用免予刑事处罚、缓刑错误;适用刑事禁止令、限制减刑错误的。

6. 人民法院在审判过程中有下列严重违反法定诉讼程序情形之一,可能影响公正裁判的,人民检察院应当提出抗诉和支持抗诉:

(1)违反有关公开审判规定的;

(2)违反有关回避规定的;

(3)剥夺或者限制当事人法定诉讼权利的;

(4)审判组织的组成不合法的;

(5)除另有规定的以外,证据材料未经庭审质证直接采纳作为定案根据,或者人民法院依申请收集、调取的证据材料和合议庭休庭后自行调查取得的证据材料没有经过庭审质证而直接采纳作为定案根据的;

(6)由合议庭进行审判的案件未经过合议庭评议直接宣判的;

(7)其他严重违反法定诉讼程序情形的。

7. 对人民检察院提出的刑事附带民事诉讼部分所作判决、裁定明显不当的,或者当事人提出申诉的已生效刑事附带民事诉讼部分判决、裁定明显不当的,人民检察院应当提出抗诉和支持抗诉。

8. 人民法院适用犯罪嫌疑人、被告人逃匿、死亡案件违法所得的没收程序所作的裁定确有错误的,人民检察院应当提出抗诉和支持抗诉。

9. 审判人员在审理案件的时候,有贪污受贿、徇私舞弊或者枉法裁判行为,影响公正审判的,人民检察院应当提出抗诉和支持抗诉。

10. 人民法院刑事判决、裁定认定事实、采信证据有下列情形之一的,一般不应当提出抗诉:

(1)被告人提出罪轻、无罪辩解或者翻供后,认定犯罪性质、情节或者有罪的证据之间的矛盾无法排除,导致判决书未认定起诉指控罪名或者相关犯罪事实的;

(2)刑事判决改变起诉指控罪名,导致量刑差异较大,但没有足够证据或者法律依据证明人民法院改变罪名错误的;

(3)案件定罪事实清楚,因有关量刑情节难以查清,人民法院在法定刑幅度内从轻处罚的;

(4)依法排除非法证据后,证明部分或者全部案件事实的证据达不到确实、充分的标准,人民法院不予认定该部分案件事实或者判决无罪的。

11. 人民法院刑事判决、裁定在适用法律方面有下列情形之一的,一般不应当提出抗诉:

(1)法律规定不明确、存有争议,抗诉的法律依据不充分的;

(2)具有法定从轻或者减轻处罚情节,量刑偏轻的;

(3)被告人系患有严重疾病、生活不能自理的人,怀孕或者正在哺乳自己婴儿的妇女,生活不能自理的人的唯一扶养人,量刑偏轻的;

(4)被告人认罪并积极赔偿损失,取得被害方谅解,量刑偏轻的。

12. 人民法院审判活动违反法定诉讼程序,其严重程度不足以影响公正裁判,或者判决书、裁定书存在技术性差错,不影响案件实质性结论的,一般不应当提出抗诉。必要时以纠正审理违法意见书监督人民法院纠正审判活动中的违法情形或者以检察建议书等形式要求人民法院更正法律文书中的差错。

13. 人民法院判处被告人死刑缓期二年执行的案件,具有下列情形之一,除原判决认定事实、适用法律有严重错误或者社会反响强烈的以外,一般不应当提出判处死刑立即执行的抗诉:

(1)被告人有自首、立功等法定从轻、减轻处罚情节的;

(2)定罪的证据确实、充分,但影响量刑的主要证据存有疑问的;

(3)因婚姻家庭、邻里纠纷等民间矛盾激化引发的案件,因被害方的过错行为引起的案件,案发后被告人真诚悔罪、积极赔偿被害方经济损失并取得被害方谅解的;

(4)罪犯被送交监狱执行刑罚后,认罪服法,狱中表现较好,且死缓考验期限将满的。

三、刑事抗诉案件的审查

14. 办理刑事抗诉案件,应当严格按照刑法、刑事诉讼法、相关司法解释和规范性文件的要求,全面、细致地审查案件事实、证据、法律适用以及程序执行,综合考虑犯罪性质、情节和社会危害程度等因素,准确分析认定原审裁判是否确有错误,根据错误的性质和程度,决定是否提出(请)抗诉。

15. 对刑事抗诉案件的事实,应当重点从以下几个方面进行审查:犯罪动机、目的是否明确;犯罪手段是否清楚;与定罪量刑有关的事实、情节是否查明;犯罪的危害后果是否查明;行为和结果之间是否存在刑法上的因果关系。

16. 对刑事抗诉案件的证据,应当重点从以下几个方面进行审查:认定犯罪主体的证据是否确实、充分;认定犯罪事实的证据是否确实、充分;涉及犯罪性质、决定罪名的证据是否确实、充分;涉及量刑情节的证据是否确实、充分;提出抗诉的刑事案件,支持抗诉意见的证据是否具备合法性、客观性和关联性;抗诉证据之间、抗诉意见与抗诉证据之间是否存在矛盾;支持抗诉意见的证据是否确实、充分。

17. 办理刑事抗诉案件,应当讯问原审被告人,并可根据案情需要复核或者补充相关证据。

18. 对刑事抗诉案件的法律适用,应当重点从以下几个方面进行审查:适用的法律和法律条文是否正确;罪与非罪、此罪与彼罪、一罪与数罪的认定是否正确;具有法定从重、从轻、减轻或者免除处罚情节的,适用法律是否正确;适用刑种和量刑幅度是否正确;刑事附带民事诉讼,以及犯罪嫌疑人、被告人逃匿、死亡案件违法所得的没收程序的判决、裁定是否符合法律规定。

19. 人民检察院依照刑事审判监督程序提出抗诉的案件,需要对原审被告人采取强制措施的,由人民检察院依法决定。

20. 按照第二审程序提出抗诉的人民检察院,应当及时将刑事抗诉书和检察卷报送上一级人民检察院。提请上一级人民检察院按照审判监督程序抗诉的人民检察院,应当及时将提请抗诉报告书(一式十份)和侦查卷、检察卷、人民法院审判卷报送上一级人民检察院。经本院检察委员会讨论决定的,应当一并报送本院检察委员会会议纪要。刑事抗诉书和提请抗诉报告书应当充分阐述抗诉理由。

21. 上一级人民检察院对下级人民检察院按照第二审程序提出抗诉的案件,支持或者部分支持抗诉意见的,可以变更、补充抗诉理由,及时制作支持刑事抗诉意见书,阐明支持或者部分支持抗诉的意见和理由,送达同级人民法院,同时通知提出抗诉的人民检察院;不支持抗诉的,应当制作撤回抗诉决定书,送达同级人民法院,同时通知提出抗诉的人民检察院,并向提出抗诉的人民检察院书面说明撤回抗诉理由。

上一级人民检察院在抗诉期限内,发现下级人民检察院应当提出抗诉而没有提出抗诉的,可以指令下级人民检察院依法提出抗诉。

22. 承办刑事抗诉案件的检察人员,应当认真履行出席二审或者再审法庭的职责。

出席刑事抗诉案件法庭,承办案件的检察人员应当制作出庭预案,做好庭审前各项准备。庭审中举证、质证、辩论,应当围绕抗诉重点进行,针对原审法院判决、裁定中的错误进行重点阐述和论证。

23. 强化办案时限意识,及时办理刑事抗诉案件。对一审或者生效裁判的抗诉,刑事诉讼法、《人民检察院刑事诉讼规则(试行)》和最高人民检察院相关规范性文件规定了明确的期限,经审查认为法院裁判确有错误的,应当在规定期限内提出(请)抗诉,及时启动二审或者再审程序。

四、健全和落实刑事抗诉工作机制

24. 严格落实对法院裁判逐案审查机制。人民检察院公诉部门对提起公诉的案件,在收到法院裁判后要指定专人在规定期限内认真审查。

25. 落实刑事抗诉案件审核机制。对于需要提出抗诉的案件,承办人员应当及时提出意见,报部门负责人或者检察官办案组织负责人审核,由检察长决定;案情重大、疑难、复杂的案件,由检察委员会决定。

26. 健全上级检察院对刑事抗诉工作的业务指导机制。上级检察院要加强刑事抗诉个案和类案专项指导,主动帮助下级检察院解决办案中遇到的问题,排除阻力和干扰。要结合本地区实际,组织开展工作情况通报、工作经验推广、案件剖析评查、优秀案件评选、典型案例评析、业务研讨培训、庭审观摩交流等活动,推动刑事抗诉工作发展。

27. 落实检察长列席人民法院审判委员会工作机制。按照最高人民法院、最高人民检察院《关于人民检察院检察长列席人民法院审判委员会会议的实施意见》的相关规定,人民法院审判委员会讨论人民检察院提出的刑事抗诉案件,同级人民检察院检察长或者受检察长委托的副检察长应当依法列席。列席人员应当在会前熟悉案情、准备意见和预案,在会上充分阐述人民检察院的抗诉意见和

理由。

28. 健全同级人民检察院与人民法院之间的沟通联系工作机制。地方各级人民检察院要与同级人民法院进行经常性的工作联系,就个案或者类案的认识分歧以及法律政策适用等问题充分交换意见。

29. 建立健全新形势下刑事抗诉案件舆情应对工作机制。对于引起媒体关注的热点敏感刑事抗诉案件,要建立快速反应工作机制,及时采取措施,依法公开相关信息,树立人民检察院维护司法公正的形象。

30. 当事人及其法定代理人、近亲属认为人民法院已经发生法律效力的刑事判决、裁定确有错误,向人民检察院申诉的,适用《最高人民检察院关于办理不服人民法院生效刑事裁判申诉案件若干问题的规定》和《人民检察院复查刑事申诉案件的规定》的规定。

对人民法院作出的职务犯罪案件第一审判决,由上下两级人民检察院同步审查,审查办理案件适用《最高人民检察院关于加强对职务犯罪案件第一审判决法律监督的若干规定(试行)》的规定。

31. 本意见由最高人民检察院负责解释。自发布之日起施行。本意见发布前最高人民检察院有关刑事抗诉的规定,与本意见相抵触的,以本意见为准。

最高人民检察院关于印发《人民检察院讯问职务犯罪 嫌疑人实行全程同步录音录像的规定》的通知

2014 年 5 月 26 日　　高检发反贪字〔2014〕213 号

各省、自治区、直辖市人民检察院,军事检察院,新疆生产建设兵团人民检察院:

修订后的《人民检察院讯问职务犯罪嫌疑人实行全程同步录音录像的规定》已经 2014 年 3 月 17

日最高人民检察院第十二届检察委员会第十八次会议审议通过,现印发你们,请认真贯彻执行。执行过程中遇到的问题,请报告最高人民检察院。

人民检察院讯问职务犯罪嫌疑人实行全程同步录音录像的规定

（2014 年 3 月 17 日最高人民检察院第十二届检察委员会第十八次会议通过）

第一条 为了进一步规范执法行为，依法惩治犯罪，保障人权，提高执法水平和办案质量，根据《中华人民共和国刑事诉讼法》《人民检察院刑事诉讼规则（试行）》等有关规定，结合人民检察院直接受理侦查职务犯罪案件工作实际，制定本规定。

第二条 人民检察院讯问职务犯罪嫌疑人实行全程同步录音、录像，是指人民检察院办理直接受理侦查的职务犯罪案件，讯问犯罪嫌疑人时，应当对每一次讯问的全过程实施不间断的录音、录像。

讯问录音、录像是人民检察院在直接受理侦查职务犯罪案件工作中规范讯问行为、保证讯问活动合法性的重要手段。讯问录音、录像应当保持完整，不得选择性录制，不得剪接、删改。

讯问录音、录像资料是检察机关讯问职务犯罪嫌疑人的工作资料，实行有条件调取查看或者法庭播放。

第三条 讯问录音、录像，实行讯问人员和录制人员相分离的原则。讯问由检察人员负责，不得少于二人；录音、录像应当由检察技术人员负责。特别情况下，经检察长批准，也可以指定其他检察人员负责。刑事诉讼法有关回避的规定适用于录制人员。

第四条 讯问录音、录像的，应当由检察人员填写《录音录像通知单》，写明讯问开始的时间、地点等情况送检察技术部门或者通知其他检察人员。检察技术部门接到《录音录像通知单》后，应当指派检察技术人员实施。其他检察人员接到通知后，应当按照本规定进行录制。

第五条 讯问在押犯罪嫌疑人，应当在看守所进行。讯问未羁押的犯罪嫌疑人，除客观原因或者法律另有规定外，应当在人民检察院讯问室进行。

在看守所、人民检察院的讯问室或者犯罪嫌疑人的住处等地点讯问的，讯问录音、录像应当自犯罪嫌疑人进入讯问室或者讯问人员进入其住处时开始录制，至犯罪嫌疑人在讯问笔录上签字、捺指印，离开讯问室或者讯问人员离开犯罪嫌疑人的住处等地点时结束。

第六条 讯问开始时，应当告知犯罪嫌疑人将对讯问进行全程同步录音、录像，告知情况应在录音、录像和笔录中予以反映。

犯罪嫌疑人不同意录音、录像的，讯问人员应当进行解释，但不影响录音、录像进行。

第七条 全程同步录像，录制的图像应当反映犯罪嫌疑人、检察人员、翻译人员及讯问场景等情况，犯罪嫌疑人应当在图像中全程反映，并显示与讯问同步的时间数码。在人民检察院讯问室讯问的，应当显示温度和湿度。

第八条 讯问犯罪嫌疑人时，除特殊情况外，检察人员应当着检察服，做到仪表整洁，举止严肃、端庄，用语文明、规范。严禁刑讯逼供或者使用威胁、引诱、欺骗等非法方法进行讯问。

第九条 讯问过程中，需要出示、核实或者辨认书证、物证等证据的，应当当场出示，让犯罪嫌疑人核实或者辨认，并对核实、辨认的全过程进行录音、录像。

第十条 讯问过程中，因技术故障等客观情况无法录音、录像的，一般应当停止讯问，待故障排除后再行讯问。讯问停止的原因、时间和再行讯问开始的时间等情况，应当在笔录和录音、录像中予以反映。

无法录音、录像的客观情况一时难以消除又必须继续讯问的，讯问人员可以继续进行讯问，但应当告知犯罪嫌疑人，同时报告检察长并获得批准。未录音、录像的情况及告知、报告情况应当在笔录中予以说明，由犯罪嫌疑人签字确认。待条件具备时，应当对未录的内容及时进行补录。

第十一条 讯问结束后，录制人员应当立即将讯问录音、录像资料原件交给讯问人员，经讯问人员和犯罪嫌疑人签字确认后当场封存，交由检察技术部门保存。同时，复制讯问录音、录像资料存入讯问录音、录像数据管理系统，按照授权供审查决定逮捕、审查起诉以及法庭审理时查看之用。没有建立讯问录音、录像数据管理系统的，应当制作讯问录音、录像资料复制件，交办案人员保管，按照人民检察院刑事诉讼规则的有关规定移送。

讯问结束后，录制人员应当及时制作讯问录音、录像的相关说明，经讯问人员和犯罪嫌疑人签字确认后，交由检察技术部门立卷保管。

讯问录音、录像制作说明应当反映讯问的具体起止时间，参与讯问的检察人员、翻译人员及录制人员等姓名、职务、职称，犯罪嫌疑人姓名及案由，讯问地点等情况。讯问在押犯罪嫌疑人的，讯问人员应当在说明中注明提押和还押时间，由监管人员和犯罪嫌疑人签字确认。对犯罪嫌疑人拒绝签字的，应当在说明中注明。

第十二条 讯问笔录应当与讯问录音、录像内容一致或者意思相符。禁止记录人员原封不动复制此前笔录中的讯问内容，作为本次讯问记录。

讯问结束时，讯问人员应当对讯问笔录进行检查、核对，发现漏记、错记的，应当及时补正，并经犯罪嫌疑人签字确认。

第十三条 人民检察院直接受理侦查的案件，侦查部门移送审查决定逮捕、审查起诉时，应当注明讯问录音、录像资料存入讯问录音、录像数据管理系统，并将讯问录音、录像次数、起止时间等情况，随同案卷材料移送案件管理部门审查后，由案件管理部门移送侦查监督或者公诉部门审查。侦查监督或者公诉部门审查认为讯问活动可能涉嫌违法或者讯问笔录可能不真实，需要审查讯问录音、录像资料的，应当说明涉嫌违法讯问或者讯问笔录可能失实的时间节点并告知侦查部门。侦查部门应当及时予以授权，供侦查监督或者公诉部门对存入讯问录音、录像数据管理系统相应的讯问录音、录像资料进行审查。没有建立讯问录音、录像数据管理系统的，应当调取相应时段的讯问录音、录像资料并刻录光盘，及时移送侦查监督或者公诉部门审查。

移送讯问录音、录像资料复制件的，侦查监督部门审查结束后，应当将移送审查的讯问录音、录像资料复制件连同案卷材料一并送还侦查部门。公诉部门对移送的讯问录音、录像资料复制件应当妥善保管，案件终结后随案归档保存。

第十四条 案件提起公诉后在庭前会议或者法庭审理过程中，人民法院、被告人或者其辩护人对庭前讯问活动合法性提出异议的，或者被告人辩解因受刑讯逼供等非法方法而供述的，公诉人应当要求被告人及其辩护人提供相关线索或者材料。被告人及其辩护人提供相关线索或者材料的，公诉人可以将相关时段的讯问录音、录像资料提请法庭播放，对有关异议或者事实进行质证。

第十五条 公诉人认为讯问录音、录像资料不宜在法庭上播放的，应当建议在审判人员、公诉人、被告人及其辩护人的范围内进行播放、质证，必要时可以建议法庭通知讯问人员、录制人员参加。

第十六条 人民法院、被告人或者其辩护人对讯问录音、录像资料刻录光盘或者复制件提出异议的，公诉人应当将检察技术部门保存的相应原件当庭启封质证。案件审结后，经公诉人和被告人签字确认后对讯问录音、录像资料原件再行封存，并由公诉部门及时送还检察技术部门保存。

第十七条 讯问过程中犯罪嫌疑人检举揭发与本案无关的犯罪事实或者线索的，应当予以保密，不得泄露。违反本条规定，造成泄密后果的，应当追究相关责任。

庭前会议或者法庭审理过程中，人民法院、被告人及其辩护人认为被告人检举揭发与本案无关的犯罪事实或者线索影响量刑，需要举证、质证的，应当由承办案件的人民检察院出具证明材料，经承办人签名后，交公诉人向审判人员、被告人及其辩护人予以说明。提供的证明材料必须真实，发现证明材料失实或者是伪造的，经查证属实，应当追究相关责任。

第十八条 案件办理完毕，办案期间录制的讯问录音、录像资料存入讯问录音、录像数据管理系统的或者刻录光盘的原件，由检察技术部门向本院档案部门移交归档。讯问录音、录像资料的保存期限与案件卷宗保存期限相同。

讯问录音、录像资料一般不公开使用。需要公开使用的，应当由检察长决定。非办案部门或者人员需要查阅讯问录音、录像资料的，应当报经检察长批准。

案件在申诉、复查过程中,涉及讯问活动合法性或者办案人员责任认定等情形,需要启封讯问录音、录像资料原件的,应当由检察长决定。启封时,被告人或者其委托的辩护人、近亲属应当到场见证。

第十九条 参与讯问录音、录像的人员,对讯问情况应当严格保密。泄露办案秘密的,应当追究相关责任。

第二十条 初查阶段询问初查对象需要录音或者录像的,应当告知初查对象。询问证人需要录音或者录像的,应当事先征得证人同意,并参照本规定执行。

第二十一条 实施讯问录音、录像,禁止下列情形:

(一)未按照刑事诉讼法第121条和本规定对讯问活动进行全程同步录音、录像的;

(二)对讯问活动采取不供不录等选择性录音、录像的;

(三)为规避监督故意关闭讯问录音录像系统、视频监控系统的;

(四)擅自公开或者泄露讯问录音、录像资料或

者泄露办案秘密的;

(五)因玩忽职守、管理不善等造成讯问录音、录像资料遗失或者违规使用讯问录音、录像资料的;

(六)其他违反本规定或者玩忽职守、弄虚作假,给案件侦查、起诉、审判造成不良后果等情形的。

讯问人员、检察技术人员及其他有关人员具有以上情形之一的,根据《检察人员纪律处分条例(试行)》等规定,应当给予批评教育;情节较重,给案件侦查、起诉、审判造成较为严重后果或者对案件当事人合法权益造成较为严重侵害的,应当视情给予警告、记过、记大过处分;情节严重,给案件侦查、起诉、审判造成严重后果或者对案件当事人合法权益造成严重侵害的,应当视情给予降级、撤职或者开除处分;构成犯罪的,应当追究相关责任人员的刑事责任。

第二十二条 本规定由最高人民检察院负责解释。自发布之日起施行。此前规定与本规定不一致的,以本规定为准。

最高人民检察院关于印发《最高人民检察院关于对职务犯罪罪犯减刑、假释、暂予监外执行案件实行备案审查的规定》的通知

2014 年 6 月 23 日 高检发监字〔2014〕5 号

各省、自治区、直辖市人民检察院,新疆生产建设兵团人民检察院:

《最高人民检察院关于对职务犯罪罪犯减刑、假释、暂予监外执行案件实行备案审查的规定》已

经 2014 年 5 月 16 日最高人民检察院第十二届检察委员会第二十一次会议通过,现印发你们,请认真贯彻执行。执行中遇到的问题,请及时报告最高人民检察院。

最高人民检察院关于对职务犯罪罪犯减刑、假释、暂予监外执行案件实行备案审查的规定

(2014年5月16日最高人民检察院第十二届检察委员会第二十一次会议通过)

第一条 为了强化对职务犯罪罪犯减刑、假释、暂予监外执行的法律监督，加强上级人民检察院对下级人民检察院办理刑罚变更执行案件工作的领导，根据《中华人民共和国刑法》《中华人民共和国刑事诉讼法》和《中华人民共和国监狱法》等有关规定，结合检察工作实际，制定本规定。

第二条 人民检察院对职务犯罪罪犯减刑、假释、暂予监外执行案件实行备案审查，按照下列情形分别处理：

（一）对原厅局级以上职务犯罪罪犯减刑、假释、暂予监外执行的案件，人民检察院应当在收到减刑、假释裁定书或者暂予监外执行决定书后十日以内，逐案层报最高人民检察院备案审查；

（二）对原县处级职务犯罪罪犯减刑、假释、暂予监外执行的案件，人民检察院应当在收到减刑、假释裁定书或者暂予监外执行决定书后十日以内，逐案层报省级人民检察院备案审查。

第三条 人民检察院报请备案审查减刑、假释案件，应当填写备案审查登记表，并附下列材料的复印件：

（一）刑罚执行机关提请减刑、假释建议书；

（二）人民法院减刑、假释裁定书；

（三）人民检察院向刑罚执行机关、人民法院提出的书面意见；

罪犯有重大立功表现裁定减刑、假释的案件，还应当附重大立功表现相关证明材料的复印件。

第四条 人民检察院报请备案审查暂予监外执行案件，应当填写备案审查登记表，并附下列材料的复印件：

（一）刑罚执行机关提请暂予监外执行意见书或者审批表；

（二）决定或者批准机关暂予监外执行决定书；

（三）人民检察院向刑罚执行机关、暂予监外执行决定或者批准机关提出的书面意见；

（四）罪犯的病情诊断、鉴定意见以及相关证明材料。

第五条 上级人民检察院认为有必要的，可以要求下级人民检察院补报相关材料。下级人民检察院应当在收到通知后三日以内，按照要求报送。

第六条 最高人民检察院和省级人民检察院收到备案审查材料后，应当指定专人进行登记和审查，并在收到材料后十日以内，分别作出以下处理：

（一）对于职务犯罪罪犯减刑、假释、暂予监外执行不当的，应当通知下级人民检察院依法向有关单位提出纠正意见。其中，省级人民检察院认为高级人民法院作出的减刑、假释裁定或者省级监狱管理局、省级公安厅（局）作出的暂予监外执行决定不当的，应当依法提出纠正意见；

（二）对于职务犯罪罪犯减刑、假释、暂予监外执行存在疑点或者可能存在违法违规问题的，应当通知下级人民检察院依法进行调查核实。

第七条 下级人民检察院收到上级人民检察院对备案审查材料处理意见的通知后，应当立即执行，并在收到通知后三十日以内，报告执行情况。

第八条 省级人民检察院应当将本年度原县处级以上职务犯罪罪犯减刑、假释、暂予监外执行的名单，以及本年度职务犯罪罪犯减刑、假释、暂予监外执行的数量和比例对比情况，与人民法院、公安机关、监狱管理机关等有关单位核对后，于次年一月底前，报送最高人民检察院。

第九条 对于职务犯罪罪犯减刑、假释、暂予监外执行的比例明显高于其他罪犯的相应比例的，人民检察院应当对职务犯罪罪犯减刑、假释、暂予监外执行案件进行逐案复查，查找和分析存在的问题，依法向有关单位提出意见或者建议。

第十条 最高人民检察院和省级人民检察院

应当每年对职务犯罪罪犯减刑、假释、暂予监外执行情况进行分析和总结,指导和督促下级人民检察院落实有关要求。

第十一条 本规定中的职务犯罪,是指贪污贿赂犯罪,国家工作人员的渎职犯罪,国家机关工作人员利用职权实施的非法拘禁、非法搜查、刑讯逼供、暴力取证、虐待被监管人、报复陷害、破坏选举的侵犯公民人身权利、公民民主权利的犯罪。

第十二条 本规定自发布之日起施行。

最高人民检察院关于印发《人民检察院办理减刑、假释案件规定》的通知

2014 年 8 月 1 日　高检发监字〔2014〕8 号

各省、自治区、直辖市人民检察院,军事检察院,新疆生产建设兵团人民检察院:

《人民检察院办理减刑、假释案件规定》已经 2014 年 7 月 21 日最高人民检察院第十二届检察委员会第二十五次会议通过,现印发你们,请认真贯彻执行。执行中遇到的问题,请及时报告最高人民检察院。

人民检察院办理减刑、假释案件规定

(2014 年 7 月 21 日最高人民检察院第十二届检察委员会第二十五次会议通过)

第一条 为了进一步加强和规范减刑、假释法律监督工作,确保刑罚变更执行合法、公正,根据《中华人民共和国刑法》《中华人民共和国刑事诉讼法》和《中华人民共和国监狱法》等有关规定,结合检察工作实际,制定本规定。

第二条 人民检察院依法对减刑、假释案件的提请、审理、裁定等活动是否合法实行法律监督。

第三条 人民检察院办理减刑、假释案件,应当按照下列情形分别处理:

(一)对减刑、假释案件提请活动的监督,由对执行机关承担检察职责的人民检察院负责;

(二)对减刑、假释案件审理、裁定活动的监督,由人民法院的同级人民检察院负责;同级人民检察院对执行机关不承担检察职责的,可以根据需要指定对执行机关承担检察职责的人民检察院派出席法庭;下级人民检察院发现减刑、假释裁定不当的,应当及时向作出减刑、假释裁定的人民法院的同级人民检察院报告。

第四条 人民检察院办理减刑、假释案件,依照规定实行统一案件管理和办案责任制。

第五条 人民检察院收到执行机关移送的下列减刑、假释案件材料后,应当及时进行审查:

(一)执行机关拟提请减刑、假释意见;

(二)终审法院裁判文书、执行通知书、历次减刑裁定书;

(三)罪犯确有悔改表现、立功表现或者重大立功表现的证明材料;

(四)罪犯评审鉴定表、奖惩审批表;

(五)其他应当审查的案件材料。

对拟提请假释案件,还应当审查社区矫正机构

或者基层组织关于罪犯假释后对所居住社区影响的调查评估报告。

第六条 具有下列情形之一的，人民检察院应当进行调查核实：

（一）拟提请减刑、假释罪犯系职务犯罪罪犯，破坏金融管理秩序和金融诈骗犯罪罪犯，黑社会性质组织犯罪罪犯，严重暴力恐怖犯罪罪犯，或者其他在社会上有重大影响、社会关注度高的罪犯；

（二）因罪犯有立功表现或者重大立功表现拟提请减刑的；

（三）拟提请减刑、假释罪犯的减刑幅度大、假释考验期长、起始时间早、间隔时间短或者实际执行刑期短的；

（四）拟提请减刑、假释罪犯的考核计分高、专项奖励多或者鉴定材料、奖惩记录有疑点的；

（五）收到控告、举报的；

（六）其他应当进行调查核实的。

第七条 人民检察院可以采取调阅复制有关材料、重新组织诊断鉴别、进行文证鉴定、召开座谈会、个别询问等方式，对下列情况进行调查核实：

（一）拟提请减刑、假释罪犯在服刑期间的表现情况；

（二）拟提请减刑、假释罪犯的财产刑执行、附带民事裁判履行、退赃退赔等情况；

（三）拟提请减刑罪犯的立功表现、重大立功表现是否属实，发明创造、技术革新是否系罪犯在服刑期间独立完成并经有关主管机关确认；

（四）拟提请假释罪犯的身体状况、性格特征、假释后生活来源和监管条件等影响再犯罪的因素；

（五）其他应当进行调查核实的情况。

第八条 人民检察院可以派员列席执行机关提请减刑、假释评审会议，了解案件有关情况，根据需要发表意见。

第九条 人民检察院发现罪犯符合减刑、假释条件，但是执行机关未提请减刑、假释的，可以建议执行机关提请减刑、假释。

第十条 人民检察院收到执行机关抄送的减刑、假释建议书副本后，应当逐案进行审查，可以向人民法院提出书面意见。发现减刑、假释建议不当或者提请减刑、假释违反法定程序的，应当在收到建议书副本后十日以内，依法向审理减刑、假释案件的人民法院提出书面意见，同时将检察意见书副本抄送执行机关。案情复杂或者情况特殊的，可以

延长十日。

第十一条 人民法院开庭审理减刑、假释案件的，人民检察院应当指派检察人员出席法庭，发表检察意见，并对法庭审理活动是否合法进行监督。

第十二条 出席法庭的检察人员不得少于二人，其中至少一人具有检察官职务。

第十三条 检察人员应当在庭审前做好下列准备工作：

（一）全面熟悉案情，掌握证据情况，拟定法庭调查提纲和出庭意见；

（二）对执行机关提请减刑、假释有异议的案件，应当收集相关证据，可以建议人民法院通知相关证人出庭作证。

第十四条 庭审开始后，在执行机关代表宣读减刑、假释建议书并说明理由之后，检察人员应当发表检察意见。

第十五条 庭审过程中，检察人员对执行机关提请减刑、假释有疑问的，经审判长许可，可以出示证据，申请证人出庭作证，要求执行机关代表出示证据或者作出说明，向被提请减刑、假释罪犯及证人提问并发表意见。

第十六条 法庭调查结束时，在被提请减刑、假释罪犯作最后陈述之前，经审判长许可，检察人员可以发表总结性意见。

第十七条 庭审过程中，检察人员认为需要进一步调查核实案件事实、证据，需要补充鉴定或者重新鉴定，或者需要通知新的证人到庭的，应当建议休庭。

第十八条 检察人员发现法庭审理活动违反法律规定的，应当在庭审后及时向本院检察长报告，依法向人民法院提出纠正意见。

第十九条 人民检察院收到人民法院减刑、假释裁定书副本后，应当及时审查下列内容：

（一）人民法院对罪犯裁定予以减刑、假释，以及起始时间、间隔时间、实际执行刑期、减刑幅度或者假释考验期是否符合有关规定；

（二）人民法院对罪犯裁定不予减刑、假释是否符合有关规定；

（三）人民法院审理、裁定减刑、假释的程序是否合法；

（四）按照有关规定应当开庭审理的减刑、假释案件，人民法院是否开庭审理；

（五）人民法院减刑、假释裁定书是否依法送达

执行并向社会公布。

第二十条 人民检察院经审查认为人民法院减刑、假释裁定不当的,应当在收到裁定书副本后二十日以内,依法向作出减刑、假释裁定的人民法院提出书面纠正意见。

第二十一条 人民检察院对人民法院减刑、假释裁定提出纠正意见的,应当监督人民法院在收到纠正意见后一个月以内重新组成合议庭进行审理并作出最终裁定。

第二十二条 人民检察院发现人民法院已经生效的减刑、假释裁定确有错误的,应当向人民法院提出书面纠正意见,提请人民法院按照审判监督程序依法另行组成合议庭重新审理并作出裁定。

第二十三条 人民检察院收到控告、举报或者发现司法工作人员在办理减刑、假释案件中涉嫌违法的,应当依法进行调查,并根据情况,向有关单位提出纠正违法意见,建议更换办案人,或者建议予以纪律处分;构成犯罪的,依法追究刑事责任。

第二十四条 人民检察院办理职务犯罪罪犯减刑、假释案件,按照有关规定实行备案审查。

第二十五条 本规定自发布之日起施行。最高人民检察院以前发布的有关规定与本规定不一致的,以本规定为准。

最高人民检察院关于印发《最高人民检察院远程视频接访办法(试行)》的通知

2014 年 12 月 25 日 高检发控字〔2014〕6 号

各省、自治区、直辖市人民检察院,军事检察院,新疆生产建设兵团人民检察院:

《最高人民检察院远程视频接访办法(试行)》已经 2014 年 12 月 16 日最高人民检察院第十二届检察委员会第三十二次会议通过,现印发你们,请认真贯彻执行。执行中遇到的问题,请及时报告最高人民检察院。

最高人民检察院远程视频接访办法(试行)

(2014 年 12 月 16 日最高人民检察院第十二届检察委员会第三十二次会议通过)

第一条 为了进一步拓宽人民群众诉求表达渠道,方便人民群众依法行使控告申诉权利,根据相关规定,结合检察工作实际,制定本办法。

第二条 最高人民检察院对属于本院管辖的控告申诉事项,可以通过远程视频接访系统接谈控告人、申诉人。

最高人民检察院在审查受理、立案、办理、释法说理、息诉化解、答复反馈、回访等工作中需要接谈控告人、申诉人的,可以通过远程视频系统进行接谈。

第三条 远程视频接访工作应当坚持依法、便民、安全、高效的原则。

第四条 远程视频接访的一端是最高人民检察院视频接访室,相对端是省级以下人民检察院视频接访室。

第五条 控告人、申诉人可以向居住地或者原办案单位所在地的基层人民检察院提出预约申请，申请通过远程视频接访系统向最高人民检察院提出控告、申诉，同时应当提供控告申诉书、身份证明、联系方式、相关法律文书以及证据材料。

基层人民检察院不具备远程视频接访条件，或者控告人、申诉人认为向上一级人民检察院提出预约申请更为适宜的，控告人、申诉人可以向上一级人民检察院提出预约申请。

第六条　省级以下人民检察院控告检察部门收到远程视频接访预约申请后，应当立即进行审查。

对于属于最高人民检察院管辖的控告申诉事项，应当在收到预约申请后二个工作日以内，将预约申请以及控告申诉材料通过远程视频接访系统提交最高人民检察院控告检察部门。

对于不属于最高人民检察院管辖的控告申诉事项，应当告知控告人、申诉人向有管辖权的人民检察院表达诉求。控告人、申诉人坚持向最高人民检察院表达诉求的，最高人民检察院可以与案件所在地的省级人民检察院通过远程视频接访系统进行联合接访。

第七条　最高人民检察院控告检察部门收到省级以下人民检察院提交的远程视频接访预约申请以及控告申诉材料后，应当立即进行审查。同意接受预约申请的，应当确定远程视频接访时间、接访部门以及接访工作人员，在二个工作日以内通知该人民检察院。需要联合接访的，应当同时通知参加联合接访的人民检察院。

第八条　最高人民检察院接受预约申请后，接收预约申请的相对端人民检察院应当立即将具体接谈时间、地点、申请人的权利和义务、视频接访室规章制度等事项告知预约申请人。

第九条　控告人、申诉人应当按照通知时间到相对端人民检察院参加远程视频接访。多名控告人、申诉人反映同一事项的，应当推选代表参加远程视频接访，代表人数不超过五人。

第十条　最高人民检察院接访工作人员应当按照要求穿着检察制服，遵守司法礼仪，文明接访。

相对端人民检察院应当指派检察人员全程参与远程视频接访，但控告人、申诉人要求回避的除外。

相对端人民检察院应当做好远程视频接访便民服务、安全检查、安全保障、秩序维护等工作，安排司法警察或者安全保卫人员维护接谈秩序。

第十一条　最高人民检察院远程视频接访工作人员应当制作电子接谈笔录，经宣读或者交控告人、申诉人阅读无误后，双方电子签名或者盖章。

第十二条　最高人民检察院应当对远程视频接访进行全程同步录音录像。

第十三条　人民检察院参与远程视频接访的工作人员不得泄露相关接访信息以及控告人、申诉人个人信息。违反规定的，应当依据法律和规定追究其责任。

第十四条　控告人、申诉人确有正当理由无法按照通知时间参加远程视频接访的，应当向相对端人民检察院申请延期。相对端人民检察院同意延期的，应当及时报告最高人民检察院，并将延期后的远程视频接访时间告知控告人、申诉人。

第十五条　最高人民检察院远程视频接访工作人员应当及时将接访情况和控告申诉事项录入全国检察机关统一业务应用系统。

第十六条　最高人民检察院远程视频接访工作人员在接谈控告人、申诉人后，应当根据不同情况作出相应处理：

（一）对控告申诉事项是否符合最高人民检察院受理条件提出审查意见，按照规定期限和方式答复控告人、申诉人；

（二）对正在审查办理的控告申诉事项，加强办理工作，按照规定期限和方式将办理结果答复控告人、申诉人；

（三）需要继续督办的，通知相关人民检察院依法办理并做好息诉化解、维稳帮扶工作。

第十七条　最高人民检察院远程视频接访后，需要再次视频接访的，接访工作人员应当与控告人、申诉人约定下次远程视频接访时间。在此期间内，控告人、申诉人到最高人民检察院来访接待室走访的，不再安排接谈。

第十八条　少数民族使用本民族语言文字提出远程视频接访预约申请或者参加远程视频接访的，相对端人民检察院工作人员应当担任翻译人员，或者聘请与控告申诉事项无利害关系的人员担任翻译人员。

第十九条　最高人民检察院负责制定远程视频接访系统建设的技术规范，省级人民检察院负责本辖区的远程视频接访系统建设，指导辖区内人民检察院设立专用的视频接访室，保持网络兼容互通,保障远程视频接访顺利进行。

第二十条 各级人民检察院应当积极拓宽远程视频接访系统的应用范围。可以根据实际工作需要,通过该系统开展询问当事人、上下级会商案情、公开听证等工作。

第二十一条 各级人民检察院应当在来访接待场所、官方网站等公开远程视频接访相关规定,加强宣传,引导控告人、申诉人通过远程视频接访系统向人民检察院提出控告申诉事项。

第二十二条 各省级人民检察院应当制定本地区远程视频接访工作的规章制度。

第二十三条 本办法自公布之日起试行。

最高人民检察院关于印发《人民检察院案件信息公开系统部署应用工作方案》的通知

2014 年 7 月 29 日 高检发案管字〔2014〕4 号

各省、自治区、直辖市人民检察院,新疆生产建设兵团人民检察院:

现将《人民检察院案件信息公开系统部署应用工作方案》印发你们,请认真组织实施。各地在执行中遇到的业务和技术问题,请分别报告最高人民检察院案件管理办公室、检察技术信息研究中心。

人民检察院案件信息公开系统部署应用工作方案

为深入贯彻落实《中共中央关于全面深化改革若干重大问题的决定》和《关于深化司法体制和社会体制改革的意见》,进一步深化检务公开,全面做好人民检察院案件信息公开系统的部署应用工作,特制定本方案。

一、总体目标

今年 9 月底,在全国各级检察机关全面部署运行人民检察院案件信息公开系统。各级检察机关通过该系统向相关人员提供案件程序性信息查询服务,向社会公开重要案件信息和法律文书,办理其他案件信息公开工作,进一步保障人民群众对检察工作的知情权和监督权,以公开促公正,不断提高检察机关执法公信力、亲和力。

二、基本原则

——积极稳妥。以部署应用案件信息公开系统为契机,全面推进以案件信息公开为核心的检务公开工作。坚持"谁办案谁审核、谁公开谁负责"原则,加强发布前的审查审核,做好风险评估、防范工作,确保信息准确、规范、适当,努力实现案件信息公开的政治效果、社会效果和法律效果的有机统一。

——规范统一。严格依照即将下发的《人民检察院案件信息公开工作规定(试行)》使用系统,不得自行取舍、各行其是。加强对全国检察机关统一业务应用系统的全面使用和规范填录,确保从系统中获取的信息完整、准确。各级院原来使用的案件信息公开软件,已经被人民检察院案件信息公开系统覆盖的,要在今年 9 月底前完成过渡,统一使用人民检察院案件信息公开系统开展相关工作。

——安全保密。正确处理好公开和保密的关系,建立健全严格的安全保密审核、监督机制,确保不发生失泄密和窃密事故,切实保守国家秘密,维护国家安全,维护好相关人员的合法权益,保障各项检察工作顺利进行。

三、实施步骤

（一）平台搭建和系统安装部署。高检院技术信息中心负责依托国家信息中心电子政务网络，搭建全国统一的互联网运行支撑平台，分两个阶段实现。7月底完成测试及试运行环境搭建，8月底完成正式运行环境搭建，为案件信息公开系统测试、试点运行和正式上线运行提供平台支撑。高检院技术信息中心将会同软件研发单位完成系统安装部署，7月底完成案件信息公开系统的定版、安装部署、网络策略配置等工作。8月初完成案件信息公开系统安全和性能测试、统一业务应用系统发布升级包的定版封装等工作。

（二）人员培训。高检院案件管理办公室会同技术信息中心于7月下旬举办试点院操作培训；8月底至9月初，举办省级院管理员技术培训班，并举办试点省份以外的其他省级业务操作培训班，省级院案件管理部门派人作为师资力量参加培训。各省级院负责组织对本院领导、业务部门负责人、办案人员和下级院案件管理、技术部门人员的培训，各市级院负责组织对本院相关人员和下级院案件管理部门、技术部门人员的培训。有条件的地方，可由省院统一组织对本地的操作培训。各级人民检察院培训工作应当在9月中旬前全部完成。

（三）试点单位测试运行。7月25日至8月10日，山东、四川在本省三级院中各选择一个院，开展案件信息公开系统测试。测试时间两周，第一周在统一业务应用系统练习培训环境下进行培训测试，待操作熟练后，第二周在统一业务应用系统真实环境和互联网上进行案件信息公开上线测试运行。8月11日至24日，北京、上海、黑龙江、河南、甘肃等五个试点省份从本地三级院中各选择一个院，在练习培训环境下进行培训测试，条件成熟后，开始在统一业务应用系统真实环境和互联网上进行案件信息公开上线测试运行；山东、四川两省全部院在真实环境和互联网上测试运行。8月25日至31日，北京、上海、黑龙江、河南、甘肃的全部院完成练习培训环境下的培训测试工作。9月1日至全国上线前，7个试点省份的全部院在统一业务应用系统真实环境和互联网上进行案件信息公开上线测试运行。公开测试运行必须公布真实信息。测试运行中，高检院案件管理办公室、技术信息中心会同有关部门加强指导，发现问题实时处理，需要修改软件的，协调研发单位统一修改完善。

（四）全面部署使用。9月上旬，高检院召开全国检察机关电视电话会议，对部署、使用案件信息公开系统工作进行动员部署。9月15日至27日，尚未测试的其他检察院全部启动测试运行，全面做好各项准备工作。9月底，全国各级检察机关全面上线使用案件信息公开系统开展工作。

四、组织保障

（一）高度重视，加强领导。案件信息公开系统的部署应用，牵一发而动全局，对检察机关执法办案产生强烈的倒逼效应，各级检察机关要充分认识案件信息公开工作的重要性、复杂性，增强工作责任感和紧迫感，加强组织领导，全面做好正式上线前的各项准备、实施工作。上级人民检察院要加强对下跟踪指导，做好分析研究和统计通报，及时发现问题，解决问题。

（二）分工协作，密切配合。各级人民检察院办公室要积极履行检务公开工作的组织、协调职责；案件管理部门要切实抓好系统使用的组织、监督、指导工作；办案部门要进一步规范执法行为，做好案件信息公开的风险评估、密级确定和质量审核工作；新闻宣传部门要做好重要案件信息的审核、发布和舆情收集、处理工作；技术信息部门要履行好技术管理和运维保障职责；政工人事、计财等部门要积极配合做好培训、人员调配和经费保障工作。相关部门各司其职，加强沟通，密切协作，齐抓共管。

（三）搞好配套，强化保障。各级院要结合实际情况，制定具体实施方案、配套措施和工作细则，明确工作责任。对一些地方存在的网络带宽不足等问题，要抓紧解决。根据系统应用工作对案件管理、公诉、新闻宣传等部门可能带来较大工作量的实际情况，合理调配人员力量。根据信息由各级院专人专机统一导入导出的要求，做好相关保障工作。

（四）做好宣传，营造氛围。对人民检察院案件信息公开系统的部署、使用工作，要根据积极稳妥的要求，充分运用广播、电视、报纸、微信、微博、网站、检务大厅、权利义务告知文书等途径进行宣传。各级检察机关门户网站要以醒目方式，建立与人民检察院案件信息公开系统的链接。通过广泛宣传，使广大人民群众了解系统、使用系统，同时加强舆情收集、分析和处理，积极营造良好氛围，充分发挥系统在强化社会监督、服务人民群众中的积极作用。

最高人民检察院关于印发
《最高人民检察院关于加强执法办案活动
内部监督防止说情等干扰的若干规定》的通知

2014 年 7 月 14 日 高检发纪字〔2014〕6 号

各省、自治区、直辖市人民检察院,军事检察院,新疆生产建设兵团人民检察院:

现将《最高人民检察院关于加强执法办案活动内部监督防止说情等干扰的若干规定》印发你们,请结合实际,认真贯彻落实。

最高人民检察院关于加强执法办案活动
内部监督防止说情等干扰的若干规定

第一条 为了进一步加强检察机关执法办案活动内部监督,严肃办案纪律,保障检察人员依法履行职责,维护司法公正和检察机关形象,根据《中华人民共和国检察官法》《检察人员纪律处分条例(试行)》和《人民检察院执法办案内部监督暂行规定》等相关规定,制定本规定。

第二条 检察人员在执法办案活动中,遇有不依法律程序或者正常工作程序,私下通过各种关系干扰执法办案,向执法办案人员直接或者间接打探案情,或者为涉案人开脱、减轻责任,或者非法干预、阻碍办案,或者提出不符合办案规定的其他要求等情况时,应当向有关领导和纪检监察机构报告。

第三条 检察人员在执法办案活动中,应当恪守法律,秉公执法,廉洁从业,不徇私情。

第四条 对于不依法律程序或者正常工作程序,私下通过各种关系打探案情或说情的,检察人员应当予以拒绝。对于提出不符合办案规定等其他要求的,告知其依程序办理。

第五条 遇有下列情形,可能对执法办案活动形成干扰,影响案件公正处理的,应当报告:

(一)邀请办案人员私下会见案件当事人或其辩护人、诉讼代理人、亲友的;

(二)打听办案人员组成及其家庭情况、证人姓名及有关情况的;

(三)打听举报人、举报内容和案件事实、证据的掌握情况和认定及案件讨论情况的;

(四)打听案件初查计划、侦查方案、侦查手段、是否对犯罪嫌疑人采取强制措施的;

(五)打听其他尚未公开案件情况和拟办意见的;

(六)为案件请托、说情,或以其他方式向办案人员施加压力,影响案件公正办理的;

(七)其他通过说情干扰执法办案的情形。

第六条 检察人员在执法办案活动中遇有应当报告的情形时,应当及时向所在部门负责人报告。部门负责人应当向分管院领导报告,同时将相关情况书面报纪检监察机构备案。部门负责人或者院领导遇有应当报告的情形时,应当分别向分管院领导和上级领导报告。

第七条　对于报告的内容，报告人所在的部门负责人、分管院领导以及纪检监察机构应当予以保密，重大情况应当及时向纪检组长直至党组书记、检察长报告，并依纪依规对相关情况作出处理。

第八条　遇有本规定所列情形，检察人员应当报告而不报告的，给予批评教育。给案件办理造成干扰的，给予通报批评或者调离工作岗位。造成严重后果的，依据检察纪律的有关规定处理。

第九条　对于检察人员为案件说情或徇私枉法的，纪检监察机构应当依照有关规定调查处理。

第十条　各省、自治区、直辖市人民检察院可以结合实际，制定实施细则。

第十一条　本规定由最高人民检察院负责解释。

第十二条　本规定自发布之日起施行。此前人民检察院有关规定与本规定不一致的，适用本规定。

第 六 部 分

最高人民检察院司法解释选载

最高人民检察院关于
强迫借贷行为适用法律问题的批复

(2014 年 4 月 11 日最高人民检察院第十二届检察委员会第十九次会议通过)

高检发释字〔2014〕1 号

广东省人民检察院：

你院《关于强迫借贷案件法律适用的请示》(粤检发研字〔2014〕9 号)收悉。经研究,批复如下：

以暴力、胁迫手段强迫他人借贷,属于刑法第二百二十六条第二项规定的"强迫他人提供或者接受服务",情节严重的,以强迫交易罪追究刑事责任;同时构成故意伤害罪等其他犯罪的,依照处罚较重的规定定罪处罚。以非法占有为目的,以借贷为名采用暴力、胁迫手段获取他人财物,符合刑法第二百六十三条或者第二百七十四条规定的,以抢劫罪或者敲诈勒索罪追究刑事责任。

此复

最高人民检察院

2014 年 4 月 17 日

最高人民法院　最高人民检察院
关于办理走私刑事案件适用法律若干问题的解释

(2014 年 2 月 24 日最高人民法院审判委员会第 1608 次会议、
2014 年 6 月 13 日最高人民检察院第十二届检察委员会第二十三次会议通过)

法释〔2014〕10 号

为依法惩治走私犯罪活动,根据刑法有关规定,现就办理走私刑事案件适用法律的若干问题解释如下：

第一条　走私武器、弹药,具有下列情形之一的,可以认定为刑法第一百五十一条第一款规定的"情节较轻"：

(一)走私以压缩气体等非火药为动力发射枪弹的枪支二支以上不满五支的；

(二)走私气枪铅弹五百发以上不满二千五百发,或者其他子弹十发以上不满五十发的；

(三)未达到上述数量标准,但属于犯罪集团的首要分子,使用特种车辆从事走私活动,或者走私的武器、弹药被用于实施犯罪等情形的；

(四)走私各种口径在六十毫米以下常规炮弹、手榴弹或者枪榴弹等分别或者合计不满五枚的。

具有下列情形之一的,依照刑法第一百五十一条第一款的规定处七年以上有期徒刑,并处罚金或者没收财产：

(一)走私以火药为动力发射枪弹的枪支一支,或者以压缩气体等非火药为动力发射枪弹的枪支五支以上不满十支的；

（二）走私第一款第二项规定的弹药，数量在该项规定的最高数量以上不满最高数量五倍的；

（三）走私各种口径在六十毫米以下常规炮弹、手榴弹或者枪榴弹等分别或者合计达到五枚以上不满十枚，或者各种口径超过六十毫米以上常规炮弹合计不满五枚的；

（四）达到第一款第一、二、四项规定的数量标准，且属于犯罪集团的首要分子，使用特种车辆从事走私活动，或者走私的武器、弹药被用于实施犯罪等情形的。

具有下列情形之一的，应当认定为刑法第一百五十一条第一款规定的"情节特别严重"：

（一）走私第二款第一项规定的枪支，数量超过该项规定的数量标准的；

（二）走私第一款第二项规定的弹药，数量在该项规定的最高数量标准五倍以上的；

（三）走私第二款第三项规定的弹药，数量超过该项规定的数量标准，或者走私具有巨大杀伤力的非常规炮弹一枚以上的；

（四）达到第二款第一项至第三项规定的数量标准，且属于犯罪集团的首要分子，使用特种车辆从事走私活动，或者走私的武器、弹药被用于实施犯罪等情形的。

走私其他武器、弹药，构成犯罪的，参照本条各款规定的标准处罚。

第二条 刑法第一百五十一条第一款规定的"武器、弹药"的种类，参照《中华人民共和国进口税则》及《中华人民共和国禁止进出境物品表》的有关规定确定。

第三条 走私枪支散件，构成犯罪的，依照刑法第一百五十一条第一款的规定，以走私武器罪定罪处罚。成套枪支散件以相应数量的枪支计，非成套枪支散件以每三十件为一套枪支散件计。

第四条 走私各种弹药的弹头、弹壳，构成犯罪的，依照刑法第一百五十一条第一款的规定，以走私弹药罪定罪处罚。具体的定罪量刑标准，按照本解释第一条规定的数量标准的五倍执行。

走私报废或者无法组装并使用的各种弹药的弹头、弹壳，构成犯罪的，依照刑法第一百五十三条的规定，以走私普通货物、物品罪定罪处罚；属于废物的，依照刑法第一百五十二条第二款的规定，以走私废物罪定罪处罚。

弹头、弹壳是否属于前款规定的"报废或者无法组装并使用"或者"废物"，由国家有关技术部门进行鉴定。

第五条 走私国家禁止或者限制进出口的仿真枪、管制刀具，构成犯罪的，依照刑法第一百五十一条第三款的规定，以走私国家禁止进出口的货物、物品罪定罪处罚。具体的定罪量刑标准，适用本解释第十一条第一款第六、七项和第二款的规定。

走私的仿真枪经鉴定为枪支，构成犯罪的，依照刑法第一百五十一条第一款的规定，以走私武器罪定罪处罚。不以牟利或者从事违法犯罪活动为目的，且无其他严重情节的，可以依法从轻处罚；情节轻微不需要判处刑罚的，可以免予刑事处罚。

第六条 走私伪造的货币，数额在二千元以上不满二万元，或者数量在二百张（枚）以上不满二千张（枚）的，可以认定为刑法第一百五十一条第一款规定的"情节较轻"。

具有下列情形之一的，依照刑法第一百五十一条第一款的规定处七年以上有期徒刑，并处罚金或者没收财产：

（一）走私数额在二万元以上不满二十万元，或者数量在二千张（枚）以上不满二万张（枚）的；

（二）走私数额或者数量达到第一款规定的标准，且具有走私的伪造货币流入市场等情节的。

具有下列情形之一的，应当认定为刑法第一百五十一条第一款规定的"情节特别严重"：

（一）走私数额在二十万元以上，或者数量在二万张（枚）以上的；

（二）走私数额或者数量达到第二款第一项规定的标准，且属于犯罪集团的首要分子，使用特种车辆从事走私活动，或者走私的伪造货币流入市场等情形的。

第七条 刑法第一百五十一条第一款规定的"货币"，包括正在流通的人民币和境外货币。伪造的境外货币数额，折合成人民币计算。

第八条 走私国家禁止出口的三级文物二件以下的，可以认定为刑法第一百五十一条第二款规定的"情节较轻"。

具有下列情形之一的，依照刑法第一百五十一条第二款的规定处五年以上十年以下有期徒刑，并处罚金：

（一）走私国家禁止出口的二级文物不满三件，或者三级文物三件以上不满九件的；

（二）走私国家禁止出口的三级文物不满三件，且具有造成文物严重毁损或者无法追回等情节的。

具有下列情形之一的，应当认定为刑法第一百五十一条第二款规定的"情节特别严重"：

（一）走私国家禁止出口的一级文物一件以上，或者二级文物三件以上，或者三级文物九件以上的；

（二）走私国家禁止出口的文物达到第二款第一项规定的数量标准，且属于犯罪集团的首要分子，使用特种车辆从事走私活动，或者造成文物严重毁损、无法追回等情形的。

第九条　走私国家一、二级保护动物未达到本解释附表中（一）规定的数量标准，或者走私珍贵动物制品数额不满二十万元的，可以认定为刑法第一百五十一条第二款规定的"情节较轻"。

具有下列情形之一的，依照刑法第一百五十一条第二款的规定处五年以上十年以下有期徒刑，并处罚金：

（一）走私国家一、二级保护动物达到本解释附表中（一）规定的数量标准的；

（二）走私珍贵动物制品数额在二十万元以上不满一百万元的；

（三）走私国家一、二级保护动物未达到本解释附表中（一）规定的数量标准，但具有造成该珍贵动物死亡或者无法追回等情节的。

具有下列情形之一的，应当认定为刑法第一百五十一条第二款规定的"情节特别严重"：

（一）走私国家一、二级保护动物达到本解释附表中（二）规定的数量标准的；

（二）走私珍贵动物制品数额在一百万元以上的；

（三）走私国家一、二级保护动物达到本解释附表中（一）规定的数量标准，且属于犯罪集团的首要分子，使用特种车辆从事走私活动，或者造成该珍贵动物死亡、无法追回等情形的。

不以牟利为目的，为留作纪念而走私珍贵动物制品进境，数额不满十万元的，可以免予刑事处罚；情节显著轻微的，不作为犯罪处理。

第十条　刑法第一百五十一条第二款规定的"珍贵动物"，包括列入《国家重点保护野生动物名录》中的国家一、二级保护野生动物，《濒危野生动

植物种国际贸易公约》附录Ⅰ、附录Ⅱ中的野生动物，以及驯养繁殖的上述动物。

走私本解释附表中未规定的珍贵动物的，参照附表中规定的同属或者同科动物的数量标准执行。

走私本解释附表中未规定珍贵动物的制品的，按照《最高人民法院、最高人民检察院、国家林业局、公安部、海关总署关于破坏野生动物资源刑事案件中涉及的 CITES 附录Ⅰ和附录Ⅱ所列陆生野生动物制品价值核定问题的通知》（林濒发〔2012〕239 号）的有关规定核定价值。

第十一条　走私国家禁止进出口的货物、物品，具有下列情形之一的，依照刑法第一百五十一条第三款的规定处五年以下有期徒刑或者拘役，并处或者单处罚金：

（一）走私国家一级保护野生植物五株以上不满二十五株，国家二级保护野生植物十株以上不满五十株，或者珍稀植物、珍稀植物制品数额在二十万元以上不满一百万元的；

（二）走私重点保护古生物化石或者未命名的古生物化石不满十件，或者一般保护古生物化石十件以上不满五十件的；

（三）走私禁止进出口的有毒物质一吨以上不满五吨，或者数额在二万元以上不满十万元的；

（四）走私来自境外疫区的动植物及其产品五吨以上不满二十五吨，或者数额在五万元以上不满二十五万元的；

（五）走私木炭、硅砂等妨害环境、资源保护的货物、物品十吨以上不满五十吨，或者数额在十万元以上不满五十万元的；

（六）走私旧机动车、切割车、旧机电产品或者其他禁止进出口的货物、物品二十吨以上不满一百吨，或者数额在二十万元以上不满一百万元的；

（七）数量或者数额未达到本款第一项至第六项规定的标准，但属于犯罪集团的首要分子，使用特种车辆从事走私活动，造成环境严重污染，或者引起甲类传染病传播、重大动植物疫情等情形的。

具有下列情形之一的，应当认定为刑法第一百五十一条第三款规定的"情节严重"：

（一）走私数量或者数额超过前款第一项至第六项规定的标准的；

（二）达到前款第一项至第六项规定的标准，且属于犯罪集团的首要分子，使用特种车辆从事走私

活动,造成环境严重污染,或者引起甲类传染病传播、重大动植物疫情等情形的。

第十二条 刑法第一百五十一条第三款规定的"珍稀植物",包括列入《国家重点保护野生植物名录》《国家重点保护野生药材物种名录》《国家珍贵树种名录》中的国家一、二级保护野生植物、国家重点保护的野生药材、珍贵树木,《濒危野生动植物种国际贸易公约》附录Ⅰ、附录Ⅱ中的野生植物,以及人工培育的上述植物。

本解释规定的"古生物化石",按照《古生物化石保护条例》的规定予以认定。走私具有科学价值的古脊椎动物化石、古人类化石,构成犯罪,依照刑法第一百五十一条第二款的规定,以走私文物罪定罪处罚。

第十三条 以牟利或者传播为目的,走私淫秽物品,达到下列数量之一的,可以认定为刑法第一百五十二条第一款规定的"情节较轻":

(一)走私淫秽录像带、影碟五十盘(张)以上不满一百盘(张)的;

(二)走私淫秽录音带、音碟一百盘(张)以上不满二百盘(张)的;

(三)走私淫秽扑克、书刊、画册一百副(册)以上不满二百副(册)的;

(四)走私淫秽照片、画片五百张以上不满一千张的;

(五)走私其他淫秽物品相当于上述数量的。

走私淫秽物品在前款规定的最高数量以上不满最高数量五倍的,依照刑法第一百五十二条第一款的规定处三年以上十年以下有期徒刑,并处罚金。

走私淫秽物品在第一款规定的最高数量五倍以上,或者在第一款规定的最高数量以上不满五倍,但属于犯罪集团的首要分子,使用特种车辆从事走私活动等情形的,应当认定为刑法第一百五十二条第一款规定的"情节严重"。

第十四条 走私国家禁止进口的废物或者国家限制进口的可用作原料的废物,具有下列情形之一的,应当认定为刑法第一百五十二条第二款规定的"情节严重":

(一)走私国家禁止进口的危险性固体废物、液态废物分别或者合计达到一吨以上不满五吨的;

(二)走私国家禁止进口的非危险性固体废物、液态废物分别或者合计达到五吨以上不满二十五吨的;

(三)走私国家限制进口的可用作原料的固体废物、液态废物分别或者合计达到二十吨以上不满一百吨的;

(四)未达到上述数量标准,但属于犯罪集团的首要分子,使用特种车辆从事走私活动,或者造成环境严重污染等情形的。

具有下列情形之一的,应当认定为刑法第一百五十二条第二款规定的"情节特别严重":

(一)走私数量超过前款规定的标准的;

(二)达到前款规定的标准,且属于犯罪集团的首要分子,使用特种车辆从事走私活动,或者造成环境严重污染等情形的;

(三)未达到前款规定的标准,但造成环境严重污染且后果特别严重的。

走私置于容器中的气态废物,构成犯罪的,参照前两款规定的标准处罚。

第十五条 国家限制进口的可用作原料的废物的具体种类,参照国家有关部门的规定确定。

第十六条 走私普通货物、物品,偷逃应缴税额在十万元以上不满五十万元的,应当认定为刑法第一百五十三条第一款规定的"偷逃应缴税额较大";偷逃应缴税额在五十万元以上不满二百五十万元的,应当认定为"偷逃应缴税额巨大";偷逃应缴税额在二百五十万元以上的,应当认定为"偷逃应缴税额特别巨大"。

走私普通货物、物品,具有下列情形之一,偷逃应缴税额在三十万元以上不满五十万元的,应当认定为刑法第一百五十三条第一款规定的"其他严重情节";偷逃应缴税额在一百五十万元以上不满二百五十万元的,应当认定为"其他特别严重情节":

(一)犯罪集团的首要分子;

(二)使用特种车辆从事走私活动的;

(三)为实施走私犯罪,向国家机关工作人员行贿的;

(四)教唆、利用未成年人、孕妇等特殊人群走私的;

(五)聚众阻挠缉私的。

第十七条 刑法第一百五十三条第一款规定的"一年内曾因走私被给予二次行政处罚后又走私"中的"一年内",以因走私第一次受到行政处罚的生效之日与"又走私"行为实施之日的时间间隔计算确定;"被给予二次行政处罚"的走私行为,包括走私普通货物、物品以及其他货物、物品;"又走私"行为仅指走私普通货物、物品。

第十八条 刑法第一百五十三条规定的"应缴税额",包括进出口货物、物品应当缴纳的进出口关税和进口环节海关代征的税额。应缴税额以走私行为实施时的税则、税率、汇率和完税价格计算;多次走私的,以每次走私行为实施时的税则、税率、汇率和完税价格逐票计算;走私行为实施时间不能确定的,以案发时的税则、税率、汇率和完税价格计算。

刑法第一百五十三条第三款规定的"多次走私未经处理",包括未经行政处理和刑事处理。

第十九条 刑法第一百五十四条规定的"保税货物",是指经海关批准,未办理纳税手续进境,在境内储存、加工、装配后应予复运出境的货物,包括通过加工贸易、补偿贸易等方式进口的货物,以及在保税仓库、保税工厂、保税区或者免税商店内等储存、加工、寄售的货物。

第二十条 直接向走私人非法收购走私进口的货物、物品,在内海、领海、界河、界湖运输、收购、贩卖国家禁止进出口的物品,或者没有合法证明,在内海、领海、界河、界湖运输、收购、贩卖国家限制进出口的货物、物品,构成犯罪的,应当按照走私货物、物品的种类,分别依照刑法第一百五十一条、第一百五十二条、第一百五十三条、第三百四十七条、第三百五十条的规定定罪处罚。

刑法第一百五十五条第二项规定的"内海",包括内河的入海口水域。

第二十一条 未经许可进出口国家限制进出口的货物、物品,构成犯罪的,应当依照刑法第一百五十一条、第一百五十二条的规定,以走私国家禁止进出口的货物、物品罪等罪名定罪处罚;偷逃应缴税额,同时又构成走私普通货物、物品罪的,依照处罚较重的规定定罪处罚。

取得许可,但超过许可数量进出口国家限制进出口的货物、物品,构成犯罪的,依照刑法第一

百五十三条的规定,以走私普通货物、物品罪定罪处罚。

租用、借用或者使用购买的他人许可证,进出口国家限制进出口的货物、物品的,适用本条第一款的规定定罪处罚。

第二十二条 在走私的货物、物品中藏匿刑法第一百五十一条、第一百五十二条、第三百四十七条、第三百五十条规定的货物、物品,构成犯罪的,以实际走私的货物、物品定罪处罚;构成数罪的,实行数罪并罚。

第二十三条 实施走私犯罪,具有下列情形之一的,应当认定为犯罪既遂:

(一)在海关监管现场被查获的;

(二)以虚假申报方式走私,申报行为实施完毕的;

(三)以保税货物或者特定减税、免税进口的货物、物品为对象走私,在境内销售的,或者申请核销行为实施完毕的。

第二十四条 单位犯刑法第一百五十一条、第一百五十二条规定之罪,依照本解释规定的标准定罪处罚。

单位犯走私普通货物、物品罪,偷逃应缴税额在二十万元以上不满一百万元的,应当依照刑法第一百五十三条第二款的规定,对单位判处罚金,并对其直接负责的主管人员和其他直接责任人员,处三年以下有期徒刑或者拘役;偷逃应缴税额在一百万元以上不满五百万元的,应当认定为"情节严重";偷逃应缴税额在五百万元以上的,应当认定为"情节特别严重"。

第二十五条 本解释发布实施后,《最高人民法院关于审理走私刑事案件具体应用法律若干问题的解释》(法释〔2000〕30号)、《最高人民法院关于审理走私刑事案件具体应用法律若干问题的解释(二)》(法释〔2006〕9号)同时废止。之前发布的司法解释与本解释不一致的,以本解释为准。

《最高人民法院、最高人民检察院
关于办理走私刑事案件适用法律若干问题的解释》附表

中文名	拉丁文名	级别	（一）	（二）
蜂猴	Nycticebus spp.	I	3	4
熊猴	Macaca assamensis	I	2	3
台湾猴	Macaca cyclopis	I	1	2
琢尾猴	Macaca nemestrina	I	2	3
叶猴（所有种）	Presbytis spp.	I	1	2
金丝猴（所有种）	Rhinopithecus spp.	I		1
长臂猿（所有种）	Hylobates spp.	I	1	2
马来熊	Helarctos malayanus	I	2	3
大熊猫	Ailuropoda melanoleuca	I		1
紫貂	Martes zibellina	I	3	4
貂熊	Gulo gulo	I	2	3
熊狸	Arctictis binturong	I	1	2
云豹	Neofelis nebulosa	I		1
豹	Panthera pardus	I		1
雪豹	Panthera uncia	I		1
虎	Panthera tigris	I		1
亚洲象	Elephas maximus	I		1
蒙古野驴	Equus hemionus	I	2	3
西藏野驴	Equus kiang	I	3	5
野马	Equus przewalskii	I		1
野骆驼	Camelus ferus（=bactrianum）	I	1	2
鼷鹿	Tragulus javanicus	I	2	3
黑麂	Muntiacus crinifrons	I	1	2
白唇鹿	Cervus albirostris	I	1	2
坡鹿	Cervus eldi	I	1	2
梅花鹿	Cervus nippon	I	2	3
琢鹿	Cervus porcinus	I	2	3
麋鹿	Elaphurus davidianus	I	1	2
野牛	Bos gaurus	I	1	2

续表

中文名	拉丁文名	级别	（一）	（二）
野牦牛	Bos mutus（＝grunniens）	I	2	3
普氏原羚	Procapra przewalskii	I	1	2
藏羚	Pantholops hodgsoni	I	2	3
高鼻羚羊	Saiga tatarica	I		1
扭角羚	Budorcas taxicolor	I	1	2
台湾鬣羚	Capricornis crispus	I	2	3
赤斑羚	Naemorhedus cranbrooki	I	2	4
塔尔羊	Hemitragus jemlahicus	I	2	4
北山羊	Capra ibex	I	2	4
河狸	Castor fiber	I	1	2
短尾信天翁	Diomedea albatrus	I	2	4
白腹军舰鸟	Fregata andrewsi	I	2	4
白鹳	Ciconia ciconia	I	2	4
黑鹳	Ciconia nigra	I	2	4
朱鹮	Nipponia nippon	I		1
中华沙秋鸭	Mergus squamatus	I	2	3
金雕	Aquila chrysaetos	I	2	4
白肩雕	Aquila heliaca	I	2	4
玉带海雕	Haliaeetus leucoryphus	I	2	4
白尾海雕	Haliaeetus albcilla	I	2	3
虎头海雕	Haliaeetus pelagicus	I	2	4
拟兀鹫	Pseudogyps bengalensis	I	2	4
胡兀鹫	Gypaetus barbatus	I	2	4
细嘴松鸡	Tetrao parvirostris	I	3	5
斑尾榛鸡	Tetrastes sewerzowi	I	3	5
雉鹑	Tetraophasis obscurus	I	3	5
四川山鹧鸪	Arborophila rufipectus	I	3	5
海南山鹧鸪	Arborophila ardens	I	3	5
黑头角雉	Tragopan melanocephalus	I	2	3
红胸角雉	Tragopan satyra	I	2	4

中文名	拉丁文名	级别	（一）	（二）
灰腹角雉	Tragopan blythii	I	2	3
黄腹角雉	Tragopan caboti	I	2	3
虹雉（所有种）	Lophophorus spp.	I	2	4
褐马鸡	Crossoptilon mantchuricum	I	2	3
蓝鹇	Lophura swinhoii	I	2	3
黑颈长尾雉	Syrmaticus humiae	I	2	4
白颈长尾雉	Syrmaticus ewllioti	I	2	4
黑长尾雉	Syrmaticus mikado	I	2	4
孔雀雉	Polyplectron bicalcaratum	I	2	3
绿孔雀	Pavo muticus	I	2	3
黑颈鹤	Grus nigricollis	I	2	3
白头鹤	Grus monacha	I	2	3
丹顶鹤	Grus japonensis	I	2	3
白鹤	Grus leucogeranus	I	2	3
赤颈鹤	Grus antigone	I	1	2
鸨（所有种）	Otis spp.	I	4	6
遗鸥	Larus relictus	I	2	4
四爪陆龟	Testudo horsfieldi	I	4	8
蜥鳄	Shinisaurus crocodilurus	I	2	4
巨蜥	Varanus salvator	I	2	4
蟒	Python molurus	I	2	4
扬子鳄	Alligator sinensis	I	1	2
中华蚤蠊	Galloisiana sinensis	I	3	6
金斑喙凤蝶	Teinopalpus aureus	I	3	6
短尾猴	Macaca arctoides	II	6	10
猕猴	Macaca mulatta	II	6	10
藏酋猴	Macaca thibetana	II	6	10
穿山甲	Manis pentadactyla	II	8	16
豺	Cuon alpinus	II	4	6
黑熊	Selenarctos thibetanus	II	3	5

续表

中文名	拉丁文名	级别	（一）	（二）
棕熊（包括马熊）	Ursus arctos（U. a. pruinosus）	Ⅱ	3	5
小熊猫	Ailurus fulgens	Ⅱ	3	5
石貂	Martes foina	Ⅱ	4	10
黄喉貂	Martes flavigula	Ⅱ	4	10
斑林狸	Pronodon pardicolor	Ⅱ	4	8
大灵猫	Viverra zibetha	Ⅱ	3	5
小灵猫	Viverricula indica	Ⅱ	4	8
草原斑猫	Felis lybica（＝silvestris）	Ⅱ	4	8
荒漠猫	Felis bieti	Ⅱ	4	10
丛林猫	Felis chaus	Ⅱ	4	8
猞猁	Felis lynx	Ⅱ	2	3
兔狲	Felis manul	Ⅱ	3	5
金猫	Felis temmincki	Ⅱ	4	8
渔猫	Felis viverrinus	Ⅱ	4	8
麝（所有种）	Moschus spp.	Ⅱ	3	5
河麂	Hydropotes inermis	Ⅱ	4	8
马鹿（含白臀鹿）	Cervus elaphus（C. e. macneilli）	Ⅱ	4	6
水鹿	Cervus unicolor	Ⅱ	3	5
驼鹿	Alces alces	Ⅱ	3	5
黄羊	Procapra gutturosa	Ⅱ	8	15
藏原羚	Procapra picticaudata	Ⅱ	4	8
鹅喉羚	Gazella subgutturosa	Ⅱ	4	8
鬣羚	Capricornis sumatraensis	Ⅱ	3	4
斑羚	Naemorhedus goral	Ⅱ	4	8
岩羊	Pseudois nayaur	Ⅱ	4	8
盘羊	Ovis ammon	Ⅱ	3	5
海南兔	Lepus peguensis hainanus	Ⅱ	6	10
雪兔	Lepus timidus	Ⅱ	6	10
塔里木兔	Lepus yarkandensis	Ⅱ	20	40
巨松鼠	Ratufa bicolor	Ⅱ	6	10

续表

中文名	拉丁文名	级别	(一)	(二)
角辟鹈	Podiceps auritus	Ⅱ	6	10
赤颈辟鹈	Podiceps grisegena	Ⅱ	6	8
鹈鹕(所有种)	Pelecanus spp.	Ⅱ	4	8
鲣鸟(所有种)	Sula spp.	Ⅱ	6	10
海鸬鹚	Phalacrocorax pelagicus	Ⅱ	4	8
黑颈鸬鹚	Phalacrocorax niger	Ⅱ	4	8
黄嘴白鹭	Egretta eulophotes	Ⅱ	6	10
岩鹭	Egretta sacra	Ⅱ	6	20
海南虎斑	Gorsachius magnificus	Ⅱ	6	10
小苇	Ixbrychus minutus	Ⅱ	6	10
彩鹳	Ibis leucocephalus	Ⅱ	3	4
白环	Threskiornis aethiopicus	Ⅱ	4	8
黑环	Pseudibis papillosa	Ⅱ	4	8
彩环	Plegadis falcinellus	Ⅱ	4	8
白琵鹭	Platalea leucorodia	Ⅱ	4	8
黑脸琵鹭	Platalea ninor	Ⅱ	4	8
红胸黑雁	Branta ruficollis	Ⅱ	4	8
白额雁	Anser albifrons	Ⅱ	6	10
天鹅(所有种)	Cygnus spp.	Ⅱ	6	10
鸳鸯	Aix galericulata	Ⅱ	6	10
其它鹰类	(Accipitridae)	Ⅱ	4	8
隼科(所有种)	Falconidae	Ⅱ	6	10
黑琴鸡	Lyrurus tetrix	Ⅱ	4	8
柳雷鸟	Lagopus lagopus	Ⅱ	4	8
岩雷鸟	Lagopus mutus	Ⅱ	6	10
镰翅鸡	Falcipennis falcipennis	Ⅱ	3	4
花尾榛鸡	Tetrastes bonasia	Ⅱ	10	20
雪鸡(所有种)	Tetraogallus spp.	Ⅱ	10	20
血雉	Ithaginis cruentus	Ⅱ	4	6
红腹角雉	Tragopan temminckii	Ⅱ	4	6

中文名	拉丁文名	级别	(一)	(二)
藏马鸡	Crossoptilon crossoptilon	Ⅱ	4	6
蓝马鸡	Crossoptilon aurtum	Ⅱ	4	10
黑鹇	Lophura leucomelana	Ⅱ	6	8
白鹇	Lophura nycthemera	Ⅱ	6	10
原鸡	Gallus gallus	Ⅱ	6	8
勺鸡	Pucrasia macrolopha	Ⅱ	6	8
白冠长尾雉	Syrmaticus reevesii	Ⅱ	4	6
锦鸡(所有种)	Chrysolophus spp.	Ⅱ	4	8
灰鹤	Grus grus	Ⅱ	4	8
沙丘鹤	Grus canadensis	Ⅱ	4	8
白枕鹤	Grus vipio	Ⅱ	4	8
蓑羽鹤	Anthropoides virgo	Ⅱ	6	10
长脚秧鸡	Crex crex	Ⅱ	6	10
姬田鸡	Porzana parva	Ⅱ	6	10
棕背田鸡	Porzana bicolor	Ⅱ	6	10
花田鸡	Coturnicops noveboracensis	Ⅱ	6	10
铜翅水雉	Metopidius indicus	Ⅱ	6	10
小杓鹬	Numenius borealis	Ⅱ	8	15
小青脚鹬	Tringa guttifer	Ⅱ	6	10
灰燕行	Glareola lactea	Ⅱ	6	10
小鸥	Larus minutus	Ⅱ	6	10
黑浮鸥	Chlidonias niger	Ⅱ	6	10
黄嘴河燕鸥	Sterna aurantia	Ⅱ	6	10
黑嘴端凤头燕鸥	Thalasseus zimmermanni	Ⅱ	4	8
黑腹沙鸡	Pterocles orientalis	Ⅱ	4	8
绿鸠(所有种)	Treron spp.	Ⅱ	6	8
黑颏果鸠	Ptilinopus leclancheri	Ⅱ	6	10
皇鸠(所有种)	Ducula spp.	Ⅱ	6	10
斑尾林鸽	Columba palumbus	Ⅱ	6	10
鹃鸠(所有种)	Macropygia spp.	Ⅱ	6	10

中文名	拉丁文名	级别	（一）	（二）
鹦鹉科（所有种）	Psittacidae.	II	6	10
鸦鹃（所有种）	Centropus spp.	II	6	10
号形目（所有种）	STRIGIFORMES	II	6	10
灰喉针尾雨燕	Hirundapus cochinchinensis	II	6	10
凤头雨燕	Hemiprocne longipennis	II	6	10
橙胸咬鹃	Harpactes oreskios	II	6	10
蓝耳翠鸟	Alcedo meninting	II	6	10
鹳嘴翠鸟	Pelargopsis capensis	II	6	10
黑胸蜂虎	Merops leschenaulti	II	6	10
绿喉蜂虎	Merops orientalis	II	6	10
犀鸟科（所有种）	Bucertidae	II	4	8
白腹黑啄木鸟	Dryocopus javensis	II	6	10
阔嘴鸟科（所有种）	Eurylaimidae	II	6	10
八色鸫科（所有种）	Pittidae	II	6	10
凹甲陆龟	Manouria impressa	II	6	10
大壁虎	Gekko gecko	II	10	20
虎纹蛙	Rana tigrina	II	100	200
伟铗	Atlasjapyx atlas	II	6	10
尖板曦箭蜓	Heliogomphus retroflexus	II	6	10
宽纹北箭蜓	Ophiogomphus spinicorne	II	6	10
中华缺翅虫	Zorotypus sinensis	II	6	10
墨脱缺翅虫	Zorotypus medoensis	II	6	10
拉步甲	Carabus（Coptolabrus）lafossei	II	6	10
硕步甲	Carabus（Apotopterus）davidi	II	6	10
彩臂金龟（所有种）	Cheirotonus spp.	II	6	10
叉犀金龟	Allomyrina davidis	II	6	10
双尾褐凤蝶	Bhutanitis mansfieldi	II	6	10
三尾褐凤蝶	Bhutanitis thaidina dongchuanensis	II	6	10
中华虎凤蝶	Luehdorfia chinensis huashanensis	II	6	10
阿波罗绢蝶	Parnassius apollo	II	6	10

最高人民法院　最高人民检察院关于办理危害药品安全刑事案件适用法律若干问题的解释

（2014 年 9 月 22 日最高人民法院审判委员会第 1626 次会议、
2014 年 3 月 17 日最高人民检察院第十二届检察委员会第十八次会议通过）

法释〔2014〕14 号

为依法惩治危害药品安全犯罪，保障人民群众生命健康安全，维护药品市场秩序，根据《中华人民共和国刑法》的规定，现就办理这类刑事案件适用法律的若干问题解释如下：

第一条　生产、销售假药，具有下列情形之一的，应当酌情从重处罚：

（一）生产、销售的假药以孕产妇、婴幼儿、儿童或者危重病人为主要使用对象的；

（二）生产、销售的假药属于麻醉药品、精神药品、医疗用毒性药品、放射性药品、避孕药品、血液制品、疫苗的；

（三）生产、销售的假药属于注射剂药品、急救药品的；

（四）医疗机构、医疗机构工作人员生产、销售假药的；

（五）在自然灾害、事故灾难、公共卫生事件、社会安全事件等突发事件期间，生产、销售用于应对突发事件的假药的；

（六）两年内曾因危害药品安全违法犯罪活动受过行政处罚或者刑事处罚的；

（七）其他应当酌情从重处罚的情形。

第二条　生产、销售假药，具有下列情形之一的，应当认定为刑法第一百四十一条规定的"对人体健康造成严重危害"：

（一）造成轻伤或者重伤的；

（二）造成轻度残疾或者中度残疾的；

（三）造成器官组织损伤导致一般功能障碍或者严重功能障碍的；

（四）其他对人体健康造成严重危害的情形。

第三条　生产、销售假药，具有下列情形之一

的，应当认定为刑法第一百四十一条规定的"其他严重情节"：

（一）造成较大突发公共卫生事件的；

（二）生产、销售金额二十万元以上不满五十万元的；

（三）生产、销售金额十万元以上不满二十万元，并具有本解释第一条规定情形之一的；

（四）根据生产、销售的时间、数量、假药种类等，应当认定为情节严重的。

第四条　生产、销售假药，具有下列情形之一的，应当认定为刑法第一百四十一条规定的"其他特别严重情节"：

（一）致人重度残疾的；

（二）造成三人以上重伤、中度残疾或者器官组织损伤导致严重功能障碍的；

（三）造成五人以上轻度残疾或者器官组织损伤导致一般功能障碍的；

（四）造成十人以上轻伤的；

（五）造成重大、特别重大突发公共卫生事件的；

（六）生产、销售金额五十万元以上的；

（七）生产、销售金额二十万元以上不满五十万元，并具有本解释第一条规定情形之一的；

（八）根据生产、销售的时间、数量、假药种类等，应当认定为情节特别严重的。

第五条　生产、销售劣药，具有本解释第二条规定情形之一的，应当认定为刑法第一百四十二条规定的"对人体健康造成严重危害"。

生产、销售劣药，致人死亡，或者具有本解释第四条第一项至第五项规定情形之一的，应当认定为

刑法第一百四十二条规定的"后果特别严重"。

生产、销售劣药，具有本解释第一条规定情形之一的，应当酌情从重处罚。

第六条 以生产、销售假药、劣药为目的，实施下列行为之一的，应当认定为刑法第一百四十一条、第一百四十二条规定的"生产"：

（一）合成、精制、提取、储存、加工炮制药品原料的行为；

（二）将药品原料、辅料、包装材料制成成品过程中，进行配料、混合、制剂、储存、包装的行为；

（三）印制包装材料、标签、说明书的行为。

医疗机构、医疗机构工作人员明知是假药、劣药而有偿提供给他人使用，或者为出售而购买、储存的行为，应当认定为刑法第一百四十一条、第一百四十二条规定的"销售"。

第七条 违反国家药品管理法律法规，未取得或者使用伪造、变造的药品经营许可证，非法经营药品，情节严重的，依照刑法第二百二十五条的规定以非法经营罪定罪处罚。

以提供给他人生产、销售药品为目的，违反国家规定，生产、销售不符合药用要求的非药品原料、辅料，情节严重的，依照刑法第二百二十五条的规定以非法经营罪定罪处罚。

实施前两款行为，非法经营数额在十万元以上，或者违法所得数额在五万元以上的，应当认定为刑法第二百二十五条规定的"情节严重"；非法经营数额在五十万元以上，或者违法所得数额在二十五万元以上的，应当认定为刑法第二百二十五条规定的"情节特别严重"。

实施本条第二款行为，同时又构成生产、销售伪劣产品罪、以危险方法危害公共安全罪等犯罪的，依照处罚较重的规定定罪处罚。

第八条 明知他人生产、销售假药、劣药，而有下列情形之一的，以共同犯罪论处：

（一）提供资金、贷款、账号、发票、证明、许可证件的；

（二）提供生产、经营场所、设备或者运输、储存、保管、邮寄、网络销售渠道等便利条件的；

（三）提供生产技术或者原料、辅料、包装材料、标签、说明书的；

（四）提供广告宣传等帮助行为的。

第九条 广告主、广告经营者、广告发布者违反国家规定，利用广告对药品作虚假宣传，情节严重的，依照刑法第二百二十二条的规定以虚假广告罪定罪处罚。

第十条 实施生产、销售假药、劣药犯罪，同时构成生产、销售伪劣产品、侵犯知识产权、非法经营、非法行医、非法采供血等犯罪的，依照处罚较重的规定定罪处罚。

第十一条 对实施本解释规定之犯罪的犯罪分子，应当依照刑法规定的条件，严格缓刑、免予刑事处罚的适用。对于适用缓刑的，应当同时宣告禁止令，禁止犯罪分子在缓刑考验期内从事药品生产、销售及相关活动。

销售少量根据民间传统配方私自加工的药品，或者销售少量未经批准进口的国外、境外药品，没有造成他人伤害后果或者延误诊治，情节显著轻微危害不大的，不认为是犯罪。

第十二条 犯生产、销售假药罪的，一般应当依法判处生产、销售金额二倍以上的罚金。共同犯罪的，对各共同犯罪人合计判处的罚金应当在生产、销售金额的二倍以上。

第十三条 单位犯本解释规定之罪的，对单位判处罚金，并对直接负责的主管人员和其他直接责任人员，依照本解释规定的自然人犯罪的定罪量刑标准处罚。

第十四条 是否属于刑法第一百四十一条、第一百四十二条规定的"假药""劣药"难以确定的，司法机关可以根据地市级以上药品监督管理部门出具的认定意见等相关材料进行认定。必要时，可以委托省级以上药品监督管理部门设置或者确定的药品检验机构进行检验。

第十五条 本解释所称"生产、销售金额"，是指生产、销售假药、劣药所得和可得的全部违法收入。

第十六条 本解释规定的"轻伤""重伤"按照《人体损伤程度鉴定标准》进行鉴定。

本解释规定的"轻度残疾""中度残疾""重度残疾"按照相关伤残等级评定标准进行评定。

第十七条 本解释发布施行后，《最高人民法院、最高人民检察院关于办理生产、销售假药、劣药刑事案件具体应用法律若干问题的解释》（法释〔2009〕9号）同时废止；之前发布的司法解释和规范性文件与本解释不一致的，以本解释为准。

第七部分

案例选载

最高人民检察院关于印发第四批指导性案例的通知

2014 年 2 月 20 日 高检发研字〔2014〕2 号

各省、自治区、直辖市人民检察院,军事检察院,新疆生产建设兵团人民检察院:

经 2014 年 2 月 19 日最高人民检察院第十二届检察委员会第十七次会议决定,现将柳立国等人生产、销售有毒、有害食品,生产、销售伪劣产品案等五个案例印发给你们,供参考。

柳立国等人生产、销售有毒、有害食品,生产、销售伪劣产品案

(检例第 12 号)

【关键词】

生产、销售有毒、有害食品罪 生产、销售伪劣产品罪

【要旨】

明知对方是食用油经销者,仍将用餐厨废弃油(俗称"地沟油")加工而成的劣质油脂销售给对方,导致劣质油脂流入食用油市场供人食用的,构成生产、销售有毒、有害食品罪;明知油脂经销者向饲料生产企业和药品生产企业等单位销售豆油等食用油,仍将用餐厨废弃油加工而成的劣质油脂销售给对方,导致劣质油脂流向饲料生产企业和药品生产企业等单位的,构成生产、销售伪劣产品罪。

【相关立法】

《中华人民共和国刑法》第一百四十四条、第一百四十条、第一百四十一条第一款

【基本案情】

被告人柳立国,男,山东省人,1975 年出生,原系山东省济南博汇生物科技有限公司(以下简称博汇公司)、山东省济南格林生物能源有限公司(以下简称格林公司)实际经营者。

被告人鲁军,男,山东省人,1968 年出生,原系博汇公司生产负责人。

被告人李树军,男,山东省人,1974 年出生,原系博汇公司、格林公司采购员。

被告人柳立海,男,山东省人,1965 年出生,原系格林公司等企业管理后勤员工。

被告人于双迎,男,山东省人,1970 年出生,原系格林公司员工。

被告人刘凡金,男,山东省人,1975 年出生,原系博汇公司、格林公司驾驶员。

被告人王波,男,山东省人,1981 年出生,原系博汇公司、格林公司驾驶员。

自 2003 年始,被告人柳立国在山东省平阴县孔村镇经营油脂加工厂,后更名为中兴脂肪酸甲酯厂,并转向餐厨废弃油(俗称"地沟油")回收再加工。2009 年 3 月、2010 年 6 月,柳立国又先后注册成立了博汇公司、格林公司,扩大生产,进一步将地沟油加工提炼成劣质油脂。自 2007 年 12 月起,柳立国从四川、江苏、浙江等地收购地沟油加工提炼成劣质油脂,在明知他人将向其所购的劣质成品油冒充正常豆油等食用油进行销售的情况下,仍将上述劣质油脂销售给他人,从中赚取利润。柳立国先后将所加工提炼的劣质油脂销售给经营食用油生意的山东聊城昌泉粮油实业公司、河南郑州宏大粮油商行等(均另案处理)。前述粮油公司等明知从柳立国处购买的劣质油脂系地沟油加工而成,仍然直接或经勾兑后作为食用油销售给个体粮油店、饮食店、食品加工厂以及学校食堂,或冒充豆油等油脂销售给饲料、药品加工等企业。截至 2011 年 7 月案发,柳立国等人的行为最终导致金额为 926 万余元的此类劣质油脂流向食用油市场供人食用,金额为 9065 万余元的劣质油脂流入非食用油加工市场。

其间,经被告人柳立国招募,被告人鲁军负责格林公司的筹建、管理;被告人李树军负责地沟油采购并曾在格林公司分提车间工作;被告人柳立海从事后勤工作;被告人于双迎负责格林公司机器设备维护及管理水解车间;被告人刘凡金作为驾驶员运输成品油脂;被告人王波作为驾驶员运输半成品和厂内污水,并提供个人账户供柳立国收付货款。上述被告人均在明知柳立国用地沟油加工劣质油脂并对外销售的情况下,仍予以帮助。其中,鲁军、于双迎参与生产、销售上述销往食用油市场的劣质油脂的金额均为 134 万余元,李树军为 765 万余元,柳立海为 457 万余元,刘凡金为 138 万余元,王波为 270 万余元;鲁军、于双迎参与生产、销售上述流入非食用油市场的劣质油脂金额均为 699 万余元,李树军为 9065 万余元,柳立海为 4961 万余元,刘凡金

为 2221 万余元,王波为 6534 万余元。

【诉讼过程】

2011 年 7 月 5 日,柳立国、鲁军、李树军、柳立海、于双迎、刘凡金、王波因涉嫌生产、销售不符合安全标准的食品罪被刑事拘留,8 月 11 日被逮捕。

该案侦查终结后,移送浙江省宁波市人民检察院审查起诉。浙江省宁波市人民检察院经审查认为,被告人柳立国、鲁军、李树军、柳立海、于双迎、刘凡金、王波违反国家食品管理法规,结伙将餐厨废弃油等非食品原料进行生产、加工,并将加工提炼而成且仍含有有毒、有害物质的非食用油冒充食用油予以销售,并供人食用,严重危害了人民群众的身体健康和生命安全,其行为均触犯了《中华人民共和国刑法》第一百四十四条之规定,犯罪事实清楚,证据确实充分,应当以生产、销售有毒、有害食品罪追究其刑事责任。被告人柳立国、鲁军、李树军、柳立海、于双迎、刘凡金、王波又违反国家食品管理法规,结伙将餐厨废弃油等非食品原料进行生产、加工,并将加工提炼而成的非食用油冒充食用油予以销售,以假充真,销售给饲料加工、药品加工单位,其行为均触犯了《中华人民共和国刑法》第一百四十条之规定,犯罪事实清楚,证据确实充分,应当以生产、销售伪劣产品罪追究其刑事责任。2012 年 6 月 12 日,宁波市人民检察院以被告人柳立国等人犯生产、销售有毒、有害食品罪和生产、销售伪劣产品罪向宁波市中级人民法院提起公诉。

2013 年 4 月 11 日,宁波市中级人民法院一审判决被告人柳立国犯生产、销售有毒、有害食品罪和生产、销售伪劣产品罪,数罪并罚,判处无期徒刑,剥夺政治权利终身,并处没收个人全部财产;被告人鲁军犯生产、销售有毒、有害食品罪和生产、销售伪劣产品罪,数罪并罚,判处有期徒刑十四年,并处罚金人民币四十万元;被告人李树军犯生产、销售有毒、有害食品罪和生产、销售伪劣产品罪,数罪并罚,判处有期徒刑十一年,并处罚金人民币四十万元;被告人柳立海犯生产、销售有毒、有害食品罪和生产、销售伪劣产品罪,数罪并罚,判处有期徒刑十年六个月,并处罚金人民币四十万元;被告人于双迎犯生产、销售有毒、有害食品罪和生产、销售伪劣产品罪,数罪并罚,判处有期徒刑十年,并处罚金人民币四十万元;被告人刘凡金犯生产、销售有毒、有害食品罪和生产、销售伪劣产品罪,数罪并罚,判处有期徒刑七年,并处罚金人民币三十万元;被告

人王波犯生产、销售有毒、有害食品罪和生产、销售伪劣产品罪,数罪并罚,判处有期徒刑七年,并处罚金人民币三十万元。

一审宣判后,柳立国、鲁军、李树军、柳立海、于双迎、刘凡金、王波提出上诉。

浙江省高级人民法院二审认为,柳立国利用餐厨废弃油加工劣质食用油脂,销往粮油食品经营户,并致劣质油脂流入食堂、居民家庭等,供人食用,其行为已构成生产、销售有毒、有害食品罪。柳立国还明知下家购买其用餐厨废弃油加工的劣质油脂冒充合格豆油等,仍予以生产、销售,流入饲料、药品加工等企业,其行为又构成生产、销售伪劣产品罪,应予二罪并罚。柳立国生产、销售有毒、有害食品的犯罪行为持续时间长,波及范围广,严重危害食品安全,严重危及人民群众的身体健康,情节特别严重,应依法严惩。鲁军、李树军、柳立海、于双迎、刘凡金、王波明知柳立国利用餐厨废弃油加工劣质油脂并予销售,仍积极参与,其行为分别构成生产、销售有毒、有害食品罪和生产、销售伪劣产品罪,亦应并罚。在共同犯罪中,柳立国起主要作用,系主犯;鲁军、李树军、柳立海、于双迎、刘凡金、王波起次要或辅助作用,系从犯,原审均予减轻处罚。原判定罪和适用法律正确,量刑适当;审判程序合法。2013 年 6 月 4 日,浙江省高级人民法院二审裁定驳回上诉,维持原判。

徐孝伦等人生产、销售有害食品案

（检例第 13 号）

【关键词】

生产、销售有害食品罪

【要旨】

在食品加工过程中,使用有毒、有害的非食品原料加工食品并出售的,应当认定为生产、销售有毒、有害食品罪;明知是他人使用有毒、有害的非食品原料加工出的食品仍然购买并出售的,应当认定为销售有毒、有害食品罪。

【相关立法】

《中华人民共和国刑法》第一百四十四条、第一百四十一条第一款

【基本案情】

被告人徐孝伦,男,贵州省人,1969 年出生,

经商。

被告人贾昌容，女，贵州省人，1966 年出生，经商。

被告人徐体斌，男，贵州省人，1986 年出生，经商。

被告人叶建勇，男，贵州省人，1980 年出生，经商。

被告人杨玉美，女，安徽省人，1971 年出生，经商。

2010 年 3 月起，被告人徐孝伦、贾昌容在瑞安市鲍田前北村育英街 12 号的加工点内使用工业松香加热的方式对生猪头进行脱毛，并将加工后的猪头分离出猪头肉、猪耳朵、猪舌头、肥肉等销售给当地菜市场内的熟食店，销售金额达 61 万余元。被告人徐体斌、叶建勇、杨玉美明知徐孝伦所销售的猪头系用工业松香加工脱毛仍予以购买，并做成熟食在其经营的熟食店进行销售，其中徐体斌的销售金额为 3.4 万元，叶建勇和杨玉美的销售金额均为 2.5 万余元。2012 年 8 月 8 日，徐孝伦、贾昌容、徐体斌在瑞安市的加工点内被公安机关及瑞安市动物卫生监督所当场抓获，并现场扣押猪头（已分割）50 个，猪耳朵、猪头肉等 600 公斤，松香 10 公斤及销售单。经鉴定，被扣押的松香系工业松香，属食品添加剂外的化学物质，内含重金属铅，经反复高温使用后，铅等重金属含量升高，长期食用工业松香脱毛的禽畜类肉可能会对人体造成伤害。案发后徐体斌协助公安机关抓获两名犯罪嫌疑人。

【诉讼过程】

2012 年 8 月 8 日，徐孝伦、贾昌容因涉嫌生产、销售有毒、有害食品罪被刑事拘留，9 月 15 日被逮捕。2012 年 8 月 8 日，徐体斌因涉嫌生产、销售有毒、有害食品罪被刑事拘留，8 月 13 日被取保候审，2013 年 3 月 12 日被逮捕。2012 年 9 月 27 日，叶建勇、杨玉美因涉嫌生产、销售有毒、有害食品罪被取保候审，2013 年 3 月 12 日被逮捕。

该案由浙江省瑞安市公安局侦查终结后，移送瑞安市人民检察院审查起诉。瑞安市人民检察院经审查认为，被告人徐孝伦、贾昌容在生产、销售的食品中掺有有害物质，被告人徐体斌、叶建勇、杨玉美销售明知掺有有害物质的食品，其中被告人徐孝伦、贾昌容有其他特别严重情节，其行为均已触犯《中华人民共和国刑法》第一百四十四条之规定，犯

罪事实清楚、证据确实充分，应当以生产、销售有害食品罪追究被告人徐孝伦、贾昌容的刑事责任；以销售有害食品罪追究被告人徐体斌、叶建勇、杨玉美的刑事责任。被告人徐孝伦、贾昌容、徐体斌、叶建勇、杨玉美归案后均能如实供述自己的罪行，依法可以从轻处罚。2013 年 3 月 1 日，瑞安市人民检察院以被告人徐孝伦、贾昌容犯生产、销售有害食品罪，被告人徐体斌、叶建勇、杨玉美犯销售有害食品罪向瑞安市人民法院提起公诉。

2013 年 5 月 22 日，瑞安市人民法院一审认为，被告人徐孝伦、贾昌容在生产、销售的食品中掺入有害物质，有其他特别严重情节，其行为均已触犯刑法，构成生产、销售有害食品罪；徐体斌、叶建勇、杨玉美销售明知掺有有害物质的食品，其行为均已触犯刑法，构成销售有害食品罪。被告人徐孝伦、贾昌容共同经营猪头加工厂，生产、销售猪头，系共同犯罪。在共同犯罪中，被告人徐孝伦起主要作用，系主犯；被告人贾昌容起次要作用，系从犯，依法减轻处罚。被告人贾昌容、徐体斌、叶建勇归案后均能如实供述自己的罪行，依法从轻处罚。被告人徐体斌有立功表现，依法从轻处罚。依照刑法和司法解释有关规定，判决被告人徐孝伦犯生产、销售有害食品罪，判处有期徒刑十年六个月，并处罚金人民币一百二十五万元；被告人贾昌容犯生产、销售有害食品罪，判处有期徒刑六年，并处罚金人民币六十万元；被告人徐体斌犯销售有害食品罪，判处有期徒刑一年六个月，并处罚金人民币七万元；被告人叶建勇犯销售有害食品罪，判处有期徒刑一年六个月，并处罚金人民币五万元；被告人杨玉美犯销售有害食品罪，判处有期徒刑一年六个月，并处罚金人民币五万元。

一审宣判后，徐孝伦、贾昌容、杨玉美提出上诉。

2013 年 6 月 21 日，浙江省温州市中级人民法院二审裁定驳回上诉，维持原判。

孙建亮等人生产、销售有毒、有害食品案

（检例第 14 号）

【关键词】

生产、销售有毒、有害食品罪共犯

【要旨】

明知盐酸克伦特罗（俗称"瘦肉精"）是国家禁止在饲料和动物饮用水中使用的药品，而用以养殖供人食用的动物并出售的，应当认定为生产、销售有毒、有害食品罪。明知盐酸克伦特罗是国家禁止在饲料和动物饮用水中使用的药品，而买卖和代买盐酸克伦特罗片，供他人用以养殖供人食用的动物的，应当认定为生产、销售有毒、有害食品罪的共犯。

【相关立法】

《中华人民共和国刑法》第一百四十四条

【基本案情】

被告人孙建亮，男，天津市人，1958年出生，农民。

被告人陈林，男，天津市人，1964年出生，农民。

被告人郝云旺，男，天津市人，1973年出生，农民。

被告人唐连庆，男，天津市人，1946年出生，农民。

被告人唐民，男，天津市人，1971年出生，农民。

2011年5月，被告人陈林、郝云旺、唐连庆、唐民明知盐酸克伦特罗（俗称"瘦肉精"）属于国家禁止在饲料和动物饮用水中使用的药品而进行买卖，郝云旺从唐连庆、唐民处购买三箱盐酸克伦特罗片（每箱100袋，每袋1000片），后陈林从郝云旺处为自己购买一箱该药品，同时帮助被告人孙建亮购买一箱该药品。孙建亮在自己的养殖场内，使用陈林从郝云旺处购买的盐酸克伦特罗片喂养肉牛。2011年12月3日，孙建亮将喂养过盐酸克伦特罗片的9头肉牛出售，被天津市宝坻区动物卫生监督所查获。经检测，其中4头肉牛尿液样品中所含盐酸克伦特罗超过国家规定标准。郝云旺、唐连庆、唐民主动到公安机关投案。

【诉讼过程】

2011年12月14日，孙建亮因涉嫌生产、销售有毒、有害食品罪被刑事拘留，2012年1月9日被取保候审，10月25日被逮捕。2011年12月21日，陈林因涉嫌生产、销售有毒、有害食品罪被刑事拘留，2012年1月9日被取保候审，10月25日被逮捕。2011年12月20日，郝云旺因涉嫌生产、销售有毒、有害食品罪被取保候审，2012年10月25日被逮捕。2011年12月28日，唐连庆、唐民因涉嫌生产、销售有毒、有害食品罪被取保候审。

该案由天津市公安局宝坻分局侦查终结后，移送天津市宝坻区人民检察院审查起诉。天津市宝坻区人民检察院经审查认为，被告人孙建亮使用违禁药品盐酸克伦特罗饲养肉牛并将使用该药品饲养的肉牛出售，被告人陈林、郝云旺、唐连庆、唐民明知盐酸克伦特罗是禁止用于饲养供人食用的动物的药品而进行买卖，其行为均触犯了《中华人民共和国刑法》第一百四十四条之规定，应当以生产、销售有毒、有害食品罪追究刑事责任。2012年8月15日，天津市宝坻区人民检察院以被告人孙建亮、陈林、郝云旺、唐连庆、唐民犯生产、销售有毒、有害食品罪向宝坻区人民法院提起公诉。

2012年10月29日，宝坻区人民法院一审认为，被告人孙建亮使用违禁药品盐酸克伦特罗饲养肉牛并将肉牛出售，其行为已构成生产、销售有毒、有害食品罪；被告人陈林、郝云旺、唐连庆、唐民明知盐酸克伦特罗是禁止用于饲养供人食用的动物药品而代购或卖给他人，供他人用于饲养供人食用的肉牛，属于共同犯罪，应依法以生产、销售有毒、有害食品罪予以处罚。在共同犯罪中，孙建亮起主要作用，系主犯；被告人陈林、郝云旺、唐连庆、唐民起次要作用，系从犯，依法应当从轻处罚。被告人郝云旺、唐连庆、唐民在案发后主动到公安机关投案，并如实供述犯罪事实，属自首，依法可以从轻处罚。被告人孙建亮、陈林到案后如实供述犯罪事实，属坦白，依法可以从轻处罚。依照刑法相关条款规定，判决被告人孙建亮犯生产、销售有毒、有害食品罪，判处有期徒刑二年，并处罚金人民币七万五千元；被告人陈林犯生产、销售有毒、有害食品罪，判处有期徒刑一年，并处罚金人民币二万元；被告人郝云旺犯生产、销售有毒、有害食品罪，判处有期徒刑一年，并处罚金人民币二万元；被告人唐连庆犯生产、销售有毒、有害食品罪，判处有期徒刑六个月，缓刑一年，并处罚金人民币五千元；被告人唐民犯生产、销售有毒、有害食品罪，判处有期徒刑六个月，缓刑一年，并处罚金人民币五千元。

一审宣判后，郝云旺提出上诉。

2012年12月12日，天津市第一中级人民法院二审裁定驳回上诉，维持原判。

胡林贵等人生产、销售有毒、有害食品,行贿骆梅、刘康素销售伪劣产品朱伟全、曾伟中生产、销售伪劣产品黎达文等人受贿、食品监管渎职案

（检例第 15 号）

【关键词】

生产、销售有毒、有害食品罪　生产、销售伪劣产品罪　食品监管渎职罪　受贿罪　行贿罪

【要旨】

实施生产、销售有毒、有害食品犯罪,为逃避查处向负有食品安全监管职责的国家工作人员行贿的,应当以生产、销售有毒、有害食品罪和行贿罪实行数罪并罚。

负有食品安全监督管理职责的国家机关工作人员,滥用职权,向生产、销售有毒、有害食品的犯罪分子通风报信,帮助逃避处罚的,应当认定为食品监管渎职罪;在渎职过程中受贿的,应当以食品监管渎职罪和受贿罪实行数罪并罚。

【相关立法】

《中华人民共和国刑法》第一百四十四条、第一百四十条、第四百零八条之一、第三百八十五条、第三百八十九条

【基本案情】

被告人胡林贵,男,1968 年出生,重庆市人,原系广东省东莞市渝湘腊味食品有限公司股东。

被告人刘康清,男,1964 年出生,重庆市人,原系广东省东莞市渝湘腊味食品有限公司股东。

被告人叶在均,男,1954 年出生,重庆市人,原系广东省东莞市渝湘腊味食品有限公司股东。

被告人刘国富,男,1976 年出生,重庆市人,原系广东省东莞市渝湘腊味食品有限公司股东。

被告人张永富,男,1969 年出生,重庆市人,原系广东省东莞市渝湘腊味食品有限公司股东。

被告人叶世科,男,1979 年出生,重庆市人,原系广东省东莞市渝湘腊味食品有限公司驾驶员。

被告人骆梅,女,1977 年出生,重庆市人,原系广东省东莞市大岭山镇信立农产品批发市场销售人员。

被告人刘康素,女,1971 年出生,重庆市人,原系广东省东莞市中堂镇江南农产品批发市场销售人员。

被告人朱伟全,男,1958 年出生,广东省人,无业。

被告人曾伟中,男,1971 年出生,广东省人,无业。

被告人黎达文,男,1973 年出生,广东省人,原系广东省东莞市中堂镇人民政府经济贸易办公室(简称经贸办)副主任、中堂镇食品药品监督站站长,兼任中堂镇食品安全委员会(简称食安委)副主任及办公室主任。

被告人王伟昌,男,1965 年出生,广东省人,原系广东省东莞市中堂中心屠场稽查队队长。

被告人陈伟基,男,1982 年出生,广东省人,原系广东省东莞市中堂中心屠场稽查队队员。

被告人余忠东,男,1963 年出生,湖南省人,原系广东省东莞市江南市场经营管理有限公司仓储加工管理部主管。

(一)被告人胡林贵、刘康清、叶在均、刘国富、张永富等人于 2011 年 6 月以每人出资 2 万元,在未取得工商营业执照和卫生许可证的情况下,在东莞市中堂镇江南农产品批发市场租赁加工区建立加工厂,利用病、死、残猪猪肉为原料,加入亚硝酸钠、工业用盐等调料,生产腊肠、腊肉。并将生产出来的腊肠、腊肉运至该市农产品批发市场固定铺位进行销售,平均每天销售约 500 公斤。该工厂主要由胡林贵负责采购病、死、残猪猪肉,刘康清负责销售,刘国富等人负责加工生产,张永富、叶在均等人负责打杂及协作,该加工厂还聘请了被告人叶世科等人负责运输,聘请了骆梅、刘康素等人负责销售上述加工厂生产出的腊肠、腊肉,其中骆梅于 2011 年 8 月初开始受聘担任销售,刘康素于 2011 年 9 月初开始受聘担任销售。

2011 年 10 月 17 日,经群众举报,执法部门查处了该加工厂,当场缴获腊肠 500 公斤、腊肉 500 公斤、未检验的腊肉半成品 2 吨、工业用盐 24 包(每包 50 公斤)、敌百虫 8 支、亚硝酸钠 11 支等物品;10 月 25 日,公安机关在农产品批发市场固定铺位缴获胡林贵等人存放的半成品猪肉 7980 公斤,经广东省质量监督检测中心抽样检测,该半成品含敌百虫等有害物质严重超标。

(二)自 2010 年 12 月至 2011 年 6 月份期间,被告人朱伟全、曾伟中等人收购病、死、残猪后私自屠宰,每月运行 20 天,并将每天生产出的约 500 公斤猪肉销售给被告人胡林贵、刘康清等人。后曾伟中

退出经营,朱伟全等人于 2011 年 9 月份开始至案发期间,继续每天向胡林贵等人合伙经营的腊肉加工厂出售病、死、残猪猪肉约 500 公斤。

（三）被告人黎达文于 2008 年起先后兼任中堂镇产品质量和食品安全工作领导小组成员、经贸办副主任、中堂食安委副主任兼办公室主任、食品药品监督站站长,负责对中堂镇全镇食品安全的监督管理,包括中堂镇内食品安全综合协调职能和依法组织各执法部门查处食品安全方面的举报等工作。被告人余忠东于 2005 年起在东莞市江南市场经营管理有限公司任仓储加工管理部的主管。

2010 年至 2011 年期间,黎达文在组织执法人员查处江南农产品批发市场的无证照腊肉、腊肠加工窝点过程中,收受被告人刘康清、胡林贵、余忠东等人贿款共十一次,每次 5000 元,合计 55000 元,其中胡林贵参与行贿十一次,计 55000 元,刘康清参与行贿十次,计 50000 元,余忠东参与行贿六次,计 30000 元。

被告人黎达文在收受被告人刘康清、胡林贵、余忠东等人的贿款之后,滥用食品安全监督管理的职权,多次在组织执法人员检查江南农产品批发市场之前打电话通知余忠东或胡林贵,让胡林贵等人做好准备,把加工场内的病、死、残猪猪肉等生产原料和腊肉、腊肠藏好,逃避查处,导致胡林贵等人在一年多时间内持续非法利用病、死、残猪猪肉生产敌百虫和亚硝酸盐成分严重超标的腊肠、腊肉,销往东莞市及周边城市的食堂和餐馆。

被告人王伟昌自 2007 年起任中堂中心屠场稽查队队长,被告人陈伟基自 2009 年 2 月起任中堂中心屠场稽查队队员,二人所在单位受中堂镇政府委托负责中堂镇内私宰猪肉的稽查工作。2009 年 7 月至 2011 年 10 月间,王伟昌、陈伟基在执法过程中收受刘康清、刘国富等人贿款,其中王伟昌、陈伟基共同收受贿款 13100 元,王伟昌单独受贿 3000 元。

王伟昌、陈伟基受贿后,滥用食品安全监督管理的职权,多次在带队稽查过程中,明知刘康清和刘国富等人非法销售死猪猪肉、排骨而不履行查处职责,王伟昌还多次在参与中堂镇食安委组织的联合执法行动前打电话给刘康清通风报信,让刘康清等人逃避查处。

【诉讼过程】

2011 年 10 月 22 日,胡林贵、刘康清因涉嫌生产、销售有毒、有害食品罪被刑事拘留,11 月 24 日被逮捕。2011 年 10 月 23 日,叶在均、刘国富、张永富、叶世科、骆梅、刘康素因涉嫌生产、销售有毒、有害食品罪被刑事拘留,11 月 24 日被逮捕。2011 年 10 月 28 日,朱伟全、曾伟中因涉嫌生产、销售有毒、有害食品罪被刑事拘留,11 月 24 日被逮捕。2012 年 3 月 6 日,黎达文因涉嫌受贿被刑事拘留,3 月 20 日被逮捕。2012 年 4 月 26 日,王伟昌、陈伟基因涉嫌受贿罪被刑事拘留,5 月 10 日被逮捕。2012 年 3 月 6 日,余忠东因涉嫌受贿罪被刑事拘留,3 月 20 日被逮捕。

被告人胡林贵、刘康清、叶在均、刘国富、张永富、叶世科、骆梅、刘康素、曾伟中、朱伟全涉嫌生产、销售有毒、有害食品罪一案,由广东省东莞市公安局侦查终结,移送东莞市第一市区人民检察院审查起诉。被告人黎达文、王伟昌、陈伟基涉嫌受贿、食品监管渎职罪,被告人胡林贵、刘康清、余忠东涉嫌行贿罪一案,由东莞市人民检察院侦查终结,移送东莞市第一市区人民检察院审查起诉。因上述两个案件系关联案件,东莞市第一市区人民检察院决定并案审查。东莞市第一市区人民检察院经审查认为,被告人胡林贵、刘康清、叶在均、刘国富、张永富、叶世科无视国法,在生产、销售的食品中掺入有毒、有害的非食品原料,胡林贵、刘康清还为谋取不正当利益,多次向被告人黎达文、王伟昌、陈伟基等人行贿,胡林贵、刘康清的行为均已触犯了《中华人民共和国刑法》第一百四十四条、第三百八十九条第一款之规定,被告人叶在均、刘国富、张永富、叶世科的行为均已触犯了《中华人民共和国刑法》第一百四十四条之规定;被告人骆梅、刘康素在销售中以不合格产品冒充合格产品,其中骆梅销售的金额五十万元以上,刘康素销售的金额二十万元以上,二人的行为均已触犯了《中华人民共和国刑法》第一百四十条之规定;被告人朱伟全、曾伟中在生产、销售中以不合格产品冒充合格产品,生产、销售金额五十万元以上,二人的行为均已触犯了《中华人民共和国刑法》第一百四十条之规定;被告人黎达文、王伟昌、陈伟基身为国家机关工作人员,利用职务之便,多次收受贿款,同时黎达文、王伟昌、陈伟基身为负有食品安全监督管理职责的国家机关工作人员,滥用职权为刘康清等人谋取非法利益,造成恶劣社会影响,三人的行为已分别触犯了《中华人民共和国刑法》第三百八十五条第一款、第四百零八条之一之规定;被告人余忠东为谋取不正当利益,多次向被告人黎达文、王伟昌、陈伟基等人行贿,其行为已触犯《中华人民共和国刑法》第三百八十九条第一款之规定。2012 年 5 月 29 日,东莞市第一市区人民检察院以被告人胡林贵、刘康清犯生产、销售有毒、有害食品罪、行贿罪,叶在均、刘国富、张永富、叶世科犯生产、销售有毒、有害食品罪,骆梅、刘康素犯销售伪劣产品罪,朱伟全、曾伟中犯生产、销售伪劣产品罪,黎达文、王伟昌、陈伟基犯受贿罪、食品监管渎职罪,余忠东犯行贿罪,向东莞市第一人民法院提起公诉。

2012 年 7 月 9 日,东莞市第一人民法院一审认为,被告人胡林贵、刘康清、叶在均、刘国富、张永富、叶世科无视国法,在生产、销售的食品中掺入有毒、有害的非食品原料,其行为已构成生产、销售有毒、有害食品罪,且属情节严重;被告人骆梅、刘康素作为产品销售者,以不合格产品冒充合格产品,其中被告人骆梅销售金额为五十万元以上不满二百万元,被告人刘康素销售金额为二十万元以上不满五十万元,其二人的行为已构成销售伪劣产品罪;被告人朱伟全、曾伟中在生产、销售中以不合格产品冒充合格产品,涉案金额五十万元以上不满二百万元,其二人的行为已构成生产、销售伪劣产品罪;被告人黎达文身为国家工作人员,被告人王伟昌、陈伟基身为受国家机关委托从事公务的人员,均利用职务之便,多次收受贿款,同时,被告人黎达文、王伟昌、陈伟基还违背所负的食品安全监督管理职责,滥用职权为刘康清等人谋取非法利益,造成严重后果,被告人黎达文、王伟昌、陈伟基的行为已构成受贿罪、食品监管渎职罪;被告人胡林贵、刘康清、余忠东为谋取不正当利益,多次向黎达文、王伟昌、陈伟基等人行贿,其三人的行为均已构成行贿罪。对上述被告人的犯罪行为,依法均应惩处,对被告人胡林贵、刘康清、黎达文、王伟昌、陈伟基依法予以数罪并罚。被告人刘康清系累犯,依法应从重处罚;刘康清在被追诉前主动交代其行贿行为,依法可以从轻处罚;刘康清还举报了胡林贵向黎达文行贿 5000 元的事实,并经查证属实,是立功,依法可以从轻处罚。被告人黎达文、王伟昌、陈伟基归案后已向侦查机关退出全部赃款,对其从轻处罚。被告人胡林贵、刘康清、张永富、叶世科、余忠东归案后如实供述犯罪事实,认罪态度较好,均可从轻处罚;被告人黎达文在法庭上认罪态度较

好,可酌情从轻处罚。依照刑法相关条款规定,判决:

(一)被告人胡林贵犯生产、销售有毒、有害食品罪和行贿罪,数罪并罚,判处有期徒刑九年九个月,并处罚金人民币十万元。被告人刘康清犯生产、销售有毒、有害食品罪和行贿罪,数罪并罚,判处有期徒刑九年,并处罚金人民币九万元。被告人叶在均、刘国富、张永富、叶世科犯生产、销售有毒、有害食品罪,分别判处有期徒刑八年六个月并处罚金人民币十万元、有期徒刑八年六个月并处罚金人民币十万元、有期徒刑八年三个月并处罚金人民币十万元、有期徒刑七年九个月并处罚金人民币五万元。被告人骆梅、刘康素犯销售伪劣产品罪,分别判处有期徒刑七年六个月并处罚金人民币三万元、有期徒刑六年并处罚金人民币二万元。

(二)被告人朱伟全、曾伟中犯生产、销售伪劣产品罪,分别判处有期徒刑八年并处罚金人民币七万元、有期徒刑七年六个月并处罚金人民币六万元。

(三)被告人黎达文犯受贿罪和食品监管渎职罪,数罪并罚,判处有期徒刑七年六个月,并处没收个人财产人民币一万元。被告人王伟昌犯受贿罪和食品监管渎职罪,数罪并罚,判处有期徒刑三年三个月。被告人陈伟基犯受贿罪和食品监管渎职罪,数罪并罚,判处有期徒刑二年六个月。被告人余忠东犯行贿罪,判处有期徒刑十个月。

一审宣判后,被告人胡林贵、刘康清、叶在均、刘国富、张永富、叶世科、骆梅、刘康素、曾伟中、黎达文、王伟昌、陈伟基提出上诉。

2012 年 8 月 21 日,广东省东莞市中级人民法院二审裁定驳回上诉,维持原判。

赛跃、韩成武受贿、食品监管渎职案

（检例第 16 号）

【关键词】

受贿罪 食品监管渎职罪

【要旨】

负有食品安全监督管理职责的国家机关工作人员,滥用职权或玩忽职守,导致发生重大食品安全事故或者造成其他严重后果的,应当认定为食品监管渎职罪。在渎职过程中受贿的,应当以食品监

管渎职罪和受贿罪实行数罪并罚。

【相关立法】

《中华人民共和国刑法》第三百八十五条、第四百零八条之一

【基本案情】

被告人赛跃，男，云南省人，1965年出生，原系云南省嵩明县质量技术监督局（以下简称嵩明县质监局）局长。

被告人韩成武，男，云南省人，1963年出生，原系嵩明县质监局副局长。

2011年9月17日，根据群众举报称云南丰瑞粮油工业产业有限公司（位于云南省嵩明县杨林工业园区，以下简称杨林丰瑞公司）违法生产地沟油，时任嵩明县质监局局长、副局长的赛跃、韩成武等人到杨林丰瑞公司现场检查，查获该公司无生产许可证，其生产区域的配套的食用油加工设备以"调试设备"之名在生产，现场有生产用原料毛猪油2244.912吨，其中的外包装无标签标识等，不符合食品安全标准。9月21日，被告人赛跃、韩成武没有计量核实毛猪油数量、来源，仅凭该公司人员陈述500吨，而对毛猪油591.4吨及生产用活性土30吨、无证生产的菜油100吨进行封存。同年10月22日，韩成武以"杨林丰瑞公司采购的原料共59.143吨不符合食品安全标准"建议立案查处，赛跃同意立案，并召开案审会经集体讨论，决定对杨林丰瑞公司给予行政处罚。10月24日，嵩明县质监局作出对杨林丰瑞公司给予销毁不符合安全标准的原材料和罚款1419432元的行政处罚告知，并将行政处罚告知书送达该公司。之后，该公司申请从轻、减轻处罚。同年12月9日，赛跃、韩成武以企业配合调查及经济困难为由，未经集体讨论，决定减轻对杨林丰瑞公司的行政处罚，嵩明县质监局于12月12日作出行政处罚决定书，对杨林丰瑞公司作出销毁不符合食品安全标准的原料和罚款20万元的处罚，并下达责令改正通知书，责令杨林丰瑞公司于2011年12月27日前改正"采购的原料毛猪油不符合食品安全标准"的违法行为。12月13日，嵩明县质监局解除了对毛猪油、活性土、菜油的封存，实际并未销毁该批原料。致使杨林丰瑞公司在2011年11月至2012年3月期间，使用已查获的原料无证生产食用猪油并流入社会，对人民群众的生命健康造成较大隐患。

2011年10月至11月间，被告人赛跃、韩成武在查处该案的过程中，先后两次在办公室收受该公司吴庆伟（另案处理）分别送给的人民币10万元、3万元。

2012年3月13日，公安机关以该公司涉嫌生产、销售有毒、有害食品罪立案侦查。3月20日，赛跃和韩成武得知该情况后，更改相关文书材料、销毁原始行政处罚文书、伪造质监局分析协调会、案审会记录及杨林丰瑞公司毛猪油原材料的销毁材料，将所收受的13万受贿款作为对杨林丰瑞公司的罚款存入罚没账户。

【诉讼过程】

2012年5月4日，赛跃、韩成武因涉嫌徇私舞弊不移交刑事案件罪、受贿罪被云南省嵩明县人民检察院立案侦查，韩成武于5月7日被刑事拘留，赛跃于5月8日被刑事拘留，5月21日二人被逮捕。

该案由云南省嵩明县人民检察院反渎职侵权局侦查终结后，移送该院公诉部门审查起诉。云南省嵩明县人民检察院经审查认为，被告人赛跃、韩成武作为负有食品安全监督管理职责的国家机关工作人员，未认真履行职责，失职、渎职造成大量的问题猪油流向市场，后果特别严重；同时二被告人利用职务上的便利，非法收受他人贿赂，为他人谋取利益，二被告人之行为已触犯《中华人民共和国刑法》第四百零八条之一、第三百八十五条第一款之规定，应当以食品监管渎职罪、受贿罪追究刑事责任。2012年9月5日，云南省嵩明县人民检察院以被告人赛跃、韩成武犯食品监管渎职罪、受贿罪向云南省嵩明县人民法院提起公诉。

2012年11月26日，云南省嵩明县人民法院一审认为，被告人赛跃、韩成武作为国家工作人员，利用职务上的便利，非法收受他人财物，为他人谋取利益，其行为已构成受贿罪；被告人赛跃、韩成武作为质监局工作人员，在查办杨林丰瑞公司无生产许可证生产有毒、有害食品案件中玩忽职守、滥用职权，致使查获的不符合食品安全标准的原料用于生产，有毒、有害油脂流入社会，造成严重后果，其行为还构成食品监管渎职罪。鉴于杨林丰瑞公司被公安机关查处后，赛跃、韩成武向领导如实汇报受贿事实，且将受贿款以"罚款"上交，属自首，可从轻、减轻处罚。依照刑法相关条款之规定，判决被告人赛跃犯受贿罪和食品监管渎职罪，数罪并罚，判处有期徒刑六年；韩成武犯受贿罪和食品监管渎

职罪,数罪并罚,判处有期徒刑二年六个月。

一审宣判后,赛跃、韩成武提出上诉。

2013 年 4 月 20 日,云南省昆明市中级人民法院二审裁定驳回上诉,维持原判。

最高人民检察院关于印发第五批指导性案例的通知

2014 年 9 月 10 日　高检发研字[2014]4 号

各省、自治区、直辖市人民检察院,军事检察院,新疆生产建设兵团人民检察院:

经 2014 年 8 月 28 日最高人民检察院第十二届检察委员会第二十六次会议决定,现将陈邓昌抢劫、盗窃,付志强盗窃案等三个案例印发你们,供参考。

陈邓昌抢劫、盗窃,付志强盗窃案

(检例第 17 号)

【关键词】

第二审程序刑事抗诉

入户抢劫盗窃罪补充起诉

【基本案情】

被告人陈邓昌,男,贵州省人,1989 年出生,无业。

被告人付志强,男,贵州省人,1981 年出生,农民。

一、抢劫罪

2012 年 2 月 18 日 15 时,被告人陈邓昌携带螺丝刀等作案工具来到广东省佛山市禅城区澜石石头后二村田边街 10 巷 1 号的一间出租屋,撬门进入房间盗走现金人民币 100 元,后在客厅遇到被害人陈南姐,陈邓昌拿起铁锤威胁不让其喊叫,并逃离现场。

二、盗窃罪

1.2012 年 2 月 23 日,被告人付志强携带作案工具来到广东省佛山市高明区荷城街道井溢村 398 号 302 房间,撬门进入房间内盗走现金人民币 300 元。

2.2012 年 2 月 25 日,被告人付志强、陈邓昌密谋后携带作案工具到佛山市高明区荷城街道井溢村 287 号 502 出租屋,撬锁进入房间盗走一台华硕笔记本电脑(价值人民币 2905 元)。后二人以 1300 元的价格销赃。

3.2012 年 2 月 28 日,被告人付志强携带作案工具来到佛山市高明区荷城街道井溢村 243 号 402 房间,撬锁进入房间后盗走现金人民币 1500 元。

4.2012 年 3 月 3 日,被告人付志强、陈邓昌密谋后携带六角匙等作案工具到佛山市高明区荷城街道官当村 34 号 401 房,撬锁进入房间后盗走现金人民币 700 元。

5.2012 年 3 月 28 日,被告人陈邓昌、叶其元、韦圣伦(后二人另案处理,均已判刑)密谋后携带作案工具来到佛山市禅城区跃进路 31 号 501 房间,叶其元负责望风,陈邓昌、韦圣伦二人撬锁进入房间后盗走联想一体化电脑一台(价值人民币 3928 元)、尼康 P300 数码相机一台(价值人民币 1813 元)及 600 元现金人民币。后在逃离现场的过程中被人发现,陈邓昌等人将一体化电脑丢弃。

6.2012 年 4 月 3 日,被告人付志强携带作案工具来到佛山市高明区荷城街道岗头冯村 283 号 301 房间,撬锁进入房间后盗走现金人民币 7000 元。

7.2012 年 4 月 13 日,被告人陈邓昌、叶其元、韦圣伦密谋后携带作案工具来到佛山市禅城区石湾凤凰路隔田坊 63 号 5 座 303 房间,叶其元负责望风,陈邓昌、韦圣伦二人撬锁进入房间后盗走现金人民币 6000 元、港币 900 元以及一台诺基亚 N86 手机(价值人民币 608 元)。

【诉讼过程】

2012 年 4 月 6 日,付志强因涉嫌盗窃罪被广东省佛山市公安局高明分局刑事拘留,同年 5 月 9 日被逮捕。2012 年 5 月 29 日,陈邓昌因涉嫌盗窃罪被佛山市公安局高明分局刑事拘留,同年 7 月 2 日被逮捕。2012 年 7 月 6 日,佛山市公安局高明分局以犯罪嫌疑人付志强、陈邓昌涉嫌盗窃罪向佛山市高明区人民检察院移送审查起诉。2012 年 7 月 23 日,高明区人民检察院以被告人付志强、陈邓昌犯盗窃罪向佛山市高明区人民法院提起公诉。

一审期间,高明区人民检察院经进一步审查,发现被告人陈邓昌有三起遗漏犯罪事实。2012 年 9 月 24 日,高明区人民检察院依法补充起诉被告人陈邓昌入室盗窃转化为抢劫的犯罪事实一起和陈邓昌伙同叶其元、韦圣伦共同盗窃的犯罪事实二起。

2012 年 11 月 14 日，佛山市高明区人民法院一审认为，检察机关指控被告人陈邓昌犯抢劫罪、盗窃罪，被告人付志强犯盗窃罪的犯罪事实清楚，证据确实充分，罪名成立。被告人陈邓昌在入户盗窃后被发现，为抗拒抓捕而当场使用凶器相威胁，其行为符合转化型抢劫的构成要件，应以抢劫罪定罪处罚，但不应认定为"入户抢劫"。理由是陈邓昌入户并不以实施抢劫为犯罪目的，而是在户内临时起意以暴力相威胁，且未造成被害人任何损伤，依法判决：被告人陈邓昌犯抢劫罪，处有期徒刑三年九个月，并处罚金人民币四千元；犯盗窃罪，处有期徒刑一年九个月，并处罚金人民币二千元；决定执行有期徒刑五年，并处罚金人民币六千元。被告人付志强犯盗窃罪，处有期徒刑二年，并处罚金人民币二千元。

2012 年 11 月 19 日，佛山市高明区人民检察院认为一审判决适用法律错误，造成量刑不当，依法向佛山市中级人民法院提出抗诉。2013 年 3 月 21 日，佛山市中级人民法院二审判决采纳了抗诉意见，撤销原判对原审被告人陈邓昌抢劫罪量刑部分及决定合并执行部分，依法予以改判。

【抗诉理由】

一审宣判后，佛山市高明区人民检察院审查认为一审判决未认定被告人陈邓昌的行为属于"入户抢劫"，属于适用法律错误，且造成量刑不当，应予纠正，遂依法向佛山市中级人民法院提出抗诉；佛山市人民检察院支持抗诉。抗诉和支持抗诉理由是：

1. 原判决对"入户抢劫"的理解存在偏差。原判决以"暴力行为虽然发生在户内，但是其不以实施抢劫为目的，而是在户内临时起意并以暴力相威胁，且未造成被害人任何损害"为由，未认定被告人陈邓昌所犯抢劫罪具有"入户"情节。根据 2005 年 7 月《最高人民法院关于审理抢劫、抢夺刑事案件适用法律若干问题的意见》关于认定"入户抢劫"的规定，"入户"必须以实施抢劫等犯罪为目的。但是，这里"目的"的非法性不是以抢劫罪为限，还应当包括盗窃等其他犯罪。

2. 原判决适用法律错误。2000 年 11 月《最高人民法院关于审理抢劫案件具体应用法律若干问题的解释》（以下简称《解释》）第一条第二款规定，"对于入户盗窃，因被发现而当场使用暴力或者以

暴力相威胁的行为，应当认定为入户抢劫。"依据刑法和《解释》的有关规定，本案中，被告人陈邓昌入室盗窃被发现后当场使用暴力相威胁的行为，应当认定为"入户抢劫"。

3. 原判决适用法律错误，导致量刑不当。"户"对一般公民而言属于最安全的地方。"入户抢劫"不仅严重侵犯公民的财产所有权，更是危及公民的人身安全。因为被害人处于封闭的场所，通常无法求救，与发生在户外的一般抢劫相比，被害人的身心会受到更为严重的惊吓或者伤害。根据刑法第二百六十三条第一项的规定，"入户抢劫"应当判处十年以上有期徒刑、无期徒刑或者死刑，并处罚金或者没收财产。原判决对陈邓昌抢劫罪判处三年九个月有期徒刑，属于适用法律错误，导致量刑不当。

【终审判决】

广东省佛山市中级人民法院二审认为，一审判决认定原审被告人陈邓昌犯抢劫罪，原审被告人陈邓昌、付志强犯盗窃罪的事实清楚，证据确实、充分。陈邓昌入户盗窃后，被被害人当场发现，意图抗拒抓捕，当场使用暴力威胁被害人不许其喊叫，然后逃离案发现场，依法应当认定为"入户抢劫"。原判决未认定陈邓昌所犯的抢劫罪具有"入户"情节，系适用法律错误，应当予以纠正。检察机关抗诉意见成立，予以采纳。据此，依法判决：撤销一审判决对陈邓昌抢劫罪量刑部分及决定合并执行部分；判决陈邓昌犯抢劫罪，处有期徒刑十年，并处罚金人民币一万元，犯盗窃罪，处有期徒刑一年九个月，并处罚金二千元，决定执行有期徒刑十一年，并处罚金一万二千元。

【要旨】

1. 对于入户盗窃，因被发现而当场使用暴力或者以暴力相威胁的行为，应当认定为"入户抢劫"。

2. 在人民法院宣告判决前，人民检察院发现被告人有遗漏的罪行可以一并起诉和审理的，可以补充起诉。

3. 人民检察院认为同级人民法院第一审判决重罪轻判，适用刑罚明显不当的，应当提出抗诉。

【相关法律规定】

《中华人民共和国刑法》第二百六十三条、第二百六十四条、第二百六十九条、第二十五条、第六十九条；《中华人民共和国刑事诉讼法》第二百一十七条、第二百二十五条第一款第二项。

郭明先参加黑社会性质组织
故意杀人、故意伤害案

（检例第 18 号）

【关键词】

第二审程序刑事抗诉

故意杀人罪行极其严重死刑立即执行

【基本案情】

被告人郭明先，男，四川省人，1972 年出生，无业。1997 年 9 月因犯盗窃罪被判有期徒刑五年六个月，2001 年 12 月刑满释放。

2003 年 5 月 7 日，李泽荣（另案处理，已判刑）等人在四川省三台县"经典歌城"唱歌结账时与该歌城老板何春发生纠纷，被告人郭明先受李泽荣一方纠集，伙同李泽荣、王成鹏、王国军（另案处理，均已判刑）打砸"经典歌城"，郭明先持刀砍人，致何春重伤、顾客吴启斌轻伤。

2008 年 1 月 1 日，闵思金（另案处理，已判刑）与王元军在四川省三台县里程乡岩崖坪发生交通事故，双方因闵思金摩托车受损赔偿问题发生争执。王元军电话通知被害人兰金、李西秀等人，闵思金电话召集郭明先及闵思勇、陈强（另案处理，均已判刑）等人。闵思勇与其朋友代安全、兰在伟先到现场，因代安全、兰在伟与争执双方均认识，即进行劝解，事情已基本平息。后郭明先、陈强等人亦分别骑摩托车赶至现场。闵思金向郭明先指认兰金后，郭明先持菜刀欲砍兰金，被路过并劝架的被害人蓝继宇（殁年 26 岁）阻拦，郭明先遂持菜刀猛砍蓝继宇头部，致蓝继宇严重颅脑损伤死亡。兰金、李西秀等见状，持木棒击打郭明先，郭明先持菜刀乱砍，致兰金重伤，致李西秀轻伤。后郭明先搭乘闵思勇所驾摩托车逃跑。

2008 年 5 月，郭明先负案潜逃期间，应同案被告人李进（犯组织、领导黑社会性质组织罪、故意伤害罪等，被判处有期徒刑十四年）的邀约，到四川省绵阳市安县参加了同案被告人王术华（犯组织、领导黑社会性质组织罪、故意伤害罪等罪名，被判处有期徒刑二十年）组织、领导的黑社会性质组织，充当打手。因王术华对胡建不满，让李进安排人教训胡建及其手下。2009 年 5 月 17 日，李进见胡建两名手下范平、张选辉在安县花荄镇姜记烧烤店吃烧烤，便打电话叫来郭明先。经指认，郭明先蒙面持菜刀砍击范平、张选辉，致该二人轻伤。

【诉讼过程】

2009 年 7 月 28 日，郭明先因涉嫌故意伤害罪被四川省绵阳市安县公安局刑事拘留，同年 8 月 18 日被逮捕，经查犯罪嫌疑人郭明先还涉嫌王术华等人黑社会性质组织系列犯罪案件。四川省绵阳市安县公安局侦查终结后，移送四川省绵阳市安县人民检察院审查起诉。该院受理后，于 2010 年 1 月 3 日报送四川省绵阳市人民检察院审查起诉。2010 年 7 月 19 日，四川省绵阳市人民检察院对王术华等人参与的黑社会性质组织系列犯罪案件向绵阳市中级人民法院提起公诉，其中指控该案被告人郭明先犯参加黑社会性质组织罪、故意伤害罪和故意杀人罪。

2010 年 12 月 17 日，绵阳市中级人民法院一审认为，被告人郭明先 1997 年因犯盗窃罪被判处有期徒刑，2001 年 12 月 26 日刑满释放后，又于 2003 年故意伤害他人，2008 年故意杀人、参加黑社会性质组织，均应判处有期徒刑以上刑罚，系累犯，应当从重处罚。依法判决：被告人郭明先犯参加黑社会性质组织罪，处有期徒刑两年；犯故意杀人罪，处死刑，缓期二年执行，剥夺政治权利终身；犯故意伤害罪，处有期徒刑五年；数罪并罚，决定执行死刑，缓期二年执行，剥夺政治权利终身。

2010 年 12 月 30 日，四川省绵阳市人民检察院认为一审判决对被告人郭明先量刑畸轻，依法向四川省高级人民法院提出抗诉。2012 年 4 月 16 日，四川省高级人民法院二审判决采纳抗诉意见，改判郭明先死刑立即执行。2012 年 10 月 26 日，最高人民法院裁定核准四川省高级人民法院对被告人郭明先的死刑判决。2012 年 11 月 22 日，被告人郭明先被执行死刑。

【抗诉理由】

一审宣判后，四川省绵阳市人民检察院经审查认为原审判决对被告人郭明先量刑畸轻，依法向四川省高级人民法院提出抗诉；四川省人民检察院支持抗诉。抗诉和支持抗诉理由是：一审判处被告人郭明先死刑，缓期二年执行，量刑畸轻。郭明先 1997 年因犯盗窃罪被判有期徒刑五年六个月，2001 年 12 月刑满释放后，不思悔改，继续犯罪。于 2003 年 5 月 7 日，伙同他人打砸三台县"经典歌城"，并持刀行凶致一人重伤，一人轻伤，其行为构成故意伤害罪。负案潜逃期间，于 2008 年 1 月 1 日在三台县里程乡岩崖坪持刀行凶，致一人死亡，一人重伤，一人轻伤，其行为构成故意杀人罪和故意伤害罪。此后，又积极参加黑社会性质组织，充当他人打手，并于 2009 年 5 月 17 日受该组织安排，蒙面持刀行凶，致两人轻伤，其行为构成参加黑社会性质组织罪和故意伤害罪。根据本案事实和证据，被告人郭明先的罪行极其严重、犯罪手段残忍、犯罪后果严重，主观恶性极大，根据罪责刑相适应原则，应当依法判处其死刑立即执行。

【终审结果】

四川省高级人民法院二审认为，本案事实清楚，证据确实、充分，原审被告人郭明先犯参加黑社会性质组织罪、故意杀人罪、故意伤害罪，系累犯，主观恶性极深，依法应当从重处罚。检察机关认为"原判对郭明先量刑畸轻"的抗诉理由成立。据此，依法撤销一审判决关于原审被告人郭明先量刑部分，改判郭明先犯参加黑社会性质组织罪，处有期徒刑两年；犯故意杀人罪，处死刑；犯故意伤害罪，处有期徒刑五年；数罪并罚，决定执行死刑，并剥夺政治权利终身。经报最高人民法院核准，已被执行死刑。

【要旨】

死刑依法只适用于罪行极其严重的犯罪分子。对故意杀人、故意伤害、绑架、爆炸等涉黑、涉恐、涉暴刑事案件中罪行极其严重，严重危害国家安全和公共安全、严重危害公民生命权，或者严重危害社会秩序的被告人，依法应当判处死刑，人民法院未判处死刑的，人民检察院应当依法提出抗诉。

【相关法律规定】

《中华人民共和国刑法》第二百三十二条、第二百三十四条、第二百九十四条；《中华人民共和国刑事诉讼法》第二百一十七条、第二百二十五条第一款第二项。

张某、沈某某等七人抢劫案

（检例第 19 号）

【关键词】

第二审程序刑事抗诉

未成年人与成年人共同犯罪分案起诉累犯

【基本案情】

被告人沈某某，男，1995 年 1 月出生。2010 年

3 月因抢劫罪被判拘役六个月，缓刑六个月，并处罚金五百元。

被告人胡某某，男，1995 年 4 月出生。

被告人许某，男，1993 年 1 月出生。2008 年 6 月因抢劫罪被判有期徒刑六个月，并处罚金五百元；2010 年 1 月因犯盗窃罪被判有期徒刑七个月，并处罚金一千四百元。

另四名被告人张某、吕某、蒋某、杨某，均为成年人。

被告人张某为牟利，介绍沈某某、胡某某、吕某、蒋某认识，教唆他们以暴力方式劫取助力车，并提供砍刀等犯罪工具，事后负责联系销赃分赃。2010 年 3 月，被告人沈某某、胡某某、吕某、蒋某经被告人张某召集，并伙同被告人许某、杨某等人，经预谋，相互结伙，持砍刀、断线钳、撬棍等作案工具，在上海市内公共场所抢劫助力车。其中，被告人张某、沈某某、胡某某参与抢劫四次；被告人吕某、蒋某参与抢劫三次；被告人许某参与抢劫二次；被告人杨某参与抢劫一次。具体如下：

1. 2010 年 3 月 4 日 11 时许，沈某某、胡某某、吕某、蒋某随身携带砍刀，至上海市长寿路 699 号国美电器商场门口，由吕、沈撬窃停放在该处的一辆黑色本凌牌助力车，当被害人甲制止时，沈、胡、蒋拿出砍刀威胁，沈砍击被害人致其轻伤。后吕、沈等人因撬锁不成，砸坏该车外壳后逃离现场。经鉴定，该助力车价值人民币 1930 元。

2. 2010 年 3 月 4 日 12 时许，沈某某、胡某某、吕某、蒋某随身携带砍刀，结伙至上海市老沪太路万荣路路口的临时菜场门口，由胡、吕撬窃停放在该处的一辆白色南方雅马哈牌助力车，当被害人乙制止时，沈、蒋等人拿出砍刀威胁，沈砍击被害人致其轻微伤，后吕等人撬开锁将车开走。经鉴定，该助力车价值人民币 2058 元。

3. 2010 年 3 月 11 日 14 时许，沈某某、胡某某、吕某、蒋某、许某随身携带砍刀，结伙至上海市胶州路 669 号东方典当行门口，由沈撬窃停放在该处的一辆黑色宝雕牌助力车，当被害人丙制止时，胡、蒋、沈拿出砍刀将被害人逼退到东方典当行店内，许则在一旁接应，吕上前帮助撬开车锁后由胡将车开走。经鉴定，该助力车价值人民币 2660 元。

4. 2010 年 3 月 18 日 14 时许，沈某某、胡某某、许某、杨某及王某（男，13 岁）随身携带砍刀，结伙至上海市上大路沪太路路口地铁七号线出口处的

停车点,由胡持砍刀威胁该停车点的看车人员,杨在旁接应,沈、许等人则当场劫得助力车三辆。其中被害人丁的一辆黑色珠峰牌助力车,经鉴定,该助力车价值人民币 2090 元。

【诉讼过程】

2010 年 3、4 月,张某、吕某、蒋某、杨某以及三名未成年人沈某某、胡某某、许某因涉嫌抢劫罪先后被刑事拘留、逮捕。2010 年 6 月 21 日,上海市公安局静安分局侦查终结,以犯罪嫌疑人张某、沈某某、胡某某、吕某、蒋某、许某、杨某等七人涉嫌抢劫罪向静安区人民检察院移送审查起诉。静安区人民检察院经审查认为,本案虽系未成年人与成年人共同犯罪案件,但鉴于本案多名未成年人系共同犯罪中的主犯,不宜分案起诉。2010 年 9 月 25 日,静安区人民检察院以上述七名被告人犯抢劫罪依法向静安区人民法院提起公诉。

2010 年 12 月 15 日,静安区人民法院一审认为,七名被告人行为均构成抢劫罪,其中许某系累犯。依法判决:(一)对未成年被告人量刑如下:沈某某判处有期徒刑五年六个月,并处罚金人民币五千元,撤销缓刑,决定执行有期徒刑五年六个月,罚金人民币五千元;胡某某判处有期徒刑七年,并处罚金人民币七千元;许某判处有期徒刑五年,并处罚金人民币五千元。(二)对成年被告人量刑如下:张某判处有期徒刑十四年,剥夺政治权利二年,并处罚金人民币一万五千元;吕某判处有期徒刑十二年六个月,剥夺政治权利一年,并处罚金人民币一万二千元;蒋某判处有期徒刑十二年,剥夺政治权利一年,并处罚金人民币一万二千元;杨某判处有期徒刑二年,并处罚金人民币二千元。

2010 年 12 月 30 日,上海市静安区人民检察院认为一审判决适用法律错误,对未成年被告人的量刑不当,遂依法向上海市第二中级人民法院提出抗诉。张某以未参与抢劫,量刑过重为由,提出上诉。2011 年 6 月 16 日,上海市第二中级人民法院二审判决采纳抗诉意见,驳回上诉,撤销原判决对原审被告人沈某某、胡某某、许某抢劫罪量刑部分,依法予以改判。

【抗诉理由】

一审宣判后,上海市静安区人民检察院审查认为,一审判决对犯罪情节相对较轻的胡某某判处七年有期徒刑量刑失衡,对未成年被告人沈某某、胡某某、许某判处罚金刑未依法从宽处罚,属适用法

律错误,量刑不当,遂依法向上海市第二中级人民法院提出抗诉;上海市人民检察院第二分院支持抗诉。抗诉和支持抗诉的理由是:

1. 一审判决量刑失衡,对被告人胡某某量刑偏重。本案中,被告人胡某某、沈某某均参与了四次抢劫犯罪,虽然均系主犯,但是被告人胡某某行为的社会危害性及人身危险性均小于被告人沈某某。从犯罪情节看,沈某某实施抢劫过程中直接用砍刀造成一名被害人轻伤,一名被害人轻微伤;被告人胡某某只有持刀威胁及撬车锁的行为。从犯罪时年龄看,沈某某已满十五周岁,胡某某尚未满十五周岁。从人身危险性看,沈某某因抢劫罪于 2010 年 3 月 4 日被判处拘役六个月,缓刑六个月,缓刑期间又犯新罪;胡某某系初犯。一审判决分别以抢劫罪判胡某某有期徒刑七年、沈某某有期徒刑五年六个月,属于量刑不当。

2. 一审判决适用法律错误,对未成年被告人罚金刑的适用既没有体现依法从宽,也没有体现与成年被告人罚金刑适用的区别。根据最高人民法院《关于适用财产刑若干问题的规定》《关于审理未成年人刑事案件具体应用法律若干问题的解释》的规定,对未成年人犯罪应当从轻或者减轻判处罚金。一审判决对未成年被告人判处罚金未依法从宽,均是按照同案成年被告人罚金的标准判处五千元以上的罚金,属于适用法律错误。

此外,2010 年 12 月 21 日一审判决认定未成年被告人许某系累犯正确,但审判后刑法有所修改。根据 2011 年 2 月全国人大常委会通过的《中华人民共和国刑法修正案(八)》和 2011 年 5 月最高人民法院《关于〈中华人民共和国刑法修正案(八)时间效力问题的解释〉》的有关规定,被告人许某实施犯罪时不满十八周岁,依法不构成累犯。

【终审判决】

上海市第二中级人民法院二审认为,原审判决认定抢劫罪事实清楚,定性准确,证据确实、充分。鉴于胡某某在抢劫犯罪中的地位作用略低于沈某某及对未成年犯并处罚金应当从轻或减轻处罚等实际情况,原判对胡某某主刑及对沈某某、胡某某、许某罚金刑的量刑不当,应予纠正。检察机关的抗诉意见正确,应予支持。另依法认定许某不构成累犯。据此,依法判决:撤销一审判决对原审三名未成年被告人沈某某、胡某某、许某的量刑部分;改判沈某某犯抢劫罪,处有期徒刑五年六个月,并处罚

金人民币二千元,撤销缓刑,决定执行有期徒刑五年六个月,罚金人民币二千元;胡某某犯抢劫罪,处有期徒刑五年,罚金人民币二千元;许某犯抢劫罪,处有期徒刑四年,罚金人民币一千五百元。

【要旨】

1. 办理未成年人与成年人共同犯罪案件,一般应当将未成年人与成年人分案起诉,但对于未成年人系犯罪集团的组织者或者其他共同犯罪中的主犯,或者具有其他不宜分案起诉情形的,可以不分案起诉。

2. 办理未成年人与成年人共同犯罪案件,应当根据未成年人在共同犯罪中的地位、作用,综合考量未成年人实施犯罪行为的动机和目的、犯罪时的年龄、是否属于初犯、偶犯、犯罪后的悔罪表现、个人成长经历和一贯表现等因素,依法从轻或者减轻处罚。

3. 未成年人犯罪不构成累犯。

【相关法律规定】

《中华人民共和国刑法》第二百六十三条、第二十五条、第二十六条、第六十一条、第六十五条、第七十七条;《中华人民共和国刑事诉讼法》第二百一十七条、第二百二十五条第一款第二项。

田学仁受贿案

被告人田学仁,男,1947年3月18日出生,吉林省白山市人,汉族,研究生文化,中共吉林省委原常委、吉林省人民政府原常务副省长,吉林银行原党委书记、董事长。曾任中共长春市委副书记,中共吉林市委书记,中共吉林省委常委、延边朝鲜族自治州州委书记。2012年7月19日,因涉嫌受贿犯罪被逮捕。

被告人田学仁受贿案,由最高人民检察院于2012年7月5日指定北京市人民检察院立案侦查。侦查终结后,2012年12月18日最高人民检察院将该案经北京市人民检察院移交北京市人民检察院第一分院审查起诉。北京市人民检察院第一分院受理案件后,于2012年12月21日依法告知了被告人有权委托辩护人等诉讼权利,讯问了田学仁,审查了全部案件材料。其间,退回补充侦查一次,延长审查起诉期限二次。2013年4月17日,北京市人民检察院第一分院依法向北京市第一中级人民

法院提起公诉。起诉书认定被告人田学仁的犯罪事实如下:

1995年至2011年,被告人田学仁利用其担任中共吉林省长春市委副书记、吉林市委书记,吉林省委常委、延边朝鲜族自治州州委书记,吉林省政府常务副省长,吉林银行党委书记、董事长的职务上便利或者利用其职权、地位形成的便利条件,直接或通过其他国家工作人员,分别为吉林天河药业有限公司董事长常征、长春市公安局经侦大队缉私队队长徐为民等10人在企业经营、家属工作调动、子女入学和职务提拔等方面提供帮助,田学仁先后85次收受上述人员给予的人民币446万元、美元209万元,共折合人民币19193575元。

一、2006年春节至2010年8月,被告人田学仁利用担任中共吉林省委常委、吉林省人民政府常务副省长,吉林银行党委书记、董事长职务上的便利,接受吉林紫鑫药业股份有限公司原董事长的请托,为该公司上市及与该公司有人参采购业务的10家企业从吉林银行获得贷款等事宜提供帮助。为此,田学仁先后7次收受该董事长给予的178万美元,折合人民币12170862元。

二、2001年底至2011年春节,被告人田学仁利用担任中共吉林省委常委、延边朝鲜族自治州委书记,吉林银行党委书记、董事长职务上的便利,接受吉林天河药业有限公司董事长常征的请托,为常征实际控制的多家公司从延吉市农村信用合作社获得贷款及承揽吉林银行资产评估业务等事宜提供帮助。为此,田学仁先后17次收受常征给予的人民币205万元、美元18万元,共计折合人民币3539801万元。

三、2005年11月至2006年12月,被告人田学仁利用担任中共吉林省委常委、吉林省人民政府常务副省长职务上的便利,接受吉林省长春皓月清真肉业股份有限公司董事长丛连彪的请托,在吉林省公安厅追查皓月公司人员因申报优质肉牛养殖基地财政资金项目未被批准,向国家财政部有关人员发送"恐吓短信"的事件中,为丛连彪提供帮助。为此,田学仁先后2次收受丛连彪给予的人民币20万元、美元2万元,共计折合人民币361678元。

四、2002年5月至2003年10月,被告人田学仁利用担任中共吉林省委常委、延边朝鲜族自治州州委书记职务上的便利,接受原延边德全水泥股份有限公司董事长刘德全的请托,为该公司收购延边

庙岭水泥有限责任公司股权、阻止同行业其他企业进入延吉市建厂等事宜提供帮助。为此，田学仁先后2次收受刘德全给予的美元4万元，折合人民币331072万元。

五、2000年春节至2010年5月，被告人田学仁利用担任中共吉林省委常委、延边朝鲜族自治州州委书记，吉林省人民政府常务副省长职务上的便利，接受吉林省长城机械设备有限公司法定代表人刘连春的请托，为刘连春控制的公司承揽吉林市污水处理项目、吉林省教育厅购买教学设备项目、吉林省卫生厅购买医疗设备项目以及为刘连春妻子工作调动、儿子入学提供帮助。为此，田学仁先后27次收受刘连春给予的人民币共计131万元。

六、1995年12月至2005年10月，被告人田学仁利用担任中共长春市委副书记兼政法委书记，吉林市委书记，吉林省委常委、吉林省人民政府常务副省长职务上的便利，以及职权、地位形成的便利条件，接受时任长春市公安局经侦大队缉私队支队长徐为民的请托，为其先后提拔为长春市公安局经侦大队副大队长、经侦大队政委、经侦支队队长提供帮助。为此，田学仁先后5次共计收受徐为民给予的人民币30万元、美元5万元，共计折合人民币714605万元。

七、2002年3月至2005年10月，被告人田学仁利用担任中共吉林省委常委、延边朝鲜族自治州州委书记职务上的便利，接受时任延边朝鲜族自治州和龙市副市长姜佐山的请托，为其先后提拔为中共和龙市委常委、副书记，延边朝鲜族自治州发展计划委员会副主任提供帮助。为此，田学仁先后4次收受姜佐山给予的人民币共计28万元。

八、2008年初至2011年4月，被告人田学仁利用担任吉林银行党委书记、董事长职务上的便利，接受时任吉林银行吉林分行行长姚兴旺的请托，为其提拔为吉林银行行长助理提供帮助。为此，田学仁先后7次收受姚兴旺给予的人民币共计19万元。

九、2001年5月至2010年8月，被告人田学仁利用担任中共吉林省委常委、延边朝鲜族自治州州委书记职务上的便利，为原中共延吉市委常委、政法委书记，公安局长申万虎提拔为延边朝鲜族自治州人民检察院副检察长、检察长提供帮助。为此，田学仁先后9次收受申万虎给予的人民币10万元、美元1万元，共计折合人民币182768万元。

十、1998年4月至2002年初，被告人田学仁利用担任中共吉林市委书记职务上的便利，接受时任吉林市昌邑区公安分局局长岳忠田的请托，为其提拔为吉林市公安局副局长提供帮助。为此，田学仁先后5次收受岳忠田给予的人民币3万元、美元1万元，共计折合人民币112789万元。

被告人田学仁到案后能够主动交代有关机关尚未掌握的大部分受贿犯罪事实，并如实供述自己的罪行，认罪态度较好；案发后，赃款已全部追缴。

2013年10月10日，北京市第一中级人民法院依法组成合议庭公开审理了此案。法庭审理认为：

被告人田学仁身为国家工作人员，利用职务上的便利，为他人谋取利益，或者利用其职权、地位形成的便利条件，通过其他国家工作人员职务上的行为，为他人谋取不正当利益，非法收受他人财物，其行为构成受贿罪。北京市人民检察院第一分院指控被告人田学仁犯受贿罪的事实清楚，证据确实充分，指控罪名成立。

2013年11月1日，北京市第一中级人民法院根据田学仁受贿的数额和情节，鉴于其归案后交代有关部门尚不掌握的大部分受贿犯罪事实，且认罪态度较好，赃款已全部追缴，遂依照《中华人民共和国刑法》第三百八十五条第一款，第三百八十八条，第三百八十六条，第三百八十三条第一款一项、第二款，第五十七条第一款，第五十九条，第六十一条，第六十四条及《最高人民法院关于处理自首和立功具体应用法律若干问题的解释》第四条之规定，作出如下判决：

一、被告人田学仁犯受贿罪，判处无期徒刑，剥夺政治权利终身，并处没收个人全部财产。

二、扣押在案的赃款依法予以没收。

一审宣判后，被告人田学仁在法定期限内没有提出上诉，检察机关也没有提起抗诉，判决发生法律效力。

（最高人民检察院公诉厅）

黄胜受贿案

被告人黄胜，男，1954年9月11日出生，汉族，研究生文化，原系山东省人民政府副省长。曾任山东省德州市人民政府市长、中共德州市委书记。2012年6月27日，因涉嫌受贿罪被逮捕。

被告人黄胜受贿一案,经最高人民检察院指定,由江苏省人民检察院于 2012 年 6 月 13 日立案侦查。侦查终结后,于 2012 年 9 月 24 日由江苏省人民检察院将该案依法交由江苏省南京市人民检察院审查起诉。江苏省南京市人民检察院受理后,在法定期限内告知了黄胜有权委托辩护人等诉讼权利,讯问了黄胜,审查了全部案件材料。因案情重大复杂,案件二次退回补充侦查、二次延长审查起诉期限各半个月。2013 年 2 月 1 日,江苏省南京市人民检察院依法向南京市中级人民法院提起公诉。被告人黄胜的犯罪事实如下:

1998 年下半年至 2011 年 8 月,被告人黄胜利用其担任山东省德州市人民政府市长、中共德州市委书记,山东省人民政府副省长等职务上的便利,在企业经营、职务晋升等方面为他人谋取利益,或者利用其担任山东省人民政府副省长职务形成的便利条件,通过其他国家工作人员职务上的行为,为他人谋取不正当利益,直接或通过其亲属先后 61 次非法收受山东德州百货大楼(集团)有限责任公司(以下简称德百公司)法定代表人杨维星、国科投资有限公司法定代表人蔡红军等 21 个单位和个人给予的财物,共计折合人民币 12239221.53 元。

一、2002 年底至 2011 年 3 月,被告人黄胜利用其担任中共德州市委书记、山东省人民政府副省长职务上的便利,接受德百公司法定代表人杨维星的请托,为德百公司百货大楼费用减免及排除竞争,天衢购物中心、澳德乐时代广场建设项目的相关费用减免以及杨维星之弟职务晋升等事项提供了帮助。为此,黄胜于 2007 年初至 2010 年初,黄胜通过其弟黄旭东收受杨维星给予的医疗设备款人民币 280 万元,收受杨维星给予的价值人民币 2367826.83 元的住房一套(含契税)、人民币 40 万元,共计人民币 5567826.83 元。2011 年 8 月,黄胜得知与其受贿有关联的人被调查,遂将该住房及 280 万元设备款退还给杨维星。

二、2002 年初至 2011 年 7 月,被告人黄胜利用其担任中共德州市委书记、山东省人民政府副省长职务上的便利,为山东省大同宏业投资集团法定代表人张波之弟职务晋升提供了帮助,并接受张波的请托,为该集团下属企业开发的"枣山家园"项目缓缴城市基础设施配套费和排除施工干扰,张波朋友之女报考山东警察学院等事项提供了帮助。为此,黄胜分别于 2004 年下半年和 2008 年上半年,收受

张波给予的价值人民币 1045450 元的住房一套(含契税)、3 万英镑,共计折合人民币 1448512 元。2011 年 9 月,黄胜得知与其受贿有关联的人被调查,遂将该住房退还给张波。

三、2006 年 5 月至 9 月,被告人黄胜利用其担任中共德州市委书记职务上的便利,接受德州天宇化学工业有限公司投资人王健宇的请托,为该公司获取企业搬迁补偿费提供了帮助。为此,黄胜分别于 2006 年下半年和 2009 年春节前,收受王健宇给予的人民币 982470 元的购房款(含契税)、价值人民币 11 万元的车位一个及人民币 5 万元,共计人民币 1142470 元。

四、2003 年底至 2009 年夏天,被告人黄胜利用其担任中共德州市委书记、山东省人民政府副省长职务上的便利,接受国科投资有限公司法定代表人蔡红军的请托,为该公司免除行政罚款、获得商业贷款、逃避税务稽查、筹建高尔夫球场项目等事项提供了帮助。为此,黄胜于 2005 年秋天至 2011 年元旦前,先后 10 次收受蔡红军给予的人民币 22 万元、美元 2 万元及价值人民币 29 万元的购物卡,共计折合人民币 670196 元。

五、2003 年 1 月至 2011 年 3 月,被告人黄胜利用其担任中共德州市委书记、山东省人民政府副省长职务上的便利,为中共禹城市委原副书记杨同军担任宁津县人民政府县长、中共夏津县委书记提供了帮助;并接受杨同军的请托,为夏津县计划生育工作、夏津县特殊教育学校解决用地指标等事项提供了帮助。为此,黄胜于 2007 年夏天至 2011 年初,先后 4 次收受杨同军给予的共计存有人民币 40 万元的银行卡。

六、2007 年初至 2010 年 1 月,被告人黄胜利用其担任中共德州市委书记、山东省人民政府副省长职务上的便利,接受山东德州科技职业学院院长朱国材的请托,为该学院获取教育经费、申请恢复招生指标及筹建青岛校区等事项提供了帮助。为此,黄胜分别于 2007 年中秋节前和 2008 年下半年,先后收受朱国材给予的人民币 10 万元和存有人民币 30 万元的银行卡,共计人民币 40 万元。

七、2011 年 3 月,被告人黄胜利用其担任山东省人民政府副省长职务上的便利,接受济南善智投资咨询有限公司法定代表人温智铧的请托,为该公司参与汇胜集团股份有限公司收购平原县翔龙纸业有限公司并能享受税收优惠政策提供了帮助。

为此,黄胜于 2011 年 4 月,通过其子黄严收受温智铧给予的人民币 40 万元。

八、1998 年下半年至 2007 年 2 月,被告人黄胜利用其担任德州市人民政府市长、中共德州市委书记职务上的便利,接受德州市人民政府驻北京办事处原主任、德州大酒店有限责任公司原董事长白寒冰的请托,为该办事处下属企业建设项目土地出让金的减免、德州大酒店国有股减持以及综合改造项目城市基础设施配套费的减免等事项提供了帮助。为此,黄胜于 2002 年 3 月至 2011 年春节前,先后 6 次收受白寒冰给予的美元 2000 元、人民币 18 万元、1 万英镑及价值人民币 3 万元的商场购物卡,共计折合人民币 332354 元。

九、2006 年 6 月至 2009 年 11 月,被告人黄胜利用其担任中共德州市委书记、山东省人民政府副省长职务上的便利,接受皇明太阳能集团有限公司董事长黄鸣的请托,为该公司下属企业承揽工程和下属职业中专学校升格等事项提供了帮助。为此,黄胜于 2008 年夏天,收受黄鸣给予的人民币 30 万元。2011 年 9 月,黄胜得知与其受贿有关联的人被调查后,遂将人民币 30 万元退还给黄鸣。

十、2009 年春节前至 2011 年 8 月,被告人黄胜利用其担任山东省人民政府副省长职务上的便利,接受德州学院党委书记任运河、院长贺金玉的请托,为德州学院获得高校专项资金、申请硕士研究生试点等事项提供了帮助。为此,黄胜先后 2 次收受任运河、贺金玉给予的价值人民币 3 万元和 20 万元的商场购物卡,共计人民币 23 万元。

十一、2007 年 11 月至 2009 年 8 月,被告人黄胜利用其担任山东省人民政府副省长职务上的便利,接受泰山体育产业集团有限公司法定代表人卞志良的请托,为该公司的业务发展、产品推介等事项提供了帮助。为此,黄胜于 2008 年 2 月至 2009 年上半年,先后 3 次收受卞志良给予的美元 3 万元,共计折合人民币 207499 元。

十二、1999 年下半年至 2011 年 8 月,被告人黄胜利用其担任德州市人民政府市长、中共德州市委书记、山东省人民政府副省长职务上的便利,接受古贝春集团有限公司法定代表人周晓峰的请托,为该公司的业务发展、形象提升等事项提供了帮助。为此,黄胜先后 4 次收受周晓峰给予的人民币 18 万元。

十三、2003 年底至 2004 年下半年,被告人黄胜利用其担任中共德州市委书记职务上的便利,接受山东莱钢永锋钢铁有限公司法定代表人刘锋的请托,为该公司获取财政借款提供了帮助。为此,黄胜于 2006 年初,通过其弟黄旭东收受刘锋给予的价值人民币 107134 元的钢材;于 2010 年三四月,收受刘锋给予的存有人民币 5 万元的银行卡,共计人民币 157134 元。

十四、2001 年 5 月至 2007 年 3 月,被告人黄胜利用其担任中共德州市委书记职务上的便利,接受德州市公安局交警支队原副支队长王琦的请托,为其担任交警支队支队长、德州市公安局副局长、正县级侦查员以及王琦女儿工作调动等事项提供了帮助。为此,黄胜于 2007 年下半年至 2009 年上半年,先后 3 次共收受王琦给予的人民币 13 万元。

十五、2008 年下半年至 2011 年 7 月,被告人黄胜利用其担任山东省人民政府副省长的职权或者地位形成的便利条件,接受中澳控股集团有限公司法定代表人张洪波的请托,通过向中共山东省委统战部有关领导打招呼,为张洪波担任山东省工商业联合会副主席和德州市工商业联合会主席提供了帮助。为此,黄胜于 2008 年底至 2011 年 5 月,先后 3 次收受张洪波给予的价值人民币 7.5 万元的商场购物卡和人民币 5 万元,共计人民币 12.5 万元。

十六、2002 年 6 月至 2003 年 12 月,被告人黄胜利用其担任中共德州市委书记职务上的便利,接受德州市公路局原副局长孙华斌的请托,为其担任德州市交通局副局长、局长等职务提供了帮助。为此,黄胜分别于 2002 年六七月和 2006 年中秋节前,先后 2 次共收受孙华斌给予的人民币 12 万元。

十七、2010 年 4 月至 6 月,被告人黄胜利用其担任山东省人民政府副省长职务上的便利,接受中天建设集团有限公司山东分公司项目部负责人于朝阳的请托,为该分公司办理外地企业进济施工备案等事项提供了帮助。为此,黄胜分别于 2010 年和 2011 年春节期间,收受于朝阳给予的人民币各 5 万元,共计人民币 10 万元。

十八、2010 年 10 月至 2011 年 4 月,被告人黄胜利用其担任山东省人民政府副省长职务上的便利,接受古贝春集团有限公司法定代表人周晓峰的请托,为山东新明玻璃钢制品有限公司获取生产资质提供了帮助。为此,黄胜于 2010 年 10 月,收受周晓峰转交的山东新明玻璃钢制品有限公司法定代表人商明新给予的人民币 10 万元。

十九、2001年1月至2011年1月，被告人黄胜利用其担任中共德州市委书记、山东省人民政府副省长职务上的便利，为中共禹城市委原副书记杨军先后担任临邑县人民政府县长、中共临邑县委书记提供了帮助；并接受杨军的请托，为其任职的德州经济开发区由省级升级为国家级提供了帮助。为此，黄胜分别于2008年9月和2010年11月，收受杨军给予的美元8000元和欧元5000元，共计折合人民币98229.7元。

二十、2003年底至2005年11月，被告人黄胜利用其担任中共德州市委书记职务上的便利，接受德州商贸开发区管委会原主任张如廷的请托，为该开发区干部的提拔任用提供了帮助。为此，黄胜分别于2003年底和2005年下半年，收受张如廷给予的人民币3万元和5万元，共计人民币8万元。

二十一、2006年5月至12月，被告人黄胜利用其担任中共德州市委书记职务上的便利，接受山东黑马集团有限公司董事长刘玉江的请托，为该集团下属公司获取土地补偿款提供了帮助。为此，黄胜分别于2007年春节前和中秋节前，收受刘玉江给予的人民币4万元和1万元，共计人民币5万元。

案发后，被告人黄胜主动交代了办案机关尚未掌握的大部分受贿犯罪事实，并积极配合办案机关退缴了全部赃款赃物。

2013年4月8日，江苏省南京市中级人民法院依法组成合议庭公开审理了此案。法庭审理认为：

被告人黄胜身为国家工作人员，利用职务上的便利，为他人谋取利益，以及利用本人职权或者地位形成的便利条件，通过其他国家工作人员职务上的行为，为他人谋取不正当利益，直接或通过其亲属非法收受他人财物，其行为已构成受贿罪。公诉机关指控的事实清楚，证据确实、充分，指控罪名成立。根据黄胜受贿的数额和情节，考虑到其在归案后主动交代办案机关尚未掌握的大部分受贿犯罪事实，具有坦白情节，认罪、悔罪，并退缴了全部赃款赃物。

2013年5月3日，江苏省南京市中级人民法院依照《中华人民共和国刑法》第三百八十五条第一款，第三百八十八条，第三百八十六条，第三百八十三条第一款（一）项、第二款，第六十七条第三款，第五十七条第一款，第五十九条，第六十四条，及《最高人民法院关于处理自首和立功具体应用法律若干问题的解释》第四条之规定，作出判决如下：

一、被告人黄胜犯受贿罪，判处无期徒刑，剥夺政治权利终身，并处没收个人全部财产。

二、受贿犯罪所得赃款人民币12239221.53元及孳息予以追缴，上交国库。

一审宣判后，被告人黄胜在法定期限内没有提出上诉，检察机关也没有提出抗诉，判决发生法律效力。

（最高人民检察院公诉厅）

王素毅受贿案

被告人王素毅，男，1961年6月4日出生，蒙古族，硕士研究生文化，原系中共内蒙古自治区党委常委、统战部部长。曾任中共内蒙古自治区巴彦淖尔市委副书记、巴彦淖尔市人民政府市长，中共巴彦淖尔市委书记。2013年9月4日，其因涉嫌受贿罪，被北京市公安局刑事拘留，2013年9月18日，经北京市检察院决定，由北京市公安局执行逮捕。

被告人王素毅受贿一案，由北京市人民检察院于2013年9月3日立案侦查。2013年12月18日，北京市人民检察院将案件交由北京市人民检察院第一分院审查起诉。北京市人民检察院第一分院受理后，于2013年12月20日告知了王素毅有权委托辩护人等诉讼权利，讯问了王素毅，审查了全部案件材料。其间，因部分事实不清、证据不足，退回补充侦查一次，因案情重大、复杂，延长审查起诉期限两次。2014年4月15日，北京市人民检察院第一分院依法向北京市第一中级人民法院提起公诉。起诉书认定被告人王素毅的犯罪事实如下：

2005年至2013年，被告人王素毅利用其担任中共内蒙古自治区巴彦淖尔市委副书记、巴彦淖尔市人民政府市长，中共巴彦淖尔市委书记，中共内蒙古自治区党委常委、统战部部长等职务上的便利，分别为内蒙古春雪羊绒有限公司和内蒙古鸿达房地产开发有限公司法定代表人武春林、巴彦淖尔市人民政府原副秘书长李石贵等九人在企业经营、职务晋升或调整等方面谋取利益，直接或通过其妻王志宏先后45次非法收受上述人员给予的人民币320万元、港币10万元、美元30万元、欧元25万元、黄金13千克，共计折合人民币10733246元。

一、2005年6月至2008年8月，被告人王素毅利用其担任巴彦淖尔市人民政府市长、中共巴彦淖尔市委书记职务上的便利,接受内蒙古春雪羊绒有限公司、内蒙古鸿达房地产开发有限公司法定代表人武春林的请托,为内蒙古春雪羊绒有限公司申请磁铁矿探矿权证提供了帮助,为内蒙古鸿达房地产开发有限公司开发的山河湾房地产项目取得《建设工程施工许可证》提供了帮助。2008 年 3 月至 2010 年春节,王素毅先后 3 次收受武春林给予的美元 10 万元、欧元 10 万元、黄金 10 千克,共计折合人民币 3932020 元。

二、2005 年 7 月至 2008 年 10 月,被告人王素毅利用其担任巴彦淖尔市人民政府市长、中共巴彦淖尔市委书记职务上的便利,接受甘肃建新实业有限公司法定代表人刘建民的请托,以视察公司、出席剪彩、发表支持讲话等方式为该公司经营发展提供了帮助。2005 年春节前至 2009 年春节前,王素毅直接或通过其妻王志宏先后 5 次收受刘建民给予的人民币共计 18 万元。

三、2005 年下半年至 2007 年中秋节前,被告人王素毅利用其担任巴彦淖尔市人民政府市长职务上的便利,接受内蒙古恒丰集团银粮面业有限责任公司法定代表人魏建功的请托,以市长身份参与该公司的申贷活动以提升其贷款信用,使该公司顺利贷款 3200 万元,并为该公司土地出让金财政返还事宜提供帮助。2006 年底至 2009 年中秋节前,王素毅直接或通过其妻王志宏先后 4 次收受魏建功给予的人民币共计 47 万元。

四、2006 年 6 月至 2008 年 8 月,被告人王素毅利用其担任中共巴彦淖尔市委副书记、巴彦淖尔市人民政府市长、中共巴彦淖尔市委书记职务上的便利,为李石贵从巴彦淖尔市人民政府副秘书长晋升为秘书长提供帮助;并接受李石贵的请托,为其担任巴彦淖尔市人民政府副市长提供了帮助。为此,2006 年中秋节至 2011 年春节,王素毅直接或通过其妻王志宏先后 23 次在巴彦淖尔市人民政府其办公室、呼和浩特市赛罕区发展小区其家中等地收受李石贵给予的人民币 55 万元、黄金 3 千克,共计折合人民币 124 万元。

五、2007 年,被告人王素毅利用其担任巴彦淖尔市人民政府市长职务上的便利,接受内蒙古远鑫镍业有限公司股东、董事赵远长的请托,通过召开会议、带员视察、发表讲话等方式为该公司在巴彦淖尔市寻找、开发镍资源提供帮助。2007 年上半年至 2010 年 3 月,王素毅先后 3 次收受赵远长给予的

人民币共计 50 万元。

六、2007 年下半年,被告人王素毅利用其担任巴彦淖尔市人民政府市长职务上的便利,接受内蒙古双河羊绒集团有限公司、内蒙古海天房地产开发有限公司法定代表人杨永亮的请托,为内蒙古海天房地产开发有限公司开发的"华海尚都"房地产项目提高容积率提供了帮助。2006 年 6 月至 2007 年 9 月,王素毅 2 次收受杨永亮给予的美元共计 19 万元(折合人民币 1449388 元)。

七、2008 年 2 月至 2010 年 4 月,被告人王素毅利用其担任巴彦淖尔市人民政府市长、中共巴彦淖尔市委书记职务上的便利,接受巴彦淖尔市兴园物流产业发展有限公司法定代表人那仁达来的请托,以召开市长办公会、现场会等方式,为该公司在巴彦淖尔市临河区开发建设的保税物流园招商引资事宜提供了帮助。2010 年 4 月,王素毅收受那仁达来给予的人民币 100 万元。

八、2010 年 10 月至 2011 年 3 月,被告人王素毅利用其担任中共内蒙古自治区党委常委、统战部部长职务上的便利,接受鄂尔多斯市蒙泰房地产开发有限责任公司法定代表人奥凤廷的请托,为该公司在鄂尔多斯市开发的"天玺汇"房地产项目尽快通过规划审批提供了帮助。2011 年春节至 2011 年 8 月,王素毅先后 3 次直接或通过其妻王志宏收受奥凤廷给予的人民币 50 万元、欧元 12 万元,共计折合人民币 1577784 元。

九、2013 年 3 月,被告人王素毅利用其担任中共内蒙古自治区党委常委、统战部部长职务上的便利,接受时任内蒙古自治区兴安盟扎赉特旗副旗长李春志的请托,为李春志谋求担任兴安盟直属部门正职提供帮助。2013 年 3 月,王素毅收受李春志给予的港币 10 万元、美元 1 万元、欧元 3 万元,共计折合人民币 384054 元。

案发后,赃款赃物已全部追缴。被告人王素毅到案后主动交代办案机关尚未掌握的折合人民币 8429804 元的受贿犯罪事实,并如实供述自己的罪行,认罪态度较好。

2014 年 5 月 29 日,北京市第一中级人民法院依法组成合议庭公开审理了此案。法庭审理认为:

被告人王素毅身为国家工作人员,利用职务上的便利,为他人谋取利益,非法收受他人财物,其行为已构成受贿罪。北京市人民检察院第一分院指控被告人王素毅犯受贿罪的事实清楚,证据确实、

充分,指控罪名成立。根据王素毅受贿的数额和情节,鉴于其到案后主动交代了有关部门尚不掌握的大部分受贿事实,认罪态度较好,赃款、赃物已全部追缴。

2014年7月17日,北京市第一中级人民法院依照《中华人民共和国刑法》第三百八十五条第一款,第三百八十六条,第三百八十三条第一款第(一)项、第二款,第五十七条第一款,第五十九条,第六十七条第三款,第六十一条,第六十四条之规定,作出如下判决:

一、被告人王素毅犯受贿罪,判处无期徒刑,剥夺政治权利终身,并处没收个人全部财产。

二、在案扣押、冻结的款物依法上缴国库。

一审宣判后,被告人王素毅在法定期限内没有提出上诉,检察机关也没有提出抗诉,判决发生法律效力。

（最高人民检察院公诉厅）

周镇宏受贿、巨额财产来源不明案

被告人周镇宏,男,1957年10月11日出生,汉族,研究生文化,原系中共广东省委常委、统战部部长。曾任中共广东省茂名市委书记、茂名市人民代表大会常务委员会主任,广东省第十一届人民代表大会代表,2012年9月28日经广东省人民代表大会常务委员会公告依法终止代表资格。2013年2月23日,其因涉嫌受贿罪被逮捕。

被告人周镇宏受贿、巨额财产来源不明一案,由河南省人民检察院2013年2月8日立案侦查,2013年6月13日侦查终结。同日,最高人民检察院将案件经河南省人民检察院交由河南省信阳市人民检察院审查起诉。河南省信阳市人民检察院受理后,在法定期限内告知了周镇宏有权委托辩护人等诉讼权利,依法讯问了周镇宏,听取了周镇宏辩护人的意见,审查了全部案件材料。其间,因案情重大、复杂,两次延长审查起诉期限各半个月,两次退回侦查部门补充侦查。2013年12月12日,河南省信阳市人民检察院依法向河南省信阳市中级人民法院提起公诉。被告人周镇宏的犯罪事实如下:

一、受贿罪

2002年7月至2011年2月,被告人周镇宏利用担任中共茂名市委书记,市人民代表大会常务委员会主任,中共广东省委常委、统战部部长等职务上的便利,为他人在职务晋升调整、企业经营发展、转业安置、当选政协常委和政协委员等方面谋取了利益,先后173次非法收受广东省电白县人民政府原常务副县长潘本等33人给予的人民币822万元、港币1196万元、美元55.4万元,共计折合人民币24640803.6元。

1. 2002年7月至2003年6月,被告人周镇宏利用担任中共茂名市委书记职务上的便利,为广东省电白县人民政府原常务副县长潘本先后提拔为电白县人民政府县长和中共电白县委书记等事宜提供了帮助。2003年春节至2009年春节,周镇宏先后13次收受潘本给予的港币145万元,折合人民币1471935元。

2. 2002年7月至2007年3月,被告人周镇宏利用担任中共茂名市委书记职务上的便利,为广东省信宜市人民政府原市长成济荣提拔为中共信宜市委书记和其子成东锋提拔为共青团茂名市委副书记等事宜提供了帮助。2003年上半年至2005年春节,周镇宏先后4次收受成济荣给予的港币65万元,折合人民币684760元。

3. 2002年9月,被告人周镇宏利用担任中共茂名市委书记职务上的便利,为茂名市直属机关工作委员会原书记何振辉担任信宜市人民政府市长提供了帮助。2004年春节至2006年中秋节,周镇宏先后4次收受何振辉给予的港币30万元,折合人民币308925元。

4. 2002年11月至2005年3月,被告人周镇宏利用担任中共茂名市委书记职务上的便利,为广州市清平集团有限公司董事长王汉强收购化州中药厂和该厂经营发展等事宜提供了帮助。2003年7月至2008年中秋节,周镇宏先后4次收受王汉强给予的人民币77万元。

5. 2002年12月至2007年2月,被告人周镇宏利用担任中共茂名市委书记职务上的便利,为中共茂名市茂港区委原副书记、副区长李小迪先后提拔为茂名市财政局局长、茂名市人民政府党组成员并留任茂名市财政局局长等事宜提供了帮助。2003年春节至2009年春节,周镇宏先后14次收受李小迪给予的港币44万元、美元1万元,共计折合人民币529930元。

6. 2003年4月至2006年7月,被告人周镇宏利用担任中共茂名市委书记职务上的便利,为中共信宜市委原书记陈亚春提拔为茂名市人民政府副市长和其妻朱秀珍担任中共广东省高州市委常委、政法委书记以及其妻弟朱亚日确定为援疆人选并提拔为副处级干部等事宜提供了帮助。2003年夏至2007年,周镇宏先后15次收受陈亚春给予的人民币41万元、港币30万元、美元2万元,共计折合人民币877609元。

7.2003年4月,被告人周镇宏利用担任中共茂名市委书记职务上的便利,为中共茂名市茂南区委原书记李观来提拔为茂名市人民政府副市长提供了帮助。2003年8月至2007年春节,周镇宏先后3次收受李观来给予的人民币58万元、美元3万元,共计折合人民币809818元。

8.2003年4月,被告人周镇宏利用担任中共茂名市委书记职务上的便利,为中共茂名市委原常委、宣传部原部长宋寿金担任中共茂名市委副书记提供了帮助。2003年春节至2006年下半年,周镇宏先后7次收受宋寿金给予的人民币60万元。

9.2003年4月至2005年11月,被告人周镇宏利用担任中共茂名市委书记职务上的便利,为茂名市人民政府原副市长杨光亮担任中共茂名市委常委、常务副市长和其秘书李伟敬提拔为茂名市外贸局副局长等事宜提供了帮助。2002年9月至2009年夏,周镇宏先后4次收受杨光亮给予的人民币8万元、港币30万元、美元1万元,共计折合人民币470230元。

10.2003年5月至2006年12月,被告人周镇宏利用担任中共茂名市委书记职务上的便利,接受广州金辉建设集团有限公司董事长郑龙辉的请托,为其友钟火明担任中共茂名市茂港区委书记和其友潘实清侄子潘泮转业安置到中共茂名市纪委工作等事宜提供了帮助。2003年上半年至2010年中秋节,周镇宏先后8次收受郑龙辉给予的人民币73万元、港币4万元、美元3万元,共计折合人民币1010950元。

11.2003年6月至2007年2月,被告人周镇宏利用担任中共茂名市委书记职务上的便利,为中共茂名市茂南区委原副书记何俊海先后提拔为茂南区人民政府区长和中共茂南区委书记等事宜提供了帮助。2003年8月至2007年春节,周镇宏先后3次收受何俊海给予的人民币50万元、港币20万元、美元10万元,共计折合人民币1516740元。

12.2003年6月,被告人周镇宏利用担任中共茂名市委书记职务上的便利,为茂名市计划生育局原局长李日添担任电白县人民政府县长提供了帮助。2002年下半年至2007年春节,周镇宏先后13次收受李日添给予的人民币55万元、港币20万元,共计折合人民币760100元。

13.2003年7月,被告人周镇宏利用担任中共茂名市委书记职务上的便利,为广东省化州市人民政府原市长朱育英提拔为中共信宜市委书记提供了帮助。2004年春节,周镇宏收受朱育英给予的港币10万元,折合人民币105520元。

14.2003年至2007年春节,被告人周镇宏利用担任中共茂名市委书记职务上的便利,接受茂名市金禾实业公司总经理李鸿的请托,为加快该公司与中国石油化工股份有限公司茂名分公司的货款结算及其他经营活动提供了帮助;并为其亲属祝军提拔为茂名市地方公路管理总站站长提供了帮助。2002年下半年至2007年,周镇宏先后12次收受李鸿给予的人民币10万元、港币365万元、美元2000元,共计折合人民币3878047.6元。

15.2004年5月,被告人周镇宏利用担任中共茂名市委书记职务上的便利,为高州市人民政府原副市长吴福培提拔为常务副市长提供了帮助。2003年至2004年4月,周镇宏先后2次收受吴福培给予的人民币10万元、美元2万元,共计折合人民币264294元。

16.2004年6月至2007年2月,被告人周镇宏利用担任中共茂名市委书记、市人民代表大会常务委员会主任等职务上的便利,为中共高州市委原副书记李上林先后提拔为高州市人民政府市长和中共高州市委书记以及其妻黄兰芳调至茂名市人民代表大会常务委员会工作等事宜提供了帮助。2003年下半年至2008年初,周镇宏先后7次收受李上林给予的人民币5万元、港币75万元,共计折合人民币811995元。

17.2004年12月,被告人周镇宏利用担任中共茂名市委书记职务上的便利,为中共电白县委原常委、政法委书记张爱国兼任电白县公安局局长提供了帮助。2006年下半年,周镇宏收受张爱国给予的港币100万元,折合人民币993400元。

18.2004年12月至2005年3月,被告人周镇宏利用担任中共茂名市委书记职务上的便利,接受香港华宝集团董事局主席林国文的请托,为其同乡蔡润文担任化州市公安局局长和其亲属邵李祝的朋友邵建明提拔为茂名市新华繁育场场长等事宜提供了帮助。2003 年底至 2007 年春节，周镇宏先后 5 次收受林国文给予的人民币 60 万元。

19. 2004 年，被告人周镇宏利用担任中共茂名市委书记职务上的便利，接受茂名兴农科普旅游开发有限公司经理严全发的请托，为该公司补办用地手续提供了帮助。2003 年 8 月至 2009 年夏，周镇宏先后 4 次收受严全发给予的美元 6.2 万元，折合人民币 489582 元。

20. 2005 年 3 月至 2007 年 2 月，被告人周镇宏利用担任中共茂名市委书记职务上的便利，为中共化州市委原副书记黄从南先后提拔为茂名市司法局局长和茂南区人民政府区长等事宜提供了帮助。2006 年初至 2009 年，周镇宏先后 3 次收受黄从南给予的人民币 80 万元、港币 50 万元，共计折合人民币 1272590 元。

21. 2006 年上半年，被告人周镇宏利用担任中共茂名市委书记职务上的便利，接受茂名市粤西路建有限公司总经理李伟的请托，为其弟李强先后提拔为茂名市公安局治安科副主任科员和经侦支队三大队教导员等事宜提供了帮助。2006 年上半年，周镇宏在收受李伟给予的港币 80 万元，折合人民币 815040 元。

22. 2006 年 11 月，被告人周镇宏利用担任中共茂名市委书记职务上的便利，为茂名市地方公路管理总站原站长董风华提拔为茂名市公路局局长提供了帮助。2006 年 10 月至 2009 年春节，周镇宏先后 7 次收受董风华给予的人民币 81 万元。

23. 2006 年 12 月，被告人周镇宏利用担任中共茂名市委书记、市人民代表大会常务委员会主任等职务上的便利，接受茂名佳和电子城有限公司董事长蔡日芬的请托，为其担任茂名市第十届人民代表大会常务委员会委员提供了帮助。2006 年春节至 2007 年春节，周镇宏先后 3 次收受蔡日芬给予的人民币 20 万元、美元 4 万元，共计折合人民币 515432 万元。

24. 2006 年，被告人周镇宏利用担任中共茂名市委书记职务上的便利，接受个体商人吴儒汉的请托，为其购买茂名新湖加油站及附属土地提供了帮助。2003 年春节至 2007 年春节，周镇宏先后 9 次收受吴儒汉给予的人民币 40 万元、港币 10 万元，共计折合人民币 497650 元。

25. 2007 年 2 月，被告人周镇宏利用担任中共茂名市委书记职务上的便利，为茂名市交通局原局长李福文留任提供了帮助。2004 年中秋节至 2007 年春节，周镇宏先后 3 次收受李福文给予的人民币 20 万元、港币 10 万元，共计折合人民币 300280 元。

26. 2007 年 3 月，被告人周镇宏利用担任中共茂名市委书记职务上的便利，为茂名市房管局原局长朱振球担任茂名市物价局局长提供了帮助。2006 年底，周镇宏收受朱振球给予的美元 10 万元，折合人民币 772500 元。

27. 2007 年 3 月，被告人周镇宏利用担任中共茂名市委书记职务上的便利，为茂名市民政局原党组副书记、副局长张甲东提拔为茂名市民政局党组书记、局长提供了帮助。2007 年春节至 2009 年 1 月，周镇宏先后 2 次收受张甲东给予的人民币 20 万元、港币 10 万元，共计折合人民币 287210 元。

28. 2007 年底，被告人周镇宏利用担任中共广东省委常委、统战部部长职务上的便利，接受广州恒鑫集团有限公司董事局主席杨秋的请托，为其子杨振鑫当选中国人民政治协商会议第十届广东省委员会委员提供了帮助。2004 年春节至 2007 年春节，周镇宏先后 6 次收受杨秋给予的港币 30 万元、美元 8 万元，共计折合人民币 945432 元。

29. 2007 年底，被告人周镇宏利用担任中共广东省委常委、统战部部长职务上的便利，为深圳京基房地产开发有限公司董事长陈华当选中国人民政治协商会议第十届广东省委员会常务委员会委员提供了帮助。2008 年春节，周镇宏收受陈华给予的港币 20 万元，折合人民币 180720 元。

30. 2007 年 12 月，被告人周镇宏利用担任中共广东省委常委、统战部部长职务上的便利，接受广州远通集团有限公司董事长林映文的请托，为其当选中国人民政治协商会议第十届广东省委员会委员提供了帮助。2008 年春节至 2011 年春节，周镇宏先后 5 次收受林映文给予的港币 18 万元，折合人民币 156871 元。

31. 2008 年 1 月，被告人周镇宏利用担任中共广东省委常委、统战部部长职务上的便利，接受广东元邦房地产开发有限公司董事长陈建锋的请托，为其当选中国人民政治协商会议第十届广东省委员会常务委员会委员提供了帮助。2008 年春节至 2009 年春节，周镇宏先后 3 次收受陈建锋给予的人民币 34 万元。

32. 2008 年下半年,被告人周镇宏利用担任中共广东省委常委、统战部部长职务上的便利,接受广州中茂园林建设工程有限公司总经理邱茂国的请托,为该公司涉嫌违法用地、违章建筑被查处问题上提供了帮助。2009 年中秋节至 2010 年中秋节,周镇宏先后 4 次收受邱茂国给予的人民币 20 万元、港币 10 万元、美元 5 万元,共计折合人民币 624900 元。

33. 2008 年 12 月,被告人周镇宏利用担任中共广东省委常委、统战部部长职务上的便利,接受深圳润恒房地产开发集团有限公司董事长赖汉宣的请托,为其当选中国人民政治协商会议第十届广东省委员会委员提供了帮助。2009 年春节,周镇宏收受赖汉宣给予的港币 20 万元,折合人民币 174280 元。

二、巨额财产来源不明罪

被告人周镇宏家庭财产和支出共计折合人民币 135453353.83 元,能够说明来源的财产共计人民币 98450470.87 元,共有人民币 37002882.96 元的财产不能说明来源。

案发后,被告人周镇宏主动交代了办案机关不掌握的大部分受贿犯罪事实;积极配合退缴赃款,涉案赃款已全部追缴。

2014 年 1 月 23 日,河南省信阳市中级人民法院依法组成合议庭公开审理了此案。法庭审理认为:

被告人周镇宏身为国家工作人员,利用职务上的便利,为他人谋取利益,收受他人财物,其行为已构成受贿罪;周镇宏的财产、支出明显超过合法收入,差额特别巨大,且本人不能说明来源,其行为已构成巨额财产来源不明罪。公诉机关指控周镇宏犯受贿罪、巨额财产来源不明罪事实清楚,证据确实充分,指控罪名成立。对周镇宏所犯受贿罪、巨额财产来源不明罪均应依法严惩,并数罪并罚。周镇宏受贿数额特别巨大,情节特别严重,论罪应当判处死刑,鉴于其在被有关部门调查期间主动交代了办案机关未掌握的绝大部分受贿事实,认罪态度较好,案发后赃款已全部追缴,故对其判处死刑,可不立即执行。

2014 年 2 月 28 日,河南省信阳市中级人民法院根据被告人周镇宏犯罪的事实、性质、情节和对社会的危害程度,依照《中华人民共和国刑法》第三百八十五条第一款,第三百八十六条,第三百八十三条第一款第(一)项、第二款,第三百九十五条第一款,第四十八条第一款,第五十七条第一款,第五十九条,第六十九条,第六十四条,《最高人民法院关于处理自首和立功具体应用法律若干问题的解释》第四条之规定,作出如下判决:

一、被告人周镇宏犯受贿罪,判处死刑,缓期二年执行,剥夺政治权利终身,并处没收个人全部财产;犯巨额财产来源不明罪,判处有期徒刑十年;决定执行死刑,缓期二年执行,剥夺政治权利终身,并处没收个人全部财产。

二、扣押在案的被告人周镇宏受贿所得及来源不明的财产共计人民币 61643686.56 元依法上缴国库。

一审宣判后,被告人周镇宏在法定期限内没有提出上诉,检察机关也没有提出抗诉。

河南省信阳市中级人民法院将该案件报送河南省高级人民法院核准。河南省高级人民法院依法组成合议庭对案件进行了复核。法庭认为:

被告人周镇宏身为国家工作人员,利用职务上的便利,为他人谋取利益,收受他人财物,其行为已构成受贿罪;周镇宏的财产、支出明显超过合法收入,差额特别巨大,且本人不能说明来源,其行为已构成巨额财产来源不明罪。被告人周镇宏犯数罪,应数罪并罚。周镇宏受贿数额特别巨大,情节特别严重,依法本应严惩,但鉴于其在被有关部门调查期间主动交代了办案机关未掌握的绝大部分受贿事实,认罪态度较好,案发后赃款已全部追缴,故对其判处死刑,可不立即执行。原判认定事实清楚,适用法律正确,定罪准确,量刑适当,审判程序合法。

2014 年 4 月 4 日,河南省高级人民法院依照《中华人民共和国刑事诉讼法》第二百三十七条、《最高人民法院关于适用〈中华人民共和国刑事诉讼法〉的解释》第三百四十九条第一款第(一)项之规定,裁定核准信阳市中级人民法院(2013)信刑初字第 64 号以受贿罪判处被告人周镇宏死刑,缓期二年执行,剥夺政治权利终身,并处没收个人全部财产,与其所犯巨额财产来源不明罪并罚,决定执行死刑,缓期二年执行,剥夺政治权利终身,并处没收个人全部财产的刑事判决。

(最高人民检察院公诉厅)

童名谦玩忽职守案

被告人童名谦，男，1958年6月23日出生，原系湖南省政协副主席，曾任中共湖南省衡阳市委书记。2014年1月1日，其因涉嫌玩忽职守罪被刑事拘留，同年1月14日，经最高人民检察院决定，由北京市公安局对其执行逮捕。

被告人童名谦涉嫌玩忽职守案，由最高人民检察院于2013年12月31日立案侦查，2014年3月13日侦查终结。2014年3月13日，最高人民检察院将此案经北京市人民检察院交北京市人民检察院第二分院审查起诉。2014年3月14日，北京市人民检察院第二分院依法告知了童名谦有权委托辩护人等诉讼权利，讯问了童名谦，审查了全部案件材料。其间，于2014年4月14日决定延长审查起诉期限半个月，4月28日退回侦查部门补充侦查，5月23日再次移送北京市人民检察院第二分院审查起诉。2014年6月23日，北京市人民检察院第二分院向北京市第二中级人民法院提起公诉。被告人童名谦的犯罪事实如下：

被告人童名谦于2012年12月至2013年2月，在担任中共湖南省衡阳市委书记、衡阳市换届工作领导小组组长、衡阳市第十四届人民代表大会第一次会议临时党组书记和大会主席团常务主席期间，作为严肃换届纪律第一责任人，在衡阳市选举湖南省第十二届人民代表大会代表前，先后接到常宁市委副书记李涛、衡阳县演陂镇德胜村党支部书记欧香娥等四名省人大代表候选人、南岳区委书记傅丹舟等五名衡阳市所辖县市区书记、衡阳市人大常委会主任王雄飞、衡阳市委组织部部长曾仁忠等人关于省人大代表候选人存在送钱拉票问题的反映，未予重视，未采取有力措施深入核查，未依纪依法严肃查处，未及时有效制止拉票贿选行为的蔓延，致使省人大代表选举发生严重的贿选。在选举省人大代表后，童名谦收到欧香娥在落选后用手机短信对送钱拉票问题的再次反映，以及衡阳市纪委副书记陈玉琼对贿选问题的汇报，仅采取安抚落选代表等不当措施，致使严重的贿选未被及时查处。

被告人童名谦严重不负责任，不正确履行职责，严重侵害了国家和人民的利益，造成了特别恶劣的社会影响。选举产生的56名省省人大代表存在

送钱拉票行为，有518名衡阳市人大代表收受贿选钱款，76名大会工作人员收受钱款，案发后收缴的贿选款共计人民币1.1亿余元。参与贿选的有关人员已被立案查处。2013年12月28日，湖南省第十二届人民代表大会常务委员会公告确认56名省人大代表当选无效。衡阳市第十四届人民代表大会第三次会议筹备组公告确认516名市人大代表资格终止。

2013年12月6日，被告人童名谦向有关部门投案。

2014年7月24日，北京市第二中级人民法院依法组成合议庭，公开开庭审理了此案。法庭审理认为：

被告人童名谦在担任中共湖南省衡阳市委书记、衡阳市换届工作领导小组组长、衡阳市第十四届人大一次会议临时党组书记、大会主席团常务主席期间，未正确履行衡阳市严肃换届纪律第一责任人的职责，在衡阳市十四届人大一次会议选举省人大代表之前、之中，对于省人大代表选举中存在贿选的情况反映，未严格依照选举法和中共湖南省委、中共湖南省衡阳市委有关严肃换届纪律工作的规定进行调查、处理；在衡阳市十四届人大一次会议选举省人大代表之后，对于省人大代表选举中存在贿选问题的举报，未按照中共湖南省委、中共湖南省衡阳市委有关严肃换届纪律工作的规定进行立案、调查、处理。童名谦严重不负责任，不正确履行职责，致使省人大代表选举贿选情况大面积蔓延，给国家和人民利益造成了特别重大的损失，在社会上造成了极其恶劣的影响，其行为已构成玩忽职守罪，且情节特别严重，依法应予以惩处。公诉机关指控被告人童名谦犯玩忽职守罪的事实清楚，证据确实、充分，指控的罪名成立。鉴于童名谦具有自首情节，有较好的认罪、悔罪态度，且系初犯、偶犯，依法对其从轻处罚。

2014年8月18日，北京市第二中级人民法院依照《中华人民共和国刑法》第三百九十七条第一款、第六十七条第一款、第六十一条及最高人民法院、最高人民检察院《关于办理渎职刑事案件适用法律若干问题的解释（一）》第一条第二款第（四）项、第（五）项；最高人民法院《关于处理自首和立功具体应用法律若干问题的解释》第一条之规定，作出如下判决：

被告人童名谦犯玩忽职守罪，判处有期徒刑

五年。

一审判决后，被告人童名谦在法定期限内没有提出上诉，检察机关也没有提出抗诉，判决发生法律效力。

（最高人民检察院公诉厅）

叶际仁滥用职权案

被告人叶际仁，男，1953年9月25日出生，汉族，浙江省永嘉县人，大学文化，原系温州市人大常委会副主任，曾任温州市人民政府副市长。2012年5月23日，其因涉嫌滥用职权罪被浙江省人民检察院决定刑事拘留，同年6月6日被逮捕。

被告人叶际仁涉嫌滥用职权案，由浙江省人民检察院于2012年5月22日立案侦查，2012年8月6日案件侦查终结。同日，以被告人叶际仁涉嫌滥用职权罪、受贿罪移送审查起诉，8月7日浙江省人民检察院依法告知叶际仁有权委托辩护人等诉讼权利。2012年8月27日，浙江省人民检察院将案件交由浙江省台州市人民检察院审查起诉。该院受理案件后，依法讯问了叶际仁，审查了全面案卷材料，听取了叶际仁辩护人的意见，其间，退回补充侦查二次，延长审查起诉期限三次。2013年3月13日，浙江省台州市人民检察院以叶际仁涉嫌滥用职权罪向台州市中级人民法院提起公诉。被告人叶际仁犯罪事实如下：

2003年5月至2010年3月，被告人叶际仁担任温州市副市长。协助市长负责国土资源，规划、建设，旧城改造，房产管理，城市管理等方面工作。

2002年，因温州市城市规划调整，国有独资企业温州菜篮子集团有限公司（以下简称"菜篮子集团公司"）原位于温州市区的分支网点蔬菜批发市场、水产市场、肉联厂、豆制品厂和种子公司等均被纳入城市改建范围，需外迁安置。菜篮子集团公司以将外迁企业合并筹建一个蔬菜批发综合商城为由，于2003年4月8日，向温州市发展计划委员会提出《关于要求转报温州蔬菜批发综合商城立项的请示》，申请建设温州蔬菜批发综合商城，温州市发展计划委员会将该立项请示上报浙江省发展计划委员会，2003年5月19日，经省发展计划委员会审批同意项目受理。

2003年11月14日，被告人叶际仁（时任温州市人民政府副市长）主持召开温州市政府专题会议，参会人员有时任市政府副秘书长冯鸣，市府办城建处副处长汤颐和，菜篮子集团公司董事长兼总经理应国权、副总经理何永莲（两人均已判决）以及市规划局、国土资源局等部门工作人员，会议研究了菜篮子集团公司上述立项项目需征用土地等问题。会议要求将菜篮子集团公司及所属外迁企业集中安置在瓯海区娄桥镇，并与规划中的市重点建设项目蔬菜批发市场一并规划，建设规模约800至1000亩，以会议纪要形式对外发布。

在申报立项同时，应国权、何永莲等人以推动菜篮子集团公司改制为名，运作并成立由菜篮子集团公司内部职工参股80%、菜篮子集团公司参股20%（自然人控股）的温州菜篮子发展有限公司（以下简称"菜篮子发展公司"），谋请以菜篮子发展公司替代菜篮子集团公司，获取温州蔬菜批发综合商城（后改名为温州蔬菜批发市场）建设用地。2003年11月14日上午，菜篮子发展公司经温州市经贸委批复同意设立。叶际仁在明知菜篮子发展公司系菜篮子集团公司参股、应国权等人出资设立的私营有限责任公司，有别于菜篮子集团公司，并不具备用地主体资格的情况下，对应国权提出将专题会议中的用地主体由菜篮子集团公司变更为菜篮子发展公司并没有提出反对。之后，当冯鸣向叶际仁请示是否同意更改会议纪要内容时，叶际仁明确表示同意，并要求冯鸣抓紧落实。2003年11月25日，冯鸣签发了由汤颐和拟稿的温州市人民政府〔2003〕100号专题会议纪要，导致菜篮子发展公司最终替代菜篮子集团公司成为温州蔬菜批发市场的建设主体和用地主体。

此后，温州市规划局、发展计划委员会、国土局等单位均以该会议纪要为主要依据，先后通过了菜篮子发展公司的建设项目选址、可行性研究报告审查、用地预审初审等建设温州蔬菜批发市场的上报审批程序。其间，叶际仁在明知菜篮子发展公司不具备用地主体资格的情况下，仍于2004年11月29日在温菜发字〔2004〕7号《关于要求暂先批准项目用地预审意见书的请示》上作出"请予以预安排"的批示，致使温州市国土局通过用地预审初审，并上报省国土厅预审。2005年5月31日，温州蔬菜批发市场迁建项目可行性研究报告经省发改委批复同意。同年10月20日，叶际仁在温土资字〔2005〕108号《温州市建设用地审查意见表》上签署"同意报"的意见，上报省国土厅审批。最后经浙江省人民政府批准，温州市国土局于 2006 年 1 月 5 日向菜篮子发展公司发放了国有土地划拨决定书。至此，菜篮子发展公司替代菜篮子集团公司获得了位于瓯海区娄桥镇的两个地块，面积共计 216721.6 ㎡（325.0822 亩），土地性质为国有划拨，土地用途为商业用地。

2006 年 10 月 31 日，温州市国土局向市政府上报《关于是否继续给温州菜篮子发展有限公司供地的请示》，反映一期供地给菜篮子发展公司可能会造成国有资产流失，请示是否继续供地。被告人叶际仁作为分管副市长，明知一期供地违法，仍没有提出纠正意见。

2008 年 9 月 11 日，温州市审计局审计发现菜篮子集团公司申请的建设用地被菜篮子发展公司替代取得的问题，遂向温州市政府报告，建议责成有关部门对以行政划拨方式给菜篮子发展公司蔬菜批发市场供地 25.1809 公顷行为予以纠正。2008 年 11 月 28 日，温州市政府办公室作出更正通知，将市政府〔2003〕100 号专题会议纪要中温州菜篮子发展公司更正为温州市菜篮子集团公司。2009 年 11 月 16 日，浙江省政府同意温州市政府收回划拨给菜篮子发展公司的国有土地使用权，但因有关补偿事宜未落实，涉案地块使用权直到 2011 年 9 月 10 日才被温州市政府注销。

经土地评估机构评估，菜篮子发展公司所获取的 216721.6 ㎡国有划拨土地，价值人民币 19738.8 万元，扣除已缴纳的土地征用款 5265.3 万元及菜篮子集团公司所占 20% 的国有股份，被告人叶际仁等人的行为给国家造成直接经济损失 11578.8 万元。

2013 年 7 月 16 日，浙江省台州市中级人民法院依法组成合议庭，公开开庭审理了本案。法庭审理认为：

被告人叶际仁在担任温州市政府副市长期间，无视国法，明知应国权等自然人控股的有限责任公司温州菜篮子发展公司不符合安置用地的条件，仍利用职权同意改变会议纪要内容，并授权冯鸣签发纪要，后又在相关文件上签署意见，致使温州菜篮子发展公司替代国有独资企业温州菜篮子集团公司的建设主体和用地主体，当温州市国土局、审计局对该用地主体提出意见后未及时予以纠正，造成国家直接经济损失达 11578.8 万元，情节特别严

重，其行为已构成滥用职权罪，依法应予惩处。公诉机关指控的罪名成立。被告人叶际仁及其辩护人认为叶际仁不构成犯罪请求宣告无罪的理由与事实和法律不符，不予采信。鉴于本案在立案后追回了国有土地使用权，挽回了国家直接经济损失等具体情节，对叶际仁可酌情从轻处罚。

2013 年 8 月 16 日，浙江省台州市中级人民法院依照《中华人民共和国刑法》第三百九十七条第一款之规定，作出判决：被告人叶际仁犯滥用职权罪，判处有期徒刑三年。

被告人叶际仁不服一审判决，向浙江省高级人民法院提出上诉。

2013 年 9 月 26 日，浙江省高级人民法院组成合议庭审理了该案。法庭经审理认为：

上诉人（原审被告人）叶际仁作为分管国土资源、城建、规划、旧城改造等方面的副市长，明知在其主持的市政府专题会议确定的安置用地主体系国有独资企业菜篮子集团，明知需要外迁安置的蔬菜批发市场、水产市场、肉联厂、豆制品厂和种子公司是菜篮子集团的下属公司，明知以应国权等菜篮子集团员工入股并控股的菜篮子发展公司不符合安置用地的条件，更不符合国有土地划拨的条件，仍然同意应国权要求，将市政府会议纪要中拆迁安置划拨用地主体由菜篮子集团替换为自然人控股的菜篮子发展公司，并授意冯鸣签发该会议纪要，要求冯鸣对会议纪要的内容予以落实；之后又在菜篮子发展公司以上述会议纪要为依据给市政府要求国土部门给发展公司安排划拨用地报告上故意作出主体及实质内容张冠李戴的批示；在市国土局因为有群众对划拨土地给私营企业菜篮子发展公司可能造成国有资产流失进行举报，而向市政府提出是否继续二期供地的报告和市审计局对该用地问题提出主体有误建议纠正的意见后，叶际仁仍然不予纠正，其上述行为在菜篮子发展公司以划拨方式获得国有土地使用权过程中起了重要作用，对因国有资产流失而造成国家巨额经济损失具有刑法上的因果关系，其行为已触犯刑法，构成滥用职权罪，且犯罪情节特别严重，依法应予惩处。鉴于案发后追回了国有土地使用权，挽回了国家直接经济损失等具体情节，对叶际仁可酌情从轻处罚。原审判决已经考虑了酌情从轻处罚情节。上诉及辩护提出的异议和叶际仁无罪的意见均不能成立，不予采信。出庭检察员的意见成立。原判定罪和适用

法律正确,量刑适当。审判程序合法。

2013 年 9 月 29 日,浙江省高级人民法院依照《中华人民共和国刑法》第三百九十七条第一款、《中华人民共和国刑事诉讼法》第二百二十五条第一款第(一)项之规定,裁定如下:

驳回上诉,维持原判。

(最高人民检察院渎职侵权检察厅 王建超)

余恩惠、李赞、李芊诉重庆西南医院医疗事故损害赔偿纠纷抗诉案

2009 年 7 月 22 日,李安富(余恩惠之夫、李赞、李芊之父)因腰部疼痛不适到重庆西南医院门诊治疗,医院诊断为:腰椎间盘突发,低钠血症,建议:骨科就诊,就诊电解质,抗炎。2009 年 7 月 24 日,李安富在重庆西南医院骨科住院治疗。入院诊断为:腰椎管狭窄症,行术前检查时发现患者有感染征象,予以抗感染,补充白蛋白,对症、支持治疗,但患者李安富病情逐渐加重,腹胀明显,且有右踝关节红、肿、热、痛炎性表现。7 月 26 日,病情持续加重,被诊断为双肺感染。7 月 31 日,李安富经全院会诊后被转入感染科继续治疗,并下达病危通知。转入诊断:败血症,肺部感染,右踝软组织感染等,行抗感染治疗,但病情进一步加重、恶化。2009 年 8 月 2 日诊断为:多器官功能障碍综合症。8 月 9 日,李安富经抢救无效死亡,死亡诊断为:多器官功能障碍综合症,脓毒血症,双肺肺炎,右踝软组织感染。

2010 年 5 月 21 日,余恩惠、李赞、李芊向重庆市沙坪坝区人民法院提起诉讼,请求重庆西南医院支付医疗费 48843.27 元(含人血白蛋白 16200 元)、住院伙食补助费 680 元、陪护费 850 元、丧葬费 15481.5 元、交通费 500 元、死亡补偿金 236235 元、精神损害抚慰金 72854 元,共计 374953.77 元。

重庆市沙坪区人民法院于 2010 年 11 月 9 日公开开庭审理了此案。在一审过程中,根据重庆西南医院的申请,经双方当事人共同选定鉴定机构,沙坪坝区人民法院委托重庆市法医学会司法鉴定所对重庆西南医院在治疗过程中是否存在过错、医疗过错与医疗损害结果之间是否存在因果关系以及医疗过错行为在医疗损害后果中的责任程度进行司法鉴定。重庆市法医学会司法鉴定所作出渝法

医所 2010(临床 G)鉴字第 38 号司法鉴定意见书,鉴定意见为:重庆西南医院在对李安富的医疗行为中存在过错。其过错行为是导致患者死亡的间接因素。重庆西南医院支付了鉴定费 5000 元。

一审法院认为:解决医疗损害赔偿纠纷的争议,涉及专门医学知识,需要高度专业化的技术手段和丰富的临床实践,超越普通人的经验、学识,法院应当借助临床医学专家的鉴定结论作为判断基础,并对全部证据进行综合分析后加以确定。重庆市法医学会司法鉴定所具有相应的司法鉴定资质,鉴定程序合法,鉴定意见(结论)依据充分,经质证没有不能作为证据使用的其他情形。故对余恩惠、李赞、李芊要求重新鉴定的主张不予支持。根据鉴定意见(结论),重庆西南医院在李安富入院时存在感染的情况下,未及时复查血常规,特别是应用糖皮质激素时,更应该每日复查血常规,以了解和控制感染,重庆西南医院的治疗行为存在不规范。同时,在治疗过程中,重庆西南医院与患方沟通不足,病历记录,患方自行要求出院,但没有患者家属的签字,亦存在不规范的行为。因此,重庆西南医院的治疗行为存在过错。但重庆西南医院入院诊断明确,有激素应用指征。李安富的死亡后果与其所患疾病的凶险性存在密切关联,其自身疾病的自然转归是直接因素,重庆西南医院的过错行为是李安富死亡后果的诱发或促进因素。因此,酌情确定重庆西南医院承担 30% 责任,余恩惠、李赞、李芊自行承担 70% 责任。

关于损害赔偿的范围、标准和计算方法问题,因本案属于以治疗疾病为目的医疗过错引起的纠纷,应参照国务院《医疗事故处理条例》的赔偿范围、标准并以此为解决本案赔偿问题的根据。李安富住院期间的医疗费以 32643.27 元凭据计算,余恩惠、李赞、李芊主张其自购的人血白蛋白费用 16200 元,无相应的依据,不予支持。住院伙食补助费按照国家机关一般工作人员出差伙食补助标准 32 元/天计算 16 天为 512 元,余恩惠、李赞、李芊主张 40 元/天的标准无依据,不予支持。余恩惠、李赞、李芊主张陪护费按照 50 元/天计算不违反法律规定,应予支持,陪护 16 天,陪护费为 800 元。丧葬费按照本地区上一年度职工月平均工资标准计算 6 个月为 15481.5 元。交通费酌情计算 300 元。精神损害抚慰金按照事故发生地居民平均生活费标准酌情计算 2 年为 24288 元(12144 元/年×2)。余恩

惠、李赞、李芊要求的死亡赔偿金于法无据，该院不予支持。2011年1月7日，重庆市沙坪区人民法院依照《中华人民共和国民法通则》第一百零六条第二款、第一百三十四条第一款第（七）项，国务院《医疗事故处理条例》第五十条，《最高人民法院关于参照〈医疗事故处理条例〉审理医疗纠纷民事案件的通知》，《最高人民法院关于民事诉讼证据的若干规定》第二条、第二十七条的规定，作出（2010）沙法民初字第3525号民事判决：1.由重庆西南医院赔偿余恩惠、李赞、李芊因李安富死亡所产生的医疗费32643.27元、住院伙食补助费512元、陪护费800元、丧葬费15481.5元、交通费300元，共计49736.77元的30%即14921.03元。其余费用由余恩惠、李赞、李芊负担。2.由重庆西南医院赔偿余恩惠、李赞、李芊因李安富死亡所产生的精神损害抚慰金24288元。3.驳回余恩惠、李赞、李芊的其他诉讼请求。案件受理费2781元、鉴定费5000元，由余恩惠、李赞、李芊负担1946.70元，由重庆西南医院负担5834.3元。

余恩惠、李赞、李芊不服一审判决，向重庆市第一中级人民法院提起上诉。

二审过程中，余恩惠、李赞、李芊申请重新鉴定，重庆市第一中级人民法院委托司法鉴定科学技术研究所司法鉴定中心对重庆西南医院在李安富的医疗行为中是否存在过错、医疗过错行为与损害后果之间是否存在因果关系、相关程度等进行鉴定。司法鉴定科学技术研究所司法鉴定中心作出司鉴中心〔2011〕病鉴字第174号鉴定意见书，鉴定意见为："李安富的死亡原因符合脓毒败血症继发全身多器官功能衰竭，主要与其个人体质有关。重庆西南医院的医疗行为存在一定过错，与患者死亡之间存在一定因果关系，属次要责任，建议参与度40%。"余恩惠、李赞、李芊支付鉴定费10000元。

二审法院认为：司法鉴定科学技术研究所司法鉴定中心和重庆市法医学会司法鉴定所作出的司法鉴定，均认为重庆西南医院在对李安富的医疗行为中存在过错，其医疗过错行为与李安富死亡后果之间存在因果关系，对此予以确认，重庆西南医院应当对李安富的死亡承担民事责任。司法鉴定科学技术研究所司法鉴定中心的鉴定意见明确确定重庆西南医院的责任程度为40%左右，据此二审法院确定重庆西南医院对李安富的死亡造成的经济损失承担40%的赔偿责任。一审判决判令重庆西

南医院赔偿精神损害抚慰金24288元，符合法律规定。因二审程序中出现新证据，致一审判决责任划分不当，依法予以改判。

2011年11月10日，重庆市第一中级人民法院依照《中华人民共和国民法通则》第一百零六条第二款、第一百三十四条第一款第（七）项，国务院《医疗事故处理条例》第五十条，《最高人民法院关于参照〈医疗事故处理条例〉审理医疗纠纷民事案件的通知》《中华人民共和国民事诉讼法》第一百五十三条第一款第（三）项的规定，作出（2011）渝一中法民终字第02816号民事判决：1.维持重庆市沙坪坝区人民法院（2010）沙法民初字第3525号民事判决第二项；2.撤销重庆市沙坪坝区人民法院（2010）沙法民初字第3525号民事判决第二项；3.变更重庆市沙坪坝区人民法院（2010）沙法民初字第3525号民事判决第一项为：重庆西南医院赔偿余恩惠、李赞、李芊因李安富死亡产生的医疗费、住院伙食补助费、陪护费、丧葬费、交通费19894.71元；4.驳回余恩惠、李赞、李芊的其他诉讼请求。

余恩惠、李赞、李芊不服重庆市第一中级人民法院（2011）渝一中法民终字第02816号民事判决，向重庆市高级人民法院申请再审。

重庆市高级人民法院再审认为，本案损害发生在《中华人民共和国侵权责任法》实施之前，应适用《中华人民共和国民法通则》进行处理。但《中华人民共和国民法通则》没有规定具体的赔偿范围和计算标准，而医疗损害基于医疗机构的社会公益性及医疗行为的高风险性，有别于普通的人身损害，故原审法院参照《医疗事故处理条例》计算赔偿金额并无不当，予以维持。对于余恩惠、李赞、李芊主张的人血白蛋白费用，虽然李安富在治疗过程中实际使用了人血白蛋白，但余恩惠、李赞、李芊未提供相应的购买票据，无法证明人血白蛋白费用是否实际产生，故原审判决对此费用不予支持并无不当。余恩惠、李赞、李芊在再审中提出精神损害抚慰金数额过低，但其并无充分证据加以证明，原判认定的精神损害抚慰金数额符合法律规定，予以维持。

2012年11月16日，重庆市高级人民法院依照《中华人民共和国民事诉讼法》第一百八十六条第一款，第一百五十三条第一项的规定，作出（2012）渝高法民提字第00155号民事判决：维持重庆市第一中级人民法院（2011）渝一中法民终字第02816号民事判决。

余恩惠、李赞、李芊不服，向重庆市人民检察院提出申诉。该院审查后，提请最高人民检察院抗诉。

最高人民检察院经审查认为，终审判决认定的基本事实缺乏证据证明，适用法律确有错误。

一、对因医疗事故以外的原因而引起的医疗赔偿纠纷，原审判决参照《医疗事故处理条例》计算赔偿金额，适用法律错误。

本案系因医疗事故以外的原因引起的医疗赔偿纠纷，应适用民法通则相关规定而非参照《医疗事故处理条例》进行处理。最高人民法院《关于参照〈医疗事故处理条例〉审理医疗纠纷民事案件的通知》第一条规定："因医疗事故以外的原因引起的其他医疗赔偿纠纷，适用民法通则的规定。"根据该规定，对发生在医疗领域内的赔偿纠纷，应当根据引起纠纷原因的不同分别适用不同的法律。即因医疗事故引起的医疗赔偿纠纷，参照《医疗事故处理条例》的有关规定处理；因医疗事故以外的原因引起的其他医疗赔偿纠纷，则应当适用《中华人民共和国民法通则》（以下简称《民法通则》）及其配套规定。本案中根据司法鉴定科学技术研究所司法鉴定中心作出的司鉴中心〔2011〕病鉴字第174号鉴定意见书，重庆西南医院的医疗行为存在一定过错，且与患者死亡之间存在一定因果关系，余恩惠等人以重庆西南医院在医疗过程中存在过错导致患者人身损害为由提起医疗赔偿诉讼，为因医疗事故以外的原因引起的医疗赔偿纠纷，应当适用《民法通则》及相关的司法解释的规定。

《民法通则》第一百一十九条规定："侵害公民身体造成伤害的，应当赔偿医疗费、因误工减少的收入、残废者生活补助费等费用；造成死亡的，并应当支付丧葬费、死者生前扶养的人必要的生活费等费用。"2004年5月1日起施行的最高人民法院《关于审理人身损害赔偿案件适用法律若干问题的解释》作为处理人身损害赔偿案件的司法解释，对各种侵权行为致人损害的赔偿范围和计算标准作出了详细规定。本案发生在侵权法颁布施行前，本案原审原告以医疗过错提起侵权损害赔偿诉讼，在确定赔偿范围和计算赔偿标准时，在《民法通则》没有规定具体的赔偿范围和计算标准的情况下，应适用最高人民法院《关于审理人身损害赔偿案件适用法律若干问题的解释》相关规定。终审判决一方面认定本案是因医疗过错行为引起的医疗赔偿纠纷，应

当适用《民法通则》进行处理，但是又以《民法通则》没有规定具体的赔偿范围和计算标准为由参照适用《医疗事故处理条例》，适用法律确有错误。

与本案类似的因医疗过错而引起的医疗赔偿纠纷案在重庆市有多起，而重庆市法院系统对此类案件的法律适用并不统一。如重庆市第一中级人民法院审理的罗载林诉重庆医科大学附属儿童医院医疗赔偿纠纷案、重庆市高级人民法院审理的杨廷燕诉重庆永川区人民医院医疗赔偿纠纷案和杨太贵诉重庆西南医院医疗赔偿纠纷案等与本案相类似的医疗赔偿纠纷案件的生效判决，均适用《民法通则》及最高人民法院《关于审理人身损害赔偿案件适用法律若干问题的解释》确定赔偿范围和标准，而本案却适用其他法律法规作出判决，造成了同类案件不同判决的现象，有损法律的统一正确实施。

二、终审判决对余恩惠等人主张的人血白蛋白费用以无证据证明不予支持，认定事实缺乏证据证明。

余恩惠等人虽然没有提供购买人血白蛋白的收据，但是从西南医院出具的本案死者李安富的临时医嘱记录单可以看出，从2009年7月28日到7月30日，以及2009年8月6日医嘱记录单上都有为李安富注射人血白蛋白的医疗记录，且记录中明确为"自备"。由此可以看出，余恩惠等人确实按照西南医院医嘱购买了人血白蛋白，终审判决也对李安富在治疗过程中实际使用了人血白蛋白的事实予以了确认，但是却又以"余恩惠、李赞、李芊未提供相应的购买票据，无法证明人血白蛋白费用是否实际产生"为由对此项诉讼请求不予支持。根据重庆西南医院对李安富的人血白蛋白注射记录，即使余恩惠等人不能提供购买人血白蛋白的费用收据，法院也可以根据医嘱中李安富的注射量及人血白蛋白的市场价格计算出余恩惠等人购买人血白蛋白所支出的费用。终审判决仅仅以余恩惠等人没有提供购买收据即对其关于人血白蛋白费用的诉讼请求不予支持，认定事实缺乏证据证明。

2013年5月15日，最高人民检察院依据《中华人民共和国民事诉讼法》第二百条第二项、第六项及第二百零八条第一款之规定，以高检民抗〔2013〕34号民事抗诉书向最高人民法院提出抗诉。

最高人民法院受理抗诉后，于2013年7月5日作出（2013）民抗字第55号民事裁定，依法组成合议庭提审此案。

最高人民法院再审认为：李安富死亡的原因系

脓毒败血症继发全身多器官功能衰竭所致，主要与其个人体质和所患疾病有关；但重庆西南医院在对前来就诊的患者李安富进行治疗的过程中，其医疗行为存在过错，并与患者死亡之间存在一定的因果关系，应当承担次要责任。二审判决根据鉴定机构的鉴定意见，结合本案实际情况，确定重庆西南医院对李安富死亡造成的经济损失承担40%的赔偿责任，是正确的。原审判决对于住院伙食补助费、陪护费、丧葬费、交通费数额的认定，具有事实和法律依据；对精神损害抚慰金数额的确认也符合重庆西南医院在本案中承担次要责任的实际情况，法院予以维持。余恩惠、李赟、李芊要求增加精神损害抚慰金的主张法律依据不足，法院不予支持。

依据重庆西南医院的医疗记录，李安富使用的人血白蛋白中有20瓶系余恩惠、李赟、李芊从他处自行购买，重庆西南医院对此项事实也予以认可，并提供证据证明每瓶人血白蛋白在重庆西南医院的出售价格为每瓶360元。余恩惠、李赟、李芊虽未能提供其购买人血白蛋白的收费凭证，但明确表示认可重庆西南医院提供的明显低于其主张费用的人血白蛋白的出售价格，因此，余恩惠、李赟、李芊主张的16200元人血白蛋白费用应按7200元（20瓶×360元/瓶＝7200元）计算在李安富住院期间产生的医疗费之中。原审判决对余恩惠、李赟、李芊主张的人血白蛋白费用不予支持，属认定事实错误，最高人民法院对此予以纠正，李安富医疗费总额应为39843.27元（48843.27－16200＋7200＝39843.27），重庆西南医院应按照其过错程度对上述医疗费用承担赔偿责任。在本案中，重庆西南医院的医疗行为并未进行医疗事故鉴定，余恩惠、李赟、李芊对重庆西南医院的过错行为给李安富造成死亡的结果提起民事侵权诉讼，要求其承担死亡赔偿金，符合民法通则的有关规定。《最高人民法院关于审理人身损害赔偿案件适用法律若干问题的解释》是根据民法通则制定的，已经于2004年5月1日起施行，对死亡赔偿金的适用范围和计算标准都有明确规定。因此，应当按照民法通则和《最高人民法院关于审理人身损害赔偿案件适用法律若干问题的解释》相关规定以及李安富年龄计算死亡赔偿金为236235元（15749×15＝236235），再根据重庆西南医院的过错程度确定其承担数额。原审判决认为余恩惠、李赟、李芊关于死亡赔偿金的诉讼请求没有法律依据，属适用法律错误，最高

人民法院予以改判。

综上，原审判决在认定事实和适用法律方面都存在错误之处，最高人民检察院抗诉理由成立。

2013年12月17日，最高人民法院依照《中华人民共和国民法通则》第一百零六条第二款、第一百一十九条，《最高人民法院关于审理人身损害赔偿案件适用法律若干问题的解释》第十七条、第二十九条、第三十五条，《中华人民共和国民事诉讼法》第二百零七条第一款，第一百七十条第一款第一、二项的规定，作出（2013）民抗字第55号民事判决：一、撤销重庆市高级人民法院（2012）渝高法民提字第00155号民事判决，撤销重庆市第一中级人民法院（2011）渝一中法民终字第02816号民事判决第二项、第三项、第四项，撤销重庆市沙坪坝区人民法院（2010）沙法民初字第3525号民事判决第三项；二、维持重庆市第一中级人民法院（2011）渝一中法民终字第02816号民事判决第一项，维持重庆市沙坪坝区人民法院（2010）沙法民初字第3525号民事判决第二项；三、变更重庆市第一中级人民法院（2011）渝一中法民终字第02816号民事判决第三项、重庆市沙坪坝区人民法院（2010）沙法民初字第3525号民事判决第一项为：由重庆西南医院赔偿余恩惠、李赟、李芊因李安富死亡所产生的医疗费39843.27元（含人血白蛋白费用7200元）、住院伙食补助费512元、陪护费800元、丧葬费15481.5元、交通费300元、死亡赔偿金236235元，共计293171.77元的40%即117268.71元，限重庆西南医院在本判决生效后十日内支付；四、驳回余恩惠、李赟、李芊的其他诉讼请求。一审案件受理费2781元，鉴定费5000元，共计7781元，由余恩惠、李赟、李芊负担1946.7元，重庆西南医院负担5834.3元；二审案件受理费1000元，鉴定费10000元，共计11000元，由余恩惠、李赟、李芊负担6600元，重庆西南医院负担4400元。

（最高人民检察院民事行政检察厅　刘小艳）

大连佳期置业代理有限公司诉大连德享房地产开发有限公司委托合同纠纷抗诉案

2007年4月9日，大连佳期置业代理有限公司（以下简称佳期公司）与大连方博房地产开发有限

公司（现大连德享房地产开发有限公司，以下简称德享公司）签订《委托代理协议》。主要内容为："甲方（大连方博房地产开发有限公司，即德享公司）就旅顺新城区二号地段（2006）-03号建设用地……委托乙方（佳期公司）办理开发贷款，经双方友好协商达成以下协议，1. 甲方委托乙方的授信额度约为人民币1.4亿元至1.6亿元，最终额度以银行审批为准，利率按银行规定执行。2. 委托代理期限。自甲方所提供的材料齐备之日起至银行放款日止。3. 委托代理费用及支付方式。双方约定委托代理费用为授信额度的百分之三……付款方式双方另行协商。4. 责任。甲方对所提供材料的真实性合法性负责，乙方保证贷款及时办理，出现问题及时与甲方沟通。5. 合同的解除。贷款期间，如非乙方及银行原因，甲方中途撤销贷款，所支付给乙方的委托代理定金不返还，合同解除，如因乙方及银行原因无法继续办理贷款，则乙方向甲方全额退还委托代理定金，合同解除。"

2008年4月7日，双方签订《委托代理协议补充协议》，内容为："甲乙双方于2007年4月9日已签署委托代理协议，约定由甲方委托乙方进行贷款事宜，现乙方已如约完成协议中的委托代理具体事项，现经友好协商，就相关问题做如下补充协议：1. 双方最终确认甲方给付乙方委托代理费金额为人民币300万元。2. 付款方式：自本协议签订之日起甲方支付人民币10万元……3. 剩余款项的付款期限为甲方名下的位于大连市旅顺口区水师营街道小南村（地号为0411242）土地上所盖多层住宅工程主体框架封顶（以模拟实景图所圈地块双方签字盖章确认为准）之日为准。4. 补充协议与原协议有冲突的条款，以本协议为准。5. 乙方不得损害甲方利益，如乙方损害甲方利益，甲方拒绝付款。"

2008年8月26日，双方又签订《委托代理协议补充协议之二》，内容为："1. 双方最终确认甲方给付乙方委托代理费金额为人民币200万元。2. 付款方式，现甲方已支付乙方现金10万元，余款人民币190万元于2008年12月15日前向乙方支付现金。若甲方未按上述日期及时向乙方支付款项，则第一条双方确认的代理费金额变更为人民币290万元，余款人民币280万元须于2009年4月25日前向乙方支付现金。如到期未支付，则甲方需每日按总金额1‰的比率向乙方支付违约金直至付款日。该笔委托代理费用开具的正式发票中所产生

的一切税费由甲方承担。3. 乙方不得损害甲方利益，若乙方损害甲方利益，甲方拒绝付款。4. 本协议与原协议、补充协议有冲突的条款，以本协议为准。5. 甲乙双方已充分理解本协议所有内容并自愿签署。6. 本协议一式两份，甲乙双方各执一份。"此协议经双方法定代表人签名并加盖各自单位公章。

2008年12月2日，大连方博房地产开发有限公司变更为德享公司。2009年3月23日，佳期公司在工商行政管理局注册的私营企业经营范围是房屋租售代理；房地产信息咨询；投资咨询。2007年11月6日，德享公司与中国工商银行股份有限公司大连星海支行（以下简称工行星海支行）签订《借款合同》，借款金额1.2亿元。2007年11月20日至2009年7月6日，工行星海支行分六次向德享公司发放贷款总金额为1.2亿元。德享公司于2008年4月7日、8月19日分两次支付佳期公司委托代理费20万元。

工行星海支行于2009年11月2日出具《证明》，内容为："德享公司为其银行贷款客户，2007年该客户向我行申请住房开发贷款1.2亿元，我行严格按照银行贷款业务审批程序上报贷款资料，该笔贷款在审批和发放过程中，我行未与任何中介机构接触，也未签订任何贷款代理协议，特此证明。"工行星海支行又于2010年7月29日出具《证明》，内容为："德享公司为其银行贷款客户，2007年该客户向我行申请住房开发贷款1.2亿元，我行根据总行、市分行的相关要求，要求企业提供相关备审资料。随后，该客户刘庆一、戴珺、于爱军向我行提交了申请贷款所需的材料，并带领我行审查人员对项目进行了现场勘察。之后我行严格按照银行贷款业务审批程序组织上报贷款资料，该笔贷款经上级行审批通过后，我行与贷款客户签订了借款合同和抵押合同，并办理了抵押登记手续后，发放了贷款。该笔贷款在审批和发放过程中，我行未与其他任何中介机构和个人接触，也未签订任何贷款代理协议，特此证明。"

2010年8月3日，辽宁宏信企业管理顾问有限公司出具《证明》，内容为："德享公司于2007年3月委托我单位出具《可行性研究分析报告》报告书一份。由我单位张财同志负责。报告书并与付款后交予使用，特此证明。"2007年3月15日，辽宁宏信企业管理顾问有限公司开具《收据》，收取

德享公司人民币 2 万元，收取事由，可行性研究分析报告。

2007 年 9 月 19 日，工行大连市分行信贷政策委员会会议纪要（30 次）记载，审议贷款事项结果，德享公司（大连方博房地产开发公司）授信未通过。2007 年 10 月 24 日，工行大连市分行信贷政策委员会会议纪要（33 次）记载，审议贷款事项结果，德享公司（大连方博房地产开发公司）授信通过。

2009 年 7 月 28 日，佳期公司因与德享公司的委托合同纠纷，诉讼至大连市西岗区人民法院。2009 年 8 月 11 日，大连市西岗区人民法院作出（2009）西民初字第 2188 号民事判决。判决认为：双方签订委托代理协议及补充协议，是双方真实意思表示，合法有效，双方应按照约定享受权利、履行义务。德享公司已与工行星海支行签订了贷款合同，佳期公司即完成了委托事务，德享公司理应按约定向其支付报酬，现德享公司未按约定履行给付全部款项义务，已构成违约，应承担给付佳期公司代理费及违约金的法律责任。故佳期公司要求德享公司给付代理费 280 万元及违约金，请求合理，予以支持。依照《中华人民共和国民事诉讼法》第一百三十条、《中华人民共和国合同法》第六十条、第一百零七条、第四百零五条之规定，判决：德享公司于本判决生效之日起十日内给付佳期公司代理费 280 万元及违约金（违约金自 2009 年 4 月 25 日起按日万分之一计算至该款付清之日止）。

德享公司不服大连市西岗区人民法院作出（2009）西民初字第 2188 号民事判决，上诉至大连市中级人民法院。

2009 年 12 月 16 日，大连市中级人民法院作出（2009）大民三终字第 1352 号民事判决。判决认为：德享公司与佳期公司签订的是委托办理贷款业务，因办理贷款业务是金融机构的特许权利，且从佳期公司营业执照的经营范围看，其并没有此项业务范围，双方签订的协议及补充协议扰乱了正常的金融秩序，属于以合法形式掩盖非法目的。根据《中华人民共和国合同法》第五十二条之规定，应认定为无效协议，佳期公司依照无效协议要求德享公司给付代理费的诉讼请求没有事实及法律依据，不予支持。原审法院适用法律错误，判决结果不当，依照《中华人民共和国民事诉讼法》第一百五十三条第一款第（三）项、《中华人民共和国合同法》第五十二条之规定，判决：一、撤销大连市西岗区人民

法院（2009）西民初字第 2188 号民事判决；二、驳回佳期公司的诉讼请求。

佳期公司不服二审判决，于 2009 年 12 月 20 日向辽宁省高级人民法院申请再审。辽宁省高级人民法院于 2010 年 2 月 21 日作出（2009）辽立三民申字第 2448 号民事裁定，提审本案。

2011 年 1 月 12 日，辽宁省高级人民法院作出（2010）辽审二民提字第 157 号民事判决。判决认为：《中华人民共和国合同法》第七条规定，"当事人订立、履行合同，应当遵守法律、行政法规，尊重社会公德，不得扰乱社会经济秩序，损害社会公共利益"。第五十二条第（四）项规定，"损害社会公共利益"。《中华人民共和国商业银行法》第十六条规定，"经批准设立的商业银行，由国务院银行业监督管理机构颁发经营许可证，并凭该许可证向工商行政管理部门办理登记，领取营业执照"。首先，本案佳期公司的代理行为违反了国家对于银行业的特殊监管原则。佳期公司在未取得代办贷款资质及特许经营的情况下与德享公司所签订的《委托代理合同》及《委托代理协议补充协议》的行为，扰乱了国家金融管理秩序。其次，从合同目的看，佳期公司收取代理费用约 300 万元的行为，增加了银行贷款风险，也扰乱了正常社会经济秩序，损害了社会公共利益。最后，从该《委托代理合同》及《委托代理协议补充协议》实际履行的过程上看，佳期公司按照银行贷款授信额度的百分之三来获得代理费用，但佳期公司并未提供代理行为中履行代理事项实际支出费用及利益损失的相关证据。同时，相关银行亦出具证明证实佳期公司并未参与德享公司与银行之间的房屋贷款事项。综上，佳期公司申请再审理由无事实和法律依据，不予支持。佳期公司与德享公司签订的《委托代理合同》及《委托代理协议补充协议》因损害了社会公共利益，应认定为无效合同。佳期公司依照无效合同要求德享公司支付代理费的行为无法律依据，不予支持。原终审判决认定事实清楚，结果正确，应予维持，但判决适用法律有误，应予纠正。遂根据《中华人民共和国民事诉讼法》第一百五十三条第一款第（一）项、第一百八十六条、最高人民法院《关于适用〈中华人民共和国民事诉讼法〉审判监督程序若干问题的解释》第三十七条之规定，判决：维持大连市中级人民法院（2009）大民三终字第 1352 号民事判决。

佳期公司不服，向检察机关提出申诉，辽宁省

人民检察院立案审查后提请最高人民检察院抗诉。

最高人民检察院经审查认为，辽宁省高级人民法院（2010）辽审二民提字第157号民事判决（以下简称终审判决）认为双方签订的合同无效，佳期公司并未参与德享公司与银行之间的房屋贷款事项，系适用法律确有错误，认定的基本事实缺乏证据证明。理由如下：

（一）终审判决认为佳期公司与德享公司所签订的《委托代理合同》及《委托代理协议补充协议》因违反法律法规强制性规定而无效，属适用法律确有错误。

1. 终审判决适用《中华人民共和国商业银行法》第十六条"经批准设立的商业银行，由国务院银行业监督管理机构颁发经营许可证，并凭该许可证向工商行政管理部门办理登记，领取营业执照"，认为佳期公司扰乱了国家金融管理秩序，系适用法律错误。

首先，佳期公司是非金融机构，其设立的标准不应适用《中华人民共和国商业银行法》的规定。佳期公司按照在工商行政管理局注册的私营企业经营范围是房屋租售代理；房地产信息咨询；投资咨询，是依法成立的非金融类私营企业。而《中华人民共和国商业银行法》第十六条的规定是国家对商业银行设立的具体要求，不是对非金融机构的设立的必然要求。

其次，佳期公司未经营金融机构特许经营的业务，终审判决认定其扰乱国家金融管理秩序没有法律依据。《中华人民共和国银行业监督管理法》第四条规定："金融业务是指存款、贷款、结算、保险、信托、金融租赁、票据贴现、融资担保、外汇买卖、金融期货、有价证券代理发行和交易，以及经中国人民银行认定的其他金融业务。"第十八条规定："银行业金融机构业务范围内的业务品种，应当按照规定经国务院银行业监督管理机构审查批准或者备案。需要审查批准或者备案的业务品种，由国务院银行业监督管理机构依照法律、行政法规作出规定并公布。"现国务院银行业监督管理机构并未作出规定并公布代办贷款行为属于银行业金融机构业务范围内的业务品种。佳期公司接受德享公司的委托，作为德享公司的受托人向不特定的银行类金融机构联系贷款事宜、呈报贷款材料办理贷款。此间，佳期公司的身份是受托人，受托事项是向委托人提供居间服务，而非经营直接向委托人发放贷款

这一种特许经营的金融业务，提供居间服务没有侵害到银行类金融机构的利益，认定其扰乱国家金融管理秩序没有法律依据。

最后，终审判决认定佳期公司接受德享公司的委托代其申请贷款的行为需要特许经营及申领资质没有法律依据。《最高人民法院关于适用〈中华人民共和国合同法〉若干问题的解释（一）》第十条规定："当事人超越经营范围订立合同，人民法院不因此认定合同无效。但违反国家限制经营、特许经营以及法律、行政法规禁止经营规定的除外。"开办国家限制经营、特许经营以及法律、行政法规禁止经营的业务应当经过行政机关的行政许可，而佳期公司作为非金融类私营企业开展的代办贷款业务并非设定行政许可的项目。现未有法律、行政法规规定代办贷款行为属特许经营，需办理行政许可并获得资质。代办贷款业务也并非《国务院对确需保留的行政审批项目设定行政许可的决定》中列明的根据法律、行政法规以外的规范性文件予以保留并设定行政许可500项事项和《中国人民银行办公厅关于发布行政许可事项目录的通知》中列明的人民银行以法律、行政法规为依据设定的10个行政许可事项以及《中国银行业监督管理委员会关于银监会行政许可项目有关事项的通知》中列明的保留51项行政许可项目之中。根据《房地产经纪管理办法》第十七条规定："房地产经纪机构提供代办贷款、代办房地产登记等其他服务的，应当向委托人说明服务内容、收费标准等情况，经委托人同意后，另行签订合同。"这一部门规章的规定也说明，房地产经纪机构可以提供代办贷款业务。因此，佳期公司在本案中的居间代理行为没有违反国家限制经营、特许经营以及法律、行政法规禁止经营的规定，不应适用《中华人民共和国商业银行法》的规定。

2. 终审判决适用《中华人民共和国合同法》第五十二条第（四）项"损害社会公共利益"之规定，认定佳期公司收取代理费约300万元的行为增加银行贷款风险，扰乱了正常社会经济秩序，损害了社会公共利益，因此其与德享公司签订的合同无效，属适用法律错误。

首先，德享公司与佳期公司签订《委托代理合同》，与德享公司向银行申请贷款是两个独立的民事法律关系。佳期公司与德享公司签订《委托代理合同》，是其双方在平等自愿的基础上的真实意思

表示,并已经实际履行,应是合法有效的。基于银行业的特殊地位,《中华人民共和国商业银行法》《中华人民共和国银行业监督管理法》规定银行业监督管理机构对商业银行的经营进行审慎监管,商业银行也应进行内部控制,以实现盈利性、安全性和流动性的经营原则。商业银行是依法成立的企业法人,具有从事民事活动的主体资格,工行星海支行接受德享公司的申请办理贷款业务,并依法审查签订了贷款合同,是其行使经营的自主权的体现。另外,从结果上看,工行星海支行也依据法律及政策规定发放了贷款,说明佳期公司与德享公司之间的委托合同及约定行为并未扰乱工行星海支行的经营,亦未损害社会公共利益。

其次,佳期公司依合同收取德享公司代理费,不影响商业银行依法审查借款人,不增加银行贷款风险,认定其扰乱正常社会经济秩序没有法律依据。《中华人民共和国合同法》第四百二十四条规定:"居间合同是居间人向委托人报告订立合同的机会或者提供订立合同的媒介服务,委托人支付报酬的合同。"佳期公司依据与德享公司签署的《委托代理合同》从事居间业务,并依约定收取代理费用,是正常的民事行为,该行为不改变银行贷款人主体资格、不改变银行贷款政策、没有扰乱银行的贷款审批及经营秩序,不改变借款人的借款用途、偿还能力、还款方式等,也未侵害第三方利益。本案工行星海支行已经依据《中华人民共和国商业银行法》对借款人的借款用途、偿还能力、还款方式等情况进行严格审查,并发放了贷款。说明佳期公司的居间代理行为并未增加银行贷款风险,终审判决认定其扰乱了正常社会经济秩序、损害公共利益没有法律依据。

(二)终审判决认定佳期公司并未参与德享公司与银行之间的房屋贷款事项,系认定的基本事实缺乏证据证明。

德享公司与佳期公司于2007年4月9日签订《委托代理合同》,约定佳期公司从事合同委托事项,而后德享公司于2007年11月6日与工行星海支行签订《借款合同》,并于2007年11月20日开始获得总计1.2亿元人民币的贷款。2008年4月7日,在德享公司获得贷款之后,德享公司又与佳期公司签署了《委托代理协议补充协议》,协议中明确"现乙方(佳期公司)已如约完成协议中的委托代理具体事项"。且德享公司依照约定分别于2008

年4月7日、2008年8月19日分两次付给佳期公司20万元代理费。另外,德享公司在2010年7月27日的再审阶段庭审笔录中,亦承认佳期公司"在2007年9月19日以前做过办理贷款的事宜"。上述事实可以证实佳期公司已经依约完成了代理德享公司与银行之间的房屋贷款事项,德享公司亦已认可。

综上所述,终审判决认为佳期公司与德享公司所签订的《委托代理合同》及两份《委托代理协议补充协议》无效,佳期公司并未参与德享公司与银行之间的房屋贷款事项,系适用法律确有错误,认定的基本事实缺乏证据证明。

2012年12月24日,最高人民检察院依据《中华人民共和国民事诉讼法》第一百七十九条第一款第(二)项、第(六)项,第一百八十七条第一款之规定,以高检民抗〔2012〕67号民事抗诉书向最高人民法院提出抗诉。

2013年4月22日,最高人民法院作出(2013)民抗字第18号民事裁定书,决定提审本案。

最高人民法院经审理认为:本案中德享公司委托佳期公司办理贷款,佳期公司如约完成代理事项,德享公司获得了1.2亿元贷款,对此,双方签订了三份协议予以确认,特别是在2008年4月7日,双方签订的《委托代理协议补充协议》开头部分明确载明:"甲乙双方于2007年4月9日已签署委托代理协议,约定由甲方(德享公司)委托乙方(佳期公司)进行贷款事宜,现乙方已如约完成协议中的委托代理具体事项,现经友好协商,就相关问题做如下补充协议……"且德享公司也按照协议约定支付了部分代理费。在辽宁省高级人民法院再审中,德享公司亦承认,佳期公司在银行作出贷款决定之前进行过办理贷款的相关事宜。在委托法律关系中,一般情况下受托人是以委托人名义从事民事活动,因此相关银行出具的佳期公司未参加德享公司与银行之间房屋贷款工作的证明,不能推翻上述佳期公司已经完成委托工作的证据。德享公司在原审中抗辩称佳期公司未完成代理事项,与双方签订的协议和德享公司在原审诉讼中的自认不符。德享公司又称上述协议系在佳期公司的胁迫下签订,但没有提供证据证明,对此该院均不予采信。

关于上述委托代理行为是否合法的问题。本案中佳期公司并非向德享公司发放贷款,而仅是受托办理贷款,相关银行也是直接针对德享公司的贷款申请进行审查,并未增加银行的贷款风险,原审判决以佳期公司违法发放贷款、增加银行贷款风险为由认定本案中双方的委托代理协议等无效、佳期公司无权请求支付报酬,与本案事实不符。原审判决还认为佳期公司未取得代办贷款资质及特许经营许可,但法律和行政法规并无此种特许经营许可和资质核准的规定,原审判决该项理由缺乏法律依据。《中华人民共和国合同法》第四百零五条规定,受托人完成委托事务的,委托人应当向其支付报酬,原审判决认为佳期公司未提供履行代理事项实际支出费用及利益损失的证据,故无权请求支付报酬,与法律规定不符。佳期公司的代理行为不违反法律强制性规定,应当认定双方签订的委托代理协议合法有效,其据此请求德享公司依约支付代理费,符合法律规定,应予支持。

综上,已经发生法律效力的原审判决认定事实和适用法律错误,最高人民检察院抗诉理由成立,本案一审判决认定事实清楚,适用法律正确,程序合法,应予维持。

2013 年 12 月 9 日,最高人民法院依照《中华人民共和国民事诉讼法》第一百七十条第一款第(二)项、第二百零七条之规定,作出(2013)民抗字第 18 号民事判决:一、撤销辽宁省高级人民法院(2010)辽审二民提字第 157 号和大连市中级人民法院(2009)大民三终字第 1352 号民事判决;二、维持大连市西岗区人民法院(2009)西民初字第 2188 号民事判决。一、二审案件受理费共计 29200 元,由大连德享房地产开发有限公司负担。

（最高人民检察院民事行政检察厅　解文轶）

第八部分

交流与合作

检察外事及涉港澳工作　2014 年,最高人民检察院紧密围绕党和国家外交工作大局和检察事业科学发展两个中心,深入学习贯彻党的十八大和十八届三中、四中全会精神以及习近平总书记系列重要讲话精神,认真践行中央八项规定和群众路线教育实践活动要求,忠实履行检察外事职责,各项外事工作稳步推进。

一、深入贯彻落实中央外事管理文件精神,积极推进检察机关国际交往规范化

2014 年,最高人民检察院切实加强组织领导和业务培训,在全国检察系统组织认真学习贯彻中央关于进一步规范国家工作人员因公临时出国的意见等文件,确保中央关于加强外事管理的新精神、新要求落实到位。进一步规范检察机关因公临时出国行为。一是加强因公出国计划安排和审批管理,严格根据工作需要安排出国任务。坚持每季度或半年定期向中央外办、外交部报送出访计划、出国人选建议、实际出访执行情况、外事管理工作情况,切实把中央有关控制总量的要求体现在实际工作中。全年,最高人民检察院共派遣 8 个省部级以上高层出访团组,发挥了高层访问带动各层次交往的关键作用,进一步巩固和加强了与国外司法机关的密切联系和友好关系。二是认真履行外事审批职责,严格执行因公出访限量管理规定。最高人民检察院组织参加因公出访 58 个团组 214 人次;批复同意地方检察机关因公出访 37 个团组 144 人次,批复不同意或撤回请示 15 件。三是讲求实效,厉行节俭,妥善做好接待来访工作。先后接待了印度尼西亚总检察长巴司里夫、保加利亚总检察长察察罗夫、蒙古国家防治贪污局局长冈包勒尔等 3 个高级代表团来华访问,安排美国司法部、香港大学法律学院、中国香港特别行政区廉政公署、中国澳门特别行政区检察院、新加坡总检察署以及哈萨克斯坦、韩国、朝鲜驻华使馆代表团等 30 余场来访,批复同意地方检察机关接待来访 21 个团组 104 人次。

二、充分挖掘国际司法协助和涉港澳个案协查机制潜力,切实加大检察机关境外追逃追赃力度

检察外事工作立足服从服务于国家反腐败斗争需要,积极发挥职能作用,为开展全国检察机关境外追逃追赃专项行动提供有力支持。2014 年,最高人民检察院办理涉港澳个案协查案件 158 件,内地检察机关与港澳有关部门互派人员调查取证 20 余次;办理国际刑事司法协助案件 105 件,其中外方请求我方协助的案件 82 件,我方向外方提出请求的案件 23 件。涉及俄罗斯、乌克兰、哈萨克斯坦、乌兹别克斯坦、吉尔吉斯斯坦、罗马尼亚、马来西亚、越南、新加坡、蒙古、拉脱维亚、波兰、印尼、沙特、美国、加拿大、朝鲜、韩国、日本、多米尼加、澳大利亚和新西兰等几十个国家。我方向外方提出协查请求的案件呈现以下特点:大要案和"老虎"级别的犯罪嫌疑人所占比例较大,境外洗钱转移账款、犯罪嫌疑人及证人潜逃国外、犯罪行为涉及多个国家等跨国因素相互叠加,给侦查取证和追缴赃款带来很大的困难。检察机关与纪委、公安、司法、驻华使馆等有关部门通力配合,积极协调有关单位通过多种渠道灵活应对,不断开拓创新,保证办案质量和效率。最高人民检察院深入挖掘刑事司法协助条约、《联合国反腐败公约》以及涉港澳个案协查机制的潜力,积极争取加拿大皇家骑警、新西兰警察、韩国大检察厅、澳大利亚联邦警察、中国香港特别行政区廉政公署、中国澳门特别行政区检察院等境外执法司法部门的协助,及时获取犯罪嫌疑人向国外转移赃款的线索,第一时间派员赴国外收集固定犯罪证据,有效缩短了办案周期,为重点案件的审判提供了强有力的证据支持。此外,最高人民检察院先后 17 次派员参加中国与瑞士、摩洛哥等国家的双边刑事司法协助条约和引渡条约谈判,为配合制定国际条约提供智力支持。截至 2014 年底,最高人民检察院与外国司法检察机关累计已经签署 137 份合作协议。

三、深入贯彻落实中央八项规定及教育实践活动要求,不断夯实外事工作制度和纪律作风建设

一是坚持把开展教育实践深化整改自查、"增强党性、严守纪律、廉洁从政专题教育"等学习教育活动作为当前和今后一个阶段的重要政治任务,认真对待,狠抓落实。对照最高人民检察院党组的高标准和严要求,紧密结合外事实际,扎扎实实地推进作风建设和制度建设,努力提高外事工作人员的政治思想水平和大局意识,促进外事工作全面健康发展。二是加强检察系统因公出国培训项目管理,提高境外培训质量。2014 年,全国检察系统组织协调实施 19 个因公出国培训项目,其中最高人民检察院 3 个项目,省级检察院 16 个项目。最高人民检察院举办了全国检察机关因公出国培训工作业务培训班,就出国培训项目申报、执行、管理等方面的新要求,集中组织省级检察院外事工作人员进行学习辅导。加强因公出国培训经验交流与分享,编

辑出版了《全国检察机关因公出国（境）访问和培训成果报告集（2013）》，逐步打造优质的检察机关因公出国培训经验交流平台。三是修订完善各项规章制度，加强内部制度规范化建设。制定印发了《国际合作局工作手册》和《外事礼仪须知》，进一步细化完善外事工作流程。建立健全因公出访信息公示制度，将因公出国团组信息在机关局域网全面公示，接受党组织和机关干部的监督。启用授权公网护照签证系统，在新发因公护照中添加指纹和电子签名信息，使护签办流程向全面电子化方向迈进。落实中央关于"三公经费"的管理要求，加强因公出国经费预算管理。

四、主动适应国际形势发展需要，积极维护和发展国际多边和双边检察合作机制

2014年，国际反贪局联合会执委会会议、国际反贪局联合会反腐败培训班、第十二次上海合作组织成员国总检察长会议、第十九届国际检察官联合会年会暨会员代表大会、第六届中俄检察业务研讨会相继在西班牙巴塞罗那、中国北京、乌兹别克斯坦塔什干、阿联酋迪拜、中国哈尔滨等城市召开或举办。中国检察机关以会议主办方、协办方、受邀方等不同身份分别出席了上述会议，与来自世界各个国家和地区的众多执法司法机关的高级代表一起，围绕深化反腐败国际合作等诸多议题，深入交换意见，相互借鉴司法改革与发展的成功经验，进一步增进理解、共识与合作。中国检察代表团通过筹备和参与上述会议，准确把握多边国际合作机制的工作规律和发展动向，主动争取在国际司法事务中发挥主导作用，进一步提高了中国检察机关在国际司法界的话语权和影响力。曹建明检察长等院领导还充分利用会议间歇，同与会的国外高层司法官员展开密集的双边会晤，广泛宣传中国政府推进依法治国的决心信心和中国检察机关依法严厉惩治腐败的成效，并就双方共同关心的问题积极磋商，有力地推动了涉外司法实务中的一些难点、热点问题的解决。

（最高人民检察院国际合作局　韩　弋　曹　欢）

国际反贪局联合会2014年执委会会议　2014年4月1日至2日，国际反贪局联合会执委会会议在西班牙巴塞罗那召开。最高人民检察院检察长曹建明率中国检察代表团出席。代表团成员有福建省人民检察院检察长何泽中、湖南省人民检察院检察长游劝荣、广西壮族自治区人民检察院检察长崔智

友以及最高人民检察院办公厅主任张本才、国际合作局局长郭兴旺、国家检察官学院院长胡卫列等。中国香港特别行政区廉政公署专员白韫六率团参加了国际反贪局联合会执委会议。

本次会议是国际反贪局联合会执委会换届后召开的第一次会议，由西班牙加泰罗尼亚自治区反欺诈局承办。会议的主要任务是总结和通报联合会2013年工作情况，研究和部署2014年工作安排和今后发展规划。作为联合会主席，曹建明检察长主持执委会会议并在开幕和闭幕时分别致辞。西班牙总检察院总检察长爱德华多·托雷斯·杜尔塞和西班牙加泰罗尼亚自治区议会副议长尤宜斯·格罗米纳斯·迪亚兹出席开幕式并致辞。来自29个国家和地区的执委、执委代表和有关国际组织的代表出席会议。

曹建明检察长在致辞中回顾了联合会过去一年的工作。他说，2013年，联合会以"法治与反腐败"为工作主题，着力完善机制建设，努力深化研讨会改革，继续通过举办内容丰富的执委会，高水平、高规格的研讨会和年会暨会员代表大会，积极推动国际反腐败事业向前发展，取得了丰硕的成果。特别是2013年11月在巴拿马城举行的第七次年会暨会员代表大会，发表了《国际反贪局联合会巴拿马宣言》和《雅加达原则》，并作为正式文件提交给联合国反腐败公约缔约国大会第五次会议。这两个文件呼吁各国、各地区高度重视法治在反腐败执法中的重要性，加强反腐倡廉法治信息交流，完善法治建设，注重依靠和引导公众力量积极参与惩治和预防腐败工作，必将在国际反腐败事业中产生越来越深远的影响。

关于2014年的工作，曹建明检察长指出，在联合会执委会换届后的开局之年，联合会将重点做好五个方面工作：一是做好第七届研讨会和第八次年会暨会员代表大会的筹备工作；二是抓好修改后联合会《工作规划》的实施，进一步完善知识管理体系网站建设，把廉政宣传短片、海报、歌曲博览会活动正式纳入联合会工作规划；三是进一步做好《联合会团体会员间合作及信息分享框架协议方案》的调研论证和修改完善工作；四是做好执委会的补选工作；五是确定明年执委会及年会暨会员代表大会的举办地和承办单位。

曹建明检察长希望，在新的任期内，各位执委能忠实履行《国际反贪局联合会章程》赋予的职责，

尽心尽职，共同携手推动联合会工作的持续深入开展，共同把国际反腐败事业不断推向前进。

会议期间，与会执委还审议了联合会第七届研讨会和第八次年会暨会员代表大会筹备情况报告；听取了修改后《工作规划》实施情况报告；研究了研讨会改革，举办廉政宣传短片、海报、歌曲博览会，以及知识管理体系建设等《工作规划》实施问题；听取了《联合国反腐败公约》履约机制第二轮履约审查情况和中国香港特别行政区廉政公署第六届国际会议通报；进一步讨论了团体会员间合作及信息分享框架协议、执委会补选等重要议题。

（最高人民检察院国际合作局　曹　华）

第十二次上海合作组织成员国总检察长会议

2014年10月9日，第十二次上海合作组织成员国总检察长会议在乌兹别克斯坦首都塔什干举行。最高人民检察院检察长曹建明率中国检察代表团出席。代表团成员有山东省人民检察院检察长吴鹏飞、宁夏回族自治区人民检察院检察长李定达、新疆维吾尔自治区人民检察院党组书记郭连山以及最高人民检察院办公厅主任张本才、公诉厅厅长陈国庆、国际合作局局长郭兴旺等。

本次会议围绕"企业保护的检察监督""环境保护的检察监督""未成年人权益保护的检察监督"和"加强犯罪资产追回"等四项议题进行讨论。最高人民检察院检察长曹建明和乌兹别克斯坦总检察长卡德罗夫、哈萨克斯坦总检察长道巴耶夫、俄罗斯联邦总检察长柴卡、塔吉克斯坦总检察长萨利姆佐达、吉尔吉斯斯坦副总检察长艾斯浦洛夫出席会议。上合组织秘书长梅津采夫、上合组织地区反恐怖机构执行委员会主任张新枫以及蒙古总检察长道尔利格扎布、印度司法部副部长普列姆·古玛尔、伊朗副总检察长谢伊特·马尔杰扎应邀列席会议。

东道国乌兹别克斯坦总检察长卡德罗夫主持会议，曹建明检察长在开幕式上致辞。开幕式后，与会成员国总检察长先后围绕会议确定的四个专题分别发言。在讨论"环境保护的检察监督"议题时，曹建明检察长作了题为《加强司法合作保护生态环境》的专题发言。他说，中国政府始终把环境司法保护摆在重要位置，实行最严格的源头保护制度、损害赔偿制度、责任追究制度。近年来，中国检察机关不断加大环境资源司法保护力度，依法严厉打击破坏环境资源的刑事犯罪，积极参与重大环境污染事件的调查处理，及时向有关部门提出完善环境保护的检察建议，增强全社会的环境法治意识。曹建明检察长指出，上合组织成员国彼此相邻，总面积占欧亚大陆总面积的五分之三，人口占世界总人口的四分之一，保护好这个地区的生态环境，不仅是各国人民的热切期盼，也是对世界的积极贡献。他就各国之间强化环境司法保护，加强协作配合提出四点建议。一是加大对破坏环境资源犯罪的打击力度。不仅要加强各成员国检察机关之间的配合，而且要强化与国内其他执法部门的沟通协调，依法严惩跨国（境）破坏环境资源犯罪。二是强化边境地区检察机关的紧密合作。各成员国特别是边境地区检察机关要加强信息交流，建立环境保护快速反应和定期协商制度，及时通报查办案件情况，提供司法协助。三是探索建立环境资源保护司法解决机制。要进一步发挥上合组织秘书处协调职能，完善司法协调和保护机制，推动环境保护司法国际合作。四是提升打击破坏环境资源犯罪的能力。各成员国检察机关要充分利用现有平台资源和信息优势，就办理破坏环境资源犯罪取证难、鉴定难等问题，有针对性地加强专题培训和交流研讨。

在讨论"加强犯罪资产追回"议题时，曹建明检察长作了题为《中国对犯罪所得追缴、没收和返还的法律依据与主要实践》的专题发言。他说，腐败犯罪和恐怖主义活动犯罪及相关犯罪所得跨境转移，既是国际社会面临的共同挑战，更是上合组织成员国遇到的突出问题。近年来，中国政府高度重视犯罪资产追回的国际合作，进一步严密犯罪资产追回的刑事法网，加强犯罪资产追回国际合作。中国检察机关作为负责腐败犯罪资产追缴的重要部门，部署开展职务犯罪国际追逃追赃专项行动，坚持追逃和追赃同步进行，积极拓展刑事司法合作平台，最大限度运用法律武器追缴赃款。他就完善成员国之间犯罪资产追回合作机制提出三点建议。一是建立健全便捷执行机制。在《联合国反腐败公约》等多边、双边条约的国际法框架内，完善刑事司法合作条约规定，及时便捷执行各成员国提出的司法协助请求。二是建立健全信息共享机制。进一步加强犯罪信息交流，必要时可以探索建立信息联网，及时通报监测、跟踪或者掌握的腐败犯罪、恐怖活动犯罪等犯罪资产跨境转移的数据情报。三是建立健全交流培训机制。通过定期联络、交流访问、个案磋商等多种方式，深入开展相关业务交流培训。

曹建明检察长还分别在其他两个议题讨论时，向与会代表介绍了中国检察机关在保护企业和未成年人合法权益方面的经验做法。

会议在圆满完成各项议程后闭幕。最高人民检察院检察长曹建明与各成员国总检察长在会议闭幕时签署了会议纪要。会议纪要在充分确认和高度评价会议成果基础上，就加强成员国间务实合作、维护地区稳定发展进一步达成了共识；并确定第十三次上合组织成员国总检察长会议于2015年在哈萨克斯坦召开。

会议期间，最高人民检察院检察长曹建明分别与哈萨克斯坦总检察长道巴耶夫、俄罗斯联邦总检察长柴卡、塔吉克斯坦总检察长萨利姆佐达、吉尔吉斯斯坦副总检察长艾斯浦洛夫、上合组织秘书长梅津采夫、上合组织地区反恐怖机构执行委员会主任张新枫、蒙古总检察长道尔利格扎布进行工作会谈，就发展双边检察关系和加强上合组织框架内的交流合作交换了意见。

（最高人民检察院国际合作局　曹　华）

中国检察代表团赴西班牙出席国际反贪局联合会执委会会议并访问法国　以最高人民检察院检察长曹建明为团长的中国检察代表团于2014年3月30日至4月6日赴西班牙出席国际反贪局联合会执委会会议并访问法国。代表团成员包括：福建省人民检察院检察长何泽中、湖南省人民检察院检察长游劝荣、广西壮族自治区人民检察院检察长崔智友等。中国香港特别行政区廉政公署专员白韫六率团与会。

4月1日至2日，国际反贪局联合会执委会会议在西班牙巴塞罗那召开。这次会议是联合会执委会换届后召开的第一次会议，由西班牙加泰罗尼亚自治区反欺诈局承办。这次会议的主要任务是总结和通报联合会2013年工作情况，研究和部署2014年工作安排和今后发展规划。作为联合会主席，曹建明检察长主持执委会会议并在开幕和闭幕时分别致辞。西班牙总检察院总检察长爱德华多·托雷斯·杜尔塞和西班牙加泰罗尼亚自治区议会副议长尤宜斯·格罗米纳斯·迪亚兹出席开幕式并致辞。来自29个国家和地区的执委、执委代表和有关国际组织的代表出席会议。

会议期间，与会执委审议了联合会第七届研讨会和第八次年会暨会员代表大会筹备情况报告；听

取了修改后《工作规划》实施情况报告；研究了研讨会改革，举办廉政宣传短片、海报、歌曲博览会，以及知识管理体系建设等《工作规划》实施问题；听取了《联合国反腐败公约》履约机制第二轮履约审查情况和中国香港特别行政区廉政公署第六届国际会议通报；进一步讨论了团体会员间合作及信息分享框架协议、执委会补选等重要议题。

这次曹建明检察长应法国总检察长马汉的邀请访法，既是近年来两国检察机关不断加强交流互信的见证，也更加深化了双方之间的传统友好关系。马汉总检察长与曹建明检察长举行工作会谈，共同签署中法50名检察官培训项目合作执行协议。其间，中国检察代表团访问了法国司法部、最高司法官委员会、最高法院律师协会，法国司法部长托比拉女士、最高司法官委员会委员盖尔德、最高法院律师协会会长都旺南与曹建明检察长进行了坦诚友好的交流。中国检察代表团还访问了法国共和国卫队。

（最高人民检察院国际合作局
国际交流处　龙　梅　汪　伟）

中国检察代表团赴乌兹别克斯坦出席第十二次上海合作组织成员国总检察长会议　以最高人民检察院检察长曹建明为团长的中国检察代表团于2014年10月6日至11日赴乌兹别克斯坦出席第十二次上海合作组织成员国总检察长会议。代表团成员包括：山东省人民检察院检察长吴鹏飞、宁夏回族自治区人民检察院检察长李定达、新疆维吾尔自治区人民检察院党组书记郭连山等。

中乌建交21年来，两国关系保持健康稳定发展势头，各领域合作成果丰硕。中乌两国检察机关始终保持着良好的交往关系。乌总检察长卡德罗夫多次邀请曹建明检察长访乌，曹建明检察长此次访乌，实现了中国最高人民检察院检察长对乌兹别克斯坦的首次访问。访乌期间，曹建明检察长与卡德罗夫总检察长进行了工作会谈，双方共同签订了两国检察机关《2015—2016年合作计划》。曹建明检察长还分别会见了乌参议院主席萨比罗夫、最高法院院长加济耶夫和内务部部长阿赫梅德巴耶夫，双方表达了发展交往关系的良好愿望，并就开展执法司法交流合作深入交换了意见。

第十二次上海合作组织成员国总检察长会议于10月9日在乌首都塔什干举行。本次会议围绕

"企业保护的检察监督""环境保护的检察监督""未成年人权益保护的检察监督"和"加强犯罪资产追回"等四项议题进行讨论。曹建明检察长和乌兹别克斯坦总检察长卡德罗夫、哈萨克斯坦总检察长道巴耶夫、俄罗斯联邦总检察长柴卡、塔吉克斯坦总检察长萨利姆佐达、吉尔吉斯斯坦副总检察长艾斯浦洛夫出席会议。上合组织秘书长梅津采夫、上合组织地区反恐怖机构执行委员会主任张新枫、以及蒙古总检察长道尔利格扎布、印度司法部副部长普列姆·古玛尔、伊朗副总检察长谢伊特·马尔杰扎应邀列席会议。曹建明检察长与各成员国总检察长在会议闭幕时签署了会议纪要。会议纪要在充分确认和高度评价会议成果基础上,就加强成员国间务实合作、维护地区稳定发展进一步达成了共识;并确定第十三次上合组织成员国总检察长会议于2015年在哈萨克斯坦召开。

会议期间,曹建明检察长分别与哈萨克斯坦总检察长道巴耶夫、俄罗斯联邦总检察长柴卡、塔吉克斯坦总检察长萨利姆佐达、吉尔吉斯斯坦副总检察长艾斯浦洛夫、上合组织秘书长梅津采夫、上合组织地区反恐怖机构执行委员会主任张新枫、蒙古总检察长道尔利格扎布进行工作会谈,就发展双边检察关系和加强上合组织框架内的交流合作交换了意见。

(最高人民检察院国际合作局
国际交流处 龙 梅 汪 伟)

中国检察代表团赴加拿大出席国际检察官联合会执委会会议并访问巴哈马和美国 以最高人民检察院常务副检察长胡泽君为团长的中国检察代表团于2014年5月7日至5月16日赴加拿大魁北克出席国际检察官联合会执委会会议,并访问美国、巴哈马。代表团成员包括:重庆市人民检察院检察长余敏、江苏省人民检察院检察长徐安、青海省人民检察院检察长王晓勇等。

5月8日至9日,国际检察官联合会执委会在加拿大魁北克市举行,代表团此次参加会议的主要目的是参选联合会执委。国际检察官联合会是于1995年6月在联合国维也纳设立的一个非政府组织。该组织成立的主要目的是推动各国检察官在司法协助、资产追回等方面快速高效地开展国际协作,合力遏制贩毒、洗钱和诈骗等跨境犯罪。目前,该联合会拥有138个检察官协会、检察机关和预防犯罪机构,个人会员包括来自130多个国家的20多

万检察官。执委会是该联合会的理事机构,其成员根据组织会员在世界各地的分布状况选举产生。中国是该联合会的创始会员,也一直是联合会的执委之一。此次执委会召开的主要任务是审议2014年工作计划及进行执委增补议程。5月9日,经国际检察官联合会执委会全体执委无记名投票,一致同意胡泽君常务副检察长担任执委,决定将其提名提交11月在阿联酋举行的第19届国际检察官联合会大会批准。会议期间,常务副检察长胡泽君分别会见了联合会主席詹姆斯·汉米尔顿及秘书长德克·库铂,并同加拿大、荷兰、丹麦、巴哈马、越南和中国澳门特别行政区以及联合国毒品与犯罪署等各有关国家、地区和国际组织的与会代表,就推动国际检察官联合会各项工作的开展以及加强与中国检察机关的友好交流与合作关系等问题进行了深入交流。

访问美国司法部期间,常务副检察长胡泽君分别与美国司法部常务副部长詹姆士·科尔及副部长布鲁斯·斯沃兹进行了工作会谈。常务副检察长胡泽君表示,确保中美关系健康稳定发展不仅符合中美双方共同利益,也是两国司法机关联手打击跨国犯罪的迫切需要。中国检察机关与美国司法部有许多相同的职责,过去几年间,双方在中美执法合作联合联络小组框架下,进行了卓有成效的合作。建议两国司法和执法机构认真落实联合国相关公约和双边刑事司法协助协定中关于犯罪资产追缴和返还的规定,进一步强化犯罪资产追缴的履约能力和效率,更加务实开展国际合作,严厉打击跨国、跨境犯罪。

巴哈马国地处加勒比地区,自1997年与中国建交以来,两国关系发展顺利。近年来,两国检察机关保持着良好的交往关系,巴总检察长梅纳德·吉布森曾多次邀请我检察代表团访巴。这次常务副检察长胡泽君应邀访巴,是中国检察代表团第一次对巴哈马的正式访问。代表团与巴最高法院首席大法官伯顿·霍尔,司法部长兼总检察长梅纳德·吉布森,以及助理检察长霍那德·吉默尔等巴检察院有关官员分别进行了工作会谈。

(最高人民检察院国际合作局
国际交流处 龙 梅 汪 伟)

中国检察代表团赴马来西亚出席第八届中国与东盟成员国总检察长会议 以最高人民检察院副检察长朱孝清为团长的中国检察代表团于2014年1

月 22 日至 23 日赴马来西亚柔佛州出席第八届中国与东盟成员国总检察长会议。

2014 年是中国与东盟各成员国总检察长会议机制建立 10 周年，本次会议为机制建立后的第八次会议，主题是"犯罪、腐败与投资的关系"。马来西亚国会议员及法律事务总理府部长南西书克里女士和总检察长阿巴度·加尼·帕泰尔、文莱总检察长赛勒、柬埔寨国务秘书陈所薇、印度尼西亚总检察长巴斯瑞夫·阿瑞夫、老挝副总检察长朗西·斯波洪、缅甸总检察院副局长吴明特、菲律宾司法部首席国务顾问理卡德·巴拉斯三世、新加坡总检察长庄泓翔、泰国总检察长阿桑坡·岩萨旺、越南副总检察长陈公樊以及东盟秘书处副秘书长艾哈迈德·库拉·莫茨坦等出席会议。马来西亚国会议员及法律事务总理府部长南西书克里女士、总检察长阿巴度·加尼·帕泰尔和朱孝清副检察长在会议开幕时分别致辞。大会通过了联合声明。

会议期间，最高人民检察院副检察长朱孝清与马来西亚、新加坡总检察长、越南副总检察长分别进行了简短的工作会谈，进一步阐明了中国检察机关愿意同东盟各成员国发展双边合作的原则立场和良好意愿，三国总（副）检察长也都强调了本国检察机关加强与中国检察机关司法交流合作的积极愿望，双方并就所关心的话题交换了意见。马来西亚总检察长强调了中马之间的传统友谊，并提出当前中马贸易往来密切，希望双方检察机关加强在避税和反洗钱问题上的合作。新加坡总检察长对 2013 年访问中国受到曹建明检察长热情接待以及新加坡检察官到中国国家检察官学院培训表示感谢。越南副总检察长表示中越两国检察机关应进一步加强司法合作、业务交流和培训。

（最高人民检察院国际合作局
国际交流处 龙 梅 汪 伟）

中国检察代表团赴俄罗斯出席中俄检察业务研讨会 为落实最高人民检察院和俄罗斯联邦总检察院 2014 年至 2015 年合作计划，以最高人民检察院副检察长姜建初为团长的中国检察代表团于 2014 年 5 月 19 日至 24 日赴俄罗斯出席中俄检察业务研讨会，并于会议期间赴圣彼得堡市检察院和圣彼得堡市环境保护检察院进行访问，分别与其院领导和有关业务机构负责人进行了座谈，听取了相关工作介绍，对俄罗斯专门检察制度，尤其是环境保护检察制度进行了深入考察。

这次中俄检察业务研讨会是双方 2014 年至 2015 年合作协议的首次检察业务交流活动，会议的主题是"交流打击腐败犯罪的实践、成果、有效方式及经验"。会议上，姜建初副检察长从宏观上就我国政府打击腐败犯罪的政策和主要做法作了介绍，就中俄两国加强司法合作，携手打击跨国腐败犯罪提出了思路和建议，强调我国检察机关愿意在上海合作组织框架下加强与俄罗斯检察机关的沟通理解和务实合作，继续加强中俄两国检察机关在打击腐败犯罪方面的交流与合作，继续开辟双方检察机关合作的新领域，为推进两国司法机关互利合作、深化中俄战略协作伙伴关系内涵作出新的贡献。最高人民检察院反贪污贿赂总局正局级检察员马海滨介绍了我国检察机关的反贪机构设置和主要职能，重点介绍了检察机关近年来的反贪工作成绩和主要经验。其他代表团成员也对我国检察机关的侦查一体化机制及开展对外交流与国际合作等情况进行了介绍。

俄罗斯检察机关高度重视此次业务研讨，给予代表团高规格的接待。俄联邦总检察院第一副总检察长布克斯曼出席业务研讨，并作了主旨发言，重点介绍了俄罗斯反腐败的有关情况和检察机关在反腐败中的作用；总检察院反腐败法律执行监督局副局长尤素法夫等官员参加了业务研讨。

（最高人民检察院国际合作局
国际交流处 龙 梅 汪 伟）

中国检察代表团访问白俄罗斯 以最高人民检察院副检察长张常韧为团长的中国检察代表团于 2014 年 6 月 23 日至 27 日对白俄罗斯进行了正式访问，并就跨国有组织腐败犯罪和高科技犯罪等议题开展研讨。

访问期间，代表团同白俄罗斯总检察院进行了广泛的接触，并以"中白两国护法机关在打击有组织犯罪、高科技犯罪及其他跨国犯罪中的国际合作"为议题，同白俄罗斯总检察院、调查委员会、内务部等有关部门负责人进行了深入研讨。白方参加研讨活动的有白方代表团团长、白俄罗斯总检察院第一副总检察长库克利斯·尼古拉·伊万诺维奇，打击腐败犯罪和有组织犯罪局局长格列依波，部队、交通和海关部门执法监督局副局长杰尼休克，加强法制问题科研中心副主任、博士、副教授巴比，调查委员会打击信息安全与知识产权犯罪局副局长别特克，内务部局长维索茨基、雷先科和副局长博鲁什科等。研讨活动由白俄罗斯总检察院第一副总检察长库克利斯主持。中方代表团团长张常韧副检察长在致辞中，围绕研讨议题介绍了中国有关情况，并提出了四点建议：一是加强两国检察机关高层互访交流；二是加强两国检察人员的专业交流；三是加强信息交流；四是深化执法、司法合作。最高人民检察院反贪总局副局长詹复亮、侦查监督厅副厅长黄海龙分别就加强打击跨国腐败国际合作的措施和经验，加强国际合作、打击跨国有组织犯罪问题作了专题发言。白方代表团介绍了白俄罗斯护法机关打击腐败犯罪和有组织犯罪现状和措施、在关税同盟条件下对非法往白俄罗斯输入商品进行打击的现实问题、调查具有跨国性质的网络犯罪的实践、打击侵占信息交流技术犯罪、要求国家建立独立的刑事司法鉴别体系和统一的执法实践等情况。研讨活动准备认真，内容丰富，气氛十分友好。研讨期间，白俄罗斯总检察院总检察长科纽克·亚历山大亲切会见代表团全体人员，代表团的访问还得到了中国驻白使馆的热情指导和支持。

（最高人民检察院国际合作局
国际交流处 龙 梅 汪 伟）

中国检察代表团赴古巴出席 2014 国际刑事科学第十二届大会并访问古巴　以最高人民检察院副检察长李如林为团长的中国检察代表团于 2014 年 11 月 23 日至 28 日赴古巴出席了 2014 国际刑事科学第十二届大会，并对古巴进行了正式访问。

国际刑事科学大会系伊比利亚美洲（即使用西班牙语和葡萄牙语的所有美洲国家和地区）法律领域最负盛名的国际论坛之一，主办方为古巴总检察院，自 1992 年至今已成功举办二十余年，每两年举办一次。此次大会旨在推动各国在刑事犯罪学领域的专业经验交流，探讨司法实践领域关于刑事犯罪与对家庭及未成年人法律保护之间的关系。参加大会的主要是伊比利亚美洲各国的检察代表团和法学专家，俄罗斯、白俄罗斯、越南、蒙古等国也派代表团参加了大会。

11 月 26 日，2014 国际刑事科学第十二届大会正式开幕。首先是古巴总检察长达里奥·德尔加多·库拉致辞。他在致辞中特别提到中国最高人民检察院对大会的重视和支持，对李如林副检察长

和代表团成员表示欢迎和感谢。古巴总检察长致辞后，巴西总检察长罗德里格·巴罗斯、尼加拉瓜总检察长安娜·欧切娅、阿根廷总检察长阿雷杭德拉·加尔波、厄瓜多尔总检察长伽罗·桑布拉诺和墨西哥国家自治大学法律系刑法教授先后作了发言。发言主要涉及有组织犯罪、跨国犯罪、走私、贩卖人口、环境犯罪及对相关犯罪的处理机制等问题，一般是先介绍本国相关情况和做法，然后提出一些加强合作的建议。在参加会议期间，李如林副检察长和代表团成员与一些国家的代表，结合会议主题进行了广泛接触和交流，向他们介绍了中国相关法律制度和经验。

会议期间，李如林副检察长率中国检察代表团与古巴总检察长达里奥·德尔加多·库拉进行了正式工作会谈，古方参加会见的还有副总检察长曼蕾·费南多兹和古巴总检察院国际关系部负责人帕翠莎·雷左。中国驻古巴大使张拓陪同会见。李如林副检察长还代表曹建明检察长真诚地邀请达里奥·德尔加多·库拉先生在 2015 年适当的时候访问中国，促成共同签署两国检察机关新的合作谅解备忘录。

（最高人民检察院国际合作局
国际交流处 龙 梅 汪 伟）

中国检察代表团赴俄罗斯出席欧亚检察机关首脑会议并访问老挝　以最高人民检察院检察委员会专职委员张德利为团长的中国检察代表团于 2014 年 8 月 22 日至 29 日访问老挝，并赴俄罗斯伊尔库茨克市出席主题为"整合力量打击跨国有组织犯罪"的欧亚检察机关首脑会议。

此次访问是中老建交以来最高人民检察院代表团对老挝的第二次访问，老方对此高度重视，做了周到安排。访问期间，张德利专委一行拜会了老挝人民革命党中央政治局委员、中央纪委主任、政府副总理阿桑·劳里，与老挝最高人民检察院检察长坎山·苏冯举行会谈并签署会晤备忘录。中国驻老挝大使关华兵出席上述活动。

以"整合力量打击跨国有组织犯罪"为主题的欧亚检察机关首脑会议，于 8 月 26 日至 27 日在俄罗斯伊尔库茨克市举行。俄罗斯总检察院和伊尔库茨克市对这次会议很重视，作了精心准备和安排。除俄罗斯和中国检察机关外，白俄罗斯总检察长亚历山大·弗拉基米尔·嘎纽科，匈牙利总检察

长波尔特·贝戴尔,哈萨克斯坦总检察长道巴耶夫,蒙古国总检察长丹木比·道乐利格扎布,塞尔维亚副检察长奥斯托伊奇·德鲁尔特日、米洛维奇·塔玛拉,塔吉克斯坦总检察长舍·萨利姆扎达,瑞士总检察长拉务别尔·米哈伊里,以及国际检察官联合会主席亚罗什·格尔哈尔德,欧洲检察官咨询委员会主席安东尼·穆拉等率代表团与会。

俄罗斯总检察院检察长柴卡主持会议,伊尔库茨克州州长谢尔盖·叶罗先科致欢迎辞。会议在打击跨国有组织犯罪的主题下分三个议题:检察机关在打击贩卖人口及非法移民中的作用与权能,检察机关在打击非法贩运麻醉药品及精神药物犯罪中所采取的行动方法,检察机关在打击非法洗钱犯罪中的作用。围绕这些议题,俄罗斯总检察院副检察长亚历山大·茨维津采夫及与会各国和国际组织代表团团长作了发言。各代表团在发言中简要介绍了本国和国际打击跨国有组织犯罪的情况、方法和成效,执法司法合作中遇到的问题,以及加强国际司法合作的建议。与会各方在发言中都认为,当前世界和地区形势复杂多变,尽管各国在打击跨国有组织犯罪执法司法合作中取得了较好成效,但跨国有组织犯罪还在蔓延,已经成为一个威胁安全和稳定的区域性和全球性问题。国际社会必须进一步增进共识,加强合作,携手加大对跨国有组织犯罪的打击力度,维护世界各国和地区安全、稳定与繁荣。

(最高人民检察院国际合作局
国际交流处 龙 梅 汪 伟)

印度尼西亚检察代表团访华 应最高人民检察院检察长曹建明的邀请,印度尼西亚总检察长巴斯里夫·阿里夫率8人代表团于2014年9月23日至27日访华。代表团访问了北京和广东。

2014年9月23日下午,最高人民检察院检察长曹建明在北京会见了来访的印度尼西亚总检察长巴斯里夫·阿里夫,双方共同签署了两国检察机关合作谅解备忘录。曹建明检察长首先对巴斯里夫·阿里夫检察长首次率团访问中国最高人民检察院表示欢迎。他说,中国和印度尼西亚建交64年以来,两国关系发展顺利。特别是2013年10月,习近平主席对印度尼西亚成功进行了国事访问,并和苏西洛总统共同发表了《中印尼全面战略伙伴关系未来规划》,将两国关系推向一个新的发展高度,为两国的全方面合作奠定了坚实基础。相信总检察长阁下此次来访,一定会对巩固

两国人民传统友谊、促进两国检察机关友好合作起到积极作用。

曹建明检察长指出,随着两国关系的不断发展,两国检察机关之间交流合作也日益深化。近年来,两国检察机关充分利用国际反贪局联合会、中国—东盟成员国总检察长会议等一系列国际或地区合作机制平台,开展了广泛务实的业务交流和司法合作,取得了可喜的成果,为今后交流合作奠定了坚实的基础。双方共同签署两国检察机关合作谅解备忘录,可以说具有里程碑意义。这不仅将巩固和充实两国检察机关的传统友谊,也必将推进和深化双方执法司法合作。中国检察机关愿与印尼同行一道,以此次签署备忘录为契机,在备忘录的总体框架内,加强人员、专业、信息全方位交流,相互分享借鉴法治建设和检察改革中的成功经验,充分利用国际和地区合作机制,加强务实合作,共同打击跨国有组织犯罪,共同维护两国经济社会发展和地区和平稳定。

巴斯里夫·阿里夫检察长感谢曹建明检察长的亲切会见。他说,"独木不成林,独弦不成音"。印尼检察机关高度重视与中国同行的友谊,愿携手把两国检察机关友好关系推进到一个新的更高的阶段,愿为巩固和发展两国检察机关友好关系、加强两国检察机关交流合作作出努力。巴斯里夫·阿里夫检察长还介绍了印度尼西亚检察机关的职能。宾主双方还就司法改革、追逃追赃等双方感兴趣的话题进行了愉快而深入的交流。

在华访问期间,巴斯里夫·阿里夫总检察长还访问了北京市人民检察院和广东省人民检察院,并与两地检察机关相关负责同志进行了座谈交流。

(最高人民检察院国际合作局
国际交流处 龙 梅 汪 伟)

保加利亚检察代表团访华 应最高人民检察院检察长曹建明的邀请,保加利亚总检察长察察罗夫率6人代表团于2014年12月8日至12月12日访华。代表团访问了北京和陕西。

12月8日下午,最高人民检察院检察长曹建明在京会见保加利亚总检察长察察罗夫,双方共同签署两国检察机关合作协议。曹建明对察察罗夫首次率团访问最高人民检察院表示热烈欢迎。他说,2014年是中保两国建交65周年。65年来,两国关系持续健康发展,各领域合作深入推进。特别是年

初贵国总统普列夫内利埃夫来华进行国事访问,两国宣布建立全面友好合作伙伴关系并签署一系列文件,将两国关系推向了一个新的发展阶段。相信阁下此次来访,一定会对巩固两国人民传统友谊、促进两国检察机关友好合作起到积极作用。

曹建明检察长表示,长期以来,中保两国检察机关始终保持良好交流和务实合作。今天签署的两国检察机关合作协议,既是我们友好关系的见证,更是我们交流合作新的里程碑。希望两国检察机关以此为契机,进一步加强高层互访和检察官交流培训,加强工作信息交流和业务研讨,开展务实合作,共同打击跨国有组织犯罪和腐败犯罪,开启双方友好交流合作的新篇章。

曹建明检察长向来宾简要介绍了中国检察机关的主要职能和前不久召开的中国共产党十八届四中全会的基本情况。他说,中国共产党十八届四中全会专题研究全面推进依法治国问题,对法治建设工作布局作了全面的顶层设计,对检察工作作出了许多重要改革部署,这表明法治建设和检察工作在今后中国社会发展中将占到更加重要的地位、发挥更加重要的作用。中国检察机关作为法治建设的一支重要力量,将围绕全面推进依法治国的总目标,认真履行法律监督职能,切实提升反腐败法治化水平,坚持严格规范公正文明司法,深入推进司法体制改革,为推动社会主义法治国家建设作出积极贡献。

察察罗夫感谢曹建明检察长的热情会见,表示愿意为发展中保两国传统友谊,加强两国检察机关交流合作作出积极贡献。保加利亚驻华大使舒丘尔利埃夫参加会见。

在华访问期间,察察罗夫总检察长还访问了北京市人民检察院和陕西省人民检察院,并与两地检察机关相关负责同志进行了座谈交流。

（最高人民检察院国际合作局
国际交流处　龙　梅　汪　伟）

蒙古检察代表团访华　应最高人民检察院的邀请,蒙古国家防治腐败局局长冈包勒德一行2人于2014年12月15日至17日对我国进行友好访问。

12月16日下午,最高人民检察院检察长曹建明在京会见了蒙古国家惩治腐败局局长冈包勒德,双方共同签署合作谅解备忘录。曹建明检察长首先对冈包勒德局长再度来访表示热烈欢迎。他说,中蒙两国山水相连,两国人民友好交往源远流长。

2014年是中蒙建交65周年,8月习近平主席访蒙时,两国元首又共同决定将两国关系提升为全面战略伙伴关系,这标志着两国关系进入新的历史发展时期,也为进一步加深两国执法司法机关的交流合作创造了良好的契机。

曹建明检察长重点向来宾介绍了近期中国检察机关惩治和预防职务犯罪的情况。他说,查办和预防职务犯罪是中国检察机关一项重要的职能。中国共产党第十八次全国代表大会以来,中国检察机关按照反腐败工作整体部署,坚持"老虎""苍蝇"一起打,进一步加大惩治行贿犯罪力度,加大境外追逃追赃力度,有力促进了反腐倡廉建设。在加大惩治职务犯罪力度的同时,中国检察机关高度重视立足检察职能,结合执法办案,通过实行职务犯罪预防年度报告制度、建立行贿犯罪档案查询系统、加强检察建议和宣传警示教育等工作,积极推动职务犯罪预防工作,促进从源头上遏制和减少职务犯罪。

曹建明检察长表示,惩治和预防职务犯罪是一个世界性话题,蒙古国家惩治腐败局在这方面有许多好的实践,积累了丰富经验。中国检察机关愿意以此次与该局签署合作谅解备忘录为契机,进一步加强双方在惩治和预防腐败领域的人员培训、业务交流和信息交流等方面的合作,共同分享经验,相互学习,共同提高,更加紧密务实地合作,切实提高惩治跨国职务犯罪的能力,维护社会和谐经济发展。

冈包勒德感谢曹建明检察长的亲切会见,表示将认真执行合作谅解备忘录的有关内容,进一步加强两国在反腐败领域的务实合作,不断充实中蒙两国全面战略伙伴关系的内涵。

（最高人民检察院国际合作局
国际交流处　龙　梅　汪　伟）

内地与港澳地区检察代表团互访情况综述　一、内地与港澳司法界的交流情况

1. 2014年4月,在西班牙举行的国际反贪局联合会执委会期间,最高人民检察院曹建明检察长专门与香港特别行政区廉政公署白韫六专员单独会谈。曹建明检察长对香港特别行政区廉政公署在两地个案协查上的合作表示肯定,对廉政公署在国际反贪舞台上对最高人民检察院的支持表示赞赏。白专员感谢曹检察长的邀请,并表示将一如既往地深化与内地检察机关的合作。

2. 2014年12月,澳门特别行政区新一届政府

组成之际,最高人民检察院检察长曹建明与澳门特别行政区新任检察长叶迅生、澳门廉政公署新任廉政专员张永春互致贺信与感谢信。叶迅生检察长、张永春专员均表示希望加强与最高人民检察院的交流与个案协查的合作关系。

二、三地多层次司法交流情况

1.2014 年 7 月,最高人民检察院接待了中国政法大学组织的香港大学、香港中文大学等法学院的 56 名香港大学生内地培训班。国际合作局、公诉厅、反贪总局、研究室的业务负责人与香港法律大学生进行面对面的法律交流。香港的法律大学生对内地反贪工作和司法改革兴趣浓厚,双方交流气氛热烈,收到了很好的效果。

2.2014 年 10 月,最高人民检察院安排上海市检察机关接待香港廉政公署组织的总调查主任培训班,安排来自港澳的执法人员在内地基层检察机关参观学习,相互交流工作经验。培训班作为最高人民检察院与香港廉政公署的重要多边交流活动之一,为香港其他法律部门和国外执法机关了解中国的检察制度和反贪工作提供了更直接的窗口。

3.2014 年 12 月 4 日至 5 日,最高人民检察院涉港澳工作办公室郭兴旺主任率团参加在广州举行的第十届粤港澳个案协查工作座谈会,与来自香港、澳门廉政公署和广东省检察机关的同事共商深化三地务实协作,拓展个案协查渠道,共同打击跨境腐败犯罪、加强三地执法合作的新途径。

4.2014 年 12 月和 2015 年 1 月,最高人民检察院分别接待了澳门特别行政区检察院检察长顾问周文清和检察长办公室主任谭炳棠的来访,商讨加强两院的交流与合作的具体事宜,并为下一步的高层交往进行了具体的安排。

5.2014 年 12 月 17 日至 19 日,最高人民检察院专门组团,派出以最高人民检察院检察委员会委员、法律政策研究室主任万春为团长的代表团赴澳门参加由澳门检察院筹办的区际司法协助研讨会。内地检察代表团在会上与来自港澳司法执法届的代表进行了深入交流,为深化三地的区际司法协助进行了理论探讨。

三、三地个案协查相互派调查员调查情况

在内地检察机关的协助下,香港廉政公署先后于 2014 年 2 月、3 月、4 月、5 月、6 月和 11 月派出 9 个办案小组赴北京、浙江、四川、上海和福建等地调查取证。内地检察机关也在 2014 年 6 月、8 月、9 月、10 月和 12 月派出 5 个办案组赴港澳地区调查取证。

（最高人民检察院国际合作局 郭明聪）

2014 年中华人民共和国最高人民检察院与外国司法、检察机关签订的合作协议一览表

合作协议名称	签字日期	签字地点	中方签字人	对方签字人	生效日期
中华人民共和国最高人民检察院、中国国家检察官学院和法兰西共和国最高法院检察院、法国国立司法官学校合作执行协议	2014 年 4 月 3 日	巴黎	中华人民共和国最高人民检察院检察长 曹建明 中国国家检察官学院院长 胡卫列	法兰西共和国最高法院检察院检察长 马汉 法国国立司法官学校校长 洪森	2014 年 4 月 3 日
中国检察代表团和老挝最高人民检察院会晤备忘录	2014 年 8 月 22 日	万象	中华人民共和国最高人民检察院检察委员会专职委员 张德利	老挝最高人民检察院总检察长坎山·苏冯	2014 年 8 月 22 日

续表

合作协议名称	签字日期	签字地点	中方签字人	对方签字人	生效日期
中华人民共和国最高人民检察院和印度尼西亚共和国总检察院合作谅解备忘录	2014 年 9 月 23 日	北京	中华人民共和国最高人民检察院检察长曹建明	印度尼西亚共和国总检察院检察长巴斯里夫·阿里夫	2014 年 9 月 23 日
中华人民共和国最高人民检察院和乌兹别克斯坦共和国总检察院 2015 年至 2016 年合作计划	2014 年 10 月 7 日	塔什干	中华人民共和国最高人民检察院检察长曹建明	乌兹别克斯坦共和国总检察院总检察长卡德罗夫	2014 年 10 月 7 日
中华人民共和国最高人民检察院和保加利亚共和国总检察院合作协议	2014 年 12 月 8 日	北京	中华人民共和国最高人民检察院检察长曹建明	保加利亚共和国总检察院检察长索蒂尔·察察罗夫	2014 年 12 月 8 日
中华人民共和国最高人民检察院和蒙古国国家防治腐败局合作谅解备忘录	2014 年 12 月 16 日	北京	中华人民共和国最高人民检察院检察长曹建明	蒙古国国家防治腐败局局长冈包勒德	2014 年 12 月 16 日

中华人民共和国最高人民检察院、中国国家检察官学院和法兰西共和国最高法院检察院、法国国立司法官学校合作执行协议

忆及中法两国通过司法制度构建特别是对司法良性运作发挥关键作用的检察官培训致力于法治国之建设；

欣见两国最高检察院及检察官培训机构间之密切合作；

坚信分享良好的司法实践经验是加强两国法律和司法合作关系最有效之方式；

特达成协议如下：

第一条

双方致力于加强中华人民共和国最高人民检察院与法兰西共和国最高法院检察院之间的法律及司法合作，并共同全力推动《中法"50 名检察官培训项目"合作协议》。

第二条

双方同意于《中法"50 名检察官培训项目"合作协议》生效期间，即自 2014 年至 2018 年开展合作，在各自职能范围内于最大限度便利《中法"50 名检察官培训项目"合作协议》之执行。

第三条

2014 年—2015 年，双方承诺遵照如下日程实施项目：

——2014 年 4 月上旬，"50 名检察官培训项目"初选。组织 15—20 名检察官候选人参加笔试和面试。

——法国驻华大使馆与中国最高人民检察院、中国国家检察官学院组成联合选拔委员会。

——择优选拔 10 名检察官/检察教师。

——2014 年 5 月 5 日至 10 月 31 日,参加在北京"法语联盟"的法语培训。

——2014 年 11 月 10 日至 2014 年 12 月 19 日,赴法国艾克斯 – 普罗旺斯参加由欧亚研究所组织的法律培训。

——2014 年 12 月 20 日至 2015 年 4 月 10 日,参加由法国国立司法官学校组织的司法培训,并包括在法国司法机关的司法实践,其中包括在法国最高法院检察院的实习。

第四条

本协议的中方执行单位为:

——中华人民共和国最高人民检察院

——中国国家检察官学院

法方执行单位为:

——法兰西共和国最高法院检察院

——法国国立司法官学校

第五条

本协议以中、法文起草,两种文本具有同等效力。

2014 年 4 月 3 日于巴黎签署。

中华人民共和国　　　　法兰西共和国
最高人民检察院　　最高法院检察院检察长
检察长　曹建明　　Jean Claude Marin(马汉)
中国国家检察官学院　法国国立司法官学校校长
院长　胡卫列　　　Xavier Ronsin(洪森)

中国检察代表团和老挝最高人民检察院会晤备忘录

为贯彻落实老挝最高人民检察院代表团和中国最高人民检察院代表团 2009 年 11 月 30 日在万象签署的备忘录精神,应老挝人民革命党中央委员、最高人民检察院总检察长坎山·苏冯邀请,中国最高人民检察院专职委员张德利率中国检察代表团于 2014 年 8 月 22 日至 23 日对老挝进行正式访问。

访问期间,中国检察代表团拜会了老挝人民革命党中央政治局委员、政府副总理阿桑·劳里,并和老挝最高人民检察院就多项重要议题坦诚交换了意见。双方共同回顾了两国最高人民检察院已有的合作情况,提出了今后的合作方针,并就进一步加强交流往来提出以下设想:

一、加强两国最高人民检察院高级代表团交流、定期互访。

二、中国最高人民检察院同意 2015 年和 2016 年度分别接待 10 人左右的老挝检察官来华培训,课题包括加强打击跨国犯罪司法合作、审理刑事和民事案件的经验等,并就共同关心的问题交换意见。

三、中国最高人民检察院同意向老挝人民检察院提供检察技术设备援助。

四、继续深化老挝北部各省人民检察院和中国云南省人民检察院之间的合作。

五、双方同意相互交换与检察工作相关的文献资料,包括法律法规文本、杂志等,不断加深相互了解与合作。

六、中国最高人民检察院国际合作局和老挝最高人民检察院办公厅负责落实本次会晤备忘录。

七、本备忘录执行中出现的问题,由双方本着相互谅解和相互尊重的精神协商解决。

本备忘录于 2014 年 8 月 22 日在万象市签署,一式两份,每份用中文、老挝文和英文写成,具有同等效力。对备忘录理解如有分歧,以英文版为准。

中华人民共和国最高人民检察院
和印度尼西亚共和国总检察院合作谅解备忘录

中华人民共和国最高人民检察院与印度尼西　　亚共和国总检察院(以下简称"一方"或"双方")基

于两国间业已存在的友好关系,依据主权平等、领土完整和互不干涉内政的原则,在平等、相互理解、相互尊重和互惠的基础上,为加强和进一步发展两院间的合作水平,达成以下协议:

第一条
目　标

双方在各自国家法律、法规和政策的允许和职权范围内,基于相互尊重和互惠的原则,促进和发展共赢的法律合作关系。

本谅解备忘录不得解释为任何个人、团体或单位私人诉权的依据。

第二条
合作领域

双方在以下领域开展合作:

(1)就共同关注的法律问题进行交流

(2)人员培训及专业交流

(3)就共同关注的信息进行交流

(4)其他双方认可的法律合作领域

第三条
法律交流

交流的法律可以包括:

(1)刑法和刑事诉讼法

(2)其他与刑法相关的法律

(3)与检察机关相关的法律

第四条
人员培训和专业交流

双方将建立联合培训项目或检察官互访机制。

双方应当促进和发展两国检察官的业务联系和经验交流。

第五条
指定的机构

为了施行本谅解备忘录,双方应当直接沟通。

代表中华人民共和国最高人民检察院实施本谅解备忘录的部门是:中华人民共和国最高人民检察院国际合作局

代表印度尼西亚共和国总检察院实施本谅解备忘录的部门是:印度尼西亚共和国总检察院国际合作局

第六条
保　密

在实施本谅解备忘录期间,双方均应承担对提供和接受的文件、信息和数据的保密义务。

在未得到对方的书面同意之前,一方不得公开或者转移相关文件、信息或其他数据。

第七条
修改和补充

双方均可随时以书面形式要求修订或补充本谅解备忘录的整体或部分条款。

双方同意修订或补充的内容应以议定书的形式纳入到本谅解备忘录。

修订或补充部分的生效日期由双方商定。

任何修订或补充不得有损于修订或补充之前的谅解备忘录所产生的权利和义务。

第八条
争议的解决

关于因解释、执行和适用本谅解备忘录所产生的一切分歧和争议,双方应本着相互理解的原则,通过磋商或谈判解决。

第九条
生效和终止

任何一方均可以随时以书面形式通知对方终止本谅解备忘录。终止自该通知发出之日后第180天生效。

终止本谅解备忘录的效力不应损害终止之前本谅解备忘录所产生的权利和义务。

本谅解备忘录于2014年9月23日在中国北京签署,一式两份,每份均用中文、印度尼西亚文和英文写成。三种文本同等作准。如遇文字解释方面的分歧,以英文本为准。

中华人民共和国	印度尼西亚共和国
最高人民检察院	总检察院
检察长	总检察长
曹建明	巴斯里夫·阿里夫

中华人民共和国最高人民检察院和乌兹别克斯坦共和国总检察院2015年至2016年合作计划

中华人民共和国最高人民检察院和乌兹别克斯坦共和国总检察院（以下简称双方），在中华人民共和国和乌兹别克斯坦共和国2013年9月9日签署的中乌友好合作条约的背景下，在中乌两国检察机关2000年10月11日签署的合作协议框架内，为加强合作，双方经过协商，同意共同开展以下访问及检察经验交流活动：

2015年

一、中方邀请乌兹别克斯坦总检察长率代表团正式访问中国最高人民检察院，交流执法合作经验，并讨论中方向乌兹别克斯坦总检察院提供适当的检察技术援助。

二、中国最高人民检察院与乌兹别克斯坦总检察院的相关职能部门举行工作会谈，讨论落实1997年中乌签署的民事和刑事司法协助条约。

2016年

一、中方邀请乌兹别克斯坦总检察院代表团赴国家检察官学院进行检察业务培训。

二、乌方邀请中国最高人民检察院代表团访问乌兹别克斯坦，就检察官培训和提高专业技能等内容开展交流。

本合作计划具体实施程序和条件由双方补充商定。如在该计划有效期内不能完成上述活动，双方按约定延后实施。

负责落实本合作计划的部门，中方是指中华人民共和国最高人民检察院国际合作局；乌方是指乌兹别克斯坦共和国总检察院国际法规处。

本合作计划于2014年10月7日在塔什干签署，一式两份，每份由中文和俄文写成，所有文本具有同等的效力。该合作计划自签署之日起生效。

中华人民共和国最高人民检察院和保加利亚共和国总检察院合作协议

中华人民共和国最高人民检察院和保加利亚共和国总检察院（以下简称"双方"），认识到在打击犯罪领域加强国际合作的重要性，在两国已签订刑事司法协助条约和引渡条约的基础上，强调两国检察机关之间建立密切合作的必要性，根据两国检察工作的实际需要，达成协议如下：

第一条
联络机关

为实施本协议，双方应进行直接沟通。

代表中华人民共和国最高人民检察院实施本协议的部门是国际合作局；

代表保加利亚共和国总检察院实施本协议的是最高上诉检察院国际部四处。

第二条
合作范围

中华人民共和国最高人民检察院与保加利亚共和国总检察院在各自的权利和管辖范围内，在打击经济和腐败犯罪等严重刑事犯罪活动方面开展合作；

本协议不能与各自国家立法以及国际义务相冲突；

两国的司法协助通过司法协助中央机关进行。

第三条
合作形式

双方就共同关注的信息进行交换，并交换法律文件和法学出版物；

双方互派检察人员,进行专业研究或培训。具体内容和形式将由双方协商确定;

双方互派正式或专业代表团访问,讨论双方工作中共同感兴趣的问题。

第四条
执行

双方可以举行双边会晤,讨论本协议的执行情况以及对合作成果进行评估;

本协议执行中出现的问题,由双方代表本着相互谅解和相互尊重的精神予以协商解决。

第五条
协议的生效

本协议自签署之日起生效。双方于 2000 年 10

月 8 日在北京签署的《中华人民共和国最高人民检察院与保加利亚总检察院合作协议》应在本协议生效同时终止。

本协议于 2014 年 12 月 8 日在北京签署。本协议一式两份,每份用中文、保加利亚文和英文写成,三种文本同等作准。

中华人民共和国　　　　保加利亚共和国
最高人民检察院检察长　　总检察院检察长
　　曹建明　　　　　索蒂尔·察察罗夫

中华人民共和国最高人民检察院和蒙古国
国家防治腐败局合作谅解备忘录

中华人民共和国最高人民检察院和蒙古国国家防治腐败局(以下称双方),认识到双方友好合作的重要性,根据双方工作实际需要,依据各自国家现行法律及其职权,愿在平等、互利的基础上,进一步加强双方反腐败能力建设。达成备忘录如下:

第一条
目　标

双方在平等、信任及共同协作的基础上开展合作,制定本谅解备忘录。本谅解备忘录确立双方合作的总体框架,及双方参与合作的方式和作用。

各方应在其职权范围内,根据各自国内政策、法规,规章和程序实施本谅解备忘录。本备忘录无意修改任何一方的制度和政策框架,或创设有悖于各自职责的义务。

第二条
人员培训和互访

双方建立联合培训项目或专业人员互访机制,以进行专业研究和经验交流;双方也可就共同感兴趣的问题举办会议、研讨会。合作的具体内容通过双方协商确定。

第三条
信息交流

双方就共同关注的腐败案件交流信息。应一方请求,另一方应在其权力范围内根据其法律规定将相关信息提供给对方,但是根据被请求国立法或双方已签署的其他双边协定,该请求需要被请求国其他机构配合的除外。

双方互换共同感兴趣的法律文件及法学出版物。

为执行本谅解备忘录而交换的信息,未经另一方书面许可不得透漏给第三方。

第四条
联络单位

为了实施本谅解备忘录,双方应进行直接沟通。

代表中华人民共和国最高人民检察院实施本备忘录的部门是国际合作局;代表蒙古国国家防治腐败局实施本备忘录的部门是行政局。

双方各自指定官员作为合作的联络员。

第五条
执行与费用

双方可以举行双边会晤，讨论备忘录的执行情况以及对合作成果进行评估。

本谅解备忘录执行中出现的问题，由双方代表本着相互谅解和相互尊重的精神予以协商解决。

本谅解备忘录不产生一方对另一方的经济义务。双方各自承担执行本谅解备忘录所产生的费用，另有书面规定的除外。

第六条
补充与修订

应一方要求，双方可通过谈判对本备忘录的内容进行修改和补充。修改应由双方以书面形式提出，任何修改经双方代表签字后生效并具有第七条规定的相同期限。

第七条
生效与期限

本备忘录自签字之日起生效，有效期3年。若在备忘录期满前180天，一方未以书面形式通知另一方终止，则本备忘录将自动延长3年，并依此法顺延。

本备忘录于2014年12月16日在北京签署，一式两份，每份均以中文、蒙古语、英语写成，三种文本同等作准。如遇分歧，以英文为准。

（最高人民检察院国际合作局）

第 九 部 分

检察理论研究　报刊出版
学院　技术信息　协会基金会

检察理论研究工作 2014 年检察理论研究孜孜以求,取得了丰硕成果,为深化检察改革、推动检察工作科学发展作出了积极贡献。

一、法治思维与检察改革深化

(一)关于依法独立公正行使检察权。党的十八届四中全会研究部署全面推进依法治国,其中明确提出完善确保依法独立公正行使检察权的制度。在如何进行制度构建与完善问题上,有论者认为,检察官独立行使检察权的实现,需要对现行三级审批制的办案模式进行去行政化改造,建立由主任检察官直接对分管副检察长负责并报告工作的办案机制,并对现行的内设业务机构进行改良。而要在检察一体化的领导体制下,确保各下级检察院依法独立行使检察权,就要合理划定上下级检察院各自的职权范围,厘清检察一体与下级检察院独立意志之间的合理边界,优化上级检察院对下领导的方式,并赋予下级检察院对违法指令的抗命权。有文章提出,实践中依法独立行使职权原则异化为司法的地方化以及司法的行政化。在司法改革的背景下,应当把握改革契机,推动司法机关依法独立行使职权。为了确保独立司法,还必须结合司法改革的社会背景,从内外两个方面统筹协调,整体推进司法机关依法独立行使职权。有论者提出,保障司法权独立行使的改革应厘定三个方面的关系。在规则方面,应保证在宪法框架下的制度创新,使司法规则明确化、合法化。在司法权独立行使的外部关系上,应处理好司法机关与中国共产党、人民代表大会和其他相关机关、团体的关系,做到领导与监督依法有据,严格禁止非法干预。在司法权的内部关系上,检察院方面关键是界定好检察一体的内涵,并将检察一体化中的领导关系法定化、程序化。

(二)关于检察官办案责任制构建。主任检察官办案责任制是新一轮司法改革的重要内容,也是检察实践长期探索的一项工作机制创新,2014 年全面开启主任检察官办案责任制的试点,检察学界对这一问题进行了集中探讨。有论者针对系统制度构建提出,检察办案组织改革关系重大、涉及面广,是一项综合性的系统工程。改革能否成功,最终取决于检察机关以检察官为执法办案主体的有中国特色的基本办案组织能否构建,相关的管理保障、监督制约机制能否在法律上得到确认,否则只是停留在办案责任制的层面,难以达到预期的目标。必须确认主任检察官在法律上的地位;以主任检察官

办案组取代科层制,实现扁平化与专业化管理;探索不同模式下检察官办案组织的办案责任制;完善检察一体化的监督制约机制;建立检察官的职务保障机制。有论者对这一个改革提出质疑,认为当前各地检察机关推行的主任检察官制度改革试点方案,在主任检察官的定位、地位、权限等基本问题的设计上,均程度不同地存在着背离检察制度原理之处:第一,主任检察官组并非一级办案组织。第二,主任检察官不应再行使定案权,否则,有违检察独立原则并违背该项制度改革的目的和初衷;第三,主任检察官制度缺乏"润滑剂""平衡器",导致检察一体与检察独立原则的硬冲突。主任检察官制度改革的关键是在检察独立和检察一体之间寻求平衡,为此,应当通过修改《人民检察院组织法》和《检察官法》赋予检察长职务收取权和移转权,并在此基础上对承办检察官、主任检察官和检察长三者的关系进行重塑。有论者从"名与实"的角度对实践中的一些误区进行澄清,认为正在试点中的主任检察官办案责任制面临一些认识和操作上的误区。实际上,大陆将要推行的主任检察官制度与台湾地区的做法有很多不同。从长远来看,它是从以人民检察院为办案组织过渡到以检察官为办案组织的一种组织形式和特定称谓。因此不能照搬台湾地区的做法,更要注意实现主任检察官权责利的统一。同时,应当注意确保主任检察官制度的合法性,并明确主任检察官与检察委员会有关办案决定权的划分。有论者进一步提出,根据当前改革遇到的阻力和出现的问题,一定要在检察官的主体地位、检察机关的总体定位上做文章。对于人民代表大会制度下的人民检察院的外部地位,必须重申明确,我们的改革才能顺序进行,这是个根本的制度问题。

(三)关于检察院司法行政事务省级统管制度构建。改革司法管理体制,推动省以下地方法院、检察院人财物统一管理,这个任务的提出,是司法体制改革中的重大突破。有论者就改革进路提出,如何实现省以下地方法院、检察院人财物的统一管理,面临许多实际的困难和阻力,需要审慎地研究改革的路径,稳步推动。应先行试点,取得经验,再全面推行之外,在试点方案的制度设计上,第一,人财物管理模式的改革应当分阶段推进;第二,实行符合司法职业特点的编制管理和职业保障制度;实行符合司法职业特点的司法人员分类管理。第三,

实行符合司法职业特点的司法人员分类管理。有论者认为,司法机关人财物省级统管主要面临的是司法机关人财物管理权滥用和腐败的风险控制问题。对此,应通过实行司法行政与司法业务相分离,司法机关人财物管理的标准化,系统化和透明化以及司法机关人财物管理的社会化来解决在当前基础性过渡阶段,省级统管宜选择司法机关内部分离模式,通过省委的领导来实现,由省级党委、省级人大和省级政府负责统筹决策,省级司法机关负责日常管理。同时,应探索建立省级统管的规则体系及司法行政事务日常管理与司法行政事务民主决策相结合的机制。有论者认为,这一改革可能重新配置地方权力,涉及对人民代表大会制度和民族区域自治制度的修改。解决省以下地方法院、检察院人财物统一管理改革的法律障碍需要慎重对待和广泛讨论,形成全社会的共识并稳妥地进行。

(四)关于检务公开机制。检务公开是当前检察机关重点推进的改革措施之一。有论者认为,实行检务公开必须遵循及时原则,及时向公众和特定群体公开有关检务信息。为此,必须要区分不同的公开内容和对象,确定不同的公开时机。其中,检务对普通公众应尽快公开,但也要避免泄露有关案件秘密信息;对犯罪嫌疑人和被害人应根据不同内容,采取即时公开、限期公开或适当时机公开等方式公开检务信息;对人民监督员、听证参与者和旁听人员等特定民意代表,检务公开的时机亦应有所区分。有论者认为,检务公开工作涉及多个部门,任务繁重,工作琐碎。论者建议设立专门机构、配备专门人员来具体负责检务公开的日程工作。如内外沟通、组织协调、统筹规划、督促落实等。检务公开工作应该整合资源、统筹规划、突出重点,要以检察业务工作为中心,以执法办案相关信息公开为重点,通过搭建案件管理大厅、控告申诉大厅、门户网站等物理平台或虚拟平台来推进检务公开工作。

二、新刑事诉讼法适用与检察制度发展

(一)关于羁押必要性审查机制。新刑事诉讼法第九十三条赋予了检察机关进行羁押必要性审查的职责。关于该法条中"羁押必要性审查"的范围,有论者认为是指一切影响继续羁押条件成立的情况,因而不仅包括逮捕的社会危险性条件,而且包括逮捕的证据条件、罪行条件以及超期羁押等。有论者提出,我国羁押必要性审查的司法实践刚刚起步,从启动的主体来看,检察院、被羁押人员、被羁押人员的律师与近亲属都可以提出申请来启动,审查主体应由检察院侦查监督部门统一行使羁押必要性审查的权力,可采取书面审查并听取各方意见及对被羁押人进行询问(讯问)的方式展开,同时丰富羁押替代性措施,并借鉴美国羁押审查标准、方式和内容,为我国羁押必要性审查标准提供参考。有论者指出,由于法律和司法解释的规定都相对比较原则,导致羁押必要性审查制度在实施过程中仍存在程序规定不细致、审查标准不明确等问题。有论者建议可以试探性地在检察机关内部设置专门的独立的部门来行使该权力,保障审查的专业性和中立性。

(二)关于非法证据排除机制。在非法证据排除规则的制度设计中,检察机关成为非法证据排除的重要主体。检察机关在非法证据排除规则的适用过程中承担着重要职责,其对非法证据排除规则的理解和适用是该规则能否得以有效落实的关键。因此,有论者指出,检察机关落实非法证据排除规则应打破观念上的障碍,突破部门利益的制约,从人权保障的高度认识非法证据排除规则的意义。第一,明确非法证据排除的基点。第二,对非法证据作狭义理解。第三,明晰非法证据的范围。第四,限制重复供述的效力。第五,区分非法证据与瑕疵证据。第六,完善非法证据排除的证明规则。第七,规范非法证据排除程序。有论者认为,检察机关多重角色对适用非法证据排除规则带来一定影响,审查起诉阶段的排除程序规定显得较为单薄,行政执法过程中收集的物证、书证等的使用不够明确。应从完善非法证据发现和审查机制等方面对检察工作中非法证据排除的有效适用进行规制,构建科学的排除机制,探索自侦部门证据合法性专门审查制度,完善介入侦查和引导取证工作机制,有效落实讯问犯罪嫌疑人全程同步录音录像制度,加强对看守所讯问的监督,严格落实犯罪嫌疑人健康检查制度。

(三)关于检察机关参与庭前会议程序。新刑事诉讼法第一百八十二条确立了公诉案件庭前会议制度,但是将这一制度真正运行起来需要具体的程序设计。目前刑事诉讼法和相关司法解释对于庭前会议的规定较为原则,具体运行中的诸多问题都缺乏较为明确的适用规则。对此,有论者建议检察院与法院、司法行政部门拟定庭前会议的实施细则,对庭前会议的案件适用范围、内容、启动方式、主持者、参与者、召开时间、召开次数、召开方式、效力等方面作出更为细致的规定。有论者针对检察机关参与庭前会议情况进行了调研。调研发现一审庭前会议制度已经开展,但二审阶段没有有效开展。论者认为,在充分考虑案件证据数量、案情重大与否、难易程度、社会影响等问题的同时,二审检察机关与辩护律师参与二审法院组织的庭前会议,检察机关承办人、辩护律师及上诉人就非法证据排除等与庭审相关的问题提出和交换意见,能为正式庭审时法院决定是否启动非法证据排除程序提供方向,及时、集中解决可能导致庭审中断、影响庭审顺利进行、制约庭审效率的程序性事项,可以更为有效地确保庭审的质量和效率。

(四)关于刑事简易程序。新刑事诉讼法中规定的简易程序给公诉工作带来了新的机遇与挑战。通过一年多的实施,简易程序公诉模式发生了较大变化,控辩审三方的庭审工作取得了一定成效。但公诉机关适用简易程序办案仍存在诸多困惑,需要进一步改变公诉模式。有论者提出,应确立相对集中办案机制,具体设置开庭阶段简易程序、让律师参与诉讼交易、认真对待被告人的翻供,既可以提高诉讼效率又兼顾到司法公正、公平,实现依法治国。有论者指出,简易程序的集中审理制度有助于提升简易程序案件的整体效率,但实践中存在繁简分流不彻底、适用范围不明确、目的理解有偏差、辩护权保障不到位等问题。简易程序的集中审理通常关注的是多个案件的集中审理,要遵循效率均衡原则与实体完整原则。集中审理与法律规定相抵触的,不得进行;与其目的本身相抵触的,不宜进行。审查起诉阶段,检察院可通过优化侦查程序终结后的案件分流,建立相应的办案组织与模式来实现案件的集中审查与集中起诉。

(五)关于死刑复核法律监督。新刑事诉讼法确定了死刑复核检察监督原则,并对检察机关死刑复核法律监督的内容、方式和程序等作了原则性规定。在具体适用过程中,有论者提出,检察机关遇到了死刑复核法律监督内容不全面、监督信息不畅通、人力资源不足、监督程序不完善等问题。检察机关要全面履行死刑复核法律监督职责,需要进一步明确死刑复核法律监督的内容,增加死刑复核法律监督的人力资源,完善死刑复核法律监督的程序等,以建立有效的死刑复核法律监督制度,确保我国死刑的正确适用。

三、新民事诉讼法实施与检察制度发展

(一)关于民事再审检察监督。新民事诉讼法对以抗诉和再审检察建议为方式的再审型检察监督进行了全新细化规定。因再审型检察监督以生效裁判、调解书为监督对象,一方面与法院裁判结果的稳定性存在紧张关系,另一方面再审程序的启动可能引发当事人实体权利义务关系的重新分配,又可能与当事人的诉权形成冲突。故此,民事诉讼法及《人民检察院民事诉讼监督规则(试行)》对再审型检察监督从监督对象、监督程序、监督次数等方面予以规制,以求得与法院审判权、当事人诉权的平衡。其中某些限制较为合理,符合检察监督的谦抑性;部分则不尽合理,不当限制了检察权的行使,须予以破除。在当前法律框架下可考虑通过监督方式的转换,在一定范围内通过纠正违法等监督方式的替代性运用达到最终的监督目标。有论者提出,虽然再审检察建议成为法定监督方式,但该条款未明确再审检察建议的具体适用条件和范围、法律效力等程序要素,对接受检察建议的人民法院应否回复、何时复查案件、如何采纳等具体操作程序亦未作出具体规定。检察机关在实践中应通过推动立法完善、规范操作流程、加强检法沟通协调等来推动再审检察建议工作的科学发展。

(二)关于民事执行检察监督。民事执行活动监督试点工作开展两年以来,检察机关探索民事执行监督的工作已经取得了一定的积累,新民事诉讼法将检察机关对民事执行活动的监督权法定化。然而,新民事诉讼法对民事执行检察监督仅是原则性规定,如何履行好法律赋予的执行监督职责,仍是检察机关亟待解决的问题。有论者提出,检察机关建立和完善民事执行检察监督制度,首先应当正确理解民事诉讼法的立法精神,在法律规定的框架下明确民事执行检察监督应当遵循的基本原则,细化民事执行监督规范,统一监督范围、监督方式和办案流程。检察机关在开展民事执行监督时应当形成以检察建议为主,以纠正违法通知、建议更换承办人和移送犯罪线索为辅的全方位、多角度的立体监督模式,坚持个案监督与类案监督相结合、查处违法与线索移送相结合、初次监督与后续跟踪相结合,加之对民事执行申诉案件的释法说理,以充分发挥对民事执行活动的监督职能。

(三)关于检察机关提起民事公益诉讼。新民事诉讼法增加了公益诉讼的规定,为检察机关参与公益诉讼奠定了法律基础，但是相关职能部门并未制定相应的实施细则，且在司法实践中的具体做法也不尽一致，对检察机关参与公益诉讼造成了诸多限制。对此，有论者提出，应该明确检察机关直接提起及调节公益诉讼的主体地位、支持起诉方式、制定督促起诉的法律依据和实施细则，并加强上级检察机关对公益诉讼抗诉案件的指导，通过检察建议全过程监督公益诉讼活动。有论者通过实证考察检察机关参与环境公益诉讼的主要特征与现实掣肘后提出，检察机关参与环境公益诉讼具体程序性规范缺失，具体操作过程中亦缺乏一整套可供借鉴的经验。环境纠纷中，拥有污染企业众多信息以及其他违法证据的环保机关需要熟知诉讼程序与技巧的检察机关的支持，而检察机关亦离不开环保机关为其提供必要的证据与线索。两者应通力协作，以司法的"钢牙"，为环境执法提供强有力的后盾。

四、反腐败与检察工作机制完善

（一）关于检察机关职务犯罪预防机制。"预防职务犯罪出生产力"是新形势下习近平总书记对检察机关职务犯罪预防工作实效性提出的根本要求。围绕这一论断，有论者提出，"出生产力"要求预防工作紧紧围绕防控职务犯罪风险，坚持查案预防、警示预防、建制预防、咨询预防"四位一体"推进，正确处理好腐败预防与犯罪预防、专业预防与社会预防、司法预防与立法预防的关系。在法治化社会管理背景下，检察机关职务犯罪侦查工作的社会管理机制创新，要求在加大惩治职务犯罪力度的同时，努力发现社会管理在法律规范、制度设计、权力监管、权力制约等方面存在的漏洞，研究新情况、解决新问题、提出新对策，完善并充分运用检察建议，做好职务犯罪预防。在惩防一体化格局下，从根本上惩罚与预防职务犯罪，深入推进社会管理机制创新，并使之实现制度化、法治化状态。

（二）关于检察机关职务犯罪侦查机制。检察机关职务犯罪侦查一体化机制是检察机关创新工作思路、改革办案模式的重要机制，然而，实践中该机制的运行仍存在侦查观念和手段落后、侦查保障机制不健全、地方化色彩浓厚、内部管理机制不科学、侦查指挥中心设置不合理等问题。针对这些问题，有论者提出，应当从管理模式、线索管理、侦查协作、经费保障、监督机制等方面不断完善职务犯罪侦查一体化机制，确保检察机关侦查权良性运

行。信息技术的发展，对职务犯罪侦查工作产生了深远的影响和巨大的挑战，给职务犯罪侦查部门的侦查活动提出了更高的要求。因此，有论者提出，职务犯罪侦查部门必须根据形势变化，更新办案理念，转变侦查模式，探索和使用"信息引导侦查"的职务犯罪侦查的新机制、新手段，化被动为主动，以更好地引导职务犯罪侦查工作向质量效益型的方向发展。

第十五届全国检察理论研究年会 第十五届全国检察理论研究年会于 2014 年 5 月 28 日至 29 日在福州召开。第十五届全国检察理论研究年会的主要任务是：围绕"检察院组织法修改与检察制度的完善"的主题进行理论研讨；交流和总结 2013 年度检察理论研究工作，动员开展 2014 年度检察理论研究工作。

出席本届年会的代表有最高人民检察院李如林副检察长，最高人民检察院检察理论研究领导小组成员，各省级检察院研究室主任，2013 年度最高人民检察院重点课题组代表，入选年会论文作者代表和获奖作者代表，会议特邀代表，以及新闻出版单位代表共 170 人。李如林副检察长全程出席会议并在开幕式上致辞。福建省委常委、政法委书记苏增添和福建省人民检察院检察长何泽中出席会议开幕式并致辞。四川大学法学院龙宗智教授作了题为"加强司法责任制——新一轮司法改革及检察改革的重心"的学术讲座。

会议的主要收获：第一，进一步开拓了检察院组织法修改的研究重点和研究思路。会议从检察院组织法修改与检察管理体制改革、检察职能机构调整等角度重点研讨了检察机关领导体制、检察经费省以下统一管理、地方人民检察院设置、行政检察制度构建、检察机关内设机构设置与调整、检察官办案责任制、检察人员分类改革等问题。有些问题尚未引起理论界的重视，有待深入研究；有些问题虽然已经作为试点付诸实践，但在具体实施方案和理念上仍存在分歧，有待进一步达成共识。与会代表一致认为，检察院组织法是一个牵涉法律监督体制、检察权配置、检察管理体制、相关诉讼制度等各个方面在内的复杂系统，应当结合我国法治发展的大背景、司法改革的大趋势，厘清检察院组织体制、职权范围、权力配置等核心内容之间的关联与层次，建构逻辑自洽的检察院组织法内容体系。同

时,检察院组织法修改与检察改革密切相关,检察院组织法修改的方案应当结合新一轮检察改革的进程和成果稳妥提出。

第二,进一步统一了在新形势下以改革创新精神繁荣和发展检察理论研究的思想认识。在讨论过程中,代表纷纷表示,当前世情、国情、社情发生深刻变化,各种思想文化交流交融交锋更加频繁,各阶层收入和观念的断裂日益明显,暴恐和群体事件多发,检察机关面临的挑战、困难也前所未有。检察机关自身在发展理念、执法理念、体制机制、能力素质等各个方面还存在不少与新形势新任务和科学发展要求不相适应的突出问题。所有这些都迫切要求我们加强战略思维,从党和国家事业发展全局出发,从中国特色社会主义法律体系和法制建设的全局出发,进一步深入研究新形势下检察机关的职责使命、职能定位和工作重点,为更好地强化法律监督、维护公平正义、推动科学发展、促进社会和谐提供理论指引。要把改革创新的时代精神贯穿于检察理论研究,坚持解放思想、实事求是、与时俱进,不断完善中国特色社会主义检察理论体系,在科学理论指导下坚持和发展中国特色社会主义检察制度。

第三,进一步明确了今后检察理论的研究重点。大家认为,当前检察理论研究的方向主要是如何推进新一轮检察改革。检察改革是对既有检察体制和机制的调整与完善,上一轮检察改革重点从优化司法职权配置、落实宽严相济刑事政策、加强司法队伍建设、加强司法经费保障等方面入手,采取中央统筹、自上而下,有序推进的方式,完成了各项改革任务。本轮检察改革则以保障依法独立公正行使检察权为重心,力求建立符合职业特点的检察人员管理制度,健全检察权运行机制、完善法律监督工作机制,完善检察机关自身监督制约机制,在此过程中会产生诸多热点难点问题。我们应当关注和总结基层检察改革的经验和教训,研究如何在宪法和法律的框架范围内理性、规范、稳妥、有序地推进检察改革,并依托法律修改推进与实施。

(最高人民检察院检察理论研究所 葛 琳)

检察日报社工作 2014年,检察日报社紧紧围绕党和国家工作大局,围绕最高人民检察院的决策部署和检察中心工作,始终坚持正确的舆论导向,准确把握新闻传播规律和检察工作规律,全面提升传播能力和社会影响力,各项工作取得了新进展。

一、准确把握新闻传播规律,更加贴近群众需求,检察新闻宣传工作平稳有序、亮点纷呈,不断提升影响力

(一)突出做好重点宣传报道。在全国"两会"的宣传报道中,检察日报社充分发挥全媒体优势,深入、生动地展示了2013年以来国家法治建设特别是检察工作成果,为"两会"顺利召开和审议检察工作报告营造了良好的舆论氛围。

在最高人民检察院及全国检察机关学习贯彻党的十八届四中全会精神的报道中,在一版重要位置开辟"党的十八大以来依法治国巡礼"专栏,及时刊发党的十八届四中全会消息、公报、决定等重要文件。2014年,检察日报一版刊发系列评论员文章,推出"深入学习贯彻党的十八届四中全会精神"专栏,及时报道动态消息,同时推出"大检察官谈深入学习贯彻十八届四中全会精神"专栏;理论版开设"热议四中全会精神纵论依法治国"专栏和"深化检察改革推进依法治国"专栏,约请专家解读全会精神;其他各周刊、期刊、网站和"两微一端"均开展了各具特色的宣传报道活动。

此外,报社围绕中央政法工作会议、全国检察长会议和大检察官研讨班,特别是习近平总书记对检察工作的重要指示,结合党的十八届四中全会关于全面推进依法治国工作布局和深入推进检察工作改革开展新闻宣传工作。同时,紧密结合最高人民检察院工作部署和各业务厅局主要工作开展全方位宣传,突出报道了检察机关开展第二批党的群众路线教育实践活动、最高人民检察院《关于充分发挥检察职能为全面深化改革服务的意见》、全国检察机关队伍建设座谈会、曹建明检察长向全国人大常委会专项报告规范司法工作等重要部署和活动。对全国检察机关一年来的新举措、新变化进行了全面报道和深度评析。

做好以上工作的同时,报社牢牢抓住人民群众关注的热点、检察工作的着力点,努力提升宣传报道的传播力和影响力。2014年5月以来推出了"感受公平正义"大型系列报道,全方位深入展示检察工作的亮点和成效,面向社会全面生动地宣传检察机关、检察工作和检察人物。

(二)不断创新检察宣传工作模式和报道手段。2014年3月最高人民检察院新闻办公室成立以来,报社主动调整检察新闻宣传的工作模式和报道手

段，配合起草了《关于加强新形势下检察新闻宣传工作的意见》《最高人民检察院职务犯罪大要案信息发布暂行办法》等规范性文件并严格贯彻落实。在报纸和网络设置"最高检权威发布"等栏目，规范有序地做好最高人民检察院重大新闻发布和大要案发布的宣传报道。同时，着眼于增强宣传报道的可读性，各个版面、周刊大力加强图表、照片、漫画等运用，丰富了新闻表达，提升了传播效果。

（三）更加关注法治热点事件，增加新闻含量。报社及时跟进并运用法治视角观察和解析社会热点事件，突出时效性和权威性的同时，更注重理性和建设性，发出了检察好声音。报社充分发挥全媒体优势，既有及时准确的消息报道，又有深度客观的评论解析，还积极约请专家学者进行解读，深受读者欢迎。"法问""法治时评"等栏目，由于契合热点、视角独特、解读深入、观点犀利，被网络和其他媒体大量转载，多次被央广和央视摘播，不少精品获得各类奖项。

二、坚持创新，稳步推进报业经营良性健康发展

近年来，《检察日报》发行量继续维持高位运行，报业所属《人民检察》《方圆》《公诉人》等期刊的发行量也稳中有升，报业主体的经济实力继续稳步增强。

（一）新媒体建设取得新突破。在最高人民检察院党组支持下，实现了重大检察信息在网络新媒体首发。一些社会公众高度关注的检察新闻，特别是检察机关办理重大案件的新闻报道由高检网、高检官方微博在第一时间独家发布。2014年，报社向正义网再次注资，为新媒体的快速发展注入了新鲜血液，为正义网实现战略升级迈出战略性的一步。

（二）举办活动扩大影响，彰显报业文化。2014年，报社先后协办或举办了为"最美检察官"颁奖、"2013年度法治发展综合评估项目成果发布会"以及"全国检察机关首届微电影展播活动"评审揭晓仪式暨"新媒体形势下的检察影像表达"研讨会等活动；紧扣依法治国和深化检察改革主题，举办了"法治中国建设与法律监督实践""信息化条件下的检务公开"研讨会；为纪念人民代表大会制度创立60周年，举办"声音周刊创刊10周年"座谈会，配合最高人民检察院办公厅组织了"人民代表大会制度与检察工作发展"研讨会。

三、高度重视采编人员队伍建设，始终保持务

实进取、昂扬向上的精神状态

（一）扎实开展集中整治"庸懒散奢"和"增强党性、严守纪律、廉洁从政"专题教育活动。通过系列全员参与的活动开展，报纸的职责定位和目标任务更加明确，队伍的政治意识、大局意识和责任意识进一步加强。

（二）从严开展"打击新闻敲诈和假新闻"相关活动。报社纪委专门召开目标管理部门和二级法人单位中层以上人员大会，重点就各单位存在的苗头性问题或隐患进行警示教育和诫勉谈话，清理不规范的网站地方频道和栏目，严格按照新闻出版广电总局的要求清理规范新版记者证换领。中央纪委驻最高人民检察院纪检组组长莫文秀到报社检查指导党风廉政建设和落实"两个责任"情况时，对报社的做法给予了充分肯定。

2014年，检察日报社有两名同志荣获全国新闻出版行业第四批领军人才称号；21件作品获"中国人大新闻奖""全国政法综治新闻奖""全国政协好新闻奖"等全国性新闻奖项；在中国优秀政务平台推荐及综合影响力评估中，最高人民检察院网站评"2014年度快速发展型政务网站"，"权威发布"栏目荣获"中央国家机关网站特色栏目"奖；在"网络安全在我身边"网络安全公益短片征集展映活动中，最高人民检察院影视中心报送的短片获得"首届国家网络安全周公益短片奖"；在由中国新闻出版研究院和龙源数字传媒共同举办的期刊数字阅读排行活动中，《方圆》杂志获2014年国内阅读TOP100第67名、2014年数字教育TOP100第83名、2014年龙源网TOP100第84名。

（检察日报社　刘　梅）

检察日报社全国记者工作会议　2014年3月28日，检察日报社全国记者工作会议在福建厦门召开。最高人民检察院常务副检察长胡泽君致信强调，检察日报社要增强使命感和责任感，把稳正确方向，注重传播效果，进一步做好新形势下检察宣传工作，为检察事业科学发展营造良好舆论环境。

常务副检察长胡泽君指出，检察宣传是检察工作的重要组成部分，《检察日报》是检察宣传的主渠道、主阵地和主力军。近年来，检察日报社认真贯彻落实中央和最高人民检察院决策部署，坚持围绕中心、服务大局，大力宣传党的路线方针政策，宣传

社会主义民主法治建设成果,宣传检察工作和检察队伍建设成就,为促进平安中国、法治中国建设,推动检察工作创新发展发挥了积极作用。

常务副检察长胡泽君对检察日报社进一步做好新形势下检察宣传工作提出五点要求。一要把稳方向,按照习近平总书记在全国宣传思想工作会议上的重要讲话精神,把围绕中心、服务大局作为基本职责,胸怀大局、把握大势、着眼大事,始终坚持正确的政治方向和舆论导向,传播检察好声音,发挥检察正能量。二要注重效果,巩固和发扬党的群众路线教育实践活动成果,坚持以民为本、关注民生,进一步贴近实际、贴近生活、贴近群众,用群众喜闻乐见的形式开展宣传报道,主动回应群众诉求和关切,真正成为广大读者和检察干警的良师益友。三要抢占先机,认真学习贯彻中央政法工作会议改进政法宣传舆论工作新要求,高度重视微博、微信等新媒体建设,强化全媒体传播理念,紧紧把握新媒体时代的检察话语权。四要改革创新,牢固树立阵地意识和市场意识,立足长远,更新观念,大胆探索,顺势而为,努力把检察新闻宣传事业做大做强。五要带好队伍,始终把自身建设放在突出位置,通过抓班子带队伍,提高采编人员的政治素质和业务素质,打造一支最高人民检察院党组放心、全体检察干警贴心、人民群众满意的过硬检察新闻宣传队伍。

检察日报社党委书记、社长李雪慧在讲话中总结了报社 2013 年工作,同时对 2014 年工作进行了部署;报社所属最高人民检察院影视中心、人民检察杂志社、方圆杂志社、正义网、事业拓展部负责人分别就自身职能与发展做了专题发言。会上,与会人员还就"新媒体时代采访方式的变革"和"中检报业下的记者站职能定位"进行了分组讨论,并邀请法学专家授课。检察日报社主要负责人和相关部门负责人、本报驻各地记者站站长、记者 100 余人参加了会议。

（检察日报社　刘　梅）

中国检察出版社工作　2014 年,中国检察出版社结合工作实际,深入学习贯彻党的十八大、十八届三中全会和十八届四中全会精神,以宣传中国特色社会主义法治体系、服务检察工作和国有资产保持增值为目标,充分发挥职能,出版新书种 268 种,实现净利润 1250 万元,上缴国家税收 371 万元,向财政部上缴利润 166 万元,向基金会捐赠 100 万元,在北京天竺综合保税区全额购买了第二处办公楼,使中国检察出版社的办公楼面积扩大为现有办公楼面积的 3 倍。

一、坚持"三步走"的战略,为检察出版社的发展奠定基础

中国检察出版社以清晰的思路谋划发展,通过"三步走"的战略解决安全和可持续发展问题。一是解决发展的安全问题。通过购买不动产,实现了国有资产保值增值,增加了融资渠道,保障了职工的收入,解除了发展的后顾之忧。二是通过奖惩制度的调节、层次管理制度、内部各个部门之间有序的竞争与合作以及解决出版社内部发展的原生动力问题等,提高了中层领导工作的积极性,各项业务工作取得了长足进展。三是顺应文化发展方向,适时调整工作思路,通过中国检察出版传媒网这个平台,为检察出版社的可持续发展奠定基础。

二、创建中国检察传媒网,占领图书内容传播领域制高点

为贯彻党的十八届四中全会精神,经充分调研和论证,中国检察出版社经最高人民检察院批准,开始创建中国检察出版传媒网,以发挥检察出版职能和行业优势,运用新媒体技术占领图书内容传播领域的制高点,巩固宣传主流思想文化阵地,推动法治文化建设。中国检察出版传媒网建成后将有以下特色和功能:一是以图书出版传播为目标,以网络形式架起出版社联系作者和读者的桥梁,同时,顺应社交化传播已成为数字出版重要方式的潮流,以论坛的形式向读者宣传中国特色社会主义法治体系。二是以检察特色的数字出版物作为内容支撑。其核心是以检察信息和业务知识为主要内容的资源库,将集理论研究、实务指导、法规查阅、业务交流、普法教育、法制宣传于一体。三是可以发挥传统出版优势,深度挖掘优质资源。

三、积极争取国家财政支持,推进数字化转型工作,更好地为检察机关服务

中国检察出版社不坐不等,认真研究国家产业政策,积极向财政部申报财政专项资金。"中国检察出版社数字化转型升级项目"和"中国检察出版社数据和知识资源库应用系统项目"成功立项,分别获得 320 万元和 600 万元,共计 920 万元的资金支持,有力地促进了中国检察出版社数字化转型工作,有利于更好地为检察机关服务。

四、紧抓廉政建设不放，以制度保障廉洁公平

中国检察出版社作为最高人民检察院主管的一个经营性单位，决不允许存在违反廉政规定的情况发生。中国检察出版社一方面加强对党员干部的廉政教育，另一方面从廉洁从政、加强管理、爱护干部的角度出发，制定了9项生产经营管理制度、7项行政管理制度、6项人事管理制度、5项财务管理制度，健全廉洁从业风险防控机制。

五、不断提高图书质量，跨媒体经营初见成效

中国检察出版社制定出台了有关健全图书质量保障体系的相关办法，图书质量进一步提升。由中国检察出版社出版的《老人安全防范手册》被国家新闻出版广电总局与全国老龄工作委员会办公室确定为优秀出版物。同时，中国检察出版社努力尝试跨媒体经营，利用自身长期出版法制文学作品的优势，把作品延伸改编成影视剧，在法治题材影视剧创作拍摄方面取得了一定成绩。中国检察出版社和中国检察官文联、北京市人民检察院联合摄制的电视剧《守望正义》入选2014年度国家新闻出版广电总局"中国梦"重点电视剧，成为入选的三部"法治题材"作品之一。同时，组织创作拍摄的检察题材电影《检察官吴群的故事》在全国播映后取得了很好的社会反响。

（中国检察出版社　张红梅）

国家检察官学院工作　2014年，国家检察官学院以落实学院"十二五"规划的各项任务，深入贯彻落实最高人民检察院大规模培训战略为主线，积极推进检察培训教学改革创新，学院各项工作取得新进展。

一、充分挖掘教育培训资源，拓宽渠道，提升培训针对性和实效性

一是进一步发挥学院在全国检察教育培训中的龙头、示范、辐射作用，整合全国检察教育培训资源，利用分院资源办班。全年共培训113个班次，12206人次，比2013年增加3000余人次。首次实现年度培训班次过百、人次过万的历史性突破。在全国79个检察院建立教学实践示范基地，并尝试同地方一级政府合作建立教学实践基地。通过办班、人员交流、互派教师等形式加强对分院的教学指导和与教学基地的交流互动，实现优势互补，为学院教师接触检察实践提供更多机会，促进优质教育培训资源向基层延伸和倾斜。二是重视少数民族地区人才培养，继续实施西部地区检察官专业培养工程和西藏检察官培养工程，为边疆少数民族地区检察人员提供更多学习机会，并专门为贵州、云南、甘肃、内蒙古、四川等西部省份检察机关举办了专项定点培训。三是继续进行检察官远程网络教育资源建设，积极参与中国检察教育培训网络学院项目建设。

二、深化教育培训改革，突出精细化、专业化培训

以精品课程建设为核心，推进教学理念、培训方式、课程体系、教材体系不断创新完善。继续加强百门精品课程建设，评选出32门精品课程，并逐步将开发的新课程运用于各类培训班次，尤其是重点、新型班次。首次举办刑事证据实务专题研修班、侦查技术与信息化应用专题研修班等新型班次，举办"申诉案件办理方式的改革""新媒体环境下的检察工作""职务犯罪案件公诉实务""民生领域渎职犯罪查办"等专题培训，推动检察官培训向精细化方向发展。积极推进案例研讨、课程点评、结构式研讨、互动式教学等多类型符合检察教育培训规律的课程设置，鼓励教师突破传统教学模式，大胆创新。与出版社和各业务厅合作编辑出版了预备检察官培训系列教材一套共10本，启动了高级检察官实务培训教材的编辑工作。

三、关注检察实务，贴合教学需求推进科研工作

为实现教学培训、检察实务、理论研究的互动互赢，学院把理论研究与教学培训、检察实务相结合作为提升科研质量的目标。2014年，学院教师获得1项国家社科基金、1项省部级科研课题。学院课题立项56项，比2013年增加20项，探索重大课题中期评估制度。《国家检察官学院学报》获评全国高校百强社科期刊（共107家）第21名，《中国检察官》出版发行5万余册，《检察论丛》第19卷编撰完成。

全年教师和在站博士后公开发表论文81篇，其中权威期刊1篇，核心期刊24篇。教师个人撰写、主编或参编著作32部，全年科研成果字数总计787万字。与中国人民大学法学院联合主办主题为"主任检察官办案责任制"第十届国家高级检察官论坛，为检察官办案责任制改革的推进提供理论支撑，扩大学院的学术影响力。

四、着力提升学历教育办学层次和水平

2014年,学院停止学历教育本科招生,继续开展高层次学历教育。与中国人民大学法学院合作培养博士后研究人员,选拔6位合作培养人选进站学习;与澳门大学法学院联合培养法学研究生,招收7名硕士生和3名博士生;与中欧法学院新启动了欧洲法硕士项目合作,选拔6名检察官参加该项目学习。

五、推动检察教育培训国际交流与合作

积极开展国际交流与合作,有效拓展了检察教育培训的国际视野。2014年共开展了8个合作项目,其中,与美国纽黑文大学李昌钰法庭科学学院共同合作的中国高级检察官赴美培训项目正式启动,首批高级检察官赴美参加主题为"科学技术在侦查、公诉环节证据审查中的运用"的业务培训;中瑞"检察官与人权保障"师资培训项目启动第四轮合作;中法"50名检察官培训项目"启动新一轮合作;由学院与法国司法官学校共同举办的中法"环境法治问题研究"国际研讨会在法国巴黎召开,学院代表团作主题发言;与韩国法务研修院举办"中韩检察官培训制度及其改革"小型研讨会,并签订了为期4年的阶段性合作执行协议。

六、加强检察文献中心建设,推进新增检察文献的收集整理工作

2014年新增检察文献724种。继续与中国台湾地区"高检署""中央研究院法律学研究所"等9家机构保持图书互赠关系,台湾地区检察书刊收集进展顺利。图书馆目前馆藏图书57853种,14.9万册,其中馆藏检察文献5300余种。

七、加强教师队伍建设,提升队伍整体素质

注重对全体教职工的素质提升,建立教职工进修培训申报统计制度,加强对教职工的个性化发展管理,为教职工尤其是教师的职业发展提供更多的机会和空间。按照教师2014—2015年挂职锻炼工作计划,建立灵活多样的教师挂职锻炼途径,全年选派11名教师挂职锻炼。探索开展教研部与基层检察院联系点制度,制订教师赴基层调研制度,推荐10余名教师参与最高人民检察院各业务厅局岗位素能标准的开发研究和司法改革的调研,支持教师以多种方式进修、出访和参加学术活动。组织教师开展适应检察改革需要的专题研究,丰富教师的检察实务经验。

(国家检察官学院 陈兰萍)

第十届国家高级检察官论坛 2014年9月18日至19日,以"主任检察官办案责任制"为主题的第十届国家高级检察官论坛在山东省临沂市召开。最高人民检察院副检察长李如林出席会议并讲话。

李如林副检察长指出,实行检察官办案责任制改革,建立权责明确、协作紧密、制约有力、运行高效的办案组织模式,是检察权按照司法规律运行的必然要求。李如林副检察长就检察机关应当如何理解和认识"主任检察官办案责任制"的改革目标,更好地推进这项改革提出五点建议:一是要突出对检察官办案主体地位的研究。强调办案主体地位,就是要赋予检察官相对独立的决定权,使其在执法过程中能够独立地思考和作出判断,真正做到办案与定案的有机统一,破除检察机关办案层层审批制带来的弊端,弱化检察机关办案机制的行政色彩。二是要整合内设机构,健全基本办案组织,形成符合检察职业特点的组织结构。检察机关的内设机构是检察权运行的载体,科学合理地配置内设机构,才能更好地满足检察职能的需要,实现有效履行法律监督职责的目的。三是要落实和强化相应执法责任,强调主任检察官、部门负责人、检察长及检察委员会职责权限的科学划分。赋予主任检察官与其履职相对应的执法办案权限是其有效履行职责的保障,要坚持依法、合理放权与加强领导监督相统一的原则,在法律规定的框架范围内确定主任检察官的权责,合理下放部分职责权限。四是要明确主任检察官的选拔条件和考核机制。五是要为检察官提供相应的职业保障。

本届论坛由国家检察官学院、中国人民大学法学院联合主办,山东省临沂市人民检察院承办。论坛共收到论文200余篇,70余位专家学者、检察官代表围绕"主任检察官办案责任制的理论与实践依据""主任检察官的诉讼职权配置""主任检察官办案责任制与内设机构、分类管理改革""检察官办案责任制的比较法考察"等议题进行深入讨论。本次论坛还特别邀请我国台湾地区的两位代表施庆堂主任检察官和林离莹检察官作主题报告,详细介绍了我国台湾地区的检察官现状及主任检察官制度。

(国家检察官学院 周洪波)

检察技术和信息化工作 2014年,检察技术信息中心(以下简称中心)以"统一规划、统一标准、统一设计、统一实施"为指导,领导全国检察机关技术信息部门加大力度实施"科技强检"战略,紧紧围绕检察工作大局,加强顶层设计、求实应用实效、统筹推进技术与信息、技术与业务的"两个融合",全面建设取得了新进展、新成效。

一、全力以赴,全面部署统一业务应用系统

协调各方力量积极推进全国统一业务应用系统的平台建设、部署应用和运维保障等工作,督导各省完成基础网络平台、应用支撑平台、安全保密平台、运维保障平台建设。统一业务应用系统投入运行后,不断升级完善系统功能,进行了8次版本升级,解决各类问题500余个,编制了《统一业务应用系统运维管理办法》,组织做好各地技术支持和运维工作,通过多种途径不断提升运维服务质量。统一业务应用系统横向覆盖了主要检察业务,纵向贯通了四级检察机关,结合配套建设的网络平台、应用支撑平台、安全保密平台等设施,取得了巨大的整体效益,规范了司法行为、提升了办案质量和效率、强化了内部监督、提高了管理决策水平。

二、加强统筹,全力推进电子检务工程

2014年,最高人民检察院组织召开了全国电子检务工程工作会议,对电子检务工程工作进行了部署,完成了《电子检务工程(中央本级建设)可行性研究报告》的编制,并通过了国家发改委国家投资项目评审。同时加强统筹协调,建立最高人民检察院电子检务工程工作联络员制度、起草电子检务工程相关规章制度和管理办法、修改完善《关于全面实施电子检务工程的意见》、启动《电子检务工程(中央本级建设)初步设计方案和投资概算报告》的编制工作,为全面推进检察机关电子检务工程建设夯实基础。为确保全国检察机关电子检务工程按照"四统一"统筹推进,印发了《省级检察院电子检务工程可行性研究报告审批办法》,组织成立了电子检务工程评审专家组,对省级检察院提交的可行性研究报告进行了专家评审。

三、立足应用,扎实推进检察信息化建设

2014年先后建成了12309举报系统、远程接访系统、远程提讯系统,行贿犯罪档案查询系统、案件信息公开系统,并积极推进职务犯罪侦查与预防信息查询平台建设、侦查监督案件远程视频讯问系统建设、远程侦查指挥系统建设和远程培训系统建设,有效促进"两个融合",检察机关信息化应用水平得到了较大提升。一是案件信息公开系统建设

全面启动。编制了《案件信息公开系统支撑平台建设方案》,搭建案件信息公开系统,为检务公开提供技术支持。二是职务犯罪侦查信息综合查询分析平台建设逐步展开。编制了《全国检察机关职务犯罪侦查与预防信息查询平台总体方案》,并完成了一级网、非涉密网络的线路运营商采购工作。三是网上信访平台建设扎实开展。进一步完善了12309举报电话受理系统,完成了最高人民检察院远程接访系统建设,召开了远程视频接访系统专题会议,推进各级检察机关加快建设系统,充分发挥统一业务应用系统等现有系统效益,提高工作效率和工作质量。四是完成了一级网高清视频系统建设工程。圆满完成了包括高清视频会议系统、侦查指挥系统、远程接访系统在内的一级网高清视频系统建设工程,为实现最高人民检察院对地方各级的指挥协调提供了优质、高效的信息化平台。五是做好其他基础网络建设和保障。最高人民检察院信息化领导小组办公室制定下发《全国检察机关信息网络系统IP地址规范》,指导并审核各地制定的本地区网络IP地址规范,进一步规范检察机关网络建设;推进最高人民检察院内部网站升级和专网搜索系统,及内网邮件系统和互联网邮件系统的升级工作。六是认真做好检察机关信息网络安全工作。认真组织完成最高人民检察院和地方各级检察院的网络安全自查、整改工作,制定下发了《关于加强检察机关互联网站安全管理的意见》《检察机关非涉密信息系统安全等级保护定级指南(试行)》等规章制度,大力加强网络和信息化的安全保密建设,形成了应用与保密齐抓、效率和安全共管的良好态势。

四、加强指导,深入开展检察技术应用

着眼需求和基础建设及规范化管理,全面提升检察技术在执法办案中的应用水平。一是检察技术办案力度加大。根据"两法"实施对检察技术提出的新要求,各级检察机关积极应对,坚持提升能力,拓展领域,强化应用,办案的力度得到加强。2014年,全国检察技术部门受理技术案件166970件,办结161568件。其中完成同步录音录像72469件。二是司法鉴定实验室建设和认可卓有成效。本着"合理布局,强化应用"的原则,求真务实、稳步推进各级检察机关的司法鉴定实验室建设,加强对实验室认可和技术办案的指导。2014年新增认可的司法鉴定实验室4个,另有13个实验室通过了新认可准则颁布后的监督评审或复评审。辽宁、浙

江等 15 个省级检察院和深圳、大连等 16 个市级检察院司法鉴定实验室通过国家实验室认可。结合新一轮检察改革,制定《2014—2018 年检察机关司法鉴定实验室建设指导意见》,科学规划司法鉴定实验室建设。三是规范化建设得到加强。2014 年,对 568 名新增鉴定人、1200 名鉴定人增加鉴定项目进行了核准,对 5 名鉴定人鉴定资格进行了注销;对 2 个新增鉴定机构、123 个鉴定机构申请增加鉴定项目进行了审核批准;对 2765 名鉴定人进行了年度资格延续审核。同时,着眼新一轮的检察改革,最高人民检察院修改完善《科技强检示范院创建办法》(试行)和《关于进一步加强和改进检察技术工作的决定》等,为检察技术信息工作规范化开展提供了保障。并加强《科技强检示范院创建办法》的对下宣传和指导,积极推进科技强检示范院创建工作。起草了《人民检察院技术性证据审查规则》与《检察技术协作配合工作机制规定》,修改和报审了《司法会计工作细则》和《电子证据工作细则》等,进一步推进了执法办案的规范化建设。四是开展检察技术电子证据云平台工作。"中心"已建成检察机关电子数据云平台,首批接入 30 个单位进行了试运行,可实现各级检察机关电子数据实验室的互助协作。通过将"大数据、云计算"运用于检察技术,整合分散的鉴定资源,实现纵向一体、横向联动、互助协作的检察技术工作格局,弥补基层鉴定人员水平不高的问题。五是对外合作交流得到提升。2014 年最高人民检察院检察技术信息中心与司法部司法鉴定科学技术研究所签订战略合作协议,通过优势互补、资源共享的方式,促进了检察机关司法鉴定工作发展,助推了检察技术工作改革。

(最高人民检察院检察技术和信息中心 贾茂林)

中国检察官教育基金会工作 2014 年,中国检察官教育基金会认真贯彻落实最高人民检察院党组和曹建明检察长、李如林副检察长关于基金会工作的重要指示精神,根据新的形势和任务,紧紧围绕党和国家工作大局与检察工作全局,坚持有序推进、依法促进、稳中求进、以稳促进的总基调,认真落实全国检察机关队伍建设工作会议和本会四届九次、十次理事会会议部署要求,开展"坚守职业良知、践行执法为民"研讨活动,始终坚持以人为本、服务为先的检察人才发展优先战略,继续把支持西部地

区、革命老区、民族地区、边疆地区、贫困地区基层检察教育作为主要任务,特别是在公益活动难度加大、筹资困难增多的情况下,立足检察队伍建设需要,结合基金会工作实际,量力而行,适度掌握基金会发展步伐,着力加强自身能力建设,努力保持募集资金适度规模、注重提升项目资助实际效果,真正做到了依法募集基金、合理使用基金、严格管理基金、规范运作基金的工作要求,注重真抓实干,守住公益底线,重点抓住"三个工程、四个项目"的推进实施不放松,全年公益性事业支出 2545.66 万元,保持了募集资金、公益资助和内部治理各项工作的平稳健康发展。

2014 年,按照基金会宗旨任务和章程的规定,认真履行职责,努力加大检察教育公益事业宣传力度,进一步凝聚依法争取社会资源、科学发展检察教育的共识,突出募资的组织性、计划性与目的性,增强责任意识,发挥自身优势,强化政策导向,加大资金募集力度,拓宽资金募集领域,改进资金募集方法,广泛动员社会爱心力量,多元化整合资源,多渠道筹集资金,多形式开展活动,积极争取多方支持,拓宽资金来源渠道,稳步壮大资金规模。据统计,全年共取得各项收入 1496.21 万元,其中,41 家单位和个人捐赠资金 1042.80 万元。一是突出本部募集与地方募集相结合的方式募集资金,募集资金工作取得了新的成绩。除基金会本部外,部分省市检察机关理事、特邀理事高度重视基金会这个资金募集平台,结合当地检察教育培训工作实际,采取得当的方式方法,争取爱心企业和企业家的大力支持,募集资金取得新的成效。二是在合法安全有效的基础上,最大限度地实现基金保值增值。充分利用在账闲置资金,多方考察评估,审慎选择银行、信托等金融机构开展理财工作,为基金会顺利推进检察教育公益事业和检察工作科学发展,提供了稳定有力的资金保障。

2014 年,中国检察官教育基金会根据本年度财务预算安排和基金会工作要点,突出重大工程建设资助帮扶力度,着力抓好"三个工程"推进实施工作。一是继续做好西部地区检察官专业培养工程推进实施。拨付该工程资助金 650 万元,举办专业培训班 10 期,培训西部地区市县检察业务骨干 980 人,自工程 2010 年启动实施以来,已累计拨付资助金 4000 万元,培训检察一线办案人员 3528 人,有效地提高了受助学员的业务素质、执法办案能力

和水平，起到了很好的示范和推动作用。二是制定基层检察院图书室建设工程年度工作方案，按计划完成了西部地区基层检察院图书室建设任务。拨付资助金 353.92 万元，3 月初资助名额分配下发后，经过仔细严格的审核把关，从 13 个省区报送的 100 多份资助申请中，批准确定 94 个基层检察院为受助单位，7 月底 7 万余册资助图书全部通过物流配送到位，受到广大基层检察人员的广泛欢迎与好评。此外，资助西部 13 个省份市、县两级检察院《全国检察机关统一业务应用系统使用指引手册》丛书 2604 套，有力地推动了检察业务建设和学习型检察院建设，充分体现了检察教育基金的助检助教效果。三是西藏自治区检察官专业培养工程首期培训班成功举办。2014 年拨付首批资助金 120 万元，7 月 22 日，首期培训班在林芝举行开班仪式，131 名检察人员受助参训，提高了西藏检察人员的整体素质、执法办案水平和自身师资培训能力。

中国检察官教育基金会在着力抓好"三个工程"推进实施的同时，重点抓了以下几个方面的工作：一是结合近年来司法考试培训项目资助经验，制定了司法考试培训项目的资助方案。2014 年拨付资助金 90 万元，受助参训 1099 人，其中 456 人考试合格取得检察官任职资格，通过率达 41.49%，司法考试培训取得了良好效果。二是在以往资助的基础上，制定了研究生学历（学位）教育资助工作方案。全国 16 个省份报送了资助申请，经审核批准 24 人为资助对象，首期资助金 24 万元已拨付到受助人账号，研究生教育项目年度资助工作顺利完成。三是有针对性地对迫切需要的地区开展专项资助。2014 年拨付 622 万元，主要用于贵州、云南、山西等地检察人员专业培训及教育基础设施建设，该项目已成为具有检察教育公益特色的品牌项目。四是继续开展对外对台交流合作，2014 年成功举办海峡两岸第二届检察教育交流研习活动。

2014 年严格按照《基金会管理条例》和本会章程的规定，不断加强自身建设，完善内部法人治理，坚持信息公开透明，切实加强和提高队伍整体素质培养和项目运作能力，社会公益性和公信力不断提高。一是以基金会章程为核心，建立健全现代法人治理结构和运行机制。坚持最高人民检察院党组统一领导，分管副检察长分工负责，基金

会依法独立运作，各职能部门加强监管的基金会管理模式，不断巩固和完善理事会决策和监事列席监督工作机制，落实民主选举、议事制度，进一步提高了依法自治水平，为基金会在法治轨道上规范运作提供了保障。二是完善人事、财务、档案、资产、活动管理、机构管理等各项内部管理制度。坚持每年向最高人民检察院党组汇报一次基金会工作情况，重大事项及时向分管副检察长请示，积极主动地报告基金会工作，每年召开两次理事会会议，客观全面地向理事会报告工作。三是切实加强资金使用监管，促进项目运行和基金会管理依法规范。先后研究出台工程项目实施方案和年度工作方案，规范了资金募集、资金管理和资金使用程序，项目实行事前审核把关、事中跟踪监控、事后检查稽核的资助反馈机制，保证了基金会在专业化公益和规范化操作的框架内运行。四是加强队伍政治理论和业务学习，提高管理队伍整体素质。五是加强和改进社会宣传工作，最大程度地透明公开。2014 来，我们不断丰富信息公开内容，扩大信息公开范围，创新信息公开方式，通过基金会网站主动向社会公开章程、宗旨任务、业务范围以及基金会开展活动的相关信息，及时披露财务审计报告、收支情况，准时参加民政部年度检查并顺利通过，获得了公益性捐赠税前扣除资格；按要求在新浪网开通基金会官方微博，凝聚依法争取社会资源、科学发展检察教育共识，传递检察教育公益事业正能量；热情服务，向捐赠人、受助人报告基金会工作，编辑印发了会刊第八期、第九期，自觉接受监督，进一步提升了基金会的社会公信力和社会影响力。

（中国检察官教育基金会　郑永芳）

中国检察官教育基金会第四届理事会第十次会议

中国检察官教育基金会第四届理事会第十次会议于 2014 年 7 月 16 日在甘肃省兰州市召开。最高人民检察院副检察长李如林出席会议并发表讲话，基金会理事长王振川总结回顾了第四届理事会成立以来基金会工作的经验和做法，研究部署了当前和今后一个时期基金会工作的思路和措施，甘肃省人民检察院党组书记、检察长路志强出席会议并致辞。副理事长兼秘书长付志安作 2014 年上半年理事会工作报告。基金会理事、监事、特邀理

事、联络员以及部分捐赠企业代表共 120 余人参加会议。

最高人民检察院副检察长李如林以充分发挥基金会公益组织优势,推动检察教育事业科学发展为题,从正确把握基金会面临的形势和任务,进一步增强做好基金会工作的事业心和责任感,全面提高服务检察教育能力水平的高度等方面,对进一步做好中国检察官教育基金会工作发表了讲话。他强调,近年来,中国检察官教育基金会在最高人民检察院的正确领导和民政部的管理指导下,在地方检察机关和社会各界特别是热心检察教育公益事业的企业界人士的关心支持下,坚持以依法募集检察教育基金、真诚服务检察教育为宗旨,积极调动社会力量,致力于检察教育发展和检察人才培养,帮助西部地区、贫困地区检察机关和检察人员弱势群体兴教助学、扶贫济困,推动检察教育事业持续健康发展,特别是打造了一批检察教育公益品牌项目,各方面反映很好,工作蓬勃发展,成绩突飞猛进,为检察教育的进步发展作出了积极贡献。他指出,党的十八大和十八届三中全会对新时期社会事业改革和法治中国建设作出了一系列重大战略决策。党的十八届三中全会提出要推动社会事业改革创新,建立现代社会组织体制,鼓励引导社会力量兴办教育,支持发展公益慈善事业;要推进法治中国建设,深化司法体制改革,促进社会公平正义。这为新形势下基金会工作提供了难得的发展机遇,也赋予了新的重要责任。

李如林副检察长要求,中国检察官教育基金会要正确把握基金会面临的形势和任务,全面贯彻落实最高人民检察院党组推动基金会工作重要指示精神,正确把握基金会工作规律,进一步增强做好基金会工作的事业心和责任感,进一步提高依法运作管理基金会的能力和水平,进一步加强基金会工作的公益性和公信力建设,努力开创服务检察教育和检察人才培养工作的新局面,为检察人才培养和检察队伍建设作出新的更大贡献。

王振川理事长就深入学习贯彻李如林副检察长讲话精神,进一步突出和强化检察教育基金会的特色与优势,在新的起点新的高度上推动基金会工作持续健康发展发表了意见。他强调,检察教育基金会是依法争取社会资源、致力于检察人才培养,为社会爱心人士和企业家朋友支持检察教育提供的独特平台。四届理事会成立以来,基金会工作发展顺利,取得了可喜成绩。募集检察教育基金 2.1 亿元,资助检察教育 1.33 亿元,"三个工程、四个项目"检察教育资助总体格局初步形成。要认真总结四届理事会的工作经验和做法,创新工作思路,开辟新的举措,推动检察教育基金会工作不断开创新局面。他指出,2014 年是贯彻落实中央全面深化改革决策部署的第一年,社会组织建设和公益事业发展面临着大好机遇。同时,新形势新任务对检察工作、检察队伍建设和检察人才培养也提出了新的更高要求。检察教育基金会作为检察教育经费重要的辅助补充平台,必须要有所担当,有所作为,也有责任和义务按照"五个过硬"要求,为推进检察人才队伍专业化、职业化建设作出贡献。

王振川理事长要求,要坚持以党的十八大、十八届三中全会精神为指导,围绕中心、服务大局,以检察教育总体部署和检察人才队伍建设需要为切入点和着力点,以资助中西部贫困地区基层检察教育、教育培训体系建设、高端检察人才培养为重点,全面推动基金会工作创新发展。要把中央和最高人民检察院的决策部署与检察教育实际需要紧密结合起来,为检察教育培训提供足额的资金支持;要突出检察教育基金会的特色和优势,始终服从和服务于检察中心工作;要学习借鉴国内外社会组织公益服务的新理念、新模式、新方法,使基金会工作不断创造新的亮点;要加大对高层次检察人才培养的资助帮扶力度,着力提升服务检察人才队伍建设能力水平。

付志安副理事长兼秘书长对基金会 2014 年上半年工作做了总结,对下半年的工作提出了意见。会议举行了现场捐赠仪式,截至会前,今年共有 28 家单位和个人向本基金会捐赠资金 1006 万元,部分企业家参加了现场捐赠仪式。最高人民检察院副检察长李如林、中国检察官教育基金会理事长王振川、甘肃省人民检察院检察长路志强为参加现场捐赠的企业代表颁发了牌匾或证书。此外,因工作变动,会议决定董同会同志不再担任基金会理事、副秘书长职务,改任特邀理事,表决通过了郑永芳同志为基金会理事、副秘书长,聘任寇立国同志为基金会特邀理事、副秘书长,宣布戴菊凤同志为基金会监事,增补张幸民等 13 人为基金会特邀理事。

(中国检察官教育基金会 李君瑞)

第三届中国检察官文化论坛 2014 年 7 月 24 日，由中国检察官文学艺术联合会、国家检察官学院、最高人民检察院检察理论研究所和内蒙古自治区检察官文学艺术联合会共同举办，呼和浩特市检察官文学艺术联合会承办的第三届中国检察官文化论坛在内蒙古自治区呼和浩特市举行。本届论坛旨在深入学习贯彻党的十八大、十八届三中全会精神，深入学习习近平总书记系列重要讲话，认真落实最高人民检察院《关于深入贯彻落实党的十八大精神，进一步加强检察文化建设的决定》要求，以"检察基层文化建设的理论与实践"为主题，从理论层面总结基层检察机关加强文化建设的经验，配合全国检察机关开展的以"为民、务实、清廉"为主要内容的党的群众路线教育实践活动，进一步繁荣检察文化，加强检察队伍建设，推动检察工作科学发展。

最高人民检察院政治部主任王少峰出席论坛开幕式并讲话；中国检察官文学艺术联合会主席张耕主持论坛开幕式并作总结讲话；内蒙古自治区人民检察院检察长、内蒙古自治区检察官文联名誉主席马永胜出席论坛开幕式并致辞；中国文联国内联络部主任刘尚军代表中国文联在论坛开幕式上致辞。山东省检察官文联主席国家森、江西省检察官文联主席曾页九出席论坛开幕式。

最高人民检察院政治部主任王少峰强调，新的形势对检察文化建设和做好检察官文联工作提出了新的更高的要求，要坚持以党的十八大、十八届三中全会和习近平总书记系列重要讲话精神为指导，从政治、全局和战略高度，充分认识加强检察文化建设的重要意义，把思想认识统一到中央关于坚定走中国特色社会主义文化发展道路、建设社会主义文化强国的决策部署上来，进一步提高文化自觉和文化自信，积极投身社会主义文化建设，切实推动检察文化繁荣发展。要坚持以社会主义核心价值体系和核心价值观为引领，确保检察文化建设的正确方向。要把培育和践行社会主义核心价值体系和核心价值观作为检察机关凝魂聚气、强基固本的战略工程，把社会主义核心价值体系和核心价值观的要求贯穿到各项检察文化工作中，使核心价值观内化为检察人员精神追求，外化为自觉行动，不断夯实检察事业发展进步的思想文化根基。要坚持突出检察人员的主体地位，不断满足广大检察人员的精神文化需求。要始终坚持以人民为中心的

创作导向，立足执法办案的生动实践，围绕党和国家工作大局，服务检察中心工作，服务基层和广大检察人员，把检察文化工作融入检察工作和队伍建设的方方面面。要坚持眼睛向内、重心向下、以我为主，努力为检察抒写，为检察放歌，为社会提供更多更好的精神文化产品，努力建设全体检察人员的共有精神家园。要坚持把握规律创新载体，努力提高新媒体时代检察文化建设科学化水平。重点在理论创新、手段创新、机制创新和基层工作创新上下功夫，充分运用各类文化形式和传播手段，艺术地反映检察工作，讲述检察故事，展示检察形象。特别要加快熟悉、更好掌握新媒体时代的特点、规律，充分运用新媒体手段和平台，进一步增强检察文化表现力、感染力，提升检察文化社会影响力。要坚持高标准严要求，切实加强检察官文联自身建设。检察官文联和各专业协会要高度重视自身建设，坚持用中国化的马克思主义文艺理论武装头脑，不断提高政治理论素养，强化党风廉政建设，改进思想工作作风，推动规范化建设，创新组织形式，不断夯实工作基础，增强工作活力。各级检察院党组要重视检察官文联在繁荣发展检察文化中的重要地位和作用，加强对检察官文联的领导，及时帮助解决实际困难，从各方面支持检察官文联的工作。各级检察政工部门作为主管检察文化建设的职能部门，要把支持检察官文联开展工作摆到更加重要位置，纳入整体工作安排，切实做到与检察文化工作同部署、同落实、同检查，确保检察官文联更好地开展工作、发挥作用，共同推动检察文化建设蓬勃发展。

中国文联国内联络部主任刘尚军致辞指出，中国检察官文联是广大检察文化艺术工作者自己的温馨和谐之家，在团结广大检察文化艺术工作者，凝聚检察文化艺术力量，繁荣和发展检察文化艺术事业，服务检察队伍建设，推动检察工作发展中担负着重大责任。近年来，中国检察官文联紧密结合检察文化建设实践，围绕关系检察文化深入发展的重大问题，深入推进检察文化理论研究，连续两届成功举办中国检察官文化论坛，打造了一个有很好社会影响力的检察文化品牌，这是检察文化艺术战线继承发扬党的文艺工作优良传统、贯彻落实党的十八大精神的重要举措，对于推进检察文化理论研究的深入开展，繁荣检察文化艺术创作，加强检察文化建设，推动检察队伍建设和检察工作科学发展

具有重要意义。他强调,中国检察官文联一定要深入学习贯彻落实党的十八大、十八届三中全会和习近平总书记系列重要讲话精神,始终坚持"为人民服务、为社会主义服务"的方向,坚持"百花齐放、百家争鸣"的方针,深入贯彻"贴近实际、贴近生活、贴近群众"的原则,坚持以人民为中心的工作导向,以培育和践行社会主义核心价值观为根本任务,紧紧抓住历史机遇,开拓创新,奋发有为,充分发挥检察官文联在加强检察文化建设中的重要作用,团结带领广大检察文化艺术工作者和爱好者,深入开展检察文化理论研究,积极推进检察文化艺术创作和检察文化艺术活动,努力创作出体现检察特色、弘扬检察精神、塑造检察品格、展示检察风采的精品力作,把更多优秀的精神食粮奉献给检察人员、奉献给广大人民群众,真正把检察官文联办成展现检察机关、检察人员良好形象和展示检察机关执法公信力的重要窗口与平台,努力建设全体检察人员的共有精神家园,为促进检察事业科学发展、推动社会主义文化大发展大繁荣,实现中华民族伟大复兴的中国梦作出新的更大贡献。

中国检察官文学艺术联合会主席张耕在论坛结束时讲话强调,要深入学习贯彻党的十八大、十八届三中全会和习近平总书记系列重要讲话精神,坚持社会主义先进文化前进方向,以改革创新为动力,充分发挥检察官文联的职能作用,紧贴检察工作实际,进一步加强检察文化理论研究,努力为繁荣检察文化、推动检察工作科学发展提供理论支撑。要坚持把检察文化理论研究放在检察官文联工作的重要位置,把检察文化理论研究工作作为一项长期的战略任务抓紧、抓好。要以办好检察官文化论坛为抓手,推进检察文化理论研究深入开展。检察文化理论研究必须坚持以中国特色社会主义理论体系为指导,努力服务于党和国家的工作大局、服务于检察中心工作;要突出广大检察人员的主体地位,尊重他们的创新精神;要建立公开、公平、公正的评审、激励机制;要建立论坛轮值机制,保证论坛依次、有序地举行。要以组织编写《中国检察文化理论研究文库》为载体,把检察文化理论研究工作不断引向深入。要进一步加强检察文化理论人才队伍建设,努力造就一支政治坚定、思想敏锐、理论功底深厚、研究视野宽广的检察文化理论研究人才队伍。要切实加强对检察文化理论研究工作的领导。各级检察官文联和筹备组织要把检察文化理论研究工作放在更加突出的位置,纳入重要议事日程。要对检察文化理论研究作出规划,明确任务、落实措施。要从人力、经费等方面予以支持。要建立课题申报、评审立项、成果评价等机制,确保检察文化理论研究的各项任务落到实处。

论坛上,中国文化软实力研究中心主任张国祚作了题为《社会主义核心价值体系和核心价值观若干问题》的专题讲座。中国检察官文联对征文活动中35篇获奖论文和12个组织工作先进单位进行了表彰,12位检察人员在论坛上进行了交流发言。

最高人民检察院有关部门的负责同志,中国检察官文联第一届委员会副主席、常委、委员和部分获奖论文作者、组织工作先进单位代表参加了这次论坛。

(中国检察官文学艺术联合会秘书处)

2014 年中国检察出版社出版的主要图书目录

廉政文化与检察队伍建设研究——第二届检察文化论坛优秀论文集　张耕主编　2014 年 1 月

检察组织与队伍管理改革研究　王少峰主编　2014 年 1 月

检察业务实训的理念模式　李继华著　2014 年 1 月

监管场所职务犯罪典型案例评析　最高人民检察院监所检察厅编　2014 年 1 月

反渎职侵权工作指导与参考（2013 年第 6 辑）　最高人民检察院渎职侵权检察厅编　2014 年 1 月

贪污犯罪的司法认定与证据适用　杨新京　上官春光著　2014 年 1 月

职务犯罪案件专业化公诉样本　陆昊　徐志著　2014 年 1 月

外国人犯罪专业化公诉样本　杜邈　郝家英著　2014 年 1 月

刑事诉讼法律应用一本通　江海昌编著　2014 年 1 月

刑事证据审查判断与出庭实务　张伟军　韦兴顺　闫沛垠著　2014 年 1 月

侦查监督指南（2013 年第 3 辑总第 8 辑）　最高人民检察院侦查监督厅编　2014 年 1 月

刑事案例论辩策略与技能训练　叶衍艳著　2014 年 1 月

走私犯罪专业化公诉样本　操宏均　卢凤英　刘梦甦著　2014 年 1 月

电子证据调查指南　戴士剑　刘品新主编　2014 年 1 月

贿赂犯罪的司法认定与证据适用　缪树权　张红梅著　2014 年 1 月

论检察　朱孝清著　2014 年 1 月

危害国家安全和有组织犯罪专业化公诉样本　卢凤英　秦鹏著　2014 年 1 月

证据法学论丛（第 2 卷）　潘金贵主编　2014 年 1 月

渎职犯罪的司法认定与证据适用（全 2 册）　缪树权　郭冰著　2014 年 3 月

论检察　韩大元著　2014 年 3 月

检察技术与信息化（2013 年第 2 辑）　柯汉民主编　2014 年 3 月

吴克利讲讯问——10 堂侦查讯问攻略课　吴克利著　2014 年 4 月

侦查监督指南（2013 年第 4 辑总第 9 辑）　最高人民检察院侦查监督厅编　2014 年 4 月

金融犯罪专业化公诉样本　汪东升　孙晴　张启明著　2014 年 4 月

论检察　陈国庆著　2014 年 4 月

知识产权犯罪专业化公诉样本　刘科　张茜著　2014 年 4 月

公诉人出庭辩论攻防谋略　张伟军　韦兴顺　闫沛垠著　2014 年 4 月

反渎职侵权办案实务一本通　缪树权　上官春光著　2014 年 4 月

反贪办案一本通　上官春光　缪树春著　2014 年 4 月

检察文化初论　张耕主编　2014 年 4 月

法治新闻传播　赵信主编　2014 年 4 月

反贪工作指导（2014.1）　最高人民检察院反贪污贿赂总局编　2014 年 4 月

论检察　宋英辉著　2014 年 4 月

铁路职工实用法律手册　刘苏建主编　2014 年 4 月

检察研究（2013 年第 3 卷）　徐安　方晓林主编　2014 年 4 月

人民检察院司法警察工作常用法规文件汇编　最高人民检察院政治部编　2014 年 4 月

中国检察文献研究　薛伟宏　杨迎泽主编　2014 年 4 月

论检察　谢鹏程著　2014 年 4 月

论检察　张建伟著　2014 年 4 月

警示与镜鉴——铁路系统典型职务犯罪案例评析　刘苏建主编　2014 年 4 月

迷失的青春　福建省莆田市人民检察院编著　2014 年 4 月

反渎职侵权工作指导与参考（2014 年第 1 辑）　最高人民检察院渎职侵权检察厅编　2014 年 4 月

中国检察（第 23 卷）　王守安主编　2014 年 4 月

毒品犯罪专业化公诉样本　位鲁刚著　2014 年

中国检察出版社法律法规编写组编　2014 年
9 月

证明——如何进行庭前证据分析　（澳）帕尔玛著
林诗蕴　都敏　张雪燃译　2014 年 9 月

公诉意见书制作指南与优秀范例　高保京主编
2014 年 9 月

侦查监督指南（2014 年第 2 辑总第 11 辑）　最高人
民检察院侦查监督厅编　2014 年 9 月

检察理论与实践（2014 年第 3 卷）　广西壮族自治
区人民检察院　广西检察官协会编　2014 年
9 月

公诉制度教程（第 3 版）　姜伟　钱舫　徐鹤喃
卢宇蓉著　2014 年 9 月

修改后诉讼法贯彻实施中的检察工作研究——全
国女检察官征文活动获奖文集　中国女检察官
协会编　2014 年 9 月

检察官职业素养教程　胡尹庐　胡卫列主编
2014 年 9 月

侦查监督业务教程　黄河　胡卫列主编　2014 年
9 月

公诉业务教程　陈国庆　胡卫列主编　2014 年
9 月

反贪污贿赂业务教程　徐进辉　胡卫列主编
2014 年 9 月

反渎职侵权业务教程　李文生　胡卫列主编
2014 年 9 月

刑事执行检察业务教程　袁其国　胡卫列主编
2014 年 9 月

民事行政检察业务教程　郑新俭　胡卫列主编
2014 年 9 月

控告举报检察业务教程　穆红玉　胡卫列主编
2014 年 9 月

刑事申诉检察业务教程　宫鸣　胡卫列主编
2014 年 9 月

职务犯罪预防业务教程　宋寒松　胡卫列主编
2014 年 9 月

行政诉讼目的论　胡卫列著　2014 年 9 月

检察技术与信息化（2014 年第 3 辑）　检察技术与
信息化编委会编　2014 年 10 月

中国纳税人权利研究（修订版）　黎江虹著　2014
年 10 月

检察技术典型案例选编　最高人民检察院检察技
术信息研究中心编　2014 年 10 月

血剑　孙毅著　2014 年 10 月

主任检察官办案责任制——第十届国家高级检察
官论坛论文集　胡卫列　韩大元主编　2014 年
10 月

新编控告申诉举报检察实用法律法规手册　最高
人民检察院控告检察厅编　2014 年 10 月

职务犯罪预防业务　宋寒松　胡卫列主编　2014
年 10 月

刑法分则适用典型疑难问题新释新解（第 3 版）
郭立新　黄明儒主编　2014 年 10 月

警惕！身边的风险——金融风险法律防范指南
王建华主编　2014 年 10 月

人民检察院文件检验工作细则释义　幸生主编
2014 年 10 月

岳麓刑事法论坛（第 4 卷）　宁立昂　邱兴隆主编
2014 年 10 月

案件汇报方法与技巧　李斌　庞静　田申著
2014 年 11 月

刑事法律援助制度新论　陈晨著　2014 年 11 月

检察机关党建工作文件选编　最高人民检察院机
关党委编　2014 年 11 月

监所检察工作指导（2014.3）　最高人民检察院监
所检察厅编　2014 年 11 月

反贪工作指导（2014.4）　最高人民检察院反贪污
贿赂总局编　2014 年 11 月

检察研究（2014 年第 3 卷）　徐安　方晓林主编
2014 年 11 月

刑事责任量的根据论　彭辅顺著　2014 年 11 月

预防职务犯罪学刊（2014.1、2 合刊）　李广森主编
2014 年 11 月

检察机关规范办公秩序制度汇编　最高人民检察
院办公厅编　2014 年 11 月

审查逮捕证据审查与判断要点（修订版）　张少林
王延祥　张亮著　2014 年 11 月

司法评论（第 5 卷）　谢佑平主编　2014 年 11 月

正则无畏——检察文化的品悟与实践　河南省濮
阳市清丰县人民检察院编　2014 年 11 月

诉讼法修改与检察制度的发展完善——第三届中
国检察基础理论论坛文集　中国检察学研究会
检察基础理论专业委员会编　2014 年 11 月

刑事申诉检察工作指导（2014.1）　最高人民检察
院刑事申诉检察厅编　2014 年 11 月

刑事申诉检察工作指导（2014.2）　最高人民检察

院刑事申诉检察厅编　2014 年 11 月

间接正犯研究——基于犯罪参与体系的分析与建构　韩建祥著　2014 年 11 月

刑事申诉检察工作指导（2014.3）　最高人民检察院刑事申诉检察厅编　2014 年 11 月

国家治理现代化与犯罪防控——中国犯罪学学会年会论文集（2014）　张凌　袁林主编　2014 年 11 月

未成年人刑事检察的临沂模式　谭长志　郭华　王纪起主编　2014 年 11 月

检察基础理论论丛（第 2 卷）　中国检察学研究会检察基础理论专业委员会编　2014 年 11 月

检察技术与信息化（2014 年第 4 辑）　检察技术与信息化编委会编　2014 年 11 月

检察权能与检察实务研究　高树勇主编　2014 年 11 月

预防职务犯罪教育读本　甘肃省人民检察院编　2014 年 11 月

检察政治工作政策法规汇编（2009～2013）　最高人民检察院政治部编　2014 年 11 月

《人民检察院复查刑事申诉案件规定》条文释义与刑事申诉检察文书制作　最高人民检察院刑事申诉检察厅编　2014 年 11 月

实践法哲学——理论与方法　武建敏著　2014 年 11 月

中华人民共和国刑法　中华人民共和国刑事诉讼法　2014 年 11 月

涉税犯罪专业化公诉样本　黄晓亮　黄福涛　冯冠华著　2014 年 12 月

检察建议工作实务与优秀检察建议范例　柳晞春编著　2014 年 12 月

刑事申诉检察工作实务　白泉旺著　2014 年 12 月

检察价值论　谢鹏程著　2014 年 12 月

重大复杂职务犯罪案件侦破与认定实战要领　陈波著　2014 年 12 月

未成年人检察工作综合创新理论与实践　张中剑主编　2014 年 12 月

职务犯罪初查标准化体系　尹立栋著　2014 年 12 月

民间融资法律问题研究　张丰乐主编　2014 年 12 月

中华人民共和国宪法　2014 年 12 月

检察技术与信息化——全国检察机关电子数据取证大练兵活动特刊　检察技术与信息化编委会编　2014 年 12 月

暴力犯罪案件的证据收集、审查与认定　高保京主编　2014 年 12 月

卓越法律人才培养与法学教学改革　郭广辉等著　2014 年 12 月

边缘法学论纲　李振宇著　2014 年 12 月

证据法学论丛（第 3 卷）　潘金贵主编　2014 年 12 月

检察机关党的建设理论研讨文集（2014）　中共最高人民检察院机关委员会编　2014 年 12 月

反渎职侵权工作指导与参考（2014 年第 5 辑）　最高人民检察院渎职侵权检察厅编　2014 年 12 月

反贪工作指导（2014.5）　最高人民检察院反贪污贿赂总局编　2014 年 12 月

中国检察官文联年鉴（2013）　《中国检察官文联年鉴》编委会编　2014 年 12 月

法律读库（2014 年第 1 辑）　赵志刚　李保唐主编　2014 年 12 月

医疗纠纷第三方解决机制实证研究　刘兰秋著　2014 年 12 月

残疾人人权的法律保护　陈佑武　常燕群主编　2014 年 12 月

人体损伤程度评定速查　谷建平主编　2014 年 12 月

预防职务犯罪学刊（2014.3、4 合刊）　李广森主编　2014 年 12 月

犯罪嫌疑人心理测试要点例解　万宏伟　刘丹著　2014 年 12 月

行政复议典型案例精释精解　张利兆主编　2014 年 12 月

检察技术与信息化（2014 年第 5 辑）　检察技术与信息化编委会编　2014 年 12 月

检察基层文化建设的理论与实践——第三届中国检察官文化论坛文集　张耕主编　2014 年 12 月

基层检察院执法办案风险隐患预防处置手册　毕骞晋主编　2014 年 12 月

贪污犯罪案件的证据收集、审查与认定　薛正俭著　2014 年 12 月

精进之旅——台州市检察机关理论创新与实务探索撷英集　陈志君主编　2014 年 12 月

为环境正义而战——环境侵害法律救济研究　陈亮著　2014 年 12 月

诉讼法学研究（第 19 卷） 卞建林主编 2014 年 12 月

2015 年国家司法考试法律法规汇编（全 2 册） 法律法规汇编委员会编 2014 年 12 月

检察官推荐必读的 100 个经典案例 罗堂庆主编 2014 年 12 月

检察机关自侦办案工作转型发展研究 罗堂庆主编 2014 年 12 月

2014 年部分检察理论检察工作文章目录

一、检察制度与司法改革

检察理论研究向纵深化精细化推进 王守安 《检察日报》2014 年 1 月 5 日

坚持党的领导与实行法律的统一性 李林 《检察日报》2014 年 1 月 15 日

严格执法是社会主义法治的基本要求 宋英辉 《检察日报》2014 年 1 月 27 日

加强纪律执行保障公正司法 熊秋红 《检察日报》2014 年 2 月 7 日

强化"五个意识"坚定检察工作正确发展方向 蔡宁 《检察日报》2014 年 2 月 19 日

检察政策及其实施 王守安 《检察日报》2014 年 3 月 24 日

兵团检察事业 60 年发展回顾与展望 肖明生 《检察日报》2014 年 5 月 23 日

运用法治思维和法治方式推进检察工作 陈云龙 《检察日报》2014 年 8 月 20 日

以审判为中心的诉讼制度改革带来深刻影响 王守安 《检察日报》2014 年 11 月 10 日

检察机关应当积极探索提起公益诉讼 郑红 《检察日报》2014 年 12 月 5 日

探索司法行政事务管理权与检察权相分离 谢鹏程 《检察日报》2014 年 12 月 12 日

构建符合司法规律的检察官逐级遴选制度 向泽选 《检察日报》2014 年 12 月 15 日

完善主任检察官办案责任制 王守安 《检察日报》2014 年 12 月 19 日

完善对行政机关行使职权的检察监督制度 杨建顺 《检察日报》2014 年 12 月 22 日

加强检察官职业保障制度建设 王敏远 《检察日报》2014 年 12 月 30 日

积极稳妥地推进设立跨行政区划检察院 徐汉明 《检察日报》2014 年 12 月 31 日

检察机关内部监督机制的改革 向泽选 《人民检察》2014 年第 2 期

澳门司法检察制度的改革与创新 何超明 《人民检察》2014 年第 2 期

检察权运行保障机制研究 侯智 刘庆利等 《人民检察》2014 年第 3 期

检察委员会组织体系之完善 柏利民 《人民检察》2014 年第 5 期

检察机关内设机构改革若干问题探究 张和林 严然 《人民检察》2014 年第 6 期

检察院组织法对检察职权规定的修改建议 王玄玮 《人民检察》2014 年第 7 期

未成年人犯罪记录封存制度完善 缐杰 《人民检察》2014 年第 7 期

论主任检察官的定位、选配与管理 金鑫 《人民检察》2014 年第 9 期

未成年人刑事检察工作应走差异化发展之路 王祺国 《人民检察》2014 年第 9 期

主任检察官视野下的内设机构改革 黄曙 周甲准 《人民检察》2014 年第 10 期

主任检察官制度构建的必然性和可行性 罗昌平 杨军伟 《人民检察》2014 年第 10 期

主任检察官办案责任制实践思考与路径选择 林必恒 《人民检察》2014 年第 11 期

加强司法责任制：新一轮司法改革及检察改革的重心 龙宗智 《人民检察》2014 年第 12 期

第十五届全国检察理论研究年会观点综述 常锋 《人民检察》2014 年第 13 期

设立刑事执行检察机构的思考与探讨 袁其国 《人民检察》2014 年第 13 期

有限理性理论视角下检委会决策机制的完善 李明蓉 《人民检察》2014 年第 13 期

深化检务公开的思考 于天敏 《人民检察》2014 年第 15 期

论精准型检察工作模式的建构 向泽选 《人民检察》2014 年第 16 期

四、刑事诉讼法律监督

五、民事行政诉讼法律监督

六、检察机关刑事申诉与刑事赔偿

七、检务督察

八、案件管理

（最高人民检察院法律政策研究室　吴晓冬）

第十部分

大事记

2014 年检察机关大事记

一月

2 日　最高人民检察院印发《2014—2017 年检察援藏援疆工作安排》。

8 日　最高人民检察院召开全国检察长会议。最高人民检察院检察长曹建明出席并讲话,常务副检察长胡泽君主持,副检察长邱学强等出席会议。各省、自治区、直辖市人民检察院,军事检察院,新疆生产建设兵团人民检察院检察长,最高人民检察院机关各内设机构及直属事业单位负责人参加会议。

10 日　最高人民检察院召开各民主党派中央、全国工商联和无党派人士座谈会。最高人民检察院检察长曹建明主持座谈会并讲话,中央统战部副部长林智敏出席并讲话。常务副检察长胡泽君通报 2013 年检察工作情况和 2014 年检察工作安排,副检察长邱学强等出席座谈会。民革中央副主席郑建邦等 10 位各民主党派中央、全国工商联和无党派人士应邀出席座谈会并发言。

10 日　最高人民检察院检察长曹建明,副检察长邱学强、李如林接见获评"最美检察官"的检察人员并合影,副检察长李如林出席了"最美检察官"座谈会。

10 日　最高人民检察院印发《关于深入学习贯彻习近平总书记在中央政法工作会议上重要讲话精神的通知》《关于印发曹建明检察长在全国检察长会议上的讲话的通知》。

17 日　最高人民检察院印发《关于认真学习贯彻第十八届中央纪委第三次全会精神的通知》。

21 日　最高人民检察院召开机关离退休干部座谈会。最高人民检察院检察长曹建明主持并讲话,常务副检察长胡泽君介绍 2013 年检察工作情况和 2014 年工作安排,副检察长张常韧出席会议。

23 日　最高人民检察院召开机关党的群众路线教育实践活动总结大会。最高人民检察院检察长曹建明、中央第十七督导组组长张维庆出席并先后讲话,常务副检察长胡泽君主持,中央第十七督导组副组长刘玉功、副检察长邱学强等出席。

24 日　最高人民检察院印发《关于认真学习贯彻习近平总书记和孟建柱同志重要指示精神的通知》。

二月

12 日　最高人民检察院召开院领导与新提任、晋升厅级干部集体谈心会。最高人民检察院检察长曹建明出席并讲话,常务副检察长胡泽君主持,副检察长邱学强等出席,中央纪委驻最高人民检察院纪检组组长莫文秀作廉政谈话。2013 年机关新提任、晋升厅级干部,机关各内设机构、各直属事业单位主要负责人参加谈心会。

13 日　最高人民检察院、中共陕西省委在陕西西安联合召开命名表彰大会,追授刘宝奇同志"全国模范检察官"、陕西省"优秀共产党员"荣誉称号。最高人民检察院检察长曹建明,陕西省委书记、省人大常委会主任赵正永出席大会并分别讲话。

20 日至 21 日　最高人民检察院在北京召开全国检察机关党风廉政建设和反腐败工作会议。在 20 日上午的电视电话会议上,最高人民检察院检察长曹建明出席并讲话,副检察长邱学强主持,副检察长朱孝清等出席。会议期间,中央纪委驻最高人民检察院纪检组组长莫文秀作工作报告。

20 日　最高人民检察院印发《关于充分发挥检察职能为全面深化改革服务的意见》。

27 日　最高人民检察院印发《关于进一步改进检察业务考评工作的意见》。

三月

4 日　最高人民检察院召开"两会"检察系统人大代表、政协委员和列席人员座谈会。最高人民检察院检察长曹建明主持并讲话,常务副检察长胡泽君通报 2014 年最高人民检察院工作报告有关情况。副检察长邱学强等领导同志,"两会"检察系统的全国人大代表、全国政协委员,列席人大会的省级检察院检察长出席会议。

10 日　最高人民检察院检察长曹建明在十二届全国人大二次会议第三次全体会议上作最高人民检察院工作报告。

19 日　最高人民检察院印发十二届全国人大二次会议《关于最高人民检察院工作报告的决议》和曹建明检察长在会上所作的《最高人民检察院工作报告》。

20 日　最高人民检察院召开全国检察机关学

习贯彻"两会"精神电视电话会议。最高人民检察院检察长曹建明出席并讲话,常务副检察长胡泽君主持,副检察长邱学强等出席会议。

28日 最高人民检察院在人民大会堂召开纪念杨易辰同志诞辰100周年座谈会。中共中央政治局常委刘云山出席会议,中央政治局委员、中央政法委书记孟建柱出席会议并讲话,最高人民检察院检察长曹建明主持会议。

31日至4月6日 最高人民检察院检察长曹建明率中国检察代表团赴西班牙出席国际反贪局联合会执委会并访问法国。

四月

23日至24日 最高人民检察院在北京召开全国检察机关队伍建设座谈会。在23日下午召开的电视电话会议上,中共中央政治局委员、中央政法委书记孟建柱出席会议并作讲话,最高人民检察院检察长曹建明主持会议。

五月

8日 最高人民检察院印发《孟建柱同志在全国检察机关队伍建设座谈会上的讲话》。

20日 最高人民检察院党组书记、检察长曹建明就履行党风廉政建设主体责任,与机关各内设机构、各直属事业单位党政一把手集体谈话,并传达中共中央政治局常委、中央纪委书记王岐山同志重要指示精神,常务副检察长胡泽君等出席。

20日 最高人民检察院印发《关于认真学习贯彻王岐山同志重要指示精神全面落实党风廉政建设"两个责任"的通知》。

27日 最高人民检察院印发《关于完善检察人员直接联系基层服务群众制度的意见》。

六月

3日 最高人民检察院印发《关于深化检察改革的意见(2013—2017年工作规则)》及工作方案的通知。

12日 最高人民检察院检察长曹建明会见新加坡外交部部长兼律政部部长尚穆根一行,常务副检察长胡泽君参加会见。

13日 最高人民检察院召开机关党的群众路线教育实践活动整改工作推进会。最高人民检察院检察长曹建明出席并讲话,常务副检察长胡泽君

主持,副检察长邱学强等出席会议。

15日至16日 最高人民检察院检察长曹建明在京分别会见出席国际反贪局联合会2014年第一期研讨班的部分国家、国际组织的代表。

16日至17日 国际反贪局联合会2014年第一期研讨班在北京举办。16日上午的开班式上,最高人民检察院检察长曹建明出席并讲话,开班式由常务副检察长胡泽君主持。21个国家、3个国际组织共54名代表参加研讨班。

23日 最高人民检察院举行全国检察机关坚守职业良知、践行执法为民先进事迹英模报告会。最高人民检察院检察长曹建明出席报告会,常务副检察长胡泽君主持报告会并讲话。副检察长邱学强等出席报告会。"全国模范检察官"、广东省广州市越秀区人民检察院检察长王雄飞等5人先后作报告。

25日 最高人民检察院在机关召开中央新闻媒体负责人座谈会。最高人民检察院检察长曹建明出席并讲话,常务副检察长胡泽君介绍检察新闻宣传工作主要情况,副检察长李如林等出席座谈会。人民日报社副总编辑谢国明等15位中央新闻媒体负责人出席座谈会。

27日 最高人民检察院检察长曹建明在京会见比利时驻华大使马怀宇一行。

七月

2日至4日 最高人民检察院在山东青岛举办大检察官研讨班。在7月2日上午的开班式上,最高人民检察院检察长曹建明出席并讲话,山东省委书记、省人大常委会主任姜异康出席并致辞,开班式由常务副检察长胡泽君主持。部分全国人大代表、最高人民检察院专家咨询委员和有关政法院校负责人应邀参加研讨班。

11日 最高人民检察院举行第八次"检察开放日"活动,北京、江苏、山东等地科研、新闻出版单位、律师事务所、互联网信息企业20名网友参加开放日活动。

15日至16日 国际反贪局联合会2014年第二期研讨班在北京举办,最高人民检察院检察长曹建明出席16日的会议并讲话,常务副检察长胡泽君主持会议。21个国家和地区、1个国际组织共48名代表参加研讨班。

22日 最高人民检察院召开部分中央新闻网站、商业网站负责人座谈会。最高人民检察院检察

长曹建明、国家互联网信息办公室副主任彭波出席会议并讲话。常务副检察长胡泽君介绍了最高人民检察院加强新闻宣传工作情况。副检察长李如林等出席座谈会。人民网等10位网站负责人参加座谈会。

29日 最高人民检察院举行2014年全国检察教育培训讲师团巡讲支教活动启动仪式。最高人民检察院检察长曹建明接见了16名检察业务专家和骨干组成的讲师团成员。常务副检察长胡泽君等参加接见。

31日 最高人民检察院召开机关党员干部大会，传达学习中央关于对周永康立案审查情况的通报和孟建柱同志在中央政法单位领导干部会议上的讲话精神。最高人民检察院检察长曹建明主持会议并讲话，常务副检察长胡泽君传达了中央关于对周永康立案审查情况的通报，副检察长邱学强等领导和离退休老同志出席会议。

八月

21日 中央政治局委员、北京市委书记郭金龙与最高人民检察院检察长曹建明到北京市人民检察院考察，并进行工作座谈。北京市人大常委会党组副书记、副主任梁伟，北京市副市长张延昆，北京市人民检察院检察长池强陪同调研。

27日 国家检察官学院举行2014年秋季开学典礼。最高人民检察院检察长曹建明为全体学员主讲第一课《坚持和完善中国特色社会主义检察制度》，副检察长李如林主持开学典礼。

29日 最高人民检察院举行院领导与新提任、晋升厅处级干部集体谈心会暨党风廉政建设责任书签订仪式，最高人民检察院检察长曹建明讲话，常务副检察长胡泽君主持仪式，中央纪委驻最高人民检察院纪检组组长莫文秀作廉政谈话。

九月

3日 最高人民检察院印发《关于认真学习贯彻习近平总书记对政法工作重要批示精神的通知》。

10日 最高人民检察院召开人民代表大会制度和检察工作发展研讨会。最高人民检察院检察长曹建明出席会议并讲话，常务副检察长胡泽君主持，副检察长邱学强等出席研讨会。北京市律师协会会长大进等7位全国人大代表，广东省人大代表、立白集团董事长陈凯旋，中国人民大学法学院院长韩大元，中国社会科学院法学研究所研究员莫纪宏参加会议并发言。

11日至12日 最高人民检察院在北京召开全国检察机关贯彻落实第二次中央新疆工作座谈会精神部署会。最高人民检察院检察长曹建明出席会议并讲话，常务副检察长胡泽君主持，副检察长邱学强等出席会议。副检察长邱学强在12日上午的总结会上讲话。

17日 最高人民检察院检察长曹建明会见古巴驻华大使白诗德。

22日 最高人民检察院召开最高人民检察院重点工作督办会。最高人民检察院检察长曹建明出席并讲话，常务副检察长胡泽君主持，副检察长邱学强等出席，办公厅等15个部门依次汇报有关重点工作进展情况。

22日 最高人民检察院检察长曹建明会见香港特别行政区廉政公署专员白韫六一行。

22日 最高人民检察院召开全国检察机关案件信息公开系统部署应用工作电视电话会议，常务副检察长胡泽君出席会议并讲话，副检察长李如林主持会议。

23日 最高人民检察院检察长曹建明会见印度尼西亚总检察长巴斯里夫·阿里夫一行，双方共同签署《中华人民共和国最高人民检察院和印度尼西亚共和国总检察院合作谅解备忘录》，常务副检察长胡泽君参加会见。

23日 最高人民检察院检察技术信息研究中心与司法部司法鉴定科学技术研究所举行合作框架协议签约仪式。最高人民检察院检察长曹建明在会前会见了司法部司法鉴定管理局和司法鉴定科学技术研究所有关人员，副检察长李如林出席签约仪式并讲话。

26日至27日 最高人民检察院召开全国检察机关开展职务犯罪国际追逃追赃专项行动部署会议。最高人民检察院检察长曹建明出席26日上午的会议并讲话，常务副检察长胡泽君主持，副检察长邱学强等出席。副检察长邱学强在27日上午的会议上讲话，检察委员会专职委员陈连福主持会议。

26日 最高人民检察院印发《关于学习贯彻习近平总书记在庆祝全国人民代表大会成立60周年大会和中国人民政治协商会议成立65周年大会上重要讲话精神的通知》。

30日 最高人民检察院印发《人民检察院举报工作规定》。

十月

7日 最高人民检察院检察长曹建明率中国检察代表团访问乌兹别克斯坦。访乌期间，最高人民检察院检察长曹建明与乌兹别克斯坦总检察长卡德罗夫举行工作会谈，双方共同签署了《中华人民共和国最高人民检察院和乌兹别克斯坦总检察院2015年至2016年合作计划》；并分别会见了乌兹别克斯坦参议院主席萨比罗夫、最高法院院长加济耶夫和内务部部长阿赫梅德巴耶夫。

8日至9日 第十二次上海合作组织成员国总检察长会议在乌兹别克斯坦首都塔什干举行。最高人民检察院检察长曹建明率中国检察代表团参加会议并作专题发言。会议期间，最高人民检察院检察长曹建明分别与哈萨克斯坦总检察长道巴耶夫、俄罗斯联邦总检察长柴卡、塔吉克斯坦总检察长萨利姆佐达、蒙古国总检察长道尔利格扎布、吉尔吉斯斯坦副总检察长艾斯浦洛夫、上海合作组织秘书长梅津采夫、上海合作组织地区反恐怖机构执行委员会主任张新枫进行了工作会谈。

8日 最高人民检察院印发《孟建柱书记重要批示和曹建明检察长、邱学强副检察长在全国检察机关开展职务犯罪国际追逃追赃专项行动部署会上的讲话》。

15日 最高人民检察院、中共湖北省委在武汉联合召开命名表彰大会，授予湖北省孝感市孝南区人民检察院公诉科副科长程然同志"全国模范检察官"、湖北省"优秀共产党员"荣誉称号。最高人民检察院检察长曹建明和湖北省委书记、省人大常委会主任李鸿忠出席会议并讲话。

24日 最高人民检察院召开机关学习贯彻党的十八届四中全会精神大会。最高人民检察院检察长曹建明出席会议并讲话，常务副检察长胡泽君主持，副检察长邱学强等领导和离退休部级老同志出席会议。

24日 最高人民检察院检察长曹建明会见台湾韩忠谟教授法学基金会董事长翁岳生教授一行，孙谦等领导参加会见。

27日 最高人民检察院印发《关于认真学习贯彻党的十八届四中全会精神的通知》《人民检察院复查刑事申诉案件规定》。

29日 最高人民检察院检察长曹建明在十二届全国人大常委会第十一次会议上作《关于人民检察院规范司法行为工作情况的报告》。

十一月

4日 最高人民检察院在湖北武汉召开省级检察院和部分省会市、计划单列市检察院负责人座谈会。最高人民检察院检察长曹建明出席会议并讲话，副检察长孙谦主持。

13日 最高人民检察院印发《最高人民检察院关于人民检察院规范司法行为工作情况的报告》。

17日 最高人民检察院检察长曹建明接见首届全国民事行政检察业务竞赛参赛选手并讲话，副检察长姜建初等参加接见。

18日至20日 最高人民检察院在北京举办全国检察机关主要领导干部学习贯彻十八届四中全会精神专题培训班。最高人民检察院检察长曹建明在开班式上作《深入学习十八届四中全会精神，强化法律监督推进严格公正司法》专题辅导报告，副检察长李如林出席，政治部主任王少峰主持。

18日 最高人民检察院印发《关于坚持以法治为引领充分发挥检察职能深化平安建设的通知》。

27日 最高人民检察院检察长曹建明主持召开第二次重点工作督办会。副检察长邱学强等出席，19个部门依次汇报有关重点工作进展情况。

28日 最高人民检察院检察长曹建明主持召开最高人民检察院专家咨询委员座谈会，副检察长邱学强等出席，检察委员会专职委员张德利通报2014年检察改革进展情况和2015年重点改革任务。李步云、陈光中等13位专家咨询委员出席会议并发言。

十二月

3日 最高人民检察院召开机关学习贯彻党的十八届四中全会精神系列讲座报告会。中央政法委副秘书长姜伟作报告。最高人民检察院检察长曹建明等出席，副检察长孙谦主持。

4日 最高人民检察院举行机关检察官宣誓仪式。最高人民检察院检察长曹建明在宣誓仪式上讲话，副检察长孙谦主持，政治部主任王少峰领誓，副检察长姜建初等出席。最高人民检察院机关180多名新任和新晋升检察官进行了宣誓。

8 日 最高人民检察院检察长曹建明会见保加利亚总检察长察察罗夫。

8 日 最高人民检察院召开律师界代表座谈会，最高人民检察院检察长曹建明出席会议并讲话，副检察长柯汉民主持，副检察长孙谦等出席。中华全国律师协会会长王俊峰等 32 位律师协会负责人参加座谈会。

15 日 最高人民检察院、中共湖南省委联合召开命名表彰大会，追授陈运周同志"全国模范检察官""湖南省优秀共产党员"荣誉称号。最高人民检察院检察长曹建明，湖南省委书记、省人大常委会主任徐守盛出席会议并讲话。

16 日 最高人民检察院举行党组中心组（扩大）学习暨机关学习贯彻党的十八届四中全会精神报告会。最高人民检察院检察长曹建明主持并讲话。四中全会文件起草组成员、全国人大法律委员会主任委员乔晓阳作《全面推进依法治国建设社会主义法治国家》专题辅导报告。副检察长柯汉民等出席报告会。

16 日 最高人民检察院检察长曹建明会见蒙古国国家惩治腐败局局长冈包勒德，双方共同签署《中华人民共和国最高人民检察院和蒙古国国家惩治腐败局合作谅解备忘录》。

18 日 全国检察机关第一次案件管理工作会议在广州召开。最高人民检察院检察长曹建明出席会议并讲话，常务副检察长胡泽君主持会议并对案件管理工作作出具体部署。

23 日 最高人民检察院印发《最高人民检察院关于依法保障律师执业权利的规定》《最高人民检察院关于规范检察人员和律师接触、交往行为的规定》。

26 日 最高人民检察院召开全国检察机关规范司法行为专项整治工作电视电话会议。最高人民检察院检察长曹建明出席并讲话，常务副检察长胡泽君主持，副检察长邱学强等出席。

28 日 上海市第三中级人民法院、上海知识产权法院和上海市人民检察院第三分院正式成立。中共中央政治局委员、上海市委书记韩正，最高人民法院院长周强，最高人民检察院检察长曹建明出席揭牌会议并讲话。

30 日 最高人民检察院印发《孟建柱书记重要批示和曹建明检察长在全国检察机关规范司法行为专项整治工作电视电话会议上的讲话》。

（最高人民检察院办公厅）

第十一部分

统 计 资 料

全国检察机构统计表

截至 2014 年 12 月底　　　　　　　　　　　　　　　　　　　　　　　　　　　单位:个

院　　别		机构数
合　　计		3661
最高人民检察院		1
省级人民检察院		33
分、州、市级人民检察院	小　　计	401
	分、州、盟、市检察院(含派出院)	372
	军事检察院分院	12
	铁路运输检察院分院	17
县级人民检察院	小　　计	2962
	县(市、旗、区)检察院	2850
	军事检察院	53
	铁路运输检察院	59
派出检察院	小　　计	264
	工矿区检察院	6
	农垦区检察院	37
	林区检察院	57
	监狱劳教场所检察院	75
	油田检察院	1
	开发区检察院	52
	其他检察院	36

注:33 个省级检察院中包括解放军军事检察院 1 个和新疆生产建设兵团检察院 1 个。

全国检察机关人员统计表

截至 2014 年 12 月底　　　　　　　　　　　　　　　　　　　　　　　　　　　单位:人

职　　务		人　　数
合　　计		256037
检察人员	小　　计	242016
	检察长	3541
	副检察长	11816
	检察委员会委员	20041
	检察员	94394
	助理检察员	31299
	书记员	23617
	司法警察	16868
	其他干部	40440
工勤人员		14021

2014 年人民检察院立案侦查职务犯罪案件情况统计表

案件类别	受 案	立　案		其　中		结　案	
		合　计		大案	要案	合　计	
	件	件	人	件	人	件	人
合　　计	63341	41487	55101	32285	4040	37844	50816
贪污案	18519	9424	15546	7076	439	8981	14845
贿赂案	26166	19523	21889	17270	2814	16914	19106
挪用公款案	3067	2670	3331	2314	101	2557	3201
集体私分案	289	184	380	—	67	191	409
巨额财产来源不明案	248	11	11	—	4	8	8
滥用职权案	6015	3891	5450	2673	376	3598	5024
玩忽职守案	5853	4156	5851	2225	157	4056	5702
徇私舞弊案	1583	827	1122	345	38	767	1024
其他	1601	801	1521	382	44	772	1497

指标解释：

1. 人民检察院立案侦查职务犯罪案件，是指按照管辖规定，由人民检察院直接立案侦查的贪污贿赂犯罪、渎职犯罪、国家机关工作人员利用职权实施的侵犯公民人身权利和民主权利犯罪以及经省级人民检察院决定立案侦查的国家机关工作人员利用职权实施的其他重大犯罪案件。

2. 受案，是指本年新受理的案件。

3. 立案，是指人民检察院对受理的案件进行初步调查后，认为存在职务犯罪事实，应当追究刑事责任，并决定作为刑事案件进行侦查的诉讼活动，是追究犯罪的开始。

4. 结案，是指侦查活动结束。

5. 大案，是指立案中，贪污贿赂案件数额在五万元以上，挪用公款数额在十万元以上，以及按照《人民检察院直接受理立案侦查的渎职侵权重特大案件标准（试行）》认定的案件。

6. 要案，是指立案的县处级以上干部犯罪案件。

2014 年人民检察院审查逮捕、提起公诉案件情况统计表

案 件 类 别	批捕、决定逮捕		提起公诉	
	件	人	件	人
合　　计	658210	899297	1027115	1437899
危害公共安全案	49974	55473	221217	230372
破坏社会主义市场经济秩序案	38160	56165	56962	91025
侵犯公民人身、民主权利案	120412	152939	176292	235597
侵犯财产案	244477	334177	309512	441971
妨害社会管理秩序案	186853	279800	228684	391099
危害国防利益案	184	230	252	374
军人违反职责案	10	15	13	20
贪污贿赂案	15760	17412	26589	35845
渎职侵权案	1888	2271	6931	10185
其他	492	815	663	1411

指标解释:

1. 批准逮捕,是指人民检察院对公安、国家安全、监狱管理机关提请批准逮捕的犯罪嫌疑人进行审查,根据事实,依法作出逮捕的决定。

2. 决定逮捕,是指人民检察院对直接立案侦查的案件,认为需要逮捕犯罪嫌疑人时,依法作出的逮捕决定。

3. 提起公诉,是指人民检察院对公安、国家安全机关、监狱管理机关和检察机关侦查部门移送起诉的案件进行审查,根据事实,决定起诉的案件。

2014 年人民检察院出庭公诉情况统计表

单位:件

案件类别	适用 简易程序	其中检察机 关建议适用	出庭公诉			
			合　计	一　审	二审上诉、抗诉	再　审
合　　计	520555	400536	863213	837119	25407	687
贪污贿赂案件	3590	2322	20679	18192	2398	89
渎职侵权案件	747	431	5300	4884	403	13
刑事案件	516217	397782	837232	814041	22606	585
军人违反职责	1	1	2	2		

指标解释:

1. 刑事案件,是指按照管辖规定由公安机关、国家安全机关、监狱管理机关侦查的案件。

2. 适用简易程序,是指人民法院审判员一人独任审判。包括可能判处三年以下有期徒刑、拘役、管制、单处罚金的公诉案件,事实清楚,证据充分,人民检察院建议或者同意适用简易程序的;告诉才处理的案件;被害人起诉的有证据证明的轻微刑事案件。

3. 一审,是指公诉案件的第一审程序。

4. 二审上诉、抗诉,是指上级人民法院根据当事人及其法定代理人的上诉或人民检察院的抗诉,对下一级人民法院未生效的判决、裁定进行重新审判的程序。

5. 再审,是指人民法院按照审判监督程序重新审判的案件。

2014 年人民检察院办理刑事抗诉案件情况统计表

案件类别	提出抗诉	审判结果 合　　计	改　判		维持原判	发回重审
			小　计			
	件	件	件	人	件	件
合　　计	7146	4871	2644	3858	950	1277
二审程序小计	6126	4089	2267	3384	881	941
贪污贿赂案件	751	542	227	312	147	168
渎职侵权案件	194	131	54	83	33	44
刑事案件	5181	3416	1986	2989	701	729
再审程序小计	927	719	338	435	58	323
贪污贿赂案件	130	80	29	34	8	43
渎职侵权案件	25	14	5	7	2	7
刑事案件	772	625	304	394	48	273
申诉部门小计	93	63	39	39	11	13

指标解释:

提出抗诉,是指人民检察院对人民法院的判决、裁定认为确有错误,向人民法院提出对案件重新进行审理的诉讼活动。包括按照第二审程序提出的抗诉和按照审判监督程序提出的抗诉。

2014 年人民检察院办理民事、行政抗诉案件情况统计表

单位:件

案件类别	受 理	提请抗诉	抗 诉	提出再审检察建议	抗诉案件再审情况					
					合 计	改 判	发回重审	调 解	维持原判	其 他
合 计	142714	6326	4299	5079	3770	1613	518	514	860	265
民事案件	108654	5910	4064	4877	3609	1565	499	491	798	256
行政案件	34060	416	235	202	161	48	19	23	62	9

指标解释:

1. 提请抗诉,是指本级人民检察院将本院有提请抗诉权的案件交下级人民检察院办理,下级人民检察院审查认为应当提请抗诉,建议上级人民检察院提请抗诉的案件。

2. 抗诉,是指本级人民检察院提出抗诉的案件。

3. 提出再审检察建议,是指人民检察院办理的民事、行政申诉案件,不采取抗诉方式启动再审程序,而是向人民法院提出检察建议,由人民法院自行启动再审程序进行重新审理。

2014 年人民检察院纠正违法情况统计表

项 目	书面提出纠正		已纠正	
	件 次	人 次	件 次	人 次
合 计	107817	—	101140	—
立案监督小计	42272	—	38909	—
监督立案	24072	—	21236	—
监督撤案	18200	—	17673	—
侦查监督小计	55299	—	52340	—
审查批捕环节	30452	—	28810	—
审查起诉环节	24847	—	23530	—
刑事审判监督	10246	—	9891	—
刑罚执行监督小计	—	68445	—	67942
监管活动	—	43855	—	43618
超期羁押	—	474	—	497
减刑假释暂予监外执行不当	—	24116	—	23827

指标解释:

1. 立案监督,是指人民检察院对侦查机关刑事立案活动的监督。包括对应当立案而不立案的监督和对不应当立案而立案的监督。

2. 监督立案包括侦查机关接到要求说明不立案理由后主动立案和执行通知立案。

3. 监督撤案,是指人民检察院已纠正的不应当立案而立案的案件。

4. 监管活动,是指人民检察院对监狱等监管改造场所的管理活动进行的监督。

2014 年人民检察院办理刑事申诉案件情况统计表

单位:件

案件类别	受理	立案复查	结案	
			小计	其中改变原决定
合 计	17359	10273	9527	633
不服不批捕	713	474	445	31
不服不起诉	3759	2531	2278	117
不服撤案	34	22	22	3
不服原免予起诉	68	37	38	2
不服刑事判决裁定	11283	6188	5785	——
其他	1502	1021	959	480

指标解释:

1. 受理,是指人民检察院接受申诉案件。包括来信来访。

2. 立案复查,是指人民检察院接受申诉后,经审查决定立案进行复查。

3. 结案,是指立案复查有结果的案件。

2014 年人民检察院受理举报、控告、申诉案件情况统计表

单位:件

类 别	受理	处理	其 中	
			分送检察机关	转其他机关
合 计	444094	435438	242498	96573
首次举报	175869	172955	129000	10756
首次控告	88986	86028	31124	31372
首次申诉	179239	176455	82374	54445

指标解释:

1. 首次举报,是指单位或个人以来信、来访等形式检举国家工作人员涉嫌职务犯罪。

2. 首次控告,是指单位或个人以来信、来访等形式检举国家工作人员违法或涉嫌刑事犯罪。

3. 首次申诉,是指以来信、来访等形式不服人民检察院处理决定,不服人民法院判决、裁定的。

4. 分送检察机关,是指人民检察院对受理的举报、控告、申诉案件,经审查转本院有关部门或转其他人民检察院。

(以上表格由最高人民检察院政治部办公室提供)

第十二部分

名　录

大检察官名单

首席大检察官

曹建明　最高人民检察院检察长

一级大检察官

胡泽君（女）　最高人民检察院副检察长

邱学强　最高人民检察院副检察长

李晓峰　解放军军事检察院检察长

二级大检察官

孙　谦　最高人民检察院副检察长

姜建初　最高人民检察院副检察长

张常韧　最高人民检察院副检察长

柯汉民　最高人民检察院副检察长

李如林　最高人民检察院副检察长

王少峰　最高人民检察院检察委员会委员

张德利　最高人民检察院检察委员会专职委员

陈连福　最高人民检察院检察委员会专职委员

池　强　北京市人民检察院检察长

于世平　天津市人民检察院检察长

童建明　河北省人民检察院检察长

杨　司　山西省人民检察院检察长

马永胜　内蒙古自治区人民检察院检察长

肖　声　辽宁省人民检察院检察长

杨克勤　吉林省人民检察院检察长

徐　明　黑龙江省人民检察院检察长

陈　旭　上海市人民检察院检察长

徐　安　江苏省人民检察院检察长

陈云龙　浙江省人民检察院检察长

薛江武（女）　安徽省人民检察院检察长

何泽中　福建省人民检察院检察长

刘铁流　江西省人民检察院检察长

吴鹏飞　山东省人民检察院检察长

蔡　宁　河南省人民检察院检察长

敬大力　湖北省人民检察院检察长

游劝荣　湖南省人民检察院检察长

郑　红　广东省人民检察院检察长

崔智友　广西壮族自治区人民检察院检察长

贾志鸿　湖南省人民检察院检察长

余　敏（女）　重庆市人民检察院检察长

李钺锋　重庆市人民检察院副检察长

邓　川　四川省人民检察院检察长

袁本朴　贵州省人民检察院检察长

王田海　云南省人民检察院检察长

倪慧芳（女）　云南省人民检察院副检察长

张培中　西藏自治区人民检察院检察长

胡太平　陕西省人民检察院检察长

路志强　甘肃省人民检察院检察长

王晓勇　青海省人民检察院检察长

李定达　宁夏回族自治区人民检察院检察长

尼相·依不拉音　新疆维吾尔自治区人民检察院检察长

郭连山　新疆维吾尔自治区人民检察院副检察长

张道发　解放军军事检察院副检察长

高建国　解放军军事检察院副检察长

最高人民检察院检察长、副检察长名单

检 察 长　曹建明

副检察长　胡泽君（女）　邱学强　孙　谦　姜建初　张常韧　柯汉民　李如林

中央纪委驻最高人民检察院纪检组组长名单

莫文秀（女）

最高人民检察院政治部主任名单

王少峰

最高人民检察院检察委员会专职委员名单

张德利　陈连福

最高人民检察院检察委员会委员名单

曹建明	胡泽君（女）	邱学强	孙　谦	姜建初	张常韧	柯汉民
李如林	王少峰	张德利	陈连福	张仲芳	宫　鸣	王　晋
陈国庆	李文生	万　春	徐进辉	郑新俭	穆红玉（女）	王洪祥

最高人民检察院咨询委员名单
（以聘任时间排序）

周振华	郭永运	高来夫	王振川	邢宝玉	张金锁	陈俊平	哈斯木·马木提
王鸿翼	张振海	付志安	崔　伟	倪英达	曾页九	龚佳禾	张少康　乔汉荣
杨肇季	王晓新	彭　东	阎敏才	张智辉			

最高人民检察院各部门负责人名单
（不含挂职干部）

办公厅

主　任　张本才　　　　　　　　　　　　　　　副主任　赵　扬（女,正厅长级）　张红生

政治部

　　副主任　尹伊君　胡尹庐（女）　张　巍

　　干部部部长　熊少敏

　　宣传部部长　李　辉

　　干部教育培训部部长　王卫东

　　办公室主任　邓　云

侦查监督厅

　　厅　长　黄　河

　　副厅长　元　明

公诉厅

　　厅　长　陈国庆

　　副厅长　聂建华　史卫忠　张相军

反贪污贿赂总局

　　局　长　徐进辉

　　副局长　王利民　杨书文　詹复亮

渎职侵权检察厅

　　厅　长　李文生

　　副厅长　李忠诚（正厅级）　关福金

刑事执行检察厅

　　厅　长　袁其国

　　副厅长　周　伟

　　副厅长、驻秦城监狱检察室主任　申国君

民事行政检察厅

　　厅　长　郑新俭

　　副厅长　贾小刚　吕洪涛

控告检察厅

　　厅　长　穆红玉（女）

　　副厅长　孙立泉　刘太宗

刑事申诉检察厅

　　厅　长　宫　鸣

　　副厅长　鲜铁可　罗庆东

铁路运输检察厅

　　厅　长　徐向春

　　副厅长　王光月

职务犯罪预防厅

　　厅　长　宋寒松

　　副厅长　陈正云　高云涛

法律政策研究室

　　主　任　万　春

　　副主任　韩耀元　王建平

案件管理办公室

　　主　任　王　晋

　　副主任　许山松　刘志远

死刑复核检察厅

　　主　任　黄海龙

　　副主任　于　萍（女）　黄卫平

监察局（与中央纪委驻最高人民检察院纪检组合署办公）

　　中央纪委驻最高人民检察院纪检组副组长、监察局局长　王洪祥

　　中央纪委驻最高人民检察院纪检组副组长　段湘晖（女）

　　最高人民检察院巡视办公室主任（副厅长级）　张汝杰

　　监察局副局长　张晓玉

国际合作局

　　局　长　郭兴旺

　　副局长　李　新（女）

计划财务装备局

　　局　长　王松苗

　　副局长　于洪滨　许泽虎

机关党委

　　书　记　王少峰（兼）

　　常务副书记　张志杰

　　副书记兼纪委书记　张秀杰

离退休干部局

　　局　长　时振祥

　　副局长　顾义友

司法体制改革领导小组办公室（非常设机构）

　　主　任　王光辉

　　副主任　张新泽

新闻办公室

　　主　任　张本才（兼）

　　副主任　肖　玮（女）

机关服务中心

　　主　任　李　晓

　　副主任　武金钟　杨柏松

国家检察官学院

　　名誉院长　张思卿

　　党委书记、院长　胡卫列

　　党委副书记、副院长　董桂文

　　副院长　杨迎泽　刘　彦　郭立新　周洪波

　　纪委书记　吕家毅

检察日报社

　　党委书记、社长　李雪慧

　　总编辑　钱　舫

　　副总编辑　王守泉　赵　信　魏　星

副社长　肖中扬　　　　　　　　　　检察理论研究所
纪委书记　柏　荣(女)　　　　　　　　所　长　王守安
中国检察出版社　　　　　　　　　　副所长　向泽选　谢鹏程　单　民
社　长　阮丹生　　　　　　　　　　检察技术信息研究中心
副总编辑　朱建华　安　斌　　　　　　主　任　赵志刚
副社长　常　艳(女)　　　　　　　　副主任　幸　生　贺德银

最高人民检察院检察员名单
（以任命检察员时间排序）

马丽莉(女)　宋寒松　　刘永胜　　邱学强　　张仲芳　　王　晋　　曹　康　　于　萍(女)
刘小青(女)　张志杰　　宋志伟　　石秀琴(女)　王洪祥　　陈国庆　　王少峰　　时振祥
聂建华　　徐进辉　　王高生　　张汝杰　　黄海龙(壮族)　　　王　军　　王伦轩
尹伊君(满族)　　李忠诚　　刘雅清(女)　金其荣　　于　千(女)　穆红玉(女)　陈玉栋
文盛堂　　杨书文　　孙　超(女)　王向东　　冯　慧　　李景晗　　谢　鸣　　孙立泉
朱建华(满族)　　段湘晖(女)　缐　杰(女,满族)　　黄　河　　关福金(满族)
刘慧玲(女)　董同会　　鲁晓刚　　陈正云　　傅　侃(女)　张雪昆　　王卫东　　韩耀元
赖红军(女)　元　明　　黄卫平　　陈　波　　马海滨(回族)　　　陈连福　　李文生
张相军　　王守安　　霍亚鹏(女)　孙忠诚　　王景琦(女)　鲜铁可　　吕洪涛　　王光辉
曾洪强　　肖亚军　　王利民　　周常志　　李庆发　　高景峰　　史卫忠　　钱　舫
杨兴国　　贾小刚　　张　巍　　罗庆东(彝族)　　张凤艳(女)　许山松　　陈雪芬(女)
田　力　　孙加瑞　　任长义　　张玉梅(女)　万　春　　顾义友(满族)　　贺湘君(女)
韩　英(女)　曲　璟(女)　王国平　　杨　静　　刘太宗(回族)　　　杜亚起　　向泽选
王建平　　杨虎德　　张红霞(女)　韩晓峰　　张鹏宇　　许道敏　　杜爱平　　张晓津
赵武安　　刘　岳　　张晓玉　　王德光(回族)　　　肖正磊　　白会民　　李　峰
邱利军　　李　晓　　周　伟　　肖中扬　　侯亚辉　　詹复亮　　吴孟栓　　刘　颖(女)
王蜀青　　王　莉(女,民事行政检察厅)　　李效安(女)　王保权　　孙　明　　邓　云(瑶族)
刘志远　　张寒玉(女)　李林虎　　阿儒汗(蒙古族)　　任宜新　　杨　钊(女,回族)
黄　耕　　欧阳春　　王天颖(女)　马　滔(回族)　　　郭明聪　　黄　岩(女)　张步洪
林礼兴　　王光月　　王　莉(女,法律政策研究室)　　陈成霞(女)　李　辉　　牛正良(基诺族)
王庆豹　　代　锋　　刘福谦　　徐向春　　李连成　　王　健　　顾　华(女)　王　洪
齐占洲　　白凤云(女)　张红生　　梁贵斌　　田书彩(女)　孙　勤　　孙林平(女)　王亚卿(满族)
荣晓红　　黄　璞　　胡卫列　　李金声　　周惠永　　袁其国　　于双侠　　陈　雷
卜大军　　韩国光　　申国君　　史维军　　罗　箭(女)　苗　泽(女)　董桂文　　何延安
郑建秋　　王建义(回族)　　陈　晓(女)　韩晓黎(女)　姚　燕(女)　孟燕菲(女)　姜　郁(女)
张建红　　曹红虹(女)　张华昌　　郑立新(女)　芦庆辉　　范文喜　　马　锐　　张立新(女)
熊少敏　　柳晞春　　殷　毅　　卢宇蓉　　杨洪川　　穆爱华(女)　方剑明　　李满旺
尚洪涛　　董　妍(女)　刘继国　　王　宁(女)　陈　颖(女,回族)　　　焦瑞金　　孙灵珍
刘　波(回族)　　解振营　　胡健泼　　王　波(女)　曲燕敏(女)　郭文梅(女)　杨安瑞
宋安明　　张庆彬　　张希靖(女)　秦　戮　　王　昀(女)　张碧洁(女)　李文峰　　李　伟
那艳芳(女,满族)　　李高生(苗族)　　郑新俭　　张建忠　　吴旭明　　陈有贤

刘 喆	李俊平（女）	曹书君	陈鸷成	马 骐	李清亮	丁旭涛	王 海
孙铁成	宗克华	赵东平	李 京	张金凤	欧阳鹏	王庆民	刘东斌
申云天	石献智	刘明超	杨复晗	高丽蓉	陈金亮（回族）		王 猛（满族）
许永强	王文利	韩 弋（女）	邱景辉	李 京	申云天	黄 琳（女）	霍冰华
束纯剑	阎 丽（女）	刘洪林	王炳江	张本才	张新泽	郭全新	易志斌
杨子洲	刘 晖	周晓永	徐全兵	宋 伟（女）	陈旭文	谢晓歌（女）	宫 鸣
高云涛	张 萍（女）	程 文	周玉庆	金 威	李增福	迟艳薇（女）	肖皞明
马晓敏（女）	盛常红（女）	隆 赟（女）	吕卫华	叶仲耀	曹 华		

（以上名单由最高人民检察院政治部干部部提供）

地方各级(专门)检察院检察长名单

北京市

北京市人民检察院检察长	池　强
北京市人民检察院副检察长	卢　希(女)
	甄　贞(女)
	高祥阳
	苗生明
	张幸民
	黄宝跃
北京市人民检察院第一分院检察长	高保京
北京市人民检察院第二分院检察长	顾　军
北京市人民检察院第三分院检察长	王一俊
北京市人民检察院第四分院 (北京市人民检察院铁路运输分院)检察长	张幸民
东城区人民检察院检察长	蓝向东
西城区人民检察院检察长	张铁军
朝阳区人民检察院检察长	王向明
丰台区人民检察院检察长	叶文胜
石景山区人民检察院检察长	王春风
海淀区人民检察院检察长	王　伟
门头沟区人民检察院检察长	杨淑雅(女)
房山区人民检察院检察长	孙玲玲(女)
通州区人民检察院检察长	李　华(女)
顺义区人民检察院检察长	张　豫
昌平区人民检察院检察长	邹开红
大兴区人民检察院检察长	杨永华
怀柔区人民检察院检察长	李继征
平谷区人民检察院检察长	贺　卫
密云县人民检察院检察长	张京文
延庆县人民检察院检察长	段福华
清河人民检察院检察长	税绍斌
团河地区人民检察院检察长	刘秀仿(女)
北京铁路运输检察院检察长	孙晓刚

天津市

天津市人民检察院检察长	于世平

天津市人民检察院副检察长	史建国
	王玉良
	田建国
	王悦群(女)
天津市人民检察院第一分院检察长	张海波
天津市人民检察院第二分院检察长	王　东
天津市滨海新区人民检察院检察长	侯　智(代)
和平区人民检察院检察长	王　健(代)
河东区人民检察院检察长	齐冠军
河西区人民检察院检察长	孙学文
南开区人民检察院检察长	闫秀锁
河北区人民检察院检察长	韩　东
红桥区人民检察院检察长	张春明
东丽区人民检察院检察长	赵志辉(代)
西青区人民检察院检察长	杨　杰
津南区人民检察院检察长	张俊奇
北辰区人民检察院检察长	李卫东
武清区人民检察院检察长	郭　庆
宝坻区人民检察院检察长	吉树海
蓟县人民检察院检察长	薛九如
宁河县人民检察院检察长	肖荣会
静海县人民检察院检察长	杨克兴
天津市滨海新区塘沽人民检察院检察长	(空缺)
天津市滨海新区汉沽人民检察院 检察长	李若宽(兼)
天津市滨海新区大港人民检察院检察长	王　煜(兼)
天津铁路运输检察院检察长	李　欣

河北省

河北省人民检察院检察长	童建明
河北省人民检察院副检察长	陈晓颖
	史建明
	李雪慧
	申占群
	何秉群

周庆平

石家庄市人民检察院检察长 　**侯建华**
长安区人民检察院检察长 　张伟新
桥西区人民检察院检察长 　兰志伟(女)
新华区人民检察院检察长 　赵　力
裕华区人民检察院检察长 　宋庆绵(女)
井陉矿区人民检察院检察长 　赵志涛
藁城区人民检察院(新设)检察长 　李建敏
栾城区人民检察院(新设)检察长 　魏国君
鹿泉区人民检察院(新设)检察长 　肖瑞海
晋州市人民检察院检察长 　高鲁民
新乐市人民检察院检察长 　安少锋
井陉县人民检察院检察长 　张爱国
正定县人民检察院检察长 　张青山
行唐县人民检察院检察长 　何步云
灵寿县人民检察院检察长 　王雷音
高邑县人民检察院检察长 　陈　英
深泽县人民检察院检察长 　王彦芳
赞皇县人民检察院检察长 　徐立辉
无极县人民检察院检察长 　李京辉
平山县人民检察院检察长 　王玉录
元氏县人民检察院检察长 　张利刚
赵县人民检察院检察长 　李新成
石家庄市高新技术开发区人民检察院
　检察长 　郝增录
石家庄市冀中南地区人民检察院检察长 　李芳栋

张家口市人民检察院检察长 　**白剑平**
桥西区人民检察院检察长 　张晓英(女)
桥东区人民检察院检察长 　刘伟洪
宣化区人民检察院检察长 　葛阿刚
下花园区人民检察院检察长 　裴玉生
宣化县人民检察院检察长 　谢利军(女)
张北县人民检察院检察长 　(空缺)
康保县人民检察院检察长 　杨文武
沽源县人民检察院检察长 　李玉川
尚义县人民检察院检察长 　付燕江
蔚县人民检察院检察长 　徐光桥
阳原县人民检察院检察长 　穆　春
怀安县人民检察院检察长 　(空缺)
万全县人民检察院检察长 　封志江
怀来县人民检察院检察长 　王　皙
涿鹿县人民检察院检察长 　张建军
赤城县人民检察院检察长 　郭文先

崇礼县人民检察院检察长 　于德泳
涿鹿县赵家蓬区人民检察院检察长 　彭田旺
张家口经济技术开发区人民检察院检察长 　高圣慧

承德市人民检察院检察长 　**赵智慧(女,代)**
双桥区人民检察院检察长 　郭玉峰(女)
双滦区人民检察院检察长 　吕　山
鹰手营子矿区人民检察院检察长 　任淑文(女)
承德县人民检察院检察长 　张乾瑞
兴隆县人民检察院检察长 　李宏伟
平泉县人民检察院检察长 　王景华
滦平县人民检察院检察长 　布显军
隆化县人民检察院检察长 　武瑞国
丰宁满族自治县人民检察院检察长 　金学武
宽城满族自治县人民检察院检察长 　张宏民
围场满族蒙古族自治县人民检察院检察长 　张志林
安定里地区人民检察院检察长 　徐树龙(兼)

秦皇岛市人民检察院检察长 　**杨　浩**
海港区人民检察院检察长 　陈　巍
山海关区人民检察院检察长 　毕海东
北戴河区人民检察院检察长 　陈国栋
昌黎县人民检察院检察长 　张会英(女)
抚宁县人民检察院检察长 　温明卓
卢龙县人民检察院检察长 　周江勇
青龙满族自治县人民检察院检察长 　耿洪涛
秦皇岛市经济技术开发区人民检察院
　检察长 　赵全海
秦皇岛北戴河新区人民检察院检察长 　熊　伟

唐山市人民检察院检察长 　**高树勇**
路北区人民检察院检察长 　魏宝成
路南区人民检察院检察长 　孙　岩
古冶区人民检察院检察长 　李云飞
开平区人民检察院检察长 　周立杰
丰润区人民检察院检察长 　冯博元(代)
丰南区人民检察院检察长 　李　瑛
遵化市人民检察院检察长 　吴锡东
迁安市人民检察院检察长 　孙玉军
滦县人民检察院检察长 　王玉成
滦南县人民检察院检察长 　郭晓辉
乐亭县人民检察院检察长 　张世新
迁西县人民检察院检察长 　郑金宽
玉田县人民检察院检察长 　周金刚
曹妃甸区人民检察院检察长 　周春林
汉沽管理区人民检察院检察长 　(空缺)

芦台经济技术开发区人民检察院检察长	（空缺）	保定市冀中地区人民检察院检察长	卢彦芬（女）
海港经济开发区人民检察院检察长	陈长存	**沧州市人民检察院检察长**	**王胜喜**
唐山市冀东地区人民检察院检察长	李学军（兼）	运河区人民检察院检察长	康　人（女）
唐山高新技术产业开发区人民检察院		新华区人民检察院检察长	王志杰
检察长	张炳泽	泊头市人民检察院检察长	庞维华
廊坊市人民检察院检察长	**冀运福**	任丘市人民检察院检察长	姜天力
广阳区人民检察院检察长	李向海	黄骅市人民检察院检察长	赵广杰
安次区人民检察院检察长	尹志国	河间市人民检察院检察长	崔志华
霸州市人民检察院检察长	孙志义	沧县人民检察院检察长	刘金铎
三河市人民检察院检察长	狄文阁	青县人民检察院检察长	刘耀东
固安县人民检察院检察长	王德峰	东光县人民检察院检察长	庞丽敏（女）
永清县人民检察院检察长	孙贺增	海兴县人民检察院检察长	李国庆
香河县人民检察院检察长	李金亭	盐山县人民检察院检察长	石培德
大城县人民检察院检察长	刘振华	肃宁县人民检察院检察长	于　靖
文安县人民检察院检察长	武建新	南皮县人民检察院检察长	郭志江
大厂回族自治县人民检察院检察长	李恩芝	吴桥县人民检察院检察长	窦清晓
廊坊经济技术开发区人民检察院		献县人民检察院检察长	张广龙
检察长	杨　华（女）	孟村回族自治县人民检察院检察长	张本刚
保定市人民检察院检察长	**傅君佳**	渤海新区人民检察院检察长	（空缺）
新市区人民检察院检察长	聂卫新	**衡水市人民检察院检察长**	**李永志**
北市区人民检察院检察长	戴军锋	桃城区人民检察院检察长	张玉书（兼）
南市区人民检察院检察长	滕秋安	冀州市人民检察院检察长	王占生
涿州市人民检察院检察长	李玉龙	深州市人民检察院检察长	杨金才
安国市人民检察院检察长	宋进朝	枣强县人民检察院检察长	郑瑞华
高碑店市人民检察院检察长	董品辉	武邑县人民检察院检察长	王淑娟（女）
满城县人民检察院检察长	何俊乔（女）	武强县人民检察院检察长	吕新华
清苑县人民检察院检察长	卢春生	饶阳县人民检察院检察长	王建东
易县人民检察院检察长	何建刚	安平县人民检察院检察长	刘　伟
徐水县人民检察院检察长	韩建强	故城县人民检察院检察长	常彦杰
涞源县人民检察院检察长	田　波	景县人民检察院检察长	金　涛
定兴县人民检察院检察长	杨宗豪（代）	阜城县人民检察院检察长	姜连中
顺平县人民检察院检察长	曹金耀	**邢台市人民检察院检察长**	**陈晓明**
唐县人民检察院检察长	张德新	桥东区人民检察院检察长	要晓伟
望都县人民检察院检察长	孟耀斌	桥西区人民检察院检察长	钱志民
涞水县人民检察院检察长	孟国平	南宫市人民检察院检察长	杜家明
高阳县人民检察院检察长	王秀英（女）	沙河市人民检察院检察长	姚献军
安新县人民检察院检察长	李春青	邢台县人民检察院检察长	杲守强
雄县人民检察院检察长	杨福增	临城县人民检察院检察长	陈志刚
容城县人民检察院检察长	王立丁	内丘县人民检察院检察长	高晶波（女）
曲阳县人民检察院检察长	王　辉	柏乡县人民检察院检察长	王英芳
阜平县人民检察院检察长	钟振生	隆尧县人民检察院检察长	霍庆泽
博野县人民检察院检察长	李彦恒	任县人民检察院检察长	张雪彦
蠡县人民检察院检察长	李洪杰	南和县人民检察院检察长	吕登文

宁晋县人民检察院检察长	焦朝坤	小店区人民检察院检察长	王宏亮
巨鹿县人民检察院检察长	李晓波(女)	迎泽区人民检察院检察长	陈加林
新河县人民检察院检察长	侯瑞玲(女)	尖草坪区人民检察院检察长	孙向荣
广宗县人民检察院检察长	丁凤江	万柏林区人民检察院检察长	田树平
平乡县人民检察院检察长	赵丽杰(女)	晋源区人民检察院检察长	(空缺)
威县人民检察院检察长	王吉儒	古交市人民检察院检察长	孙中杰
清河县人民检察院检察长	李秋成	清徐县人民检察院检察长	马 江
临西县人民检察院检察长	王安华	阳曲县人民检察院检察长	王金华
邢台经济开发区人民检察院检察长	李少军	娄烦县人民检察院检察长	郭 刚
邯郸市人民检察院检察长	**贾振之**	西峪地区人民检察院检察长	王小燕(女)
丛台区人民检察院检察长	韩欣悦	**大同市人民检察院检察长**	**霍永宁**
邯山区人民检察院检察长	毕骞晋	城区人民检察院检察长	杜玺元
复兴区人民检察院检察长	韩世国	矿区人民检察院检察长	苑曙光
峰峰矿区人民检察院检察长	蔡 玺	南郊区人民检察院检察长	张丽珍(女)
武安市人民检察院检察长	黄亚军	新荣区人民检察院检察长	王永明
邯郸县人民检察院检察长	李清林	阳高县人民检察院检察长	陈景杰
临漳县人民检察院检察长	孙洪涛	天镇县人民检察院检察长	李君文
成安县人民检察院检察长	宴金红(女)	广灵县人民检察院检察长	李继禹
大名县人民检察院检察长	杨建生	灵丘县人民检察院检察长	韩贵福
涉县人民检察院检察长	王俊学	浑源县人民检察院检察长	郭明哲
磁县人民检察院检察长	杨万庆	左云县人民检察院检察长	靳玉祯
肥乡县人民检察院检察长	王 磊	大同县人民检察院检察长	田爱农
永年县人民检察院检察长	韩文周	**朔州市人民检察院检察长**	**原维宁**
邱县人民检察院检察长	李献力	朔城区人民检察院检察长	武日强
鸡泽县人民检察院检察长	罗汉涛	平鲁区人民检察院检察长	梁海萍(女)
广平县人民检察院检察长	秦学文	山阴县人民检察院检察长	乔振文
馆陶县人民检察院检察长	申玉良	应县人民检察院检察长	魏元贵
魏县人民检察院检察长	赵海彬	右玉县人民检察院检察长	宫子奇
曲周县人民检察院检察长	温建军	怀仁县人民检察院检察长	吴占胜
石家庄铁路运输检察院检察长	马凤辰	**阳泉市人民检察院检察长**	**王守林**
定州市人民检察院检察长	杨文萍(女)	城区人民检察院检察长	贾建胜
辛集市人民检察院检察长	李延生	矿区人民检察院检察长	严志勇
		郊区人民检察院检察长	王建明

山西省

		平定县人民检察院检察长	孔海峰
		盂县人民检察院检察长	高秀瑾
山西省人民检察院检察长	**杨 司**	荫营地区人民检察院检察长	邓百福
山西省人民检察院副检察长	**荣 彰**	**长治市人民检察院检察长**	**李曾贵**
	曹改莲(女)	城区人民检察院检察长	郭建斌
	严奴国	郊区人民检察院检察长	史书义
	胡克勤	潞城市人民检察院检察长	王慧琴(女)
	王国宏	长治县人民检察院检察长	李国善
太原市人民检察院检察长	**周茂玉**	襄垣县人民检察院检察长	魏国敏
杏花岭区人民检察院检察长	路效国	屯留县人民检察院检察长	张晓林

平顺县人民检察院检察长	郭红亮	尧都区人民检察院检察长	张宁红
黎城县人民检察院检察长	刘　忠	侯马市人民检察院检察长	杜振峰
壶关县人民检察院检察长	张云骏	霍州市人民检察院检察长	王　华
长子县人民检察院检察长	张昀光（女）	曲沃县人民检察院检察长	刘俊茂
武乡县人民检察院检察长	王建宏	翼城县人民检察院检察长	马兴元
沁县人民检察院检察长	牛红宇	襄汾县人民检察院检察长	刘俊明
沁源县人民检察院检察长	史高峰	洪洞县人民检察院检察长	张旭生
晋城市人民检察院检察长	**张润才**	古县人民检察院检察长	翟　海
城区人民检察院检察长	赵贵炉	安泽县人民检察院检察长	郭丽生
高平市人民检察院检察长	许关生	浮山县人民检察院检察长	赵忠庆
泽州县人民检察院检察长	王红玲（女）	吉县人民检察院检察长	王志刚
沁水县人民检察院检察长	申中华	乡宁县人民检察院检察长	王登龙
阳城县人民检察院检察长	苏文革	蒲县人民检察院检察长	张临生
陵川县人民检察院检察长	王向东	大宁县人民检察院检察长	权建威
晋普山地区人民检察院检察长	赵仰政	永和县人民检察院检察长	崔晓纲
忻州市人民检察院检察长	**闫绪安**	隰县人民检察院检察长	曾新平
忻府区人民检察院检察长	牛　文	汾西县人民检察院检察长	郑宏亮
原平市人民检察院检察长	李秉玺	**运城市人民检察院检察长**	**郝跃伟**
定襄县人民检察院检察长	樊亚夫	盐湖区人民检察院检察长	朱文峰
五台县人民检察院检察长	史秀云	永济市人民检察院检察长	廉新纪
代县人民检察院检察长	郭耀庭	河津市人民检察院检察长	（空缺）
繁峙县人民检察院检察长	郝贵清	芮城县人民检察院检察长	刘军宁
宁武县人民检察院检察长	桑凡林	临猗县人民检察院检察长	郑立新
静乐县人民检察院检察长	张陆翔	万荣县人民检察院检察长	卫　霞（女）
神池县人民检察院检察长	马贵清	新绛县人民检察院检察长	段　浩
五寨县人民检察院检察长	康瑞琴（女）	稷山县人民检察院检察长	鲁双良
岢岚县人民检察院检察长	安锐峰	闻喜县人民检察院检察长	毛毓登
河曲县人民检察院检察长	岳岐峰	夏县人民检察院检察长	师晓彬
保德县人民检察院检察长	陈　强	绛县人民检察院检察长	王　虹
偏关县人民检察院检察长	席晓明	平陆县人民检察院检察长	王金祥
晋中市人民检察院检察长	**史书贤**	垣曲县人民检察院检察长	钱如山
榆次区人民检察院检察长	干晋左	董村地区人民检察院检察长	姚江华
介休市人民检察院检察长	陈延廷	**吕梁市人民检察院检察长**	**宁建新**
榆社县人民检察院检察长	周马兰	离石区人民检察院检察长	赵晓东
左权县人民检察院检察长	张晓玲（女）	孝义市人民检察院检察长	王贵勇
和顺县人民检察院检察长	冯耀环	汾阳市人民检察院检察长	闫廷君
昔阳县人民检察院检察长	尹教礼	文水县人民检察院检察长	高秀臻
寿阳县人民检察院检察长	张群星	中阳县人民检察院检察长	林　毅
太谷县人民检察院检察长	高　屹	兴县人民检察院检察长	白林平
祁县人民检察院检察长	刘东升	临县人民检察院检察长	刘新平
平遥县人民检察院检察长	魏智勇	方山县人民检察院检察长	张小玲（女）
灵石县人民检察院检察长	梁守义	柳林县人民检察院检察长	史晋斌
临汾市人民检察院检察长	**苑　涛**	岚县人民检察院检察长	刘国钢

交口县人民检察院检察长　　　　　　薛金生
交城县人民检察院检察长　　　　　　梁明光
石楼县人民检察院检察长　　　　　　任建中
山西省人民检察院太原铁路运输分院检察长
　　　　　　　　　　　　　　　　　张双喜
大同铁路运输检察院检察长　　　　　南世勤
太原铁路运输检察院检察长　　　　　刘志军
临汾铁路运输检察院检察长　　　　　黄建华

内蒙古自治区

内蒙古自治区人民检察院检察长　　马永胜
内蒙古自治区人民检察院副检察长　韦亚力(女)
　　　　　　　　　　　　　　　　　张　敏(女)
　　　　　　　　　　　　　　　　　李茂林
　　　　　　　　　　　　　　　　　郑锦春
　　　　　　　　　　　　　　　　　郝泽军
　　　　　　　　　　　　　　　　　杨卫平
呼和浩特市人民检察院检察长　　　**王汉武**
新城区人民检察院检察长　　　　　　修仕军
回民区人民检察院检察长　　　　　　郭建华
玉泉区人民检察院检察长　　　　　　徐建斌
赛罕区人民检察院检察长　　　　　　云志宏
托克托县人民检察院检察长　　　　　云兰兰(女)
武川县人民检察院检察长　　　　　　杨　力
和林格尔县人民检察院检察长　　　　徐荣生
清水河县人民检察院检察长　　　　　云飞龙
土默特左旗人民检察院检察长　　　　李晓磊
包头市人民检察院检察长　　　　　**乔青山**
昆都仑区人民检察院检察长　　　　　徐亚光
东河区人民检察院检察长　　　　　　齐　荣(女)
青山区人民检察院检察长　　　　　　尚震宇
石拐区人民检察院检察长　　　　　　马艳丽(女)
白云鄂博矿区人民检察院检察长　　　邬卫君
九原区人民检察院检察长　　　　　　郭新忠
固阳县人民检察院检察长　　　　　　牛利军
土默特右旗人民检察院检察长　　　　张培昶
达尔罕茂明安联合旗人民检察院检察长　赵宝柱
包头稀土高新技术产业开发区人民检察院
　检察长　　　　　　　　　　　　　钱亚洲
乌海市人民检察院检察长　　　　　**宋伟燕(女)**
海勃湾区人民检察院检察长　　　　　魏玉柱
海南区人民检察院检察长　　　　　　薛兴君

乌达区人民检察院检察长　　　　　　慕晓鹏
赤峰市人民检察院检察长　　　　　**张秀峰**
红山区人民检察院检察长　　　　　　吕鹏举
元宝山区人民检察院检察长　　　　　王占军
松山区人民检察院检察长　　　　　　赵晓明
宁城县人民检察院检察长　　　　　　韩　峰
林西县人民检察院检察长　　　　　　姜聚武
阿鲁科尔沁旗人民检察院检察长　　　赵永祥
巴林左旗人民检察院检察长　　　　　于术民
巴林右旗人民检察院检察长　　　　　王元清
克什克腾旗人民检察院检察长　　　　徐国锋
翁牛特旗人民检察院检察长　　　　　王晓文
喀喇沁旗人民检察院检察长　　　　　张　栋
敖汉旗人民检察院检察长　　　　　　王慧泽
通辽市人民检察院检察长　　　　　**布　和**
科尔沁区人民检察院检察长　　　　　潘　俊
霍林郭勒市人民检察院检察长　　　　刘文忠
开鲁县人民检察院检察长　　　　　　陈景忠
库伦旗人民检察院检察长　　　　　　包英兰(女)
奈曼旗人民检察院检察长　　　　　　张　程
扎鲁特旗人民检察院检察长　　　　　付　强
科尔沁左翼中旗人民检察院检察长　　邓广丰
科尔沁左翼后旗人民检察院检察长　　李彦秋
呼伦贝尔市人民检察院检察长　　　**于海富**
海拉尔区人民检察院检察长　　　　　毛云恒
满洲里市人民检察院检察长　　　　　孙　海
扎兰屯市人民检察院检察长　　　　　赵国章
牙克石市人民检察院检察长　　　　　冯伟卓
根河市人民检察院检察长　　　　　　苗树成
额尔古纳市人民检察院检察长　　　　于建民
阿荣旗人民检察院检察长　　　　　　张雪岩
新巴尔虎右旗人民检察院检察长　　　包玉山
新巴尔虎左旗人民检察院检察长　　　白海清
陈巴尔虎旗人民检察院检察长　　　　韩　峰
鄂伦春族自治旗人民检察院检察长　　邢占江
鄂温克族自治旗人民检察院检察长　　王殿元
莫力达瓦达斡尔族自治旗人民检察院
　检察长　　　　　　　　　　　　　李保华
满洲里市扎赉诺尔矿区人民检察院
　检察长　　　　　　　　　　　　　杨振良(兼)
陈巴尔虎旗宝日希勒矿区人民检察院
　检察长　　　　　　　　　　　　　吴建民(兼)
鄂温克族自治旗大雁矿区人民检察院

检察长	哈斯其木格（兼）	检察长	田忠宝
鄂伦春族自治旗大杨树地区人民检察院		锡林浩特市人民检察院检察长	赵 文
检察长	刘兴权	二连浩特市人民检察院检察长	韩平强
鄂伦春族自治旗甘河地区人民检察院		多伦县人民检察院检察长	董建军
检察长	张 彬	阿巴嘎旗人民检察院检察长	米福利
鄂尔多斯市人民检察院检察长	**云 晓（女）**	苏尼特左旗人民检察院检察长	伊拉图
东胜区人民检察院检察长	李唯东	苏尼特右旗人民检察院检察长	孙 岩
达拉特旗人民检察院检察长	解骐宁	东乌珠穆沁旗人民检察院检察长	宝力达
准格尔旗人民检察院检察长	额尔登达来	西乌珠穆沁旗人民检察院检察长	乌云毕力格
鄂托克前旗人民检察院检察长	武树林	太仆寺旗人民检察院检察长	张艳军
鄂托克旗人民检察院检察长	马韵波	镶黄旗人民检察院检察长	李胜革
杭锦旗人民检察院检察长	王治录	正镶白旗人民检察院检察长	那日苏
乌审旗人民检察院检察长	克吉日格勒	正蓝旗人民检察院检察长	孙守臣
伊金霍洛旗人民检察院检察长	左晨光	**内蒙古自治区人民检察院阿拉善盟分院**	
乌兰察布市人民检察院检察长	**孙建民**	检察长	张作厚
集宁区人民检察院检察长	郑瑞明	阿拉善左旗人民检察院检察长	张尚明
丰镇市人民检察院检察长	郝小平	阿拉善右旗人民检察院检察长	盛魏魏
卓资县人民检察院检察长	姚志伟	额济纳旗人民检察院检察长	张华元
化德县人民检察院检察长	王晓龙	**内蒙古自治区人民检察院呼和浩特铁路**	
商都县人民检察院检察长	吴德霖	**运输分院检察长**	**李 健**
兴和县人民检察院检察长	齐春雷	呼和浩特铁路运输检察院检察长	宋智韬
凉城县人民检察院检察长	张志敏	包头铁路运输检察院检察长	郑书宇
察哈尔右翼前旗人民检察院检察长	巩 畖	集宁铁路运输检察院检察长	陈 波
察哈尔右翼中旗人民检察院检察长	吕建明	海拉尔铁路运输检察院检察长	刘博才
察哈尔右翼后旗人民检察院检察长	安世杰	通辽铁路运输检察院检察长	白立标
四子王旗人民检察院检察长	刘文辉	**保安沼地区人民检察院检察长**	**徐 卓（女）**
巴彦淖尔市人民检察院检察长	**张复弛**	**小黑河地区人民检察院检察长**	**王 进**
临河区人民检察院检察长	张文博		
五原县人民检察院检察长	王力军		
磴口县人民检察院检察长	何斯琴（女）		

辽宁省

乌拉特前旗人民检察院检察长	杨利春
乌拉特中旗人民检察院检察长	刘文斌
乌拉特后旗人民检察院检察长	苏远程
杭锦后旗人民检察院检察长	黄晨阳

内蒙古自治区人民检察院兴安盟分院		辽宁省人民检察院检察长	肖 声
检察长	梁 晨	辽宁省人民检察院副检察长	闫建成
乌兰浩特市人民检察院检察长	刘海勇		宋兴伟
阿尔山市人民检察院检察长	张国庆		吴 喆
突泉县人民检察院检察长	张 鹤		于 昆
科尔沁右翼前旗人民检察院检察长	赵劲松		田洪举
科尔沁右翼中旗人民检察院检察长	于朝华		郑 辉
扎赉特旗人民检察院检察长	李大全（代）		杨新立（女）
内蒙古自治区人民检察院锡林郭勒盟分院		**沈阳市人民检察院检察长**	**赵东岩（代）**
		沈河区人民检察院检察长	黄 伟
		和平区人民检察院检察长	史启林
		大东区人民检察院检察长	田桂娟（女）
		皇姑区人民检察院检察长	徐宏捷

铁西区人民检察院检察长	邵 杰（女）	望花人民检察院检察长	时为侠
苏家屯区人民检察院检察长	张丰才	抚顺县人民检察院检察长	曲 懿（女）
浑南区人民检察院检察长	吴 波	新宾满族自治县人民检察院检察长	刘 莹（女）
沈北新区人民检察院检察长	孟秋野	清原满族自治县人民检察院检察长	徐 刚
于洪区人民检察院检察长	徐 适	抚顺经济技术开发区人民检察院检察长	王保强
新民市人民检察院检察长	张遂志	抚顺市矿区人民检察院检察长	孙绍杰
辽中县人民检察院检察长	颜国军	城郊地区人民检察院检察长	朱桂莲（女）
康平县人民检察院检察长	赵永林	**本溪市人民检察院检察长**	**姜 科**
法库县人民检察院检察长	靳 伟	平山区人民检察院检察长	卢 晶（女）
沈阳经济技术开发区人民检察院检察长	韩 壮	溪湖区人民检察院检察长	秦晓杰（女）
沈阳高新技术产业开发区人民检察院		明山区人民检察院检察长	王建廷
检察长	郑 郁	南芬区人民检察院检察长	赵 欣
城郊地区人民检察院检察长	肖 爽	本溪满族自治县人民检察院检察长	郭静涛
大连市人民检察院检察长	**赵建伟**	桓仁满族自治县人民检察院检察长	孙伯涛
西岗区人民检察院检察长	奚家升	**丹东市人民检察院检察长**	**段文龙**
中山区人民检察院检察长	姜洪星	振兴区人民检察院检察长	王学平
沙河口区人民检察院检察长	林乐大	元宝区人民检察院检察长	姜纬宇
甘井子区人民检察院检察长	林 徽	振安区人民检察院检察长	李 琦
旅顺口区人民检察院检察长	郑家为	凤城市人民检察院检察长	邢永明
金州区人民检察院检察长	王 伟	东港市人民检察院检察长	王颖兰（女）
瓦房店市人民检察院检察长	李国平	宽甸满族自治县人民检察院检察长	孙继权
普兰店市人民检察院检察长	于文峰	**锦州市人民检察院检察长**	**金晓鹏**
庄河市人民检察院检察长	王志鹏	太和区人民检察院检察长	李首山（代）
长海县人民检察院检察长	尹 平	古塔区人民检察院检察长	张明江（代）
大连经济技术开发区人民检察院检察长		凌河区人民检察院检察长	齐 辉（女、代）
	冯 涛（女）	凌海市人民检察院检察长	张 丽（女、代）
大连高新技术产业园区人民检察院检察长		北镇市人民检察院检察长	马 量（代）
	李 彤（女）	黑山县人民检察院检察长	孙月华
大连长兴岛经济技术开发区人民检察院		义县人民检察院检察长	于 萍（女）
检察长	孙茂元	经济技术开发区人民检察院检察长	王世元（代）
城郊地区人民检察院检察长	李雅新（女）	城郊地区人民检察院检察长	钟 波
鞍山市人民检察院检察长	**王 军**	**营口市人民检察院检察长**	**王静春**
铁东区人民检察院检察长	王晋鲁	站前区人民检察院检察长	常 亮
铁西区人民检察院检察长	张振中	西市区人民检察院检察长	高 兵
立山区人民检察院检察长	陈世卓（女）	鲅鱼圈区人民检察院检察长	高长安
千山区人民检察院检察长	江明海	老边区人民检察院检察长	栾 勇
海城市人民检察院检察长	刘富民	大石桥市人民检察院检察长	张继华
台安县人民检察院检察长	曾思宇	盖州市人民检察院检察长	刘 琪（女）
岫岩满族自治县人民检察院检察长	冯 斌	城郊地区人民检察院检察长	侯 莉（女）
抚顺市人民检察院检察长	**徐志飞**	**阜新市人民检察院检察长**	**陈 岩**
顺城区人民检察院检察长	李 颜	细河区人民检察院检察长	杨 利
新抚区人民检察院检察长	王 旭	海州区人民检察院检察长	王志金
东洲区人民检察院检察长	郭 伟	新邱区人民检察院检察长	徐晓波

太平区人民检察院检察长	张武杰	建昌县人民检察院检察长	杨忠伟
清河门区人民检察院检察长	刘凤斌	辽宁省人民检察院沈阳铁路运输分院	
彰武县人民检察院检察长	付海庭	检察长	胡玉（女）
阜新蒙古族自治县人民检察院检察长	代 玲（女）	沈阳铁路运输检察院检察长	唐铁军
辽阳市人民检察院检察长	**孙 策**	大连铁路运输检察院检察长	李圣良
白塔区人民检察院检察长	冯 莹	丹东铁路运输检察院检察长	蒋立国
文圣区人民检察院检察长	曾宪琦	锦州铁路运输检察院检察长	张建勋
宏伟区人民检察院检察长	侯飞跃（女）	**辽宁省人民检察院辽河油田分院**	
弓长岭区人民检察院检察长	韩志刚	检察长	**王爱军**
太子河区人民检察院检察长	刘永波	辽河油田人民检察院检察长	李春巍
灯塔市人民检察院检察长	许广龙		
辽阳县人民检察院检察长	石成杰		
城郊地区人民检察院检察长	（空缺）		

吉林省

铁岭市人民检察院检察长	**于 凯**	**吉林省人民检察院检察长**	**杨克勤**
银州区人民检察院检察长	王洪彬	**吉林省人民检察院副检察长**	**陈凤超**
清河区人民检察院检察长	赵宏伟		**李振华**
调兵山市人民检察院检察长	康家生		**刘志兵**
开原市人民检察院检察长	张晓光		**刘笑竹**
铁岭县人民检察院检察长	郭丽梅（女）		**盛美军**
西丰县人民检察院检察长	田 浩	**长春市人民检察院检察长**	**张海胜**
昌图县人民检察院检察长	付振和	朝阳区人民检察院检察长	李忆农
朝阳市人民检察院检察长	**吕景文（代）**	南关区人民检察院检察长	张颖彧
双塔区人民检察院检察长	蔡曙光	二道区人民检察院检察长	姜博仁
龙城区人民检察院检察长	孙进喜	双阳区人民检察院检察长	孙冠夫
北票市人民检察院检察长	穆德权	宽城区人民检察院检察长	李崇峰
凌源市人民检察院检察长	罗 明	绿园区人民检察院检察长	刘志民
朝阳县人民检察院检察长	李国明	九台市人民检察院检察长	焦成千
建平县人民检察院检察长	隋景宏	榆树市人民检察院检察长	卢 炬
喀喇沁左翼蒙古族自治县人民检察院		德惠市人民检察院检察长	兰 舰
检察长	景力伟	农安县人民检察院检察长	刑立明
城郊地区人民检察院检察长	韩 军	长春经济技术开发区人民检察院检察长	徐安怀
盘锦市人民检察院检察长	**邴志凯**	长春高新技术产业开发区人民检察院	
兴隆台区人民检察院检察长	刘荣志	检察长	张宏山
双台子区人民检察院检察长	张书合	长春汽车经济技术开发区人民检察院	
大洼县人民检察院检察长	王志强	检察长	李岫春
盘山县人民检察院检察长	刘以学（代）	城郊地区人民检察院检察长	卢 刚
城郊地区人民检察院检察长	王忠瑞	长春净月高新技术产业开发区人民检察院	
葫芦岛市人民检察院检察长	**慕 宁**	检察长	杨玉武
龙港区人民检察院检察长	白银燕（女）	**吉林市人民检察院检察长**	**谢茂田**
连山区人民检察院检察长	关德权	昌邑区人民检察院检察长	郭志强
南票区人民检察院检察长	高志军	船营区人民检察院检察长	原 满
兴城市人民检察院检察长	叶 蓬	龙潭区人民检察院检察长	杨 光
绥中县人民检察院检察长	刘海彬	丰满区人民检察院检察长	魏立国

磐石市人民检察院检察长	周　晖	临江市人民检察院检察长	丁玉杰
蛟河市人民检察院检察长	王　杨	抚松县人民检察院检察长	于明洋
桦甸市人民检察院检察长	别旭东	靖宇县人民检察院检察长	杨学武
舒兰市人民检察院检察长	敖　翔	长白朝鲜族自治县人民检察院检察长	由晓军
永吉县人民检察院检察长	付春魁	**延边朝鲜族自治州人民检察院检察长**	**金光镇**
城西人民检察院检察长	刘守杰	延吉市人民检察院检察长	金南浩
高新区人民检察院检察长	朱红月	图们市人民检察院检察长	许承男
四平市人民检察院检察长	**李万山**	敦化市人民检察院检察长	赵佰忠
铁西区人民检察院检察长	王　超	珲春市人民检察院检察长	金京日
铁东区人民检察院检察长	张树森	龙井市人民检察院检察长	宋志强
双辽市人民检察院检察长	薄守东	和龙市人民检察院检察长	文昌海
公主岭市人民检察院检察长	王静彪	汪清县人民检察院检察长	郑　峰
梨树县人民检察院检察长	陈　忠	安图县人民检察院检察长	付洪勇
伊通满族自治县人民检察院检察长	张爱钧	**吉林省四方坨子人民检察院检察长**	**曹　宝**
四平市平东地区人民检察院检察长	张志军	**吉林省长春林业检察院检察长**	**张家林**
辽源市人民检察院检察长	**赵彦峰**	抚松林业检察院检察长	于长彦
龙山区人民检察院检察长	周振利	江源林业检察院检察长	李　伟
西安区人民检察院检察长	赵俊峰	临江林业检察院检察长	刘朝越
东丰县人民检察院检察长	崔继超	红石林业检察院检察长	李树庆
东辽县人民检察院检察长	高东民	白石山林业检察院检察长	臧　琦
松原市人民检察院检察长	**吴长智**	**吉林省延边林业检察院检察长**	**张立华**
宁江区人民检察院检察长	郭永泉	敦化林业检察院检察长	史善斌
扶余县人民检察院检察长	金万钧	和龙林业检察院检察长	赵延民
长岭县人民检察院检察长	张　雷	汪清林业检察院检察长	曹广林
乾安县人民检察院检察长	宋彦军	白河林业检察院检察长	杨家磊
前郭县人民检察院检察长	李文学	珲春林业检察院检察长	邢茂林
白城市人民检察院检察长	**张宝才**	**吉林省人民检察院铁路运输分院检察长**	**（空缺）**
洮北区人民检察院检察长	张跃云（女）	长春铁路运输检察院检察长	张　锋
大安市人民检察院检察长	彭大羽	吉林铁路运输检察院检察长	张子杰
洮南市人民检察院检察长	张国强	通化铁路运输检察院检察长	张成名
镇赉县人民检察院检察长	张　华	图们铁路运输检察院检察长	冯文杰
通榆县人民检察院检察长	冉志远	白城铁路运输检察院检察长	杜忠宝
通化市人民检察院检察长	**薛国君**		
东昌区人民检察院检察长	王景富		
二道江区人民检察院检察长	张君清	**黑龙江省**	
梅河口市人民检察院检察长	李志刚	**黑龙江省人民检察院检察长**	**徐　明**
集安市人民检察院检察长	曲昌文	**黑龙江省人民检察院副检察长**	**车承军**
通化县人民检察院检察长	孟若萍（女）		闫世斌
辉南县人民检察院检察长	姜景铭		张中华
柳河县人民检察院检察长	闫树龙		徐　军
白山市人民检察院检察长	**喻春江**		李　力
浑江区人民检察院检察长	林　勇	**哈尔滨市人民检察院检察长**	**王克伦**
江源区人民检察院检察长	孙振杰	松北区人民检察院检察长	刘宜俭

道里区人民检察院检察长	项海杰	海林市人民检察院检察长	马进群
南岗区人民检察院检察长	刘 杰	宁安市人民检察院检察长	王剑峰
道外区人民检察院检察长	李士凯	东宁县人民检察院检察长	孙艳林
香坊区人民检察院检察长	王 威	林口县人民检察院检察长	王喜军
平房区人民检察院检察长	杨恩军	牡南地区人民检察院检察长	赵文军
呼兰区人民检察院检察长	于小雅	**佳木斯市人民检察院检察长**	**高伟利**
阿城区人民检察院检察长	王云飞	前进区人民检察院检察长	谭景春
双城市人民检察院检察长	王景侠	向阳区人民检察院检察长	吴 畏
尚志市人民检察院检察长	杨孝清	东风区人民检察院检察长	肖 阳
五常市人民检察院检察长	李卓勋	郊区人民检察院检察长	李铁民
依兰县人民检察院检察长	陆小庆	同江市人民检察院检察长	张树伟
方正县人民检察院检察长	王志福	富锦市人民检察院检察长	陈 强
宾县人民检察院检察长	关永吉	桦南县人民检察院检察长	周绍忠
巴彦县人民检察院检察长	刘艳昌	桦川县人民检察院检察长	刘涤非
木兰县人民检察院检察长	李永志	汤原县人民检察院检察长	姜 山
通河县人民检察院检察长	徐 军	抚远县人民检察院检察长	商学敏
延寿县人民检察院检察长	刘力波	合江地区人民检察院检察长	唐加振
滨江地区人民检察院检察长	王庆昆	**大庆市人民检察院检察长**	**姜 廉**
齐齐哈尔市人民检察院检察长	**张坤明**	萨尔图区人民检察院检察长	张 斌
建华区人民检察院检察长	刘 杨	龙凤区人民检察院检察长	刘力学
龙沙区人民检察院检察长	王 艺	让胡路区人民检察院检察长	刘振魁
铁峰区人民检察院检察长	艾 勇	大同区人民检察院检察长	阮之华
昂昂溪区人民检察院检察长	沈小革	红岗区人民检察院检察长	任鸿亮
富拉尔基区人民检察院检察长	李宇光	肇州县人民检察院检察长	迟庆军
碾子山区人民检察院检察长	刘 韬(女)	肇源县人民检察院检察长	逄瑞川
梅里斯达斡尔族人民检察院检察长	于国华	林甸县人民检察院检察长	杨 威
讷河市人民检察院检察长	李 国	杜尔伯特蒙古族自治县人民检察院检察长	姜凯志
龙江县人民检察院检察长	石伟斌	大庆高新技术产业开发区人民检察院	
依安县人民检察院检察长	韦晓波	检察长	钟国庆
泰来县人民检察院检察长	王孝明	**鸡西市人民检察院检察长**	**郑国志**
甘南县人民检察院检察长	赵福忠	鸡冠区人民检察院检察长	陈忠元
富裕县人民检察院检察长	李雪峰	恒山区人民检察院检察长	毕文利
克山县人民检察院检察长	孙太德	滴道区人民检察院检察长	赵 奎
克东县人民检察院检察长	解博冠	梨树区人民检察院检察长	李炳太
拜泉县人民检察院检察长	宋炳勋	城子河区人民检察院检察长	王长林
齐嫩地区人民检察院检察长	吴廷显	麻山区人民检察院检察长	金连坤
牡丹江市人民检察院检察长	**金银墙**	虎林市人民检察院检察长	江吉成
东安区人民检察院检察长	石 扬(女)	密山市人民检察院检察长	(空缺)
爱民区人民检察院检察长	张雪彤	鸡东县人民检察院检察长	王铁玉
阳明区人民检察院检察长	王成才	鸡台地区人民检察院检察长	张国辉
西安区人民检察院检察长	金海石	**双鸭山市人民检察院检察长**	**刘恒源**
穆棱市人民检察院检察长	孔祥铎	尖山区人民检察院检察长	张树立
绥芬河市人民检察院检察长	张克强	岭东区人民检察院检察长	曾庆祥

四方台区人民检察院检察长	李德忠	北林区人民检察院检察长	赵沂河
宝山区人民检察院检察长	于文庆	安达市人民检察院检察长	宋英德
集贤县人民检察院检察长	孙少林	肇东市人民检察院检察长	经贵超
友谊县人民检察院检察长	吕守荣	海伦市人民检察院检察长	于建国
宝清县人民检察院检察长	彭世君	望奎县人民检察院检察长	刘喜江
饶河县人民检察院检察长	程铜锋	兰西县人民检察院检察长	于占发
伊春市人民检察院检察长	**聂生奎**	青冈县人民检察院检察长	程 前
伊春区人民检察院检察长	韩东伟	庆安县人民检察院检察长	魏鹏飞
南岔区人民检察院检察长	彭文权	明水县人民检察院检察长	相 巍
友好区人民检察院检察长	孟庆东	绥棱县人民检察院检察长	王连华(女)
西林区人民检察院检察长	王慧一	**黑河市人民检察院检察长**	**乔洪翔**
翠峦区人民检察院检察长	李忠海	爱辉区人民检察院检察长	高彦斌
新青区人民检察院检察长	陈玉春	北安市人民检察院检察长	王洪君
美溪区人民检察院检察长	杨雪哲	五大连池市人民检察院检察长	李宝库
金山屯区人民检察院检察长	陈晓军(代)	嫩江县人民检察院检察长	魏庆林
五营区人民检察院检察长	李国伟	逊克县人民检察院检察长	袁红军
乌马河区人民检察院检察长	于 伟	孙吴县人民检察院检察长	郭凤奎
汤旺河区人民检察院检察长	赵建林	黑北地区人民检察院检察长	富振江
带岭区人民检察院检察长	何 利	**黑龙江省人民检察院大兴安岭分院检察长**	**王金力**
乌伊岭区人民检察院检察长	郭 阳	呼玛县人民检察院检察长	孙希谦
红星区人民检察院检察长	孙 涛	塔河县人民检察院检察长	刘新生
上甘岭区人民检察院检察长	凌万强	漠河县人民检察院检察长	王继新
铁力市人民检察院检察长	张季林	加格达奇区人民检察院检察长	王维国
嘉荫县人民检察院检察长	赵志刚	松岭区人民检察院检察长	徐殿学
双丰林区人民检察院检察长	许建国	新林区人民检察院检察长	李朝阳
铁力林区人民检察院检察长	任凤忠	呼中区人民检察院检察长	王庆国
桃山林区人民检察院检察长	周文峰	图强林区人民检察院检察长	刘守林
朗乡林区人民检察院检察长	王岐岭	阿木尔林区人民检察院检察长	张海斌
七台河市人民检察院检察长	**徐恒才**	十八站林区人民检察院检察长	张延中
桃山区人民检察院检察长	白福录	**黑龙江省人民检察院农垦区分院检察长**	**高 杉**
新兴区人民检察院检察长	何 为	红兴隆农垦区人民检察院检察长	刘 斌
茄子河区人民检察院检察长	郭 峰	宝泉岭农垦区人民检察院检察长	王学林
勃利县人民检察院检察长	姜世兴	建三江农垦区人民检察院检察长	白柏林
鹤岗市人民检察院检察长	**姚绪庆**	牡丹江农垦区人民检察院检察长	唐 健
向阳区人民检察院检察长	伍 波(女)	北安农垦区人民检察院检察长	孙登志
兴山区人民检察院检察长	赵延军	九三农垦区人民检察院检察长	杨建华
工农区人民检察院检察长	倪桂芹(女)	齐齐哈尔农垦区人民检察院检察长	程远兴
南山区人民检察院检察长	刘德友	绥化农垦区人民检察院检察长	李桂祥
兴安区人民检察院检察长	姜铁成	**黑龙江省人民检察院林区分院检察长**	**卢孝东**
东山区人民检察院检察长	张凤翔	亚布力林区人民检察院检察长	陈明华
萝北县人民检察院检察长	尤丕琳	沾河林区人民检察院检察长	李 冬
绥滨县人民检察院检察长	于晓林	兴隆林区人民检察院检察长	孙 强
绥化市人民检察院检察长	**闫 华**	鹤北林区人民检察院检察长	谷庆伟

东京城林区人民检察院检察长	刘先根	虹口区人民检察院检察长	陈思群（女）
东方红林区人民检察院检察长	朱晓飞	杨浦区人民检察院检察长	岳 杨
大海林林区人民检察院检察长	邱继东	宝山区人民检察院检察长	林 立
柴河林区人民检察院检察长	叶永福	闵行区人民检察院检察长	潘祖全
绥阳林区人民检察院检察长	孙文生	嘉定区人民检察院检察长	阮祝军
方正林区人民检察院检察长	徐遮民	金山区人民检察院检察长	龚培华
苇河林区人民检察院检察长	董秀婕（女）	松江区人民检察院检察长	杨玉俊
山河屯林区人民检察院检察长	韩 非	青浦区人民检察院检察长	徐燕平
绥棱林区人民检察院检察长	夏立强	奉贤区人民检察院检察长	孙 静（女）
桦南林区人民检察院检察长	关 立	崇明县人民检察院检察长	倪 峰
穆棱林区人民检察院检察长	鞠永斌	浦东新区张江地区人民检察院检察长	潘建清
海林林区人民检察院检察长	王玉祥	军天湖农场人民检察院检察长	贝永虎
通北林区人民检察院检察长	李晰儒	白茅岭农场区人民检察院检察长	（空缺）
清河林区人民检察院检察长	国 晶（女）	四岔河农场区人民检察院检察长	肖裕国
鹤立林区人民检察院检察长	张树林	川东农场区人民检察院检察长	（空缺）
双鸭山林区人民检察院检察长	姜雪龙	青东农场区人民检察院检察长	何方荣
林口林区人民检察院检察长	宫铁川	上海铁路运输检察院检察长	（空缺）
迎春林区人民检察院检察长	孙立新		
八面通林区人民检察院检察长	马大力		

江苏省

黑龙江省人民检察院哈尔滨铁路运输
　分院检察长　　　　　　　　万 野

哈尔滨铁路运输检察院检察长	孙成毅	江苏省人民检察院检察长	徐 安
齐齐哈尔铁路运输检察院检察长	张 喆	江苏省人民检察院副检察长	严 明
牡丹江铁路运输检察院检察长	尹建国		方晓林
佳木斯铁路运输检察院检察长	邹向杰		陈剑虹
			邵建东
			范 群

上海市

			王方林
		南京市人民检察院检察长	葛晓燕（女）
上海市人民检察院检察长	陈 旭	玄武区人民检察院检察长	陆宁平
上海市人民检察院副检察长	陈辐宽	秦淮区人民检察院检察长	朱 赫
	郑鲁宁	建邺区人民检察院检察长	葛 冰
	周永年	鼓楼区人民检察院检察长	杨建萍（女）
上海市人民检察院第一分院检察长	叶 青	浦口区人民检察院检察长	翟建明
上海市人民检察院第二分院检察长	周越强	六合区人民检察院检察长	王珍祥
上海市人民检察院第三分院		栖霞区人民检察院检察长	倪一斌
（上海市人民检察院铁路运输分院）检察长	陆建强	雨花台区人民检察院检察长	张宁生
浦东新区人民检察院检察长	陈宝富	江宁区人民检察院检察长	金 波
黄浦区人民检察院检察长	王润生	溧水区人民检察院检察长	于 刚
徐汇区人民检察院检察长	储国樑	高淳区人民检察院检察长	韩晓帆
长宁区人民检察院检察长	陈 明	南京市钟山地区人民检察院检察长	薛 薇（女）
静安区人民检察院检察长	朱云斌	苏州市人民检察院检察长	王君悦
普陀区人民检察院检察长	杨恒进	姑苏区人民检察院检察长	薛国骏（兼）
闸北区人民检察院检察长	丁 嘉	虎丘区人民检察院检察长	顾雪荣

吴中区人民检察院检察长	陈 飞	如东县人民检察院检察长	顾祖林
相城区人民检察院检察长	钱云华	海安县人民检察院检察长	李 平
吴江区人民检察院检察长	朱文瑞	南通市经济技术开发区人民检察院检察长	邹建华
昆山市人民检察院检察长	皇甫觉新	**泰州市人民检察院检察长**	**周剑浩**
太仓市人民检察院检察长	杜建伟	海陵区人民检察院检察长	王 成
常熟市人民检察院检察长	陆建中	高港区人民检察院检察长	华为民
张家港市人民检察院检察长	蔡 蔚	靖江市人民检察院检察长	刘 贵
苏州工业园区人民检察院检察长	钱根源	泰兴市人民检察院检察长	蔡红卫
无锡市人民检察院检察长	**蒋永良**	姜堰区人民检察院检察长	丁军青
崇安区人民检察院检察长	李 赢	兴化市人民检察院检察长	陆红梅(女)
南长区人民检察院检察长	何 莹(女)	泰州医药高新技术产业开发区人民检察院	
北塘区人民检察院检察长	李勇忠	检察长	何建明
滨湖区人民检察院检察长	陆剑凌	**扬州市人民检察院检察长**	**闵正兵**
惠山区人民检察院检察长	徐盛希	广陵区人民检察院检察长	郭锦勇
锡山区人民检察院检察长	黄懿斌	邗江区人民检察院检察长	许玛明
江阴市人民检察院检察长	胡洪平	江都区人民检察院检察长	于 力
宜兴市人民检察院检察长	王玉珏	仪征市人民检察院检察长	蒋桂芳(女)
无锡市开发区人民检察院检察长	苟小军	高邮市人民检察院检察长	鞠 进
常州市人民检察院检察长	**葛志军**	宝应县人民检察院检察长	张晓强
新北区人民检察院检察长	许岳华	扬州经济技术开发区人民检察院检察长	宋祥林
钟楼区人民检察院检察长	徐逸峰	**盐城市人民检察院检察长**	**戴 飞(女)**
天宁区人民检察院检察长	范荣生	亭湖区人民检察院检察长	吕志平
戚墅堰区人民检察院检察长	王 俊	盐都区人民检察院检察长	张永娣(女)
武进区人民检察院检察长	蒋国强	东台市人民检察院检察长	张扣华
金坛市人民检察院检察长	蔡和方	大丰市人民检察院检察长	张春山
溧阳市人民检察院检察长	周常春	射阳县人民检察院检察长	许正胜
天目湖地区人民检察院检察长	朱文俊	阜宁县人民检察院检察长	钱亚祥
镇江市人民检察院检察长	**俞波涛**	滨海县人民检察院检察长	樊 山
京口区人民检察院检察长	方红卫	响水县人民检察院检察长	陈宏成
润州区人民检察院检察长	鲁 宽	建湖县人民检察院检察长	胡立东
丹徒区人民检察院检察长	黄 进	大中地区人民检察院检察长	征汉年
扬中市人民检察院检察长	司马兆二	**淮安市人民检察院检察长**	**成吉喜**
丹阳市人民检察院检察长	李 军	清河区人民检察院检察长	赵春虎
句容市人民检察院检察长	毛康林	清浦区人民检察院检察长	黄国梁
镇江市经济技术开发区人民检察院检察长	朱国忠	淮安区人民检察院检察长	张建龙
金山地区人民检察院检察长	朱 毅(兼)	淮阴区人民检察院检察长	张洪斌
南通市人民检察院检察长	**赵志凯**	金湖县人民检察院检察长	葛 蕾(女)
崇川区人民检察院检察长	钱国泉	盱眙县人民检察院检察长	潘建文
港闸区人民检察院检察长	毛 喆	洪泽县人民检察院检察长	韩少芹(女)
通州区人民检察院检察长	黄凯东	涟水县人民检察院检察长	刘庆国
海门市人民检察院检察长	李 铁	淮安经济技术开发区人民检察院检察长	杨小平
启东市人民检察院检察长	瞿 忠	**宿迁市人民检察院检察长**	**王 鹏**
如皋市人民检察院检察长	何 强	宿城区人民检察院检察长	殷 勇

宿豫区人民检察院检察长	许兴军	富阳市人民检察院检察长	王晓光
沭阳县人民检察院检察长	夏 玮（女）	临安市人民检察院检察长	陈云高
泗阳县人民检察院检察长	刘兆东	淳安县人民检察院检察长	钱 铖
泗洪县人民检察院检察长	吴 杰（女）	桐庐县人民检察院检察长	夏 涛
洪泽湖地区人民检察院检察长	李红阳（女）	建德市人民检察院检察长	江波均（女）
徐州市人民检察院检察长	**杨其江**	经济技术开发区人民检察院检察长	吕金芳
云龙区人民检察院检察长	韩卫东	**宁波市人民检察院检察长**	**戎雪海**
鼓楼区人民检察院检察长	王铁军	海曙区人民检察院检察长	吕海庆
贾汪区人民检察院检察长	李 昕（女）	江北区人民检察院检察长	高 杰
泉山区人民检察院检察长	张成刚	江东区人民检察院检察长	汪明航
铜山区人民检察院检察长	吕 青（女）	北仑区人民检察院检察长	李 钟
邳州市人民检察院检察长	艾新平	镇海区人民检察院检察长	顾玉敏（女）
新沂市人民检察院检察长	徐 炜	鄞州区人民检察院检察长	华志苗
睢宁县人民检察院检察长	沈 淬（女）	余姚市人民检察院检察长	毛纪华
沛县人民检察院检察长	王 岩	慈溪市人民检察院检察长	傅其云
丰县人民检察院检察长	姚 辉	奉化市人民检察院检察长	王春媛（女）
徐州市经济技术开发区人民检察院检察长	佟光喜	宁海县人民检察院检察长	吕益军
连云港市人民检察院检察长	**汪 跃**	象山县人民检察院检察长	董顺来
连云区人民检察院检察长	何素红（女）	宁波市大榭开发区人民检察院检察长	何明耀
海州区人民检察院检察长	张克晓	**温州市人民检察院检察长**	**俞秀成**
赣榆县人民检察院检察长	万树早	鹿城区人民检察院检察长	张纯亮
灌云县人民检察院检察长	唐 张	龙湾区人民检察院检察长	梅山群
东海县人民检察院检察长	宋金玲（女）	瓯海区人民检察院检察长	赵卫华
灌南县人民检察院检察长	吴 明	永嘉县人民检察院检察长	林长汉
南京铁路运输检察院检察长	邱友根	乐清市人民检察院检察长	赵海霞（女）
徐州铁路运输检察院检察长	沙锦瑞	瑞安市人民检察院检察长	王美鹏
		平阳县人民检察院检察长	林锡铭
		苍南县人民检察院检察长	陈贤木

浙江省

		文成县人民检察院检察长	潘 勇
		泰顺县人民检察院检察长	宣章良
浙江省人民检察院检察长	陈云龙	洞头县人民检察院检察长	金 依（女）
浙江省人民检察院副检察长	庄建南	**湖州市人民检察院检察长**	**孔 璋**
	刘晓刚	长兴县人民检察院检察长	潘如新
	张雪樵	安吉县人民检察院检察长	周晓杨
	王祺国	德清县人民检察院检察长	吴志新
	黄生林	吴兴区人民检察院检察长	刘突飞
杭州市人民检察院检察长	**顾雪飞**	南浔区人民检察院检察长	戴立新
上城区人民检察院检察长	李森红（女）	**嘉兴市人民检察院检察长**	**孙厚祥**
下城区人民检察院检察长	潘松萍	南湖区人民检察院检察长	陈伟良
西湖区人民检察院检察长	张 鸣	秀洲区人民检察院检察长	赵陆鸣
江干区人民检察院检察长	余国利	海宁市人民检察院检察长	陈建钢
拱墅区人民检察院检察长	罗有顺	海盐县人民检察院检察长	宋 跃
滨江区人民检察院检察长	陈平祥	桐乡市人民检察院检察长	何伟明
萧山区人民检察院检察长	方顺才		
余杭区人民检察院检察长	孙 勇		

嘉善县人民检察院检察长	钟益民	龙泉市人民检察院检察长	葛朝华（女）
平湖市人民检察院检察长	沈小平	缙云县人民检察院检察长	谢云生
绍兴市人民检察院检察长	**胡东林**	青田县人民检察院检察长	阙建平
越城区人民检察院检察长	钱昌夫	云和县人民检察院检察长	蔡建彧
柯桥区人民检察院检察长	丁 飞	遂昌县人民检察院检察长	叶珍华
诸暨市人民检察院检察长	戴建华	松阳县人民检察院检察长	吴剑锋
上虞区人民检察院检察长	章 梁	庆元县人民检察院检察长	张晓峰
嵊州市人民检察院检察长	戚建文	景宁畲族自治县人民检察院检察长	夏逸敏
新昌县人民检察院检察长	周 江	浙江省余杭临平地区人民检察院	
金华市人民检察院检察长	**毛建岳**	检察长	孙 勇（兼）
婺城区人民检察院检察长	徐洪彬	杭州铁路运输检察院检察长	石建国
金东区人民检察院检察长	丁成毅		
兰溪市人民检察院检察长	徐 强（女）	**安徽省**	
东阳市人民检察院检察长	胡宇翔		
磐安县人民检察院检察长	蒋凌军	**安徽省人民检察院检察长**	**薛江武（女）**
义乌市人民检察院检察长	彭 中	**安徽省人民检察院副检察长**	**鲍国友**
武义县人民检察院检察长	陈世河		**高宗祥**
永康市人民检察院检察长	王宪峰		**翟高潮**
浦江县人民检察院检察长	李良才		**陈晓燕（女）**
衢州市人民检察院检察长	**孙 颖（女）**		**李卫东**
柯城区人民检察院检察长	周恩强	**合肥市人民检察院检察长**	**张 棉**
衢江区人民检察院检察长	吴 刚	合肥高新技术产业开发区人民检察院	
龙游县人民检察院检察长	刘建华	检察长	闫丹慧
江山市人民检察院检察长	郑柯迅	城郊地区人民检察院检察长	（空缺）
常山县人民检察院检察长	郑慧胜	肥东县人民检察院检察长	杨 柯
开化县人民检察院检察长	柯耀根	肥西县人民检察院检察长	童祖权
舟山市人民检察院检察长	**周招社**	长丰县人民检察院检察长	徐佐钧
定海区人民检察院检察长	王 彬	庐江县人民检察院检察长	许蔚军
普陀区人民检察院检察长	王旭征（女）	巢湖市人民检察院检察长	李 健
岱山县人民检察院检察长	任建兴	瑶海区人民检察院检察长	李 军
嵊泗县人民检察院检察长	寿利根	庐阳区人民检察院检察长	晏维友
台州市人民检察院检察长	**陈志君（女）**	蜀山区人民检察院检察长	万 山
椒江区人民检察院检察长	虞 彪	包河区人民检察院检察长	潘孝峰
黄岩区人民检察院检察长	戴 平	**淮北市人民检察院检察长**	**徐从锋**
路桥区人民检察院检察长	李计旦	相山区人民检察院检察长	韦群庆
临海市人民检察院检察长	陈 青	杜集区人民检察院检察长	魏毅标
温岭市人民检察院检察长	潘万贵	烈山区人民检察院检察长	毛 强
三门县人民检察院检察长	周尧正	濉溪县人民检察院检察长	施红波
天台县人民检察院检察长	郭建平	**亳州市人民检察院检察长**	**耿 标（新任）**
仙居县人民检察院检察长	王 煊	谯城区人民检察院检察长	葛绍志
玉环县人民检察院检察长	俞信波	蒙城县人民检察院检察长	孙 峰（代）
丽水市人民检察院检察长	**陈海鹰**	涡阳县人民检察院检察长	信清彬（代）
莲都区人民检察院检察长	王小刚	利辛县人民检察院检察长	陈红阳（女）

宿州市人民检察院检察长	张晓光	霍山县人民检察院检察长	李厚东（代）
埇桥区人民检察院检察长	胡崇实	霍邱县人民检察院检察长	李宝元
砀山县人民检察院检察长	李文艳（女）	金寨县人民检察院检察长	沈立新
萧县人民检察院检察长	马群（新）	舒城县人民检察院检察长	梁俊东（代）
灵璧县人民检察院检察长	郭建军（新）	**马鞍山市人民检察院检察长**	马胜利
泗县人民检察院检察长	朱军	花山区人民检察院检察长	冷玉梅（女）
蚌埠市人民检察院检察长	盛大友	雨山区人民检察院检察长	徐飞
龙子湖区人民检察院检察长	关礼林	博望区人民检察院检察长	李生林
蚌山区人民检察院检察长	吴正传	含山县人民检察院检察长	张晓龙
禹会区人民检察院检察长	王俊峰	和县人民检察院检察长	潘乔山
淮上区人民检察院检察长	杨家泉	当涂县人民检察院检察长	何玉明（代）
五河县人民检察院检察长	左腾宇	**芜湖市人民检察院检察长**	胡胜友
固镇县人民检察院检察长	苏醒	经济技术开发区人民检察院检察长	吴敏
怀远县人民检察院检察长	毛志平	镜湖区人民检察院检察长	张宁（女）
阜阳市人民检察院检察长	李德文	鸠江区人民检察院检察长	毕道群
颍上县人民检察院检察长	于月刚	弋江区人民检察院检察长	方庆
界首市人民检察院检察长	赵婷婷（女）	三山区人民检察院检察长	郑海涛（代）
临泉县人民检察院检察长	方自	无为县人民检察院检察长	蔡晓东
阜南县人民检察院检察长	刘彦峰	芜湖县人民检察院检察长	凤为武
太和县人民检察院检察长	袁维彬	繁昌县人民检察院检察长	蒋仲春
颍州区人民检察院检察长	艾民	南陵县人民检察院检察长	陈帮峰
颍泉区人民检察院检察长	马千里	**宣城市人民检察院检察长**	谢效珉
颍东区人民检察院检察长	杨咏梅（女，代）	宣州区人民检察院检察长	徐大鹏
淮南市人民检察院检察长	朱新武	郎溪县人民检察院检察长	解兵（新任）
凤台县人民检察院检察长	朱明华（代）	广德县人民检察院检察长	张伟（新任）
田家庵区人民检察院检察长	芮红军	宁国市人民检察院检察长	吴小明
大通区人民检察院检察长	刘琰（女）	泾县人民检察院检察长	刘军
谢家集区人民检察院检察长	盛吉洋	绩溪县人民检察院检察长	陈绍君
八公山区人民检察院检察长	王玉	旌德县人民检察院检察长	尚昌虎
潘集区人民检察院检察长	李文敏	**铜陵市人民检察院检察长**	曹敏（女）
滁州市人民检察院检察长	郑光	铜官山区人民检察院检察长	夏乐安
琅琊区人民检察院检察长	成学斌	狮子山区人民检察院检察长	樊春来
南谯区人民检察院检察长	卫晓霞（女）	郊区人民检察院检察长	潘虎
来安县人民检察院检察长	吴杰	铜陵县人民检察院检察长	胡锦华（女）
全椒县人民检察院检察长	喻尊晏（女）	**池州市人民检察院检察长**	徐华兵（代）
定远县人民检察院检察长	王志明	贵池区人民检察院检察长	余文庆
凤阳县人民检察院检察长	张平龙	东至县人民检察院检察长	盛叶春
明光市人民检察院检察长	周寿忠	石台县人民检察院检察长	叶丰林
天长市人民检察院检察长	张斌	青阳县人民检察院检察长	赵恺
六安市人民检察院检察长	桂青	九华山风景区人民检察院检察长	钱三贵
金安区人民检察院检察长	杨敬勋（代）	**安庆市人民检察院检察长**	李军
裕安区人民检察院检察长	汪长华（代）	迎江区人民检察院检察长	丁胜兵
寿县人民检察院检察长	徐腾飞（代）	大观区人民检察院检察长	吴才广

宜秀区人民检察院检察长	孙庆健	永泰县人民检察院检察长	郭有旭
怀宁县人民检察院检察长	欧阳水根	平潭县人民检察院检察长	施建清
桐城市人民检察院检察长	江 晨	鼓山地区人民检察院检察长	叶爱国（兼）
枞阳县人民检察院检察长	梅耐冬	**南平市人民检察院检察长**	**王金文**
潜山县人民检察院检察长	房振球	延平区人民检察院检察长	陈 斌
太湖县人民检察院检察长	金 林	邵武市人民检察院检察长	陈永勤
宿松县人民检察院检察长	金落实	武夷山人民检察院检察长	万 勇
望江县人民检察院检察长	徐光华	建瓯市人民检察院检察长	洪运华
岳西县人民检察院检察长	程 峰	建阳市人民检察院检察长	徐 斌
黄山市人民检察院检察长	**张德宏**	顺昌县人民检察院检察长	叶丽民
屯溪区人民检察院检察长	吴大圣	浦城县人民检察院检察长	黄丽英（女）
黄山区人民检察院检察长	占斗星	光泽县人民检察院检察长	林 建
徽州区人民检察院检察长	胡 敏（女）	松溪县人民检察院检察长	刘子华
歙县人民检察院检察长	王绩城	政和县人民检察院检察长	林忠怀
休宁县人民检察院检察长	徐茂林（新任）	**三明市人民检察院检察长**	**张时贵**
黟县人民检察院检察长	毛建国	梅列区人民检察院检察长	罗建平
祁门县人民检察院检察长	汪翠瑜（女）	三元区人民检察院检察长	卢新桦
安徽省南湖人民检察院检察长	丁银舟	永安市人民检察院检察长	李剑平
安徽省白湖人民检察院检察长	洪卫东	明溪县人民检察院检察长	乐绍勇
安徽省九成坂人民检察院检察长	王 青	清流县人民检察院检察长	程凤娟（女）
合肥铁路运输检察院检察长	朱南斌	宁化县人民检察院检察长	黄小斌
		大田县人民检察院检察长	陈福东
		尤溪县人民检察院检察长	杨良文

福建省

		沙县人民检察院检察长	黄金丹（女）
福建省人民检察院检察长	**何泽中**	将乐县人民检察院检察长	谢复兴
福建省人民检察院副检察长	何小敏	泰宁县人民检察院检察长	叶建朝
	林贻影	建宁县人民检察院检察长	傅祥儒
	李明蓉（女）	**莆田市人民检察院检察长**	**于南生**
	吴超英	城厢区人民检察院检察长	林秀冰（女）
	邬勇雷	涵江区人民检察院检察长	吴建伟
	傅再明	荔城区人民检察院检察长	蒋福华
福州市人民检察院检察长	**叶燕培**	秀屿区人民检察院检察长	吴丽仙（女）
鼓楼区人民检察院检察长	严孟灿	仙游县人民检察院检察长	蔡剑风
台江区人民检察院检察长	林 航	**泉州市人民检察院检察长**	**欧秀珠（女）**
仓山区人民检察院检察长	卢志坚	丰泽区人民检察院检察长	许金约
马尾区人民检察院检察长	林 荣	鲤城区人民检察院检察长	程和平
晋安区人民检察院检察长	柯华强	洛江区人民检察院检察长	甘泽阳
福清市人民检察院检察长	郑龙清	泉港区人民检察院检察长	黄清源
长乐市人民检察院检察长	郑 东	石狮市人民检察院检察长	张温龙
闽侯县人民检察院检察长	江 伟	晋江市人民检察院检察长	邱仲华
连江县人民检察院检察长	丁 璇（女）	南安市人民检察院检察长	陈凤华（女）
罗源县人民检察院检察长	吴仰晗（女）	惠安县人民检察院检察长	许金标
闽清县人民检察院检察长	兰跃林	安溪县人民检察院检察长	胡激洋

永春县人民检察院检察长	陈 林		
德化县人民检察院检察长	林建平	**江西省**	
厦门市人民检察院检察长	**黄延强**		
思明区人民检察院检察长	李永军	江西省人民检察院检察长	刘铁流
海沧区人民检察院检察长	陈子龙	江西省人民检察院副检察长	李 智
湖里区人民检察院检察长	林育清		张国轩
集美区人民检察院检察长	吴华峰		罗晓泉
同安区人民检察院检察长	林建木		邱 利
翔安区人民检察院检察长	洪庆福	**南昌市人民检察院检察长**	**徐胜平**
漳州市人民检察院检察长	**洪 清**	南昌县人民检察院检察长	吴曙明
芗城区人民检察院检察长	刘英俊	新建县人民检察院检察长	余声汉
龙文区人民检察院检察长	蔡松俊	进贤县人民检察院检察长	罗祥发
龙海市人民检察院检察长	周跃武	安义县人民检察院检察长	王 勇
云霄县人民检察院检察长	刘锦太	南昌市东湖区人民检察院检察长	杜迎春（女）
漳浦县人民检察院检察长	林文井	南昌市西湖区人民检察院检察长	涂平贵
诏安县人民检察院检察长	卢群川	南昌市青云谱区人民检察院检察长	刘立娜（女）
长泰县人民检察院检察长	马 宁	南昌市湾里区人民检察院检察长	朱国根
东山县人民检察院检察长	曾有才	南昌市青山湖区人民检察院检察长	雷 武
南靖县人民检察院检察长	陈 超	南昌经济技术开发区人民检察院检察长	王林才
平和县人民检察院检察长	林超群	南昌高新技术产业开发区人民检察院	
华安县人民检察院检察长	汤诏生	检察长	易志华
龙岩市人民检察院检察长	**罗 辉**	南昌长堎地区人民检察院检察长	刘 敏
新罗区人民检察院检察长	张剑亮	**九江市人民检察院检察长**	**熊少健**
漳平市人民检察院检察长	魏勋民	九江县人民检察院检察长	王建民
长汀县人民检察院检察长	胡毅杰	瑞昌市人民检察院检察长	彭文忠
永定县人民检察院检察长	戴宇明	武宁县人民检察院检察长	向正荣
上杭县人民检察院检察长	陈炳旺	修水县人民检察院检察长	陈新河
武平县人民检察院检察长	陈上翼	永修县人民检察院检察长	单 凯
连城县人民检察院检察长	陈芸星	德安县人民检察院检察长	肖 军
青草盂地区人民检察院检察长	柳春军	星子县人民检察院检察长	蔡官华
宁德市人民检察院检察长	**林 豪**	湖口县人民检察院检察长	姜金河
蕉城区人民检察院检察长	张文杰	都昌县人民检察院检察长	鄢 凯
福安市人民检察院检察长	叶荣建	彭泽县人民检察院检察长	曹 繁
福鼎市人民检察院检察长	宋江荣	九江市浔阳区人民检察院检察长	吴义祥
寿宁县人民检察院检察长	林映华（女）	九江市庐山区人民检察院检察长	李修江
霞浦县人民检察院检察长	李启新	庐山人民检察院检察长	（空缺）
柘荣县人民检察院检察长	叶光良	共青城市人民检察院检察长	林丹云（女）
屏南县人民检察院检察长	林 琦	**景德镇市人民检察院检察长**	**黄永茂**
古田县人民检察院检察长	郑其文	乐平市人民检察院检察长	王子祥
周宁县人民检察院检察长	黄清满	浮梁县人民检察院检察长	朱璀琳（女）
福州铁路运输检察院检察长	冯路平	景德镇市昌江区人民检察院检察长	伍 强
		景德镇市珠山区人民检察院检察长	郑志刚
		景德镇浮南地区人民检察院检察长	袁镇兴

萍乡市人民检察院检察长	**朱德才**	宜丰县人民检察院检察长	郑法才
萍乡市安源区人民检察院检察长	杨青林	万载县人民检察院检察长	姜 彬
萍乡市湘东区人民检察院检察长	周克纯	宜春新华地区人民检察院检察长	任共华
芦溪县人民检察院检察长	颜建良（兼）	**上饶市人民检察院检察长**	**黄严宏**
上栗县人民检察院检察长	周 波	上饶市信州区人民检察院检察长	章 晖
莲花县人民检察院检察长	陈 刚	上饶县人民检察院检察长	刘志勇
新余市人民检察院检察长	**刘 炽**	广丰县人民检察院检察长	吴伯翔
分宜县人民检察院检察长	刘水华	玉山县人民检察院检察长	王长凤
新余市渝水区人民检察院检察长	华玉光	横峰县人民检察院检察长	叶 鹏
新余望城工矿区人民检察院检察长	林小华	弋阳县人民检察院检察长	徐杨芳（女）
鹰潭市人民检察院检察长	**罗庆华**	德兴市人民检察院检察长	吴邦顺
贵溪市人民检察院检察长	杨高生	婺源县人民检察院检察长	喻志蕴（女）
余江县人民检察院检察长	王 湖	铅山县人民检察院检察长	郑章根
鹰潭市月湖区人民检察院检察长	廖小平	万年县人民检察院检察长	蒋昌福
赣州市人民检察院检察长	**胡火箭**	余干县人民检察院检察长	吴 波
赣州市章贡区人民检察院检察长	杜世助	鄱阳县人民检察院检察长	肖连华
赣县人民检察院检察长	方立春	上饶珠湖地区人民检察院检察长	吴建新
南康市人民检察院检察长	马维新	**吉安市人民检察院检察长**	**谢 健**
信丰县人民检察院检察长	江 炜	吉安市吉州区人民检察院检察长	王志军
大余县人民检察院检察长	郭复彬	吉安市青原区人民检察院检察长	肖 键
上犹县人民检察院检察长	蔡晓荣	井冈山市人民检察院检察长	王 斌
崇义县人民检察院检察长	刘红卫（女）	吉安县人民检察院检察长	李干民
安远县人民检察院检察长	钟福英（女）	永丰县人民检察院检察长	贺浩明
龙南县人民检察院检察长	王小荣	新干县人民检察院检察长	蔡新茂
全南县人民检察院检察长	吴永河	峡江县人民检察院检察长	郭勉飞
定南县人民检察院检察长	廖信明	吉水县人民检察院检察长	李康康
兴国县人民检察院检察长	王井平	泰和县人民检察院检察长	刘林如
宁都县人民检察院检察长	陈京东	万安县人民检察院检察长	陈红桃（女）
于都县人民检察院检察长	曹胜民	遂川县人民检察院检察长	宋智敏
瑞金市人民检察院检察长	邓荣平	安福县人民检察院检察长	尹光宇
会昌县人民检察院检察长	俞 萍（女）	永新县人民检察院检察长	刘崇幼
寻乌县人民检察院检察长	温 斌	**抚州市人民检察院检察长**	**宋智勇**
石城县人民检察院检察长	葛振瑞	抚州市临川区人民检察院检察长	李仲学
赣州经济技术开发区人民检察院检察长	黄林南	南城县人民检察院检察长	邹时来
宜春市人民检察院检察长	**熊金文**	黎川县人民检察院检察长	王小凤（女）
宜春市袁州区人民检察院检察长	王小龙	南丰县人民检察院检察长	蔡伟明
樟树市人民检察院检察长	杨 文	崇仁县人民检察院检察长	何新华
丰城市人民检察院检察长	袁剑波	乐安县人民检察院检察长	杨建军
靖安县人民检察院检察长	杨峥嵘	宜黄县人民检察院检察长	傅壮伟
奉新县人民检察院检察长	钟文凤（女）	金溪县人民检察院检察长	雷 鸣
高安市人民检察院检察长	吴子牛	资溪县人民检察院检察长	王小平
上高县人民检察院检察长	钱 骞	广昌县人民检察院检察长	丁旴平
铜鼓县人民检察院检察长	邓新国	东乡县人民检察院检察长	衷建军

江西省人民检察院南昌铁路运输分院		武城县人民检察院检察长	（空缺）
检察长	丁高保	齐河县人民检察院检察长	范树林
南昌铁路运输检察院检察长	董　波	临邑县人民检察院检察长	戴志军
		宁津县人民检察院检察长	李振刚
山东省		庆云县人民检察院检察长	钟云东
		德州经济开发区人民检察院检察长	马玉坤
山东省人民检察院检察长	吴鹏飞	**东营市人民检察院检察长**	**张爱军**
山东省人民检察院副检察长	王成波	东营区人民检察院检察长	李守勤
	吕　涛	河口区人民检察院检察长	宋继圣
	王环海	垦利县人民检察院检察长	田开封
	吕盛昌	利津县人民检察院检察长	王智海
	张振忠	广饶县人民检察院检察长	崔汉刚
	李建新	东营经济技术开发区人民检察院检察长	刘忠太
济南市人民检察院检察长	**郭鲁生**	**淄博市人民检察院检察长**	**黄敬波**
历下区人民检察院检察长	吴　强	张店区人民检察院检察长	司继涛
市中区人民检察院检察长	曲立春	淄川区人民检察院检察长	聂利民
槐荫区人民检察院检察长	张笑剑	博山区人民检察院检察长	李继东
天桥区人民检察院检察长	马建华（女）	周村区人民检察院检察长	于　强（代）
历城区人民检察院检察长	刘　建	临淄区人民检察院检察长	李玉泉
长清区人民检察院检察长	王　文	桓台县人民检察院检察长	杨宝刚
章丘市人民检察院检察长	韩秉林	高青县人民检察院检察长	柳　辉
平阴县人民检察院检察长	段　刚	沂源县人民检察院检察长	陈　新
济阳县人民检察院检察长	赵性雨	淄博高新技术开发区人民检察院检察长	李家玉
商河县人民检察院检察长	高成华	城郊地区人民检察院检察长	毕玉宝
济南市高新技术产业开发区人民检察院		**潍坊市人民检察院检察长**	**杨洪旭**
检察长	李　虹	奎文区人民检察院检察长	徐　军
城郊地区人民检察院检察长	杜新雷	潍城区人民检察院检察长	朱国宝
聊城市人民检察院检察长	**王学军**	寒亭区人民检察院检察长	邓树刚
东昌府区人民检察院检察长	杨茂宏	坊子区人民检察院检察长	于清友
临清市人民检察院检察长	杨　青（女）	安丘市人民检察院检察长	于建立
阳谷县人民检察院检察长	蒋文利	昌邑市人民检察院检察长	张　杰
莘县人民检察院检察长	任国龙	高密市人民检察院检察长	隋国华
茌平县人民检察院检察长	隋　军	青州市人民检察院检察长	高文军
东阿县人民检察院检察长	孙吉祥	诸城市人民检察院检察长	王重国
冠县人民检察院检察长	高德鹏	寿光市人民检察院检察长	孙　炜
高唐县人民检察院检察长	贾金坤	临朐县人民检察院检察长	张素敏（女）
德州市人民检察院检察长	**李万堂**	昌乐县人民检察院检察长	郑爱之
德城区人民检察院检察长	周方宝	城郊地区人民检察院检察长	周金明
乐陵市人民检察院检察长	尹国岭	潍坊高新技术产业开发区人民检察院	
禹城市人民检察院检察长	任少伟	检察长	刘利宁
陵城区人民检察院（新设）检察长	姜山彤	**烟台市人民检察院检察长**	**段连才**
平原县人民检察院检察长	冯爱民	莱山区人民检察院检察长	王宏伟
夏津县人民检察院检察长	郭建龙	芝罘区人民检察院检察长	王莫中

福山区人民检察院检察长	陈 勇	沂南县人民检察院检察长	臧得勇
牟平区人民检察院检察长	郑昌河	平邑县人民检察院检察长	曹卫军
栖霞市人民检察院检察长	周玉琨（女）	费县人民检察院检察长	尹德新
海阳市人民检察院检察长	王永远	蒙阴县人民检察院检察长	高文韶
龙口市人民检察院检察长	毕红光	莒南县人民检察院检察长	李政国
莱阳市人民检察院检察长	李富宁	临沭县人民检察院检察长	汲广虎
莱州市人民检察院检察长	徐志涛	临沂高新技术产业开发区人民检察院	
蓬莱市人民检察院检察长	欧大力	检察长	张西军
招远市人民检察院检察长	王嘉林	临沂经济技术开发区人民检察院检察长	张玉新
长岛县人民检察院检察长	林兰剑	**枣庄市人民检察院检察长**	**刘继祥**
烟台经济技术开发区人民检察院检察长	李世国	薛城区人民检察院检察长	彭云龙
威海市人民检察院检察长	**马英川**	市中区人民检察院检察长	张志强
环翠区人民检察院检察长	孟 莲（女）	峄城区人民检察院检察长	李伟泉
荣成市人民检察院检察长	刘海波	台儿庄区人民检察院检察长	范奉一
乳山市人民检察院检察长	毕新状	山亭区人民检察院检察长	高 峰
文登区人民检察院（新设）检察长	芮海波	滕州市人民检察院检察长	陈 东
威海火炬高技术产业开发区人民检察院		**济宁市人民检察院检察长**	**林树果**
检察长	王 健	任城区人民检察院（新设）检察长	王聿连
威海经济技术开发区人民检察院检察长	耿建忠	曲阜市人民检察院检察长	张治国
青岛市人民检察院检察长	**董以志**	兖州区人民检察院（新设）检察长	安如喜
市南区人民检察院检察长	程宏谟	邹城市人民检察院检察长	殷宪龙
市北区人民检察院检察长	杨 光	微山县人民检察院检察长	梁玉志（代）
黄岛区人民检察院检察长	门洪训	鱼台县人民检察院检察长	揭向东
崂山区人民检察院检察长	王同庆	金乡县人民检察院检察长	孙长雨
城阳区人民检察院检察长	高 林	嘉祥县人民检察院检察长	廉 彪
李沧区人民检察院检察长	张春宜	汶上县人民检察院检察长	刘宏武
胶州市人民检察院检察长	毛永强	泗水县人民检察院检察长	王 岗
即墨市人民检察院检察长	翟慧格	梁山县人民检察院检察长	臧卫华
平度市人民检察院检察长	张钦利	城郊地区人民检察院检察长	张 斌
莱西市人民检察院检察长	孙 健	济宁高新技术产业开发区人民检察院	
日照市人民检察院检察长	**巩盛昌**	检察长	刘汉瑞
东港区人民检察院检察长	陈向东	**泰安市人民检察院检察长**	**胡宗智**
岚山区人民检察院检察长	高月清	泰山区人民检察院检察长	王增爱
莒县人民检察院检察长	王 伟	岱岳区人民检察院检察长	姚红秋（女）
五莲县人民检察院检察长	武传忠	新泰市人民检察院检察长	卜静波（女）
日照经济技术开发区人民检察院检察长	张开芳	肥城市人民检察院检察长	杨希沧
临沂市人民检察院检察长	**鲍 峰**	宁阳县人民检察院检察长	尚晓兵
兰山区人民检察院检察长	苏 波	东平县人民检察院检察长	张 亮
罗庄区人民检察院检察长	李 平	泰安高新技术产业开发区人民检察院	
河东区人民检察院检察长	苏 波	检察长	张宏伟
郯城县人民检察院检察长	张宗涛	**莱芜市人民检察院检察长**	**王桂春**
兰陵县人民检察院检察长	王纪起	莱城区人民检察院检察长	焦念强
沂水县人民检察院检察长	朱广胜	钢城区人民检察院检察长	亓 民

滨州市人民检察院检察长	邵汝卿	新密市人民检察院检察长	张　东
滨城区人民检察院检察长	王俊民	荥阳市人民检察院检察长	李国强
惠民县人民检察院检察长	程志民	新郑市人民检察院检察长	李广建
阳信县人民检察院检察长	张炳琪	中牟县人民检察院检察长	张捍卫
无棣县人民检察院检察长	生寿禄	郑州高新技术产业开发区人民检察院	
沾化区人民检察院（新设）检察长	黄鲁滨	检察长	王　伟
博兴县人民检察院检察长	陈学敏	**开封市人民检察院检察长**	**杨中立**
邹平县人民检察院检察长	韩呈祥	兰考县人民检察院检察长	张　震
滨州经济开发区人民检察院检察长	刘源吉	祥符区人民检察院检察长	杨保全
菏泽市人民检察院检察长	**朱庆安**	杞县人民检察院检察长	肖亚群
牡丹区人民检察院检察长	张敬艳	通许县人民检察院检察长	宗永恒
曹县人民检察院检察长	刘绍军	尉氏县人民检察院检察长	刘金威
定陶县人民检察院检察长	袁建东	金明区人民检察院检察长	王　剑
成武县人民检察院检察长	吴三军	鼓楼区人民检察院检察长	冯建国
单县人民检察院检察长	聂学敏	龙亭区人民检察院检察长	张红战
巨野县人民检察院检察长	周文伟	顺河回族区人民检察院检察长	石超亭
郓城县人民检察院检察长	逯其彦	禹王台区人民检察院检察长	唐　勇
鄄城县人民检察院检察长	赵　东	**洛阳市人民检察院检察长**	**刘新年**
东明县人民检察院检察长	张光辉	偃师市人民检察院检察长	蔡金良
菏泽经济开发区人民检察院检察长	张新德	孟津县人民检察院检察长	万宏伟
山东省人民检察院济南铁路运输分院		新安县人民检察院检察长	马颖弟
检察长	**刘日平**	伊川县人民检察院检察长	郭现营
济南铁路运输检察院检察长	李金刚	宜阳县人民检察院检察长	任印强
青岛铁路运输检察院检察长	徐荣初	汝阳县人民检察院检察长	王振中
		洛宁县人民检察院检察长	陈红伟
		栾川县人民检察院检察长	吕瑞君

河南省

		嵩县人民检察院检察长	杨建刚
河南省人民检察院检察长	**蔡　宁**	涧西区人民检察院检察长	谢晓阳
河南省人民检察院副检察长	**张国臣**	西工区人民检察院检察长	张金海
	贺恒扬	老城区人民检察院检察长	宋　涛
	周新萍（女）	瀍河回族区人民检察院检察长	姜卫国
	李自民	洛龙区人民检察院检察长	宋胜杰
	田效录	吉利区人民检察院检察长	袁晓峰（女）
	王广军	洛阳高新技术产业开发区人民检察院	
郑州市人民检察院检察长	**刘建国**	检察长	李学华
中原区人民检察院检察长	王　青（女）	**平顶山市人民检察院检察长**	**刘海奎**
二七区人民检察院检察长	丁铁梅（女）	汝州市人民检察院检察长	刘新义
金水区人民检察院检察长	梁　平	舞钢市人民检察院检察长	马国兴
管城回族区人民检察院检察长	王耀世	宝丰县人民检察院检察长	王建军
惠济区人民检察院检察长	贾　佳（女）	郏县人民检察院检察长	孙军伟
上街区人民检察院检察长	汪新亚	鲁山县人民检察院检察长	渠清师
巩义市人民检察院检察长	陈宏钧	叶县人民检察院检察长	李振刚
登封市人民检察院检察长	刘文胜	新华区人民检察院检察长	乔义恩

卫东区人民检察院检察长	马东光	**濮阳市人民检察院检察长**	**石朗贵**
湛河区人民检察院检察长	常 辉	濮阳县人民检察院检察长	韩德岗
石龙区人民检察院检察长	武文斌	清丰县人民检察院检察长	裴大伟
安阳市人民检察院检察长	**常凤琳(女)**	南乐县人民检察院检察长	周韶迅
林州市人民检察院检察长	李树旗	范县人民检察院检察长	马传禹
安阳县人民检察院检察长	韩火清	台前县人民检察院检察长	赵子红
滑县人民检察院检察长	郝东生	华龙区人民检察院检察长	乔永成
内黄县人民检察院检察长	田万祥	**许昌市人民检察院检察长**	**张湘衡**
汤阴县人民检察院检察长	路畅勇	禹州市人民检察院检察长	任国强
文峰区人民检察院检察长	付建恩	长葛市人民检察院检察长	马光禹
北关区人民检察院检察长	徐财启	许昌县人民检察院检察长	李书勤(女)
殷都区人民检察院检察长	王劲晓	鄢陵县人民检察院检察长	殷志力
龙安区人民检察院检察长	王 飞	襄城县人民检察院检察长	侯华生
鹤壁市人民检察院检察长	**朱东培**	魏都区人民检察院检察长	王 柯
浚县人民检察院检察长	冯天平	**漯河市人民检察院检察长**	**赵顺宗**
淇县人民检察院检察长	王朝晖	临颍县人民检察院检察长	王春华(女)
淇滨区人民检察院检察长	张 军	舞阳县人民检察院检察长	燕 红(女)
山城区人民检察院检察长	张新江	郾城区人民检察院检察长	翟金林
鹤山区人民检察院检察长	王丽红(女)	源汇区人民检察院检察长	孙留喜
新乡市人民检察院检察长	**许晓伟**	召陵区人民检察院检察长	郁孟喜
卫辉市人民检察院检察长	王 刚	**三门峡市人民检察院检察长**	**邱 恺**
辉县市人民检察院检察长	赵 莉(女)	湖滨区人民检察院检察长	赵 荣
新乡县人民检察院检察长	蔡 利	义马市人民检察院检察长	李文翔
获嘉县人民检察院检察长	范江涛	渑池县人民检察院检察长	袁 博
原阳县人民检察院检察长	范卫彬	陕县人民检察院检察长	郭振涛(代)
延津县人民检察院检察长	安新生	灵宝市人民检察院检察长	蒋小平
封丘县人民检察院检察长	贾敏谦	卢氏县人民检察院检察长	唐景刚(代)
长垣县人民检察院检察长	唐建伟	**南阳市人民检察院检察长**	**薛长义**
红旗区人民检察院检察长	刘 鹰	宛城区人民检察院检察长	冯景合
卫滨区人民检察院检察长	卢玉峰	卧龙区人民检察院检察长	赵新强
牧野区人民检察院检察长	任常明	镇平县人民检察院检察长	曹建煜
凤泉区人民检察院检察长	董 颖(女)	内乡县人民检察院检察长	黄玉林
焦作市人民检察院检察长	**朱亚滨**	西峡县人民检察院检察长	梁志敏
沁阳市人民检察院检察长	聂全武	淅川县人民检察院检察长	高宛梅(女)
孟州市人民检察院检察长	李振华	邓州市人民检察院检察长	齐 杰
温县人民检察院检察长	漆泽民	新野县人民检察院检察长	杨柯一
博爱县人民检察院检察长	郑新年	唐河县人民检察院检察长	闫兴中
武陟县人民检察院检察长	张春峰	桐柏县人民检察院检察长	曾 军
修武县人民检察院检察长	刘 青	社旗县人民检察院检察长	张继国
解放区人民检察院检察长	郭跃进	方城县人民检察院检察长	李相峰
山阳区人民检察院检察长	林贵保	南召县人民检察院检察长	孙保平
中站区人民检察院检察长	刘卫星	**商丘市人民检察院检察长**	**曹忠良**
马村区人民检察院检察长	苗东升	梁园区人民检察院检察长	徐爱国

睢阳区人民检察院检察长	武　瑛(女)	河南省人民检察院郑州铁路运输分院	
永城市人民检察院检察长	路　鸣	检察长	刘玉生
夏邑县人民检察院检察长	马南桦	郑州铁路运输检察院检察长	杜永召
虞城县人民检察院检察长	廉金英	洛阳铁路运输检察院检察长	张保松
柘城县人民检察院检察长	宋新法		
宁陵县人民检察院检察长	赵维冠	**湖北省**	
睢县人民检察院检察长	林光第		
民权县人民检察院检察长	薛德峰	湖北省人民检察院检察长	敬大力
信阳市人民检察院检察长	**郭国谦(代)**	湖北省人民检察院副检察长	张正新
浉河区人民检察院检察长	熊建中		王铁民
平桥区人民检察院检察长	梁高峰		郑　青(女)
罗山县人民检察院检察长	涂卫东		许发民
潢川县人民检察院检察长	王才远		龚举文
固始县人民检察院检察长	聂家君		王永金
息县人民检察院检察长	吕　钺	**武汉市人民检察院检察长**	**孙应征**
淮滨县人民检察院检察长	陈晓东	江岸区人民检察院检察长	黄定海
光山县人民检察院检察长	付大银	江汉区人民检察院检察长	王海滨
商城县人民检察院检察长	杨恩华	硚口区人民检察院检察长	江巧云(女)
新县人民检察院检察长	陈　军	汉阳区人民检察院检察长	陈重喜
周口市人民检察院检察长	**禹星轸**	武昌区人民检察院检察长	胡　捷
川汇区人民检察院检察长	郭　煜	青山区人民检察院检察长	吴家峰
项城市人民检察院检察长	李　磊	洪山区人民检察院检察长	张继生
鹿邑县人民检察院检察长	韩晓相	东西湖区人民检察院检察长	胡　俊
郸城县人民检察院检察长	朱自军	汉南区人民检察院检察长	(空缺)
沈丘县人民检察院检察长	周　威	蔡甸区人民检察院检察长	李智雄
太康县人民检察院检察长	李世龙	江夏区人民检察院检察长	付斌(新任)
淮阳县人民检察院检察长	严新爱(女)	黄陂区人民检察院检察长	王建中
商水县人民检察院检察长	顾　涛	新洲区人民检察院检察长	宋建伟
西华县人民检察院检察长	郑清朝	经济技术开发区人民检察院检察长	常家爽
扶沟县人民检察院检察长	鲁建军	东湖新技术开发区人民检察院检察长	查日平
驻马店市人民检察院检察长	**李庆照**	城郊地区人民检察院检察长	张振国
驿城区人民检察院检察长	聂旭光	**十堰市人民检察院检察长**	**白章龙**
遂平县人民检察院检察长	戴海建	张湾区人民检察院检察长	徐宜斌
西平县人民检察院检察长	余卫东	茅箭区人民检察院检察长	赵晓军
上蔡县人民检察院检察长	孟卫民	郧县人民检察院检察长	蔡健(代)
汝南县人民检察院检察长	田冬松	郧西县人民检察院检察长	杨砚华
平舆县人民检察院检察长	魏道军	竹山县人民检察院检察长	黄德胜
新蔡县人民检察院检察长	闫　宝	竹溪县人民检察院检察长	何昌波
正阳县人民检察院检察长	刘　冰(女)	房县人民检察院检察长	郑　轩
确山县人民检察院检察长	侯亚军	丹江口市人民检察院检察长	万华庭
泌阳县人民检察院检察长	黎梅香(女)	**襄阳市人民检察院检察长**	**常本勇**
河南省人民检察院济源分院检察长	**王宫武**	襄城区人民检察院检察长	邹进康
济源市人民检察院检察长	朱孟侠	樊城区人民检察院检察长	柳振华

襄州区人民检察院检察长	叶先国	西塞山区人民检察院检察长	王 晶
老河口市人民检察院检察长	王天稚	铁山区人民检察院检察长	瞿义强
枣阳市人民检察院检察长	徐 东	大冶市人民检察院检察长	王红英（女）
宜城市人民检察院检察长	胡芝春	阳新县人民检察院检察长	潘柳荫
南漳县人民检察院检察长	毛 伟	**咸宁市人民检察院检察长**	**罗继洲**
谷城县人民检察院检察长	张欲晓	咸安区人民检察院检察长	蒋志强
保康县人民检察院检察长	马力（女）	赤壁市人民检察院检察长	王义军
襄阳市高新技术产业开发区人民检察院		嘉鱼县人民检察院检察长	陈德东（代）
检察长	肖 劲	通城县人民检察院检察长	刘军（女）
城郊地区人民检察院检察长	李乡生	崇阳县人民检察院检察长	孙 峥（代）
荆门市人民检察院检察长	**刘光圣**	通山县人民检察院检察长	汪 隽
东宝区人民检察院检察长	靳良志	**荆州市人民检察院检察长**	**汪存锋**
掇刀区人民检察院检察长	孔小波	沙市区人民检察院检察长	何山权（代）
钟祥市人民检察院检察长	刘天尧	荆州区人民检察院检察长	夏叶林
沙洋县人民检察院检察长	韩立金	石首市人民检察院检察长	朱 斌
京山县人民检察院检察长	肖 军	洪湖市人民检察院检察长	易贤准
沙洋地区人民检察院检察长	刘尚君	松滋市人民检察院检察长	刘新洲
孝感市人民检察院检察长	**韩先清**	江陵县人民检察院检察长	刘金梅（女,代）
孝南区人民检察院检察长	周 伦	公安县人民检察院检察长	李 涛（代）
应城市人民检察院检察长	黄先华	监利县人民检察院检察长	谢俊嵩
安陆市人民检察院检察长	夏 明	江北地区人民检察院检察长	薛 荣
汉川市人民检察院检察长	程世明	**宜昌市人民检察院检察长**	**孟 鸣（代）**
孝昌县人民检察院检察长	胡 军	西陵区人民检察院检察长	李永华
大悟县人民检察院检察长	田俊明	伍家岗区人民检察院检察长	秦长友
云梦县人民检察院检察长	龙华桥	点军区人民检察院检察长	汪文明
黄冈市人民检察院检察长	**冯新华**	猇亭区人民检察院检察长	陈 侃
黄州区人民检察院检察长	易孝猛	夷陵区人民检察院检察长	冯 毅
麻城市人民检察院检察长	彭正元	枝江市人民检察院检察长	杨玉超
武穴市人民检察院检察长	刘松青	宜都市人民检察院检察长	郑 斌
红安县人民检察院检察长	商 林	当阳市人民检察院检察长	陈杨林
罗田县人民检察院检察长	刘 敏	远安县人民检察院检察长	陈 莉
英山县人民检察院检察长	董 昌	兴山县人民检察院检察长	李 云
浠水县人民检察院检察长	喻艳如	秭归县人民检察院检察长	梁昌全
蕲春县人民检察院检察长	张 亚	长阳土家族自治县人民检察院检察长	彭颂东
黄梅县人民检察院检察长	肖 波	五峰土家族自治县人民检察院检察长	王会甫
团风县人民检察院检察长	石 玲（女）	葛洲坝区人民检察院检察长	（空缺）
鄂州市人民检察院检察长	**古 峰**	三峡坝区人民检察院检察长	李长红
鄂城区人民检察院检察长	汪元金	**随州市人民检察院检察长**	**洪领先**
梁子湖区人民检察院检察长	何池生	曾都区人民检察院检察长	周爱国
华容区人民检察院检察长	姚文忠	广水市人民检察院检察长	潘 旭
黄石市人民检察院检察长	**尹晔斌**	随县人民检察院检察长	徐德超
下陆区人民检察院检察长	邓中钢	**湖北省人民检察院汉江分院检察长**	**罗堂庆**
黄石港区人民检察院检察长	朱自启	仙桃市人民检察院检察长	邓今强（代）

天门市人民检察院检察长	李序军	**常德市人民检察院检察长**	**刘清生**
潜江市人民检察院检察长	周少宏	武陵区人民检察院检察长	柳立武
神农架林区人民检察院检察长	谭铁军(代)	鼎城区人民检察院检察长	雷光宇
恩施土家族苗族自治州人民检察院检察长	**吴忠良**	津市市人民检察院检察长	荣 明
恩施市人民检察院检察长	向朝敏	安乡县人民检察院检察长	李拥军
利川市人民检察院检察长	刘仕华	汉寿县人民检察院检察长	苏基云
建始县人民检察院检察长	田崇忠	澧县人民检察院检察长	卜兴炎
巴东县人民检察院检察长	向宏明	临澧县人民检察院检察长	谢正平
宣恩县人民检察院检察长	李美福	桃源县人民检察院检察长	张美权
咸丰县人民检察院检察长	詹晓红(女)	石门县人民检察院检察长	夏 阳
来凤县人民检察院检察长	肖功平	白洋堤地区人民检察院检察长	汪建保
鹤峰县人民检察院检察长	张 国	**益阳市人民检察院检察长**	**张 勇**
湖北省人民检察院武汉铁路运输分院		赫山区人民检察院检察长	曾炎辉
**　检察长**	**廖焱清**	资阳区人民检察院检察长	王 贤
武汉铁路运输检察院检察长	牛忠喜	沅江市人民检察院检察长	白 峰
襄樊铁路运输检察院检察长	倪勇毅	南县人民检察院检察长	肖新阶
		桃江县人民检察院检察长	王国余
		安化县人民检察院检察长	戴新安
		大通湖管理区人民检察院检察长	万红美
湖南省人民检察院检察长	**游劝荣**	**岳阳市人民检察院检察长**	**罗 青**
湖南省人民检察院副检察长	**卢乐云**	岳阳楼区人民检察院检察长	汤尧光
	常智余	君山区人民检察院检察长	何小山
	印仕柏	云溪区人民检察院检察长	李建军
	白贵泉	汨罗市人民检察院检察长	徐迪辉
	薛献斌	临湘市人民检察院检察长	刘群林
	朱国祥	岳阳县人民检察院检察长	段德平
	朱必达	华容县人民检察院检察长	杨 晖
长沙市人民检察院检察长	**陈绍纯**	湘阴县人民检察院检察长	赵承卓
岳麓区人民检察院检察长	盛 智	平江县人民检察院检察长	徐立泉
芙蓉区人民检察院检察长	凌 云	屈原管理区人民检察院检察长	吴健思
天心区人民检察院检察长	陈立民	荆剑地区人民检察院检察长	余国宏
开福区人民检察院检察长	谢 勇	**株洲市人民检察院检察长**	**胡 波**
雨花区人民检察院检察长	谭剑辉	天元区人民检察院检察长	刘新文
浏阳市人民检察院检察长	喻湘川	荷塘区人民检察院检察长	彭物明
长沙县人民检察院检察长	石 华	芦淞区人民检察院检察长	李云开
望城区人民检察院检察长	宋宽馀	石峰区人民检察院检察长	杨瑞斌
宁乡县人民检察院检察长	罗 斌	醴陵市人民检察院检察长	王友武
星城地区人民检察院检察长	李宗戈	株洲县人民检察院检察长	陈毅清
张家界市人民检察院检察长	**赵 荣**	攸县人民检察院检察长	冯雅文
永定区人民检察院检察长	郁大成	茶陵县人民检察院检察长	周育平
武陵源区人民检察院检察长	李 澧	炎陵县人民检察院检察长	刘永初
慈利县人民检察院检察长	高云峰	**湘潭市人民检察院检察长**	**潘爱民**
桑植县人民检察院检察长	许朝晖	岳塘区人民检察院检察长	周裕阳

湖南省

雨湖区人民检察院检察长	龚铮宏	**邵阳市人民检察院检察长**	**戴华峰**
湘乡市人民检察院检察长	刘德邦	大祥区人民检察院检察长	贺益清
韶山市人民检察院检察长	胡湘晖	双清区人民检察院检察长	张小林
湘潭县人民检察院检察长	曹海平	北塔区人民检察院检察长	焦毕华(女)
衡阳市人民检察院检察长	**李 平**	武冈市人民检察院检察长	范赞科
蒸湘区人民检察院检察长	罗名志	邵东县人民检察院检察长	张世杰
雁峰区人民检察院检察长	刘中柱	邵阳县人民检察院检察长	吴青山
珠晖区人民检察院检察长	唐 晨	新邵县人民检察院检察长	刘南霞(女)
石鼓区人民检察院检察长	贺晓斌	隆回县人民检察院检察长	唐志军
南岳区人民检察院检察长	王一平	洞口县人民检察院检察长	宋志刚
常宁市人民检察院检察长	宋顺武	绥宁县人民检察院检察长	唐智友
耒阳市人民检察院检察长	左才轩	新宁县人民检察院检察长	伍顺亮
衡阳县人民检察院检察长	杨晓春	城步苗族自治县人民检察院检察长	戴哲建
衡南县人民检察院检察长	陈文新	**怀化市人民检察院检察长**	**熊文辉**
衡山县人民检察院检察长	聂志文	鹤城区人民检察院检察长	张立波
衡东县人民检察院检察长	宾锡湘	洪江市人民检察院检察长	毛 晖
祁东县人民检察院检察长	张兴德	沅陵县人民检察院检察长	江 超
上堡地区人民检察院检察长	董谢云	辰溪县人民检察院检察长	张中敏(代)
华新地区人民检察院检察长	黄龙庆	溆浦县人民检察院检察长	李德林
郴州市人民检察院检察长	**王勋爵**	中方县人民检察院检察长	田昌喜
北湖区人民检察院检察长	徐湘龙	会同县人民检察院检察长	滕久彪(代)
苏仙区人民检察院检察长	傅晓斌(女)	麻阳苗族自治县人民检察院检察长	刘 岗
资兴市人民检察院检察长	李 可	新晃侗族自治县人民检察院检察长	黄 翔
桂阳县人民检察院检察长	汪德华	芷江侗族自治县人民检察院检察长	米双文
永兴县人民检察院检察长	罗志卫	靖州苗族侗族自治县人民检察院检察长	陈志国
宜章县人民检察院检察长	唐小琳	通道侗族自治县人民检察院检察长	彭海波
嘉禾县人民检察院检察长	胡永庆	怀化市洪江人民检察院检察长	田安定
临武县人民检察院检察长	王郴林	**娄底市人民检察院检察长**	**刘孙承**
汝城县人民检察院检察长	李福江	娄星区人民检察院检察长	王理丽(女)
桂东县人民检察院检察长	周 杰	冷水江市人民检察院检察长	陈 志
安仁县人民检察院检察长	林贵平	涟源市人民检察院检察长	胡志泽
永州市人民检察院检察长	**文兆平**	双峰县人民检察院检察长	刘 辉(女)
冷水滩区人民检察院检察长	朱跃陆	新化县人民检察院检察长	李加新
零陵区人民检察院检察长	冯湘琳(女)	**湘西土家族苗族自治州人民检察院检察长**	**肖建雄**
东安县人民检察院检察长	刘繁荣	吉首市人民检察院检察长	李卫国
道县人民检察院检察长	蒋江陵	泸溪县人民检察院检察长	杨庆华
宁远县人民检察院检察长	蒋大文	凤凰县人民检察院检察长	王 岸
江永县人民检察院检察长	周 辉	花垣县人民检察院检察长	高从军
蓝山县人民检察院检察长	吕新陵	保靖县人民检察院检察长	印道波
新田县人民检察院检察长	蒋长春	古丈县人民检察院检察长	麻宗福
双牌县人民检察院检察长	杨建国	永顺县人民检察院检察长	张应国
祁阳县人民检察院检察长	唐筱勇	龙山县人民检察院检察长	张清明
江华瑶族自治县人民检察院检察长	胡华清	长沙铁路运输检察院检察长	申彦斐

衡阳铁路运输检察院检察长	兰建平	潮阳区人民检察院检察长	陈辉光
怀化铁路运输检察院检察长	刘兴无	潮南区人民检察院检察长	黄灿辉
		南澳县人民检察院检察长	李 珩
广东省		**佛山市人民检察院检察长**	**金 波**
		高明区人民检察院检察长	郭俊峰
广东省人民检察院检察长	郑 红	三水区人民检察院检察长	梁俭明
广东省人民检察院副检察长	陈 武	禅城区人民检察院检察长	张浩辉
	欧名宇	顺德区人民检察院检察长	杨 炯
	梁德标	南海区人民检察院检察长	陈国生
	王雁林	**韶关市人民检察院代检察长**	**曾伊山**
	黄 武	曲江区人民检察院检察长	邵 林
	许达雄	浈江区人民检察院检察长	栾怀持
	李小东	武江区人民检察院检察长	李亚军（女）
广州市人民检察院检察长	**王福成**	乐昌市人民检察院检察长	刘 坚
越秀区人民检察院检察长	王雄飞	南雄市人民检察院检察长	赖正志
海珠区人民检察院检察长	蔡世葵	仁化县人民检察院检察长	肖建红
荔湾区人民检察院检察长	胡 笛	始兴县人民检察院检察长	陈伟东
天河区人民检察院检察长	刘志民	乳源瑶族自治县人民检察院检察长	袁瑞刚
白云区人民检察院检察长	黎伟文	翁源县人民检察院检察长	许细桥
黄埔区人民检察院检察长	赵 剑	新丰县人民检察院检察长	梁云峰
花都区人民检察院检察长	江伟松	黄岗地区人民检察院检察长	黎 润
番禺区人民检察院检察长	暨中党	乐昌中山地区人民检察院检察长	陈奕荣
南沙区人民检察院检察长	张中剑	**河源市人民检察院检察长**	**李粤贵**
萝岗区人民检察院检察长	范 虹（女）	源城区人民检察院检察长	李小明
从化市人民检察院检察长	蒋 晋	东源县人民检察院检察长	骆德忠
增城市人民检察院检察长	谭可为	紫金县人民检察院检察长	廖志越
深圳市人民检察院检察长	**白新潮**	龙川县人民检察院检察长	吴志雄
福田区人民检察院检察长	孙爱军	连平县人民检察院检察长	张佩玲（女）
罗湖区人民检察院检察长	张宏城	和平县人民检察院检察长	曾少平
南山区人民检察院检察长	胡 捷（女）	**梅州市人民检察院检察长**	**许伟谋**
盐田区人民检察院检察长	徐 猛	梅江区人民检察院检察长	钟兴周
宝安区人民检察院检察长	宋继江	梅县区人民检察院检察长	钟 坚
龙岗区人民检察院检察长	叶 鹏	兴宁市人民检察院检察长	张炎华
珠海市人民检察院检察长	**关英彦**	平远县人民检察院检察长	周福香
香洲区人民检察院检察长	李红平	蕉岭县人民检察院检察长	蓝 海
金湾区人民检察院检察长	周利人	大埔县人民检察院检察长	梁振悦
斗门区人民检察院检察长	叶祖怀	丰顺县人民检察院检察长	张映文
横琴新区人民检察院检察长	向少良	五华县人民检察院检察长	黄明仰
汕头市人民检察院检察长	**赖德贵**	**惠州市人民检察院检察长**	**陈华贵**
金平区人民检察院检察长	杨汉金	惠城区人民检察院检察长	庄豪源
龙湖区人民检察院检察长	吴胜球	惠阳区人民检察院检察长	刘小军
澄海区人民检察院检察长	曾 涛	大亚湾经济技术开发区人民检察院检察长	曾伟标
濠江区人民检察院检察长	陈武松	惠东县人民检察院检察长	叶海松

博罗县人民检察院检察长	袁卫国	电白区人民检察院检察长	刘 戈
龙门县人民检察院检察长	黄顺恒	**肇庆市人民检察院检察长**	**张平坦**
汕尾市人民检察院检察长	**张占忠**	端州区人民检察院检察长	何文强
陆丰市人民检察院检察长	蔡在扬	鼎湖区人民检察院检察长	陈保民
海丰县人民检察院检察长	黄友瑜	高要市人民检察院检察长	黎更生
陆河县人民检察院检察长	陈汉明	四会市人民检察院检察长	苏 斌
汕尾市城区人民检察院检察长	陈嘉涛	广宁县人民检察院检察长	杨新华
东莞市人民检察院代检察长	**来向东**	德庆县人民检察院检察长	梁永新
第一市区人民检察院检察长	刘满光	怀集县人民检察院检察长	胡韶深
第二市区人民检察院检察长	李 勇	封开县人民检察院检察长	肖建华
第三市区人民检察院检察长	吴淦森	**云浮市人民检察院检察长**	**江理达**
中山市人民检察院检察长	**叶祥考**	云城区人民检察院检察长	方淑明(女)
第一市区人民检察院检察长	彭郑坡	罗定市人民检察院检察长	黄卫东
第二市区人民检察院检察长	潘雪亮	新兴县人民检察院检察长	李炳生
江门市人民检察院检察长	**向 斌**	郁南县人民检察院检察长	巫永均
蓬江区人民检察院检察长	陈智勇	云安县人民检察院检察长	梁锦裘(女)
江海区人民检察院检察长	李权威	**清远市人民检察院检察长**	**刘祥福**
新会区人民检察院检察长	卢树图	清城区人民检察院检察长	王运成
台山市人民检察院检察长	刘冬根	清新区人民检察院检察长	李灶阳
开平市人民检察院检察长	徐宏康	英德市人民检察院检察长	郑灿光
鹤山市人民检察院检察长	陈锡章	连州市人民检察院检察长	阮 阳
恩平市人民检察院检察长	黄 文	佛冈县人民检察院检察长	卢跃科
阳江市人民检察院检察长	**洪结发**	连山壮族瑶族自治县人民检察院检察长	范志良
阳春市人民检察院检察长	邓康成	连南瑶族自治县人民检察院检察长	林耀京
江城区人民检察院检察长	陈建光	阳山县人民检察院检察长	曾德波
阳东县人民检察院检察长	刘昌念	**潮州市人民检察院检察长**	**陈伊拉(代)**
阳西县人民检察院检察长	李希派	潮安区人民检察院检察长	余键平
湛江市人民检察院检察长	**黄黎明**	饶平县人民检察院检察长	庄沛钊
湛江市经济技术开发区人民检察院检察长	揭琦龙	湘桥区人民检察院检察长	许业彬
赤坎区人民检察院检察长	彭文基	**揭阳市人民检察院检察长**	**张思忠**
霞山区人民检察院检察长	李建明	榕城区人民检察院检察长	陈建雄
麻章区人民检察院检察长	陈 蕾(女)	揭东区人民检察院检察长	林楚峰
坡头区人民检察院检察长	李 伟	普宁市人民检察院检察长	朱喜荣
廉江市人民检察院检察长	刘真才	揭西县人民检察院检察长	魏伟填
雷州市人民检察院检察长	李观贤	惠来县人民检察院检察长	吴树华
吴川市人民检察院检察长	李 军	**广东省人民检察院广州铁路运输分院检察长**	
徐闻县人民检察院检察长	陈德斌		**王雁林**
遂溪县人民检察院检察长	梁 广	广州铁路运输人民检察院检察长	罗 强
茂名市人民检察院检察长	**张毅敏**	肇庆铁路运输人民检察院检察长	林定明
茂南区人民检察院检察长	黄兵国		
信宜市人民检察院检察长	吴晨虹		
高州市人民检察院检察长	吴帝铠		
化州市人民检察院检察长	郑硕成		

广西壮族自治区

广西壮族自治区人民检察院检察长	崔智友

广西壮族自治区人民检察院副检察长	蒙永山	柳江县人民检察院检察长	梁 钰
	刘继胜	柳城县人民检察院检察长	梁 韬
	卫福喜	鹿寨县人民检察院检察长	吴永辉
	孟耀军	融安县人民检察院检察长	陈雄彪
	罗绍华	三江侗族自治县人民检察院检察长	周智华
南宁市人民检察院检察长	**黄建波**	融水苗族自治县人民检察院检察长	文代钊
青秀区人民检察院检察长	郭 魏	露塘地区人民检察院检察长	陈德忠
兴宁区人民检察院检察长	王运华	鹿寨地区人民检察院检察长	赵文斌
江南区人民检察院检察长	林 中	**梧州市人民检察院检察长**	**潘婧奎（女）**
西乡塘区人民检察院检察长	黄朝科	长洲区人民检察院检察长	杨柳青（女）
良庆区人民检察院检察长	曾祥桐	万秀区人民检察院检察长	蓝兴瑞
邕宁区人民检察院检察长	玉明建	龙圩区人民检察院检察长	梁 琪（女）
武鸣县人民检察院检察长	温守东	岑溪市人民检察院检察长	金兆军
横县人民检察院检察长	王少华	苍梧县人民检察院检察长	周 军
宾阳县人民检察院检察长	黎民诚	藤县人民检察院检察长	覃祖瑜
上林县人民检察院检察长	姜学庆	蒙山县人民检察院检察长	李海清
隆安县人民检察院检察长	马 闯	**贵港市人民检察院检察长**	**叶建辉（代）**
马山县人民检察院检察长	李 栋	港北区人民检察院检察长	陆石秋
茅桥地区人民检察院检察长	白 勇	港南区人民检察院检察长	周开俊
桂林市人民检察院检察长	**林鼎立**	覃塘区人民检察院检察长	黄荣煜
象山区人民检察院检察长	李劲松	桂平市人民检察院检察长	卢海德
叠彩区人民检察院检察长	胡川平	平南县人民检察院检察长	黄戈文
秀峰区人民检察院检察长	陶建立	**玉林市人民检察院检察长**	**杨天寿**
七星区人民检察院检察长	韦新华	玉州区人民检察院检察长	覃广雄
雁山区人民检察院检察长	邓锦波	北流市人民检察院检察长	覃小滨
阳朔县人民检察院检察长	廖国忠	兴业县人民检察院检察长	刘翼飞
临桂县人民检察院检察长	彭武林	容县人民检察院检察长	李海旋
灵川县人民检察院检察长	曾秀维（女）	陆川县人民检察院检察长	许 安
全州县人民检察院检察长	王唐飞	博白县人民检察院检察长	黄忠华
兴安县人民检察院检察长	唐陆林	福绵区人民检察院检察长	冯国亮
永福县人民检察院检察长	阳莉琳（女）	**钦州市人民检察院检察长**	**周信权**
灌阳县人民检察院检察长	秦奕明	钦南区人民检察院检察长	罗 乐
资源县人民检察院检察长	余学龙	钦北区人民检察院检察长	黄 戊
平乐县人民检察院检察长	唐善智	灵山县人民检察院检察长	李 娟（女）
荔浦县人民检察院检察长	陈世志	浦北县人民检察院检察长	颜家强
龙胜各族自治县人民检察院检察长	王兴林	**北海市人民检察院检察长**	**王大春**
恭城瑶族自治县人民检察院检察长	陈 路	海城区人民检察院检察长	邓毅昌
城郊地区人民检察院检察长	徐铭周	银海区人民检察院检察长	杨伟才
柳州市人民检察院检察长	**李桂华（代）**	铁山港区人民检察院检察长	李河长
柳北区人民检察院检察长	吴 虹	合浦县人民检察院检察长	许 齐
城中区人民检察院检察长	陈 燎	**防城港市人民检察院检察长**	**农中校（代）**
鱼峰区人民检察院检察长	彭 志	港口区人民检察院检察长	王小清
柳南区人民检察院检察长	廖兰辉	防城区人民检察院检察长	黄建森

东兴市人民检察院检察长	林京仪	八步区人民检察院检察长	周 玲(女)
上思县人民检察院检察长	傅启杰	昭平县人民检察院检察长	谢 睿
崇左市人民检察院检察长	**黄继平**	钟山县人民检察院检察长	陈贤清
江州区人民检察院检察长	周永贤	富川瑶族自治县人民检察院检察长	严胜初
凭祥市人民检察院检察长	凌少锋	**广西壮族自治区人民检察院南宁铁路**	
扶绥县人民检察院检察长	李惠东	**运输分院检察长**	**阳寿嵩**
大新县人民检察院检察长	叶永亮	柳州铁路运输检察院检察长	韦九报
天等县人民检察院检察长	钟德康	南宁铁路运输检察院检察长	杨怀民
宁明县人民检察院检察长	冯荣飞		
龙州县人民检察院检察长	吴培光	**海南省**	
百色市人民检察院检察长	**文秋德**		
右江区人民检察院检察长	何耀林	海南省人民检察院检察长	贾志鸿
田阳县人民检察院检察长	赵杏珍(女)	海南省人民检察院副检察长	彭忠学
田东县人民检察院检察长	许 剑		陈马林
平果县人民检察院检察长	覃晓林		吴 彦
德保县人民检察院检察长	凌 俐(女)	**海南省人民检察院第一分院检察长**	**高海燕(女)**
靖西县人民检察院检察长	李 岩	**海南省人民检察院第二分院检察长**	**李思阳**
那坡县人民检察院检察长	方 铭	**海口市人民检察院检察长**	**苟守吉**
凌云县人民检察院检察长	黄客霖	美兰区人民检察院检察长	郭慧丽(女)
乐业县人民检察院检察长	申书敏	龙华区人民检察院检察长	林 静(女)
西林县人民检察院检察长	钟日山	秀英区人民检察院检察长	张 晖
田林县人民检察院检察长	黄朝忠	琼山区人民检察院检察长	邓兴国
隆林各族自治县人民检察院检察长	黎锦云	**三亚市人民检察院检察长**	**鲍 剑**
河池市人民检察院检察长	**舒金生**	三亚市城郊人民检察院检察长	刘海燕
金城江区人民检察院检察长	王积然	**三沙市人民检察院检察长**	**陈亚春**
宜州市人民检察院检察长	何绍崇	三沙市三沙群岛人民检察院检察长	冯伯仁
南丹县人民检察院检察长	陈清杨	儋州市人民检察院检察长	陈 旭
天峨县人民检察院检察长	莫东方	海南洋浦经济开发区人民检察院	
凤山县人民检察院检察长	周柳松	检察长	池晓娟(女)
东兰县人民检察院检察长	陆汉刚	琼海市人民检察院检察长	赵喜和
巴马瑶族自治县人民检察院检察长	王列成	文昌市人民检察院检察长	方建华
都安瑶族自治县人民检察院检察长	卢 锋	万宁市人民检察院检察长	范建绥
大化瑶族自治县人民检察院检察长	黄天强	东方市人民检察院检察长	徐金明
罗城仫佬族自治县人民检察院检察长	马晓晨	五指山市人民检察院检察长	孙 流(代)
环江毛南族自治县人民检察院检察长	麦 雁(女)	定安县人民检察院检察长	唐名兴
来宾市人民检察院检察长	**王 荐**	屯昌县人民检察院检察长	罗凡兴
兴宾区人民检察院检察长	王 斌	澄迈县人民检察院检察长	褚以海
合山市人民检察院检察长	黄干胜	临高县人民检察院检察长	吴聿名
象州县人民检察院检察长	黎拥军	昌江黎族自治县人民检察院检察长	黄 杨
武宣县人民检察院检察长	(缺)	乐东黎族自治县人民检察院检察长	杨 翔
忻城县人民检察院检察长	韦玉祥	白沙黎族自治县人民检察院检察长	王 巍
金秀瑶族自治县人民检察院检察长	曾家秀	琼中黎族苗族自治县人民检察院检察长	曾广津
贺州市人民检察院检察长	**杨远波(代)**	保亭黎族苗族自治县人民检察院检察长	许 俊

陵水黎族自治县人民检察院检察长　　佟莉莉（女）

重庆市

重庆市人民检察院检察长	余　敏（女）
重庆市人民检察院副检察长	王定顺
	陈胜才
	李钺锋
	梁　田
重庆市人民检察院第一分院检察长	于天敏
重庆市人民检察院第二分院检察长	杨洪梅（女）
重庆市人民检察院第三分院检察长	冉孟辉
重庆市人民检察院第四分院检察长	葛森林
重庆市人民检察院第五分院检察长	戴仕倬
重庆铁路运输检察院检察长	李玉林
渝中区人民检察院检察长	夏　阳
大渡口区人民检察院检察长	李荣辰
江北区人民检察院检察长	张　恺
沙坪坝区人民检察院检察长	陈　宏
九龙坡区人民检察院检察长	赵　凡
南岸区人民检察院检察长	高松林
北碚区人民检察院检察长	戴　萍（女）
渝北区人民检察院检察长	钟　勇
巴南区人民检察院检察长	张德江
万州区人民检察院检察长	杨春畅
涪陵区人民检察院检察长	李大槐
黔江区人民检察院检察长	田远未
长寿区人民检察院检察长	梁经顺
江津区人民检察院检察长	蒋文军（女）
合川区人民检察院检察长	李家全
永川区人民检察院检察长	李建超
南川区人民检察院检察长	许创业
綦江区人民检察院检察长	邓正平
大足区人民检察院检察长	程　权
潼南县人民检察院检察长	刘　瑜
铜梁县人民检察院检察长	曾廷全
荣昌县人民检察院检察长	欧　彬
璧山县人民检察院检察长	孟卫红（女）
垫江县人民检察院检察长	李志军
武隆县人民检察院检察长	程晋意
丰都县人民检察院检察长	赵　磊
城口县人民检察院检察长	黄　斌
梁平县人民检察院检察长	王鸣隆

开县人民检察院检察长	陈　康
巫溪县人民检察院检察长	张　超
巫山县人民检察院检察长	刘　峰
奉节县人民检察院检察长	阳　彬
云阳县人民检察院检察长	王子毅
忠县人民检察院检察长	逯反修
石柱土家族自治县人民检察院检察长	储再仁
彭水苗族土家族自治县人民检察院检察长	陈天文
酉阳土家族苗族自治县人民检察院检察长	张　强
秀山土家族苗族自治县人民检察院检察长	杨　译

四川省

四川省人民检察院检察长	邓　川
四川省人民检察院副检察长	刘　勤
	夏黎阳
	郭　彦
	张晓勇
	朱晚林
	罗春梅
成都市人民检察院检察长	王　波
青羊区人民检察院检察长	敬　川
锦江区人民检察院检察长	伍　健
金牛区人民检察院检察长	连小可
武侯区人民检察院检察长	黄维智
成华区人民检察院检察长	陈建勇
龙泉驿区人民检察院检察长	姚广平
青白江区人民检察院检察长	何文全
新都区人民检察院检察长	潘　昆
温江区人民检察院检察长	向　波
都江堰市人民检察院检察长	钱小军
彭州市人民检察院检察长	胡立新
邛崃市人民检察院检察长	赵　峰
崇州市人民检察院检察长	龚亚明
金堂县人民检察院检察长	钟　磊
双流县人民检察院检察长	景逢均
郫县人民检察院检察长	赵桂英（女）
大邑县人民检察院检察长	邹军平
蒲江县人民检察院检察长	唐劲松
新津县人民检察院检察长	张鸿林
成都高新技术产业开发区人民检察院 检察长	宋　华（女）
自贡市人民检察院检察长	田　丰

自流井区人民检察院检察长	黄卫东	朝天区人民检察院检察长	李 红(女)
大安区人民检察院检察长	刘宏宇	旺苍县人民检察院检察长	邓海国
贡井区人民检察院检察长	胡晓明	青川县人民检察院检察长	肖 杰
沿滩区人民检察院检察长	张可畏	剑阁县人民检察院检察长	董升礼
荣县人民检察院检察长	齐 力	苍溪县人民检察院检察长	杨志宏
富顺县人民检察院检察长	(空缺)	荣山地区人民检察院检察长	解占泽
攀枝花市人民检察院检察长	**卢旭东**	**遂宁市人民检察院检察长**	**杨 辉**
东区人民检察院检察长	庄 严	船山区人民检察院检察长	胡邦勇
西区人民检察院检察长	张克难	安居区人民检察院检察长	何广川
仁和区人民检察院检察长	周树明	蓬溪县人民检察院检察长	王荣华
米易县人民检察院检察长	梁 兵	射洪县人民检察院检察长	刘红兵
盐边县人民检察院检察长	亢 锋	大英县人民检察院检察长	段 雄
泸州市人民检察院检察长	**封 安**	**内江市人民检察院检察长**	**钟长鸣**
江阳区人民检察院检察长	张 聪	市中区人民检察院检察长	裴运华
纳溪区人民检察院检察长	胡运汉	东兴区人民检察院检察长	葛 伟
龙马潭区人民检察院检察长	王忠杰	威远县人民检察院检察长	刘明亮
泸县人民检察院检察长	易从中	资中县人民检察院检察长	安国勇
合江县人民检察院检察长	徐显忠	隆昌县人民检察院检察长	魏 勇
叙永县人民检察院检察长	戴 勇	**乐山市人民检察院检察长**	**龚 毅**
古蔺县人民检察院检察长	朱亚梅(女)	市中区人民检察院检察长	谯 民
德阳市人民检察院检察长	**陆广平**	沙湾区人民检察院检察长	陈 强
旌阳区人民检察院检察长	陈 伟	五通桥区人民检察院检察长	易思永
什邡市人民检察院检察长	(空缺)	金口河区人民检察院检察长	李明双
广汉市人民检察院检察长	史小立	峨眉山市人民检察院检察长	刘 卫
绵竹市人民检察院检察长	(空缺)	犍为县人民检察院检察长	周发祥
罗江县人民检察院检察长	(空缺)	井研县人民检察院检察长	李 召
中江县人民检察院检察长	何履润	夹江县人民检察院检察长	施海平
绵阳市人民检察院检察长	**吴长福**	沐川县人民检察院检察长	殷志斌(女)
涪城区人民检察院检察长	陈 安	峨边彝族自治县人民检察院检察长	周 宇
游仙区人民检察院检察长	杨育正	马边彝族自治县人民检察院检察长	吴 皓
江油市人民检察院检察长	勾支洋	**南充市人民检察院检察长**	**廖全军**
三台县人民检察院检察长	王建平	顺庆区人民检察院检察长	朱 瑛(女)
盐亭县人民检察院检察长	景中强	高坪区人民检察院检察长	王朝富
安县人民检察院检察长	张 涛	嘉陵区人民检察院检察长	何晓荣
梓潼县人民检察院检察长	赵 伟	阆中市人民检察院检察长	洪 峰
北川羌族自治县人民检察院检察长	李 成	南部县人民检察院检察长	敬永国
平武县人民检察院检察长	申 勇	营山县人民检察院检察长	罗 伟
四川省科学城人民检察院检察长	片希营	蓬安县人民检察院检察长	杨元勇
绵阳高新技术开发区人民检察院检察长	陈志勃	仪陇县人民检察院检察长	唐 蔚(女)
小枧地区人民检察院检察长	白跃生	西充县人民检察院检察长	唐恒博
广元市人民检察院检察长	**张树壮**	**宜宾市人民检察院检察长**	**蒋世林**
利州区人民检察院检察长	王绍连	翠屏区人民检察院检察长	杨运康
昭化区人民检察院检察长	肖光志	宜宾县人民检察院检察长	毛兴刚

南溪区人民检察院检察长	凌 华	洪雅县人民检察院检察长	龙 科
江安县人民检察院检察长	岳 亮	丹棱县人民检察院检察长	樊正祥
长宁县人民检察院检察长	蔡晓东	青神县人民检察院检察长	牟 敏
高县人民检察院检察长	李 杰	**资阳市人民检察院检察长**	**吕 杰**
筠连县人民检察院检察长	苏 平	雁江区人民检察院检察长	李 翔
珙县人民检察院检察长	李延军	简阳市人民检察院检察长	潘 登
兴文县人民检察院检察长	刘清文	乐至县人民检察院检察长	唐 智
屏山县人民检察院检察长	杨泽云（代）	安岳县人民检察院检察长	张 恒
芙蓉地区人民检察院检察长	周 青	**阿坝藏族羌族自治州人民检察院检察长**	**王疆立**
广安市人民检察院检察长	**孔凡示**	马尔康县人民检察院检察长	王金泉
广安区人民检察院检察长	李志春	汶川县人民检察院检察长	薛 伟
前锋区人民检察院检察长	谢 彬	理县人民检察院检察长	万福清
华蓥市人民检察院检察长	杨洪云	茂县人民检察院检察长	王 西
岳池县人民检察院检察长	谭安民	松潘县人民检察院检察长	郭登林
武胜县人民检察院检察长	卿东进	九寨沟县人民检察院检察长	侯定云
邻水县人民检察院检察长	郑伦贵	金川县人民检察院检察长	刘晓虹（女）
达州市人民检察院检察长	**付全忠**	小金县人民检察院检察长	王应强
通川区人民检察院检察长	杨辉霞（女）	黑水县人民检察院检察长	呷尔玛
万源市人民检察院检察长	黄 中	壤塘县人民检察院检察长	扎西姆（女）
达川区人民检察院检察长	刘文武	阿坝县人民检察院检察长	赵品安
宣汉县人民检察院检察长	徐学锋	若尔盖县人民检察院检察长	刘兴亮
开江县人民检察院检察长	王春明	红原县人民检察院检察长	彭忠勇
大竹县人民检察院检察长	陈建平	**甘孜藏族自治州人民检察院检察长**	**李鹏飞**
渠县人民检察院检察长	向可成	康定县人民检察院检察长	吴东阳
巴中市人民检察院检察长	**刘晓勇**	泸定县人民检察院检察长	鲜 丽（女）
巴州区人民检察院检察长	文利军	丹巴县人民检察院检察长	喻孟秋（代）
恩阳区人民检察院检察长	张家洪	九龙县人民检察院检察长	苏知斌
通江县人民检察院检察长	李 解（代）	雅江县人民检察院检察长	沈永亮
南江县人民检察院检察长	汪 海	道孚县人民检察院检察长	周华康
平昌县人民检察院检察长	李良彬	炉霍县人民检察院检察长	泽 多
雅安市人民检察院检察长	**杨长云**	甘孜县人民检察院检察长	杨学斌
雨城区人民检察院检察长	吴双文	新龙县人民检察院检察长	张继强
名山县人民检察院检察长	李宣勇（代）	德格县人民检察院检察长	泽仁扎西
荥经县人民检察院检察长	王颐辉	白玉县人民检察院检察长	布 洛
汉源县人民检察院检察长	兰树林	石渠县人民检察院检察长	巴 宗
石棉县人民检察院检察长	周富林	色达县人民检察院检察长	向 华
天全县人民检察院检察长	刘 奇	理塘县人民检察院检察长	翁海波
芦山县人民检察院检察长	刘劲松	巴塘县人民检察院检察长	韩小平
宝兴县人民检察院检察长	陶 涛（代）	乡城县人民检察院检察长	呷它四郎
眉山市人民检察院检察长	**陈 兵**	稻城县人民检察院检察长	扎西尼玛
东坡区人民检察院检察长	李 群	得荣县人民检察院检察长	达玛志玛（女,代）
仁寿县人民检察院检察长	李知易	**凉山彝族自治州人民检察院检察长**	**米 滨**
彭山县人民检察院检察长	李 懿	西昌市人民检察院检察长	熊贵华

盐源县人民检察院检察长	邱发喜	遵义市人民检察院检察长	杨 滨
德昌县人民检察院检察长	陈 莉(女)	汇川区人民检察院检察长	吴 唅
会理县人民检察院检察长	刘合什布	红花岗区人民检察院检察长	任炳强
会东县人民检察院检察长	曹文军	赤水市人民检察院检察长	伍应新
宁南县人民检察院检察长	张志军	仁怀市人民检察院检察长	张明波
普格县人民检察院检察长	毛泽禹	遵义县人民检察院检察长	胡 静
布拖县人民检察院检察长	李明刿	桐梓县人民检察院检察长	刘红云
金阳县人民检察院检察长	吉各玖哈	绥阳县人民检察院检察长	梁隆刚
昭觉县人民检察院检察长	白只博	正安县人民检察院检察长	谢陆臻
喜德县人民检察院检察长	沙永福	凤冈县人民检察院检察长	陈昌余
冕宁县人民检察院检察长	阿木尔举	湄潭县人民检察院检察长	罗议军
越西县人民检察院检察长	莫色乌合	余庆县人民检察院检察长	班兴伟
甘洛县人民检察院检察长	熊佐德	习水县人民检察院检察长	张 杰
美姑县人民检察院检察长	苏 刚	道真仡佬族苗族自治县人民检察院	
雷波县人民检察院检察长	曲木拉鹏	检察长	卢大琼(女)
木里藏族自治县人民检察院检察长	张华晷	务川仡佬族苗族自治县人民检察院检察长	郑泽发
安宁地区人民检察院检察长	胡昌临	**六盘水市人民检察院检察长**	**龙晨明**
四川省人民检察院成都铁路运输分院		钟山区人民检察院检察长	钱廷刚
检察长	王 红	盘县人民检察院检察长	肖 力
成都铁路运输检察院检察长	潘 辉	六枝特区人民检察院检察长	余 松
西昌铁路运输检察院检察长	韩志成	水城县人民检察院检察长	蒋金安
		安顺市人民检察院检察长	**吴 英(女)**
		西秀区人民检察院检察长	张 宇

贵州省

		平坝县人民检察院检察长	张 豫
贵州省人民检察院检察长	**袁本朴**	普定县人民检察院检察长	杜学坤
贵州省人民检察院副检察长	**何 冀**	关岭布依族苗族自治县人民检察院检察长	冉 明
	叶亚玲(女)	镇宁布依族苗族自治县人民检察院检察长	卢世华
	肖振猛	紫云苗族布依族自治县人民检察院检察长	彭 胜
	万庭祥	**毕节市人民检察院检察长**	**石子友**
	余 敏(女)	七星关区人民检察院检察长	徐 永
	杨承志	大方县人民检察院检察长	陈恩志
贵阳市人民检察院检察长	**陈雪梅(女)**	黔西县人民检察院检察长	卓英武
乌当区人民检察院检察长	杨宏兵	金沙县人民检察院检察长	肖莉红(女)
南明区人民检察院检察长	黄 林	织金县人民检察院检察长	翟培友
云岩区人民检察院检察长	饶红焰	纳雍县人民检察院检察长	邓 斌
花溪区人民检察院检察长	王筑生	威宁彝族回族苗族自治县人民检察院	
白云区人民检察院检察长	丁泽军	检察长	王光强
观山湖区人民检察院检察长	段 炼	赫章县人民检察院检察长	刘 永
清镇市人民检察院检察长	李 钧	**铜仁市人民检察院检察长**	**范建军**
开阳县人民检察院检察长	刘少坤	碧江区人民检察院检察长	李茂才
修文县人民检察院检察长	贾兆玉	江口县人民检察院检察长	姚华权
息烽县人民检察院检察长	张雪松(女)	石阡县人民检察院检察长	李世昌
贵阳市筑城地区人民检察院检察长	魏 冀	思南县人民检察院检察长	简 洁

德江县人民检察院检察长	罗 勇	望谟县人民检察院检察长	孙国祥
玉屏侗族自治县人民检察院检察长	蔡文平	安龙县人民检察院检察长	吴 军
印江土家族苗族自治县人民检察院检察长	杨胜龙	册亨县人民检察院检察长	王 卫
沿河土家族自治县人民检察院检察长	苏 维	贵阳铁路运输检察院检察长	冯 涛
松桃苗族自治县人民检察院检察长	李 强		
万山区人民检察院检察长	田国强		

云南省

黔东南苗族侗族自治州人民检察院检察长	**陈继忠**	**云南省人民检察院检察长**	**王田海**
凯里市人民检察院检察长	徐德华	**云南省人民检察院副检察长**	**肖 卓**
黄平县人民检察院检察长	吴世鑫		**许绍政**
施秉县人民检察院检察长	陆祖贵		**倪慧芳（女）**
三穗县人民检察院检察长	姜贵云		**李若昆**
镇远人民检察院检察长	赵建军	**昆明市人民检察院检察长**	**沈曙昆**
岑巩县人民检察院检察长	李家彬	呈贡区人民检察院检察长	李庆华
天柱县人民检察院检察长	谢德锰	五华区人民检察院检察长	王松柏
锦屏县人民检察院检察长	向传奎	盘龙区人民检察院检察长	谭 虹（女）
剑河县人民检察院检察长	杨洪冰	官渡区人民检察院检察长	傅轶迅
台江县人民检察院检察长	周礼静	西山区人民检察院检察长	崔庆林
黎平县人民检察院检察长	刘光彩	东川区人民检察院检察长	徐 勇
榕江县人民检察院检察长	吴正国	晋宁县人民检察院检察长	孙跃文
从江县人民检察院检察长	刘安黔	富民县人民检察院检察长	景碧昆
雷山县人民检察院检察长	郭苏斌	宜良县人民检察院检察长	绪 伟
麻江县人民检察院检察长	石庆松	石林彝族自治县人民检察院检察长	闫晓东
丹寨县人民检察院检察长	刘宗凯	嵩明县人民检察院检察长	贾永强
黔南布依族苗族自治州人民检察院检察长	**乔冀安**	禄劝彝族苗族自治县人民检察院检察长	尹 松
都匀市人民检察院检察长	唐海滨（代）	寻甸回族彝族自治县人民检察院检察长	李 勇
福泉市人民检察院检察长	孙庆阳	安宁市人民检察院检察长	肖 洁（女）
荔波县人民检察院检察长	岑小明	昆明市城郊地区人民检察院检察长	陈 智
贵定县人民检察院检察长	唐中林	**曲靖市人民检察院检察长**	**王江华**
瓮安县人民检察院检察长	谭必刚	麒麟区人民检察院检察长	张志敏
独山县人民检察院检察长	董贵成	马龙县人民检察院检察长	邹跃权
平塘县人民检察院检察长	朱启松	陆良县人民检察院检察长	何跃东
罗甸县人民检察院检察长	罗 勇	师宗县人民检察院检察长	张红梅（女）
长顺县人民检察院检察长	唐万千	罗平县人民检察院检察长	鲍顺林
龙里县人民检察院检察长	葛永昶（代）	富源县人民检察院检察长	陈 庚
惠水县人民检察院检察长	曹品刚	会泽县人民检察院检察长	顾华斌
三都水族自治县人民检察院检察长	莫桂梅（女）	沾益县人民检察院检察长	王 强
黔西南布依族苗族自治州人民检察院		宣威市人民检察院检察长	徐正良
检察长	**刘 青**	曲靖市城郊地区人民检察院检察长	孙跃周
兴义市人民检察院检察长	曾 英（女）	**玉溪市人民检察院检察长**	**张德勋**
兴仁县人民检察院检察长	唐 力	红塔区人民检察院检察长	褚绍明
普安县人民检察院检察长	龚德雄	江川县人民检察院检察长	资云坤
晴隆县人民检察院检察长	王成刚	澄江县人民检察院检察长	杨绍平
贞丰县人民检察院检察长	王夏林		

通海县人民检察院检察长 李发桢
华宁县人民检察院检察长 李江林(代)
易门县人民检察院检察长 瞿 伟
峨山彝族自治县人民检察院检察长 吕玉雄
新平彝族傣族自治县人民检察院检察长 杨 飞
元江哈尼族彝族傣族自治县人民检察院检察长 王政云
保山市人民检察院检察长 孙甸鹤
隆阳区人民检察院检察长 张苓青
施甸县人民检察院检察长 郑家耀
腾冲县人民检察院检察长 娄广文
龙陵县人民检察院检察长 夏润光
昌宁县人民检察院检察长 李 茜(女)
昭通市人民检察院检察长 刘远清
昭阳区人民检察院检察长 吴 林
鲁甸县人民检察院检察长 陈鸣梅(女)
巧家县人民检察院检察长 石安军
盐津县人民检察院检察长 李劲松
大关县人民检察院检察长 申 炜
永善县人民检察院检察长 周 弢
绥江县人民检察院检察长 廖 斌
镇雄县人民检察院检察长 贺 焜
彝良县人民检察院检察长 锁江涛
威信县人民检察院检察长 王建雄
水富县人民检察院检察长 唐 琨
丽江市人民检察院检察长 郝建勋
古城区人民检察院检察长 和永红
玉龙纳西族自治县人民检察院检察长 和金红
永胜县人民检察院检察长 石瑞文
华坪县人民检察院检察长 沙雄峰
宁蒗彝族自治县人民检察院检察长 洪继伟
普洱市人民检察院检察长 庄李全
思茅区人民检察院检察长 颜仕鹏
宁洱哈尼族彝族自治县人民检察院检察长 谢鸿宾
墨江哈尼族自治县人民检察院检察长 祝文明
景东彝族自治县人民检察院检察长 杨忠于
景谷傣族彝族自治县人民检察院检察长 孔 华
镇沅彝族哈尼族拉祜族自治县人民检察院检察长 吴永红
江城哈尼族彝族自治县人民检察院检察长 王 莉(女)
孟连傣族拉祜族佤族自治县人民检察院检察长 赵志荣
澜沧拉祜族自治县人民检察院检察长 郭江孟
西盟佤族自治县人民检察院检察长 杨成斌
临沧市人民检察院检察长 杨永华
临翔区人民检察院检察长 杨诏清
凤庆县人民检察院检察长 王兴安
云县人民检察院检察长 姚 葵
永德县人民检察院检察长 赵国平
镇康县人民检察院检察长 王 斌
双江拉祜族佤族布朗族傣族自治县人民检察院检察长 吴尚杰
耿马傣族佤族自治县人民检察院检察长 杜丽萍(女)
沧源佤族自治县人民检察院检察长 李成能
楚雄彝族自治州人民检察院检察长 戴富才
楚雄市人民检察院检察长 陈 剑
双柏县人民检察院检察长 刘 萍(女)
牟定县人民检察院检察长 刘建武
南华县人民检察院检察长 王德云
姚安县人民检察院检察长 张翔会
大姚县人民检察院检察长 徐 艳(女)
永仁县人民检察院检察长 李全华
元谋县人民检察院检察长 段正明
武定县人民检察院检察长 丁 伟
禄丰县人民检察院检察长 李 云
红河哈尼族彝族自治州人民检察院检察长 王亚锋
蒙自市人民检察院检察长 杜培祥
个旧市人民检察院检察长 万买富
开远市人民检察院检察长 方勇明
屏边苗族自治县人民检察院检察长 崔 俊
建水县人民检察院检察长 陈 勇(代)
石屏县人民检察院检察长 刘付勇
弥勒市人民检察院检察长 刘海兵
泸西县人民检察院检察长 赵锡萍(女)
元阳县人民检察院检察长 吕 琨
红河县人民检察院检察长 梁 伟
金平苗族瑶族傣族自治县人民检察院检察长 马春明
绿春县人民检察院检察长 糜 华
河口瑶族自治县人民检察院检察长 徐 翔
文山壮族苗族自治州人民检察院检察长 周和玉
文山市人民检察院检察长 王滇奇
砚山县人民检察院检察长 王 强
西畴县人民检察院检察长 韦 东

麻栗坡县人民检察院检察长	郑传达
马关县人民检察院检察长	廖忠玲（女）
丘北县人民检察院检察长	杨春林
广南县人民检察院检察长	汪砚明
富宁县人民检察院检察长	赵云萍（女）
西双版纳傣族自治州人民检察院检察长	**胡　跃**
景洪市人民检察院检察长	李　青
勐海县人民检察院检察长	张　宇
勐腊县人民检察院检察长	刘　宏
大理白族自治州人民检察院检察长	**普赵辉**
大理市人民检察院检察长	蒙海燕
漾濞彝族自治县人民检察院检察长	杨志明
祥云县人民检察院检察长	杨莉妮（女）
宾川县人民检察院检察长	姚元龙（代）
弥渡县人民检察院检察长	李光辉
南涧彝族自治县人民检察院检察长	高　杨
巍山彝族回族自治县人民检察院检察长	张晓丹（女）
永平县人民检察院检察长	王秀山
云龙县人民检察院检察长	张　猛
洱源县人民检察院检察长	蒙绍峰（代）
剑川县人民检察院检察长	那红兵（代）
鹤庆县人民检察院检察长	孔宪府
德宏傣族景颇族自治州人民检察院检察长	**铁　楠（女）**
芒市人民检察院检察长	龙　磊
瑞丽市人民检察院检察长	牛晓东
梁河县人民检察院检察长	王瑞兴
盈江县人民检察院检察长	董文宏
陇川县人民检察院检察长	王莉琼（女）
怒江傈僳族自治州人民检察院检察长	**周晓铭**
泸水县人民检察院检察长	丁金龙
福贡县人民检察院检察长	罗星文
贡山独龙族怒族自治县人民检察院检察长	罗嘉堂
兰坪白族普米族自治县人民检察院检察长	唐兴海
迪庆藏族自治州人民检察院检察长	**李世清**
香格里拉县人民检察院检察长	和润天
德钦县人民检察院检察长	庄小平
维西傈僳族自治县人民检察院检察长	和庆华
云南省人民检察院昆明铁路运输分院检察长	**王克勤**
昆明铁路运输检察院检察长	陈卫平
开远铁路运输检察院检察长	刘学武

西藏自治区

西藏自治区人民检察院检察长	张培中
西藏自治区人民检察院副检察长	王双全
	占　堆
	王　平
	多　吉
	加永仁青
	李九西
	赤列晋美
	彭光华
	李满旺（援藏）
	邱利军（援藏）
拉萨市人民检察院检察长	**田建设**
城关区人民检察院检察长	谢延生
林周县人民检察院检察长	解树立
当雄县人民检察院检察长	次仁多吉（代）
尼木县人民检察院检察长	扎　西
曲水县人民检察院检察长	李　涛
堆龙德庆县人民检察院检察长	李　华
达孜县人民检察院检察长	（空缺）
墨竹工卡县人民检察院检察长	索朗次仁
西藏自治区人民检察院那曲分院检察长	**向敬诚**
那曲县人民检察院检察长	索朗次仁
嘉黎县人民检察院检察长	陈洪玖
比如县人民检察院检察长	吴　涛
聂荣县人民检察院检察长	索朗拉姆（女）
安多县人民检察院检察长	刘发林
申扎县人民检察院检察长	朗　杰
索县人民检察院检察长	边巴次仁
班戈县人民检察院检察长	康　英（女）
巴青县人民检察院检察长	阿　珠
尼玛县人民检察院检察长	彭　扎
双湖县人民检察院检察长	欧　珠
昌都市人民检察院检察长	**贺建军**
卡若区人民检察院检察长	李建明
江达县人民检察院检察长	程　军
贡觉县人民检察院检察长	陶德斌
类乌齐县人民检察院检察长	孙永杰
丁青县人民检察院检察长	魏永海
察雅县人民检察院检察长	白雪峰
八宿县人民检察院检察长	扎西巴宗（女）

左贡县人民检察院检察长	嘎玛旺姆(女)	岗巴县人民检察院检察长	次仁顿珠
芒康县人民检察院检察长	四郎欧珠	**西藏自治区人民检察院阿里分院检察长**	**勇　扎**
洛隆县人民检察院检察长	边巴次仁	噶尔县人民检察院检察长	刘保泉
边坝县人民检察院检察长	公秋次仁	普兰县人民检察院检察长	才旺多布杰(代)
西藏自治区人民检察院林芝分院检察长	**陈宏东**	札达县人民检察院检察长	(空缺)
林芝县人民检察院检察长	徐东明	日土县人民检察院检察长	边　多
工布江达县人民检察院检察长	索朗加措(代)	革吉县人民检察院检察长	桑杰旦增
米林县人民检察院检察长	次　仁	改则县人民检察院检察长	李　新
墨脱县人民检察院检察长	李　彦(代)	措勤县人民检察院检察长	王　峰
波密县人民检察院检察长	胡　波		
察隅县人民检察院检察长	段林波		
朗县人民检察院检察长	王　丽(女)		

陕西省

西藏自治区人民检察院山南分院检察长	**刘志刚**	陕西省人民检察院检察长	胡太平
乃东县人民检察院检察长	潘华川	陕西省人民检察院副检察长	毛　海
扎囊县人民检察院检察长	旺　久		程紫平
贡嘎县人民检察院检察长	次仁曲桑		史建泉
桑日县人民检察院检察长	蒋光全		高　宵
琼结县人民检察院检察长	索朗顿珠		巩富文
曲松县人民检察院检察长	格桑多吉		王英杰
措美县人民检察院检察长	张　军		吕　萍(女)
洛扎县人民检察院检察长	朱建军	**西安市人民检察院检察长**	**张民生**
加查县人民检察院检察长	(空缺)	新城区人民检察院检察长	马　文
隆子县人民检察院检察长	索朗次仁	碑林区人民检察院检察长	刘琪荣(女)
错那县人民检察院检察长	李　勇	莲湖区人民检察院检察长	王　洪
浪卡子县人民检察院检察长	洛桑次仁	灞桥区人民检察院检察长	刘　瑞
日喀则市人民检察院检察长	**旦　增**	未央区人民检察院检察长	李亚军
桑珠孜县人民检察院检察长	索　旦	雁塔区人民检察院检察长	同振魁
南木林县人民检察院检察长	刘英武	阎良区人民检察院检察长	王　君
江孜县人民检察院检察长	尼玛平措	临潼区人民检察院检察长	胡晓静(女)
定日县人民检察院检察长	达瓦次仁	长安区人民检察院检察长	张继锋
萨迦县人民检察院检察长	达娃琼达	蓝田县人民检察院检察长	李文凯
拉孜县人民检察院检察长	欧吉巴(女)	周至县人民检察院检察长	沙　瑞
昂仁县人民检察院检察长	邹昌云(女)	户县人民检察院检察长	苑　伟
谢通门县人民检察院检察长	尼　琼	高陵县人民检察院检察长	李　洁(女)
白朗县人民检察院检察长	格桑次仁	沙坡地区人民检察院检察长	徐永安
仁布县人民检察院检察长	旺　久	**宝鸡市人民检察院检察长**	**霍永库**
康马县人民检察院检察长	次　珍(女)	金台区人民检察院检察长	张俊昆
定结县人民检察院检察长	张　诚	渭滨区人民检察院检察长	孙小为
仲巴县人民检察院检察长	仁　增	陈仓区人民检察院检察长	刘金良
亚东县人民检察院检察长	秦　静(女)	凤翔县人民检察院检察长	韩利明
吉隆县人民检察院检察长	朗　加	岐山县人民检察院检察长	李劲峰
聂拉木县人民检察院检察长	次　旺	眉县人民检察院检察长	董　秦
萨嘎县人民检察院检察长	旦　增	扶风县人民检察院检察长	穆永强

凤县人民检察院检察长	马宝峰	子长县人民检察院检察长	张彦学
陇县人民检察院检察长	刘亚琴（女）	延川县人民检察院检察长	胡永富
千阳县人民检察院检察长	张长全	延长县人民检察院检察长	韩几凯
太白县人民检察院检察长	李恩林	甘泉县人民检察院检察长	王存财
麟游县人民检察院检察长	任 升	洛川县人民检察院检察长	成芳萍（女）
咸阳市人民检察院检察长	**王其敏**	富县人民检察院检察长	宗六一
秦都区人民检察院检察长	王一凡	宜川县人民检察院检察长	师 蒙
渭城区人民检察院检察长	魏 涛	黄龙县人民检察院检察长	冯海龙
兴平市人民检察院检察长	王兴文	黄陵县人民检察院检察长	闫富平
乾县人民检察院检察长	惠 欣	**榆林市人民检察院检察长**	**梁 曦**
礼泉县人民检察院检察长	张 辉	榆阳区人民检察院检察长	张玉林
泾阳县人民检察院检察长	李养志	神木县人民检察院检察长	王文生
三原县人民检察院检察长	安 钢	府谷县人民检察院检察长	张旭东
武功县人民检察院检察长	杜 虎	定边县人民检察院检察长	杨国炜
长武县人民检察院检察长	樊长征	靖边县人民检察院检察长	田飞鹏
淳化县人民检察院检察长	赵宏民	横山县人民检察院检察长	王 勇
旬邑县人民检察院检察长	马云鹏	绥德县人民检察院检察长	刘小东
彬县人民检察院检察长	郭云宏	米脂县人民检察院检察长	李士贤
永寿县人民检察院检察长	王平信	佳县人民检察院检察长	谢安洲
杨陵区人民检察院检察长	成永涛	吴堡县人民检察院检察长	张 海
铜川市人民检察院检察长	**赵亚光**	清涧县人民检察院检察长	张春耕
崔家沟地区人民检察院检察长	郝陆卿	子洲县人民检察院检察长	王海峰
王益区人民检察院检察长	田 琦	**汉中市人民检察院检察长**	**李志虎**
印台区人民检察院检察长	宋 卓	汉台区人民检察院检察长	王建宁
耀州区人民检察院检察长	任增世	南郑县人民检察院检察长	何治安
宜君县人民检察院检察长	朱忠虎	城固县人民检察院检察长	张久安
渭南市人民检察院检察长	**刘伟发**	洋县人民检察院检察长	陈新建
临渭区人民检察院检察长	吕晓春	西乡县人民检察院检察长	邵 波
华县人民检察院检察长	柳英学	勉县人民检察院检察长	全玉安
华阴市人民检察院检察长	崔宏武	略阳县人民检察院检察长	李建红
潼关县人民检察院检察长	高北慰	宁强县人民检察院检察长	王建庆
蒲城县人民检察院检察长	曹澄鸣	镇巴县人民检察院检察长	龚新伟
白水县人民检察院检察长	雷敦祥	留坝县人民检察院检察长	李剑明
富平县人民检察院检察长	任天利	佛坪县人民检察院检察长	王 衡
大荔县人民检察院检察长	申江生	**安康市人民检察院检察长**	**李逸强**
合阳县人民检察院检察长	周加强	汉滨区人民检察院检察长	唐奇
韩城市人民检察院检察长	石 列	汉阴县人民检察院检察长	王开富
澄城县人民检察院检察长	闫永江	镇坪县人民检察院检察长	罗善斌
延安市人民检察院检察长	**崔景文**	平利县人民检察院检察长	王炳武
宝塔区人民检察院检察长	杨万耀	岚皋县人民检察院检察长	胡海东
吴起县人民检察院检察长	王建成	石泉县人民检察院检察长	万 浩
志丹县人民检察院检察长	袁新昌	宁陕县人民检察院检察长	孙启斌
安塞县人民检察院检察长	赵 祥	白河县人民检察院检察长	王保康

旬阳县人民检察院检察长	孙自清	景泰县人民检察院检察长	吴永鹏
紫阳县人民检察院检察长	杨小明	寺儿坪地区人民检察院检察长	贺晋
商洛市人民检察院检察长	**孟庆忠**	**天水市人民检察院检察长**	**张喜**
商州区人民检察院检察长	赵勇	秦州区人民检察院检察长	王全社
丹凤县人民检察院检察长	王斌	麦积区人民检察院检察长	张钊
商南县人民检察院检察长	李书志	清水县人民检察院检察长	郭怀炜
镇安县人民检察院检察长	陶炜	秦安县人民检察院检察长	刘曦
柞水县人民检察院检察长	马春景	甘谷县人民检察院检察长	高保德
洛南县人民检察院检察长	张鹏波	武山县人民检察院检察长	闫忠祥
山阳县人民检察院检察长	彭生民	张家川回族自治县人民检察院检察长	姜云
陕西省人民检察院西安铁路运输分院		**武威市人民检察院检察长**	**魏文德**
检察长	**李华**	凉州区人民检察院检察长	姜立新
西安铁路运输检察院检察长	赵豫	民勤县人民检察院检察长	刘应忠
安康铁路运输检察院检察长	段高根	古浪县人民检察院检察长	张永生
		天祝藏族自治县人民检察院检察长	马晓
甘肃省		**酒泉市人民检察院检察长**	**蒋昱程**
		肃州区人民检察院检察长	邓志宏
甘肃省人民检察院检察长	路志强	玉门市人民检察院检察长	张清
甘肃省人民检察院副检察长	高继明	敦煌市人民检察院检察长	王晋方
	徐维忠	金塔县人民检察院检察长	杨文平
	李保刚	瓜州县人民检察院检察长	潘玉明
	王幸	肃北蒙古族自治县人民检察院	
	李东亮	检察长	斯琴巴依尔
兰州市人民检察院检察长	**华风**	阿克塞哈萨克族自治县人民检察院检察长	袁占兵
城关区人民检察院检察长	王锐	**张掖市人民检察院检察长**	**俞新民**
七里河区人民检察院检察长	高秀江	甘州区人民检察院检察长	姚煜道
西固区人民检察院检察长	周永麟	民乐县人民检察院检察长	蒋小红
安宁区人民检察院检察长	胡相元	临泽县人民检察院检察长	李存爱
红古区人民检察院检察长	张晓波	高台县人民检察院检察长	岳淬川
永登县人民检察院检察长	杨树瑛	山丹县人民检察院检察长	李召文
皋兰县人民检察院检察长	高志勇	肃南裕固族自治县人民检察院检察长	王立庆
榆中县人民检察院检察长	曹玉梁	**庆阳市人民检察院检察长**	**田金**
大沙坪地区人民检察院检察长	刘朝纯	西峰区人民检察院检察长	鄂廷印
嘉峪关市人民检察院检察长	**丁霞敏（女）**	庆城县人民检察院检察长	郭旭文
嘉峪关城区人民检察院检察长	李军虎	环县人民检察院检察长	蒋继成
金昌市人民检察院检察长	**罗新超**	华池县人民检察院检察长	石岩
金川区人民检察院检察长	沈晓岩	合水县人民检察院检察长	陈广军
永昌县人民检察院检察长	靳铁	正宁县人民检察院检察长	朱晓东
白银市人民检察院检察长	**张伟**	宁县人民检察院检察长	任斌
白银区人民检察院检察长	王云命	镇原县人民检察院检察长	张发
平川区人民检察院检察长	魏正武	庆阳市子午岭林区人民检察院检察长	慕若舟
靖远县人民检察院检察长	杨世华	**平凉市人民检察院检察长**	**张发魁**
会宁县人民检察院检察长	苏俊国	崆峒区人民检察院检察长	王建明

泾川县人民检察院检察长	苏亚军	**甘肃省人民检察院白龙江林区分院检察长**	权有让
灵台县人民检察院检察长	杨 青	舟曲林区人民检察院检察长	王继荣
崇信县人民检察院检察长	刘海宇	迭部林区人民检察院检察长	张树科
华亭县人民检察院检察长	黄正华	洮河林区人民检察院检察长	龚文龙
庄浪县人民检察院检察长	陈书平	白水江林区人民检察院检察长	寇 斌
静宁县人民检察院检察长	崔晓晖	**甘肃矿区人民检察院检察长**	**蔡玉霞（女）**
定西市人民检察院检察长	**王 炜**	甘肃省人民检察院兰州铁路运输分院	
安定区人民检察院检察长	李文娟（女）	检察长	任剑炜
通渭县人民检察院检察长	杨 林	兰州铁路运输检察院检察长	孙峻林
临洮县人民检察院检察长	李小平	武威铁路运输检察院检察长	闫沛垠
漳县人民检察院检察长	赵金铸		
岷县人民检察院检察长	马绍林		
渭源县人民检察院检察长	纪 祥	**青海省**	
陇西县人民检察院检察长	张 武		
陇南市人民检察院检察长	**高连城**	青海省人民检察院检察长	王晓勇
武都区人民检察院检察长	车 瑛	青海省人民检察院副检察长	朱雅频
成县人民检察院检察长	朱晓伟		余国龙
宕昌县人民检察院检察长	李小林		尚洪斌
康县人民检察院检察长	王礼平		张 杰（女）
文县人民检察院检察长	何 萧		王景琦（女）
西和县人民检察院检察长	薛 峰	**西宁市人民检察院检察长**	**王 智（代）**
礼县人民检察院检察长	罗永宏	城中区人民检察院检察长	刘喜阳
两当县人民检察院检察长	王晓铭	城东区人民检察院检察长	寇 峥
徽县人民检察院检察长	景 涛	城西区人民检察院检察长	方复东
临夏回族自治州人民检察院检察长	**陈其功**	城北区人民检察院检察长	马 庆（代）
临夏市人民检察院检察长	柴继玲（女）	大通回族土族自治县人民检察院检察长	孙向东
临夏县人民检察院检察长	安卫东	湟源县人民检察院检察长	鲍延青
康乐县人民检察院检察长	杨生东	湟中县人民检察院检察长	苗拓武
永靖县人民检察院检察长	马怡宏	南滩地区人民检察院检察长	索玉兰（女）
广河县人民检察院检察长	马忠良	**海东市人民检察院检察长**	**吴海燕（女）**
和政县人民检察院检察长	冶成华	平安县人民检察院检察长	韩 森（代）
东乡族自治县人民检察院检察长	马学智	乐都区人民检察院检察长	权国麟
积石山保安族东乡族撒拉族自治县人民		民和回族土族自治县人民检察院检察长	贾玉栋
检察院检察长	马礼平	互助土族自治县人民检察院检察长	李诗渭（代）
甘南藏族自治州人民检察院检察长	**扎 西**	化隆回族自治县人民检察院检察长	唐发彬
合作市人民检察院检察长	靳晓峥	循化撒拉族自治县人民检察院检察长	张有才
临潭县人民检察院检察长	马如海	**海北藏族自治州人民检察院检察长**	**刘小玲**
卓尼县人民检察院检察长	黄正勇	海晏县人民检察院检察长	吴有义
舟曲县人民检察院检察长	陈育红	祁连县人民检察院检察长	于建国
迭部县人民检察院检察长	李勇忠	刚察县人民检察院检察长	易 钧
玛曲县人民检察院检察长	斗格加	门源回族自治县人民检察院检察长	孙金林
碌曲县人民检察院检察长	王 业	**海南藏族自治州人民检察院检察长 昝春芳（女，代）**	
夏河县人民检察院检察长	王晓潭	共和县人民检察院检察长	拉 松
		同德县人民检察院检察长	（空缺）

贵德县人民检察院检察长	何明泉
兴海县人民检察院检察长	董绍元
贵南县人民检察院检察长	拉旦加
黄南藏族自治州人民检察院检察长	**韩幸生（代）**
同仁县人民检察院检察长	才旦加
尖扎县人民检察院检察长	丁　云
泽库县人民检察院检察长	刘　洪
河南蒙古族自治县人民检察院检察长	拉加才让
果洛藏族自治州人民检察院检察长	**王　宏**
玛沁县人民检察院检察长	何俊安
班玛县人民检察院检察长	万玛冷智（代）
甘德县人民检察院检察长	金　江
达日县人民检察院检察长	李　锋
久治县人民检察院检察长	阿泽斯特
玛多县人民检察院检察长	苏海生
玉树藏族自治州人民检察院检察长	**潘志刚**
玉树市人民检察院检察长	宁玛才仁
杂多县人民检察院检察长	邦　巴
称多县人民检察院检察长	周永文
治多县人民检察院检察长	贾小平
囊谦县人民检察院检察长	欧要才仁
曲麻莱县人民检察院检察长	扎西江
海西蒙古族藏族自治州人民检察院检察长	**台　本**
德令哈市人民检察院检察长	杜维东
格尔木市人民检察院检察长	苏国富（代）
乌兰县人民检察院检察长	黎　伟
都兰县人民检察院检察长	张耀山
天峻县人民检察院检察长	祁建功（代）
茫崖矿区人民检察院检察长	梅　松
冷湖矿区人民检察院检察长	张永奎
大柴旦矿区人民检察院检察长	黄　伟
西宁铁路运输检察院检察长	李俊德

宁夏回族自治区

宁夏回族自治区人民检察院检察长	李定达
宁夏回族自治区人民检察院副检察长	汪　敬
	戴向晖
	李桂兰（女）
	吕　敏
银川市人民检察院检察长	李学军
兴庆区人民检察院检察长	刘定远
金凤区人民检察院检察长	雷鸣博

西夏区人民检察院检察长	王殿宏
灵武市人民检察院检察长	马京宁
永宁县人民检察院检察长	乔玉成
贺兰县人民检察院检察长	张学信
上前城地区人民检察院检察长	董克仁
石嘴山市人民检察院检察长	**韩　军**
大武口区人民检察院检察长	金立栋
惠农区人民检察院检察长	王　军
平罗县人民检察院检察长	高　勇
红果子地区人民检察院检察长	周　杰
吴忠市人民检察院检察长	**马国武**
利通区人民检察院检察长	马　良
青铜峡市人民检察院检察长	莫忠和
盐池县人民检察院检察长	韩　震
同心县人民检察院检察长	王　钧
红寺堡区人民检察院检察长	苏海东
固原市人民检察院检察长	**李清伟**
原州区人民检察院检察长	张静隆（兼任）
西吉县人民检察院检察长	魏　凯
隆德县人民检察院检察长	张建勋
泾源县人民检察院检察长	穆存祥
彭阳县人民检察院检察长	王维强
中卫市人民检察院检察长	**许金军**
沙坡头区人民检察院检察长	强吉鸿
中宁县人民检察院检察长	孙凤玲（女）
海原县人民检察院检察长	马　骁
银川铁路运输检察院检察长	尤自明

新疆维吾尔自治区

新疆维吾尔自治区人民检察院检察长	尼相·依不拉音
新疆维吾尔自治区人民检察院副检察长	郭连山
	肖明生
	史少林
	孙宝平
	张彩霞（女）
	阿德勒别克·德肯
	金利岷
	多力坤·玉素甫
	周惠永（援疆）
乌鲁木齐市人民检察院检察长	多里坤·阿不都热依木

天山区人民检察院检察长	周 斌	博尔塔拉蒙古自治州人民检察院检察长	张 玮
沙依巴克区人民检察院检察长	松晓明	博乐市人民检察院检察长	李厚升
新市区人民检察院检察长	孟庆和	温泉县人民检察院检察长	张 钢
水磨沟区人民检察院检察长	李 岩（女）	精河县人民检察院检察长	董汝京
米东区人民检察院检察长	王 挺	**昌吉回族自治州人民检察院检察长**	**葛 军**
头屯河区人民检察院检察长	田 升	昌吉市人民检察院检察长	孟兆侠
乌鲁木齐县人民检察院检察长	侯强辉	阜康市人民检察院检察长	袁向东
达坂城区人民检察院检察长	杨永平	玛纳斯县人民检察院检察长	窦青林

伊犁哈萨克自治州人民检察院检察长

　　　　　　　　　达列力汗·沙布尔汗

		呼图壁县人民检察院检察长	刘兵元
伊宁市人民检察院检察长	单保荣（女）	吉木萨尔县人民检察院检察长	徐 虎
奎屯市人民检察院检察长	李忠	奇台县人民检察院检察长	任昌盛
新源县人民检察院检察长	伊力哈木江·木哈西	木垒哈萨克自治县人民检察院	

木垒哈萨克自治县人民检察院
　　　　检察长　　　　　　马哈依·木里达汗

伊宁县人民检察院检察长	
排孜热合曼·阿不都热合曼	

新疆维吾尔自治区人民检察院哈密分院
　　　　检察长　　　　　　　　李 玲（女）

霍城县人民检察院检察长	石建强	哈密市人民检察院检察长	白成林
察布查尔锡伯自治县人民检察院检察长	齐晓黎	巴里坤哈萨克自治县人民检察院检察长	常玉群
尼勒克县人民检察院检察长		伊吾县人民检察院检察长	马 军
努尔兰·阿布都克力木			

新疆维吾尔自治区人民检察院吐鲁番分院
　　　　检察长　　　　　　　　韩界龙

特克斯县人民检察院检察长	（空缺）	吐鲁番市人民检察院检察长	安尼瓦尔·卡德尔
巩留县人民检察院检察长		鄯善县人民检察院检察长	陈 于
阿不都外力·阿不都沙拉木		托克逊县人民检察院检察长	买买提·木特力甫
昭苏县人民检察院检察长	杨 斌	**巴音郭楞蒙古自治州人民检察院检察长**	**胡远征**

伊犁哈萨克自治州人民检察院塔城分院检察长

　　　　　　　　　买吐送·吐地买买提

		库尔勒市人民检察院检察长	朱 明
塔城市人民检察院检察长	帕尔哈提·艾则孜	焉耆回族自治县人民检察院检察长	索 超
额敏县人民检察院检察长		和静县人民检察院检察长	黄 诚
叶尔肯古丽·吐尔逊哈孜（女）		博湖县人民检察院检察长	汪玺春（女）
乌苏市人民检察院检察长	迪力木拉提·伊布拉音	和硕县人民检察院检察长	赵卫东
沙湾县人民检察院检察长	沈新华	轮台县人民检察院检察长	薛银川
托里县人民检察院检察长	也力木拉提·热扎别克	尉犁县人民检察院检察长	孟海峰
裕民县人民检察院检察长	司元亮	若羌县人民检察院检察长	沈文涛
和布克赛尔蒙古自治县人民检察院检察长		且末县人民检察院检察长	田向东
那道日吉·孟和那日苏			

伊犁哈萨克自治州人民检察院阿勒泰分院检察长

新疆维吾尔自治区人民检察院阿克苏
　　　　分院检察长　　　　　　帕塔尔·吐尔逊

　　　　　　　　　叶尔扎提·托肯

阿克苏市人民检察院
　　　　检察长　　　　　阿不都热依木·阿布拉

阿勒泰市人民检察院检察长	海拉提·库尔特拜		
青河县人民检察院检察长	哈力木·艾特克	库车县人民检察院检察长	阿里木·力提甫
吉木乃县人民检察院检察长	达吾力·孔盖	温宿县人民检察院检察长	迪力夏提·司马义
哈巴河县人民检察院检察长	木拉提·拜山拜	沙雅县人民检察院检察长	依明江·买买提
富蕴县人民检察院检察长	（空缺）	新和县人民检察院检察长	帕尔哈提·艾麦提
福海县人民检察院检察长	阿克尔别克·哈巴西	拜城县人民检察院检察长	吐尔逊·司马义
布尔津县人民检察院检察长	叶克奔·库尔马汗	乌什县人民检察院检察长	阿木提·马木提

阿瓦提县人民检察院检察长　　　赛买提·奥斯曼
柯坪县人民检察院检察长　阿不都外力·阿力木

克孜勒苏柯尔克孜自治州人民
　　检察院检察长　　　艾孜木江·阿不拉
阿图什市人民检察院检察长　斯拉木江·吾斯曼
阿克陶县人民检察院检察长　吐尔托合提·加开
乌恰县人民检察院检察长
　　　　　　吐逊古丽·吾肉孜阿力（女）
阿合奇县人民检察院检察长
　　　　　　买买提努尔·库其巴依

新疆维吾尔自治区人民检察院喀什分院
　　检察长　　　　　甫拉提·阿不列孜
喀什市人民检察院检察长　　吾拉木江·买买提
莎车县人民检察院检察长　阿布都沙塔尔·木一丁
疏附县人民检察院检察长　　艾尔肯·尤努斯
疏勒县人民检察院检察长　艾斯开尔·乌热依木
伽师县人民检察院检察长　　　依明·那曼
泽普县人民检察院检察长　凯赛尔·阿布都热依木
叶城县人民检察院检察长　　吐鲁洪·托合提
岳普湖县人民检察院
　　检察长　　麦迪尼叶提·司马义（女）
巴楚县人民检察院检察长　麦麦提依明·阿木克
麦盖提县人民检察院检察长　阿不拉提·玉麦尔
塔什库尔干塔吉克自治县人民检察院
　　检察长　　　　　帕米尔·马热非
英吉沙县人民检察院检察长　买买提江·依明

新疆维吾尔自治区人民检察院和田分院
　　检察长　　　　　亚力坤·买合木提
和田市人民检察院检察长　努尔买买提·加马力
皮山县人民检察院检察长　阿布力米提·吾守尔
墨玉县人民检察院检察长　凯沙尔·吾热孜阿力
和田县人民检察院检察长　阿卜杜杰力力·喀斯木
洛浦县人民检察院检察长　买买提托乎提·莫明
策勒县人民检察院检察长　艾力·阿布力米提
于田县人民检察院检察长　　阿不来·斯拉木
民丰县人民检察院检察长　　阿布来提·卡孜木

克拉玛依市人民检察院检察长　　　王大军
克拉玛依区人民检察院检察长　　　袁晓东
白碱滩区人民检察院检察长　　　蔡建国
独山子区人民检察院检察长　　张　芳（女）
乌尔禾区人民检察院检察长　　　赵保献

石河子市人民检察院检察长　　　杨　将
新疆生产建设兵团人民检察院检察长　肖明生（兼）

新疆生产建设兵团人民检察院第一师分院
　　检察长　　　　　　　　赵铁实
阿拉尔垦区人民检察院检察长　　　窦新军
阿克苏垦区人民检察院检察长　　　朱　平
沙井子垦区人民检察院检察长　　张　欣（女）

新疆生产建设兵团人民检察院第二师分院
　　检察长　　　　　　　　张建新
库尔勒垦区人民检察院检察长　　　张健康
焉耆垦区人民检察院检察长　　　范　杰
乌鲁克垦区人民检察院检察长　　　万明坤

新疆生产建设兵团人民检察院第三师分院
　　检察长　　　　　　　　高建中
图木舒克垦区人民检察院检察长　　戴卫东
喀什垦区人民检察院检察长　　　沈　真（女）

新疆生产建设兵团人民检察院第四师分院
　　检察长　　　　　　　　王玉杰
伊宁垦区人民检察院检察长　　　刘传东
霍城垦区人民检察院检察长　　　刘　力
昭苏垦区人民检察院检察长　　　闫　峰

新疆生产建设兵团人民检察院第五师分院
　　检察长　　　　　　　　彭佳辉
博乐垦区人民检察院检察长　　　高　健
塔斯海垦区人民检察院检察长　　　殷新云

新疆生产建设兵团人民检察院第六师分院
　　检察长　　　　　　　　于　军
五家渠垦区人民检察院检察长　　　李新科
芳草湖垦区人民检察院检察长　　　戚兴录
奇台垦区人民检察院检察长　　　赵志东

新疆生产建设兵团人民检察院第七师分院
　　检察长　　　　　　　　张凤军
奎屯垦区人民检察院检察长　　　李茂林
车排子垦区人民检察院检察长　　　王　伟

新疆生产建设兵团人民检察院第八师分院
　　检察长　　　　　　　　张　毅
莫索湾垦区人民检察院检察长　　（空缺）
下野地垦区人民检察院检察长　　　郑　海

新疆生产建设兵团人民检察院第九师分院
　　检察长　　　　　　　尚　丽（女）
额敏垦区人民检察院检察长　　　杜　平
叶尔盖提垦区人民检察院检察长　　谢富强

新疆生产建设兵团人民检察院第十师分院
　　检察长　　　　　　　　何桂宝
北屯区人民检察院检察长　　　孙明珠

巴里巴盖垦区人民检察院检察长	王　岩	空军军事检察院检察长	康玉生
新疆生产建设兵团人民检察院第十二师		空军直属军事检察院检察长	姜　政（女）
**　　分院检察长**	**赵　刚**	**第二炮兵军事检察院检察长**	**刘崇高**
乌鲁木齐垦区人民检察院检察长	覃　斌	第二炮兵直属军事检察院检察长	伍鹈旻
三坪垦区人民检察院检察长	张红辉（女）	沈阳军区空军军事检察院检察长	朱秀成
新疆生产建设兵团人民检察院第十三师		北京军区空军军事检察院检察长	焦克坚
**　　分院检察长**	**任德军**	兰州军区空军军事检察院检察长	张晓山
哈密垦区人民检察院检察长	弯增喜	济南军区空军军事检察院检察长	李宪臣
巴里坤垦区人民检察院检察长	信金祥	南京军区空军军事检察院检察长	包明忠
新疆生产建设兵团人民检察院第十四师		广州军区空军军事检察院检察长	刘　律
**　　分院检察长**	**孙海波**	成都军区空军军事检察院检察长	张明红
和田垦区人民检察院检察长	丁新革	**沈阳军区军事检察院检察长**	**张卫国**
新疆维吾尔自治区人民检察院乌鲁木齐		沈阳军区直属军事检察院检察长	赵晓成
**　　铁路运输分院检察长**	**吴立新**	吉林军事检察院检察长	杨永嘉
乌鲁木齐铁路运输检察院检察长	尤国庆	黑龙江军事检察院检察长	闫林业
哈密铁路运输检察院检察长	（空缺）	**北京军区军事检察院检察长**	**张　进**
库尔勒铁路运输检察院检察长	吴　勇	北京军区直属军事检察院检察长	古海源
新疆维吾尔自治区乌鲁木齐八家户地区		天津军事检察院检察长	张静波
**　　人民检察院检察长**	房建中	河北军事检察院检察长	姚罗灿
新疆维吾尔自治区莎车牌楼地区人民		山西军事检察院检察长	杨　武
**　　检察院检察长**	艾肯·艾沙	内蒙古军事检察院检察长	靳明臣
新疆维吾尔自治区于田卡尔汉地区人民		**兰州军区军事检察院检察长**	**何新民**
**　　检察院检察长**	拜合提牙尔·吾拉木	兰州军区直属军事检察院检察长	刘占钰
新疆维吾尔自治区塔里木地区人民检察院		新疆军事检察院检察长	张　莉
**　　检察长**	艾合麦提·库尔班	新疆军事检察院南疆分院检察长	黄晓华
阿拉尔市人民检察院检察长	窦新军（兼）	陕西军事检察院检察长	闫永健
图木舒克市人民检察院检察长	戴卫东（兼）	青海军事检察院检察长	姜立国
五家渠市人民检察院检察长	李新科（兼）	63600 部队军事检察院检察长	高万翔
铁门关市人民检察院检察长	张健康（兼）	63650 部队军事检察院检察长	刘树林
北屯市人民检察院检察长	孙明珠（兼）	**济南军区军事检察院检察长**	**周和平**
		济南军区直属军事检察院检察长	邹　华
军事检察院		河南军事检察院检察长	毕　煜
		南京军区军事检察院检察长	**丁爱国**
解放军军事检察院检察长	李晓峰	南京军区直属军事检察院检察长	余　超
解放军军事检察院副检察长	高建国	上海军事检察院检察长	范　伟
	蒋洪军	浙江军事检察院检察长	胡　伟
总直属队军事检察院检察长	**王秀会**	安徽军事检察院检察长	吴广迎
总直属队第二军事检察院检察长	**王云诚**	福建军事检察院检察长	舒爱民
海军军事检察院检察长	**陈卫超**	**广州军区军事检察院检察长**	**李才永**
海军直属军事检察院检察长	邓东月	广州军区直属军事检察院检察长	黄运湘
北海舰队军事检察院检察长	朱心雪	湖北军事检察院检察长	王晋军
东海舰队军事检察院检察长	陈宏伟	湖南军事检察院检察长	肖　宪
南海舰队军事检察院检察长	邓其信	广西军事检察院检察长	李淑明

海南军事检察院检察长	邓春兰	武警部队沈阳军事检察院检察长	杨志国
驻香港部队军事检察院检察长	王晓国	武警部队济南军事检察院检察长	欧阳向东
成都军区军事检察院检察长	**郑 军**	武警部队上海军事检察院检察长	刘显存
成都军区直属军事检察院检察长	曹建中	武警部队广州军事检察院检察长	刘 玉
重庆军事检察院检察长	吴 波	武警部队西安军事检察院检察长	乌 楠
云南军事检察院检察长	陈江奇	武警部队成都军事检察院检察长	顾体军
西藏军事检察院检察长	杜 华	武警部队乌鲁木齐军事检察院检察长	马小龙
武警部队军事检察院检察长	**李万海**	武警部队拉萨军事检察院检察长	蒋清平
武警部队北京军事检察院检察长	田祥荣		

（最高人民检察院政治部干部部）

2014 年最高人民检察院表彰的先进集体和先进个人名单

"全国模范检察院"名单

北京市
昌平区人民检察院

天津市
静海县人民检察院

河北省
怀来县人民检察院
邯郸市峰峰矿区人民检察院

山西省
朔州市朔城区人民检察院

内蒙古自治区
敖汉旗人民检察院

辽宁省
岫岩满族自治县人民检察院

吉林省
桦甸市人民检察院

黑龙江省
拜泉县人民检察院
七台河市桃山区人民检察院

上海市
奉贤区人民检察院

江苏省
南京市秦淮区人民检察院

浙江省
瑞安市人民检察院

安徽省
六安市金安区人民检察院

福建省
石狮市人民检察院

江西省
吉安县人民检察院

山东省
临沂市兰山区人民检察院
烟台市芝罘区人民检察院

河南省
新蔡县人民检察院

辉县市人民检察院

湖北省
武汉市青山区人民检察院

湖南省
醴陵市人民检察院

广东省
汕头市澄海区人民检察院

广西壮族自治区
贵港市港北区人民检察院

海南省
万宁市人民检察院

重庆市
江北区人民检察院

四川省
仪陇县人民检察院
隆昌县人民检察院

贵州省
仁怀市人民检察院

云南省
昌宁县人民检察院

西藏自治区
拉萨市城关区人民检察院

陕西省
铜川市耀州区人民检察院

甘肃省
白银市平川区人民检察院

青海省
格尔木市人民检察院

宁夏回族自治区
盐池县人民检察院

新疆维吾尔自治区
库车县人民检察院

新疆生产建设兵团
图木休克垦区人民检察院

中国人民解放军
空军直属军事检察院

"全国模范检察官"名单

北京市

隗永贵　　房山区人民检察院侦查监督处处长

天津市

边学文　　天津市人民检察院第二分院公诉处
　　　　　处长

河北省

于新峰　　徐水县人民检察院副检察长

姚献军　　沙河市人民检察院检察长

贾玉山　　石家庄市人民检察院案件管理办公
　　　　　室主任

山西省

呼静波　　汾阳市人民检察院副检察长、反贪污
　　　　　贿赂局局长

张晓林　　屯留县人民检察院检察长

内蒙古自治区

韩丽春(女,蒙古族)　鄂尔多斯市人民检察院检察
　　　　　委员会专职委员、公诉处处长

孟志春(蒙古族)　小黑河地区人民检察院监所检
　　　　　察室副主任

辽宁省

吴凤杰(女,蒙古族)　丹东市人民检察院侦查监督
　　　　　处处长

肖　斌　　抚顺市顺城区人民检察院副检察长

吉林省

颜廷民　　抚松县人民检察院检察长

吴慧清(女)　长春市人民检察院控告申诉检察处
　　　　　信访接待科科长

黑龙江省

窦兴华　　牡丹江市人民检察院反贪污贿赂局
　　　　　侦查二科科长

王蕴卿(女)　哈尔滨市道外区人民检察院控告申
　　　　　诉检察科科长

上海市

谢闻波　　上海市人民检察院第一分院侦查监
　　　　　督处副处长

江苏省

王　勇　　苏州市人民检察院公诉二处副处长

杨志钢　　无锡市崇安区人民检察院副检察长

刘文胜　　滨海县人民检察院副检察长、反贪污
　　　　　贿赂局局长

浙江省

柴峥涛　　绍兴市人民检察院办公室主任

陈永明　　宁波市人民检察院公诉一处副处长

安徽省

袁国霞(女)　安庆市人民检察院监所检察处处长

刘永红(女)　蒙城县人民检察院反贪污贿赂局局长

福建省

刘龙清　　漳州市人民检察院技术处检察员

颜煜群　　厦门市人民检察院侦查监督处助理检
　　　　　察员

江西省

魏云秀(女)　广昌县人民检察院检察委员会专职
　　　　　委员、侦查监督科科长

蔡　雪(女)　萍乡市人民检察院案件管理办公室
　　　　　主任

山东省

念以新　　聊城市东昌府区人民检察院白云民
　　　　　生服务热线办公室主任

于凤霞(女)　莱芜市人民检察院派驻雪野检察室
　　　　　主任

吕晓蓓(女)　济南市历下区人民检察院职务犯罪
　　　　　预防科检察员

河南省

袁广业　　睢县人民检察院副检察长

胡永伟　　禹州市人民检察院公诉科副科长

刘桂琴(女)　漯河市郾城区人民检察院控告申诉
　　　　　检察科科长

湖北省

张启纯(土家族)　鹤峰县人民检察院副检察长

李晓宝(女)　鄂州市人民检察院公诉处处长

湖南省

冯丽君(女)　湖南省人民检察院公诉三处助理检
　　　　　察员

唐唯淞　　芷江县人民检察院公诉室主任

广东省

王雄飞　　广州市越秀区人民检察院检察长

张孟东　　深圳市人民检察院公诉一处检察员

安一宁(女)　肇庆市人民检察院公诉二科副科长

广西壮族自治区

甘桂明(女)　桂林市人民检察院公诉二科副科长

谢　钢　　博白县人民检察院副检察长

海南省

周经发　文昌市人民检察院民事行政检察科原科长

重庆市

潘　朗　荣昌县人民检察院民事行政检察科科长

四川省

陈王莉（女）　资阳市人民检察院未成年人案件刑事检察处处长

童　勤（女）　成都市人民检察院控告申诉检察处副处长

余　良　乐山市人民检察院技术处副处长

贵州省

韩彩云（女）　龙里县人民检察院侦查监督科科长

云南省

江德华（独龙族）　贡山独龙族怒族自治县人民检察院检察委员会专职委员

何树云　丽江市人民检察院公诉处处长

西藏自治区

西绕旺杰（藏族）　班戈县人民检察院副检察长

陕西省

刘宝奇　陕西省人民检察院公诉二处原助理检察员

谢安洲　佳县人民检察院检察长

甘肃省

蔡林伸　武威市人民检察院公诉处检察员

青海省

内美文次（藏族）　曲麻莱县人民检察院公诉科科长

宁夏回族自治区

姜　艳（女）　石嘴山市人民检察院公诉处处长

新疆维吾尔自治区

阿卜拉艾海提·伊敏尼牙孜（维吾尔族）　和田地区检察分院公诉处副处长

中国人民解放军

田　地　沈阳军区军事检察院职务犯罪检察处处长

记集体一等功名单

北京市

西城区人民检察院

天津市

北辰区人民检察院

河北省

保定市新市区人民检察院

石家庄市桥西区人民检察院

唐山市路北区人民检察院

霸州市人民检察院

山西省

运城市盐湖区人民检察院

平定县人民检察院

壶关县人民检察院

河曲县人民检察院

内蒙古自治区

呼和浩特市赛罕区人民检察院

乌拉特前旗人民检察院

包头市青山区人民检察院

准格尔旗人民检察院

辽宁省

昌图县人民检察院

庄河市人民检察院

辽阳市弓长岭区人民检察院

本溪市青年检察官先锋队

吉林省

长春市绿园区人民检察院

长岭县人民检察院

敦化市人民检察院

黑龙江省

伊春市南岔区人民检察院

同江市人民检察院

安达市人民检察院

上海市

闸北区人民检察院

江苏省

徐州市云龙区人民检察院

昆山市人民检察院

常州市新北区人民检察院

泰州市姜堰区人民检察院

如皋市人民检察院

浙江省

永康市人民检察院

杭州市余杭区人民检察院

宁波市北仑区人民检察院

龙泉市人民检察院

安徽省

灵璧县人民检察院

怀远县人民检察院

长丰县人民检察院

阜南县人民检察院

福建省

永安市人民检察院

龙岩市新罗区人民检察院

福清市人民检察院

江西省

乐平市人民检察院

九江市浔阳区人民检察院

南昌市西湖区人民检察院

宜丰县人民检察院

山东省

寿光市人民检察院

新泰市人民检察院

济南市天桥区人民检察院

博兴县人民检察院

平原县人民检察院派驻恩城检察室

河南省

滑县人民检察院

郑州市二七区人民检察院

淮阳县人民检察院

栾川县人民检察院

孟州市人民检察院

湖北省

荆门市东宝区人民检察院

黄石市西塞山区人民检察院

宜昌市伍家岗区人民检察院

公安县人民检察院

湖南省

涟源市人民检察院

长沙县人民检察院

临武县人民检察院

安乡县人民检察院

广东省

广州市番禺区人民检察院

广东省人民检察院案件管理处

珠海市金湾区人民检察院

佛山市人民检察院公诉科

清远市清城区人民检察院

博罗县人民检察院

广西壮族自治区

罗城仫佬族自治县人民检察院

武宣县人民检察院

扶绥县人民检察院

平乐县人民检察院

海南省

海口市龙华区人民检察院

重庆市

城口县人民检察院

四川省

泸州市江阳区人民检察院

三台县人民检察院

宜宾市南溪区人民检察院

剑阁县人民检察院

彭山县人民检察院

荣县人民检察院

贵州省

兴义市人民检察院

贵阳市花溪区人民检察院

天柱县人民检察院

云南省

曲靖市麒麟区人民检察院

马关县人民检察院

西双版纳傣族自治州人民检察院公诉处

普洱市人民检察院反贪污贿赂局

西藏自治区

昌都县人民检察院

噶尔县人民检察院

陕西省

宝鸡市金台区人民检察院

彬县人民检察院

旬阳县人民检察院

商南县人民检察院

甘肃省

华亭县人民检察院

兰州市人民检察院反贪污贿赂局

陇南县人民检察院反渎职侵权局

青海省

西宁市城东区人民检察院

宁夏回族自治区

灵武市人民检察院

新疆维吾尔自治区

沙湾县人民检察院

鄯善县人民检察院

莎车县人民检察院

伊宁市人民检察院

新疆生产建设兵团

五家渠垦区人民检察院公诉科

最高人民检察院

监所检察厅看守所检察处

记个人一等功名单

北京市

杨　凯	东城区人民检察院反贪污贿赂局侦查二处处长
叶衍艳（女）	海淀区人民检察院公诉二处副处长

天津市

杨秀敏（女）	武清区人民检察院民事行政检察科科长
何　林	天津市人民检察院第一分院反贪污贿赂局侦查一处副处长

河北省

孙德江（满族）	承德市鹰手营子矿区人民检察院反贪污贿赂局局长
王青松	唐山市人民检察院公诉处处长
庞维华	泊头市人民检察院检察长
何　苗（女）	秦皇岛市人民检察院侦查监督一处副处长
金荣海	衡水市人民检察院常务副检察长
高　璞（女）	武安市人民检察院未成年人刑事检察科科长

山西省

许月平	临汾市人民检察院反贪污贿赂局副局长
李保国	阳城县人民检察院反贪污贿赂局侦查二科检察员
崔　宇（女）	大同市城区人民检察院纪检组组长
赵正斌	太原市人民检察院民事行政检察处处长
吴卫江	晋中市人民检察院技术处检察员

内蒙古自治区

贾歧忠	内蒙古自治区人民检察院反贪污贿赂局检察员
周振成	呼伦贝尔市人民检察院反渎职侵权

局局长

王占军（蒙古族）	赤峰市元宝山区人民检察院检察长

辽宁省

左　岩	铁岭市人民检察院反贪污贿赂局侦查处处长
韩　旭	沈阳市人民检察院反贪污贿赂局检察员
刘卫华	鞍山市人民检察院反贪污贿赂局副局长
代　玲（女，蒙古族）	阜新蒙古族自治县人民检察院检察长
孙文科（女）	建平县人民检察院副检察长
王忠远	盖州市人民检察院反渎职侵权局副局长

吉林省

胥劲轶（满族）	通榆县人民检察院副检察长
邢　薇（女）	松原市宁江区人民检察院公诉二科科长
姜景铭	辉南县人民检察院检察长

黑龙江省

魏　鸢（女）	集贤县人民检察院公诉科副科长
孙晓军	黑龙江省人民检察院林区分院副检察长
于　洋	黑河市人民检察院反贪污贿赂局副局长
苗兆山	鸡西市人民检察院反渎职侵权局局长
郑国志	黑龙江省人民检察院政治部干部处处长

上海市

夏正枫（女）	宝山区人民检察院未成年人刑事检察科检察员
包莉娜（女）	松江区人民检察院社区检察科副科长

江苏省

王志祥	镇江市人民检察院反渎职侵权局副局长、侦查处处长
吴　秀（女）	宝应县人民检察院控告申诉检察科科长
邹　威	金湖县人民检察院副检察长、反贪污贿赂局局长
陈振东	宿迁市人民检察院反贪污贿赂局侦

查一处处长

杨晓明　连云港市新浦区人民检察院反贪污贿赂局局长

王红军　江苏省人民检察院援藏干部、拉萨市人民检察院副检察长

浙江省

丁瑜琼　嘉兴市人民检察院反贪污贿赂局副局长、侦查一处处长

陈　章　湖州市人民检察院反贪污贿赂局局长

王　盛　台州市人民检察院公诉一处副处长

胡宇翔　东阳市人民检察院检察长

安徽省

孟　领　郎溪县人民检察院政治处主任

汤玉和　含山县人民检察院案件管理办公室主任

陈晓兰（女）芜湖市三山区人民检察院纪检组组长

季　洪　淮南市潘集区人民检察院技术科科长

福建省

吴展翼　福建省人民检察院控告检察处助理检察员

方建文（女）南平市延平区人民检察院公诉科科长

刘望前　古田县人民检察院副检察长

梁国忠　莆田市人民检察院公诉处检察员

江西省

蔡明筱（女）万年县人民检察院公诉科科长

谢　灯（女）赣州市人民检察院公诉处处长

施兆荣　鹰潭市人民检察院副检察长

山东省

徐会生　淄博市临淄区人民检察院公诉科副科长

孟　莲（女）威海市人民检察院副检察长、环翠区人民检察院检察长

管德毅（女）莱西市人民检察院侦查监督科科长

时钧宇（女）枣庄市市中区人民检察院公诉二科科长

段成华　鱼台县人民检察院民事行政检察科科长

王家强　烟台市福山区人民检察院反贪污贿赂局侦查一科科长

尹丽玮（女）诸城市人民检察院公诉科副科长

马　玲（女）菏泽市经济开发区人民检察院刑事检察科检察员

武海英（女）日照市人民检察院控告申诉检察处处长

王洪芬（女）利津县人民检察院纪检组组长

河南省

毕冬云（女）南阳市卧龙区人民检察院公诉局局长

郭丽娜（女）平顶山市湛河区人民检察院公诉科科长

田文生　尉氏县人民检察院侦查监督科副科长

杨炳辉　信阳市人民检察院反渎职侵权局侦查二处处长

吴　斌　鹤壁市人民检察院反贪污贿赂局副局长

肖殿明　濮阳市人民检察院反渎职侵权局政委

张　勇　三门峡市人民检察院反贪污贿赂局侦查二处副处长

刘振亚　郑州铁路运输检察分院副检察长

卢　磊　郑州市人民检察院反贪污贿赂局侦查二处副处长

张　茹（女）洛阳市人民检察院办公室副主任

郭美文　河南省人民检察院政治部干部人事处副处长

湖北省

乔富粤（女）枣阳市人民检察院公诉科科长

潘柳荫　阳新县人民检察院检察长

涂　岚（女）武汉市汉阳区人民检察院副检察长

方亚平　罗田县人民检察院公诉科科长

童　强　随州市人民检察院反贪污贿赂局侦查二处处长

张　琴（女）宜昌市人民检察院审查批捕处处长

湖南省

白尊三　岳阳市人民检察院副检察长

吴志明（苗族）湘西土家族苗族自治州人民检察院副检察长

谭天瑶（女）湘潭市人民检察院公诉二科科长

唐志军　隆回县人民检察院检察长

谭岳中　衡阳市人民检察院公诉局副局长

瞿文儒　安化县人民检察院反渎职侵权局局长

广东省

唐永汉　　广东省人民检察院反贪污贿赂局副局长

钟　坚　　梅州市梅县区人民检察院检察长

鲁　罡　　东莞市人民检察院副检察长

古秋芳（女）　中山市人民检察院监察室主任

袁瑞刚　　乳源瑶族自治县人民检察院检察长

何金陈　　湛江市人民检察院反渎职侵权局副局长

罗锦达　　江门市人民检察院副检察长、反贪污贿赂局局长

丁　乙　　潮州市人民检察院公诉科科长

广西壮族自治区

邓毅昌　　北海市海城区人民检察院检察长

宋　萍（女）　南宁市人民检察院公诉二处副处长

朱世文　　柳州市人民检察院行政装备科副科长

海南省

陈　峰　　保亭黎族苗族自治县人民检察院副检察长

重庆市

杨　译（土家族）　秀山土家族苗族自治县人民检察院检察长

张　丽（女）　重庆市人民检察院第一分院公诉一处处长

四川省

杨洪媛（女）　宝兴县人民检察院检察长

阳世福　　邻水县人民检察院侦查监督科科长

刘　韬　　达州市人民检察院反贪污贿赂局侦查处处长

李虹志　　遂宁市人民检察院控告申诉检察处处长

李　群　　通江县人民检察院反贪污贿赂局检察员

黎　萍（女,藏族）　阿坝藏族羌族自治州人民检察院侦查监督处处长

向　华（藏族）　色达县人民检察院检察长

贵州省

罗　勇　　贵阳市人民检察院控告申诉检察处副处长

严小波（土家族）　江口县人民检察院检察委员会专职委员

谢鉴灵　　六盘水市钟山区人民检察院纪检组组长

云南省

杨群芳（女,彝族）　凤庆县人民检察院副检察长

邓水云　　昆明市人民检察院公诉三处副处长

赵安金　　云南省人民检察院政治部宣传处处长

牛晓东　　瑞丽市人民检察院检察长

西藏自治区

扎　西　　西藏自治区人民检察院编译处原处长

次仁德吉（女,藏族）　日喀则检察分院侦查监督一处副处长

陕西省

赵叶红（女）　西安市未央区人民检察院侦查监督科科长

闫永江　　澄城县人民检察院检察长

周喜玲（女,回族）　凤县人民检察院副检察长

甘肃省

王立言（女）　白银市人民检察院公诉处副处长

蒋小红　　民乐县人民检察院副检察长

党莉萍（女）　定西市安定区人民检察院控告申诉检察科科长

青海省

吕有红　　海东市乐都区人民检察院检察长

宁夏回族自治区

杨　莉（女）　中卫市人民检察院公诉处处长

新疆维吾尔自治区

徐　虎　　吉木萨尔县人民检察院检察长

关　珊（女）　巴音郭楞蒙古自治州人民检察院公诉处处长

江托热·木苏阿力（柯尔克孜族）　乌恰县人民检察院副检察长

王晓壮　　乌鲁木齐市沙依巴克区人民检察院副检察长

新疆生产建设兵团

汪新民　　三师检察分院副检察长

最高人民检察院

夏健翔　　政治部办公室副巡视员

单独授予"全国模范检察官"
荣誉称号名单

程　然（女）　湖北省孝感市孝南区人民检察院公

诉科副科长

陈运周　湖南省新田县人民检察院原党组副书记、副检察长

单独记个人一等功名单

唐仲远　云南省盐津县人民检察院公诉科干部

石清佩　云南省保山市人民检察院反贪污贿赂局原检察员

刘俊杰　甘肃省秦安县人民检察院副检察长

薄熙来专案奖励名单

记集体一等功
山东省人民检察院公诉一处
山东省人民检察院反贪污贿赂局
济南市人民检察院公诉一处

记个人一等功
周立军　山东省人民检察院党组副书记、副检察长
季新华　山东省人民检察院副厅级检察员
冯兴亮　山东省人民检察院公诉一处副处长
郭鲁生　济南市人民检察院党组书记、检察长
杨淑雅　北京市人民检察院预防处处长
黄　河　最高人民检察院公诉厅副厅长
孙忠诚　最高人民检察院反贪污贿赂总局正厅级检察员

统一业务应用系统专项工作奖励名单

记集体一等功
最高人民检察院检察技术信息研究中心
最高人民检察院案件管理办公室
山东省人民检察院案件管理办公室
广东省深圳市人民检察院

记个人一等功
江一山　最高人民检察院检察技术信息研究中心正厅级干部
刘志远　最高人民检察院案件管理办公室副主任

刘　喆　最高人民检察院办公厅机要处处长
申云天　最高人民检察院案件管理办公室业务信息化管理处处长
王拥政　山西省人民检察院案件管理办公室干部
毛建忠　江苏省人民检察院案件管理处副处长
吴　军　山东省人民检察院案件管理办公室副主任
周映彤　广东省深圳市人民检察院案件管理处处长
范华富　广东省深圳市人民检察院技术处副处长

于英生申诉案件专项工作记个人一等功名单

杜亚起　最高人民检察院刑事申诉检察厅刑事申诉案件查办二处处长
邓言辉　安徽省人民检察院公诉一处正科级助理检察员
袁孝宗　安徽省人民检察院控告申诉检察处助理检察员

纠正"张辉、张高平叔侄强奸致人死亡"错案专项工作记集体一等功名单

浙江省人民检察院控告申诉检察处

起草《人民检察院民事诉讼监督规则（试行）》专项工作记个人一等功名单

周永刚　最高人民检察院民事行政检察厅干部

（最高人民检察院政治部）

577

索　引

使 用 说 明

一、本索引采用内容分析索引法编制。除按"大事记"形式编排的内容外，年鉴中有实质检索意义的内容均予以标引，以供检索使用。

二、本索引基本上按汉语拼音音序排列。汉字标目按首字的音序、音调依次排列；首字相同时，则以第二个字排序，并依此类推。

三、索引标目后的数字，表示检索内容所在的年鉴正文页码，数字后面的英文字母a、b，表示正文中的栏别，合在一起即指该页码及左右两个版面区域。年鉴中以表格形式反映的内容，则在索引标目后用括号注明（表）字样，以区别于文字标目。

四、为反映索引款目间的逻辑关系，对于二级标目，采取在一级标目下缩两格的形式编排，之下再按数字和字母顺序、汉语拼音音序音调排列。

B

G

J

K

O ~ Q

R

Y

Z

（王彦祥　毋栋　编制）

PROCURATORIAL YEARBOOK OF CHINA 2015

Contents

Part I   Special Edition

Part II   Important Reports and Selected Speeches of the Leaders of the Supreme People's Procuratorate

Part III Work Reports of the People's Procuratorates of Provinces, Autonomous Regions and Municipalities Directly under the Central Government

Part IV Overview of the Procuratorial Work

National Procuratorial Work

Local and Military Procuratorial Work

Part V Selection of Important Documents of the Supreme People's Procuratorate

Contents

Part Ⅵ　Selection of the Judicial Interpretations of the Supreme People's Procuratorate

Part Ⅶ　Selection of Cases

Part Ⅷ　Communication and Cooperation

Part IX Procuratorial Theory and Research, Newspaper and Periodicals Publication, College, Procuratorial Technology and Information, Society and Foundation

Part X   Important Matters

Part XI   Statistics

Part XII   Directory

（张新泽　李美君译）